2017

法律法规全书系列

中华人民共和国
民政
法律法规全书

含相关政策

中国法制出版社
CHINA LEGAL PUBLISHING HOUSE

出版说明

随着中国特色社会主义法律体系的建成，中国的立法进入了“修法时代”。在这一时期，为了使法律体系进一步保持内部的科学、和谐、统一，会频繁出现对法律各层级文件的适时清理。目前，清理工作已经全面展开且取得了阶段性的成果，但这一清理过程在未来几年仍将持续。这对于读者如何了解最新法律修改信息、如何准确适用法律带来了使用上的不便。基于这一考虑，我们精心编辑出版了本书，一方面重在向读者展示我国立法的成果与现状，另一方面旨在帮助读者在法律文件修改频率较高的时代准确适用法律。

本书独具以下三重价值：

1. **文本权威，内容全面**。本书涵盖民政领域相关的所有常用法律、行政法规、国务院文件、部门规章、规范性文件、司法解释及相关示范文本；书中收录文件均为经过清理修改的现行有效标准文本，方便读者及时掌握最新法律文件。

2. **查找方便，附录实用**。全书法律文件按照紧密程度排列，方便读者对某一类问题的集中查找；重点法律附加条旨，指引读者快速找到目标条文；附录相关典型案例、文书范本，其中案例具有指引“同案同判”的作用。同时，本书采用可平摊使用的独特开本，避免因书籍太厚难以摊开使用的弊端。

3. **免费增补，动态更新**。为保持本书与新法的同步更新，不让读者因部分法律的修改而反复购买同类图书，我们为读者专门设置了以下服务：(1) 扫描书后“法律法规全书系列”公众号，即可免费增补本书下次修订时的电子版内容；(2) 通过添加“法律法规全书系列”公众号，及时了解最新立法信息，并可就图书相关疑问动态解答。

总　目　录

目 录*

一、综 合

二、社会组织管理

* 编者按：本目录中的时间为法律文件的公布时间或最后一次修正、修订公布时间。

三、基层政权与社区建设

1. 基层政权

·文书范本·

2. 社区建设

四、婚姻、收养登记管理

1. 婚姻登记

五、社会福利和慈善事业

1. 儿童福利

2. 老年人福利

六、社会救助

七、优抚安置

◎请示答复

3. 军休安置

◎请示答复

4. 退役安置

八、殡葬管理

九、区划地名管理

1. 行政区划管理

2. 行政区域界线管理

3. 地名管理

十、社会工作与志愿服务

一、综　合

民政部门实施行政许可办法

（2004 年 6 月 8 日民政部令第 25 号公布　自 2004 年 7 月 1 日起施行）

第一章　总　　则

第一条　为了规范民政部门行政许可实施行为，根据《中华人民共和国行政许可法》及有关法律、法规，结合民政部门实际，制定本办法。

第二条　民政部门实施行政许可，应当遵守《中华人民共和国行政许可法》及有关法律、法规和本办法的规定。

第三条　民政部门实施行政许可，应当按照法定的权限、范围、条件和程序，遵循公开、公平、公正、便民、高效和监督检查的原则。

第四条　民政部门应当在法定职权范围内实施行政许可，也可以依照法律、法规、规章的规定委托其他行政机关实施行政许可；除此之外，不得委托其他组织、法人或公民实施行政许可。

第五条　民政部门实施行政许可，不得在法定条件之外附加任何不正当要求。

第六条　涉及公共利益的重大许可事项，行政许可申请人及利害关系人认为办理行政许可的审查人员或者听证主持人员与行政许可事项有直接利害关系的，有权申请其回避。

办理行政许可的审查人员或者听证主持人员是否回避，由相应民政部门负责人决定。

第二章　申请与受理

第七条　民政部门应当将法律、法规、规章规定的有关本部门办理的行政许可事项、依据、条件、数量、程序、期限、收取费用的法定项目和标准，以及需要提交的全部材料的目录和申请书格式文本、示范文本等在办公场所公示。

有条件的民政部门应当通过机关网站或者其他适当方式将前款内容向社会公开，便于申请人查询和办理。

申请人要求对公示或者公开内容予以说明、解释的，办理行政许可事项的工作人员应当说明、解释，提供准确、可靠的信息。

民政部门应当为申请人通过信函、电报、电传、电子数据交换和电子邮件等方式提出行政许可申请提供便利。

第八条　建立服务窗口的民政部门，由该服务窗口负责统一受理行政许可申请、统一送达行政许可决定；没有服务窗口的，具体办理某项行政许可的有关业务机构应当设立专门岗位，负责统一受理行政许可申请，统一送达行政许可决定。

第九条　行政许可申请人依法向民政部门提出行政许可申请，申请书需要采用格式文本的，民政部门应当免费提供申请书格式文本。申请书格式文本中不得包含与申请行政许可事项没有直接关系的内容。

民政部门不得要求申请人提交与其申请的行政许可事项无关的材料。

申请人依法委托代理人提出行政许可申请的，应当提交授权委托书。授权委托书应当载明授权委托事项和授权范围。

第十条　办理行政许可工作人员在收到申请人递交的申请材料后，除依法可以当场作出不予受理决定外，应当即时填写《行政许可申请材料登记表》，将收到行政许可申请时间、申请人、申请事项、提交材料情况等记录在案。

《行政许可申请材料登记表》一式两份，在申请人和承办人签字后，一份交申请人，一份留民政部门存档备查。

第十一条　民政部门对申请人提出的行政许可申请，应当根据下列情况分别作出处理：

（一）申请事项依法不需要取得行政许可的，应当即时告知申请人不受理，并向其出具《行政许可申请不予受理决定书》；

（二）申请事项依法不属于本部门职权范围的，应当即时作出不予受理的决定，向申请人出具《行政许可申请不予受理决定书》，并告知其向有关行政机关申请；

（三）申请材料存在文字、计算等可以当场更正的错误的，应当告知申请人当场更正，并让其在修改处确认；

（四）申请材料不齐全或者不符合法定形式的，应当场或者在五日内作出《行政许可申请材料补正通知书》，一次告知申请人需要补正的全部内容。逾期不告知，自收到申请材料之日起即为受理；

（五）申请事项属于本部门职权范围，申请材料齐全、符合法定形式或者申请人依照本部门要求提交补正材料的，应当受理行政许可申请，并向申请人出具《行政许可申请受理决定书》。

民政部门出具的上述书面凭证，应当加盖本部门专用印章，并注明日期。

第十二条　对民政部门收到的行政许可申请，承办人员应当在《行政许可申请处理审批表》中写明处理情况，并归档备查。

第三章　审　　查

第十三条　申请人对提交申请材料的真实性负责。民政部门一般采取书面审查的办法对申请人提交的申请材料进行审查。

依法需要对申请材料的实质内容进行核实的，民政部门应当派两名以上工作人员进行核查，并制作现场检查笔录或者询问笔录。

现场检查笔录应当如实记载核查情况，并由核查人员签字。

核查中需要询问当事人或者有关人员时，核查人员应当出示执法证件，表明身份，询问笔录应当经被询问人核对无误后签名或者盖章。

第十四条　民政部门实施行政许可应当注意听取公民、法人或者其他组织的陈述和申辩。对行政许可申请进行审查时，发现该行政许可事项直接关系他人重大利益的，应当在决定前告知利害关系人。申请人、利害关系人有权进行陈述和申辩。行政许可办理工作人员对申请人、利害关系人的口头陈述和申辩，应当制作陈述、申辩笔录。民政部门应当对申请人、利害关系人提出的事实、理由进行复核。事实、理由成立的，应当采纳。

第十五条　依法应当先经下级民政部门审查后报上级民政部门决定的行政许可，下级民政部门应当依法接受申请人的申请，并进行初步审查。申请人提交材料齐全，符合法定形式的，应在法定期限内审查完毕并将初步审查意见和全部申请材料直接报送上级民政部门。上级民政部门不得要求申请人重复提供申请材料。

申请人直接向上级民政部门提出申请前款规定的行政许可事项，上级民政部门不得受理，并告知申请人通过下级民政部门提出申请。

第四章　听　　证

第十六条　法律、法规、规章规定实施行政许可应当听证的事项，或者民政部门认为需要听证的涉及公共利益的重大行政许可事项，民政部门应当在行政许可事项涉及的区域内发布听证公告，并举行听证。听证公告应当明确听证事项、听证举行的时间、地点、参加人员要求及提出申请的时间和方式等。

第十七条　行政许可直接涉及申请人与他人之间重大利益关系，民政部门应当发出《行政许可听证告知书》，告知申请人、利害关系人有要求听证的权利。

第十八条　申请人、利害关系人要求听证的，应当在收到民政部门《行政许可听证告知书》后五日内提交申请听证的书面材料；逾期不提交的，视为放弃听证的权利。

第十九条　民政部门应当在接到申请人、利害关系人申请听证的书面材料二十日内组织听证，并且在举行听证的七日前，发出《行政许可听证通知书》，将听证的事项、时间、地点通知申请人、利害关系人。

第二十条　申请人、利害关系人在举行听证之前，撤回听证申请的，应当准许，并记录在案。

第二十一条　申请人、利害关系人可以亲自参加听证，也可以委托一至二名代理人参加听证。委托代理人参加听证的，应当提交书面授权委托书。

第二十二条　听证主持人由民政部门负责人从本机关行政许可审查工作人员以外的国家公务员中指定。

第二十三条　行政许可审查工作人员应当在举行听证五日前，向听证主持人提交行政许可审查意见的证据、理由等全部材料。

第二十四条　听证会按照以下程序公开进行：

（一）主持人宣布会场纪律；

（二）核对听证参加人姓名、年龄、身份，告知听证参加人权利、义务；

（三）行政许可审查人提出许可审查意见的证据、理由；

（四）申请人、利害关系人进行申辩和质证；

（五）许可审查人与申请人、利害关系人就有争议的事实进行辩论；

（六）许可审查人与申请人、利害关系人作最后陈述；

（七）主持人宣布听证会中止、延期或者结束。

第二十五条　对于申请人、利害关系人或者其委托的代理人无正当理由不出席听证或者放弃申辩和质证权利退出听证会的，主持人可以宣布听证取消或者听证终止。

第二十六条　听证记录员应当将听证的全部活动制作笔录，由听证主持人和记录员签名。听证笔录应当经听证参加人确认无误或者补正后，由听证参加人当场签名或者盖章。听证参加人拒绝签名或者盖章的，由听证主持人记明情况，在听证笔录中予以载明。

第二十七条　民政部门应当根据听证笔录，作出行政许可决定。对听证笔录中没有认证、记载的事实依据，或者申请人听证后提交的证据，民政部门可以不予采信。

第二十八条　依法应当举行听证而不举行听证的，根据利害关系人的请求或者依据职权，可以撤销行政许可，由此给当事人的合法权益造成损害的，应当给予赔偿；撤销行政许可可能对公共利益造成重大损害的，不予撤销。

第五章　决　　定

第二十九条　民政部门对行政许可申请进行审查后，对申请人提交的申请材料齐全，符合法定形式，能够当场作出决定的，应当场作出书面的行政许可决定；对不能当场作出决定的，应当在法定期限内按照规定程序作出行政许可决定。

第三十条 申请人的申请符合法定条件、标准的，民政部门应当依法作出准予行政许可的书面决定；申请人的申请不符合法定条件、标准的，民政部门应当依法作出不予行政许可的书面决定。

民政部门依法作出不予行政许可书面决定的，应当说明理由，并告知申请人享有依法申请行政复议或者提起行政诉讼的权利。

行政许可书面决定应当载明作出决定的时间，并加盖作出决定的民政部门的印章。

第三十一条 民政部门作出准予行政许可的决定，依法需要颁发行政许可证件的，应当向申请人颁发加盖本部门印章的下列行政许可证件：

（一）许可证、执照或者其他许可证书；

（二）资格证、资质证或者其他合格证书；

（三）批准文件或者证明文件；

（四）法律、法规规定的其他行政许可证件。

民政部门依法实施检验、检测的，可以在检验、检测合格的设备、设施、产品上加贴标签或者加盖检验、检测印章。

第三十二条 行政许可证件一般应当载明证件名称、发证机关名称、持证人名称、行政许可事项、证件编号、发证日期、证件有效期等事项。

第三十三条 行政许可决定依法作出即具有法律效力，民政部门不得擅自改变已经生效的行政许可。

行政许可所依据的法律、法规、规章修改或者废止，或者准予行政许可所依据的客观情况发生重大变化的，为了公共利益的需要，民政部门可以依法变更或者撤销已经生效的行政许可。由此给公民、法人或者其他组织造成财产损失的，应当依法给予补偿。

第三十四条 民政部门作出的准予行政许可决定，应当根据行政许可事项的不同情况，以不同形式予以公开，并允许公众查阅。

第六章 期限与送达

第三十五条 除当场作出行政许可决定的外，民政部门应当自受理行政许可申请之日起二十日内作出行政许可决定。二十日内不能作出决定的，经本部门负责人批准，可以延长十日，并向申请人出具《行政许可决定延期通知书》，告知延长期限的理由。法律、法规对作出行政许可决定的期限另有规定的，依照其规定。

第三十六条 民政部门作出行政许可决定，依法需要听证、检验、检测、鉴定和专家评审的，所需时间不计算在本章规定的期限内，但应当将所需时间书面告知申请人。

第三十七条 民政部门作出准予行政许可的决定，应当自作出决定之日起十日内向申请人颁发、送达行政许可证件，或者加贴标签。

第三十八条 民政部门送达行政许可决定以及其他行政许可文书，一般应当由受送达人到民政部门办公场所直接领取。

受送达人直接领取行政许可决定以及其他行政许可文书时，一般应当在送达回证上注明收到日期，并签名或者盖章。

第三十九条 受送达人不直接领取行政许可决定以及其他行政许可文书时，民政部门可以采取以下方式送达：

（一）受送达人是法人或者其他组织的，应当由法人的法定代表人、该组织的主要负责人或者办公室、收发室、值班室等负责收件人在送达回证上签收或者盖章。

（二）受送达人拒绝接收行政许可文书的，送达人应当在送达回证上记明拒收的事由和日期，由送达人、有关基层组织或者所在单位的代表及其他见证人签名或者盖章，把行政许可文书留在受送达人的收发部门或者住所，视为送达；见证人不愿在送达回证上签字或者盖章的，送达人在送达回证上记明情况，把送达文书留在受送达人住所，视为送达。

（三）直接送达有困难的，可以委托当地民政部门送达，也可以邮寄送达。

邮寄送达的，以邮局回执上注明的收件日期为送达日期。

（四）无法采取上述方式送达，或者同一送达事项的受送达人众多的，可以在公告栏、受送达人住所地张贴公告，也可以在报刊上刊登公告。自公告发布之日起经过60日，即视为送达。

第七章 变更与延续

第四十条 被许可人要求变更行政许可事项，符合法定条件、标准的，作出行政许可决定的民政部门应当在受理申请之日起二十日内依法办理变更手续，并作出《准予变更行政许可决定书》；不符合法定条件、标准的，作出行政许可决定的民政部门应当作出《不予变更行政许可决定书》。法律、法规、规章另有规定的，依照其规定。

第四十一条 被许可人需要延续行政许可有效期的，应当在该行政许可有效期届满三十日前向作出行政许可决定的民政部门提出。民政部门应当根据被许可人的申请，在该行政许可有效期届满前作出是否准予延续的决定，并作出《准予延续行政许可决定书》或者《不予延续行政许可决定书》；逾期未作出决定的，视为准予延续。法律、法规、规章另有规定的，依照其规定。

第八章 监督检查

第四十二条 实施行政许可的民政部门应当依法对被许可人从事行政许可事项的活动进行监督检查。

上级民政部门应当加强对下级民政部门实施行政许可的监督检查。

各级民政部门内设机构承担具体业务范围内行政许可的监督检查工作,并以本民政部门名义开展监督检查。

第四十三条　县级以上民政部门应当建立健全法制工作机构,加强监督检查的协调工作、开展行政复议工作,实施国家赔偿制度和补偿制度,依法保障当事人获得行政许可的合法权益。

第四十四条　监督检查不得妨碍被许可人正常的生产经营活动。

第四十五条　民政部门应当将监督检查的情况和处理结果予以记录,由监督检查人员签字后归档。公众有权查阅监督检查记录。

第四十六条　被许可人在作出行政许可决定的民政部门管辖区域内违法从事行政许可事项活动的,由作出该行政许可决定的民政部门依法进行处理。

被许可人在作出行政许可决定的民政部门管辖区域外违法从事行政许可事项活动的,由违法行为发生地的民政部门依法进行处理。

违法行为发生地的民政部门对违法的被许可人作出处理后,应当于十日内将违法事实、相关证据材料和处理结果等抄告作出行政许可决定的民政部门。

第四十七条　民政部门应当建立对被许可人监督检查制度,依法对被许可人实施定期检查、实地检查。

第四十八条　民政部门应当指导被许可人建立自查制度,并监督被许可人依照制度进行自查,督促被许可人将重要工作自查情况报民政部门备案。

第四十九条　有行政许可法第六十九条第一款所列情形之一的,作出行政许可决定的民政部门或者其上级民政部门,根据利害关系人的请求或者依据职权,可以撤销行政许可。

被许可人以欺骗、贿赂等不正当手段取得行政许可的,应当予以撤销。

依照前两款的规定撤销行政许可,可能对公共利益造成重大损害的,不予撤销。

依照本条第一款的规定撤销行政许可,被许可人的合法权益受到损害的,民政部门应当依法给予赔偿。依照本条第二款的规定撤销行政许可的,被许可人基于行政许可取得的利益不受保护。

第五十条　有行政许可法第七十条所列情形之一的,作出行政许可决定的民政部门应当依法办理行政许可的注销手续。

第九章　法律责任

第五十一条　各级民政部门必须建立行政执法责任制,定岗、定责、定人,及时纠正承办人员的违法、违纪行为。

第五十二条　民政部门及其工作人员有以下违反行政许可法规定,应当承担法律责任情形的,依法由上级行政机关或者监察机关责令改正;情节严重的,对直接负责的主管人员和其他直接责任人员给予行政处分:

(一)对符合法定条件的行政许可申请不予受理的;

(二)不在办公场所公示依法应当公示的材料的;

(三)在受理、审查、决定行政许可过程中,未向申请人、利害关系人履行法定告知义务的;

(四)申请人提交的申请材料不齐全、不符合法定形式,不一次告知申请人必须补正的全部内容的;

(五)未依法说明不受理行政许可申请或者不予行政许可的理由的;

(六)依法应当举行听证而不举行听证的。

第五十三条　民政部门工作人员在办理行政许可、实施监督检查中,索取或者收受他人财物及谋取其他利益,尚不构成犯罪的,依法给予行政处分;构成犯罪的,移送司法机关追究刑事责任。

第五十四条　民政部门实施行政许可,对不符合法定条件的申请人准予行政许可、对符合法定条件的申请人不予行政许可、超越法定职权或者不在法定期限内作出准予行政许可决定的,依法由上级行政机关或者监察机关责令改正,对直接负责的主管人员和其他直接责任人员给予行政处分;构成犯罪的,移送司法机关追究刑事责任。

第五十五条　民政部门违法实施行政许可,给当事人的合法权益造成损害的,在机关对外承担赔偿责任后,责令有故意或者重大过失的承办人员承担部分或者全部赔偿费用,并作出相应的处理决定。

第五十六条　被许可人有违反行政许可法规定情形的,由作出行政许可的民政部门依法给予行政处罚;构成犯罪的,移送司法机关追究刑事责任。

第十章　附　　则

第五十七条　民政部门实施非行政许可的行政审批,可参照本办法。

第五十八条　本办法自2004年7月1日起施行。

民政信访工作办法

(2011年7月1日民政部令第43号公布　自2011年9月1日起施行)

第一章　总　　则

第一条　为了加强民政信访工作,保护信访人的合法权益,维护信访秩序,促进社会和谐稳定,根据《信访条例》和国家有关规定,结合民政工作实际,制定本办法。

第二条 本办法所称信访，是指公民、法人或者其他组织采取书信、电话、走访、电子邮件、传真等形式，向民政部门反映情况，提出建议、意见或者投诉请求，依法由民政部门处理的活动。

第三条 民政信访工作遵循下列原则：

（一）属地管理、分级负责；

（二）依法处理与疏导教育相结合。

第四条 各级民政部门应当成立民政信访工作领导小组，建立统一领导，各负其责、分工协作、齐抓共管的信访工作格局。

各级民政部门负责人应当阅批重要来信、接待重要来访、定期听取信访工作汇报，研究解决信访工作中的突出问题。

第五条 各级民政部门应当完善依法、科学、民主决策机制、重大决策社会风险评估机制、信访问题排查化解机制、信访督办工作机制，从源头上减少和预防社会矛盾的发生，及时将矛盾纠纷化解在基层。

第六条 各级民政部门应当强化对信访工作的考核，实行信访工作责任制，对信访工作中失职、渎职行为，依法追究有关责任人员的责任；对在信访工作中做出突出成绩的单位和个人给予奖励。

第二章 信访工作机构和人员

第七条 各级民政部门的信访工作机构负责落实信访工作领导小组布置的各项任务，承办日常信访工作。

地方各级民政部门在本级人民政府领导和上级民政部门指导下开展信访工作。

信访接待场所应当设置无障碍设施，方便残疾人、老年人进行信访活动。

第八条 各级民政部门内设机构应当按业务分工承办职权范围内的信访事宜。对本部门信访工作机构转办的信访事项，应当认真、及时办理，并在规定时限内回复办理结果。

第九条 民政信访工作机构履行下列职责：

（一）受理信访人提出的信访事项；

（二）向信访人宣传有关法律、法规、规章和政策，提供有关信访事项的咨询服务；

（三）向本级民政部门有关内设机构、下级民政部门转送、交办信访事项；

（四）承办上级民政部门和本级人民政府交办处理的信访事项；

（五）督促检查、协调信访事项的处理和落实情况；

（六）研究、分析信访情况，及时提出完善政策或者改进工作的建议；

（七）总结交流信访工作经验，指导下级民政部门的信访工作；

（八）向本级民政部门和上一级民政部门定期报送信访情况分析统计报告。

第十条 民政信访工作人员遵守下列规定：

（一）尊重信访人，不得刁难、歧视信访人；

（二）恪尽职守，秉公办事，依法及时处理信访事项，不得推诿、敷衍、拖延；

（三）妥善保管信访材料，不得丢失、隐匿或者擅自销毁；

（四）遵守保密制度，不得将信访人的检举、揭发材料及有关情况透露或者转给被检举、揭发的人员或者单位；

（五）与信访事项或者信访人有直接利害关系的，应当回避。

第十一条 各级民政部门应当重视对信访干部的培养、使用和交流。

民政信访工作人员享受本级人民政府的信访岗位津贴。

第三章 信 访 渠 道

第十二条 民政部门应当在信访接待场所、本部门网站或者通过其他方式向社会公布下列事项：

（一）信访工作机构的通信地址、电子信箱、投诉电话、信访接待的时间和地点；

（二）本部门信访事项受理范围；

（三）与民政信访工作有关的法律、法规、规章和信访事项的处理程序；

（四）查询信访事项处理进展及结果的方式；

（五）其他为信访人提供便利的相关事项。

第十三条 建立设区的市、县两级人民政府民政部门负责人信访接待日制度，协调解决相关信访问题；对信访人反映的突出问题，可以约访信访人，并协调解决相关信访问题。

第十四条 各级民政部门应当定期下访，听取群众的意见和建议，建立健全民政舆情汇集和分析机制。

第十五条 各级民政部门应当充分利用现有政务信息网络资源，提高信访工作信息化水平，为信访人在当地提出信访事项、查询信访事项办理情况提供便利。

第十六条 各级民政部门应当建立有利于迅速解决矛盾纠纷的工作机制，可以邀请相关社会工作服务机构、法律援助机构等参与信访工作。

第四章 信访事项的受理

第十七条 民政信访工作机构收到信访事项后，应当进行登记。

登记内容包括：登记号、登记人、信访人姓名、性别、住址、收到信访事项的日期、信访事项摘要、联系方式。

第十八条 民政信访工作的受理范围根据同级人民政府规定的工作职能确定。

民政信访工作机构对信访事项，按下列方式处理：

（一）属于本级民政部门工作职能范围的信访事项，应当

直接受理,并根据所反映问题的性质、内容确定办理机构;

(二)信访事项涉及下级民政部门的,应当转下级民政部门办理。对其中的重要信访事项,可以向下级民政部门进行交办,要求其在规定的期限内反馈结果,并提交办结报告;

(三)属于本级民政部门所属单位办理的信访事项,应当转送或者交办相关单位办理;

(四)已经或者依法应当通过诉讼、仲裁、行政复议等法定途径解决的信访事项,应当告知信访人依照有关法律、行政法规规定的程序向有关机关提出;

(五)依法不属于民政部门业务范围的事项,应当口头或者书面告知信访人向有权处理的人民政府或者部门提出。

第十九条 民政信访工作机构能够当场受理信访事项的,应当当场受理并出具受理通知;不能当场受理的,应当自收到信访事项之日起十五日内决定是否受理并书面告知信访人。对重复信访、信访人的姓名(名称)、住址不清楚的除外。

第二十条 民政信访工作机构应当建立信访事项处理预案。对可能造成社会影响的重大、紧急信访事项和信访信息,应及时向本级人民政府和上级民政部门报告,并在职责范围内采取措施,果断处理,防止不良影响的发生、扩大。

第五章 信访事项的办理和督办

第二十一条 各级民政部门对其办理的信访事项,应当依照国务院《信访条例》第三十二条的有关规定作出信访处理意见,并书面答复信访人。

第二十二条 民政信访工作机构对于以下情形,分别按照下列方式处理:

(一)信访事项已经解决并且信访人接受办理结果,经信访人签字同意,可以视同书面答复;

(二)多人提出共同信访事项的,可以对代表人作出答复;

(三)咨询及建议、意见类信访事项,可以口头或者书面答复。

第二十三条 信访事项应当自受理之日起60日内办结;情况复杂的,经本级民政部门负责人批准,可以适当延长办结期限,但延长期限不得超过30日,并应当告知信访人延期理由。

第二十四条 信访人对民政部门作出的信访事项处理意见不服的,可以依照《信访条例》和国务院有关规定申请复查或者复核。

收到复查或者复核请求的民政部门应当自收到复查或者复核请求之日起30日内提出复查或者复核意见,并书面答复信访人。

信访事项的办理、复查意见作出后,信访人无正当理由未在规定期限内提出复查、复核申请的,或者信访人对复核意见不服,仍以同一事实和理由提出投诉请求的,各级民政部门不再受理。

第二十五条 下级民政部门有下列情况之一的,上级民政部门应当督办,并提出改进建议:

(一)应当受理而拒不受理信访事项的;

(二)未按规定的办理期限办结信访事项的;

(三)未按规定程序办理信访事项的;

(四)未按规定反馈重要信访事项办理结果的;

(五)办理信访事项推诿、敷衍、拖延的;

(六)不执行信访处理意见或者复查、复核意见的;

(七)其他需要督办的情形。

收到督办意见和建议的机构应当在30日内书面反馈情况;未采纳督办意见和建议的,应当说明理由。

第二十六条 下级民政部门及其人员在信访工作中有推诿、敷衍、拖延、弄虚作假以及无正当理由拒不接受督办意见和建议等行为,造成严重后果的,上级民政部门可以依法建议有关部门对直接负责的主管人员和其他直接责任人员给予行政处分。

第二十七条 信访工作人员在信访接待场所发现信访人不遵守信访秩序,在信访过程中采取过激行为的,应当进行劝阻、批评或者教育;对拒不听从劝阻,可能导致事态扩大的,及时报请公安机关依法进行处置。

第六章 附　　则

第二十八条 在信访事项办理过程中形成的文件、材料由信访工作机构按照档案管理的有关规定统一归档。

第二十九条 本办法自2011年9月1日起施行。1999年12月23日民政部发布的《民政信访工作办法》同时废止。

民政部行政复议与行政应诉办法

(1999年12月23日　民发〔1999〕123号)

第一章 总　　则

第一条 为了防止和纠正违法或者不当的行政行为,保护公民、法人和其他组织的合法权益,保障和监督民政行政机关依法行使职权,根据《中华人民共和国行政复议法》,结合民政部行政工作的实际情况,制定本办法。

第二条 民政部受理行政复议申请和组织审理行政复议案件,作出行政复议决定以及行政应诉工作,适用本办法。

第三条 纪检、监察、审计、信访等机构根据有关规定受理的案件或者申诉,不适用本办法。

第二章 行政复议范围

第四条 公民、法人和其他组织对下列具体行政行为不服可以向民政部申请行政复议:

(一)对民政部作出的具体行政行为不服的;

（二）对民政部与其他行政机关以共同名义作出的具体行政行为不服的；

（三）对法律、法规授权的，由民政部直接主管的组织作出的具体行政行为不服的；

（四）对省级人民政府民政部门作出的具体行政行为不服的；

（五）法律、法规规定可以向民政部申请行政复议的其他具体行政行为。

第五条　公民、法人和其他组织申请行政复议时，可以同时提出对该具体行政行为所依据的规定的审查申请。

第三章　行政复议申请与受理

第六条　民政部法规办公室具体办理行政复议与行政应诉事项，其主要职责是：

（一）审查行政复议申请；

（二）向有关单位和有关人员调查取证、查阅文件和资料；

（三）组织审理行政复议案件；

（四）拟订行政复议决定，制定行政复议决定书；

（五）受部长委托出庭应诉，并具体办理行政应诉有关事宜；

（六）组织行政复议和行政应诉工作人员培训；

（七）对民政系统的行政复议和行政应诉案件进行调查研究、统计分析。

第七条　各司（局）协助法规办公室具体办理主管业务范围内的行政复议和行政应诉有关事项，主要职责是：

（一）对民政部作出的具体行政行为提起的行政复议案件，相关业务司（局）应当自收到行政复议申请书副本之日起10日内，向法规办公室提交作出具体行政行为的有关材料和证据，并提出答辩书；

（二）各司（局）负责审查属于本部门主管业务范围内的行政复议申请，并在2日内向法规办公室提出是否受理的初步意见；

（三）各司（局）负责审理属于本部门主管业务范围内的行政复议案件，并提出行政复议初审意见书；

（四）因民政部作出的具体行政行为而引起的行政诉讼案件和经行政复议予以维持而申请人不服引起的行政诉讼案件的应诉工作，相关业务司（局）有关人员作为民政部诉讼代理人出庭应诉。

第八条　公民、法人和其他组织向民政部申请行政复议，应当自知道具体行政行为之日起60日内提出，但是法律规定的申请期限超过60日的除外。

因不可抗力或者其他正当理由耽误法定申请期限的，申请期限自障碍消除之日起继续计算。

第九条　当事人口头申请行政复议，法规办公室应当制作行政复议申请笔录，申请人确认无误后，应当在笔录上签名或者盖章。

第十条　民政部应当自收到行政复议申请之日起5日内，对行政复议申请进行审查，决定是否受理。

第十一条　行政复议申请具有下列情形之一的，不予受理，并制作《行政复议不予受理决定书》送达申请人，《行政复议不予受理决定书》应当载明不予受理的理由。

（一）行政复议申请超过法定申请期限，无正当理由的；

（二）没有明确的被申请人的；

（三）没有具体的行政复议请求和事实根据的；

（四）不属于申请行政复议范围的；

（五）不属于民政部受理的；

（六）申请人已经向人民法院起诉，人民法院已经受理的；

（七）申请人已经向其他有权受理的行政机关申请行政复议的。

对于前款第（四）项不予受理的，应当告知申请人到有关机关申诉；对于前款第（五）项不予受理的，应当告知申请人到有权受理的行政机关申请复议。

第四章　行政复议审理与决定

第十二条　行政复议原则上采用书面审查的办法。但有下列情形之一的，法规办公室可以决定采取其他方式审理行政复议案件：

（一）主要事实不清，当事人双方争议较大的；

（二）当事人一方或者双方要求到民政部当面说明问题或者情况的；

（三）案情重大、影响面广或者书面行政复议不能有效解决行政纠纷的其他情形。

第十三条　民政部应当自受理之日起7日内将行政复议申请书副本或者行政复议申请笔录复印件发送被申请人。被申请人应当自收到申请书副本或者申请笔录复印件之日起10日内，向民政部提交作出具体行政行为的有关证据、依据和其他有关材料，并提出答辩书。逾期不答辩的，不影响行政复议。

第十四条　答辩书应当载明下列内容：

（一）被申请人的名称、地址，法定代表人的姓名、职务；

（二）作出具体行政行为的事实依据及有关的证据材料；

（三）作出具体行政行为所依据的法律、法规、规章和具有普遍约束力的决定、命令；

（四）作出答辩的日期。

答辩书应当加盖被申请人的印章。

第十五条　对被申请人作出的具体行政行为，应当审查以下内容：

（一）是否超越或者滥用职权；

（二）所认定的事实是否清楚，证据是否确凿；

（三）适用的依据是否正确；

（四）程序是否合法；

（五）内容是否适当。

第十六条　申请人同时提出对具体行政行为所依据的规定进行审查的，应当审查规定的内容是否与法律、法规相抵触。

对该规定民政部有权处理的，应当在30日内处理；无权处理的，应当在7日内按法定程序转送有权处理的行政机关处理。处理期间，中止对具体行政行为的审查。

第十七条　法规办公室应当认真审查行政复议材料，有下列情形之一的，应当进行实地调查：

（一）案情比较复杂，影响较大的；

（二）证据与当事人陈述有较大差异的；

（三）可能引起行政诉讼的。

第十八条　行政复议人员进行调查时，应当制作调查笔录，经被调查人确认无误后，由被调查人、调查人签名或者盖章。

第十九条　行政复议决定作出以前，申请人撤回行政复议申请，经说明理由，民政部记录在案，可以撤回。

第二十条　申请人在申请行政复议时一并提出行政赔偿请求的，经审理决定给予当事人赔偿的，赔偿费用由民政部行政经费列支。

第二十一条　行政复议决定书由部长签发；重大、复杂的行政复议案件或者经行政复议拟撤销具体行政行为所依据的规定的案件，行政复议决定应当经部务会议或者部长办公会议讨论通过。

第五章　行政应诉

第二十二条　民政部行政诉讼代理人由法规办公室或者有关司（局）推荐，报部长决定。

法规办公室根据部长的决定，为诉讼代理人办理授权委托书。

第二十三条　对民政部作出的具体行政行为直接引起的行政诉讼，相关司（局）应当在收到起诉状副本之日起5日内拟出答辩书，连同作出具体行政行为的有关证据和材料送法规办公室，经审核后，报部长签发。

第二十四条　对民政部作出的具体行政行为经行政复议维持原具体行政行为引起的行政诉讼，适用第二十三条。

第二十五条　对申请人提出的行政复议申请，民政部经行政复议改变或者撤销原具体行政行为，当事人不服又引起的行政诉讼，由法规办公室起草答辩书，报部长签发。

第二十六条　法规办公室应当在收到起诉状副本之日起10日内，将答辩书和有关材料或证据提交人民法院。

第六章　附　　则

第二十七条　民政部送达行政复议决定书，可以直接送交受送达人，也可以委托受送达人所在地的民政部门或者其他组织代为送达，或者邮寄送达。

第二十八条　行政复议案件审理完毕，法规办公室应当将案件文书立卷归档。

第二十九条　民政部法规办公室工作人员在行政复议活动中，徇私舞弊或者有其他渎职、失职行为的，根据情节轻重，依法给予行政处分。

各司（局）有关人员不按本办法规定的期限提出行政复议是否受理意见、提交作出具体行政行为的有关材料和证据，并提出答辩书的，根据情节轻重，依法给予行政处分。

第三十条　民政部受理行政复议申请，不得向申请人收取任何费用。

民政部行政复议与行政应诉活动所需经费，由民政部行政经费列支。

第三十一条　本办法自公布之日起施行。

附件一：

民政部行政复议
文书格式及使用说明

《中华人民共和国行政复议法》明确规定了在行政复议工作中使用三种法律文书，即：行政复议申请笔录、行政复议不予受理决定书、行政复议决定书。为了进一步规范我部的行政复议工作，根据《中华人民共和国行政复议法》和《民政部行政复议与行政应诉办法》的规定，对上述三种行政复议文书的格式和使用作如下规定：

（一）行政复议申请笔录

本复议文书是我部行政复议工作人员记录公民、法人或者其他组织口头向我部申请行政复议的法律文书，分为公民口头行政复议申请笔录和法人、其他组织口头行政复议申请笔录两种。它主要由复议参加人的基本情况、案由、复议请求、事实与理由、签字（盖章）和附项等部分组成。

1. 复议参加人的基本情况。应当记录申请人的姓名、性别、年龄、职业、住址、联系电话、通讯地址（法人或者其他组织的名称、地址、邮编，法定代表人或者主要负责人的姓名、职务、联系电话）；被申请人的名称、地址。

2. 案由。应当记录申请人申请复议的具体行政行为的内容和作出日期。

3. 复议请求。应当记录申请人申请复议的明确要求，是要求变更、撤销被申请人的具体行政行为，还是要求被申请人在一定期限内履行法定职责。

4. 事实与理由。应当记录申请人叙述的全部案件事实、证明所述事实的各种证据及申请人认为被复议具体行政行为违法或者不当的事实和法律依据。

5. 签字（盖章）。应当由申请人亲自签字（盖章）并书写签字日期。

6. 附项。应当记录申请人向我部提供的有关材料的名称及份数。

此外,记录人应当写明记录的时间、地点并签名。

本文书一式两份,一份送被申请人,一份存档。

(二)行政复议不予受理决定书

本复议文书是我部在接到申请人的复议申请后,经审查认为申请不符合法定条件,依法决定不予受理所使用的法律文书,由抬头、案由、理由、决定、落款五部分组成。

1. 抬头,即申请人的姓名(名称)。

2. 案由,即"申请人不服被申请人作出的何种具体行政行为的复议申请"。

3. 理由,应当按照《民政部行政复议与行政应诉办法》第十一条的规定,写明不予受理的理由。

4. 决定,即"根据《中华人民共和国行政复议法》第几条第几款的规定,决定不予受理。"

5. 落款。应当写明作出不予受理决定的日期并加盖我部印章。

本文书一式三份,一份送申请人,一份送被申请人,一份存档。

(三)行政复议决定书

本复议文书是我部受理行政复议案件后,经过审理,根据事实和法律对被复议的具体行政行为作出处理所使用的法律文书,由七部分组成:

1. 复议参加人的基本情况。应当写明申请人的姓名、性别、年龄、职业、住址(法人或者其他组织的名称、地址,法定代表人或者主要负责人的姓名、职务);被申请人的名称、地址,法定代表人姓名、职务。有代理人和第三人参加的,应分别写明。

2. 申请复议的请求和理由。应当写明申请复议的时间,被复议的具体行政行为的内容和定出日期,并简要写明申请人根据何种理由提出何种请求。

3. 认定的事实。应当写明我部经过审理认定的案件事实情况,做到认定事实确凿、全面,证据确实、充分,重点突出。

4. 对被复议具体行政行为的分析。应当在认定事实的基础上,根据有关法律规定,对被复议具体行政行为作出全面分析,明确指出其是否违法。

5. 复议结论。应当写明我部对被复议具体行政行为作出的明确结论及其法律依据。

6. 告知权利。除法律规定为终局的复议决定外,应当向申请人告知如不服本复议决定享有依法向人民法院起诉或者向国务院申请最终裁决的权利。

7. 落款。应当写明作出复议决定的日期并加盖我部印章。

本文书一式三份,一份送申请人,一份送被申请人,一份存档。

附件二:

中华人民共和国民政部
行政复议申请笔录(公民)

编号:________

时间:________地址:________记录人:________申请人姓名:________性别:________年龄:________职业:________住址:________联系电话:________通讯地址:________邮编:________被申请人名称:________地址:________

申请人不服被申请人________年____月____日作出的__________具体行政行为,现申请行政复议。

复议请求:

事实与理由:

申请人签字:

年　　月　　日

附:有关材料　　份

附件三:

中华人民共和国民政部
行政复议申请笔录

(法人或其他组织)

编号:________

时间:________地点:________记录人:________申请人名称:________地址:____________邮编:________

法定代表人(主要负责人)姓名:____________

职务:________联系电话:________

被申请人名称:________地址:________

申请人不服被申请人________年____月____日作出的_______具体行政行为,现申请行政复议。

复议请求:

事实与理由:

申请人盖章:

年　　月　　日

附:有关材料　　份

附件四:

中华人民共和国民政部
行政复议不予受理决定书

民复不受字第××号

×××：

关于＿＿＿＿＿的复议申请书，我部已经收悉。经审查：＿＿＿＿＿。

根据《中华人民共和国行政复议法》＿＿＿＿＿规定，决定不予受理。

民政部

××××年××月××日

附件五：

中华人民共和国民政部 行政复议决定书

民复决字第××号

申请人：

被申请人：

法定代表人：

申请人不服被申请人＿＿＿年＿＿月＿＿日作出的＿＿＿＿具体行政行为，以＿＿＿＿＿为由，于＿＿＿年＿＿月＿＿日依法向我部申请行政复议，要求＿＿＿＿＿＿＿＿。

现经我部审理查明：

我部认为：

根据＿＿＿＿＿规定，决定如下：

复议申请人对本复议决定不服的，可以在收到行政复议决定书之日起＿＿＿日内依法向人民法院起诉，也可以依法向国务院申请最终裁决。

民政部

××××年××月××日

民政部关于进一步加强民政法制工作的意见

（2010年4月29日　民发〔2010〕56号）

为适应民政事业科学发展需要，提高民政部门依法行政水平，现就进一步加强民政法制工作，提出以下意见：

一、进一步提高对加强民政法制工作重要性的认识

（一）加强民政法制建设是保障民政事业科学发展的重大举措。加强法制建设是坚持依法行政的基本要求，是做好各项民政工作的根本保证。改革开放以来，民政法制工作取得了丰硕成果，在依法解决民生、落实民权、维护民利等方面，做了大量卓有成效的工作，为保障民政事业健康发展发挥了至关重要的作用。目前，涉及民政工作的法律、行政法规以及部门规章已有近百件，地方性法规、政府规章和规范性文件也逐步完善。通过制定和实施这些法律法规和规章，民政系统基本实现了部门职责依法确立、民生权益依法保障、社会建设依法推进、行政行为依法规范，为民政事业稳步发展提供了重要的制度保障。实践证明，民政工作的体制机制核心就是法制，因此，进一步加强民政法制工作，是保证民政事业科学发展的根本举措，具有十分重要的意义。

（二）加强民政法制建设是实现民政事业科学发展的紧迫任务。当前我国经济社会正在发生深刻变化，处于各种矛盾多发时期，依法调整利益关系难度增大，而民政工作任务多元，内容繁杂，对象多为困难群众，在全面推进依法行政的新形势下，民政工作的发展创新面临巨大压力和挑战。一方面，随着科学发展观的贯彻落实，国家将以改善民生为重点的社会领域立法摆上了更加突出的位置，要求民政部门不失时机地将行之有效的实践经验和工作成果上升为法律制度，形成长效机制。另一方面，民政法制工作还存在一些薄弱环节，如涉及民政业务的法律法规制定相对滞后，一些地方和工作领域依法行政意识不强、执法水平不高、对法制工作重视不够等。加强民政法制建设势在必行，如何抓住机遇，应对挑战，不断开创民政法制工作新局面，是对各级民政部门的重大考验。因此，必须进一步提高认识，统一思想，毫不动摇地推进民政法制建设，不断提高依法行政能力和水平。

二、进一步明确加强民政法制工作的指导思想、基本原则和工作目标

（一）指导思想。加强民政法制工作必须坚持以邓小平理论、“三个代表”重要思想和科学发展观为指导，深入贯彻落实国务院《全面推进依法行政实施纲要》，紧紧围绕民政工作中心任务，以推动民政立法进程为重点，以提高民政执法水平为核心，以完善民政法制监督机制为手段，以加强民政普法工作为基础，立足现实，着眼长远，统筹兼顾，突出重点，全面加强民政法制建设，为实现民政事业又好又快发展提供法制保障。

（二）基本原则。坚持职权法定、依法行政，切实将法制建设贯穿于民政工作始终；坚持围绕中心、服务大局，自觉用法制手段保障中心工作；坚持服务群众、服务社会，依法维护民政对象各项权益；坚持条块结合、上下衔接，建立科学的民政法制工作体制机制。

（三）工作目标。从现在起，力争用10年左右时间，建立内容完备、结构合理、实施有效、适应民政事业发展的法律法规制度体系；健全权责明确、行为规范、程序正当、监督有效的民政执法体制；形成上下联动、实用高效、内容丰富、形式多样的民政普法格局；打造组织健全、素质过硬、作用明显、保障有力的民政法制机构队伍。

三、进一步推进民政立法工作进程

（一）认真搞好立法规划。坚持统筹兼顾、重点突出、衔接配套的原则，认真论证立法项目的必要性和可行性，将条件成熟、群众期待、事业急需的立法项目适时上报，列入国家和地方的立法规划和年度计划。重点推进社会领域立法中对民政事业发展具有支架性作用的立法项目，如社会救助、慈善事业、优抚安置、民间组织、志愿服务以及基层民主政治建设等方面的法律法规。尊重立法规律，把握立法时机，区分立法层级，在着重推进法律法规制定和修订的同时，及时制定配套实施的地方性法规、部门规章及规范性文件，为整体推进民政法制建设创造条件。

（二）切实提高立法质量。坚持以民为本、为民解困、为民服务宗旨，深入探索社会领域立法的基本特征和主要原则，努力在改善和保障民生、健全社会保障体系、发展公益慈善事业、加强基层民主政治建设、促进社会组织发展、规范社会事务管理、完善公共服务等方面实现理论和制度创新。改进立法方式，健全专家咨询论证制度，畅通民主立法渠道，广泛听取各方意见，努力提高科学立法水平。加强对立法计划实施工作的督促检查，妥善解决立法中的重点难点问题，不断增强立法内容的针对性、实用性和可操作性。严格遵循立法权限和立法程序，上下配合，共同做好立法的调研论证工作，提高立法工作水平。

（三）做好分析评估。坚持程序和实体并重，建立立法评估机制。建立健全立法前和立法后评估制度。立法前要贴近实际，面向基层，注重实践，问计于民，充分调查研究，努力实现立法预期效果。立法后要全程跟踪法律法规和规章的实施效果，及时向有关部门提出立、改、废建议。加强法规、规章的应用解释和规范性文件合法性审查工作，建立规范性文件定期清理制度。

四、进一步提高民政行政执法水平

（一）探索行政执法体制改革。认真贯彻国务院行政审批制度改革工作部署，加快职能转变步伐，继续深化行政审批制度改革，加强对民政系统现有行政审批事项的监督管理，确保改革上下衔接、步调一致、落实到位。推进民政系统行政执法体制改革，探索与其他部门联合执法的有效途径，形成执法过程中的联动机制。加强民政部门内部执法资源整合，相对集中社会组织、殡葬管理等业务中的行政处罚权、行政强制权，建立综合执法队伍，实行执法人员持证上岗制度，逐步实现执法队伍专业化。

（二）规范行政执法行为。认真贯彻以人为本、执法为民要求，努力做到严格执法、公正执法、文明执法。依据规范政府共同行为的法律和民政专业法律法规和规章，完善民政部门实施具体行政行为的实体性规则和程序性规则，切实做到执法主体合法、流程清楚、要求具体、期限明确，使用法律文书符合法定形式。根据法律、法规、规章的制定、修改情况，及时更新民政部门行政执法依据。认真分解行政执法职权，科学规范行政处罚、行政许可、行政给付、行政确认等具体行政行为中的裁量权，细化裁量基准和适用规则。抓紧建立行政执法主体资格制度和执法人员资格制度。

（三）落实行政执法责任制。进一步贯彻《国务院办公厅关于推进行政执法责任制的若干意见》，依法界定民政部门的执法职权与职责，完善职权与职责相统一的权责体系。建立行政执法评议考核机制，完善考核组织，明确考核内容，制定考核标准，确定考核方式。建立健全行政执法奖励机制，落实行政执法责任追究制度，确保依法行政各项要求落到实处。

五、进一步强化民政法制监督工作

（一）加大执法检查力度。落实执法检查制度。根据规范民政工作的现行法律法规和规章，结合解决民生、落实民权、维护民利的要求，上级民政部门要定期对下级民政部门进行执法检查，通过专项执法检查和全面执法检查，及时发现和纠正执法中存在的偏差和错误，分析研究法律法规和规章落实中存在的问题。实施案卷评查制度，评比执法案卷，规范档案管理。自觉接受人大、法院、监察、审计等部门的监督和社会舆论的监督，以检查促规范，以监督促提高。

（二）加强行政复议与应诉工作。民政部门的行政复议机构，要提高准确适用法律、法规的能力，依法维护公民、法人或者其他组织的合法权益，有效化解各种矛盾和争议。民政部门作为行政复议被申请人或者行政诉讼被告时，要依法认真做好答辩应诉工作，自觉履行行政复议决定、生效的行政判决和裁定。民政部要重点就行政复议和行政应诉工作的共性和特点提出指导意见。省级政府民政部门要重点指导下级民政部门做好行政复议答复、应诉答辩等工作。建立案件上报备案制度，本级行政复议和行政诉讼案件完结后，要及时将案件简要情况和相关法律文书报上级民政部门的法制机构备案。对具有普遍性、典型性的重大案件要及时进行研究分析，提出完善相关立法内容和改进执法工作的措施和建议。

（三）推进政府信息公开。各级民政部门要指定专门机构负责本机关信息公开的日常工作，发布信息公开指南，编制、修订信息公开目录，加快网站信息的维护和更新，正确处理信息公开与保守秘密的关系，坚持“公开是原则，不公开是例外”的要求，严格依法、及时、准确公开政府信息，强化社会监督。法制机构要指导处理好信息公开行政诉讼案件，提出改进政府信息公开的建议。

六、进一步加强民政法制宣传教育工作

（一）深入开展民政法制宣传。深入开展普法宣传教育工作，做好“五五”普法与“六五”普法规划的衔接。努力将法制宣传教育与依法规范民政行政行为相结合，与开展相关主题宣传教育活动相结合，与解决民政工作中的重点、难点问题相结合，确保普法规划落到实处。重点做好与人民群众切身利益密切相关的法律法规的宣传工作，依法为各类民政工作对象办实事、办好事、解难事。加强依法维权的宣传教育，引导民政对象依法表达自己的利益诉求，提高各级民政干部依法解决各种矛盾和纠纷的能力 。

（二）加强民政法制培训。完善领导干部带头学法用法制度。将依法行政知识和新颁布法律法规列入民政系统各级领导班子理论中心组学习的重要内容，纳入公务员培训规划。要组织执法人员认真学习规范政府共同行为的法律法规，熟悉民政执法流程和规范，不断提高执法水平。民政部要制定法制培训计划，组织全国民政法制工作者定期轮训。省级政府民政部门要制定相应计划，培训本级和下级民政法制工作者。要创造条件和机会，保证法制工作者参加各种形式的专业法制培训。

七、进一步加强对民政法制工作的领导

（一）切实将民政法制工作摆上位置。各级民政部门领导干部要带头坚持依法行政，自觉树立法律意识，提高法律素养，培养和提高依法处理和解决问题的能力。要把民政法制工作真正摆上民政工作的重要位置，作为一项重要内容纳入民政事业发展的总体规划和年度计划，统筹安排落实。要将推进依法行政工作的各项任务分解到各业务部门，做到工作任务、责任部门和责任人“三落实”。将法制工作纳入干部考核内容，重点考核民政干部依法决策、依法管理的能力和水平。

（二）加强民政法制工作体制和机制建设。建立健全推进依法行政工作领导小组，部署、规划、指导、监督本级民政部门和下级民政部门认真做好依法行政工作。形成主要领导负总责，分管领导亲自抓、其他领导协助抓、法制机构负责人具体抓的领导责任机制。法制机构和业务部门要各司其职，紧密配合，共同推进民政法制工作。民政法制工作要为各项业务工作的开展提供法律保障，推动民政工作在法制化基础上快速、健康、有序发展。

（三）加强民政法制机构和队伍建设。省级人民政府民政部门应建立独立的法制机构，配备专职工作人员、配套工作经费，保障法制业务相对独立和稳定；已经建立法制机构的，要进一步加强力量、充实人员，提高法制工作水平。县、市两级人民政府民政部门要有专职人员负责法制工作。法制机构要不断加强自身组织建设、思想政治建设、业务建设和作风建设，在民政部门依法履行行政职责的事前、事中、事后全过程发挥充分发挥法制机构的参谋、助手和法律顾问作用。要高度重视民政法制人才的选拔和任用，培养一批适应民政法制工作需要的专业人才，为加快民政法制建设步伐提供有力保障。

民政事业统计台账制度

（2005年9月6日　民发〔2005〕130号）

第一章　总　　则

第一条　为了加强、规范民政统计工作，做到依法统计，发挥统计服务和监督作用，根据《中华人民共和国统计法》和国家有关统计工作的规定，制定本制度。

第二条　统计台卡、台账是统计工作的基础。根据民政业务工作的范围分类，建立五类19种民政对象、民政行业单位和民政业务统计台账（卡）。

第三条　民政统计台账（卡）利用电子网络化的方式、实行科学合理、准确实用的动态管理，与民政统计报表制度相衔接。台账填写内容要符合法律法规政策的要求，填写对象真实、准确；先填卡，后建账，做到由台账中提取统计数字。

第四条　各级民政部门必须依据民政统计台账（卡）中的数据报送民政统计月报、季报和年报，做到填报统计报表数据全面、准确、及时、数出一门。

第五条　本制度适用于省、地、县、乡镇（街道）民政部门。

第二章　民政统计台账（卡）分类

第六条　优抚对象分类登记卡和填卡对象

一、革命伤残人员登记卡：填卡对象为持有有效革命伤残军人证或抚恤证的革命伤残军人、伤残人民警察、伤残国家机关工作人员、参战伤残民兵民工。

二、三属登记卡（革命烈士家属、因公牺牲和病故军人家属登记卡）：

1. 革命烈士家属登记卡：填卡对象为持有有效革命烈士证明书的革命烈士家属，包括被追认为革命烈士的失踪军人家属；

2. 因公牺牲和病故军人家属登记卡：填卡对象为持有有效因公牺牲或病故证明书的因公牺牲、病故军人家属，包括未被追认为革命烈士的失踪军人家属和病故的因战、因公致残的特等、一等革命伤残军人家属。

三、现役军人家属登记卡：填卡对象为持有有效应征入伍通知书的现役人民解放军、人民武装警察的家属。

四、三红登记卡（在乡退伍红军老战士、在乡西路军红军老战士和红军失散人员登记卡）：

1. 在乡退伍红军老战士登记卡：填卡对象为1937年7月6日以前入伍，参加中国工农红军（包括东北抗日联军和中国共产党领导的脱产游击队），有退伍手续或确切证明，没有投敌叛变行为，回到地方以后继续保持革命传统，由本人申请，县（市）民政部门审核，报省、市、自治区民政厅（局）批准确定为在乡退伍红军老战士身份的人员；

2. 在乡西路军红军老战士登记卡：填卡对象为经当地人民政府确认，没有发现重大历史政治问题的西路军流落人员；

3. 红军失散人员登记卡：填卡对象为持有有效证明材料，在1937年7月6日前正式参加中国工农红军（包括东北抗日联军）因伤、因病、因战斗失利或组织动员分散隐蔽离队失散，并在离队以后表现较好，经当地群众公认，乡镇人民政府审查，县、市人民政府批准，被认定为“红军失散人员”身份的人员。

五、在乡复员军人登记卡：填卡对象为持有有效证件、证明，在1937年7月6日后至1954年10月31日开始试行义务兵役制以前，参加八路军、新四军、东北抗日联军、中国共产党领导的脱产游击队、解放军、中国人民志愿军等，持有复员退伍证件或经组织批准复员的在乡军人。

六、在乡退伍军人登记卡（含带病回乡退伍军人）：填卡对象为持有有效退伍证，在1954年11月1日以后应征入伍服役期满后退伍或复员的人员，以及在1954年11月1日以前属于应征试点义务兵并退伍的军士和士兵。

第七条　安置对象分类登记卡和填卡对象

一、退役士兵和复员干部登记卡（退伍义务兵、转业士官和复员干部登记卡）：

1. 退伍义务兵登记卡：填卡对象为当年退出现役的退伍义务兵。分城镇和农村。

2. 转业士官登记卡：填卡对象为当年退出现役的转业士官。分城镇和农村。

3. 复员士官登记卡：当年退出现役的复员士官。分城镇和农村。

4. 复员干部登记卡：填卡对象为当年退出现役的军队复员干部。

二、军队离退休干部、退休志愿兵（士官）、退休退职职工登记卡：

1. 军队离休干部登记卡：填卡对象为建国前参加革命或入伍，退出现役后移交民政部门管理现仍保留军籍的干部。

2. 军队退休干部登记卡：填卡对象为建国后入伍（含参加地方工作），退出现役后移交民政部门管理的干部。

3. 军队退休志愿兵（士官）登记卡：填卡对象为按规定符合退休条件，退出现役后移交民政部门管理的志愿兵（士官）。

4. 军队无军籍退休退职职工登记卡：填卡对象为移交民政部门管理的无军籍退休退职职工。

第八条　低保对象和传统救济对象分类登记卡和填卡对象

一、低保对象登记卡：填卡对象为经审查家庭人均收入低于当地居民最低生活保障标准，经批准享受最低生活保障待遇的居民。城镇包括"三无"对象、失业人员和在职、下岗、退休及其他人员等。农村包括特困户和"三无"对象等。

二、传统救济对象登记卡：

1. 传统农村救济对象登记卡：填卡对象为在未开展最低生活保障制度的地区，持有有效农业户口的困难户和无法定抚养人（或者虽有法定抚养义务人，但是抚养义务人无抚养能力的）、无劳动能力、无生活来源的农村五保户。

2. 精减退职老职工登记卡：

（1）享受40%救济的精减退职老职工登记卡：指1957年底以前参加工作的，在1961年到1965年6月9日期间被精减的老职工。按国务院（65）国内字224号文件规定给予本人原标准工资40%的救济。

（2）享受定期定量救济的精减退职职工登记卡：指对不符合40%救济条件而生活确有困难的，按照国务院（65）国内字224号文件规定，给予定期定量救济的精减退职老职工。

第九条　民政行业单位登记卡和填卡对象

一、优抚安置单位登记卡：填卡单位为军休所（含服务站、服务中心等其他服务机构）、军供站和烈士纪念建筑物管理单位；

二、收养性单位登记卡：填卡单位为荣誉军人康复医院、复员军人疗养院、复退军人精神病院、光荣院、社会福利院、儿童福利机构、社会福利医院、城镇老年福利机构、农村老年福利机构、其他福利机构；

三、社会福利企业单位登记卡：填卡单位为福利工厂、假肢厂、其他福利企业；

四、收容类单位登记卡：填卡单位为收容遣送站、安置农场；

五、殡仪服务单位登记卡：填卡单位为殡仪馆、公墓、殡葬管理单位；

六、彩票、募捐单位登记卡：填卡单位为中国福利彩票发行单位、慈善团体；

七、社区服务中心登记卡：填卡单位分为提供住宿社区服务中心、不提供住宿社区服务中心等；

八、民政行政机关、其他事业单位人员登记卡：填卡单位为行政机关和各种其他事业单位（以上已列出的单位除外）。

第十条　行政区划登记卡：填卡内容为乡、镇、街道的名称，变更时间等。

第三章　民政统计台账的管理

第十一条　民政统计台账在统一格式、统一软件下实施，由各省、地、县统计人员用计算机进行专门管理，乡镇的统计资料由民政助理员统一管理。人员发生变动时，要严格履行交接手续。

第十二条　县以上的民政部门都要建立计算机管理系统，有条件的乡镇、街道也要实行民政统计台账的计算机管理。

第十三条　基层民政部门对民政统计台卡、台账实行软盘和纸质形式同时保存，上级民政部门可只保留纸质台账和软盘形式的台卡、台账。

第十四条　民政统计台卡、台账按民政统计报表逐级汇总上报。

第四章　附　　则

第十五条　民政统计台账计算机管理系统的程序和使用说明由民政部另行下发。

第十六条　本制度由民政部负责解释。

关于民政事业单位岗位设置管理的指导意见

（2008 年 10 月 8 日 人社部发〔2008〕84 号）

根据《事业单位岗位设置管理试行办法》（国人部发〔2006〕70 号，以下简称《试行办法》）和《〈事业单位岗位设置管理试行办法〉实施意见》（国人部发〔2006〕87 号，以下简称《实施意见》），为做好民政事业单位岗位设置管理的组织实施工作，结合民政事业单位的特点，提出以下指导意见。

一、适用范围

1. 由国家机关举办或者其他组织利用国有资产举办，承担社会管理和服务职能的民政事业单位，包括经费来源主要由财政拨款、部分由财政支持以及经费自理的，都要实施岗位设置管理。民政事业单位主要包括：

（1）优抚安置单位：优抚医院（荣誉军人康复医院、复员军人慢性病医院和复员退伍军人精神病院）、光荣院、烈士纪念建筑物保护单位、军休干部服务管理机构（军休所、军休服务管理中心、军休服务管理站）、军供站（军用饮食供应站、军用饮水供应站、军人接待转运站）等。

（2）社会福利单位：社会福利院、儿童福利院、精神病人福利院（福利医院）、城镇老年服务机构、福利彩票发行管理机构以及登记为事业单位的残障康复机构、农村五保供养服务机构、尚未转制为企业的假肢装配服务中心等。

（3）社会事务管理单位：收养登记机构、殡葬管理服务机构、婚姻登记机构等。

（4）慈善和社会救助单位：各级减灾机构、救助管理站、流浪儿童救助保护中心、艾滋致孤儿童救助安置指导中心、慈善机构、捐赠接收机构、救灾储备仓库、安置农场等。

（5）社区服务单位：社区服务中心、婚姻家庭服务机构等。

（6）其他民政事业单位。

2. 民政事业单位管理人员（职员）、专业技术人员和工勤技能人员，都要纳入岗位设置管理。

岗位设置管理中涉及民政事业单位领导人员的，按照干部人事管理权限的有关规定执行。

3. 使用事业编制的民政类社团、基金会，参照《试行办法》、《实施意见》和本指导意见，纳入岗位设置管理。

4. 经批准参照《中华人民共和国公务员法》进行管理的民政事业单位、社会团体，各类企业所属的民政事业单位和民政事业单位所属独立核算的企业，以及由事业单位已经转制为企业的民政单位，不适用本指导意见。

5. 民政部门主管的新闻报刊、信息档案、科学研究、教育培训、后勤服务等事业单位，参照相关行业指导意见开展岗位设置管理工作。

二、岗位类别设置

6. 民政事业单位岗位分为管理岗位、专业技术岗位和工勤技能岗位三种类别（以下简称三类岗位）。

7. 管理岗位指担负领导职责或管理任务的工作岗位。管理岗位的设置要适应增强民政事业单位运转效能、提高工作效率、提升管理水平的需要。

8. 专业技术岗位是指从事专业技术工作，具有相应专业技术水平和能力要求的工作岗位。专业技术岗位的设置要符合民政工作和人才成长的规律和特点，适应发展民政服务事业与提高专业水平的需要。

民政事业单位原则上以社会工作岗位为主体专业技术岗位。

9. 工勤技能岗位是指承担技能操作和维护、后勤保障、服务等职责的工作岗位。工勤技能岗位的设置要适应提高操作维护技能，提升服务水平的要求，满足民政事业单位业务工作的实际需要。

鼓励民政事业单位后勤服务社会化，已经实现社会化服务的一般性劳务工作，不再设置相应的工勤技能岗位。

10. 根据民政事业单位的社会功能、职责任务、工作性质和人员结构特点等因素，综合确定民政事业单位三类岗位总量的结构比例。

11. 民政事业单位三类岗位的结构比例由政府人事行政部门和民政事业单位主管部门确定。控制标准如下：

（1）主要以专业技术提供公益性社会服务的民政事业单位，应保证专业技术岗位占主体，专业技术岗位一般不低于单位岗位总量的 70%。

（2）主要承担社会事务管理职责的民政事业单位，应保证管理岗位占主体，管理岗位一般应占单位岗位总量的一半以上。

（3）主要承担技能操作维护、服务保障等职责的民政事业单位，应保证工勤技能岗位占主体，工勤技能岗位一般应占单位岗位总量的一半以上。

（4）民政事业单位主体岗位之外的其他两类岗位，应该保持相对合理的结构比例。

对于承担职能较多、性质较为复杂的民政事业单位，其三类岗位之间的结构比例，可以视具体情况按照管理权限进行核定。

三、岗位等级设置

（一）管理岗位等级设置

12. 管理岗位分为 8 个等级。管理岗位的最高等级和结构比例根据民政事业单位的规格、规模、隶属关系，按照干部人事管理有关规定和权限确定。

13. 民政事业单位现行的厅级正职、厅级副职、处级正职、处级副职、科级正职、科级副职、科员、办事员依次分别对应管理岗位三至十级职员岗位。

14. 根据民政事业单位的规格、规模和隶属关系，按照干部人事管理权限设置民政事业单位各等级管理岗位的职员数量。

（二）专业技术岗位等级设置

15. 专业技术岗位的最高等级和结构比例根据民政事业单位的功能、规格、隶属关系和专业技术水平等因素，按照民政行业现行专业技术职务管理的有关规定和本指导意见确定。

16. 专业技术岗位分为13个等级。专业技术高级岗位分7个等级，即一至七级，其中，高级专业技术职务中的正高级岗位包括一至四级，副高级岗位包括五至七级；中级岗位分3个等级，即八至十级；初级岗位分3个等级，即十一至十三级，其中十三级是员级岗位。

17. 民政事业单位专业技术高级、中级、初级岗位之间，以及高级、中级、初级岗位内部不同等级之间的结构比例，根据地区经济、社会事业发展水平，以及民政事业单位的功能、规格、隶属关系和专业技术水平，实行不同的结构比例控制。

根据全国事业单位专业技术高级、中级、初级岗位之间的结构比例总体控制目标要求，按照民政事业单位专业技术人员高级、中级、初级结构比例现状，结合民政事业发展需要，合理确定专业技术人员高级、中级、初级岗位之间的结构比例。

民政事业单位高级、中级、初级岗位内部不同等级岗位之间的结构比例，全国总体控制目标为：二级、三级、四级岗位之间的比例为1∶3∶6，五级、六级、七级岗位之间的比例为2∶4∶4，八级、九级、十级岗位之间的比例为3∶4∶3，十一级、十二级岗位之间的比例为5∶5。

单位小、人员少、较分散的基层民政事业单位，专业技术岗位设置的结构比例可实行集中调控、集中管理的办法。具体办法由省级政府人事行政部门和主管部门研究制定。

18. 各级政府人事行政部门和民政事业单位主管部门要严格控制专业技术岗位结构比例，严格控制高级专业技术岗位的总量。民政事业单位要严格执行核准的专业技术岗位结构比例。

（三）工勤技能岗位等级设置

19. 工勤技能岗位包括技术工岗位和普通工岗位，其中技术工岗位分为5个等级，普通工岗位不分等级。

20. 工勤技能岗位的最高等级和结构比例按照岗位等级规范、技能水平和工作需要确定。

21. 民政事业单位中的高级技师、技师、高级工、中级工、初级工，依次分别对应一至五级工勤技能岗位。

22. 民政事业单位工勤技能岗位结构比例，一级、二级、三级岗位的总量占工勤技能岗位总量的比例，全国总体控制目标为25%左右；一级、二级岗位的总量占工勤技能岗位总量的比例，全国总体控制目标为5%左右。

23. 民政事业单位工勤技能一级、二级岗位，主要应在专业技术辅助岗位承担技能操作和维护职责等对技能水平要求较高的领域设置。工勤技能一级、二级岗位的总量要严格控制。

（四）特设岗位设置

24. 特设岗位是根据民政事业单位特点和民政事业发展规律，聘用急需的高层次人才等特殊需要，经批准设置的工作岗位，是民政事业单位中的非常设岗位。特设岗位的等级根据实际需要，按照规定的程序确定。

特设岗位不受民政事业单位岗位总量、最高等级和结构比例限制，在工作任务完成后，按照管理权限予以核销。

25. 民政事业单位特设岗位的设置须经民政主管部门审核后，按程序报设区的市级以上政府人事行政部门核准。具体管理办法由各省（自治区、直辖市）根据实际情况制定。

四、专业技术岗位名称及岗位等级

26. 民政事业单位的社会工作岗位中，中级专业技术岗位名称为社会工作师一级岗位、社会工作师二级岗位、社会工作师三级岗位，分别对应八至十级专业技术岗位；初级专业技术岗位名称为助理社会工作师一级岗位、助理社会工作师二级岗位，分别对应十一至十二级专业技术岗位。高级专业技术岗位名称待高级社会工作师评价具体办法出台后另行规定。

27. 其他专业技术岗位名称和对应等级参照相关行业指导意见和标准执行。原则上沿用现有专业技术名称。

28. 民政事业单位专业技术一级岗位属国家专设的特级岗位，其人员的确定按国家有关规定执行。

五、岗位基本条件

（一）各类岗位的基本条件

29. 民政事业单位三类岗位的基本条件，主要根据岗位的职责任务和任职条件确定。民政事业单位三类岗位的基本任职条件为：

（1）遵守宪法和法律；

（2）具有良好的品行；

（3）具备岗位所需的专业、能力或技能条件；

（4）适应岗位要求的身体条件。

（二）管理岗位基本条件

30. 民政事业单位职员岗位一般应具有中专以上文化程度，其中六级以上职员岗位，一般应具有大学专科以上文化程度，四级以上职员岗位，一般应具有大学本科以上文化程度。

31. 各等级职员岗位的基本任职条件：

（1）三级、五级职员岗位，须分别在四级、六级职员岗位上工作两年以上。

（2）四级、六级职员岗位，须分别在五级、七级职员岗位上工作三年以上。

（3）七级、八级职员岗位，须分别在八级、九级职员岗位上工作三年以上。

32. 各省(自治区、直辖市)、国务院有关部门以及民政事业单位在上述基本任职条件的基础上,根据本指导意见,结合实际情况,制定本地区、本部门以及本单位职员的具体条件。

(三)专业技术岗位基本条件

33. 民政事业单位专业技术岗位的基本任职条件按照国家现行专业技术职务评聘的有关规定执行。

34. 民政事业单位实行职业资格准入控制的专业技术岗位的基本条件,应包括准入控制的要求。

35. 各省(自治区、直辖市)、国务院有关部门以及民政事业单位在国家规定的专业技术高级、中级、初级岗位基本条件基础上,根据本指导意见,结合不同类型、不同层次专业技术岗位的实际情况,制定本地区、本部门以及本单位专业技术岗位的具体条件。

36. 民政事业单位专业技术高级、中级、初级岗位内部不同等级岗位的条件,由主管部门和民政事业单位按照《试行办法》、《实施意见》和本指导意见,根据岗位的职责任务、专业技术水平要求等因素综合确定。

(四)工勤技能岗位基本条件

37. 民政事业单位工勤技能岗位的基本任职条件为:

(1)一级、二级工勤技能岗位,须在本工种下一级岗位工作满5年,并分别通过高级技师、技师技术等级考评。

(2)三级、四级工勤技能岗位,须在本工种下一级岗位工作满5年,并分别通过高级工、中级工技术等级考核。

(3)学徒(培训生)学习期满和工人见习、试用期满,通过初级工技术等级考核后,可确定为五级工勤技能岗位。

六、岗位设置的审核

38. 民政事业单位岗位设置实行核准制度,严格按照规定的程序和管理权限进行审核。

39. 民政事业单位设置岗位按照以下程序进行:

(1)制定岗位设置方案,填写岗位设置审核表;

(2)按程序报主管部门审核、政府人事行政部门核准;

(3)在核准的岗位总量、结构比例和最高等级限额内,制定岗位设置实施方案;

(4)广泛听取职工对岗位设置实施方案的意见;

(5)岗位设置实施方案由单位负责人员集体讨论通过;

(6)组织实施。

40. 民政部直属的民政事业单位的岗位设置方案报民政部审核汇总后,报人力资源社会保障部备案。

41. 省(自治区、直辖市)民政部门直属民政事业单位的岗位设置方案经本省(自治区、直辖市)民政厅(局)审核后,报本省(自治区、直辖市)政府人事行政部门核准。

42. 地(市)民政部门直属民政事业单位的岗位设置方案经地(市)民政部门审核后,报本地(市)政府人事行政部门核准。

43. 县(县级市、区)民政部门直属民政事业单位的岗位设置方案经县(县级市、区)民政部门、县(县级市、区)政府人事行政部门审核汇总后,报地区或设区的市政府人事行政部门核准。

44. 民政事业单位的岗位总量、结构比例和最高等级应保持相对稳定。有下列情形之一的,岗位设置方案可按照第40条、第41条、第42条、第43条的权限申请变更:

(1)民政事业单位出现分立、合并,须对本单位的岗位进行重新设置的;

(2)根据上级或同级机构编制部门的正式文件,增减机构编制的;

(3)按照业务发展和实际情况,为完成工作任务确需变更岗位设置的。

45. 经核准的岗位设置方案作为聘用人员、确定岗位等级、调整岗位以及核定工资的依据。

七、岗位聘用

46. 民政事业单位按照《试行办法》、《实施意见》和本指导意见以及核准的岗位设置方案,根据按需设岗、竞聘上岗、按岗聘用的原则,确定具体岗位,明确岗位等级,聘用工作人员,签订聘用合同。

47. 民政事业单位聘用人员,应在岗位有空缺的情况下按照公开招聘、竞聘上岗的原则及有关规定择优聘用。

民政事业单位应分别按照管理岗位、专业技术岗位、工勤技能岗位的职责任务和任职条件,在核定的结构比例范围内聘用人员,聘用条件不得低于国家规定的基本条件。

48. 基层单位小、人员少、较分散,对岗位结构比例实行集中调控、集中管理的民政事业单位,可根据实际情况实行人员集中聘用。

49. 根据民政领域人才的特点和实际需求,对民政事业单位确有真才实学、成绩显著、贡献突出的人员,岗位急需且符合破格条件的,经上一级主管部门批准,可以根据有关规定破格聘用。

50. 民政事业单位新参加工作人员见习、试用期满后,管理人员按照《实施意见》规定确定相应的岗位等级;专业技术人员按照岗位条件要求确定岗位等级。

51. 尚未实行聘用制度和岗位管理制度的民政事业单位,应按照《国务院办公厅转发人事部关于在事业单位试行人员聘用制度意见的通知》(国办发〔2002〕35号)、《试行办法》、《实施意见》和本指导意见的精神,抓紧进行岗位设置,实行聘用制度,组织岗位聘用。

已经实行聘用制度,签订聘用合同的民政事业单位,可根据《试行办法》、《实施意见》和本指导意见,按照核准的岗位设置方案,对本单位现有人员确定相应的岗位,并变更聘用合同的有关内容。

52. 各级政府人事行政部门、民政事业单位主管部门和民政事业单位要根据国家有关规定,对现有在册的正式工作人员，按照现聘职务或岗位进入相应等级的岗位。

各地区、各部门和民政事业单位必须严格把握政策，不得违反规定突破现有的职务数额，不得突击聘用人员，不得突击聘用职务。要严格限制专业技术高级、中级、初级岗位中的高等级岗位的设置。

53. 民政事业单位聘用人员原则上不得同时在两类岗位上任职。根据民政事业单位的工作特点，确需兼任的，须按人事管理权限审批。

54. 民政事业单位首次进行岗位设置和岗位聘用，岗位结构比例不得突破现有人员的结构比例。现有人员的结构比例已经超过核准比例的，应通过自然减员、调出、低聘或解聘等办法，逐步达到规定的结构比例。尚未达到核准结构比例的，要严格控制岗位聘用数量，根据事业发展要求和人员队伍状况等情况逐年逐步到位。

八、组织实施

55. 岗位设置管理是民政事业单位人事制度改革的重要内容，是一项开创性、基础性工作，关系到民政事业的长远发展和广大干部职工的切身利益。要坚持以人为本，从民政事业单位的实际出发，根据事业的发展需要，切实保障职工的切身利益，积极稳妥地推进改革。

56. 各级民政部门要紧密结合本地区经济社会发展水平和民政事业单位的实际情况，切实发挥职能作用，制定具体方案，组织好所属民政事业单位岗位设置管理的实施工作。各级人事行政部门要加强与民政部门的沟通协调，结合本地区民政事业单位的特点，认真贯彻执行《试行办法》、《实施意见》和本指导意见精神。

57. 各地区、各部门和民政事业单位在岗位设置和岗位聘用工作中，要严格执行有关政策规定，坚持原则，坚持走群众路线。对违反规定滥用职权、打击报复、以权谋私的，要追究责任。对不按《试行办法》、《实施意见》和本指导意见进行岗位设置和岗位聘用的民政事业单位，政府人事行政部门、民政部门及有关部门不予确认岗位等级、不予兑现工资、不予核拨经费。情节严重的，对相关领导和责任人予以通报批评，按照人事管理权限给予相应的纪律处分。

58. 本指导意见由人力资源社会保障部、民政部负责解释。

二、社会组织管理

1. 社会团体管理

社会团体登记管理条例

（1998 年 10 月 25 日中华人民共和国国务院令第 250 号发布　根据 2016 年 2 月 6 日《国务院关于修改部分行政法规的决定》修订）

第一章　总　　则

第一条　为了保障公民的结社自由，维护社会团体的合法权益，加强对社会团体的登记管理，促进社会主义物质文明、精神文明建设，制定本条例。

第二条　本条例所称社会团体，是指中国公民自愿组成，为实现会员共同意愿，按照其章程开展活动的非营利性社会组织。

国家机关以外的组织可以作为单位会员加入社会团体。

第三条　成立社会团体，应当经其业务主管单位审查同意，并依照本条例的规定进行登记。

社会团体应当具备法人条件。

下列团体不属于本条例规定登记的范围：

（一）参加中国人民政治协商会议的人民团体；

（二）由国务院机构编制管理机关核定，并经国务院批准免于登记的团体；

（三）机关、团体、企业事业单位内部经本单位批准成立、在本单位内部活动的团体。

第四条　社会团体必须遵守宪法、法律、法规和国家政策，不得反对宪法确定的基本原则，不得危害国家的统一、安全和民族的团结，不得损害国家利益、社会公共利益以及其他组织和公民的合法权益，不得违背社会道德风尚。

社会团体不得从事营利性经营活动。

第五条　国家保护社会团体依照法律、法规及其章程开展活动，任何组织和个人不得非法干涉。

第六条　国务院民政部门和县级以上地方各级人民政府民政部门是本级人民政府的社会团体登记管理机关（以下简称登记管理机关）。

国务院有关部门和县级以上地方各级人民政府有关部门、国务院或者县级以上地方各级人民政府授权的组织，是有关行业、学科或者业务范围内社会团体的业务主管单位（以下简称业务主管单位）。

法律、行政法规对社会团体的监督管理另有规定的，依照有关法律、行政法规的规定执行。

第二章　管　　辖

第七条　全国性的社会团体，由国务院的登记管理机关负责登记管理；地方性的社会团体，由所在地人民政府的登记管理机关负责登记管理；跨行政区域的社会团体，由所跨行政区域的共同上一级人民政府的登记管理机关负责登记管理。

第八条　登记管理机关、业务主管单位与其管辖的社会团体的住所不在一地的，可以委托社会团体住所地的登记管理机关、业务主管单位负责委托范围内的监督管理工作。

第三章　成立登记

第九条　申请成立社会团体，应当经其业务主管单位审查同意，由发起人向登记管理机关申请登记。

筹备期间不得开展筹备以外的活动。

第十条　成立社会团体，应当具备下列条件：

（一）有 50 个以上的个人会员或者 30 个以上的单位会员；个人会员、单位会员混合组成的，会员总数不得少于 50 个；

（二）有规范的名称和相应的组织机构；

（三）有固定的住所；

（四）有与其业务活动相适应的专职工作人员；

（五）有合法的资产和经费来源，全国性的社会团体有 10 万元以上活动资金，地方性的社会团体和跨行政区域的社会团体有 3 万元以上活动资金；

（六）有独立承担民事责任的能力。

社会团体的名称应当符合法律、法规的规定，不得违背社会道德风尚。社会团体的名称应当与其业务范围、成员分布、活动地域相一致，准确反映其特征。全国性的社会团体的名称冠以“中国”、“全国”、“中华”等字样的，应当按照国家有关规定经过批准，地方性的社会团体的名称不得冠以“中国”、“全国”、“中华”等字样。

第十一条　申请登记社会团体，发起人应当向登记管理机关提交下列文件：

（一）登记申请书；
（二）业务主管单位的批准文件；
（三）验资报告、场所使用权证明；
（四）发起人和拟任负责人的基本情况、身份证明；
（五）章程草案。

第十二条 登记管理机关应当自收到本条例第十一条所列全部有效文件之日起60日内，作出准予或者不予登记的决定。准予登记的，发给《社会团体法人登记证书》；不予登记的，应当向发起人说明理由。

社会团体登记事项包括：名称、住所、宗旨、业务范围、活动地域、法定代表人、活动资金和业务主管单位。

社会团体的法定代表人，不得同时担任其他社会团体的法定代表人。

第十三条 有下列情形之一的，登记管理机关不予登记：

（一）有根据证明申请登记的社会团体的宗旨、业务范围不符合本条例第四条的规定的；

（二）在同一行政区域内已有业务范围相同或者相似的社会团体，没有必要成立的；

（三）发起人、拟任负责人正在或者曾经受到剥夺政治权利的刑事处罚，或者不具有完全民事行为能力的；

（四）在申请登记时弄虚作假的；
（五）有法律、行政法规禁止的其他情形的。

第十四条 社会团体的章程应当包括下列事项：

（一）名称、住所；
（二）宗旨、业务范围和活动地域；
（三）会员资格及其权利、义务；
（四）民主的组织管理制度，执行机构的产生程序；
（五）负责人的条件和产生、罢免的程序；
（六）资产管理和使用的原则；
（七）章程的修改程序；
（八）终止程序和终止后资产的处理；
（九）应当由章程规定的其他事项。

第十五条 依照法律规定，自批准成立之日起即具有法人资格的社会团体，应当自批准成立之日起60日内向登记管理机关提交批准文件，申领《社会团体法人登记证书》。登记管理机关自收到文件之日起30日内发给《社会团体法人登记证书》。

第十六条 社会团体凭《社会团体法人登记证书》申请刻制印章，开立银行账户。社会团体应当将印章式样和银行账号报登记管理机关备案。

第十七条 社会团体的分支机构、代表机构是社会团体的组成部分，不具有法人资格，应当按照其所属于的社会团体的章程所规定的宗旨和业务范围，在该社会团体授权的范围内开展活动、发展会员。社会团体的分支机构不得再设立分支机构。

社会团体不得设立地域性的分支机构。

第四章 变更登记、注销登记

第十八条 社会团体的登记事项需要变更的，应当自业务主管单位审查同意之日起30日内，向登记管理机关申请变更登记。

社会团体修改章程，应当自业务主管单位审查同意之日起30日内，报登记管理机关核准。

第十九条 社会团体有下列情形之一的，应当在业务主管单位审查同意后，向登记管理机关申请注销登记：

（一）完成社会团体章程规定的宗旨的；
（二）自行解散的；
（三）分立、合并的；
（四）由于其他原因终止的。

第二十条 社会团体在办理注销登记前，应当在业务主管单位及其他有关机关的指导下，成立清算组织，完成清算工作。清算期间，社会团体不得开展清算以外的活动。

第二十一条 社会团体应当自清算结束之日起15日内向登记管理机关办理注销登记。办理注销登记，应当提交法定代表人签署的注销登记申请书、业务主管单位的审查文件和清算报告书。

登记管理机关准予注销登记的，发给注销证明文件，收缴该社会团体的登记证书、印章和财务凭证。

第二十二条 社会团体处分注销后的剩余财产，按照国家有关规定办理。

第二十三条 社会团体成立、注销或者变更名称、住所、法定代表人，由登记管理机关予以公告。

第五章 监 督 管 理

第二十四条 登记管理机关履行下列监督管理职责：

（一）负责社会团体的成立、变更、注销的登记；
（二）对社会团体实施年度检查；
（三）对社会团体违反本条例的问题进行监督检查，对社会团体违反本条例的行为给予行政处罚。

第二十五条 业务主管单位履行下列监督管理职责：

（一）负责社会团体成立登记、变更登记、注销登记前的审查；

（二）监督、指导社会团体遵守宪法、法律、法规和国家政策，依据其章程开展活动；

（三）负责社会团体年度检查的初审；

（四）协助登记管理机关和其他有关部门查处社会团体的违法行为；

（五）会同有关机关指导社会团体的清算事宜。

业务主管单位履行前款规定的职责，不得向社会团体收取费用。

第二十六条 社会团体的资产来源必须合法，任何单位和个人不得侵占、私分或者挪用社会团体的资产。

社会团体的经费,以及开展章程规定的活动按照国家有关规定所取得的合法收入,必须用于章程规定的业务活动,不得在会员中分配。

社会团体接受捐赠、资助,必须符合章程规定的宗旨和业务范围,必须根据与捐赠人、资助人约定的期限、方式和合法用途使用。社会团体应当向业务主管单位报告接受、使用捐赠、资助的有关情况,并应当将有关情况以适当方式向社会公布。

社会团体专职工作人员的工资和保险福利待遇,参照国家对事业单位的有关规定执行。

第二十七条 社会团体必须执行国家规定的财务管理制度,接受财政部门的监督;资产来源属于国家拨款或者社会捐赠、资助的,还应当接受审计机关的监督。

社会团体在换届或者更换法定代表人之前,登记管理机关、业务主管单位应当组织对其进行财务审计。

第二十八条 社会团体应当于每年 3 月 31 日前向业务主管单位报送上一年度的工作报告,经业务主管单位初审同意后,于 5 月 31 日前报送登记管理机关,接受年度检查。工作报告的内容包括:本社会团体遵守法律法规和国家政策的情况、依照本条例履行登记手续的情况、按照章程开展活动的情况、人员和机构变动的情况以及财务管理的情况。

对于依照本条例第十五条的规定发给《社会团体法人登记证书》的社会团体,登记管理机关对其应当简化年度检查的内容。

第六章 罚 则

第二十九条 社会团体在申请登记时弄虚作假,骗取登记的,或者自取得《社会团体法人登记证书》之日起 1 年未开展活动的,由登记管理机关予以撤销登记。

第三十条 社会团体有下列情形之一的,由登记管理机关给予警告,责令改正,可以限期停止活动,并可以责令撤换直接负责的主管人员;情节严重的,予以撤销登记;构成犯罪的,依法追究刑事责任:

(一)涂改、出租、出借《社会团体法人登记证书》,或者出租、出借社会团体印章的;

(二)超出章程规定的宗旨和业务范围进行活动的;

(三)拒不接受或者不按照规定接受监督检查的;

(四)不按照规定办理变更登记的;

(五)违反规定设立分支机构、代表机构,或者对分支机构、代表机构疏于管理,造成严重后果的;

(六)从事营利性的经营活动的;

(七)侵占、私分、挪用社会团体资产或者所接受的捐赠、资助的;

(八)违反国家有关规定收取费用、筹集资金或者接受、使用捐赠、资助的。

前款规定的行为有违法经营额或者违法所得的,予以没收,可以并处违法经营额 1 倍以上 3 倍以下或者违法所得 3 倍以上 5 倍以下的罚款。

第三十一条 社会团体的活动违反其他法律、法规的,由有关国家机关依法处理;有关国家机关认为应当撤销登记的,由登记管理机关撤销登记。

第三十二条 筹备期间开展筹备以外的活动,或者未经登记,擅自以社会团体名义进行活动,以及被撤销登记的社会团体继续以社会团体名义进行活动的,由登记管理机关予以取缔,没收非法财产;构成犯罪的,依法追究刑事责任;尚不构成犯罪的,依法给予治安管理处罚。

第三十三条 社会团体被责令限期停止活动的,由登记管理机关封存《社会团体法人登记证书》、印章和财务凭证。

社会团体被撤销登记的,由登记管理机关收缴《社会团体法人登记证书》和印章。

第三十四条 登记管理机关、业务主管单位的工作人员滥用职权、徇私舞弊、玩忽职守构成犯罪的,依法追究刑事责任;尚不构成犯罪的,依法给予行政处分。

第七章 附 则

第三十五条 《社会团体法人登记证书》的式样由国务院民政部门制定。

对社会团体进行年度检查不得收取费用。

第三十六条 本条例施行前已经成立的社会团体,应当自本条例施行之日起 1 年内依照本条例有关规定申请重新登记。

第三十七条 本条例自发布之日起施行。1989 年 10 月 25 日国务院发布的《社会团体登记管理条例》同时废止。

外国商会管理暂行规定

(1989 年 6 月 14 日中华人民共和国国务院令第 36 号发布 根据 2013 年 12 月 7 日《国务院关于修改部分行政法规的决定》修订)

第一条 为了促进国际贸易和经济技术交往,加强对外国商会的管理,保障其合法权益,制定本规定。

第二条 外国商会是指外国在中国境内的商业机构及人员依照本规定在中国境内成立,不从事任何商业活动的非营利性团体。

外国商会的活动应当以促进其会员同中国发展贸易和经济技术交往为宗旨,为其会员在研究和讨论促进国际贸易和经济技术交往方面提供便利。

第三条 外国商会必须遵守中华人民共和国法律、法规的规定,不得损害中国的国家安全和社会公共利益。

第四条　成立外国商会,应当具备下列条件:

(一)有反映其会员共同意志的章程;

(二)有一定数量的发起会员和负责人;

(三)有固定的办公地点;

(四)有合法的经费来源。

第五条　外国商会应当按照国别成立,可以有团体会员和个人会员。

团体会员是以商业机构名义加入的会员。商业机构是指外国公司、企业以及其他经济组织依法在中国境内设立的代表机构和分支机构。

个人会员是商业机构和外商投资企业的非中国籍任职人员以本人名义加入的会员。

第六条　外国商会的名称应当冠其本国国名加上“中国”二字。

第七条　成立外国商会,应当向中华人民共和国民政部(以下称登记管理机关)提出书面申请,依法办理登记。登记管理机关应当自收到本规定第八条规定的全部文件之日起60日内作出是否准予登记的决定,准予登记的,签发登记证书;不予登记的,书面说明理由。外国商会经核准登记并签发登记证书,即为成立。

第八条　成立外国商会的书面申请,应当由外国商会主要筹办人签署,并附具下列文件:

(一)外国商会章程一式五份。章程应当包括下列内容:

1. 名称和地址;

2. 组织机构;

3. 会长、副会长以及常务干事的姓名、身份;

4. 会员的入会手续及会员的权利和义务;

5. 活动内容;

6. 财务情况。

(二)发起会员名册一式五份。团体会员和个人会员,应当分别列册。团体会员名册应当分别载明商业机构的名称、地址、业务范围和负责人姓名;个人会员名册应当分别载明本人所属商业机构或者外商投资企业、职务、本人简历或者在中国境内从事商业活动的简历。

(三)外国商会会长、副会长以及常务干事的姓名及其简历一式五份。

第九条　外国商会应当在其办公地点设置会计账簿。会员缴纳的会费及按照外国商会章程规定取得的其他经费,应当用于该外国商会章程规定的各项开支,不得以任何名义付给会员或者汇出中国境外。

第十条　外国商会应当于每年1月向登记管理机关提交上一年度的活动情况报告。

中国国际贸易促进委员会应当为外国商会设立、开展活动和联系中国有关主管机关提供咨询和服务。

第十一条　外国商会需要修改其章程,更换会长、副会长以及常务干事或者改变办公地址时,应当依照本规定第七条、第八条规定的程序办理变更登记。

第十二条　外国商会应当接受中国有关主管机关的监督。

外国商会违反本规定的,登记管理机关有权予以警告、罚款、限期停止活动、撤销登记、明令取缔的处罚。

第十三条　外国商会解散,应当持该外国商会会长签署的申请注销登记报告和清理债务完结的证明,向登记管理机关办理注销登记。

外国商会自缴回登记证书之日起,即应停止活动。

第十四条　本规定自1989年7月1日起施行。

关于加强社会组织党的建设工作的意见(试行)

(2015年9月28日)

为切实加强党对社会组织的领导,促进社会组织健康发展,根据党章和有关法律法规,现就加强社会组织党的建设工作提出如下意见。

一、加强社会组织党建工作的重要意义和总体要求

1. 重要意义。社会组织主要包括社会团体、民办非企业单位、基金会、社会中介组织以及城乡社区社会组织等。随着改革开放不断深入,我国社会组织快速发展,已成为社会主义现代化建设的重要力量、党的工作和群众工作的重要阵地。在协调推进全面建成小康社会、全面深化改革、全面依法治国、全面从严治党战略布局中,社会组织承担着重要任务,同时社会组织自身发展也面临许多新情况新问题新挑战。加强社会组织党建工作,对于引领社会组织正确发展方向,激发社会组织活力,促进社会组织在国家治理体系和治理能力现代化进程中更好发挥作用;对于把社会组织及其从业人员紧密团结在党的周围,不断扩大党在社会组织的影响力,增强党的阶级基础、扩大党的群众基础、夯实党的执政基础,都具有重要意义。

2. 总体要求。以马克思列宁主义、毛泽东思想、邓小平理论、“三个代表”重要思想、科学发展观为指导,深入贯彻习近平总书记系列重要讲话精神,坚持党的领导与社会组织依法自治相统一,把党的工作融入社会组织运行和发展过程,更好地组织、引导、团结社会组织及其从业人员;坚持从严从实,把握特点规律,严格落实党建工作制度,积极探索符合社会组织实际的方式方法,防止行政化和形式主义;坚持问题导向,着力破解组织体系不够健全、组织覆盖不够全面、作用发挥不够充分等难题,推动社会组织党建工作水平全面提升;坚持分类指导,根据不同类型不同规模社会组织情况开展工作,正确处理一致性和多样性关系，切实提高针对性和实效性，不断增强社会组织党组织的创造力凝聚力战斗力，充分发挥社会组织党组织的战斗堡垒作用和党员的先锋模范作用。

二、明确社会组织党组织功能定位

3. 地位作用。社会组织党组织是党在社会组织中的战斗堡垒，发挥政治核心作用。要着眼履行党的政治责任，紧紧围绕党章赋予基层党组织的基本任务开展工作，严肃组织生活，严明政治纪律、政治规矩和组织纪律，充分发挥党组织的政治功能和政治作用。要按照建设基层服务型党组织的要求，创新服务方式，提高服务能力，提升服务水平，通过服务贴近群众、团结群众、引导群众、赢得群众。

4. 基本职责。(1)保证政治方向。宣传和执行党的路线方针政策，宣传和执行党中央、上级党组织和本组织的决议，组织党员群众认真学习中国特色社会主义理论体系，深入学习习近平总书记系列重要讲话精神，教育引导党员群众遵守国家法律法规，引导监督社会组织依法执业、诚信从业。(2)团结凝聚群众。做好思想政治工作，教育引导职工群众增强政治认同，关心和维护职工群众的正当权利和利益，汇聚推进改革发展的正能量。(3)推动事业发展。激发从业人员工作热情和主人翁意识，帮助社会组织健全章程和各项管理制度，引导和支持社会组织有序参与社会治理、提供公共服务、承担社会责任。(4)建设先进文化。坚持用社会主义核心价值观引领文化建设，组织丰富多彩的文化活动，营造积极向上的文化氛围，教育党员群众自觉抵制不良倾向，坚决同各种违法犯罪行为作斗争。(5)服务人才成长。关心关爱人才，主动帮助引导，不断提高从业人员的思想和业务素质，支持和保障各类人才干事创业。(6)加强自身建设。创新组织设置，健全工作机制，严格执行组织生活各项制度，做好发展党员和党员教育管理服务工作。维护和执行党的纪律，监督党员切实履行义务，做好党风廉政建设工作。领导本单位工会、共青团、妇联等群团基层组织工作。

三、健全社会组织党建工作管理体制和工作机制

5. 健全工作机构。县级以上地方党委要依托党委组织部门和民政部门建立社会组织党建工作机构，已经建立非公有制企业党建工作机构的，可依托党委组织部门将其与社会组织党建工作机构整合为一个机构。党委组织部门对同级社会组织党建工作机构进行指导。上级社会组织党建工作机构对下级社会组织党建工作机构进行指导。

6. 理顺管理体系。全国性社会组织党建工作分别归口中央直属机关工委、中央国家机关工委、国务院国资委党委统一领导和管理。地方社会组织党建工作由省、市、县级社会组织党建工作机构统一领导和管理。上述机关或机构在社会组织党建工作方面的主要职责是：指导基层党组织建设、党员队伍建设、思想政治工作、党的群众工作和党风廉政建设；督促指导所属社会组织党组织按期换届，审批选出的书记、副书记；审核社会组织负责人人选；指导做好党的建设的其他工作。城乡社区社会组织党建工作由街道社区和乡镇村党组织兜底管理。有业务主管单位的社会组织党建工作，由业务主管单位党组织领导和管理，接受社会组织党建工作机构的工作指导。社会组织中设立的党组，对本单位和直属单位党组织的工作进行指导。各地要按照有利于开展党的活动、加强党员教育管理的原则理顺社会组织党组织隶属关系。

7. 完善工作机制。各级党委组织部门和社会组织党建工作机构要加强统筹协调，定期召开有关部门参加的社会组织党建工作会议，及时研究有关重要问题。注重上下联动，及时沟通社会组织党建工作动态信息，研究部署重点任务，运用基层经验推动面上工作。县级以上党委组织部门和社会组织党建工作机构应直接联系一批规模较大、人员较多、影响力强的社会组织党组织，及时了解情况、听取意见、加强指导。

四、推进社会组织党的组织和党的工作有效覆盖

8. 按单位建立党组织。凡有三名以上正式党员的社会组织，都要按照党章规定，经上级党组织批准，分别设立党委、总支、支部，并按期进行换届。规模较大、会员单位较多而党员人数不足规定要求的，经县级以上党委批准可以建立党委。社会组织变更、撤并或注销，党组织应及时向上级党组织报告，并做好党员组织关系转移等相关工作；上级党组织应及时对社会组织党组织变更或撤销作出决定。

9. 按行业建立党组织。行业特征明显、管理体系健全的行业，可依托行业协会商会建立行业党组织。行业党组织对会员单位党建工作进行指导。

10. 按区域建立党组织。在社会组织相对集中的各类街区、园区、楼宇等区域，可以打破单位界限统一建立党组织。规模小、党员少的社会组织可以本着就近就便原则，联合建立党组织。

11. 实现全领域覆盖。本着应建尽建的原则，加大党组织组建力度。暂不具备组建条件的社会组织，可通过选派党建工作指导员、联络员或建立工会、共青团组织等途径开展党的工作，条件成熟时及时建立党组织。新成立的社会组织，具备组建条件的，登记和审批机关应督促推动其同步建立党组织。街道社区、乡镇村党组织要加强对城乡社区社会组织的领导和指导。通过各种方式，逐步实现党的组织和党的工作有效覆盖。

五、拓展社会组织党组织和党员发挥作用的途径

12. 围绕社会组织健康发展开展党组织活动。党组织活动应与社会组织发展紧密结合，积极探索开展主题活动等有效载体，与社会组织执业活动、日常管理、文化建设等相互促进。推行社会组织党员管理层人员和党组织班子成员双向进入、交叉任职。党组织书记应参加或列席管理层有关会议，党组织开展的有关活动可邀请非党员社会组织负责人参加。

13. 贴近职工群众需求开展党组织活动。社会组织党组织要深入了解、密切关注职工群众思想状况和实际需求,创新思想政治教育方式,组织开展群众欢迎的活动,提供群众期盼的服务,加强人文关怀和心理疏导,积极为群众排忧解难,寓教育于服务之中,切实增强党组织的吸引力和影响力。坚持党建带群建、群建促党建,注重发挥工会、共青团、妇联等群团组织作用,形成做好群众工作合力。

14. 突出社会组织特点开展党组织活动。发挥社会组织及其从业人员专业特长,积极开展专业化志愿服务。发挥社会组织人才、信息等资源丰富的优势,主动与社区和其他领域党组织结对共建,实现资源共享、优势互补。发挥社会组织联系广泛的优势,组织党员在从业活动中宣传党的路线方针政策,凝聚社会共识。针对从业人员流动性强的特点,充分利用现代信息技术手段开展活动,增强党组织活动的开放性、灵活性和有效性。

15. 紧扣党员实际创新教育管理服务。着力保障和落实党员知情权、参与权、选举权、监督权,积极推进党务公开,提高党员对党内事务的参与度,发挥党员在党内政治生活中的主体作用。以党性教育为重点,加强党员教育培训,不断提高党员素质。通过设立党员先锋岗、党员责任区、党员服务窗口等形式,积极开展党员公开承诺践诺活动,充分发挥示范带动作用。按照"一方隶属、参加多重组织生活"原则,组织暂未转移组织关系的党员积极参加社会组织党组织的活动。加大发展党员工作力度,始终把政治标准放在首位,加强对入党积极分子的教育培养,注重把符合条件的社会组织负责人和业务骨干发展为党员,注重在没有党员或只有个别党员的社会组织中发展党员。强化党员管理监督,严格组织关系管理,及时处置不合格党员,保持党员队伍的先进性、纯洁性。

16. 贯彻从严要求提高组织生活质量。紧密联系党员思想工作实际,严格落实"三会一课"、民主评议党员、党员党性定期分析等制度。经常听取职工群众对党组织和党员的意见,对存在的问题及时进行整改。按照规定召开党员领导干部民主生活会,定期召开党员组织生活会,积极开展批评和自我批评,教育引导党员守纪律、讲规矩,坚决防止组织生活随意化、平淡化、娱乐化、庸俗化。

六、加强社会组织党务工作者队伍建设

17. 选优配强党组织书记。按照守信念、讲奉献、有本领、重品行的要求,选优配强社会组织党组织书记。党组织书记一般从社会组织内部产生,提倡党员社会组织负责人担任党组织书记。社会组织负责人不是党员的,可从管理层中选拔党组织书记。社会组织中没有合适人选的,可提请上级党组织选派,再按党内有关规定任职。

18. 充实壮大党务工作者队伍。适应加强社会组织党建工作需要,坚持专兼职结合,多渠道、多样化选用,建设一支素质优良、结构合理、数量充足的党务工作者队伍。规模大、党员数量多的社会组织党组织,应配备专职副书记。加大党建工作指导员选派力度,充分发挥其组织宣传、联系服务、协调指导作用。在社会组织相对集中的区域建立党建工作站,配备专兼职人员做好党务工作。

19. 加强党务工作者教育培训。把社会组织党务工作者纳入基层党务干部培训范围,依托各级党校、行政学院、干部学院和高校开展培训。培训工作由党委组织部门、社会组织党建工作机构和民政、司法、财政、税务、教育、卫生计生、工商等有关部门组织实施。重点加强党的理论和路线方针政策、党内法规和国家法律法规、党务知识、社会组织管理等方面的教育培训,提高做好群众工作、服务社会组织发展的能力。

20. 强化管理和激励。坚持严格管理和关心激励相结合,建立健全符合社会组织特点的管理考核和激励约束制度,使社会组织党务工作者干事有平台、待遇有保障、发展有空间。社会组织党组织书记要认真落实党建工作责任制,每年应向上级党组织和本单位党员报告工作并接受评议。根据实际给予党组织书记和专职党务工作者适当工作津贴。注重推荐优秀党组织书记作为各级党代会代表、人大代表、政协委员人选,作为劳动模范等各类先进人物人选,推荐社会组织负责人作为上述人选时,要征求社会组织党组织意见。建立党务工作者职务变动报告制度,党组织书记因坚持原则遭受不公正待遇时,上级党组织应及时了解情况,给予帮助和支持。

七、加强对社会组织党建工作的组织领导

21. 落实领导责任。各级党委要切实加强对社会组织党建工作的领导,把社会组织党建工作纳入党建工作总体布局,作为抓基层党建工作述职评议考核和相关部门领导班子、领导干部考核的重要内容。加强对与行政机关脱钩的社会组织党建工作的领导,确保脱钩不脱管。各级党委组织部门要牵头抓总、统筹协调,社会组织党建工作机构要加强具体指导,民政、司法、财政、税务、教育、卫生计生、工商等部门要结合职能协同做好社会组织党建工作。对履行责任不到位的要追究责任。

22. 强化基础保障。建立多渠道筹措、多元化投入的党建工作经费保障机制。社会组织应将党建工作经费纳入管理费用列支,可按照有关规定据实在企业所得税前扣除。社会组织党员上交的党费全额下拨,党委组织部门可用留存党费给予支持。有条件的地方,可采取多种方式给予必要的经费支持。支持具备条件的社会组织建设党组织活动场所,在社会组织相对集中的区域统筹建设党群活动服务中心。鼓励企事业单位、机关和街道社区、乡镇村党组织与社会组织党组织场所共用、资源共享。加强对社会组织负责人的思想教育,引导他们主动支持党建工作,为党组织开展活动、做好工作提供必要条件,并将有关内容写入社会组织章程。

23. 抓好督促落实。各地区各有关部门要认真研究制定社会组织党建工作规划和年度计划,实行目标管理,加强督促检查,推动工作落实。制定完善社会组织党建工作考核评价

办法，明确奖惩措施，强化结果运用。尊重基层首创精神，不断研究新情况、解决新问题。总结推广经验，培育宣传社会组织党组织、党员和社会组织负责人先进典型，营造社会组织党建工作良好氛围。

各地区各有关部门可结合实际，制定贯彻落实本意见的具体实施办法。

国务院办公厅关于加快推进行业协会商会改革和发展的若干意见

（2007年5月13日 国办发〔2007〕36号）

各省、自治区、直辖市人民政府，国务院各部委、各直属机构：

改革开放以来，我国行业协会、商会（以下统称行业协会）发展较快，在提供政策咨询、加强行业自律、促进行业发展、维护企业合法权益等方面发挥了重要作用。但是，由于相关法律法规不健全，政策措施不配套，管理体制不完善，行业协会还存在着结构不合理、作用不突出、行为不规范等问题。党的十六届三中全会指出，要按市场化原则规范和发展各类行业协会等自律性组织；十六届六中全会进一步强调，要坚持培育发展和管理监督并重，完善培育扶持和依法管理社会组织的政策，发挥各类社会组织提供服务、反映诉求、规范行为的作用，为经济社会发展服务。为加快推进行业协会的改革和发展，更好地适应新形势的需要，经国务院同意，现提出以下意见：

一、行业协会改革发展的指导思想和总体要求

（一）指导思想。以邓小平理论和“三个代表”重要思想为指导，全面贯彻落实科学发展观，按照完善社会主义市场经济体制的总体要求，采取理顺关系、优化结构，改进监管、强化自律，完善政策、加强建设等措施，加快推进行业协会的改革和发展，逐步建立体制完善、结构合理、行为规范、法制健全的行业协会体系，充分发挥行业协会在经济建设和社会发展中的重要作用。

（二）总体要求。一是坚持市场化方向。通过健全体制机制和完善政策，创造良好的发展环境，优化结构和布局，提高行业协会素质，增强服务能力。二是坚持政会分开。理顺政府与行业协会之间的关系，明确界定行业协会职能，改进和规范管理方式。三是坚持统筹协调。做到培育发展与规范管理并重，行业协会改革与政府职能转变相协调。四是坚持依法监管。加快行业协会立法步伐，健全规章制度，实现依法设立、民主管理、行为规范、自律发展。

二、积极拓展行业协会的职能

（三）充分发挥桥梁和纽带作用。各级人民政府及其部门要进一步转变职能，把适宜于行业协会行使的职能委托或转移给行业协会。在出台涉及行业发展的重大政策措施前，应主动听取和征求有关行业协会的意见和建议。行业协会要努力适应新形势的要求，改进工作方式，深入开展行业调查研究，积极向政府及其部门反映行业、会员诉求，提出行业发展和立法等方面的意见和建议，积极参与相关法律法规、宏观调控和产业政策的研究、制定，参与制订修订行业标准和行业发展规划、行业准入条件，完善行业管理，促进行业发展。

（四）加强行业自律。行政执法与行业自律相结合，是完善市场监管体制的重要内容。行业协会担负着实施行业自律的重要职责，要围绕规范市场秩序，健全各项自律性管理制度，制订并组织实施行业职业道德准则，大力推动行业诚信建设，建立完善行业自律性管理约束机制，规范会员行为，协调会员关系，维护公平竞争的市场环境。

（五）切实履行好服务企业的宗旨。行业协会代表本行业企业的利益，必须切实为企业服务。行业协会根据授权进行行业统计，掌握国内外行业发展动态，收集、发布行业信息；依照有关规定创办报刊和网站，开展法律、政策、技术、管理、市场等咨询服务；组织人才、技术、管理、法规等培训，帮助会员企业提高素质、增强创新能力、改善经营管理；参与行业资质认证、新技术和新产品鉴定及推广、事故认定等相关工作；受政府委托承办或根据市场和行业发展需要举办交易会、展览会等，为企业开拓市场创造条件。

（六）积极帮助企业开拓国际市场。行业协会要借鉴国外先进做法，在维护国内产业利益和支持企业参与国际竞争等方面充分发挥作用。要积极组织国内企业尤其是中小企业联合行动，开拓国外市场；建设行业公共服务平台，开展国内外经济技术交流与合作，联系相关国际组织，指导、规范和监督会员企业的对外交往活动；主动参与协调对外贸易争议，积极组织会员企业做好反倾销、反补贴和保障措施的应诉、申诉等相关工作，维护正常的进出口经营秩序。

三、大力推进行业协会的体制机制改革

（七）实行政会分开。行业协会要严格依照法律法规和章程独立自主地开展活动，切实解决行政化倾向严重以及依赖政府等问题。要从职能、机构、工作人员、财务等方面与政府及其部门、企事业单位彻底分开，目前尚合署办公的要限期分开。现职公务员不得在行业协会兼任领导职务，确需兼任的要严格按有关规定审批。行业协会使用的国有资产，要明确产权归属，按照有关规定划归行业协会使用和管理。建立政府购买行业协会服务的制度，对行业协会受政府委托开展业务活动或提供的服务，政府应支付相应的费用，所需资金纳入预算管理。

（八）改革和完善监管方式。要按照政会分开、分类管理、健全自律机制的原则，加强和改进行业协会登记管理工作。登记管理机关、业务主管单位和相关职能部门要加强沟通、密切配合，简化和规范管理内容和方式，逐步建立健全科学、规范、有效的监管体制，为行业协会创造公平、公正的发展环境。

选择若干城市和全国性的行业协会，开展行业协会管理体制改革试点。条件成熟时，调整和改革行业协会间的代管关系。对根据法律法规授权履行特殊职能的注册会计师、注册资产评估师、律师等行业协会，有关部门要依法加强监督和指导。

（九）调整、优化结构和布局。积极推进行业协会的重组和改造，加快建立评估机制和优胜劣汰的退出机制。建立行业协会综合评价体系，定期跟踪评估，对诚信守法、严格自律、作用突出的要予以表彰。行业协会之间可通过适度竞争提高服务质量。在具有产业、产品和市场优势的经济发达地区和城市，可以将地方性的行业协会依法重组或改造为区域性的行业协会。全国性的行业协会可将总部设在产业集中、便于开展服务的地区和城市。积极创造条件，培育一批按市场化原则规范运作，在行业中具有广泛代表性，与国际接轨的行业协会。

四、加强行业协会的自身建设和规范管理

（十）健全法人治理结构。行业协会要建立和完善以章程为核心的内部管理制度，健全会员大会（会员代表大会）、理事会（常务理事会）制度，认真执行换届选举制度，实行民主管理，建立健全党的基层组织，充分发挥党组织的监督保障作用。理事会成员要严格按照民主程序选举产生，会长（理事长）应由理事会提出人选，通过会员大会（会员代表大会）以无记名投票方式选举产生，并逐步实行差额选举。鼓励选举企业家担任会长（理事长）。秘书长可通过选举、聘任或向社会公开招聘等方式产生。

（十一）深化劳动人事制度改革。行业协会要全面实行劳动合同制度，保障工作人员合法权益。建立健全岗位管理制度，完善激励机制，吸引优秀人才，优化人员的年龄、知识结构。加强专业人才队伍建设，行业协会及其分支机构、代表机构要配备专职工作人员，并参照国家有关规定，对符合条件的工作人员进行职称评定。

（十二）规范收费行为。会费收取标准和办法，由行业协会自主确定，经会员大会（会员代表大会）半数以上代表同意后方能生效。行业协会不得从事以营利为目的的经营活动，依法所得不得在会员中分配、不得投入会员企业进行营利。未按照规定履行批准程序，不得针对企业举办全国性或行业性的评比活动，经批准举办的评比活动不得收取费用。行业协会举办展览会、交易会、研讨会、培训等活动可以实行有偿服务，收费应符合国家有关规定，并公开收费依据、标准和收支情况；对依法或经授权强制实施具有垄断性质的仲裁、认证、检验、鉴定以及资格考试等活动的收费，应执行行政事业性收费的有关规定。

（十三）加强财务管理。行业协会要建立健全财务管理、财务核算制度，设立专门的财务人员，并对所属分支机构、代表机构的财务实行统一管理。建立行业协会资产管理制度，并按有关规定接受监督检查。

（十四）加强对外交流管理。行业协会要建立和完善各项对外交流管理制度，在对外交往中遵守法律法规和纪律，维护国家利益。

五、完善促进行业协会发展的政策措施

（十五）落实社会保障制度。行业协会工作人员应按照国家有关规定和属地管理原则，参加当地养老、医疗、失业、工伤和生育等社会保险，履行缴费义务，享受相应的社会保障待遇。

（十六）完善税收政策。财政等部门要根据税制和行业协会改革进展情况，适时研究制定税收优惠政策，鼓励、支持协会加快发展。

（十七）建立健全法律法规体系。有关部门要总结经验，并借鉴发达国家的有益做法，做好立法调研和法律法规起草工作，将行业协会发展纳入法制化轨道。

（十八）加强和改进工作指导。各地区、各有关部门要积极采取措施，指导行业协会开展行业服务、自律、协调等工作。发展改革委要会同民政部等部门，抓紧制订配套措施，地方各级人民政府要结合实际制订具体的实施办法。

国务院办公厅转发民政部关于清理整顿社会团体请示的通知

（1990年6月9日　国办发（1990）32号）

各省、自治区、直辖市人民政府，国务院各部委、各直属机构：

民政部《关于清理整顿社会团体的请示》，已经国务院批准，现转发给你们，望认真贯彻执行。

在改革开放、对外交往、社会主义物质文明建设和精神文明建设中，大多数的社会团体发挥了积极作用。但是由于社会团体管理法规不够健全和管理工作跟不上，致使社会团体中存在不少问题，亟需清理整顿。为了把这项工作做好，各级领导要充分认识对社会团体进行清理整顿的重要性、艰巨性和复杂性，把这项工作列入议事日程，加强领导，认真部署，以保证清理整顿工作的顺利进行。清理整顿工作的情况，可直接告民政部，由民政部汇总报国务院。

民政部关于清理整顿社会团体的请示

（1990年5月18日）

国务院：

党的十一届三中全会以来，我国社会团体发展很快，对于推动改革开放，繁荣社会主义经济、文化、科技、教育事业，促进学术研究和交流以及增进国际民间交往，发挥了积极的作用。但由于长期以来社会团体管理方面的法规不够健全和缺乏有效的管理，致使我国社会团体中存在不少问题：一是由于近年来资产阶级自由化思潮的影响，有些社会团体存在着一些不稳定因素；二是部分社会团体从事以营利为目的的经营活动，干扰了国家正常的经济秩序；三是有些社会团体不经批准非法成立或开展与其名称和宗旨不符的活动；四是社会团体设立过多过滥，业务交叉重复，随意搞摊派或变相摊派，加重了基层和企业的负担。此外，一些联谊性社会团体的不断发展，形成某些利益集团，影响正常的社会经济生活和工作秩序。

根据国务院关于对社会团体要进行清理整顿的指示精神和《社会团体登记管理条例》（以下简称《条例》）的有关规定，我们研究确定，今年社会团体管理工作以清理整顿为重点，并在此基础上进行社会团体的复查登记。现将有关意见请示如下：

一、清理整顿社会团体的基本原则及其内容

通过社会团体的清理整顿，要对社会团体进行复查登记，对非法成立或问题严重的社会团体要坚决取缔，对合法的社会团体要予以确认，维护其合法权益，使我国的社会团体管理工作逐步走上法制化轨道。清理整顿工作主要有以下六个方面的内容：第一，对于反对四项基本原则，长期宣扬资产阶级自由化，特别是在去年动乱和北京反革命暴乱期间，错误严重，造成恶劣影响的社会团体，要坚决取缔；第二，对于以营利为目的，从事与本团体宗旨无关的经营活动，或从事违反本团体章程活动的社会团体，要按《条例》的规定，视情况延缓登记或予以撤销；第三，对于不符合社会需要、重复设置、不具备基本活动条件的社会团体，要予以撤并；第四，对于未经批准擅自成立的社会团体，不予承认，命令解散；如确属社会需要，并符合条件，应按《条例》规定的程序办理成立的登记手续；第五，理顺社会团体与业务主管部门、登记管理机关的关系；第六，加强监督监察，促使社会团体内部健全规章制度，使社会团体活动符合民主程序，纳入法制轨道。

在清理整顿社会团体期间，一般不再审批新的社会团体。

二、清理整顿社会团体的步骤和时间安排

根据《条例》的规定，自《条例》实施之日起1年内，即1990年11月1日前，社会团体复查登记工作应进行完毕。但由于清理整顿难度较大、1/3的省尚未建立社会团体登记管理机构的实际情况，拟从现在起，用1年时间在全国全面开展清理整顿社会团体（包括复查登记）工作。

根据《中共中央关于加强宣传、思想工作的通知》（中发〔1989〕7号）的精神，各地开展清理整顿和复查登记工作，可先从社会科学和文学艺术类社会团体入手，然后逐步对其他社会团体进行清理整顿。

三、清理整顿社会团体工作的组织领导

鉴于清理整顿社会团体工作涉及面广，政策性强，请各地加强领导，并根据本地的实际情况，可以指定专人抓好这项工作，也可以成立临时领导小组或协调小组，日常工作由民政部门负责。全国的社会团体清理整顿工作，由国务院授权民政部负责。

此项工作应扎扎实实地进行，对外不作宣传，不进行公开报道。

以上如无不妥，请批转各地和各部门执行。

社会组织登记管理机关行政处罚程序规定

（2012年8月3日民政部令第44号公布　自2012年10月1日起施行）

第一章　总　　则

第一条　为了促进社会组织健康发展，规范对社会组织行政处罚程序，保护公民、法人和其他组织的合法权益，根据《中华人民共和国行政处罚法》、《中华人民共和国行政强制法》、《社会团体登记管理条例》、《基金会管理条例》、《民办非企业单位登记管理暂行条例》以及相关法律法规，制定本规定。

第二条　本规定所称社会组织，是指在各级民政部门登记管理机关（以下简称登记管理机关）登记的社会团体、基金会和民办非企业单位。

第三条　各级登记管理机关负责管辖在本机关登记的社会组织的行政处罚案件。

第四条　登记管理机关发现不属于本机关管辖的社会组织在本行政区域内有违法行为的，应当及时通报有管辖权的登记管理机关。

有管辖权的登记管理机关可以书面委托违法行为发生地的登记管理机关对社会组织违法案件进行调查。

有管辖权的登记管理机关跨行政区域调查社会组织违法案件的，有关登记管理机关应当积极配合，协助调查。

第五条　登记管理机关发现所调查的案件不属于本机关管辖的，应当将案件移送有管辖权的行政机关处理。

第二章　立案、调查取证

第六条　登记管理机关对同时符合以下条件的社会组织的违法行为，应当立案：

（一）有违反社会组织登记管理规定的违法事实；

（二）属于登记管理机关行政处罚的范围；

（三）属于本机关管辖。

第七条　立案应当填写立案审批表，报登记管理机关负责人审批，登记管理机关应当指定两名以上办案人员负责调查处理。

第八条　立案后，办案人员应当及时调查和收集证据。

办案人员调查和收集证据时，不得少于两人，应当主动出示执法证件。

当事人或者有关人员应当协助办案人员调查，不得拒绝、阻碍、隐瞒或者提供虚假情况。

第九条　办案人员调查和收集证据应当遵循全面、客观、公正原则。

办案人员对案件进行调查,应当收集以下证据:

(一)书证;

(二)物证;

(三)证人证言;

(四)视听资料、电子数据;

(五)当事人陈述;

(六)鉴定意见;

(七)勘验笔录和现场笔录。

上述证据,必须查证属实,才能作为认定事实的依据。

第十条　办案人员与当事人有直接利害关系的,应当回避。当事人有权申请办案人员回避,办案人员也可以自行提出回避。是否回避,由登记管理机关负责人决定。

第十一条　办案人员向当事人、证人或者其他有关人员调查了解情况时,应当进行单独询问,并制作询问笔录。

询问笔录应当交被询问人核对。询问笔录如有错误、遗漏的,应当允许被询问人更正或者补充。经核对无误后,由被询问人在询问笔录上签名或者盖章。被询问人没有阅读能力的,办案人员应当向其宣读。

办案人员应当在询问笔录上签名。

第十二条　办案人员可以要求当事人、证人或者其他有关人员提供证明材料,并要求其在提供的材料上签名或者盖章。

第十三条　办案人员应当收集、调取与案件有关的原件、原物作为书证、物证。收集、调取原件、原物确有困难的,应当收集与原件、原物核对无误的复印件、照片,标明"经核对与原件无误"和出处,并由出具人签名或者盖章。

第十四条　办案人员收集视听资料,应当注明制作方法、制作时间、制作人和证明对象等。

第十五条　登记管理机关在收集证据时,在证据可能灭失或者以后难以取得的情况下,经登记管理机关负责人批准,可以采取先行登记保存措施。

第十六条　先行登记保存有关证据,办案人员应当通知当事人到场,送达先行登记保存通知书,当场告知当事人采取行政强制措施的理由、依据以及当事人依法享有的权利、救济途径,听取当事人的陈述和申辩,并制作现场笔录。

现场笔录由当事人和办案人员签名或者盖章,当事人拒绝的,在笔录中予以注明。当事人不到场的,邀请见证人到场,由见证人和办案人员在现场笔录上签名或者盖章。

办案人员应当当场清点证据,加封登记管理机关先行登记保存封条,并开具证据清单,由当事人和办案人员签名或者盖章,交当事人留存一份,归档一份。

登记保存证据期间,当事人或者有关人员不得损坏、销毁或者转移证据。

第十七条　先行登记保存证据后,登记管理机关应当在7日内作出以下处理决定:

(一)对依法应予没收的物品,依照法定程序处理;

(二)对依法应当由有关部门处理的,移交有关部门;

(三)不需要继续登记保存的,解除登记保存,并根据情况及时对解除登记保存的证据采取记录、复制、拍照、录像等措施。

第十八条　办案人员应当围绕证据的关联性、合法性和真实性,针对有无证明效力对证据进行核实。

第十九条　对收集到的证据材料,办案人员应当制作证据目录,并对证据材料的来源、证明对象和内容作简要说明。

第三章　行政处罚的决定

第二十条　案件调查终结,办案人员应当制作案件调查终结报告。

案件调查终结报告的内容包括:社会组织的基本情况、调查过程、案件事实、法律依据、处理建议等。

办案人员应当将案卷交登记管理机关法制工作机构或者法制工作负责人进行书面审核。审核后,由办案人员将案卷及审核意见报登记管理机关负责人审批。

第二十一条　登记管理机关在作出行政处罚决定之前,应当制作行政处罚事先告知书,告知当事人拟作出行政处罚的事实、理由及依据,并告知当事人依法享有陈述、申辩的权利和其他权利。

当事人可以自收到行政处罚事先告知书之日起3个工作日内提出陈述和申辩。陈述和申辩可以书面或者口头形式提出。当事人口头提出的,办案人员应当制作陈述笔录,交由当事人核对无误后签字或者盖章。

第二十二条　登记管理机关作出限期停止活动、撤销登记以及较大数额罚款处罚的决定前,应当告知当事人有要求举行听证的权利。当事人要求听证的,应当在登记管理机关告知后3个工作日内提出。登记管理机关应当在听证的7日前,通知当事人举行听证的时间、地点。

第二十三条　当事人逾期未提出陈述、申辩或者要求组织听证的,视为放弃上述权利。

登记管理机关应当充分听取当事人的意见,对当事人提出的事实、理由和证据,应当进行复核。

第二十四条　登记管理机关负责人应当对案件调查结果进行审查,根据不同情况分别作出如下决定:

(一)确有应受行政处罚的违法行为的,根据情节轻重及具体情况,作出行政处罚决定;

(二)违法行为轻微,依法可以不予行政处罚的,不予行政处罚;

(三)违法事实不能成立的,不得给予行政处罚;

（四）违法行为涉嫌构成犯罪的，移送司法机关。

对案件情节复杂或者重大违法行为给予限期停止活动、撤销登记以及较大数额罚款等较重处罚的，登记管理机关的负责人应当集体讨论决定。

第二十五条　登记管理机关决定对社会组织给予行政处罚的，应当制作行政处罚决定书。行政处罚决定书应当载明下列事项：

（一）当事人的姓名或者名称、地址；

（二）违反法律、法规或者规章的事实和证据；

（三）行政处罚的种类和依据；

（四）行政处罚的履行方式和期限；

（五）不服行政处罚决定，申请行政复议或者提起行政诉讼的途径和期限；

（六）作出行政处罚决定的登记管理机关名称和作出决定的日期。

行政处罚决定书应当加盖作出行政处罚决定的登记管理机关的印章。

第二十六条　行政处罚决定书应当在宣告后当场交付当事人，由当事人在送达回证上记明收到日期，签名或者盖章。当事人不在场的，应当在7日内依照本规定将行政处罚决定书送达当事人。

第四章　行政处罚的执行

第二十七条　当事人对登记管理机关的行政处罚决定不服，申请行政复议或者提起行政诉讼的，行政处罚不停止执行，法律另有规定的除外。

第二十八条　登记管理机关对当事人作出罚款处罚的，应当严格执行罚款收缴分离制度。登记管理机关及办案人员不得自行收缴罚款。当事人应当自收到行政处罚决定书之日起15日内到指定银行缴纳罚款。

第二十九条　依法没收的非法财物，按照国家有关规定处理。

第三十条　社会组织被限期停止活动的，由登记管理机关封存登记证书（含正本、副本）、印章和财务凭证。停止活动的期间届满，社会组织应当向登记管理机关提交整改报告。

第三十一条　登记管理机关依法责令社会组织撤换直接负责的主管人员的，社会组织应当在登记管理机关规定的期限内执行。

第三十二条　登记管理机关对社会组织作出撤销登记决定的，应当收缴登记证书（含正本、副本）和印章。社会组织拒不缴回或者无法缴回的，登记管理机关可以公告作废。

第三十三条　当事人逾期不履行行政处罚决定的，登记管理机关可以采取下列措施：

（一）到期不缴纳罚款的，每日按罚款数额的百分之三加处罚款，加处罚款的标准应当告知当事人，加处罚款的数额不得超出原罚款数额；

（二）申请人民法院强制执行；

（三）法律规定的其他措施。

第五章　送　　达

第三十四条　办案人员送达法律文书应当有送达回证，由受送达人在送达回证上记明收到日期，签名或者盖章。

受送达人在送达回证上的签收日期为送达日期。

第三十五条　送达法律文书，应当直接送达受送达人，由社会组织的法定代表人、主要负责人或者负责收件的人签收；受送达人有委托代理人的，可以送交其代理人签收；受送达人已向登记管理机关指定代收人的，送交代收人签收。

第三十六条　受送达人拒绝签收法律文书的，送达人应当邀请有关基层组织或者所在单位的代表到场，说明情况，在送达回证上记明拒绝签收事由和日期，由送达人、见证人签名或者盖章，把法律文书留在受送达人的住所，即视为送达。

有关基层组织或者所在单位的代表及其他见证人不愿在送达回证上签名或者盖章的，由送达人在送达回证上记明情况，把送达文书留在受送达人住所，即视为送达。

第三十七条　直接送达法律文书有困难的，有管辖权的登记管理机关可以委托其他登记管理机关代为送达，或者邮寄送达。邮寄送达的，以回执上注明的收件日期为送达日期。

第三十八条　本章规定的其他方式无法送达的，公告送达。自发出公告之日起，经过60日，即视为送达。采用公告送达方式的，应当在案卷中记明原因和经过。

第六章　结案、归档

第三十九条　有下列情形之一的，应予结案：

（一）行政处罚案件执行完毕的；

（二）作出不予行政处罚决定的；

（三）作出不得给予行政处罚决定的；

（四）作出移送司法机关决定的。

第四十条　结案后，登记管理机关应当按照下列要求及时将案件材料整理归档：

（一）案卷应当一案一卷，案卷可以分正卷、副卷；

（二）各类文书和证据材料齐全完整，不得损毁伪造；

（三）案卷材料书写时应当使用钢笔、毛笔或者签字笔。

第四十一条　卷内材料应当按照处罚决定书和送达回证在前、其余材料按照办案时间顺序排列的原则排列。

立案审批表等审批表和内部批件可以放入副卷。

卷内材料应当编制目录，并逐页标注页码。

第四十二条　案卷归档后，任何人不得私自增加或者抽取案卷材料。未经批准，任何单位和个人不得查阅案卷。

第七章　附　　则

第四十三条　本规定有关期间的规定，除注明工作日外，按自然日计算。

期间开始的时和日不计算在内。期间不包括在途时间，期间届满的最后一日为法定节、假日的，以节、假日后的第一日为期间届满的日期。

第四十四条 本规定自2012年10月1日起施行。

社会组织登记管理机关行政执法约谈工作规定（试行）

（2016年3月16日 民发〔2016〕39号）

第一条 为加强对社会组织的事中事后监管，提高行政监管效能，促进社会组织健康有序发展，根据《社会团体登记管理条例》、《基金会管理条例》和《民办非企业单位登记管理暂行条例》，制定本规定。

第二条 社会组织登记管理机关对发生违法违规情形的社会组织，可以约谈其负责人，指出问题，提出改正意见，督促社会组织及时纠正违法违规行为。

第三条 约谈应当遵循依法、合理、及时、有效的原则。

第四条 本规定所称负责人为社会组织的理事长（会长）、副理事长（副会长）、秘书长（院长、校长等）。

前款规定的人员因故不能如期参加约谈的，社会组织应当向登记管理机关书面说明情况，经登记管理机关同意，可以更改约谈时间。

第五条 对同一案件涉及多家社会组织的，可以个别约谈，也可以集中约谈。

第六条 登记管理机关应当制作《约谈通知书》，告知社会组织约谈时间、地点、事项和参加人员等。情况紧急的，可以电话通知社会组织。

第七条 登记管理机关进行约谈时，应当有两名以上执法人员参加，并出示执法证件。必要时可以邀请业务主管单位、行业主管部门、相关职能部门参加。

第八条 约谈按以下程序进行：

（一）执法人员出示证件，表明身份，并核对约谈对象身份；

（二）执法人员告知约谈目的和注意事项；

（三）执法人员指出社会组织的违法违规情形，告知相关法律法规及政策规定；

（四）约谈对象针对本条第（三）项内容进行陈述；

（五）执法人员提出整改意见，对违法违规行为尚未终止的，要求立即停止。

第九条 约谈对象接受整改意见的，应当作出整改承诺；如不接受，则约谈程序终止。

第十条 登记管理机关可以根据需要对约谈过程进行录音、录像。

第十一条 登记管理机关应当制作约谈笔录，约谈结束后由执法人员和约谈对象签字或盖章。约谈对象拒绝签字或盖章的，由执法人员在约谈笔录上注明。

第十二条 对作出整改承诺的社会组织，登记管理机关应当跟踪检查其整改情况。

第十三条 登记管理机关可以将约谈对象、约谈事项、整改承诺等约谈情况及不接受约谈的社会组织名单向社会公布。

第十四条 社会组织的违法违规行为构成行政处罚情形的，登记管理机关不得以约谈代替行政处罚。

第十五条 约谈对象无正当理由不接受约谈，不接受整改意见或不落实整改承诺的，登记管理机关应当及时启动其他执法程序，并将上述情况作为年度检查、等级评估、信用评价、购买服务及税收优惠等工作的参考。

社会组织评估管理办法

（2010年12月27日民政部令第39号公布 自2011年3月1日起施行）

第一章 总 则

第一条 为了规范社会组织评估工作，制定本办法。

第二条 本办法所称社会组织是指经各级人民政府民政部门登记注册的社会团体、基金会、民办非企业单位。

第三条 本办法所称社会组织评估，是指各级人民政府民政部门为依法实施社会组织监督管理职责，促进社会组织健康发展，依照规范的方法和程序，由评估机构根据评估标准，对社会组织进行客观、全面的评估，并作出评估等级结论。

第四条 社会组织评估工作应当坚持分级管理、分类评定、客观公正的原则，实行政府指导、社会参与、独立运作的工作机制。

第五条 各级人民政府民政部门按照登记管理权限，负责本级社会组织评估工作的领导，并对下一级人民政府民政部门社会组织评估工作进行指导。

第二章 评估对象和内容

第六条 申请参加评估的社会组织应当符合下列条件之一：

（一）取得社会团体、基金会或者民办非企业单位登记证书满两个年度，未参加过社会组织评估的；

（二）获得的评估等级满5年有效期的。

第七条 社会组织有下列情形之一的，评估机构不予评估：

（一）未参加上年度年度检查；

（二）上年度年度检查不合格或者连续2年基本合格；

（三）上年度受到有关政府部门行政处罚或者行政处罚尚未执行完毕；

（四）正在被有关政府部门或者司法机关立案调查；

（五）其他不符合评估条件的。

第八条 对社会组织评估，按照组织类型的不同，实行分类评估。

社会团体、基金会实行综合评估，评估内容包括基础条件、内部治理、工作绩效和社会评价。民办非企业单位实行规范化建设评估，评估内容包括基础条件、内部治理、业务活动和诚信建设、社会评价。

第三章 评估机构和职责

第九条 各级人民政府民政部门设立相应的社会组织评估委员会（以下简称评估委员会）和社会组织评估复核委员会（以下简称复核委员会），并负责对本级评估委员会和复核委员会的组织协调和监督管理。

第十条 评估委员会负责社会组织评估工作，负责制定评估实施方案、组建评估专家组、组织实施评估工作、作出评估等级结论并公示结果。

复核委员会负责社会组织评估的复核和对举报的裁定工作。

第十一条 评估委员会由7至25名委员组成，设主任1名、副主任若干名。复核委员会由5至9名委员组成，设主任1名、副主任1名。

评估委员会和复核委员会委员由有关政府部门、研究机构、社会组织、会计师事务所、律师事务所等单位推荐，民政部门聘任。

评估委员会和复核委员会委员聘任期5年。

第十二条 评估委员会和复核委员会委员应当具备下列条件：

（一）熟悉社会组织管理工作的法律法规和方针政策；

（二）在所从事的领域具有突出业绩和较高声誉；

（三）坚持原则，公正廉洁，忠于职守。

第十三条 评估委员会召开最终评估会议须有2/3以上委员出席。最终评估采取记名投票方式表决，评估结论须经全体委员半数以上通过。

第十四条 评估委员会可以下设办公室或者委托社会机构（以下简称评估办公室），负责评估委员会的日常工作。

第十五条 评估专家组负责对社会组织进行实地考察，并提出初步评估意见。

评估专家组由有关政府部门、研究机构、社会组织、会计师事务所、律师事务所等有关专业人员组成。

第四章 评估程序和方法

第十六条 社会组织评估工作依照下列程序进行：

（一）发布评估通知或者公告；

（二）审核社会组织参加评估资格；

（三）组织实地考察和提出初步评估意见；

（四）审核初步评估意见并确定评估等级；

（五）公示评估结果并向社会组织送达通知书；

（六）受理复核申请和举报；

（七）民政部门确认社会组织评估等级、发布公告，并向获得3A以上评估等级的社会组织颁发证书和牌匾。

第十七条 地方各级人民政府民政部门应当将获得4A以上评估等级的社会组织报上一级民政部门审核备案。省级人民政府民政部门应当在每年12月31日前，将本行政区域社会组织等级评估情况以及获得5A评估等级的社会组织名单上报民政部。

第十八条 评估期间，评估机构和评估专家有权要求参加评估的社会组织提供必要的文件和证明材料。参加评估的社会组织应当予以配合，如实提供有关情况和资料。

第五章 回避与复核

第十九条 评估委员会委员、复核委员会委员和评估专家有下列情形之一的，应当回避：

（一）与参加评估的社会组织有利害关系的；

（二）曾在参加评估的社会组织任职，离职不满2年的；

（三）与参加评估的社会组织有其他可能影响评估结果公正关系的。

参加评估的社会组织向评估办公室提出回避申请，评估办公室应当及时作出是否回避的决定。

第二十条 参加评估的社会组织对评估结果有异议的，可以在公示期内向评估办公室提出书面复核申请。

第二十一条 评估办公室对社会组织的复核申请和原始证明材料审核认定后，报复核委员会进行复核。

第二十二条 复核委员会应当充分听取评估专家代表的初步评估情况介绍和申请复核社会组织的陈述，确认复核材料，并以记名投票方式表决，复核结果须经全体委员半数以上通过。

第二十三条 复核委员会的复核决定，应当于作出决定之日起15日内，以书面形式通知申请复核的社会组织。

第二十四条 评估办公室受理举报后，应当认真核实，对情况属实的作出处理意见，报复核委员会裁定。裁定结果应当及时告知举报人，并通知有关社会组织。

第二十五条 评估委员会委员、复核委员会委员和评估专家应当实事求是、客观公正，遵守评估工作纪律。

第六章 评估等级管理

第二十六条 社会组织评估结果分为5个等级，由高至低依次为5A级（AAAAA）、4A级（AAAA）、3A级（AAA）、2A

级(AA)、1A级(A)。

第二十七条　获得评估等级的社会组织在开展对外活动和宣传时,可以将评估等级证书作为信誉证明出示。评估等级牌匾应当悬挂在服务场所或者办公场所的明显位置,自觉接受社会监督。

第二十八条　社会组织评估等级有效期为5年。

获得3A以上评估等级的社会组织,可以优先接受政府职能转移,可以优先获得政府购买服务,可以优先获得政府奖励。

获得3A以上评估等级的基金会、慈善组织等公益性社会团体可以按照规定申请公益性捐赠税前扣除资格。

获得4A以上评估等级的社会组织在年度检查时,可以简化年度检查程序。

第二十九条　评估等级有效期满前2年,社会组织可以申请重新评估。

符合参加评估条件未申请参加评估或者评估等级有效期满后未再申请参加评估的社会组织,视为无评估等级。

第三十条　获得评估等级的社会组织有下列情形之一的,由民政部门作出降低评估等级的处理,情节严重的,作出取消评估等级的处理:

(一)评估中提供虚假情况和资料,或者与评估人员串通作弊,致使评估情况失实的;

(二)涂改、伪造、出租、出借评估等级证书,或者伪造、出租、出借评估等级牌匾的;

(三)连续2年年度检查基本合格的;

(四)上年度年度检查不合格或者上年度未参加年度检查的;

(五)受相关政府部门警告、罚款、没收非法所得、限期停止活动等行政处罚的;

(六)其他违反法律法规规定情形的。

第三十一条　被降低评估等级的社会组织在2年内不得提出评估申请,被取消评估等级的社会组织在3年内不得提出评估申请。

第三十二条　民政部门应当以书面形式将降低或者取消评估等级的决定,通知被处理的社会组织及其业务主管单位和政府相关部门,并向社会公告。

第三十三条　被取消评估等级的社会组织须在收到通知书之日起15日内将原评估等级证书、牌匾退回民政部门;被降低评估等级的社会组织须在收到通知书之日起15日内将评估等级证书、牌匾退回民政部门,换发相应的评估等级证书、牌匾。拒不退回(换)的,由民政部门公告作废。

第三十四条　评估委员会委员、复核委员会委员和评估专家在评估工作中未履行职责或者弄虚作假、徇私舞弊的,取消其委员或者专家资格。

第七章　附　　则

第三十五条　社会组织评估经费从民政部门社会组织管理工作经费中列支。不得向评估对象收取评估费用。

第三十六条　社会组织评估标准和内容、评估等级证书牌匾式样由民政部统一制定。

第三十七条　本办法自2011年3月1日起施行。

社会团体分支机构、代表机构登记办法[①]

(2001年7月30日民政部令第23号发布　根据2010年12月27日民政部令第38号修订)

第一条　为了加强对社会团体分支机构、代表机构的管理,根据《社会团体登记管理条例》有关规定,制定本办法。

第二条　社会团体的分支机构,是社会团体根据开展活动的需要,依据业务范围的划分或者会员组成的特点,设立的专门从事该社会团体某项业务活动的机构。

分支机构可以称分会、专业委员会、工作委员会、专项基金管理委员会等。

社会团体的代表机构,是社会团体在住所地以外属于其活动区域内设置的代表该社会团体开展活动、承办该社会团体交办事项的机构。

代表机构可以称代表处、办事处、联络处等。

第三条　社会团体设立分支机构、代表机构应当按照章程的规定,履行民主程序,经业务主管单位审查同意后,向负责该社会团体登记的登记管理机关提出申请。经登记管理机关准予登记后,方可开展活动。

第四条　社会团体申请设立的分支机构、代表机构应当具备下列条件:

(一)有规范的名称;

(二)有固定的住所;

(三)有符合章程所规定的业务范围。

第五条　社会团体申请设立分支机构、代表机构应当向登记管理机关提交下列文件:

(一)设立申请书;

(二)业务主管单位审查同意的意见;

(三)拟任主要负责人基本情况以及本人所在单位人事部门的意见;

① 该办法根据2010年12月27日民政部令第38号公布的《民政部关于废止、修改部分规章的决定》予以修订第7条、第9条、第15条,同时删除第14条第4项。

（四）住所产权或使用权证明；

（五）社会团体理事会或常务理事会决议；

（六）登记管理机关要求提交的其他材料。

申请书应当包括设立的理由，分支机构、代表机构的业务范围和工作任务。

社会团体设立专项基金管理委员会，应当遵照《社会团体设立专项基金管理机构暂行规定》办理。

社会团体代表机构以及分支机构住所与社会团体住所不在一地的，还需提交拟设在地登记管理机关的意见。

第六条 有下列情形之一的，登记管理机关不予登记：

（一）在社会团体内拟设立的分支机构与已设立的分支机构业务范围相同或者相似的；

（二）拟设立的分支机构冠以行政区划名称，带有地域性特征的；

（三）在分支机构、代表机构下又设立分支机构、代表机构的；

（四）拟设立的分支机构业务与该社会团体宗旨、业务范围无关的；

（五）拟设立代表机构的活动内容、承办事项与该社会团体的业务范围无关的；

（六）拟设立的分支机构、代表机构设定的活动范围超越该社会团体设定的活动地域的；

（七）有法律、行政法规禁止的其他情形的。

第七条 社团登记管理机关自收到本办法第五条所列全部有效文件后，在法定期限内做出准予或者不予登记的决定。准予登记的，由登记管理机关发给《社会团体分支机构登记证书》或《社会团体代表机构登记证书》；对不予登记的，应当将不予登记的决定书面通知社会团体，并说明理由。

社会团体分支机构、代表机构登记事项包括：名称、住所、业务范围、活动地域、负责人。

第八条 符合《社会团体登记管理条例》第十七条规定的社会团体设立分支机构、代表机构，应当向登记管理机关备案。登记管理机关自收到备案文件之日起30日内，发给《社会团体分支机构登记证书》或《社会团体代表机构登记证书》。

第九条 社会团体可以凭登记管理机关颁发的《社会团体分支机构登记证书》或《社会团体代表机构登记证书》向有关部门申请刻制印章。

分支机构因特殊需要建立银行基本存款账户的，由社会团体向登记管理机关申请，经登记管理机关同意后，按有关规定办理。（2010年12月27日删除）

印章式样向登记管理机关备案。

第十条 社会团体办理分支机构、代表机构变更，应当向社团登记管理机关提交下列文件：

（一）社会团体法定代表人签署的变更申请书；

（二）社会团体理事会或常务理事会关于变更事项的会议决议；

负责人变更的还需提交本人的基本情况及身份证明。

住所变更的还需提交新住所产权或使用权证明。

第十一条 社会团体决定注销其分支机构、代表机构，应当经业务主管单位审查同意后，向登记管理机关提交下列文件，申请注销登记：

（一）注销登记申请书；

（二）业务主管单位审查同意的意见；

（三）社会团体理事会或常务理事会决议。

登记管理机关准予注销的，发给注销证明文件，收缴该分支机构、代表机构的《社会团体分支机构登记证书》或《社会团体代表机构登记证书》、印章。

第十二条 社会团体的分支机构、代表机构是社会团体的组成部分，不具有法人资格，其法律责任由设立该分支机构、代表机构的社会团体承担。

社会团体的分支机构应当在社会团体的授权范围内发展会员、收取会费，其发展的会员属于该社会团体的会员，其收取的会费属于该社会团体所有。

社会团体分支机构、代表机构的名称前应当冠以社会团体名称；开展活动，应当使用全称。分支机构、代表机构的英文译名应当与中文名称一致。

第十三条 社会团体在申请设立分支机构、代表机构时弄虚作假的，或者自取得《社会团体分支机构登记证书》或《社会团体代表机构登记证书》之日起1年未开展活动的，由登记管理机关对所设立的分支机构、代表机构予以撤销。

第十四条 社会团体有下列情形之一的，由登记管理机关依据《社会团体登记管理条例》第三十三条规定予以处理：

（一）未经登记，擅自以分支机构、代表机构名义进行活动的；

（二）以分支机构下设的分支机构名义进行活动的；

（三）以地域性分支机构名义进行活动的；

（四）未经批准，擅自开立分支机构银行基本存款账户的；（2010年12月27日删除）

（五）未尽到管理职责，致使分支机构、代表机构进行违法活动造成严重后果的。

第十五条 社会团体注销的，其所属的分支机构、代表机构同时注销。

第十六条 《社会团体分支机构登记证书》、《社会团体代表机构登记证书》的式样由国务院民政部门制定。

第十七条 本办法实施前已经备案的社会团体分支机构、代表机构，应当自本办法施行之日起1年内依照本办法有关规定申请登记。

第十八条　香港特别行政区、澳门特别行政区、台湾地区和外国社会团体在中国大陆设立分支机构、代表机构的，另行规定。

第十九条　本办法自发布之日起施行。

社会团体印章管理规定①

（1993年10月18日民政部、公安部令〔1993〕1号发布　根据2010年12月27日民政部令第38号修订）

为了保障社会团体的合法权益，加强对社会团体印章的管理，根据《社会团体登记管理条例》和《国务院关于国家行政机关和企业、事业单位印章的规定》（国发〔1993〕21号），现对社会团体印章的规格、制发和管理办法规定如下：

一、印章的规格、式样和制发

（一）社会团体的印章为圆形。

（二）全国性社会团体的印章，直径四点五厘米，中央刊五角星，五角星外刊社会团体的名称，自左而右环行，由社团登记管理机关出具证明，经该社团总部所在地的公安机关办理备案手续后，由社团登记管理机关制发。

（三）地方性社会团体的印章，直径四点二厘米，中央刊五角星，五角星外刊社会团体名称，自左而右环行。由地方社团登记管理机关出具证明，经该社团总部所在地的公安机关办理备案手续后，由地方社团登记管理机关制发。

（四）社会团体的办事机构和分支机构印章的尺寸式样及制发与其总部印章相同。社会团体的办事机构和分支机构印章名称前应冠其总部名称，前段自左而右环行，后段可以自左而右横行。

（五）社会团体主办的具有法人资格的实体单位按其登记注册或批准的名称刻制印章。

二、印章的名称、文字、字体和质料

（一）印章所刊名称，应为社会团体的法定名称。印章所刊名称字数过多，不易刻印清晰时，可以适当采用通用的简称。

（二）民族自治地方社会团体的印章，应当并列刊汉文和当地通用的民族文字。

（三）有国际交往的社会团体印章，需标有英文名称的，应当并列刊汉文和英文。

（四）印章印文中的汉字，使用宋体字并应用国务院公布实行的简化字。

（五）印章质料，由制发机关自定。

三、专用印章的制发

（一）钢印直径最大不得超过四点二厘米，最小不得小于三点五厘米，中央刊五角星，五角星外刊社会团体名称，自左而右环行，经社团登记管理机关和公安机关备案后刻制。

（二）其他专用章，在名称、式样上应与正式印章有所区别，经社团登记管理机关和公安机关备案后刻制。

四、印章的管理和缴销

（一）社会团体的印章经社团登记管理机关和有关业务主管部门备案后，方可启用。

（二）对社会团体非法刻制印章的，由公安机关视其情节轻重，对其直接责任者予以500元以下罚款或警告；造成严重后果的，对其主管负责人或直接责任人追究法律责任。

（三）社会团体应建立健全印章管理制度，印章应有专人保管，对于违反规定使用印章造成严重后果的追究保管人和责任人的行政或法律责任。

（四）社会团体变更需要更换印章时，应到社团登记管理机关交回原印章，并按本规定重新刻制。

（五）社会团体办理注销登记，应将全部印章交回社团登记管理机关封存。

（六）社会团体被撤销，由社团登记管理机关收缴其印章。

（七）社会团体印章丢失，经声明作废后，可按本规定程序申请重新刻制。

（八）对于收缴和社会团体交回的印章，由社团登记管理机关登记造册，定期销毁，并将销毁印章的名册送公安机关备案。

五、本规定自发布之日起施行。一九九一年一月十二日发布的《社会团体印章管理的暂行规定》同时废止。

关于规范社会团体开展合作活动若干问题的规定

（2012年9月27日　民发〔2012〕166号）

第一条　为了进一步加强社会团体行为规范，维护社会团体正常活动秩序，规范社会团体开展合作活动，保护社会团体合法权益，制定本规定。

第二条　社会团体开展合作活动，是指社会团体作为独立法人与其他民事主体联合开展业务活动的行为。

第三条　社会团体开展合作活动，应当遵守相关法律法规和政策规定，符合章程规定的宗旨和业务范围，自觉接受登记管理机关、行业主管部门、有关职能部门的监督检查和社会监督。

第四条　社会团体开展合作活动，应当履行内部民主议事程序，根据章程规定和合作事项重要程度，分别提交会员大

① 该规定根据2010年12月27日民政部令第38号公布的《民政部关于废止、修改部分规章的决定》予以修订第1条、第3条及第4条。

会(会员代表大会)、理事会(常务理事会)、会长办公会等讨论决定。

第五条　社会团体开展合作活动,应当签订书面合作协议,明确各方权利、义务,并切实履行职责。

第六条　社会团体开展合作活动,应当对合作方的资质、能力、信用等进行甄别考察,对合作协议内容认真审核,对合作项目全程监督。

第七条　社会团体开展合作活动,涉及使用本组织名称、标志的,应当在合作前对合作方进行必要的调查了解,并对合作内容做好风险评估。

社会团体同意合作方使用本组织名称、标志的,应当与对方签订授权使用协议,明确各方权利、义务和法律责任。

社会团体以"主办单位""协办单位""支持单位""参与单位""指导单位"等方式开展合作活动的,应当切实履行相关职责,加强对活动全程监管,不得以挂名方式参与合作。

社会团体将自身业务活动委托其他组织承办或者协办的,应当加强对所开展活动的主导和监督,不得向承办方或者协办方以任何形式收取费用。

第八条　社会团体不得将自身开展的经营服务性活动转包或者委托与社会团体负责人、分支机构负责人有直接利益关系的个人或者组织实施。

第九条　社会团体合作举办经济实体,应当经理事会研究讨论后提请会员大会(会员代表大会)表决通过,其经营范围应当与社会团体章程规定的宗旨和业务范围相适应。

社会团体应当在资产、机构、人员等方面与所举办经济实体分开,不得利用所举办经济实体向会员或者服务对象强制服务、强制收费。

社会团体和所举办经济实体之间发生经济往来,应当按照等价交换的原则收取价款、支付费用。

社会团体应当加强对所举办经济实体财务情况的监督,并定期向会员大会(会员代表大会)、理事会报告相关情况。

第十条　未经社会团体授权或者批准,社会团体分支机构(代表机构)、专项基金管理机构不得与其他民事主体开展合作活动。经授权或者批准开展合作活动的,应当使用冠有所属社会团体名称的规范全称。

社会团体不得将其分支机构(代表机构)、专项基金管理机构委托其他组织运营。

社会团体不得向其分支机构(代表机构)、专项基金管理机构收取或者变相收取管理费用。

第十一条　社会团体与境外组织或者个人进行合作,应当遵守有关法律法规和外事管理规定。

第十二条　社会团体应当加强合作活动的财务管理,严格按照《中华人民共和国会计法》等法律法规以及《民间非营利组织会计制度》等规定,如实进行会计核算,将全部收支纳入单位法定账册。

第十三条　社会团体开展合作活动,还应当遵守以下规定:

(一)不得超出章程规定的宗旨和业务范围开展活动;

(二)不得以任何形式或者名义强制其他组织或者个人参加,不得强制收取相关费用;

(三)未经批准,不得举办评比达标表彰活动;

(四)与党政机关或者其他组织举办合作项目,应当事先征得合作方同意;

(五)利用党政机关领导干部个人名义进行宣传,应当征得本人同意。

第十四条　社会团体在接受年度检查时,应当向登记管理机关报告上一年度开展合作活动的情况。

民政部办公厅关于加强部业务主管社会组织行为规范的通知

(2015年10月19日　民办函〔2015〕372号)

部业务主管各社会组织:

近期,我部陆续接到举报,反映有些部业务主管社会组织在开展活动中存在行为不规范和冒用民政部名义的问题,有的设立分支机构和专项基金过多过滥,有的对所属机构疏于管理,出现了合作单位以国家民政部主管的社会组织或"国家民政部＊＊基金"等名义开展商业宣传活动的情形,还有的擅自称其开展的投资经营项目得到民政部的认可和支持,造成不良社会影响。为坚持政社分开原则,加强行为规范,维护良好的社会组织发展秩序,现就有关问题通知如下:

一、社会组织应严格遵守《民政部关于印发〈关于规范社会团体开展合作活动若干问题的规定〉的通知》(民发〔2012〕166号)和《民政部关于印发〈关于规范基金会行为的若干规定(试行)〉的通知》(民发〔2012〕124号)的规定,依法依规开展活动。

二、社会组织开展合作活动,应当签订书面合作协议,明确各方权利义务,认真审核协议内容,全程监督合作项目,切实履行职责。

三、社会团体下设分支机构(代表机构)、专项基金管理机构,基金会设立专项基金时应当严格履行有关审批程序,规范有序设立,并切实加强管理。

四、社会组织应当使用规范的名称开展活动,不得冠以民政部名义对外宣传或开展业务活动,分支机构(代表机构)开展活动应当使用冠有所属社会组织名称的规范全称。

对违反行为规范的社会组织,民政部将依法严肃查处。

民政部关于社会团体登记管理有关问题的通知

（2007 年 9 月 12 日　民函〔2007〕263 号）

各全国性社会团体业务主管单位：

近年来，各全国性社会团体业务主管单位加强管理，改善服务，推动了社会团体健康发展。但我部在登记审核、年度检查和执法监督过程中也发现部分社会团体存在一些突出问题。为改进和加强社会团体登记管理有关工作，现通知如下：

一、规范社会团体章程的修订及核准。社会团体确需对章程进行修改、调整的，应在报会员大会（会员代表大会）审议前，书面征求业务主管单位和登记管理机关意见。章程修改经会员大会（会员代表大会）审议通过后，社会团体应按照《社会团体登记管理条例》规定，及时报登记管理机关核准。社会团体修改章程未履行规定程序的，登记管理机关不予受理章程核准。未经核准的章程，不作为社会团体开展活动的依据，社会团体不应擅自发布。

二、加强社会团体民主程序的监督。社会团体会员大会（会员代表大会）、理事会（常务理事会）的召开，领导成员的任期都应遵照章程规定。社会团体会员大会（会员代表大会）因特殊情况需提前或延期进行换届的，应事先以书面形式报业务主管单位和登记管理机关批准同意，社会团体应当在批准期限内完成换届。

三、健全社会团体负责人备案制度。社会团体负责人备案，按照“一届一备、变更必备”的原则进行。社会团体换届产生新一届理事长（会长）、副理事长（副会长）、秘书长后，无论是否发生人员、职务变动，均应按照相关规定，及时到登记管理机关办理负责人变更备案手续。其中属于党政领导干部届满后继续兼任的，需事先根据《关于审批中央管理的干部兼任社会团体领导职务有关问题的通知》（组通字〔1999〕55 号）精神，重新按照干部管理权限履行审批手续。

四、认真审核社会团体负责人任职资格和条件。社会团体应按照《国务院办公厅转发民政部关于清理整顿社会团体意见的通知》（国办发〔1997〕11 号）等文件精神和章程规定，执行社会团体负责人的年龄、任期（届）资格条件。确因特殊原因，需要突破任职资格和条件提名负责人人选的，换届选举前应以书面形式报业务主管单位和登记管理机关批准同意。届内达到最高任职年龄的社会团体负责人，一般应退出领导职位，可以改任名誉职务。根据《国务院办公厅关于加快推进行业协会商会改革和发展的若干意见》（国办发〔2007〕36 号）精神，行业协会、商会负责人未经审批不得由现职公务员担任，并一般不再批准超龄、超届任职。

五、规范社会团体法定代表人任职。社会团体法定代表人须由章程明确的负责人担任，同时不得兼任其他社会团体法定代表人。拟任人选如果已担任其他社会团体法定代表人的，应事先解除已经担任的法定代表人职务。法定代表人人选不是章程明确的负责人的，或者同时担任其他社会团体法定代表人的，登记管理机关不予受理法定代表人变更登记。

六、加强社会团体会费标准的备案管理。社会团体制订、修改会费标准，应按照《民政部、财政部关于调整社会团体会费政策等有关问题的通知》（民发〔2003〕95 号）、《民政部、财政部关于进一步明确社会团体会费政策的通知》（民发〔2006〕123 号）要求，经会员大会（会员代表大会）审议通过后，向业务主管单位、登记管理机关和财政部门备案。制定或修改会费标准时，违反合理性原则，或者未履行规定程序的，登记管理机关不予备案。社会团体不得依未经合法程序制定和备案的标准收取会费，或者超标准收取会费。

七、社会团体如有违反上述要求的，登记管理机关将视情况按基本合格或不合格确定年度检查结论。情节严重的，按照《社会团体登记管理条例》规定进行处罚。请业务主管单位进一步重视社会团体规范化建设，引导社会团体以章程为核心，建立健全法人治理结构和民主管理制度，提高自律性和诚信度，逐步形成自我管理、自我发展、自我约束的运行机制，为构建和谐社会贡献力量。

民政部、海关总署关于社会团体和基金会办理进口慈善捐赠物资减免税手续有关问题的通知

（2016 年 4 月 14 日　民发〔2016〕64 号）

各省、自治区、直辖市民政厅（局），海关总署广东分署、各直属海关：

2015 年 12 月，财政部、海关总署、国家税务总局联合印发 2015 年第 102 号公告，公布了《慈善捐赠物资免征进口税收暂行办法》（以下简称《暂行办法》）。为确保《暂行办法》顺利实施，现将有关社会团体和基金会办理进口慈善捐赠物资减免税手续的有关事宜通知如下：

一、对于《暂行办法》第五条第（三）款规定的社会团体或基金会作为受赠人接受捐赠物资，有关社会团体或基金会向其登记管理的民政部门申请开具《慈善捐赠物资受赠人资格证明》（以下简称《证明》，格式见附件）的，民政部门对符合《暂行办法》第五条第（三）款有关规定的社会团体和基金会应及时出具《证明》。出具《证明》后，有关社会团体和基金会的评估等级或宗旨不再符合《暂行办法》规定的，民政部门应及时通知海关。

二、海关凭民政部门出具的《证明》（正本）和其他规定材料，按照海关总署 2016 年第 17 号公告的规定，对有关社会团

体或基金会进口的捐赠物资进行审核确认，办理减免税手续。

三、省级民政部门和海关要加强联系、通力配合，严格执行和贯彻落实《暂行办法》有关规定。

附件：慈善捐赠物资受赠人资格证明（略）

财政部、民政部关于进一步明确公益性社会组织申领公益事业捐赠票据有关问题的通知

（2016年2月14日　财综〔2016〕7号）

各省、自治区、直辖市、计划单列市财政厅（局）、民政厅（局），新疆生产建设兵团财务局、民政局：

随着我国公益事业的发展和社会公众公益慈善意识的增强，公益性社会组织逐渐成为接受公益事业捐赠的重要主体。为进一步明确公益性社会组织申领公益事业捐赠票据有关问题，现通知如下：

一、在民政部门依法登记，并从事公益事业的社会团体、基金会和民办非企业单位（以下简称公益性社会组织），按照《公益事业捐赠票据使用管理暂行办法》规定，可以到同级财政部门申领公益事业捐赠票据。

二、公益事业捐赠票据实行凭证领用（购）、分次限量、核旧领（购）新的申领制度。

公益性社会组织首次申领公益事业捐赠票据时，应按规定程序先行申请办理《财政票据领用（购）证》，并提交申请函、民政部门颁发的登记证书、组织机构代码证书副本原件及复印件、单位章程（章程中应当载明本组织开展公益事业的具体内容），以及财政部门规定的其他材料。财政部门依据《财政票据管理办法》和《公益事业捐赠票据使用管理暂行办法》，对公益性社会组织提供的申请材料进行严格审核，对符合公益事业捐赠票据管理规定的申请，予以核准，办理《财政票据领用（购）证》，并发放公益事业捐赠票据。

公益性社会组织再次申领公益事业捐赠票据时，应当出示《财政票据领用（购）证》，并提交前次公益事业捐赠票据使用情况，包括册（份）数、起止号码、使用份数、作废份数、收取金额及票据存根等内容。财政部门对上述内容审核合格后，核销其票据存根，并继续发放公益事业捐赠票据。

三、公益性社会组织接受捐赠应当遵守相关法律、行政法规规定，遵循自愿、无偿原则，并严格按照《财政票据管理办法》和《公益事业捐赠票据使用管理暂行办法》使用公益事业捐赠票据，自觉接受财政部门的监督检查。

四、各级财政部门应当加强对公益性社会组织领用（购）、使用、保管公益事业捐赠票据的监督检查，发现违规使用公益事业捐赠票据问题，应予以严肃查处，并及时向有关部门通报，确保票据管理规范有序。

五、各级民政部门要督促公益性社会组织做好公益事业捐赠票据使用管理工作，并将公益性社会组织使用公益事业捐赠票据情况纳入年度检查、评估、执法监察以及公益性社会组织信用信息记录等工作体系中，加强对公益性社会组织监管。

财政部、国家税务总局、民政部关于公益性捐赠税前扣除有关问题的通知

（2008年12月31日　财税〔2008〕160号）

各省、自治区、直辖市、计划单列市财政厅（局）、国家税务局、地方税务局、民政厅（局），新疆生产建设兵团财务局、民政局：

为贯彻落实《中华人民共和国企业所得税法》和《中华人民共和国个人所得税法》，现对公益性捐赠所得税税前扣除有关问题明确如下：

一、企业通过公益性社会团体或者县级以上人民政府及其部门，用于公益事业的捐赠支出，在年度利润总额12%以内的部分，准予在计算应纳税所得额时扣除。年度利润总额，是指企业依照国家统一会计制度的规定计算的大于零的数额。

二、个人通过社会团体、国家机关向公益事业的捐赠支出，按照现行税收法律、行政法规及相关政策规定准予在所得税税前扣除。

三、本通知第一条所称的用于公益事业的捐赠支出，是指《中华人民共和国公益事业捐赠法》规定的向公益事业的捐赠支出，具体范围包括：

（一）救助灾害、救济贫困、扶助残疾人等困难的社会群体和个人的活动；

（二）教育、科学、文化、卫生、体育事业；

（三）环境保护、社会公共设施建设；

（四）促进社会发展和进步的其他社会公共和福利事业。

四、本通知第一条所称的公益性社会团体和第二条所称的社会团体均指依据国务院发布的《基金会管理条例》和《社会团体登记管理条例》的规定，经民政部门依法登记、符合以下条件的基金会、慈善组织等公益性社会团体：

（一）符合《中华人民共和国企业所得税法实施条例》第五十二条第（一）项到第（八）项规定的条件；

（二）申请前3年内未受到行政处罚；

（三）基金会在民政部门依法登记3年以上（含3年）的，应当在申请前连续2年年度检查合格，或最近1年年度检查合格且社会组织评估等级在3A以上（含3A），登记3年以下1年以上（含1年）的，应当在申请前1年年度检查合格或社会组织评估等级在3A以上（含3A），登记1年以下的基金会

具备本款第(一)项、第(二)项规定的条件;

(四)公益性社会团体(不含基金会)在民政部门依法登记3年以上,净资产不低于登记的活动资金数额,申请前连续2年年度检查合格,或最近1年年度检查合格且社会组织评估等级在3A以上(含3A),申请前连续3年每年用于公益活动的支出不低于上年总收入的70%(含70%),同时需达到当年总支出的50%以上(含50%)。

前款所称年度检查合格是指民政部门对基金会、公益性社会团体(不含基金会)进行年度检查,作出年度检查合格的结论;社会组织评估等级在3A以上(含3A)是指社会组织在民政部门主导的社会组织评估中被评为3A、4A、5A级别,且评估结果在有效期内。

五、本通知第一条所称的县级以上人民政府及其部门和第二条所称的国家机关均指县级(含县级,下同)以上人民政府及其组成部门和直属机构。

六、符合本通知第四条规定的基金会、慈善组织等公益性社会团体,可按程序申请公益性捐赠税前扣除资格。

(一)经民政部批准成立的公益性社会团体,可分别向财政部、国家税务总局、民政部提出申请;

(二)经省级民政部门批准成立的基金会,可分别向省级财政、税务(国、地税,下同)、民政部门提出申请。经地方县级以上人民政府民政部门批准成立的公益性社会团体(不含基金会),可分别向省、自治区、直辖市和计划单列市财政、税务、民政部门提出申请;

(三)民政部门负责对公益性社会团体的资格进行初步审核,财政、税务部门会同民政部门对公益性社会团体的捐赠税前扣除资格联合进行审核确认;

(四)对符合条件的公益性社会团体,按照上述管理权限,由财政部、国家税务总局和民政部及省、自治区、直辖市和计划单列市财政、税务和民政部门分别定期予以公布。

七、申请捐赠税前扣除资格的公益性社会团体,需报送以下材料:

(一)申请报告;

(二)民政部或地方县级以上人民政府民政部门颁发的登记证书复印件;

(三)组织章程;

(四)申请前相应年度的资金来源、使用情况,财务报告,公益活动的明细,注册会计师的审计报告;

(五)民政部门出具的申请前相应年度的年度检查结论、社会组织评估结论。

八、公益性社会团体和县级以上人民政府及其组成部门和直属机构在接受捐赠时,应按照行政管理级次分别使用由财政部或省、自治区、直辖市财政部门印制的公益性捐赠票据,并加盖本单位的印章;对个人索取捐赠票据的,应予以开具。

新设立的基金会在申请获得捐赠税前扣除资格后,原始基金的捐赠人可凭捐赠票据依法享受税前扣除。

九、公益性社会团体和县级以上人民政府及其组成部门和直属机构在接受捐赠时,捐赠资产的价值,按以下原则确认:

(一)接受捐赠的货币性资产,应当按照实际收到的金额计算;

(二)接受捐赠的非货币性资产,应当以其公允价值计算。捐赠方在向公益性社会团体和县级以上人民政府及其组成部门和直属机构捐赠时,应当提供注明捐赠非货币性资产公允价值的证明,如果不能提供上述证明,公益性社会团体和县级以上人民政府及其组成部门和直属机构不得向其开具公益性捐赠票据。

十、存在以下情形之一的公益性社会团体,应取消公益性捐赠税前扣除资格:

(一)年度检查不合格或最近一次社会组织评估等级低于3A的;

(二)在申请公益性捐赠税前扣除资格时有弄虚作假行为的;

(三)存在偷税行为或为他人偷税提供便利的;

(四)存在违反该组织章程的活动,或者接受的捐赠款项用于组织章程规定用途之外的支出等情况的;

(五)受到行政处罚的。

被取消公益性捐赠税前扣除资格的公益性社会团体,存在本条第一款第(一)项情形的,1年内不得重新申请公益性捐赠税前扣除资格,存在第(二)项、第(三)项、第(四)项、第(五)项情形的,3年内不得重新申请公益性捐赠税前扣除资格。

对本条第一款第(三)项、第(四)项情形,应对其接受捐赠收入和其他各项收入依法补征企业所得税。

十一、本通知从2008年1月1日起执行。本通知发布前已经取得和未取得捐赠税前扣除资格的公益性社会团体,均应按本通知的规定提出申请。《财政部 国家税务总局关于公益救济性捐赠税前扣除政策及相关管理问题的通知》(财税〔2007〕6号)停止执行。

财政部、国家税务总局、民政部关于公益性捐赠税前扣除有关问题的补充通知

(2010年7月21日 财税〔2010〕45号)

各省、自治区、直辖市、计划单列市财政厅(局)、国家税务局、地方税务局、民政厅(局),新疆生产建设兵团财务局、民政局:

为进一步规范公益性捐赠税前扣除政策,加强税收征管,

根据《财政部 国家税务总局 民政部关于公益性捐赠税前扣除有关问题的通知》(财税〔2008〕160号)的有关规定,现将公益性捐赠税前扣除有关问题补充通知如下:

一、企业或个人通过获得公益性捐赠税前扣除资格的公益性社会团体或县级以上人民政府及其组成部门和直属机构,用于公益事业的捐赠支出,可以按规定进行所得税税前扣除。

县级以上人民政府及其组成部门和直属机构的公益性捐赠税前扣除资格不需要认定。

二、在财税〔2008〕160号文件下发之前已经获得公益性捐赠税前扣除资格的公益性社会团体,必须按规定的条件和程序重新提出申请,通过认定后才能获得公益性捐赠税前扣除资格。

符合财税〔2008〕160号文件第四条规定的基金会、慈善组织等公益性社会团体,应同时向财政、税务、民政部门提出申请,并分别报送财税〔2008〕160号文件第七条规定的材料。

民政部门负责对公益性社会团体资格进行初步审查,财政、税务部门会同民政部门对公益性捐赠税前扣除资格联合进行审核确认。

三、对获得公益性捐赠税前扣除资格的公益性社会团体,由财政部、国家税务总局和民政部以及省、自治区、直辖市、计划单列市财政、税务和民政部门每年分别联合公布名单。名单应当包括当年继续获得公益性捐赠税前扣除资格和新获得公益性捐赠税前扣除资格的公益性社会团体。

企业或个人在名单所属年度内向名单内的公益性社会团体进行的公益性捐赠支出,可按规定进行税前扣除。

四、2008年1月1日以后成立的基金会,在首次获得公益性捐赠税前扣除资格后,原始基金的捐赠人在基金会首次获得公益性捐赠税前扣除资格的当年进行所得税汇算清缴时,可按规定进行税前扣除。

五、对于通过公益性社会团体发生的公益性捐赠支出,企业或个人应提供省级以上(含省级)财政部门印制并加盖接受捐赠单位印章的公益性捐赠票据,或加盖接受捐赠单位印章的《非税收入一般缴款书》收据联,方可按规定进行税前扣除。

对于通过公益性社会团体发生的公益性捐赠支出,主管税务机关应对照财政、税务、民政部门联合公布的名单予以办理,即接受捐赠的公益性社会团体位于名单内的,企业或个人在名单所属年度向名单内的公益性社会团体进行的公益性捐赠支出可按规定进行税前扣除;接受捐赠的公益性社会团体不在名单内,或虽在名单内但企业或个人发生的公益性捐赠支出不属于名单所属年度的,不得扣除。

六、对已经获得公益性捐赠税前扣除资格的公益性社会团体,其年度检查连续两年基本合格视同为财税〔2008〕160号文件第十条规定的年度检查不合格,应取消公益性捐赠税前扣除资格。

七、获得公益性捐赠税前扣除资格的公益性社会团体,发现其不再符合财税〔2008〕160号文件第四条规定条件之一,或存在财税〔2008〕160号文件第十条规定情形之一的,应自发现之日起15日内向主管税务机关报告,主管税务机关可暂时明确其获得资格的次年内企业或个人向该公益性社会团体的公益性捐赠支出,不得税前扣除。同时,提请审核确认其公益性捐赠税前扣除资格的财政、税务、民政部门明确其获得资格的次年不具有公益性捐赠税前扣除资格。

税务机关在日常管理过程中,发现公益性社会团体不再符合财税〔2008〕160号文件第四条规定条件之一,或存在财税〔2008〕160号文件第十条规定情形之一的,也按上述规定处理。

社会团体公益性捐赠税前扣除资格认定工作指引

(2009年7月15日　民发〔2009〕100号)

根据《关于公益性捐赠税前扣除有关问题的通知》(财税〔2008〕160号)规定,符合条件的社会团体可申请公益性捐赠税前扣除资格。为进一步明确申请条件和审核程序,规范申请文件的内容和格式,加强监督管理,确保资格认定工作规范、准确地开展,制定本指引。

一、申请条件

申请公益性捐赠税前扣除资格的社会团体,应当具备下列条件:

1. 符合《中华人民共和国企业所得税法实施条例》第五十二条第(一)项到第(八)项规定的条件;

2. 按照《社会团体登记管理条例》规定,经民政部门依法登记3年以上;

3. 净资产不低于登记的活动资金数额;

4. 申请前3年内未受到行政处罚;

5. 申请前连续2年年度检查合格,或者最近1年年度检查合格且社会组织评估等级在3A以上(含3A);

6. 申请前连续3年每年用于公益活动的支出,不低于上年总收入的70%和当年总支出的50%。

二、申请文件

社会团体申请公益性捐赠税前扣除资格,应当首先对照申请条件进行自我评价。认为符合条件的,填写《社会团体公益性捐赠税前扣除资格申请表》(见附件1),并随表提交以下文件:

1. 申请报告,应当载明以下内容:

(1)基本情况,包括:名称、登记管理机关、业务主管单位、成立登记时间、法定代表人、活动资金、上年末净资产数额、住所、联系方式；

(2)宗旨和业务范围；

(3)申请具备公益性捐赠税前扣除资格相关条件的说明；

(4)最近3个年度开展公益活动的情况；

2.《社会团体法人登记证书(副本)》的复印件；

3. 社会团体章程；

4. 申请前3个年度的资金来源和使用情况、公益活动支出明细、财务报告、注册会计师出具的审计报告；

5. 登记管理机关出具的申请前相应年度的年度检查结论或社会组织评估结论。

三、财务审计

为核实社会团体公益活动支出情况，社会团体应当按照规定格式编制《社会团体公益活动支出明细表》(见附件2)，并提交经有资质的中介机构鉴证的审计报告，包括财务报表审计报告和公益活动支出明细表审计报告。中介机构接受委托进行审计，应当遵循《民间非营利组织会计制度》，按照《社会团体财务审计报告模板》(见附件3)和《社会团体公益活动支出明细表审计报告模板》(见附件4)制作审计报告，对于审计过程中发现不符合资格认定要求的，应当在审计结论中据实说明。

四、资格审核

民政部登记的社会团体，由民政部负责初审。地方民政部门登记的社会团体，由省、自治区、直辖市和计划单列市民政部门负责初审。

民政部门初审同意后，将申请文件和初审意见转交同级财政、税务部门联合进行审核确认。

经审核确认符合条件的社会团体，由民政、财政和税务部门定期予以公布。民政部门初步审核认为不符合条件的，应当书面告知申请人。

五、监督管理

对于已经获得公益性捐赠税前扣除资格的社会团体，登记管理机关应当在年度检查中对照相关规定进行检查，重点检查公益活动支出情况。

已经获得公益性捐赠税前扣除资格的社会团体，参加年度检查时，应当在年度工作报告中对接受捐赠情况和公益活动支出进行专项说明，同时应当提交财务报表的审计报告和公益活动支出明细表的审计报告。

六、取消资格

已经获得公益性捐赠税前扣除资格的社会团体，存在《通知》第十条规定的下列情形之一的，应当取消其公益性捐赠税前扣除资格，通报有关部门，并向社会公告：

1. 年度检查不合格或最近一次社会组织评估等级低于3A的；

2. 在申请公益性捐赠税前扣除资格时有弄虚作假行为的；

3. 存在偷税行为或为他人偷税提供便利的；

4. 存在违反章程的活动，或者接受的捐赠款项用于章程规定用途之外的支出等情况的；

5. 受到行政处罚的。

附件：

1.《社会团体公益性捐赠税前扣除资格申请表》(略)

2.《社会团体公益活动支出明细表》(略)

3.《社会团体财务审计报告模板》(略)

4.《社会团体公益活动支出审计报告模板》(略)

全国性社会团体公益性捐赠税前扣除资格初审暂行办法

(2011年5月18日　民发〔2011〕81号)

一、根据有关法律法规及《关于公益性捐赠税前扣除有关问题的通知》(财税字〔2008〕160号)规定，为做好全国性社会团体公益性捐赠税前扣除资格认定的资格初审工作，特制定本办法。

二、本办法中社会团体是指按照《社会团体登记管理条例》经民政部批准登记的社会团体法人。

三、申请获得公益性捐赠税前扣除资格的社会团体应当具备以下条件：

(一)有确定的公益目的。社会团体设立的宗旨、目的、业务范围等应当符合《公益事业捐赠法》相关规定，服务对象面向社会公众。

(二)财产权利属性清晰。社会团体应当由捐赠资金设立，捐赠者不以任何形式参与财产分配。净资产不低于登记的活动资金数额。全部资产及其增值属于社会团体法人所有，终止后的剩余财产应当交由其他公益性社会组织管理。

(三)公益活动特点突出。公益活动以捐赠、资助、志愿服务为主要形式。公益活动的受益人或者服务对象应当是会员以外的不特定的社会公众。公益活动应当由社会公众自愿参与。社会团体申请前连续3年每年用于公益活动的支出不低于上年总收入的70%，同时需达到当年总支出的50%以上(含50%)。

(四)财务会计工作规范。执行《民间非营利组织会计制度》，设立银行账号，使用规定票据，实行独立会计核算，财务制度健全，内控制度完善。

(五)活动信息公开透明。社会团体组织机构、业务活动、财务管理、负责人和工作人员工资福利支出、捐赠款物管理使用、公益活动支出情况等信息始终公开透明，并通过指定媒体及时向社会公布。

(六)遵纪守法情况良好。在民政部门依法登记3年以上，申请前的3年内未受过行政处罚，申请前连续2年年度检查合格或者最近一次年度检查合格且评估等级为3A以上(含3A)。

四、下列社会团体不属于公益性捐赠税前扣除资格的认定范围:

(一)以企业、事业单位为会员主体和服务对象的行业协会、商会等行业性社会团体;

(二)以从事同一职业或者具有相同职务称谓、职业资格或者执业资格的自然人为会员主体和服务对象的职业性、专业性社会团体;

(三)以具有相同或者相近的教育背景、职业经历、兴趣爱好的自然人为会员主体和服务对象的联谊性、联合性社会团体。

(四)经批准参照公务员管理,工作人员工资福利由国家财政拨款,业务活动由国家财政资金支持的社会团体。

五、社会团体计算公益活动支出比例时,不得将会议、访问、评比表彰、有偿服务等活动的支出计入公益活动支出,不得将社会团体专职工作人员工资福利和行政办公支出计入公益活动成本。

六、申请资格初审的社会团体应当委托民政部门推荐的会计师事务所,按照财税字〔2008〕160号文件及本通知规定,对社会团体的公益活动支出进行逐项审计,在审计报告中对列举的各项公益活动逐项书面说明,包括活动的性质、目的、受益人或者服务对象、活动形式、参与方式、活动支出、活动成果等详细情况。

七、民政部负责对全国性社会团体获得公益捐赠税前扣除资格进行初审,必要时可以通过评估专家委员会进行事前审议。

财政部关于同意统一发放全国性社会团体会费统一票据的函

(2015年11月6日 财综〔2015〕98号)

民政部:

你部《关于商请移交全国性社会团体会费统一票据发放工作的函》(民函〔2015〕308号)收悉。经研究,现就有关问题函复如下:

一、为落实国务院机构改革和职能转变方案,进一步理顺权责关系,按照权力清单制度的相关要求,根据《财政票据管理办法》(财政部令第70号)有关规定,同意由我部统一发放《全国性社会团体会费统一票据》。

二、为保障《全国性社会团体会费统一票据》发放管理工作正常开展,请你部及时将相关事宜通知有关社会团体,并做好现有票据库存的清理、造册、移交等工作。

三、地方性社会团体会费票据的发放管理工作,由各省、自治区、直辖市财政部门与民政部门商定。

四、本文自2016年1月1日起施行。《财政部关于制发全国性社会团体会费收据的复函》(财综字〔1993〕87号)同时废止。

此复。

财政部办公厅关于进一步规范社会团体会费票据使用管理的通知

(2016年8月26日 财办综〔2016〕99号)

为切实加强社会团体会费票据(以下简称社团会费票据)监督管理,规范社团会费票据使用行为,强化社会团体会费收入会计核算和财务监督,根据《财政票据管理办法》(财政部第70号令)有关规定,现将有关事项通知如下:

一、严格限定社团会费票据的适用范围

社团会费票据是依法成立的社会团体向会员收取会费时开具的法定凭证,是财政票据的重要组成部分,是财政、民政、审计等部门进行监督的重要依据。社会团体的其他收入不得使用社团会费票据。

二、统一制定社团会费票据的式样

社团会费票据实行全国统一式样、规格。社团会费票据设置三联,包括存根联、收据联和记账联,各联次采用不同颜色予以区分。基本内容包括票据名称、票据监制章、票据号码、会费名称、标准、数量、金额、交款单位或个人、开票日期、联次、收款单位、收款人、支票号等(具体式样和规格见附件1、附件2)。

三、严格执行社团会费票据的领用程序

会费票据实行凭证申领、分次限量、核旧领新制度。

社会团体首次申领社团会费票据,应向与其注册登记部门同级的财政部门提出申请,提交申请函,说明收取会员费的依据及标准;提供加载统一社会信用代码的社团登记证书及复印件、经民政部门依法核准的单位章程复印件,同级财政部门要求的其他材料,填写《财政票据领用证申请表》。社会团体提供的所有材料均需加盖社会团体公章。受理申请的财政部门审核材料,对符合条件的,办理《财政票据领用证》,并发放社团会费票据。

社会团体再次申领社团会费票据,应当出示《财政票据领用证》,并提交前次申领的社团会费票据存根和使用情况说明,经财政部门审验无误并进行核销后,方可继续申领社团会费票据。

四、进一步规范社团会费票据的使用管理

各社会团体要按本通知规定的使用范围开具社团会费票据,不得擅自扩大社团会费票据使用范围,不得将社团会费票据与其他财政票据、税务发票互相串用。社团会费票据的使用、管理、核销、销毁等按照《财政票据管理办法》有关规定执行。

五、切实加强社团会费票据的监督检查

财政部门要建立健全财政票据监督检查制度，对社团会费票据的印制、使用、管理等情况进行检查。社会团体应自觉接受财政部门对社团会费票据的监督检查。对违反规定申领、使用、管理社团会费票据的社会团体，财政部门应责令其限期整改，并依照《财政票据管理办法》等相关规定进行处理、处罚。整改期间，暂停向其发放社团会费票据。

六、积极推进社团会费票据的电子化改革

各级财政部门要积极推进社团会费票据电子化改革，依托计算机和网络技术手段，对社团会费票据实行电子开票、自动核销、全程跟踪、源头控制，全面提高社团会费票据监管效率和水平。同时，各级财政部门要加强财政票据电子化管理系统安全管理，严格按照规定进行安全定级，实施安全认证，实行数据备份，保障网络安全、系统安全、数据安全。

附件：1. 全国性（XX省、自治区、直辖市）社会团体会费统一票据（机打票）式样（略）

2. 全国性（XX省、自治区、直辖市）社会团体会费统一票据（手工票）式样（略）

民政部、财政部关于取消社会团体会费标准备案规范会费管理的通知

（2014年7月25日　民发〔2014〕166号）

各省、自治区、直辖市民政厅（局）、财政厅（局），各计划单列市民政局、财政局，新疆生产建设兵团民政局、财务局：

为切实转变政府职能，简政放权，推进社会团体依法自治，激发社会团体活力，现就社会团体会费有关事项通知如下：

一、自《通知》发布之日起，社会团体通过的会费标准，不再报送业务主管单位、社会团体登记管理机关和财政部门备案。

二、经社会团体登记管理机关批准成立的社会团体，可以向个人会员和单位会员收取会费。

三、社会团体可以依据章程规定的业务范围、工作成本等因素，合理制定会费标准。

会费标准的额度应当明确，不得具有浮动性。

四、社会团体制定或者修改会费标准，应当召开会员大会或者会员代表大会，应当有2/3以上会员或者会员代表出席，并经出席会员或者会员代表1/2以上表决通过，表决采取无记名投票方式进行。

除会员大会或者会员代表大会以外，不得采取任何其他形式制定或者修改会费标准。

五、社会团体应当自通过会费标准决议之日起30日内，将决议向全体会员公开。

六、社会团体会费应当主要用于为会员提供服务以及按照该社会团体宗旨开展的各项业务活动等支出。

社会团体应当每年向会员公布会费收支情况，定期接受会员大会或者会员代表大会的审查，并在社会团体年检时填报会费收支情况。

七、社会团体收取会费，应当按照规定使用财政部和省（自治区、直辖市）财政部门印（监）制的社会团体会费收据。除会费以外，其他收入不得使用社会团体会费收据。

八、社会团体会费标准的制定、修改，以及会费收取、使用和管理不符合本通知规定的，社会团体登记管理机关可以依据《社会团体登记管理条例》的有关规定，给予相应处罚。

社会团体登记管理机关和财政部门应当对社会团体会费的收支情况进行监督检查，发现问题，及时处理。

九、社会团体收取会费不符合本通知第三条、第四条、第六条规定的，社会团体会员有权拒绝缴纳，并可以向有关部门举报。

《民政部 财政部关于调整社会团体会费政策等有关问题的通知》（民发〔2003〕95号）、《民政部 财政部关于进一步明确社会团体会费政策的通知》（民发〔2006〕123号）自本通知印发之日起同时废止。

民政部关于重新确认社会团体业务主管单位的通知

（2001年2月23日　民发〔2000〕41号）

各省、自治区、直辖市人民政府，中央和国家机关各部委，军委总政治部，各人民团体：

为了贯彻执行《中共中央办公厅、国务院办公厅关于进一步加强民间组织管理工作的通知》（中办发〔1999〕34号）精神，进一步明确社会团体登记管理机关与业务主管单位的管理职责，建立和完善社会团体双重管理体制，使社会团体更好地发挥积极作用，经中共中央、国务院领导同志同意，现就重新确认社会团体业务主管单位的有关问题通知如下：

一、社会团体业务主管单位的管理职责

社会团体业务主管单位的职能应能涵盖所属社会团体的业务范围，并能够对主管的社会团体进行业务指导。各业务主管单位必须对其所主管社会团体负责，按照中共中央、国务院文件和有关法规的规定切实履行管理职责。各业务主管单位应建立相应的管理机构，选派政治强、作风正、素质好的同志具体从事社团管理工作。业务主管单位对其所主管社会团体在其业务主管单位未做新的调整之前，必须负责到底，决不

能撤手不管。

社会团体业务主管单位的管理职责：

（一）负责社会团体筹备申请、成立登记、变更登记、注销登记前的审查；

（二）负责社会团体的思想政治工作、党的建设、财务和人事管理、研讨活动、对外交往、接受境外捐赠资助；

（三）监督、指导社会团体遵守宪法、法律、法规和国家政策，依据章程开展活动；

（四）负责社会团体年度检查的初审；

（五）负责协助登记管理机关和其他有关部门查处社会团体的违法行为；

（六）会同有关机关指导社会团体的清算事宜。

二、社会团体的业务主管单位是指：

（一）国务院组成部委、国务院直属机构、国务院办事机构及地方县级以上人民政府的相应部门和机构；

（二）中共中央各工作部门、代管单位及地方县级以上党委的相应部门和单位；

（三）全国人大常委会办公厅、全国政协办公厅、最高人民法院、最高人民检察院及地方县级以上上述机关的相应部门；

（四）经中共中央、国务院或地方县级以上党委、人民政府授权作为社会团体业务主管单位的组织；

（五）军队系统的社会团体的业务主管单位的问题由总政治部明确。

三、经中共中央、国务院或地方县级以上党委、人民政府授权作为社会团体业务主管单位的组织，应具备以下条件：

（一）能够全面履行社会团体业务主管单位职责的组织；

（二）中央或地方机构编制管理机关"定职能、定机构、定编制"的组织；

（三）有具体机构和人员从事社会团体管理工作的组织；

（四）经中共中央、国务院或地方县级以上党委、人民政府履行过授权程序的组织。

同时具备以上条件的组织，方可作为社会团体的业务主管单位。

四、授权下列组织为全国性社会团体的业务主管单位：

中国社会科学院、国务院发展研究中心、中国地震局、中国气象局、中国证券监督管理委员会、中国保险监督管理委员会、中央党校、中央文献研究室、中央党史研究室、中央编译局、外文局、中华全国总工会、中国共产主义青年团、中华全国妇女联合会、中国文学艺术界联合会、中国作家协会、中国科学技术协会、中华全国归国华侨联合会、中华全国新闻工作者协会、中国人民对外友好协会、中国残疾人联合会、中国职工思想政治工作研究会。

地方县级以上党委、各级人民政府可参照以上意见，根据当地实际情况，对符合第三项前三款条件的组织予以授权。

民政部关于成立以人名命名的社会团体问题的通知

（2000年7月21日　民发〔2000〕168号）

各省、自治区、直辖市民政厅（局），各计划单列市民政局，新疆生产建设兵团民政局：

最近，我部接到地方民政厅关于成立以人名命名社团问题的请示。经研究，并报经中共中央办公厅同意，现通知如下：

一、社会团体名称通常具有表明其活动地域、宗旨和性质的作用，如无特殊需要，一般不以人名命名；

二、以人名命名社会团体，目前只限于确实需要的科技、教育、卫生、文化艺术领域内，对我国和世界做出了巨大贡献、享有盛誉的杰出人物；

三、社会团体一般不以已故或健在的党和国家领导人以及政治活动家的名字命名。

四、地方民政部门在审批以人名命名的社会团体时应多方征求意见，从严把关。凡涉及以党和国家领导人或政治活动家命名的社会团体，应报民政部，经民政部审核同意后，地方民政部门按程序办理登记手续。

民政部关于对部分团体免予社团登记有关问题的通知

（2000年12月1日　民发〔2000〕256号）

为了认真贯彻《社会团体登记管理条例》（以下简称《条例》），经党中央、国务院领导同志同意，现就部分社团不登记和可以免予登记的有关问题通知如下：

一、参加中国人民政治协商会议的人民团体不进行社团登记。参加中国人民政治协商会议的人民团体有：中华全国总工会、中国共产主义青年团、中华全国妇女联合会、中国科学技术协会、中华全国归国华侨联合会、中华全国台湾同胞联谊会、中华全国青年联合会、中华全国工商业联合会。

二、经国务院批准可以免予登记的社会团体有：中国文学艺术界联合会、中国作家协会、中华全国新闻工作者协会、中国人民对外友好协会、中国人民外交学会、中国国际贸易促进会、中国残疾人联合会、宋庆龄基金会、中国法学会、中国红十字总会、中国职工思想政治工作研究会、欧美同学会、黄埔军校同学会、中华职业教育社。

三、上述可以免予登记的团体，如果愿意按《条例》规定到社会团体登记管理机关进行登记和参加年检的，可按照《条例》和有关规定办理登记手续。如果不愿到社会团体登记管理机关进行登记，社会团体登记管理机关在这次社团清理整顿中不再更换新的社会团体法人证书。已经领取社会团体法人证书和已刻制的印章等应退回社会团体登记管理机关。

四、除了国务院批准可以免予登记的社团之外,其他全国性社团和省级及其以下地方性社团都应该按照《条例》的规定履行登记手续。

民政部关于对《中共中央办公厅、国务院办公厅关于党政机关领导干部不兼任社会团体领导职务的通知》有关问题的解释

(1998 年 11 月 3 日　民社函〔1998〕224 号)

各省、自治区、直辖市民政厅(局),各副省级城市民政局:

中共中央办公厅、国务院办公厅《关于党政机关领导干部不兼任社会团体领导职务的通知》(中办发〔1998〕17 号,以下简称《通知》)下发以后,不少地方民政部门和社会团体及有关部门来电询问有关领导干部兼职的具体问题。为了认真贯彻执行《通知》精神,经商中组部取得一致意见,现就领导干部兼职审批工作中的有关问题作如下解释:

一、坚持党政机关领导干部不得在社会团体中兼任领导职务的原则。对因特殊情况确需兼任社会团体领导职务的,应由社会团体业务主管单位征得干部所在单位同意,并经本人所在单位组织、人事部门审核后,由干部主管部门按规定程序报批。

经批准兼职的推荐人选,应按所在社团章程履行规定的程序后,再到相应的社团登记管理机关办理手续。

兼任社会团体领导职务的人员,不得领取社会团体的任何报酬。

二、党政领导干部因特殊情况确需兼任社会团体领导职务的,应按以下原则掌握:其社会团体必须是在国家、地区、行业和社会政治生活中起着重要作用,在中介组织中有一定影响,且主要领导职务一时没有合适人选担任的社团组织,而不是一般的民间性社会团体;在确定社会团体的作用和性质后,确因工作需要,领导干部本人又无其他社会兼职,且所兼任的职务与本职业务相关的,根据实际情况可以批准兼职。

三、领导职务由中央或地方党委管理的团体,其领导干部如兼任其他社会团体的领导职务,参照《通知》精神执行。

四、《通知》适用范围,包括担任现职的副县(处)长以上领导干部,以及按照中共中央、国务院有关规定,经组织部门正式任命的副县(处)级以上非领导职务的人员。

五、《通知》中所指人大机关的领导干部是指正副委员长、正副主任、正副秘书长及人大办事机构和工作机构(仅指法制工作委员会)的副县(处)级以上领导干部;政协机关的领导干部是指正副主席、正副秘书长及政协全国委员会办公厅和各级地方政协办事机构的副县(处)级以上领导干部。

六、全国人大、全国政协专职常委兼任社会团体领导职务,需按《通知》规定审批。地方各级人大、政协专职常委的兼职,由各地根据实际工作需要研究确定。

七、现已退出领导岗位,尚未办理离退休手续的人员,兼任社会团体领导职务按《通知》规定审批。

八、国家各金融机构中属于中央管理的干部兼任社会团体领导职务按《通知》规定审批,其他干部兼职由各单位按《通知》规定精神自行掌握。

九、中央、国家机关司(局)长兼任社会团体领导职务,由有关部委按照干部管理权限审批。

十、党政机关在职副县(处)级以上领导干部兼任社会团体名誉职务、常务理事、理事,可不报批。

十一、县级党政机关所属各部门领导干部兼任社会团体领导职务的问题,参照《通知》精神,由各省、自治区、直辖市在制定本地区的实施办法中予以明确。

十二、《通知》规定不适用于企业及没有行政管理职能的事业单位。

民政部、人事部关于全国性社会团体专职工作人员人事管理问题的通知

(2000 年 12 月 7 日　民发〔2001〕263 号)

中央和国家机关各部委,解放军总政治部,各人民团体:

为了贯彻落实《中共中央办公厅、国务院办公厅关于进一步加强民间组织管理工作的通知》(中办发〔1999〕34 号)精神,制定和完善社会团体的人事管理政策,充分发挥社会团体在社会主义物质文明和精神文明建设中的积极作用,现就全国性社会团体专职工作人员的人事管理问题通知如下:

一、全国性社会团体专职工作人员人事管理工作,是一项政策性强、涉及面广的工作,业务主管单位必须予以高度重视,认真加强管理。民政部、人事部要对社会团体专职工作人员的人事管理工作进行指导、监督、检查,使社会团体的人事管理工作逐步走向法制化、规范化的轨道。

二、全国性社会团体专职工作人员,其档案管理、档案工资、社会保险、职称评定、住房公积金、婚姻状况证明、出国政审证明等人事管理工作,参照国家对事业单位的有关规定执行,由人事部全国人才流动中心或人事部、民政部共同指定的有人事代理权的机构代理。

三、设有人事管理部门或设有专兼职人事管理干部的全国性社会团体,以及专职工作人员的人事管理工作已由业务主管单位人事部门统一管理的全国性社会团体,其人事管理工作可仍按现行管理办法进行。

四、全国性社会团体从离、退休人员中聘任的社会团体专职工作人员，其人事管理工作由被聘人员原单位人事部门负责，具体管理工作依照国家有关规定进行。原单位要创造便利条件，支持这些人员在社会团体的工作。

五、人事部人才流动中心或人事部、民政部共同指定的人事代理权的机构要以高度负责的精神，做好全国性社会团体专职工作人员的人事代理工作，并定期向民政部、人事部和全国性社会团体业务主管单位通报有关情况。

六、全国性社会团体业务主管单位要将本通知的内容及时传达至所属社会团体。全国性社会团体需要办理人事代理的，接本通知后，到人事部人才流动中心或人事部、民政部共同指定的有人事代理权的机构办理对专职工作人员进行人事管理的代理手续。

中共中央宣传部办公厅、民政部办公厅关于加强对民间组织宣传报道管理的通知

（2001年9月25日　民办函〔2001〕170号）

各省、自治区、直辖市党委宣传部，各省、自治区、直辖市人民政府民政厅（局）：

随着我国社会主义市场经济体制的建立和不断完善，民间组织有了较快发展。各类民间组织在社会政治、经济、科技、文化、体育、卫生等领域发挥着越来越重要的作用。但也出现了一些不容忽视的问题，一些人未经民政部门依法登记，擅自以社会团体或民办非企业单位名义组织社会活动，进行违法经营、经济诈骗，甚至从事违法政治活动。尤其值得注意的是，他们在进行非法活动时，采取隐瞒、欺骗的手段，骗取一些新闻单位的信任，为其活动做宣传报道，在社会上产生了极大欺骗性，严重干扰正常的经济秩序，影响社会政治稳定。为了进一步贯彻落实中央关于加强民间组织管理工作的精神，加强对民间组织宣传报道的管理，根据《社会团体登记管理条例》和《民办非企业单位登记管理暂行条例》的规定，现就民间组织宣传报道有关问题通知如下：

一、各级宣传部门和民政部门要高度重视民间组织宣传报道工作，增强政治责任感和敏锐性，坚持正确的舆论导向，保障社会经济发展和政治稳定，防微杜渐，堵塞漏洞，坚决杜绝为非法民间组织活动做宣传报道。

二、各级民政部门要加强对民间组织的法制宣传教育，不断增强民间组织的法制意识。民间组织召开国际研讨会、举办国际展览会和大型慈善捐赠等活动，应严格执行报批制度，持证活动。在邀请或接受新闻单位为其活动进行宣传报道时，要主动向新闻单位出示登记证书及有关部门的批准文件，积极配合新闻单位做好宣传报道工作。

三、各级宣传部门和有关新闻单位要对民间组织宣传工作从严把关，新闻单位在对民间组织开展的活动进行报道前，应首先确认该组织的合法性，验证其是否具有民政部门制发的登记证书及需要有关部门批准的有效文件，经核实无误后再进行报道。对未经民政部门登记，擅自以社会团体或民办非企业单位名义进行活动的非法民间组织，不得公开宣传报道。

四、各级民政部门要进一步健全监管措施，充分利用舆论和社会监督信息，加大管理力度，对非法民间组织和民间组织的违法行为，一经发现，应依法果断予以查处，将其消除在萌芽状态之中。对于查处中的典型案例，通过新闻媒体及时予以曝光。

五、各级民政部门应加强与宣传部门和新闻单位的联系，及时沟通有关情况，共同分析、研究解决工作中的有关问题，按照中央的要求，做好民间组织的宣传报道工作，引导支持民间组织在社会主义物质文明和精神文明建设中建功立业，促进我国社会主义现代化建设事业的顺利进行。

民政部主管的社会团体管理暂行办法

（1998年6月12日　民社发〔1998〕6号）

第一条　为了适应政府转变职能和民政工作的需要，更好地发挥民政部主管的社团的积极作用，依据《社会团体登记管理条例》，制定本办法。

第二条　社团具有独立的法人资格，独立承担民事责任，依据登记的章程独立自主地开展各项活动和管理内部事务。

第三条　社团接受部委托职能以项目协议的形式实施，明确职责、经费与合作关系。

社团的业务活动、党组织建设、有关的人事和外事工作分别由相关业务司局、部直属机关党委、人事教育司和外事司主管。

社团的登记年检和违法、违纪行为的查处，由民间组织管理局主管。

受部委托，中华慈善总会由民间组织管理局主管；中国社会福利协会、中国假肢协会、中国殡葬协会由社会福利与社会事务司主管；中国救灾协会由救灾司主管；中国社会工作协会由办公厅主管；中国行政区划地名研究会由区划地名司主管；中国老年大学学会、中国老年学学会、中国老年基金会由中国老龄协会主管。

部主管司、局（厅）不得从社团中牟取任何经济利益。

第四条　社团必须认真执行党的政策、遵守国家的法律、法规，自觉接受民政部及授权司、局（厅）管理。

第五条　社团变更法定代表人，由业务主管司、局（厅）推荐，人事教育司审核，部党组研究同意，经理事会（常务理事

会）讨论通过后，向民间组织管理局申请变更登记。

第六条 社团秘书长以上负责人更换，应由人事教育司会同业务主管司、局（厅）对拟任负责人进行审查，社团依据章程履行民主程序后，向民间组织管理局办理有关备案手续。

第七条 部机关在职公务员，均不得在社团中兼任领导职务。因特殊情况确需在社团中兼任领导职务的，必须按干部管理权限进行审批，依章程规定履行民主程序后，由民间组织管理局办理有关手续。

第八条 社团常设办事机构中要按中共中央组织部和民政部《关于在社会团体中建立党组织有关问题的通知》（组通字〔1998〕6号）规定建立健全党的组织。

第九条 社团变更名称（住所、业务主管部门、注册资金），依据章程履行民主程序，应经业务主管司、局（厅）审查后，向民间组织管理局申请变更登记。

社团修改章程，应经业务主管司、局（厅）审查同意后，向民间组织管理局申请核准。

第十条 社团设立（变更或注销）分支机构、派出机构，由理事会（常务理事会）讨论通过，经业务主管司、局（厅）审查后，向民间组织管理局申请办理有关登记手续。

第十一条 社团开展对外交活动和申请公务出国，由业务主管司、局（厅）审查，外事司审核报批。

第十二条 社团开展重大业务活动，如召开大型研讨会、举办展览会等，应由业务主管司、局（厅）审查核准。

第十三条 社团的主要经费来源：

（一）会费；

（二）社团发展基金利息；

（三）开展咨询、培训、课题研究等有偿服务活动的收入；

（四）兴办或管理与宗旨业务相关的实体，按协议取得的收入；

（五）政府部门资助；

（六）社会捐赠。

第十四条 社团接受和使用捐赠、资助，必须符合章程规定的宗旨和业务范围，遵守国家有关规定，并接受民间组织管理局指定的会计师事务所的审计。经部批准建立的社团发展基金，社团不得以任何理由使用本金。

第十五条 社团应依据国家财政部门有关规定，建立健全财务管理制度，聘用有执业资格的财会人员从事财务工作，定期公布财务收支情况，并接受部和有关部门的财务审计监督。

第十六条 社团兴办与宗旨、业务相关的实体，应经业务主管司、局（厅）审查同意，报部领导批准，依据有关规定到工商行政管理机关办理登记手续后，向民间组织管理局备案。社团对自身兴办和部委托代管的实体，要加强管理，切实负起责任。所有社团不得接受社会有关实体的挂靠。

第十七条 社团每年3月前对上一年度工作、财务情况进行自检，按规定填写年检报告书和接受会计师事务所对其财务的审计。以上材料经业务主管司、局（厅）签署有关意见后，报送民间组织管理局审定。

第十八条 社团申请注销登记，应在业务主管司、局（厅）指导下，成立清算组织，完成清算工作，提交法定代表人签署的注销登记申请书、业务主管司、局（厅）的审查意见、部长办公会议同意注销登记的纪要以及清算报告书。经民间组织管理局注销登记后，发给注销登记文件，收缴社团登记证书、印章及财务凭证。

本办法未尽事宜，依照《社会团体登记管理条例》和国家有关规定执行。

企业事业单位和社会团体代码管理办法

（1993年7月13日 技监局发〔1993〕14号）

第一条 为了建立社会主义市场经济体制，加强对企业事业单位和社会团体的管理，根据国务院关于建立企业事业单位和社会团体统一代码标识制度的有关规定，特制定本办法。

第二条 本办法所称企业事业单位和社会团体，指依照中华人民共和国行政法规规定，经核准登记或批准成立的下列企业事业单位和社会团体：

（一）经县级以上（含县级）企业法人登记主管机关核准登记，取得法人资格的国有企业、集体企业、联营企业，在中华人民共和国境内设立的中外合资经营企业、中外合作经营企业、外资企业、私营企业，以及依法需要办理企业法人登记的其他企业。

（二）经县级以上（含县级）机构编制主管机关批准成立（含负责管理，下同），具有法人资格的各类事业单位。

（三）经县级以上（含县级）社会团体登记管理机关核准登记，取得法人资格的社会团体。

（四）经县级以上（含县级）企业法人登记主管机关、机构编制主管机关和社会团体登记管理机关核准登记或批准成立，不具有法人资格的企业事业单位和社会团体。

第三条 本办法所称企业事业单位和社会团体代码，分法人代码和法人分支机构代码。企业事业单位和社会团体具有法人资格的，其代码是法人代码；不具有法人资格的，其代码是法人分支机构代码。

第四条 企业事业单位和社会团体代码管理工作的任务是划分代码区段，制作、分配和赋予代码，颁发代码证书，以及建立代码自动化管理系统。

第五条 国务院标准化行政主管部门负责组织协调全国企业事业单位和社会团体的代码管理工作，履行以下职责：

（一）组织制定有关的国家标准和工作规范；

（二）指导国务院有关行政主管机关和省、自治区、直辖市以及计划单列市人民政府标准化行政主管部门的代码管理工作，协调和处理有关代码管理工作问题；

（三）对标准和工作规范的实施情况进行监督检查；

（四）划分国务院以及各省、自治区、直辖市和计划单列市企业法人登记主管机关、机构编制主管机关和社会团体登记管理机关负责赋予的法人代码区段和法人分支机构代码区段；

（五）制作并分配国务院企业法人登记主管机关、机构编制主管机关和社会团体登记管理机关负责赋予的法人代码和法人分支机构代码；

（六）统一印制全国企业事业单位和社会团体代码证书；

（七）颁发经国务院企业法人登记主管机关、机构编制主管机关和社会团体登记管理机关核准登记或批准成立的企业事业单位和社会团体的代码证书，并组织协调省、自治区、直辖市和计划单列市人民政府标准化行政主管部门颁发代码证书工作；

（八）建立全国企业事业单位和社会团体代码管理数据库。

第六条　国务院企业法人登记主管机关、机构编制主管机关和社会团体登记管理机关按各自职能分别负责组织全国企业事业单位和社会团体的代码赋予工作，履行以下职责：

（一）贯彻有关的国家标准和工作规范，并制定在本系统实施的具体办法；

（二）指导省、自治区、直辖市和计划单列市企业法人登记主管机关、机构编制主管机关和社会团体登记管理机关的代码赋予工作；

（三）赋予由本机关核准登记或批准成立的企业事业单位和社会团体的代码。

第七条　省、自治区、直辖市和计划单列市人民政府标准化行政主管部门根据国务院标准化行政主管部门所授权限，负责组织协调本行政区域内企业事业单位和社会团体的代码管理工作，履行以下职责：

（一）贯彻有关的国家标准和工作规范，并组织制定本行政区域内实施的具体办法；

（二）指导本行政区域人民政府有关行政主管机关的代码管理工作，协调和处理有关代码管理工作问题；

（三）对标准和工作规范的实施情况进行监督检查；

（四）划分本行政区域各级人民政府企业法人登记主管机关、机构编制主管机关和社会团体登记管理机关负责赋予的法人代码区段和法人分支机构代码区段；

（五）制作并分配本行政区域各级人民政府企业法人登记主管机关、机构编制主管机关和社会团体登记管理机关赋予的法人代码和法人分支机构代码；

（六）颁发经省、自治区、直辖市和计划单列市企业法人登记主管机关、机构编制主管机关和社会团体登记管理机关核准登记或批准成立的企业事业单位和社会团体的代码证书；

（七）建立属本行政区域各级人民政府管辖权限范围的企业事业单位和社会团体代码管理数据库。

第八条　省、自治区、直辖市和计划单列市企业法人登记主管机关、机构编制主管机关和社会团体登记管理机关按各自职能分别负责组织属本行政区域各级人民政府管辖权限范围的企业事业单位和社会团体的代码赋予工作，履行以下职责：

（一）贯彻有关的国家标准、工作规范以及上级行政主管机关和所在行政区域人民政府的有关规定，并制定实施的具体办法；

（二）指导市、县企业法人登记主管机关、机构编制主管机关或社会团体登记管理机关的代码赋予工作；

（三）赋予由本机关核准登记或批准成立的企业事业单位和社会团体的代码。

第九条　市、县人民政府标准化行政主管部门根据省、自治区、直辖市和计划单列市人民政府标准化行政主管部门所授权限，负责属本行政区域人民政府管辖权限范围的企业事业单位和社会团体的代码证书颁发、管理以及建立代码数据库工作。

第十条　市、县企业法人登记主管机关、机构编制主管机关和社会团体登记管理机关按各自职能分别负责由本机关核准登记或批准成立的企业事业单位和社会团体的代码赋予工作。

第十一条　各级企业法人登记主管机关、机构编制主管机关和社会团体登记管理机关应当根据本机关核准登记或批准成立的企业事业单位和社会团体的实际数量，向分配代码的标准化行政主管机关提出分配代码的申请。

第十二条　分配代码的标准化行政主管部门，应当根据企业法人登记主管机关、机构编制主管机关和社会团体登记管理机关报送的企业事业单位和社会团体实际数量，再附加一定比例的备用余量划分代码区段，并按照中华人民共和国国家标准 GB11714《全国企业事业单位和社会团体代码编制规则》的规定，组织完成该区段代码的制作工作。

第十三条　省、自治区、直辖市和计划单列市人民政府标准化行政主管部门应当在每年一季度以前将本部门上一年度划分的代码区段报国务院标准化行政主管部门备案。

第十四条　各级企业法人登记主管机关、机构编制主管机关和社会团体登记管理机关应当在分配给本机关的代码全部赋予完毕之前，向分配代码的标准化行政主管部门提出追加分配代码的申请。

申请办法按照本办法第十一条的规定执行。

第十五条　各级企业法人登记主管机关、机构编制主管机关和社会团体登记管理机关未经分配代码的标准化行政主管部门同意,不得擅自变更代码区段范围。

第十六条　各级企业法人登记主管机关、机构编制主管机关和社会团体登记管理机关应当按照分配代码的标准化行政主管部门分配的法人代码和法人分支机构代码,向本机关核准登记或批准成立的企业事业单位或社会团体赋予法人代码或法人分支机构代码。代码的赋予顺序,按所分配代码数值(不含校验码数值)从小到大次序。

第十七条　各级企业法人登记主管机关、机构编制主管机关和社会团体登记管理机关应当按有关规定,分别将所赋予的代码标注在有关登记证书或批准文件的明显位置。

第十八条　经注销(撤销)的企业事业单位和社会团体,各级企业法人登记主管机关、机构编制主管机关或社会团体登记管理机关应当废置其代码。代码一经废置,不得重新赋予其他企业事业单位和社会团体。

第十九条　企业事业单位和社会团体应当在企业法人登记主管机关、机构编制主管机关和社会团体登记管理机关核准登记或批准成立30日内,到同级标准化行政主管部门办理申领代码证书手续。

第二十条　办理申领代码证书的企业事业单位和社会团体应当向标准化行政主管部门提交有关登记证书和批准文件,并按规定填写《企业事业单位和社会团体代码申报表》。

第二十一条　标准化行政主管部门应当依据企业事业单位和社会团体提交的有关登记证书或批准文件,对企业事业单位和社会团体填写的代码申报表内容进行审查,经核准后退还所提交的登记证书或批准文件,并分别颁发以下代码证书:

(一)对具备法人资格的企业,颁发《中华人民共和国企业法人代码证书》;

(二)对不具备法人资格的企业,颁发《中华人民共和国企业代码证书》;

(三)对具备法人资格的事业单位,颁发《中华人民共和国事业法人代码证书》;

(四)对不具备法人资格的事业单位,颁发《中华人民共和国事业单位代码证书》;

(五)对具备法人资格的社会团体,颁发《中华人民共和国社团法人代码证书》;

(六)对不具备法人资格的社会团体,颁发《中华人民共和国社会团体代码证书》。

第二十二条　《中华人民共和国企业法人代码证书》、《中华人民共和国企业代码证书》、《中华人民共和国事业法人代码证书》、《中华人民共和国事业单位代码证书》、《中华人民共和国社团法人代码证书》、《中华人民共和国社会团体代码证书》分为正本和副本,具有同样法律效力。标准化行政主管部门根据企业事业单位和社会团体的申请,可以颁发代码证书副本若干份。

第二十三条　企业事业单位和社会团体应当在企业法人登记主管机关、机构编制主管机关和社会团体登记管理机关核准变更、注销登记或批准变更、撤销后30日内,到颁发代码证书的标准化行政主管部门办理换领或注销代码证书手续。

第二十四条　办理换领或注销代码证书手续的企业事业单位和社会团体,应当向标准化行政主管部门提交有关登记证书或批准文件,并按规定填写《企业事业单位和社会团体代码变更申报表》或《企业事业单位和社会团体代码注销申报表》,经标准化行政主管部门审查核准后,换发或收缴代码证书。

第二十五条　《企业事业单位和社会团体代码申报表》、《企业事业单位和社会团体代码变更申报表》和《企业事业单位和社会团体代码注销申报表》格式,由国务院标准化行政主管部门制定。

第二十六条　代码证书自颁发之日起四年内有效。企业事业单位和社会团体应当在有效期满后30日内,持代码证书的正本和副本到颁发证书的标准化行政主管机关办理换证手续。

第二十七条　代码证书是企业事业单位和社会团体获得在全国范围内唯一的、始终不变的法定代码的凭证。任何组织或个人不得伪造、涂改、转让和出借代码证书。对有上述违法行为的组织或个人,由颁发代码证书的标准化行政主管部门责令限期改进,并可通报批评;有关行政主管部门可依据职权给予责任者行政处分。

第二十八条　企业事业单位和社会团体代码是强制应用的代码。代码应用的范围和具体办法,由国务院标准化行政主管部门会同国务院计划、经贸、公安、财政、劳动、金融、统计、税务等行政主管部门另行制定。

第二十九条　本办法由全国组织机构代码管理中心负责解释。

第三十条　本办法自颁布之日起实施。凡与本办法相违背的规定即行废止。

社会组织统一社会信用代码实施方案(试行)

(2015年12月30日　民办函〔2015〕468号)

按照《国务院关于批转发展改革委等部门法人和其他组织统一社会信用代码制度建设总体方案的通知》(国发〔2015〕33号)要求,为做好社会组织统一社会信用代码工作,制定本方案。

一、任务目标

实施统一社会信用代码(以下简称"统一代码")制度,统筹码段资源管理，稳步实施源头赋码，准确制发统一代码，建立存量映射关系，规范基础业务报表，加强社会组织信息发布，推动统一代码的应用。

二、实现路径

（一）分配主体标识码码段，制成统一代码。

省级民政部门取得主体标识码码段后，根据本省各级登记管理机关五年内各类社会组织发展所需数量，利用统一下发的全国社会组织统一社会信用代码制发系统，分配省本级和地级、县级码段，并生成各类《社会组织统一代码使用一览表》。

有全省统一业务管理系统的，通过系统进行统一代码的分发和使用；没有全省统一业务管理系统的，将已生成的《社会组织统一代码一览表》逐级发放。

建议省级民政部门将本省主体标识码总量的四分之一作为预留码。

（二）使用统一的基础业务报表。

各地将业务报表分为基础部分和扩展部分，基础部分全国统一使用，扩展部分各地根据工作需要自行制定。全省的业务报表尽量统一，以便汇总全省社会组织的信息。

（三）印制并换发新的社会组织登记证书。

各地按照《民政部关于改变社会组织登记证书印制及征订方式的通知》中的标准执行。

对于新成立的社会组织赋予统一代码，颁发新证书，只打印统一代码。

对于已登记的社会组织，利用变更、备案、年检、证书到期、会议培训、评估表彰等机会，进行逐步有序换发新证书。

（四）建立统一代码与登记证号的映射关系。

映射关系的建立是后期业务办理和及时换发证书的基础。各地取得统一代码后，对于已登记管理的社会组织，要建立起统一代码与登记证号的映射关系，完成统一代码的预赋工作。有业务系统的地方要在数据库中增加“统一代码”数据项，将统一代码与登记证号关联使用，逐步建立起以统一代码为主键的新数据库；没有业务系统的地方要建立统一代码与登记证号映射表。

（五）改造业务管理系统，加强统一代码应用。

对于有业务管理系统的地方，要改造业务系统中所有涉及的功能，如网上填报、审批、数据中心、证书打印、查询统计、信息汇总和交换共享等。改造后的业务管理系统要实现以统一代码为索引的各项应用功能。在法人库、社会信用信息化工程，以及其它信息系统建设和改造中，要将统一代码设为数据库主键，并作为部门间信息交换共享的唯一标识。

（六）建立健全信息发布和共享机制。

统一代码赋予社会组织后，省级以下民政部门要将其组织名称、统一代码、原登记证号（指存量社会组织）、登记管理机关、登记时间、组织类型、法定代表人、住所、状态等基本信息逐级汇总至省级民政部门。省级汇总全省信息后发布至全国统一信用信息共享交换平台，以便部里掌握全国情况，同时实现《方案》中关于信息回传、社会公开、互联共享等方面的要求。

各地要根据不同的工作条件，注意把握相应的信息发布时限。

省级民政部门没有信息汇集和发布平台的，可利用法人库项目或其它信息化项目的名义申请经费，抓紧建设。

三、进度安排

鉴于各地信息化工作条件不同，具体工作进度安排，由各省（自治区、直辖市）根据实际情况在实施方案中进行明确。

全国总体进度安排如下：

（一）2015 年底前完成统一代码实施准备工作。

（二）2016 年 1 月 1 日起，对新批准成立、办理变更业务的社会组织赋予统一代码，发放新登记证书并发布公告。

（三）2016 年—2017 年，通过各种登记管理业务办理，对存量社会组织进行换发新证书并发布公告。

（四）2017 年底前，完成全部社会组织的证书换发和公告发布。

四、保障措施

（一）成立全省统一代码实施工作领导小组。

省级民政部门主要业务负责人牵头，成立全省统一代码实施工作领导小组，制订本省具体实施方案，统筹安排，明确任务分工，责任到人。各地成立工作领导小组后，将负责人和联系人名单报部民间组织管理局。

（二）建立各级工作组。

在领导小组的指导下，各级民政部门建立专门的工作组，指派专人负责统一代码实施工作中的综合协调、工作落实、信息汇总和传送、检查指导、宣传引导等事项。

（三）申请工作经费。

按照国发〔2015〕33 号文件要求，统一代码制度建设所需经费纳入同级政府预算。各级民政部门积极向财政部门申请统一代码制度建设过程中所需各种经费，纳入财政预算。

（四）加强沟通汇报。

在统一代码实施工作中遇到困难和问题时，及时与地方发展改革委沟通，并向上级民政部门汇报。

附件：全国社会组织主体标识码码段分配表

附件：

全国社会组织主体标识码码段分配表

序号	单位名称	存量约数	号码数量	数量大写	码段分配
1	民政部	2400	10000	壹万	MJ000000 – MJ009999
2	北京市	9600	40000	肆万	MJ010000 – MJ049999
3	天津市	4900	20000	贰万	MJ050000 – MJ069999
4	河北省	21700	90000	玖万	MJ070000 – MJ159999
5	山西省	13200	60000	陆万	MJ160000 – MJ219999
6	内蒙古自治区	13700	60000	陆万	MJ220000 – MJ279999
7	辽宁省	21900	90000	玖万	MJ280000 – MJ369999
8	吉林省	12400	50000	伍万	MJ370000 – MJ419999
9	黑龙江省	15500	70000	柒万	MJ420000 – MJ489999
10	上海市	12900	60000	陆万	MJ490000 – MJ549999
11	江苏省	79500	320000	叁拾贰万	MJ550000 – MJ869999
12	浙江省	43600	180000	壹拾捌万	MJ870000 – MJA49999
13	安徽省	25700	110000	壹拾壹万	MJA50000 – MJB59999
14	福建省	24800	110000	壹拾壹万	MJB60000 – MJC69999
15	江西省	21900	90000	玖万	MJC70000 – MJD59999
16	山东省	47400	200000	贰拾万	MJD60000 – MJF59999
17	河南省	37900	160000	壹拾陆万	MJF60000 – MJH19999
18	湖北省	30000	130000	壹拾叁万	MJH20000 – MJJ49999
19	湖南省	30800	130000	壹拾叁万	MJJ50000 – MJK79999
20	广东省	55700	230000	贰拾叁万	MJK80000 – MJN09999
21	广西壮族自治区	22700	100000	壹拾万	MJN10000 – MJP09999
22	海南省	6600	30000	叁万	MJP10000 – MJP39999
23	重庆市	15000	60000	陆万	MJP40000 – MJP99999
24	四川省	42600	180000	壹拾捌万	MJQ00000 – MJR79999
25	贵州省	11800	50000	伍万	MJR80000 – MJT29999
26	云南省	21100	90000	玖万	MJT30000 – MJU19999
27	西藏自治区	800	5000	伍仟	MJU20000 – MJU24999
28	陕西省	23300	100000	壹拾万	MJU25000 – MJW24999
29	甘肃省	17700	70000	柒万	MJW25000 – MJW94999
30	青海省	3400	20000	贰万	MJW95000 – MJX14999
31	宁夏回族自治区	5400	30000	叁万	MJX15000 – MJX44999
32	新疆维吾尔自治区	10300	50000	伍万	MJX45000 – MJX94999
33	新疆生产建设兵团	900	5000	伍仟	MJX95000 – MJX99999

关于已登记管理的社会组织统一社会信用代码处理方式的通知

（2016 年 2 月 2 日 民办函〔2016〕52 号）

各省、自治区、直辖市、计划单列市、新疆生产建设兵团民政厅（局）、质量技术监督局（市场监督管理部门）：

为贯彻落实《国务院关于批转发展改革委等部门法人和其他组织统一社会信用代码制度建设总体方案的通知》（国发〔2015〕33 号），根据全国组织机构代码管理中心《关于向民政部提交组织机构代码存量数据的函》（组代管中函〔2015〕115 号）中“按照已登记的机构沿用原组织机构代码作为主体标识码的原则，完成存量数据向统一社会信用代码数据的转换”的要求，现将已登记管理的社会组织实施统一社会信用代码的有关事项通知如下：

一、省级社会组织登记管理机关尽快将全省（区、市）各级登记管理机关在 2016 年 1 月 1 日前登记的社会组织基本信息（如社会组织名称、登记证号、组织机构代码、组织类型、法定代表人、住所、登记管理机关名称、登记管理机关行政区划代码等）提供给省级组织机构代码管理机构进行核查。省级组织机构代码管理机构尽快完成核查工作。因各地信息化手段不一，基本信息的内容、格式、交换方式等由各地协商确定。

二、对于核查后可确认组织机构代码的社会组织，由组织机构代码管理机构实现对统一社会信用代码的批量转换，并交付社会组织登记管理机关使用。若此类社会组织已领取了由新组织机构代码码段生成的统一社会信用代码证书，登记管理机关需重新发放。

三、对于核查后无法确认组织机构代码的社会组织，登记管理机关直接赋予由新组织机构代码码段生成的统一社会信用代码。

四、各地社会组织登记管理机关要与组织机构代码管理机构加强沟通，相互配合，共同完成统一社会信用代码转换和实施工作，为下一步信息回传工作打下基础。对工作中出现的新情况、新问题请及时反馈。

全国性行业协会商会负责人任职管理办法（试行）

（2015 年 9 月 7 日 民发〔2015〕166 号）

第一条 为规范全国性行业协会商会负责人任职管理，促进全国性行业协会商会健康有序发展，根据《社会团体登记管理条例》和《行业协会商会与行政机关脱钩总体方案》有关规定，制定本办法。

第二条 本办法适用于按照《行业协会商会与行政机关脱钩总体方案》参加脱钩的全国性行业协会商会。

第三条 全国性行业协会商会负责人是指担任理事长（会长）、副理事长（副会长）、秘书长等职务的人员。

第四条 全国性行业协会商会负责人应当具备以下基本任职条件：

（一）坚持中国共产党领导，拥护中国特色社会主义，坚决执行党的路线方针政策；

（二）遵纪守法，勤勉尽职，个人社会信用记录良好；

（三）具备相应的专业知识、经验和能力，熟悉行业情况；

（四）身体健康，能正常履责，年龄界限为 70 周岁；

（五）具有完全民事行为能力；

（六）没有法律法规禁止任职的其他情形。

理事长（会长）、秘书长不得兼任其他社会团体理事长（会长）、秘书长。

理事长（会长）和秘书长不得由同一人兼任，并不得来自于同一会员单位。

第五条 全国性行业协会商会换届选举工作由理事会负责，可成立由理事代表、监事代表、党组织代表和会员代表组成的专门选举委员会或领导小组，负责提名新一届负责人候选人，并组织换届选举工作。

第六条 全国性行业协会商会负责人候选人的审核把关按《关于全国性行业协会商会与行政机关脱钩后党建工作管理体制调整的办法（试行）》执行，由中央直属机关工委、中央国家机关工委、国资委党委负责，党内职务按党的有关规定执行。

第七条 全国性行业协会商会新一届负责人候选人应当于换届前 15 日向全体会员公示，公示期为 7 天。

第八条 全国性行业协会商会负责人应当履行民主选举程序，通过会员（会员代表）大会或者理事会以无记名投票方式选举产生。

第九条 全国性行业协会商会负责人选举会议须有 2/3 以上会员（会员代表）或者理事出席方能召开。召开会员（会员代表）大会的，其选举结果须经到会会员（会员代表）1/2 以上赞同方为有效；召开理事会的，须经到会理事 2/3 以上赞同方为有效。

第十条 全国性行业协会商会负责人不设置行政级别，不得由现职和不担任现职但未办理退（离）休手续的公务员兼任。

领导干部退（离）休后三年内，一般不得到行业协会商会兼职，个别确属工作特殊需要兼职的，应当按照干部管理权限审批；退（离）休三年后到行业协会商会兼职，须按干部管理权限审批或备案后方可兼职。

第十一条 全国性行业协会商会负责人每届任期最长不

得超过5年,连任不超过2届。

第十二条　全国性行业协会商会法定代表人一般由理事长(会长)担任,不得兼任其他社会团体法定代表人。

实行理事长(会长)轮值制的全国性行业协会商会法定代表人,可由副理事长(副会长)或者选举产生的秘书长担任。

第十三条　全国性行业协会商会秘书长为专职,可以通过选举、聘任或者向社会公开招聘产生。聘任或者向社会公开招聘的具体方式由理事会研究确定。

聘任或者向社会公开招聘的秘书长任期不受限制,可不经过民主选举程序。聘任或者向社会公开招聘的秘书长不得担任全国性行业协会商会法定代表人。

第十四条　全国性行业协会商会负责人应当自觉接受党组织和有关方面的监督,理事长(会长)应每年向理事会进行述职。

第十五条　全国性行业协会商会产生新一届负责人后,应当自产生之日起30日内到登记管理机关履行备案手续。

第十六条　登记管理机关应当定期组织面向新任全国性行业协会商会秘书长的任职培训。

第十七条　全国性行业协会商会存在负责人违反本办法任职的,登记管理机关责令改正,拒不改正的,依法予以行政处罚。

第十八条　本办法自发布之日起执行。

民政部、中国科协关于推进科技类学术团体创新发展试点工作的通知

(2007年5月16日　民发〔2007〕68号)

中国科协所属全国学会:

为深入贯彻党的十六届六中全会和全国科技大会精神,积极探索科技类学术团体(以下简称学会)发展规律,促进学会的健康有序发展,充分发挥学会在构建社会主义和谐社会、建设创新型国家中的积极作用,民政部、中国科协就共同开展全国学会创新发展试点工作,提出如下意见:

一、充分认识推进学会创新发展的重要意义

当前,我国正处在建设创新型国家、构建社会主义和谐社会的重要历史时期。学会作为科技工作者参与学术活动、开展学术交流的重要组织形态,集中了各学科领域的众多专家、学者和科技工作者,智力密集,人才荟萃,是国家创新体系的重要组成部分。学会的组织建设和活动状况,及其在经济社会发展中的作用发挥情况,很大程度上影响着广大科技工作者为建设创新型国家服务的积极性和创造性,影响着科技界参与自主创新的质量和水平。进一步推动学会发展,发挥学会作为党和政府团结、联系广大科技工作者的桥梁纽带作用,引导学会积极为我国经济社会发展服务,是完善社会管理体制、整合社会管理资源、提高社会管理水平的重要方面,是落实科教兴国战略和人才强国战略、深化科技体制改革、促进科技事业健康发展的客观需要,是激发广大科技工作者的创新精神、培养高水平创新人才、增强自主创新能力、推动科学技术事业发展的重要途径。

近年来,在我国各项改革不断深化的背景下,学会管理体制、运行机制的改革取得积极进展,多数学会在推动科技创新、开展学术交流、促进科学普及、为科技工作者服务、畅通党和政府与科技界的沟通渠道等方面发挥着日益明显的作用。但是,学会的整体发展仍不能满足时代发展和社会需求,学会作为国家创新体系重要力量的作用未能充分展现,学会的凝聚力、服务能力仍需加强。进一步加强学会自身建设,规范学会管理,提高学会对会员的凝聚力和服务能力,增强学会的持续发展活力,是适应我国经济社会发展和科技事业发展新形势的必然要求。抓住良好机遇,加大改革力度,完善政策措施,引导、推动学会规范发展,是当前社会组织发展与管理工作中的一项紧迫任务,也是广大科技工作者的迫切愿望。

二、明确学会创新发展试点工作的指导思想和工作目标

推进学会创新发展试点工作,以邓小平理论和“三个代表”重要思想为指导,以科学发展观为统领,坚持培育发展与监督管理并重,按照学会为经济社会发展服务、为提高全民科学素质服务、为科技工作者服务的基本定位,把促进学会发展与增强社会服务功能结合起来,加强学会组织建设、制度建设、学术建设、能力建设,循序渐进,以点带面,分类指导,因会制宜,围绕制约学会发展中存在的主要问题,积极探寻学术性社会团体发展规律和改革的有效途径。

通过学会创新发展试点工作,培育扶持一批内部管理规范、学术质量优良、服务效应明显、发展能力强劲、社会信誉良好的示范性学会,引领和推动各类学术性社会团体向自主、自立、自强、自律方向发展,初步建立学术性社会团体规范发展的政策框架,形成适应市场经济体制,符合社会发展规律,满足政府、社会和会员需求的学术性社会团体发展格局。

三、以改革的精神,探索学会创新发展的方向

学会创新发展试点工作,主要围绕以下五个方面展开:

(一)完善内部治理结构。以章程为核心,落实会员(代表)大会、理事会、常务理事会等会议制度;合理控制理事会(常务理事会)规模,健全理事会(常务理事会)民主议事、民主决策规则,防止行政化倾向;有条件的社团探索配备监事或建立监事会。

(二)强化会员主体地位。确立以会员为本的理念,完善以会员为主体的组织体制,落实会员权利和义务;建立会员参与机制,落实会员代表、理事、常务理事、负责人民主选举制度,探索差额选举、竞选、直选等选举方式;强化会员服务,落实会籍管理,建立会员数据库和信息管理系统,拓宽会员服务的渠道、内容和措施 。

（三）创新组织机构建设。强化学会独立法人意识，从体制上推动学会自主活动、自我发展、自我约束；科学合理设置分支机构，改进和加强分支机构管理，探索分支机构负责人在民主选举的基础上由理事会聘任，做到动态管理、考核评估、优胜劣汰；探索以竞争和流动为核心的动态人事管理，推动工作人员公开社会招聘，尝试秘书长竞聘上岗，建立健全学会人事、财务及资产、档案、印章等内部规章制度，提高办公自动化、信息化水平，建立志愿者登记注册制度，推进学会办事机构规范化建设和工作人员职业化建设。

（四）规范各类服务活动。自觉接受登记管理机关和业务主管单位的管理监督，严格依照章程开展活动；坚持不以营利为目的，加强会费收支管理，规范经营活动和收费行为，杜绝借开展活动敛财等不良行为；规范对外交流合作活动，实行重大事项通报，探索财务收支、接受捐赠、社会服务等信息公开制度。

（五）增强社会服务功能。为学术建设服务，加强和改进学术交流，完善同行认可、社团认可机制，倡导学术道德自律，繁荣学术，促进学科发展和人才培养；为科技进步服务，鼓励学会发挥自身优势，搭建科技咨询和科普平台，探索开展科技中介服务活动，努力承接科技研究课题、技术攻关项目，积极从事技术转让、技术开发、技术咨询、技术服务，充分利用国家优惠政策，拓宽经费来源渠道，壮大科技服务实力；为经济社会发展服务，有条件的学会应努力承接决策咨询、科技评价、科技人员评价等政府职能，积极参与公益活动，服务新农村建设，为和谐社会建设贡献力量。

四、加大扶持力度，保证试点工作取得成效

学会创新发展的试点工作，由民政部、中国科协共同组织、指导和监督。在改革试点的推进过程中，民政部作为登记管理机关，主要负责在相关政策上给予支持和指导。中国科协作为业务主管单位，负责拟订改革试点工作的具体方案，并对试点学会给予具体组织、指导和监督，酌情给予一定资金扶持。在学会开展试点过程中，民政部、中国科协将共同加强学会规范发展的政策研究，加大宣传力度，协调有关方面出台扶持政策，为试点的顺利推进创造良好条件。

学会创新发展试点单位的遴选，按照明确要求、自愿申请、动态评估、择优支持、追踪问效的原则，由学会提出申请，在专家评审的基础上确定。学会可以根据自身的实际情况，选择全面改革试点或者专项改革试点。试点实行定期检查评估，不合格者将被停止资助，取消试点资格。

民政部、中国科协鼓励中国科协所属其他全国学会依照本通知精神，在遵循国家法律法规和学会章程的前提下，积极稳妥地推进相关改革工作。

民政部、国家科学技术委员会关于委托中国科学技术协会对全国性自然科学、技术科学类社会团体管理的通知

（1991年2月11日）

为了更好地贯彻《社会团体登记管理条例》，充分发挥社会团体在社会主义建设中的积极作用，现将全国性自然科学、技术科学类社会团体委托管理的有关问题通知如下：

一、关于全国性自然科学、技术科学学术性和科普性的社会团体的审查和管理，均委托中国科协负责。上述社会团体（含筹备组织）申请登记时，向中国科协报送材料，由中国科协审查并征得国家科委同意后，向社会团体出具审查证明文件。

二、综合性的科学技术社会团体由国家科委负责审查和管理。行业性应用技术类的社会团体，按照国务院规定的职责分工由有关业务主管部门负责审查和管理。

三、关于地方性科技社会团体的审查和管理，各省、自治区、直辖市可根据本地区的实际情况自行确定。

工业和信息化部社会团体管理暂行办法

（2010年1月1日　工信厅人〔2010〕3号）

第一章　总　　则

第一条　为加强工业和信息化部社会团体（简称“部管社团”）的管理，发挥部管社团在国家工业、通信业、信息化领域中的积极作用，根据《社会团体登记管理条例》等有关规定，制定本办法。

第二条　部管社团是指依据《社会团体登记管理条例》成立的具有独立法人资格，并由工业和信息化部作为业务主管单位的协会、商会、联合会等。

第三条　部管社团要围绕国家工业、通信业、信息化领域的发展，充分发挥桥梁纽带和支撑作用，加强行业自律，规范内部管理，坚持市场化的改革方向，积极推进自身建设和行业发展。

第二章　管理职责

第四条　工业和信息化部对部管社团实行“归口管理、分工负责”的管理体制。具体职责分工如下：

人事教育司负责部管社团的归口管理和综合协调工作。指导、监督社团依据章程开展活动，推动部管社团的规范发展；负责部管社团及其分支（代表）机构的筹备申请和成立、变更、注销登记前的审查工作及社团年检、换届的审查；负责部

管社团人事(理事长、副理事长、会长、副会长、秘书长、法人和分支机构负责人)任职资格审查。

财务司负责指导、监督部管社团按照有关财务规定、制度进行财务工作。

产业政策司负责发挥部管社团的作用,推动社团有关业务工作的开展;负责工业和信息化部委托社团承担部分行业管理基础性工作。

国际合作司(港澳台办公室)负责部管社团的有关外事管理及港澳台事务管理工作。

直属机关党委负责指导在京部管社团的党建和思想政治工作。

驻部纪检组监察局负责指导部管社团党风廉政建设工作。

其他相关司局根据职能指导部管社团重要研讨会、展会等业务活动的开展;负责指导、监督社团公开出版物的有关工作。

第三章　社团成立登记、变更和注销

第五条　社团成立。应符合《社会团体登记管理条例》有关规定要求,经工业和信息化部审查同意后,由发起人(或发起单位)向民政部申请筹备。

经民政部批准筹备之日起6个月内,发起人(或发起单位)召开成立大会,通过章程,产生执行机构、负责人和法定代表人等。经工业和信息化部审查同意后,发起人(或发起单位)向民政部申请成立登记。

社团登记并取得《社会团体法人登记证书》后,30日之内向工业和信息化部备案。

第六条　分支(代表)机构的设立。提交拟成立分支(代表)机构的名称、业务范围、场所和拟任主要负责人等相关资料,经人事教育司会同相关司局审查同意后,由社团向民政部申请登记。

部管社团设立异地分支(代表)机构还需提交拟设地社团登记管理部门的意见和分支(代表)机构住所产权证明或使用权证明。

部管社团兴办与宗旨、业务相关的实体,应经人事教育司会同相关司局审查同意后,依照有关规定到工商行政管理机关办理登记手续。部管社团不得接受社会有关实体的挂靠。

第七条　社团及分支(代表)机构事项的变更。

部管社团名称、业务主管单位变更时,须提交变更申请和《社会团体变更登记表》,经工业和信息化部审查同意后,到民政部办理备案手续。

部管社团章程、负责人(含法定代表人)、住所等事项变更时,提交变更申请和《社会团体变更登记表》,经人事教育司会同相关司局审查后,到民政部办理备案手续。社团法人变更前,须提交由会计师事务所出具的任期内财务审计报告。

部管社团分支(代表)机构名称、业务范围、主要负责人、住所等事项发生变更时,须提交变更申请和《社会团体分支(代表)机构变更登记表》,人事教育司会同相关司局审核后到民政部办理相关手续。

第八条　注销登记。部管社团办理注销登记应在人事教育司、财务司等司局的指导下,完成清算工作。经工业和信息化部审查同意后到民政部办理注销手续。

部管社团撤销其所属分支(代表)机构的,经人事教育司会同相关司局审查同意后,到民政部办理注销手续。

部管社团分支机构连续三年未开展实质性业务工作的,应办理注销。

第四章　监 督 管 理

第九条　换届工作。部管社团应按照章程的届期规定如期进行换届,换届大会前,向人事教育司提交换届申请报告,包括换届准备情况、新任负责人候选人名单、章程变更说明、财务审计报告等相关文件,人事教育司会同相关司局进行审查后批复。

批复同意换届后,部管社团召开新一届会员(代表)大会,会后向人事教育司提交换届报告及相关材料,经人事教育司审核后,社团到民政部办理换届备案登记。

部管社团因特殊情况需提前或延期换届的,须由理事会表决通过,报人事教育司审核并经登记管理机关批准。延期换届最长不超过一年,并应在批准期限内完成换届。

第十条　负责人管理。部管社团及分支(代表)机构负责人任职年龄不得超过70岁,任职期限不得超过两届。

在职公务员原则上不得兼任社团领导职务(含分支机构负责人)。因特殊情况确需在社团中兼任领导职务的,应按干部管理权限进行审批。

社团法定代表人不得兼任其他社会团体的法定代表人。

第十一条　年度检查。部管社团年检前需将年审材料报人事教育司,经人事教育司会同财务司等相关司局初审后,统一报民政部。

人事教育司年初在工业和信息化部网站上公布当年应换届社团、年检社团名单,年末公布社团换届和年检情况,接受社会公众的监督。

第十二条　党建工作。部管社团应建立健全党的基层组织,凡专职及驻会工作人员有正式党员3人以上的,应成立党的基层组织,自觉接受上一级党组织领导。

第十三条　财务管理。部管社团必须执行国家规定的财务和会计制度,建立健全财务管理、财务核算制度,配备具有专业资格的财会人员,加强经费收支和资产管理。部管社团须合法取得活动经费和收入。

部管社团应对各分支(代表)机构和内设部门的财务进行严格管理,实行统一核算,统一管理。

第五章　业务管理

第十四条　部管社团的重大事项应当及时向人事教育司及相关司局报告。重大事项包括：党中央、国务院领导同志对部管社团工作的重要批示；举办的在行业内有重要影响的国内外会议、活动等；重大违规违纪问题等。

每年年底前，部管社团向人事教育司报送年度工作总结和下一年度工作计划，总结须包括所有分支（代表）机构当年业务开展情况，下一年度工作安排须包括分支（代表）机构增撤计划等。

第十五条　部管社团开展活动，拟冠以"工业和信息化部"作为支持单位、主办单位等情况的，应在活动前报工业和信息化部审批；不得冠以"工业和信息化部××司（局）"作为支持单位、主办单位。

第十六条　社团开展业务活动和对外宣传应当使用登记注册的名称全称，不得冠以"工业和信息化部"字样。

第十七条　社团应加强对分支（代表）机构的管理。分支机构对外联络和开展活动时，名称应当使用注册登记的全称，业务活动要符合社团章程的规定，其财务、资产应当纳入社团统一管理。

第十八条　社团应当加强对所办公开出版物及内部刊物的管理。

第六章　附　　则

第十九条　本办法由工业和信息化部人事教育司负责解释。

第二十条　部管基金会等其他社团的管理参照本办法执行。

第二十一条　本办法未尽事宜，按国家有关规定执行。

第二十三条　本办法自印发之日起实行。

交通部社会团体管理办法

（2007年12月7日　交人劳发〔2007〕714号）

第一章　总　　则

第一条　为规范交通部部管社会团体（以下简称"社团"）管理，促进社团发展，维护社团合法权益，发挥社团在交通事业中的作用，根据国务院颁布的《社会团体登记管理条例》（以下简称《条例》）及有关规定，制定本办法。

第二条　本办法所称社团，是指在交通行业中依据《条例》成立的具有社会团体法人资格，并由交通部作为业务主管单位或挂靠单位的全国性协会、学会、研究会、基金会等社会团体。

第三条　本办法适用于社团的登记管理、组织建设、日常运作和监督管理等。

第二章　社团管理部门和职责

第四条　交通部按照培育发展和管理监督并重的社团发展原则，实行归口管理和业务管理相结合、部内相关司局分工负责的社团管理体制。

第五条　部人事劳动司是社团归口管理部门，其主要职责为：

（一）贯彻、执行国家有关社团工作的方针、政策和法规，研究、制定交通行业社团发展规划和管理规章，并组织监督实施。

（二）指导、管理、监督社团依法办会、民主办会工作情况，协调、检查部内司局履行社团管理职责的落实情况。

（三）负责社团及其组织机构的筹备申请和成立、变更、注销登记的审核工作，以及社团年度检查的初审工作。

（四）负责指导、审批、监督社团换届工作；负责社团负责人审批、管理和考核工作。

第六条　部内有关司局是社团的业务管理部门，其主要职责为：

（一）负责建立与社团的联系沟通机制，通报国家和交通部关于本行业的有关法规、规划、产业政策和重大改革措施，听取社团工作汇报和对行业发展的意见、建议，按国家和交通部关于社团工作的统一部署和要求，指导、监督、检查社团的业务工作。

（二）指导社团制订业务发展规划和工作计划；负责社团设立、变更、注销、换届等有关事宜的前期审查工作。

（三）负责办理政府委托社团承担有关任务的相关工作，并实施监督管理。

（四）负责社团主办的100人以上的全国性会议和培训、全国性或国际性展览会、境外组织资助、对外交流等重大业务事项的审批。

第七条　部内其他相关司局按照职责分工，对社团进行监督管理。具体分工为：

（一）部体改法规司负责社团设立实体机构、举办报刊网站，以及对外宣传事宜的管理工作。

（二）部财务司负责社团的财务监督管理工作。

（三）部科技教育司负责社团开展相关科研、培训以及科研奖励评定等活动的管理工作。

（四）部国际合作司负责社团涉外活动的指导与管理工作。

（五）部直属机关党委负责在京社团党建、工会、共青团、妇女工作和思想政治工作，以及违纪查处工作。

（六）部审计办公室负责社团审计的指导与管理工作。

第八条　交通行业有关部门或单位受交通部委托可作为社团的挂靠单位。挂靠单位主要职责为：受部委托，负责挂靠社团常设办事机构的党建、思想政治工作以及党风廉政建设；

对挂靠社团的日常工作和业务活动提供支持。挂靠单位不得干预社团正常工作和业务活动，不能以社团名义从事本单位业务活动。

第三章　社团主要权利和义务

第九条　社团主要权利

（一）开展本行业发展战略研究，制订行规行约，推动行业诚信建设，建立完善行业自律性管理约束机制，规范会员行为，协调会员内部和行业关系，维护公平竞争的市场环境，提高行业整体素质，反映行业诉求。

（二）组织学术研讨和行业标准、规范研究，开展咨询服务及科学技术推广等工作，参与本行业的技术、科研成果鉴定工作。

（三）受政府委托，承担本行业有关机构的资质初审或评定、专业技术职务任职资格初评、职业资格考试等具体工作。

（四）收集、整理、分析行业信息资料，为政府决策提供依据，为会员提供服务。

（五）组织行业培训工作，开展国内外经济技术交流与合作。

（六）承担政府和会员委托的其他工作。

第十条　社团的义务

（一）执行国家和交通部关于社团工作的方针、政策和法规，履行社团章程，围绕交通事业发展的中心任务开展工作。

（二）维护国家、行业和会员的合法权益，发挥政府与会员之间的桥梁纽带作用和促进交通事业发展的生力军作用。

（三）接受社团归口管理部门、业务管理部门、部内相关司局以及挂靠单位的指导、管理、监督、检查。

（四）按时参加民政部组织的年度检查工作。

第四章　社团的登记管理

第十一条　申请成立社团，应具备以下条件：

（一）符合国家有关法律、法规、行业规定以及国家产业政策和行业发展规划，在全国范围内没有业务范围相同或相似的社会团体。

（二）有50个以上的个人会员或者30个以上的单位会员；个人会员、单位会员混合组成的，会员总数不得少于50个。

（三）有规范的名称、组织机构和固定的住所。

（四）有与其业务活动相适应的专职工作人员。

（五）有合法的资产和经费来源，须有50万元以上的活动资金。

（六）有独立承担民事责任的能力。

（七）有明确的部内业务管理部门。

第十二条　社团从申请到登记设立，程序如下：

（一）发起人或单位在征求部有关业务管理部门同意后，向部社团归口管理部门提出申请。申请材料应包括社团筹备申请书（社团名称、行业情况分析、业务范围、组织机构、活动资金）、章程草案、会员名册、筹备负责人员和机构方案。

（二）经部社团归口管理部门审核同意，由有关部门或单位成立筹备机构。社团筹备机构应按照有关规定做好社团章程拟订、机构设置等各项筹备工作，但不得开展筹备工作以外的其他活动。

（三）完成筹备工作后，社团筹备机构应将筹备情况报告、社团成立申请书、章程草案、验资报告、住所使用权证明、拟设组织机构及其业务范围、发起人和拟任负责人基本情况及身份证明、会员名册及拟任理事名单等有关材料上报部社团归口管理部门，经部审核同意后，向社团登记管理机关申请筹备。

（四）社团登记管理机关准予社团筹备成立后，经部批准，社团筹备机构应在部社团归口管理部门的指导下按时召开会员大会或会员代表大会，履行规定程序，通过社团章程，产生执行机构、负责人和法定代表人，向社团登记管理机关申请成立登记，并同时报部社团归口管理部门备案。

第十三条　社团的名称、章程、组织机构（含分支机构、代表机构）、住所、活动资金、法定代表人及秘书长以上负责人等发生变更，或社团组织机构注销，应经部社团业务管理部门审查并报部社团归口管理部门审核同意后，向社团登记管理机关申请变更。

社团注销，其所属组织机构同时注销。在注销清算期间，社团不得开展清算以外的任何活动。注销后社团的剩余财产，按国家有关规定办理。

第五章　社团的组织机构

第十四条　会员大会

（一）社团的最高权力机构是会员大会（或会员代表大会，下同），会员大会每届任期3－5年。会员大会须有2/3以上的会员（或会员代表，下同）出席方能召开，其决议须经到会会员1/2以上表决通过方能有效。

（二）会员大会的主要职权：

1. 审议、通过社团章程；
2. 选举和罢免理事；
3. 选举产生理事会；
4. 选举和罢免理事会理事长（会长）、副理事长（副会长）和秘书长；
5. 审议批准社团会费标准；
6. 审议社团工作报告、财务报告；
7. 审议社团发展规划等重大决策。

（三）会员大会届满须组织换届，并提前2个月向部社团归口管理部门报送相关文件。因特殊情况确需提前或延期换届的，须由理事会表决通过，报部社团归口管理部门审核并经社团登记管理机关批准同意。但延期换届最长不得超过1年。

第十五条　理事会

（一）理事会是会员大会的执行机构，在会员大会闭会期间领导社团工作。会员大会选举产生理事会，理事会须有2/3的理事出席方能召开，其决议须经到会理事2/3以上表决通过方能生效。

（二）理事会的主要职权：

1. 执行会员大会的决议；

2. 决定是否设置常务理事会，选举和罢免常务理事；

3. 决定会员的吸收和除名；

4. 决定社团办事机构、分支机构、代表机构、实体机构等各类组织机构设立和注销；

5. 筹备召开会员大会，提出理事长（会长）、副理事长（副会长）、秘书长候选人选；

6. 向会员大会报告工作和财务状况。

（三）理事会设立理事长（会长）1名、副理事长（副会长）若干名（原则不超过9名）、秘书长1名，以上人员统称社团负责人。社团负责人应具有广泛的行业代表性，按照民主集中制的原则行使职权，研究决定社团有关工作。社团负责人主要行使下列职权：

1. 贯彻会员大会和理事会决议；

2. 审定社团人事、财务、分支机构、业务活动管理等各项规章制度；

3. 审议社团年度工作报告和工作计划，并监督实施；

4. 审议社团年度财务预算、决算，并监督实施；

5. 审议社团办事机构、分支机构、代表机构、实体机构等各类机构设立、变更和注销，并报理事会或常务理事会批准；

6. 审定社团副秘书长、各分支机构及秘书处下设办事部门主要负责人人选；

7. 审定社团重大业务活动和10万元以上的投资经营活动；

8. 组织筹备社团换届工作；

9. 审议下一届理事会理事长（会长）、副理事长（副会长）、秘书长候选人选；

10. 其他需要决策的事项。

（四）社团负责人应定期或不定期召开有关会议，会议应不少于2/3人员出席，各项决议应由社团负责人1/2以上通过方可有效，并做好会议记录，印发会议纪要。

（五）理事长（会长）不是专职驻会的，根据工作需要，可设置专职的常务副理事长（常务副会长）职务，负责社团日常工作。

（六）社团理事长（会长）调整，应由社团负责人集体推荐或部社团业务管理部门直接提名，经部社团归口管理部门审核同意后，由理事会提交会员大会选举产生。

（七）拟任新一届理事长（会长）应参与社团换届筹备工作，积极与社团负责人协商，推荐新一届副理事长（副会长）和秘书长人选，由社团报部社团归口管理部门审核同意后，由理事会提交会员大会选举产生。

（八）理事长（会长）、副理事长（副会长）应身体健康，届期内任职年龄原则上不得超过70周岁，能够坚持正常工作。秘书长必须是社团专职工作人员，最高任职年龄原则上不得超过60周岁。

（九）社团法定代表人一般由理事长（会长）担任，也可由常务副理事长（常务副会长）或秘书长担任。社团法定代表人不得兼任其他社团的法定代表人。

（十）根据工作需要，经理事会提名，会员大会审议通过，社团可聘请在行业内具有较高威信的资深人士担任名誉职务或顾问。

第十六条　常务理事会

（一）理事会成员较多时，根据工作需要，可以选举产生常务理事，人数不得超过理事会人数的1/3，常务理事组成常务理事会。

（二）常务理事会主要职责是受理事会委托，在理事会闭会期间承担理事会主要职权的第1、3、4、5、6项工作。

第十七条　常设办事机构

常设办事机构是指社团理事会领导下的日常办事机构，以秘书处的形式设立，秘书处实行理事长（会长）或常务副理事长（常务副会长）领导下的秘书长负责制。秘书处可下设若干办事部门，履行以下职责：

（一）执行社团各项规章制度和决议。

（二）承担日常办事机构、分支机构和实体机构等社团各类组织机构和部门的财务管理。

（三）拟订社团各项规章制度。

（四）根据社团各项规章制度，承担社团人事、党建等日常工作，决定社团工作人员的聘用。

（五）负责社团的资产管理。

（六）处理其他日常事务。

第十八条　分支机构和代表机构

（一）社团分支机构是社团根据开展活动的需要，依据业务范围的划分或者会员组成的特点，设立的专门从事该社团某项业务活动的机构，可以称分会、专业委员会、工作委员会、专项基金管理委员会等。社团代表机构是社团在住所地以外属于其活动区域内设置的代表社团开展活动、承办该社团交办事项的机构，可以称代表处、办事处、联络处等。

（二）社团设立分支机构和代表机构，应提交申请报告（包括机构名称、业务范围、住所使用权证明）和主要负责人情况等材料，经部社团业务管理部门审查，社团归口管理部门审核同意后，向社团登记管理机关申请登记。

第十九条　社团可设立与社团业务相关的具有独立法人

资格和银行账号的经济实体、报刊杂志、网站、培训研发机构等实体机构,并根据有关规定,报部履行相关程序。

第六章 社团日常管理

第二十条 负责人管理

(一)社团负责人实行任期制,理事长(会长)任期原则上不超过2届。

(二)社团负责人应公道正派,廉洁奉公,严格遵守社团章程,认真履行职责,树立依法办会、民主办会的意识,加强社团组织机构与规章制度建设,规范社团民主、科学决策机制。

(三)社团负责人应积极服务交通中心工作,配合部社团归口管理部门和业务管理部门的工作部署,接受指导监督。

(四)新任社团理事长(会长)、常务副理事长(常务副会长)、秘书长应接受部社团归口管理部门和业务管理部门的任职谈话,并参加相关社团业务培训。

(五)部社团归口管理部门会同业务管理部门定期或不定期对社团负责人的思想作风、工作能力、业务水平和工作绩效等方面进行考核。

(六)社团换届和社团法定代表人变更,应由部授权或指定审计单位,组织审计。

第二十一条 业务管理

(一)社团必须在部社团业务管理部门的指导下,本着统一安排、合理分工、突出重点、注重实效的原则,在社团章程规定的业务范围内开展业务活动。

(二)社团应建立业务活动汇报制度,理事长(会长)或常务副理事长(常务副会长)应在每年的3月31日前向部社团归口管理部门和业务管理部门述职,或提交年度工作总结和工作计划。

(三)社团不得从事以营利为目的的经营活动,依法所得不得在会员中分配。

(四)社团开展重大业务活动,应按有关规定报批。

(五)社团应针对所在行业发展现状和热点、重点、难点问题,每年向部提交行业报告或行业政策建议。

(六)社团涉外活动,按照国家和部外事管理规定执行。

第二十二条 人事管理

(一)社团使用社团编制,不定行政级别,社团专职工作人员实行编制审批管理。社团编制方案由社团提出,经部审核后,报社团登记管理机关批准。

(二)社团工作人员主要包括社团专职工作人员(包括部机关交流干部、社会聘用人员)、驻会人员(会员单位及挂靠单位经社团同意派驻到社团工作的人员)、离退休返聘人员。

(三)社团人事管理可以参照国家事业单位的有关规定和属地管理原则,人员实行劳动合同制,参加当地养老、医疗、失业、工伤和生育等社会保险,社团工作人员有关待遇由社团自行确定。

(四)现职公务员不得兼任社团的理事长(会长)、副理事长(副会长)、秘书长、分会会长(主任委员)和副会长(副主任委员)等职务。

现职公务员因特殊情况需要在部管社团兼任领导职务的,必须按干部管理权限进行审批并报部社团归口管理部门核准,并不得在社团领取任何报酬。

(五)现职公务员可通过交流挂职形式到社团工作。社团工作人员也可以到部机关、企事业单位交流工作。

第二十三条 财务管理

(一)社团必须严格执行国家的财经法规,建立健全社团内部财务管理与会计核算制度,接受部财务、审计部门的监督检查。

(二)社团收取会费必须执行民政部、财政部关于社会团体收取会费的规定。收取会费的标准须经会员大会半数以上代表同意后方能生效,并按有关规定履行备案程序。会费应由社团统一收取。

(三)社团应实行统一管理、集中核算的财务管理体制。社团只能在秘书处下设立一个财务管理部门,并配备具有会计从业资格的财会人员,对社团日常办事机构、分支机构、代表机构、实体机构实行统一财务管理和会计核算。

(四)社团经费来源主要包括:会费、政府资助、社会捐赠和资助、有偿服务收入、实体机构上缴收入,以及其他合法收入。

(五)社团经费应用于围绕社团宗旨开展业务活动所需的开支,包括支付工作人员工资、福利费和办公经费等,不得挪作他用。

(六)社团全部收支必须纳入单位预决算管理。社团必须每年向理事会提交财务预决算报告,并按规定报部核批。

(七)社团应当加强国有资产管理,健全资产管理制度,日常办事机构、分支机构、代表机构、实体机构的资产处置应按国有资产管理的有关规定办理,任何单位和个人不得侵占、私分和挪用。

第二十四条 实体机构管理

(一)社团设立实体机构,经部审查同意后,按照国家有关规定履行相关手续。

(二)社团应对实体机构加强管理和指导,完善法人治理体系,明确产权关系,健全管理制度,确保投资收益,防止资产流失,保证实体机构的合法经营收入用于社团发展。

(三)社团设立的实体机构必须为社团独资或控股,以开展技术咨询、举办展览等有偿服务活动为主。

(四)社团不得异地设立实体机构,社团及其实体机构不得接受其他社团和经济组织的挂靠。

(五)社团刊物、网站应以宣传国家、部的行业政策为宗旨,积极开展行业管理、科技推广、学术研讨、经验交流、信息沟通、两个文明建设等宣传活动。社团应严格控制新增刊物,原则上一个社团刊物不能超过一种。

第二十五条　分支机构和代表机构管理

（一）社团分支机构和代表机构布局应科学合理，符合社团自身发展规划和行业发展需要。

（二）社团分支机构和代表机构不具有法人资格，不得设立实体机构，应在确定的业务范围内开展工作。

（三）社团原则上不得异地设立分支机构，社团分支机构、代表机构不得直接发展会员、收取会费和再设立分支机构。

第二十六条　党建工作

（一）社团应按照《中国共产党党章》等有关规定，建立健全党的基层组织，接受上一级党组织领导。具备条件的社团应成立党支部，党员人数较少的可成立联合党支部，部管在京社团党支部可以组建党总支部委员会，接受部直属机关党委领导。京外社团和有挂靠单位的社团，党组织的管理可以由挂靠单位的党组织负责。

（二）社团党支部和联合党支部应全面贯彻执行党章规定的基层党组织的基本任务，加强和改进社团党建工作，发挥政治核心作用。

第七章　罚　　则

第二十七条　部社团归口管理部门将定期或不定期会同部机关相关司局对社团执行本办法情况进行检查，对违反本办法规定的要限期整改并给予通报批评。

第二十八条　社团违反国家法律、法规、规章及本会章程，不能服从业务主管部门管理的，由部酌情决定给予通报批评、限期整顿等处罚；逾期未能改正的，社团归口管理部门将在民政部年度检查时不予通过；情节严重的予以解除业务主管关系。

第二十九条　社团负责人工作开展不力，或存在违法违纪情况的，部社团归口管理部门可以建议理事会罢免社团负责人。

第三十条　社团负责人应按时参加或委托相关人员参加社团负责人办公会议，一年内有1/2会议未能参加的人员，应主动引咎辞职或按有关程序予以罢免。

第八章　附　　则

第三十一条　本办法由部人事劳动司负责解释。

第三十二条　本办法未尽事宜，按国家有关规定执行。

第三十三条　本办法自2008年1月1日起施行。部1999年7月5日发布的《交通部社会团体管理暂行办法》（交人劳发〔1999〕342号）同时废止。

财政部关于加强企业对外捐赠财务管理的通知

（2003年3月14日　财企〔2003〕95号）

国务院各部委、各直属机构，各省、自治区、直辖市、计划单列市财政厅（局），各中央管理企业，总后勤部，新疆生产建设兵团财务局：

企业通过对外捐赠回报社会，对塑造友善的社会风尚，培育良好的社会道德，推动社会主义精神文明建设具有积极意义。为了规范各类型企业的对外捐赠行为，加强企业财务管理，维护所有者权益，促进社会公益事业的发展，根据《中华人民共和国公益事业捐赠法》和《企业财务通则》的有关规定，现将企业对外捐赠财务管理若干问题通知如下：

一、对外捐赠的定义和途径

对外捐赠是指企业自愿无偿将其有权处分的合法财产赠送给合法的受赠人用于与生产经营活动没有直接关系的公益事业的行为。

企业对外捐赠应当遵循《中华人民共和国公益事业捐赠法》以及国家其他有关法律、法规的规定，通过依法成立的公益性社会团体和公益性非营利的事业单位或者县级以上人民政府及其组成部门进行。特殊情况下，也可以通过合法的新闻媒体等进行。

二、对外捐赠的原则和要求

企业对外捐赠一般应当遵循以下原则和要求：

（一）自愿无偿。企业对外捐赠后，不得要求受赠方在融资、市场准入、行政许可、占有其他资源等方面创造便利条件，从而导致市场不公平竞争。

（二）权责清晰。企业经营者或者其他职工不得将企业拥有的财产以个人名义对外捐赠，企业对外捐赠有权要求受赠人落实自己正当的捐赠意愿。

（三）量力而行。企业已经发生亏损或者由于对外捐赠将导致亏损或者影响企业正常生产经营的，除特殊情况以外，一般不能对外捐赠。

（四）诚实守信。企业按照内部议事规范审议决定并已经向社会公众或者受赠对象承诺的捐赠，必须诚实履行。

三、对外捐赠的类型和对象

企业一般可以按照以下类型进行对外捐赠：

（一）公益性捐赠，即向教育、科学、文化、卫生医疗、体育事业和环境保护、社会公共设施建设的捐赠。

（二）救济性捐赠，即向遭受自然灾害或者国家确认的“老、少、边、穷”等地区以及慈善协会、红十字会、残疾人联合会、青少年基金会等社会团体或者困难的社会弱势群体和个人提供的用于生产、生活救济、救助的捐赠。

(三)其他捐赠,即除上述捐赠以外,企业出于弘扬人道主义目的或者促进社会发展与进步的其他社会公共福利事业的捐赠。

四、对外捐赠的范围

企业可以用于对外捐赠的财产包括现金、库存商品和其他物资。企业生产经营需用的主要固定资产、持有的股权和债权、国家特准储备物资、国家财政拨款、受托代管财产、已设置担保物权的财产、权属关系不清的财产,或者变质、残损、过期报废的商品物资,不得用于对外捐赠。

企业对外捐赠的受益人应当为企业外部的单位、社会弱势群体或者个人。对企业内部职工、与企业在经营或者财务方面具有控制与被控制关系的单位,企业不得给予捐赠。

企业以营利为目的自办或者与他人共同举办教育、文化、卫生、体育、科学、环境保护等经营实体的,应当作为对外投资管理。

企业为宣传企业形象、推介企业产品发生的赞助性支出,应当按照广告费用进行管理。对于政府有关部门、机构、团体或者某些个人强令的赞助,企业应当依法拒绝。

五、对外捐赠的内部管理程序

企业对外捐赠,应当由经办部门和人员提出捐赠报告,捐赠报告应当包括以下内容:捐赠事由、捐赠对象、捐赠途径、捐赠方式、捐赠责任人、捐赠财产构成及其数额以及捐赠财产交接程序。

企业财务部门应当对捐赠方案进行审核,并就捐赠支出对企业财务状况和经营成果的影响进行分析,提出审核意见后,按照企业内部管理制度提交企业董事会或者经理(厂长)办公会审议决定。

对于重大的对外捐赠事项,国有及国有控股企业应当提交职工代表大会审议,上报国有资本持有单位备案后实施;公司制企业应当按照《中华人民共和国公司法》以及公司章程等有关规定执行。

六、对外捐赠的财务处理

企业对外捐赠应当控制在当年企业财务预算幅度内,按照批准的方案执行,并按照国家税收法律法规的规定申报纳税扣除。

企业实际发生的对外捐赠支出,应当依据受赠方出具的省级以上财政部门统一印(监)制的捐赠收据或者捐赠资产交接清单确认;救灾、济贫等对困难的社会弱势群体和个人的捐赠,无法索取省级以上财政部门统一印(监)制的捐赠收据的,应当依据城镇街道、农村乡村等基层政府组织出具的证明和企业法定负责人审批的捐赠报告确认。

企业为捐赠资产提供运输、保管以及举办捐赠仪式等所发生的费用,应当作为期间费用处理,不得挂账。企业负责对外捐赠的主管人员和其他直接责任人员,不得以任何借口向受赠人或者受益人索要或者收受回扣、佣金、信息费、劳务费等财物。

企业经过董事会或者经理(厂长)办公会审议,并且国有及国有控股企业上报国有资本持有单位批准,公司制企业按照《中华人民共和国公司法》以及公司章程等有关规定批准,将修建的交通、通信、供水、供电等社会公共设施无偿移交当地人民政府或者有关部门的,可以核减资本公积金,并应当与接受方签订相关协议,双方办理资产交接手续。

由于战争、自然灾害等不可抗力原因,企业所拥有的财产被当地县级及县级以上人民政府或人民武装组织征用的,扣除当地政府或人民武装组织依法补偿金后的差额,应当作为资产损失处理。

七、对外捐赠的监督管理

企业内部审计(监察)机构或者财务管理部门对企业对外捐赠行为应当进行检查,监督经办部门及其有关人员严格按照企业内部议事规范执行,制止随意对外捐赠行为。

企业应当拒绝任何部门、机构、团体强行要求的各种捐赠,对于各种强行募捐应当根据《中共中央国务院关于治理向企业乱收费乱罚款和各种摊派等问题的决定》(中发〔1997〕14号)的规定,向各级经贸、计划(物价)、财政、监察、纠风、审计等有关部门举报。

企业应当在财务会计报告中如实披露对外捐赠情况,注册会计师在审计企业财务会计报告时应当予以重点关注。

企业国有资本持有单位有权对拥有控制权的企业对外捐赠事项进行检查监督。对于企业未执行规定程序擅自进行的捐赠,或者超出本通知关于公益、救济范围的捐赠,或者以权谋私、假公济私、转移企业资产等违法违纪的捐赠,企业国有资本持有单位应当追究负有直接责任的主管人员和其他直接责任人员的责任;涉嫌犯罪的,移交司法机关依法追究刑事责任。

八、本通知从2003年5月1日起执行。

建设部社会团体管理办法

(2000年7月14日　建党〔2000〕54号)

第一章　总　　则

第一条　为规范建设部管理的社会团体(以下简称为"社团")的行为,加强对社团的监督管理,更好地发挥社团在建设事业中的积极作用,根据国务院《社会团体登记管理条例》和中办、国办《关于进一步加强民间组织管理工作的通知》,结合我部社团管理的实际情况,制定本办法。

第二条　建设部管理的社团是指经建设部审批并经民政部核准登记后依法成立的全国性协会、学会、研究会、基金会、促进会,以及经有关业务主管部门批准成立,挂靠建设部的各类社会团体。

第三条 社团必须遵守国家的法律、法规和部门规章，面向全行业，围绕经济建设开展工作，规范社团内部管理，深化内部人事制度的改革，建立和完善社团自养自律机制。

第四条 根据社团实行登记管理机关和业务主管部门“双重负责”的管理体制，建设部作为社团的业务主管部门，对社团申请登记、党的建设、思想政治工作、人事和财务管理、研讨活动、对外交往、接受境外捐赠、按章程开展活动，以及承担政府委托的工作等方面实施监督管理职责。

第二章 社团的性质和任务

第五条 社团是依法登记的非营利性民间组织，是联系政府和企事业单位之间的桥梁与纽带。

第六条 社团要按照各自的《章程》和宗旨，紧紧围绕建设事业开展活动，积极为政府服务，主动向政府有关部门反映行业情况，提出意见和建议，为政府部门制定政策提供依据；要发挥社团组织的优势，采取多种形式，积极为会员服务，为行业发展服务。

1. 对行业改革和发展的情况进行调查和研究，为政府制定行业改革方案、发展规划、产业政策、技术政策、法律法规等提供预案和建议。

2. 受政府部门委托组织起草、修订有关国家标准和行业标准，并协助政府部门推进标准的贯彻实施。

3. 收集和反馈行业的产品质量、工程质量、服务质量等方面的信息，组织或督促会员单位对质量情况进行自检自查，指导会员单位改进质量，协助政府部门做好本行业的质量监督管理工作。

4. 根据行业特点，协助政府指导行业精神文明建设，制定本行业的“行规行约”，建立行业自律机制，规范行业自我管理行为，维护企业公平竞争，推动行业培育企业精神和企业文化。

5. 组织会员开展技术、学术交流，搜集、整理本行业最新科技动态和科研成果，为会员提供技术咨询及各种形式的技术服务，促进行业技术进步，推动科技成果转化为生产力。

6. 根据需要组织行业从业人员的职业培训，对行业职工队伍素质和结构进行分析、研究，为政府提供加强职工队伍建设、提高行业整体素质的建议和意见。

7. 组织开展各种形式的国际技术、学术交流活动，举办本行业的国内展览。

8. 接受政府的委托，建立行业专家人才库，组织专家学者参与政府决策的前期调研、论证工作，为政府决策提供建议和意见，参与行业科技项目的评估、成果鉴定等项工作。

9. 接受政府部门委托的其他工作。

第七条 上述工作中，属于行业性社团与学术研究性社团交叉的工作，行业性社团侧重于行业工作的研究、组织、协调、指导；学术研究性社团侧重于学术研究领域的组织、交流、研讨等。

第八条 为更好地履行和完成国务院赋予建设部的职能与任务，充分发挥社团组织的作用，本着积极稳妥的精神，对条件具备的社团，建设部将有关行业企业资质评审的具体工作，移交给有关社团承担。即：负责资质评审专家委员会办公室（秘书处）工作，依照资质评审标准和办法，负责接收企业资质申请，审查企业资质申报材料，经业务主管司局同意后组织专家小组实地核查，召集资质评审专家委员会会议，并将会议作出的结论报送业务主管司局，作为政府主管部门审批和登记注册的依据。

第三章 社团的权利和义务

第九条 社团的权利

1. 规范行业行为，开展行业自律工作。

2. 依法维护自身及其会员利益，向政府部门提出意见、建议和要求。

3. 合法取得收入、接受资助、赞助和捐赠。

4. 按其《章程》或接受政府委托自主开展业务活动和管理内部事务。

5. 依法享有名称权、名誉权、荣誉权、财产权和知识产权。

第十条 社团的义务

1. 必须维护国家统一，民族团结，在国内外各项活动中不得损害国家、社会、集体利益和公民的合法权利。

2. 不得从事与社团章程和宗旨不相符的活动。

3. 自觉接受社团登记管理部门和业务主管部门的监督和指导。

4. 为政府服务，为会员服务。

5. 按时办理年审年检。

第四章 社团的设立、变更和终止

第十一条 社团设立的基本原则

1. 符合国家有关法律法规和政策规定。

2. 建设系统全国性行业协会原则上按国民经济行业分类标准设立。

3. 建设系统全国性学会、研究会原则上按科学技术学科分类标准领域设立。

4. 建设系统其他类别的社团原则上按专业管理领域设立。

5. 同一行业、同一领域原则上设立一个社团。

第十二条 社团设立的条件

1. 设立全国性的行业协会要由同行业、同领域具有法人资格的企事业单位发起；设立全国性的学术团体要由本领域具有法人资格的事业单位或具有一定知名度的个人发起。

2. 会员的组成要具有广泛性和代表性，设立全国性社团要有30个以上单位会员或者50个以上个人会员；社团可兼有单位会员和个人会员。

3. 有规范的名称和符合该社团性质、宗旨、活动特点的章程;社团的名称应当与其业务范围、成员分布、活动地域相一致,准确反映其特征。

4. 有合法的资产和经费来源,全国性的社团要有 10 万元以上活动资金。

5. 有常设的办事机构、一定数量的专职工作人员和固定的办公场所。

6. 社团应当具备法人资格,有独立承担民事责任的能力。

第十三条 社团成立的程序

1. 成立全国性社团,应先由发起单位或个人向建设部社团管理办公室(以下简称部社团办)提出申请并提交相关材料,经审查同意后向民政部申请筹备。

2. 申请成立的社团筹备条件成熟后,由筹备组向部社团办提交申请成立的报告及有关材料,经审查同意后,向民政部申请登记。

第十四条 社团工作机构、分支机构设立的条件和要求

1. 社团根据需要设立工作机构和分支机构,应经部社团办审查同意后,向民政部办理审批登记手续。

2. 不具备单独成立全国性社团条件的,可在有关社团内设立分支机构。

3. 社团的工作机构、分支机构不具有法人资格。工作机构和分支机构必须在所属社团授权的情况下发展会员和收缴会费,并严格按核准的名称及任务开展活动;工作机构和分支机构设立、变更、撤销、合并、年检等,须经部社团办审核后报民政部办理有关手续。

4. 社团不得设立地域性的分支机构。

5. 社团的分支机构不得再下设分支机构。

第十五条 未经民政部注册登记,任何单位和个人不得以社团的名义开展活动。

第十六条 社团应当按照社团登记管理部门的要求及时办理年审年检。每年 3 月 1 日前向部社团办报送上一年度的工作报告,经初审同意后,于 5 月 31 日前报送民政部。工作报告的主要内容包括:依照国务院《社会团体登记管理条例》和社团《章程》开展活动的情况;社团人员和机构变动的情况以及财务管理情况等。

第十七条 社团变更名称、地址、法人代表或其他主要负责人,须报建设部社团办审核并到民政部办理变更登记手续。

第十八条 社团遇有下列情形之一的,应予终止,并依法办理注销手续:

1. 经民政部登记后,无正当理由一年内未开展业务活动的。

2. 与其他社团合并的。

3. 按照社团章程规定并履行正常程序决定终止的。

4. 其他原因必须终止的。

第五章 社团的组织机构

第十九条 社团的最高权力机构是会员代表大会。理事会是会员代表大会的执行机构,理事会设理事长一人,副理事长若干人(原则上不超过十人)。行业协会的理事会成员中,企事业单位的名额应不少于三分之二。

第二十条 根据工作需要社团可设立常务理事会。常务理事经理事会选举产生。常务理事会执行理事会的决议,定期听取秘书长工作报告并审议重大事项。

第二十一条 社团机构是指理事会领导下的办事机构、工作机构和分支机构。办事机构以秘书处的形式设立,秘书处内设若干工作部门(简称内设机构);工作机构以工作委员会的形式设立;分支机构以专业委员会或分会的形式设立。

第二十二条 秘书处是理事会领导下的常设办事机构,实行理事会领导下的秘书长负责制。

1. 秘书处设秘书长一人,副秘书长若干人(一般不超过 5 人);秘书长由理事会提名,经建设部党组审核同意,并经会员代表大会审议通过后,由理事会聘任;副秘书长由秘书长提名,按干部管理权限经有关部门审核同意并提交理事会或常务理事会审议通过后,由理事会聘任。

2. 秘书处根据工作需要经理事会或常务理事会同意,建设部社团办审核并报社团登记管理部门批准,可内设若干个工作部门。

3. 秘书处内设工作部门的领导职数按照核定事业单位中层干部的有关规定,由建设部社团办核定。

第二十三条 社团可根据工作需要,并经业务主管部门和登记管理部门批准设立分支机构和工作委员会,在理事会的领导下开展工作,秘书处负责协调、监督、指导分支机构和工作委员会的日常工作。分支机构、工作委员会原则上只设主任委员和若干名副主任委员,人选由秘书长提名,经理事会或常务理事会审议通过后由理事会聘任。

第二十四条 社团不得以自身的名义从事经营活动。社团未经业务主管部门和常务理事会的批准,不得接受各类经济实体的挂靠。

第二十五条 社团投资兴办或入股经济实体,在程序上必须经过建设部社团办的审批,在资金运作上必须经过理事会(或常务理事会)的同意,在经营机制上必须按照《中华人民共和国公司法》的有关规定予以规范。经济实体在经营活动中不得冠以“建设部××企业”的名义。

第二十六条 社团吸收境外,以及港、澳地区的个人或团体作为会员,必须经业务主管部门和登记管理部门的审核同意。

第二十七条 社会团体的法定代表人,不得同时担任其他社团的法定代表人。

第六章 社团管理工作的职责与分工

第二十八条 建设部对社团实行"归口管理,业务指导"的管理体制。

第二十九条 建设部人事教育司负责社团领导班子组织建设和思想作风建设工作,建设部社团办负责社团日常管理工作,具体职责为:

1. 负责社团领导班子的思想建设和组织建设工作,指导、监督社团根据社团的《章程》按照程序进行换届。

2. 负责社团的成立、变更、年检、注销登记的审查、报批工作。

3. 指导社团研究确定社团组织的发展方向、人事管理制度的改革、组织机构调整的工作方案。

4. 指导社团的人事劳资管理工作。

5. 负责部机关公务员在社团兼职的审批工作。

6. 负责社团的编制和机构设置申报的初审工作。

7. 归口管理社团培训工作,负责审批社团培训机构的资质。

8. 负责监督检查社团执行国家法律法规、方针政策和社团章程的有关情况。

9. 协助有关主管部门承担对挂靠建设部社团的日常管理工作。

第三十条 部机关党委负责社团的党建工作:

1. 对社团党的组织实施领导与日常管理。

2. 监督、检查社团贯彻落实上级党组织部署党建工作情况。

第三十一条 部综合财务司负责社团财务工作的监督和指导:

1. 负责对社团的财务工作进行业务指导和监督。

2. 对社团执行国家财务政策的情况进行检查,审核社团财务报表。

3. 负责组织对社团领导干部及法定代表人进行离任审计和任期审计工作。

第三十二条 部有关业务司(局)对社团实行对口业务指导和监督:

1. 指导社团确定业务发展方向和年度工作计划。

2. 安排需要社团配合的业务工作,并抓好落实。

3. 向对口社团传达有关文件,通报有关工作信息。

4. 安排对口社团参加本司(局)召开的有关会议。

5. 办理对口社团在开展业务工作中需要支持的有关事项。

6. 协助外事部门审核业务对口社团接受境外组织委托的研究课题、调研课题和向境外组织提供行业的有关资料。

7. 负责对政府部门委托社团承担的业务工作实施监督管理。

8. 参与对社团组织召开重要业务工作会议的审核工作。

第三十三条 部外事司负责社团的外事管理工作:

1. 社团外事计划的审批。

2. 社团出国和接待来华团组的审批。

3. 社团接受国际和境外资助,接受境外组织提出的调查研究课题,参加国际组织及召开国际会议的审批。

第三十四条 部办公厅负责社团报刊的出版管理、宣传报导及会议审批工作:

1. 审批社团召开的全国性行业会议及社团举办的全国性行业评比和展览。

2. 指导、监督、审核社团办刊办报工作。

第七章 社团党建工作

第三十五条 社团党的组织建设

1. 根据《中国共产党章程》有关规定,凡社团工作人员中有3名以上正式党员的(包括离退休后在社团担任领导职务的,返聘、借调、企业驻会的人员)都要成立党的组织。

2. 凡具备成立党组织(党委或总支、支部)的社团,应及时向部机关党委提出建立党组织的申请,开展党的组织活动。

3. 尚不具备成立党的组织的社团,经部机关党委批准,可在业务范围相近,便于组织和开展党的活动的社团之间组建联合支部。

4. 企业派驻社团的工作人员,以及由社团借调、返聘的工作人员,其在社团工作期间,都应将其党的组织关系转入所在社团的党组织。上述人员在返回原单位或与社团组织解除聘约关系时,社团党组织应及时向该党员原所在单位的党组织提供其在社团工作期间的政治表现和工作鉴定。

5. 社团党委(总支、支部)书记,按党章规定产生。

第三十六条 社团党组织的职责

1. 社团党的组织必须坚持马克思主义、毛泽东思想和邓小平理论,保障党的路线、方针、政策的贯彻执行;

2. 社团党组织必须自觉接受建设部党组的领导,积极开展各项党的工作;

3. 社团党的组织要在社团领导班子的思想建设、组织建设、作风建设和业务建设,以及社团的发展方向和社团专职工作人员队伍建设等方面,充分发挥党组织的战斗堡垒和保证监督作用。

第八章 社团领导班子建设

第三十七条 社团要大力加强领导班子建设,改善领导班子的年龄结构和知识结构,不断增强领导班子的凝聚力和战斗力。

1. 社团专职领导干部实行任期制,任期一般不得超过两届。理事长(会长)、副理事长(副会长)任职年龄最高不得超过70岁,秘书长及副秘书长任职年龄一般不超过60岁,根据工作需要经批准延长任职期限的,最高不得超过 65 岁;不能任满一届的不再提名为社团专职领导职务的候选人。

2. 社团专职领导干部原则上应具有大专以上学历,身体健康,具有一定的专业知识,对本行业情况比较了解或在本行业中具有一定的知名度;社团领导的选拔要注重领导干部的组织领导能力和管理协调能力。优化领导班子的年龄结构、专业知识结构,提高领导班子的整体素质。

3. 社团专职领导干部的产生和任免、待遇和工资、纪律和监督、考核和奖惩、换届和退休等问题按照《建设部社团领导干部管理细则》执行。

4. 社团专职领导干部任期届满,应向理事会和部党组提交任期工作总结。

第三十八条 社团领导班子要严格按照《社会团体登记管理条例》和建设部有关管理规定,认真行使理事会、秘书处的权力,正确履行理事长、秘书长的工作职责。建立健全以章程为主的民主决策制度、财务管理制度、考核奖惩制度、重大事项报告制度和接受捐赠公示制度。建立重大事项的议事制度和工作程序,定期研究社团建设中的重大问题,凡涉及人事变动、重要的组织活动和对外交往活动,以及重大的项目开支等,都应经过领导集体研究确定,并向有关管理部门和业务主管司局汇报,加强工作的沟通与协调。

第三十九条 根据工作需要,经批准兼任社团领导职务的不得兼薪。

第四十条 社团专职干部的行政级别不与所担任的社团领导职务挂钩,实行职级分离。

第九章 社团的人事管理

第四十一条 社团必须根据党和国家的方针政策,结合本社团的实际情况,建立和完善各项人事管理规章制度,提高专职人员的政治素质和业务水平,建设一支稳定的,结构合理的职工队伍。

第四十二条 凡组织领导机构健全,具有较完整的秘书处工作机构以及一定数量的专职工作人员的社团,可向部社团办提出申请,成立人事工作部门或配备以党务和人事工作为主的专职工作人员。

第四十三条 不具备成立人事部门或配备专职党务人事工作人员的社团,人事管理工作由建设部社团办负责,并委托部人力资源开发中心代理部分工作。

第四十四条 根据《社会团体登记管理条例》有关规定,社团实行事业单位工资制度。

第四十五条 社团要根据国家有关规定,为专职工作人员建立养老、医疗、失业等保险基金和住房基金,解除社团工作人员的后顾之忧。

第四十六条 社团专业技术职务的聘任工作要在人事教育司审核批复的专业技术人员聘任指标内,依据建设部有关专业技术职务聘任的规定,根据社团工作岗位设置的需要自主聘任,并报部社团办备案。

第四十七条 社团工作人员逐步实行岗位全员聘任制(工人实行劳动合同制),聘任的岗位职务与原行政级别分离,人员上岗采取双向选择和竞争上岗的方式进行。各社团可根据建人教综(1999)126 号文件精神,结合本单位实际情况,制定具体实施方案,经部社团办同意后组织实施。

第四十八条 社团因工作需要调入工作人员一般应实行公开招聘。招聘的程序和要求按照《建设部社会团体招聘工作人员细则》执行。

第四十九条 社团工作人员的考核奖惩及管理按照《建设部社团工作人员管理细则》执行。

第十章 社团的财务管理

第五十条 凡具备条件的社团,都应根据会计业务的需要设置会计机构。尚不具备单独设置会计机构条件的,应配备专职会计工作人员。

1. 财会人员上岗须持有会计证、电算化证。工作调动必须按《会计法》的有关规定办理移交手续。

2. 财务出纳人员不得兼管稽核、会计档案保管和收入、费用、债权债务账目的登记工作。

3. 会计核算要以人民币为记账本位币。收支业务以外国货币为主的单位,也可选定某种外国货币为记账本位币,但编制的报表应当折算为人民币反映。

4. 按照《会计法》和事业单位财务、会计制度的规定,建立健全会计账目,进行会计核算,即设置总账、明细账、日记账和其他辅助账簿(支票领用登记簿等)。并按规定启用、登记、结账,不得伪造、变更会计凭证和会计账簿,不得设置账外账,不得报送虚假的会计报表。要及时提供合法、真实、准确、完整的会计信息。

5. 社团财务要根据审核无误的原始凭证填制记账凭证,登记账簿要及时,结账要规范。

第五十一条 严格执行银行开户和发票使用管理的有关规定,开设、撤销银行账户,必须报经部财务主管部门审核批准。

第五十二条 对各种应收、应付等往来款项,必须按规定设置明细账。同时,要及时进行清理、结算,不得长期挂账。

第五十三条 社团组织要严格对各工作部门和各分支机构的财务管理,各项收入全部纳入统一的核算、管理,全面反映各项财务收支和资金活动。要严格按照国家的有关规定,依法缴纳各项税费。

第五十四条 严格管理社团经费支出。凡重大经济活动(对外投资、营造、购建 3 万元以上固定资产投资等)必须经过常务理事会审核同意,严格按照国家有关财务管理规定进行,并报部综合财务司和部社团办备案。

第五十五条 社团组织开展的各种活动(办班、短期培训、办展览、各种评比活动等),应事先经过业务主管司局或部归口管理部门进行审批,并按照有关规定合理收费。应报未报或未经核定而开展的各种活动,一经发现,有关部门将予以查处。

第五十六条 加强固定资产的管理,凡有调入、赠送、购建等情况,都要计价入账。固定资产的报废、转让,应经过有关部门的鉴定,并按规定报有关的财务部门及资产管理部门批准。

第五十七条 社团要严格建立年度财务收支预决算制度,并向部综合财务司和部社团办报送有关报表、资料。

第五十八条 社团的法定代表人、主管社团财务的负责人,以及财务部门的负责人,在离任、退休、调离工作岗位时,应进行必要的审计。

第十一章 附 则

第五十九条 本办法自发布之日起施行。原建设部有关社团管理的规定自本办法施行后即停止执行。

第六十条 本办法由部人事教育司负责解释。

国防科工委关于印发国防科学技术工业委员会主管的社会团体管理暂行办法的通知

(1999年6月18日 科工人字〔1999〕195号)

为做好对国防科工委主管的社会团体的管理工作,现印发《国防科学技术工业委员会主管的社会团体管理暂行办法》,请遵照执行。

国防科学技术工业委员会主管的社会团体管理暂行办法

第一条 为适应国家机构改革和政府转变职能的需要,更好地发挥国防科工委主管的社会团体(以下称社团)的积极作用,根据《社会团体登记管理条例》,结合国防科工委实际,制定本办法。

第二条 社团具有独立法人资格,独立承担民事责任,依据其登记的章程独立自主地开展各项活动和管理内部事务。

第三条 国防科工委主管的社团的管理由机关相关业务主管司(厅)(以下称机关业务主管部门)归口负责,主要内容包括:指导社团依据其章程开展活动;承办社团筹备申请、成立登记、变更登记、注销登记前的预审和年检预审等具体管理工作;协助登记管理机关和其他有关部门对有违法行为的社团进行查处;会同有关机关指导社团的清算事宜。

人事教育司负责统一办理社团登记、年检的初审及上报、社团主要负责人变更的审查备案等工作。

第四条 社团接受国防科工委委托的职责以项目协议的形式实施,项目协议应明确职责、经费与合作关系。

第五条 社团必须认真执行党的政策,遵守国家的法律、法规,自觉接受国防科工委的管理。

国防科工委机关各部门不得从社团中牟取任何经济利益。

第六条 社团变更法定代表人,需由社团商机关业务主管部门推荐人选,人事教育司审核,委党组研究同意,经社团依据章程履行相关程序后,向民政部申请变更登记并向国防科工委备案。

第七条 社团更换秘书长以上负责人,需由社团商机关业务主管部门推荐人选,人事教育司审核(必要时由人事教育司会同机关业务主管部门对拟任人选进行考核),委党组研究同意,经社团依据章程履行民主程序后,向民政部办理有关备案手续并向国防科工委报送任职材料。

第八条 国防科工委机关工作人员一般不得在社团中兼任领导职务,确因特殊情况需在社团中兼任领导职务的,须按干部管理权限审批。

第九条 社团常设办事机构要按中共中央组织部、民政部《关于社会团体中建立党组织有关问题的通知》(组通字〔1998〕6号)的规定,建立健全党的组织。社团常设办事机构的党组织建设工作由国防科工委机关党委负责管理。

第十条 社团变更名称(住所、业务主管单位、注册资金)或修改章程,由社团依据章程履行相关程序,经机关业务主管部门审查,人事教育司审核并报委领导批准后,向民政部申请办理。

第十一条 社团设立(变更或注销)分支机构、派出机构,由社团依据章程履行相关程序,经机关业务主管部门审查,人事教育司审核同意后,向民政部申请办理登记。

第十二条 社团开展对外交往活动和申请公务出国,出国任务由机关业务主管部门审查,国际合作司审核报批;派出人员由机关业务主管部门审查,按干部管理权限审批。

第十三条 社团开展重大业务活动,如:召开大型研讨会、举办展览会等,应由机关业务主管部门审核同意。

第十四条 社团的主要经费来源:

(一)会费;

(二)开展咨询、培训、课题研究等有偿服务的收入;

(三)兴办或管理与自身业务活动相关或与宗旨相适应的实体,按协议取得的收入;

(四)政府部门资助;

(五)社会捐赠。

第十五条 社团接受和使用捐赠、资助,必须符合章程规定的宗旨和业务范围,并遵守国家有关规定。

第十六条 社团应依据国家财政部门有关规定,建立健全财务管理制度,聘用有执业资格的财会人员从事财务工作,定期公布财务收支情况,并接受国防科工委财务司和有关部门的财务审计监督。

社团必须依据国家有关规定编制年度财务决算,并经注册会计师审计。年度财务决算和审计报告应于翌年3月底前报国防科工委财务司备案。

第十七条 社团兴办与宗旨、业务相关的实体,应经机关业务主管部门审核同意并报委领导批准,依据有关规定到工商行政管理机关办理登记手续后,向民政部办理有关备案手续并向国防科工委报送该实体工商登记材料。社团对自身兴办或国防科工委委托代管的实体要加强管理、切实负责。所有社团不得接受社会有关实体的挂靠。

第十八条 社团每年3月份前应对上一年度工作、财务情况进行自检,按规定填写年检报告书,经机关业务主管部门(社团财务情况由财务司签署意见)审查后,由人事教育司审核并报民政部。

第十九条 社团申请注销登记,应在机关业务主管部门指导下,成立清算组织,完成清算工作。

第二十条 本办法未尽事宜,依据《社会团体登记管理条例》和国家有关规定执行。

第二十一条 本办法由人事教育司负责解释。

第二十二条 本办法自下发之日起实施。

对外经济贸易社会团体管理办法

(1991年2月26日 对外贸易与经济合作部发布)

第一章 总 则

第一条 为保障对外经济贸易社会团体的健康发展,并发挥其在我国对外经济贸易事业中的积极作用,根据国务院发布的《社会团体登记管理条例》及有关规定,特制定本办法。

第二条 在中华人民共和国境内组织的全国性和跨省、自治区、直辖市的对外经济贸易商会、协会、学会、联合会、研究会、基金会、联谊会、促进会等社会团体,均根据本办法由中华人民共和国对外经济贸易部(以下简称对外经济贸易部)负责业务管理。

第三条 对外经济贸易部对各类对外经济贸易社会团体的业务管理包括成立审查、业务指导、日常管理、监督检查。

第四条 对外经济贸易部对各类对外经济贸易社会团体的管理,根据其组成和性质、地位的不同,实行直接或授权有关单位负责的办法。

第二章 范围与分类

第五条 对外经济贸易社会团体是指在对外贸易、利用外资、国际经济技术合作(包括国际承包工程和劳务合作)、对外经济技术援助以及国际货运代理等领域内组织的社会团体。

第六条 对外经济贸易社会团体包括以下各类:

(一)从事对外经济贸易、国际贸易和国际经济合作研究的学术性组织;

(二)为发展对外经济贸易、促进国内外企业和经营者联系建立的联谊性组织;

(三)以协调、促进我国对外经济贸易发展为宗旨的各类商会、协会组织;

(四)具有对外经济贸易行业或专业特点的其他社会团体组织。

第三章 成立和变更

第七条 成立对外经济贸易社会团体必须符合以下原则:

(一)对外经济贸易社会团体的宗旨,必须符合中华人民共和国的宪法和法律、法规,必须维护国家的统一和民族的团结,不得损害国家的、社会的、集体的利益和其他公民、法人的自由和权利;

(二)成立对外经济贸易社会团体,必须有利于促进对外经济贸易的发展,有利于促进国内外企业和有关组织的联系,有利于维护和保障对外经济贸易的正常秩序;

(三)全国性或跨省、自治区、直辖市的对外经济贸易社会团体,必须具有广泛的代表性,必须反映参加社会团体组织的法人、公民的共同意志;

(四)在对外经济贸易部业务管理的范围内,不得成立相同或相似的社会团体。

第八条 发起成立对外经济贸易社会团体的发起人,应在发起成立之前向对外经济贸易部报告,在有该社会团体业务范围内的足够成员响应后,拟定有关成立文件报对外经济贸易部审查。

第九条 成立审查须提交下列材料:

(一)发起单位的意见和发起负责人签署的有关该社会团体筹建情况的报告;

(二)符合《社会团体登记管理条例》规定的社会团体章程草案;

(三)办事机构地址或联系地址;

(四)发起负责人的姓名、年龄、住址、职业及简历;

(五)拟参加的成员及其书面签署的意见。

第十条 对外经济贸易部审查同意后,向发起人签发同意成立的书面文件。由发起人向社会团体登记管理机关申请登记。未经核准登记,任何单位和个人一律不得以社会团体的名义开展活动。

第十一条 对外经济贸易社会团体改变宗旨或变更名称、法定代表人或负责人、自行解散等,须经对外经济贸易部审查同意,并向登记管理机关申请变更登记或注销登记。

第四章 业务指导

第十二条 经核准登记的对外经济贸易社会团体由对外经济贸易部负责业务指导。

第十三条 业务指导的一般内容是:

(一)通报对外经济贸易的形势和有关政策、规章;

(二)根据需要和对外经济贸易社会团体的要求,由有关负责人定期或不定期听取社会团体的工作报告;

(三)根据对外经济贸易工作的需要,对社会团体的活动提出意见和建议;

(四)按有关规定,转发或发送有关对外经济贸易的文件。

第十四条 经对外经济贸易部授权,具有业务协调和部分行业管理职能的社会团体,必须执行有关对外经济贸易管理的行政法规和规章。

第五章 日常管理

第十五条 各类对外经济贸易社会团体必须接受对外经济贸易部或其授权单位的日常管理。

第十六条 日常管理的主要事项包括:

(一)审查社会团体常设机构的设立和人员编制;

(二)审查其领导人的人选和内部人事制度;

(三)审查其经费预、决算制度;

(四)汇总编报和下达社会团体常设机构的劳动工资计划;

(五)布置和安排义务献血、义务绿化等社会工作;

(六)其他。

第十七条 具有业务协调和部分行业管理职能的社会团体,其日常管理由对外经济贸易部直接负责。

第十八条 不具有业务协调和行业管理职能的社会团体和跨省、自治区、直辖市的社会团体,其日常管理由对外经济贸易部授权有关发起单位或常设办事机构所在地的对外经济贸易业务主管部门负责。各有关单位应将其负责的日常管理事项报对外经济贸易部备案。

第六章 监督检查

第十九条 各类对外经济贸易社会团体必须接受登记管理机关和对外经济贸易部或其授权单位的监督检查。

第二十条 监督检查的事项包括:

(一)贯彻执行国家宪法和法律、法规的情况;

(二)按其宗旨和组织章程开展业务活动的情况;

(三)经费收支情况;

(四)其他。

第二十一条 各类对外经济贸易社会团体的下列事项须向对外经济贸易部报告或呈请备案:

(一)年度工作计划和重大活动安排;

(二)代表会议、代表大会或全体会议以及其他重要会议和活动;

(三)年度的经费预算和决算报告;

(四)常设机构的人事和劳动工资统计;

(五)其他。

第二十二条 经授权负责对外经济贸易社会团体日常管理的单位,应加强有关的监督检查工作,并定期向对外经济贸易部报告。

第二十三条 对外经济贸易部对各类对外经济贸易社会团体违反宪法和法律、法规的行为,有权责令其纠正并协助有关部门予以查处。

第七章 附 则

第二十四条 本办法不适用于在中华人民共和国境内组建的外国商会。

第二十五条 本办法的解释权属于对外经济贸易部。

第二十六条 本办法自发布之日起施行。

国务院宗教事务局、民政部关于印发《宗教社会团体登记管理实施办法》的通知

(1991 年 5 月 6 日 国宗发〔1991〕110 号)

各省、自治区、直辖市宗教事务局(处)、民政厅(局):

为了搞好宗教社会团体的登记工作,根据国务院颁布的《社会团体登记管理条例》,制定了《宗教社会团体登记管理实施办法》,现印发给你们,望认真贯彻执行。

各级政府民政、宗教工作部门要充分认识宗教社会团体登记工作的重要性和复杂性,加强领导,认真部署,相互配合,积极、稳妥地把这项工作做好。执行中如出现新的情况,请及时报告。

附:

宗教社会团体登记管理实施办法

第一条 为保障宗教社会团体的合法权益,保证宗教社会团体登记管理的实施,依据《社会团体登记管理条例》,制定本办法。

第二条 由中华人民共和国公民在本国境内组织的各宗

教县级范围(含县级)以上区域性和全国性的宗教社会团体,均应依照本办法的规定,向政府民政部门申请登记。

第三条 全国性宗教社会团体应经国务院宗教事务局审查同意后,向民政部申请登记。

区域性宗教社会团体经所在地相应的政府宗教事务部门审查同意后,向当地民政部门申请登记,并由当地政府宗教事务部门报上一级政府宗教事务部门备案。

天主教教区须经该教区办事机构所在地省级政府宗教事务部门审查同意后,向省级民政部门申请登记,并由当地省级政府宗教事务部门向国务院宗教事务局备案。

第四条 宗教社会团体登记的条件:

(一)有团体名称、办公地址和负责人;

(二)有不违反宪法、法律、法规的章程;

(三)有合法的经济来源;

(四)有可考证的、符合我国现存宗教历史沿革的、不违背本团体章程的经典、教义、教规;

(五)组织机构的组成人员有广泛的代表性。

第五条 在《社会团体登记管理条例》施行前成立的宗教社会团体,按该条例第二十九条规定办理登记、换证手续。

第六条 宗教社会团体登记时,向政府宗教事务部门提交的审查文件,除《社会团体登记管理条例》第十条(一)、(三)、(四)、(五)、(六)款之规定外,还需提交本宗教的主要经典(书目)、教义、教规和历史沿革资料。

第七条 在同一行政区域内不得重复成立相同或相类似的宗教社会团体。

第八条 宗教社会团体向登记管理机关提交的年度检查报告和有关材料,须同时报送该登记管理机关同级的政府宗教事务部门。

第九条 本办法未规定者,均按《社会团体登记管理条例》规定办理。

第十条 本办法由民政部和国务院宗教事务局负责解释。

第十一条 本办法自发布之日起施行。

◎请示答复

民政部办公厅关于民主党派能否作为社会团体业务主管单位问题的复函

(2000年8月24日 民办函(2000)150号)

辽宁省民政厅:

你厅《关于民主党派能否作为社会团体业务主管单位问题的请示》(辽民民函〔2000〕73号)收悉,现答复如下:

1998年10月25日国务院颁布的《社会团体登记管理条例》,明确规定"国务院有关部门和县级以上地方各级人民政府有关部门、国务院或者县级以上地方各级人民政府授权的组织,是有关行业、学科或者业务范围内社会团体的业务主管单位"。为了贯彻落实这一规定,经中共中央、国务院领导同志同意,民政部下发了《关于重新确认社会团体业务主管单位的通知》(民发〔2000〕41号,以下简称《通知》),对社会团体业务主管单位的管理职责、哪些部门或单位是社会团体的业务主管单位、经中共中央、国务院或地方县级以上党委、人民政府授权作为社会团体业务主管单位应具备的条件等都做了明确的规定,并授权一些组织为全国性社会团体的业务主管单位,要求地方县级以上党委、人民政府在授权一些组织作为社会团体的业务主管单位时参照执行。鉴于《通知》未授权民主党派作为全国性社会团体的业务主管单位,各地也不宜授权民主党派作为社会团体的业务主管单位。

民政部关于基层工会登记问题的复函

(1994年9月29日 民社函〔1994〕229号)

陕西省民政厅:

你厅《关于基层工会要求取得社团法人资格的请示》(陕民社发〔1994〕160号)收悉。经研究并向全国人大法律委员会请示,现答复如下:

一、全国人大法律委员会办公室就天津市人大起草的《工会法实施办法》中的有关问题给天津市人大常委会秘书局作了答复:"工会法第十四条规定,'基层工会组织具备民法通则规定的法人条件的,依法取得社会团体法人资格'。《工会法实施办法》第九条第二款规定:'基层工会组织具备《中华人民共和国民法通则》规定的法人条件的,自批准成立之日起具有社会团体法人资格。'这一规定,与工会法关于基层工会组织的社会团体法人资格应依法取得的规定不一致。"

二、全国人大法律委员会、民政部、全国总工会正在协商基层工会组织依法取得法人资格登记的有关事宜。

三、为了有利于基层工会法人资格的确定,有利于社会团体的健康发展,望接到此文后,转告有关方面,暂停对基层工会的登记和颁证工作。

附件:

一、全国人大法律委员会法律办复字(94)2号(略)

二、《天津市实施〈中华人民共和国工会法〉办法》第九条第二款(略)

国家物价局、财政部对民政部《关于社会团体登记管理收取公告费和年度检查费的函》的复函

（1993 年 2 月 22 日　〔1993〕价费字 66 号）

民政部：

你部《关于社会团体登记管理收取公告费和年度检查费的函》（民综函〔1992〕243 号）收悉，经研究，函复如下：

同意你部按实际支出收取经核准登记的社团的报刊公告费。考虑到对社团的监督管理属社团管理机关的正常管理工作范围，因此，不应收取社团年度检查费。特此函复。

民政部社团管理司关于《琼崖地下学联联谊会》申请登记有关问题的复函

（1990 年 1 月 25 日　社地字〔1990〕4 号）

海南省民政厅：

你厅《关于琼崖地下学联联谊会申请登记有关问题的请示》〔琼民团字（1990）001 号〕收悉。经研究，现答复如下：

1. 在革命斗争年代，党的秘密外围组织是党联系群众的桥梁和纽带，为中国革命的解放事业做出了贡献。但随着全国的解放，这些党的秘密外围组织已经完成了历史使命而自动宣告解散。现已时隔四十年，我们认为不宜再以过去的秘密外围组织为名组成新的社团。

2. 中央一再明文规定，党政机关和社会团体不得经商办企业。因此，应该按照中央的规定办理。

民政部关于非法人社会团体改为法人社会团体登记问题的复函

（1992 年 7 月 16 日　民社函〔1992〕220 号）

上海市民政局：

你局《关于非法人社会团体改为法人社会团体登记事宜的请示》[沪民社发（1992）第 10 号]收悉，现答复如下：

一、由非法人社会团体改为法人社会团体，应先办理非法人社会团体注销登记，后履行法人社会团体成立登记手续。经注销登记的非法人社会团体，其代码同时废置。

二、社会团体登记管理机关对其核准登记的法人社会团体，可根据《全国企业、事业单位和社会团体代码的编制和管理办法》的规定，在其编码区段内，赋予其法人社会团体代码。

民政部社团管理司关于日本人在京成立日本人会事的复函

（1990 年 2 月 20 日　社登〔1990〕7 号）

外交部领事司：

贵司“关于日本人在京成立日本人会事”的文件〔领四函（1990）1 号〕收悉。去年十月国务院颁布的《社会团体登记管理条例》第三十条明确指出其登记管理办法另行规定。鉴于这类团体问题情况复杂、涉及面广、政策性强，我们建议在国内尚未有相应法规的情况下，要慎重处理。

对待非中国公民在我国境内的社会团体问题，我们考虑可在这类团体必须遵守我国宪法和法律的规定，维护和促进我国与各国人民之间的友好关系，不得危害我国国家安全，损害社会公共利益，破坏社会公共秩序的前提条件下，本着分清情况，区别对待的原则，对已公开活动的团体，过去我有关部门已与其负责人建立联系或进行接触对话过的，今后可继续保持这种态度；对尚未公开活动的社团，我有关部门（单位）不主动与之接触。其活动不得以社会团体组织名义干扰我公务活动，不得代行官方驻华机构职权范围内的事宜，如有违法活动，可由有关部门出面处理。如遇这类团体要求我承认时，要认真做好工作，并告其我国正在拟定这方面的登记管理法规，待法规颁布后，依法办理审批登记手续。

去年我部曾走访了贵部和公安、安全等部门，并就非中国公民在中国境内结社和其登记管理问题交换了意见，我们希望继续抓紧合作，促使这类社会团体的登记管理性法规文件尽快制定颁布，以从根本上解决这方面问题。

民政部关于社团登记管理工作若干问题的复函

（1990 年 10 月 17 日　民社函〔1990〕230 号）

黑龙江省民政厅：

你厅 9 月 25 日《关于社团登记管理工作几个政策问题的请示》电文收悉，现答复如下：

一、关于科协、社联等社团能否作业务主管部门问题

根据民政部《关于〈社会团体登记管理条例〉有关问题的通知》（民社发〔1989〕59 号文件）第三条关于“有些社会团体的业务主管部门不便由政府工作部门或党的工作部门承当时，经民政部门与有关业务部门协商同意后，也可以委托有能力进行资格审查和业务指导的其他单位承担这一职责”的规定，考虑到科协的历史作用，经与科委协商一致后，可以委托科协负责自然科学学术性团体的资格审查和业务指导。经科

协论证并确认的学科性团体,由其进行日常管理。

由于政府部门没有管理社会科学方面的职能机构,民政部门可与省委宣传部协商,委托社科联负责社会科学学科性团体的资格审查和业务指导。

二、关于学术性、专业性、联合性社团的设立标准问题

关于学术性团体的设立标准,目前国家技术监督局正在组织制定,请你们与省标准局、科协、社科联联系,他们可能有这方面划分的初步意见。在协商一致的基础上,主要是由资格审查部门认定。

专业性的社团主要是由专业人员组成或以专业技术、专门资金为从事某项事业而成立的团体。其中行业协会可参照国民经济行业分类的中类标准掌握。各部门、各系统的其他专业性团体的设立,可由其资格审查部门进行规划,提出标准,必要时报省政府批准。

联合性社团主要指学术性、行业性、专业性团体的联合体。这种联合应是具有共同利益,并在业务上有内在联系的团体间的联合。如文艺方面的文联,科技方面的科协,社会科学方面的社科联等。对于人群的联合体,原则上应从严掌握。

三、关于社团章程的规范问题

社团章程是社团成员共同遵守的法规性文件。社团章程应载明:

1. 社团名称,中文名称的全称或英文译名全称和英文缩写名(少数民族自治地区可与汉字对应使用民族文字);

2. 社团宗旨,即用简洁的语言反映社团的业务方向和根本目标;

3. 经费来源,即用于社团业务活动和工作人员开支的经费筹集方式;

4. 组织机构,主要是指社团内部工作机构的设立及其职责;

5. 负责人的产生程序和职权范围;

6. 章程的批准、修改和解释权的确定;

7. 社团的终止程序,即社团自行终止活动时应经过哪一级组织批准及批准程序的规定;

8. 其他应载明的事项。

在审查社团章程时,如有违背《条例》规定的重大原则方面的内容,社团登记管理机关应予纠正。但有些社团章程的内容表述是长时期形成的,并经党和政府批准确认的,可维持其现状。

四、关于成立同业公会的问题

目前,部里正组织力量调查这类问题,待调查研究后,再作具体规定。

民政部关于办理社会团体登记问题的复函

(1990 年 10 月 27 日 民社函〔1990〕236 号)

海南省民政厅:

你厅 9 月 10 日《关于办理社会团体登记问题的请示》(琼民登字〔1990〕36 号)收悉。经研究,现答复如下:

一、关于全国性和跨省(自治区)性社会团体要求在海南省设立办事处(联络处)的问题

全国性和跨省(自治区、直辖市)性社会团体一般不得在其会址以外的地区设立办事处(联络处)。因有特殊需要申请设立的,需经民政部批准。驻在省民政厅可根据其持有的批准证件,予以备案。

办事处(联络处)是社会团体的派出机构,不具有法人资格,只能以所属社团的名义开展业务活动,并要接受驻在省民政厅的日常监督和管理。

二、关于成立联谊性社会团体的问题

对申请成立联谊性的社会团体,总的原则应持慎重态度。

1. 成立联谊性社会团体必须坚持有利于祖国统一、民族团结,有利于政治、经济的稳定和科学、文化、教育事业的繁荣。

2. 除少数历史悠久、有一定国际声誉的校友会及有利于开展海外工作的同乡会外,一般不宜成立校友会、同乡会等联谊性社会团体。

凡确因社会需要而成立校友会、同乡会等联谊性社会团体,应按照不同性质,分别由教育、外事、统战等业务主管部门审查同意后,当地民政部门才可办理核准登记手续。

3. 鉴于以某一姓氏或以某一姓氏为主体组成的宗族性社会团体和以某一地区为基础组成的联谊会等社团组织副作用较大,不宜批准成立。

民政部社团管理司关于能源行业全国性社会团体复查登记有关问题的复函

(1990 年 11 月 6 日 社登字〔1990〕23 号)

能源部人事劳动司:

你司(90)人组便字第 48 号函收悉。关于煤炭行业、石油天然气行业、核工业行业等全国性社会团体复查登记的问题,现答复如下:

根据《社会团体登记管理条例》的有关规定,社会团体的业务主管部门系指政府的职能部门,按国务院“三定”方案的规定,能源部是国务院统管全国能源工业的职能部门。由其归口管理的能源方面的几大公司,虽然在人、财、物等方面实行计划单列，并负有对本公司范围的管理职能，但它不是政府职能部门，不能代表政府对社会团体行使职权。因此，我们认为只有能源部才能作为能源工业类社会团体的业务主管部门，负责这类社会团体的清理整顿和复查登记及今后的业务指导和日常管理等方面工作。

民政部对《上海市人民政府关于本市外国社会团体问题的请示》的答复

（1988年9月19日　〔1988〕民社函第188号）

上海市人民政府：

国务院办公厅秘书局8月13日将《上海市人民政府关于本市外国社会团体问题的请示》（沪府〔1988〕62号）转由我部研办。经我们研究，并征求了国务院法制局、外交部、公安部和安全部的意见，现答复如下：

一、外国社会团体问题情况复杂、涉及面广、政策性强，在国家尚未有相应法规的情况下，要慎重处理。

二、你们对外国社会团体问题的处理建议在目前情况下是基本可行的。对于外国社会团体要求我承认时，要认真做好工作，并告对方，我国正在拟定社会团体登记管理法规，待法规颁布后，依法办理审批登记手续。

三、对现有外国社会团体组织及其活动情况，应责成市民政局随时了解和掌握，如有重要情况，望及时报告我部。

附：

上海市人民政府关于本市外国社会团体问题的请示

（1988年8月8日　沪府〔1988〕62号）

国务院：

随着进一步对外开放，外国驻沪机构和常住上海的外国人日趋增多。有的机构和人员自行在沪成立了各种社会团体（以下简称外国社团）。目前，上海的外国社团已有12家，其中商人社团5家，侨民社团2家，留学生社团2家，领馆人员社团1家，记者社团1家，综合性社团1家。

这些外国社团，多数受控于各自的驻华、驻沪使领馆或其国内金融机构，有些领馆官员还担任了社团的领导职务。除了在成员间开展社交、文化、教育、体育和庆祝、献礼等活动外，有些社团还通过聚会、聚餐、出版刊物等方式，相互串联，交换信息，搜集、了解我政情、商情、民情等资料，或研究对策，统一行动，并向各自的使领馆和国内机构汇报。如有的商人社团，曾就我宾馆调整外国人住房价格、对外国常驻代表机构征所得税等问题，以组织名义向我有关部门办理交涉；"上海非洲留学生统一组织"（以下简称"非统"组织）的宗旨是同中国友好，但在涉及非洲留学生的某些利害问题上，曾多次向我提出一些不合理要求，甚至组织或参与闹事；朝侨协会刻了公章，为侨民的就业、升学问题出具证明，还曾受使馆委托为侨民办理护照、签证等领事业务；越侨同乡会曾在成员中传阅使馆寄来的材料，煽动反华情绪，发泄对我不满。

过去，我们对外国社团采取"不取缔、不承认"的态度，对其内部事务不干预。对多数不对外公开活动的外国社团，不与之联系接触；对一些主动与我联系的外国社团，根据不同情况，区别对待。如对"非统"组织，我们从多做工作出发，已与其头面人物保持对话接触；对两个侨民社团和"非统"组织举办的某些活动，如庆祝国庆、庆祝非洲解放日和放映电影、举办舞会、球赛等，我们为其提供物质方便；对各国领馆文化艺术俱乐部，我官方不与之接触，但对其提出的诸如到我基层单位作一般性参观的要求，有关单位则避其组织名称，表示欢迎各国领事前去参观。然而，某些外国社团对我们这样做并不满足，如朝鲜人协会、"非统"组织、日本商工俱乐部等，一直希望得到我方的公开承认。鉴于多数外国社团是为维护其自身利益的需要成立的，有些社团在成员中有一定威信和号召力，如我继续一概采取"不取缔、不承认"态度，置之不理，或者处理不当，对我涉外管理和社会治安不利。同时，发展外向型经济，引进外资、技术和人才，必须为外国人创造一个良好、宽松的投资、社交、生活环境，包括结社在内。况且，他们从事的某些活动，包括搜集、了解我政情、商情、民情等资料，有些是我们要主动对外宣传的。另外，还要考虑国际"对等"惯例，否则，不利于我在国外民间社团的活动。

据了解，外国人在华成立社团的问题，在其他省市也同样存在。国务院有关部门正在拟订有关的管理法规，上海市政府外事办公室已就外国人结社应遵循的组建原则、必备条件、登记手续和我方的审批权限、管理办法提出建议，报国务院法制局、民政部、公安部、外交部参考。

在国务院尚未颁布有关对外国社团的管理法规之前，我们对本市外国社团的活动，提出以下几点意见：

一、对已公开活动的外国社团，过去我有关部门已与其负责人建立联系或进行接触对话过的，今后可继续保持必要的联系和对话；只要是正常的社交、联谊活动，有关部门和基层单位包括对外服务单位应给予必要的支持；凡对我有利的活动，如对方约请我有关单位介绍本市投资环境等，我方原则上可应允。

二、对尚未公开活动的社团，我有关单位可不主动与之接触，对其进行的正常联谊活动，基层单位包括对外服务单位可视情况给予一定的方便。

三、如遇外国社团要求我有关部门予以承认时，拟告对方：可先在不违反我国现行法规的前提下开展一些联谊活动，待我国政府有关外国社团管理的规定颁布后，按规定办理申请登记手续，并经批准、发证后再成立。

四、外国社团不论是否已公开进行活动，都不得以组织名义干扰我公务活动，不得代行官方驻华机构职权范围内的事宜。如有违法活动，可由有关部门出面处理。

五、外国社团原则上不得发展中国公民为会员，个别需要参加的，应先经所在单位研究后报请市有关业务主管部门批准。外国社团如邀请我方人员参加其举办的活动，我方人员应根据不同情况，经所在单位、业务主管部门或地方外事部门同意后参加。

以上意见当否，请指示。

民政部办公厅关于加强全国性社会团体成立活动宣传报道管理的函

（1989 年 7 月 27 日　〔1989〕民办字 157 号）

新华社、中央电视台、中央人民广播电台、人民日报、人民日报海外版、光明日报、解放军报、中国日报、工人日报、中国妇女报、中国青年报、团结报、国际商报、经济日报、经济参考报、农民日报、法制日报、中国体育报、中国环境报、中国人口报、中国电影报、中国交通报、中国经营报、科技日报、中国劳动人事报、中国消费者报、理论信息报、中国文化报、社会保障报、中国人才报、中国农牧渔业报、中国经济信息报、中国老年报、中国商报、北京日报、北京电视台、北京人民广播电台：

根据国务院关于加强社会团体管理和新成立的全国性社会团体统一由民政部负责审批的精神，我部于 1988 年 8 月组建了社团管理司，并开始承办全国性社团的审批工作。为了加强工作配合，更好地对社团活动进行宣传，希各新闻单位今后遇有涉及到全国性社会团体成立的新闻报道，请事先与我部社团管理司取得联系，进行核实，以免出现报道上的失误或引起混乱。特此函告，望大力协助。

文书范本

社会团体章程示范文本

（1998 年 11 月 26 日民政部制）

第一章　总　　则

第一条　本团体的名称（包括英文译名、缩写）（社团的名称应当符合法律、法规的规定，不得违背社会道德风尚。社团的名称应当与其业务范围、成员分布、活动地域相一致，准确反映其特征。全国性的社会团体冠以“中国”、“全国”、“中华”等字样的，应当按照国家有关规定经过批准；地方性的社会团体应冠以本行政区域名称，不得冠以“中国”、“全国”、“中华”等字样。社会团体的名称，不得使用已由社团登记管理机关明令撤销或取缔的社会团体的名称）

第二条　本团体的性质（其中必须载明：组成的人员或单位；学术性、联合性、专业性或行业性；全国性或地方性；自愿结成；非营利性社会组织）

第三条　本团体的宗旨（其中必须载明：遵守宪法、法律、法规和国家政策，遵守社会道德风尚）

第四条　本团体接受业务主管单位、社团登记管理机关的业务指导和监督管理（必须载明具体的业务主管单位和社团登记管理机关）

第五条　本团体的住所（载明×省×市）

第二章　业务范围

第六条　本团体的业务范围（必须具体、明确）：

（一）××××××××××××；

（二）××××××××××××；

（三）××××××××××××。

第三章　会　　员

第七条　本团体的会员种类（单位会员、个人会员）

第八条　申请加入本团体的会员，必须具备下列条件

（一）拥护本团体的章程；

（二）有加入本团体的意愿；

（三）在本团体的业务，（行业、学科）领域内具有一定的影响；

（四）××××××××××××。

第九条　会员入会的程序是：

（一）提交入会申请书；

（二）经理事会讨论通过；

（三）××××××××××××；

（四）由理事会或理事会授权的机构发给会员证。

第十条　会员享有下列权利：

（一）本团体的选举权、被选举权和表决权；

（二）参加本团体的活动；

（三）获得本团体服务的优先权；

（四）对本团体工作的批评建议权和监督权；

（五）入会自愿、退会自由；

（六）××××××××××××。

第十一条　会员履行下列义务：

（一）执行本团体的决议；

（二）维护本团体合法权益；

（三）完成本团体交办的工作；

（四）按规定交纳会费；

（五）向本团体反映情况，提供有关资料；

（六）××××××××××××。

第十二条　会员退会应书面通知本团体，并交回会员证。会员如果1年不交纳会费或不参加本团体活动的，视为自动退会。

第十三条　会员如有严重违反本章程的行为，经理事会或常务理事会表决通过，予以除名。

第四章　组织机构和负责人产生、罢免

第十四条　本团体的最高权力机构是会员大会（或会员代表大会），会员大会（或会员代表大会）的职权是：

（一）制定和修改章程；

（二）选举和罢免理事；

（三）审议理事会的工作报告和财务报告；

（四）决定终止事宜；

（五）××××××××××××；

（六）决定其他重大事宜。

第十五条　会员大会（或会员代表大会）须有2/3以上的会员（或会员代表）出席方能召开，其决议须经到会会员（或会员代表）半数以上表决通过方能生效。

第十六条　会员大会（或会员代表大会）每届×年（会员大会或会员代表大会每届最长不超过5年）。因特殊情况需提前或延期换届的，须由理事会表决通过，报业务主管单位审查并经社团登记管理机关批准同意。但延期换届最长不超过1年。

第十七条　理事会是会员大会（或会员代表大会）的执行机构，在闭会期间领导本团体开展日常工作，对会员大会（或会员代表大会）负责。

第十八条　理事会的职权是：

（一）执行会员大会（或会员代表大会）的决议；

（二）选举和罢免理事长（会长）、副理事长（副会长）、秘书长；

（三）筹备召开会员大会（或会员代表大会）；

（四）向会员大会（或会员代表大会）报告工作和财务状况；

（五）决定会员的吸收或除名；

（六）决定设立办事机构、分支机构、代表机构和实体机构；

（七）决定副秘书长、各机构主要负责人的聘任；

（八）领导本团体各机构开展工作；

（九）制定内部管理制度；

（十）××××××××××××；

（十一）决定其他重大事项。

第十九条　理事会须有2/3以上理事出席方能召开，其决议须经到会理事2/3以上表决通过方能生效。

第二十条　理事会每年至少召开一次会议情况特殊的，也可采用通讯形式召开。

第二十一条　本团体设立常务理事会（理事人数较多时，可设立常务理事会）。常务理事会由理事会选举产生，在理事会闭会期间行使第十八条第一、三、五、六、七、八、九项的职权，对理事会负责（常务理事人数不超过理事人数的1/3）。

第二十二条　常务理事会须有2/3以上常务理事出席方能召开，其决议须经到会常务理事2/3以上表决通过方能生效。

第二十三条　常务理事会至少半年召开一次会议；情况特殊的也可采用通讯形式召开。

第二十四条　本团体的理事长（会长）、副理事长（副会长）、秘书长必须具备下列条件：

（一）坚持党的路线、方针、政策、政治素质好；

（二）在本团体业务领域内有较大影响；

（三）理事长（会长）、副理事长（副会长）、秘书长最高任职年龄不超过70周岁，秘书长为专职；

（四）身体健康，能坚持正常工作；

（五）未受过剥夺政治权利的刑事处罚的；

（六）具有完全民事行为能力；

（七）×××××××××××。

第二十五条　本团体理事长（会长）、副理事长（副会长）、秘书长如超过最高任职年龄的，须经理事会表决通过，报业务主管单位审查并社团登记管理机关批准同意后，方可任职。

第二十六条　本团体理事长（会长）、副理事长（副会长）、秘书长任期×年。〔正理事长（会长）、副理事长（副会长）、秘书长任期最长不得超过两届〕因特殊情况需延长任期的，须经会员大会（或会员代表大会）2/3以上会员（或会员代表）表决通过，报业务主管单位审查并经社团登记管理机关批准同意后方可任职。

第二十七条　本团体理事长（会长）为本团体法定代表人［社团法定代表人一般应由理事长（会长）担任。如因特殊情况需由副理事长（副会长）或秘书长担任法定代表人，应报业务主管单位审查并经社团登记管理机关批准同意后，方可担任，并在章程中写明］。

本团体法定代表人不兼任其他团体的法定代表人。

第二十八条　本团体理事长（会长）行使下列职权：

（一）召集和主持理事会（或常务理事会）；

（二）检查会员大会（或会员代表大会）、理事会（或常务理事会）决议的落实情况；

（三）代表本团体签署有关重要文件

（四）×××××××××××。

第二十九条　本团体秘书长行使下列职权：

（一）主持办事机构开展日常工作，组织实施年度工作计划；

（二）协调各分支机构、代表机构、实体机构开展工作；

（三）提名副秘书长以及各办事机构、分支机构、代表机构和实体机构主要负责人，交理事会或常务理事会决定；

（四）决定办事机构、代表机构、实体机构专职工作人员的聘用；

（五）××××××××××××；

（六）处理其他日常事务。

第五章　资产管理、使用原则

第三十条　本团体经费来源：

（一）会费；

（二）捐赠；

（三）政府资助；

（四）在核准的业务范围内开展活动或服务的收入；

（五）利息；

（六）××××××××××××；

（七）其他合法收入。

第三十一条　本团体按照国家有关规定收取会员会费。

第三十二条　本团体经费必须用于本章程规定的业务范围和事业的发展，不得在会员中分配。

第三十三条　本团体建立严格的财务管理制度，保证会计资料合法、真实、准确、完整。

第三十四条　本团体配备具有专业资格的会计人员。会计不得兼任出纳。会计人员必须进行会计核算，实行会计监督。会计人员调动工作或离职时，必须与接管人员办清交接手续。

第三十五条　本团体的资产管理必须执行国家规定的财务管理制度，接受会员大会（或会员代表大会）和财政部门的监督。资产来源属于国家拨款或者社会捐赠、资助的，必须接受审计机关的监督，并将有关情况以适当方式向社会公布。

第三十六条　本团体换届或更换法定代表人之前必须接受社团登记管理机关和业务主管单位组织的财务审计。

第三十七条　本团体的资产，任何单位、个人不得侵占、私分和挪用。

第三十八条　本团体专职工作人员的工资和保险、福利待遇，参照国家对事业单位的有关规定执行。

第六章　章程的修改程序

第三十九条　对本团体章程的修改，须经理事会表决通过后报会员大会（或会员代表大会）审议。

第四十条　本团体修改的章程，须在会员大会（或会员代表大会）通过后15日内，经业务主管单位审查同意，并报社团登记管理机关核准后生效。

第七章　终止程序及终止后的财产处理

第四十一条　本团体完成宗旨或自行解散或由于分立、合并等原因需要注销的，由理事会或常务理事会提出终止动议。

第四十二条　本团体终止动议须经会员大会（或会员代表大会）表决通过，并报业务主管单位审查同意。

第四十三条　本团体终止前，须在业务主管单位及有关机关指导下成立清算组织，清理债权债务，处理善后事宜。清算期间，不开展清算以外的活动。

第四十四条　本团体经社团登记管理机关办理注销登记手续后即为终止。

第四十五条　本团体终止后的剩余财产，在业务主管单位和社团登记管理机关的监督下，按照国家有关规定，用于发展与本团体宗旨相关的事业。

第八章　附　　则

第四十六条　本章程经×年×月×日会员大会（或会员代表大会）表决通过。

第四十七条　本章程的解释权属本团体的理事会。

第四十八条　本章程自社团登记管理机关核准之日起生效。

2. 民办非企业单位管理

民办非企业单位登记管理暂行条例

（1998年10月25日中华人民共和国国务院令第251号发布　自发布之日起施行）

第一章　总　　则

第一条　为了规范民办非企业单位的登记管理，保障民办非企业单位的合法权益，促进社会主义物质文明、精神文明建设，制定本条例。

第二条　本条例所称民办非企业单位，是指企业事业单位、社会团体和其他社会力量以及公民个人利用非国有资产举办的，从事非营利性社会服务活动的社会组织。

第三条　成立民办非企业单位，应当经其业务主管单位审查同意，并依照本条例的规定登记。

第四条　民办非企业单位应当遵守宪法、法律、法规和国家政策，不得反对宪法确定的基本原则，不得危害国家的统一、安全和民族的团结，不得损害国家利益、社会公共利益以及其他社会组织和公民的合法权益，不得违背社会道德风尚。

民办非企业单位不得从事营利性经营活动。

第五条　国务院民政部门和县级以上地方各级人民政府民政部门是本级人民政府的民办非企业单位登记管理机关（以下简称登记管理机关）。

国务院有关部门和县级以上地方各级人民政府的有关部门、国务院或者县级以上地方各级人民政府授权的组织，是有关行业、业务范围内民办非企业单位的业务主管单位（以下简称业务主管单位）。

法律、行政法规对民办非企业单位的监督管理另有规定的，依照有关法律、行政法规的规定执行。

第二章　管　　辖

第六条　登记管理机关负责同级业务主管单位审查同意的民办非企业单位的登记管理。

第七条　登记管理机关、业务主管单位与其管辖的民办非企业单位的住所不在一地的，可以委托民办非企业单位住所地的登记管理机关、业务主管单位负责委托范围内的监督管理工作。

第三章　登　　记

第八条　申请登记民办非企业单位，应当具备下列条件：

（一）经业务主管单位审查同意；

（二）有规范的名称、必要的组织机构；

（三）有与其业务活动相适应的从业人员；

（四）有与其业务活动相适应的合法财产；

（五）有必要的场所。

民办非企业单位的名称应当符合国务院民政部门的规定，不得冠以"中国"、"全国"、"中华"等字样。

第九条　申请民办非企业单位登记，举办者应当向登记管理机关提交下列文件：

（一）登记申请书；

（二）业务主管单位的批准文件；

（三）场所使用权证明；

（四）验资报告；

（五）拟任负责人的基本情况、身份证明；

（六）章程草案。

第十条　民办非企业单位的章程应当包括下列事项：

（一）名称、住所；

（二）宗旨和业务范围；

（三）组织管理制度；

（四）法定代表人或者负责人的产生、罢免的程序；

（五）资产管理和使用的原则；

（六）章程的修改程序；

（七）终止程序和终止后资产的处理；

（八）需要由章程规定的其他事项。

第十一条　登记管理机关应当自收到成立登记申请的全部有效文件之日起60日内作出准予登记或者不予登记的决定。

有下列情形之一的，登记管理机关不予登记，并向申请人说明理由：

（一）有根据证明申请登记的民办非企业单位的宗旨、业务范围不符合本条例第四条规定的；

（二）在申请成立时弄虚作假的；

（三）在同一行政区域内已有业务范围相同或者相似的民办非企业单位，没有必要成立的；

（四）拟任负责人正在或者曾经受到剥夺政治权利的刑事处罚，或者不具有完全民事行为能力的；

（五）有法律、行政法规禁止的其他情形的。

第十二条　准予登记的民办非企业单位，由登记管理机关登记民办非企业单位的名称、住所、宗旨和业务范围、法定代表人或者负责人、开办资金、业务主管单位，并根据其依法承担民事责任的不同方式，分别发给《民办非企业单位（法人）登记证书》、《民办非企业单位（合伙）登记证书》、《民办非企业单位（个体）登记证书》。

依照法律、其他行政法规规定，经有关主管部门依法审核或者登记，已经取得相应的执业许可证书的民办非企业单位，登记管理机关应当简化登记手续，凭有关主管部门出具的执业许可证明文件，发给相应的民办非企业单位登记证书。

第十三条　民办非企业单位不得设立分支机构。

第十四条　民办非企业单位凭登记证书申请刻制印章，开立银行账户。民办非企业单位应当将印章式样、银行账号报登记管理机关备案。

第十五条　民办非企业单位的登记事项需要变更的，应当自业务主管单位审查同意之日起30日内，向登记管理机关申请变更登记。

民办非企业单位修改章程，应当自业务主管单位审查同意之日起30日内，报登记管理机关核准。

第十六条　民办非企业单位自行解散的，分立、合并的，或者由于其他原因需要注销登记的，应当向登记管理机关办理注销登记。

民办非企业单位在办理注销登记前，应当在业务主管单位和其他有关机关的指导下，成立清算组织，完成清算工作。清算期间，民办非企业单位不得开展清算以外的活动。

第十七条　民办非企业单位法定代表人或者负责人应当自完成清算之日起15日内，向登记管理机关办理注销登记。

办理注销登记，须提交注销登记申请书、业务主管单位的审查文件和清算报告。

登记管理机关准予注销登记的，发给注销证明文件，收缴登记证书、印章和财务凭证。

第十八条 民办非企业单位成立、注销以及变更名称、住所、法定代表人或者负责人，由登记管理机关予以公告。

第四章 监督管理

第十九条 登记管理机关履行下列监督管理职责：

（一）负责民办非企业单位的成立、变更、注销登记；

（二）对民办非企业单位实施年度检查；

（三）对民办非企业单位违反本条例的问题进行监督检查，对民办非企业单位违反本条例的行为给予行政处罚。

第二十条 业务主管单位履行下列监督管理职责：

（一）负责民办非企业单位成立、变更、注销登记前的审查；

（二）监督、指导民办非企业单位遵守宪法、法律、法规和国家政策，按照章程开展活动；

（三）负责民办非企业单位年度检查的初审；

（四）协助登记管理机关和其他有关部门查处民办非企业单位的违法行为；

（五）会同有关机关指导民办非企业单位的清算事宜。

业务主管单位履行前款规定的职责，不得向民办非企业单位收取费用。

第二十一条 民办非企业单位的资产来源必须合法，任何单位和个人不得侵占、私分或者挪用民办非企业单位的资产。

民办非企业单位开展章程规定的活动，按照国家有关规定取得的合法收入，必须用于章程规定的业务活动。

民办非企业单位接受捐赠、资助，必须符合章程规定的宗旨和业务范围，必须根据与捐赠人、资助人约定的期限、方式和合法用途使用。民办非企业单位应当向业务主管单位报告接受、使用捐赠、资助的有关情况，并应当将有关情况以适当方式向社会公布。

第二十二条 民办非企业单位必须执行国家规定的财务管理制度，接受财政部门的监督；资产来源属于国家资助或者社会捐赠、资助的，还应当接受审计机关的监督。

民办非企业单位变更法定代表人或者负责人，登记管理机关、业务主管单位应当组织对其进行财务审计。

第二十三条 民办非企业单位应当于每年3月31日前向业务主管单位报送上一年度的工作报告，经业务主管单位初审同意后，于5月31日前报送登记管理机关，接受年度检查。工作报告内容包括：本民办非企业单位遵守法律法规和国家政策的情况、依照本条例履行登记手续的情况、按照章程开展活动的情况、人员和机构变动的情况以及财务管理的情况。

对于依照本条例第十二条第二款的规定发给登记证书的民办非企业单位，登记管理机关对其应当简化年度检查的内容。

第五章 罚　则

第二十四条 民办非企业单位在申请登记时弄虚作假，骗取登记的，或者业务主管单位撤销批准的，由登记管理机关予以撤销登记。

第二十五条 民办非企业单位有下列情形之一的，由登记管理机关予以警告，责令改正，可以限期停止活动；情节严重的，予以撤销登记；构成犯罪的，依法追究刑事责任：

（一）涂改、出租、出借民办非企业单位登记证书，或者出租、出借民办非企业单位印章的；

（二）超出其章程规定的宗旨和业务范围进行活动的；

（三）拒不接受或者不按照规定接受监督检查的；

（四）不按照规定办理变更登记的；

（五）设立分支机构的；

（六）从事营利性的经营活动的；

（七）侵占、私分、挪用民办非企业单位的资产或者所接受的捐赠、资助的；

（八）违反国家有关规定收取费用、筹集资金或者接受使用捐赠、资助的。

前款规定的行为有违法经营额或者违法所得的，予以没收，可以并处违法经营额1倍以上3倍以下或者违法所得3倍以上5倍以下的罚款。

第二十六条 民办非企业单位的活动违反其他法律、法规的，由有关国家机关依法处理；有关国家机关认为应当撤销登记的，由登记管理机关撤销登记。

第二十七条 未经登记，擅自以民办非企业单位名义进行活动的，或者被撤销登记的民办非企业单位继续以民办非企业单位名义进行活动的，由登记管理机关予以取缔，没收非法财产；构成犯罪的，依法追究刑事责任；尚不构成犯罪的，依法给予治安管理处罚。

第二十八条 民办非企业单位被限期停止活动的，由登记管理机关封存其登记证书、印章和财务凭证。

民办非企业单位被撤销登记的，由登记管理机关收缴登记证书和印章。

第二十九条 登记管理机关、业务主管单位的工作人员滥用职权、徇私舞弊、玩忽职守构成犯罪的，依法追究刑事责任；尚不构成犯罪的，依法给予行政处分。

第六章 附　则

第三十条 民办非企业单位登记证书的式样由国务院民政部门制定。

对民办非企业单位进行年度检查不得收取费用。

第三十一条 本条例施行前已经成立的民办非企业单位，应当自本条例实施之日起1年内依照本条例有关规定申请登记。

第三十二条 本条例自发布之日起施行。

中华人民共和国民办教育促进法

（2002年12月28日第九届全国人民代表大会常务委员会第三十一次会议通过 根据2013年6月29日第十二届全国人民代表大会常务委员会第三次会议《关于修改〈中华人民共和国文物保护法〉等十二部法律的决定》第一次修正 根据2016年11月7日第十二届全国人民代表大会常务委员会第二十四次会议《关于修改〈中华人民共和国民办教育促进法〉的决定》第二次修正）

目　　录

第一章 总　　则

第一条 为实施科教兴国战略，促进民办教育事业的健康发展，维护民办学校和受教育者的合法权益，根据宪法和教育法制定本法。

第二条 国家机构以外的社会组织或者个人，利用非国家财政性经费，面向社会举办学校及其他教育机构的活动，适用本法。本法未作规定的，依照教育法和其他有关教育法律执行。

第三条 民办教育事业属于公益性事业，是社会主义教育事业的组成部分。

国家对民办教育实行积极鼓励、大力支持、正确引导、依法管理的方针。

各级人民政府应当将民办教育事业纳入国民经济和社会发展规划。

第四条 民办学校应当遵守法律、法规，贯彻国家的教育方针，保证教育质量，致力于培养社会主义建设事业的各类人才。

民办学校应当贯彻教育与宗教相分离的原则。任何组织和个人不得利用宗教进行妨碍国家教育制度的活动。

第五条 民办学校与公办学校具有同等的法律地位，国家保障民办学校的办学自主权。

国家保障民办学校举办者、校长、教职工和受教育者的合法权益。

第六条 国家鼓励捐资办学。

国家对为发展民办教育事业做出突出贡献的组织和个人，给予奖励和表彰。

第七条 国务院教育行政部门负责全国民办教育工作的统筹规划、综合协调和宏观管理。

国务院人力资源社会保障行政部门及其他有关部门在国务院规定的职责范围内分别负责有关的民办教育工作。

第八条 县级以上地方各级人民政府教育行政部门主管本行政区域内的民办教育工作。

县级以上地方各级人民政府人力资源社会保障行政部门及其他有关部门在各自的职责范围内，分别负责有关的民办教育工作。

第九条 民办学校中的中国共产党基层组织，按照中国共产党章程的规定开展党的活动，加强党的建设。

第二章 设　　立

第十条 举办民办学校的社会组织，应当具有法人资格。

举办民办学校的个人，应当具有政治权利和完全民事行为能力。

民办学校应当具备法人条件。

第十一条 设立民办学校应当符合当地教育发展的需求，具备教育法和其他有关法律、法规规定的条件。

民办学校的设置标准参照同级同类公办学校的设置标准执行。

第十二条 举办实施学历教育、学前教育、自学考试助学及其他文化教育的民办学校，由县级以上人民政府教育行政部门按照国家规定的权限审批；举办实施以职业技能为主的职业资格培训、职业技能培训的民办学校，由县级以上人民政府人力资源社会保障行政部门按照国家规定的权限审批，并抄送同级教育行政部门备案。

第十三条 申请筹设民办学校，举办者应当向审批机关提交下列材料：

（一）申办报告，内容应当主要包括：举办者、培养目标、办学规模、办学层次、办学形式、办学条件、内部管理体制、经费筹措与管理使用等；

（二）举办者的姓名、住址或者名称、地址；

（三）资产来源、资金数额及有效证明文件，并载明产权；

（四）属捐赠性质的校产须提交捐赠协议，载明捐赠人的姓名、所捐资产的数额、用途和管理方法及相关有效证明文件。

第十四条 审批机关应当自受理筹设民办学校的申请之日起三十日内以书面形式作出是否同意的决定。

同意筹设的，发给筹设批准书。不同意筹设的，应当说明理由。

筹设期不得超过三年。超过三年的，举办者应当重新申报。

第十五条 申请正式设立民办学校的，举办者应当向审批机关提交下列材料：

（一）筹设批准书；

（二）筹设情况报告；

（三）学校章程、首届学校理事会、董事会或者其他决策机构组成人员名单；

（四）学校资产的有效证明文件；

（五）校长、教师、财会人员的资格证明文件。

第十六条 具备办学条件，达到设置标准的，可以直接申请正式设立，并应当提交本法第十三条和第十五条（三）、（四）、（五）项规定的材料。

第十七条 申请正式设立民办学校的，审批机关应当自受理之日起三个月内以书面形式作出是否批准的决定，并送达申请人；其中申请正式设立民办高等学校的，审批机关也可以自受理之日起六个月内以书面形式作出是否批准的决定，并送达申请人。

第十八条 审批机关对批准正式设立的民办学校发给办学许可证。

审批机关对不批准正式设立的，应当说明理由。

第十九条 民办学校的举办者可以自主选择设立非营利性或者营利性民办学校。但是，不得设立实施义务教育的营利性民办学校。

非营利性民办学校的举办者不得取得办学收益，学校的办学结余全部用于办学。

营利性民办学校的举办者可以取得办学收益，学校的办学结余依照公司法等有关法律、行政法规的规定处理。

民办学校取得办学许可证后，进行法人登记，登记机关应当依法予以办理。

第三章　学校的组织与活动

第二十条 民办学校应当设立学校理事会、董事会或者其他形式的决策机构并建立相应的监督机制。

民办学校的举办者根据学校章程规定的权限和程序参与学校的办学和管理。

第二十一条 学校理事会或者董事会由举办者或者其代表、校长、教职工代表等人员组成。其中三分之一以上的理事或者董事应当具有五年以上教育教学经验。

学校理事会或者董事会由五人以上组成，设理事长或者董事长一人。理事长、理事或者董事长、董事名单报审批机关备案。

第二十二条 学校理事会或者董事会行使下列职权：

（一）聘任和解聘校长；

（二）修改学校章程和制定学校的规章制度；

（三）制定发展规划，批准年度工作计划；

（四）筹集办学经费，审核预算、决算；

（五）决定教职工的编制定额和工资标准；

（六）决定学校的分立、合并、终止；

（七）决定其他重大事项。

其他形式决策机构的职权参照本条规定执行。

第二十三条 民办学校的法定代表人由理事长、董事长或者校长担任。

第二十四条 民办学校参照同级同类公办学校校长任职的条件聘任校长，年龄可以适当放宽。

第二十五条 民办学校校长负责学校的教育教学和行政管理工作，行使下列职权：

（一）执行学校理事会、董事会或者其他形式决策机构的决定；

（二）实施发展规划，拟订年度工作计划、财务预算和学校规章制度；

（三）聘任和解聘学校工作人员，实施奖惩；

（四）组织教育教学、科学研究活动，保证教育教学质量；

（五）负责学校日常管理工作；

（六）学校理事会、董事会或者其他形式决策机构的其他授权。

第二十六条 民办学校对招收的学生，根据其类别、修业年限、学业成绩，可以根据国家有关规定发给学历证书、结业证书或者培训合格证书。

对接受职业技能培训的学生，经政府批准的职业技能鉴定机构鉴定合格的，可以发给国家职业资格证书。

第二十七条 民办学校依法通过以教师为主体的教职工代表大会等形式，保障教职工参与民主管理和监督。

民办学校的教师和其他工作人员，有权依照工会法，建立工会组织，维护其合法权益。

第四章　教师与受教育者

第二十八条 民办学校的教师、受教育者与公办学校的教师、受教育者具有同等的法律地位。

第二十九条 民办学校聘任的教师，应当具有国家规定的任教资格。

第三十条 民办学校应当对教师进行思想品德教育和业务培训。

第三十一条 民办学校应当依法保障教职工的工资、福利待遇和其他合法权益，并为教职工缴纳社会保险费。

国家鼓励民办学校按照国家规定为教职工办理补充养老

保险。

第三十二条 民办学校教职工在业务培训、职务聘任、教龄和工龄计算、表彰奖励、社会活动等方面依法享有与公办学校教职工同等权利。

第三十三条 民办学校依法保障受教育者的合法权益。

民办学校按照国家规定建立学籍管理制度,对受教育者实施奖励或者处分。

第三十四条 民办学校的受教育者在升学、就业、社会优待以及参加先进评选等方面享有与同级同类公办学校的受教育者同等权利。

第五章 学校资产与财务管理

第三十五条 民办学校应当依法建立财务、会计制度和资产管理制度,并按照国家有关规定设置会计账簿。

第三十六条 民办学校对举办者投入民办学校的资产、国有资产、受赠的财产以及办学积累,享有法人财产权。

第三十七条 民办学校存续期间,所有资产由民办学校依法管理和使用,任何组织和个人不得侵占。

任何组织和个人都不得违反法律、法规向民办教育机构收取任何费用。

第三十八条 民办学校收取费用的项目和标准根据办学成本、市场需求等因素确定,向社会公示,并接受有关主管部门的监督。

非营利性民办学校收费的具体办法,由省、自治区、直辖市人民政府制定;营利性民办学校的收费标准,实行市场调节,由学校自主决定。

民办学校收取的费用应当主要用于教育教学活动、改善办学条件和保障教职工待遇。

第三十九条 民办学校资产的使用和财务管理受审批机关和其他有关部门的监督。

民办学校应当在每个会计年度结束时制作财务会计报告,委托会计师事务所依法进行审计,并公布审计结果。

第六章 管理与监督

第四十条 教育行政部门及有关部门应当对民办学校的教育教学工作、教师培训工作进行指导。

第四十一条 教育行政部门及有关部门依法对民办学校实行督导,建立民办学校信息公示和信用档案制度,促进提高办学质量;组织或者委托社会中介组织评估办学水平和教育质量,并将评估结果向社会公布。

第四十二条 民办学校的招生简章和广告,应当报审批机关备案。

第四十三条 民办学校侵犯受教育者的合法权益,受教育者及其亲属有权向教育行政部门和其他有关部门申诉,有关部门应当及时予以处理。

第四十四条 国家支持和鼓励社会中介组织为民办学校提供服务。

第七章 扶持与奖励

第四十五条 县级以上各级人民政府可以设立专项资金,用于资助民办学校的发展,奖励和表彰有突出贡献的集体和个人。

第四十六条 县级以上各级人民政府可以采取购买服务、助学贷款、奖助学金和出租、转让闲置的国有资产等措施对民办学校予以扶持;对非营利性民办学校还可以采取政府补贴、基金奖励、捐资激励等扶持措施。

第四十七条 民办学校享受国家规定的税收优惠政策;其中,非营利性民办学校享受与公办学校同等的税收优惠政策。

第四十八条 民办学校依照国家有关法律、法规,可以接受公民、法人或者其他组织的捐赠。

国家对向民办学校捐赠财产的公民、法人或者其他组织按照有关规定给予税收优惠,并予以表彰。

第四十九条 国家鼓励金融机构运用信贷手段,支持民办教育事业的发展。

第五十条 人民政府委托民办学校承担义务教育任务,应当按照委托协议拨付相应的教育经费。

第五十一条 新建、扩建非营利性民办学校,人民政府应当按照与公办学校同等原则,以划拨等方式给予用地优惠。新建、扩建营利性民办学校,人民政府应当按照国家规定供给土地。

教育用地不得用于其他用途。

第五十二条 国家采取措施,支持和鼓励社会组织和个人到少数民族地区、边远贫困地区举办民办学校,发展教育事业。

第八章 变更与终止

第五十三条 民办学校的分立、合并,在进行财务清算后,由学校理事会或者董事会报审批机关批准。

申请分立、合并民办学校的,审批机关应当自受理之日起三个月内以书面形式答复;其中申请分立、合并民办高等学校的,审批机关也可以自受理之日起六个月内以书面形式答复。

第五十四条 民办学校举办者的变更,须由举办者提出,在进行财务清算后,经学校理事会或者董事会同意,报审批机关核准。

第五十五条 民办学校名称、层次、类别的变更,由学校理事会或者董事会报审批机关批准。

申请变更为其他民办学校,审批机关应当自受理之日起三个月内以书面形式答复;其中申请变更为民办高等学校的,审批机关也可以自受理之日起六个月内以书面形式答复。

第五十六条　民办学校有下列情形之一的,应当终止:

(一)根据学校章程规定要求终止,并经审批机关批准的;

(二)被吊销办学许可证的;

(三)因资不抵债无法继续办学的。

第五十七条　民办学校终止时,应当妥善安置在校学生。实施义务教育的民办学校终止时,审批机关应当协助学校安排学生继续就学。

第五十八条　民办学校终止时,应当依法进行财务清算。

民办学校自己要求终止的,由民办学校组织清算;被审批机关依法撤销的,由审批机关组织清算;因资不抵债无法继续办学而被终止的,由人民法院组织清算。

第五十九条　对民办学校的财产按照下列顺序清偿:

(一)应退受教育者学费、杂费和其他费用;

(二)应发教职工的工资及应缴纳的社会保险费用;

(三)偿还其他债务。

非营利性民办学校清偿上述债务后的剩余财产继续用于其他非营利性学校办学;营利性民办学校清偿上述债务后的剩余财产,依照公司法的有关规定处理。

第六十条　终止的民办学校,由审批机关收回办学许可证和销毁印章,并注销登记。

第九章　法律责任

第六十一条　民办学校在教育活动中违反教育法、教师法规定的,依照教育法、教师法的有关规定给予处罚。

第六十二条　民办学校有下列行为之一的,由县级以上人民政府教育行政部门、人力资源社会保障行政部门或者其他有关部门责令限期改正,并予以警告;有违法所得的,退还所收费用后没收违法所得;情节严重的,责令停止招生、吊销办学许可证;构成犯罪的,依法追究刑事责任:

(一)擅自分立、合并民办学校的;

(二)擅自改变民办学校名称、层次、类别和举办者的;

(三)发布虚假招生简章或者广告,骗取钱财的;

(四)非法颁发或者伪造学历证书、结业证书、培训证书、职业资格证书的;

(五)管理混乱严重影响教育教学,产生恶劣社会影响的;

(六)提交虚假证明文件或者采取其他欺诈手段隐瞒重要事实骗取办学许可证的;

(七)伪造、变造、买卖、出租、出借办学许可证的;

(八)恶意终止办学、抽逃资金或者挪用办学经费的。

第六十三条　县级以上人民政府教育行政部门、人力资源社会保障行政部门或者其他有关部门有下列行为之一的,由上级机关责令其改正;情节严重的,对直接负责的主管人员和其他直接责任人员,依法给予处分;造成经济损失的,依法承担赔偿责任;构成犯罪的,依法追究刑事责任:

(一)已受理设立申请,逾期不予答复的;

(二)批准不符合本法规定条件申请的;

(三)疏于管理,造成严重后果的;

(四)违反国家有关规定收取费用的;

(五)侵犯民办学校合法权益的;

(六)其他滥用职权、徇私舞弊的。

第六十四条　违反国家有关规定擅自举办民办学校的,由所在地县级以上地方人民政府教育行政部门或者人力资源社会保障行政部门会同同级公安、民政或者工商行政管理等有关部门责令停止办学、退还所收费用,并对举办者处违法所得一倍以上五倍以下罚款;构成违反治安管理行为的,由公安机关依法给予治安管理处罚;构成犯罪的,依法追究刑事责任。

第十章　附　　则

第六十五条　本法所称的民办学校包括依法举办的其他民办教育机构。

本法所称的校长包括其他民办教育机构的主要行政负责人。

第六十六条　境外的组织和个人在中国境内合作办学的办法,由国务院规定。

第六十七条　本法自2003年9月1日起施行。1997年7月31日国务院颁布的《社会力量办学条例》同时废止。

中华人民共和国民办教育促进法实施条例

(2004年3月5日中华人民共和国国务院令第399号公布　自2004年4月1日起施行)

第一章　总　　则

第一条　根据《中华人民共和国民办教育促进法》(以下简称民办教育促进法),制定本条例。

第二条　国家机构以外的社会组织或者个人可以利用非国家财政性经费举办各级各类民办学校;但是,不得举办实施军事、警察、政治等特殊性质教育的民办学校。

民办教育促进法和本条例所称国家财政性经费,是指财政拨款、依法取得并应当上缴国库或者财政专户的财政性资金。

第三条　对于捐资举办民办学校表现突出或者为发展民办教育事业做出其他突出贡献的社会组织或者个人,县级以上人民政府给予奖励和表彰。

第二章　民办学校的举办者

第四条　国家机构以外的社会组织或者个人可以单独或者联合举办民办学校。联合举办民办学校的,应当签订联合办学协议,明确办学宗旨、培养目标以及各方的出资数额、方式和权利、义务等。

第五条 民办学校的举办者可以用资金、实物、土地使用权、知识产权以及其他财产作为办学出资。

国家的资助、向学生收取的费用和民办学校的借款、接受的捐赠财产，不属于民办学校举办者的出资。

第六条 公办学校参与举办民办学校，不得利用国家财政性经费，不得影响公办学校正常的教育教学活动，并应当经主管的教育行政部门或者劳动和社会保障行政部门按照国家规定的条件批准。公办学校参与举办的民办学校应当具有独立的法人资格，具有与公办学校相分离的校园和基本教育教学设施，实行独立的财务会计制度，独立招生，独立颁发学业证书。

参与举办民办学校的公办学校依法享有举办者权益，依法履行国有资产的管理义务，防止国有资产流失。

实施义务教育的公办学校不得转为民办学校。

第七条 举办者以国有资产参与举办民办学校的，应当根据国家有关国有资产监督管理的规定，聘请具有评估资格的中介机构依法进行评估，根据评估结果合理确定出资额，并报对该国有资产负有监管职责的机构备案。

第八条 民办学校的举办者应当按时、足额履行出资义务。民办学校存续期间，举办者不得抽逃出资，不得挪用办学经费。

民办学校的举办者不得向学生、学生家长筹集资金举办民办学校，不得向社会公开募集资金举办民办学校。

第九条 民办学校的举办者应当依照民办教育促进法和本条例的规定制定学校章程，推选民办学校的首届理事会、董事会或者其他形式决策机构的组成人员。

民办学校的举办者参加学校理事会、董事会或者其他形式决策机构的，应当依据学校章程规定的权限与程序，参与学校的办学和管理活动。

第十条 实施国家认可的教育考试、职业资格考试和技术等级考试等考试的机构，不得举办与其所实施的考试相关的民办学校。

第三章 民办学校的设立

第十一条 设立民办学校的审批权限，依照有关法律、法规的规定执行。

第十二条 民办学校的举办者在获得筹设批准书之日起3年内完成筹设的，可以提出正式设立申请。

第十三条 申请正式设立实施学历教育的民办学校的，审批机关受理申请后，应当组织专家委员会评议，由专家委员会提出咨询意见。

第十四条 民办学校的章程应当规定下列主要事项：

（一）学校的名称、地址；

（二）办学宗旨、规模、层次、形式等；

（三）学校资产的数额、来源、性质等；

（四）理事会、董事会或者其他形式决策机构的产生方法、人员构成、任期、议事规则等；

（五）学校的法定代表人；

（六）出资人是否要求取得合理回报；

（七）学校自行终止的事由；

（八）章程修改程序。

第十五条 民办学校只能使用一个名称。

民办学校的名称应当符合有关法律、行政法规的规定，不得损害社会公共利益。

第十六条 申请正式设立民办学校有下列情形之一的，审批机关不予批准，并书面说明理由：

（一）举办民办学校的社会组织或者个人不符合法律、行政法规规定的条件，或者实施义务教育的公办学校转为民办学校的；

（二）向学生、学生家长筹集资金举办民办学校或者向社会公开募集资金举办民办学校的；

（三）不具备相应的办学条件、未达到相应的设置标准的；

（四）学校章程不符合本条例规定要求，经告知仍不修改的；

（五）学校理事会、董事会或者其他形式决策机构的人员构成不符合法定要求，或者学校校长、教师、财会人员不具备法定资格，经告知仍不改正的。

第十七条 对批准正式设立的民办学校，审批机关应当颁发办学许可证，并将批准正式设立的民办学校及其章程向社会公告。

民办学校的办学许可证由国务院教育行政部门制定式样，由国务院教育行政部门、劳动和社会保障行政部门按照职责分工分别组织印制。

第十八条 民办学校依照有关法律、行政法规的规定申请登记时，应当向登记机关提交下列材料：

（一）登记申请书；

（二）办学许可证；

（三）拟任法定代表人的身份证明；

（四）学校章程。

登记机关应当自收到前款规定的申请材料之日起5个工作日内完成登记程序。

第四章 民办学校的组织与活动

第十九条 民办学校理事会、董事会或者其他形式决策机构的负责人应当品行良好，具有政治权利和完全民事行为能力。

国家机关工作人员不得担任民办学校理事会、董事会或者其他形式决策机构的成员。

第二十条 民办学校的理事会、董事会或者其他形式决策机构，每年至少召开一次会议。经1/3以上组成人员提议，可以召开理事会、董事会或者其他形式决策机构临时会议。

民办学校的理事会、董事会或者其他形式决策机构讨论下列重大事项，应当经2/3以上组成人员同意方可通过：

（一）聘任、解聘校长；

（二）修改学校章程；

（三）制定发展规划；

（四）审核预算、决算；

（五）决定学校的分立、合并、终止；

（六）学校章程规定的其他重大事项。

民办学校修改章程应当报审批机关备案，由审批机关向社会公告。

第二十一条 民办学校校长依法独立行使教育教学和行政管理职权。

民办学校内部组织机构的设置方案由校长提出，报理事会、董事会或者其他形式决策机构批准。

第二十二条 实施高等教育和中等职业技术学历教育的民办学校，可以按照办学宗旨和培养目标，自行设置专业、开设课程，自主选用教材。但是，民办学校应当将其所设置的专业、开设的课程、选用的教材报审批机关备案。

实施高级中等教育、义务教育的民办学校，可以自主开展教育教学活动。但是，该民办学校的教育教学活动应当达到国务院教育行政部门制定的课程标准，其所选用的教材应当依法审定。

实施学前教育的民办学校可以自主开展教育教学活动，但是，该民办学校不得违反有关法律、行政法规的规定。

实施以职业技能为主的职业资格培训、职业技能培训的民办学校，可以按照国家职业标准的要求开展培训活动。

第二十三条 民办学校聘任的教师应当具备《中华人民共和国教师法》和有关行政法规规定的教师资格和任职条件。

民办学校应当有一定数量的专职教师；其中，实施学历教育的民办学校聘任的专职教师数量应当不少于其教师总数的1/3。

第二十四条 民办学校自主聘任教师、职员。民办学校聘任教师、职员，应当签订聘任合同，明确双方的权利、义务等。

民办学校招用其他工作人员应当订立劳动合同。

民办学校聘任外籍人员，按照国家有关规定执行。

第二十五条 民办学校应当建立教师培训制度，为受聘教师接受相应的思想政治培训和业务培训提供条件。

第二十六条 民办学校应当按照招生简章或者招生广告的承诺，开设相应课程，开展教育教学活动，保证教育教学质量。

民办学校应当提供符合标准的校舍和教育教学设施、设备。

第二十七条 民办学校享有与同级同类公办学校同等的招生权，可以自主确定招生的范围、标准和方式；但是，招收接受高等学历教育的学生应当遵守国家有关规定。

县级以上地方人民政府教育行政部门、劳动和社会保障行政部门应当为外地的民办学校在本地招生提供平等待遇，不得实行地区封锁，不得滥收费用。

民办学校招收境外学生，按照国家有关规定执行。

第二十八条 民办学校应当依法建立学籍和教学管理制度，并报审批机关备案。

第二十九条 民办学校及其教师、职员、受教育者申请国家设立的有关科研项目、课题等，享有与公办学校及其教师、职员、受教育者同等的权利。

民办学校的受教育者在升学、就业、社会优待、参加先进评选、医疗保险等方面，享有与同级同类公办学校的受教育者同等的权利。

第三十条 实施高等学历教育的民办学校符合学位授予条件的，依照有关法律、行政法规的规定经审批同意后，可以获得相应的学位授予资格。

第三十一条 教育行政部门、劳动和社会保障行政部门和其他有关部门，组织有关的评奖评优、文艺体育活动和课题、项目招标，应当为民办学校及其教师、职员、受教育者提供同等的机会。

第三十二条 教育行政部门、劳动和社会保障行政部门应当加强对民办学校的日常监督，定期组织和委托社会中介组织评估民办学校办学水平和教育质量，并鼓励和支持民办学校开展教育教学研究工作，促进民办学校提高教育教学质量。

教育行政部门、劳动和社会保障行政部门对民办学校进行监督时，应当将监督的情况和处理结果予以记录，由监督人员签字后归档。公众有权查阅教育行政部门、劳动和社会保障行政部门的监督记录。

第三十三条 民办学校终止的，由审批机关收回办学许可证，通知登记机关，并予以公告。

第五章　民办学校的资产与财务管理

第三十四条 民办学校应当依照《中华人民共和国会计法》和国家统一的会计制度进行会计核算，编制财务会计报告。

第三十五条 民办学校对接受学历教育的受教育者收取费用的项目和标准，应当报价格主管部门批准并公示；对其他受教育者收取费用的项目和标准，应当报价格主管部门备案并公示。具体办法由国务院价格主管部门会同教育行政部门、劳动和社会保障行政部门制定。

第三十六条 民办学校资产中的国有资产的监督、管理，按照国家有关规定执行。

民办学校接受的捐赠财产的使用和管理，依照《中华人民共和国公益事业捐赠法》的有关规定执行。

第三十七条 在每个会计年度结束时，捐资举办的民办学校和出资人不要求取得合理回报的民办学校应当从年度净资产增加额中、出资人要求取得合理回报的民办学校应当从年度净收益中,按不低于年度净资产增加额或者净收益的25%的比例提取发展基金,用于学校的建设、维护和教学设备的添置、更新等。

第六章　扶持与奖励

第三十八条　捐资举办的民办学校和出资人不要求取得合理回报的民办学校,依法享受与公办学校同等的税收及其他优惠政策。

出资人要求取得合理回报的民办学校享受的税收优惠政策,由国务院财政部门、税务主管部门会同国务院有关行政部门制定。

民办学校应当依法办理税务登记,并在终止时依法办理注销税务登记手续。

第三十九条　民办学校可以设立基金接受捐赠财产,并依照有关法律、行政法规的规定接受监督。

民办学校可以依法以捐赠者的姓名、名称命名学校的校舍或者其他教育教学设施、生活设施。捐赠者对民办学校发展做出特殊贡献的,实施高等学历教育的民办学校经国务院教育行政部门按照国家规定的条件批准,其他民办学校经省、自治区、直辖市人民政府教育行政部门或者劳动和社会保障行政部门按照国家规定的条件批准,可以以捐赠者的姓名或者名称作为学校校名。

第四十条　在西部地区、边远贫困地区和少数民族地区举办的民办学校申请贷款用于学校自身发展的,享受国家相关的信贷优惠政策。

第四十一条　县级以上人民政府可以根据本行政区域的具体情况,设立民办教育发展专项资金。民办教育发展专项资金由财政部门负责管理,由教育行政部门或者劳动和社会保障行政部门报同级财政部门批准后使用。

第四十二条　县级人民政府根据本行政区域实施义务教育的需要,可以与民办学校签订协议,委托其承担部分义务教育任务。县级人民政府委托民办学校承担义务教育任务的,应当根据接受义务教育学生的数量和当地实施义务教育的公办学校的生均教育经费标准,拨付相应的教育经费。

受委托的民办学校向协议就读的学生收取的费用,不得高于当地同级同类公办学校的收费标准。

第四十三条　教育行政部门应当会同有关行政部门建立、完善有关制度,保证教师在公办学校和民办学校之间的合理流动。

第四十四条　出资人根据民办学校章程的规定要求取得合理回报的,可以在每个会计年度结束时,从民办学校的办学结余中按一定比例取得回报。

民办教育促进法和本条例所称办学结余,是指民办学校扣除办学成本等形成的年度净收益,扣除社会捐助、国家资助的资产,并依照本条例的规定预留发展基金以及按照国家有关规定提取其他必须的费用后的余额。

第四十五条　民办学校应当根据下列因素确定本校出资人从办学结余中取得回报的比例:

(一)收取费用的项目和标准;

(二)用于教育教学活动和改善办学条件的支出占收取费用的比例;

(三)办学水平和教育质量。

与同级同类其他民办学校相比较,收取费用高、用于教育教学活动和改善办学条件的支出占收取费用的比例低,并且办学水平和教育质量低的民办学校,其出资人从办学结余中取得回报的比例不得高于同级同类其他民办学校。

第四十六条　民办学校应当在确定出资人取得回报比例前,向社会公布与其办学水平和教育质量有关的材料和财务状况。

民办学校的理事会、董事会或者其他形式决策机构应当根据本条例第四十四条、第四十五条的规定作出出资人取得回报比例的决定。民办学校应当自该决定作出之日起15日内,将该决定和向社会公布的与其办学水平和教育质量有关的材料、财务状况报审批机关备案。

第四十七条　民办学校有下列情形之一的,出资人不得取得回报:

(一)发布虚假招生简章或者招生广告,骗取钱财的;

(二)擅自增加收取费用的项目、提高收取费用的标准,情节严重的;

(三)非法颁发或者伪造学历证书、职业资格证书的;

(四)骗取办学许可证或者伪造、变造、买卖、出租、出借办学许可证的;

(五)未依照《中华人民共和国会计法》和国家统一的会计制度进行会计核算、编制财务会计报告,财务、资产管理混乱的;

(六)违反国家税收征管法律、行政法规的规定,受到税务机关处罚的;

(七)校舍或者其他教育教学设施、设备存在重大安全隐患,未及时采取措施,致使发生重大伤亡事故的;

(八)教育教学质量低下,产生恶劣社会影响的。

出资人抽逃资金或者挪用办学经费的,不得取得回报。

第四十八条　除民办教育促进法和本条例规定的扶持与奖励措施外,省、自治区、直辖市人民政府还可以根据实际情况,制定本地区促进民办教育发展的扶持与奖励措施。

第七章　法律责任

第四十九条　有下列情形之一的,由审批机关没收出资人取得的回报,责令停止招生;情节严重的,吊销办学许可证;

构成犯罪的，依法追究刑事责任：

（一）民办学校的章程未规定出资人要求取得合理回报，出资人擅自取得回报的；

（二）违反本条例第四十七条规定，不得取得回报而取得回报的；

（三）出资人不从办学结余而从民办学校的其他经费中提取回报的；

（四）不依照本条例的规定计算办学结余或者确定取得回报的比例的；

（五）出资人从办学结余中取得回报的比例过高，产生恶劣社会影响的。

第五十条 民办学校未依照本条例的规定将出资人取得回报比例的决定和向社会公布的与其办学水平和教育质量有关的材料、财务状况报审批机关备案，或者向审批机关备案的材料不真实的，由审批机关责令改正，并予以警告；有违法所得的，没收违法所得；情节严重的，责令停止招生、吊销办学许可证。

第五十一条 民办学校管理混乱严重影响教育教学，有下列情形之一的，依照民办教育促进法第六十二条的规定予以处罚：

（一）理事会、董事会或者其他形式决策机构未依法履行职责的；

（二）教学条件明显不能满足教学要求、教育教学质量低下，未及时采取措施的；

（三）校舍或者其他教育教学设施、设备存在重大安全隐患，未及时采取措施的；

（四）未依照《中华人民共和国会计法》和国家统一的会计制度进行会计核算、编制财务会计报告，财务、资产管理混乱的；

（五）侵犯受教育者的合法权益，产生恶劣社会影响的；

（六）违反国家规定聘任、解聘教师的。

第八章 附 则

第五十二条 本条例施行前依法设立的民办学校继续保留，并在本条例施行之日起1年内，由原审批机关换发办学许可证。

第五十三条 本条例规定的扶持与奖励措施适用于中外合作办学机构。

第五十四条 本条例自2004年4月1日起施行。

民办非企业单位登记暂行办法[①]

（1999年12月28日民政部令第18号发布 根据2010年12月27日民政部令第38号修订）

第一条 根据《民办非企业单位登记管理暂行条例》（以下简称条例）制定本办法。

第二条 民办非企业单位根据其依法承担民事责任的不同方式分为民办非企业单位（法人）、民办非企业单位（合伙）和民办非企业单位（个体）三种。

个人出资且担任民办非企业单位负责人的，可申请办理民办非企业单位（个体）登记；

两人或两人以上合伙举办的，可申请办理民办非企业单位（合伙）登记；

两人或两人以上举办且具备法人条件的，可申请办理民办非企业单位（法人）登记。

由企业事业单位、社会团体和其他社会力量举办的或由上述组织与个人共同举办的，应当申请民办非企业单位（法人）登记。

第三条 民办非企业单位登记管理机关（以下简称登记管理机关）审核登记的程序是受理、审查、核准、发证、公告。

（一）受理。申请登记的举办者所提交的文件、证件和填报的登记申请表齐全、有效后，方可受理。

（二）审查。审查提交的文件、证件和填报的登记申请表的真实性、合法性、有效性，并核实有关登记事项和条件。

（三）核准。经审查和核实后，作出准予登记或者不予登记的决定，并及时通知申请登记的单位或个人。

（四）发证。对核准登记的民办非企业单位，分别颁发有关证书，并办理领证签字手续。

（五）公告。对核准登记的民办非企业单位，由登记管理机关发布公告。

第四条 举办民办非企业单位，应按照下列所属行（事）业申请登记：

（一）教育事业，如民办幼儿园，民办小学、中学、学校、学院、大学，民办专修（进修）学院或学校，民办培训（补习）学校或中心等；

（二）卫生事业，如民办门诊部（所）、医院，民办康复、保健、卫生、疗养院（所）等；

（三）文化事业，如民办艺术表演团体、文化馆（活动中心）、图书馆（室）、博物馆（院）、美术馆、画院、名人纪念馆、收

① 该办法根据2010年12月27日民政部令第38号公布的《民政部关于废止、修改部分规章的决定》予以修订第16条、第19条，同时删除第20条第3款。

藏馆、艺术研究院(所)等;

(四)科技事业,如民办科学研究院(所、中心),民办科技传播或普及中心、科技服务中心、技术评估所(中心)等;

(五)体育事业,如民办体育俱乐部,民办体育场、馆、院、社、学校等;

(六)劳动事业,如民办职业培训学校或中心,民办职业介绍所等;

(七)民政事业,如民办福利院、敬老院、托老所、老年公寓,民办婚姻介绍所,民办社区服务中心(站)等;

(八)社会中介服务业,如民办评估咨询服务中心(所),民办信息咨询调查中心(所),民办人才交流中心等;

(九)法律服务业;

(十)其他。

第五条 申请登记民办非企业单位,应当具备条例第八条规定的条件。

民办非企业单位的名称,必须符合国务院民政部门制订的《民办非企业单位名称管理暂行规定》。

民办非企业单位必须拥有与其业务活动相适应的合法财产,且其合法财产中的非国有资产份额不得低于总财产的三分之二。开办资金必须达到本行(事)业所规定的最低限额。

第六条 申请民办非企业单位成立登记,举办者应当提交条例第九条规定的文件。

民办非企业单位的登记申请书应当包括:举办者单位名称或申请人姓名;拟任法定代表人或单位负责人的基本情况;住所情况;开办资金情况;申请登记理由等。

业务主管单位的批准文件,应当包括对举办者章程草案、资金情况(特别是资产的非国有性)、拟任法定代表人或单位负责人基本情况、从业人员资格、场所设备、组织机构等内容的审查结论。

民办非企业单位的活动场所须有产权证明或一年期以上的使用权证明。

民办非企业单位的验资报告应由会计师事务所或其他有验资资格的机构出具。

拟任法定代表人或单位负责人的基本情况应当包括姓名、性别、民族、年龄、目前人事关系所在单位、有否受到剥夺政治权利的刑事处罚、个人简历等。拟任法定代表人或单位负责人的身份证明为身份证的复印件,登记管理机关认为必要时可验证身份证原件。

对合伙制的民办非企业单位,拟任单位负责人指所有合伙人。

民办非企业单位的章程草案应当符合条例第十条的规定。合伙制的民办非企业单位的章程可为其合伙协议,合伙协议应当包括条例第十条第一、二、三、五、六、七、八项的内容。民办非企业单位须在其章程草案或合伙协议中载明该单位的盈利不得分配,解体时财产不得私分。

第七条 民办非企业单位的登记事项为:名称、住所、宗旨和业务范围、法定代表人或者单位负责人、开办资金、业务主管单位。

住所是指民办非企业单位的办公场所,须按所在市、县、乡(镇)及街道门牌号码的详细地址登记。

宗旨和业务范围必须符合法律法规及政策规定。

开办资金应当与实有资金相一致。

业务主管单位应登记其全称。

第八条 经审核准予登记的,登记管理机关应当书面通知民办非企业单位,并根据其依法承担民事责任的不同方式,分别发给《民办非企业单位(法人)登记证书》、《民办非企业单位(合伙)登记证书》或《民办非企业单位(个体)登记证书》。对不予登记的,登记管理机关应当书面通知申请单位或个人。

民办非企业单位可凭据登记证书依照有关规定办理组织机构代码和税务登记、刻制印章、开立银行账户,在核准的业务范围内开展活动。

第九条 按照条例第十二条第二款的规定,应当简化登记手续的民办非企业单位,办理登记时,应向登记管理机关提交下列文件:

(一)登记申请书;

(二)章程草案;

(三)拟任法定代表人或单位负责人的基本情况、身份证明;

(四)业务主管单位出具的执业许可证明文件。

第十条 条例施行前已经成立的民办非企业单位,应当依照条例及本办法的规定办理申请登记。

已在各级人民政府的编制部门或工商行政管理部门注册登记的民办非企业单位办理补办登记手续,还应向登记管理机关提交编制部门或工商行政管理部门准予注销的证明文件。

第十一条 民办非企业单位根据条例第十五条规定申请变更登记事项时,应向登记管理机关提交下列文件:

(一)法定代表人或单位负责人签署并加盖公章的变更登记申请书。申请书应载明变更的理由,并附决定变更时依照章程履行程序的原始纪要,法定代表人或单位负责人因故不能签署变更登记申请书的,申请单位还应提交不能签署的理由的文件;

(二)业务主管单位对变更登记事项审查同意文件;

(三)登记管理机关要求提交的其他文件。

第十二条 民办非企业单位的住所、业务范围、法定代表人或单位负责人、开办资金、业务主管单位发生变更的,除向登记管理机关提交本办法第十一条规定的文件外,还须分别提交下列材料:变更后新住所的产权或使用权证明;变更后的业务范围;变更后法定代表人或单位负责人的身份证明,及本办法第六条第六款涉及的其他材料；变更后的验资报告；原业务主管单位不再承担业务主管的文件。

第十三条 登记管理机关核准变更登记的，民办非企业单位应交回民办非企业单位登记证书正副本，由登记管理机关换发新的登记证书。

第十四条 民办非企业单位修改章程或合伙协议的，应当报原登记管理机关核准。报请核准时，应提交下列文件：

（一）法定代表人或单位负责人签署并加盖公章的核准申请书；

（二）业务主管单位审查同意的文件；

（三）章程或合伙协议的修改说明及修改后的章程或合伙协议；

（四）有关的文件材料。

第十五条 民办非企业单位变更业务主管单位，须在原业务主管单位出具不再担任业务主管的文件之日起90日内找到新的业务主管单位，并到登记管理机关申请变更登记。

在登记管理机关作出准予变更登记决定之前，原业务主管单位应继续履行条例第二十条规定的监督管理职责。

第十六条 登记管理机关应在收到民办非企业单位申请变更登记的全部有效文件后，在法定期限内作出准予变更或不准予变更的决定，并书面通知民办非企业单位。

第十七条 民办非企业单位有下列情况之一的，必须申请注销登记：

（一）章程规定的解散事由出现；

（二）不再具备条例第八条规定条件的；

（三）宗旨发生根本变化的；

（四）由于其他变更原因，出现与原登记管理机关管辖范围不一致的；

（五）作为分立母体的民办非企业单位因分立而解散的；

（六）作为合并源的民办非企业单位因合并而解散的；

（七）民办非企业单位原业务主管单位不再担当其业务主管单位，且在90日内找不到新的业务主管单位的；

（八）有关行政管理机关根据法律、行政法规规定认为需要注销的；

（九）其他原因需要解散的。

属于本条第一款第七项规定的情形，民办非企业单位的原业务主管单位须继续履行职责，至民办非企业单位完成注销登记。

第十八条 民办非企业单位根据条例第十六条的规定申请注销登记时，应向登记管理机关提交下列文件：

（一）法定代表人或单位负责人签署并加盖单位公章的注销登记申请书，法定代表人或单位负责人因故不能签署的，还应提交不能签署的理由的文件；

（二）业务主管单位审查同意的文件；

（三）清算组织提出的清算报告；

（四）民办非企业单位登记证书（正、副本）；

（五）民办非企业单位的印章和财务凭证；

（六）登记管理机关认为需要提交的其他文件。

第十九条 登记管理机关应在收到民办非企业单位申请注销登记的全部有效文件后，在法定期限内作出准予注销或不准予注销的决定，并书面通知民办非企业单位。

登记管理机关准予注销登记的，应发给民办非企业单位注销证明文件。

第二十条 民办非企业单位登记公告分为成立登记公告、注销登记公告和变更登记公告。

登记管理机关发布的公告须刊登在公开发行的、发行范围覆盖同级政府所辖行政区域的报刊上。

公告费用由民办非企业单位支付。（2010年12月27日删除）

第二十一条 成立登记公告的内容包括：名称、住所、法定代表人或单位负责人、开办资金、宗旨和业务范围、业务主管单位、登记时间、登记证号。

第二十二条 变更登记公告的内容除变更事项外，还应包括名称、登记证号、变更时间。

第二十三条 注销登记公告的内容包括名称、住所、法定代表人或单位负责人、登记证号、业务主管单位、注销时间。

第二十四条 民办非企业单位登记证书分为正本和副本，正本和副本具有同等法律效力。

民办非企业单位登记证书的正本应当悬挂于民办非企业单位住所的醒目位置。

民办非企业单位登记证书副本的有效期为4年。

第二十五条 民办非企业单位登记证书遗失的，应当及时在公开发行的报刊上声明作废，并到登记管理机关申请办理补发证书手续。

第二十六条 民办非企业单位申请补发登记证书，应当向登记管理机关提交下列文件：

（一）补发登记证书申请书；

（二）在报刊上刊登的原登记证书作废的声明。

第二十七条 经核准登记的民办非企业单位开立银行账户，应按照民政部、中国人民银行联合发布的《关于民办非企业单位开立银行账户有关问题的通知》的有关规定办理。

第二十八条 经核准登记的民办非企业单位刻制印章，应按照民政部、公安部联合发布的《民办非企业单位印章管理规定》的有关规定办理。

第二十九条 本办法自发布之日起施行。

民办非企业单位名称管理暂行规定

(1999年12月28日 民发〔1999〕129号)

第一条 为了规范民办非企业单位名称管理,保护民办非企业单位的合法权益,根据《民办非企业单位登记管理暂行条例》(以下简称条例)制定本规定。

第二条 民办非企业单位登记管理机关(以下简称登记管理机关)负责民办非企业单位名称的核准登记,监督管理其名称的使用,保护其名称权。经登记管理机关核准登记的民办非企业单位名称受法律保护。

第三条 民办非企业单位名称应当由以下部分依次组成:字号、行(事)业或业务领域、组织形式。

民办非企业单位名称应当冠以民办非企业单位所在地省(自治区、直辖市)、市(地、州)、县(县级市、市辖区)行政区划名称或地名。

第四条 民办非企业单位名称不能单独冠以市辖区的名称或地名,应当与所在市的行政区划名称或地名连用。

民政部登记的民办非企业单位,其名称一般不冠以行政区划名称或地名。

第五条 民办非企业单位的字号应当由两个以上的汉字组成。可以使用本地或者异地的地名作字号,但不得使用县以上(含县)行政区划名称作字号。

第六条 民办非企业单位应当根据其业务,依照国家行(事)业分类标准划分的类别,在民办非企业单位名称中标明所属行(事)业或者业务特点。

第七条 民办非企业单位名称中所标明的组织形式必须明确易懂,一般称学校、学院、园、医院、中心、院、所、馆、站、社、公寓、俱乐部等。不得使用"总"字。

第八条 民办非企业单位名称应当使用汉字,民族自治地方的民办非企业单位名称可以同时使用本民族自治地方通用的民族文字。

第九条 民办非企业单位名称应当符合法律、法规的规定,不得含有下列文字和内容:

(一)冠以"中国"、"全国"、"中华"等字样;

(二)有损于国家、社会公共利益的,违背社会道德风尚,带有封建迷信色彩的;

(三)可能对公众造成欺骗或者误解的;

(四)政党名称、党政军机关名称、人民团体名称、社会团体名称、事业单位名称、企业名称及宗教界的寺、观、教堂(佛、道教的寺、观,伊斯兰教的清真寺,天主教、基督教的教堂)名称;

(五)已被撤销的民办非企业单位的名称;

(六)其他法律、行政法规规定禁止的。

第十条 民办非企业单位只准使用一个名称,在登记管理机关管辖范围内不得与已登记的同行(事)业单位名称相同。

第十一条 民办非企业单位申请成立登记、变更名称登记,业务主管单位应当将民办非企业单位拟定名称意见报登记管理机关。

第十二条 两个以上民办非企业单位向同一登记管理机关申请相同的符合规定的民办非企业单位名称,登记管理机关依照申请在先原则登记。

第十三条 本规定自发布之日起施行。

民办非企业单位印章管理规定[①]

(2000年1月19日民政部、公安部令第20号发布 根据2010年12月27日民政部令第38号修订)

为了保障民办非企业单位的合法权益,加强对民办非企业单位印章的管理,根据《民办非企业单位登记管理暂行条例》和《国务院关于国家行政机关和企业事业单位社会团体印章管理的规定》(国发〔1999〕25号),制定本规定:

一、印章的规格、式样

民办非企业单位的印章分为名称印章、办事机构印章和专用印章(专用印章分为钢印、财务专用章、合同专用章等),一律为圆形。

由国务院民政部门核准登记的民办非企业单位,名称印章直径为4.5厘米,办事机构的印章直径为4.2厘米。由地方各级人民政府民政部门核准登记的民办非企业单位,名称印章直径为4.2厘米,办事机构的印章直径为4厘米。民办非企业单位的专用印章必须小于名称印章且直径最大不超过4.2厘米,最小不小于3厘米。

民办非企业单位的印章,中央刊五角星,五角星外刊单位名称,自左而右环行。其中办事机构印章中的办事机构名称及财务专用章、合同专用章中的财务专用、合同专用等字样,刊在五角星下面,自左而右横排。

二、印章的名称、文字、文体

印章所刊的单位名称,应为民办非企业单位的法定名称;民族自治地方的民办非企业单位的印章应当并列刊汉文和当地通用的民族文字;有国际交往的民办非企业单位印章,需要刻制外文名称的,将核准登记注册的中文名称译成相应的外国文字,并列刊汉文和外文。

印章印文中的汉字,应当使用国务院公布的简化字,字体为宋体。

① 该规定根据2010年12月27日民政部令第38号公布的《民政部关于废止、修改部分规章的决定》予以修订第3条和第4条。

三、印章的制发程序

民办非企业单位刻制印章须在取得登记证书后向登记管理机关提出书面申请及印章式样，持登记管理机关开具的同意刻制印章介绍信及登记证书到所在地县、市（区）以上公安机关办理备案手续后刻制。

四、印章的管理和缴销

（一）民办非企业单位的印章经登记管理机关、公安机关备案后，方可启用。

（二）民办非企业单位应当建立健全印章使用管理制度，印章应当有专人保管。对违反规定使用印章造成严重后果的，应当追究保管人或责任人的行政责任或法律责任。

（三）民办非企业单位因变更登记、印章损坏等原因需要更换印章时，应到登记管理机关交回原印章，按本规定程序申请重新刻制。

（四）民办非企业单位印章丢失，经声明作废后，可以按本规定程序申请重新刻制。重新刻制的印章应与原印章有所区别。如五角星两侧加横线。

（五）民办非企业单位办理注销登记后，应当及时将全部印章交回登记管理机关封存。

（六）民办非企业单位被撤销，应当由登记管理机关收缴其全部印章。

（七）登记管理机关对收缴的和民办非企业单位交回的印章，要登记造册，送当地公安机关销毁。

（八）民办非企业单位非法刻制印章的，由公安机关处以500元以下罚款或警告，并收缴其非法刻制的印章。

（九）对未经公安机关批准，擅自承制民办非企业单位印章的企业，由公安机关按《中华人民共和国治安管理处罚法》的规定予以处罚。

五、本规定发布之前已按国家有关规定成立的民办非企业单位，在民办非企业单位复查登记过程中，通过复查登记的，其印章规格、式样、名称、文字、文体符合本规定的，在登记管理机关备案后可继续使用；不符合的应重新申请刻制；未通过复查登记的应停止活动，向业务主管单位交回原有印章，并由业务主管单位登记造册，送当地公安机关销毁。

六、本规定自发布之日起施行。

民办非企业单位年度检查办法

（2005年4月7日民政部令第27号公布　自2005年6月1日起施行）

第一条　为促进民办非企业单位健康发展，保障民办非企业单位的合法权益，加强对民办非企业单位的规范管理，根据《民办非企业单位登记管理暂行条例》，制定本办法。

第二条　民办非企业单位年度检查（以下简称年检），是指登记管理机关对民办非企业单位，依法按年度进行检查和监督管理的制度。

第三条　经登记管理机关核准登记的民办非企业单位，应当按照本办法的规定，接受登记管理机关的年检。

截至上年度12月31日，成立登记时间未超过6个月的民办非企业单位，不参加当年的年检。

第四条　民办非企业单位年检的程序是：

（一）民办非企业单位领取或从互联网下载《民办非企业单位年检报告书》及其他有关材料；

（二）民办非企业单位于每年3月31日前向业务主管单位报送年检材料，经业务主管单位出具初审意见后，于5月31日前报送登记管理机关；

（三）登记管理机关审查年检材料；

（四）登记管理机关作出年检结论，发布年检结论公告。

第五条　民办非企业单位接受年检时，应当提交下列材料：

（一）已填具的《民办非企业单位年检报告书》；

（二）《民办非企业单位登记证书》副本；

（三）财务会计报告；

（四）其他需要提交的有关材料。

已经取得执业许可证的民办非企业单位，应当提交执业许可证副本。

登记管理机关在年检期间，可以根据情况，要求民办非企业单位提交注册会计师审计报告、其他补充说明材料及有关文件。登记管理机关可以要求有关人员说明情况，必要时进行实地检查。

第六条　年检的主要内容包括：

（一）遵守法律法规和国家政策情况；

（二）登记事项变动及履行登记手续情况；

（三）按照章程开展活动情况；

（四）财务状况、资金来源和使用情况；

（五）机构变动和人员聘用情况；

（六）其他需要检查的情况。

第七条　民办非企业单位年检结论，分为"年检合格"、"年检基本合格"和"年检不合格"三种。

年检结束，登记管理机关应当在《民办非企业单位登记证书》（副本）上加盖年检结论戳记。民办非企业单位更换登记证书，应当保留原有年检记录。

第八条　民办非企业单位有下列情形之一，由登记管理机关责令改正，情节轻微的，确定为"年检基本合格"；情节严重的，确定为"年检不合格"：

（一）违反国家法律、法规和有关政策规定的；

（二）违反规定使用登记证书、印章或者财务凭证的；

（三）本年度未开展业务活动，或者不按照章程的规定进行活动的；

（四）无固定住所或必要的活动场所的；

（五）内部管理混乱，不能正常开展活动的；

（六）拒不接受或者不按照规定接受登记管理机关监督检查或年检的；

（七）不按照规定办理变更登记，修改章程未按规定核准备案的；

（八）设立分支机构的；

（九）财务制度不健全，资金来源和使用违反有关规定的；

（十）现有净资产低于国家有关行业主管部门规定的最低标准的；

（十一）侵占、私分、挪用民办非企业单位的资产或者所接受的捐赠、资助的；

（十二）违反国家有关规定收取费用、筹集资金或者接受使用捐赠、资助的；

（十三）年检中隐瞒真实情况，弄虚作假的。

第九条 “年检基本合格”和“年检不合格”的民办非企业单位，应当进行整改，整改期限为 3 个月。整改期结束，民办非企业单位应当向登记管理机关报送整改报告，登记管理机关对整改结果进行评定并出具意见。

对“年检不合格”的民办非企业单位，登记管理机关根据情况，可以责令其在整改期间停止活动。民办非企业单位被限期停止活动的，登记管理机关可以封存其登记证书、印章和财务凭证。

第十条 登记管理机关对连续两年不参加年检，或连续两年“年检不合格”的民办非企业单位，予以撤销登记并公告。

第十一条 登记管理机关实施停止活动、撤销登记行政处罚的，应当按照有关法律、法规的规定办理。

第十二条 登记管理机关工作人员在年检工作中，应当依法行政，不得滥用职权、徇私舞弊。

第十三条 《民办非企业单位年检报告书》格式，由国务院民政部门制订。

第十四条 登记管理机关可以采取网上年检的方式，对民办非企业单位进行年检。

第十五条 各省、自治区、直辖市登记管理机关可以根据实际情况，制定本地区民办非企业单位年检实施办法。

第十六条 本办法自 2005 年 6 月 1 日起施行。

取缔非法民间组织暂行办法

（2000 年 4 月 10 日民政部令第 21 号发布 自发布之日起施行）

第一条 为了维护社会稳定和国家安全，根据《社会团体登记管理条例》和《民办非企业单位登记管理暂行条例》及有关规定，制定本办法。

第二条 具有下列情形之一的属于非法民间组织：

（一）未经批准，擅自开展社会团体筹备活动的；

（二）未经登记，擅自以社会团体或者民办非企业单位名义进行活动的；

（三）被撤销登记后继续以社会团体或者民办非企业单位名义进行活动的。

第三条 社会团体和民办非企业单位登记管理机关（以下统称登记管理机关）负责对非法民间组织进行调查，收集有关证据，依法作出取缔决定，没收其非法财产。

第四条 取缔非法民间组织，由违法行为发生地的登记管理机关负责。

涉及两个以上同级登记管理机关的非法民间组织的取缔，由它们的共同上级登记管理机关负责，或者指定相关登记管理机关予以取缔。

对跨省（自治区、直辖市）活动的非法民间组织，由国务院民政部门负责取缔，或者指定相关登记管理机关予以取缔。

第五条 对非法民间组织，登记管理机关一经发现，应当及时进行调查，涉及有关部门职能的，应当及时向有关部门通报。

第六条 登记管理机关对非法民间组织进行调查时，执法人员不得少于两人，并应当出示证件。

第七条 登记管理机关对非法民间组织进行调查时，有关单位和个人应当如实反映情况，提供有关资料，不得拒绝、隐瞒、出具伪证。

第八条 登记管理机关依法调查非法民间组织时，对与案件有关的情况和资料，可以采取记录、复制、录音、录像、照相等手段取得证据。

在证据可能灭失或者以后难以取得的情况下，经登记管理机关负责人批准可以先行登记保存，并应当在七日内及时作出处理决定，在此期间，当事人或者有关人员不得销毁或者转移证据。

第九条 对经调查认定的非法民间组织，登记管理机关应当依法作出取缔决定，宣布该组织为非法，并予以公告。

第十条 非法民间组织被取缔后，登记管理机关依法没收的非法财物必须按照国家规定公开拍卖或者按照国家有关规定处理。

登记管理机关依法没收的违法所得和没收非法财物拍卖的款项，必须全部上缴国库。

第十一条 对被取缔的非法民间组织，登记管理机关应当收缴其印章、标识、资料、财务凭证等，并登记造册。

需要销毁的印章、资料等，应当经登记管理机关负责人批准，由两名以上执法人员监督销毁，并填写销毁清单。

第十二条 登记管理机关取缔非法民间组织后，应当按照档案管理的有关规定及时将有关档案材料立卷归档。

第十三条 非法民间组织被取缔后，继续开展活动的，登记管理机关应当及时通报有关部门共同查处。

第十四条 本办法自发布之日起施行。

教育类民办非企业单位登记办法(试行)

(2001年10月19日 民政部、教育部民发〔2001〕306号)

第一条 根据《社会力量办学条例》、《民办非企业单位登记管理暂行条例》,结合社会力量办学特点,制定本办法。

第二条 本办法所称的教育类民办非企业单位,主要指:经县级以上地方人民政府或县级以上地方人民政府教育行政部门审批设立的,由企业事业组织、社会团体及其他社会组织和公民个人,利用非国家财政性教育经费,面向社会举办的学校及其他教育机构。

第三条 教育类民办非企业单位必须按照《社会力量办学条例》的规定审批设立,由县级以上地方人民政府教育行政部门发给《社会力量办学许可证》后,到同级民政部门进行登记。

第四条 按照《社会力量办学条例》的规定,国务院教育行政部门负责社会力量办学工作的统筹规划,综合协调,宏观管理。县级以上各级教育行政部门根据省、自治区、直辖市人民政府规定的职责,负责有关社会力量办学工作。

各级人民政府民政部门是教育类民办非企业单位的登记管理机关。县级以上民政部门负责同级教育行政部门审批设立的教育类民办非企业单位的登记工作。

第五条 申请登记的教育类民办非企业单位应当向民政部门提交下列文件和材料:

(一)登记申请书;

(二)章程草案;

(三)拟任法定代表人或负责人的基本情况、身份证明;

(四)办学许可证(副本)。

第六条 民政部门对符合登记条件的单位,依法简化登记手续并核准登记。对不符合登记条件的单位,不予登记,并向申请人说明理由。

第七条 教育类民办非企业单位变更登记事项,应当向教育行政部门提出书面申请,在申请书上应当载明变更事项、原因和方案等。

修改章程的,应附原章程和新章程草案;变更法定代表人或负责人的,应出具变更后法定代表人或负责人的身份证明及《民办非企业单位登记暂行办法》第六条第六款规定的其他材料;变更开办资金的,应当提交有关资产变更证明文件等。教育行政部门同意变更后,由民政部门核验变更登记,民办非企业单位应当交回民办非企业单位登记证书正副本,由民政部门换发新的登记证书。

第八条 教育类民办非企业单位申请注销登记,应当向民政部门提交下列文件:

(一)法定代表人签署并加盖公章的注销登记申请书,法定代表人因故不能签署的,还应当提交不能签署的理由的文件;

(二)教育行政部门审查同意的文件;

(三)清算组织出具的清算报告;

(四)民办非企业单位登记证书(正、副本);

(五)民办非企业单位的印章和财务凭证。

民政部门准予注销登记的,应当发给教育类民办非企业单位注销证明文件。

第九条 教育行政部门做出对教育类民办非企业单位吊销《社会力量办学许可证》的行政处罚决定后,应当及时通知同级民政部门,民政部门应当及时对该机构撤销登记。

第十条 本办法下发之前已经取得《社会力量办学许可证》的教育类民办非企业单位,应当进行民办非企业单位复查登记。

复查登记工作自本办法下发之日开始,至2001年12月31日结束。

对经审查不符合登记条件的,或未按规定的限期办理复查登记手续的单位,民政部门不予登记。

第十一条 民政部门对依法登记的教育类民办非企业单位颁发相应的民办非企业单位登记证书。

第十二条 本办法自发布之日起施行。

文化类民办非企业单位登记审查管理暂行办法

(2000年12月4日 文人发〔2000〕60号)

第一条 根据国务院《民办非企业单位登记管理暂行条例》(以下简称《条例》),结合文化类民办非企业单位发展的特点,制定本办法。

第二条 本办法所称文化类民办非企业单位,是指企业、事业单位、社会团体和其他社会力量以及公民个人利用非国有资产举办的,从事非营利性文化服务活动的社会组织。

第三条 文化类民办非企业单位根据其依法承担民事责任的不同方式,分为民办非企业单位(法人)、民办非企业单位(合伙)和民办非企业单位(个体)三种。

第四条 文化行政部门是文化类民办非企业单位的业务主管单位。文化类民办非企业单位的设立须经文化行政部门审查,并依照《条例》和民政部《民办非企业单位登记暂行办法》的规定进行登记。

第五条 文化行政部门负责民办非企业单位成立、变更、注销登记前的审查;监督民办非企业单位遵守宪法、法律、法规和国家政策,指导其按照章程开展业务活动;负责民办非企业单位年度检查的初审；协助有关部门查处民办非企业单位的违法行为；会同有关机关指导民办非企业单位的财产清算事宜。

第六条　文化部负责全国文化类民办非企业单位的业务指导工作。负责在民政部登记的文化类民办非企业单位的设立审查工作，具体办法由文化部制定。

县级以上（含县级）文化行政部门负责本辖区文化类民办非企业单位的业务指导和设立审查工作。

第七条　申请设立文化类民办非企业单位，除符合国家和登记管理部门规定外，还应具备下列条件：

（一）拟定名称需经登记管理机关预审。

（二）业务活动范围属于文化行政部门的职能权限。

（三）有符合文化行业从业资格的业务人员；

（四）有开展业务活动必需的设备、器材、场所和其他设施。

第八条　文化部审查、民政部登记的民办非企业单位，最低开办资金不低于30万元人民币。县级以上（含县级）文化行政部门审查、民政部门登记的民办非企业单位，最低开办资金不低于3万元人民币。

第九条　文化类民办非企业单位按其所从事的业务范围，划分为以下类型：

（一）从事舞台艺术创作、演出和传统艺术整理、加工和保护的民办艺术表演团（队）；

（二）从事艺术人才培养和教育的民办艺术院（校）；

（三）从事老年文化活动、辅导、培训的老年文化大学；

（四）从事文化艺术辅导及丰富群众文化生活业务的民办文化馆或活动中心（站）；

（五）从事图书、资料、文献情报借阅及社会教育工作的民办图书馆（室）；

（六）从事文物宣传、保护、展览等活动的民办博物馆（院）；

（七）从事艺术收藏、展览及交流的民办美术馆（室）、书画雕塑馆（室）、名人纪念馆、名人故居纪念馆、收藏馆（室）；

（八）从事艺术发掘、整理、研究、咨询及艺术科技开发的民办艺术研究院（所）；

（九）从事文化传播、交流的文化网络中心（站）；

（十）从事文化艺术活动的其他民办非企业单位。

第十条　申请设立文化类民办非企业单位，申办人应当向文化行政部门提交以下材料：

（一）设立申请书；

（二）场所使用权证明；

（三）会计师事务所验资报告或银行资信证明及每年收入支出的估算情况材料；

（四）拟任负责人的基本情况、身份证明、申办地户籍证明及固定住址和联系方式；

（五）章程草案；

（六）主要业务人员的从业资格证明；

（七）与开展业务活动相关的设备、器材和其他设施清单；

（八）文化行政部门要求的其他材料。

第十一条　文化行政部门自收到全部有效文件之日起60日内，作出审查决定。对审查合格的，向申请人出具审查文件；对审查不合格的，以书面形式通知申请人。

第十二条　依照法律、法规，经有关主管部门审核或登记，已经取得相应的执业资格证书的文化类民办非企业单位，需经文化行政部门复查认定后办理登记手续。

第十三条　文化类民办非企业单位变更登记事项，应向文化行政部门提交由法定代表人或单位负责人签署并加盖公章的变更登记申请书，申请书应载明变更事项、变更理由及变更方案等，并按审查登记要求，出具相应变更文件。

文化类民办非企业单位业务活动超出本办法第九条规定的业务范围，应办理业务主管单位变更手续。

文化行政部门自收到全部有效文件之日起30日内作出同意或不同意的答复。

第十四条　文化类民办非企业单位申请注销登记的，应向文化行政部门提交以下文件：

（一）法定代表人或单位负责人签署并加盖单位公章的注销登记申请书，法定代表人或单位负责人因故不能签署的，应说明理由，提交证明文件；

（二）登记证书副本；

（三）依法成立的清算组织出具的清算报告；

（四）注销登记的善后情况；

（五）文化行政部门要求的其他文件。

第十五条　文化行政部门自收到注销登记申请书及全部有效文件之日起30日内出具审查意见。注销登记手续完成前，文化行政部门应继续履行业务管理职责。

第十六条　文化类民办非企业单位可以依法通过以下方式获得发展资金：

（一）接受捐赠、资助；

（二）接受政府、企事业单位、社会团体及其他社会组织和个人的委托项目资金；

（三）为社会提供与业务相关的有偿服务获得报酬；

（四）其他合法收入。

第十七条　文化类民办非企业单位接受捐赠、资助，应当向文化行政部门报告接受、使用捐赠、资助的有关情况，并将有关情况以适当方式向社会公布。

第十八条　文化类民办非企业单位根据财政部《关于对明确民办非企业单位财务管理制度等问题的函》的规定，参照文化事业单位财务制度规定执行。

第十九条　文化类民办非企业单位用人一律实行聘用制。

第二十条　文化类民办非企业单位每年3月31日前，向文化行政部门提交上一年度的工作报告。报告内容包括：遵守法律法规和国家政策的情况、履行登记手续的情况、按照章程开展活动的情况、人员和机构变动情况以及财务管理情况等。文化行政部门自收到报告之日起30个工作日内作出初审意见。3月31日之后成立的文化类民办非企业单位，参加下一年度年检。

第二十一条　文化类民办非企业单位违反本办法规定的，责令限期改正。情节严重的，文化行政部门提请登记管理机关撤销登记。

第二十二条　本办法由文化部和民政部负责解释。

第二十三条　本办法自发布之日起施行。

科技类民办非企业单位登记审查与管理暂行办法

（2000年5月24日　国科发政字〔2000〕209号）

第一条　根据《民办非企业单位登记管理暂行条例》（以下简称《条例》）和民政部《民办非企业单位登记暂行办法》（以下简称《办法》）的规定，结合科技事业发展特点，制定本办法。

第二条　本办法所称科技类民办非企业单位，是指主要利用非国有资产举办，不以营利为目的，专门从事科学研究与技术开发、成果转让、科技咨询与服务、科技成果评估以及科学技术知识传播和普及等业务的民办非企业单位。

科技行政管理部门是科技类民办非企业单位的业务主管单位。科技类民办非企业单位的设立需经科技行政管理部门审查，并依照《条例》及《办法》的规定登记。

第三条　申请设立科技类民办非企业单位必须符合《条例》第八条和《办法》第五条的规定，同时应当具备以下条件：

（一）业务范围和活动领域符合国家促进科技进步的相关法律法规和政策；

（二）有与业务范围和业务量相当的科技人员，关键业务岗位主要负责人由科技人员担任；

（三）具备必要的科研设施和条件。

第四条　设立科技类民办非企业单位的最低开办资金，个体单位为1万元人民币；合伙单位为3万元人民币；法人单位为5万元人民币。

第五条　科技类民办非企业单位按其所从事的业务范围，划分为以下类型：

（一）主要从事科学研究与技术开发业务的科学技术研究院（所、中心）；

（二）主要从事科技成果转让与扩散业务的科学技术转移（促进）中心；

（三）主要从事科技咨询、服务和培训业务的科技咨询中心（部）、技术服务中心（部）和技术培训中心（部）；

（四）主要从事科技成果评估业务的科技评估事务中心（所）；

（五）主要从事科学技术知识普及业务的科技普及（传播）中心；

（六）其他从事科学技术活动的科技类民办非企业单位。

第六条　科学技术部负责指导全国科技类民办非企业单位的登记审查工作，并且负责兴办人之一为全国性社团、单位或其他组织，或需要在民政部登记的科技类民办非企业单位的设立审查工作。

县级及其以上科技行政管理部门负责在本辖区同级登记管理机关登记的科技类民办非企业单位的设立审查工作。

第七条　申请设立科技类民办非企业单位，除提交《条例》第九条和《办法》第六条规定的文件外，还须向科技行政管理部门提交以下材料：

（一）从业人员中主要科技人员的专业技术资格证明材料，包括学历证明、工作简历、在科学技术活动中作出的主要贡献和能够体现科技水平的其他证明材料等；

（二）场所使用权证明材料和与开展业务相关的设备清单；

（三）科技行政管理部门要求提供的其他材料。

第八条　科技行政管理部门自收到全部有效文件之日起40个工作日内，作出审查同意或不同意的决定。对审查同意的，向申请人出具批准文件；对审查不同意的，书面通知申请人，并说明理由。

第九条　科技类民办非企业单位变更登记事项，应向科技行政管理部门提出书面申请，并提交《办法》第十一条第一项规定的文件。在申请书上应载明变更事项、原因和方案等。

修改章程的，应附原章程和新章程草案；变更法定代表人或负责人的，应出具变更后法定代表人或负责人的身份证明及《办法》第六条第六款规定的其他材料；变更业务主管单位的，应提交变更业务主管单位申请书；变更资金的，应提交有关资产变更证明文件等。

科技行政管理部门自收到全部有效文件之日起20个工作日内，作出同意或不同意的批复。

科技行政管理部门配合登记管理机关，按照《条例》和《办法》的要求，对申请变更法定代表人或负责人的科技类民办非企业单位进行财务审计。

科技类民办非企业单位业务活动超出本办法第五条规定范围，或改变其设立宗旨的，应办理业务主管单位变更手续。科技行政管理部门不再承担业务主管单位职责，并以书面形式通知该民办非企业单位和相应登记管理机关。

第十条　科技类民办非企业单位发生《办法》第十七条规定情形，申请注销登记的，应向科技行政管理部门提交以下文件：

（一）《办法》第十八条规定的注销申请书；

（二）登记证书副本；

（三）依法成立的清算组织出具的清算报告；

（四）科技行政管理部门要求的其他文件。

第十一条 科技行政管理部门自收到注销申请书及全部有效文件之日起20个工作日内出具审查意见。出现《办法》第十七条第（七）项情形的，原科技行政管理部门应继续履行职责，直至完成该民办非企业单位的注销登记手续。

第十二条 县级及其以上科技行政管理部门应将直接负责的科技类民办非企业单位登记、注销的审查结果报上一级科技行政管理部门备案。

第十三条 科技类民办非企业单位可以依法通过以下方式获得发展资金：

（一）接受捐赠、资助；

（二）接受政府、企事业单位、社会团体及其他社会组织和个人的委托项目资金；

（三）为社会提供与业务相关的有偿服务所获得的报酬；

（四）其他合法收入。

第十四条 科技类民办非企业单位应根据民政部《转发财政部关于对明确民办非企业单位财务管理制度等问题的函的通知》的规定，参照执行科学事业单位财务制度。

第十五条 科技类民办非企业单位每年3月31日前，应根据《条例》第二十三条的规定，向科技行政管理部门提交上一年度的工作报告。科技管理部门自收到该民办非企业单位年度工作报告之日起30个工作日内作出初审意见。

截至3月31日成立时间未超过六个月的科技类民办非企业单位，可不参加当年的年检工作，一并参加下一年度的年检工作。

第十六条 科技类民办非企业单位接受、使用捐赠、资助时，应根据《条例》第二十一条第三款的规定办理，并在实际占有、使用前向科技行政管理部门报告有关情况，报告应载明接受和使用捐赠、资助款物是否符合章程规定；捐赠和资助主体的基本情况；与捐赠、资助主体约定的期限、方式和合法用途；向社会公布的方式和内容等情况。

第十七条 科技类民办非企业单位出现《条例》第二十五条规定的情形，情节严重的，科技行政管理部门有权撤销已出具的登记审查批准文件，并以书面形式通知该民办非企业单位和相应登记管理机关。

第十八条 本办法由科学技术部和民政部负责解释。

第十九条 本办法自发布之日起施行。

民政部关于进一步做好民办高校登记管理工作的通知

（2007年11月26日 民函〔2007〕328号）

为了深入贯彻《国务院办公厅关于加强民办高校规范管理引导民办高等教育健康发展的通知》（国办发〔2006〕101号，以下简称《通知》）精神，加强民办高校的登记管理工作，引导民办高等教育健康发展，保障民办高校举办者和受教育者的合法权益，现就有关事项通知如下：

一、充分认识做好民办高校登记管理工作的重要性

近年来，随着《民办非企业单位登记管理暂行条例》、《民办教育促进法》及其实施条例的颁布实施，我国民办高校迅速发展，取得了很大成绩，已成为高等教育事业的重要组成部分，对高等教育事业的发展起到了重要的积极作用。但是，由于民办高校发育的时间较短，规模较小，相关政策法规还不尽完善，一些民办高校在招生、管理、教学等方面还存在一些问题。在登记管理方面，由于民政部门对民办高校进行登记的时间不长，有关行政部门间的政策法规不够衔接配套等原因，登记管理工作还存在许多不规范的地方。这些问题如不引起高度重视并及时解决，将会影响民办高等教育的健康发展和社会稳定。因此，各级民政部门要按照国务院办公厅《通知》精神要求，把规范民办高校的登记管理、促进其健康发展，作为当前的一项重要工作抓好。

二、依法做好民办高校的登记工作

登记管理机关要按照《民办非企业单位登记管理暂行条例》、《民办教育促进法》及其实施条例以及有关政策规定的要求，依法做好民办高校的登记工作，重点是以下几个方面：一是重点审核申请登记的民办高校是否具备法人条件，对不具备法人条件的，不予登记；二是对民办高校在申请登记时的开办资金认定问题，可要求举办者提交社会审计机构出具的验资报告，或者教育行政部门提供的有关证明文件，否则不予登记；三是要做好与教育行政部门的沟通和协调，共同或协助教育行政部门制定民办高校的《章程示范文本》，并在其中纳入《民办非企业单位（法人）章程示范文本》的有关内容；四是要按照《民办非企业单位登记管理暂行条例》和《民办非企业单位登记暂行办法》的要求，认真做好民办高校的变更登记和注销登记工作。

三、规范民办高校的日常管理工作

要推动民办高校按照其章程规定，建立健全内部管理制度，加强内部制度建设，完善法人治理结构，建立和完善理（董）事会、监事会制度，实行民主管理，推进民主决策，建立民主监督，逐步提高自身能力建设。继续推进民办高校自律与诚信建设，建立健全信息公开和承诺服务制度，规范民办高校的行为，提高办学水平，增强社会公信力，提高社会地位，逐步建立对民办高校的长效管理机制。

四、加强民办高校的年度检查工作

要按照《民办非企业单位年度检查办法》的有关规定，认真抓好民办高校的年度检查工作。年度检查的内容主要是，民办高校遵守法律法规和国家政策的情况、依照条例履行登记手续的情况、按照章程开展活动的情况、人员和机构变动的情况以及财务管理的情况。要将民办高校自律与诚信建设情况、是否坚持非营利性质等，作为年度检查工作的重点。对违反《民办非企业单位登记管理暂行条例》规定开展活动的，要指出错误，限期整改，视其情节轻重，可给予“年检基本合格”或“年检不合格”的结论；情节严重的，应当撤销登记。

五、加大监督查处工作的力度

登记管理机关要加强与公安、教育等有关部门的协调配合，建立健全监督网络，加强和推进社会监督，建立起“政府主导、部门配合、社会参与”的监督机制。要重点监督和查处那些未经登记而擅自开展活动的、抽逃、转移或挪用办学资金的、办学结余分配不符合国家有关规定的行为。要会同公安、教育等有关部门依法查处、取缔非法办学机构和非法中介，对涉嫌犯罪的，依法追究刑事责任。

六、加强工作协调和指导

登记管理机关要认真学习、领会、落实《通知》的精神要求，切实做好民办高校的登记管理工作，把民办高校登记管理工作的重点转移到完善制度、规范管理、提高质量上来。要在当地党委、政府的领导下，理顺管理体制和工作协调机制，加强与教育等行政部门的协调配合，按照职责分工，认真落实民办教育发展的各项政策，积极做好登记、管理、服务和监督工作。

在近期内，登记管理机关要对辖区内登记的民办高校进行一次专项调研，着重对民办高校的法人治理状况、内部制度建设、财务制度、《章程》的执行情况、开展自律与诚信建设情况以及民办高校发展过程中存在的困难和问题等进行调研，从登记管理工作的角度，认真分析、总结近年来民办高校登记管理工作中存在的问题、困难和经验，提出解决问题的对策和政策措施，进一步加强民办高校的登记管理工作，促进民办高校的健康发展。

加强民办高校登记管理工作，涉及面广、政策性强。各地在贯彻落实本通知的过程中遇到的问题，及时报部民间组织管理局。

民政部关于开展民办非企业单位自律与诚信建设活动的通知

（2005年2月4日　民函〔2005〕27号）

各省、自治区、直辖市民政厅（局），各计划单列市民政局，新疆生产建设兵团民政局：

改革开放以来，我国民办非企业单位发展迅速，在提供公共服务、缓解社会矛盾、促进社会进步和发展等方面发挥了越来越重要的作用，已成为建设社会主义和谐社会的一支重要力量。但是，由于管理的法律法规和有关政策不完善，特别是民办非企业单位设立时间不长，自律机制不健全，部分民办非企业单位法制观念淡薄，营利化倾向严重，组织行为不规范，信用缺失，不利于民办非企业单位的发展和发挥应有的作用。为加强民办非企业单位自律与诚信建设，提升民办非企业单位的社会形象，提高民办非企业单位的社会公信力，扩大民办非企业单位的社会影响，民政部决定将2005年作为民办非企业单位自律与诚信建设活动年，在全国范围内开展民办非企业单位自律与诚信建设活动。现将有关事项通知如下：

一、指导思想

以邓小平理论和“三个代表”重要思想为指导，贯彻党的十六届三中全会、四中全会精神，坚持以人为本、全面协调可持续发展的科学发展观，通过开展自律与诚信建设活动，全面提高民办非企业单位的素质，进一步加强和改善民办非企业单位管理工作，使民办非企业单位在建设社会主义和谐社会中发挥更大、更积极的作用。

二、主要内容

（一）规范民办非企业单位章程。各地要制订计划，按照部里下发的《关于印发的通知》（民函〔2005〕24号）的要求，结合今年的年度检查工作，指导民办非企业单位分期分批地完成章程的修订工作。通过规范章程，帮助民办非企业单位树立自律意识、不断完善自律机制，通过建立和完善内部组织建设、规章制度建设、民主决策机制建设等内容，达到民办非企业单位自我约束、自我管理、自我教育、自我服务的目的，提高民办非企业单位的自身素质和活动能力，从制度上促进民办非企业单位依法、按章程开展活动。

（二）建立公开、透明的信息披露制度。基本要求是，在省级（含计划单列市）登记管理机关登记的民办非企业单位，要参照《基金会管理条例》的有关规定，在通过登记管理机关的年度检查后，将年度工作报告在登记管理机关指定的网站或媒体上公布，接受社会的查询、监督。鼓励民办非企业单位将重大活动和财务状况等重要信息，向社会披露。有条件的地方，也可要求在市、县（区）级登记管理机关登记的、有较大影响的民办非企业单位，向社会披露有关信息，增加民办非企业单位的透明度，接受社会的查询、监督。

（三）开展提供优质服务、真情回报社会等多种形式的主题公益活动，全面推行服务承诺制。要结合各地的实际情况，特别是不同类别民办非企业单位的情况，制订措施和规划，要求民办非企业单位根据自身能力，积极为社会弱势群体及广大群众，免费（或以成本为最高收费标准）提供形式多样、内容丰富的服务活动，树立民办非企业单位的公益形象。同时，要全面推行民办非企业单位服务承诺制，借助社会舆论监督机制，强化民办非企业单位社会责任，规范民办非企业单位行为，全面提升民办非企业单位的社会形象。

（四）建立健全民办非企业单位财务制度。登记管理机关要做好《民间非营利组织会计制度》的培训工作，帮助民办非企业单位按照《民间非营利组织会计制度》的要求，建立健全有关财务制度，确保民办非企业单位的非营利性。

（五）坚决查处民办非企业单位的违法行为，打击非法民办非企业单位，为民办非企业单位的发展，提供一个良好的社会环境。同时，动员社会各界参与监管，发动群众举报民办非企业单位的违法行为。各地要设立举报投诉电话。

三、基本要求

（一）统一思想，加强领导。开展民办非企业单位自律与诚信建设活动，涉及行业较多，业务面广，政策性强，难度较大。各地要充分认识开展这一活动对民办非企业单位规范管理的重要性，把这项工作列入重要议事日程，在党委和政府领导下，加强与业务主管单位及有关部门的联系，密切协作，形成合力，按照本通知要求，结合各地实际，采取有力措施，不断开拓创新，推动民办非企业单位以自律苦练内功，以诚信外塑形象，让自律与诚信建设活动结出硕果，取得成效。

（二）广泛宣传，营造声势。开展民办非企业单位自律与诚信建设活动，是今年民间组织管理的重点工作之一。各级民政部门要利用广播、电视、报刊、信息网站等新闻媒体，进行广泛的宣传活动，动员民办非企业单位开展多种形式的宣传教育和服务活动，扩大民办非企业单位的社会影响。

（三）狠抓落实，注重实效。各地要根据实际情况，研究制订工作方案，调配工作力量，落实必要工作经费。可以引导一些较好的民办非企业单位发起倡议。既可由登记管理机关根据当地的实际，组织民办非企业单位集中开展具有一定规模的主题公益活动；也可由民办非企业单位自主申报、开展有关活动项目。活动期间，民政部门与有关业务主管单位应当及时予以检查和指导。

（四）检查评比，表彰先进。开展民办非企业单位自律与诚信建设活动，是在全国范围内对民间组织实施的一次较大规模的联动。各地要通过这次活动，不断探索民办非企业单位规范化建设的新路子，认真总结民办非企业单位规范管理的新经验，提高对民办非企业单位管理工作规律性的认识，以进一步从整体上推进民办非企业单位管理工作；同时，要培育、树立一批在自律与诚信建设方面表现突出的先进典型，予以表彰和鼓励。活动结束后，各地要认真进行总结，将有关情况及《民办非企业单位自律与诚信建设活动情况统计表（一）（二）》于2005年12月31日前报部民间组织管理局。

各地在开展民办非企业单位自律与诚信活动中遇到新的情况和问题，应当及时报部，以便研究解决。

附件：民办非企业单位自律与诚信建设活动情况统计表（一）（略）

民办非企业单位自律与诚信建设活动情况统计表（二）（略）

财政部关于印发《中央财政农民专业合作组织发展资金管理办法》的通知

（2013年7月23日　财农〔2013〕156号）

各省、自治区、直辖市、计划单列市财政厅（局），新疆生产建设兵团财务局：

为加强和规范中央财政农民专业合作组织发展资金使用管理，提高财政资金使用效益，我部对《中央财政农民专业合作组织发展资金管理暂行办法》（财农〔2004〕87号）进行了修订。现将修订后的办法印发给你们，请遵照执行。

附件：

中央财政农民专业合作组织发展资金管理办法

第一章　总　　则

第一条　为加强和规范中央财政农民专业合作组织发展资金（以下简称合作组织发展资金）使用管理，提高财政资金使用效益，根据《中华人民共和国预算法》、《中华人民共和国农民专业合作社法》等有关规定，制定本办法。

第二条　合作组织发展资金是指中央财政预算安排，用于支持各省、自治区、直辖市、计划单列市（以下简称各地）加快农民专业合作组织发展，提高农民组织化程度的专项资金。

第三条　本办法所称农民专业合作组织包括农民专业合作社、股份合作社、农民用水合作组织、专业技术协会等。

第二章　扶持条件和范围

第四条　合作组织发展资金扶持的农民专业合作组织应符合下列条件：

（一）依据有关规定注册登记，具有符合"民办、民管、民享"原则的农民合作组织章程；

（二）财务管理制度完善，符合民主管理决策等规范要求；

（三）服务网络健全，能有效地为合作组织成员提供农业专业服务；

（四）具备管护能力，能确保项目形成的资产长期发挥作用；

（五）合作组织成员原则上不少于100户，同时具有一定的产业基础；

第五条 合作组织发展资金重点支持的范围：
(一)引进新品种和推广新技术；
(二)提供专业技术、管理知识培训及服务；
(三)组织标准化生产；
(四)农产品初加工、整理、储存和保鲜；
(五)获得认证、品牌培育、市场营销和信息咨询等服务；
(六)推动农民专业合作组织创新发展；
(七)改善服务手段和提高管理水平的其他事项。

第三章 资金分配和下达

第六条 合作组织发展资金考虑粮食产量(产区)、地方财力、农业产值比重、农民专业合作组织发展情况、各地工作水平和其他相关因素进行分配。

第七条 根据资金分配方案，财政部将合作组织发展资金切块下达各地财政部门。

第八条 各地财政部门在接到财政部下达的资金后，应尽快按照有关规定制定具体实施方案，及时做好资金下达工作。

第四章 资金管理和使用

第九条 合作组织发展资金由各地财政部门实行项目管理。

第十条 各地财政部门可根据实际情况采取竞争立项、专家评审等方式，择优确定扶持对象。

第十一条 合作组织发展资金可采取直接补助、以奖代补、先建后补、贷款贴息等多种补助方式。

第十二条 项目所在地的县级财政部门具体负责合作组织发展资金使用的管理，实行严格的报账制，按照财政国库管理制度有关规定做好资金支付，并根据职责分工及时组织项目验收。

第五章 监督检查

第十三条 受扶持的农民专业合作组织要向全体合作组织成员公开、公示资金的使用情况。

第十四条 合作组织发展资金按照《农民专业合作社财务会计制度(试行)》(财会〔2007〕15号)等有关规定纳入财务管理与核算，专款专用，所形成的资产归农民专业合作组织成员共同所有，由农民专业合作组织监事会监督。

第十五条 各级财政部门要加强对合作组织发展资金使用管理情况的监督检查，特别是要充分发挥乡镇财政就近就地监管优势，切实加大巡查检查力度。

第十六条 对违反本办法及相关法律法规制度规定，虚报、冒领、截留、挤占、挪用资金的，依照《财政违法行为处罚处分条例》(国务院令第427号)等有关规定追究法律责任。

第六章 附 则

第十七条 各地财政部门应当根据本办法，结合本地实际情况，制定实施细则，并报财政部备案。

第十八条 新疆生产建设兵团农民专业合作组织发展资金管理办法按照上述规定执行。

第十九条 本办法自2013年8月23日起施行。财政部2004年7月16日印发的《中央财政农民专业合作组织发展资金管理暂行办法》(财农〔2004〕87号)同时废止。

◎请示答复

民政部关于辽宁财贸学院等三所教育类民办非企业单位登记管理机关的复函

(2009年6月5日 民函〔2009〕147号)

辽宁省民政厅：

你厅《关于我厅能否作为大连美国国际学校登记管理机关的请示》(辽民民函〔2009〕38号)和《关于我厅能否作为辽宁财贸学院和大连东软信息学院登记管理机关的请示》(辽民民函〔2009〕44号)收悉。经研究，答复如下：

一、同意你厅作为上述教育类民办非企业单位的登记管理机关。

二、今后，对由教育部发放办学许可证或者审批的民办教育机构，凡申请办理民办非企业单位登记的，均由当地省(自治区、直辖市)人民政府民政部门受理。符合登记条件的，依法简化登记手续并核准登记；不符合登记条件的，不予登记，并向申请人说明理由。

3. 基金会管理

基金会管理条例

(2004年3月8日中华人民共和国国务院令第400号公布 自2004年6月1日起施行)

第一章 总 则

第一条 为了规范基金会的组织和活动，维护基金会、捐赠人和受益人的合法权益，促进社会力量参与公益事业，制定本条例。

第二条 本条例所称基金会，是指利用自然人、法人或者其他组织捐赠的财产，以从事公益事业为目的，按照本条例的规定成立的非营利性法人。

第三条 基金会分为面向公众募捐的基金会(以下简称公募基金会)和不得面向公众募捐的基金会(以下简称非公募基金会)。公募基金会按照募捐的地域范围,分为全国性公募基金会和地方性公募基金会。

第四条 基金会必须遵守宪法、法律、法规、规章和国家政策,不得危害国家安全、统一和民族团结,不得违背社会公德。

第五条 基金会依照章程从事公益活动,应当遵循公开、透明的原则。

第六条 国务院民政部门和省、自治区、直辖市人民政府民政部门是基金会的登记管理机关。

国务院民政部门负责下列基金会、基金会代表机构的登记管理工作:

(一)全国性公募基金会;

(二)拟由非内地居民担任法定代表人的基金会;

(三)原始基金超过2000万元,发起人向国务院民政部门提出设立申请的非公募基金会;

(四)境外基金会在中国内地设立的代表机构。

省、自治区、直辖市人民政府民政部门负责本行政区域内地方性公募基金会和不属于前款规定情况的非公募基金会的登记管理工作。

第七条 国务院有关部门或者国务院授权的组织,是国务院民政部门登记的基金会、境外基金会代表机构的业务主管单位。

省、自治区、直辖市人民政府有关部门或者省、自治区、直辖市人民政府授权的组织,是省、自治区、直辖市人民政府民政部门登记的基金会的业务主管单位。

第二章 设立、变更和注销

第八条 设立基金会,应当具备下列条件:

(一)为特定的公益目的而设立;

(二)全国性公募基金会的原始基金不低于800万元人民币,地方性公募基金会的原始基金不低于400万元人民币,非公募基金会的原始基金不低于200万元人民币;原始基金必须为到账货币资金;

(三)有规范的名称、章程、组织机构以及与其开展活动相适应的专职工作人员;

(四)有固定的住所;

(五)能够独立承担民事责任。

第九条 申请设立基金会,申请人应当向登记管理机关提交下列文件:

(一)申请书;

(二)章程草案;

(三)验资证明和住所证明;

(四)理事名单、身份证明以及拟任理事长、副理事长、秘书长简历;

(五)业务主管单位同意设立的文件。

第十条 基金会章程必须明确基金会的公益性质,不得规定使特定自然人、法人或者其他组织受益的内容。

基金会章程应当载明下列事项:

(一)名称及住所;

(二)设立宗旨和公益活动的业务范围;

(三)原始基金数额;

(四)理事会的组成、职权和议事规则,理事的资格、产生程序和任期;

(五)法定代表人的职责;

(六)监事的职责、资格、产生程序和任期;

(七)财务会计报告的编制、审定制度;

(八)财产的管理、使用制度;

(九)基金会的终止条件、程序和终止后财产的处理。

第十一条 登记管理机关应当自收到本条例第九条所列全部有效文件之日起60日内,作出准予或者不予登记的决定。准予登记的,发给《基金会法人登记证书》;不予登记的,应当书面说明理由。

基金会设立登记的事项包括:名称、住所、类型、宗旨、公益活动的业务范围、原始基金数额和法定代表人。

第十二条 基金会拟设立分支机构、代表机构的,应当向原登记管理机关提出登记申请,并提交拟设机构的名称、住所和负责人等情况的文件。

登记管理机关应当自收到前款所列全部有效文件之日起60日内作出准予或者不予登记的决定。准予登记的,发给《基金会分支(代表)机构登记证书》;不予登记的,应当书面说明理由。

基金会分支机构、基金会代表机构设立登记的事项包括:名称、住所、公益活动的业务范围和负责人。

基金会分支机构、基金会代表机构依据基金会的授权开展活动,不具有法人资格。

第十三条 境外基金会在中国内地设立代表机构,应当经有关业务主管单位同意后,向登记管理机关提交下列文件:

(一)申请书;

(二)基金会在境外依法登记成立的证明和基金会章程;

(三)拟设代表机构负责人身份证明及简历;

(四)住所证明;

(五)业务主管单位同意在中国内地设立代表机构的文件。

登记管理机关应当自收到前款所列全部有效文件之日起60日内,作出准予或者不予登记的决定。准予登记的,发给《境外基金会代表机构登记证书》;不予登记的,应当书面说明理由。

境外基金会代表机构设立登记的事项包括:名称、住所、公益活动的业务范围和负责人。

境外基金会代表机构应当从事符合中国公益事业性质的公益活动。境外基金会对其在中国内地代表机构的民事行为,依照中国法律承担民事责任。

第十四条 基金会、境外基金会代表机构依照本条例登记后,应当依法办理税务登记。

基金会、境外基金会代表机构,凭登记证书依法申请组织机构代码、刻制印章、开立银行账户。

基金会、境外基金会代表机构应当将组织机构代码、印章式样、银行账号以及税务登记证件复印件报登记管理机关备案。

第十五条 基金会、基金会分支机构、基金会代表机构和境外基金会代表机构的登记事项需要变更的,应当向登记管理机关申请变更登记。

基金会修改章程,应当征得其业务主管单位的同意,并报登记管理机关核准。

第十六条 基金会、境外基金会代表机构有下列情形之一的,应当向登记管理机关申请注销登记:

(一)按照章程规定终止的;

(二)无法按照章程规定的宗旨继续从事公益活动的;

(三)由于其他原因终止的。

第十七条 基金会撤销其分支机构、代表机构的,应当向登记管理机关办理分支机构、代表机构的注销登记。

基金会注销的,其分支机构、代表机构同时注销。

第十八条 基金会在办理注销登记前,应当在登记管理机关、业务主管单位的指导下成立清算组织,完成清算工作。

基金会应当自清算结束之日起 15 日内向登记管理机关办理注销登记;在清算期间不得开展清算以外的活动。

第十九条 基金会、基金会分支机构、基金会代表机构以及境外基金会代表机构的设立、变更、注销登记,由登记管理机关向社会公告。

第三章 组 织 机 构

第二十条 基金会设理事会,理事为 5 人至 25 人,理事任期由章程规定,但每届任期不得超过 5 年。理事任期届满,连选可以连任。

用私人财产设立的非公募基金会,相互间有近亲属关系的基金会理事,总数不得超过理事总人数的 1/3;其他基金会,具有近亲属关系的不得同时在理事会任职。

在基金会领取报酬的理事不得超过理事总人数的 1/3。

理事会设理事长、副理事长和秘书长,从理事中选举产生,理事长是基金会的法定代表人。

第二十一条 理事会是基金会的决策机构,依法行使章程规定的职权。

理事会每年至少召开 2 次会议。理事会会议须有 2/3 以上理事出席方能召开;理事会决议须经出席理事过半数通过方为有效。

下列重要事项的决议,须经出席理事表决,2/3 以上通过方为有效:

(一)章程的修改;

(二)选举或者罢免理事长、副理事长、秘书长;

(三)章程规定的重大募捐、投资活动;

(四)基金会的分立、合并。

理事会会议应当制作会议记录,并由出席理事审阅、签名。

第二十二条 基金会设监事。监事任期与理事任期相同。理事、理事的近亲属和基金会财会人员不得兼任监事。

监事依照章程规定的程序检查基金会财务和会计资料,监督理事会遵守法律和章程的情况。

监事列席理事会会议,有权向理事会提出质询和建议,并应当向登记管理机关、业务主管单位以及税务、会计主管部门反映情况。

第二十三条 基金会理事长、副理事长和秘书长不得由现职国家工作人员兼任。基金会的法定代表人,不得同时担任其他组织的法定代表人。公募基金会和原始基金来自中国内地的非公募基金会的法定代表人,应当由内地居民担任。

因犯罪被判处管制、拘役或者有期徒刑,刑期执行完毕之日起未逾 5 年的,因犯罪被判处剥夺政治权利正在执行期间或者曾经被判处剥夺政治权利的,以及曾在因违法被撤销登记的基金会担任理事长、副理事长或者秘书长,且对该基金会的违法行为负有个人责任,自该基金会被撤销之日起未逾 5 年的,不得担任基金会的理事长、副理事长或者秘书长。

基金会理事遇有个人利益与基金会利益关联时,不得参与相关事宜的决策;基金会理事、监事及其近亲属不得与其所在的基金会有任何交易行为。

监事和未在基金会担任专职工作的理事不得从基金会获取报酬。

第二十四条 担任基金会理事长、副理事长或者秘书长的香港居民、澳门居民、台湾居民、外国人以及境外基金会代表机构的负责人,每年在中国内地居留时间不得少于 3 个月。

第四章 财产的管理和使用

第二十五条 基金会组织募捐、接受捐赠,应当符合章程规定的宗旨和公益活动的业务范围。境外基金会代表机构不得在中国境内组织募捐、接受捐赠。

公募基金会组织募捐,应当向社会公布募得资金后拟开展的公益活动和资金的详细使用计划。

第二十六条 基金会及其捐赠人、受益人依照法律、行政法规的规定享受税收优惠。

第二十七条 基金会的财产及其他收入受法律保护,任何单位和个人不得私分、侵占、挪用。

基金会应当根据章程规定的宗旨和公益活动的业务范围使用其财产；捐赠协议明确了具体使用方式的捐赠，根据捐赠协议的约定使用。

接受捐赠的物资无法用于符合其宗旨的用途时，基金会可以依法拍卖或者变卖，所得收入用于捐赠目的。

第二十八条 基金会应当按照合法、安全、有效的原则实现基金的保值、增值。

第二十九条 公募基金会每年用于从事章程规定的公益事业支出，不得低于上一年总收入的70%；非公募基金会每年用于从事章程规定的公益事业支出，不得低于上一年基金余额的8%。

基金会工作人员工资福利和行政办公支出不得超过当年总支出的10%。

第三十条 基金会开展公益资助项目，应当向社会公布所开展的公益资助项目种类以及申请、评审程序。

第三十一条 基金会可以与受助人签订协议，约定资助方式、资助数额以及资金用途和使用方式。

基金会有权对资助的使用情况进行监督。受助人未按协议约定使用资助或者有其他违反协议情形的，基金会有权解除资助协议。

第三十二条 基金会应当执行国家统一的会计制度，依法进行会计核算、建立健全内部会计监督制度。

第三十三条 基金会注销后的剩余财产应当按照章程的规定用于公益目的；无法按照章程规定处理的，由登记管理机关组织捐赠给与该基金会性质、宗旨相同的社会公益组织，并向社会公告。

第五章 监督管理

第三十四条 基金会登记管理机关履行下列监督管理职责：

（一）对基金会、境外基金会代表机构实施年度检查；

（二）对基金会、境外基金会代表机构依照本条例及其章程开展活动的情况进行日常监督管理；

（三）对基金会、境外基金会代表机构违反本条例的行为依法进行处罚。

第三十五条 基金会业务主管单位履行下列监督管理职责：

（一）指导、监督基金会、境外基金会代表机构依据法律和章程开展公益活动；

（二）负责基金会、境外基金会代表机构年度检查的初审；

（三）配合登记管理机关、其他执法部门查处基金会、境外基金会代表机构的违法行为。

第三十六条 基金会、境外基金会代表机构应当于每年3月31日前向登记管理机关报送上一年度工作报告，接受年度检查。年度工作报告在报送登记管理机关前应当经业务主管单位审查同意。

年度工作报告应当包括：财务会计报告、注册会计师审计报告，开展募捐、接受捐赠、提供资助等活动的情况以及人员和机构的变动情况等。

第三十七条 基金会应当接受税务、会计主管部门依法实施的税务监督和会计监督。

基金会在换届和更换法定代表人之前，应当进行财务审计。

第三十八条 基金会、境外基金会代表机构应当在通过登记管理机关的年度检查后，将年度工作报告在登记管理机关指定的媒体上公布，接受社会公众的查询、监督。

第三十九条 捐赠人有权向基金会查询捐赠财产的使用、管理情况，并提出意见和建议。对于捐赠人的查询，基金会应当及时如实答复。

基金会违反捐赠协议使用捐赠财产的，捐赠人有权要求基金会遵守捐赠协议或者向人民法院申请撤销捐赠行为、解除捐赠协议。

第六章 法律责任

第四十条 未经登记或者被撤销登记后以基金会、基金会分支机构、基金会代表机构或者境外基金会代表机构名义开展活动的，由登记管理机关予以取缔，没收非法财产并向社会公告。

第四十一条 基金会、基金会分支机构、基金会代表机构或者境外基金会代表机构有下列情形之一的，登记管理机关应当撤销登记：

（一）在申请登记时弄虚作假骗取登记的，或者自取得登记证书之日起12个月内未按章程规定开展活动的；

（二）符合注销条件，不按照本条例的规定办理注销登记仍继续开展活动的。

第四十二条 基金会、基金会分支机构、基金会代表机构或者境外基金会代表机构有下列情形之一的，由登记管理机关给予警告、责令停止活动；情节严重的，可以撤销登记：

（一）未按照章程规定的宗旨和公益活动的业务范围进行活动的；

（二）在填制会计凭证、登记会计账簿、编制财务会计报告中弄虚作假的；

（三）不按照规定办理变更登记的；

（四）未按照本条例的规定完成公益事业支出额度的；

（五）未按照本条例的规定接受年度检查，或者年度检查不合格的；

（六）不履行信息公布义务或者公布虚假信息的。

基金会、境外基金会代表机构有前款所列行为的，登记管理机关应当提请税务机关责令补交违法行为存续期间所享受的税收减免。

第四十三条 基金会理事会违反本条例和章程规定决策不当,致使基金会遭受财产损失的,参与决策的理事应当承担相应的赔偿责任。

基金会理事、监事以及专职工作人员私分、侵占、挪用基金会财产的,应当退还非法占用的财产;构成犯罪的,依法追究刑事责任。

第四十四条 基金会、境外基金会代表机构被责令停止活动的,由登记管理机关封存其登记证书、印章和财务凭证。

第四十五条 登记管理机关、业务主管单位工作人员滥用职权、玩忽职守、徇私舞弊,构成犯罪的,依法追究刑事责任;尚不构成犯罪的,依法给予行政处分或者纪律处分。

第七章 附 则

第四十六条 本条例所称境外基金会,是指在外国以及中华人民共和国香港特别行政区、澳门特别行政区和台湾地区合法成立的基金会。

第四十七条 基金会设立申请书、基金会年度工作报告的格式以及基金会章程范本,由国务院民政部门制订。

第四十八条 本条例自2004年6月1日起施行,1988年9月27日国务院发布的《基金会管理办法》同时废止。

本条例施行前已经设立的基金会、境外基金会代表机构,应当自本条例施行之日起6个月内,按照本条例的规定申请换发登记证书。

基金会名称管理规定

(2004年6月23日民政部令第26号发布 自2004年6月7日起施行)

第一条 为了规范对基金会名称的管理,保护基金会的合法权益,根据《基金会管理条例》及有关法律、法规,制定本规定。

第二条 本规定适用于按照《基金会管理条例》设立的基金会。

第三条 基金会名称应当反映公益活动的业务范围。

基金会的名称应当依次包括字号、公益活动的业务范围,并以"基金会"字样结束。

公募基金会的名称可以不使用字号。

第四条 全国性公募基金会应当在名称中使用"中国"、"中华"、"全国"、"国家"等字样。非公募基金会不得使用上述字样。

地方性公募基金会和省、自治区、直辖市人民政府民政部门登记的非公募基金会应当冠以所在地的县级或县级以上行政区划名称。冠以省级以下行政区划名称的,可以同时冠以所在省、自治区、直辖市的名称。冠以市辖区名称的,应当同时冠以市的名称。

第五条 基金会的字号应当由2个以上的字组成。

基金会不得使用姓氏、县或县以上行政区划名称作为字号。

第六条 公募基金会的字号不得使用自然人姓名、法人或者其他组织的名称或者字号。

第七条 非公募基金会的字号可以使用自然人姓名、法人或其他组织的名称或者字号,但应当符合以下规定:

(一)使用自然人姓名、法人或者其他组织的名称或者字号,需经该自然人、法人或其他组织同意;

(二)不得使用曾因犯罪被判处剥夺政治权利的自然人的姓名;

(三)一般不使用党和国家领导人、老一辈革命家的姓名。

第八条 基金会使用已故名人的姓名作为字号,该名人必须是在相关公益领域内有重大贡献、在国际国内享有盛誉的杰出人物。

第九条 基金会名称应当使用符合国家规范的汉字。

在自治区人民政府民政部门登记的基金会,其名称可以同时使用本民族自治地方通用的民族文字。

基金会名称需译成外文使用的,应当按照文字翻译的原则翻译使用,不需报登记管理机关核准。

第十条 基金会名称不得含有下列内容和文字:

(一)有损于国家、社会公共利益的;

(二)可能对公众造成欺骗或者引起公众误解的;

(三)有迷信色彩的;

(四)外国国家(地区)名称、国际组织名称;

(五)政党名称、国家机关名称及部队番号;

(六)其他基金会的名称;

(七)外国文字、汉语拼音字母、数字;

(八)其他法律、行政法规规定禁止的。

第十一条 基金会不得使用下列名称:

(一)已被登记管理机关撤销登记,自撤销登记之日起未满3年的基金会的名称;

(二)已注销登记,自注销登记之日起未满3年的基金会的名称;

(三)已变更名称,自变更登记之日起未满1年的基金会的原名称。

第十二条 登记管理机关可以纠正已登记的不适宜的基金会名称。

第十三条 两个及两个以上申请人向同一登记管理机关申请登记相同的基金会名称,登记管理机关依照申请在先原则核定。

第十四条 基金会的分支机构、代表机构的名称应当冠以其所从属的基金会名称。

第十五条 境外基金会代表机构的名称应当依次由" 基

金会名称”、“驻在地名称”、“代表处（或办事处、联络处等）”组成。

“驻在地名称”是指境外基金会代表机构驻在地的县或县以上行政区划名称。

境外基金会名称中未表明其原始登记地（国家或地区）的，应在其代表机构名称前冠以原始登记地（国家或地区）的名称。

第十六条　本规定自2004年6月7日起施行。

基金会信息公布办法

（2006年1月12日民政部令第31号公布　自公布之日起施行）

第一条　为了规范基金会、境外基金会代表机构信息公布活动，保护捐赠人及相关当事人的合法权益，促进公益事业发展，根据《基金会管理条例》（以下简称《条例》）的有关规定，制定本办法。

第二条　本办法所称信息公布，是指基金会、境外基金会代表机构按照《条例》和本办法的规定，将其内部信息和业务活动信息通过媒体向社会公布的活动。

基金会、境外基金会代表机构是信息公布义务人。

第三条　信息公布义务人公布的信息资料应当真实、准确、完整，不得有虚假记载、误导性陈述或者重大遗漏。

信息公布义务人应当保证捐赠人和社会公众能够快捷、方便地查阅或者复制公布的信息资料。

第四条　信息公布义务人应当向社会公布的信息包括：

（一）基金会、境外基金会代表机构的年度工作报告；

（二）公募基金会组织募捐活动的信息；

（三）基金会开展公益资助项目的信息。

基金会、境外基金会代表机构在遵守本办法规定的基础上可以自行决定公布更多的信息。

第五条　信息公布义务人应当在每年3月31日前，向登记管理机关报送上一年度的年度工作报告。登记管理机关审查通过后30日内，信息公布义务人按照统一的格式要求，在登记管理机关指定的媒体上公布年度工作报告的全文和摘要。

信息公布义务人的财务会计报告未经审计不得对外公布。

第六条　公募基金会组织募捐活动，应当公布募得资金后拟开展的公益活动和资金的详细使用计划。在募捐活动持续期间内，应当及时公布募捐活动所取得的收入和用于开展公益活动的成本支出情况。募捐活动结束后，应当公布募捐活动取得的总收入及其使用情况。

第七条　基金会开展公益资助项目，应当公布所开展的公益项目种类以及申请、评审程序。评审结束后，应当公布评审结果并通知申请人。公益资助项目完成后，应当公布有关的资金使用情况。事后对项目进行评估的，应当同时公布评估结果。

第八条　对于公共媒体上出现的对信息公布义务人造成或者可能造成不利影响的消息，信息公布义务人应当公开说明或者澄清。

第九条　除年度工作报告外，信息公布义务人公布信息时，可以选择报刊、广播、电视或者互联网作为公布信息的媒体。

第十条　信息公布所使用的媒体应当能够覆盖信息公布义务人的活动地域。公布的信息内容中应当注明信息公布义务人的基本情况和联系、咨询方式。

第十一条　信息公布义务人应当建立健全信息公布活动的内部管理制度，并指定专人负责处理信息公布活动的有关事务。对于已经公布的信息，应当制作信息公布档案，妥善保管。

第十二条　信息公布义务人公布有关活动或者项目的信息，应当持续至活动结束或者项目完成。

信息一经公布，信息公布义务人不得任意修改，确需修改的，应当严格履行内部管理制度的程序在修改后重新公布，并说明理由，声明原信息作废。

第十三条　信息公布义务人应当将信息公布活动的情况如实反映在年度工作报告中，接受登记管理机关监督检查。

第十四条　登记管理机关依法对信息公布活动进行监督管理，建立信息公布义务人诚信记录。

信息公布义务人不履行信息公布义务或者公布虚假信息的，由登记管理机关责令改正，并依据《条例》第四十二条规定给予行政处罚。

第十五条　年度工作报告的信息公布格式文本，由国务院民政部门制定。

第十六条　本办法自公布之日起施行。

基金会年度检查办法[①]

（2006年1月12日民政部令第30号公布　根据2010年12月27日民政部令第38号修订）

第一条　为加强对基金会和境外基金会代表机构的管理，促进公益事业发展，根据《基金会管理条例》（以下简称《条例》）第三十四条第一项、第三十六条的规定，制定本办法。

① 该办法根据2010年12月27日民政部令第38号公布的《民政部关于废止、修改部分规章的决定》予以修订第7条。

第二条　基金会年度检查,是指基金会登记管理机关依法按年度对基金会、境外基金会代表机构遵守法律、法规、规章和章程开展活动的情况实施监督管理的制度。

第三条　基金会、境外基金会代表机构应当于每年3月31日前向登记管理机关报送经业务主管单位审查同意的上一年度的年度工作报告,接受登记管理机关检查。

第四条　年度工作报告的内容应当包括:财务会计报告、注册会计师审计报告,开展募捐、接受捐赠、提供资助等活动的情况以及人员和机构的变动情况等。

财务会计报告应当符合《民间非营利组织会计制度》规定的内容和要求;注册会计师审计报告,应当有注册会计师事务所统一受理并与被审计的基金会、境外基金会代表机构签订委托合同的证明;开展募捐、接受捐赠、提供资助等活动情况应当有基金会履行信息公布义务的情况;人员和机构变动情况应当有按照规定办理变更登记情况以及基金会换届的会议纪要和更换法定代表人之前进行财务审计的情况等。

第五条　年度检查过程中,登记管理机关可以要求基金会、境外基金会代表机构或者有关人员就年度工作报告中涉及的有关问题进行补充说明,必要时可以进行实地检查。

第六条　经登记管理机关审查,基金会、境外基金会代表机构在上一年度遵守法律、法规、规章和章程的情况良好,没有违法违规情形的,认定为年检合格。

第七条　基金会、境外基金会代表机构有下列情形之一的,登记管理机关应当视情节轻重分别作出年检基本合格、年检不合格的结论:

(一)违反《条例》第三十九条第二款规定,不按照捐赠协议使用捐赠财产的;

(二)违反《条例》第四十条规定,擅自设立基金会分支机构、代表机构的;

(三)具有《条例》第四十二条规定的应当给予行政处罚的情形之一的;

(四)违反《条例》第四十三条第二款规定,基金会理事、监事及专职工作人员私分、侵占、挪用基金会财产的;

(五)违反国家其他有关规定的。

登记管理机关作出基本合格或者不合格年检结论后,应当责令该基金会或者境外基金会代表机构限期整改,并视情况依据《条例》有关规定给予行政处罚。

第八条　年度检查不合格的基金会、境外基金会代表机构在整改期间,登记管理机关不准予变更名称或者业务范围,不准予设立分支机构或者代表机构。登记管理机关应当提请税务机关责令补交违法行为存续期间所享受的税收减免。

第九条　通过年度检查发现基金会、基金会分支机构、基金会代表机构或者境外基金会代表机构有《条例》第四十一条规定的情形之一的,登记管理机关应当依法撤销登记。

第十条　基金会、境外基金会代表机构无正当理由不参加年检的,由登记管理机关责令停止活动,并向社会公告。

第十一条　基金会、境外基金会代表机构连续两年不接受年检的,由登记管理机关依法撤销登记。

第十二条　完成年度检查后,登记管理机关应当向社会公告年度检查结果,并向业务主管单位通报。

基金会、境外基金会代表机构应当在通过登记管理机关的年度检查后,将年度工作报告在登记管理机关指定的媒体上公布,接受社会公众的查询、监督。

第十三条　年度工作报告的格式文本由国务院民政部门制定。

第十四条　本办法自公布之日起施行。

关于规范基金会行为的若干规定(试行)

(2012年7月10日　民发〔2012〕124号)

为确保基金会恪守公益宗旨,规范开展活动,扩大公开透明,维护捐赠人、受益人和基金会的合法权益,进一步促进基金会健康发展,现对基金会行为规范中的若干问题作出如下规定:

一、基金会接受和使用公益捐赠

(一)基金会接受捐赠,应当与捐赠人明确权利义务,并根据捐赠人的要求与其订立书面捐赠协议。

基金会接受捐赠应当确保公益性。附加对捐赠人构成利益回报条件的赠与和不符合公益性目的的赠与,不应确认为公益捐赠,不得开具捐赠票据。

(二)基金会应当在实际收到捐赠后据实开具捐赠票据。捐赠人不需要捐赠票据的,或者匿名捐赠的,也应当开具捐赠票据,由基金会留存备查。

基金会接受非现金捐赠,应当在实际收到后确认收入并开具捐赠票据。受赠财产未经基金会验收确认,由捐赠人直接转移给受助人或者其他第三方的,不得作为基金会的捐赠收入,不得开具捐赠票据。

(三)基金会接受非现金捐赠,应当按照以下方法确定入账价值:

1. 捐赠人提供了发票、报关单等凭据的,应当以相关凭据作为确认入账价值的依据;捐赠方不能提供凭据的,应当以其他确认捐赠财产的证明,作为确认入账价值的依据;

2. 捐赠人提供的凭据或其他能够确认受赠资产价值的证明上标明的金额与受赠资产公允价值相差较大的,应当以其公允价值作为入账价值。

捐赠人捐赠固定资产、股权、无形资产、文物文化资产,应当以具有合法资质的第三方机构的评估作为确认入账价值的依据。无法评估或经评估无法确认价格的,基金会不得计入捐赠收入,不得开具捐赠票据,应当另外造册登记。

（四）基金会接受食品、药品、医疗器械等捐赠物品时，应当确保物品在到达最终受益人时仍处于保质期内且具有使用价值。

（五）基金会接受企业捐赠本企业生产的产品，应当要求企业提供产品质量认证证明或者产品合格证，以及受赠物品的品名、规格、种类、数量等相关资料。

（六）基金会应当将接受的捐赠财产用于资助符合其宗旨和业务范围的活动和事业。对于指定用于救助自然灾害等突发事件的受赠财产，用于应急的应当在应急期结束前使用完毕；用于灾后重建的应当在重建期结束前使用完毕。

对确因特殊原因无法使用完毕的受赠财产，基金会可在取得捐赠人同意或在公开媒体上公示后，将受赠财产用于与原公益目的相近似的目的。

（七）基金会与捐赠人订立了捐赠协议的，应当按照协议约定使用受赠财产。如需改变用途，应当征得捐赠人同意且仍需用于公益事业；确实无法征求捐赠人意见的，应当按照基金会的宗旨用于与原公益目的相近似的目的。

（八）捐赠协议和募捐公告中约定可以从公益捐赠中列支工作人员工资福利和行政办公支出的，按照约定列支；没有约定的，不得从公益捐赠中列支。同时，基金会工作人员工资福利和行政办公支出应当符合《基金会管理条例》的要求，累计不得超过当年总支出的10%。

工作人员工资福利包括：

1. 全体工作人员的工资、福利费、住房公积金、社会保险（障）费（含离退休人员）；

2. 担任专职工作理事的津贴、补助和理事会运行费用。

行政办公支出包括：组织日常运作的办公费、水电费、邮电费、物业管理费、会议费、广告费、市内交通费、差旅费、折旧费、修理费、租赁费、无形资产摊销费、资产盘亏损失、资产减值损失、因预计负债所产生的损失、审计费、以及聘请中介机构费和应偿还的受赠资产等。

（九）基金会用于公益事业的支出包括直接用于受助人的款物和为开展公益项目发生的直接运行费用。

项目直接运行费用包括：

1. 支付给项目人员的报酬，包括：工资福利、劳务费、专家费等；

2. 为立项、执行、监督和评估公益项目发生的费用，包括：差旅费、交通费、通讯费、会议费、购买服务费等；

3. 为宣传、推广公益项目发生的费用，包括：广告费、购买服务费等；

4. 因项目需要租赁房屋、购买和维护固定资产的费用，包括：所发生的租赁费、折旧费、修理费、办公费、水电费、邮电费、物业管理费等；

5. 为开展项目需要支付的其他费用。

捐赠协议和募捐公告中约定可以从公益捐赠中列支项目直接运行费用的，按照约定列支；没有约定的，不得超出本基金会规定的标准支出。

（十）基金会应当对公益捐赠的使用情况进行全过程监督，确保受赠款物及时足额拨付和使用。

（十一）基金会选定公益项目执行方、受益人，应当遵循公开、公正、公平和诚实信用的原则，保护社会公共利益和与项目有关的当事人的合法权益。

基金会不得资助以营利为目的开展的活动。

二、基金会的交易、合作及保值增值

（一）基金会应当严格区分交换交易收入和捐赠收入。通过出售物资、提供服务、授权使用或转让资产包括无形资产等交换交易取得的收入，应当记入商品销售收入、提供服务收入等相关会计科目，不得计入捐赠收入，不得开具公益事业捐赠票据。

（二）基金会进行交换交易，应当保护自身和社会公众的合法权益。不得以低于公允价值的价格出售物资、提供服务、授权或者转让无形资产；不得以高于公允价值的价格购买产品和服务。

（三）基金会不得将本组织的名称，公益项目品牌等其他应当用于公益目的的无形资产用于非公益目的。

（四）基金会不得直接宣传、促销、销售企业的产品和品牌；不得为企业及其产品提供信誉或者质量担保。

（五）基金会不得向个人、企业直接提供与公益活动无关的借款。

（六）基金会进行保值增值活动时，应当遵守以下规定：

1. 基金会进行保值增值应当遵守合法、安全、有效的原则。符合基金会的宗旨，维护基金会的信誉，遵守与捐赠人和受助人的约定，保证公益支出的实现；

2. 基金会可用于保值增值的资产限于非限定性资产、在保值增值期间暂不需要拨付的限定性资产；

3. 基金会进行委托投资，应当委托银行或者其他金融机构进行。

三、基金会的信息公布

（一）基金会的信息公布工作，应当符合《基金会信息公布办法》的要求。

（二）基金会通过义演、义赛、义卖、义展等活动进行募捐时，应当在开展募捐前向社会公布捐赠人权利义务、资金详细使用计划、成本预算；在资金使用过程中计划有调整的，应当及时向公众公布调整后的计划。

（三）基金会通过募捐以及为自然灾害等突发事件接受的公益捐赠，应当在取得捐赠收入后定期在本组织网站和其他媒体上公布详细的收入和支出明细，包括：捐赠收入、直接用于受助人的款物、与所开展的公益项目相关的各项直接运行费用等，在捐赠收入中列支了工作人员工资福利和行政办公支出的，还应当公布列支的情况。项目运行周期大于3个月的,每3个月公示1次;所有项目应当在项目结束后进行全面公示。

(四)捐赠人有权查询捐赠财产的使用、管理情况。对于捐赠人的查询,基金会应当及时如实答复。

(五)基金会的年度工作报告除在登记管理机关指定的媒体上公布外,还应当置备于本基金会,接受捐赠人的查询。

(六)基金会应当及时向社会公众公布下列信息:

1. 发起人;

2. 主要捐赠人;

3. 基金会理事主要来源单位;

4. 基金会投资的被投资方;

5. 其他与基金会存在控制、共同控制或者重大影响关系的个人或组织;

6. 基金会与上述个人或组织发生的交易。

(七)基金会应当建立健全内部制度,将所有分支机构、代表机构、专项基金以及各项业务活动纳入统一管理。

基金会应当在内部制度中对下列问题做出规定:

1. 各项工作人员工资福利和行政办公支出(以下简称日常运作费用)的支付标准、列支原则、审批程序,以及占基金会总支出的比例;

2. 开展公益项目所发生的与该项目直接相关的运行成本(以下简称项目直接成本)的支付标准、列支原则、审批程序,以及占该项目总支出的比例;

3. 资产管理和处置的原则、风险控制机制、审批程序,以及用于投资的资产占基金会总资产的比例。

基金会的内部制度,应当在登记管理机关指定的媒体或者本组织网站等其他便于社会公众查询的媒体上予以公开。

本规定适用于在民政部门登记注册的基金会和其他具有公益性捐赠税前扣除资格的社会团体。

民政部关于进一步加强基金会专项基金管理工作的通知

(2015年12月24日　民发〔2015〕241号)

各省、自治区、直辖市民政厅(局),各计划单列市民政局,新疆生产建设兵团民政局;各业务主管单位;各民政部登记的基金会:

基金会专项基金接受基金会统一管理,不具备独立的法人资格。但最近一段时期,有的基金会过于追求专项基金数量的增长和筹款规模的扩大,忽视了事中事后监管,对专项基金的管理在一定程度上有所失控,陆续暴露出不少问题:有的专项基金以独立组织的名义开展活动,有的忽视了公开透明,有的偏离了公益宗旨,有的背离了捐赠人和受助人的需求,还有个别专项基金甚至为个人或企业牟取私利。这些行为不同程度地损害了基金会的社会公信力,给公益慈善事业带来了负面影响。为进一步加强专项基金管理工作,规范专项基金有关行为,维护捐赠人、受助人和基金会的合法权益,根据《中华人民共和国公益事业捐赠法》、《基金会管理条例》等法律法规,现将有关事项通知如下:

一、基金会对下设专项基金要严格履行监管职责,督促指导专项基金在本基金会的宗旨和业务范围内开展活动,对下设专项基金的所有活动切实承担起主体责任:

一是严把设立关口。基金会要根据自己的管理能力合理适度发展专项基金。基金会应当明确专项基金设立和终止的条件和决策程序,并严格执行。基金会应当与发起人以签订协议的方式明确专项基金的设立目的、财产使用方式、各方的权利责任、终止条件和剩余财产的处理等。

二是规范名称使用。基金会要监督专项基金使用带有基金会全称的规范名称。专项基金不得以独立组织的名义开展募捐、与其他组织和个人签订协议或开展其他活动;未经党政机关或者其他组织同意,不得以其名义对外宣传或开展业务活动。

三是全面加强管理。基金会应当建立健全专项基金管理制度,对专项基金的活动实施全过程监管,对专项基金的人员实施严格管理。基金会应当根据专项基金的设立目的,按照捐赠协议的约定管理和使用捐赠财产,专款专用。专项基金列支管理成本时,捐赠协议有约定的,按照其约定;捐赠协议未约定的,除了为实现专项基金公益目的确有必要之外,一般不超过该专项基金年度总支出的10%。专项基金的收支应当全部纳入本基金会账户,不得使用其他单位、组织或个人账户,不得开设独立账户和刻制印章。专项基金不得再设立专项基金。

四是落实信息公开。基金会应当做好专项基金的信息公开,对专项基金的设立和终止信息、管理架构和人员信息、开展的募捐和公益资助项目等信息依照有关法律法规进行全面及时披露。基金会应当按照业务主管单位和登记管理机关的要求,通过年度工作报告和其他方式就专项基金的情况进行报告、接受监管。

五是定期清理整顿。基金会应当定期对下设专项基金进行清理整顿,对于长期不开展活动、管理不善的专项基金要及时督促整改,必要时应当予以终止。专项基金终止的,基金会应当做好后续事宜,妥善处理剩余财产,保护专项基金捐赠人和受助人的合法权益。

二、各业务主管单位应当要求基金会对下设专项基金的管理切实负起领导责任,主动了解专项基金的运作情况,并在思想政治工作、财务和人事管理、对外交往和重大活动等方面加强指导,监督其依法依规开展活动。业务主管单位发现基金会在专项基金管理方面有违法违规行为的,应当及时制止,给予告诫,并协助登记管理机关和其他有关部门进行查处。

三、登记管理机关应当加强对专项基金的监督检查，发现违法违规行为的，应当依法给予行政处罚，并责令改正。同时，各级登记管理机关要对专项基金的管理工作及时进行总结，开展经验交流，树立正面典型，进一步推进专项基金健康有序发展。

具有公益性捐赠税前扣除资格的社会团体的专项基金参照本通知执行。

民政部关于基金会等社会组织不得提供公益捐赠回扣有关问题的通知

（2009年4月21日　民发〔2009〕54号）

各业务主管单位：

自2004年《基金会管理条例》实施以来，基金会积极筹集资金，努力规范运作，通过多种措施加大捐赠资金募集和使用的公开透明，不断提高公益捐赠资金的使用效益和管理水平，推动了公益慈善事业的发展。

为了进一步规范基金会的募集和接受公益捐赠行为，严格管理和使用好公益资金，现通知如下：

一、基金会接受的公益捐赠必须依照有关法律法规的规定用于公益目的。不得在接受的公益捐赠中提取回扣返还捐赠人或帮助筹集捐赠的个人或组织。

二、按照捐赠协议，基金会可以在接受的公益捐赠中列支公益项目成本，项目成本必须是直接用于实施公益项目的费用，属于公益支出。基金会应当有效控制公益项目的成本，尽可能将公益捐赠更多地直接用于受助对象。

三、基金会应当加大信息公开的力度，向捐赠人公开，并向社会公示公益捐赠的支出使用情况，接受捐赠人和公众的监督和评价。

今后，登记管理机关将加强对基金会捐赠使用的监管。一旦发现有提供回扣的情形，将依法严肃处理。

社会团体和民办非企业单位接收公益捐赠，依照以上精神执行。

民政部办公厅关于印发基金会公益性捐赠税前扣除资格审核工作实施方案的通知

（2009年3月10日　民办发〔2009〕10号）

各省、自治区、直辖市民政厅（局）：

最近，财政部、国家税务总局与民政部联合印发了《关于公益性捐赠税前扣除有关问题的通知》（财税〔2008〕160号，以下简称《通知》），对于利用税收手段培育和管理基金会，促进基金会健康发展具有重要的作用。

按照《通知》规定，自《通知》发布之日起，基金会即可分别向财政、税务或民政部门提出公益捐赠税前扣除资格的申请；民政部门负责初步审核，财政、税务部门会同民政部门联合进行审核确认。

为了深入贯彻《通知》精神，方便基金会提出申请，加快公益捐赠税前扣除资格的审核，现将《基金会公益性捐赠税前扣除资格审核工作实施方案》印发你们。请你们结合当地实际参照该方案执行，也可以在此基础上与本级财政、税务部门进一步协商具体的实施办法。

基金会公益性捐赠税前扣除资格审核工作实施方案

为贯彻落实《关于公益性捐赠税前扣除有关问题的通知》（财税〔2008〕160号，以下简称《通知》），做好基金会的公益性捐赠税前扣除资格申请受理和审核工作，特制定如下实施方案：

一、关于申请的受理和审核

民政部门根据《通知》的规定，对基金会向民政部门提出的申请和同级财政部门或税务部门转来的基金会的申请进行审查，并提出初审意见。

（一）基金会于2009年3月31日以前向民政部门提出捐赠税前扣除资格申请的，视同于2008年提出申请，对于《通知》规定的第四条第（三）项的要求，按照2008年的条件进行审核。

1. 截至2008年12月31日在民政部门依法登记3年以上的（含3年），满足下列两类条件之一：

（1）2007年和2006年年度检查合格；

（2）2007年年度检查合格且社会组织评估等级在3A以上（含3A）；

2. 截至2008年12月31日登记3年以下1年以上（含1年）的，满足下列两类条件之一：

（1）2007年年度检查合格；

（2）社会组织评估等级在3A以上（含3A）；

3. 截至2008年12月31日登记1年以下的，不考察年度检查和社会组织评估结论。

（二）基金会于2009年3月31日至2009年12月31日向民政部门提出税前捐赠扣除资格申请的，对于《通知》第四条第（三）项规定的要求按照2009年的条件进行审核。

1. 截至申请之日在民政部门依法登记3年以上的（含3年），满足下列两类条件之一：

（1）2008年和2007年年度检查合格；

（2）2008年年度检查合格且社会组织评估等级在3A以

上(含3A);

2. 截至申请之日,登记3年以下1年以上(含1年)的,满足下列两类条件之一:

(1)2008年年度检查合格;

(2)社会组织评估等级在3A以上(含3A);

3. 截至申请之日登记1年以下的,不考察年度检查和社会组织评估结论。

自2010年始,向民政部门提出税前捐赠扣除资格申请的,对于《通知》第四条第(三)项规定的要求全部按照当年的条件进行审核。

对于每年5月31日以前收到或转来的申请,民政部门应当于当年6月15日以前提出初审意见,告知同级财政、税务部门。对于每年11月30日以前收到或转来的申请,民政部门应当于当年12月15日以前提出初审意见,告知同级财政、税务部门。民政部门向财政、税务部门告知初审意见时,应当将相应年度的年度检查结论、社会组织评估结论与初审意见一并转去。

财政、税务和民政部门联合对基金会提出的申请进行审核,原则上每年分两次公告当前具备公益性捐赠税前扣除资格的基金会名单。

对于2009年3月31日以前受理的申请,民政部门应当于2009年4月15日以前完成初审,并商财政、税务部门尽快公布名单。

经各级民政部门登记的慈善(总)会,已经转为基金会登记或按照基金会管理并参加了基金会年检的,作为基金会申请公益性捐赠税前扣除资格。

二、关于申请材料

基金会向民政部门申请公益捐赠税前扣除资格,应提交下列材料:

1.《基金会公益性捐赠税前扣除资格申请表》并附申请报告。申请报告应当主要载明基金会符合《通知》第四条规定的说明以及申请前相应年度开展公益活动的情况;

2. 登记证书(副本)复印件;

3. 经登记管理机关核准的章程;

4. 申请前相应年度年检时提供的年度工作报告书和审计报告书复印件;审计报告书应当符合登记管理机关的要求,充分反映资金来源和使用情况。

以上材料均需加盖基金会印章。

三、关于资格的取消

民政部门在对具有公益性捐赠税前扣除资格的基金会进行年度检查、评估、行政处罚后,应当在做出结论之日起1个月内将相关结论通报财政、税务部门,属于《通知》第十条规定情形的,应当向财政、税务部门提出取消公益性捐赠税前扣除资格的初步意见。

附件:基金会公益性捐赠税前扣除资格申请表(略)

关于基金会、境外基金会代表机构办理外国人就业和居留有关问题的通知

(2007年11月24日　民发〔2007〕169号)

各省、自治区、直辖市民政厅(局)、外事办公室、公安厅(局)、劳动和社会保障厅(局),新疆生产建设兵团民政局、公安局、劳动和社会保障局:

为规范基金会、境外基金会代表机构外籍工作人员的管理,根据《基金会管理条例》和《外国人在中国就业管理规定》的规定,现就基金会、境外基金会代表机构聘用外籍工作人员的就业与居留有关问题通知如下:

一、基金会、境外基金会代表机构拟聘用外籍工作人员,应当向业务主管单位提出申请,填写登记管理机关制定的表格和《聘用外国人就业申请表》,并提交《外国人在中国就业管理规定》第十一条规定的相关有效文件。

二、业务主管单位核实身份且同意后,将有关材料转送登记管理机关,登记管理机关审查同意后,在《聘用外国人就业申请表》上加盖印章。在民政部登记的基金会、境外基金会代表机构,加盖"中华人民共和国民政部基金会登记专用章"。在各省、自治区、直辖市民政厅(局)登记的基金会,由各省、自治区、直辖市民政厅(局)确定加盖的印章。

三、经登记管理机关同意后,基金会、境外基金会代表机构向省级人民政府劳动保障部门或者其授权的地市级人民政府劳动保障部门提出办理就业许可的申请,劳动保障部门按照《外国人在中国就业管理规定》规定的相关证明材料和基金会、境外基金会代表机构登记证书进行核准,对符合条件者,发放外国人就业许可证书。

四、拟入境的外籍工作人员凭就业许可证书和被授权单位的签证通知函(电)到中国驻外使领馆、处、署办理职业签证。

五、免签或者持非职业签证入境的外籍人员如需在基金会、境外基金会代表机构工作的,应当按照本通知第四条有关规定出境赴中国驻外使领馆、处、署重新办理职业签证。

六、持外交护照的外籍人员如需在基金会、境外基金会代表机构工作,应当改持普通护照,并按照本通知有关规定办理就业及居留手续。

七、外籍工作人员入境后凭就业许可证书、职业签证等证明材料到劳动保障部门办理就业证。

八、境外基金会代表机构中的外籍负责人(首席代表)可以免办就业许可,凭民政部批准文件(加盖有"中华人民共和国民政部基金会登记专用章")和被授权单位的签证通知函(电)到中国驻外使领馆、处、署办理职业签证,入境后凭职业

签证、民政部批准文件(加盖有“中华人民共和国民政部基金会登记专用章”)及相关证明材料到劳动保障部门直接申请办理就业证。

九、取得就业证的外籍工作人员,入境后30日内凭职业签证、就业证、基金会、境外基金会代表机构公函及相关证明材料到公安机关办理居留许可,并依法办理住宿登记手续。

十、台湾、香港、澳门居民在基金会、境外基金会代表机构工作的,参照本通知规定和《台湾香港澳门居民在内地就业管理规定》办理相关就业手续。

民政部关于印发基金会登记表格的通知

(2004年5月28日)

各全国性基金会业务主管单位,各省、自治区、直辖市民政厅(局),新疆生产建设兵团民政局:

《基金会管理条例》已经于2004年3月8日正式颁布,并将于6月1日起施行。依据《基金会管理条例》有关规定,为了规范基金会登记管理工作,民政部统一制订了基金会登记工作中使用的登记表格,自2004年6月1日起正式启用。现将基金会登记表格式样印发给你们。

基金会登记表格设计说明

一、基本设计思路

1. 简化材料,统一格式,方便使用。基金会办理某项登记所需提交的材料均设计在一份固定格式的申请书中。

2. 基金会的申请书与登记管理机关的审核意见书分开使用。

3. 提高登记工作效率,方便对工作进程的记录和查询。

4. 为今后实现‘网上办公’建立基础。

二、表格使用方法

1. 基金会需要办理的登记事项有:新设立登记、分支机构/代表机构登记、变更登记、章程核准、分支机构/代表机构变更登记、注销登记、分支机构/代表机构注销登记。境外基金会代表机构需要办理的登记事项有:设立登记、变更登记、注销登记。

2. 申请设立新的基金会,发起人应当填写《基金会登记事项表》(基金会登记表格之一)和《基金会设立申请书》(基金会登记表格之二)。

3. 基金会申请设立新的分支机构或代表机构,应当填写《基金会分支机构/代表机构登记事项表》(基金会登记表格之三)和《基金会分支机构/代表机构设立申请书》(基金会登记表格之四)。

4. 境外基金会申请设立代表机构,应当填写《基金会分支机构/代表机构登记事项表》(基金会登记表格之三)和《境外基金会代表机构设立申请书》(基金会登记表格之五)。

5. 基金会申请变更登记,应当填写《基金会登记事项表》(基金会登记表格之一)和《基金会变更登记申请书》(基金会登记表格之六)。

6. 基金会申请章程核准,应当填写《基金会章程核准申请书》(基金会登记表格之七)。

7. 基金会分支机构/代表机构或境外基金会代表机构申请变更登记,应当填写《基金会分支机构/代表机构登记事项表》(基金会登记表格之三)和《基金会分支机构/代表机构变更登记申请书》(基金会登记表格之八)。

8. 基金会申请注销登记,应当填写《基金会注销登记申请书》(基金会登记表格之九)。

9. 基金会分支机构/代表机构或境外基金会代表机构申请注销登记,应当填写《基金会分支机构/代表机构注销登记申请书》(基金会登记表格之十)。

10. 基金会换届或增减理事、监事、副理事长、秘书长,应当填写基金会理事、监事、负责人变动备案书(基金会登记表格之十二)。

11. 基金会或境外基金会代表机构办理‘组织机构代码’、‘印章式样’、‘银行账户’、‘税务登记证件’备案,应当填写《基金会/境外基金会代表机构备案表》(基金会登记表格之十一)。

12.‘受理序号’的使用。

对登记管理机关受理的基金会的每项申请编号,赋予一个‘受理序号’。这个受理序号要统一填写在该基金会在该项申请所涉及的所有表格上。‘受理序号’作为登记管理机关查询、跟踪、统计该项申请办理情况的索引,也可以作为基金会查询申请登记事项的办理结果的索引。

13. 登记管理机关人员受理基金会某项登记申请后,经过审核,应当填写《登记管理机关审查意见书》(基金会登记表格之十三)和《登记管理机关受理申请记录表》(基金会登记表格之十四)。

14. 在基金会某项登记申请获得批准后,登记管理机关人员应当将基金会提交的表格与《登记管理机关审查意见书》归入基金会档案。并依据《基金会登记事项表》(基金会登记表格之一)制作《基金会法人登记证书》,依据《基金会分支机构/代表机构登记事项表》(基金会登记表格之三)制作《基金会分支(代表)机构登记证书》或《境外基金会代表机构证书》。

15.《登记管理机关受理申请记录表》用于记录基金会某项登记申请的办理情况 。

全国社会保障基金境外投资管理暂行规定

（2006 年 3 月 14 日　全国社会保障基金理事会）

第一章　总　　则

第一条　为规范全国社会保障基金（以下简称全国社保基金）投资于中华人民共和国境外的行为（以下简称境外投资），防范和化解全国社保基金投资风险，根据国家有关法律法规，制定本规定。

第二条　全国社保基金境外投资应遵循安全、稳健原则。

第三条　全国社保基金境外投资，由全国社会保障基金理事会（以下简称社保基金会）负责组织实施。

第四条　财政部会同劳动和社会保障部（以下简称劳动保障部）、国家外汇管理局（以下简称外汇局）制定全国社保基金境外投资管理运作的有关政策，对全国社保基金境外投资运作情况进行监督。

中国证券监督管理委员会（以下简称证监会）、中国银行业监督管理委员会（以下简称银监会）按照各自职能对全国社保基金境外投资相关事宜进行监督。

第二章　全国社保基金境外投资管理人

第五条　社保基金会需委托符合本规定第六条规定的境外投资管理人实施全国社保基金境外投资。

第六条　全国社保基金境外投资管理人应具备以下条件：

（一）财务稳健，资信良好，风险控制指标符合所在国家或地区法律规定和监管机构的要求；

（二）经营资产管理业务达 6 年以上，最近一个会计年度管理的资产不少于 50 亿美元（或等值货币）；

（三）从业人员符合所在国家或者地区的有关从业资格要求；

（四）有健全的治理结构和完善的内控制度，经营行为规范；

（五）近 3 年未受到所在国家或者地区监管机构的重大处罚；

（六）在中国境外设立并登记注册，所在国家或者地区法律和金融监管制度完善，监管机构与证监会签订监管合作谅解备忘录，并保持着有效的监管合作关系。

第七条　社保基金会应参照国际通行原则，组织评选和确定全国社保基金境外投资管理人。评选结果应在评选结束后 10 日内向财政部、劳动保障部、证监会和外汇局报告。

第八条　社保基金会应与全国社保基金境外投资管理人签订委托资产管理合同，资产管理合同除应符合一般委托经营的惯例外，还应符合以下规定：

（一）合同文字以中文为准，但根据合同需要、市场实务或惯例需以外文为准的，应附中文译本；

（二）明确受托人应遵循利益回避的原则；

（三）明确受托人应负的责任和忠实义务；

（四）明确对投资品种或者工具的限制；

（五）明确投资于任一上市公司股票、债券或其他有价证券总金额的限制；

（六）明确投资于任一上市公司股票占该公司已发行股份总数比例的限制；

（七）明确受托全国社保基金净资产价值及收益率的计算方式；

（八）明确社保基金会可聘请会计师事务所对全国社保基金境外投资管理人管理的全国社保基金资产进行审计；

（九）明确合同解除和终止的有关事项；

（十）需要明确的其他事项。

社保基金会签订全国社保基金委托资产管理合同前，需由执业 5 年以上的专业律师出具无保留法律意见。

社保基金会应在签订合同之日起 15 日内，将全国社保基金委托资产管理合同连同法律意见书报告财政部、劳动保障部、证监会和外汇局。

第三章　全国社保基金境外资产托管人

第九条　社保基金会需委托符合本规定第十条规定的境外资产托管人负责全国社保基金境外资产托管业务。

第十条　全国社保基金境外资产托管人应具备以下条件：

（一）最近一个会计年度实收资本不少于 50 亿美元（或等值货币）或托管资产规模不少于 5000 亿美元（或等值货币）；

（二）国际公认评级机构最近 3 年对其长期信用评级在 A 级或者相当于 A 级以上；

（三）有足够的熟悉托管业务的专职人员；

（四）具备安全、高效的结算和交割能力；

（五）有符合要求的经营场所、安全防范设施以及与全国社保基金托管业务有关的其他设施；

（六）有完善的内部稽核监控制度和风险控制制度；

（七）近 3 年未受到所在国家或地区监管机构的重大处罚；

（八）在中国境外设立并登记注册，所在国家或者地区法律和金融监管制度完善，监管机构与银监会已签订监管合作谅解备忘录，并保持着有效的监管合作关系。

第十一条　社保基金会应参照国际通行原则，组织评选和确定全国社保基金境外资产托管人。评选结果应在评选结束后 10 日内向财政部、劳动保障部、银监会、证监会和外汇局报告。

第十二条　社保基金会应与全国社保基金境外资产托管人签订全国社保基金境外资产托管合同，托管合同除应符合一般托管合同的惯例外，还应符合以下规定：

（一）合同文字以中文为准，但根据合同需要、市场实务或惯例需要以外文为准的，应附中文译本；

（二）明确托管人应负的责任和忠实义务；

（三）明确社保基金会可聘请会计师事务所对全国社保基金境外资产托管人托管的全国社保基金资产进行审计；

（四）明确合同解除和终止的有关事项；

（五）需要明确的其他事项。

社保基金会签订全国社保基金委托资产托管合同前，需由执业5年以上的专业律师出具无保留法律意见。

社保基金会应在签订合同之日起15日内，将全国社保基金委托资产托管合同连同法律意见书报告财政部、劳动保障部、银监会、证监会和外汇局。

第十三条　全国社保基金境外资产托管人应就下列事项向社保基金会作出书面承诺：

（一）遵守本规定第五章二十二、二十三条关于全国社保基金境外外汇资金账户收支范围的规定；

（二）履行本规定第五章第二十五条规定的信息报告义务；

（三）监督全国社保基金境外投资管理人投资运作，发现全国社保基金境外投资管理人违反本规定第五章第二十二、二十三条有关全国社保基金外汇资金账户收支范围规定的，应及时向社保基金会和外汇局报告。

全国社保基金境外资产托管人无正当理由违反前述义务，财政部、劳动保障部和外汇局可建议社保基金会解除全国社保基金境外资产托管合同。

第四章　全国社保基金的境外投资

第十四条　全国社保基金投资境外的资金来源为以外汇形式上缴的境外国有股减持所得。全国社保基金境外投资的比例，按成本计算，不得超过全国社保基金总资产的20%。

第十五条　全国社保基金境外投资限于下列投资品种或者工具：

（一）银行存款；

（二）外国政府债券、国际金融组织债券、外国机构债券和外国公司债券；

（三）中国政府或者企业在境外发行的债券；

（四）银行票据、大额可转让存单等货币市场产品；

（五）股票；

（六）基金；

（七）掉期、远期等衍生金融工具；

（八）财政部会同劳动保障部批准的其他投资品种或工具。

第（一）项所称银行是指境外中资银行和国际公认评级机构最近3年对其长期信用评级在A级或者相当于A级以上的外国银行。

第（二）项所称债券是指国际公认评级机构对其评级在BBB级或者相当于BBB级以上的债券。

第（四）项所称货币市场产品是指国际公认评级机构对其评级在AAA级或者相当于AAA级的货币市场产品。

第（五）项所称股票是指在境外证券交易所上市的股票。

第（六）项所称基金是指证券市场公开发行的基金，基金投资范围需符合本条关于其他投资品种或者工具的规定。

第（七）项所称掉期、远期等衍生金融工具是指金融市场上流通的衍生金融工具。全国社保基金投资衍生金融工具仅限于风险管理需要，严禁用于投机或放大交易。

第十六条　单个全国社保基金境外投资管理人管理的全国社保基金委托资产投资于一家机构发行的单只证券和基金不得超过该证券和基金份额的10%，按成本计算，不得超过其管理的全国社保基金境外委托资产总值的20%。

下列情形，不受前款规定比例的限制：

（一）社保基金会委托全国社保基金境外投资管理人以机构投资者身份参与境外上市配售以及定向配售的；

（二）社保基金会将其持有股票委托给全国社保基金境外投资管理人投资运作的。

第十七条　根据全国社保基金境外投资运作情况，财政部会同劳动保障部可对全国社保基金境外投资品种和比例进行调整。

第十八条　社保基金会应按照分散化原则委托全国社保基金境外投资管理人投资运作。

社保基金会委托单个全国社保基金境外投资管理人管理的资产，不得超过全国社保基金境外投资委托资产总值的50%。

第十九条　全国社保基金境外投资管理费和托管费应参照国际同类产品费用标准确定，并报告财政部和劳动保障部。

第五章　全国社保基金境外投资的外汇管理

第二十条　全国社保基金境外投资应遵循国家外汇管理的有关规定。

第二十一条　社保基金会应参照国际惯例以及境外投资需要，在全国社保基金境外资产托管人处开立全国社保基金境外外汇资金账户。外汇资金账户开立后5个工作日内，社保基金会应将开户情况向外汇局备案。

第二十二条　全国社保基金境外外汇资金账户的收入范围是：

（一）从境内外汇存款账户汇入的资金；

（二）出售投资产品所获资金；

（三）境外投资收益；

（四）境外投资相关收入以及经外汇局批准的其他收入。

第二十三条 全国社保基金境外外汇资金账户的支出范围是：

（一）汇回境内外汇存款账户的资金；

（二）买入投资产品支付的资金；

（三）境外投资相关支出（含相关税费）以及经外汇局批准的其他支出。

第二十四条 社保基金会汇出、汇入本金或收益超过5000万美元（或等值货币），应提前3个工作日向外汇局备案。

经国务院批准，外汇局可根据国际收支形势要求社保基金会调整汇出、汇入外汇本金或收益的时间。

第二十五条 社保基金会应在全国社保基金境外资产托管合同中要求全国社保基金境外资产托管人向外汇局报送下列相关信息：

（一）社保基金会汇出、汇入外汇资金后两个工作日内，报告资金汇出、汇入情况；

（二）每月初5个工作日内，报送上月全国社保基金境外投资有关情况；

（三）每个会计年度初始3个月内，报送上一年度全国社保基金境外投资有关会计报表。

本条所称工作日以全国社保基金境外资产托管人所在国家或地区的工作日为准。

第六章 报告制度

第二十六条 社保基金会应对全国社保基金境外投资管理和托管情况进行监督、检查和评估，按季度、半年、年定期向财政部和劳动保障部报告有关情况。全国社保基金境外投资发生重大事件，社保基金会应立即向财政部、劳动保障部和外汇局报告。

第二十七条 社保基金会应将境外委托资产纳入全国社保基金总资产统一编制财务会计报告，并依照《全国社会保障基金投资管理暂行办法》的规定进行披露和报告。

第二十八条 财政部、劳动保障部和外汇局有权要求社保基金会提供全国社保基金境外投资有关情况的报告，对于社保基金会违反本规定的行为，按照各自职能，责令其改正，并按有关规定给予处罚。

第七章 附 则

第二十九条 全国社保基金投资于香港特别行政区、澳门特别行政区，适用本规定。

第三十条 本规定自2006年5月1日起施行。

三、基层政权与社区建设

1. 基层政权

中华人民共和国村民委员会组织法

（1998 年 11 月 4 日第九届全国人民代表大会常务委员会第五次会议通过　2010 年 10 月 28 日第十一届全国人民代表大会常务委员会第十七次会议修订　2010 年 10 月 28 日中华人民共和国主席令第 37 号公布　自公布之日起施行）

第一章　总　　则

第一条　【立法宗旨和依据】为了保障农村村民实行自治，由村民依法办理自己的事情，发展农村基层民主，维护村民的合法权益，促进社会主义新农村建设，根据宪法，制定本法。

第二条　【村委会的性质和任务】村民委员会是村民自我管理、自我教育、自我服务的基层群众性自治组织，实行民主选举、民主决策、民主管理、民主监督。

村民委员会办理本村的公共事务和公益事业，调解民间纠纷，协助维护社会治安，向人民政府反映村民的意见、要求和提出建议。

村民委员会向村民会议、村民代表会议负责并报告工作。

第三条　【村委会的设立】村民委员会根据村民居住状况、人口多少，按照便于群众自治，有利于经济发展和社会管理的原则设立。

村民委员会的设立、撤销、范围调整，由乡、民族乡、镇的人民政府提出，经村民会议讨论同意，报县级人民政府批准。

村民委员会可以根据村民居住状况、集体土地所有权关系等分设若干村民小组。

第四条　【基层党组织在村民自治中的作用】中国共产党在农村的基层组织，按照中国共产党章程进行工作，发挥领导核心作用，领导和支持村民委员会行使职权；依照宪法和法律，支持和保障村民开展自治活动、直接行使民主权利。

第五条　【乡镇人民政府与村委会的关系】乡、民族乡、镇的人民政府对村民委员会的工作给予指导、支持和帮助，但是不得干预依法属于村民自治范围内的事项。

村民委员会协助乡、民族乡、镇的人民政府开展工作。

第二章　村民委员会的组成和职责

第六条　【村委会的组成】村民委员会由主任、副主任和委员共三至七人组成。

村民委员会成员中，应当有妇女成员，多民族村民居住的村应当有人数较少的民族的成员。

对村民委员会成员，根据工作情况，给予适当补贴。

第七条　【村委会下属机构的设置】村民委员会根据需要设人民调解、治安保卫、公共卫生与计划生育等委员会。村民委员会成员可以兼任下属委员会的成员。人口少的村的村民委员会可以不设下属委员会，由村民委员会成员分工负责人民调解、治安保卫、公共卫生与计划生育等工作。

第八条　【村委会的经济职能】村民委员会应当支持和组织村民依法发展各种形式的合作经济和其他经济，承担本村生产的服务和协调工作，促进农村生产建设和经济发展。

村民委员会依照法律规定，管理本村属于村农民集体所有的土地和其他财产，引导村民合理利用自然资源，保护和改善生态环境。

村民委员会应当尊重并支持集体经济组织依法独立进行经济活动的自主权，维护以家庭承包经营为基础、统分结合的双层经营体制，保障集体经济组织和村民、承包经营户、联户或者合伙的合法财产权和其他合法权益。

第九条　【村委会的社会职能】村民委员会应当宣传宪法、法律、法规和国家的政策，教育和推动村民履行法律规定的义务、爱护公共财产，维护村民的合法权益，发展文化教育，普及科技知识，促进男女平等，做好计划生育工作，促进村与村之间的团结、互助，开展多种形式的社会主义精神文明建设活动。

村民委员会应当支持服务性、公益性、互助性社会组织依法开展活动，推动农村社区建设。

多民族村民居住的村，村民委员会应当教育和引导各民族村民增进团结、互相尊重、互相帮助。

第十条　【对村委会及其成员的要求】村民委员会及其成员应当遵守宪法、法律、法规和国家的政策，遵守并组织实施村民自治章程、村规民约，执行村民会议、村民代表会议的决定、决议，办事公道，廉洁奉公，热心为村民服务，接受村民监督。

第三章　村民委员会的选举

第十一条　【村委会成员的产生方式和任期】村民委员会主任、副主任和委员，由村民直接选举产生。任何组织或者个人不得指定、委派或者撤换村民委员会成员。

村民委员会每届任期三年，届满应当及时举行换届选举。村民委员会成员可以连选连任。

第十二条　【村民选举委员会】村民委员会的选举，由村民选举委员会主持。

村民选举委员会由主任和委员组成，由村民会议、村民代表会议或者各村民小组会议推选产生。

村民选举委员会成员被提名为村民委员会成员候选人，应当退出村民选举委员会。

村民选举委员会成员退出村民选举委员会或者因其他原因出缺的，按照原推选结果依次递补，也可以另行推选。

第十三条　【村民选举资格】年满十八周岁的村民，不分民族、种族、性别、职业、家庭出身、宗教信仰、教育程度、财产状况、居住期限，都有选举权和被选举权；但是，依照法律被剥夺政治权利的人除外。

村民委员会选举前，应当对下列人员进行登记，列入参加选举的村民名单：

（一）户籍在本村并且在本村居住的村民；

（二）户籍在本村，不在本村居住，本人表示参加选举的村民；

（三）户籍不在本村，在本村居住一年以上，本人申请参加选举，并且经村民会议或者村民代表会议同意参加选举的公民。

已在户籍所在村或者居住村登记参加选举的村民，不得再参加其他地方村民委员会的选举。

第十四条　【村民名单】登记参加选举的村民名单应当在选举日的二十日前由村民选举委员会公布。

对登记参加选举的村民名单有异议的，应当自名单公布之日起五日内向村民选举委员会申诉，村民选举委员会应当自收到申诉之日起三日内作出处理决定，并公布处理结果。

第十五条　【村委会的选举程序】选举村民委员会，由登记参加选举的村民直接提名候选人。村民提名候选人，应当从全体村民利益出发，推荐奉公守法、品行良好、公道正派、热心公益、具有一定文化水平和工作能力的村民为候选人。候选人的名额应当多于应选名额。村民选举委员会应当组织候选人与村民见面，由候选人介绍履行职责的设想，回答村民提出的问题。

选举村民委员会，有登记参加选举的村民过半数投票，选举有效；候选人获得参加投票的村民过半数的选票，始得当选。当选人数不足应选名额的，不足的名额另行选举。另行选举的，第一次投票未当选的人员得票多的为候选人，候选人以得票多的当选，但是所得票数不得少于已投选票总数的三分之一。

选举实行无记名投票、公开计票的方法，选举结果应当当场公布。选举时，应当设立秘密写票处。

登记参加选举的村民，选举期间外出不能参加投票的，可以书面委托本村有选举权的近亲属代为投票。村民选举委员会应当公布委托人和受委托人的名单。

具体选举办法由省、自治区、直辖市的人民代表大会常务委员会规定。

第十六条　【罢免程序】本村五分之一以上有选举权的村民或者三分之一以上的村民代表联名，可以提出罢免村民委员会成员的要求，并说明要求罢免的理由。被提出罢免的村民委员会成员有权提出申辩意见。

罢免村民委员会成员，须有登记参加选举的村民过半数投票，并须经投票的村民过半数通过。

第十七条　【对破坏村委会选举的制裁】以暴力、威胁、欺骗、贿赂、伪造选票、虚报选举票数等不正当手段当选村民委员会成员的，当选无效。

对以暴力、威胁、欺骗、贿赂、伪造选票、虚报选举票数等不正当手段，妨害村民行使选举权、被选举权，破坏村民委员会选举的行为，村民有权向乡、民族乡、镇的人民代表大会和人民政府或者县级人民代表大会常务委员会和人民政府及其有关主管部门举报，由乡级或者县级人民政府负责调查并依法处理。

第十八条　【村委会成员职务自行终止的情形】村民委员会成员丧失行为能力或者被判处刑罚的，其职务自行终止。

第十九条　【村委会成员出缺的补选】村民委员会成员出缺，可以由村民会议或者村民代表会议进行补选。补选程序参照本法第十五条的规定办理。补选的村民委员会成员的任期到本届村民委员会任期届满时止。

第二十条　【村委会的工作移交】村民委员会应当自新一届村民委员会产生之日起十日内完成工作移交。工作移交由村民选举委员会主持，由乡、民族乡、镇的人民政府监督。

第四章　村民会议和村民代表会议

第二十一条　【村民会议的组成和召集】村民会议由本村十八周岁以上的村民组成。

村民会议由村民委员会召集。有十分之一以上的村民或者三分之一以上的村民代表提议，应当召集村民会议。召集村民会议，应当提前十天通知村民。

第二十二条　【村民会议的召开】召开村民会议，应当有本村十八周岁以上村民的过半数，或者本村三分之二以上的户的代表参加，村民会议所作决定应当经到会人员的过半数通过。法律对召开村民会议及作出决定另有规定的，依照其规定。

召开村民会议，根据需要可以邀请驻本村的企业、事业单位和群众组织派代表列席。

第二十三条 【村民会议对村委会的监督】村民会议审议村民委员会的年度工作报告，评议村民委员会成员的工作；有权撤销或者变更村民委员会不适当的决定；有权撤销或者变更村民代表会议不适当的决定。

村民会议可以授权村民代表会议审议村民委员会的年度工作报告，评议村民委员会成员的工作，撤销或者变更村民委员会不适当的决定。

第二十四条 【村民会议讨论决定的事项】涉及村民利益的下列事项，经村民会议讨论决定方可办理：

（一）本村享受误工补贴的人员及补贴标准；

（二）从村集体经济所得收益的使用；

（三）本村公益事业的兴办和筹资筹劳方案及建设承包方案；

（四）土地承包经营方案；

（五）村集体经济项目的立项、承包方案；

（六）宅基地的使用方案；

（七）征地补偿费的使用、分配方案；

（八）以借贷、租赁或者其他方式处分村集体财产；

（九）村民会议认为应当由村民会议讨论决定的涉及村民利益的其他事项。

村民会议可以授权村民代表会议讨论决定前款规定的事项。

法律对讨论决定村集体经济组织财产和成员权益的事项另有规定的，依照其规定。

第二十五条 【村民代表会议的组成和产生】人数较多或者居住分散的村，可以设立村民代表会议，讨论决定村民会议授权的事项。村民代表会议由村民委员会成员和村民代表组成，村民代表应当占村民代表会议组成人员的五分之四以上，妇女村民代表应当占村民代表会议组成人员的三分之一以上。

村民代表由村民按每五户至十五户推选一人，或者由各村民小组推选若干人。村民代表的任期与村民委员会的任期相同。村民代表可以连选连任。

村民代表应当向其推选户或者村民小组负责，接受村民监督。

第二十六条 【村民代表会议的召集和召开】村民代表会议由村民委员会召集。村民代表会议每季度召开一次。有五分之一以上的村民代表提议，应当召集村民代表会议。

村民代表会议有三分之二以上的组成人员参加方可召开，所作决定应当经到会人员的过半数同意。

第二十七条 【村民自治章程和村规民约】村民会议可以制定和修改村民自治章程、村规民约，并报乡、民族乡、镇的人民政府备案。

村民自治章程、村规民约以及村民会议或者村民代表会议的决定不得与宪法、法律、法规和国家的政策相抵触，不得有侵犯村民的人身权利、民主权利和合法财产权利的内容。

村民自治章程、村规民约以及村民会议或者村民代表会议的决定违反前款规定的，由乡、民族乡、镇的人民政府责令改正。

第二十八条 【村民小组会议】召开村民小组会议，应当有本村民小组十八周岁以上的村民三分之二以上，或者本村民小组三分之二以上的户的代表参加，所作决定应当经到会人员的过半数同意。

村民小组组长由村民小组会议推选。村民小组组长任期与村民委员会的任期相同，可以连选连任。

属于村民小组的集体所有的土地、企业和其他财产的经营管理以及公益事项的办理，由村民小组会议依照有关法律的规定讨论决定，所作决定及实施情况应当及时向本村民小组的村民公布。

第五章 民主管理和民主监督

第二十九条 【村委会及其成员的工作方法】村民委员会应当实行少数服从多数的民主决策机制和公开透明的工作原则，建立健全各种工作制度。

第三十条 【村务公开的事项】村民委员会实行村务公开制度。

村民委员会应当及时公布下列事项，接受村民的监督：

（一）本法第二十三条、第二十四条规定的由村民会议、村民代表会议讨论决定的事项及其实施情况；

（二）国家计划生育政策的落实方案；

（三）政府拨付和接受社会捐赠的救灾救助、补贴补助等资金、物资的管理使用情况；

（四）村民委员会协助人民政府开展工作的情况；

（五）涉及本村村民利益，村民普遍关心的其他事项。

前款规定事项中，一般事项至少每季度公布一次；集体财务往来较多的，财务收支情况应当每月公布一次；涉及村民利益的重大事项应当随时公布。

村民委员会应当保证所公布事项的真实性，并接受村民的查询。

第三十一条 【村务公开不实的处理】村民委员会不及时公布应当公布的事项或者公布的事项不真实的，村民有权向乡、民族乡、镇的人民政府或者县级人民政府及其有关主管部门反映，有关人民政府或者主管部门应当负责调查核实，责令依法公布；经查证确有违法行为的，有关人员应当依法承担责任。

第三十二条 【村务监督机构】村应当建立村务监督委员会或者其他形式的村务监督机构，负责村民民主理财，监督村务公开等制度的落实，其成员由村民会议或者村民代表会议在村民中推选产生，其中应有具备财会、管理知识的人员。村民委员会成员及其近亲属不得担任村务监督机构成员。村务监督机构成员向村民会议和村民代表会议负责，可以列席村民委员会会议。

第三十三条 【民主评议】村民委员会成员以及由村民或者村集体承担误工补贴的聘用人员，应当接受村民会议或者村民代表会议对其履行职责情况的民主评议。民主评议每年至少进行一次，由村务监督机构主持。

村民委员会成员连续两次被评议不称职的，其职务终止。

第三十四条 【村务档案】村民委员会和村务监督机构应当建立村务档案。村务档案包括：选举文件和选票，会议记录，土地发包方案和承包合同，经济合同，集体财务账目，集体资产登记文件，公益设施基本资料，基本建设资料，宅基地使用方案，征地补偿费使用及分配方案等。村务档案应当真实、准确、完整、规范。

第三十五条 【对村委会成员的审计】村民委员会成员实行任期和离任经济责任审计，审计包括下列事项：

（一）本村财务收支情况；

（二）本村债权债务情况；

（三）政府拨付和接受社会捐赠的资金、物资管理使用情况；

（四）本村生产经营和建设项目的发包管理以及公益事业建设项目招标投标情况；

（五）本村资金管理使用以及本村集体资产、资源的承包、租赁、担保、出让情况，征地补偿费的使用、分配情况；

（六）本村五分之一以上的村民要求审计的其他事项。

村民委员会成员的任期和离任经济责任审计，由县级人民政府农业部门、财政部门或者乡、民族乡、镇的人民政府负责组织，审计结果应当公布，其中离任经济责任审计结果应当在下一届村民委员会选举之前公布。

第三十六条 【实现村民自治权的司法和行政救济措施】村民委员会或者村民委员会成员作出的决定侵害村民合法权益的，受侵害的村民可以申请人民法院予以撤销，责任人依法承担法律责任。

村民委员会不依照法律、法规的规定履行法定义务的，由乡、民族乡、镇的人民政府责令改正。

乡、民族乡、镇的人民政府干预依法属于村民自治范围事项的，由上一级人民政府责令改正。

第六章 附 则

第三十七条 【协助政府工作及公益事业的经费来源】人民政府对村民委员会协助政府开展工作应当提供必要的条件；人民政府有关部门委托村民委员会开展工作需要经费的，由委托部门承担。

村民委员会办理本村公益事业所需的经费，由村民会议通过筹资筹劳解决；经费确有困难的，由地方人民政府给予适当支持。

第三十八条 【村委会与驻在单位的关系】驻在农村的机关、团体、部队、国有及国有控股企业、事业单位及其人员不参加村民委员会组织，但应当通过多种形式参与农村社区建设，并遵守有关村规民约。

村民委员会、村民会议或者村民代表会议讨论决定与前款规定的单位有关的事项，应当与其协商。

第三十九条 【地方人大的保证职责】地方各级人民代表大会和县级以上地方各级人民代表大会常务委员会在本行政区域内保证本法的实施，保障村民依法行使自治权利。

第四十条 【实施办法的制定】省、自治区、直辖市的人民代表大会常务委员会根据本法，结合本行政区域的实际情况，制定实施办法。

第四十一条 【生效日期】本法自公布之日起施行。

中华人民共和国
城市居民委员会组织法

（1989年12月26日第七届全国人民代表大会常务委员会第十一次会议通过　1989年12月26日中华人民共和国主席令第21号公布　自1990年1月1日起施行）

第一条 为了加强城市居民委员会的建设，由城市居民群众依法办理群众自己的事情，促进城市基层社会主义民主和城市社会主义物质文明、精神文明建设的发展，根据宪法，制定本法。

第二条 居民委员会是居民自我管理、自我教育、自我服务的基层群众性自治组织。

不设区的市、市辖区的人民政府或者它的派出机关对居民委员会的工作给予指导、支持和帮助。居民委员会协助不设区的市、市辖区的人民政府或者它的派出机关开展工作。

第三条 居民委员会的任务：

（一）宣传宪法、法律、法规和国家的政策，维护居民的合法权益，教育居民履行依法应尽的义务，爱护公共财产，开展多种形式的社会主义精神文明建设活动；

（二）办理本居住地区居民的公共事务和公益事业；

（三）调解民间纠纷；

（四）协助维护社会治安；

（五）协助人民政府或者它的派出机关做好与居民利益有关的公共卫生、计划生育、优抚救济、青少年教育等项工作；

（六）向人民政府或者它的派出机关反映居民的意见、要求和提出建议。

第四条 居民委员会应当开展便民利民的社区服务活动，可以兴办有关的服务事业。

居民委员会管理本居民委员会的财产，任何部门和单位不得侵犯居民委员会的财产所有权。

第五条 多民族居住地区的居民委员会，应当教育居民互相帮助，互相尊重，加强民族团结。

第六条 居民委员会根据居民居住状况，按照便于居民自治的原则，一般在100户至700户的范围内设立。

居民委员会的设立、撤销、规模调整，由不设区的市、市辖区的人民政府决定。

第七条 居民委员会由主任、副主任和委员共5至9人组成。多民族居住地区，居民委员会中应当有人数较少的民族的成员。

第八条 居民委员会主任、副主任和委员，由本居住地区全体有选举权的居民或者由每户派代表选举产生；根据居民意见，也可以由每个居民小组选举代表2至3人选举产生。居民委员会每届任期3年，其成员可以连选连任。

年满18周岁的本居住地区居民，不分民族、种族、性别、职业、家庭出身、宗教信仰、教育程度、财产状况、居住期限，都有选举权和被选举权；但是，依照法律被剥夺政治权利的人除外。

第九条 居民会议由18周岁以上的居民组成。

居民会议可以由全体18周岁以上的居民或者每户派代表参加，也可以由每个居民小组选举代表2至3人参加。

居民会议必须有全体18周岁以上的居民、户的代表或者居民小组选举的代表的过半数出席，才能举行。会议的决定，由出席人的过半数通过。

第十条 居民委员会向居民会议负责并报告工作。

居民会议由居民委员会召集和主持。有1/5以上的18周岁以上的居民、1/5以上的户或者1/3以上的居民小组提议，应当召集居民会议。涉及全体居民利益的重要问题，居民委员会必须提请居民会议讨论决定。

居民会议有权撤换和补选居民委员会成员。

第十一条 居民委员会决定问题，采取少数服从多数的原则。

居民委员会进行工作，应当采取民主的方法，不得强迫命令。

第十二条 居民委员会成员应当遵守宪法、法律、法规和国家的政策，办事公道，热心为居民服务。

第十三条 居民委员会根据需要设人民调解、治安保卫、公共卫生等委员会。居民委员会成员可以兼任下属的委员会的成员。居民较少的居民委员会可以不设下属的委员会，由居民委员会的成员分工负责有关工作。

第十四条 居民委员会可以分设若干居民小组，小组长由居民小组推选。

第十五条 居民公约由居民会议讨论制定，报不设区的市、市辖区的人民政府或者它的派出机关备案，由居民委员会监督执行。居民应当遵守居民会议的决议和居民公约。

居民公约的内容不得与宪法、法律、法规和国家的政策相抵触。

第十六条 居民委员会办理本居住地区公益事业所需的费用，经居民会议讨论决定，可以根据自愿原则向居民筹集，也可以向本居住地区的受益单位筹集，但是必须经受益单位同意；收支账目应当及时公布，接受居民监督。

第十七条 居民委员会的工作经费和来源，居民委员会成员的生活补贴费的范围、标准和来源，由不设区的市、市辖区的人民政府或者上级人民政府规定并拨付；经居民会议同意，可以从居民委员会的经济收入中给予适当补助。

居民委员会的办公用房，由当地人民政府统筹解决。

第十八条 依照法律被剥夺政治权利的人编入居民小组，居民委员会应当对他们进行监督和教育。

第十九条 机关、团体、部队、企业事业组织，不能参加所在地的居民委员会，但是应当支持所在地的居民委员会的工作。所在地的居民委员会讨论同这些单位有关的问题，需要他们参加会议时，他们应当派代表参加，并且遵守居民委员会的有关决定和居民公约。

前款所列单位的职工及家属、军人及随军家属，参加居住地区的居民委员会；其家属聚居区可以单独成立家属委员会，承担居民委员会的工作，在不设区的市、市辖区的人民政府或者它的派出机关和本单位的指导下进行工作。家属委员会的工作经费和家属委员会成员的生活补贴费、办公用房，由所属单位解决。

第二十条 市、市辖区的人民政府有关部门，需要居民委员会或者它的下属委员会协助进行的工作，应当经市、市辖区的人民政府或者它的派出机关同意并统一安排。市、市辖区的人民政府的有关部门，可以对居民委员会有关的下属委员会进行业务指导。

第二十一条 本法适用于乡、民族乡、镇的人民政府所在地设立的居民委员会。

第二十二条 省、自治区、直辖市的人民代表大会常务委员会可以根据本法制定实施办法。

第二十三条 本法自1990年1月1日起施行。1954年12月31日全国人民代表大会常务委员会通过的《城市居民委员会组织条例》同时废止 。

中共中央办公厅、国务院办公厅关于加强和改进城市社区居民委员会建设工作的意见

（2010年8月26日 中办发〔2010〕27号）

我国城市社区居民委员会是居民自我管理、自我教育、自我服务的基层群众性自治组织。自2000年11月《中共中央办公厅、国务院办公厅关于转发〈民政部关于在全国推进城市社区建设的意见〉的通知》（中办发〔2000〕23号）下发以来，城市社区居民委员会在服务居民群众、搞好城市管理、密切党群干群关系、维护社会稳定等方面发挥了不可替代的重要作用。当前，我国正处于全面建设小康社会、加快推进社会主义现代化建设的新的历史起点，城市基层正在发生新的深刻变革，社区居民委员会承担的社会管理任务更加繁重、维护社会稳定的功能更加突出，居民群众对社区居民委员会的服务需求更加迫切，但不少社区居民委员会还存在着组织不健全、工作关系不顺、工作人员素质偏低、服务设施薄弱、工作经费难以落实等问题，影响了社区居民委员会功能作用的发挥，影响了城市社区建设的整体推进。为深入贯彻落实党的十七大和十七届三中、四中全会精神，适应新形势新任务需要，进一步完善基层群众自治制度，健全城市基层管理和服务体制，经党中央、国务院同意，现就加强和改进城市社区居民委员会建设工作提出以下意见。

一、正确把握加强和改进城市社区居民委员会建设工作的指导思想、基本原则和目标任务

（一）*加强和改进城市社区居民委员会建设的指导思想是*：全面贯彻党的十七大和十七届三中、四中全会精神，以邓小平理论和“三个代表”重要思想为指导，深入贯彻落实科学发展观，认真实施《中华人民共和国城市居民委员会组织法》，以服务居民群众为宗旨，以提高居民文明素质和社会文明程度、促进社区和谐为目标，着力加强和改进社区居民委员会组织建设、队伍建设、制度建设、设施建设，努力把社区居民委员会建设成为功能完善、充满活力、作用明显、群众满意的基层群众性自治组织，进一步健全完善以社区党组织为核心的城市社区组织体系，为构建社会主义和谐社会奠定组织基础。

（二）*加强和改进城市社区居民委员会建设工作的基本原则是*：

——坚持党的领导，把握正确方向。从社会主义初级阶段基本国情出发，坚持同完善社会主义市场经济体制相适应，坚持党的领导、人民当家作主、依法治国有机统一，推进社区居民依法直接行使民主权利，管理社区公共事务和公益事业，建立健全社区党组织领导的充满活力的基层群众自治机制，实现政府行政管理与基层群众自治的有效衔接和良性互动。

——坚持以人为本，服务居民群众。始终把实现好维护好发展好社区居民的根本利益作为工作的出发点和落脚点，把居民的服务需求作为第一信号，把居民满意程度作为检验工作成效的第一标准，真正把加强和改进社区居民委员会建设工作变成服务居民、造福居民的民心工程。

——坚持政府主导，社会共同参与。切实转变政府职能，理顺关系，充分发挥各级党委和政府在政策制定、工作部署、设施建设、财力投入等方面的主导作用，尊重社区居民群众的主体地位，积极动员社会力量共驻共建、资源共享，形成社区居民委员会建设的合力。

——坚持因地制宜，注重工作实效。紧密联系各地实际，区分不同情况，加强分类指导，创新工作载体，切实解决长期以来困扰和阻碍社区居民委员会建设的突出问题，力戒形式主义，使社区居民委员会建设工作始终体现时代性、把握规律性、富于创造性。

（三）*加强和改进城市社区居民委员会建设的目标任务是*：到2020年，努力使全国城市社区居民委员会的组织体系更加健全，社区居民的组织化程度明显提高；社区居民群众享有更多更切实的民主权利，社区居民自治范围进一步扩大，社区民主管理制度日趋完善；干部队伍结构进一步优化，社区管理和服务能力显著增强；工作用房和居民公益性服务设施能够满足社区居民群众的基本服务需求；政府投入与社会投入相结合的经费保障机制基本建立；内外关系更加协调，全社会尊重、关心和支持社区居民委员会工作的良好氛围进一步形成。

“十二五”时期是全面加强和改进社区居民委员会建设的关键时期。要着力理顺社区工作关系，强化社区管理和服务功能，充实壮大社区工作力量，建立健全社区保障机制，为实现到2020年城市社区居民委员会建设的各项奋斗目标奠定坚实基础。

二、进一步明确城市社区居民委员会的主要职责

（四）*依法组织居民开展自治活动*。社区居民委员会是社区居民自治的组织者、推动者和实践者，要宣传宪法、法律、法规和国家的政策，教育居民遵守社会公德和居民公约、依法履行应尽义务，开展多种形式的社会主义精神文明建设活动；召集社区居民会议，办理本社区居民的公共事务和公益事业；开展便民利民的社区服务活动，兴办有关服务事业，推动社区互助服务和志愿服务活动；组织居民积极参与社会治安综合治理、开展群防群治，调解民间纠纷，及时化解社区居民群众间的矛盾，促进家庭和睦、邻里和谐；管理本社区居民委员会的财产，推行居务公开；及时向人民政府或者它的派出机关反映社区居民群众的意见、要求和提出建议。

（五）*依法协助城市基层人民政府或者它的派出机关开展工作*。社区居民委员会是党和政府联系社区居民群众的桥梁和纽带，要协助城市基层人民政府或者它的派出机关做好

与居民利益有关的社会治安、社区矫正、公共卫生、计划生育、优抚救济、社区教育、劳动就业、社会保障、社会救助、住房保障、文化体育、消费维权以及老年人、残疾人、未成年人、流动人口权益保障等工作，推动政府社会管理和公共服务覆盖到全社区。

（六）依法依规组织开展有关监督活动。社区居民委员会是社区居民利益的重要维护者，要组织居民有序参与涉及切身利益的公共政策听证活动，组织居民群众参与对城市基层人民政府或者它的派出机关及其工作人员的工作、驻社区单位参与社区建设的情况进行民主评议，对供水、供电、供气、环境卫生、园林绿化等市政服务单位在社区的服务情况进行监督。指导和监督社区内社会组织、业主委员会、业主大会、物业服务企业开展工作，维护社区居民的合法权益。

三、不断健全城市社区居民委员会组织体系

（七）加快社区居民委员会组织全覆盖。社区居民委员会的设置要充分考虑公共服务资源配置和人口规模、管理幅度等因素，按照便于管理、便于服务、便于居民自治的原则确定管辖范围，一个社区原则上设置一个社区居民委员会。加快城乡结合部、城中村、工矿企业所在地、新建住宅区、流动人口聚居地的社区居民委员会组建工作。新建住宅区居民入住率达到50%的，应及时成立社区居民委员会，在此之前应成立居民小组或由相邻的社区居民委员会代管，实现对社区居民的全员管理和无缝隙管理。社区居民委员会的筹建工作在社区党组织领导下开展。

（八）健全社区居民委员会下属的委员会。调整充实社区居民委员会下属的委员会设置，建立有效承接社区管理和服务的人民调解、治安保卫、公共卫生、计划生育、群众文化等各类下属的委员会，切实增强社区居民委员会组织居民开展自治活动和协助城市基层人民政府或者它的派出机关加强社会管理、提供公共服务的能力。选齐配强居民小组长、楼院门栋长，积极开展楼院门栋居民自治，推动形成社区居民委员会及其下属的委员会、居民小组、楼院门栋上下贯通、左右联动的社区居民委员会组织体系新格局。

（九）规范社区居民委员会专业服务机构。为更好地完成社区管理和服务任务，辖区人口较多、社区管理和服务任务较重的社区居民委员会，根据工作需要可建立社区服务站（或称社区工作站、社会工作站）等专业服务机构。按照专干不单干、分工不分家的原则，社区专业服务机构在社区党组织和社区居民委员会统一领导和管理下开展工作，以形成工作合力。社区居民委员会有足够能力承担应尽职责的社区，可以不另设专业服务机构。

四、努力壮大城市社区居民委员会工作队伍

（十）扩大社区居民委员会工作人员来源渠道。社区居民委员会一般配置5至9人，辖区人口较多、社区管理和服务任务较重的社区居民委员会可适当增加若干社区专职工作人员。社区专职工作人员面向社会公开招聘，优先安排符合岗位要求的就业困难人员，其配备比例、招聘办法及专业服务机构的设置标准由市（地）级人民政府或各省、自治区、直辖市人民政府确定。提倡社区党组织班子成员、社区居民委员会成员与业主委员会成员交叉任职，社区居民委员会下属的委员会和居民小组的负责人可以由社区居民推选产生，也可以由社区居民委员会成员或社区专职工作人员经过民主程序兼任。鼓励社区民警、群团组织负责人通过民主选举程序担任社区居民委员会成员。研究建立新录用公务员到社区锻炼制度。鼓励党政机关和企事业单位优秀年轻干部到社区居民委员会帮助工作或建立经常性联系制度，鼓励高校毕业生、复转军人等社会优秀人才到社区担任专职工作人员，鼓励党政机关、企事业单位在职或退休党员干部、社会知名人士以及社区专职工作人员参与社区居民委员会选举，经过民主选举担任社区居民委员会成员。

（十一）加强对社区居民委员会工作人员的教育培训。根据经济社会发展和社区工作的需要，制定培训规划，丰富培训内容，改进培训方式，提高培训效果。城市基层人民政府或者它的派出机关每年至少对社区居民委员会主任培训一次，其他成员每2年至少接受培训一次。要组织社区居民委员会成员和社区专职工作人员深入学习中国特色社会主义理论体系，学习党的路线方针政策和国家法律法规，学习社会工作知识，增强他们坚持党的领导的信念，牢固树立爱岗敬业、乐于奉献、一心为民的精神，努力掌握在新的历史条件下做好群众工作的方法和本领，不断提高服务群众和依法办事的能力和水平。鼓励社区居民委员会成员和社区专职工作人员立足岗位，自学成才，支持他们参加社会工作等各种职业资格考试和学历教育考试，不断提高综合素质。

（十二）关心社区居民委员会工作人员的成长进步。积极把优秀社区居民委员会工作人员培养发展成为党员，积极推荐符合条件的优秀社区居民委员会工作人员担任各级党代会代表、人大代表、政协委员和劳动模范，加大从优秀社区居民委员会成员、社区专职工作人员中考录公务员和选任街道（乡镇）机关、事业单位领导干部的力度。对工作成绩突出、居民群众满意的社区居民委员会工作人员应及时给予宣传、表彰和奖励。

五、积极完善城市社区党组织领导下的社区居民自治制度

（十三）坚持以扩大党内基层民主带动社区居民民主。推广社区党组织班子成员由党员和群众公开推荐与上级党组织推荐相结合的办法，逐步扩大社区党组织领导班子直接选举范围。全面推进社区党务公开，健全社区党员代表议事制度，引导党员参与民主实践，积极探索扩大党内基层民主多种实现形式，带动和促进社区居民民主健康发展。

（十四）坚持和发展社区民主选举制度。进一步规范社区民主选举程序，稳步扩大社区居民委员会直接选举覆盖面。社区党组织要加强对社区居民委员会选举工作的领导和指导，提倡按照民主程序将不参与选举的社区党组织负责人推选为居民选举委员会主任，主持居民选举委员会工作。社区居民委员会选举由居民推选产生的居民选举委员会主持。居民选举委员会成员依法被确定为居民委员会成员候选人的，应当退出居民选举委员会，所缺名额从原推选结果中依次递补。在符合相关法律法规规定的前提下，各地要对居民委员会成员候选人的资格条件作出规定，引导居民把办事公道、廉洁奉公、遵纪守法、热心为居民服务的人提名为候选人。探索社区流动人口在居住地参加社区居民委员会选举的方式方法，保障其民主政治权利。

（十五）完善社区民主管理制度。进一步健全社区党组织领导的充满活力的社区居民自治机制，推广社区党员或党员代表议事制度，深入开展以居民会议、议事协商、民主听证为主要形式的民主决策实践，以自我管理、自我教育、自我服务为主要目的的民主管理实践，以居务公开、民主评议为主要内容的民主监督实践，全面推进居民自治制度化、规范化、程序化。积极探索网上论坛、民情恳谈、社区对话等有效形式，鼓励社区居民和驻区单位广泛参与，切实保障社区居民的知情权、参与权、决策权、监督权。

（十六）健全社区居民委员会日常工作制度。社区居民委员会要把工作重点进一步转移到社区管理和服务上来，按照居民活动空间最大化、服务设施效益最优化的要求，改进社区居民委员会服务场所管理，方便居民群众使用。建立健全社区居民委员会与驻区单位协商议事制度，推行分片包块、上门走访、服务承诺、结对帮扶等做法，密切社区居民委员会工作人员与社区居民的关系。实行错时上下班、全日值班、节假日轮休等工作制度，方便群众办事。建立健全社区党组织与社区居民委员会联席会议制度，规范社区居民委员会财产、档案、公章管理，确保社区居民委员会工作有效运转。

六、切实改善城市社区居民委员会服务设施

（十七）加强工作用房和居民公益性服务设施建设。要将社区居民委员会工作用房和居民公益性服务设施建设纳入城市规划、土地利用规划和社区发展相关专项规划，并与社区卫生、警务、文化、体育、养老等服务设施统筹规划建设。地方政府应对建设资金来源、产权归属和使用管理方式等作出明确规定。新建住宅小区和旧城区连片改造居民区的建设单位必须按照国家有关标准要求，将公共服务设施配套建设纳入建设工程规划设计方案。城市规划行政主管部门要按照规定的配套建设指标对建设工程规划设计方案进行审查，对不符合规定配置标准和要求的不予批准。工程的设计、施工及验收使用，应广泛征求社区居民及所在地街道办事处的意见。未按规划要求建设社区居民委员会工作用房和居民公益性服务设施的，不能通过验收。验收合格后，建设单位要根据规定将社区居民委员会工作用房和居民公益性服务设施交给所在地街道办事处使用管理。老城区和已建成居住区没有社区居民委员会工作用房和居民公益性服务设施的或者不能满足需要的，由区（县、市）人民政府负责建设，也可以从其他社区设施中调剂置换，或者以购买、租借等方式解决，所需资金由地方各级人民政府统筹解决。积极推动社区综合服务设施建设，提倡“一室多用”，提高使用效益。服务设施的供暖、水电、煤气、电信等费用应按照当地居民使用价格标准收取。

（十八）积极推进社区信息化建设。整合社区现有信息网络资源，鼓励建立覆盖区（县、市）或更大范围的社区综合信息管理和服务平台，实现数据一次收集、资源多方共享。整合区、街道、社区面向居民群众、驻区单位服务的内容和流程，建设集行政管理、社会事务、便民服务为一体的社区信息服务网络，逐步改善社区居民委员会信息技术装备条件，提高社区居民信息技术运用能力，全面支撑社区管理和服务工作。积极推进社区居民委员会内部管理电子化，减轻工作负担，提高工作效率。

七、逐步理顺城市社区居民委员会与相关组织的工作关系

（十九）自觉接受社区党组织的领导。社区党组织是党在社区全部工作和战斗力的基础，是社区各类组织和各项工作的领导核心。社区居民委员会要自觉接受社区党组织的领导，社区党组织要不断加强自身建设、改进工作方式，切实领导和指导好社区居民委员会工作。以“三有一化”（即有人有钱有场所、构建城市区域化党建格局）为重点，积极推进社区党组织建设，为社会主义和谐社区建设提供坚强组织保证。支持和保障社区居民委员会充分行使职权，及时帮助解决社区居民委员会工作中存在的困难和问题。提倡社区党组织班子成员与社区居民委员会成员交叉任职，健全社区党组织领导社区居民委员会开展工作的相关制度，确保社区党建与和谐社区建设紧密结合，确保党的路线方针政策和各项工作得到贯彻落实。切实加强社区党员教育、管理和服务工作，坚持和完善党员设岗定责、依岗承诺、志愿服务和帮扶结对等制度，进一步落实在职党员到社区报到的要求，拓宽党员服务群众渠道，充分发挥党员在和谐社区建设中的先锋模范作用。

（二十）支持社会组织和社区志愿者参与社区管理和服务。社区居民委员会要积极培育社区服务性、公益性、互助性社会组织，对不具备登记条件的社区服务性、公益性、互助性社会组织，要主动帮助办理备案手续，并在组织运作、活动场地等方面为其提供帮助。社区党组织要加强对社区各类社会组织的政治领导，注意培养社区社会组织负责人队伍。要通过政府购买服务、设立项目资金等途径，积极引导各种社会组织和各类志愿者参与社区管理和服务，鼓励和支持社区居民开展互助服务，使之成为推进社区居民委员会工作的重要力量。大力推行社区志愿者注册制度，健全社区志愿服务网络，力争用3至5年的时间，实现社区志愿者注册率占居民人口10%以上的目标。

（二十一）发挥业主大会和业主委员会在社区管理和服务中的积极作用。社区居民委员会要积极支持物业服务企业开展多种形式的社区服务，业主委员会和物业服务企业要主动接受社区居民委员会的指导和监督。建立健全社区党组织、社区居民委员会、业主委员会和物业服务企业协调机制，及时协调解决物业服务纠纷，维护各方合法权益。召开业主大会、业主委员会会议应当告知所在社区居民委员会，并听取其意见。

（二十二）强化驻区单位的社区建设责任。建立社区党组织、社区居民委员会、驻区单位联席会议制度，定期研究资源共享、社区共建事项。积极推动驻区单位将文化、教育、体育等活动设施向社区居民开放。推动驻区单位将服务性、公益性、社会性事业逐步向社区开放，为社区居民委员会提供人力、物力、财力支持。探索建立驻区单位社区建设责任评价体系，推动共驻共建、资源共享。要把驻区单位履行社区建设责任的情况纳入和谐社区示范单位创建内容，有关部门在评先表优时要主动听取社区居民委员会对驻区单位的意见。

八、大力加强对城市社区居民委员会建设工作的领导

（二十三）城市基层人民政府或者它的派出机关对社区居民委员会的工作给予指导、支持和帮助。城市基层人民政府或者它的派出机关要大力推进服务型政府建设，切实转变职能，改进管理方式和工作作风，履行好社会管理和公共服务的职责。要在街道社区服务中心设立“一站式”服务大厅，为社区及居民群众提供方便快捷优质的服务。普遍推行社区公共服务事项准入制度，凡属于基层人民政府及其职能部门、街道办事处职责范围内的事项，不得转嫁给社区居民委员会；凡依法应由社区居民委员会协助的事项，应当为社区居民委员会提供必要的经费和工作条件；凡委托给社区居民委员会办理的有关服务事项，应当实行权随责走、费随事转。逐步清理和整合在社区设立的各种工作机构，规范政府部门面向社区居民委员会开展的检查评比达标活动，大力压缩针对社区居民委员会的各类会议、台账和材料报表。加快街道办事处法制建设步伐，省级人民政府要积极研究制定城市基层人民政府或者它的派出机关指导社区居民委员会工作规则。

（二十四）落实领导责任制。要把加强和改进社区居民委员会建设工作纳入党委重要议事日程，纳入政府履行社会管理和公共服务职能的重要内容。各省、自治区、直辖市党委和政府要定期研究社区居民委员会建设工作。区（县、市）委书记要认真履行第一责任人的职责，街道办事处党工委书记要履行好直接责任人的职责，市、区（县、市）领导干部和街道（镇）领导干部要建立社区居民委员会建设联系点，要将社区居民委员会建设工作成效作为市、区（县、市）党委和政府工作目标管理和年度目标考核的重要内容。

（二十五）加强部门协调配合。在当地党委、政府统一领导下，党委组织部门在加强社区居民委员会建设中要发挥抓总引领作用，民政部门要充分发挥牵头指导作用，搞好协调服务。依托社区居民委员会开展公共服务的教育、科技、公安、司法、社会治安综合治理、人力资源和社会保障、城乡建设、文化、卫生、人口和计划生育、环保、体育等部门要强化责任意识，把支持和帮助社区居民委员会建设作为为民办实事的重要内容予以落实。各级发展改革、财政、金融、税务、工商等部门要按照各自职能和权限，采取有效政策措施，积极支持社区居民委员会建设。工会、共青团、妇联及残联、老龄协会、计划生育协会、慈善协会等群众组织要发挥各自优势，积极参与社区居民委员会建设。

（二十六）切实加大经费保障力度。要将社区居民委员会的工作经费、人员报酬以及服务设施和社区信息化建设等项经费纳入财政预算。社区居民委员会兴办公益事业所需费用，经居民会议或居民代表会议讨论，按照自愿原则，可以向社区居民或受益单位筹集。街道办事处要将社区居民委员会工作经费纳入街道办事处银行账户管理，实行专款专用，分账核算，不得挪用、挤占、截留，并定期向社区居民委员会及居民公开使用情况，接受居民监督。加大对财政困难地区一般性转移支付力度，增强其做好社区居民委员会建设工作的保障能力。社区居民委员会成员、社区专职工作人员报酬问题由县级以上地方人民政府统筹解决，其标准原则上不低于上年度当地社会平均工资水平。社区居民委员会成员和社区专职工作人员按国家有关规定参加基本养老、失业、基本医疗、生育、工伤保险，有条件的地方逐步落实住房公积金政策。

（二十七）提高指导社区居民委员会建设的工作水平。要以改革创新精神研究新情况、解决新问题，不断改进社区居民委员会建设的工作方法，创新工作机制。针对不同地区社区居民委员会建设的实际加强分类指导，不断总结和探索社区居民委员会建设工作的经验和规律。要把加强社区居民委员会建设工作与党的建设紧密结合，与社区建设紧密结合，加大宣传力度，大力表彰先进典型，总结推广先进经验，为推进城市社区居民委员会建设、构建社会主义和谐社会创造良好氛围。

各地区各有关部门要按照本意见精神，结合实际，制定贯彻落实的具体措施。

中共中央办公厅、国务院办公厅关于加强和改进村民委员会选举工作的通知

（2009年4月29日　中办发〔2009〕20号）

近年来，村民委员会选举工作在全国各地农村深入开展，对保障村民实行自治、发展农村基层民主发挥了重要作用。

但也应看到，有的地方村民委员会选举竞争行为不规范、贿选现象严重，影响了选举的公正性；有的地方没有严格执行村民委员会选举的法律法规和相关政策，影响了村民的参与热情；有的地方对村民委员会选举中产生的矛盾纠纷化解不及时，影响了农村社会稳定。为进一步做好当前和今后一个时期的村民委员会选举工作，保障村民委员会选举的公正有序，保障村民享有更多更切实的民主权利，推动农村经济平稳较快发展，确保农村社会和谐稳定，经党中央、国务院同意，现就加强和改进村民委员会选举工作通知如下。

一、充分认识加强和改进村民委员会选举工作的重要意义

村民委员会选举，是我国社会主义民主在农村最广泛的实践形式之一。当前，我国农村正在发生新的变革，农村社会结构快速变动，社会利益格局和农民思想观念深刻变化。适应农村改革发展的新形势，不断加强和改进村民委员会选举工作，进一步完善选举各项程序，做深做细做实选举各个环节工作，有利于保障村民依法直接行使民主权利，发展农村基层民主；有利于密切党群干群关系，维护农村社会和谐稳定；有利于调动亿万农民群众建设社会主义新农村的积极性、主动性和创造性，推动农村全面建设小康社会进程。

各地区各部门要高举中国特色社会主义伟大旗帜，以邓小平理论和“三个代表”重要思想为指导，深入贯彻落实科学发展观，按照党的十七大关于坚持和完善基层群众自治制度和党的十七届三中全会关于健全农村民主管理制度的要求，充分认识加强和改进村民委员会选举工作的重要意义，认真研究解决目前选举工作中存在的问题，把以直接选举、公正有序为基本要求的村民委员会选举实践进一步推向深入。

二、切实加强村民委员会选举前的各项准备工作

*加强选举领导机构和工作机构。*凡举行村民委员会换届选举的地方，省、市、县、乡各级都要成立专门的领导机构和工作机构，保证必要的工作人员和经费，推动选举工作有组织、有步骤、有秩序地开展。要积极指导依法推选村民选举委员会，组织好村民委员会选举工作。

*加强选举教育和培训工作。*各地区各部门要在农民群众中广泛深入地开展社会主义民主法制教育，激发他们参与村民委员会选举的热情，了解村民委员会选举的基本程序，珍惜民主权利，真正把办事公道、廉洁奉公、遵纪守法、热心为村民服务的人选进村民委员会。县级党委和政府要重点做好对县乡两级负责村民委员会选举工作的党政干部的培训工作，使他们牢固掌握法律法规和相关政策，不断提高指导选举工作的能力和水平。乡级党委和政府要重点做好对包村干部、村民选举委员会成员的培训工作，使他们熟悉村民委员会选举程序和方法步骤，不断提高实际操作的规范化水平。凡不掌握村民委员会选举法律法规和相关政策的县乡干部以及在选举培训中不合格的县乡干部，不得派到村里指导选举工作。

*加强选举方案制定工作。*县乡两级要围绕组建村民委员会选举领导机构和工作机构、选举教育和培训、选举工作各个阶段的基本要求、选举工作进展安排等制定工作方案。积极开展调查研究，摸清本地区社会结构变化、人口流动、基层干部群众思想状况等社情民意，增强选举方案的指导性和针对性。加强与外出务工经商人员联络沟通，妥善解决他们依法行使选举权和被选举权问题。重点关注村情复杂、干群矛盾突出以及历次选举中问题较多的村，并制定工作预案，加强工作力量，加大指导力度。未经县（市、区）委批准，无故取消或拖延村民委员会换届选举的，要依法追究乡（镇、街道）党委（工委）、政府和村党组织、村民委员会主要负责人的责任。

*加强村级财务审计工作。*乡级党委和政府要认真组织开展对现任村民委员会成员的民主评议，做好村级财务清理和村民委员会成员任期届满审计工作。村集体财务收支情况、集体财产管理使用情况、生产经营和建设项目的发包和管理情况、土地补偿分配和使用情况、村级债权债务情况，以及农民群众反映集中、强烈要求审计的其他内容，要列入审计范围，并及时将审计结果公之于众。

三、依法规范村民委员会选举程序

*规范村民选举委员会产生程序。*村民选举委员会成员必须依法推选产生，任何组织或个人不得任意指定、撤换。提倡按照民主程序将村党组织负责人推选为村民选举委员会主任，主持村民选举委员会工作，发挥村党组织的领导核心作用。村民选举委员会成员依法被确定为村民委员会成员候选人的，应当退出村民选举委员会，所缺名额从原推选结果中依次递补。村民选举委员会成员不履行职责的，经村民会议、村民代表会议或者村民小组讨论同意，按照原推选结果依次递补或者另行推选。

*规范村民委员会成员候选人提名方式。*村民委员会主任、副主任和委员候选人由本村有选举权的村民直接提名产生，候选人的名额应当多于应选名额。在符合法律法规规定的前提下，各地要对村民委员会成员候选人的资格条件作出规定，引导村民把办事公道、廉洁奉公、遵纪守法、热心为村民服务的人提名为候选人。鼓励农村致富能手、复转军人、外出务工经商返乡农民、回乡大中专毕业生、大学生“村官”、县乡机关和企事业单位提前离岗或退休干部职工通过法定程序积极参与选举村民委员会成员的竞争。提倡村党组织成员和村民委员会成员交叉任职，但要从实际出发，不搞一刀切。适应中国特色社会主义新农村建设需要，提倡把更多女性村民特别是村妇代会主任提名为村民委员会成员候选人。

*规范候选人的竞争行为。*村民选举委员会应积极主动、客观公正地向村民介绍正式候选人的情况。有条件的地方，提倡组织候选人同村民见面，介绍治村设想或竞职承诺，回答村民提出的问题，禁止候选人或候选人指使的人私下拉票。要加强对候选人治村设想或竞职承诺的审核把关工作，治村设想或竞职承诺不得有与宪法、法律、法规和国家政策相抵触

的内容，不得有侵犯其他村民人身权利、民主权利和合法财产权利的内容，不得有对竞争对手进行人身攻击的内容。要引导候选人着力围绕发展经济、完善管理、改进服务提出方案和措施，防止出现为当选进行个人捐助村内公益事业财物比拼加码的现象。对候选人承诺捐助村集体的资金或物资，不应由候选人在选举前或选举后私自决定分配方案，而应交由依法选举产生的村民委员会组织召开村民会议或村民代表会议民主讨论决定。

规范投票行为。全面设立秘密划票处，普遍实行秘密写票制度，保障村民在无干扰的情况下自主表达选举意愿。严格规范委托投票，限定选民接受委托投票的人次，禁止投票现场临时委托。严格控制流动票箱的使用，确有必要使用流动票箱的，其对象和人数应由村民代表会议讨论决定，并张榜公布。切实维护选举大会的现场秩序，禁止任何人实施向选民展示钱物等扰乱选举现场秩序、影响选民投票意向的行为。投票结束后，应当公开唱票、计票，当场公布选举结果。

四、扎实做好村民委员会选举后续工作

扎实做好新老村民委员会交接工作。新老村民委员会的交接工作，由乡级政府负责主持，村党组织参与。原村民委员会应依法在规定期限内将印章、办公场所、办公用具、集体财务账目、固定资产、工作档案、债权债务及其他遗留问题等，及时移交给新一届村民委员会。已经完成选举的地方，要认真检查验收。对拒绝移交或者无故拖延移交的，乡级党委和政府、村党组织应当给予批评教育，督促其改正。要耐心做好落选人员思想工作，引导他们积极支持新当选的村民委员会成员开展工作。选举工作结束后，要及时统计、汇总、上报选举结果，建立健全村民委员会选举工作档案。

扎实做好新当选村民委员会成员培训工作。选举结束后，各地区应根据当地实际，制订规划，广泛培训新当选的村民委员会成员，组织他们学习党的路线方针政策，深入学习实践科学发展观，学习法律法规和实用技术，增强村民委员会成员坚持党的领导的信念，增强正确执行政策、坚持依法办事、善于做群众工作的能力，增强带领广大农民群众建设社会主义新农村的本领。

扎实做好村务公开和民主管理制度健全工作。加强对村民委员会成员履行选举期间竞职承诺的监督，防止其利用职权谋取不正当利益。理顺村级各类组织的关系，抓好以村党组织为核心的村级组织配套建设，领导和支持村民委员会等村级组织依照法律法规和章程开展工作。进一步健全完善村党组织领导的充满活力的村民自治机制，深入开展以村民会议、村民代表会议、村民议事为主要形式的民主决策实践，以自我教育、自我管理、自我服务为主要目的的民主管理实践，以村务公开、财务监督、群众评议为主要内容的民主监督实践，全面推进村民自治制度化、规范化、程序化。凡未经村民会议或者村民代表会议讨论决定，任何组织或个人擅自以集体名义借贷，变更和处置村集体的土地、企业、设备、设施等，均为无效，村民有权拒绝，造成的损失由相关责任人承担，构成违纪的给予其党纪政纪处分，涉嫌犯罪的移送司法机关依法处理。对无正当理由拒不履行为村民服务职责或拒不协助乡（镇）政府开展工作的村民委员会成员，村党组织和乡（镇）党委、政府应对其进行批评教育，对拒不改正的应依法启动罢免程序。

扎实做好村民委员会成员合法权益保障工作。妥善解决村干部的报酬和养老保险等问题，帮助他们解决工作和生活中的实际困难，解除他们的后顾之忧。按规定渠道，切实解决村民委员会的活动场所问题，及时拨付工作运行经费；乡级政府需要委托村民委员会承办的事项，应按照“权随责走、费随事转”的原则妥善解决。对于一心为民、工作成绩突出的村民委员会成员，应及时给予宣传表彰。

五、坚决查处村民委员会选举中的贿选等违法违纪行为

坚决制止和查处贿选行为。在村民委员会选举的过程中，候选人及其亲友直接或指使他人用财物或者其他利益收买本村选民、选举工作人员或者其他候选人，影响或左右选民意愿的，都是贿选。各地要结合实际，进一步明确贿选的界限，加强监督，加大查处力度。对参与或指使他人以暴力、威胁、欺骗、贿赂、伪造选票、虚报选举票数等违法手段破坏选举或者妨碍村民依法行使选举权和被选举权的，以及对控告、检举选举违法行为的人进行打击、报复的，要发现一起坚决查处一起。对选举中的违法违纪行为，村民有权向乡、民族乡、镇的人民代表大会和人民政府或者县级人民代表大会常务委员会和人民政府及其有关主管部门举报，有关机关应当负责调查并依法处理。对参与或指使他人以暴力、威胁、欺骗、贿赂、伪造选票、虚报选举票数等违法手段参选的，一经发现即取消其参选资格，已经当选的，其当选无效；违反治安管理规定的，依法给予治安管理处罚；构成犯罪的，依法追究刑事责任。

加大对选举工作人员违法违纪行为的查处力度。村民选举委员会成员在村民委员会选举中有违法违纪行为的，要及时终止其资格。对伪造选举文件、篡改选举结果或者以威胁、贿赂、欺骗等手段，妨害村民依法行使选举权、被选举权的农村党员干部，要给予撤销党内职务、留党察看或者开除党籍处分。农村党员和国家公务员有参与或者怂恿村民委员会选举中违法违纪行为的，要分别给予党纪或者政纪处分。对假借选举之名，打着宗教旗号从事非法活动、民族分裂活动和刑事犯罪活动的，要坚决依法予以打击。

六、加强对村民委员会选举工作的组织领导

健全和落实领导责任制。各级党委、人大、政府要把加强和改进村民委员会选举工作列入重要议事日程，形成党委领导、人大监督、政府实施、各有关部门密切配合的工作体制和运行机制。县级党委书记要认真履行“第一责任人”的职责，乡级党委书记要认真履行“直接责任人”的职责，村党组织要在村民委员会选举中充分发挥领导核心作用。地方各级人大和县级以上地方各级人大常委会在本行政区域内要切实保证村民委员会组织法的实施,保障村民依法行使选举权利。各级党委组织部门要统筹协调村级党组织选举工作和村民委员会选举工作,加强指导。各级民政部门要充分发挥职能作用,认真抓好村民委员会选举工作的指导和监督检查。各级财政部门要落实相关工作经费,保证选举工作顺利进行。各级纪检监察、宣传、信访、公安、司法、综合治理、妇联等部门,各级人民法院、人民检察院,要积极参与、配合村民委员会选举工作。要建立健全工作责任追究制度,对因领导和指导工作不力、敷衍应付、处置不当引发较大规模群体性事件的,要追究相关领导和有关人员的责任。

认真做好群众来信来访工作。县乡两级村民委员会换届选举工作领导机构和工作机构要向社会公布办公地址和工作电话,提供咨询服务。对有关村民委员会选举的来信来访,要及时调查研究,妥善答复,切实维护群众合法权益。对群众反映的问题,如果属实或基本属实的,要及时纠正解决;对与实际情况有出入的,要本着有什么问题就解决什么问题的原则进行完善;对与实际情况完全不符的,要尽快说明情况,争取群众的认可;对群众听信谣传、上当受骗的,要及时予以揭露,澄清事实,消除群众误解。县乡村三级都要建立健全村民委员会选举工作信息报告制度,全面掌握选举动态,及时上报选举引发的重大事件。在选情复杂的地方,县乡两级要建立应急处置工作机制,制定应急处置预案,加强对突发事件的防范和处置。

加大对村民委员会选举工作的监督力度。要充分发挥党委、人大、政府及其职能部门的监督作用,同时结合实际,发挥村民选举委员会、村民对选举全过程的监督作用。要积极探索舆论监督以及各级党代表、人大代表、政协委员担任选举监督员等形式,加强社会力量对选举工作的监督。

加强对村民委员会选举工作的舆论引导。各地区各部门要充分发挥新闻媒体的积极作用,大力宣传党的十七大和十七届三中全会精神,宣传村民委员会选举的法律法规和相关政策,宣传选举中涌现的好经验好做法,形成正面引导的强大声势。县乡村三级都要把宣传教育和舆论引导贯穿于选举工作全过程,把依法办事贯穿于选举实践全过程,把为什么举行村民委员会选举、应该选举什么样的人进村民委员会、什么样的选举行为为法律法规所允许等问题,通过多种方式清清楚楚地告诉广大村民,引导他们行使好自己的民主权利,引导候选人坚持社会主义荣辱观,正确对待自己、其他候选人和村民,正确对待困难、挫折和荣誉,促进理性公平竞争,努力形成和谐选举的良好局面。

各地区各部门要将本通知精神尽快传达贯彻到农村干部群众中,村民委员会选举工作中遇到的重大问题请及时报告中央。

国务院办公厅转发民政部、公安部关于规范村民委员会印章制发使用和管理工作意见的通知

(2001年7月22日 国办发〔2001〕52号)

民政部、公安部《关于规范村民委员会印章制发使用和管理工作的意见》已经国务院同意。现转发给你们,请遵照执行。

关于规范村民委员会印章制发使用和管理工作的意见

村民委员会印章,是村级公共权力的象征,在办理村公共事务和公益事业方面具有重要作用。规范村民委员会印章的制发、使用和管理,是村民委员会组织建设的重要内容。一个时期以来,一些农村村民委员会在印章制发、使用和管理方面存在不规范的现象,对农村的社会管理造成了不良影响,有些甚至给村集体经济造成重大损失。为切实保障广大农民群众的利益,规范农村基层管理,促进村民自治健康有序发展,现就规范村民委员会印章制发、使用和管理工作提出以下意见:

一、村民委员会印章的规格式样和制发程序

村民委员会的印章为圆形,直径不得大于4.2厘米,中央刊五角星,五角星外刊县(自治县、旗、市、区)乡(民族乡、镇)村民委员会名称,自左而右环行,或者名称前段自左而右环行、后段在五角星下自左而右横排。民族自治地方的村民委员会,应当并刊汉字和相应的民族文字。印章所刊汉字,应当使用国务院公布的简化字,字体为宋体。

今后,村民委员会的印章一律由乡级人民政府负责制发。刻制村民委员会印章,由村党支部、村民委员会提出意见,交村民代表会议讨论,报乡级人民政府审核,由乡级人民政府到所在地县级人民政府公安机关办理准刻手续,并到指定的厂家刻制。对不按程序刻制村民委员会印章的行为,要进行批评教育,责令改正;造成严重后果的,要依法追究当事人的法律责任。

村民委员会撤销或者合并,被撤销或合并前的村民委员会的印章不得继续使用,制发机关应予及时收缴。村民委员会因故需要更换印章,制发机关应在颁发新印章的同时收缴其旧印章。村民委员会印章丢失,应及时向制发机关报告并申请补发,应予补发的由制发机关登记并办理补发。制发机关应以适当方式公布新印章启用和旧印章作废。使用已作废村民委员会印章的,按私刻公章行为处理。

二、建立健全村民委员会印章的使用管理制度

乡级人民政府和县级人民政府民政部门要加强对村民委

员会印章使用管理的指导。要指导村民委员会建立印章使用的审批、登记、备案制度,并纳入村民自治章程或村规民约之中。村民委员会印章要有专人保管,保管人由村党支部、村民委员会提名,并经村民代表会议讨论后决定。为防止乱用印章,一般情况下,印章使用的审批人与印章保管人不得为同一人。村党支部书记、村民委员会主任一般不宜直接保管印章。凡涉及贷款、承包、对外签订合同等重大问题需使用印章时,村民委员会应及时召开村民会议或村民代表会,经会议讨论同意并经村民委员会主任签字后方可使用。对违反印章使用管理规定的,要视情节轻重给予批评教育,造成严重后果的要追究当事人的法律责任。

村民委员会要加强对印章和印章使用的管理,既要严格遵守印章管理规定和印章使用审批程序,又要方便群众的生产和生活。不得以欠交税费等为借口,在村民办理参军、婚姻状况证明、外出务工证明等手续时,拒绝使用印章,也不得借机吃、拿、卡、要,增加农民负担。

三、加强村民委员会的印章管理工作

乡级人民政府、县级人民政府民政部门要监督做好村民委员会换届后的印章移交工作。换届选举工作结束后,上一届村民委员会应在10天内向本届村民委员会移交印章。拒不移交村民委员会印章的,由制发机关负责追缴,并追究责任。

村民委员会成员在届内被集体罢免的,印章由乡级人民政府暂时代管。乡级人民政府应在重新选举工作结束后及时将印章发给新的村民委员会。

各地应结合正在推行的村民自治工作,对村民委员会印章的制发、使用情况和管理工作进行一次检查,以往做法与本意见不一致的,以本意见为准。

城市居民委员会印章的刻制、使用和管理可参照本意见执行。

国务院批转民政部关于加强城市街道居民委员会工作报告的通知

(1987年6月15日　国发〔1987〕56号)

国务院同意民政部《关于加强城市街道居民委员会工作的报告》,现转发给你们,请遵照执行。

民政部关于加强城市街道居民委员会工作的报告

为了加强城市街道居民委员会的建设,充分发挥居民委员会在城市两个文明建设中的作用,我部于一九八六年十二月三日至九日,在河北省石家庄市召开了全国城市街道居民委员会工作座谈会。会议总结了居民委员会工作取得的成绩,分析了存在的问题,讨论了新时期居民委员会的地位、作用和主要工作,研究了在城市经济、政治体制改革和社会主义精神文明建设的新形势下,进一步加强居民委员会建设的措施,形成了一致的意见。现报告如下:

一、居民委员会在新的历史时期的地位、作用和主要工作

我国城市居民委员会是在一九五四年十二月《城市居民委员会组织条例》颁布以后普遍建立起来的。三十多年来,特别是新宪法颁布以来,居民委员会在社会主义革命和建设中发挥了重要作用,在办理公共事务和公益事业、调解民间纠纷、协助维护社会治安、普及法律教育、移风易俗、向人民政府反映居民的意见、要求和建议等方面,做了大量的工作,促进了城市的安定团结,促进了社会主义物质文明和精神文明建设的发展。

居民委员会是城市基层群众性自治组织,是党和政府联系群众的桥梁和纽带,是社会主义物质文明和精神文明建设的一支重要力量。在新的历史时期,加强居民委员会的工作,充分发挥居民委员会的作用,对于贯彻落实党的十一届三中全会以来的路线、方针、政策,发展安定团结的政治局面,建设高度的社会主义民主,促进城市社会主义物质文明和精神文明建设,具有重要的意义。

今后一个时期居民委员会的主要工作是:

(一)加强社会主义精神文明建设。居民委员会要同本居住地区的机关、团体、部队、企事业等单位密切配合,共同建设社会主义精神文明。要对居民进行社会主义法制、道德和纪律教育,进行爱祖国、爱人民、爱劳动、爱科学、爱社会主义的教育。要扶贫济困、尊敬老人,保护妇女儿童的合法权益,照顾烈军属和荣誉军人,关心鳏寡孤独和残疾人。要广泛开展文明楼(院)、五好家庭的评比表彰活动,建立家庭内部、邻里之间平等、友爱、团结、互助的社会主义新型的人与人之间的关系。要积极兴办老年人活动站、青少年文化站,通过多种有效形式,活跃居民的精神文化生活。要发动群众开展爱国卫生活动,绿化、美化环境,实行计划生育,改革落后愚昧的习俗,破除封建迷信活动,努力把本居住区建设成为文明、整洁、安全、舒适的居住区。

(二)积极参加社会治安的综合治理。居民委员会要采取多种形式,在居民中普及法律知识,增强居民的法制观念。要组织居民开展治安防范活动,协助公安、司法机关严厉打击各种犯罪活动,维护社会治安和社会秩序,做好帮教失足青少年及劳改释放、解除劳教人员的工作,防止和减少犯罪。要及时调解民间纠纷,做好疏导工作,防止矛盾激化。努力使本居住区无刑事案件发生,一般民事纠纷能够得到及时调处。

(三)积极兴办便民、利民的生产、生活服务事业。居民委员会应当充分发挥自我服务的作用,广泛发动群众,动员社会力量,大力兴办便民、利民的生产、生活服务事业,解决居民生活中种种不便，尽量减少他们的后顾之忧，使之专心致志地工作、学习，幸福愉快地生活。

（四）教育居民履行依法应尽的义务，密切人民政府同居民的关系。居民委员会要认真宣传党和政府的方针、政策，教育居民遵守国家的宪法、法律、法规，自觉履行法律规定的公民义务，如计划生育、服兵役、义务教育等。组织居民参加社会事务的民主管理，行使人民当家做主的权利。要及时向人民政府反映居民的意见、要求和提出建议。

二、认真解决居民委员会建设和工作中存在的问题

当前，居民委员会建设和工作中还存在一些问题。主要是：任务过多过重；干部素质与工作需要不相适应；一些地方干部的生活补贴和办公经费、办公用房未得到妥善解决；兴办便民、利民的生产、生活服务事业缺乏相应的扶持保护政策。为了进一步发挥居民委员会在城市两个文明建设中的作用，真正把居民委员会建设成为有活力、有威望的基层群众性自治组织，各级政府要采取有效措施，切实帮助解决一些实际问题。

（一）减轻居民委员会的工作负担。各级政府及其派出机关要切实尊重居民委员会的法律地位。今后，凡属政府职能部门职责范围内的工作，不要推给居民委员会。确需居民委员会帮助完成的事项，应当由街道办事处或基层人民政府统一安排，其他部门和群众团体，不得直接给居民委员会布置工作。

（二）提高居民委员会干部队伍的素质。要广开门路，多方开辟居民委员会干部来源，可以采取选聘或吸收离退休人员，在待业知识青年中选拔优秀分子，从厂矿或事业单位中选调优秀职工参加所在地的居民委员会工作等办法，改善居民委员会的干部结构。同时，要采取措施，制定规划，把居民委员会干部的培训工作开展起来，并逐步使培训工作经常化、制度化，提高居民委员会干部的素质。居民委员会干部要发扬密切联系群众的优良传统，经常深入居民家庭，知百家情，办百家事，与群众打成一片。涉及居民利益的重大问题，要发动居民民主讨论决定。

（三）切实解决居民委员会建设和工作中的实际困难。目前，居民委员会干部生活补贴过低，办公经费较少，有些地方还执行着五十年代规定的标准，实际困难很多。各级人民政府要制定具体办法，按照当地居民的实际生活水平确定统一的补助标准，妥善解决居民委员会干部的生活补贴问题。所需经费，由各地人民政府具体确定，务使居民委员会干部的生活补贴得到落实。对于从事居民委员会工作多年、因年老体弱退下来的居民委员会干部，也要给予一定的生活补贴。补贴的具体办法和标准，各地根据实际情况自行确定。对于居民委员会的办公经费，要予以适当提高，以保证居民委员会起码的办公需要。要采取多种途径解决居民委员会的办公用房。新建居民住宅区，要按国家有关规定将居民委员会办公用房纳入基建规划。老居民住宅区居民委员会没有办公用房的，由市、区人民政府统筹解决。

（四）扶持和保护居民委员会兴办便民利民的生产、生活服务事业。居民委员会兴办便民利民的生产、生活服务网点，是件一举多得的好事，不仅可以为国家创造财富，方便居民的生活，而且可以补充居民委员会所需经费的不足。各级人民政府要积极提倡，从政策上给予扶持和保护。居民委员会举办的生产、生活服务网点，其资产和利润任何部门不得无偿平调。前些年已经无偿平调或上收的服务网点，凡是与当地居民生活密切相关、适合居民委员会经营，且具备腾退条件的，原则上要退还给居民委员会；不能退还的可与居民委员会实行联营或返还一部分利润给居民委员会。对居民委员会兴办的盈利微薄、方便居民的生活服务项目，有关部门要在审批场地、办理营业执照、技术指导、物资供应等方面给予积极支持，税收问题按《中华人民共和国集体企业所得税暂行条例》的有关规定办理。

三、加强对居民委员会工作的领导

加强对居民委员会工作的领导，是做好居民委员会工作、发挥其作用的关键。建议各级人民政府切实加强领导，把居民委员会工作纳入议事日程，确定专人负责，研究解决居民委员会建设和工作中存在的问题。定期培训居民委员会干部，广泛开展评比、表彰先进居民委员会和先进居民委员会干部的活动，动员城市各部门、各单位和全体居民关心、支持居民委员会的工作，切实帮助解决工作中的问题。

街道办事处是城市基层政府的派出机关，负有直接指导居民委员会工作的职责。因此，应当结合城市经济体制改革和政治体制改革，本着简政、放权、搞活的精神，加强街道办事处的建设，使街道办事处享有同它所承担的任务相适应的财力和行政管理权力。各地人民政府可从本地实际情况出发，选择一、二个街道进行简政放权的试点。街道办事处要把指导居民委员会的工作作为一项重要工作抓紧抓好。

民政部门是负责城乡基层政权建设日常工作的部门。要及时总结、交流经验，调查研究城市基层政权和居民委员会工作中的情况和问题，加强对居民委员会工作的指导，努力使居民委员会工作出现一个新局面。

以上报告如无不妥，请批转各地执行。

中共中央、国务院关于加强农村基层政权建设工作的通知

（1986年9月26日　中发〔1986〕22号）

全国农村人民公社政社分开，建立乡政府的工作已经全部结束。这是我国农村继普遍推行联产承包责任制以后，又一项具有深远意义的改革。这项改革已经取得了初步成效，开始改变党政不分、政企不分的状况，加强了党的领导和基层政权的建设，适应了农村经济体制改革的新形势，促进了农村

经济的发展。

农村基层政权体制的改革是政治体制改革的重要组成部分。由于这项改革的时间不长，与此相关的一系列配套改革措施没有跟上去，当前农村基层政权建设中还存在不少问题，主要是党、政、企之间的关系还没有完全理顺，有些地方党政不分、政企不分的现象依然存在，少数地方乡政府还没有完全起到一级政权的作用。

基层政权是人民民主专政的基础组织，一系列的工作都要通过基层政权才能完成。我国有八亿人口在农村，把农村基层政权建设好，对于顺利推进政治体制和经济体制改革，加强社会主义民主和社会主义法制，促进社会主义精神文明建设，实现社会治安和社会风气的根本好转，实现本世纪末全国工农业年总产值翻两番的战略目标，建设有中国特色的社会主义，具有十分重要的意义。为了进一步巩固和发展已取得的改革成果，真正把农村基层政权建设成为密切联系群众、全心全意为人民服务，并且能够有效地领导和管理本行政区域的政治、经济、文化和各项事务的有活力、有权威，高效能的一级政权，特作如下通知：

一、明确党政分工，理顺党政关系

政社分开以后，有些地方仍存在党政不分、以党代政的现象，乡党委包揽行政工作。这不仅不利于加强党的自身建设，也不利于发挥乡政府的作用。

乡党委要按照党章的规定和实行党政分工的要求，集中精力抓好党的路线、方针、政策的贯彻执行，抓好基层党的思想建设和组织建设，加强对共青团、妇联和民兵的领导，抓好农民群众的政治思想教育，促进党风和社会风气的稳定好转。

乡党委对乡政府的领导，主要是政治、思想和方针政策的领导，对干部的选拔、考核、监督，对经济、行政工作中重大问题的决策，而不是包办政府的具体工作。乡党委要保证乡政府依照宪法和法律的规定独立行使职权，支持乡长大胆地开展工作。

为了从制度上保证党政合理分工，各省、自治区、直辖市可按党章和《中华人民共和国地方各级人民代表大会和地方各级人民政府组织法》的规定，结合本地实际情况制订乡党委和乡政府暂行工作条例。中央有关部门在总结经验的基础上，分别制订《中国共产党农村基层组织工作条例》、《乡镇人民代表大会工作条例》和《乡镇人民政府工作条例》。

县级和县级以上党政机关也要解决好党政合理分工的问题，按照党政分工的正常工作渠道领导基层工作。凡属于乡政府的工作，就不要布置给乡党委。县级人民政府每年要召开几次乡长会议，研究安排政府工作。经过上下共同努力，逐步理顺关系，党政协调一致地开展工作。

二、实行政企分开，促进农村经济进一步发展

政社分开后，不少地方虽然分别建立了乡政府和乡经济组织，但实际上政企职责并没有完全分开。不少地方乡政府没有配备管理经济的人员，而把政府管理本乡经济的职权交由乡经济组织行使，仍然是政企不分。乡政府应按实际需要配备必要的专职干部，行使政府管理经济的职能。

乡政府管理经济，主要是运用经济的、法律的和行政的手段，为发展商品生产服务。其主要职责是：制订本行政区域内的经济和社会发展规划并组织实施；协调本行政区域内各村、各经济组织间的关系；监督各经济组织和个体户认真执行国家的法律、法规和政策；保障各经济组织和个体户的合法经济权益，取缔违法经营，打击经济犯罪活动；管理乡级财政，指导和监督合作经济组织，做好财务会计、经济统计和其他经济管理工作；管理、推广科学技术成果。

乡政府要支持乡经济组织行使其自主权，不能包揽或代替经济组织的具体经营活动，更不能把经济组织变成行政管理机构。

三、简政放权，健全和完善乡政府的职能

目前，县级许多部门在乡设有分支机构，并且统得过多过死，使乡政府难以统一组织和管理本行政区域内的各项工作。这种条块分割的管理体制必须逐步改革。改革的基本原则，是简政放权。凡属可以下放的机构和职权，要下放给乡；少数必须由县集中统一领导的机构，仍要集中统一领导。在县级综合改革试点中已经把一些机构下放给乡管理的地方，要认真总结经验，做好巩固和完善工作。尚未开展试点的地方，都要根据当地实际情况，积极进行试点，上级主管部门要积极支持这项工作。

各地要尽快把乡一级财政建立起来。少数确有困难尚未建立的地方，乡政府要有专人负责抓好这项工作。已经建立乡财政的地方，要在发展商品经济的基础上为乡多开辟一些财源。乡财政超收部分，要给乡适当留一些，并尽量实行一定几年不变的办法，以调动基层聚财的积极性，加速乡村建设。乡财政收入中国家预算内部分，包括上级政府划归乡财政的乡镇企业所得税和奖金税、屠宰税、城市维护建设税、集市交易税、牲畜交易税、车船使用牌照税、契税和其他收入，其划归乡的具体范围，由各地根据实际情况确定。

随着政企分开和条块矛盾的逐步解决，要提高乡政府的工作效率，减少管理层次，凡是设了镇政府的地方，就不再设立乡政府；要坚决撤销那些不必要的临时机构；大力精简以农代干的行政人员。除边远山区、交通不便的地区以外，县以下一般不要设立区公所。

四、切实搞好乡政权的自身建设

乡政府要按照《中华人民共和国地方各级人民代表大会和地方各级人民政府组织法》的规定，按期召开人民代表大会，〔1〕向人民代表大会报告工作，听取代表的建议、批评和意见，以加强乡人民代表大会对政府工作的监督。乡人民代表大会会议要充分发扬民主，畅所欲言。对代表提出的意见和建议，要认真研究，作出决议，贯彻执行。要逐步改革和完善选举制度，在基层政权中实现人民的直接民主，使人民充分行使作为国家主人的权利，使乡人民代表大会成为有权威的权力机关。对于那些不称职、不能代表人民利益的乡长，乡人民代表大会有权予以罢免。依法选举产生的正副乡长，除犯有严重错误或确属不胜任工作的以外，一般不宜在任期内调动。如因工作需要必须作个别变动时，应向乡人民代表大会报告，由任免机关批准。对因故出缺的正副乡长，应召开乡人民代表大会进行补选。乡人民代表大会闭会期间，要安排好代表小组的活动，发挥人民代表的作用，经常听取他们的意见和建议。从农村优秀人才中聘用干部的制度要继续坚持，并不断总结经验，使之完善。基层干部应做到能上能下，能官能民。

要高度重视和解决一些地方基层政权软弱涣散的问题。乡党委和乡政府要始终坚持四项基本原则，坚决贯彻党中央既要开放、又要搞活，还要把人们的精神状态搞好的指示，加强社会主义精神文明建设，不断丰富群众的精神文化生活，反对封建迷信、铺张浪费等不良风气。要采取有力措施，加强政法工作，动员各方面的力量，经过扎扎实实的努力，使社会治安和社会风气在近几年内得到根本好转，为改革和建设创造良好的社会环境。

五、努力提高干部素质，认真改进工作作风

今后三年内，各地要把乡干部分期分批培训一遍。地区负责培训乡的正、副职干部，县负责培训乡的一般干部。培训的内容主要是：马克思主义基本理论，法律知识，科学技术和现代管理知识，党在农村的改革和发展经济的各项政策。通过培训，教育乡干部全心全意为人民服务，知法、懂法、守法、依法办事；掌握组织发展商品经济和科学管理的基本技能。地方财政要在培训经费上给予适当安排。

乡干部要切实改进工作作风。要深入群众，加强调查研究，关心群众疾苦，帮民致富，尤其要关心那些生产、生活上还比较困难的贫困户，扶持他们尽快摆脱贫困。要少说空话，多办实事，每年都能扎扎实实为群众办几件事，取信于民。要妥善处理人民内部矛盾，坚持启发疏导，多做思想政治工作，防止简单化和强迫命令。

县以上党政机关要组织力量，分期分批地到基层，特别是到那些较为贫困的乡村去，调查研究，帮助工作；要本着精简上层、加强基层的原则，充实乡级干部队伍；要建立、健全乡级干部岗位责任制，实行目标管理；对于那些长期坚持在贫困地区工作，对改变当地面貌卓有成效的干部，以及扶助贫困地区成果优异的干部，要大力进行表彰，并给以奖励。

六、搞好村（居）民委员会的建设

目前，有相当一部分地方，特别是经济困难地区的村（居）民委员会组织不健全，甚至无人负责，处于瘫痪、半瘫痪状态。这个问题必须引起各级党委和政府的高度重视。

各地要采取措施，认真整顿农村基层组织。要把思想整顿放在首位，教育基层干部全心全意为人民服务，积极带领群众勤劳致富，遵纪守法，抓好物质文明和精神文明建设。其次是组织整顿，要帮助村（居）民委员会建立健全人民调解、治安保卫、公共卫生、社会福利等工作委员会（组）和各项工作制度，妥善解决村（居）民委员会工作人员的经济补贴和工作中遇到的困难。经济特别困难的地方，地方财政要帮助解决村（居）民委员会工作人员的经济补贴。补贴面可以小一些，但一定要落实。

村（居）民委员会要进一步完善村规民约，大力开展创建文明村、评选五好家庭等活动，发动广大村（居）民积极参加社会生活的民主管理，以进一步发挥群众自治组织的自我教育、自我管理、自我建设、自我服务的作用。

七、加强对农村基层政权建设工作的领导

各级党委和政府，首先是县级党委和政府，必须充分认识进一步加强和先善农村基层政权建设，是我国政治体制改革的重要组成部分。做好这项工作，对于巩固人民民主专政，保证社会安定，促进农村经济和社会事业的全面发展具有十分重要的意义。要把这项工作列入重要议事日程，注意总结经验，及时解决存在的问题。要积极推进县级综合改革，做到经济体制改革同政治体制改革互相配合，同步进行，县级以上的体制改革同基层体制改革配套进行，上下左右协调动作，健全和完善基层政权体制。

党中央、国务院责成民政部门负责城乡基层政权建设的日常工作，其主要职责是：调查了解基层政权的现状和存在的问题，提出改进和加强基层政权建设的意见；总结交流经验；组织先进乡镇和先进村（居）民委员会的评比、表彰活动；培训乡镇长和村（居）民委员会主任；指导村（居）民委员会的组织建设和制度建设；制订和修改有关的条例和规章制度。各级党委和政府要支持和督促民政部门做好这项工作，民政部门要把基层政权建设工作列为自己的重要任务，切实抓好。

各级党委和政府接到本通知后，都要认真研究一次农村基层政权建设工作，作出贯彻本通知的具体部署。民族自治地方农村基层政权建设问题，有关省区可根据当地特点和实际需要，参照民族区域自治法的有关规定和本通知的精神，作出具体规定。杂散居地区民族乡的政权建设，大体按本通知要求执行，上级有关部门要注意到这些地区的民族特点，从政策上体现出对少数民族的照顾。各地农村基层政权建设工作中的重大情况和问题，望及时报告党中央、国务院。

中共中央组织部、民政部关于进一步严肃村"两委"换届工作纪律的通知

（2010年11月5日　组通字〔2010〕59号）

各省、自治区、直辖市党委组织部、民政厅（局），新疆生产建设兵团党委组织部、民政局：

去年以来，各地认真贯彻落实中共中央办公厅、国务院办公厅《关于加强和改进村民委员会选举工作的通知》（中办发〔2009〕20号）和全国村"两委"换届选举工作座谈会精神，切实加强党对换届选举工作的领导，始终掌握工作主导权，村"两委"换届选举工作总体平稳有序。但也有少数地方不同程度地存在一些违法违纪现象：有的地方任意简化选举程序，利用委托投票、代写选票等形式徇私舞弊；有的地方拉票贿选等不正当竞争行为屡禁不止；有的地方存在宗族宗派等各种势力甚至黑恶势力干扰换届选举的现象，等等。这些问题，严重损害了党员、群众的民主权利，破坏了换届选举的正常秩序，干扰了农村基层民主政治建设的健康发展，影响了农村经济发展和社会稳定，必须采取切实有效措施坚决加以整治。今年下半年和明年，全国大多数省（区、市）将进行新一轮村"两委"换届。为进一步严肃村"两委"换届工作纪律，确保换届选举健康有序进行，现就有关事项通知如下。

一、细化换届工作程序。严格遵循《中国共产党章程》和国家有关法律法规的规定，进一步细化和规范村"两委"换届选举程序和实施办法，精心编制换届工作流程图。指导和引导村民选举委员会依法依规制定好本村选举办法，对候选人资格条件作出具体规定，切实把好候选人资格条件关。同时，进一步细化选举程序、选民资格认定、委托投票、有效选票认定以及回避制度等相关规定。探索推行村"两委"换届选举"全程签字"制度，换届选举各个环节，都必须由参与竞争人员签字认可，确保换届选举法定程序、步骤严格执行不变通。

二、规范候选人竞争行为。全面推行乡镇党委和参与竞争人员集体谈话制度，教育他们自觉采取合法、正当的方式，有序参与竞争。引导党员群众在换届选举前，通过制定选举办法等方式，对不当或非法竞争行为裁定提前作出明确规定，让参与竞争人员和党员群众明白哪些可以做，哪些不可以做，确保有序参与不违规。可以通过竞职承诺、公开演说、现场问答等形式，组织候选人与选民直接见面，正当宣传展示自己，搭建候选人公开亮相、公平竞争的有效平台。

三、严格投票组织管理。加强投票现场组织工作，切实维护选举秩序。选举时，应召开选举大会集中投票，也可设立中心投票会场和若干投票站投票，当场领票、写票、投票，集中唱票、计票，当场公布选举结果。严格控制流动票箱的使用，依法办理委托投票手续，规范委托投票和代写选票。完善秘密写票制度，运用人防、物防、技防等各种手段做好防范工作，确保村民在无干扰的情况下自主表达选举意愿，防止出现舞弊现象。

四、完善防范监督措施。要广泛宣传换届选举的目的意义和有关法律、法规、政策，明确换届选举应该选什么样的人、什么样的选举行为符合法律法规，引导广大党员群众正确行使民主权利，自觉抵制拉票贿选等各种干扰破坏换届选举的违法违纪行为。要完善选举监督体系，切实加强对换届选举全过程、全方位的监督。对村民选举委员会推选、候选人提名、候选人公开竞争、投票选举等重点环节，实行全程跟踪监督。采取设立选举监督委员会，邀请党代表、人大代表、政协委员等担任社会监督员等措施，积极探索舆论监督途径，加强社会力量对换届选举的监督。对那些选情复杂、竞争激烈，可能出现拉票贿选或各种势力影响干扰换届选举的重点村、难点村，要重点加强指导和监督，有针对性地制定工作预案，并采取司法提前介入等措施，及时消除隐患，解决苗头性问题。县和乡镇党委、政府要向每个村派驻换届工作指导员；对一些问题较多、矛盾纠纷大的重点村、难点村，要派出得力干部组成工作组驻村指导。切实加强对换届工作指导员及相关工作人员的法律法规政策培训。

五、严查违法违规行为。根据本地区经济社会发展状况和风俗人情等实际情况，具体明确拉票贿选等违法违纪行为的界定标准，同时进一步明确对违法违纪行为进行认定、查处的具体程序和责任部门。乡镇党委、政府按程序具体负责对村"两委"换届选举中违法违纪问题的调查处理，必要时，提请县级纪检监察、公安机关和法院、检察院依法依规进行调查认定。做好群众举报和来信来访受理工作。建立反映换届选举违法违纪问题专办制度，县、乡选举工作机构要公布举报电话及其他举报渠道，采取措施方便群众反映问题。坚持有访必接，有报必查，凡情节具体、线索清楚的，要限时办结。切实加大对违法违纪行为的打击力度。对参与或指使他人以暴力、威胁、欺骗、贿赂、伪造选票、虚报选票数等手段，以及利用宗族宗教势力等破坏、妨碍选举的，依法严肃查处；对以不正当竞争手段参选的，一经发现即取消参选资格，已经当选的，宣布当选无效；对黑恶势力、境内外敌对势力干扰破坏选举的，做到依法打击，绝不手软。对换届选举中查处的典型案例，要在一定范围进行通报。

六、加强组织领导。各级党委组织部门要发挥牵头协调作用，统筹抓好换届选举工作，重点抓好村党组织换届选举工作；各级民政部门要充分发挥职能作用，加强对村委会换届选举的指导和督查。县、乡党委、政府要高度重视，切实将严肃换届工作纪律、加强和改进村"两委"换届选举工作列入重要议事日程，并积极协调纪检监察、宣传、信访、公安和司法等有关部门参与和配合做好换届选举工作。县、乡党委书记要切实履行第一责任人和直接责任人的职责，认真抓好工作落实。探索建立村"两委"换届工作考核评估机制，把严肃换届工作纪律、防止和打击拉票贿选等违法违纪行为，作为农村创先争优活动考核评价的重要内容。建立换届选举应急处置机制，加强对突发事件的防范、掌控和处理，完善选举重大问题、重要信息报送、情况通报制度和责任追究制度。在村"两委"换届过程中，对工作领导、指导不力和对违法违纪行为查处不力，造成严重后果的，要追究当地党委、政府和有关部门负责人的责任，并作出相应处理。中央组织部将会同民政部，适时对各地村"两委"换届工作纪律执行情况进行专项督查 。

村民委员会选举规程

（2013 年 5 月 2 日　民发〔2013〕76 号）

第一章　村民选举委员会的产生

一、推选村民选举委员会

村民选举委员会主持村民委员会的选举。

村民选举委员会由主任和委员组成，由村民会议、村民代表会议或者村民小组会议推选产生，实行少数服从多数的议事原则。

村民选举委员会的人数应当根据村民居住状况、参加选举村民的多少决定，不少于三人，以奇数为宜。村民之间有近亲属关系的，不宜同时担任村民选举委员会成员。

村民委员会应当及时公布选举委员会主任和委员名单，并报乡级人民政府或者乡级村民委员会选举工作指导机构备案。

二、村民选举委员会的任期

村民选举委员会的任期，自推选组成之日起，至新老村民委员会工作移交后终止。

三、村民选举委员会成员的变动

村民选举委员会成员被提名为村民委员会成员候选人，应当退出村民选举委员会。

村民选举委员会成员退出村民选举委员会或者因其他原因出缺的，按照原推选结果依次递补，也可以另行推选。

村民选举委员会成员不履行职责，致使选举工作无法正常进行的，经村民会议、村民代表会议或者村民小组会议讨论同意，其职务终止。

村民选举委员会成员的变动，应当及时公布，并报乡级人民政府或者乡级村民委员会选举工作指导机构备案。

四、村民选举委员会的职责

村民选举委员会主要履行以下职责：

（一）制定村民委员会选举工作方案；

（二）宣传有关村民委员会选举的法律、法规和政策；

（三）解答有关选举咨询；

（四）召开选举工作会议，部署选举工作；

（五）提名和培训本村选举工作人员；

（六）公布选举日、投票地点和时间，确定投票方式；

（七）登记参加选举的村民，公布参加选举村民的名单，颁发参选证；

（八）组织村民提名确定村民委员会成员候选人，审查候选人参选资格，公布候选人名单；

（九）介绍候选人，组织选举竞争活动；

（十）办理委托投票手续；

（十一）制作或者领取选票、制作票箱，布置选举大会会场、分会场或者投票站；

（十二）组织投票，主持选举大会，确认选举是否有效，公布并上报选举结果和当选名单；

（十三）建立选举工作档案，主持新老村民委员会的工作移交；

（十四）受理申诉，处理选举纠纷；

（十五）办理选举工作中的其他事项。

村民委员会选举工作方案应当由村民会议或者村民代表会议讨论通过，并报乡级人民政府或者乡级村民委员会选举工作指导机构备案。

第二章　选 举 宣 传

一、宣传内容

村民选举委员会应当就以下内容开展宣传：

（一）宪法有关内容，《中华人民共和国村民委员会组织法》，本省（自治区、直辖市）有关村民委员会选举的法规；

（二）中央和地方有关村民委员会选举的政策和规定；

（三）村民委员会选举中村民的权利与义务；

（四）县、乡两级政府村民委员会选举的工作方案；

（五）本村选举工作方案；

（六）其他有关选举事项。

二、宣传方式

村民选举委员会可以采取以下方式进行选举宣传：

（一）广播、电视、报纸、互联网等；

（二）宣传栏、宣传车、宣传单等；

（三）选举宣传会议、选举咨询站；

（四）标语、口号等。

第三章　登记参加选举的村民

一、公布选民登记日

选民登记日前，村民选举委员会应当发布公告，告知本届村民委员会选举的选民登记日。

二、登记对象

村民委员会选举前，应当对下列人员进行登记，列入参加选举的村民名单：

（一）户籍在本村并且在本村居住的村民；

（二）户籍在本村，不在本村居住，本人表示参加选举的村民；

（三）户籍不在本村，在本村居住一年以上，本人申请参加选举，并且经村民会议或者村民代表会议同意参加选举的公民。

已在户籍所在村或者居住村登记参加选举的村民，不得再参加其他地方村民委员会的选举。经村民选举委员会告知，本人书面表示不参加选举的，不列入参加选举的村民名单。

依照法律被剥夺政治权利的人，不得参加村民委员会的选举。

三、登记方法

登记时，既可以村民小组为单位设立登记站，村民到站登记，也可由登记员入户登记。

村民选举委员会应当对登记参加选举的村民名单进行造册。

四、公布选民名单

村民选举委员会应当对登记参加选举的村民名单进行审核确认，并在选举日的二十日前公布。

对登记参加选举的村民名单有异议的，应当自名单公布之日起五日内向村民选举委员会申诉，村民选举委员会应当自收到申诉之日起三日内作出处理决定，并公布处理结果。

登记参加选举的村民名单出现变动的，村民选举委员会应当及时公布。

五、发放参选证

选举日前，村民选举委员会应当根据登记参加选举的村民名单填写、发放参选证，并由村民签收。投票选举时，村民凭参选证领取选票。

第四章　提名确定候选人

一、确定职位和职数

村民会议或者村民代表会议拟定村民委员会的职位和职数，村民选举委员会应当及时公布，并报乡级人民政府或者乡级村民委员会选举工作指导机构备案。

二、确定候选人人数

村民选举委员会应当根据村民委员会主任、副主任、委员的职数，分别拟定候选人名额。候选人名额应当多于应选名额。

三、提名确定候选人

村民委员会成员候选人，应当由登记参加选举的村民直接提名，根据拟定的候选人名额，按照得票多少确定。每一村民提名人数不得超过拟定的候选人名额。无行为能力或者被判处刑罚的，不得提名为候选人。

候选人中应当有适当的妇女名额，没有产生妇女候选人的，以得票最多的妇女为候选人。

四、公布候选人名单

村民选举委员会应当以得票多少为序，公布候选人名单，并报乡级村民委员会选举工作指导机构备案。

候选人不愿意接受提名的，应当及时向村民选举委员会书面提出，由村民选举委员会确认并公布。候选人名额不足时，按原得票多少依次递补。

村民委员会选举，也可以采取无候选人的方式，一次投票产生。

第五章　选 举 竞 争

一、选举竞争的组织

村民选举委员会应当组织候选人与村民见面，由候选人介绍履职设想，回答村民提问。选举竞争应当在村民选举委员会的主持和监督下，公开、公平、公正地进行。村民选举委员会应当对候选人的选举竞争材料进行审核把关。

二、选举竞争的时间

选举竞争活动一般在选举日前进行。候选人在选举日可进行竞职陈述，其他选举竞争活动不宜在当日开展。确有需要的，由村民选举委员会决定并统一组织。

三、选举竞争的形式

村民选举委员会可以组织以下形式的选举竞争活动：

（一）在指定地点公布候选人的选举竞争材料；

（二）组织候选人与村民见面并回答村民问题；

（三）有闭路电视的村，可以组织候选人在电视上陈述；

（四）其他形式。

四、选举竞争的内容

选举竞争材料和选举竞职陈述主要包括以下内容：

（一）候选人的基本情况；

（二）竞争职位及理由；

（三）治村设想；

（四）对待当选与落选的态度。

第六章　投 票 选 举

一、确定投票方式

村民委员会投票选举，可采取以下两种方式：

（一）召开选举大会；

（二）设立投票站。

采取选举大会方式的，可以组织全体登记参加选举的村民集中统一投票；也可以设立中心选举会场，辅之以分会场分别投票。采取投票站方式的，不再召开选举大会，村民在投票站选举日开放时间内自由投票。

选举大会可以设置流动票箱，但应当严格控制流动票箱的使用。

具体投票方式，流动票箱的使用对象和行走路线，由村民代表会议讨论决定。

二、公布选举日、投票方式、投票时间和投票地点

村民选举委员会应当及时公布选举日、投票方式、投票时间和投票地点。

选举日和投票的方式、时间、地点一经公布，任何组织和个人不得随意变动和更改。如因不可抗力，或者无法产生候选人等因素，需要变更的，应当报乡级人民政府或者乡级村民委员会选举工作指导机构批准并及时公布。

三、办理委托投票

登记参加选举的村民，选举期间外出不能参加投票的，可以委托本村有选举权的近亲属代为投票。每一登记参加选举的村民接受委托投票不得超过三人。提名为村民委员会候选人的，不得接受委托。

委托投票应当办理书面委托手续。村民选举委员会应当及时公布委托人和受委托人的名单。

受委托人在选举日凭书面委托凭证和委托人的参选证，领取选票并参加投票。受委托人不得再委托他人。

四、设计和印制选票

选票设计应当遵循明白易懂、科学合理和便于操作、便于统计的原则。县级民政部门可以统一设计选票样式。

村民选举委员会应当在乡级人民政府或者乡级村民委员会选举工作指导机构的指导下，根据选票样式，印制符合本村实际的选票。

选票印制后应当加盖公章并签封，选举日在选举大会或者投票站上，由选举工作人员当众启封。

五、确定选举工作人员

村民选举委员会应当依法依规提名选举工作人员，经村民代表会议讨论通过。选举工作人员包括总监票员、验证发票员、唱票员、计票员、监票员、代书员，投票站工作人员，流动票箱监票员等。

选举工作人员要有一定的文化水平和工作能力，遵纪守法、公道正派。候选人及其近亲属，不得担任选举工作人员。

采取选举大会投票的，选举工作人员名单应当在选举日前公布，并在选举大会上宣布；采用投票站形式投票的，应当在选举日前公布。

选举工作人员确定后，村民选举委员会应当对其进行培训。

六、布置会场或者投票站

村民选举委员会应当在选举日前布置好投票会场或者投票站。

投票会场应当按选举流程设计好领票、写票、投票的循环路线，方便村民投票。投票站的设定应当根据村民居住的集中情况和自然村或者村民小组的分布情况决定，并且应当设立一个中心投票站。

七、投票选举

（一）选举大会投票程序。

采取选举大会进行选举的，由村民选举委员会召集，村民选举委员会主任主持。流程如下：

1. 宣布大会开始；
2. 奏国歌；
3. 报告本次选举工作进展情况；
4. 宣布投票办法和选举工作人员；
5. 候选人发表竞职陈述；
6. 检查票箱；
7. 启封、清点选票；
8. 讲解选票；
9. 根据需要派出流动票箱；
10. 验证发票；
11. 秘密写票、投票；
12. 销毁剩余选票；
13. 集中流动票箱，清点选票数；
14. 检验选票；
15. 公开唱票、计票；
16. 当场公布投票结果；
17. 封存选票，填写选举结果报告单；
18. 宣布当选名单。

投票结束后，应当将所有票箱集中，将选票混在一起，由选举工作人员逐张检验、清点选票总数后，统一唱票、计票。难以确认的选票应当由监票人在公开唱计票前提交村民选举委员会讨论决定。

（二）投票站投票程序。

采取投票站方式选举的，由村民选举委员会主持。流程如下：

1. 同时开放全部投票站；
2. 各投票站工作人员当众检查票箱，并启封、清点选票；
3. 验证发票；
4. 村民秘密写票、投票；
5. 关闭投票站，销毁剩余选票并密封票箱；
6. 集中票箱，清点选票数；
7. 公开验票、唱票、计票；
8. 当场公布选举结果；
9. 封存选票，填写选举结果报告单；
10. 宣布当选名单。

八、选举有效性确认

选举村民委员会，有登记参加选举的村民过半数投票，选举有效。参加投票的村民人数，以从票箱收回的选票数为准。

有下列情形之一的，选举无效：

（一）村民选举委员会未按照法定程序产生的；

（二）候选人的产生不符合法律规定的；

（三）参加投票的村民人数未过登记参加选举的村民半数的；

（四）违反差额选举原则，采取等额选举的；

（五）收回的选票多于发出选票的；

（六）没有公开唱票、计票的；

（七）没有当场公布选举结果的；

（八）其他违反法律、法规有关选举程序规定的。

因村民选举委员会未按照法定程序产生而造成选举无效的，乡级村民委员会选举指导机构应当指导组织重新选举。因其他原因认定选举无效的，由村民选举委员会重新组织选举，时间由村民代表会议确定。

九、确认当选

候选人获得参加投票的村民过半数的选票，始得当选。获得过半数选票的人数超过应选名额时，以得票多的当选；如遇票数相等不能确定当选人时，应当就票数相等的人进行再次投票，以得票多的当选。

村民委员会主任、副主任的当选人中没有妇女，但委员的候选人中有妇女获得过半数选票的，应当首先确定得票最多的妇女当选委员，其他当选人按照得票多少的顺序确定；如果委员的候选人中没有妇女获得过半数选票的，应当从应选名额中确定一个名额另行选举妇女委员，直到选出为止，其他当选人按照得票多少的顺序确定。

选举结果经村民选举委员会确认有效后，须当场宣布，同时应当公布所有候选人和被选人所得票数。以暴力、威胁、欺骗、贿赂、伪造选票、虚报选举票数等不正当手段当选的，当选无效。

村民选举委员会应当在投票选举当日或者次日，公布当选的村民委员会成员名单，并报乡级人民政府备案。村民选举委员会无正当理由不公布选举结果的，乡级人民政府或者乡级村民委员会选举工作指导机构应当予以批评教育，督促其改正。

十、颁发当选证书

县级人民政府主管部门或者乡级人民政府，应当自新一届村民委员会产生之日起十日内向新当选的成员颁发统一印制的当选证书。

十一、另行选举

村民委员会当选人不足应选名额的，不足的名额另行选举。另行选举可以在选举日当日举行，也可以在选举日后十日内进行，具体时间由村民选举委员会确定。

另行选举的，第一次投票未当选的人员得票多的为候选人，候选人以得票多的当选，但得票数不得少于已投选票数的三分之一。

另行选举的程序与第一次选举相同。参加选举的村民以第一次登记的名单为准，不重新进行选民登记。原委托关系继续有效，但被委托人成为候选人的委托关系自行终止，原委托人可以重新办理委托手续。

经另行选举，应选职位仍未选足，但村民委员会成员已选足三人的，不足职位可以空缺。主任未选出的，由副主任主持工作；主任、副主任都未选出的，由村民代表会议在当选的委员中推选一人主持工作。

第七章 选举后续工作

一、工作移交

村民委员会应当自新一届村民委员会产生之日十日内完成工作移交。

原村民委员会应当依法依规将印章、办公场所、办公用具、集体财务账目、固定资产、工作档案、债权债务及其他遗留问题等，及时移交给新一届村民委员会。

移交工作由村民选举委员会主持，乡级人民政府监督。对拒绝移交或者无故拖延移交的，乡级人民政府应当给予批评教育，督促其改正。

二、建立选举工作档案

村民委员会选举工作结束后，应当及时建立选举工作档案，交由新一届村民委员会指定专人保管，至少保存三年以上。

选举工作档案包括：

（一）村民选举委员会成员名单及推选情况材料；

（二）村民选举委员会选举会议记录；

（三）村民选举委员会发布的选举公告；

（四）选民登记册；

（五）候选人名单及得票数；

（六）选票和委托投票书、选举结果统计、选举报告单；

（七）选举大会议程和工作人员名单；

（八）新当选的村民委员会成员名单；

（九）选举工作总结；

（十）其他有关选举的资料。

第八章 村民委员会成员的罢免和补选

一、罢免

本村五分之一以上有选举权的村民或者三分之一以上的村民代表联名，可以提出罢免村民委员会成员的要求，启动罢免程序。

罢免程序如下：

（一）书面向村民委员会提出罢免要求，说明罢免理由；

（二）召开村民代表会议，审议罢免要求；

（三）被罢免对象进行申辩或者书面提出申辩意见；

（四）召开村民会议，进行投票表决；

（五）公布罢免结果。

罢免村民委员会主任的，由副主任主持村民会议投票表决，不设副主任的，由委员推选一人主持；罢免村民委员会副主任、委员的，由村民委员会主任主持。罢免村民委员会全体成员的，或者主任、副主任、委员不主持村民会议的，可在乡级人民政府指导下，由村民会议或者村民代表会议推选代表主持。

罢免村民委员会成员，须有登记参加选举的村民过半数投票，并须经投票的村民过半数通过。罢免获得通过的，被罢免的村民委员会成员自通过之日起终止职务，十日内办理工作交接手续。罢免未获通过的，六个月内不得以同一事实和理由再次提出罢免要求。

二、补选

村民委员会成员出缺，可以由村民会议或者村民代表会议进行补选。

村民委员会成员出缺的原因有：

（一）职务自行终止；

（二）辞职；

（三）罢免。

村民委员会成员因死亡、丧失行为能力、被判处刑罚或者连续两次民主评议不称职，其职务自行终止。村民委员会成员因故辞职，应当书面提出申请，村民委员会应当在三十日内召开村民代表会议，决定是否接受其辞职。村民委员会成员连续两次提出辞职要求的，应当接受其辞职。村民代表会议可以决定对辞职的村民委员会成员进行离任经济责任审计。

补选程序，参照村民委员会选举投票程序。补选村民委员会个别成员的，由村民委员会主持；补选全体村民委员会成员的，由重新推选产生的村民选举委员会主持。补选时，村民委员会没有妇女成员的，应当至少补选一名妇女成员。

村民委员会成员职务自行终止、因故辞职，以及补选结果，村民委员会应当及时公告，并报乡级人民政府备案。

村务监督委员会成员、村民代表和村民小组长的推选可以参照本规程办理。

附件一 村民委员会选举常用文书样式（略）

附件二

选举场地设置

一、场地确定

村民委员会选举应设置选举中心会场，选举中心会场或投票站为选民投票的选举场地。为方便选民投票，可在村内适宜场所设置投票站，投票站设置由村民选举委员会确定并公告。

二、场地面积

选举场地应能够容纳参加投票的选民，还应符合选举中心会场或投票站布置的其他要求。

三、场地悬挂物

选举场地可悬挂有关选举的宣传横幅、候选人的简历介绍展板等，场地悬挂物由村民选举委员会统一负责管理。

四、选举会场布置

（一）主席台。选举中心会场应设置主席台，主席台上方（或后上方）应悬挂“××村第×届村民委员会选举大会”字样的横幅。主席台应设置村民选举委员会主任和委员席位。

（二）监督员席。在主席台或会场侧边应设置专门的选举监督员席。

（三）选民席位划分。选民席位按村民小组划分，选民分区域入席参加选举大会。各区域前宜设置“第××村民小组”字样标牌。

（四）安全通道。选举中心会场应设置快速疏散选民的安全通道，并设置可识别的安全标识。

（五）验证发票处。选举中心会场应设置2至4个验证发票处，每个投票站应设置验证发票处。每个验证发票处应配备2名验证发票员。

（六）写票处。选举中心会场和投票站应设置专门的写票处。写票处应具备封闭性，写票处之间应有障碍物隔离，保证选民投票意愿不被他人察觉。每个写票处应统一配置笔和桌椅。

（七）代书处。选举中心会场和投票站应设置专门的代书处。每个代书处应配备1名熟悉选举程序的代书员。

（八）投票处。选举中心会场和投票站应设置专门的投票处。每个投票箱应配备监票员2名。

（九）计票处。选举中心会场和投票站应设置专门的计票处。每个计票处应配备计票员2名。

（十）流动票箱设置。流动票箱的设置由村民选举委员会确定，并由村民选举委员会负责管理。存在下列情况之一时，不应设置流动票箱：

1. 本村没有不能到站投票的选民；

2. 本村有不能到站的投票选民，但全部办理了委托投票。

（十一）选举场所间的间距。选举场所间的间距一般应符合下列要求：

1. 验证发票处与写票处之间的距离应不少于1.5米；

2. 写票处与代书处之间的距离应不少于1米；

3. 写票处、代书处与投票处的距离应不少于2米。

关于学习宣传和贯彻实施《中华人民共和国村民委员会组织法》的通知

（2010年12月1日　民发〔2010〕162号）

各省、自治区、直辖市党委组织部、宣传部，政府民政厅（局）、司法厅（局）、法制办公室：

新修订的《中华人民共和国村民委员会组织法》（以下简称《村委会组织法》）已于2010年10月28日经第十一届全国人大常委会第十七次会议审议通过。胡锦涛主席同日签署第三十七号主席令，颁布实施。为深入学习宣传和贯彻实施好《村委会组织法》，现就有关事项通知如下：

一、深刻认识贯彻实施《村委会组织法》的重大意义

《村委会组织法》自1998年11月颁布实施以来，我国农村基层民主制度体系逐步完善，组织载体日益健全，自治内容不断丰富，实践形式更加多样，村民自治制度已经发展成为中国特色社会主义民主政治的重要组成部分。为适应农村经济社会发展和城乡户籍制度、农村税费制度改革深化的需要，在总结村民自治实践经验基础上，全国人大常委会对《村委会组织法》进行了修订。新修订的《村委会组织法》，按照党的十七大关于坚持和完善基层群众自治制度和十七届三中全会关于健全农村民主管理制度的要求，以规范程序、完善制度为重点，扩大村民自治范围，着力解决《村委会组织法》实施过程中遇到的突出问题，进一步完善以民主选举、民主决策、民主管理和民主监督为主要内容的村民自治制度，保障和落实农民群众的民主权利，为我们党带领亿万农民群众发展农村基层民主、促进农村和谐稳定提供了法律保障。当前，我国农村正在发生新的变革，农村社会结构快速变动，社会利益格局和农民思想观念深刻变化，农民民主意识、法制意识不断增强。贯彻落实好《村委会组织法》，有利于保障农民依法直接行使民主权利，健全村党组织领导的充满活力的村民自治机制；有利于密切党群干群关系，维护农村社会和谐稳定；有利于调动亿万农民群众建设社会主义新农村的积极性、主动性和创造性，推动农村全面建设小康社会进程。

各地各部门要高举中国特色社会主义伟大旗帜，以邓小平理论和“三个代表”重要思想为指导，深入贯彻落实科学发展观，充分认识学习宣传和贯彻实施好《村委会组织法》的重要意义，把坚持党的领导、人民当家作主、依法治国有机统一于村民自治实践之中，不断推进村民自治制度化、规范化、程序化，努力使贯彻实施《村委会组织法》的成果转化为推进农村基层民主在新的历史起点上科学发展的强大动力，促进农村经济社会又好又快发展。

二、深入开展学习宣传活动

要把《村委会组织法》的学习宣传工作纳入普法规划和农村基层干部培训计划。各级领导干部要以身作则、带头学习、掌握精神，并督促下级机关和干部认真学习。县乡两级负责农村基层民主政治建设的党政干部，要自觉学习、吃透精神。要组织广大农村干部认真学习领会《村委会组织法》的精神实质和任务要求，使其成为农民学法用法的带头人和农村基层民主政治建设的组织者、实施者、推动者。要利用讲习班、培训班、研讨会、以会代训等多种形式，组织对县、乡、村干部进行专门培训，切实提高农村基层干部贯彻执行《村委会组织法》的自觉性。各地的学习宣传和培训工作要以全国人大常委会法工委、民政部、国务院法制办等单位共同编写的《村民委员会组织法学习读本》作为必备参考书。各地要抓住当前有利时机，在今冬明春掀起一个学习贯彻《村委会组织法》的高潮，并将学习宣传活动与正在开展的创先争优活动结合起来，与推进学习型党组织建设结合起来。

要利用广播电视、网络、墙（板）报、农村党员干部现代远程教育网络等宣传教育阵地，大力宣传《村委会组织法》和农村基层民主知识，宣传农村基层民主实践的历史性进展，宣传介绍农民群众参与农村基层民主的典型事例，做到《村委会组织法》不断深入人心，使农民群众不仅明白自己的民主权利，而且学会如何正确地行使自己的民主权利，把参与农村基层民主的积极性变为建设社会主义新农村的自觉行动。

要建立一支专兼职结合的宣传教育队伍，深入开展《村委会组织法》的宣传和法律咨询服务。要通过农民群众喜闻乐见的形式开展宣传教育活动，有条件的地方可以通过农村基层民主实践成就展览，或组织报告团进行宣讲活动等形式，进一步营造贯彻实施《村委会组织法》的良好氛围。要动员鼓励有关人员围绕农村基层民主政治建设的若干重点问题，撰写一批有深度、有分量、通俗易懂的文章，推动农村基层民主理论创新、制度创新和实践创新。

三、不断健全农村基层民主管理制度

要坚持完善村党组织领导的充满活力的村民自治机制，积极探索其实现形式，实现党的领导机制、村“两委”协调机制、党内基层民主机制和村民自治机制的有机融合，保证村党组织充分发挥领导核心作用、村委会依法行使职权、党员和村民的民主权利得到充分尊重。要推动形成农村利益协调机制、诉求表达机制、矛盾调处机制和权益保障机制，落实农民群众的知情权、参与权、表达权、监督权，引导农民群众实行自我管理、自我教育、自我服务，最大限度地增进和谐因素，最大限度地减少不和谐因素。

要进一步完善以宪法为根据、以《村委会组织法》为核心、以地方法规为支撑、以村民自治章程为补充的法律法规和制度体系。要根据新修订的《村委会组织法》的要求和规定，抓紧制定或修订本省（区、市）的《村委会组织法》实施办法、村委会选举办法、村务公开办法等地方配套法规，着重完善民主选举、民主决策、民主管理、民主监督的机制和程序，进一步提高农村基层民主相关法律的针对性和实用性。要组织指导农村干部群众，依照《村委会组织法》，制定或修订村民自治章程、村规民约和切实可行的工作规则，落实农村基层民主的各项具体制度，保障农民群众依法依章办理自己的事情。

要依据《村委会组织法》对现行的法规制度进行检查清理。凡是与《村委会组织法》精神一致的，要继续坚持，并不断完善丰富；不一致的，应当尽快修改或废止。要尊重农民群众的首创精神，对农村基层民主实践中涌现出的好做法，及时归纳、总结并用制度的形式固定下来，条件成熟的，要推动地方立法，把成功经验上升为政策，把成熟的政策固定为法规。

四、继续深化农村基层民主实践

要按照党的十七大和十七届三中、四中、五中全会精神要求，充分发挥农村基层党组织的领导核心作用，深入开展以直接选举、公正有序为基本要求的民主选举实践，以村民会议、村民代表会议、村民议事为主要形式的民主决策实践，以自我教育、自我管理、自我服务为主要目的的民主管理实践，以村务公开、财务监督、群众评议为主要内容的民主监督实践。要根据农村改革发展的新形势新情况，大胆创新农村民主形式，丰富民主内容，拓展民主渠道，全面提升农村基层民主实践的水平。

要认真检查农村基层民主实践中的不足和问题，满腔热情地予以指导和引导，并及时帮助加以解决。要扎实推进村务公开和民主管理“难点村”治理工作，以解决农民群众最关心最直接最现实的利益问题为切入点，全面提升村务公开和民主管理工作整体水平。要大力充实各地各部门指导农村基层民主实践的工作力量，对于长期存在的工作力量不够、经费不足、手段缺乏的问题，各部门自身能够解决的，应当及时解决；各部门难以自行解决的，要报请当地党委、人大、政府尽快协调解决，保证政令畅通。要建立健全社会参与的监督机制，充分发挥人大代表、政协委员、专家学者、新闻媒体、人民群众的监督作用，动员社会力量对《村委会组织法》的贯彻执行情况进行有效监督。

要建设一支守信念、讲奉献、有本领、重品行的农村基层干部队伍，为推动农村科学发展、带领农民致富、维护农村社会稳定提供坚强的组织保证。要建立健全村务监督委员会或者其他形式的村务监督机构，保障其履行职责，促进村集体资产、资金、资源管理使用的公开透明。要坚持服务农民、依靠农民，积极推进农村社区建设，大力培育农村服务性、公益性、互助性社会组织，完善农村基层社会管理和服务体制机制，推动形成政府行政管理和村民自我管理的有效衔接、政府依法行政和村民依法自治的良性互动的局面。

五、切实加强组织领导

各级党委、政府要把贯彻实施《村委会组织法》作为推进农村基层民主政治的基础性工作摆上重要议事日程，明确领导和指导责任，精心组织，分类指导，认真研究解决工作中存在的突出问题和困难。要统筹安排、因地制宜，切实把贯彻执行《村委会组织法》的工作与贯彻落实党的十七届五中全会精神，开展创先争优活动紧密结合起来，一级抓一级、一级带一级，引导广大基层干部积极适应农村社会形势的深刻变化，以求真务实、改革创新的精神贯彻执行好《村委会组织法》，努力开创农村基层民主实践的新局面，推动农村改革发展稳定各项工作的落实。各项贯彻实施工作要本着节俭、务实、有效的原则进行，不搞形式主义，防止增加群众负担。

各地各部门要在党委和政府的统一领导下，紧密配合，形成合力。要根据各自部门工作职责，精心设计活动主题和特色鲜明、务实管用的活动载体，研究制定贯彻执行《村委会组织法》的具体措施，使这项工作既丰富生动，又务实有效。组织部门要切实加强农村基层党组织建设，充分发挥基层党组织战斗堡垒和广大党员先锋模范作用，增强贯彻执行《村委会组织法》的自觉性，支持和保障村民依法开展自治活动、直接行使民主权利。宣传部门要坚持正确的舆论导向，做好新闻媒体的沟通、协调工作，加强正面引导，及时宣传报道村民自治的好经验好做法。司法行政部门要结合“六五”普法规划制定实施和“法律进乡村”活动，深入推进《村委会组织法》宣传普及，促进广大农民群众知法、懂法、守法、用法。政府法制机构要积极配合有关部门抓紧制定或修订《村委会组织法》的配套法规。民政部门要认真开展调查研究，及时掌握各方面情况，切实加强督促指导，充分发挥职能作用，当好党委和政府的参谋助手。

请各地民政部门将学习、宣传、贯彻《村委会组织法》的具体安排和意见报民政部。贯彻执行过程中遇到的重大问题和情况请及时请示报告。

民政部关于切实加强村民委员会选举工作指导的意见

（2010 年 8 月 31 日　民发〔2010〕109 号）

各省、自治区、直辖市民政厅（局）、新疆生产建设兵团民政局：

目前，全国各地农村普遍开展了 7 至 8 届村委会选举，总体平稳有序，对保障村民直接行使民主权利，发展农村基层民主发挥了重要作用。但也应看到，一些地方在村委会选举中，由于执法不严、指导不力等原因，出现了一些违法违规现象，如有的村故意简化选举程序，利用委托投票、代写选票等形式徇私舞弊；有的村投票时间尚未结束就开箱计票、唱票；有的村不当众公布选举结果，甚至出现不进行民主推选直接内定候选人的情况；有的村存在贿选等不正当现象且未及时加以制止；有的村选举完成后不及时办理移交手续，甚至存在恶意毁坏集体财务账册、工作档案等文件资料；个别村存在宗族宗派势力、黑恶势力插手村委会选举等情况，影响了选举的公正性，挫伤了村民的参与热情。今明两年，大部分省份将陆续开展新一届村委会换届选举工作，为进一步规范选举程序，引导村民正确行使民主权利，发挥好民政部门的职能作用，切实加强对村委会选举工作的指导，现提出以下意见。

一、认真做好宣传教育和舆论引导工作

宣传教育和舆论引导是做好村委会选举的重要基础。地方民政部门要在党委、政府的统一领导下，会同宣传、广播电视、新闻出版等部门，通过广播、电视、报刊、网络、宣传画、文艺队、公示栏、黑板报等群众喜闻乐见的形式，在村民中广泛深入地开展社会主义民主法制教育，帮助村民了解村委会选举的有关法律、法规和政策，了解选举程序和步骤，珍惜和维护自身的民主权利，增强抵制村委会选举中违法违纪行为的能力和自觉性，真正把奉公守法、品行良好、公道正派、热心公益的人选进村委会。要结合实际大力宣讲村委会选举与社会主义新农村建设、维护农村社会稳定的重要关系，把为什么选举村委会、选举什么样的人进村委会、怎样选好村委会、什么样的选举行为为法律法规所允许等问题，通过多种方式清清楚楚地告诉广大村民群众。要及时讲清村委会选举中出现的违法违规案例所造成的巨大危害和处理结果，表明党和政府纠正违法违规行为的坚定决心和态度，最大程度地消除不利因素对村委会选举的干扰和破坏。要注重做好新闻媒体的沟通协调工作，加强正面引导，多宣传选举中涌现的好经验好做法，防止个别人利用媒体特别是网络作不实报道，甚至恶意炒作，形成正确的舆论导向。

二、认真做好调查研究和摸底排查工作

调查研究和摸底排查是做好村委会选举的重要前提。要重点加强对"难点村"以及撤并村、改制村和经济开发区所属村等特殊村选举工作的调查研究和摸底排查，把做好这些村的选举工作摆在突出位置。县乡要加强分类指导，派得力干部驻村指导，逐个分析村情选情，有针对性地制定工作预案，实施"一村一策"，推动这类村庄依法依规完成选举工作。要及时掌握拉票贿选、宗族宗教和黑恶势力、境内外敌对势力插手村委会选举等情况，对可能影响和破坏选举的重大隐患和已经出现的苗头，要专项治理。要加强对带普遍性的选举难点问题进行调查研究，如村党组织在村委会选举中发挥领导核心作用的途径、方法，选举纠纷仲裁和违法行为的纠正，选民、候选人资格认定，竞职规则、贿选界定与处理等问题。要研究制定切实有效的措施，鼓励引导农村致富能手、复转军人、外出务工经商返乡农民、回乡大中专毕业生、大学生"村官"、县乡机关和企事业单位提前离岗或退休干部职工积极参与村委会选举，调动他们的积极性，形成人才辈出的局面。要及时发现总结村民群众创造的好经验、好做法，把实践证明行之有效的做法用制度形式固定下来，不断提高村委会选举的制度化、规范化和程序化水平。

三、认真做好选举前的教育培训工作

教育培训是做好村委会选举的重要步骤。教育培训的重点是县乡两级负责村委会选举工作的党政干部和村民选举委员会的成员。教育培训要以《中华人民共和国村民委员会组织法》、《中共中央办公厅国务院办公厅关于加强和改进村民委员会选举工作的通知》（中办发〔2009〕20号），以及《中共中央纪委、中共中央组织部、民政部关于认真解决村级组织换届选举中"贿选"问题的通知》（组通字〔2006〕30号）、《中共中央组织部、民政部关于认真做好村党组织和村民委员会换届工作的通知》（组通字〔2008〕33号）等法律政策和村委会选举规程为主要内容，使县乡负责村委会选举工作的干部牢牢把握好村委会选举的各项要求，熟悉村委会选举程序和方法步骤，不断提高指导选举工作的能力和实际操作的水平。不熟悉法律政策的县乡干部不宜解答村民的咨询，不宜接待村民的上访，不宜进村入户指导。未开展教育培训的地方，不宜匆匆忙忙组织换届选举。教育培训工作采取分级负责、逐级组织的方法。省级重点培训市、县两级的师资力量和部分县级负责村委会选举工作的党政干部；市级重点培训县、乡两级的师资力量和部分乡镇负责村委会选举工作的党政干部；县级重点培训乡镇负责村委会选举工作的党政干部和村民选举委员会主任；乡级重点培训包村干部和村民选举委员会成员。教育培训要结合当地实际，穿插典型案例，力求生动形象，便于掌握和记忆。

四、认真做好投票程序的组织实施工作

组织实施好投票程序是做好村委会选举的关键环节。要认真指导和引导村民选举委员会依法依规制定好本村选举办法，对村干部任职资格条件、职数、选举程序，选民资格认定、委托投票、不当或非法选举行为裁定、有效选票认定以及回避制度等作出规定，并经村民会议或者村民代表会议审议通过。各省（区、市）要依据地方法规指导基层制定更加具体的选举办法。要切实组织好选举投票工作，选举时，应召开选举大会集中投票或设立中心投票会场和若干投票站投票，当场领票、写票、投票，集中唱票、计票，当场公布选举结果。要严格控制流动票箱的使用，依法办理委托投票手续，规范代写选票。同时，在选票的设计、发放、读取，以及秘密写票间的设计、管理上采取相应措施，运用人防、物防、技防等各种手段做好防范工作，确保法定程序一个不能少，法定步骤一步不能少，绝不允许走过场，图省事。对不懂不会的现象要及时加以指导和帮助。

五、认真做好选举监督和违法违规行为查处工作

选举监督和违法违规行为查处是做好村委会选举的重要保障。要完善村委会选举监督体系，充分发挥村务监督机构以及各级党代表、人大代表、政协委员担任选举观察员等形式的监督作用，积极探索舆论监督，加强社会力量对村委会选举工作的监督。要突出程序监督，依据村委会组织法和各省（区、市）制定的选举办法或选举规程，抓住村民选举委员会产生程序、村委会候选人提名方式、候选人的竞争行为、选举人投票行为等重要环节，全程跟踪监督，保障村委会选举公正有序。要认真做好群众来信来访工作，充分发挥村民群众的监督作用。对群众反映的问题，能解决的要及时予以解决，需要协调其他部门解决的及时协调解决，解决不了的要向村民选举委员会或者村民解释清楚，做到及时回应、妥善解决。村委会选举期间，县（市、区）选举工作机构要公布本地区工作电话，受理群众举报投诉，进行法规政策咨询解答。要加大执法力度，及时查处工作中发现的和群众反映的选举违法违规行为。坚决查处和打击拉票、贿选等违法违规行为，各省（区、市）要根据本地区经济社会发展状况和风俗人情等，具体明确拉票、贿选行为的界定范围，公之于众，并明确拉票、贿选行为的界定部门和界定程序，做到严密防范、露头就管，发现一起、查处一起。要会同有关部门对参与或指使他人以暴力、威胁、欺骗、恶意造谣、贿赂、伪造选票、虚报选票数等手段，以及利用宗族宗教势力破坏选举或妨碍选举的，依法严肃查处；对以不正当竞争手段参选的，一经发现即取消参选资格，已经当选的宣布当选无效；对黑恶势力、境内外敌对势力干扰破坏选举的，做到依法严惩，绝不手软。要进一步完善选举重大问题报告、重要信息报送和情况通报等制度，及时掌握动态，切实加强指导。选情复杂的地方，要成立应急处理工作小组，加强对突发事件的防范、掌控和处理。

六、认真做好选举后移交和人才培育工作

选举后移交和人才培育是做好村委会选举的重要环节。要认真组织好新老班子的交接工作，原村民委员会应依法在规定期限内将印章、办公场所、办公用具、集体财务账目、固定资产、工作档案、债权债务及其他遗留问题等，及时移交给新一届村民委员会。要抓好新当选村委会成员的教育培训，提高他们履行职责、服务群众的能力，增强带领广大农民群众建设社会主义新农村的本领。指导村委会班子健全村务公开和民主管理制度，制定任期目标和工作计划，认真兑现对群众的公开承诺。要深入细致地做好落选人的思想工作，关心爱护离任村委会干部，引导他们积极支持新班子的工作，形成团结和谐的干事氛围。要修订完善村委会议事规则，理顺村级各类组织关系，进一步健全和完善村党组织领导的充满活力的村民自治机制。要健全村民民主评议和考核村委会班子和村委会干部的管理制度，严格兑现奖惩，坚持用制度、程序和奖惩结合的方法，有效地把村干部的权力置于村民监督之下，避免盲目决策和决策失误，堵死滥用权力之路。要结合当前正在开展的“难点村”治理工作和创优争先活动，积极探索人才培养、使用的途径和方法，切实解决部分村庄缺乏带头人的问题。

民政部关于广泛开展农村村级民主政治建设宣传活动的通知

（2010 年 2 月 5 日　民函〔2010〕31 号）

各省、自治区、直辖市民政厅（局），新疆生产建设兵团民政局：

做好农村村级民主政治建设的新闻宣传工作，是加强和改进民政新闻宣传工作的重要内容。2010 年，全国有 13 个省（区、市）进行新一届村民委员会换届选举，村务公开和民主管理“难点村”治理工作进入全面推进阶段，再次修订的《中华人民共和国村民委员会组织法》也即将颁布实施。为了切实贯彻《民政部关于加强和改进民政新闻宣传工作的意见》（民发〔2009〕174 号），营造良好的村委会换届选举和“难点村”治理工作舆论环境，客观展示农村村级民主政治建设取得的新成就、新进展，进一步完善符合国情的农村基层治理机制，民政部决定于 2010 年度广泛开展农村村级民主政治建设宣传活动。现将有关事项通知如下：

一、指导思想

以邓小平理论和“三个代表”重要思想为指导，深入贯彻落实科学发展观，按照党的十七大和十七届三中、四中全会精神要求，坚持为农民群众服务、为中国特色社会主义服务、为全党全国工作大局服务，通过多种形式的宣传活动，在营造健康向上的主流思想舆论氛围上取得新实效，进一步增强各级各部门推进农村村级民主政治建设的责任感和使命感，进一步增强广大农民群众参与农村村级民主政治建设的积极性、主动性和创造性，进一步促进农村村级民主政治建设各项政策措施的落实，推动农村村级民主政治建设健康发展。

二、宣传重点

（一）宣传农村村级民主政治建设的法律法规和方针政策。宣传党的十七大和十七届三中、四中全会精神，加大工作力度，在全面准确、广泛深入、务求实效上下功夫，在武装头脑、指导实践、推动工作上下功夫，进一步把广大农村干部群众的思想统一到中央的决策上来。宣传村民委员会选举的法律法规和相关政策，宣传选举中涌现的好经验好做法，为村级民主各项制度的正确落实营造良好的舆论氛围。宣传推进农村村级民主政治建设过程中的重大事件和重大部署，形成正面引导的强大声势，为完善党领导的充满活力的村民自治机制奠定坚实基础。

（二）宣传村级民主政治建设给农村经济社会发展带来的巨大变化。宣传农村村级民主政治建设的不断推进和深化，拓展和完善了农村选人、用人的渠道，使村委会干部的整体素质有了较大的提高，促进了党在农村各项方针政策的贯彻落实。宣传实行村民直接选举村干部，密切了干群关系，推动了农村村级组织建设和党风廉政建设，促进了农村社会和谐稳定。宣传广大村民群众参与村级民主选举、民主决策、民主管理、民主监督实践，活跃了村级民主生活，调动了村民群众建设社会主义新农村、全面建设小康社会的积极性。

（三）宣传农村村级民主政治建设实践创新和制度创新。宣传各地在推进村级民主选举、民主决策、民主管理和民主监督过程中的实践创新和制度创新，充分发挥舆论引导作用和典型示范带动作用，引导各地着力完善工作思路，突出工作重点，用工作创新推动农村村级民主政治建设制度创新。

（四）宣传村务公开和民主管理“难点村”治理工作。宣传开展“难点村”治理工作的重要意义、工作部署、目标任务、工作措施、工作进展和创新举措，真正把县、乡干部的思想认识统一到中央开展“难点村”治理工作的要求上来。要宣传“难点村”治理工作给农村社会、农民生活带来的积极变化，让广大群众了解到看得见的实惠，调动他们参与治理工作的积极性和主动性。

三、组织协调

民政部负责会同相关部门，协调中央有关新闻媒体，开展农村村级民主政治建设宣传活动，并对各地的宣传活动进行指导。各地民政部门负责本地区宣传活动的组织协调工作，充分调动新闻媒体参与宣传活动的积极性，切实增强宣传实效。

四、工作要求

（一）提高认识，强化措施。各地要充分认识开展农村村级民主政治建设宣传活动的重要意义，制定工作方案，落实工作力量和经费保证，加强与相关部门的协调配合，形成合力，把宣传活动搞得轰轰烈烈、扎扎实实。

（二）坚持正确的舆论导向。按照高举旗帜、围绕大局、服务人民、改革创新的要求，坚持解放思想、实事求是、与时俱进，坚持贴近实际、贴近生活、贴近群众，坚持重在持续、重在提升、重在统筹、重在为民，提高宣传能力，增强宣传效果，为推进农村村级民主政治建设提供强大的思想保证、舆论支持和精神动力。

（三）形式多样，力求实效。要发挥宣传报道主渠道作用，积极协调各类、各级新闻单位，充分利用广播电视、报刊网络等媒体的宣传优势，通过专栏、专题、专访等形式，加大力度，挖掘题材，进行深度报道。坚持把"真、实、活、效"的要求贯穿到宣传活动的各个方面，努力在服务人民上有新作为，在加强运作上有新措施，在统筹兼顾上有新加强，在改革创新上有新起色，在求真务实上有新成效。

（四）把宣传活动与各地的日常工作紧密结合起来。宣传活动要紧密联系工作实际，既要宣传各地推进农村村级民主政治建设取得的成就，又要引导各地解决好群众反映强烈的突出问题，切实增强宣传活动的针对性，努力把宣传活动的成果转化为推进工作的动力。

（五）做好工作总结。各地要认真总结活动开展的情况、经验和效果，探索行之有效的宣传方式，将宣传活动办出特色，使之成为推动农村村级民主政治建设的重要平台。各省（区、市）要及时向民政部报送宣传活动动态，并请分别于2010年6月底和12月底将工作开展的情况同时报送民政部基层政权和社区建设司及部新闻办公室。民政部将及时总结推广各地宣传活动的好做法和好经验，适时表扬组织工作好、宣传效果明显的单位。

全国村务公开协调小组关于印发《村务公开和民主管理"难点村"治理工作宣传提纲》的通知

（2009年7月16日）

各省、自治区、直辖市村务公开领导（协调）机构，计划单列市、新疆生产建设兵团村务公开领导（协调）机构，全国村务公开协调小组各成员单位：

现将《村务公开和民主管理"难点村"治理工作宣传提纲》印发你们，请你们积极协调、组织有关新闻媒体，尤其是各部门主管新闻媒体刊载宣传，真正使村务公开和民主管理"难点村"治理工作的各项要求深入人心、家喻户晓。

村务公开和民主管理"难点村"治理工作宣传提纲

经中央领导同志批准，全国村务公开协调小组研究决定，从今年开始，在扎实推进村务公开和民主管理面上工作的同时，开展"难点村"专项治理，力争用三年的时间，使现有"难点村"面貌发生根本性转变。根据中央纪委、中央组织部、民政部等12部委《关于印发〈关于开展村务公开和民主管理"难点村"治理工作的若干意见〉的通知》（民发〔2009〕20号）精神，制定本宣传提纲。

一、如何认识开展村务公开和民主管理"难点村"治理工作的重要意义

（一）治理"难点村"是深入贯彻落实科学发展观的必然要求。深入贯彻落实科学发展观，要求切实保障农民权益，始终把实现好、维护好、发展好广大农民群众根本利益作为农村一切工作的出发点和落脚点。"难点村"往往是农村村级组织软弱涣散，村务公开和民主管理制度不健全、不落实，农民群众的物质利益和民主权利得不到有效保障，干群关系紧张的地方。在深入推进农村改革发展的新形势下，集中力量治理"难点村"，解决制约村务公开和民主管理的突出问题，有利于把党和国家各项强农惠农政策落到实处，促进农村经济社会平稳较快发展；有利于发展农村公共事业，加强农业基础建设，加快形成城乡经济社会发展一体化新格局；有利于调动农民群众的积极性和创造性，密切党群干群关系、巩固党的执政基础，形成推动科学发展的强大力量。

（二）治理"难点村"是全面建设小康社会的必然要求。到2020年实现全面建设小康社会，是我们党的伟大目标之一；实现全面建设小康社会的宏伟目标，最艰巨最繁重的任务在农村，最广泛最深厚的基础也在农村。"难点村"是农业基础薄弱、农村发展滞后、农民增收困难等表现得尤为突出的地方，是农村工作中的重中之重、难中之难。治理"难点村"，有利于给农村发展注入新的动力，为整个经济社会发展增添新的活力；有利于加强农业发展基础，促进农业增产、农民增收、农村繁荣，形成农业增效、农民增收的良性互动格局，为经济社会全面协调可持续发展提供有力的支撑，为全面建设小康社会奠定坚实的基础。

（三）治理"难点村"是加强农村基层民主政治建设的必然要求。党的十七大第一次把基层群众自治制度作为我国社会主义民主政治建设四项重要制度之一。党的十七届三中全会把"农村基层组织进一步加强，村民自治制度更加完善，农民民主权利得到切实保障"纳入2020年农村改革发展的目标任务之中，并将"健全农村民主管理制度"作为今后农村改革发展过程中必须大力加强的六项重大制度之一。党的十七大和十七届三中全会提出的目标和任务，为治理"难点村"指明了方向。“难点村”往往存在干群民主法制观念淡薄、村务管理不公开等现象。治理“难点村”,解决好村务公开和民主管理中的突出矛盾和问题,是贯彻落实党的十七大和十七届三中全会提出的目标和任务的有力措施,有利于保障广大农民的知情权、参与权、表达权和监督权,保障农民当家作主的民主权利;有利于健全村党组织领导的充满活力的村民自治机制,保障农村基层民主政治建设健康发展。

(四)治理“难点村”是维护农村社会稳定的必然要求。农村社会的和谐稳定是全社会和谐稳定的重要基础,抓住了农村和谐稳定这个大头,就有了把握全社会和谐稳定的主动权。“难点村”往往是群众对村干部意见较多、干群关系紧张的地方。治理“难点村”,就是要维护好农民群众的民主权利和社会主义新农村建设各方面的利益关系,及时化解矛盾,密切干群关系,引导农民群众规范有序地参与村级公共事务的决策和管理,以理性合法形式表达利益诉求,把矛盾化解在基层、解决在萌芽状态,最大限度地增进和谐因素,最大限度地减少不和谐因素,促进农村社会稳定。

二、如何认识开展“难点村”治理工作的机遇和挑战

(一)“难点村”治理工作的机遇:

——科学发展观的贯彻落实,社会主义和谐社会的构建和社会主义新农村建设工作的全面推进,为“难点村”治理工作提供了前所未有的良好政策和社会环境。

——村民自治工作成效显著,村党组织领导的村民自治机制充满生机活力,民主选举、民主决策、民主管理和民主监督日益深入人心,得到农民群众的衷心拥护,特别是党的十七大把基层群众自治制度确立为我国社会主义民主政治建设四项制度之一,进一步提升了基层群众自治制度的地位和作用,为“难点村”治理提供了扎实的政治基础。

——改革开放30年,农村基层民主选举制度、村务公开和民主管理制度日益完善,大学生“村官”计划的积极实施,党风廉政建设的深入推动,为“难点村”治理提供了良好的工作基础。

——改革开放30年,我国经济和社会发展成果显著,农村生产力空前解放,总体上已经进入以工促农、以城带乡的新阶段,特别是国家高度重视“三农”问题,加大了对农业、农村和农民的投入,制定了许多强农惠农政策,减轻了农民负担,增强了农民增收致富的能力,这为开展“难点村”治理工作奠定了雄厚的物质基础。

——我国城乡差别目前仍然很大,广大农民尤其是长期发展滞后地区的农民盼致富、求发展的愿望迫切。“难点村”治理顺应了广大农民过上美好生活新期望,具有深厚的群众基础。

(二)“难点村”治理工作的挑战:

——开展“难点村”治理工作的重要性还没有得到各级地方党委政府的足够重视,尤其是一些基层党委政府领导干部思想有顾虑,担心承认辖区内有“难点村”会影响政绩;特别是有些因征地拆迁、环境污染、国家有关强农惠农政策不落实等原因形成的“难点村”,与基层政府工作有直接关系。这些地方会出于多种考虑,容易导致治理工作走过场。

——部分涉及农业、农村和农民的法规政策还存在着这样或那样的不足,部分农民群众法律知识贫乏,依法维权意识淡薄,容易导致“难点村”有些问题难以解决。

——“难点村”治理群众参与度不高,一些地方村“两委”班子难以选拔到优秀人才。一方面,有些地方的农民群众参与村务、财务管理的主体意识还不够强;另一方面,有些地方大部分青壮年农民外出务工,导致人才流失严重。

三、如何认识村务公开和民主管理“难点村”的现状及其成因

(一)“难点村”的现状。近年来,在各级党委、政府的领导下,村务公开和民主管理工作的领域不断拓展,载体不断丰富,制度化、规范化、程序化水平进一步提高。但是,工作中还存在一些问题和不足,农民群众还有不满意的地方。有的村级组织不健全,领导班子软弱涣散,村干部能力不强;有的政策法规不落实,村务不公开、半公开或假公开,村务管理不民主现象长期存在;有的村干群关系紧张,经济社会发展滞后,等等。据不完全统计,全国共有3万多个这样的“难点村”,约占行政村总数的6%。“难点村”虽然是少数,但如不及时解决,势必影响村务公开和民主管理工作整体水平的提高,势必影响农村经济社会又好又快发展。

(二)“难点村”的成因。目前,我国处于深化农村改革的新旧体制转换过程中,“难点村”所表现出来的问题是农村管理体制、经济利益和社会关系格局不断调整、深刻变化所引发的各种社会矛盾的集中表现。问题产生的具体原因十分复杂,既有客观原因,也有主观原因;既受到村庄内部条件的制约,也与外部环境密切相关。要彻底解决这些问题,化解这些矛盾难度大、要求高、周期长,治理任务非常艰巨。

四、“难点村”认定参考标准

(一)村“两委”班子不健全,主要村干部不团结,村级组织软弱涣散,村务公开和民主管理工作无法正常开展。干群关系紧张,党和国家强农惠农政策得不到落实。

(二)村民委员会不能按期换届选举或者选举缺乏公开、公平、公正,存在威胁、贿赂、伪造选票等不规范选举行为。

(三)民主决策不落实,近三年没有召开过村民会议或者近一年内没有召开过村民代表会议,村民参与重大村务决策的民主权利得不到保障。

(四)村民民主理财组织不能正常发挥作用,集体财务管理混乱,集体资产非正常流失,村民合法权益得不到有效保障。

(五)民主监督流于形式,存在村务不公开、半公开、假公开现象,村民不能对村干部进行有效监督。

(六)宗族、家族、宗教、黑恶势力干预农村公共事务,妨碍农村经济发展和社会稳定。

（七）经济社会发展长期滞后，人均收入低于当地平均水平，村落后面貌长期得不到改善，村集体无力为群众办实事、解难题。

（八）因村务公开和民主管理工作存在问题，引发村民一年内3次集体进京上访。

（九）村民对村务公开和民主管理工作不满意率达30%以上。

各省、自治区、直辖市根据本参考标准，结合本地实际，制定更具体更有针对性的认定标准。凡具备以上情形之一的，即可认定为村务公开和民主管理的"难点村"。各地区也可以根据本地实际，按照村总数一定比例倒排认定"难点村"。

五、"难点村"治理工作的指导思想和目标要求

（一）治理"难点村"的指导思想是：治理"难点村"，要以邓小平理论和"三个代表"重要思想为指导，深入贯彻落实科学发展观，按照党的十七大和十七届三中全会精神要求，以解决村民群众最关心最直接最现实的利益问题为切入点，以村级组织建设为重点，以健全和完善村务公开和民主管理制度为着力点，保障村民群众的合法权益，促进农村社会和谐，推动农村经济社会又好又快发展。

（二）治理"难点村"的目标要求：治理"难点村"要实现的目标要求有四项：

一是提高农村基层干部群众民主法制素质。干部群众对坚持党的领导、人民当家作主、依法治国有机统一的思想认识得到有效提高，对推行村务公开和民主管理的自觉性得到有效提升，对搞好村务公开和民主管理的要求认识明确，基层干部组织开展村务公开和民主管理实践的能力明显增强。

二是健全并落实村务公开和民主管理制度。自觉将各级党委政府强农惠农政策、社会各界支持新农村建设的项目、新农村建设各项资金及其使用情况、农村集体资产和资源处置情况、计划生育政策执行情况，以及对村干部的民主评议、考核和审计结果等事项，纳入公开的内容，接受群众监督，真正做到凡是与农民群众切身利益密切相关的事项，坚持由农民群众民主决策，不由个人或少数人说了算。村民会议、村民代表会议制度得到落实。

三是加强农村基层组织。村党组织的领导核心作用明显发挥，村委会能够履行法定职责，在村党组织领导下，积极协助乡镇政府开展工作。村务公开监督机构、村民民主理财机构建立健全，发挥作用。村级群团组织和社会组织不断发展，活动规范化、经常化。

四是促进各项工作。党在农村的各项方针政策得到贯彻落实，农民群众反映强烈的突出问题得到有效解决，村内各项事业得到发展，群众生活水平稳步提高，干群关系和谐，社会稳定，村风文明。

六、"难点村"治理工作的主要原则

治理"难点村"要坚持五条主要原则：

一是坚持治理工作与促进农村科学发展相结合。围绕促进农村改革发展稳定大局，坚持以人为本，把"难点村"治理工作与深入学习实践科学发展观活动结合起来，与促进农村各项事业发展结合起来，与保障村民群众物质利益和民主权利结合起来，不搞形式主义，不做表面文章，务求实效，为农村经济社会全面协调可持续发展打牢基础。

二是坚持发扬民主，走群众路线。尊重农民意愿，充分发挥村民群众的主体作用，调动村民群众参与的积极性和主动性。认真听取村民群众的意见和建议，自觉接受监督，努力解决影响和制约村务公开和民主管理中的突出问题，把群众满意作为评价治理工作成效的根本依据。

三是坚持从实际出发，分类指导。根据本地区农村经济社会发展的实际情况，有针对性地提出具体的治理方案和治理方法，对症下药，有什么问题就解决什么问题，什么问题突出就重点解决什么问题，不搞一刀切，确保治理工作取得实效。

四是坚持上下结合，综合治理，标本兼治。根据产生"难点村"的不同原因，采取相应措施，属于村的问题，从村级层面下功夫；属于政府及其职能部门的问题，就从政府或者职能部门这个层面解决。系统研究制约影响村务公开和民主管理的各种因素，充分运用政治、法律、经济、行政等手段，多管齐下，从源头上解决问题。

五是坚持制度建设，着力形成长效机制。尊重村民群众的首创精神，及时总结推广治理"难点村"的成功经验，并在实践中不断丰富、完善和提高。加强"难点村"治理的制度建设，形成带有普遍规律性和指导性的政策措施，形成治理"难点村"的长效机制，不断提高治理"难点村"的工作水平。

七、"难点村"治理工作的主要任务

治理"难点村"的主要任务有五项：

一是加强农村基层组织建设，解决村级组织软弱涣散、村干部能力不强的问题。加强农村基层组织建设是做好治理工作的关键环节。抓好以村党组织为核心的村级组织配套建设，充分发挥村党组织的领导核心作用，领导和支持村委会、集体经济组织、共青团、妇代会、民兵等组织依法开展工作。建立健全村务公开监督机构、村民民主理财机构，保障其履行职责，监督村务公开制度的落实、村集体资产管理使用和财务收支等活动。注重从农村致富能手、退伍军人、外出务工返乡农民中选拔村干部。引导高校毕业生到村任职，鼓励党政机关和企事业单位优秀年轻干部到村帮助工作，鼓励优秀民营企业经营管理人员、县乡机关和企事业单位退居二线、提前离岗或退休干部职工中的党员回村任职，建设一支守信念、讲奉献、有本领、重品行的农村基层干部队伍。整合培训资源，广泛培训农村基层干部，提高他们的思想素质和开展农村工作的水平。通过财政转移支付和党费补助等途径，形成农村基层组织建设、村干部报酬和养老保险、党员干部培训资金保障机制。抓紧村级组织活动场所建设和农村党员干部现代远程教育工作,两年内覆盖全部行政村。

二是完善村务公开和民主管理制度,解决村务不公开、管理不民主的问题。制度建设是专项治理工作的基础。认真贯彻落实《中共中央办公厅国务院办公厅关于健全和完善村务公开和民主管理制度的意见》(中办发〔2004〕17 号),以财务公开为重点,不断丰富村务公开的内容。在巩固村务公开栏形式的基础上,积极推行村民点题公开、建立信息公开平台等做法,创新公开形式。加强对农村集体资金、资产、资源的管理和审计,建立健全财务管理制度。完善村级会计委托代理服务,实行村务公开答疑纠错的监督制度,保证村务公开及时便捷、全面真实。完善村民自治章程和村规民约等,健全村民会议和村民代表会议议事规则,推进村级事务管理的制度化、规范化、程序化。加强法制宣传教育,引导村民群众规范有序地参与村级公共事务的决策和管理。积极探索新形势下开展村务公开和民主管理的途径和方式,保障村民群众享有正当的民主权利。

三是加强农村党风廉政建设,解决群众反映强烈的突出问题。农村党风廉政建设是做好治理工作的重要保证。认真贯彻落实《中共中央办公厅国务院办公厅关于加强农村党风廉政建设的意见》(中办发〔2006〕32 号),做好被征地农民社会保障工作,做到先保后征,使被征地农民生活水平不降低,长远生计有保障。清理整顿农村财务管理混乱村,查处党政机关干部、村干部等侵占村集体资产和资金、铺张浪费给集体造成损失等问题。

四是帮助发展农村经济和社会事业,解决"难点村"经济和社会发展长期落后的问题。发展是根本解决"难点村"问题的决定性因素。引导村级组织和村民根据市场要求和本村的实际条件,大力发展集体经济,增强集体组织服务功能,促进农民增收。培育农民新型合作组织,大力发展专业合作经济。积极组织和引导文化、教育、医疗卫生、计划生育、社会保障、社会管理等政府公共服务覆盖到农村,缩小城乡公共服务差距,促进城乡基本公共服务均等化。积极探索对接互助形式,鼓励城市社区和"强村"、"强企"结对帮助"难点村"发展经济,增强"难点村"自身发展能力。

五是强化农村社会管理,消除可能引发农村社会不稳定的因素。强化农村社会管理,是做好专项治理工作的重要条件。坚持服务农民、依靠农民,完善农村社会管理体制机制,加强农村社区建设,培育农村服务性、公益性、互助性社会组织,推动形成政府行政管理和村民自我管理的有效衔接、政府依法行政和村民依法自治的良性互动的局面。坚决纠正和制止村党支部和村委会换届选举中的"贿选"和其他违法违纪行为,反对和制止利用宗教、宗族势力干预农村公共事务。加强农村精神文明建设,做好教育和思想疏导工作,化解人民内部矛盾。坚决依法打击农村黑恶势力和各类刑事犯罪,加强社会治安综合治理,维护农村正常生产生活秩序。加强农村警务建设,逐步建立以驻村民警为主导,以群防群治队伍为补充,人防、物防、技防相结合的安全防范机制和防控网络,全面提升农村社区安全防范水平。有条件的村庄,要依托社区资源,组织开展以社区保安、联防队员为主体,专职人员和义务志愿者相结合的邻里守望、看楼护院、看村护家等活动。建立健全村党组织主导的群众维权机制,引导村民群众以理性合法的方式表达利益诉求,维护自身权益。

八、如何帮助和推动"难点村"的经济和社会事业发展

治理"难点村",根本目的是理顺生产关系,解放生产力,更好地发展农村经济和社会事业,保障农民群众的物质利益和民主权利。

(一)积极发展农村经济。"难点村"所在地区,要积极引导村党组织和村委会班子、农民群众根据市场需要和本村实际,选准促进经济发展的好路子,充分挖掘农业发展潜力,拓展非农就业增收空间,实现农业增产、农民增收、农村繁荣;要继续巩固完善强农惠农政策,坚持并完善农业支持保护和补贴制度。各地区各部门在执行这些面对所有农业农村的普惠政策时,特别是安排农业基础设施建设项目等,要统筹考虑,留出一部分资金和项目向"难点村"倾斜。

(二)大力发展农村社会事业。在"难点村"治理过程中,要结合农村社区建设,搭建城市公共服务向农村延伸的平台,加快农村城镇化进程。结合扩内需、保增长的要求,加大农村基础设施建设力度,加快农村饮水安全工程实施进度,增加农村沼气投入,实施农村电网改造,发展农村公共交通等,使农民群众看到治理的成果,树立起发展的信心。

(三)积极探索社会力量帮助治理"难点村"的新形式。采取有效措施,鼓励全社会关注并积极参与发展"难点村"的经济和社会公共事业。动员城市有条件的企事业单位对口帮扶,增强城市对农村的辐射带动作用,积极探索新形势下的对接互助形式;鼓励城市社区与强村结对帮助"难点村";积极引导非公有制企业本着互惠互利、共赢多赢的原则,广泛开展村企结对活动,开发"难点村"的发展潜力。

九、在治理"难点村"工作中如何加强以村党组织为核心的村级组织配套建设

加强以村党组织为核心的村级组织配套建设,为"难点村"治理工作提供重要保障。

(一)加强村党组织建设。以村党组织领导班子的建设为重点、健全党组织为保证、三级联创活动为载体,把村党组织建设成为推动科学发展、带领农民致富、密切联系群众、维护农村稳定的坚强领导核心。一是要紧密结合创先争优和三级联创活动,加强"难点村"党组织建设。围绕基层党组织争创"五个好"(领导班子好、党员干部队伍好、工作机制好、小康建设业绩好、农民群众反映好),农村党员干部争当"五带头"(带头跟党走、带头发展致富、带头服务群众、带头维护和谐稳定、带头弘扬新风正气)的目标要求,把治理"难点村"作为创先争优活动和三级联创活动的重要内容,扎实解决"难点村"党组织建设存在的问题。二是要着眼于构建城乡统筹的基层党建新格局,加大对"难点村"党组织的帮扶力度。要进一步树立城乡统筹的党建工作理念,积极探索建立城乡互帮互助机制,积极开展选派党政机关年轻干部到"难点村"帮助工作或任职,开展党政机关、街道社区、企事业单位等城市党组织与"难点村"党组织结对帮带等活动,建立健全领导干部联系点、部门包村、干部驻村等工作制度,建立健全城乡一体的党员动态管理机制等,切实加大对"难点村"党组织的帮扶力度。三是要进一步推进党内基层民主,促进"难点村"党组织建设。积极探索完善村党组织议事规则和决策程序,落实党员知情权、参与权、选举权、被选举权和监督权,发挥党员的主体作用。改革和完善农村基层选举制度,完善村党支部领导班子"两推一选"办法;推进农村基层党务公开,明确党务公开内容,提高党务公开质量,实现党务公开的经常化、制度化、规范化。四是要以村党支部书记队伍建设为突破口,提升"难点村"党组织建设水平。进一步明确村党支部书记的工作职责,建立健全选拔培养、岗位责任和监督、教育培训、激励保障等四个工作机制,形成岗位有明确目标,工作有合理待遇、干好有发展前途、退岗有一定保障的村党支部书记队伍建设长效机制,培养造就一支守信念、讲奉献、有本领、重品行的村党支部书记队伍。

(二)抓好以村党组织为核心的村级组织配套建设。在加强村党组织建设的同时,切实加强村民委员会以及村集体经济组织、共青团、计生协、妇代会、民兵连等村级其他组织建设,领导和支持他们依照法律法规和章程开展工作。健全和完善村民会议、村民代表会议制度,加强村务公开监督组织和村民民主理财组织建设,认真做好民主决策、民主管理、民主监督工作。积极培育和发展农村服务性、公益性、互助性社会组织。充分发挥这些组织在发展生产、提供服务、参与监督和建言献策等方面的积极作用。

(三)抓好村级组织活动场所和农村党员干部远程教育站点建设。村级组织活动场所和党员干部远程教育站点是基层党组织服务群众的重要阵地。各地区各部门要加大财政投入力度,多渠道筹集资金,按照党的十七届三中全会提出的"村级组织活动场所建设在两年内覆盖全部行政村,党员干部远程教育两年内实现全国乡村网络基本覆盖"的要求,认真抓好项目规划、资金配套、工程管理、设备配置、管理使用等重点环节,确保按期完成所有"难点村"活动场所建设和党员干部远程教育站点建设,为"难点村"治理提供良好的外部条件。同时,切实加强对村级组织活动场所的使用管理和配套建设,充分发挥活动场所"一室多用"的综合效益,把活动场所建设成为集党员活动、村民议事、便民服务、教育培训、文化娱乐等多项功能于一体的综合阵地。

十、如何加强"难点村"的干部队伍建设

(一)选好配强村党组织和村委会班子。选好配强村党组织和村委会班子,特别是选好村党组织书记和村委会主任。不断改革和创新村干部的选拔任用制度,进一步拓宽选人渠道。注重从农村致富能手、退伍军人、外出务工返乡农民中选拔村干部,特别是从优秀大学生中选用村干部。

(二)做好村干部培训。要进一步加大培训力度,提高村干部开展村务公开和民主管理的能力和素质。把"难点村"村干部特别是村党组织书记和村委会主任纳入干部培训计划。要丰富培训内容,重点加强对依法办事、民主管理、服务群众等方面知识技能的培训。要整合培训资源,创新培训形式,充分发挥党校、大中专院校、职业学校、广播电视大学、农广校等各种教育培训机构和资源的作用。

(三)加强作风建设。要坚持不懈地进行马克思主义群众观点和党的群众路线教育,引导村干部摆正同群众的关系,增进同群众的感情,努力学习掌握在新的历史条件下做好农村工作和群众工作的方法和本领。把加强教育与严肃纪律结合起来,对漠视群众利益的个别干部,要进行严肃批评和处理。

(四)建立健全激励保障机制。要拓展发展空间,加大从优秀村党组织书记、村委会主任中选拔乡镇公务员力度。要通过财政转移支付和党费补助等途径,形成村级组织建设、村干部报酬和养老保险、党员干部培训资金保障机制。要注重对优秀村干部从物质上、精神上给予表彰和奖励,引导社会舆论和新闻媒体客观公正地宣传评价村干部,营造良好的舆论环境和社会氛围。

(五)加强对村干部的监督。治理"难点村",要强化监督管理机制,确保村干部想干事、会干事、干成事、不出事。要以维护农民权益为重点,加强监督检查,切实纠正损害农民利益的突出问题,严肃查处涉农违纪违法案件。切实保证村干部选任后廉政谈话、诫勉谈话、述职述廉,向村民会议或者村民代表会议报告工作,接受村民民主评议、村干部任期届满或离任时的经济审计等制度落到实处,提升民主监督的水平。

十一、如何建立健全"难点村"民主管理制度

(一)要以财务公开为重点,在巩固村务公开栏形式的基础上,积极推行村民点题公开、建立信息公开平台等做法,创新公开形式,丰富公开内容。

(二)要加强对农村集体资金、资产、资源的管理和审计,实行村务公开答疑纠错的监督制度,保证村务公开及时便捷、全面真实。县乡两级要建立健全村务公开和民主管理责任追究制度。

(三)要依法完善村民自治章程和村规民约等规章制度,健全村民会议和村民代表会议议事规则、财务管理制度。建立和完善"一事一议"制度,做到所"议"之事确实符合大多数村民的意愿、议事过程充分发扬民主、实施过程和结果接受群众监督,真正体现村务依法民主管理。要抓好制度的宣传普及，采取群众喜闻乐见的方式，使有关村务公开和民主管理的方针政策、法律法规深入人心，家喻户晓。

十二、如何推进“难点村”党风廉政建设

一是要认真落实中央纪委、监察部《关于深入学习贯彻党的十七届三中全会精神进一步加强农村党风廉政建设若干问题的意见》（中纪发〔2008〕34号），以树立理想信念和加强思想道德建设为基础，以规范和制约权力行为核心，以维护农民权益为重点，坚持以纠风和惩治相结合的方式，推进农村惩治和预防腐败体系建设。

二是要重点围绕执行政策、遵纪守法、秉公办事等制定完善村干部具体行为规范，不断提高村级事务管理规范化水平，确保中央方针政策的贯彻落实。要认真执行党内监督制度，加强对强农惠农政策落实情况、支农资金物资使用情况、扩大内需项目建设情况、计划生育政策落实情况的监督检查。

三是要以农民最关心、最直接、最现实的利益问题为切入点，认真解决损害农民利益的突出问题，严肃查处涉农违纪违法行为，切实保障农民权益。引导农村党员加强党性修养，弘扬求真务实、勤政为民、艰苦奋斗、清正廉洁的优良作风。在严格教育、严格管理、严格监督的同时，支持村干部勇于改革、大胆创新，及时为受到错告诬告的同志澄清是非，引导群众客观评价村干部的工作。

十三、如何加强“难点村”社会管理工作

一是要坚持服务农民、依靠农民建立健全农村基层社会管理体制，加强农村社区建设，培育农村服务性、公益性、互助性社会组织，推进形成政府行政管理和村民自我管理有效衔接、政府依法行政和村民依法自治良性互动的局面。

二是要坚决纠正和制止村党支部和村委会换届选举中的“贿选”和其他违法违纪行为，反对和制止利用宗教、宗族势力干预农村公共事务。加强农村精神文明建设，做好教育和思想疏导工作，化解人民内部矛盾。建立健全村党组织主导的群众维权机制，引导村民群众以理性合法的方式实现利益诉求，维护自身权益。

三是要坚决依法打击农村黑恶势力和各类刑事犯罪，加强社会治安综合治理，维护农村正常生产生活秩序。加强农村警务建设，逐步建立以驻村民警为主，以群防群治队伍为辅，人防、物防、技防相结合的安全防范机制和防控网络，全面提升农村社区安全防范水平。有条件的村，要依托社区资源，组织开展以社区保安、联防队员为主体，专职人员和志愿者相结合的邻里守望、看楼护院、看村护家等活动。

十四、如何搞好“难点村”的精神文明建设工作，丰富农村公共文化生活

（一）确立目标，统筹规划。充分认识农村精神文明建设的重要意义，按照政府主导、因地制宜的原则，加强“难点村”文化基础设施建设，确保“乡乡建有文化站”、“村村建有文化室”。

（二）完善经费投入体系。协调各方面关系，调动社会力量，加大文化建设投入。坚持公益性文化设施以政府投入为主的原则，对经济相对落后村的文化基础设施建设，财政给予扶持和倾斜。采取政府扶持和鼓励社会捐助相结合的多渠道筹资方式，扶持和资助有代表性和有影响的农村民间民俗活动。

（三）培养农村文化工作队伍。积极扶持农村专业和业余文化队伍，健全必要的奖励机制为他们开展活动提供有利条件。文化部门要定期或不定期地举办各类培训班，为农村培养科技文化人才，推动农村科技文化队伍发展壮大。

（四）打造农村文化阵地。加快广播电视村村通工程、文化信息资源共享工程、基层文化阵地建设工程、农村电影放映工程、“东风工程”和农家书屋工程等文化阵地建设，充分发挥现有宣传文化阵地的作用，广泛开展群众文化活动，不断满足村民群众的文化需求。

（五）加强城乡文化联动。组织“文化六进”活动，积极探索“三下乡”活动的长效机制，在活动内容上力求不断创新、与时俱进，真正使活动成为反映农民呼声、满足农民需求的有效载体。组织村民群众乐于参与、便于参与的活动形式，提高农民群众的思想认识和文化素质，推动农村精神文明建设。

十五、如何加强“难点村”社会治安综合治理工作，解决宗族和黑恶势力非法干预村务问题

一是要整合农村基层维护社会治安和社会稳定的力量，形成以村党组织为核心，群众自治组织为基础，基层综合治理、政法组织为骨干的农村社会治安综合治理工作网络，筑牢维护社会治安和社会稳定的第一道防线。对于非法干预村务公开和民主管理的宗族、宗教势力，要坚决予以制止。

二是要加强公安派出所、司法所、人民法庭和村警务室建设，发挥他们在基层社会稳定工作中的骨干作用。建立军警民团结协作、群防群治的工作机制，共同维护农村基层社会稳定。加强农村治安防控体系建设，加大打击犯罪的力度，严厉打击农村黑恶势力犯罪，彻底铲除其赖以生存的土壤。

三是各级党委、政府和政法部门要从政策导向、力量配置、经费保障、技术装备等方面向“难点村”倾斜。着力整合群防群治力量，加强治保、帮教、调解、法律援助、治安联防等组织建设。

四是要广泛组织党员、团员、民兵、青年志愿者、离退休人员等参与治安防范，建立多渠道、多行业的治安信息员队伍，发动民间组织参与社会治安综合治理，最大程度地把人民群众组织起来，形成人人参与治安防范的工作格局。

十六、如何加强“难点村”治理工作的社会参与

一是要坚持群众路线，动员群众参与。深入基层，深入群众，到群众困难的地方去排忧解难，到群众意见多的地方去理顺情绪，到出现新情况新变化的地方去总结经验，到工作推不开的地方去打开局面，让农民群众感受到实实在在的利益，吸引广大农民群众积极参与“难点村”治理工作。

二是要借助新闻媒体，提高“难点村”治理的社会参与。全国村务公开协调小组办公室将协调相关新闻媒体，以专版、专栏、专刊等多种形式，全程跟踪报道村务公开和民主管理“难点村”治理工作所取得的进展和阶段性成果，发挥舆论引导作用。各地也应因地制宜，制定相应工作机制。

三是要建立信息通报平台，加大“难点村”治理的社会监督力度。全国和省（区、市）村务公开协调（领导）机构办公室要充分利用现代化信息传播手段，建立高效率的信息沟通系统，用专门网站、专用信箱、专设线路，做到上情及时下达，下情及时上报，受理群众举报投诉，进行法规政策咨询问答，对“难点村”治理工作进行全程信息化管理。

四是“难点村”治理工作的成效，以村民群众是否满意为根本依据。制定“难点村”治理成效群众民主测评指标体系和运作机制，收集群众意见，真正做到以群众的利益诉求和直接需求为工作方向，以群众是否满意为工作成效的根本依据，务求实效。

十七、如何加强“难点村”的集体资产管理工作

一是要按照民主管理的原则，建立健全集体经济组织成员大会或成员代表大会制度。涉及集体资产管理的重大事项，必须经过民主讨论决定，保障集体经济组织成员有效地行使对集体资产的监督权、决策权，发挥集体经济组织成员参与管理的积极性。

二是要搞好民主理财，加大财务公开。加强集体资金的管理和监督，促进集体资产的保值和增值，切实维护集体经济组织的合法权益。进一步加强和规范民主理财制度，加大财务公开力度，切实维护农民群众的知情权、参与权、决策权、监督权，让农民群众全面、充分地了解集体财务活动，参与集体财务决策。

三是要建立健全产权登记、财务会计、民主理财、资产报告等制度，建立健全村会计委托代理服务，完善集体资产管理办法。加强对所属企业的集体资产运行状况的监督。实行联营、股份经营和中外合资、合作经营的农村集体企业，严格执行国家有关法律、法规和政策规定，切实保障集体经济组织对其资产的所有权、收益权。

四是要将集体资产通过拍卖、转让或者由于实行租赁经营、股份经营等方式而发生所有权或使用权转移时，必须进行资产评估，并以评估价值作为转让所有权或使用权的依据。对贪污、挪用、平调、私分、无偿占用及挥霍浪费集体资产等违法、违纪的单位和个人，要依法或按有关规定严肃处理。被侵占的集体资产必须如数归还；不能归还的，应作价赔偿；情节严重、构成犯罪的，依法追究当事人的刑事责任。

十八、如何加强“难点村”治理的组织领导

（一）做好“难点村”治理工作，乡级是基础，县级是关键。要强化党委统一领导、党政齐抓共管、村务公开领导（协调）机构组织协调、有关部门各负其责的领导体制和工作机制。各级党委和政府尤其是县乡两级党委和政府要高度重视，县乡两级主要负责同志要切实履行第一责任人的责任。

（二）各省（区、市）要建立健全村务公开领导（协调）机构，明确职责，落实任务，真正运转起来，充分发挥作用，确保有人理事、有钱办事。村务公开领导（协调）机构各成员单位要明确分工、各负其责，相互支持、相互配合，真正形成一级抓一级、层层抓落实的工作格局。

（三）要把“难点村”治理作为推进农村改革发展的重要任务，制定切实可行的治理方案，抽调精干人员组建治理工作组，深入“难点村”开展工作，并加强督导，务求实效。

十九、如何加大“难点村”治理督查督办力度

（一）治理“难点村”，必须强化责任意识，严格落实责任制。建立“难点村”治理台账，实行销号制。凡是治理工作不达标的，帮扶工作组不离村；对于工作拖拉、进展不力，不积极解决群众反映问题的，要给予通报批评；对于违纪违法的基层干部，要及时予以党纪政纪处分，对违法犯罪的移送司法机关。对于个别治理工作难度大，或者治理工作长期没有进展的村，县一级要直接派出工作组指导乡镇进行重点治理。

（二）要落实督查督办机制，重点督查领导是否重视、机制是否健全、责任是否明确、工作是否规范、群众是否满意等，总结运用好的做法和经验，及时发现和解决治理工作中存在的问题，提出改进工作的意见和建议，推动工作深入开展。

二十、如何建立“难点村”治理的长效管理机制

一是要做好基础工作。针对征地拆迁、农村城镇化、土地承包、民主选举、村务公开和民主管理等方面出现的损害农民群众利益的问题，逐步建立起与农村经济社会发展相适应、相协调的利益分配机制、矛盾化解机制和社会管理机制，保障农民群众合法权益，促进农村和谐稳定。要统筹兼顾不同阶层、不同方面群众的利益，注意依靠社会力量，通过社会关爱、邻里扶助以及群众间的精神抚慰和思想疏导，把内部矛盾解决在基层、化解在萌芽状态，特别要积极预防和有效处置由此引发的群体性事件。

二是要建立健全动态管理机制。要对已经治理的“难点村”进行动态管理机制，采取有力措施巩固治理成果。对经过整治并已经销号了的“难点村”，要实行跟踪问效，对反弹的“难点村”要重新治理。特别是对整治工作中启动的帮扶项目，要抓好落实。对新出现的“难点村”，要及时发现，及时治理。

二十一、“难点村”治理工作成效的评估标准

（一）农村基层组织建设有成效。以村党组织为核心的村级组织配套建设得到加强，建立健全村务公开监督机构、村民民主理财机构，建设一支守信念、讲奉献、有本领、重品行的农村基层干部队伍。

（二）农村基层工作经费有保障。通过财政转移支付和党费补助等途径,形成农村基层组织建设、村干部报酬和养老保险、党员干部培训资金保障机制。

(三)村级组织活动有场所。建成适合村级组织活动需要的村级组织活动场所。其中包括村“两委”办公室、村党员活动(党员干部现代远程教育)室、会议室、图书阅览室、文体活动室、农村社区服务中心、卫生所、计生室等场所。

(四)村务公开和民主管理有制度。建立方便村民观看的固定村务公开栏,做到以财务公开为重点,不断丰富村务公开的内容。建立健全财务管理和定期审计制度,实行村级会计委托代理服务。建立村级事务通报、村级重要工作征询意见、村级重大事项票决、村级工作民主评议和村务公开答疑纠错的监督制度。修订完善村民自治章程和村规民约等,健全村民会议和村民代表会议议事规则。

(五)农村基层党风廉政建设有措施。对财务管理混乱村进行清理整顿,克扣、截留、挪用征地补偿费用和村内征地补偿分配不合理等问题得到有效解决。建立农村党风廉政宣传教育、党风廉政建设监督员、党风廉政情况评议和公示等制度,有效推进农村基层党风廉政建设。

(六)“难点村”可持续发展有保障。村级组织和村民根据市场需求和本村的实际条件,制定发展集体经济、增强集体组织服务功能、促进农民增收的规划和措施。有条件的地方要建立农村新型合作组织,大力发展专业合作经济。政府公共服务覆盖到“难点村”,并提供有效服务。每个“难点村”至少有1个城市社区或“强村”或“强企”结对帮助其发展经济,增强其自身发展能力。

(七)农村基层社会管理有秩序。村内无黑恶势力和各类刑事犯罪,社会治安综合治理切实得到加强,农村生产生活秩序正常,初步形成政府行政管理和村民自我管理的有效衔接、政府依法行政和村民依法自治的农村基层社会管理体制。

(八)村民群众满意率高。建立科学合理的“难点村”治理成效测评机制,群众满意率在70%以下的为不合格。70%以上的为合格,90%以上的为优秀。

全国村务公开协调小组关于印发村务公开和民主管理“难点村”认定参考标准的通知

(2009年7月16日)

各省、自治区、直辖市村务公开领导(协调)机构,计划单列市、新疆生产建设兵团村务公开领导(协调)机构,全国村务公开协调小组各成员单位:

根据中央纪委、中组部、民政部等12部委《关于开展全国村务公开和民主管理“难点村”治理工作的若干意见》(民发〔2009〕20号)与全国村务公开和民主管理“难点村”治理工作视频会议精神,现就村务公开和民主管理“难点村”认定问题提出如下参考标准:

一、村“两委”班子不健全,主要村干部不团结,村级组织软弱涣散,村务公开和民主管理工作无法正常开展。干群关系紧张,党和国家强农惠农政策得不到落实。

二、村民委员会不能按期换届选举或者选举缺乏公开、公平、公正,存在威胁、贿赂、伪造选票等不规范选举行为。

三、民主决策不落实,近三年没有召开过村民会议或者近一年内没有召开过村民代表会议,村民参与重大村务决策的民主权利得不到保障。

四、村民民主理财组织不能正常发挥作用,集体财务管理混乱,集体资产非正常流失,村民合法权益得不到有效保障。

五、民主监督流于形式,存在村务不公开、半公开、假公开现象,村民不能对村干部进行有效监督。

六、宗族、家族、宗教、黑恶势力干预农村公共事务,妨碍农村经济发展和社会稳定。

七、经济社会发展长期滞后,人均收入低于当地平均水平,村落后面貌长期得不到改善,村集体无力为群众办实事、解难题。

八、因村务公开和民主管理工作存在问题,引发村民一年内3次集体进京上访。

九、村民对村务公开和民主管理工作不满意率达30%以上。

各省、自治区、直辖市根据本参考标准,结合本地实际,制定更具体更有针对性的认定标准。凡具备以上情形之一的,即可认定为村务公开和民主管理的“难点村”。各地区也可以根据本地实际,按照村总数一定比例倒排认定“难点村”。

全国村务公开协调小组关于印发《村务公开和民主管理“难点村”治理工作计划(2009－2011年)》的通知

(2009年7月16日)

各省、自治区、直辖市村务公开领导(协调)机构,计划单列市、新疆生产建设兵团村务公开领导(协调)机构,全国村务公开协调小组各成员单位:

根据中央纪委、中组部、民政部等12部委《关于开展村务公开和民主管理“难点村”治理工作的若干意见》(民发〔2009〕20号)的要求与全国村务公开和民主管理“难点村”治理工作视频会议精神,制定本计划。

村务公开和民主管理“难点村”治理工作分四个阶段进行,具体安排如下:

一、试点启动阶段:2009 年 2 月—2009 年 12 月

目标:2009 年 12 月 31 日前完成 20% 的"难点村"治理试点工作。

(一)建立健全"难点村"治理的保障体制机制(4 月—7 月)。

1. 建立办事机构。省、市、县三级建立健全村务公开领导(协调)机构,确保有专人理事。县(市、区)要公布本地区"难点村"治理工作电话,受理群众举报投诉,进行法规政策咨询解答。

2. 完善工作机制。各级党委、政府要依托同级村务公开领导(协调)机构,各成员单位要明确分工、各负其责,形成上下协调、左右联动、共同参与的工作机制。

3. 落实工作经费。各级财政根据实际需要,安排"难点村"治理专项工作经费,确保有钱办事。

4. 制定宣传教育方案。以全国村务公开协调小组印发的"难点村"治理工作宣传提纲为参考依据,结合本地实际制定宣传教育方案,确定宣传教育形式。

5. 开展宣传教育活动。充分利用会议、文件、新闻媒体、村务公开栏等多种渠道,积极开展"难点村"治理的思想发动和宣传教育工作。

2009 年 7 月 31 日前,各省(区、市)将"难点村"治理保障体制机制建立健全情况报全国村务公开协调小组及其办公室。

(二)摸底排查建立台账(7 月—8 月)。

6. 细化"难点村"认定标准。根据全国村务公开协调小组制定的《村务公开和民主管理"难点村"认定参考标准》,省、市指导县(市、区)制定更具体、更有针对性的本地区"难点村"认定标准。

7. 摸清底数。认真做好调查研究,根据认定标准,摸清本地区"难点村"的数量、产生原因、表现形式、影响后果等,建立"难点村"台账。

8. 对调查摸底情况进行综合分析,形成综合分析报告。

9. 在摸清底数的基础上,省、市、县三级要制定治理工作试点方案。

2009 年 8 月 31 日前,各省(区、市)要将"难点村"台账、综合分析报告、试点方案报送全国村务公开协调小组及其办公室。

(三)做好试点工作,探索治理经验(9 月 -11 月)。

10. 确定试点单位。省、市、县三级分别按本地区"难点村"总数的 20% 安排确定试点单位。

11. 组成试点工作组。工作组成员要熟悉农村政策法律,了解农村情况,有事业心和责任感。

12. 做好培训。以县(市、区)为单位,对参加治理试点工作的人员进行政策、业务培训,帮助他们掌握开展"难点村"治理工作的政策措施和基本方法。

13. 抓好治理试点。工作组要进村入户摸清情况,找准问题,研究解决问题的办法和措施,积极稳妥地做好试点工作。县乡两级要定期分析试点工作中出现的情况和问题,加强信息沟通和工作研究。省、市两级要加强工作指导和政策研究。

(四)总结试点工作经验,部署全面展开治理工作任务(10 月 -12 月)。

14. 制定考核测评标准。在全面总结试点经验的基础上,以省(区、市)为单位,制定科学合理的"难点村"治理考核测评标准。

15. 检查验收。省、市在县、乡自查的基础上,适时组织工作组对完成治理任务的试点单位进行抽查评估,了解治理效果,认真总结推广试点工作经验。

16. 制定治理方案和程序。省(区、市)根据试点经验和"难点村"的综合情况,制定带有普遍适用性、指导性的治理方案和程序。市、县、乡三级根据省(区、市)总体部署和要求,结合本地"难点村"的具体情况制定操作性更强的工作方案,并认真组织实施。

17. 开展督导检查。全国村务公开协调小组将适时组成督导组深入各地开展调研督查,召开治理工作经验交流会,通报各地"难点村"治理情况。

2009 年 12 月 31 日前,各省(区、市)将本地区 2009 年度"难点村"治理工作总结、试点先进经验、考核测评标准和经过治理达标的"难点村"花名册(参见附件)报送全国村务公开协调小组及其办公室。

二、全面治理阶段:2010 年 1 月 -2010 年 12 月

目标:全面推进现有"难点村"的治理工作。

18. 组建全面治理工作组。以县(市、区)为基本单位,以参加试点工作的干部为骨干,根据本地区"难点村"具体情况,抽调有关部门人员,组建工作组,进行政策、业务培训。

19. 全面开展治理工作。根据中央纪委、中组部、民政部等 12 部委《关于开展村务公开和民主管理"难点村"治理工作的若干意见》与全国村务公开和民主管理"难点村"治理工作视频会议精神,深入"难点村",宣传发动党员和群众,参照试点取得的成功经验,结合实际开展"难点村"的治理工作。

20. 做好督查工作。省、市两级组织专门力量,定期开展督查工作。村务公开领导(协调)机构和各成员单位要针对治理中的突出问题,深入基层开展专项调研督导。

21. 认真做好验收工作。省、市、县组织专门力量对已完成治理任务的"难点村"进行检查验收,依据本地区治理考核测评标准,验收合格的予以销号,验收不合格的要组织进行整改。

22. 及时进行情况通报。全国村务公开协调小组办公室和省、市两级村务公开领导(协调)机构要及时以各种形式(简报、新闻媒体等)通报各地治理工作进展情况 。

23. 做好情况上报工作。县、乡要及时掌握"难点村"治理工作的情况并定期向上报告。省级村务公开领导(协调)机构要及时掌握治理动态,汇总本地区的治理情况,并及时上报全国村务公开协调小组及其办公室。

2010 年 12 月 31 日前,各省(区、市)要将 2010 年度"难点村"治理工作总结和经过治理达标的"难点村"花名册报送全国村务公开协调小组及其办公室。

三、攻坚克难阶段:2011 年 1 月—2011 年 6 月

目标:重点攻克未合格的"难点村"治理任务。

24. 制定攻坚克难方案。组织专门人员,对未合格的"难点村"做深入的调查研究,全面掌握资料,查找深层次症结所在,综合考虑各方面因素,制定攻坚克难治理方案。

25. 开展治理工作。县(市、区)组建联合工作组,在乡镇党委、政府的支持配合下,进驻"难点村",切实解决存在的问题,满足群众合理的愿望和要求。

2011 年 6 月 30 日前,各省(区、市)要将"难点村"治理工作总结和经过治理达标的"难点村"花名册报全国村务公开协调小组及其办公室。

四、巩固提高阶段:2011 年 7 月—2011 年 12 月

目标:建立健全"难点村"治理的长效机制。

26. 做好检查验收工作。治理工作基本结束时,要对本地区已治理达标的"难点村"进行全面检查验收,确保治理工作扎实有效,不走过场。

27. 做好满意度测评。治理工作基本结束时,要采取适当方式向本村党员、群众通报。组织村民代表对治理工作进行满意度测评,测评结果要向村民公布。根据测评情况,进一步完善跟踪治理的措施,确保在治理工作中尚未解决的突出问题继续得到有效解决。

28. 做好工作总结。各地分别收集、整理材料,依次做好省、市、县三级工作总结,提炼当地专项治理工作的好经验好做法。

29. 做好表彰工作。以省(区、市)为单位,对那些在专项治理中工作得力、方法适当、效果显著的优秀县(市、区)、乡(镇、街道)及先进个人,进行表彰;市、县两级根据本地实际情况表彰优秀乡(镇、街道)和先进个人。

30. 加强制度建设。制定适合当地情况的"难点村"治理工作规程,作为指导今后一段时期工作的操作指南。健全符合本地区实际情况的村务公开和民主管理制度,切实保障村民群众的知情权、决策权、参与权和监督权。

2011 年 11 月 30 日前,各省(区、市)要将本地区三年治理工作总结报告、已完成治理任务的"难点村"花名册报送全国村务公开协调小组及其办公室。

各地要以本工作计划为基础开展"难点村"治理工作,时间进度安排上不能迟于本工作计划的基本要求,各阶段工作安排可以交叉进行,确保"难点村"治理任务如期完成。全国村务公开协调小组将适时表彰"难点村"治理工作先进单位和个人,推进"难点村"治理工作的深入开展。

关于开展村务公开和民主管理"难点村"治理工作的若干意见

(2009 年 2 月 24 日)

近年来,在各级党委和政府的高度重视下,村务公开和民主管理工作取得了显著成效,对于促进农村改革发展稳定发挥了重要作用。但也应看到,一些地方还存在村务公开和民主管理的"难点村"。在这些村庄,有的村级组织不健全,村级班子软弱涣散,村干部能力不强问题没有得到根本解决;有的政策法规不落实,村务不公开或假公开,村务管理不民主现象长期存在;有的群众对村干部意见多,党群干群关系紧张,经济社会发展落后,等等。村务公开和民主管理"难点村"虽然是少数,但如不认真解决,势必影响村务公开和民主管理工作整体水平的提高,势必影响农村经济社会又好又快发展。为深入贯彻落实党的十七大和十七届三中全会精神,经全国村务公开协调小组研究决定,从 2009 年至 2011 年,在指导做好村务公开和民主管理面上工作的同时,开展"难点村"专项治理,力争用三年的时间,使现有"难点村"面貌发生根本性转变。为此,提出以下意见。

一、指导思想和目标要求

治理"难点村",要以邓小平理论和"三个代表"重要思想为指导,深入贯彻落实科学发展观,按照党的十七大和十七届三中全会精神要求,以解决村民群众最关心最直接最现实的利益问题为切入点,以村级组织建设为重点,以健全和完善村务公开和民主管理制度为着力点,保障村民群众的合法权益,促进农村社会和谐,推动农村经济社会又好又快发展。

治理"难点村"工作,要达到以下目标要求:

(一)提高农村基层干部群众民主法制素质。干部群众对坚持党的领导、人民当家作主、依法治国有机统一的思想认识得到有效提高,对推行村务公开和民主管理的自觉性得到有效提升,对搞好村务公开和民主管理的要求认识明确,基层干部组织开展村务公开和民主管理实践的能力明显增强。

(二)健全并落实村务公开和民主管理制度。自觉将各级党委政府强农惠农政策、社会各界支持新农村建设的项目、新农村建设各项资金及其使用情况、农村集体资产和资源处置情况,以及对村干部的民主评议、考核和审计结果等事项,纳入公开的内容,接受群众监督,真正做到凡是与村民群众切身利益密切相关的事项,坚持由村民群众民主决策,不由个人或少数人说了算。村民会议、村民代表会议制度得到落实。

(三)加强农村基层组织。村党组织的领导核心作用明显发挥,村委会能够履行法定职责,在村党组织领导下,积极协助乡镇政府开展工作。村务公开监督机构、村民民主理财机构建立健全,发挥作用。村级群团组织和社会组织不断发展,活动规范化、经常化。

(四)促进各项工作。党在农村的各项方针政策得到贯彻落实,村民群众反映强烈的突出问题得到有效解决,村内各项事业得到发展,群众生活水平稳步提高,党群干群关系和谐,社会稳定,村风文明。

二、主要原则

(一)坚持治理工作与促进农村科学发展相结合。围绕促进农村改革发展稳定大局,坚持以人为本,把"难点村"治理工作与深入学习实践科学发展观活动结合起来,与促进农村各项事业发展结合起来,与保障村民群众物质利益和民主权利结合起来,不搞形式主义,不做表面文章,务求实效,为农村经济社会全面协调可持续发展打牢基础。

(二)坚持发扬民主,走群众路线。尊重农民意愿,充分发挥村民群众的主体作用,调动村民群众参与的积极性和主动性。认真听取村民群众的意见和建议,自觉接受监督,努力解决影响和制约村务公开和民主管理中的突出问题,把群众满意作为评价治理工作成效的根本依据。

(三)坚持从实际出发,分类指导。根据本地区农村经济社会发展的实际情况,有针对性地提出具体的治理方案和治理方法,对症下药,有什么问题就解决什么问题,什么问题突出就重点解决什么问题,不搞一刀切,确保治理工作取得实效。

(四)坚持上下结合,综合治理,标本兼治。根据产生"难点村"的不同原因,采取相应措施,属于村的问题,从村级层面下功夫;属于政府及其职能部门的问题,就从政府或者职能部门这个层面解决。系统研究制约影响村务公开和民主管理的各种因素,充分运用政治、法律、经济、行政等手段,多管齐下,从源头上解决问题。

(五)坚持制度建设,着力形成长效机制。尊重村民群众的首创精神,及时总结推广治理"难点村"的成功经验,并在实践中不断丰富、完善和提高。加强"难点村"治理的制度建设,形成带有普遍规律性和指导性的政策措施,形成治理"难点村"的长效机制,不断提高治理"难点村"的工作水平。

三、主要任务

(一)加强农村基层组织建设,解决村级组织软弱涣散、村干部能力不强的问题。加强农村基层组织建设是做好治理工作的关键环节。抓好以村党组织为核心的村级组织配套建设,充分发挥村党组织的领导核心作用,领导和支持村委会、集体经济组织、共青团、妇代会、民兵等组织依法开展工作。建立健全村务公开监督机构、村民民主理财机构,保障其履行职责,监督村务公开制度的落实、村集体资产管理使用和财务收支等活动。注重从农村致富能手、退伍军人、外出务工返乡农民中选拔村干部。引导高校毕业生到村任职,鼓励党政机关和企事业单位优秀年轻干部到村帮助工作,鼓励优秀民营企业经营管理人员、县乡机关和企事业单位退居二线、提前离岗或退休干部职工中的党员回村任职,建设一支守信念、讲奉献、有本领、重品行的农村基层干部队伍。整合培训资源,广泛培训农村基层干部,提高他们的思想素质和开展农村工作的水平。通过财政转移支付和党费补助等途径,形成农村基层组织建设、村干部报酬和养老保险、党员干部培训资金保障机制。抓紧村级组织活动场所建设和农村党员干部现代远程教育工作,两年内覆盖全部行政村。

(二)完善村务公开和民主管理制度,解决村务不公开、管理不民主的问题。制度建设是专项治理工作的基础。认真贯彻落实《中共中央办公厅国务院办公厅关于健全和完善村务公开和民主管理制度的意见》(中办发〔2004〕17号),以财务公开为重点,不断丰富村务公开的内容。在巩固村务公开栏形式的基础上,积极推行村民点题公开、建立信息公开平台等做法,创新公开形式。加强对农村集体资金、资产、资源的管理和审计,建立健全财务管理制度。完善村级会计委托代理服务,实行村务公开答疑纠错的监督制度,保证村务公开及时便捷、全面真实。完善村民自治章程和村规民约等,健全村民会议和村民代表会议议事规则,推进村级事务管理的制度化、规范化、程序化。加强法制宣传教育,引导村民群众规范有序地参与村级公共事务的决策和管理。积极探索新形势下开展村务公开和民主管理的途径和方式,保障村民群众享有正当的民主权利。

(三)加强农村党风廉政建设,解决群众反映强烈的突出问题。农村党风廉政建设是做好治理工作的重要保证。严肃查处违法征占耕地、不给农民合理经济补偿的违法违纪案件。做好被征地农民社会保障工作,做到先保后征,使被征地农民生活水平不降低,长远生计有保障。清理整顿农村财务管理混乱村,查处党政机关干部、村干部等侵占村集体资产和资金、铺张浪费给集体造成损失等问题。

(四)帮助发展农村经济和社会事业,解决"难点村"经济和社会发展长期落后的问题。发展是根本解决"难点村"问题的决定性因素。引导村级组织和村民根据市场要求和本村的实际条件,大力发展集体经济,增强集体组织服务功能,促进农民增收。培育农民新型合作组织,大力发展专业合作经济。积极组织和引导文化、教育、医疗卫生、计划生育、社会保障、社会管理等政府公共服务覆盖到农村,缩小城乡公共服务差距,促进城乡基本公共服务均等化。积极探索对接互助形式,鼓励城市社区和"强村"、"强企"结对帮助"难点村"发展经济,增强"难点村"自身发展能力。

(五)强化农村社会管理,消除可能引发农村社会不稳定的因素。强化农村社会管理,是做好专项治理工作的重要条件。坚持服务农民、依靠农民,完善农村社会管理体制机制,加强农村社区建设,培育农村服务性、公益性、互助性社会组织，推动形成政府行政管理和村民自我管理的有效衔接、政府依法行政和村民依法自治的良性互动的局面。坚决纠正和制止村党支部和村委会换届选举中的“贿选”和其他违法违纪行为，反对和制止利用宗教、宗族势力干预农村公共事务。加强农村精神文明建设，做好教育和思想疏导工作，化解人民内部矛盾。坚决依法打击农村黑恶势力和各类刑事犯罪，加强社会治安综合治理，维护农村正常生产生活秩序。加强农村警务建设，逐步建立以驻村民警为主导，以群防群治队伍为补充，人防、物防、技防相结合的安全防范机制和防控网络，全面提升农村社区安全防范水平。有条件的村庄，要依托社区资源，组织开展以社区保安、联防队员为主体，专职人员和义务志愿者相结合的邻里守望、看楼护院、看村护家等活动。建立健全村党组织主导的群众维权机制，引导村民群众以理性合法的方式表达利益诉求，维护自身权益。

四、方法步骤

（一）宣传教育、统一思想。做好思想发动和宣传教育工作，把农村基层干部思想、行动统一到治理工作的要求上，把村民群众动员、凝聚到治理工作的实践上。

（二）调查研究、摸清底数。在乡（镇）自查的基础上，以县（市、区）为基本单位，认真做好调查研究，摸清本地区“难点村”的具体情况，包括“难点村”的数量、产生原因、表现形式、影响后果等，并对本地区“难点村”情况进行综合分析，有关情况及时报上一级村务公开协调（领导）机构。

（三）抓好试点、积累经验。在摸清底数、掌握情况的基础上，可以选择一些不同类型的“难点村”开展治理试点工作。各级村务公开协调（领导）机构要及时总结推广治理经验，可以采用现场会、培训班、学习班等方式，对参与治理工作的有关干部进行政策、业务等方面的培训，为全面开展治理工作打好基础。

（四）结合实际、制定方案。省、自治区、直辖市要根据试点经验和“难点村”的综合情况，制定出带有普遍适用性、指导性的治理方案和程序；市、县、乡三级要根据省、自治区、直辖市总体部署和要求，结合本地“难点村”的具体情况制定有针对性的工作方案。

（五）抽调人员、组建工作组。以县、乡为主体，集中精力，抽调专门力量组成工作组，深入“难点村”宣传发动党员和群众，从抓村党支部和村委会班子建设和解决好群众最关心最现实的利益问题入手，开展“难点村”的治理工作。

（六）协同治理、加强督查。县、乡两级要定期报告“难点村”治理情况，省、市两级村务公开协调（领导）机构要根据各县（市、区）工作进展情况，安排各成员单位深入基层，就村民反映的突出问题开展专项督查，推动治理工作健康有序开展。在县、乡两级治理工作结束后，要组织力量进行检查验收。检查验收要充分听取村民的意见和反映，并作为考核治理工作的依据。

（七）攻坚克难、不留死角。省、市两级要对县、乡难于攻克的“难点村”，抽调力量组成工作组深入基层进行调研，与县、乡干部一道分析问题，找准原因，寻求解决的办法，帮助县、乡共同攻克难点。对检查验收不合格的，要督促进行整改完善，确保治理工作不走过场，取得实效。

五、组织领导

“难点村”治理工作任务繁重，责任重大，各地区各部门要在党委和政府统一领导下，把治理工作列入重要议事日程，切实抓紧抓好。

（一）加强领导、齐抓共管。做好“难点村”治理工作，县级是关键，乡级是基础，县、乡两级主要负责同志是第一责任人，县、乡两级党委和政府要把“难点村”治理作为推进农村改革发展的重要任务，作为深入学习实践科学发展观活动的配套性工程，列入工作考核目标，采取得力措施，确保治理工作顺利开展。各省、自治区、直辖市要建立健全村务公开协调（领导）机构，发挥好协调指导作用，各成员单位要加强协作，形成合力。各职能部门要切实履行职责，抓好工作落实。

（二）强化问责、加强督查。采取派工作督导组、召开专题督办会议、建立督查通报制度等形式，推广典型经验，表彰先进，鞭策后进。建立“难点村”治理台账，实行销号制，做到治理工作不达标，帮扶工作组不离村。对治理工作走过场的，要给予批评教育，并进行补课。对工作不力、进展缓慢的，要予以通报。对出于个人利益考虑，不积极解决群众反映强烈的突出问题，甚至充当违法犯罪分子和黑恶势力保护伞，严重失职渎职的干部，应及时采取组织措施，给予党纪政纪处分，构成犯罪的，移送司法机关处理。

（三）把握政策、讲究策略。要妥善处理各方面的利益关系，统筹协调和兼顾不同阶层、不同方面群众的利益，把一切积极因素充分调动起来，促进治理工作扎实稳妥进行。要注意依靠农村社会组织和村民群众的力量，通过社会关爱、邻里扶助以及群众间的精神抚慰和思想疏导，把人民内部矛盾和社会问题解决在萌芽状态，解决在基层。要注意掌握政策，具体情况具体分析，分清是非，保护那些坚持原则、公道正派、群众认可、有能力、有干劲干部的积极性。

（四）建立机制、动态管理。建立和完善“难点村”治理的动态管理机制，采取有力措施巩固治理成果。对经过整治并已经销号的“难点村”，要实行跟踪检查，对反弹的“难点村”要重新治理。特别是对整治工作中启动的帮扶项目，要抓好落实。对新出现的“难点村”，要及时进行治理。

各省、自治区、直辖市村务公开协调（领导）机构，全国村务公开协调小组各成员单位，要按照本意见的精神，结合实际，制定贯彻落实的具体措施 。

关于进一步加强新形势下妇女参加村民委员会工作的意见

（2009年1月9日）

为全面贯彻落实党的十七大、十七届三中全会精神，深入学习实践科学发展观，扩大村民自治范围，进一步完善农村村民自治制度，加强农村村委会建设，充分发挥妇女在村民自治实践中作用，不断把村民自治实践引向深入，现就进一步加强新形势下妇女参加村委会工作提出如下意见。

一、充分认识妇女参加村委会工作的重要意义。妇女是“半边天”，是创造人类文明和推动社会发展的一支伟大力量。妇女的发展水平，妇女地位的提高，是社会发展的重要指标，也是衡量社会进步的尺度。随着工业化、信息化、城镇化、市场化、国际化对我国农村影响的不断加深，农村人口流动不断加大，大量农村青壮年劳动力外出务工，在广大农村普遍存在“留守老人”、“留守妇女”、“留守儿童”现象，妇女日益成为村级事务管理和决策的重要力量，成为农业生产、推动农村经济社会又好又快发展的骨干力量，成为农村物质文明、精神文明、政治文明以及生态文明建设的主力军。新形势下，如何更好地发挥农村广大妇女的参与作用，是深化村民自治实践面临的新课题。近年来，各地积极推进妇女参与村民选举、决策和管理，推动妇女参与农村各项事务，提高村委会成员妇女当选比例和妇女参与程度，保障妇女行使政治权利取得了积极成效。实践证明，妇女参加村委会工作，成为村委会成员，有利于妇女的发展和提高，有利于扩大村民自治范围，有利于健全村党组织领导的充满活力的村民自治机制。进一步扩大妇女参加村民自治实践，是发展农村基层民主，保障人民享有更多更切实的民主权利的必然要求，是扩大党的群众基础、巩固党的执政基础的迫切需要，是完善农村村民自治制度的客观需要，对最大限度地激发社会创造活力，最大限度地增加和谐因素，最大限度地减少不和谐因素，维护农村改革发展稳定的大局具有重要意义。各级民政部门、妇联要充分认识农村妇女在经济发展和社会进步建设中的巨大作用，自觉推进妇女参与村委会工作，把妇女当选村委会成员、参与村级事务管理、提高妇女整体素质，作为全面推进村民自治工作的重要内容，切实抓紧抓好。

二、采取有效措施，引导妇女参加村委会工作。要注重引导妇女参与村民自治实践，采取灵活多样的措施，吸引妇女群众参与民主选举、民主决策、民主管理、民主监督等活动。尤其要抓住民主选举这个关键环节，保障妇女在村民选举中的合法权益，确保《村民委员会组织法》关于“村民委员会成员中，妇女应当有适当的名额”的规定落到实处。在推选村民选举委员会时，要引导村民会议或村民小组把符合条件的女村民吸收进去；在村民直接提名村委会成员候选人时，要引导村民提名符合条件的女村民，同时，积极鼓励农村妇女破除封建思想和世俗偏见，勇于挑重担，敢于接受竞争；在介绍正式候选人时，要引导村民选举委员会积极介绍女候选人的业绩，不得给予任何歧视和不公正待遇；在投票选举时，要组织、教育和引导广大村民尤其是农村妇女正确行使民主权利，把村民拥护的思想好、作风正、有文化、有本领、真心实意为群众办事的妇女，选进村委会班子。条件具备的地方，要探索通过政策创新提高妇女当选比例和推进妇女参与的新办法和新形式，如在选票上注明妇女应有名额等方式，确保村委会成员中妇女当选比例有新的提高。对利用宗族、派性势力，给妇女参选、当选设置障碍的，要依法予以制止和处理。已经完成新一届村委会选举的地方，要认真总结经验，凡村委会班子中没有女成员的，当届期内村委会成员出现缺额时，应首先补选女委员，或建议党委部门在村党组织内配备一名妇女。支持妇女代表担任村民民主理财小组成员和村务监督机构成员，有条件的地方可以开展扩大妇女在村民代表会议、村民小组会议组成人员比例的试点。农村妇女代表会由农村妇女民主选举代表组成，要采取有效措施推动农村妇女代表会主任进入村委会。

三、加强对当选女村委会成员的培训，提高妇女干部的自身素质。要结合村委会选举、村务公开和民主管理等具体实践，开展学习培训，使全体妇女既知晓并享有民主权利，又自觉履行法定义务，增强民主法制意识。要依托基层党校、高等院校、农技校、农广校、妇干校以及现代远程教育网络等，加强对女村委会成员开展政治理论、实用技能和妇女工作业务培训，提高妇女干部的政治业务素质。在对新当选村委会成员进行培训时，要注重培训新当选的女性村委会成员，为她们量身定做培训内容和培训方式，使她们迅速掌握村务管理、决策等方面的方法和技能，增强本领，提高能力，以适应农村工作的需要。要广泛开展“双培双带”活动，把女能人培养成妇女干部，把妇女干部培养成女能人，鼓励她们带头致富，带领妇女群众共同致富、共同发展。在组织社会工作专业培训、资格认证时，优先考虑女村委会成员、村妇代会干部和妇女骨干。对任期内全心全意为村民服务，工作成绩显著的女干部，要及时给予表彰，为连选连任，提高妇女在农村社会生活中的地位创造条件。

四、密切配合，切实加强对妇女参加村委会工作的领导。各级民政部和妇联组织要在党委和政府的统一领导下，把进一步加强新形势下妇女参加村委会工作纳入工作整体规划，统筹协调，共同推进。考虑到农村妇女工作在整个村民自治工作中的特殊性、重要性，今后凡进行村委会换届选举的地方，民政部门在报请党委或政府批准村委会换届选举领导（指导）小组时，过去已吸收同级妇联组织参与的，要继续保持，没有吸收的，要增补，以共同推动村民自治工作的发展。要认真研究新情况，解决新问题，及时总结、推广新经验。要加大宣传力度，通过电视、报刊、网络等大众媒体宣传基层妇女为建设社会主义新农村，推进农村村民自治制度建设作出的积极贡献，团结妇女一道努力把城乡社区建设成为管理有序、服务完善、文明祥和的社会生活共同体。

民政部关于切实做好城市社区居民委员会换届选举工作的通知

（2009年2月2日　民函〔2009〕43号）

各省、自治区、直辖市民政厅（局），计划单列市民政局，新疆生产建设兵团民政局：

2009年，全国将有16个省、自治区、直辖市进行城市社区居民委员会（以下简称居委会）换届选举。为切实做好居委会换届选举工作，现就有关事项通知如下：

一、充分认识做好新形势下居委会换届选举工作的重要意义

居委会换届选举是宪法和法律规定的一项重要制度，也是我国社会主义民主在城市基层最广泛的实践形式之一。当前，我国城市基层社会正在发生深刻变化，居委会换届选举工作面临着许多新情况、新问题，特别是随着城市流动人口的激增、就业压力的增大和社区居民民主法制意识的增强，做好居委会换届选举工作的难度在加大、要求在提高、工作量在增加。2009年是我国进入新世纪以来经济发展最为困难的一年。切实做好居委会换届选举工作，对于进一步提高城市社区管理和服务水平，切实保障社区居民享有更多更切实的民主权利，落实中央关于保增长、保民生、保稳定的各项方针政策，都具有重要的意义。各级民政部门要从深入贯彻落实科学发展观和坚定走中国特色社会主义政治发展道路的高度，按照党的十七大关于坚持和完善基层群众自治制度的要求，切实提高对做好2009年居委会换届选举工作重要性的认识，加强组织引导，认真研究解决选举中存在的问题，将居委会换届选举工作抓实做好。

二、认真做好选举前的准备工作

建立健全工作领导机构。凡有居委会换届选举的地方，各级民政部门都要积极向同级党委、人大和政府汇报，在省、市、区、街道层面建议成立由党委、人大和政府领导挂帅，有关部门参与，民政部门组织协调的换届选举工作机构，并保证必要的工作人员和工作经费。要积极指导社区依照有关法律和政策规定组建社区选举委员会，推动选举工作有领导、有步骤、有秩序地开展。

制定完善实施方案。各地特别是市区、街道要在总结和巩固以往换届选举成功经验的基础上研究制定切实可行的换届选举工作实施方案。制定实施方案前要搞好摸底调查，全面掌握社区情况、居委会干部情况及群众关注的突出问题。要重点关注城乡结合部、撤村建居、外来人口聚集、新建住宅区等“难点”社区的选举，对流动人口参选、社区干部交叉任职、候选人竞争演讲等问题做出预案，确保换届选举顺利进行。在撤村建居的地方，凡农村集体经济改制没有完成的，选举时应适用村委会组织法的规定，不能适用居委会组织法的规定。

组织开展选举培训。各地要分级对民政系统工作人员进行培训，使他们熟悉有关法律、法规和政策，熟悉选举的各项程序和相关问题的处置方法，提高指导选举的工作能力。市区、街道要重点做好选举骨干人员的培训，使他们掌握组织选举的必备知识、选举中常见问题的处理方法和技巧，提高实际操作的规范化水平。培训要理论联系实际，以实际操练为重点。

做好宣传动员工作。要通过行之有效的方式，对社区居民进行广泛深入的社会主义民主法制教育，激发他们参与社区居委会选举的热情，了解选举的基本程序，积极主动地参加选民登记和投票选举，同时要引导选民珍惜自己的民主权利，自觉抵制各种违法行为，真正把那些遵纪守法、办事公道、热心为居民服务的人选进居委会。

三、扎实做好投票选举工作

认真做好选民登记工作。对人户分离的城镇居民，原则上要在经常居住地进行登记，对愿意参加户口所在地选举的，要尊重其自主选择的权利，但不得重复行使选举权利。对选派到社区工作的机关干部、复退军人和大学生，也要在尊重其意愿的基础上对其进行登记。对居住在本社区一年以上的外来务工经商人员，应认真听取其意见，尊重其意愿，凡愿意参加本社区选举的人员，并经社区选举委员会同意，应予以登记。对自愿放弃选民权利的社区居民，可不计算在本届选民数内。

民主提名候选人。各地可以依据法律和有关政策提出候选人倡导性条件，但不得与宪法、法律相抵触。候选人居住的社区原则上应与其参选的社区一致。候选人要由居民提名产生，其人数应多于应选人数。有条件的社区要组织候选人与社区居民见面，向社区居民介绍自己的情况及社区治理方案，组织候选人开展有序竞争。坚决反对和抵制贿选。

组织搞好投票选举工作。要严格按照选举程序组织投票，采用大会形式进行选举投票的，要维持好会场秩序。探索利用互联网、手机短信等现代技术和采用分时设立投票站的灵活做法组织投票选举。投票结束后，要公开唱票、计票。每个统计组由一个唱票员、一个计票员和两个监票员组成，分别负责唱票、计票和监票工作。对选举结果有争议的，由社区选举委员会民主裁定。

四、努力做好换届选举的后续工作

搞好工作交接和建章立制工作。新一届居委会产生后，上届居委会要在街道办事处和社区选举委员会的指导监督下，及时办理工作交接手续，并把公章、财务账目、办公设备、服务设施等一并移交。及时指导居委会在原有的基础上进一步健全居民公约，规范民主决策、民主管理、民主监督程序，完善议事协商、共驻共建等制度，推动社区管理和服务工作有条不紊地进行。

对新一届居委会成员进行培训。要对新当选的居委会成员分期分批进行岗位培训，使他们熟练掌握和运用社区建设的有关法律、法规和政策以及居委会的基本工作方法和相关技能，尽快适应新的岗位，进入新的工作角色。对连任的居委会成员不定期进行轮训。

切实解决居委会成员工作报酬、福利待遇和工作条件问题。对新当选人员，要落实他们的工作补贴和各种福利待遇，其报酬应不低于当地平均社会工资水平；对落选人员要做好思想工作，妥善解决好其生活保障问题。要逐步提高居委会工作经费标准，改善居委会工作用房和居民公益性服务设施等工作条件，确保居委会正常开展工作。

五、加强组织引导，确保居委会换届选举工作顺利完成

各级民政部门要积极争取党委政府的重视和支持，依法履行好对换届选举工作的指导职能。要以省为单位统一届期，以便统一部署、统一组织、统一指导、统一检查，提高工作效率，降低选举组织工作成本。要积极扩大居委会直接选举的覆盖面，力争在“十一五”末实现直接选举覆盖面50%的目标。要及时把握选情，靠前指导，对换届选举中出现的问题，凡是民政部门能够解决的，应及时解决；需要几个部门联合解决的，要主动与有关部门协商解决；需要报请党委、人大常委会或政府决定的，应及时将解决方案上报。要研究新情况，解决新问题，及时进行督促检查，全面掌握换届选举的进程，把握指导工作的主动权和规律性。换届选举工作结束后要及时以省（自治区、直辖市）为单位向本级人民政府写出书面报告，同时报送民政部。

民政部关于贯彻执行《中华人民共和国城市居民委员会组织法》的通知

（1990年1月24日　民基发〔1990〕5号）

各省、自治区、直辖市民政厅（局），各计划单列市民政局：

《中华人民共和国城市居民委员会组织法》（以下简称《居民委员会组织法》）的颁布施行，标志着我国城市居民委员会建设进入一个新的历史发展阶段。依法建设好居民委员会，对于团结、动员和带领广大居民群众、巩固和发展安定团结的政治局面，促进城市的社会主义物质文明和精神文明建设，具有十重要的意义。为了贯彻落实好《居民委员会组织法》，特作如下通知：

一、认真学习和宣传《居民委员会组织法》

首先，要抓好街道干部和居民委员会干部的学习。要以党的十三届四中全会和五中全会精神为指针，逐条逐款地对《居民委员会组织法》进行学习。其次，在此基础上，要有组织有计划地向居民群众宣传《居民委员会组织法》。宣传的主要内容是：居民委员会的性质、任务和产生办法；什么人有选举权和被选举权；居民自治的内容、形式、原则及居民自治的权利。

二、搞好试点

各省、自治区、直辖市民政厅（局）和计划单列市民政局要在当地政府的领导下，与有关部门一起，组织专人，选择一、二个工作基础比较好的居民委员会进行贯彻《居民委员会组织法》的试点，全面实施《居民委员会组织法》，搞好群众的自我管理、自我教育和自我服务，发挥居民委员会群众自治组织的作用。要注意总结试点经验，通过典型示范，带动全盘，逐步把本地区的居民委员会真正建设成为基层群众性自治组织。

三、进一步加强居民委员会的建设

按照《居民委员会组织法》的规定，选配好居民委员会领导班子。要多方开辟居民委员会干部的来源，不断提高居民委员会干部的文化素质和业务水平。

建立健全居民委员会下设的机构，制定和完善各项规章制度。对于那些工作无人抓、处于涣散状态的居民委员会，要弄清问题的症结，采取有效措施，认真进行整顿。

扶持和保护居民委员会兴办有关的服务事业，推进社区服务活动的开展，增强居民委员会的凝聚力。

四、加强对居民委员会工作的指导

民政部门要做好居民委员会建设的日常工作。当前，要把学习、宣传、贯彻《居民委员会组织法》和指导居民委员会建设的工作作为一件大事来抓。要深入基层，调查研究，弄清本地区居民委员会建设的基本情况，向当地政府提出贯彻执行《居民委员会组织法》的具体方案和实施方法。

请各地将学习、宣传、贯彻《居民委员会组织法》的具体安排和意见，以及贯彻实施过程中的重大情况和问题，于4月1日前报部。

民政部办公厅关于对家属委员会是否需要民主选举的请示的答复

（1997年7月15日　厅办函〔1997〕183号）

江西省民政厅：

你厅“关于家属委员会是否需要民主选举的请示”收悉，我们原则上同意你们对这个问题的解释，并补充如下：

一、家属委员会是对家属聚居区的居民实行社会管理和服务的群众性自治组织，是居民委员会的一种组织形式，其性质、功能和所承担的任务同居民委员会是一样的。

二、家属委员会与居民委员会的区别在于，是居民委员会的工作只接受市辖区或不设区的市人民政府以及它的派出机关的指导，而家属委员会不仅要接受市辖区或不设区的市人民政府以及它的派出机关的指导，而且要接受所在单位的指导；二是居民委员会的经费来源、居民委员会成员的生活补贴费用均由市辖区或不设区的市的人民政府规定并拨付，居民委员会的办公用房由当地人民政府统筹解决，而家属委员会的工作经费和家属委员会成员的生活补贴费、办公用房则由所在单位解决。

三、家属委员会的组织结构及其成员的任职条件、任职时间和产生办法，均应同《居民委员会组织法》对居民委员会的规定相一致。

四、家属聚居区的居民参与家属委员会的选举，是法律赋予他们的民主权利，如家属委员会成员不经过民主选举产生，无异于剥夺了居民的民主权利，属违法行为，应坚决予以纠正。

附：关于家属委员会是否需要民主选举的请示

江西省民政厅关于家属委员会是否需要民主选举的请示

（1997年6月28日）

民政部：

最近，省人大内务司法委转来南昌市人大内务司法委关于"企业家属委员会是否与城市居民委员会一样任期3年并进行换届选举的请示"，由于《居委会组织法》没有明确规定，请示如下：

我们认为，机关、团体、部队、企业、事业单位家属聚居区如何设立家属委员会的问题既然列入了《居委会组织法》的条款并规定承担居民委员会的工作，其性质就应该是"自我管理、自我教育、自我服务"的基层群众性自治组织，既然是群众自治组织就应按《居委会组织法》的规定任期3年并进行换届选举，如果是没有任期且不进行民主选举就将改变其性质。另外，我厅在"关于开展居民委员会建设达标升级活动的规定"中不仅包括了家属委员会，而且要求居（家）委会成员"由民主选举产生"。为此，我们意见是家属委员会应与城市居民委员会一样任期3年并进行换届选举。

妥否，请批示。

民政部办公厅关于转发武汉市人民政府关于进一步加强城市居民委员会建设的通知

（1997年7月28日　厅办函〔1997〕191号）

各省、自治区、直辖市民政厅（局），各计划单列市民政局：

武汉市人民政府在充分调查研究的基础上，学习借鉴上海经验，就加强城市居民委员会建设的有关问题作了明确规定，特别是在解决长期制约居民委员会建设的突出问题方面有所突破。现将《武汉市人民政府关于进一步加强居民委员会建设的通知》转发你们，供借鉴参考。

武汉市人民政府关于进一步加强城市居民委员会建设的通知

（1997年5月26日）

各城区人民政府，市人民政府各部门、各直属机构：

城市居民委员会（以下简称居委会）是基层群众性自治组织，是我国政权的基础，是党和政府联系居民群众的桥梁和纽带，是城市工作的落脚点。根据《市委、市人民政府关于学习上海经验，开创武汉改革开放和经济建设新局面的决定》（武发〔1997〕6号）和《中华人民共和国城市居民委员会组织法》、《湖北省实施〈中华人民共和国城市居民委员会组织法〉办法》，为全面贯彻中共中央十四届六中全会精神，充分发挥居委会在创建文明城市中的积极作用，经研究，现对居委会建设中的若干问题通知如下：

一、进一步明确居委会的工作任务

（一）召集和主持居民会议，向居民会议负责并报告工作，执行居民会议的决定、决议，监督执行居民公约。

（二）向居民宣传党的路线、方针、政策和国家法律、法规，教育居民遵纪守法，爱护公共财物，履行法定义务。

（三）加强本居住地区居民的社会主义精神文明建设，开展多种形式的理想道德、科学教育和健康向上的文化娱乐活动，教育居民尊老爱幼、扶困助残、拥军优属、团结互助、移风易俗，养成文明、健康、高尚的生活方式。

（四）开展便民利民的社区服务活动，办理本居住地区的公共事务和公益事业，为居民生活排忧解难。

（五）调解民间纠纷，做好疏导工作，防止矛盾激化，促进居民家庭和邻里团结。

（六）协助有关部门进行社区管理，发动居民开展爱国卫生运动，保持本居住地区整洁，搞好绿化、美化。

（七）协助维护社会治安，配合做好"两劳"释放人员的安置、帮教和常住、暂住人口的登记管理工作。

（八）协助街道办事处做好计划生育、青少年教育和优抚救济等项工作。

（九）维护居民的合法权益，向街道办事处反映居民的意见、要求和提出建议。

二、切实保障居委会的合法权益和依法行使职责

（一）居委会成员的产生和撤换必须严格依法进行。

（二）居委会在研究与驻本居住地区单位有关问题时，通知有关单位派员参加。有关单位要遵守所在地居委会的有关决定和居民公约。居委会成员到驻本居住地区单位和有关部门联系工作时,有关单位和部门应热情接待和积极支持。

(三)有关部门不能把不属于居委会职责范围内的工作交给居委会承担,确需居委会帮助完成的,经与居委会协商同意后,再由街道办事处统一安排。居委会拒绝有关部门直接布置的工作。

(四)居委会享有与其职责相应的居民活动组织权;居民公共事务与公益事业决策管理权;居民公约监督执行权;集体财产管理权;自有资金支配权;居民参军、招工就业推荐权;五好家庭、文明单位的评议权。

(五)产权属居委会的办公、社区服务、社区文化、经济实体等用房、设备以及居委会的收入、上级下拨的办公经费归居委会集体所有,任何单位和个人不得侵占、截留、上收、平调和挪用,审计、财政、民政部门每年要对居委会的收支情况进行审计。

(六)各单位要教育职工增强居民意识,支持居委会的工作,参加居委会的有关活动。居民要尊重和爱护居委会成员,积极配合工作。对干扰、妨碍居委会工作的居民,所在单位要给予批评教育,情节严重的要按规定予以严肃处理。

三、加强居委会的组织建设和制度建设

(一)配齐配强居委会领导班子,居委会成员原则上在街道办事处辖区内通过招聘、选派、选聘等方式推荐,依法选举产生。要把年龄轻、文化素质高、热心居委会工作的同志推选到居委会工作。要把居委会成员的推荐与机关干部的交流、下岗职工的再就业和大中专毕业生的安置结合起来。家属委员会成员由所在单位推荐,经过民主选举产生。街道办事处可选派机关干部协助居委会工作。

(二)要逐步改善居委会成员的年龄和文化结构,新当选的居委会成员原则上不超过50周岁,文化程度在高中以上。居委会成员的最高年龄原则不超过65周岁。为减少居委会成员职数,居委会党支部成员与居委会成员可交叉任职。

(三)居委会要建立健全居民代表会议制度、居委会工作制度、财务管理制度、居委会成员岗位责任制、目标管理和考核检查等项管理制度,组织制定《居民公约》,使居委会工作逐步走上法制化、制度化、规范化的轨道。

(四)区人民政府对居委会主任、街道办事处对居委会其他成员每届内要组织培训一至两次,不断提高居委会成员的自身素质。

四、大力支持居委会搞好社区服务工作和社区管理

(一)居委会的工作以社区服务和社区管理为重点,不再从事与社区服务无关的生产经营活动。居委会所办企业或市场,经营情况好、可以继续兴办的实行所有权和经营权分离,由街道经济组织经营管理,经济收入按居委会与街道办事处协商的比例返还。对污染扰民、占道经营、经营困难、不宜再办下去的要依法注销经营资格。

(二)居委会要大力开展社区服务活动,建立志愿者协会、兴办便民利民的社区服务事业,办理好本居住地区的公共事务和公益事业,为居民的生活排忧解难。

(三)各级人民政府和有关部门及居委会所在地单位要在政策、场地、资金等方面大力支持居委会开展社区服务、社区管理。工商、税务、卫生等部门对居委会兴办的社区服务业在办证、征收税费等方面要给予优惠。

(四)力争在两年内使全市每个居委会都要有文化活动室和一定面积的社区服务场地。市建委、市规划、土地局要根据我市"九五"计划确定的目标,适当提高新建住宅小区配套设施中社区服务设施的规划指标,特别是增加便民利民服务设施、文化教育设施、老年人生活服务设施等的规划指标。

(五)居委会兴办的社区服务业,实行有偿服务与无偿服务相结合,有偿服务的收入主要用于社区服务设施的建设和居民群干的生活补贴。居委会在兴办社区服务业中,要严格执行市人民政府第55号令的规定,严禁利用其活动场所从事赌博、色情等违法经营活动。

五、不断改善居委会群干的生活条件和工作条件

(一)每个居委会配备3名专职干部,在职期间享受事业编制待遇,收入原则上不低于全市职工人均月收入水平。由区财政按上述要求核定人员开支,经费由区街分担。从1997年10月1日开始执行。

(二)从1997年10月1日起,将居委会办公经费由每月300元提高到500元,增加部分仍按市、区、街分别负担60%、20%、20%的办法执行。家属委员会的经费仍按原渠道解决。

(三)对新建的居委会,从建立之日起除按规定划拨经费外,再由区财政一次性增拨3万元经费,用于居委会的筹建和社区服务、社区管理。

(四)除专职成员外的其他居委会成员的生活补贴,由街道办事处统一标准,原则上不得低于全市职工最低工资线,经费由街道办事处和居委会分担。

(五)居委会成员因公负伤,医疗费由所在单位负担;无单位负担的,由居委会负担;居委会支付有困难的,由街道办事处予以补助。居委会成员因公致残,参照党政机关干部评残办法和条件,由市民政局审批,区人民政府给予抚恤。对在居委会工作时间较长的离任成员,由街道办事处一次性补贴一定的经费。对居委会成员要逐步实行养老保险。

(六)居委会的办公用房不得低于50平方米的使用面积,达不到这一标准的,由区人民政府、有关开发建设单位商市规划、房地局制定补建或调整计划,保证1999年底全面达标;家属委员会的办公用房由所在单位解决。居委会办公用房拆迁,必须就地还建,还建面积未达到标准的,应予补足,否则有关部门不得验收使用。新建住宅小区由开发商按每500户无偿提供70平方米使用面积的居委会办公用房,交给街道办事处,由居委会使用。凡因将居委会原有办公用房改作它用而致使居委会办公用房达不到标准的,必须在1997年底前恢复为办公用房。

(七)各城区人民政府要根据先期介入的原则,及时组建和调整居委会。新建居委会以400户至800户为宜。原有居委会过大或过小可作适当调整。新建住宅小区只要迁入一定户数居住户数一时达不到上述标准,就要提前建立居委会。新建住宅小区不得以物业管理机构代替居委会,凡违反上述规定的要立即纠正,物业管理机构应协助居委会的工作,共同搞好社区管理。

六、加强对居委会工作的指导

(一)市、区人民政府要把居委会建设作为一件大事来抓,列入重要议事日程,定期召开专门会议研究居委会工作,每年要对居委会工作进行总结表彰。

(二)市、区人民政府和有关部门要经常深入居委会调查研究,全面掌握工作情况。

(三)市人民政府办公厅要督促有关部门负责居委会有关工作的组织、协调、指导和督办。

(四)民政部门是负责居委会日常工作的职能部门,其职责是:

1. 指导居委会的组织建设和制度建设;

2. 总结交流经验;

3. 组织开展先进居委会和优秀居委会成员的评比表彰活动;

4. 指导社区服务;

5. 组织指导居委会成员的培训工作;

6. 调查了解居委会的现状和存在的问题,为政府提供决策依据;

7. 制定和修改有关的规章制度。

(五)街道办事处负有直接指导居委会建设的职责,主要领导同志要亲自抓,要把居委会建设作为街道办事处的主要工作任务抓紧抓好。要把居委会建设的好坏作为考核街道办事处及主要领导同志工作的重要依据。街道办事处要制定指导居委会工作的办法,建立专门会议制度,及时调查了解和研究解决居委会建设中的困难和问题,要关心、爱护居民群干,切实减轻他们的工作负担。

(六)公安、司法、文化、教育、卫生、计生等有关部门要各司其职,加强对居委会下设的专门委员会和专项工作的指导,并指导好专项业务的培训和制度建设。同时,各部门又要相互配合,狠抓落实,共同促进居委会建设和社区建设。

(七)要把创建模范居委会升级达标活动作为促进居委会建设的一项重要措施继续开展下去,该项活动由民政部门按条件考核验收,每年底由市、区、街分别对达标的模范居委会命名表彰。对模范居委会要着重考核社区服务、社区管理、社区治安、社区环境、社区文化、计划生育等精神文明建设指标。

(八)加强对《中华人民共和国城市居民委员会组织法》和居委会工作的宣传教育,增强法律意识和居民意识,使全市居民进一步认识居委会工作的重要性,关心支持居委会的工作,逐步提高居委会成员的社会政治地位。

(九)各城区人民政府及市有关部门要按照本通知精神,制定有关的落实措施和实施细则,狠抓落实,促进全市居委会工作的健康发展。

民政部关于进一步建立健全村务公开制度深化农村村民自治工作的通知

(1997年8月5日 民基发〔1997〕23号)

各省、自治区、直辖市民政厅(局):

建立健全村务公开制度是加强农村村委会建设的重要内容。近几年来,全国各地在推行村民自治的过程中,对村务公开工作也进行了积极的探索和实践,这对提高村民自治的整体水平和质量,促进农村经济发展和社会稳定起到了很好的作用。为进一步建立健全村务公开制度,深化农村村民自治工作,特作如下通知:

一、提高认识,高度重视村务公开工作

我国农村社会主义市场经济和民主法制建设的实践证明,广大农民群众在积极发展经济的同时,要求民主决策、民主管理、民主监督农村各项事务的愿望在不断增强。切实保护农民群众的民主权利,积极发挥他们参与村务管理的积极性,是今后一个时期农村村民自治工作的一项基本任务。事实表明,一些地方由于村务不公开或公开的程度不够,造成了干群矛盾尖锐,影响了农村社会稳定。而村务公开则强化了民主监督,密切了干群关系,促进了基层廉政建设,有利于社会稳定,符合时代精神。党政领导的重视,农民群众的强烈要求以及推行村务公开的实际效果,已使村务公开工作从整个村民自治工作中突出出来。各级民政部门要从维护农村社会稳定,促进经济发展和社会主义基层民主政治建设的大局出发,深刻认识建立健全村务公开制度的重要性、紧迫性;要抓住当前党政领导重视村务公开工作的有利时机,切实把深入开展村务公开工作当作开展村民自治工作的重要内容,同开展村民自治的其他工作紧密结合起来;要通过推行村务公开促进村民自治整体工作的深化,加强农村基层政权建设;要通过村民自治示范活动的深入开展,促进村务公开工作的持久、健康发展。

二、注重实效,努力实现村务公开的规范化、制度化

推行村务公开,贵在持之以恒、讲求实效。要从农民群众普遍关心的问题入手。从现实情况看,村务公开的内容大体包括以下几个方面:一是财务管理公开;二是计划生育指标公开;三是征用土地和宅基地审批公开;四是农民负担情况公开；五是集体经济项目承包、经营情况公开；六是农用挂钩物资分配和救灾救济款物发放公开；七是村干部年度工作目标、工资报酬、功绩过失情况公开。在实际工作中，各地还可以根据本地实际情况，制定具有自身特点的村务公开内容，并随着形势的变化，不断调整、充实村务公开的内容，真正做到凡涉及农民群众切身利益的大事，都要向群众公开，接受群众监督。

要逐步建立起推行村务公开的运行机制。对村民普遍关心的问题，公开前必须提交村党员大会和村民代表会议审核，做到公开程序规范；公开的事项要全面、准确、具体，做到公开内容规范；要根据大多数村民的意见，决定公开的时间和次数，做到公开时间规范；要从方便村民了解村内事务出发，设置固定的村务公开栏，做到公开阵地规范；要在村民代表会议中建立村务公开小组，具体负责村务公开工作，做到公开管理规范。要建立健全各项村务管理制度，不断完善村务公开的运行机制和保障监督机制，规范、约束干部和群众的行为，使村务公开工作有章可循。

三、重视调查研究、分类指导，不断总结村务公开的新经验

村务公开所涉及的内容是农村群众普遍关注的问题。因此，各级民政部门一定要重视村务公开的调查研究，及时掌握情况，加强分类指导，有针对性地开展工作。没有实行村务公开的地方，要采取有力措施，加大力度，尽快推开。已经实行村务公开的地方，要持之以恒，不断巩固和完善。要抓好典型示范，不断总结新经验，以点带面，推动工作，把村务公开引向深入。要认真总结、推广通过村务公开密切党群干群关系，维护社会稳定的经验，通过村务公开促进农村社会主义民主政治建设的经验，通过村务公开促进农村经济发展、促进社会全面进步的经验，通过村务公开促进村民自治整体推进、不断深化的经验。要认真研究总结村务公开工作自身的运行规律，结合乡镇政府规范化管理的客观要求，积极探索乡镇政务公开的路子，实现乡、村两级公开的互相促进、互相监督，实现乡村两级组织配套建设的有机结合。

四、加强领导，不断提高村务公开工作的水平

推行村务公开是一项政策性很强的工作，一定要加强领导。各级民政部门要发挥职能作用，切实把建立健全村务公开制度、推行村务公开工作当作全面加强村委会建设、深化村民自治工作的重要内容摆上议事日程，抓紧抓好。要在各级党委、政府的领导下，认真研究村务公开的内容、程序、形式和监督等问题。省一级要结合本地实际，加强指导，明确要求；县、乡两级要制定村务公开的具体实施办法，切实搞好村务公开工作。要加强推行村务公开工作的宣传、教育工作，采取多种形式，进行经常性的宣传、教育，使乡村干部增强民主意识、树立群众观点，掌握正确开展村务公开的基本知识，消除对村务公开的种种疑虑和模糊认识，积极主动地投身到村务公开、村民自治工作中去。各级民政部门在开展村民自治示范评比表彰活动中，要将村务公开作为评选村民自治模范单位的重要条件。要加强与有关部门的协调，形成整体合力。要经常深入基层，加大检查、监督力度，及时发现并解决问题，推动村务公开工作不断深入地开展下去。

民政部关于印发《全国农村村民自治示范活动指导纲要（试行）》的通知

（1994年2月4日　民基发〔1994〕5号）

各省、自治区、直辖市民政厅（局），各计划单列市民政局：

现将《全国农村村民自治示范活动指导纲要（试行）》印发给你们，请结合各地情况参照执行。

村民自治示范活动，是在贯彻《中华人民共和国村民委员会组织法（试行）》过程中，一些地方的创造。中共中央（1990）19号文件，对开展村民自治示范活动，提出了具体要求。目前，村民自治示范活动已在全国多数地方展开。这项活动开展的时间不长，但已对推进村民自治起到了摸索经验，树立典型的作用。实践证明，开展村民自治示范活动是贯彻落实《村委会组织法》，推进农村基层民主政治建设的好办法。各地民政部门一定要将这项活动扎扎实实地开展下去，并注意发挥典型的作用，做到点与面的有机结合，进一步推进农村村民自治和农村基层民主政治建设，促进农村两个文明建设的发展。

全国农村村民自治示范活动指导纲要（试行）

（1994年2月8日）

为了贯彻落实中央农村工作会议精神，进一步贯彻《中华人民共和国村民委员会组织法（试行）》（以下简称《村委会组织法》），加强村民委员会的建设，使村民委员会能够切实履行自治职能，管好本村事务，根据《中华人民共和国宪法》、《村委会组织法》以及中共中央（1990）19号文件关于"每个县都要选择几个或十几个村，开展村民自治示范活动，摸索经验，树立典型"的要求，结合各地实践经验，特制定本指导纲要。

一、村民自治示范活动的目标和任务

（一）村民自治示范活动的目标是：到本世纪末，每个省（自治区、直辖市）、每个地（市）、每个县（市）、每个乡（镇）均建有符合标准的村民自治示范单位，并逐步实现每个地（市）建成一个村民自治示范县（市），每个县（市）建成一个村民自治示范乡(镇),每个乡(镇)建成一个村民自治示范村,并能发挥其示范作用。

(二)村民自治示范单位的任务是:全面贯彻《村委会组织法》,村民委员会干部依法由村民直接选举,实行直接民主;建立村民会议或村民代表会议,村中重大事情由村民民主决策;制订村规民约或村民自治章程,村务工作由村民民主管理;建立村务公开制度和村民监督机制,实行民主监督。通过民主选举、民主决策、民主管理、民主监督的系统程序和制度,全面增强和提高村民的参政议政意识和能力,发动和依靠群众,把村委会建设成为自觉执行党的政策和国家法律、法规,履行自治职能,管好本村事务和具有较强凝聚力的群众性自治组织。

二、村民自治示范单位的标准

(三)村民自治示范村是村民自治示范活动的基础。村民自治示范村的标准是:1. 村民直接选举村委会干部,村委会班子团结坚强,干部任期目标责任明确;2. 村委会各下属委员会和村民小组健全,职责明确,制度落实,切实发挥作用;3. 村民参与村务决策和管理,制度健全,村民会议或者村民代表会议真正成为村民发扬民主的组织制度和民主决策的组织形式,真正做到村务公开,民主管理,群众监督;4. 经济发展较快,公益事业办得好,社会管理有序,社会保障工作扎实,村容村貌整洁;5. 治安防范措施完备,社会秩序稳定,民间纠纷调处及时,村风民风好;6. 村民依法履行公民义务,全面完成国家的各项任务。

(四)村民自治示范乡(镇)的标准是:1. 所有村委会组织健全,村民自治制度完善;2. 按期依法进行村委会换届选举;3. 所有的村委会都能按照民主的程序处理村务;4. 乡(镇)政府对村委会实施正确指导,保障村委会依法做好各项工作;5. 所辖区域内85%以上的村委会达到村民自治示范村的标准。

(五)村民自治示范县(市)的标准是:对村民自治认识高,领导得力;建立和形成系统的领导村民自治工作的办法和措施;所辖乡(镇)70%以上达到村民自治示范乡(镇)的标准。

(六)各地可参照以上标准,制定本地区的村民自治示范单位的具体标准,但要注意在各项标准中围绕经济建设这一中心,突出村民自治的内容。

三、村民自治示范活动的工作原则和指导方针

(七)村民自治示范单位在实行村民自治中要坚持如下基本原则:

——必须在各级党组织的领导下,在党的政策和国家法律、法规允许的范围内进行。村委会要自觉接受乡(镇)政府的工作指导,积极协助乡(镇)政府开展工作。

——必须抓住村民民主选举、民主决策、民主管理、民主监督等关键环节,提高村民自治水平。

——必须坚持与农村整体工作相结合,促进农村经济发展,维护农村社会稳定,加强精神文明建设,保证国家在农村各项任务的完成。

(八)指导村民自治示范活动要坚持如下方针:

——确定村民自治示范单位。要注意选择对《村委会组织法》宣传广泛,对村民自治认识统一;工作基础较好,经济发展水平在本地区有一定代表性;领导重视,班子坚强有力;村民有一定的民主意识和自治能力的单位。

——制定村民自治示范方案。要从实际出发,紧紧围绕实现村民自治,促进农村工作的基本内容,突出重点,拟定的措施要易于操作和实施。

——开展村民自治示范工作。要建立和完善村民自治的系统法规和制度,各地要以《村委会组织法》为主要依据,省级制定贯彻实施办法;县级制定村民会议或者村民代表会议制度、村民自治章程的指导意见;乡(镇)制定指导村委会工作规则;村级建立村民会议或者村民代表会议制度,制定村规民约或者村民自治章程。

四、开展村民自治示范活动的措施

(九)检查验收。对村民自治示范单位分级进行检查验收:省级民政部门负责村民自治示范县(市)的检查验收,地(市)级民政部门负责村民自治示范县(市)的初查和村民自治示范乡(镇)的检查验收,县级民政部门负责村民自治示范乡(镇)的初查和村民自治示范村的检查验收。凡验收合格者,由省、地、县各级分别予以命名表彰。在各地命名表彰的基础上,民政部择先选优,进行全国性的命名表彰。

(十)组织观摩。各地要有计划地组织各种形式的交流、观摩,充分发挥村民自治示范单位的引导、带动和辐射作用,逐步把村民自治向面上推进。民政部可根据情况,组织观摩各省、自治区、直辖市的村民自治示范县(市)。

(十一)培训骨干。各地要从实际出发,分期、分批、分层次培训示范县(市)、乡(镇)、村的领导干部和村民骨干以及民政系统从事基层政权和群众自治组织建设工作的干部,使全国逐步形成一批推进村民自治工作的骨干力量。

(十二)点面结合。在非示范单位,根据村民自治的工作内容,提出要求,开展村民自治活动,促进村民自治活动的全面发展。

(十三)宣传配合。要注意运用报刊、电台、电视台等新闻媒介,宣传村民自治典型。

五、村民自治示范活动的领导和指导

(十四)村民委员会的建设工作是各级党委和政府特别是县乡两级党委和政府的一项重要工作,村民自治是村委会建设的核心内容。村民自治示范工作要在各级党委和政府的统一领导下进行,主动接受各级人大常委会的检查监督,民政部门具体负责日常工作。其主要工作是:确定村民自治示范单位;帮助示范单位制定方案;依法指导村委会建设;总结推广示范单位经验;组织对示范单位进行检查验收;向党委、政府汇报工作开展情况。

中央社会治安综合治理委员会、公安部、民政部、农业部关于加强农村治保会工作的意见

(1994年11月21日　公发〔1994〕18号)

各省、自治区、直辖市社会治安综合治理委员会、公安厅(局)、民政厅(局)、农(经)委、农业厅(局):

现将中央社会治安综合治理委员会、公安部、民政部、农业部《关于加强农村治保会工作的意见》印发给你们,请结合各地实际,认真贯彻执行。

关于加强农村治保会工作的意见

农村的社会治安状况对于农村的稳定与发展,乃至全国的稳定与发展,都有着极其重要的影响。长期以来,农村治保会作为维护农村治安的一支重要群众力量,在维护农村社会秩序,宣传组织群众落实各项安全防范措施,教育挽救失足青少年,协助调解处理民事纠纷及打击违法犯罪等方面发挥了重要作用,为保持农村社会治安的稳定做出了重要贡献。但是,当前农村治保会建设中出现了一些亟需解决的问题:有相当一部分农村治保会处于瘫痪半瘫痪状态;现有治保人员量少质弱,年龄老化,后继无人;治保经费得不到保障,治保人员补贴难以解决。究其原因,主要是一些地方的领导对农村治保会的工作不重视,认为可有可无,没有摆上应有的位置;一些地方农村基层政权组织软弱涣散,对治保会存在的问题和困难不能认真加以解决等。这种状况,严重削弱了农村治安工作的基础,是当前部分农村地区治安形势严峻的重要原因之一。

治保会是我国宪法确定的群众性治安保卫自治组织,是党和政府动员组织群众维护社会治安秩序的桥梁和纽带,是坚持专门工作与群众路线相结合的重要形式,搞好本村的社会治安,保一方平安,是广大农民群众的强烈愿望,是农村村民自治的重要内容。多年的实践证明,加强治保会建设是推动社会治安综合治理的一项重要的治本措施。中共中央、国务院《关于当前农业和农村经济发展的若干政策措施》(中发〔1993〕11号)中关于"加强以农村治保会为主体的群防群治组织建设,搞好农村的社会治安,使农村经济社会面貌有一个较大的改观"的指示,更加明确地指出了在新形势下加强农村治保会的必要性和重要性。现就加强农村治保会工作提出以下意见:

一、进一步重视、支持农村治保会工作,切实加强领导

各地要切实把加强治保会建设作为维护农村稳定的一条重要措施,纳入社会治安综合治理工作规划和领导责任制,列为今、明两年的目标,结合目前正在进行的整治农村社会治安的斗争狠抓落实,认真检查、验收。乡镇党委、政府专抓综合治理工作的副职要将加强治保会建设作为本职工作,积极协调、落实各项措施,并作为考核其政绩和当地综合治理工作成绩的内容。各级组织、民政、农业和农村工作部门要把治保会的整顿和建设作为加强农村基层组织建设,搞好农村村民自治工作的重要内容,在政治上关心,在人、财、物方面给予必要的支持。公安机关要从实际出发,因地制宜,积极探索新形势下开展治保工作的新方法、新路子。派出所要加强对治保会工作的指导,积极支持治保人员开展工作,虚心听取他们的意见和建议,为他们撑腰说话,解除后顾之忧,并及时查处打击报复治保人员的违法犯罪分子。

二、抓好治保组织的整顿和建设

抓好组织建设是当前加强农村治保会工作的首要环节。各级综合治理委员会和公安、民政、农业及农村工作部门要充分发挥各自的职能作用,按照中央的有关要求,积极协助党委、政府做好治保会的整顿和建设工作。(一)从严整顿,务求实效。要结合中央关于加强村级组织建设的要求,把那些名存实亡,处于瘫痪状态的作为重点,做好组织重建工作;对不胜任或不适宜从事治保工作的要迅速调整;对极少数混入治保组织违法乱纪的坏人要坚决清除,依法查处。(二)严格掌握治保人员条件。治保人员应拥护党的基本路线,工作能力强,并有一定文化水平、法律知识。可以吸收一部分复员、退伍军人和表现好的农村青年及其他符合条件的人参加治保工作,治保会主任可以是专职的,也可以由村委会主任、副主任或委员兼任。治保主任候选人,由公安派出所考察,村民会议或村民代表会议民主选举产生,报乡镇政府备案。(三)合理解决治保人员的待遇和抚恤问题。专职治保主任享受同级村民委员会副村级干部待遇。对多年积极从事治保工作、现因年老体弱不能继续任职,生活困难的治保会成员,除在政治上要给予一定的待遇外,地方政府在经济上应给予适当的补助。治保人员因维护社会治安同违法犯罪分子进行斗争而致死的,应依照审批烈士的有关规定办理。对符合烈士审批条件的,授予革命烈士称号,对不符合烈士审批条件的,按照因公牺牲的有关规定办理,其家属享受革命烈士家属或因公牺牲民兵家属的有关抚恤和优待;治保人员因维护社会治安致残的,应按有关规定办理评残手续,并享受相应的伤残抚恤待遇,其医疗、生活补助费用,由当地政府拨给或从见义勇为基金中解决。各地应积极组织治保人员参加农村社会养老等保险,以解决治保人员的后顾之忧,所需费用由地方政府统筹安排。(四)各地在对村委会工作进行总结评比时,要对工作成绩突出的治保组织和个人给予表彰和奖励,颁发荣誉证书或授予荣誉称号;对工作不力的,要落实督促、整改措施。(五)治保会要建立、健全治安岗位责任制和学习例会、工作检查、

总结汇报等项工作制度及群众监督制度。基层公安机关也应与治保会建立必要的制度，并抓好对治保主任和委员的培训，提高他们的政治业务素质。

三、明确任务，更好地发挥职能作用

农村治保会的根本任务是为维护农村社会稳定和发展农村经济创造良好的治安秩序。它的主要任务是：宣传、教育群众，增强法制观念和安全防范意识，组织群众开展治安巡逻、安全检查等项群防群治工作，落实防盗、防火、防破坏和防其他治安灾害事故的安全防范措施；及时向政府及公安机关反映社情动态和有可能危害社会治安的民间纠纷和闹事苗头，并协助政府和有关部门做好教育疏导工作；对有违法犯罪行为的人进行帮助、教育、监督、考察；协助公安机关保护案件现场，积极提供破案线索，对现行违法犯罪分子进行控制或扭送公安机关；向政府及公安机关反映群众对社会治安管理工作的意见、建议和要求。

四、多渠道解决治保经费来源

要想方设法切实解决治保经费，特别是治保人员的劳动报酬问题。首先，地方财政应给予最基本的保障，在条件允许的情况下，应逐步增加治保经费的投入，改变长期以来治保经费不能通过正常渠道解决的状况。在此基础上，可广开门路，在不增加农民负担的前提下，多渠道解决治保人员的经济报酬和治保会的活动经费。在基本报酬方面，除政府拨款外，治保人员的报酬可来源于村民承担的"村提留"中的"管理费"；也可以采取减免义务工和劳动积累工的办法解决；在经济状况较好的地方，乡财政和村集体经济组织应给予照顾。在增收渠道方面，可把治保主任安排在村办企业中任职，也可参与暂住人口管理站工作，在不影响治保工作开展的前提下，还可以创办与治保工作相关的小型服务网点，各级地方政府和公安、工商等部门要给予积极扶持。在治保会的活动经费方面，包括治保培训费、会议费、非脱产的治保人员参加会议和培训所需的交通、误工补贴、伙食补助、住宿、公杂费，以及慰问治保人员的费用，应根据公安部、财政部关于《公安业务费开支范围和管理办法的规定》（公发〔1991〕12 号），在所列预算中予以保证，专款专用，不得挪用和挤占。

司法部关于城市街道办事处代行民间纠纷处理权的批复

（1992 年 9 月 18 日　司发函〔1992〕370 号）

福建省司法厅：

你厅《关于城市街道办事处能否作为受理处理民间纠纷的主体的请示》（闽司〔1992〕46 号）收悉。经研究，批复如下：

一、《城市街道办事处组织条例》第四条 第（二）项规定，街道办事处"指导居民委员会的工作"；根据现行宪法和城市居民委员会组织法的规定，居民委员会下设人民调解委员会负责调解民间纠纷，因此，城市街道办事处负有指导人民调解委员会和指导调解民间纠纷的法定职责。

二、《人民调解委员会组织条例》第九条 第二款规定，"经过调解，当事人未达成协议或者达成协议后又反悔的，任何一方可以请求基层人民政府处理"，因为街道办事处是城市基层人民政府的派出机关，负有指导人民调解的职责，所以城市街道办事处可以代基层人民政府处理民间纠纷。

文书范本

村民委员会选举常用文书样式

1. 村民选举委员会成员名单公告样式

××村村民选举委员会成员名单公告

××选字第×号

根据《中华人民共和国村民委员会组织法》和《××省(区、市)村民委员会选举办法》,经本村村民会议(村民代表会议、各村民小组会议)推选,产生了本村村民选举委员会成员,现将名单公布如下:

主　任:

副主任:

成　员:

村民对选举委员会成员名单如有不同意见,可在名单公布之日起5日内向村民委员会提出。

××村民委员会(公章)

××××年×月×日

2. 选民登记公告样式

××村第×届村民委员会换届选举选民登记通知

××选字第×号

根据《中华人民共和国村民委员会组织法》和《××省(区、市)村民委员会选举办法》,经村民代表会议商议,本村第×届村民委员会换届选民登记时间定为××××年×月×日至××××年×月×日。以下人员将被纳入选民登记范围:

1. 户籍在本村且在本村居住的村民;
2. 户籍在本村,不在本村居住,本人表示参加选举的村民;
3. 户籍不在本村,在本村居住一年以上,本人申请参加选举,并经村民会议或者村民代表会议同意参加选举的公民。

选民登记的地点设在村民委员会或各村民小组组长处,对于偏远的地方,我们也将派工作人员入户进行登记。请村民相互转告,积极参加选民登记,行使选举权利。

××村村民选举委员会(公章)

××××年×月×日

3. 选民名单公告样式

××村第×届村民委员会换届选举选民名单公告

××选字第×号

根据《中华人民共和国村民委员会组织法》和《××省(区、市)村民委员会选举办法》的规定,现将本村登记的选民名单公布如下:

第一村民小组:

×××、×××、×××;×××、×××、×××;

……

第二村民小组:

×××、×××、×××;×××、×××、×××;

……

如有遗漏,或对公布的选民名单有不同意见,请于××××年×月×日前向村民选举委员会提出。

××村村民选举委员会(公章)
××××年×月×日

4. 参选证样式

××村第×届村民委员会选举参选证

编号:(　　)

姓　　名:　　　　性　　别:
年　　龄:　　　　所在村组:
投票时间:　　　　投票地点:

注意事项:

1)凭本证领取选票;
2)此证只限本人使用;
3)未经盖章无效。

××村村民选举委员会(公章)
发证日期:××××年×月×日

5. 正式候选人公告样式

××村第×届村民委员会换届选举正式候选人名单公告

××选字第×号

根据《中华人民共和国村民委员会组织法》和《××省(区、市)村民委员会选举办法》的规定,经本村选民提名,现将本届村民委员会换届选举正式候选人名单公告如下:

主任候选人:×××、×××

副主任候选人:×××、×××

委员候选人:×××、×××

选民如对名单公布的候选人有不同意见,可在×日前向村民选举委员会反映。

××村村民选举委员会(公章)

××××年×月×日

6. 选票样式

	主　任			副主任			委　员				
姓名	×××	×××		×××	×××		×××	×××	×××	×××	
符号											

说明:

1. 应选主任1名、副主任1名,委员3名。等于或少于应选名额的选票有效;多于应选名额的选票无效;
2. 同意的请在候选人姓名拦下方符号栏内划"○",不同意的划"×";不同意选票上的候选人,可在姓名空格栏内另写上另选其他人的姓名,并在其姓名下方符号栏划"○";
3. 不许划同一候选人担任两种或两种以上职务,如划同一候选人两种或两种以上职务,该选项作废,其他划对的职务视为有效;
4. 任何符号不划的,视为弃权票,胡写乱划而无法辨认的选票视为废票。

7. 委托投票证样式

<table>
<tr><td>选民姓名</td><td></td></tr>
<tr><td>被委托人姓名</td><td></td></tr>
<tr><td>委托理由</td><td></td></tr>
<tr><td>村民选举委员会意见</td><td>(公章)
××××年×月×日</td></tr>
<tr><td colspan="2">说明:此证由选民填写,经村民选举委员会批准盖章有效。
被委托人凭此证领取选票。</td></tr>
</table>

8. 疑难选票认定表样式

<table>
<tr><td rowspan="2">选票
编号</td><td rowspan="2">简述选票
认定缘由</td><td colspan="3">表决情况</td></tr>
<tr><td>同意</td><td>反对</td><td>弃权</td></tr>
<tr><td></td><td></td><td></td><td></td><td></td></tr>
<tr><td></td><td></td><td></td><td></td><td></td></tr>
<tr><td></td><td></td><td></td><td></td><td></td></tr>
</table>

村民选举委员会成员签字:

××××年×月×日

2. 社区建设

国务院办公厅关于印发社区服务体系建设规划(2011—2015年)的通知

(2011年12月20日　国办发〔2011〕61号)

《社区服务体系建设规划(2011—2015年)》已经国务院同意,现印发给你们,请认真贯彻执行。

社区服务体系建设规划(2011—2015年)

为适应统筹城乡经济社会发展、加强和创新社会管理需要,强化社区自治和服务功能,保障和改善民生,促进社会和谐稳定,根据党的十七大和十七届五中、六中全会精神,依据《中华人民共和国国民经济和社会发展第十二个五年规划纲要》,制定本规划。

一、发展现状和面临形势

社区服务体系,是指以社区为基本单元,以各类社区服务设施为依托,以社区全体居民、驻社区单位为对象,以公共服务、志愿服务、便民利民服务为主要内容,以满足社区居民生活需求、提高社区居民生活质量为目标,党委统一领导、政府主导支持、社会多元参与的服务网络及运行机制。

目前,全国有6923个城市街道,8.7万个城市社区。“十一五”期间,各地认真贯彻落实《国务院关于加强和改进社区服务工作的意见》(国发〔2006〕14号),社区服务体系建设取得显著成效。一是社区服务设施建设取得初步进展。全国共建成街道社区服务中心3515个,社区服务站44237个,社区综合服务设施覆盖率达50.81%。二是社区服务内容不断拓展。劳动就业、社会保险、社会服务、文化娱乐、社会治安等政府公共服务事项逐步向社区覆盖,社区志愿者注册登记制度广泛推行,社区志愿服务蓬勃开展。家政服务、物业管理、养老托幼、食品配送、修理服务、再生资源回收等便民利民服务项目及超市、菜场、早餐等服务网点逐步进入社区,方便了社区居民生活,提高了生活质量。三是社区服务队伍不断壮大。依法选举产生一批社区居委会成员,逐步面向社会公开招聘专职社区工作人员。一大批素质高、能力强、作风正、愿意为群众服务的居民走上社区工作岗位。截至2010年底,全国共有社区居民委员会成员43.9万人,社区公共服务从业人员105.9万人。有507.6万社区居民成为社区志愿者,活跃在社区服务各领域,成为推动社区建设和社区服务的重要力量。四是社区服务方式不断改善。不少地方依托街道社区服务中心、社区服务站,实行"一站式"服务;利用现代信息技术,推动社区信息化建设,方便快捷地满足了居民多样化需求。有的地方通过政府购买服务、设立项目资金、开展项目补贴等方式,引导社会组织、企事业单位和居民参与社区管理和服务活动,增强了社区服务的活力和社会组织的服务能力。五是社区服务制度环境初步形成。国家围绕老年人、未成年人、残疾人权益保护工作出台了法律,围绕社区卫生、社会救助、劳动就业、文化教育、社区服务设施等内容出台了相关政策,各地也相继出台了积极推进社区服务的政策措施,社区服务的政策法规逐步完善,各级党委政府对社区服务的重视程度越来越高,社区居民对社区服务的认同感和归属感越来越强。

实践证明,加强社区服务体系建设是保障和改善民生、提高居民生活水平和生活质量的民心工程,是拉动内需、扩大就业、促进经济发展方式转变的助力工程,是加强和创新社会管理、维护社会和谐稳定的基础工程。

但就总体情况而言,我国社区服务体系建设仍然处于初级阶段,存在一些困难和问题。社区服务设施总量供给不足,社区服务设施建设缺口达49.19%。社区服务项目较少,水平不高,供给方式单一。社区服务人才短缺,素质偏低,结构亟待优化。社区服务体制机制不顺畅,缺乏统一规划,保障能力不强,社会参与机制亟待完善。

"十二五"时期,随着工业化、信息化、城镇化、市场化、国际化进程逐步加快,我国城乡基层社会正在发生深刻变化,社区服务体系建设面临难得机遇和重大挑战。一方面,我国经济社会快速发展,财政保障能力逐步增强,基本公共服务体系逐步完善,各级党委政府对社区发展高度重视,为社区服务体系建设提供了有利条件。另一方面,社会转型、企业转制和政府职能转变,越来越多的"单位人"成为"社会人",大量政府社会管理和公共服务职能向社区转移,社区居民的服务需求日趋个性化、多元化,社区的"兜底"功能作用日趋明显,加强社区服务体系建设已势在必行。

二、指导思想、基本原则和发展目标

(一)指导思想。

高举中国特色社会主义伟大旗帜,以邓小平理论和"三个代表"重要思想为指导,深入贯彻落实科学发展观,大力推进社会主义核心价值体系建设,立足国情、加快发展,逐步建立面向全体社区居民,主体多元、设施配套、功能完善、内容丰富、队伍健全、机制合理的社区服务体系,把城乡社区建设成为管理有序、服务完善、文明祥和的社会生活共同体。

(二)基本原则。

1. 以人为本,服务居民。始终把实现好维护好发展好社区居民的根本利益作为工作的出发点和落脚点,以居民的服务需求为导向,把居民满意程度作为检验工作成效的重要标准,真正把社区服务体系建设成为服务居民、造福居民的民心工程。

2. 政府主导,社会参与。在党委统一领导下,发挥政府在规划制定、政策引导、资金投入、监督管理等方面的主导作用,确保社区服务的公益性和便民利民特点,增强社区服务可持续发展能力。大力培育和发展各类服务性、公益性、互助性的社会组织,鼓励和支持社会组织、企事业单位和社区居民参与社区服务,完善民主决策机制,发挥多元主体在社区服务体系建设中的作用。

3. 资源整合,共建共享。充分发挥现有服务设施和网络作用,逐步整合与社区服务设施建设有关的资金、项目和资源,最大限度降低社会成本,防止资源浪费。把社区服务体系建设与推进街道社区党的建设"三有一化"(有人管事、有钱办事、有场所议事,构建区域化党建工作格局)工作,与加强社会管理,维护社会和谐稳定结合起来,注重社区服务体系规范化建设,建立健全科学高效的社区服务管理运行机制和共驻共建机制,发挥综合效益,增强服务功能。

4. 因地制宜,分类指导。既要全面谋划、科学布局、注重长远、整体推进,又要坚持从实际出发,量力而行,逐步完善社区服务体系;既要把握社区服务体系建设的统一要求,又要立足不同地区不同情况,突出重点,强化特色,分类指导,力戒形式主义。

(三)发展目标。

从我国基本国情和经济社会发展现实出发,按照加强和创新社会管理的总体要求,进一步健全新型社区管理和服务体制,强化社区服务体系和信息化建设,到2015年初步建立起较为完善的社区服务设施、服务内容、服务队伍、服务网络和运行机制,农村社区服务试点工作有序推进。

1. 合理配置社区服务设施。力争到"十二五"期末,社区服务设施综合覆盖率达到90%,每百户居民拥有的社区服务设施面积不低于20平方米,基本建成以社区综合服务设施为主体、各类专项服务设施相配套的综合性、多功能的社区服务设施网络。积极推进社区服务信息化建设,在有条件的地区,建设社区综合服务信息平台,逐步提高社区信息装备条件和社区服务的信息化水平。

2. 优化社区服务内容。推动社区公共服务广覆盖,群众性互助和志愿服务制度化,社区专业服务和商业服务规范便利,建立公共服务、便民利民服务、志愿服务有效衔接的社区服务体系,实现居民群众生活舒适方便。力争到"十二五"期末,基本公共服务项目覆盖到所有社区。

3. 壮大社区服务队伍。扩大来源渠道,提高社区服务人员的专业化、职业化水平,大力推行社区志愿者注册登记制度。力争到"十二五"期末,新增社区服务从业人员200万人,每个社区至少拥有一名大学生或一名社会工作专业人员,80%以上的社区党员和30%以上的社区居民参与社区志愿服务活动,基本形成一支专业素质较高、服务能力较强、社区居民满意的社区服务队伍。

4. 完善社区服务体制机制。完善社区服务体系建设的法律法规和政策,建立健全社区组织,着力理顺社区内外权责关系,健全政府部门之间的协调机制、政府与社区之间的协作机制、社区组织之间的互动机制,优化社区服务发展的制度环境。支持引导社区自治组织、各类社会组织、志愿者参与社区服务。力争到"十二五"期末,80%以上的社区居民委员会实行直接选举,每个社区拥有5个以上的社区社会组织,80%以上的驻区单位与社区签订共驻共建协议。基本建立多方参与、优势互补、利益协调、规范有序的社区服务运行机制。

三、重点任务

(一)发展多层次、多样化的社区服务。

1. 积极推进公共服务覆盖到社区。依托社区综合服务设施和专业服务机构,开展面向全体社区居民的劳动就业、社会保险、社会服务、医疗卫生、计划生育、文体教育、社区安全、法制宣传、法律服务、法律援助、人民调解、邮政服务、科普宣传、流动人口服务管理等服务项目,切实保障优抚对象、低收入群体、未成年人、老年人、残疾人等社会群体服务需求。做好刑释解教人员、社区服刑人员管理服务工作。加强和改进对农民工及其子女的公共服务和社会管理。街道社区党组织要充分发挥领导核心作用,以开展创先争优活动为抓手,大力推进社区公共服务体系建设。建立党委统一领导、基层政府主导、社区组织协助、社会力量参与的社区公共服务新格局。

专栏 "十二五"期间社区公共服务发展的目标任务

——发展社区劳动就业、社会保险和社会服务。依托社区综合服务设施,加强街道和社区劳动就业、社会保险和社会服务平台建设,配备标准化的设施设备,完善服务功能。大力发展以家政服务、养老服务、社区照料服务和病患陪护服务等为重点的家庭服务业,实施家庭服务业从业人员定向培训工程,社会保障卡、社会服务信息落到社区。

——发展社区医疗卫生和计划生育服务。建立居民健康档案、健康教育、预防接种、儿童保健、孕产妇保健、老年人保健、慢性病管理、重性精神疾病管理、传染病及突发公共卫生事件报告和处理、卫生监督协管等国家基本公共卫生服务免费向社区居民提供,逐步拓展和深化基本公共卫生服务内容。提供计划生育宣传教育、政策咨询、技术服务、优生优育指导、药具发放、随访服务、生殖保健、人员培训、流动人口计划生育服务及计划生育行政事务办理、实有人口动态信息采集等服务。

——发展社区文化、教育、体育服务。广泛开展社会文化活动,全国所有建成的社区综合服务设施中都建立具备综合服务功能的文化中心,推进建立公共电子阅览室和公益性未成年人上网场所。广泛开展社区教育,创新社区教育发展的体制、机制与模式,重点建设一批标准化、示范性的全民学习中心,普及科学文化知识,建设学习型社区。社区普遍建有体育场地,配有体育设施,50%以上的城市、城区建有"全民健身活动中心",50%以上的街道、社区建有便捷、实用的体育健身设施。

——发展社区法律、治安服务。完善社区综合服务设施的法律、治安服务功能。推动人民调解、安置帮教、法制宣传教育、法律援助等服务进社区,实现法律服务在社区全覆盖。深入推进社区警务战略,加强群防群治队伍建设,全面提高社区治安综合治理水平。

——发展社区便民利民服务。积极推进社区菜店、家政服务网点、社区早餐服务网点建设。补建更新城镇存量居民楼信报箱。

2. 大力发展便民利民服务。完善社区便民利民服务网络,优化社区商业结构布局。鼓励和支持各类组织、企业和个人兴办居民服务业,重点发展社区居民购物、餐饮、维修、美容美发、洗衣、家庭服务、物流配送、快递派送和再生资源回收等服务,培育新型服务业态和服务品牌。鼓励有实力的企业运用连锁经营的方式到社区设立超市、便利店、标准化菜店和早餐网点等便民利民网点。鼓励邮政、金融、电信、供销、燃气、自来水、电力、产品质量监督等公用事业服务单位在社区设点服务,满足居民多样化生活需求。统筹家庭服务业发展,支持大型家庭服务企业运用连锁经营等方式到社区设立便民站点。推进社区诚信计量体系建设,继续实施以"便利消费进社区、便民服务进家庭"的社区商业"双进工程",初步建立规划合理、结构均衡、竞争有序的社区商业体系。积极推动驻区单位后勤服务社会化。大力推行物业管理服务,建立社区管理和物业管理联动机制,提高物业服务质量。建立党委领导、政府扶持、社会主办、社区组织帮助的社区便民利民服务新格局。

3. 大力发展社区志愿服务。根据社区居民构成,培育不同类型、不同层次的社区志愿服务组织。积极推行党员到居住地社区报到制度和党员社区表现反馈制度,充分发挥共产党员的先锋模范作用。组织和带动公务员、专业技术人员、教师、共青团员、青少年学生以及身体健康的离退休人员等加入志愿者服务队伍。加强志愿服务管理,建立健全激励保障机制,通过政府购买服务等方式,鼓励和支持社会力量广泛参与志愿服务活动,推动社区志愿服务规范化、制度化、法制化。鼓励和支持驻区单位和社区居民开展邻里互助等群众性自我互助服务活动,为老幼病残等困难群体提供服务。倡导并组织社区居民和驻区单位开展社会捐赠、互帮互助、承诺服务,为社区困难群体提供帮扶服务。依托社区志愿服务组织,建立党委政府倡导、社区组织扶持、共产党员带头、专业社工引领、驻区单位和居民广泛参与的社区志愿服务新格局。

(二)完善社区服务设施网络。

加大社区服务基础设施建设投入,综合考虑服务人群和覆盖半径,逐步建立起以社区综合服务设施为依托、专项服务设施为补充、服务网点为配套、社区信息平台为支持的社区服务设施网络。

1. 合理布局社区服务设施网络。按照人口规模适度、服务管理方便、资源配置有效、功能相对齐全、社区居民自愿的要求,以市辖区、县级市为单位,依据城乡规划和土地利用总体规划,合理确定社区服务设施的数量、选址布局、建设方式、功能划分。根据工作需要每个社区建设一个综合性、多功能的社区服务站;实现每个街道至少拥有一个综合性的社区服务中心。建设规划要充分利用社区已有设施,提高街道社区服务中心、社区服务站以及相邻社区服务设施之间的共享程度。除国家另有规定外,所有以社区为对象的公共服务、便民服务、志愿服务均在综合性社区服务设施中提供,加强各类服务资源整合,避免重复建设。

2. 完善社区服务设施功能。完善社区服务站的以下主要功能:一是组织居民开展民主议事、纠纷调解、公益慈善、邻里互助、志愿服务等活动;二是代办代理公共服务事项,保障各项公共服务覆盖到社区全体居民;三是为社区居民提供文体教育、健康休闲、养老抚幼、困难帮扶、信息邮政、家庭服务等便民利民服务;四是为社区党组织和自治组织提供办公和活动场所;五是采集基础信息,反映居民诉求。

完善街道服务中心的以下主要功能:一是采集汇总社区基础信息,办理社会管理和公共服务事项;二是开展文化体育、医疗卫生、计划生育、劳动就业和社会保障、社会服务、生活便利等服务活动;三是培育发展社区社会组织,指导和协调社区服务站、社区社会组织开展服务项目。

3. 大力推进社区信息化建设。改善社区信息基础设施,加快推进宽带接入。推广适合社区居民需求的信息化手段,提高居民信息技术运用能力。整合社区就业、社保、低保、卫生、计生、文化、培训等公共服务信息,发展面向社区居民的"一站式"服务。发挥社区综合信息平台在基层政府、企业、社区组织和居民之间的沟通交流作用,方便社区居民,增进社区和谐。通过信息化改善社区管理,维护社区安全。

(三)加强社区服务人才队伍建设。

建立一支以社区党组织和社区自治组织成员为骨干,以社区专职工作人员为重点,以政府派驻人员、其他社区服务从业人员和社区志愿者为补充的社区服务人才队伍。

1. 制定社区服务人才队伍培养发展计划。按照《国家中长期人才发展规划纲要(2010-2020)》要求,把社区服务人才队伍建设纳入当地人才发展规划,研究制定社区服务人才队伍培养发展计划,鼓励、吸引优秀人才向社区流动。

2. 充实壮大社区居民委员会干部队伍。依章依法选齐配强社区"两委"班子成员,逐步扩大社区党组织领导班子和社区居民委员会直接选举范围。健全居民委员会下属委员会,选齐配强居民小组长、楼院门栋长。

3. 积极推进社区服务人才队伍专业化、职业化。根据工作需要,面向社会公开招聘,配备一定数量的专职社区工作者。积极开发社区服务工作岗位,扩大就业范围,吸纳更多人员从事社区服务工作。扩大社区服务人员的来源渠道,鼓励党政机关和企事业单位工作人员到社区帮助工作,鼓励大中专毕业生、复转军人、社会工作人员等优秀人才到社区工作,优化社区服务人才结构。加强各类高等学校和科研机构社区服务研究和社区服务相关学科建设,为社区服务体系培养各类专业人才。

4. 建立和健全社区服务人才培养制度。鼓励社区服务人员立足岗位、自学成才,支持他们参加社会工作等各种职业资格考试和学历教育考试,采取多种方式加强对现有社区服务人员的培训,不断提高他们的服务意识、职业素质和专业水平。建立健全人才激励制度,依照相关法律政策规定落实社区服务人员的生活补贴、工资、社会保险等福利待遇。关心社区服务人才的成长进步,探索建立培养发展党员,招录公务员,选拔基层干部,推荐党代表、人大代表、政协委员和劳动模范等制度渠道。

(四)推进社区服务体制机制创新。

1. 建立健全社区服务组织。建立健全社区党组织、社区居民自治组织。辖区人口较多的,可根据工作需要建立社区专业服务机构,实现对社区全体成员的全员管理和无缝隙管理服务。加强社区党建工作,大力培育社区服务性、公益性、互助性社会组织,注重培养社区社会组织负责人队伍,对不具备登记条件的社区社会组织实行备案制度,并在组织运作、活动场地等方面为其提供帮助。加大政策扶持力度,通过政府购买服务、设立项目资金、活动经费补贴等途径,积极引导各类社会组织和各类志愿者参与社区管理和服务。推进党群共建,建立健全群众组织服务活动阵地,支持工会、共青团、妇联及残联、老龄协会、计划生育协会、社区体育指导员协会、慈善协会等群众组织发挥各自优势积极参与组织社区服务活动。

2. 理顺职责权限及相互关系。普遍推行社区公共服务事项准入制度,凡城区、街道层面能办理的社会管理和公共服务事项不再向社区延伸;凡属于基层政府及其职能部门、街道办事处职责范围内的事项不得转嫁给社区组织;凡依法应由社区组织协助的事项应当为社区组织提供必要的经费和工作条件;凡委托给社区组织办理的有关服务事项,应当实行“权随责走、费随事转”。将制度创新和技术创新结合起来,积极推进社区公共服务的“一站式”服务机制,整合政府各部门在城乡基层的办事机构,减少管理层次,合并相近或相同的服务项目,整合服务资源,优化人员结构,精简服务流程,增强服务能力。完善政策,进一步推进社区服务的专业化、标准化、品牌化、连锁化,提高社区服务质量和水平,提升社区服务功能。进一步健全和完善共驻共建机制,建立驻区单位参与社区服务评估体系,扩大驻区单位参与社区服务的功能。

四、重点工程

(一)社区公共服务设施建设工程。

1. 建设内容。“十二五”时期,以居民需求为导向,因地制宜继续建立健全社区服务中心、社区服务站设施网络,构建以社区为基础的城乡基层社会管理和公共服务平台,提升社区基本公共服务能力。

2. 建设方式。充分利用现有公共设施,通过新建、改扩建、购置改造等方式改善服务条件。有条件的地方,要根据实际情况对各类社区专项服务设施进行合理整合,统筹建设。

3. 资金来源。建设资金以地方投入为主,充分调动社会各方面力量,多渠道筹措资金,共同参与建设。中央通过基建投资给予适当支持。

(二)社区服务人才队伍建设工程。

1. 建设内容。建立社区服务人才职业化、专业化标准体系和评估制度,加强对社区服务人员的教育培训,推行社区志愿者注册登记制度。

2. 建设方式。落实“一社区一名大学生”政策,实施50万大学生服务社区计划。支持社区服务人员参加各种职业资格考试和学历教育,对社区服务人员进行系统培训,每名社区服务人员至少培训1次。依托高等院校、科研机构、各类培训机构,设立31个社区服务人才培训基地,通过现有国家科技计划(基金)等渠道,加强对社区服务领域重大问题的研究,推进专业建设、教材编写、师资培训。开发应用社区志愿者注册登记系统,注册社区志愿者达到本地区居民总数10%以上,每个社区拥有5支以上志愿者服务队伍。

3. 资金来源。建设资金以地方投入为主。

(三)社区服务信息化建设工程。

1. 建设内容。建立居民、家庭、社会组织、社区活动电子档案,实现社区服务队伍、服务人员、服务对象信息数字化,改进信息技术装备条件,完善社区服务设施网络环境,并逐步规范化、标准化,形成互联互通共享的信息服务系统。

2. 建设方式。推进社区服务中心、社区服务站接入宽带网络,新建社区同步建设信息网络环境。推动社区网络和信息资源整合,鼓励建立覆盖区(市)或更大范围的社区综合信息管理和服务平台,实现数据一次采集、资源多方共享。优化区(市)、街道、社区等面向社会公众和企事业单位服务的流程,逐步实现行政管理、社会事务、便民服务等社区管理服务一体化,逐步健全新型社区管理和服务模式。推动各地设置统一的社区服务电话号码,逐步建立社区老年人、残疾人呼叫保障系统,推进社区信息亭等公益性信息服务设施建设。引导企业参与社区服务信息系统开发。

3. 资金来源。建设资金以地方投入为主,鼓励社会力量参与社区信息化建设,支持企业与社区开展合作。中央通过基建投资给予适当支持。

五、政策措施和组织保障

(一)加强社区服务法规制度建设和标准化建设。推动修订《中华人民共和国城市居民委员会组织法》,完善地方配套法规。建立健全社区服务标准体系,认真执行《城市居住区规划设计规范》(GB50180-93)国家标准,科学规划配置社区综合服务设施和社区基础商业网点,并严格用途管理。研究制定基层人民政府或其派出机关指导社区工作规则、社区服务标准体系及管理办法、社区公共服务目录及准入制度、社区服务居民满意度测评体系、社区社会组织培育等方面的法规制度,形成较为完善的社区服务法律法规、制度和标准体系。

(二)加大社区服务体系建设资金投入。多渠道筹集社区服务体系建设资金。要按有关规定区分不同情况,对社区服务设施建设与维护经费、社区服务人员报酬、社区服务工作经费、社区服务信息化建设经费等,采取财政补助、委托办理服务事项的单位划转、社区经济收入中安排等方式予以解决。中央基建投资要向中西部地区倾斜,向困难社区倾斜。不断拓宽社区服务体系建设资金来源渠道,鼓励企事业单位、社会团体、个人和外资以多种形式捐赠或兴办社区服务事业,建立多元化投入分担机制。

(三)完善社区服务扶持政策。将社区服务体系建设纳入地方经济和社会发展规划,纳入城市规划和土地利用总体规划,对社区公共服务设施建设用地,按照法律、法规和规章可以采取划拨方式供地的,地方政府要切实予以保证;闲置的宾馆、培训中心、福利设施、办公用房,优先用于社区服务。进一步完善社区服务税收、公用事业收费、用工保险、工商和社会组织登记等优惠政策,鼓励发展社区服务业。

(四)健全领导体制和工作机制。建立社区服务体系建设部际联席会议制度,在国务院领导下,制定各项目标任务分解落实方案,明确各部门分工任务,统筹协调社区服务体系建设中的重大问题,研究落实重大问题和重点工作。各级政府切实履行好发展社区公共服务体系的责任,加强督促检查,开展绩效评估,将社区建设成效纳入各级党委政府部门工作目标考核,考核结果作为领导班子和领导干部综合考核评价的重要内容。

(五)积极开展国内外合作与宣传。加强社区服务领域双边、多边合作，立足国情，学习借鉴国外社区服务体系建设先进经验，开展人员、资金、技术、管理等方面的交流，鼓励吸引外资发展社区服务业，提高社区服务能力和水平。加强国内各地区之间的交流与合作，加大对口帮扶支援力度。依托研究培训基地，加强社区服务理论研究。扩大社区服务宣传，大力宣传在社区服务中有突出贡献的驻区单位、社会组织、志愿者组织、先进个人，形成全社会人人关心、支持、参与社区服务的良好氛围。

继续开展农村社区服务试点，加强资源整合，推进农村社区综合性公共服务设施建设，将就业、社会保障、卫生、计划生育、文化、体育、社会治安等基本公共服务向农村延伸，重点发展面向农村老年人、病残人员、妇女及未成年人等群体的照料、帮扶等服务，促进城乡基本公共服务均等化，把农业技术推广、动植物疫病防控和农产品质量监管等公共服务能力建设与农村社区建设结合起来。

城乡社区服务体系建设规划(2016－2020年)

（2016年10月28日　民发〔2016〕191号）

为增强城乡社区服务功能，提高城乡居民生活水平，促进城乡发展一体化，维护城乡基层和谐稳定，根据党的十八大和十八届三中、四中、五中、六中全会精神以及《中华人民共和国国民经济和社会发展第十三个五年规划纲要》，制定本规划。

一、发展现状和面临形势

社区是社会治理和民生保障的重要载体，社区服务体系建设是全面建成小康社会的重要任务。随着城乡二元结构逐步解体，我国社区服务体系建设进入了城乡统筹的新阶段。目前，全国有7957个街道，31832个乡镇，10万个城市社区，农村社区建设覆盖面不断扩大。"十二五"期间，各地认真贯彻落实《社区服务体系建设规划(2011－2015年)》(国办发〔2011〕61号)，城乡社区服务体系建设取得显著成效。一是服务设施更加完善。截至2015年底，全国共建成城乡社区综合服务设施15.3万个，比2010年底增加9.6万个，城市社区综合服务设施覆盖率达到82%，农村社区综合服务设施覆盖率达到12.3%。二是服务内容逐步丰富。社区公共服务扩大覆盖，便民利民服务和志愿服务蓬勃开展。截至2015年底，全国共有社区便民利民服务网点24.9万个，社区服务志愿者组织9.6万个。三是人才队伍不断壮大。截至2015年底，全国共有社区居民委员会成员51.2万人，村民委员会成员229.7万人，社区专职工作人员127.6万人，社区志愿者数量不断增长。四是信息共享正在形成。社区公共服务综合信息平台覆盖率已达到10%，智慧社区建设在部分地区探索起步，信息化与社区服务深度融合，提高了公共服务便捷性和群众办事满意度。五是体制机制持续创新。社区多元主体广泛参与，以社区为平台、社会组织为载体、社会工作专业人才为支撑的"三社联动"社区服务机制初现雏形。实践证明，加强城乡社区服务体系建设是增强社区居民获得感和幸福感的民心工程，是稳增长、促改革、调结构、惠民生的基础工程。

但总的来看，我国城乡社区服务体系建设仍处于初级阶段，城乡社区服务现状与全面建成小康社会的总体要求相比还有不小的差距，尚不能满足人民群众日益增长的物质文化需求。主要表现在：城乡社区服务体系建设发展不平衡，农村滞后于城市局面尚未得到彻底扭转；城乡社区服务设施配套和技术更新相对滞后，服务项目和资源投入依然紧张；社会力量和市场主体参与不充分，专业教育和人员培训亟待加强。

"十三五"时期是我国全面建成小康社会的决胜阶段，也是我国城乡社区服务体系建设，特别是农村社区服务体系建设夯基垒台、立柱架梁的关键阶段。随着新型工业化、信息化、城镇化、农业现代化加速推进，我国城乡社区服务体系建设面临着一系列机遇和挑战。一方面，我国经济持续健康发展，社会治理体系日益健全，各级党委政府对社区建设高度重视，为城乡社区服务体系建设提供了有利条件。另一方面，坚决打赢脱贫攻坚战，解决好"三个1亿人"城镇化问题(促进约1亿农业转移人口落户城镇，改造约1亿人居住的城镇棚户区和城中村，引导约1亿人在中西部地区就近城镇化)、实现农业转移人口市民化，以及有效应对人口老龄化加速，对建设惠及十几亿人口的城乡社区服务体系都提出了新的更高要求。

二、指导思想、基本原则和发展目标

(一)指导思想。

全面贯彻党的十八大和十八届三中、四中、五中、六中全会精神，深入贯彻习近平总书记系列重要讲话精神，牢固树立创新、协调、绿色、开放、共享的发展理念，以居民群众需求为导向，以供给侧结构性改革为动力，推动城乡社区服务精细化、专业化、标准化，构建机构健全、设施完备、主体多元、供给充分、群众满意的城乡社区服务体系，让城乡居民共享全面建成小康社会的发展成果。

(二)基本原则。

——坚持人民主体，多元参与。引导社区居民参与政策制定、项目设计、服务供给和绩效评估，促进社区服务与居民需求精准对接，拓宽各类主体特别是社会力量参与渠道，最大限度集合服务资源、形成推进合力。

——坚持统筹城乡，补齐短板。统筹城乡社区服务设施建设、服务资源配置、服务队伍建设、服务产品供给，结合农村社区建设试点进度，逐步建立城乡统一的社区公共服务制度，促进城乡基本公共服务均等化。

——坚持持续发展，创新引领。保持、提升各级党委政府重视程度和投入力度，巩固、发展社区服务现有设施基础和制度基础,依靠机制创新、技术迭代和动能转换,推动社区服务新业态新模式加快成长。

——坚持资源整合,精细服务。最大限度集中人力、物力、财力,整合资金、资产和资源,防止重复投资、重复建设、重复供给;丰富项目,优化流程,提升品质,努力形成多层次、立体化的服务格局。

(三)发展目标。

从我国基本国情和经济社会发展水平出发,按照全面建成小康社会以及加强和创新社会治理的总体要求,到2020年,基本公共服务、便民利民服务、志愿服务有效衔接的城乡社区服务机制更加成熟;社区综合服务设施为主体、专项服务设施为配套、服务网点为补充的城乡社区服务设施布局更加完善;网络联通、应用融合、信息共享、响应迅速的城乡社区服务信息化发展格局基本形成;以社区党组织、社区自治组织成员为骨干,社区社会工作者和其他社区专职工作者为支撑,社区志愿者为补充的城乡社区服务人才队伍更加健全。

三、重点任务

(一)加强城乡社区服务机构建设。

城乡社区服务机构是提供国家基本公共服务的基础平台,旨在聚合政府各部门延伸到城乡社区的服务事项和服务资源,为社区居民提供项目齐全、标准统一、便捷高效的城乡社区公共服务,以适应政府简政放权、放管结合、优化服务的要求。建立健全首问负责、一次告知、限时办结制度,积极推行上门办理、预约办理、自助办理、委托代办等服务,提高社区居民满意度。探索建立乡镇(街道)党(工)委、社区党组织领导下的城乡社区公共服务机构管理体制。统筹考虑人口规模、需求结构和服务半径等因素,通过购买服务等方式,合理保障城乡社区公共服务所需经费。支持供销合作社发展农村综合服务社。积极扶持城乡社区服务类社会服务机构,支持城乡社区服务类社会服务机构承接社区公共服务项目、发展专业社会工作服务和社区志愿服务。

(二)扩大城乡社区服务有效供给。

1. 着力推进城乡社区公共服务均等化。依托城乡社区综合服务设施和服务机构,提供面向全体城乡居民、贯穿生存发展各阶段和生产生活各领域的基本公共服务项目,切实保障老年人、未成年人、残疾人、优抚对象、困难群体等的服务需求。加强和改进对农民工及其随迁家属的基本公共服务,促进农民工及其随迁家属融入城市社区。贯彻落实中共中央办公厅、国务院办公厅《印发〈关于深入推进农村社区建设试点工作的指导意见〉的通知》(中办发〔2015〕30号)精神,加快完善农村社区服务体系,大力推动基本公共服务项目向农村社区延伸,大力发展适应农业现代化需要的生产服务,探索建立社区公共服务事项全程委托代理机制,完善农村"三留守"人员关爱服务机制,切实提升对留守儿童和妇女、老人的服务能力。促进城乡社区服务项目和服务标准有机衔接,推动城乡基本公共服务均等化。

专栏1:"十三五"期间城乡社区公共服务发展任务

——发展城乡社区就业、社会保障服务。依托城乡社区综合服务设施,加强劳动就业和社会保障服务能力建设,重点为退役军人、高校毕业生、城镇登记失业人口、就业困难人员、残疾人、农村转移劳动力等重点群体提供就业服务和社会保障服务。

——发展城乡社区医疗卫生和计划生育服务。建立居民健康档案,以老年人、慢性病和严重精神障碍患者、孕产妇、儿童、残疾人等人群为重点,开展相关医疗卫生服务。提供计划生育宣传教育、生殖健康咨询服务、优生优育指导、计划生育家庭帮扶、权益维护和流动人口计划生育服务。

——发展城乡社区社会服务。依托城乡社区综合服务设施,加快城乡社区日间照料机构建设,发展生活照料、保健康复、精神慰藉等服务,推动养老服务覆盖所有居家老年人。健全社区未成年人保护与服务体系,使"儿童之家"覆盖90%以上的城乡社区。完善对农村"三留守"人员的生产扶助、生活照料、情感慰藉、心理疏导服务。探索并推进残疾人、失能老年人家庭照顾、社区照料、机构照护相互衔接的长期照护体系。健全困难群众主动发现、入户调查、政策宣传等社会救助服务机制。依托城乡社区综合服务设施,提供殡仪服务咨询、家属哀伤辅导等服务。

——发展城乡社区文化、教育、体育服务。广泛开展社会文化活动,依托城乡社区综合服务设施,建立社区(村)综合性文化服务中心。依托农家书屋和实体书店,大力推动全民阅读。提高数字化文化服务能力和水平。统筹发展城乡社区教育,建立健全城乡一体的社区教育网络。注重社区教育机构与城乡社区综合服务中心(站)的资源共享,提高图书馆、科技馆、文化馆、博物馆和体育场馆等各类公共设施面向社区居民的开放水平。城乡社区普遍建有体育场地,配有体育设施,推行公共体育设施免费或低收费开放。

——发展城乡社区法律、安全服务。推动人民调解、普法宣传、律师公证、法律援助等服务进社区,实现法律服务在城乡社区全覆盖。依托社区综治中心,加强城乡社区治安防控网建设,发展壮大群防群治队伍,深化社区警务战略,建立社区微型消防站,协助做好社区矫正、社区戒毒社区康复、刑满释放人员的帮扶工作,加强交通安全宣传教育,全面提高社区治安综合治理水平。加强社区应急避难场所和救灾物资储备场所建设,开展社区防灾减灾科普宣传教育,提升基层减灾能力。

——发展农村社区生产服务。发展农业技术推广、动植物疫病防控、农产品质量监管等农村社区公共服务,大力推进信息进村入户,支持建设覆盖全程、综合配套、便捷高效的农业社会化服务体系 。

2. 着力推进城乡社区便民利民服务便捷化。大力发展城市社区物业服务,建立行业监管机制、属地协调机制和居民评价机制,切实提升企业诚信和服务质量。完善城乡社区便民利民服务网络,推进"城市社区15分钟服务圈"规划建设,完善农村社区综合性服务网点。发展城乡社区短途通勤公交服务,鼓励邮政、金融、电信、燃气、自来水、电力、产品质量监督等公用事业服务进入城乡社区;发展城乡社区家庭服务、健康服务、养老服务企业和机构,多方式提供看护护理、家政服务、美容美发、洗染、家电维修、餐饮、物流配送和再生资源回收等生活服务,支持有实力的企业运用连锁经营的方式到城乡社区设立超市、便利店、标准化菜店等零售网点。依托供销合作社、益农信息社和企业提供农资供应、农副产品流通、日用消费品销售、再生资源回收和农业社会化服务,积极推进多种形式的城乡对接、产销对接。

3. 着力推进城乡社区志愿服务和专业服务常态化。依托城乡社区综合服务设施建立志愿服务站点,搭建志愿者、服务对象和服务项目对接平台,完善志愿服务记录和志愿服务台帐。以家政服务、文体活动、心理疏导、医疗保健、法律服务、交通安全宣传教育等为主要服务内容,以低保对象、空巢老人、留守老人、留守儿童、残疾人为主要服务对象,有针对性地开展城乡社区志愿服务。积极开展在职党员到社区报到为群众服务活动,充分发挥共产党员的先锋模范作用。推动党政机关、企业事业单位等成立志愿服务队到城乡社区开展志愿服务。在城乡社区推行志愿者星级认定和嘉许制度,健全"爱心银行""时间银行"等志愿服务回馈制度,推进社区志愿服务经常化和常态化。发扬农村邻里相亲、守望相助传统,开展以生产互助、养老互助、救助互助等为主要形式的农村社区互助活动和志愿服务,增强农村居民自我服务能力。依托城乡社区综合服务设施建立社区社会工作室,根据社区居民需求,分类推进精神慰藉、资源链接、能力提升、关系调适、社会融入等专业社会工作服务。充分发挥专业社会工作在统筹社区照顾、扩大社区参与、促进社区融合、推动社区发展、参与社区矫正和社区戒毒社区康复等方面的重要作用,建立社会工作者与志愿者协同服务机制。

(三)健全城乡社区服务设施网络。

1. 推进城乡社区综合服务设施建设。按照人口规模适度、服务管理方便、资源配置有效、功能相对齐全、社区居民自愿的要求,以市(地、州、盟)为单位,依据城乡规划和土地利用总体规划,合理确定城乡社区综合服务设施的数量、规模、选址布局、建设方式、功能划分,按照每百户30平方米标准配建城乡社区综合服务设施。根据城乡居民需求,结合农村社区建设试点进度,推进街道(乡镇)社区服务中心和城乡社区服务站建设,力争到2020年,实现城市社区综合服务设施全覆盖,农村社区综合服务设施覆盖率达到50%。统筹利用好村级集体经济收入、政府投入和社会资金,整合利用村级组织活动场所等现有设施和场地,综合采取新建配建、改建扩建、资产划转、购置租赁等方式,加快推进各级农村社区综合服务设施建设,优先支持易地扶贫搬迁安置区开展配套建设。

2. 完善城乡社区综合服务设施功能。城乡社区综合服务设施由社区组织工作用房和居民公益性服务设施两部分组成,提倡"一室多用",提高使用效益。依托城乡社区综合服务设施整合服务项目和服务资源,除国家另有规定外,以城乡社区居民为对象的公共服务、便民利民服务、志愿服务和专业社会工作服务原则上应在综合服务设施中提供。编制城乡社区综合服务设施标准规范,为综合服务设施建设提供技术支撑。突出地域特色、乡土特色和社区特色,营造亲情化、人性化的服务环境,加快推进地名标志设置。健全综合服务设施运行管理制度,加强城乡社区综合服务设施的运行维护,防止其损毁、流失或被挪做它用,探索建立综合服务设施社会化运作机制,逐步建立社区组织、社区居民轮值轮管制度,社区综合服务设施开放时间一般不少于每天8小时。

专栏2:城乡社区综合服务设施功能

——城乡社区服务站应完善以下主要功能:为城乡社区服务机构提供服务场所;接入社区公共服务综合信息平台,代办代理社区公共服务事项;建立社区便民利民服务、志愿服务、专业社会工作服务网点;提供社区党组织、社区自治组织活动场所;提供居民自治、社区协商、社区教育、群众活动场所;建立社区社会组织活动网点,提供"三社联动"社区服务场所;部署、应用智慧社区信息系统。

——街道(乡镇)社区服务中心应完善以下主要功能:为城乡社区服务机构提供服务场所;部署社区公共服务综合信息平台,办理权限范围内的社会管理和公共服务事项;建立社区便民利民服务、志愿服务、专业社会工作服务示范性项目网点;提供社区社会组织联合会活动场所,提供"三社联动"社区服务场所;为组织社区服务人才建设、智慧社区建设提供场所 。

(四)推进城乡社区服务人才队伍建设。

1. 拓宽城乡社区服务人才来源渠道。按照《国家中长期人才发展规划纲要(2010－2020年)》要求,把城乡社区服务人才队伍建设纳入当地人才发展规划,引导优秀人才向城乡社区服务领域流动。依章依法选优配强社区(村)"两委"班子成员,健全居(村)民委员会下属委员会,选齐配强居(村)民小组长、楼院门栋长。积极开发城乡社区专职工作岗位,鼓励高校毕业生、退役军人、返乡农民工等优秀人才到城乡社区工作,加大社会工作者等专业人才使用力度,力争到2020年,每个城乡社区至少配备1名社区社会工作者。建立健全城乡社区志愿者招募注册、志愿者培训管理、志愿服务记录与证明出具、志愿服务评价激励等制度,鼓励党政机关、企事业单位工作人员参与城乡社区服务。力争到2020年,城乡社区注册志愿者人数占本地区居民比例达到13%。

2. 健全城乡社区服务人才培养使用制度。做好城乡社区服务人员任职培训、在职培训和专门培训,提高教育培训的针对性和有效性。支持和鼓励城乡社区服务人员参加社会工作等各种职业资格考试和学历教育考试,提高社区工作者专业化水平。研究制定城乡社区工作者管理办法,建立健全城乡社区工作者职业序列。关心城乡社区服务人员的成长进步,探索建立从中培养发展党员,选拔基层干部,推荐党代表、人大代表、政协委员和劳动模范等制度渠道。

(五)加强城乡社区服务信息化建设。

1. 构建城乡社区公共服务综合信息平台。结合"互联网＋政务服务",完善数据接口和共享方式,扎实推进城市社区公共服务综合信息平台建设,最大限度集成不同层级、不同部门、分散孤立、用途单一的各类业务信息系统,构建社区公共服务综合受理窗口,推行"前台一口受理、后台分工协同";整合社区公共服务信息资源,推进基础证照的信息多元采集、互通共享、多方利用;拓展社区公共服务综合信息平台应用,构建实体受理窗口、网上办事大厅、移动客户端、自助终端的多样化服务格局,实现一号申请、一窗受理、一网通办。依托农村社区综合服务设施设立信息化服务网点、加强益农信息社建设,推进信息进村入户工作,推动综合信息平台向农村社区延伸。力争到2020年,城市社区公共服务综合信息平台覆盖率达到60%,农村社区公共服务综合信息平台覆盖率达到30%。结合或依托社区公共服务综合信息平台,建立覆盖城乡、开放便捷的社区数字化学习公共服务平台及体系。

2. 推进智慧社区建设。推动"互联网＋"与城乡社区服务的深度融合,逐步构建设施智能、服务便捷、管理精细、环境宜居的智慧社区。推进智慧社区信息系统建设,广泛吸纳社区社会组织、社区服务企业信息资源,逐步实现社区公共服务、志愿服务、便民利民服务等社区服务信息资源集成。推动社区养老、社区家政、社区医疗、社区消防等安保服务和社区物业设备设施的智能化改造升级,强化社区治安技防能力。大力发展城乡社区电子商务,发展线上线下相结合的社区服务新模式,依托农村社区综合服务设施和益农信息社,探索农村电子商务与农村社区服务有机结合的推进策略。

(六)创新城乡社区服务机制。

1. 完善城乡社区自我服务机制。积极推进城乡社区服务型党组织建设,充分发挥社区党组织领导核心作用,组织社区党员干部成立联系服务群众团体,为群众提供便利、快捷、有效服务。发挥城乡社区自治组织作用,围绕涉及居民群众切身利益的公共事务和公益事业组织社区协商活动,吸纳社区居民参与社区服务项目提出、运行、监督全过程,探索通过居民自愿筹资、建立社区基金等方式扩充自我服务资源。支持城乡社区群团组织发挥各自优势参与社区服务活动,大力培育服务性、公益性、互助性城乡社区社会组织。力争到2020年,城市社区平均拥有不少于10个社区社会组织,农村社区平均拥有不少于5个社区社会组织。动员驻社区单位在开放活动场所、提供资源支持、参与社区服务等方面履行共建责任。

2. 建立政府购买城乡社区服务机制。推进基层政府职能转变,建立政府购买城乡社区服务机制,将城乡社区自治组织纳入购买对象,将政府购买服务经费纳入财政预算。适时出台政府购买社区服务实施意见和配套政策,明确购买内容、服务标准、资金保障、监管机制、绩效评价等内容。原则上能由政府购买服务提供的,积极引导社区组织和社会力量承接,能由政府和社会资本合作提供的,广泛吸引社会资本参与。建立城乡社区公共服务目录及准入制度、政府购买社区服务目录,推行政府采购、定向委托、公益创投等方式,提高城乡社区公共服务质量和资金效益。

3. 健全城乡"三社联动"机制。充分发挥社区的基础平台作用、社区社会组织的服务载体作用、社会工作者的专业支撑作用,建立居民群众提出需求、社区组织开发设计、社会组织竞争承接、社工团队执行实施、相关各方监督评估的联动机制,广泛汇集社会资源,更好回应社区居民的多样化、个性化服务需求。

专栏3:城乡社区服务能力建设重点工程

1. 城乡社区综合服务设施建设工程。以居民需求为导向,因地制宜健全城乡社区综合服务设施网络,扩大街道(乡镇)社区服务中心和城乡社区服务站覆盖,提升城乡社区尤其是农村社区服务能力和水平。

2. 城乡社区服务信息化建设工程。大力推进城乡社区公共服务综合信息平台建设,逐步实现社区公共服务事项的一窗式受理、全人群覆盖、全口径集成、全区域通办。推进智慧社区信息系统建设。

3. 城乡社区服务人才队伍建设工程。建立健全城乡社区服务人才培养、选拔、评价、使用、激励制度,推进社区服务人才队伍专业化、职业化。分级组织城乡社区服务人才教育培训,切实加强示范性培训。

4. 城乡社区社会组织培育发展工程。积极发展在城乡社区开展为民服务、养老照护、公益慈善、促进和谐、文体娱乐和农村生产技术服务等活动的社区社会组织,发挥其提供服务、反映诉求、规范行为的积极作用。

四、政策措施和组织保障

(一)加强法规制度建设和标准化建设。贯彻实施《中华人民共和国村民委员会组织法》,推动修订《中华人民共和国城市居民委员会组织法》,完善地方配套法规。建立健全城乡社区服务标准体系,研究制定城乡社区服务标准、城乡社区服务信息化建设标准、城乡社区服务居民满意度测评标准、城乡社区服务机构评估标准等国家标准或民政行业标准。力争到2020年,形成较为完善的城乡社区服务法律法规和标准体系。

(二)健全领导体制和工作机制。健全全国社区建设部际联席会议制度,在国务院领导下,制定各项目标任务分解落实方案,明确各部门分工任务,整合各部门城乡社区服务体系建设资源,协调城乡社区服务体系建设中的重大问题和重点工作。各级政府切实履行好发展社区服务体系的责任,建立健全社区服务领导协调机制,将社区建设成效纳入各级党委政府部门工作目标考核,考核结果作为领导班子和领导干部综合考核评价的重要内容。普遍推行社区公共服务事项准入制度,属于区(县、市)人民政府及其职能部门、街道办事处(乡镇人民政府)职责范围内的事项,不得转嫁给城乡社区组织;应由城乡社区组织协助的事项,应当为城乡社区组织提供必要的经费和工作条件。

(三)加大资金投入。通过政府预算安排、社会资本投入、慈善捐赠等渠道,多渠道筹集城乡社区服务体系建设资金。采取公建民营、民办公助、政府购买社会力量服务、政府和社会资本合作模式(PPP 模式)等方式,积极引导社会力量参与城乡社区综合服务设施建设运营、信息化建设、人才队伍建设和社会组织培育发展。

(四)完善扶持政策。将城乡社区服务体系建设纳入地方经济和社会发展规划,纳入城乡规划和土地利用总体规划,对城乡社区综合服务设施建设用地,按照法律、法规和规章可以采取划拨方式供地的,地方政府要切实予以保证;闲置的宾馆、培训中心、福利设施、办公用房等政府资产,优先用于社区养老等服务。进一步落实城乡社区服务税收、公用事业收费、用工保险和社会组织登记等优惠政策。

(五)强化规划实施。各地要加强对本规划实施的组织、协调和督导,研究制定本地区"十三五"城乡社区服务体系建设规划,形成从中央到地方衔接配套的规划体系。建立规划实施的部门协调机制,开展规划实施情况动态监测和评估工作,适时进行督促检查,确保规划建设任务保质保量完成。

国务院关于发展城市社区卫生服务的指导意见

(2006 年 2 月 21 日　国发〔2006〕10 号)

社区卫生服务是城市卫生工作的重要组成部分,是实现人人享有初级卫生保健目标的基础环节。大力发展社区卫生服务,构建以社区卫生服务为基础、社区卫生服务机构与医院和预防保健机构分工合理、协作密切的新型城市卫生服务体系,对于坚持预防为主、防治结合的方针,优化城市卫生服务结构,方便群众就医,减轻费用负担,建立和谐医患关系,具有重要意义。

改革开放以来,我国城市卫生事业有了很大发展,服务规模不断扩大,科技水平不断提高,医疗条件明显改善,疾病防治能力显著增强,为增进人民健康发挥了重要作用。同时,在城市卫生事业发展中还存在优质资源过分向大医院集中,社区卫生服务资源短缺、服务能力不强、不能满足群众基本卫生服务需求等问题。这是造成群众看病难、看病贵的重要原因之一。为深化城市医疗卫生体制改革,优化城市卫生资源结构,发展社区卫生服务,努力满足群众的基本卫生服务需求,制定以下指导意见:

一、发展社区卫生服务的指导思想、基本原则和工作目标

(一)指导思想。以邓小平理论和"三个代表"重要思想为指导,全面落实科学发展观,坚持为人民健康服务的方向,将发展社区卫生服务作为深化城市医疗卫生体制改革、有效解决城市居民看病难、看病贵问题的重要举措,作为构建新型城市卫生服务体系的基础,着力推进体制、机制创新,为居民提供安全、有效、便捷、经济的公共卫生服务和基本医疗服务。

(二)基本原则。

——坚持社区卫生服务的公益性质,注重卫生服务的公平、效率和可及性。

——坚持政府主导,鼓励社会参与,多渠道发展社区卫生服务。

——坚持实行区域卫生规划,立足于调整现有卫生资源、辅以改扩建和新建,健全社区卫生服务网络。

——坚持公共卫生和基本医疗并重,中西医并重,防治结合。

——坚持以地方为主,因地制宜,探索创新,积极推进。

(三)工作目标。到2010年,全国地级以上城市和有条件的县级市要建立比较完善的城市社区卫生服务体系。具体目标是:社区卫生服务机构设置合理,服务功能健全,人员素质较高,运行机制科学,监督管理规范,居民可以在社区享受到疾病预防等公共卫生服务和一般常见病、多发病的基本医疗服务。东中部地区地级以上城市和西部地区省会城市及有条件的地级城市要加快发展,力争在二三年内取得明显进展。

二、推进社区卫生服务体系建设

(四)坚持公益性质,完善社区卫生服务功能。社区卫生服务机构提供公共卫生服务和基本医疗服务,具有公益性质,不以营利为目的。要以社区、家庭和居民为服务对象,以妇女、儿童、老年人、慢性病人、残疾人、贫困居民等为服务重点,以主动服务、上门服务为主,开展健康教育、预防、保健、康复、计划生育技术服务和一般常见病、多发病的诊疗服务。

(五)坚持政府主导,鼓励社会参与,建立健全社区卫生服务网络。地方政府要制订发展规划,有计划、有步骤地建立健全以社区卫生服务中心和社区卫生服务站为主体,以诊所、医务所(室)、护理院等其他基层医疗机构为补充的社区卫生服务网络。在大中型城市，政府原则上按照3－10万居民或按照街道办事处所辖范围规划设置1所社区卫生服务中心，根据需要可设置若干社区卫生服务站。社区卫生服务中心与社区卫生服务站可实行一体化管理。社区卫生服务机构主要通过调整现有卫生资源，对政府举办的一级、部分二级医院和国有企事业单位所属医疗机构等基层医疗机构进行转型或改造改制设立。现有卫生资源不足的，应加以补充和完善。要按照平等、竞争、择优的原则，统筹社区卫生服务机构发展，鼓励社会力量参与发展社区卫生服务，充分发挥社会力量举办的社区卫生服务机构的作用。

（六）建立社区卫生服务机构与预防保健机构、医院合理的分工协作关系。调整疾病预防控制、妇幼保健等预防保健机构的职能，适宜社区开展的公共卫生服务交由社区卫生服务机构承担。疾病预防控制、妇幼保健等预防保健机构要对社区卫生服务机构提供业务指导和技术支持。实行社区卫生服务机构与大中型医院多种形式的联合与合作，建立分级医疗和双向转诊制度，探索开展社区首诊制试点，由社区卫生服务机构逐步承担大中型医院的一般门诊、康复和护理等服务。

（七）加强社区卫生服务队伍建设。加强高等医学院校的全科医学、社区护理学科教育，积极为社区培训全科医师、护士，鼓励高等医学院校毕业生到社区卫生服务机构服务。完善全科医师、护士等卫生技术人员的任职资格制度，制订聘用办法，加强岗位培训，开展规范化培训，提高人员素质和专业技术能力。要采取多种形式鼓励和组织大中型医院、预防保健机构、计划生育技术服务机构的高、中级卫生技术人员定期到社区卫生服务机构提供技术指导和服务，社区卫生服务机构要有计划地组织卫生技术人员到医院和预防保健机构进修学习、参加学术活动。鼓励退休医护人员依照有关规定参与社区卫生服务。

（八）完善社区卫生服务运行机制。政府举办的社区卫生服务机构属于事业单位，要根据事业单位改革原则，改革人事管理制度，按照服务工作需要和精干、效能的要求，实行定编定岗、公开招聘、合同聘用、岗位管理、绩效考核的办法。对工作绩效优异的人员予以奖励；对经培训仍达不到要求的人员按国家有关规定解除聘用关系。要改革收入分配管理制度，实行以岗位工资和绩效工资为主要内容的收入分配办法，加强和改善工资总额管理。社区卫生服务从业人员的收入不得与服务收入直接挂钩。

各地区要积极探索建立科学合理的社区卫生服务收支运行管理机制，规范收支管理，有条件的可实行收支两条线管理试点。地方政府要按照购买服务的方式，根据社区服务人口、社区卫生服务机构提供的公共卫生服务项目数量、质量和相关成本核定财政补助；尚不具备条件的可以按人员基本工资和开展公共卫生服务所需经费核定政府举办的社区卫生服务机构财政补助，并积极探索、创造条件完善财政补助方式。各地区要采取有效办法，鼓励药品生产经营企业生产、供应质优价廉的社区卫生服务常用药品，开展政府集中采购、统一配送、零差率销售药品和医药分开试点。

（九）加强社区卫生服务的监督管理。规范社区卫生服务机构的设置条件和标准，依法严格社区卫生服务机构、从业人员和技术服务项目的准入，明确社区卫生服务范围和内容，健全社区卫生服务技术操作规程和工作制度，完善社区卫生服务考核评价制度，推进社区卫生服务信息管理系统建设。加强社区卫生服务的标准化建设，对不符合要求的社区卫生服务机构和工作人员，要及时调整、退出，保证服务质量。加强社区卫生服务执业监管，建立社会民主监督制度，将接受服务居民的满意度作为考核社区卫生服务机构和从业人员业绩的重要标准。发挥行业自律组织提供服务、反映诉求、规范行为等作用。加强药品、医疗器械管理，确保医药安全。严格财务管理，加强财政、审计监督。

（十）发挥中医药和民族医药在社区卫生服务中的优势与作用。加强社区中医药和民族医药服务能力建设，合理配备中医药或民族医药专业技术人员，积极开展对社区卫生服务从业人员的中医药基本知识和技能培训，推广和应用适宜的中医药和民族医药技术。在预防、医疗、康复、健康教育等方面，充分利用中医药和民族医药资源，充分发挥中医药和民族医药的特色和优势。

三、完善发展社区卫生服务的政策措施

（十一）制订实施社区卫生服务发展规划。地方政府要制订社区卫生服务发展中长期规划和年度发展计划，将发展社区卫生服务纳入当地国民经济和社会发展规划及区域卫生规划，落实规划实施的政策措施。在城市新建和改建居民区中，社区卫生服务设施要与居民住宅同步规划、同步建设、同步投入使用。市辖区人民政府原则上不再举办医院，着力于发展社区卫生服务。

（十二）加大对社区卫生服务的经费投入。各级政府要调整财政支出结构，建立稳定的社区卫生服务筹资和投入机制，加大对社区卫生服务的投入力度。地方政府要为社区卫生服务机构提供必要的房屋和医疗卫生设备等设施，对业务培训给予适当补助，并根据社区人口、服务项目和数量、质量及相关成本核定预防保健等社区公共卫生服务经费补助。政府举办的社区卫生服务机构的离退休人员费用，在事业单位养老保障制度改革前，由地方政府根据有关规定予以安排。地方政府要根据本地实际情况进一步加大力度安排社区公共卫生服务经费，并随着经济发展逐步增加。中央财政从2007年起对中西部地区发展社区公共卫生服务按照一定标准给予补助。中央对中西部地区社区卫生服务机构的基础设施建设、基本设备配置和人员培训等给予必要支持。

（十三）发挥社区卫生服务在医疗保障中的作用。按照“低水平、广覆盖”的原则，不断扩大医疗保险的覆盖范围，完善城镇职工基本医疗保险定点管理办法和医疗费用结算办法,将符合条件的社区卫生服务机构纳入城镇职工基本医疗保险定点医疗机构的范围,将符合规定的医疗服务项目纳入基本医疗保险支付范围,引导参保人员充分利用社区卫生服务。探索建立以社区卫生服务为基础的城市医疗救助制度。

(十四)落实有关部门职责,促进社区卫生服务发展。各有关部门要切实履行职责,共同推进社区卫生服务发展。

——卫生部门负责制订社区卫生服务发展规划、准入标准和管理规范,制订社区公共卫生服务项目,加强行业监督管理。按照国家有关规定,组织开展社区卫生服务从业人员岗位培训和继续教育。

——机构编制部门牵头研究制订政府举办的社区卫生服务机构人员编制标准的意见。

——发展改革部门负责将社区卫生服务发展纳入国民经济和社会发展规划,根据需要安排社区卫生服务机构基础设施建设投资。价格部门研究制订社区卫生服务收费标准和药品价格管理办法。

——教育部门负责全科医学和社区护理学科教育,将社区卫生服务技能作为医学教育的重要内容。

——民政部门负责将社区卫生服务纳入社区建设规划,探索建立以社区卫生服务为基础的城市医疗救助制度,做好社区卫生服务的民主监督工作。

——财政部门负责制订社区卫生服务的财政补助政策及财务收支管理办法。

——人事部门负责完善全科医师、护士等卫生技术人员的任职资格制度,制订社区全科医师、护士等卫生技术人员的聘用办法和吸引优秀卫生人才进社区的有关政策。

——劳动保障部门负责制订促进城镇职工基本医疗保险参保人员到社区卫生服务机构就诊的有关政策措施。

——建设(规划)部门负责按照国家有关标准,将社区卫生服务设施纳入城市建设规划,并依法加强监督。

——人口和计划生育部门负责社区计划生育技术服务的指导和管理。

——食品药品监管部门负责社区卫生服务所需药品和医疗器械的质量监督管理。

——中医药部门负责制订推动中医药和民族医药为社区居民服务的有关政策措施。

四、加强对社区卫生服务工作的领导

(十五)发展社区卫生服务是政府履行社会管理和公共服务职能的一项重要内容,主要责任在地方政府。地方政府要充分认识发展社区卫生服务对于维护居民健康、促进社区和谐的重要意义,认真贯彻落实国家有关方针政策,将发展社区卫生服务纳入政府年度工作目标考核。要成立以政府分管领导为组长、各有关部门负责同志参加的领导小组,加强对社区卫生服务发展工作的领导。省级人民政府要按照指导意见要求,结合本地实际,制订贯彻落实的具体政策措施,层层明确责任,加强调查研究,统筹协调,督查指导,落实工作任务。国务院成立由负责卫生工作的国务院副总理任组长的城市社区卫生工作领导小组,研究制订促进社区卫生发展的方针和政策措施,研究解决工作中的重大问题,加强对地方社区卫生服务工作的检查指导,推动社区卫生服务持续健康发展。

国务院关于加强和改进社区服务工作的意见

(2006年4月9日　国发〔2006〕14号)

随着社会主义市场经济的发展和城镇化进程的加快,城市社区在经济社会发展中的地位越来越重要,社区居民对社区服务的需求越来越多,要求越来越高。做好社区服务工作对于提高居民生活质量、扩大就业、化解社会矛盾、促进和谐社会建设都具有重要意义。现就加强和改进社区服务工作提出以下意见:

一、加强和改进社区服务工作的指导思想、基本原则和主要任务

(一)指导思想。以邓小平理论和"三个代表"重要思想为指导,贯彻落实科学发展观,推进社会主义和谐社会建设,以不断满足社区居民的物质、文化、生活需要为出发点,充分发挥政府、社区居委会、民间组织、驻社区单位、企业及居民个人在社区服务中的作用,整合社区资源,健全服务网络,创新服务方式,拓宽服务领域,强化服务功能。

(二)基本原则。1. 坚持以人为本。着眼于居民多层次、多样化的物质文化需求,特别是对居民最关心、最需要、通过努力又可以解决的问题及时提供服务,为社区居民排忧解难。2. 坚持社会化。发挥政府、社区居委会、民间组织、驻社区单位、企业及个人在社区服务中的作用,政府提供公共服务,鼓励、支持社区居民和社会力量参与社区服务。3. 坚持分类指导。按照政企分开、政事分开原则,区分不同类型的社区服务,实行分类指导。既要整体推进,又要解决薄弱环节、重点项目和关键问题;既要坚持广受居民欢迎的传统服务方式,又要善于运用现代科学技术手段,不断提高社区服务水平。

(三)主要任务。通过努力,逐步建立与社会主义市场经济体制相适应,覆盖社区全体成员、服务主体多元、服务功能完善、服务质量和管理水平较高的社区服务体系,努力实现社区居民困有所助、难有所帮、需有所应。

二、大力推进公共服务体系建设,使政府公共服务覆盖到社区

(四)推进社区就业服务。加强街道、社区劳动保障工作平台建设,通过提供就业再就业咨询、再就业培训、就业岗位信息服务和社区公益性岗位开发等,对就业困难人员提供针对性的服务和援助。结合居民物质文化生活需要开发就业岗位，挖掘社区就业潜力，创建充分就业社区，提高就业稳定性。探索建立信用社区、创业培训与小额担保贷款联动机制，为下岗失业人员自谋职业和自主创业创造条件。建立就业与失业保险、城市居民最低生活保障工作联动机制，促进和帮助享受失业保险、城市居民最低生活保障待遇的相关人员尽快实现就业。

（五）推进社区社会保障服务。加强企业离退休人员社会化管理服务工作，加快老年公共服务设施和服务网络建设。具备条件的地方，可开展老年护理服务，兴建退休人员公寓。充分发挥劳动保障工作平台的作用，促进和帮助城镇居民按规定参加各项社会保险。

（六）推进社区救助服务。加强对失业人员和城市居民最低生活保障对象的动态管理，及时掌握他们的就业及收入状况，切实做到“应保尽保”。积极开展基层社会救助服务，帮助群众解决生产生活中的实际困难。进一步推进社会福利社会化，加快发展社区居家养老服务业。大力发展社区慈善事业，加强对社区捐助接收站点、“慈善超市”的建设和管理。

（七）推进社区卫生和计划生育服务。坚持政府主导、社会力量参与，建立健全以社区卫生服务中心（站）为主体的社区卫生和计划生育服务网络，以妇女、儿童、老年人、慢性病人、残疾人、贫困居民等为重点，为社区居民提供预防保健、健康教育、康复、计划生育技术服务和一般常见病、多发病、慢性病的诊疗服务。大力培养社区卫生服务技术和管理人员，加强对社区卫生服务的监督管理，保证服务质量。实施国家政策规定的计划生育基本项目免费服务。建立民主监督制度，把社区居民满意程度作为考核社区卫生服务工作人员业绩的重要标准。完善社区卫生服务运行机制，发挥社区卫生服务的健康保障功能，努力实现人人享有初级卫生保健的目标。

（八）推进社区文化、教育、体育服务。发展面向基层的公益性文化事业，逐步建设方便社区居民读书、阅报、健身、开展文艺活动的场所，加强对社区休闲广场、演艺厅、棋苑、网吧等文化场所的监督管理，促进社会主义精神文明建设。调动社区资源和力量支持和保障社区内中小学校开展素质教育和社会实践活动，为青少年健康成长创造良好的社区环境。落实《全民科学素质行动计划纲要》，不断提高居民科学素质。统筹各类教育资源，充分发挥社区学院、市民学校的作用，积极创建各种类型的学习型组织，面向社区居民开展多种形式的教育培训和科普活动，建立覆盖各类人群的多渠道、全方位的社区学习服务体系。培育群众性体育组织，落实《全民健身计划纲要》，配置相应的健身器材，不断增强居民体质。

（九）推进社区流动人口管理和服务。按照“公平对待、合理引导、完善管理、搞好服务”和“以现居住地为主，现居住地和户籍所在地互相配合”的原则，实行与户籍人口同宣传、同服务、同管理，为流动人口的生活与就业创造好的环境和条件。简化办事程序，减少相关手续，取消不合理收费，为流动人口提供优质服务。

（十）推进社区安全服务。深入开展基层安全创建活动，加强社区警务室（站）建设，大力实施社区警务战略，建立人防、物防、技防相结合的社区防范机制和防控网络。依托社区居委会等基层组织，挖掘和利用社区资源，加强群防群治队伍建设。深入开展法制宣传教育和咨询服务活动，建立完善收集、反馈社情民意的工作机制，组织开展以社区保安、联防队员为主体，专职和义务相结合的巡逻守望、看楼护院等活动。建立及时有效的矛盾纠纷排查、调处工作机制，加强对刑释解教人员、监外执行人员和有不良行为青少年的帮助、教育和转化工作。做好社区消防工作，提升社区消防安全水平。深入开展打击“黄赌毒”和禁止传销等工作。健全社区环境保护管理制度，建设资源节约型、环境友好型社区。建立传染病、食品安全、灾害事故的应急反应机制，不断提高社区应对突发事件的能力。

（十一）不断改进政府公共服务方式。整合政府各部门在城市基层的办事机构，积极推进“一站式”服务，提高为社区及其居民提供公共服务的水平。政府有关部门不得将应由自身承担的行政性工作摊派给社区组织。对有些社区组织做起来有优势的行政性工作，可依法采取“权随责走、费随事转”的原则，委托社区组织承担。积极探索通过政府“购买服务”、项目管理等多种形式，调动社会组织参与社区服务的积极性，促进公共服务社会化。梳理、整合各类服务热线、呼叫热线，形成社区公共资源共享机制。建设社区信息化平台，提高社区公共服务的自动化、现代化水平。

三、充分发挥社区居委会在社区服务中的作用

（十二）支持社区居委会协助城市基层政府提供社区公共服务。充分发挥社区居委会在了解社区居民需求、提供便民服务方面的独特优势和重要作用。城市基层政府及有关单位要妥善解决社区居委会开展有关服务所必需的房屋、设施和工作经费。要积极指导社区居委会定期听取居民对社区公共服务的意见，并积极向政府反映，促进社区公共服务质量的不断提高。

（十三）支持社区居委会组织社区成员开展自助和互助服务。鼓励并支持社区居委会组织动员驻社区单位和社区居民开展邻里互助等群众性自我服务活动，为居家的孤老、体弱多病和身边无子女老人提供各种应急服务，为优抚对象、残疾人及特困群体缓解生活困难提供服务；倡导社区居民和驻社区单位开展社会捐赠、互帮互助，对社区困难群体实行辅助性生活救助；管理、利用好社区公益性服务设施，方便社区成员生活。有条件的地方，社区居委会可以根据居民需要，建立热线电话救助网络、社区智能服务网络、社区服务站、社区公共服务社等服务载体，开展非营利服务。

（十四）指导社区居委会为发展社区服务提供便利条件 。

鼓励并指导社区居委会组织居民参与文化、教育、科技、体育、卫生、法律、安全等进社区活动；支持社会各方面力量利用闲置设施、房屋等资源兴办购物、餐饮、就业、医疗、废旧物资回收等与居民生活密切相关的服务网点，并维护其合法权益；引导和管理各类组织和个人依法有序开展社区服务；正确处理好社区居委会与社区物业管理企业的关系，支持和指导物业管理企业依法经营。

四、培育社区服务民间组织，组织开展社区志愿服务活动

（十五）大力培育社区生活服务类民间组织。支持和鼓励社区居民成立形式多样的慈善组织、群众性文体组织、科普组织和为老年人、残疾人、困难群众提供生活服务的组织，使社区居民在参与各种活动中，实现自我服务、自我完善和自我提高。积极支持民间组织开展社区服务活动，加强引导和管理，使其在政府和社区居委会的指导、监督下有序开展服务。

（十六）积极组织开展社区志愿服务活动。培育社区志愿服务意识，弘扬社区志愿服务精神，推行志愿者注册制度。积极动员共产党员、共青团员、公务员、专业技术人员、教师、青少年学生以及身体健康的离退休人员等加入志愿服务队伍，优化志愿人员结构，壮大志愿人员力量。指导建立志愿服务激励机制，使志愿者本人需要帮助时，能够及时得到志愿者组织和其他志愿者的服务。指导志愿组织和志愿人员开展社会救助、优抚、助残、老年服务、再就业服务、维护社区安全、科普和精神文明建设活动，不断创新服务形式，提高服务水平。

五、鼓励和支持各类组织、企业和个人开展社区服务

（十七）鼓励和支持有关单位服务设施向社区居民开放。按照互惠互利、资源共享原则，积极引导社区内或周边单位内部食堂、浴池、文体和科教设施等向社区居民开放。充分利用社区内的学校、培训机构、幼儿园、文物古迹等开展社区教育活动。有关单位开展社区服务，既可以单独经营，也可以与社区组织联营共建。

（十八）鼓励和支持各类组织、企业和个人开展社区服务业务。鼓励相关企业通过连锁经营提供购物、餐饮、家政服务、洗衣、维修、再生资源回收、中介等社区服务。利用现代信息技术、物流配送平台帮助社区内中小企业，实现服务模式创新，推动社区商业体系建设。对开办商业性社区服务项目的，有关部门要依法简化审批手续，维护其合法权益。积极落实各项优惠政策，鼓励下岗失业人员自办或合伙兴办社区服务组织，或通过小时工、非全日制工和阶段性就业等灵活方式参与社区服务。

六、加强领导和政策指导，强化社区服务监管

（十九）加强组织领导。地方各级人民政府和有关部门要充分认识新形势下搞好社区服务的重要性，把这项工作与提高居民生活质量、实施社会救助和再就业工程、发展第三产业、促进精神文明建设等各项工作紧密结合起来。要建立健全政府统一领导、民政部门牵头、有关部门配合、社会广泛参与的社区服务管理体制和工作机制。依托社区提供公共服务的教育、科技、公安、司法行政、劳动保障、建设、文化、卫生、人口计生、环保、体育等部门，要按照社区服务发展要求加强业务指导，提高服务水平。各级发展改革、财政、商务、银行、税务、工商等部门要按照各自职能，进一步制定促进社区服务发展的政策措施。积极鼓励工会、共青团、妇联及残联、老龄、慈善等组织参与社区服务，大力倡导团结互助、扶贫济困的良好风尚，形成推动社区服务发展的合力。

（二十）加强社区服务工作队伍建设。切实解决社区居委会成员及其聘用的服务人员的生活补贴、工资、保险等福利待遇问题，并使待遇水平随经济发展而适当增长。经常开展对社区服务人员的思想教育和业务培训，不断提高他们服务居民、管理社区的能力。加强对社区服务的理论研究，鼓励有条件的大专院校和培训机构开设社会工作专业、社区服务课程，培养专业人才。

（二十一）加强社区服务的统筹规划和政策指导。地方各级人民政府要从实际出发，因地制宜，分级制订社区服务发展规划，确定发展目标和重点，完善相关政策措施，促进社区服务各项工作的落实。要将社区服务设施建设纳入城市规划和土地利用规划，统筹安排，通过新建和改造，完善社区各类服务设施，健全服务体系，增强服务功能。有条件的地方，可以开展农村社区服务的试点，逐步实现城乡社区服务统一规划，统筹发展。

地方各级人民政府和有关部门要帮助社区落实开展公共服务的资金、场所和人员，对社区组织开展的互助性服务、志愿服务和社会力量兴办的微利性商业服务给予政策和资金扶持；对社区营利性商业服务要积极引导向产业化、市场化发展，充分发挥行政机制、互助机制、志愿机制、市场机制在社区服务中的作用。积极推进适宜产业化经营的社区服务实体的股份制改造；鼓励大型服务企业兼并、控股国有或集体所有的社区服务单位，支持个体私营经济参股或兴办社区服务企业。

（二十二）加强对社区服务活动的监督管理。综合运用行政、法律手段监督、管理社区服务。推动制定各类社区服务行业标准并监督执行。建立健全反映社区服务设施、服务管理、居民需求及满意程度等有关信息的采集及工作评估体系。严格财务和审计制度，严禁将救助、福利、公益款物等挪作他用。认真解决社区服务发展中的各种问题，及时查处违法违纪和损害群众利益的行为，保证社区服务健康发展。

各省、自治区、直辖市人民政府要按照本意见精神，结合实际，制订贯彻落实的具体措施。国务院有关部门要加强对本意见贯彻执行情况的监督检查 。

民政部、中央组织部关于进一步开展社区减负工作的通知

（2015 年 7 月 13 日　民发〔2015〕136 号）

各省、自治区、直辖市民政厅（局）、党委组织部，新疆生产建设兵团民政局、党委组织部：

2014 年以来，各地区各部门按照中央组织部、中央党的群众路线教育实践活动领导小组《关于在第二批党的群众路线教育实践活动中进一步加强基层党组织建设的通知》（中组发〔2014〕13 号）要求，推进社区减负工作，取得较好成效。但社区减负工作远未到位，行政事务多、检查评比多、会议台账多、不合理证明多等问题仍然非常突出，社区干部不堪重负，居民群众反映强烈。为深入贯彻党的十八大、十八届三中、四中全会和习近平总书记系列重要讲话精神，落实“三严三实”要求，推动基层社会治理创新，切实减轻基层负担，提升为民服务水平，现就进一步开展社区减负工作通知如下。

一、依法确定社区工作事项

按照国家法律、法规和地方性法规有关规定，以市（地、州、盟）为单位制定社区工作事项清单，实行社区工作准入制度。属于基层人民政府及其职能部门、街道办事处职责范围内的事项，不得转嫁给社区；应由社区协助的事项，应当为社区提供必要的经费和工作条件。社区承担的招商引资、协税护税、经济创收等任务指标，以及社区作为责任主体的执法、拆迁拆违、环境整治、城市管理等事项，原则上一律取消。

二、规范社区考核评比活动

各省（区、市）面向城乡社区的评比达标表彰项目应按照中央办公厅、国务院办公厅《评比达标表彰活动管理办法（试行）》（中办发〔2010〕33 号）精神执行。以市（地、州、盟）为单位对社区工作实行综合考核评比，建立统一的考核评比指标体系，将各职能部门的工作指标一并纳入，各职能部门不再单独组织考核评比活动。建立以社区居民群众满意度为主要评价标准的社区考核机制，取消对社区的“一票否决”事项。

三、清理社区工作机构和牌子

根据社区工作实际和群众需求，对各职能部门在社区设立的工作机构和加挂的各种牌子进行规范清理，原则上能整合的一律整合，能取消的一律取消。社区办公场所对外只悬挂社区党组织、社区居民自治组织牌子以及“中国社区”标识。各职能部门不得以是否设机构、挂牌子作为考核社区工作的依据。

四、精简社区会议和台账

大力压缩基层人民政府、街道办事处及其职能部门要求社区参加的各类会议和活动。大幅减少各职能部门针对社区的各类台账和材料报表，整合内容重复、形式雷同的材料报表。

五、严格社区印章管理使用

以市（地、州、盟）为单位制定社区印章使用范围清单。对法律法规有明确规定且社区有能力提供证明的，方可使用社区印章。各职能部门、企事业单位、社会组织职责范围内的证明核实事项不得要求社区出具证明。

六、整合社区信息网络

加快社区公共服务综合信息平台建设，逐步实现社区公共服务事项的一站式受理、全人群覆盖、全口径集成和全区域通办。精简各部门建设和部署在社区的业务应用系统和服务终端，部门新建业务应用系统不再单设服务终端或向社区延伸，已建成的各类业务应用系统要逐步向社区公共服务综合信息平台迁移或集成。规范各类业务应用系统与社区公共服务综合信息平台的共享范围、共享方式和共享标准，实现数据一次采集、资源多方共享。

七、增强社区服务能力

建立健全基层政府购买服务机制，逐步扩大购买服务资金来源和数量，拓展购买服务领域和范围，规范购买服务程序和方式，将适合采用市场化方式提供的公益性、专业性、技术性服务交由社会组织、企业等社会力量承担。积极培育发展社区社会组织，加快社区工作者队伍专业化建设，充分发挥社区的平台作用、社区社会组织的载体作用、社会工作专业人才的骨干作用，不断提升社区服务管理水平。加大财政保障力度，统筹整合各级各部门相关社区建设资金，重点保障社区工作经费、人员报酬、服务群众专项经费以及社区服务设施和信息化建设经费，更好地为群众提供精准有效的服务。

八、切实加强组织领导

社区减负工作涉及面广、政策性强、工作要求高，要在党委、政府统一领导下，民政、组织部门牵头协调，有关部门参与，共同抓好落实。各省（区、市）民政、组织部门要统一安排部署，加强工作指导，研究解决重大问题。市（地、州、盟）民政、组织部门要在深入摸排基础上，制定工作计划和实施方案，协调有关部门，抓好组织实施。县（市、区、旗）民政、组织部门要逐项抓好落实，确保工作落地见效。把社区减负工作纳入市县乡党委书记抓基层党建工作述职评议考核的重要内容。各地可借鉴教育实践活动做法，部署开展专项行动，上下联动、集中推进社区减负工作。加强督促检查，中央组织部、民政部将会同有关部门，适时组织开展联合督查，各地各部门也要组织力量，明察暗访、督促落实。加大舆论宣传力度，注意总结社区减负工作的做法经验，形成长效机制。

各地区各部门开展社区减负工作的情况，请及时报送中央组织部、民政部 。

民政部关于加强全国社区管理和服务创新实验区工作的意见

（2013年1月15日　民发〔2013〕13号）

各省、自治区、直辖市民政厅（局），各计划单列市民政局，新疆生产建设兵团民政局：

自中央作出加强和创新社会管理的重大决策以来，民政部先后确认了一批全国社区管理和服务创新实验区（以下简称实验区），围绕创新社区管理体制、丰富社区自治形式、完善社区服务制度、优化社区服务手段等领域进行了积极探索，在夯实基层、做实社区方面积累了初步经验，推动社区建设不断向深度和广度拓展。党的十八大作出了完善基层民主制度、加强基层社会管理和服务体系建设的战略部署，为深化社区管理体制改革和服务机制创新提供了发展机遇，为提升实验区的创新能力和示范作用提出了更高要求。经研究，现就做好新形势下的实验区工作提出如下意见。

一、明确指导思想

以邓小平理论、“三个代表”重要思想、科学发展观为指导，贯彻党的十八大精神，紧扣“推进社区治理，增强社区自治和服务功能”主题，创新体制机制、拓展理论实践、完善制度规范，围绕社区治理多元化、社区自治法制化和社区服务标准化等重点领域攻坚克难，促进基层社会服务管理水平的全面提高。

二、把握基本原则

（一）坚持创新引领、示范带动。准确把握加快社会体制改革的总体要求，积极借鉴国内外社区发展的科学经验，着力破除制约社区服务管理的认识误区和制度障碍，形成理论创新、实践创新和制度创新的示范成果。

（二）坚持以人为本、问需于民。尊重社区居民的首创精神，从居民群众需求出发确定创新方向，以社区居民满意与否作为评价创新成效的根本标准，确保全体社区居民从创新实验中共同受益。

（三）坚持统筹规划、重点突破。切实做好地区层面的整体规划和顶层设计，周密制定实验方案和配套政策，力争在社区服务管理的制度设计、体系支撑、政策创制、经费投入等难点问题上有所突破。

（四）坚持因地制宜、形成特色。在深入研究论证的基础上，立足本地实际选择和实施实验项目，使社区服务管理与经济社会发展保持一致，并在条件具备的情况下适度超前，避免脱离实际、一哄而上和贪多求全。

三、拓展创新实践

实验区探索创新的重点内容包括：

（一）提高社区治理水平。转变基层政府职能，加快服务型政府建设，推进基层管理体制改革，探索通过区直管社区或街道“中心制”等方式，实现人力、财力、物力向社区下沉。完善社区治理结构，形成社区党组织领导，社区居委会主导，社区公共服务机构、社区社会组织、业主组织、驻区单位和社区居民多元参与、共同治理的格局。推动“社区、社团、社工”三社联动，建立以社区为平台、社会组织为载体、专业社会工作人才队伍为支撑的运行机制。推行政府购买服务制度，建立公益创投机制，充分发挥社区社会组织作用，引导其他社会组织和专业社会工作人才进入社区。

（二）增强社区自治功能。完善发展社区居民自治的具体制度，稳步提高社区居委会直接选举比例，构建农村进城务工人员融入社区、参与社区管理机制。发展院落（楼宇、门栋）自治、业主自治、社团自治等民主形式，拓宽社区媒体、互联网络、移动设备等参与渠道。加强议事协商，推进基层协商民主实践，健全民情恳谈、社区听证、社区论坛、社区评议等对话机制，建立党代表、人大代表、政协委员联系社区制度。强化权力监督，推进社区党风廉政建设，进一步完善社区党务、居务、财务、服务等信息公开制度，健全社区信息公开目录。

（三）提升社区服务能力。认真落实《社区服务体系建设规划（2011－2015年）》（国办发〔2011〕61号），推进社区综合服务设施建设，扩大社区服务设施网络覆盖，提高社区服务设施使用效率。推动基本公共服务项目对社区居民和农村进城务工人员全覆盖，推进社区志愿服务制度化和社区便民利民服务多样化，建立行政机制、志愿机制和市场机制互联互补的社区服务供给方式。推进社区信息化建设，建立以区（县）管理信息系统为中心，街道和社区综合信息平台为辐射，社区自助终端、个人服务终端为节点的信息网络。实施社区信息化建设运营方式改革，强化政府支持，发挥社会组织作用，引进合格市场主体，建立社区信息化建设多元筹资机制。

（四）创新社区党建工作。健全和优化社区党组织设置，发挥社区党组织的领导核心作用。建立社区党建工作联席会议制度，加大驻社区单位设施开放、人员交流和资金帮扶力度，整合发挥社区公共资源效能。逐步实行社区党组织领导成员直接选举，健全社区党员代表议事制度，探索党内基层民主的多种实现形式。完善社区“两委”议事协调机制，改进社区党组织的工作方式，有效发挥支持社区自治功能。加快推进学习型、服务型、创新型社区党组织建设，建立在职党员到社区报到机制，开展社区党员志愿服务、结对帮扶等活动。

四、强化组织保障

（一）优化实验布局。考虑到社区建设综合性强的特点，实验区主要以市辖区为申报单位，极个别涉及层次高、实施难度大的实验项目，也可以地级市为申报单位。实验区原则上不设名额和数量限制，申报单位应具备一定的工作基础和工作条件，具有较强的创新意识和改革积极性。各省级民政部门应统筹群众意愿、重视程度、保障力度、辐射效应等多方因素,对省内社区管理体制改革和服务体系建设进行整体规划,在充分尊重地方创新取向、充分考虑现实可能性的基础上,科学合理确定实验区的项目布局和申报进度。

（二）完善申报程序。实验区的申报遵循“自主申请、逐级审批、单独确认”的原则,由所在地党委、政府提出申请,报省级民政部门审核,通过后由省级民政部门报民政部审核批复。报民政部的申请材料(纸质版一式3份,同时附电子版光盘)应包括地方申请文件、实验方案和省级审核意见。地方申请文件应阐述申报理由,实验方案应明确实验背景(发展状况、存在问题等)、实验主题(主要目标、基本任务等)、实验内容(具体举措、工作安排等)和实验保障(组织领导、经费投入等)。实验周期一般不超过3年。

（三）落实实施责任。各实验区应根据批复的实验方案,明确领导责任和部门分工、制定实施计划和工作方案、配备工作人员和工作条件,完善政策措施、加大资金投入、强化监督检查,确保各项实验目标和任务有序推进。凡涉及内容变更、进度调整和实验中止等事项,均应报部批准后方可进行。在实验期内,各实验区应按时上报年度实验计划和总结,及时通报工作进展和成效,实事求是地做好实验成果总结、提炼和宣传工作。在实验期末,各实验区应如期提交实验工作终期报告,由民政部组织对实验成果进行验收评审,因特殊情况需要延长实验周期的,须向民政部提交延期申请。

（四）加强工作指导。各省级民政部门要切实加强对本地区实验区工作的组织协调和支持保障。民政部将建立实验区工作的规范管理制度,通过新闻宣传、会议交流、实地考察等方式,交流各地推进创新实验的具体举措、实践成效和群众反响,并适时组织相关领域专家学者和新闻媒体,对成熟经验进行理论提升和宣传推广。同时建立实验区工作的动态管理制度,按照实验方案对创新实验工作进行考核评价和检查验收,切实加强对实验区的跟踪指导和日常管理,形成上下联动、进出平衡的良好局面。

国家民委、民政部关于加强新形势下社区民族工作的意见

（2011年12月15日　民委发〔2011〕204号）

各省、自治区、直辖市及新疆生产建设兵团民(宗)委(厅、局)、民政厅(局):

为促进各民族共同团结奋斗、共同繁荣发展,推进和谐社区建设,现就加强新形势下社区民族工作提出以下意见。

一、充分认识加强社区民族工作的重要意义

1. 做好社区民族工作重要而紧迫。社区是社会的基本单元,也是各民族交流交往的重要平台。当前,随着我国工业化、城镇化的快速发展,民族分布和交往格局正在发生重大变化,城市和散杂居地区的少数民族人口不断增加,各民族交错居住在同一社区的现象日益普遍,社区民族工作任务日趋繁重。各地各部门积极应对,不断探索,创造了许多新鲜经验,社区民族工作取得了显著成绩。但同时,一些社区的民族工作也存在着基础比较薄弱、服务和管理水平有待提高、方法和机制亟需创新等问题。

加强社区民族工作,是服务各族群众、夯实党的执政基础的需要,是促进民族团结、建设和谐社区的需要,是加强和创新社会管理、维护社会稳定的需要。必须站在全局和战略的高度,进一步增强责任感和紧迫感,切实把社区民族工作摆在重要位置,抓紧抓好。

二、全面把握加强社区民族工作的总体要求

2. 坚持社区民族工作的正确方向。社区民族工作要坚持以邓小平理论和“三个代表”重要思想为指导,深入贯彻落实科学发展观,牢牢把握各民族共同团结奋斗、共同繁荣发展的主题,以和谐社区建设为依托,以宣传教育、保障权益、完善服务为工作着力点,整合资源,形成合力,不断加强社区民族工作,进一步巩固和发展平等、团结、互助、和谐的社会主义民族关系,为全面建设小康社会和构建社会主义和谐社会奠定更加坚实的基础。力争用5年左右的时间,在全国形成一个比较健全的社区民族工作网络,培育一批热心民族工作的少数民族联谊组织和社会工作者队伍,建成一批民族团结进步模范社区,努力把社区建设成各族群众团结和睦、安居乐业的幸福家园。

三、进一步明确加强社区民族工作的重点任务

3. 大力推进民族团结宣传教育。认真落实中共中央办公厅、国务院办公厅《关于深入开展民族团结宣传教育活动的意见》(中办发〔2009〕34号),深入宣传民族理论、民族政策、民族法律法规和民族基本常识,不断增强各族群众的国家意识、公民意识和民族团结意识。结合和谐社区建设、文明城市创建、社会管理综合治理等活动,把民族团结教育纳入公民道德教育和社会主义精神文明建设全过程,尤其要切实加强对青少年的宣传教育。

进一步加强对公共服务和社会管理部门工作人员的宣传教育,帮助他们不断增强严格执行党和国家的民族政策的自觉性。广泛开展成就展览、知识竞赛、文体表演和网上交流等各族群众喜闻乐见的活动,让民族团结元素融入社区群众的日常工作、学习和生活中,引导各族群众不断增强对伟大祖国、中华民族、中华文化和中国特色社会主义道路的认同,牢固树立汉族离不开少数民族、少数民族离不开汉族、各少数民族之间也相互离不开的思想观念,自觉维护民族团结、社会稳定和国家统一。

4. 扎实开展民族团结进步创建活动。结合社区实际,采取有力措施,按照中央宣传部、中央统战部、国家民委《关于进一步开展民族团结进步创建活动的意见》(民委发〔2010〕13

号)的要求,把创建活动纳入社区发展总体规划,进一步创新形式、创新载体、创新手段,大力推进民族团结进步模范社区、模范单位建设。

坚持以人为本,把创建活动与帮助社区发展经济社会事业结合起来,与解决各族群众生产生活实际困难结合起来,逐步使创建活动成为便民、利民、惠民的民心工程。推动民族团结进步表彰活动制度化、规范化,及时表彰和奖励社区民族团结进步模范集体和个人,努力形成维护民族团结光荣、破坏民族团结可耻的社会氛围。

5. 努力提供满足各族群众需求的便捷服务。建立健全信息平台,密切联系沟通,全面了解和掌握社区少数民族情况,及时反映和解决他们生产生活中存在的困难。加强社区服务体系建设,尊重少数民族风俗习惯,积极创造条件,满足少数民族群众在清真饮食、殡葬服务、欢度民族节日和传承本民族文化等方面的需求。少数民族人口较多、民族工作任务较重的社区,应根据实际通过设立"少数民族服务中心"、"民族之家"、热线电话等方式,为各族群众提供方便畅通的办事渠道。

积极开展对少数民族困难家庭的帮扶工作。充分利用社区资源,通过购买社工服务等方式帮助困难群众解决就业、就学、就医等方面遇到的特殊困难。引导和鼓励社区内的企事业单位、社会团体积极参与社区民族工作,为各族群众提供针对性更强的便捷服务。

切实加强对少数民族流动人口的服务与管理。在外来少数民族人口较多的社区要明确有关责任人,积极提供就业帮助、语言翻译、法律维权等方面的服务。

6. 大力促进社区各民族交流交往、互助合作。充分利用展示橱窗、社区网站、市民学校、文化馆站、文化广场等活动阵地,不断创新和完善社区民族工作载体,为各族群众提供交流、联谊和参与社区建设的渠道。积极开展专项咨询和培训活动,引导和帮助少数民族流动人口尽快适应城市和社区生活。广泛开展丰富多彩、富有民族特色的群众性文体活动,努力活跃社区各族群众的业余文化生活。注意发挥企事业单位、社会团体和社会工作者的作用,利用"互帮"、"共建"等形式,帮助各族群众融入社区。

7. 重视做好少数民族社区工作者的培养和使用工作。少数民族社区工作者来自本民族,熟悉本民族的历史和文化,了解本民族的心理和愿望,是联系各族群众的桥梁和纽带,是做好社区民族工作的重要力量。注意发现和培养少数民族代表人士,逐步形成一支与党和政府同心同德、关心民族工作、热心社区服务的骨干队伍。支持他们积极联系本民族群众,鼓励他们积极建言献策,带动各族群众积极投身和谐社区建设。注重发挥他们在各种群众性组织中的特殊作用,发挥他们在宣传党和国家政策,反映社情民意,特别是在处理涉及民族因素的突发事件、维护民族团结和社会稳定方面的重要作用。

8. 妥善处理涉及民族因素的矛盾纠纷。随着各民族之间交流交往不断增多,社区内各民族之间的共同因素不断增多,但民族特点、民族差异和各民族在经济文化发展上的差异将长期存在,从而可能引发一些涉及民族因素的摩擦、纠纷和矛盾。要不断提高预防和处理有关矛盾和纠纷的工作水平,及时、准确、全面地掌握有关信息,做到早发现、早部署、早处理,力争把问题解决在社区、解决在当地、解决在萌芽状态。

要定期排查影响民族关系的不稳定因素,认真制定和不断完善有关突发事件的处置预案。坚持具体问题具体分析,是什么问题就按什么问题处理,不要把与民族关系无关的问题归人民族问题,也不要把民族问题当做一般的社会问题来处理。对一般的矛盾纠纷,要采取教育、疏导、化解的办法来解决。凡属违法犯罪的,不论涉及哪个民族,都要坚决依法处理。切实维护各族群众的合法权益,维护民族团结、社会和谐、国家统一和法律尊严。

四、切实加强对社区民族工作的组织领导

9. 切实把社区民族工作摆上重要位置。新形势下的社区民族工作,既是社区工作的组成部分,也是民族工作的重要内容。各级民族和民政部门要积极推动有关地区和部门把社区民族工作摆上重要议事日程,自觉加强对马克思主义民族观及党和国家民族法规政策的学习,加强对社区民族工作的研究,努力提高驾驭和处理民族问题的能力。建立健全目标责任制,逐步将社区民族工作状况作为有关地区和部门干部考核的重要内容。少数民族人口较多、民族工作任务较重的乡镇、街道,要将社区民族工作状况作为有关干部选拔任用的重要依据。

10. 创新社区民族工作的体制机制。省(区、市、兵团)民族和民政部门要加强对社区民族工作的指导、协调和督促。市(地、州、盟)、县(市、区、旗)、乡(镇、街道)三级民族和民政部门,要在党委政府统一领导下,逐步推动建立和完善社区民族工作管理体制和工作机制。少数民族人口较多、社区民族工作任务较重的乡镇、街道,要配备民族工作专(兼)职干部。少数民族人口较多的社区要配备民族工作联络员,注意培育一批热心民族工作的少数民族联谊组织和社会工作者队伍。有关部门要为开展社区民族工作提供必要的工作条件,保障必要的工作经费。

11. 加强社区民族工作的监督检查。各级民族和民政部门要采取定期与不定期相结合、上级检查与自查相结合等方式,加强对开展社区民族工作情况的监督检查,重点是检查党和国家民族政策和有关法律法规贯彻落实情况。对查找出的问题要提出切实可行的整改方案,务求取得实效。要及时总结经验,立足各地实际,加强分类指导,力争在今后5年内有计划地建成一批民族团结进步模范社区,促进社区民族团结进步事业蓬勃健康发展。

民政部办公厅关于建立全国和谐社区建设示范单位联系制度的通知

（2010年3月24日 民办发〔2010〕10号）

各省、自治区、直辖市民政厅（局），新疆生产建设兵团民政局：

2009年，在全国和谐社区建设工作会议上，民政部命名表彰了188个城区（市）为全国和谐社区建设示范城区（市）、253个街道为全国和谐社区建设示范街道、500个社区为全国和谐社区建设示范社区。为贯彻落实民政部最近提出的大兴调查研究之风、团结协作之风、改革创新之风的要求，积极探索新形势下推动社区工作科学发展的新思路、新办法、新途径，充分发挥全国和谐社区建设示范单位的榜样作用，现就建立全国和谐社区建设示范单位联系制度，通知如下。

一、总体要求

通过建立全国和谐社区建设示范单位联系制度，深入贯彻落实党的十七大以来中央关于社区建设的一系列重要决策和2009年全国和谐社区建设工作会议精神，切实加强对社区工作的理论和政策性研究，促进各示范单位之间的交流与合作，加大对各示范单位的工作指导力度，真正发挥示范单位的典型引导、辐射带动作用，推动全国和谐社区建设在范围上得到新拓展，在质量上得到新提升，在群众满意度上实现新飞跃。

二、主要任务

（一）传达和学习贯彻好中央关于和谐社区建设的指示精神，督促检查各示范单位相关政策落实情况和任务完成情况，协调解决政策落实中的难点问题，推动中央有关政策在基层的贯彻落实。

（二）加强各示范单位之间的交流与合作，收集、通报各地的年度工作要点、阶段性工作计划和工作进展情况，促进不同区域之间相互借鉴、优势互补、整体推进。

（三）指导和支持各示范单位推进体制机制创新，总结和推广各地创新成果及经验，为工作发展提供思路。

（四）组织开展调查研究，研究确定重大调研课题，为政策制定提供决策依据。

（五）修订、完善和谐社区建设示范单位标准体系，推动和谐社区建设示范单位创建活动科学化、制度化、规范化。

三、职责分工

（一）民政部。主要联系全国和谐社区建设示范城区（市）以及部分示范街道、示范社区。

（二）各省（区、市）民政厅（局）。主要联系本地区的全国和谐社区建设示范街道以及部分示范城区（市）、示范社区。

（三）各城区（市）民政局。主要联系本地区的全国和谐社区建设示范社区以及部分示范街道。

四、工作措施

（一）建立联席会议制度。民政部召集的联席会议由2009年表彰的全国和谐社区建设示范城区（市）和部分示范街道、示范社区以及各省（区、市）民政厅（局）基层政权和社区建设处组成。各示范城区（市）和部分示范街道、示范社区的有关负责人以及各省（区、市）民政厅（局）基层政权和社区建设处处长为联席会议成员，各成员单位1名干部为联席会议联络员。民政部基层政权和社区建设司作为联席会议的总召集单位，负责整体协调和日常工作。联席会议多以片会形式进行。

各省（区、市）民政厅（局）和各城区（市）民政局也要根据需要建立相应的联席会议制度，加强本地区示范单位的联系，推动形成示范单位联系制度工作网络。

（二）建立信息通报制度。民政部联系的各示范单位每季度或半年应向民政部上报一次工作进展情况，包括工作计划、相关政策落实和任务完成情况，并对工作提出意见和建议，临时工作信息可随时报送。民政部根据各地上报情况，不定期编发《全国和谐社区建设示范单位工作动态》简报，分送各示范单位，及时推广各地好的经验和做法，促进各成员单位之间的交流与合作，指导各地研究解决和谐社区建设工作的重要问题和政策落实中的难点问题。

各省（区、市）民政厅（局）和各城区（市）民政局要通过多种形式加强本地区示范单位的信息交流工作，及时掌握工作进展和工作动态，推广好的做法和经验，指导各地开展工作。

（三）建立学习交流制度。民政部依托联席会议片会和每两年召开的城区论坛，组织示范单位定期开展学习交流，及时学习领会党中央、国务院关于和谐社区建设工作的指示及有关会议、文件精神，交流各地工作开展经验，研究解决工作中的难点和突出问题，提出完善政策措施的建议。通过考察、调研、培训班、报告会等多种方式组织协调各示范单位之间开展学习交流活动，使各示范单位主动了解、积极借鉴兄弟单位的新理念、新经验、新办法，取长补短，加强合作，提高推动和谐社区建设工作的能力。

各省（区、市）民政厅（局）和各城区（市）民政局要采取有效措施建立学习交流制度，加强本地区示范单位之间的学习交流，既要立足自身向实践学习、向书本学习、向群众学习，也要以开放的心态积极走出去，把好的经验和做法引进来，形成良好学习氛围，建立长效交流机制，不断推动和谐社区建设工作深入发展。

（四）建立示范单位动态管理制度。各示范单位要对照全国和谐社区建设示范单位标准体系每年自查一次，总结经验，查找不足，不断完善提高。各省（区、市）民政厅（局）要不定期对本地区的示范单位进行检查，并积极组织开展城乡社区之间、不同区域之间的交流与合作，形成以城带乡、优势互补、共同提高的局面。必要时民政部可组织全国示范单位之间进行互查，对工作成效不明显、示范作用不强的及时督促改进；对长期工作不力、改进效果不明显的，建议取消示范单位称号。通过对示范单位实行动态管理，避免出现"牌子到手、创建到头"现象，使和谐社区建设工作保持持续强劲的发展势头。

（五）建立推动地方改革创新制度。各示范单位要根据本地区的实际情况，积极推进和谐社区建设工作体制机制创新，以改革的精神、创新的办法解决前进中的困难和问题，努力在和谐社区建设的领导体制、改革措施、规划标准、投入机制和参与机制上求突破、求发展。各省（区、市）民政厅（局）要加强对本地区示范单位创新实践的指导、支持和帮助，对创新成果及时进行总结和推广。民政部拟采用适当方式定期或不定期推出一批理论和实践创新成果，并给予通报表彰。

各省（区、市）民政厅（局）要高度重视和谐社区建设示范单位联系制度工作，认真组织，精心筹划，研究制定贯彻落实措施，做好本地区的协调工作。各示范单位要大力支持联系制度的建立，积极参与相关工作，切实加强领导，明确专人负责落实，以取得实实在在的效果。民政部将适时召开工作片会，研究协商联系制度的具体事项。

请各地以省（区、市）为单位将民政部召集的联席会议成员和联络员名单（包括姓名、单位、职务、通信地址、办公电话、手机号码）于2010年4月2日之前上报至民政部基层政权和社区建设司城市工作处。民政部联系的部分示范街道、示范社区由各省（区、市）推荐，原则上每省（区、市）推荐2个示范街道、1个示范社区。

民政部关于进一步推进和谐社区建设工作的意见

（2009年11月23日 民发〔2009〕165号）

各省、自治区、直辖市民政厅（局），各计划单列市民政局，新疆生产建设兵团民政局：

近年来，各地全面贯彻落实中央关于构建社会主义和谐社会的重要部署和2005年民政部在吉林省长春市召开的全国社区建设工作会议精神，积极推进和谐社区建设，为加强和改进基层社会管理、提高居民生活质量、维护社会和谐稳定、密切党和政府同人民群众的关系作出了重要贡献，但与我国经济社会发展新要求、人民群众过上美好生活新期待相比仍有很大差距。为深入贯彻落实党的十七大和十七届三中、四中全会精神，充分发挥社区在构建社会主义和谐社会中的重要基础作用，加快形成城乡经济社会发展一体化新格局，根据刚刚闭幕的全国和谐社区建设工作会议精神，现就进一步推进和谐社区建设工作提出以下意见。

一、充分认识进一步推进和谐社区建设工作的重要性和紧迫性

社区是社会的基本单元，是人们社会生活的共同体和人居的基本平台，社区和谐是社会和谐的基础。加强社会管理的重心在社区，改善民生的依托在社区，维护稳定的根基在社区。实践证明，和谐社区建设事关党和国家大政方针的贯彻落实，事关人民群众的切身利益，事关城乡基层的和谐稳定。当前，随着工业化、信息化、城镇化、市场化、国际化的深入发展，我国正处在社会结构深刻变动、利益格局深刻调整、思想观念深刻变化的重要时期，社区日益成为各种利益关系的交会点、各种社会矛盾的集聚点、社会建设的着力点和党在基层执政的支撑点。做好和谐社区建设工作，对于保障城乡困难群众的基本生活权益，满足普通居民群众多层次、多样化的物质文化生活需求，对于夯实我们党的执政基础，激发广大人民群众参与社会建设的积极性、主动性、创造性，为经济社会发展创造更加良好的社会环境，具有重要的现实意义和深远的历史意义。各地民政部门要在党委、政府统一领导下，从贯彻落实科学发展观的高度，从我国经济社会发展的新要求和人民群众过上美好生活的新期待的高度，把和谐社区建设摆在更加突出的位置，切实抓紧抓好，抓出更大成效。

二、进一步推进和谐社区建设工作的总体思路和目标要求

进一步推进和谐社区建设工作，要坚持以邓小平理论和"三个代表"重要思想为指导，深入贯彻落实科学发展观，全面把握党的十七大以来中央关于社区建设的一系列重要决策和部署，围绕中心、服务大局，把服务居民、造福群众作为出发点和落脚点，把建设管理有序、服务完善、文明祥和的社会生活共同体作为基本目标，把统筹推进城乡社区建设作为重要方针，把创新体制机制作为根本动力，把加强以党组织为核心的社区组织体系和社区工作者队伍建设作为基础保证，把和谐社区示范创建活动作为重要载体，推动和谐社区建设在范围上得到新拓展，在质量上得到新提升，在群众满意度上实现新飞跃，为实现全面建设小康社会奋斗目标和构建社会主义和谐社会奠定更加坚实的基础。力争用五年的时间，把全国80%以上的城乡社区建设成为管理有序、服务完善、文明祥和的社会生活共同体；到建党100周年时，把所有城乡社区全面建设成为管理有序、服务完善、文明祥和的社会生活共同体。

三、当前和今后一个时期进一步推进和谐社区建设工作的主要任务

（一）进一步健全以基层群众自治为基础的新型社区管理体制机制，不断提高基层治理水平。加快城乡接合部、"城中村"、工矿企业所在地、新建住宅区、流动人口聚居地的社区党组织和自治组织的组建工作，健全以基层党组织为核心的城乡社区组织体系。积极推进街道管理体制创新和农村综合改革，建立健全利益协调机制、诉求表达机制、矛盾调处机制、权益保障机制和自然灾害、事故灾难、公共卫生事件、社会安全事件应急管理体制机制。落实社会治安综合治理责任制，加强对吸毒人员、刑释解教人员以及流浪儿童、服刑人员的未成年子女、农村留守儿童的管理、监督和教育，加强和改进对流动人口的服务管理以及非公有制经济组织和新社会组织的管理，实现城乡社区的"无缝隙"管理。积极推广、运用现代信息技术，有条件的地方可实行社区网格化管理，提升社区管理的现代化水平。深入开展以民主选举、民主决策、民主管理、民主监督为重要内容的实践活动，健全城乡基层党组织领导的充满活力的基层群众自治机制，推进基层群众自治制度化、规范化、程序化。适应城乡社会结构、利益格局的发展变化，拓展基层群众自治范围，扩大城市居民委员会直接选举的覆盖面，完善农村村民委员会直接选举制度。选齐配强农村村民小组长、城市居民小组长、楼院门栋长、村(居)民代表，形成村(居)委会及其下属的委员会、村(居)民小组、村落、楼院、门栋上下贯通、左右联动的城乡基层群众自治组织体系。广泛开展院落、楼座、门栋自治及邻居节等睦邻活动，强化村(居)民委员会和村(居)民代表对政府公共服务的监督和评议，增强民主的实效性。建立健全共青团、妇联、残联、老年协会等群团组织在社区的机构，大力培育服务性、公益性、互助性社区社会组织，发挥其提供服务、反映诉求、规范行为的作用。适当放宽社区社会组织的登记条件，降低门槛，简化登记手续，及时办理备案手续，并在活动场地等方面提供帮助。积极探索业主自治与居民自治的有效衔接，认真研究物业管理机构参与社区管理与服务的方式和途径，切实维护社区居民和业主的合法权益。建立城乡社区党组织主导的群众维权机制，引导社区居民以理性合法的形式表达利益诉求，维护自身的合法权益。

(二)进一步完善以民生需求为导向的新型社区服务体系，不断提高社区居民生活水平。充分发挥行政机制、互助机制、志愿机制、市场机制的作用，进一步完善覆盖城乡社区居民的社区服务体系，满足居民群众多样化、多层次、多方面的服务需求。依托社区服务中心和社区服务站，积极推进以就业、社会保险、社会救助、社会治安、医疗卫生、计划生育、文化、教育、体育为主要内容的政府公共服务覆盖到社区，促进实现城乡基本公共服务均等化。规范、整合社区公共服务设施的功能作用，提倡"开放式办公、一站式服务"，合理设置服务窗口，优化工作流程，规范服务标准，鼓励开展全程委托代理、全年无休假等便民服务。大力推行社区公共服务事项准入制度，凡属于城乡基层政府及其职能部门职责范围内的事项，不得转嫁给村(居)委会；凡依法应由村(居)委会协助的事项，应当为村(居)委会提供必要的经费和工作条件；凡委托给村(居)委会办理的有关服务事项，应当实行权随责走、费随事转。大力发展居家养老服务，依托社区养老机构和社区老年人日间照料中心，逐步建立以居家为基础、社区为依托、机构为补充的社会养老服务体系。大力推行社区志愿者注册登记制度，尽快建立健全以区、县为单元，以社区、街道为依托，全国统一的社区志愿者注册管理系统。研究制定社区志愿者在升学、择业、晋升等方面的激励措施，鼓励和引导社区居民广泛参与志愿服务活动。大力培育发展社区志愿者组织，依托社区服务中心(站)，在街道(乡镇)、社区(村)建立志愿者服务站，健全社区志愿服务网络，力争用3－5年的时间，实现社区志愿者注册率占居民人口10%以上的目标。鼓励社区内或周边单位向社区居民开放内部食堂、浴室、文体和科教设施，支持驻社区单位和社区居民开展邻里互助等群众性自我服务活动，为低收入人群、老年人、残疾人、优抚对象、城市流浪儿童和农村"留守儿童"等提供各种服务，发展慈善事业。鼓励各类组织、企业和个人兴办与居民生活密切相关的城乡社区服务业，推进社区商业服务规模化、集约化、产业化，鼓励企业以连锁经营、品牌加盟等服务业态进社区。进一步完善社区便民服务设施，加快发展家政服务业，深入实施以"便利消费进社区、便民服务进家庭"为主题的"双进工程"。充分挖掘社区资源，鼓励开设具有一定规模的社区居民食堂或就餐点，为社区居民提供卫生方便的就餐送餐服务。引导社区居民树立节能环保观念，积极推动社区再生资源的回收利用、剩余物资的调剂互换。积极推进政府购买服务、社会化运作等方式，对社区组织开展的公益性服务和社会力量兴办的微利服务给予政策和资金扶持。鼓励通过社区网站、呼叫热线、短信平台和有线数字电视平台、电子阅览室、信息服务自助终端，为社区居民提供"一网式"、"一线式"综合服务。

(三)进一步繁荣以增强社区凝聚力为宗旨的城乡社区文化，不断提高社区居民文明素质。广泛开展社会主义核心价值体系宣传普及工作，从城乡社区存在的具体问题入手，深入开展社会公德、职业道德、家庭美德、个人品德教育，推进廉政文化教育进社区，推动形成良好的社会风尚与和谐的人际关系、邻里关系。加强社区文化基础设施建设，在社区建设方便居民读书、阅报、上网、娱乐、健身等活动场所。充分挖掘社区文化资源，广泛开展各具特色的群众性文化活动，着力丰富居民群众的精神文化生活。利用春节、清明、端午、中秋等民族传统节日，广泛开展节日民俗活动和文化娱乐活动，弘扬中华民族优秀文化传统。积极发展社区教育，倡导终身学习理念。加强未成年人思想道德建设，利用社区资源为社区内中小学开展素质教育和社会实践活动提供方便，不断优化青少年成长环境。大力开展全民健身活动，不断增强社区居民体质。重视社区物质文化遗产和非物质文化遗产保护。建立健全社区心理咨询网络，加强对居民的人文关怀和心理疏导。要从看得见、摸得着、见效快的问题入手，对社区人居环境进行整治，实施乡村清洁工程，建设资源节约型、环境友好型社区。健全社区环境保护管理制度，广泛发动社区居民积极参与环保活动，普及社区防灾减灾知识，倡导义务植树护草，文明饲养家禽和宠物，自觉养成节约能源资源、爱护环境、讲究卫生的习惯。做好人口和计划生育工作，推行计划生育居(村)民自治，搞好计划生育技术服务，提高出生人口素质。少数民族聚居的社区要利用公开栏、宣传统筹为重点的社区党建工作，不断提高基层党组织的战斗力。

（四）进一步加强以城乡统筹为重点的社区党建工作，不断提高基层党组织的战斗力。适应市场经济发展和城乡社会结构变化的实际，在所有符合条件的城乡社区、居民区、楼宇、新经济组织和新社会组织、农村专业生产合作社、专业协会、产业链、外出务工经商人员相对集中点等建立不同形式的党组织，加快建立开发区、新建住宅区、城中村、村改居地区社区党组织，明确各种新型党组织与社区党组织的关系，建立“横向到边、纵向到底”的组织领导体系。对尚不具备成立党组织条件的地方，通过设立党员联络服务站、选派党建工作指导员等多种形式，积极开展党建工作，消除社区党建的盲点和空白点，使社区党建工作覆盖到社区的各个层面。广泛开展党员设岗定责、依岗承诺、创先争优、帮扶困难群众等活动，构筑社区党员联系和服务居民的网络。主动抓好社区党员的学习培训和实践锻炼，及时将社区退休人员、复转军人、大中专毕业生、下岗失业人员、流动人口中的党员，纳入社区党员教育管理服务范围，促进形成城乡一体、流入地党组织为主、流出地党组织配合的党员动态管理机制。进一步发展党内基层民主，继续扩大基层党组织领导班子直接选举范围。动员和组织广大党员积极参与基层事务的民主管理和志愿服务，充分发挥先锋模范作用，做推进和谐社区建设的表率。适应城乡基层工作的特点，建立健全以党组织为核心的社区党建工作协商议事机构，围绕地区性、群众性、公益性工作，协调解决社区建设中的重要问题。按照条块结合、资源共享、优势互补、共驻共建的原则，进一步完善社区民意反映机制、科学决策机制、日常沟通机制和应急机制，确保全面准确及时地了解社区居民的呼声和驻区单位的意愿，充分发挥社区党组织在城乡社区管理和服务中的领导核心作用，构建城乡统筹的基层党建新格局。

（五）进一步推进农村社区建设工作，不断扩大农村社区建设的覆盖面和受益面。按照城乡一体化发展要求，选择不同类型的农村地区开展农村社区建设实验工作。统筹土地利用和城乡规划，合理安排市县域城镇建设、农田保护、产业聚集、社区分布、生态涵养等空间布局。统筹城乡社区干部培训，引导城市人才向农村流动。统筹城乡基础设施建设和公共服务，全面提高财政保障农村公共事业水平，逐步建立城乡统一的公共服务制度。统筹城乡劳动就业，加快建立城乡统一的人力资源市场。统筹城乡社会管理，推动流动人口服务和管理体制创新。加快农村社区公共服务设施建设，每个社区应有一个统一标识的综合性社区服务中心，具备办公、管理、服务、活动等多种功能。坚持服务农民、依靠农民，创新农村社会管理体制机制，推行社区化管理，初步具备农村社区利益协调、诉求表达、矛盾化解等功能。拓展村民自治范围，探索农村社区建设与村民自治衔接配套的有效方法。大力推进政府公共服务向农村社区延伸，开展农村社区志愿服务，积极扶持和发展农村社区商业服务，构筑政府基本公共服务、农民志愿服务和互助性服务、市场商业性服务相衔接的新型农村社区服务体系。在城乡单位、城市社区与农村社区之间开展结对帮扶活动，鼓励社会各类组织和个人以资金、技术、信息、智力、技能等方式参与农村社区建设，努力形成全社会关心、支持、参与农村社区建设的良好氛围。

四、切实加强进一步推进和谐社区建设工作的组织领导

（一）把和谐社区建设摆在更加突出的位置。党中央、国务院责成民政部门牵头推进和谐社区建设工作，是对民政部门的信任和重视。各级民政部门要不负重托，采取有效措施，把推进和谐社区建设作为解决民生、维护民利、落实民权的一件大事来抓。主要领导要率先垂范，经常研究部署，提出指导意见；分管领导要抓好落实，经常进行督促检查，提出决策建议；班子成员要明确责任，密切配合做好相关工作。民政部门要切实履行好自身职责，为政府部门和社会各界参与和谐社区建设搭建平台、提供服务，带头搞好行政和社会资源的开发、利用和整合，在推进城乡和谐社区建设中发挥示范作用。

（二）推动建立健全领导体制和工作机制。各地民政部门要积极争取党委、政府的重视和支持，进一步健全党委领导、政府负责、民政牵头、有关部门配合、社会协同、居民参与的社区建设领导体制和工作机制。已建立社区建设领导协调机构的地方，应根据形势发展的需要进一步调整充实领导力量，明确各有关部门的工作职责；尚未建立的，应向当地党委、政府提出建议方案，尽快成立统一的社区建设领导协调机构，切实加强对和谐社区建设工作的组织领导。要积极推动市（地）、县（区）、乡镇（街道）党委和政府把和谐社区建设工作纳入党委的重要议事日程，纳入政府履行社会管理和公共服务职能的重要内容，纳入当地经济社会发展规划，经常研究和谐社区建设中的重点、难点、热点问题，积极引导各地把和谐社区建设纳入领导班子绩效考核和科学发展考评体系的重要内容，进一步加大政策支持力度、财政投入力度，确保有人做事、有钱办事、有地方办事。

（三）切实加强社区工作者队伍建设。根据党的政策和国家有关法律的规定，对城乡社区党组织、群众性自治组织以及其他需要选举产生的基层组织成员实行民主选举，把热爱社区工作、群众拥护的人，选进社区组织的领导班子。提倡社区党组织成员与自治组织成员通过民主程序实行交叉任职，鼓励年轻干部和大中专毕业生到城乡社区建功立业。加大从优秀社区工作者中考录公务员力度。及时组织对新当选或新任社区工作者开展业务培训和岗位轮训，每人每年受训时间一般不少于20小时，不断提高他们管理社会事务、协调利益关系、开展群众工作、处理矛盾纠纷、维护社会稳定的本领。逐步推进社区工作者的专业化、职业化，继续推动落实社区党组织成员、群众性自治组织成员及其聘用的服务人员的生活补贴、工资、保险等福利待遇问题，建立完善城乡社区工作经费和人员待遇正常增长机制。对成绩突出、居民满意的社区工作者，要及时给予表彰和奖励，鼓励他们在社区工作中创造优秀业绩。

（四）继续深入开展和谐社区示范创建活动。各地民政部门要认真履行职责，强化对和谐社区建设工作的指导，为党委和政府当好参谋助手。要以城市和谐社区建设示范单位创建活动和"农村社区建设试验全覆盖"创建活动为载体，进一步完善和谐社区建设示范单位指导标准，改进和完善评估方法，努力实现和谐社区建设示范单位创建活动的科学化、制度化、规范化。要研究制定和谐社区建设示范单位管理办法，丰富创建内容，拓展创建途径渠道，不断深化示范单位创建活动。要积极与有关部门沟通和协调，为和谐社区建设提供政策支持。要进一步健全社区共驻共建机制和社会参与机制，形成全社会共同推进和谐社区建设的合力。继续坚持一手抓推进、一手抓研究的成功经验，加强和谐社区建设的理论研究和舆论宣传工作，广泛动员社会力量参与社区建设理论研究和决策咨询，充分发挥专家、学者的作用，推动社区建设理论创新和实践探索。利用多种形式广泛开展和谐社区宣传教育活动，扩大和谐社区建设的影响，在全社会形成有利于建设和谐社区的良好氛围。

民政部关于开展"农村社区建设实验全覆盖"创建活动的通知

（2009 年 3 月 6 日　民发〔2009〕27 号）

各省、自治区、直辖市民政厅（局），新疆生产建设兵团民政局：

为巩固农村社区建设实验工作的阶段性成果，扩大受益面，促进农村经济社会又好又快发展，我部决定开展"农村社区建设实验全覆盖"创建活动，现就有关事项通知如下：

一、指导思想

以邓小平理论和"三个代表"重要思想为指导，深入贯彻落实科学发展观，以农村社区建设规划为引领，以农村社区公共服务设施建设为抓手，以提高农村社区管理和服务能力为重点，以完善农村基层社会管理体制为保障，深入推进农村社区建设实验工作，推动各个层面确定的农村社区建设实验单位在较短的时期内尽快实现实验工作全覆盖，让更多的农村居民从中受益。

二、创建标准

（一）领导协调机制的全覆盖。县乡两级建立有党委政府领导、民政部门牵头、有关部门协同、社会力量参与的农村社区建设领导体制和工作机制，各有关职能部门在农村社区建设中职责明确、政策到位、工作有力，形成推进农村社区建设整体合力。社区（村）一级成立有相应的协调共建机制。农村社区建设工作纳入党委政府重要议事日程，纳入本地区经济社会发展规划，纳入政府财政预算，有稳定的经费投入机制，各项资金合理统筹。

（二）社区建设规划的全覆盖。制定有农村社区建设规划，农村社区建设的指导思想、工作原则、目标任务和保障措施明确，农村社区的设置模式、分布范围、功能定位、社区服务设施建设标准和投资方式合理，农村社区建设的步骤可行。社区建设规划既能满足农村社区化管理服务的新要求，又能与本地经济社会发展规划和新农村建设规划有机衔接。辖区内全部农村地区都按照规划要求开展了农村社区建设实验工作。

（三）社区综合服务设施的全覆盖。农村社区全部建有或规划建有综合服务中心，初步形成了以综合服务设施为主体、专项服务设施为配套、服务站点为补充的社区服务设施网络。社区服务设施幅射半径一般不超过 2－3 公里，社区居民步行前往一般不超过 20 分钟。综合服务设施布局合理、功能整合、使用方便、利用率高，能够为农村居民提供安全、方便、就近、快捷的生产生活服务，建设和维护所需的资金和人员落实到位。

（四）社区各项服务的全覆盖。初步构筑起社区基本公共服务、志愿服务和互助服务、社区服务业相衔接的农村社区服务体系。以社会救助、社会福利、社会治安、医疗卫生、计划生育、文教体育为主要内容的公共服务覆盖到农村社区，群众性的志愿服务和互助服务活动普遍开展。兴建了一批有助于改善农民生产生活条件、方便农民消费需求的农资供销、农产品经营、农村金融、农业科技类社区服务业网点。农民群众对社区服务能力和服务质量基本满意。

（五）社区各项管理的全覆盖。农村社区组织体系完善，社区党组织（村党组织）领导的充满活力的基层群众自治机制健全，社区民间组织、驻社区单位和社区居民在社区管理中的作用充分发挥。建立了一支专兼职相结合的农村社区工作队伍，其工资和福利待遇得到切实解决。推行了社区志愿者登记注册制度，初步形成一支较为稳定的志愿者队伍。外来人口能参与社区管理与服务，驻在农村社区的机关、部队、学校和企事业单位与社区建立了多种形式的资源共享、共驻共建机制。

三、工作要求

（一）以人为本。创建活动中要切实尊重农村居民的主体地位，保障农民的知情权、参与权、表达权、监督权，把满足农民群众需要作为全部工作的出发点和落脚点。在农村社区规划、建设、管理等各个环节都要听取农民意见、吸纳农民参与、支持农民当家作主，使创建活动真正成为给广大农民群众带来实惠的民生工程和民心工程。

（二）因地制宜。创建活动要从实际出发，充分考虑当地经济社会发展水平和农民承受能力，因地制宜、因势利导、因陋就简，有效整合资金、资源、资产，避免重复建设，防止为兴建社区服务设施而增加农民负担、产生新的乡村债务。注重强化优势，突出区域特色、农村特色、民族特色，对不同类型和建设模式的农村社区实行分类指导、分层推进、分批解决，不搞“一刀切”，切忌形式主义。

（三）分级创建。创建活动要以社区为基础，在不同层面开展各具特色的创建活动，形成上下联动、整体推进的局面。民政部重点抓全国农村社区建设实验单位的全覆盖创建工作，省（自治区、直辖市）、市（地、州）、县（市、区）、乡（镇）要分别抓好各自确定的农村社区建设实验单位的全覆盖创建工作。要以创建活动为抓手，凝聚各方力量，整合各方资源，发挥各自优势，形成共同参与创建的合力。

（四）择优宣传。本次创建活动不搞统一模式、不搞集中命名表彰活动，成熟一个宣传一个。民政部确定的全国农村社区建设实验单位只要达到创建标准就可以向民政部申请自荐，经评估合格后，即以“全国农村社区建设实验全覆盖示范单位”名义进行宣传推广。省级以下农村社区建设实验全覆盖示范单位的宣传推广由各地自行组织开展。

四、保障措施

（一）加强组织领导。开展农村社区建设实验全覆盖示范单位创建活动，是深化农村社区建设实验工作、推动形成城乡经济社会一体化新格局以及促进城乡基本公共服务均等化的重要措施，各地要充分认识这项活动的重要意义，采取积极有效措施，推动创建活动持续、健康开展。

（二）加强宣传培训。要采取广大农民群众喜闻乐见的形式，深入宣传开展农村社区建设实验工作的目的和意义，提升创建活动的社会影响，引导社会各界关心、支持、参与农村社区建设。要在新闻媒体上广泛宣传推广示范单位推进农村社区建设的好经验、好做法，营造良好社会氛围，促成以点带面的工作态势。要继续做好各级民政干部和社区工作者培训工作，强化其开展农村社区建设的认识和能力，提高农村社区建设整体水平。

（三）加强督促检查。各创建单位要结合自身实际进行经常性督促检查，地方各级民政部门要切实履行责任，加大督查力度，指导各地查找共性问题、研究疑难问题、解决重点问题，确保创建活动取得实效。

各地创建活动的进展情况和好经验、好做法，要及时报部基层政权和社区建设司。

附件：全国农村社区建设实验全覆盖示范单位自荐表（略）

民政部关于进一步推进廉政文化进社区工作的指导意见

（2008年2月19日　民发〔2008〕25号）

各省、自治区、直辖市民政厅（局），计划单列市和新疆生产建设兵团民政局：

为全面贯彻落实党的十七大精神和中央纪委第二次全会精神，按照中共中央《建立健全教育、制度、监督并重的惩治和预防腐败体系实施纲要》（以下简称《实施纲要》）的要求，充分发挥社区在传播、弘扬廉政文化中的积极作用，促进廉政文化建设，现就进一步推进廉政文化进社区工作提出如下意见。

一、充分认识推进廉政文化进社区工作的重要意义

廉政文化进社区是加强廉政文化建设的重要组成部分，是和谐社区建设的重要内容，是深入开展反腐倡廉建设的重要环节，是发展基层民主政治的内在要求。近年来，各地社区在当地党委、政府的统一安排部署下，采用灵活多样的方式，积极宣传、弘扬廉政文化，取得了良好的社会效果。实践证明，推进廉政文化进社区，有利于发挥社区在反腐倡廉建设中的基础阵地作用，推动社区各项工作健康发展；有利于加强基层群众自治组织建设，增强社区组织的凝聚力；有利于培养和增强广大居民的反腐倡廉意识，提高群众参与的积极性；有利于对党员和干部工作八小时以外的监督，促进廉洁自律建设；有利于密切党群干群关系，树立党和政府的良好形象。各级民政部门要从践行党的十七大精神、构建社会主义和谐社会、推进反腐倡廉建设的高度，进一步提高对廉政文化进社区重要性的认识，增强做好廉政文化进社区工作的自觉性，把这项事关和谐社区建设的重要工作抓紧抓好。

二、推进廉政文化进社区工作的基本原则和目标要求

廉政文化进社区要全面贯彻落实科学发展观，以促进和谐社区建设为主题，以推进群众性的反腐倡廉宣传教育为重点，以开展社区文化活动为载体，与社区各项工作紧密结合，扎实推进社区廉政文化建设。

推进廉政文化进社区，要坚持统一部署、资源整合，把廉政文化进社区纳入和谐社区建设总体布局中，统一部署，相互促进，充分利用社区宣传教育资源，结合街道、社区实际开展工作；要坚持以人为本、注重实效，社区廉政文化建设要着眼于提高居民的政治素质和思想境界，增强居民的廉洁意识、崇廉意识和助廉意识，做到以德感人、以情动人、以理服人；要坚持依靠社区居民力量、发挥群众作用，建立社区居民参与机制，紧紧依靠社区居民，发挥他们的聪明才智，积极营造崇尚廉洁、文明向上的社会氛围，使廉洁理念真正成为全社会的共识；要坚持因地制宜、实事求是，按照贴近群众、贴近实际、贴近生活的要求，依托社区优势，突出本地特色，从能办到的事情入手，创新载体，以灵活多样的形式增强廉政文化建设的吸引力、渗透力和感染力，力戒形式主义，避免铺张浪费；要坚持廉政文化建设与社区建设相结合、促进社区健康发展，以清正廉洁作风服务居民，及时公开与居民群众利益密切相关的政策、制度和有关事务，坚决纠正侵害群众利益的突出问题，维护社区居民的切身利益，积极推进和谐社区建设。

经过努力，到2012年，廉政文化进社区的工作机制基本健全，社区廉政文化建设的内容、载体和形式日趋丰富，社区廉政文化活动蓬勃开展，社区民主管理制度基本建立，廉政文化深入社区居民心中，为营造清正廉洁的社会氛围奠定坚实的群众基础。

三、推进廉政文化进社区工作的主要任务

（一）加强社区宣传教育，扩大党和政府加强廉政文化建设的影响力。要利用社区图书室、党员活动室、公开栏、宣传栏、公开信、宣传标语、居民论坛和社区网站等各类社区服务设施和条件，建立起覆盖社区党员、社区居民、外来人员等群体的社区廉政文化宣传教育阵地，重点宣传党和政府有关廉政建设的方针政策、法律法规，宣传反腐倡廉建设的要求，宣传“为民、务实、清廉”的先进典型。要以社区居民为对象，开展反腐倡廉主题教育活动；要以党员干部家庭为对象，开展“家庭共筑防腐墙”的家庭助廉主题活动；要以青少年学生为对象，开展“敬廉崇洁”为主题的爱廉教育活动；要以驻社区的企业为对象，开展“廉洁诚信、依法经营”为主题的自律教育活动。通过广泛开展宣传教育和主题教育活动，让党和政府有关廉政建设的方针政策在社区扎根，把廉政文化植根于社区建设之中。

（二）积极开展社区文化活动，努力营造廉政文化建设的浓厚氛围。要利用“全国文化信息资源共享工程”、“农家书屋”、“万家社区图书室援建和万家社区读书活动”，广泛开展社区反腐倡廉文化宣传活动。要将反腐倡廉文化活动进社区纳入社区文化活动计划之中，结合和谐社区建设工作，开展灵活多样、丰富多彩、寓教于乐的廉政文化活动，使社区居民广泛参与到廉政文化建设中来。要利用社区文化资源，组织社区居民自编自导自演各种群众喜闻乐见的文艺节目，广泛宣传、普及廉政文化。要利用社区文体活动场所和阵地，举办以“尊廉崇洁”为主题的晚会、歌咏会、演讲会、邻居节、电影夜市等，努力营造“以廉为荣、以贪为耻”的社会氛围。要结合社区居民的思想实际，探索多种廉政文化宣传教育主题活动，如开设廉政文化课堂、主题演讲会、书画展览、专场演出、文化长廊、警示格言、网上论坛等，让廉政文化深入居民的日常生活，植根于群众心里。要利用社区人文资源，定期或不定期地邀请社区老党员、老干部、先进模范人物、驻区院校专家教授和专业人士给社区党员、群众宣讲反腐倡廉形势和相关政策，增强社区居民反腐倡廉意识，促进人人崇尚廉洁社会风尚的形成。

（三）强化社区民主监督，切实提高社区成员中党员领导干部及社区工作者的廉洁自律意识。要结合社区实际，探索对党员干部特别是领导干部实施工作八小时以外的有效监督方法和途径。社区居委会要组织召开党员干部家属座谈会，提醒家属把好“家门”，树立良好的“家风”，协助做好监督工作。要结合日常培训、学习等，加强社区工作队伍的廉政文化教育，提高他们防腐拒变的能力。要注重发挥社区党员的表率作用，引导社区在职党员发挥特长，激励他们在社区廉政文化建设中起模范带头作用。要发挥社区志愿者作用，倡导社区党员、群众担任廉政义务监督员和宣传员，协助开展廉政文化宣传教育活动。

（四）健全社区民主管理制度，探索建立社区廉政文化建设的长效机制。要健全民主选举及聘用制度，把好社区工作队伍的入门关，建设一支廉洁守法、居民信得过、能为居民办事的社区工作者队伍。要结合社区实际，制定行之有效的社区反腐倡廉建设制度，把廉政文化建设的内容纳入居民公约之中。要建立和完善方便群众办事的服务承诺制度，搞好社区服务站建设和管理，简化办事程序和环节，实行“一站式”窗口服务。要完善居民会议制度，规范民主决策程序，健全公开办事制度，确保在社区物品购置、扶贫救灾款物发放、低保家庭申报确认、廉租房分配等重大事项的处理中，做到公开、公正、透明。要在方便居民群众观看的地方设立固定的居务公开栏，有条件的社区也可以同时通过社区网站、社区论坛等其他形式公开居务事项，切实保障社区居民的知情权和监督权。

四、切实加强对廉政文化进社区工作的组织领导

《实施纲要》明确指出：“大力加强廉政文化建设，积极推动廉政文化进社区、家庭、学校、企业和农村。社区组织要积极开展丰富多彩的廉政文化创建活动。”因此，积极推动廉政文化进社区是各级民政部门义不容辞的责任，必须切实加强组织领导。民政部成立廉政文化进社区工作领导小组，基层政权和社区建设司为牵头单位，部机关有关司（局）共同参与。各地民政部门也要有相应的机构和人员承担此项工作，同时，要积极争取当地党委和政府的支持，紧密配合纪检监察机关，研究制定推进廉政文化进社区的工作方案，并精心组织实施。要把廉政文化进社区工作纳入和谐社区建设的总体规划，纳入和谐社区示范单位创建活动，与社区其他工作一同部署安排、一同检查考核。要抓好廉政文化进社区的试点工作，精心培育社区廉政文化建设的先进典型，探索和总结廉政文化建设的有效途径和方法。要建立社区廉政文化建设的考核评估和激励机制，对优秀项目、活动及时进行奖励，扎扎实实地推进廉政文化进社区工作 。

全国社区建设示范城基本标准

（2007 年 12 月 7 日）

一、组织领导坚定有力。党委和政府高度重视，把社区建设纳入经济和社会发展总体规划，制定社区建设发展规划和年度实施计划。建立以党政领导挂帅的社区建设工作领导机构，民政部门切实发挥参谋助手、组织协调和监督检查的作用，各有关部门和单位各司其职，各负其责，形成合力。

二、社区体制改革创新。认真按照中办发〔2000〕23 号文件精神，明确定位，统一规划，科学合理划分社区；全面贯彻执行《城市居民委员会组织法》，社区内实行民主选举、民主决策、民主管理、民主监督；政府转变职能，工作重心下移，强化社区功能；政府和社区的职责明确，社区各种关系理顺。

三、社区组织机构健全。社区党组织和社区居民自治组织机构健全，职责明确，发挥作用。社区党组织在社区建设中的领导核心作用发挥得好，社区居民委员会依法自治。社区居民代表会议和居民委员会能有效实行自我管理、自我教育、自我服务和自我监督。

四、社区服务功能完备。社区服务设施完备，社区志愿者和各类民间服务组织发育良好，积极开展活动，服务形成体系和网络。城区、街道均建有综合性、多功能的社区服务中心，社区建有社区服务站。社区内老年人服务形成网络，达到小型、就近、便利；残疾人合法权益得到保障；城市居民的最低生活保障得到落实；优抚对象的生活得到妥善安排；面向社区居民的婚丧服务、便民利民服务和面向社区单位的社会化服务及时方便；下岗职工的再就业服务成效显著。社区服务功能完善，程序规范，质量优良，居民普遍满意。

五、社区卫生不断发展。社区卫生服务站点健全，形成服务网络，方便群众就医。从业人员具有法定执业资格。根据群众需求，积极开展健康教育、预防、保健、计划生育技术指导，提供一般常见病、多发病及诊断明确的慢性病的治疗、护理和伤残康复，执业行为规范，服务质量优良。社区居民家庭健康档案规范。

六、社区文化活跃繁荣。社区各类文化活动设施齐全，经常组织具有社区特色、群众喜闻乐见、健康向上的群众性文体活动。充分利用社区教育资源，广泛开展青少年校外教育，在职和下岗职工培训，老年教育，社会公德、家庭美德教育等各类教育培训活动，宣传普及科学知识，形成团结互助、平等友爱的新型人际关系和崇尚科学、破除迷信、抵制邪教的良好氛围。

七、社区治安状况良好。按照“一区（社区）一警”模式建立民警责任区，健全社区治安防范体系，形成群防群治。群众性的法制教育和法律咨询坚持经常，社区内民事纠纷调解、刑满释放和解除劳教人员的帮教转化、流动人口的管理等项工作取得明显成效。社区治安管理规范，社会秩序稳定，群众安居乐业。

八、社区环境整治优美。社区内净化、绿化、美化、生态环境保持良好。路、街、巷等公共场所管理井然有序，居民出行无障碍。社区环境综合整治工作成效明显，主要考核指标达到全国或全省（自治区、直辖市）先进水平。

城市社区档案管理办法

（2015 年 11 月 23 日国家档案局、民政部令第 11 号公布　自 2016 年 1 月 1 日起施行）

第一条　为规范城市社区档案（以下简称社区档案）管理，根据《中华人民共和国档案法》《中华人民共和国城市居民委员会组织法》和国家有关规定，制定本办法。

第二条　本办法所称社区档案，是指城市社区党组织、居民委员会、社区服务机构、社区社会组织（以下简称社区各类组织）和居民在社区建设中形成的具有保存价值的各种文字、图表、声像、电子数据等不同形式和载体的历史记录。

第三条　社区档案工作在业务上接受街道办事处（乡镇人民政府）以及档案行政管理部门和民政部门的监督和指导。

第四条　社区党组织和居民委员会应当重视档案工作，加强组织领导，将档案工作纳入社区建设内容，促进档案工作与社区其他各项工作同步协调发展。

第五条　社区档案工作经费从社区的办公经费中列支，并应当满足实际工作的需要。

第六条　社区党组织或者居民委员会应当配备专门人员管理本社区各类档案，有条件的地方可以设立综合档案室。

档案管理人员应当经过档案专业知识培训，调离工作岗位时应当在离职前办理档案交接手续。

第七条　社区综合档案室或者档案管理人员负责宣传、贯彻和执行党和国家有关档案工作的法律法规和标准规范，指导、监督本社区文件材料的归档、整理和移交工作。

第八条　社区档案由社区综合档案室或者档案管理人员集中统一管理，任何单位和个人不得据为己有或者擅自销毁。

第九条　社区建设中形成的文件材料可以分为文书类、科技类、会计类等三个大类，具体的归档范围和保管期限参照本办法附件。

第十条　社区文件材料的归档，应当符合以下要求：

（一）归档的文件材料应当齐全、完整、排列有序；装订结实、整齐；备考表填写真实、清楚；归档文件目录或者卷内文件目录明晰、准确；

（二）归档的文件材料中有照片或者复印件的，应当图文清晰；

（三）归档时间：

文书材料于次年 6 月底前归档；

科技文件材料在科技活动结束后 1 个月内归档；

会计材料由会计部门在会计年度终了后保管 1 年，于次年 3 月底前归档；

声像材料在活动结束或者办理完毕后随时归档；

实物材料及时归档；

电子文件按照《电子文件归档与管理规范》（GB/T18894）和《电子文件归档光盘技术要求和应用规范》（DA/T38）的要求整理。

第十一条 社区档案按照下列规则进行分类编号：

（一）文书档案按照年度——问题（社区党建、居民自治、社区管理、社区服务、社区治安等）进行分类，参照《归档文件整理规则》，以件为单位，按年度——问题——保管期限排列编号；

（二）科技档案中的基建档案按照工程项目分类整理，按照项目——时间排列编号；设备仪器档案按照型号分类整理，按照型号——时间排列编号；

（三）会计档案按照年度——类别（报表、账簿、凭证、其他）分类整理并排列编号；

第十二条 社区综合档案室或者档案管理人员应当设立专室或者专柜保管档案，采取有效的防火、防盗、防高温、防潮、防光、防尘、防鼠、防虫、防磁等措施，确保档案的完整与安全。

第十三条 档案管理人员应当定期对档案及其保管状况进行全面检查，并形成安全检查记录；如有破损、霉变、虫蛀、褪色等现象时，应当及时修补、复制或者进行其他技术处理。

对声像档案和电子档案，要定期检查信息记录的安全性，确保档案可读可用；有条件的地方要及时对声像档案进行数字化转化，以利于长期使用。

第十四条 社区综合档案室或者档案管理人员应当建立档案统计制度，对档案的收进和移出、保管数量、借阅和利用效果、销毁等情况，进行及时、准确的统计。

第十五条 社区综合档案室或者档案管理人员应当建立健全档案利用制度，为档案利用创造条件，简化手续，提供方便。

利用档案时应当按照规定办理手续，并及时做好利用效果登记。

档案管理人员应当认真检查归还档案，如发现有短缺、涂改、污损情况，要及时报告并追查。

第十六条 社区应当组织成立档案鉴定工作小组，对已到期档案及时进行鉴定。

鉴定工作小组由社区档案管理人员和形成档案的组织的人员（或者居民代表）组成，鉴定后应当形成档案鉴定报告。对失去保存价值的档案，应当清点核对并编制档案销毁清册，经过必要的审批手续后按照规定销毁。

禁止擅自销毁档案。档案销毁清册应当永久保存。

第十七条 社区档案应当依法保持齐全完整，不得随意将社区档案拆散、重新组合。

第十八条 社区综合档案室或者档案管理人员应当围绕社区中心工作和居民利用需求，加强档案信息资源的开发利用，积极开展档案编研工作。

第十九条 社区档案管理应当积极采用计算机等先进技术，逐步实现档案管理的信息化、现代化。

第二十条 涉及国家秘密、商业秘密和个人隐私等内容的档案的保管、利用，应当按照国家有关法律法规规定办理。

第二十一条 违反国家有关规定，对档案有损毁、丢失以及出卖、涂改、伪造、泄密等情况的，应当依法追究相关人员责任。构成犯罪的，依法追究刑事责任。

第二十二条 各省（自治区、直辖市）、新疆生产建设兵团档案行政管理部门商同级民政部门，可以结合当地实际情况制定本办法的实施细则。

第二十三条 本办法由国家档案局和民政部负责解释。

第二十四条 本办法自 2016 年 1 月 1 日起实施。

附件：城市社区文件材料归档范围和保管期限表（略）

四、婚姻、收养登记管理

1. 婚姻登记

中华人民共和国婚姻法

（1980年9月10日第五届全国人民代表大会第三次会议通过 根据2001年4月28日第九届全国人民代表大会常务委员会第二十一次会议《关于修改〈中华人民共和国婚姻法〉的决定》修正）

第一章 总 则

第一条 【本法地位】本法是婚姻家庭关系的基本准则。

第二条 【婚姻制度与原则】实行婚姻自由、一夫一妻、男女平等的婚姻制度。

保护妇女、儿童和老人的合法权益。

实行计划生育。

第三条 【婚姻法禁止的行为】禁止包办、买卖婚姻和其他干涉婚姻自由的行为。禁止借婚姻索取财物。

禁止重婚。禁止有配偶者与他人同居。禁止家庭暴力。禁止家庭成员间的虐待和遗弃。

第四条 【家庭关系】夫妻应当互相忠实，互相尊重；家庭成员间应当敬老爱幼，互相帮助，维护平等、和睦、文明的婚姻家庭关系。

第二章 结 婚

第五条 【结婚自愿】结婚必须男女双方完全自愿，不许任何一方对他方加以强迫或任何第三者加以干涉。

第六条 【法定婚龄】结婚年龄，男不得早于22周岁，女不得早于20周岁。晚婚晚育应予鼓励。

第七条 【禁止结婚】有下列情形之一的，禁止结婚：

（一）直系血亲和三代以内的旁系血亲；

（二）患有医学上认为不应当结婚的疾病。

第八条 【结婚登记】要求结婚的男女双方必须亲自到婚姻登记机关进行结婚登记。符合本法规定的，予以登记，发给结婚证。取得结婚证，即确立夫妻关系。未办理结婚登记的，应当补办登记。

第九条 【互为家庭成员】登记结婚后，根据男女双方约定，女方可以成为男方家庭的成员，男方可以成为女方家庭的成员。

第十条 【婚姻无效】有下列情形之一的，婚姻无效：

（一）重婚的；

（二）有禁止结婚的亲属关系的；

（三）婚前患有医学上认为不应当结婚的疾病，婚后尚未治愈的；

（四）未到法定婚龄的。

第十一条 【可撤销婚姻】因胁迫结婚的，受胁迫的一方可以向婚姻登记机关或人民法院请求撤销该婚姻。受胁迫的一方撤销婚姻的请求，应当自结婚登记之日起1年内提出。被非法限制人身自由的当事人请求撤销婚姻的，应当自恢复人身自由之日起1年内提出。

第十二条 【无效或被撤销婚姻的法律后果】无效或被撤销的婚姻，自始无效。当事人不具有夫妻的权利和义务。同居期间所得的财产，由当事人协议处理；协议不成时，由人民法院根据照顾无过错方的原则判决。对重婚导致的婚姻无效的财产处理，不得侵害合法婚姻当事人的财产权益。当事人所生的子女，适用本法有关父母子女的规定。

第三章 家庭关系

第十三条 【夫妻平等】夫妻在家庭中地位平等。

第十四条 【夫妻姓名权】夫妻双方都有各用自己姓名的权利。

第十五条 【夫妻双方的自由】夫妻双方都有参加生产、工作、学习和社会活动的自由，一方不得对他方加以限制或干涉。

第十六条 【计划生育义务】夫妻双方都有实行计划生育的义务。

第十七条 【夫妻共同所有财产】夫妻在婚姻关系存续期间所得的下列财产，归夫妻共同所有：

（一）工资、奖金；

（二）生产、经营的收益；

（三）知识产权的收益；

（四）继承或赠与所得的财产，但本法第十八条第三项规定的除外；

（五）其他应当归共同所有的财产。

夫妻对共同所有的财产，有平等的处理权。

第十八条 【夫妻一方的财产】有下列情形之一的，为夫妻一方的财产：

（一）一方的婚前财产；

（二）一方因身体受到伤害获得的医疗费、残疾人生活补助费等费用；

（三）遗嘱或赠与合同中确定只归夫或妻一方的财产；

（四）一方专用的生活用品；

（五）其他应当归一方的财产。

第十九条 【夫妻财产约定】夫妻可以约定婚姻关系存续期间所得的财产以及婚前财产归各自所有、共同所有或部分各自所有、部分共同所有。约定应当采用书面形式。没有约定或约定不明确的，适用本法第十七条、第十八条的规定。

夫妻对婚姻关系存续期间所得的财产以及婚前财产的约定，对双方具有约束力。

夫妻对婚姻关系存续期间所得的财产约定归各自所有的，夫或妻一方对外所负的债务，第三人知道该约定的，以夫或妻一方所有的财产清偿。

第二十条 【夫妻扶养义务】夫妻有互相扶养的义务。

一方不履行扶养义务时，需要扶养的一方，有要求对方付给扶养费的权利。

第二十一条 【父母与子女之间的抚养、赡养义务】父母对子女有抚养教育的义务；子女对父母有赡养扶助的义务。

父母不履行抚养义务时，未成年的或不能独立生活的子女，有要求父母付给抚养费的权利。

子女不履行赡养义务时，无劳动能力的或生活困难的父母，有要求子女付给赡养费的权利。

禁止溺婴、弃婴和其他残害婴儿的行为。

第二十二条 【子女的姓氏】子女可以随父姓，可以随母姓。

第二十三条 【父母对未成年子女的保护和教育】父母有保护和教育未成年子女的权利和义务。在未成年子女对国家、集体或他人造成损害时，父母有承担民事责任的义务。

第二十四条 【遗产继承】夫妻有相互继承遗产的权利。

父母和子女有相互继承遗产的权利。

第二十五条 【非婚生子女】非婚生子女享有与婚生子女同等的权利，任何人不得加以危害和歧视。

不直接抚养非婚生子女的生父或生母，应当负担子女的生活费和教育费，直至子女能独立生活为止。

第二十六条 【收养关系】国家保护合法的收养关系。养父母和养子女间的权利和义务，适用本法对父母子女关系的有关规定。

养子女和生父母间的权利和义务，因收养关系的成立而消除。

第二十七条 【继父母与继子女】继父母与继子女间，不得虐待或歧视。

继父或继母和受其抚养教育的继子女间的权利和义务，适用本法对父母子女关系的有关规定。

第二十八条 【（外）祖父母与（外）孙子女之间的抚养、赡养义务】有负担能力的祖父母、外祖父母，对于父母已经死亡或父母无力抚养的未成年的孙子女、外孙子女，有抚养的义务。有负担能力的孙子女、外孙子女，对于子女已经死亡或子女无力赡养的祖父母、外祖父母，有赡养的义务。

第二十九条 【兄姐与弟妹之间的扶养义务】有负担能力的兄、姐，对于父母已经死亡或父母无力抚养的未成年的弟、妹，有扶养的义务。由兄、姐扶养长大的有负担能力的弟、妹，对于缺乏劳动能力又缺乏生活来源的兄、姐，有扶养的义务。

第三十条 【尊重父母婚姻】子女应当尊重父母的婚姻权利，不得干涉父母再婚以及婚后的生活。子女对父母的赡养义务，不因父母的婚姻关系变化而终止。

第四章　离　　婚

第三十一条 【双方自愿离婚的程序】男女双方自愿离婚的，准予离婚。双方必须到婚姻登记机关申请离婚。婚姻登记机关查明双方确实是自愿并对子女和财产问题已有适当处理时，发给离婚证。

第三十二条 【一方要求离婚的途径、程序以及准予离婚的情形】男女一方要求离婚的，可由有关部门进行调解或直接向人民法院提出离婚诉讼。

人民法院审理离婚案件，应当进行调解；如感情确已破裂，调解无效，应准予离婚。

有下列情形之一，调解无效的，应准予离婚：

（一）重婚或有配偶者与他人同居的；

（二）实施家庭暴力或虐待、遗弃家庭成员的；

（三）有赌博、吸毒等恶习屡教不改的；

（四）因感情不和分居满2年的；

（五）其他导致夫妻感情破裂的情形。

一方被宣告失踪，另一方提出离婚诉讼的，应准予离婚。

第三十三条 【现役军人配偶要求离婚】现役军人的配偶要求离婚，须得军人同意，但军人一方有重大过错的除外。

第三十四条 【男方不得提出离婚的情形】女方在怀孕期间、分娩后一年内或中止妊娠后六个月内，男方不得提出离婚。女方提出离婚的，或人民法院认为确有必要受理男方离婚请求的，不在此限。

第三十五条 【复婚】离婚后，男女双方自愿恢复夫妻关系的，必须到婚姻登记机关进行复婚登记。

第三十六条 【离婚后的父母子女关系处理】父母与子女间的关系，不因父母离婚而消除。离婚后，子女无论由父或母直接抚养，仍是父母双方的子女。

离婚后，父母对于子女仍有抚养和教育的权利和义务。

离婚后，哺乳期内的子女，以随哺乳的母亲抚养为原则。

哺乳期后的子女，如双方因抚养问题发生争执不能达成协议时，由人民法院根据子女的权益和双方的具体情况判决。

第三十七条　【离婚后子女生活费和教育费的负担】离婚后，一方抚养的子女，另一方应负担必要的生活费和教育费的一部或全部，负担费用的多少和期限的长短，由双方协议；协议不成时，由人民法院判决。

关于子女生活费和教育费的协议或判决，不妨碍子女在必要时向父母任何一方提出超过协议或判决原定数额的合理要求。

第三十八条　【离婚后父母的探望权】离婚后，不直接抚养子女的父或母，有探望子女的权利，另一方有协助的义务。

行使探望权利的方式、时间由当事人协议；协议不成时，由人民法院判决。

父或母探望子女，不利于子女身心健康的，由人民法院依法中止探望的权利；中止的事由消失后，应当恢复探望的权利。

第三十九条　【离婚时夫妻共同财产处理】离婚时，夫妻的共同财产由双方协议处理；协议不成时，由人民法院根据财产的具体情况，照顾子女和女方权益的原则判决。

夫或妻在家庭土地承包经营中享有的权益等，应当依法予以保护。

第四十条　【补偿】夫妻书面约定婚姻关系存续期间所得的财产归各自所有，一方因抚育子女、照料老人、协助另一方工作等付出较多义务的，离婚时有权向另一方请求补偿，另一方应当予以补偿。

第四十一条　【离婚时的夫妻共同债务】离婚时，原为夫妻共同生活所负的债务，应当共同偿还。共同财产不足清偿的，或财产归各自所有的，由双方协议清偿；协议不成时，由人民法院判决。

第四十二条　【适当帮助】离婚时，如一方生活困难，另一方应从其住房等个人财产中给予适当帮助。具体办法由双方协议；协议不成时，由人民法院判决。

第五章　救助措施与法律责任

第四十三条　【实施家庭暴力或虐待家庭成员的救助措施】实施家庭暴力或虐待家庭成员，受害人有权提出请求，居民委员会、村民委员会以及所在单位应当予以劝阻、调解。

对正在实施的家庭暴力，受害人有权提出请求，居民委员会、村民委员会应当予以劝阻；公安机关应当予以制止。

实施家庭暴力或虐待家庭成员，受害人提出请求的，公安机关应当依照治安管理处罚的法律规定予以行政处罚。

第四十四条　【遗弃家庭成员的救助措施】对遗弃家庭成员，受害人有权提出请求，居民委员会、村民委员会以及所在单位应当予以劝阻、调解。

对遗弃家庭成员，受害人提出请求的，人民法院应当依法作出支付扶养费、抚养费、赡养费的判决。

第四十五条　【重婚、家庭暴力、虐待、遗弃构成犯罪的处理】对重婚的，对实施家庭暴力或虐待、遗弃家庭成员构成犯罪的，依法追究刑事责任。受害人可以依照刑事诉讼法的有关规定，向人民法院自诉；公安机关应当依法侦查，人民检察院应当依法提起公诉。

第四十六条　【无过错方离婚有权请求损害赔偿】有下列情形之一，导致离婚的，无过错方有权请求损害赔偿：

（一）重婚的；

（二）有配偶者与他人同居的；

（三）实施家庭暴力的；

（四）虐待、遗弃家庭成员的。

第四十七条　【离婚时隐藏、转移、变卖、毁损夫妻共同财产以及伪造债务的处理】离婚时，一方隐藏、转移、变卖、毁损夫妻共同财产，或伪造债务企图侵占另一方财产的，分割夫妻共同财产时，对隐藏、转移、变卖、毁损夫妻共同财产或伪造债务的一方，可以少分或不分。离婚后，另一方发现有上述行为的，可以向人民法院提起诉讼，请求再次分割夫妻共同财产。

人民法院对前款规定的妨害民事诉讼的行为，依照民事诉讼法的规定予以制裁。

第四十八条　【强制执行与协助执行】对拒不执行有关扶养费、抚养费、赡养费、财产分割、遗产继承、探望子女等判决或裁定的，由人民法院依法强制执行。有关个人和单位应负协助执行的责任。

第四十九条　【其他法律准用规定】其他法律对有关婚姻家庭的违法行为和法律责任另有规定的，依照其规定。

第六章　附　　则

第五十条　【民族自治地方的变通规定】民族自治地方的人民代表大会有权结合当地民族婚姻家庭的具体情况，制定变通规定。自治州、自治县制定的变通规定，报省、自治区、直辖市人民代表大会常务委员会批准后生效。自治区制定的变通规定，报全国人民代表大会常务委员会批准后生效。

第五十一条　【施行日期】本法自 1981 年 1 月 1 日起施行。

1950 年 5 月 1 日颁行的《中华人民共和国婚姻法》，自本法施行之日起废止。

婚姻登记条例

（2003 年 8 月 8 日中华人民共和国国务院令第 387 号公布　自 2003 年 10 月 1 日起施行）

第一章　总　　则

第一条　为了规范婚姻登记工作，保障婚姻自由、一夫一妻、男女平等的婚姻制度的实施，保护婚姻当事人的合法权益，根据《中华人民共和国婚姻法》（以下简称婚姻法），制定本条例。

第二条　内地居民办理婚姻登记的机关是县级人民政府民政部门或者乡（镇）人民政府，省、自治区、直辖市人民政府可以按照便民原则确定农村居民办理婚姻登记的具体机关。

中国公民同外国人，内地居民同香港特别行政区居民（以下简称香港居民）、澳门特别行政区居民（以下简称澳门居民）、台湾地区居民（以下简称台湾居民）、华侨办理婚姻登记的机关是省、自治区、直辖市人民政府民政部门或者省、自治区、直辖市人民政府民政部门确定的机关。

第三条　婚姻登记机关的婚姻登记员应当接受婚姻登记业务培训，经考核合格，方可从事婚姻登记工作。

婚姻登记机关办理婚姻登记，除按收费标准向当事人收取工本费外，不得收取其他费用或者附加其他义务。

第二章　结 婚 登 记

第四条　内地居民结婚，男女双方应当共同到一方当事人常住户口所在地的婚姻登记机关办理结婚登记。

中国公民同外国人在中国内地结婚的，内地居民同香港居民、澳门居民、台湾居民、华侨在中国内地结婚的，男女双方应当共同到内地居民常住户口所在地的婚姻登记机关办理结婚登记。

第五条　办理结婚登记的内地居民应当出具下列证件和证明材料：

（一）本人的户口簿、身份证；

（二）本人无配偶以及与对方当事人没有直系血亲和三代以内旁系血亲关系的签字声明。

办理结婚登记的香港居民、澳门居民、台湾居民应当出具下列证件和证明材料：

（一）本人的有效通行证、身份证；

（二）经居住地公证机构公证的本人无配偶以及与对方当事人没有直系血亲和三代以内旁系血亲关系的声明。

办理结婚登记的华侨应当出具下列证件和证明材料：

（一）本人的有效护照；

（二）居住国公证机构或者有权机关出具的、经中华人民共和国驻该国使（领）馆认证的本人无配偶以及与对方当事人没有直系血亲和三代以内旁系血亲关系的证明，或者中华人民共和国驻该国使（领）馆出具的本人无配偶以及与对方当事人没有直系血亲和三代以内旁系血亲关系的证明。

办理结婚登记的外国人应当出具下列证件和证明材料：

（一）本人的有效护照或者其他有效的国际旅行证件；

（二）所在国公证机构或者有权机关出具的、经中华人民共和国驻该国使（领）馆认证或者该国驻华使（领）馆认证的本人无配偶的证明，或者所在国驻华使（领）馆出具的本人无配偶的证明。

第六条　办理结婚登记的当事人有下列情形之一的，婚姻登记机关不予登记：

（一）未到法定结婚年龄的；

（二）非双方自愿的；

（三）一方或者双方已有配偶的；

（四）属于直系血亲或者三代以内旁系血亲的；

（五）患有医学上认为不应当结婚的疾病的。

第七条　婚姻登记机关应当对结婚登记当事人出具的证件、证明材料进行审查并询问相关情况。对当事人符合结婚条件的，应当当场予以登记，发给结婚证；对当事人不符合结婚条件不予登记的，应当向当事人说明理由。

第八条　男女双方补办结婚登记的，适用本条例结婚登记的规定。

第九条　因胁迫结婚的，受胁迫的当事人依据婚姻法第十一条的规定向婚姻登记机关请求撤销其婚姻的，应当出具下列证明材料：

（一）本人的身份证、结婚证；

（二）能够证明受胁迫结婚的证明材料。

婚姻登记机关经审查认为受胁迫结婚的情况属实且不涉及子女抚养、财产及债务问题的，应当撤销该婚姻，宣告结婚证作废。

第三章　离 婚 登 记

第十条　内地居民自愿离婚的，男女双方应当共同到一方当事人常住户口所在地的婚姻登记机关办理离婚登记。

中国公民同外国人在中国内地自愿离婚的，内地居民同香港居民、澳门居民、台湾居民、华侨在中国内地自愿离婚的，男女双方应当共同到内地居民常住户口所在地的婚姻登记机关办理离婚登记。

第十一条　办理离婚登记的内地居民应当出具下列证件和证明材料：

（一）本人的户口簿、身份证；

（二）本人的结婚证；

（三）双方当事人共同签署的离婚协议书。

办理离婚登记的香港居民、澳门居民、台湾居民、华侨、外国人除应当出具前款第（二）项、第（三）项规定的证件、证明材料外，香港居民、澳门居民、台湾居民还应当出具本人的有效通行证、身份证，华侨、外国人还应当出具本人的有效护照或者其他有效国际旅行证件。

离婚协议书应当载明双方当事人自愿离婚的意思表示以及对子女抚养、财产及债务处理等事项协商一致的意见。

第十二条　办理离婚登记的当事人有下列情形之一的，婚姻登记机关不予受理：

（一）未达成离婚协议的；

（二）属于无民事行为能力人或者限制民事行为能力人的；

（三）其结婚登记不是在中国内地办理的。

第十三条 婚姻登记机关应当对离婚登记当事人出具的证件、证明材料进行审查并询问相关情况。对当事人确属自愿离婚，并已对子女抚养、财产、债务等问题达成一致处理意见的，应当当场予以登记，发给离婚证。

第十四条 离婚的男女双方自愿恢复夫妻关系的，应当到婚姻登记机关办理复婚登记。复婚登记适用本条例结婚登记的规定。

第四章 婚姻登记档案和婚姻登记证

第十五条 婚姻登记机关应当建立婚姻登记档案。婚姻登记档案应当长期保管。具体管理办法由国务院民政部门会同国家档案管理部门规定。

第十六条 婚姻登记机关收到人民法院宣告婚姻无效或者撤销婚姻的判决书副本后，应当将该判决书副本收入当事人的婚姻登记档案。

第十七条 结婚证、离婚证遗失或者损毁的，当事人可以持户口簿、身份证向原办理婚姻登记的机关或者一方当事人常住户口所在地的婚姻登记机关申请补领。婚姻登记机关对当事人的婚姻登记档案进行查证，确认属实的，应当为当事人补发结婚证、离婚证。

第五章 罚　则

第十八条 婚姻登记机关及其婚姻登记员有下列行为之一的，对直接负责的主管人员和其他直接责任人员依法给予行政处分：

（一）为不符合婚姻登记条件的当事人办理婚姻登记的；

（二）玩忽职守造成婚姻登记档案损失的；

（三）办理婚姻登记或者补发结婚证、离婚证超过收费标准收取费用的。

违反前款第（三）项规定收取的费用，应当退还当事人。

第六章 附　则

第十九条 中华人民共和国驻外使（领）馆可以依照本条例的有关规定，为男女双方均居住于驻在国的中国公民办理婚姻登记。

第二十条 本条例规定的婚姻登记证由国务院民政部门规定式样并监制。

第二十一条 当事人办理婚姻登记或者补领结婚证、离婚证应当交纳工本费。工本费的收费标准由国务院价格主管部门会同国务院财政部门规定并公布。

第二十二条 本条例自2003年10月1日起施行。1994年1月12日国务院批准、1994年2月1日民政部发布的《婚姻登记管理条例》同时废止。

婚姻登记工作规范

（2015年12月8日　民发〔2015〕230号）

第一章 总　则

第一条 为加强婚姻登记规范化管理，维护婚姻当事人的合法权益，根据《中华人民共和国婚姻法》和《婚姻登记条例》，制定本规范。

第二条 各级婚姻登记机关应当依照法律、法规及本规范，认真履行职责，做好婚姻登记工作。

第二章 婚姻登记机关

第三条 婚姻登记机关是依法履行婚姻登记行政职能的机关。

第四条 婚姻登记机关履行下列职责：

（一）办理婚姻登记；

（二）补发婚姻登记证；

（三）撤销受胁迫的婚姻；

（四）建立和管理婚姻登记档案；

（五）宣传婚姻法律法规，倡导文明婚俗。

第五条 婚姻登记管辖按照行政区域划分。

（一）县、不设区的市、市辖区人民政府民政部门办理双方或者一方常住户口在本行政区域内的内地居民之间的婚姻登记。

省级人民政府可以根据实际情况，规定乡（镇）人民政府办理双方或者一方常住户口在本乡（镇）的内地居民之间的婚姻登记。

（二）省级人民政府民政部门或者其确定的民政部门，办理一方常住户口在辖区内的涉外和涉香港、澳门、台湾居民以及华侨的婚姻登记。

办理经济技术开发区、高新技术开发区等特别区域内居民婚姻登记的机关由省级人民政府民政部门提出意见报同级人民政府确定。

（三）现役军人由部队驻地、入伍前常住户口所在地或另一方当事人常住户口所在地婚姻登记机关办理婚姻登记。

婚姻登记机关不得违反上述规定办理婚姻登记。

第六条 具有办理婚姻登记职能的县级以上人民政府民政部门和乡（镇）人民政府应当按照本规范要求设置婚姻登记处。

省级人民政府民政部门设置、变更或撤销婚姻登记处，应当形成文件并对外公布；市、县（市、区）人民政府民政部门、乡（镇）人民政府设置、变更或撤销婚姻登记处，应当形成文件，对外公布并逐级上报省级人民政府民政部门。省级人民政府民政部门应当相应调整婚姻登记信息系统使用相关权限。

第七条 省、市、县(市、区)人民政府民政部门和乡镇人民政府设置的婚姻登记处分别称为:

××省(自治区、直辖市)民政厅(局)婚姻登记处,××市民政局婚姻登记处,××县(市)民政局婚姻登记处;

××市××区民政局婚姻登记处;

××县(市、区)××乡(镇)人民政府婚姻登记处。

县、不设区的市、市辖区人民政府民政部门设置多个婚姻登记处的,应当在婚姻登记处前冠其所在地的地名。

第八条 婚姻登记处应当在门外醒目处悬挂婚姻登记处标牌。标牌尺寸不得小于1500mm×300mm或550mm×450mm。

第九条 婚姻登记处应当按照民政部要求,使用全国婚姻登记工作标识。

第十条 具有办理婚姻登记职能的县级以上人民政府民政部门和乡(镇)人民政府应当刻制婚姻登记工作业务专用印章和钢印。专用印章和钢印为圆形,直径35mm。

婚姻登记工作业务专用印章和钢印,中央刊"★","★"外围刊婚姻登记处所属民政厅(局)或乡(镇)人民政府名称,如:"××省民政厅"、"××市民政局"、"××市××区民政局"、"××县民政局"或者"××县××乡(镇)人民政府"。

"★"下方刊"婚姻登记专用章"。民政局设置多个婚姻登记处的,"婚姻登记专用章"下方刊婚姻登记处序号。

第十一条 婚姻登记处应当有独立的场所办理婚姻登记,并设有候登大厅、结婚登记区、离婚登记室和档案室。结婚登记区、离婚登记室可合并为相应数量的婚姻登记室。

婚姻登记场所应当宽敞、庄严、整洁,设有婚姻登记公告栏。

婚姻登记处不得设在婚纱摄影、婚庆服务、医疗等机构场所内,上述服务机构不得设置在婚姻登记场所内。

第十二条 婚姻登记处应当配备以下设备:

(一)复印机;

(二)传真机;

(三)扫描仪;

(四)证件及纸张打印机;

(五)计算机;

(六)身份证阅读器。

第十三条 婚姻登记处可以安装具有音频和视频功能的设备,并妥善保管音频和视频资料。

婚姻登记场所应当配备必要的公共服务设施,婚姻登记当事人应当按照要求合理使用。

第十四条 婚姻登记处实行政务公开,下列内容应当在婚姻登记处公开展示:

(一)本婚姻登记处的管辖权及依据;

(二)婚姻法的基本原则以及夫妻的权利、义务;

(三)结婚登记、离婚登记的条件与程序;

(四)补领婚姻登记证的条件与程序;

(五)无效婚姻及可撤销婚姻的规定;

(六)收费项目与收费标准;

(七)婚姻登记员职责及其照片、编号;

(八)婚姻登记处办公时间和服务电话,设置多个婚姻登记处的,应当同时公布,巡回登记的,应当公布巡回登记时间和地点;

(九)监督电话。

第十五条 婚姻登记处应当备有《中华人民共和国婚姻法》、《婚姻登记条例》及其他有关文件,供婚姻当事人免费查阅。

第十六条 婚姻登记处在工作日应当对外办公,办公时间在办公场所外公告。

第十七条 婚姻登记处应当通过省级婚姻登记信息系统开展实时联网登记,并将婚姻登记电子数据实时传送给民政部婚姻登记信息系统。

各级民政部门应当为本行政区域内婚姻登记管理信息化建设创造条件,并制定婚姻登记信息化管理制度。

婚姻登记处应当将保存的本辖区未录入信息系统的婚姻登记档案录入婚姻登记历史数据补录系统。

第十八条 婚姻登记处应当按照《婚姻登记档案管理办法》的规定管理婚姻登记档案。

第十九条 婚姻登记处应当制定婚姻登记印章、证书、纸制档案、电子档案等管理制度,完善业务学习、岗位责任、考评奖惩等制度。

第二十条 婚姻登记处应当开通婚姻登记网上预约功能和咨询电话,电话号码在当地114查询台登记。

具备条件的婚姻登记处应当开通互联网网页,互联网网页内容应当包括:办公时间、办公地点;管辖权限;申请结婚登记的条件、办理结婚登记的程序;申请离婚登记的条件、办理离婚登记的程序;申请补领婚姻登记证的程序和需要的证明材料、撤销婚姻的程序等内容。

第二十一条 婚姻登记处可以设立婚姻家庭辅导室,通过政府购买服务或公开招募志愿者等方式聘用婚姻家庭辅导员,并在坚持群众自愿的前提下,开展婚姻家庭辅导服务。婚姻家庭辅导员应当具备以下资格之一:

(一)社会工作师;

(二)心理咨询师;

(三)律师;

(四)其他相应专业资格。

第二十二条 婚姻登记处可以设立颁证厅,为有需要的当事人颁发结婚证。

第三章 婚姻登记员

第二十三条 婚姻登记机关应当配备专职婚姻登记员。婚姻登记员人数、编制可以参照《婚姻登记机关等级评定标准》确定。

第二十四条　婚姻登记员由本级民政部门考核、任命。

婚姻登记员应当由设区的市级以上人民政府民政部门进行业务培训，经考核合格，取得婚姻登记员培训考核合格证明，方可从事婚姻登记工作。其他人员不得从事本规范第二十五条规定的工作。

婚姻登记员培训考核合格证明由省级人民政府民政部门统一印制。

婚姻登记员应当至少每2年参加一次设区的市级以上人民政府民政部门举办的业务培训，取得业务培训考核合格证明。

婚姻登记处应当及时将婚姻登记员上岗或离岗信息逐级上报省级人民政府民政部门，省级人民政府民政部门应当根据上报的信息及时调整婚姻登记信息系统使用相关权限。

第二十五条　婚姻登记员的主要职责：

（一）负责对当事人有关婚姻状况声明的监督；

（二）审查当事人是否具备结婚、离婚、补发婚姻登记证、撤销受胁迫婚姻的条件；

（三）办理婚姻登记手续，签发婚姻登记证；

（四）建立婚姻登记档案。

第二十六条　婚姻登记员应当熟练掌握相关法律法规，熟练使用婚姻登记信息系统，文明执法，热情服务。婚姻登记员一般应具有大学专科以上学历。

婚姻登记员上岗应当佩带标识并统一着装。

第四章　结婚登记

第二十七条　结婚登记应当按照初审—受理—审查—登记（发证）的程序办理。

第二十八条　受理结婚登记申请的条件是：

（一）婚姻登记处具有管辖权；

（二）要求结婚的男女双方共同到婚姻登记处提出申请；

（三）当事人男年满22周岁，女年满20周岁；

（四）当事人双方均无配偶（未婚、离婚、丧偶）；

（五）当事人双方没有直系血亲和三代以内旁系血亲关系；

（六）双方自愿结婚；

（七）当事人提交3张2寸双方近期半身免冠合影照片；

（八）当事人持有本规范第二十九条至第三十五条规定的有效证件。

第二十九条　内地居民办理结婚登记应当提交本人有效的居民身份证和户口簿，因故不能提交身份证的可以出具有效的临时身份证。

居民身份证与户口簿上的姓名、性别、出生日期、公民身份号码应当一致；不一致的，当事人应当先到有关部门更正。

户口簿上的婚姻状况应当与当事人声明一致。不一致的，当事人应当向登记机关提供能够证明其声明真实性的法院生效司法文书、配偶居民死亡医学证明（推断）书等材料；不一致且无法提供相关材料的，当事人应当先到有关部门更正。

当事人声明的婚姻状况与婚姻登记档案记载不一致的，当事人应当向登记机关提供能够证明其声明真实性的法院生效司法文书、配偶居民死亡医学证明（推断）书等材料。

第三十条　现役军人办理结婚登记应当提交本人的居民身份证、军人证件和部队出具的军人婚姻登记证明。

居民身份证、军人证件和军人婚姻登记证明上的姓名、性别、出生日期、公民身份号码应当一致；不一致的，当事人应当先到有关部门更正。

第三十一条　香港居民办理结婚登记应当提交：

（一）港澳居民来往内地通行证或者港澳同胞回乡证；

（二）香港居民身份证；

（三）经香港委托公证人公证的本人无配偶以及与对方当事人没有直系血亲和三代以内旁系血亲关系的声明。

第三十二条　澳门居民办理结婚登记应当提交：

（一）港澳居民来往内地通行证或者港澳同胞回乡证；

（二）澳门居民身份证；

（三）经澳门公证机构公证的本人无配偶以及与对方当事人没有直系血亲和三代以内旁系血亲关系的声明。

第三十三条　台湾居民办理结婚登记应当提交：

（一）台湾居民来往大陆通行证或者其他有效旅行证件；

（二）本人在台湾地区居住的有效身份证；

（三）经台湾公证机构公证的本人无配偶以及与对方当事人没有直系血亲和三代以内旁系血亲关系的声明。

第三十四条　华侨办理结婚登记应当提交：

（一）本人的有效护照；

（二）居住国公证机构或者有权机关出具的、经中华人民共和国驻该国使（领）馆认证的本人无配偶以及与对方当事人没有直系血亲和三代以内旁系血亲关系的证明，或者中华人民共和国驻该国使（领）馆出具的本人无配偶以及与对方当事人没有直系血亲和三代以内旁系血亲关系的证明。

与中国无外交关系的国家出具的有关证明，应当经与该国及中国均有外交关系的第三国驻该国使（领）馆和中国驻第三国使（领）馆认证，或者经第三国驻华使（领）馆认证。

第三十五条　外国人办理结婚登记应当提交：

（一）本人的有效护照或者其他有效的国际旅行证件；

（二）所在国公证机构或者有权机关出具的、经中华人民共和国驻该国使（领）馆认证或者该国驻华使（领）馆认证的本人无配偶的证明，或者所在国驻华使（领）馆出具的本人无配偶证明。

与中国无外交关系的国家出具的有关证明，应当经与该国及中国均有外交关系的第三国驻该国使（领）馆和中国驻第三国使（领）馆认证，或者经第三国驻华使（领）馆认证。

第三十六条 婚姻登记员受理结婚登记申请,应当按照下列程序进行:

(一)询问当事人的结婚意愿;

(二)查验本规范第二十九条至第三十五条规定的相应证件和材料;

(三)自愿结婚的双方各填写一份《申请结婚登记声明书》;《申请结婚登记声明书》中"声明人"一栏的签名必须由声明人在监誓人面前完成并按指纹;

(四)当事人现场复述声明书内容,婚姻登记员作监誓人并在监誓人一栏签名。

第三十七条 婚姻登记员对当事人提交的证件、证明、声明进行审查,符合结婚条件的,填写《结婚登记审查处理表》和结婚证。

第三十八条 《结婚登记审查处理表》的填写:

(一)《结婚登记审查处理表》项目的填写,按照下列规定通过计算机完成:

1."申请人姓名":当事人是中国公民的,使用中文填写;当事人是外国人的,按照当事人护照上的姓名填写。

2."出生日期":使用阿拉伯数字,按照身份证件上的出生日期填写为"××××年××月××日"。

3."身份证件号":当事人是内地居民的,填写居民身份证号;当事人是香港、澳门、台湾居民的,填写香港、澳门、台湾居民身份证号,并在号码后加注"(香港)"、"(澳门)"或者"(台湾)";当事人是华侨的,填写护照或旅行证件号;当事人是外国人的,填写当事人的护照或旅行证件号。

证件号码前面有字符的,应当一并填写。

4."国籍":当事人是内地居民、香港居民、澳门居民、台湾居民、华侨的,填写"中国";当事人是外国人的,按照护照上的国籍填写;无国籍人,填写"无国籍"。

5."提供证件情况":应当将当事人提供的证件、证明逐一填写,不得省略。

6."审查意见":填写"符合结婚条件,准予登记"。

7."结婚登记日期":使用阿拉伯数字,填写为:"××××年××月××日"。填写的日期应当与结婚证上的登记日期一致。

8."结婚证字号"填写式样按照民政部相关规定执行,填写规则见附则。

9."结婚证印制号"填写颁发给当事人的结婚证上印制的号码。

10."承办机关名称":填写承办该结婚登记的婚姻登记处的名称。

(二)"登记员签名":由批准该结婚登记的婚姻登记员亲笔签名,不得使用个人印章或者计算机打印。

(三)在"照片"处粘贴当事人提交的照片,并在骑缝处加盖钢印。

第三十九条 结婚证的填写:

(一)结婚证上"结婚证字号""姓名""性别""出生日期""身份证件号""国籍""登记日期"应当与《结婚登记审查处理表》中相应项目完全一致。

(二)"婚姻登记员":由批准该结婚登记的婚姻登记员使用黑色墨水钢笔或签字笔亲笔签名,签名应清晰可辨,不得使用个人印章或者计算机打印。

(三)在"照片"栏粘贴当事人双方合影照片。

(四)在照片与结婚证骑缝处加盖婚姻登记工作业务专用钢印。

(五)"登记机关":盖婚姻登记工作业务专用印章(红印)。

第四十条 婚姻登记员在完成结婚证填写后,应当进行认真核对、检查。对填写错误、证件被污染或者损坏的,应当将证件报废处理,重新填写。

第四十一条 颁发结婚证,应当在当事人双方均在场时按照下列步骤进行:

(一)向当事人双方询问核对姓名、结婚意愿;

(二)告知当事人双方领取结婚证后的法律关系以及夫妻权利、义务;

(三)见证当事人本人亲自在《结婚登记审查处理表》上的"当事人领证签名并按指纹"一栏中签名并按指纹;

"当事人领证签名并按指纹"一栏不得空白,不得由他人代为填写、代按指纹。

(四)将结婚证分别颁发给结婚登记当事人双方,向双方当事人宣布:取得结婚证,确立夫妻关系;

(五)祝贺新人。

第四十二条 申请补办结婚登记的,当事人填写《申请补办结婚登记声明书》,婚姻登记机关按照结婚登记程序办理。

第四十三条 申请复婚登记的,当事人填写《申请结婚登记声明书》,婚姻登记机关按照结婚登记程序办理。

第四十四条 婚姻登记员每办完一对结婚登记,应当依照《婚姻登记档案管理办法》,对应当存档的材料进行整理、保存,不得出现原始材料丢失、损毁情况。

第四十五条 婚姻登记机关对不符合结婚登记条件的,不予受理。当事人要求出具《不予办理结婚登记告知书》的,应当出具。

第五章 撤销婚姻

第四十六条 受胁迫结婚的婚姻当事人,可以向原办理该结婚登记的机关请求撤销婚姻。

第四十七条 撤销婚姻应当按照初审—受理—审查—报批—公告的程序办理。

第四十八条 受理撤销婚姻申请的条件:

(一)婚姻登记处具有管辖权;

（二）受胁迫的一方和对方共同到婚姻登记机关签署双方无子女抚养、财产及债务问题的声明书；

（三）申请时距结婚登记之日或受胁迫的一方恢复人身自由之日不超过1年；

（四）当事人持有：

1. 本人的身份证、结婚证；

2. 要求撤销婚姻的书面申请；

3. 公安机关出具的当事人被拐卖、解救的相关材料，或者人民法院作出的能够证明当事人被胁迫结婚的判决书。

第四十九条　符合撤销婚姻的，婚姻登记处按以下程序进行：

（一）查验本规范第四十八条规定的证件和证明材料。

（二）当事人在婚姻登记员面前亲自填写《撤销婚姻申请书》，双方当事人在"声明人"一栏签名并按指纹。

（三）当事人宣读本人的申请书，婚姻登记员作监誓人并在监誓人一栏签名。

第五十条　婚姻登记处拟写"关于撤销×××与×××婚姻的决定"报所属民政部门或者乡（镇）人民政府；符合撤销条件的，婚姻登记机关应当批准，并印发撤销决定。

第五十一条　婚姻登记处应当将《关于撤销×××与×××婚姻的决定》送达当事人双方，并在婚姻登记公告栏公告30日。

第五十二条　婚姻登记处对不符合撤销婚姻条件的，应当告知当事人不予撤销原因，并告知当事人可以向人民法院请求撤销婚姻。

第五十三条　除受胁迫结婚之外，以任何理由请求宣告婚姻无效或者撤销婚姻的，婚姻登记机关不予受理。

第六章　离婚登记

第五十四条　离婚登记按照初审—受理—审查—登记（发证）的程序办理。

第五十五条　受理离婚登记申请的条件是：

（一）婚姻登记处具有管辖权；

（二）要求离婚的夫妻双方共同到婚姻登记处提出申请；

（三）双方均具有完全民事行为能力；

（四）当事人持有离婚协议书，协议书中载明双方自愿离婚的意思表示以及对子女抚养、财产及债务处理等事项协商一致的意见；

（五）当事人持有内地婚姻登记机关或者中国驻外使（领）馆颁发的结婚证；

（六）当事人各提交2张2寸单人近期半身免冠照片；

（七）当事人持有本规范第二十九条至第三十五条规定的有效身份证件。

第五十六条　婚姻登记员受理离婚登记申请，应当按照下列程序进行：

（一）分开询问当事人的离婚意愿，以及对离婚协议内容的意愿，并进行笔录，笔录当事人阅后签名。

（二）查验本规范第五十五条规定的证件和材料。申请办理离婚登记的当事人有一本结婚证丢失的，当事人应当书面声明遗失，婚姻登记机关可以根据另一本结婚证办理离婚登记；申请办理离婚登记的当事人两本结婚证都丢失的，当事人应当书面声明结婚证遗失并提供加盖查档专用章的结婚登记档案复印件，婚姻登记机关可根据当事人提供的上述材料办理离婚登记。

（三）双方自愿离婚且对子女抚养、财产及债务处理等事项协商一致的，双方填写《申请离婚登记声明书》；

《申请离婚登记声明书》中"声明人"一栏的签名必须由声明人在监誓人面前完成并按指纹；

婚姻登记员作监誓人并在监誓人一栏签名。

（四）夫妻双方应当在离婚协议上现场签名；婚姻登记员可以在离婚协议书上加盖"此件与存档件一致，涂改无效。XXXX婚姻登记处XX年XX月XX日"的长方形印章。协议书夫妻双方各一份，婚姻登记处存档一份。当事人因离婚协议书遗失等原因，要求婚姻登记机关复印其离婚协议书的，按照《婚姻登记档案管理办法》的规定查阅婚姻登记档案。

离婚登记完成后，当事人要求更换离婚协议书或变更离婚协议内容的，婚姻登记机关不予受理。

第五十七条　婚姻登记员对当事人提交的证件、《申请离婚登记声明书》、离婚协议书进行审查，符合离婚条件的，填写《离婚登记审查处理表》和离婚证。

《离婚登记审查处理表》和离婚证分别参照本规范第三十八条、第三十九条规定填写。

第五十八条　婚姻登记员在完成离婚证填写后，应当进行认真核对、检查。对打印或者书写错误、证件被污染或者损坏的，应当将证件报废处理，重新填写。

第五十九条　颁发离婚证，应当在当事人双方均在场时按照下列步骤进行：

（一）向当事人双方询问核对姓名、出生日期、离婚意愿；

（二）见证当事人本人亲自在《离婚登记审查处理表》"当事人领证签名并按指纹"一栏中签名并按指纹；

"当事人领证签名并按指纹"一栏不得空白，不得由他人代为填写、代按指纹；

（三）在当事人的结婚证上加盖条型印章，其中注明"双方离婚，证件失效。××婚姻登记处"。注销后的结婚证复印存档，原件退还当事人。

（四）将离婚证颁发给离婚当事人。

第六十条　婚姻登记员每办完一对离婚登记，应当依照《婚姻登记档案管理办法》，对应当存档的材料进行整理、保存，不得出现原始材料丢失、损毁情况。

第六十一条　婚姻登记机关对不符合离婚登记条件的，

不予受理。当事人要求出具《不予办理离婚登记告知书》的，应当出具。

第七章 补领婚姻登记证

第六十二条 当事人遗失、损毁婚姻登记证，可以向原办理该婚姻登记的机关或者一方常住户口所在地的婚姻登记机关申请补领。有条件的省份，可以允许本省居民向本辖区内负责内地居民婚姻登记的机关申请补领婚姻登记证。

第六十三条 婚姻登记机关为当事人补发结婚证、离婚证，应当按照初审—受理—审查—发证程序进行。

第六十四条 受理补领结婚证、离婚证申请的条件是：

（一）婚姻登记处具有管辖权；

（二）当事人依法登记结婚或者离婚，现今仍然维持该状况；

（三）当事人持有本规范第二十九条至第三十五条规定的身份证件；

（四）当事人亲自到婚姻登记处提出申请，填写《申请补领婚姻登记证声明书》。

当事人因故不能到婚姻登记处申请补领婚姻登记证的，有档案可查且档案信息与身份信息一致的，可以委托他人办理。委托办理应当提交当事人的户口簿、身份证和经公证机关公证的授权委托书。委托书应当写明当事人姓名、身份证件号码、办理婚姻登记的时间及承办机关、目前的婚姻状况、委托事由、受委托人的姓名和身份证件号码。受委托人应当同时提交本人的身份证件。

当事人结婚登记档案查找不到的，当事人应当提供充分证据证明婚姻关系，婚姻登记机关经过严格审查，确认当事人存在婚姻关系的，可以为其补领结婚证。

第六十五条 婚姻登记员受理补领婚姻登记证申请，应当按照下列程序进行：

（一）查验本规范第六十四条规定的相应证件和证明材料；

（二）当事人填写《申请补领婚姻登记证声明书》，《申请补领婚姻登记证声明书》中"声明人"一栏的签名必须由声明人在监督人面前完成并按指纹；

（三）婚姻登记员作监督人并在监督人一栏签名；

（四）申请补领结婚证的，双方当事人提交 3 张 2 寸双方近期半身免冠合影照片；申请补领离婚证的当事人提交 2 张 2 寸单人近期半身免冠照片。

第六十六条 婚姻登记员对当事人提交的证件、证明进行审查，符合补发条件的，填写《补发婚姻登记证审查处理表》和婚姻登记证。《补发婚姻登记证审查处理表》参照本规范第三十八条规定填写。

第六十七条 补发婚姻登记证时，应当向当事人询问核对姓名、出生日期，见证当事人本人亲自在《补发婚姻登记证审查处理表》"当事人领证签名并按指纹"一栏中签名并按指纹，将婚姻登记证发给当事人。

第六十八条 当事人的户口簿上以曾用名的方式反映姓名变更的，婚姻登记机关可以采信。

当事人办理结婚登记时未达到法定婚龄，通过非法手段骗取婚姻登记，其在申请补领时仍未达法定婚龄的，婚姻登记机关不得补发结婚证；其在申请补领时已达法定婚龄的，当事人应对结婚登记情况作出书面说明，婚姻登记机关补发的结婚证登记日期为当事人达到法定婚龄之日。

第六十九条 当事人办理过结婚登记，申请补领时的婚姻状况因离婚或丧偶发生改变的，不予补发结婚证；当事人办理过离婚登记的，申请补领时的婚姻状况因复婚发生改变的，不予补发离婚证。

第七十条 婚姻登记机关对不具备补发结婚证、离婚证受理条件的，不予受理。

第八章 监督与管理

第七十一条 各级民政部门应当建立监督检查制度，定期对本级民政部门设立的婚姻登记处和下级婚姻登记机关进行监督检查。

第七十二条 婚姻登记机关及其婚姻登记员有下列行为之一的，对直接负责的主管人员和其他直接责任人员依法给予行政处分：

（一）为不符合婚姻登记条件的当事人办理婚姻登记的；

（二）违反程序规定办理婚姻登记、发放婚姻登记证、撤销婚姻的；

（三）要求当事人提交《婚姻登记条例》和本规范规定以外的证件材料的；

（四）擅自提高收费标准或者增加收费项目的；

（五）玩忽职守造成婚姻登记档案损毁的；

（六）购买使用伪造婚姻证书的；

（七）违反规定应用婚姻登记信息系统的。

第七十三条 婚姻登记员违反规定办理婚姻登记，给当事人造成严重后果的，应当由婚姻登记机关承担对当事人的赔偿责任，并对承办人员进行追偿。

第七十四条 婚姻登记证使用单位不得使用非上级民政部门提供的婚姻登记证。各级民政部门发现本行政区域内有使用非上级民政部门提供的婚姻登记证的，应当予以没收，并追究相关责任人的法律责任和行政责任。

第七十五条 婚姻登记机关发现婚姻登记证有质量问题时，应当及时书面报告省级人民政府民政部门或者国务院民政部门。

第七十六条 人民法院作出与婚姻相关的判决、裁定和调解后，当事人将生效司法文书送婚姻登记机关的，婚姻登记机关应当将司法文书复印件存档并将相关信息录入婚姻登记信息系统。

婚姻登记机关应当加强与本地区人民法院的婚姻信息共享工作,完善婚姻信息数据库。

第九章 附 则

第七十七条 本规范规定的当事人无配偶声明或者证明,自出具之日起6个月内有效。

第七十八条 县级或县级以上人民政府民政部门办理婚姻登记的,"结婚证字号"填写式样为"Jaaaaaa - bbbb - cccccc"(其中"aaaaaa"为6位行政区划代码,"bbbb"为当年年号,"cccccc"为当年办理婚姻登记的序号)。"离婚证字号"开头字符为"L"。"补发结婚证字号"开头字符为"BJ"。"补发离婚证字号"开头字符为"BL"。

县级人民政府民政部门设立多个婚姻登记巡回点的,由县级人民政府民政部门明确字号使用规则,规定各登记点使用号段。

乡(镇)人民政府办理婚姻登记的,行政区划代码由6位改为9位(在县级区划代码后增加三位乡镇代码),其他填写方法与上述规定一致。

对为方便人民群众办理婚姻登记、在行政区划单位之外设立的婚姻登记机关,其行政区划代码由省级人民政府民政部门按照前四位取所属地级市行政区划代码前四位,五六位为序号(从61开始,依次为62、63、……、99)的方式统一编码。

第七十九条 当事人向婚姻登记机关提交的"本人无配偶证明"等材料是外国语言文字的,应当翻译成中文。当事人未提交中文译文的,视为未提交该文件。婚姻登记机关可以接受中国驻外国使领馆或有资格的翻译机构出具的翻译文本。

第八十条 本规范自2016年2月1日起实施。

附件:

1. 申请结婚登记声明书
2. 结婚登记审查处理表(略)
3. 申请补办结婚登记声明书(略)
4. 不予办理结婚登记告知书(略)
5. 撤销婚姻申请书(略)
6. 关于撤销×××与×××婚姻的决定(略)
7. 申请离婚登记声明书(略)
8. 离婚登记审查处理表(略)
9. 不予办理离婚登记告知书(略)
10. 申请补领婚姻登记证声明书(略)
11. 补发婚姻登记证审查处理表(略)

最高人民法院关于适用《中华人民共和国婚姻法》若干问题的解释(一)

(2001年12月25日最高人民法院公告公布 自2001年12月27日起施行 法释〔2001〕30号)

为了正确审理婚姻家庭纠纷案件,根据《中华人民共和国婚姻法》(以下简称婚姻法)、《中华人民共和国民事诉讼法》等法律的规定,对人民法院适用婚姻法的有关问题作出如下解释:

第一条 婚姻法第三条、第三十二条、第四十三条、第四十五条、第四十六条所称的"家庭暴力",是指行为人以殴打、捆绑、残害、强行限制人身自由或者其他手段,给其家庭成员的身体、精神等方面造成一定伤害后果的行为。持续性、经常性的家庭暴力,构成虐待。

第二条 婚姻法第三条、第三十二条、第四十六条规定的"有配偶者与他人同居"的情形,是指有配偶者与婚外异性,不以夫妻名义,持续、稳定地共同居住。

第三条 当事人仅以婚姻法第四条为依据提起诉讼的,人民法院不予受理;已经受理的,裁定驳回起诉。

第四条 男女双方根据婚姻法第八条规定补办结婚登记的,婚姻关系的效力从双方均符合婚姻法所规定的结婚的实质要件时起算。

第五条 未按婚姻法第八条规定办理结婚登记而以夫妻名义共同生活的男女,起诉到人民法院要求离婚的,应当区别对待:

(一)1994年2月1日民政部《婚姻登记管理条例》公布实施以前,男女双方已经符合结婚实质要件的,按事实婚姻处理。

(二)1994年2月1日民政部《婚姻登记管理条例》公布实施以后,男女双方符合结婚实质要件的,人民法院应当告知其在案件受理前补办结婚登记;未补办结婚登记的,按解除同居关系处理。

第六条 未按婚姻法第八条规定办理结婚登记而以夫妻名义共同生活的男女,一方死亡,另一方以配偶身份主张享有继承权的,按照本解释第五条的原则处理。

第七条 有权依据婚姻法第十条规定向人民法院就已办理结婚登记的婚姻申请宣告婚姻无效的主体,包括婚姻当事人及利害关系人。利害关系人包括:

(一)以重婚为由申请宣告婚姻无效的,为当事人的近亲属及基层组织。

(二)以未到法定婚龄为由申请宣告婚姻无效的,为未达法定婚龄者的近亲属。

(三)以有禁止结婚的亲属关系为由申请宣告婚姻无效的,为当事人的近亲属。

(四)以婚前患有医学上认为不应当结婚的疾病,婚后尚未治愈为由申请宣告婚姻无效的,为与患病者共同生活的近亲属。

第八条　当事人依据婚姻法第十条规定向人民法院申请宣告婚姻无效的,申请时,法定的无效婚姻情形已经消失的,人民法院不予支持。

第九条　人民法院审理宣告婚姻无效案件,对婚姻效力的审理不适用调解,应当依法作出判决;有关婚姻效力的判决一经作出,即发生法律效力。

涉及财产分割和子女抚养的,可以调解。调解达成协议的,另行制作调解书。对财产分割和子女抚养问题的判决不服的,当事人可以上诉。

第十条　婚姻法第十一条所称的"胁迫",是指行为人以给另一方当事人或者其近亲属的生命、身体健康、名誉、财产等方面造成损害为要挟,迫使另一方当事人违背真实意愿结婚的情况。

因受胁迫而请求撤销婚姻的,只能是受胁迫一方的婚姻关系当事人本人。

第十一条　人民法院审理婚姻当事人因受胁迫而请求撤销婚姻的案件,应当适用简易程序或者普通程序。

第十二条　婚姻法第十一条规定的"1 年",不适用诉讼时效中止、中断或者延长的规定。

第十三条　婚姻法第十二条所规定的自始无效,是指无效或者可撤销婚姻在依法被宣告无效或被撤销时,才确定该婚姻自始不受法律保护。

第十四条　人民法院根据当事人的申请,依法宣告婚姻无效或者撤销婚姻的,应当收缴双方的结婚证书并将生效的判决书寄送当地婚姻登记管理机关。

第十五条　被宣告无效或被撤销的婚姻,当事人同居期间所得的财产,按共同共有处理。但有证据证明为当事人一方所有的除外。

第十六条　人民法院审理重婚导致的无效婚姻案件时,涉及财产处理的,应当准许合法婚姻当事人作为有独立请求权的第三人参加诉讼。

第十七条　婚姻法第十七条关于"夫或妻对夫妻共同所有的财产,有平等的处理权"的规定,应当理解为:

(一)夫或妻在处理夫妻共同财产上的权利是平等的。因日常生活需要而处理夫妻共同财产的,任何一方均有权决定。

(二)夫或妻非因日常生活需要对夫妻共同财产做重要处理决定,夫妻双方应当平等协商,取得一致意见。他人有理由相信其为夫妻双方共同意思表示的,另一方不得以不同意或不知道为由对抗善意第三人。

第十八条　婚姻法第十九条所称"第三人知道该约定的",夫妻一方对此负有举证责任。

第十九条　婚姻法第十八条规定为夫妻一方所有的财产,不因婚姻关系的延续而转化为夫妻共同财产。但当事人另有约定的除外。

第二十条　婚姻法第二十一条规定的"不能独立生活的子女",是指尚在校接受高中及其以下学历教育,或者丧失或未完全丧失劳动能力等非因主观原因而无法维持正常生活的成年子女。

第二十一条　婚姻法第二十一条所称"抚养费",包括子女生活费、教育费、医疗费等费用。

第二十二条　人民法院审理离婚案件,符合第三十二条第二款规定"应准予离婚"情形的,不应当因当事人有过错而判决不准离婚。

第二十三条　婚姻法第三十三条所称的"军人一方有重大过错",可以依据婚姻法第三十二条第三款前三项规定及军人有其他重大过错导致夫妻感情破裂的情形予以判断。

第二十四条　人民法院作出的生效的离婚判决中未涉及探望权,当事人就探望权问题单独提起诉讼的,人民法院应予受理。

第二十五条　当事人在履行生效判决、裁定或者调解书的过程中,请求中止行使探望权的,人民法院在征询双方当事人意见后,认为需要中止行使探望权的,依法作出裁定。中止探望的情形消失后,人民法院应当根据当事人的申请通知其恢复探望权的行使。

第二十六条　未成年子女、直接抚养子女的父或母及其他对未成年子女负担抚养、教育义务的法定监护人,有权向人民法院提出中止探望权的请求。

第二十七条　婚姻法第四十二条所称"一方生活困难",是指依靠个人财产和离婚时分得的财产无法维持当地基本生活水平。

一方离婚后没有住处的,属于生活困难。

离婚时,一方以个人财产中的住房对生活困难者进行帮助的形式,可以是房屋的居住权或者房屋的所有权。

第二十八条　婚姻法第四十六条规定的"损害赔偿",包括物质损害赔偿和精神损害赔偿。涉及精神损害赔偿的,适用最高人民法院《关于确定民事侵权精神损害赔偿责任若干问题的解释》的有关规定。

第二十九条　承担婚姻法第四十六条规定的损害赔偿责任的主体,为离婚诉讼当事人中无过错方的配偶。

人民法院判决不准离婚的案件,对于当事人基于婚姻法第四十六条提出的损害赔偿请求,不予支持。

在婚姻关系存续期间,当事人不起诉离婚而单独依据该条规定提起损害赔偿请求的,人民法院不予受理。

第三十条　人民法院受理离婚案件时,应当将婚姻法第四十六条等规定中当事人的有关权利义务，书面告知当事人。在适用婚姻法第四十六条时，应当区分以下不同情况：

（一）符合婚姻法第四十六条规定的无过错方作为原告基于该条规定向人民法院提起损害赔偿请求的，必须在离婚诉讼的同时提出。

（二）符合婚姻法第四十六条规定的无过错方作为被告的离婚诉讼案件，如果被告不同意离婚也不基于该条规定提起损害赔偿请求的，可以在离婚后1年内就此单独提起诉讼。

（三）无过错方作为被告的离婚诉讼案件，一审时被告未基于婚姻法第四十六条规定提出损害赔偿请求，二审期间提出的，人民法院应当进行调解，调解不成的，告知当事人在离婚后1年内另行起诉。

第三十一条　当事人依据婚姻法第四十七条的规定向人民法院提起诉讼，请求再次分割夫妻共同财产的诉讼时效为两年，从当事人发现之次日起计算。

第三十二条　婚姻法第四十八条关于对拒不执行有关探望子女等判决和裁定的，由人民法院依法强制执行的规定，是指对拒不履行协助另一方行使探望权的有关个人和单位采取拘留、罚款等强制措施，不能对子女的人身、探望行为进行强制执行。

第三十三条　婚姻法修改后正在审理的一、二审婚姻家庭纠纷案件，一律适用修改后的婚姻法。此前最高人民法院作出的相关司法解释如与本解释相抵触，以本解释为准。

第三十四条　本解释自公布之日起施行。

最高人民法院关于适用《中华人民共和国婚姻法》若干问题的解释（二）

（2003年12月25日最高人民法院公告公布　自2004年4月1日起施行　法释〔2003〕19号）

为正确审理婚姻家庭纠纷案件，根据《中华人民共和国婚姻法》（以下简称婚姻法）、《中华人民共和国民事诉讼法》等相关法律规定，对人民法院适用婚姻法的有关问题作出如下解释：

第一条　当事人起诉请求解除同居关系的，人民法院不予受理。但当事人请求解除的同居关系，属于婚姻法第三条、第三十二条、第四十六条规定的“有配偶者与他人同居”的，人民法院应当受理并依法予以解除。

当事人因同居期间财产分割或者子女抚养纠纷提起诉讼的，人民法院应当受理。

第二条　人民法院受理申请宣告婚姻无效案件后，经审查确属无效婚姻的，应当依法作出宣告婚姻无效的判决。原告申请撤诉的，不予准许。

第三条　人民法院受理离婚案件后，经审查确属无效婚姻的，应当将婚姻无效的情形告知当事人，并依法作出宣告婚姻无效的判决。

第四条　人民法院审理无效婚姻案件，涉及财产分割和子女抚养的，应当对婚姻效力的认定和其他纠纷的处理分别制作裁判文书。

第五条　夫妻一方或者双方死亡后一年内，生存一方或者利害关系人依据婚姻法第十条的规定申请宣告婚姻无效的，人民法院应当受理。

第六条　利害关系人依据婚姻法第十条的规定，申请人民法院宣告婚姻无效的，利害关系人为申请人，婚姻关系当事人双方为被申请人。

夫妻一方死亡的，生存一方为被申请人。

夫妻双方均已死亡的，不列被申请人。

第七条　人民法院就同一婚姻关系分别受理了离婚和申请宣告婚姻无效案件的，对于离婚案件的审理，应当待申请宣告婚姻无效案件作出判决后进行。

前款所指的婚姻关系被宣告无效后，涉及财产分割和子女抚养的，应当继续审理。

第八条　离婚协议中关于财产分割的条款或者当事人因离婚就财产分割达成的协议，对男女双方具有法律约束力。

当事人因履行上述财产分割协议发生纠纷提起诉讼的，人民法院应当受理。

第九条　男女双方协议离婚后一年内就财产分割问题反悔，请求变更或者撤销财产分割协议的，人民法院应当受理。

人民法院审理后，未发现订立财产分割协议时存在欺诈、胁迫等情形的，应当依法驳回当事人的诉讼请求。

第十条　当事人请求返还按照习俗给付的彩礼的，如果查明属于以下情形，人民法院应当予以支持：

（一）双方未办理结婚登记手续的；

（二）双方办理结婚登记手续但确未共同生活的；

（三）婚前给付并导致给付人生活困难的。

适用前款第（二）、（三）项的规定，应当以双方离婚为条件。

第十一条　婚姻关系存续期间，下列财产属于婚姻法第十七条规定的“其他应当归共同所有的财产”：

（一）一方以个人财产投资取得的收益；

（二）男女双方实际取得或者应当取得的住房补贴、住房公积金；

（三）男女双方实际取得或者应当取得的养老保险金、破产安置补偿费。

第十二条　婚姻法第十七条第三项规定的“知识产权的收益”，是指婚姻关系存续期间，实际取得或者已经明确可以取得的财产性收益。

第十三条　军人的伤亡保险金、伤残补助金、医药生活补助费属于个人财产。

第十四条　人民法院审理离婚案件，涉及分割发放到军人名下的复员费、自主择业费等一次性费用的，以夫妻婚姻关系存续年限乘以年平均值，所得数额为夫妻共同财产。

前款所称年平均值，是指将发放到军人名下的上述费用总额按具体年限均分得出的数额。其具体年限为人均寿命七十岁与军人入伍时实际年龄的差额。

第十五条　夫妻双方分割共同财产中的股票、债券、投资基金份额等有价证券以及未上市股份有限公司股份时，协商不成或者按市价分配有困难的，人民法院可以根据数量按比例分配。

第十六条　人民法院审理离婚案件，涉及分割夫妻共同财产中以一方名义在有限责任公司的出资额，另一方不是该公司股东的，按以下情形分别处理：

（一）夫妻双方协商一致将出资额部分或者全部转让给该股东的配偶，过半数股东同意、其他股东明确表示放弃优先购买权的，该股东的配偶可以成为该公司股东；

（二）夫妻双方就出资额转让份额和转让价格等事项协商一致后，过半数股东不同意转让，但愿意以同等价格购买该出资额的，人民法院可以对转让出资所得财产进行分割。过半数股东不同意转让，也不愿意以同等价格购买该出资额的，视为其同意转让，该股东的配偶可以成为该公司股东。

用于证明前款规定的过半数股东同意的证据，可以是股东会决议，也可以是当事人通过其他合法途径取得的股东的书面声明材料。

第十七条　人民法院审理离婚案件，涉及分割夫妻共同财产中以一方名义在合伙企业中的出资，另一方不是该企业合伙人的，当夫妻双方协商一致，将其合伙企业中的财产份额全部或者部分转让给对方时，按以下情形分别处理：

（一）其他合伙人一致同意的，该配偶依法取得合伙人地位；

（二）其他合伙人不同意转让，在同等条件下行使优先受让权的，可以对转让所得的财产进行分割；

（三）其他合伙人不同意转让，也不行使优先受让权，但同意该合伙人退伙或者退还部分财产份额的，可以对退还的财产进行分割；

（四）其他合伙人既不同意转让，也不行使优先受让权，又不同意该合伙人退伙或者退还部分财产份额的，视为全体合伙人同意转让，该配偶依法取得合伙人地位。

第十八条　夫妻以一方名义投资设立独资企业的，人民法院分割夫妻在该独资企业中的共同财产时，应当按照以下情形分别处理：

（一）一方主张经营该企业的，对企业资产进行评估后，由取得企业一方给予另一方相应的补偿；

（二）双方均主张经营该企业的，在双方竞价基础上，由取得企业的一方给予另一方相应的补偿；

（三）双方均不愿意经营该企业的，按照《中华人民共和国个人独资企业法》等有关规定办理。

第十九条　由一方婚前承租、婚后用共同财产购买的房屋，房屋权属证书登记在一方名下的，应当认定为夫妻共同财产。

第二十条　双方对夫妻共同财产中的房屋价值及归属无法达成协议时，人民法院按以下情形分别处理：

（一）双方均主张房屋所有权并且同意竞价取得的，应当准许；

（二）一方主张房屋所有权的，由评估机构按市场价格对房屋作出评估，取得房屋所有权的一方应当给予另一方相应的补偿；

（三）双方均不主张房屋所有权的，根据当事人的申请拍卖房屋，就所得价款进行分割。

第二十一条　离婚时双方对尚未取得所有权或者尚未取得完全所有权的房屋有争议且协商不成的，人民法院不宜判决房屋所有权的归属，应当根据实际情况判决由当事人使用。

当事人就前款规定的房屋取得完全所有权后，有争议的，可以另行向人民法院提起诉讼。

第二十二条　当事人结婚前，父母为双方购置房屋出资的，该出资应当认定为对自己子女的个人赠与，但父母明确表示赠与双方的除外。

当事人结婚后，父母为双方购置房屋出资的，该出资应当认定为对夫妻双方的赠与，但父母明确表示赠与一方的除外。

第二十三条　债权人就一方婚前所负个人债务向债务人的配偶主张权利的，人民法院不予支持。但债权人能够证明所负债务用于婚后家庭共同生活的除外。

第二十四条　债权人就婚姻关系存续期间夫妻一方以个人名义所负债务主张权利的，应当按夫妻共同债务处理。但夫妻一方能够证明债权人与债务人明确约定为个人债务，或者能够证明属于婚姻法第十九条第三款规定情形的除外。

第二十五条　当事人的离婚协议或者人民法院的判决书、裁定书、调解书已经对夫妻财产分割问题作出处理的，债权人仍有权就夫妻共同债务向男女双方主张权利。

一方就共同债务承担连带清偿责任后，基于离婚协议或者人民法院的法律文书向另一方主张追偿的，人民法院应当支持。

第二十六条　夫或妻一方死亡的，生存一方应当对婚姻关系存续期间的共同债务承担连带清偿责任。

第二十七条　当事人在婚姻登记机关办理离婚登记手续后，以婚姻法第四十六条规定为由向人民法院提出损害赔偿请求的，人民法院应当受理。但当事人在协议离婚时已经明确表示放弃该项请求，或者在办理离婚登记手续一年后提出的，不予支持 。

第二十八条　夫妻一方申请对配偶的个人财产或者夫妻共同财产采取保全措施的,人民法院可以在采取保全措施可能造成损失的范围内,根据实际情况,确定合理的财产担保数额。

第二十九条　本解释自2004年4月1日起施行。

本解释施行后,人民法院新受理的一审婚姻家庭纠纷案件,适用本解释。

本解释施行后,此前最高人民法院作出的相关司法解释与本解释相抵触的,以本解释为准。

最高人民法院关于适用《中华人民共和国婚姻法》若干问题的解释(三)

(2011年7月4日最高人民法院审判委员会第1525次会议通过　2011年8月9日最高人民法院公告公布　自2011年8月13日起施行　法释〔2011〕18号)

为正确审理婚姻家庭纠纷案件,根据《中华人民共和国婚姻法》、《中华人民共和国民事诉讼法》等相关法律规定,对人民法院适用婚姻法的有关问题作出如下解释:

第一条　当事人以婚姻法第十条规定以外的情形申请宣告婚姻无效的,人民法院应当判决驳回当事人的申请。

当事人以结婚登记程序存在瑕疵为由提起民事诉讼,主张撤销结婚登记的,告知其可以依法申请行政复议或者提起行政诉讼。

第二条　夫妻一方向人民法院起诉请求确认亲子关系不存在,并已提供必要证据予以证明,另一方没有相反证据又拒绝做亲子鉴定的,人民法院可以推定请求确认亲子关系不存在一方的主张成立。

当事人一方起诉请求确认亲子关系,并提供必要证据予以证明,另一方没有相反证据又拒绝做亲子鉴定的,人民法院可以推定请求确认亲子关系一方的主张成立。

第三条　婚姻关系存续期间,父母双方或者一方拒不履行抚养子女义务,未成年或者不能独立生活的子女请求支付抚养费的,人民法院应予支持。

第四条　婚姻关系存续期间,夫妻一方请求分割共同财产的,人民法院不予支持,但有下列重大理由且不损害债权人利益的除外:

(一)一方有隐藏、转移、变卖、毁损、挥霍夫妻共同财产或者伪造夫妻共同债务等严重损害夫妻共同财产利益行为的;

(二)一方负有法定扶养义务的人患重大疾病需要医治,另一方不同意支付相关医疗费用的。

第五条　夫妻一方个人财产在婚后产生的收益,除孳息和自然增值外,应认定为夫妻共同财产。

第六条　婚前或者婚姻关系存续期间,当事人约定将一方所有的房产赠与另一方,赠与方在赠与房产变更登记之前撤销赠与,另一方请求判令继续履行的,人民法院可以按照合同法第一百八十六条的规定处理。

第七条　婚后由一方父母出资为子女购买的不动产,产权登记在出资人子女名下的,可按照婚姻法第十八条第(三)项的规定,视为只对自己子女一方的赠与,该不动产应认定为夫妻一方的个人财产。

由双方父母出资购买的不动产,产权登记在一方子女名下的,该不动产可认定为双方按照各自父母的出资份额按份共有,但当事人另有约定的除外。

第八条　无民事行为能力人的配偶有虐待、遗弃等严重损害无民事行为能力一方的人身权利或者财产权益行为,其他有监护资格的人可以依照特别程序要求变更监护关系;变更后的监护人代理无民事行为能力一方提起离婚诉讼的,人民法院应予受理。

第九条　夫以妻擅自中止妊娠侵犯其生育权为由请求损害赔偿的,人民法院不予支持;夫妻双方因是否生育发生纠纷,致使感情确已破裂,一方请求离婚的,人民法院经调解无效,应依照婚姻法第三十二条第三款第(五)项的规定处理。

第十条　夫妻一方婚前签订不动产买卖合同,以个人财产支付首付款并在银行贷款,婚后用夫妻共同财产还贷,不动产登记于首付款支付方名下的,离婚时该不动产由双方协议处理。

依前款规定不能达成协议的,人民法院可以判决该不动产归产权登记一方,尚未归还的贷款为产权登记一方的个人债务。双方婚后共同还贷支付的款项及其相对应财产增值部分,离婚时应根据婚姻法第三十九条第一款规定的原则,由产权登记一方对另一方进行补偿。

第十一条　一方未经另一方同意出售夫妻共同共有的房屋,第三人善意购买、支付合理对价并办理产权登记手续,另一方主张追回该房屋的,人民法院不予支持。

夫妻一方擅自处分共同共有的房屋造成另一方损失,离婚时另一方请求赔偿损失的,人民法院应予支持。

第十二条　婚姻关系存续期间,双方用夫妻共同财产出资购买以一方父母名义参加房改的房屋,产权登记在一方父母名下,离婚时另一方主张按照夫妻共同财产对该房屋进行分割的,人民法院不予支持。购买该房屋时的出资,可以作为债权处理。

第十三条　离婚时夫妻一方尚未退休、不符合领取养老保险金条件,另一方请求按照夫妻共同财产分割养老保险金的,人民法院不予支持;婚后以夫妻共同财产缴付养老保险费,离婚时一方主张将养老金账户中婚姻关系存续期间个人实际缴付部分作为夫妻共同财产分割的,人民法院应予支持。

第十四条　当事人达成的以登记离婚或者到人民法院协

议离婚为条件的财产分割协议，如果双方协议离婚未成，一方在离婚诉讼中反悔的，人民法院应当认定该财产分割协议没有生效，并根据实际情况依法对夫妻共同财产进行分割。

第十五条 婚姻关系存续期间，夫妻一方作为继承人依法可以继承的遗产，在继承人之间尚未实际分割，起诉离婚时另一方请求分割的，人民法院应当告知当事人在继承人之间实际分割遗产后另行起诉。

第十六条 夫妻之间订立借款协议，以夫妻共同财产出借给一方从事个人经营活动或用于其他个人事务的，应视为双方约定处分夫妻共同财产的行为，离婚时可按照借款协议的约定处理。

第十七条 夫妻双方均有婚姻法第四十六条规定的过错情形，一方或者双方向对方提出离婚损害赔偿请求的，人民法院不予支持。

第十八条 离婚后，一方以尚有夫妻共同财产未处理为由向人民法院起诉请求分割的，经审查该财产确属离婚时未涉及的夫妻共同财产，人民法院应当依法予以分割。

第十九条 本解释施行后，最高人民法院此前作出的相关司法解释与本解释相抵触的，以本解释为准。

婚姻登记档案管理办法

（2006年1月23日民政部、国家档案局令第32号公布 自公布之日起施行）

第一条 为规范婚姻登记档案管理，维护婚姻当事人的合法权益，根据《中华人民共和国档案法》和《婚姻登记条例》，制定本办法。

第二条 婚姻登记档案是婚姻登记机关在办理结婚登记、撤销婚姻、离婚登记、补发婚姻登记证的过程中形成的具有凭证作用的各种记录。

第三条 婚姻登记主管部门对婚姻登记档案工作实行统一领导，分级管理，并接受同级地方档案行政管理部门的监督和指导。

第四条 婚姻登记机关应当履行下列档案工作职责：

（一）及时将办理完毕的婚姻登记材料收集、整理、归档；

（二）建立健全各项规章制度，确保婚姻登记档案的齐全完整；

（三）采用科学的管理方法，提高婚姻登记档案的保管水平；

（四）办理查档服务，出具婚姻登记记录证明，告知婚姻登记档案的存放地；

（五）办理婚姻登记档案的移交工作。

第五条 办理结婚登记（含复婚、补办结婚登记，下同）形成的下列材料应当归档：

（一）《结婚登记审查处理表》；

（二）《申请结婚登记声明书》或者《申请补办结婚登记声明书》；

（三）香港特别行政区居民、澳门特别行政区居民、台湾地区居民、出国人员、华侨以及外国人提交的《婚姻登记条例》第五条规定的各种证明材料（含翻译材料）；

（四）当事人身份证件（从《婚姻登记条例》第五条规定，下同）复印件；

（五）其他有关材料。

第六条 办理撤销婚姻形成的下列材料应当归档：

（一）婚姻登记机关关于撤销婚姻的决定；

（二）《撤销婚姻申请书》；

（三）当事人的结婚证原件；

（四）公安机关出具的当事人被拐卖、解救证明，或人民法院作出的能够证明当事人被胁迫结婚的判决书；

（五）当事人身份证件复印件；

（六）其他有关材料。

第七条 办理离婚登记形成的下列材料应当归档：

（一）《离婚登记审查处理表》；

（二）《申请离婚登记声明书》；

（三）当事人结婚证复印件；

（四）当事人离婚协议书；

（五）当事人身份证件复印件；

（六）其他有关材料。

第八条 办理补发婚姻登记证形成的下列材料应当归档：

（一）《补发婚姻登记证审查处理表》；

（二）《申请补领婚姻登记证声明书》；

（三）婚姻登记档案保管部门出具的婚姻登记档案记录证明或其他有关婚姻状况的证明；

（四）当事人身份证件复印件；

（五）当事人委托办理时提交的经公证机关公证的当事人身份证件复印件和委托书，受委托人本人的身份证件复印件；

（六）其他有关材料。

第九条 婚姻登记档案按照年度—婚姻登记性质分类。婚姻登记性质分为结婚登记类、撤销婚姻类、离婚登记类和补发婚姻登记证类四类。

人民法院宣告婚姻无效或者撤销婚姻的判决书副本归入撤销婚姻类档案。

婚姻无效或者撤销婚姻的，应当在当事人原婚姻登记档案的《结婚登记审查处理表》的“备注”栏中注明有关情况及相应的撤销婚姻类档案的档号。

第十条 婚姻登记材料的立卷归档应当遵循下列原则与方法：

（一）婚姻登记材料按照年度归档。

（二）一对当事人婚姻登记材料组成一卷。

（三）卷内材料分别按照本办法第五、六、七、八条规定的顺序排列。

（四）以有利于档案保管和利用的方法固定案卷。

（五）按本办法第九条的规定对案卷进行分类，并按照办理婚姻登记的时间顺序排列。

（六）在卷内文件首页上端的空白处加盖归档章（见附件1），并填写有关内容。归档章设置全宗号、年度、室编卷号、馆编卷号和页数等项目。

全宗号：档案馆给立档单位编制的代号。

年度：案卷的所属年度。

室编卷号：案卷排列的顺序号，每年每个类别分别从"1"开始标注。

馆编卷号：档案移交时按进馆要求编制。

页数：卷内材料有文字的页面数。

（七）按室编卷号的顺序将婚姻登记档案装入档案盒，并填写档案盒封面、盒脊和备考表的项目。

档案盒封面应标明全宗名称和婚姻登记处名称（见附件2）。

档案盒盒脊设置全宗号、年度、婚姻登记性质、起止卷号和盒号等项目（见附件3）。其中，起止卷号填写盒内第一份案卷和最后一份案卷的卷号，中间用"—"号连接；盒号即档案盒的排列顺序号，在档案移交时按进馆要求编制。

备考表置于盒内，说明本盒档案的情况，并填写整理人、检查人和日期（见附件4）。

（八）按类别分别编制婚姻登记档案目录（见附件5）。

（九）每年的婚姻登记档案目录加封面后装订成册，一式三份，并编制目录号（见附件6）。

第十一条　婚姻登记材料的归档要求：

（一）当年的婚姻登记材料应当在次年的3月31日前完成立卷归档；

（二）归档的婚姻登记材料必须齐全完整，案卷规范、整齐，复印件一律使用A4规格的复印纸，复印件和照片应当图像清晰；

（三）归档章、档案盒封面、盒脊、备考表等项目，使用蓝黑墨水或碳素墨水钢笔填写；婚姻登记档案目录应当打印；备考表和档案目录一律使用A4规格纸张。

第十二条　使用计算机办理婚姻登记所形成的电子文件，应当与纸质文件一并归档，归档要求参照《电子文件归档与管理规范》（GB/T18894－2002）。

第十三条　婚姻登记档案的保管期限为100年。对有继续保存价值的可以延长保管期限直至永久。

第十四条　婚姻登记档案应当按照下列规定进行移交：

（一）县级（含）以上地方人民政府民政部门形成的婚姻登记档案，应当在本单位档案部门保管一定时期后向同级国家档案馆移交，具体移交时间由双方商定。

（二）具有办理婚姻登记职能的乡（镇）人民政府形成的婚姻登记档案应当向乡（镇）档案部门移交，具体移交时间从乡（镇）的规定。

乡（镇）人民政府应当将每年的婚姻登记档案目录副本向上一级人民政府民政部门报送。

（三）被撤销或者合并的婚姻登记机关的婚姻登记档案应当按照前两款的规定及时移交。

第十五条　婚姻登记档案的利用应当遵守下列规定：

（一）婚姻登记档案保管部门应当建立档案利用制度，明确办理程序，维护当事人的合法权益；

（二）婚姻登记机关可以利用本机关移交的婚姻登记档案；

（三）婚姻当事人持有合法身份证件，可以查阅本人的婚姻登记档案；婚姻当事人因故不能亲自前往查阅的，可以办理授权委托书，委托他人代为办理，委托书应当经公证机关公证；

（四）人民法院、人民检察院、公安和安全部门为确认当事人的婚姻关系，持单位介绍信可以查阅婚姻登记档案；律师及其他诉讼代理人在诉讼过程中，持受理案件的法院出具的证明材料及本人有效证件可以查阅与诉讼有关的婚姻登记档案；

（五）其他单位、组织和个人要求查阅婚姻登记档案的，婚姻登记档案保管部门在确认其利用目的合理的情况下，经主管领导审核，可以利用；

（六）利用婚姻登记档案的单位、组织和个人，不得公开婚姻登记档案的内容，不得损害婚姻登记当事人的合法权益；

（七）婚姻登记档案不得外借，仅限于当场查阅；复印的婚姻登记档案需加盖婚姻登记档案保管部门的印章方为有效。

第十六条　婚姻登记档案的鉴定销毁应当符合下列要求：

（一）婚姻登记档案保管部门对保管期限到期的档案要进行价值鉴定，对无保存价值的予以销毁，但婚姻登记档案目录应当永久保存。

（二）对销毁的婚姻登记档案应当建立销毁清册，载明销毁档案的时间、种类和数量，并永久保存。

（三）婚姻登记档案保管部门应当派人监督婚姻登记档案的销毁过程，确保销毁档案没有漏销或者流失，并在销毁清册上签字。

第十七条　本办法由民政部负责解释。

第十八条　本办法自公布之日起施行。

中国边民与毗邻国边民婚姻登记办法

（2012年8月8日民政部令第45号公布　自2012年10月1日起施行）

第一条　为规范边民婚姻登记工作，保护婚姻当事人的合法婚姻权益，根据《中华人民共和国婚姻法》、《婚姻登记条例》，制定本办法。

第二条　本办法所称边民是指中国与毗邻国边界线两侧县级行政区域内有当地常住户口的中国公民和外国人。中国与毗邻国就双方国家边境地区和边民的范围达成有关协议的，适用协议的规定。

第三条　本办法适用于中国边民与毗邻国边民在中国边境地区办理婚姻登记。

第四条　边民办理婚姻登记的机关是边境地区县级人民政府民政部门。

边境地区婚姻登记机关应当按照便民原则在交通不便的乡（镇）巡回登记。

第五条　中国边民与毗邻国边民在中国边境地区结婚，男女双方应当共同到中国一方当事人常住户口所在地的婚姻登记机关办理结婚登记。

第六条　办理结婚登记的中国边民应当出具下列证件、证明材料：

（一）本人的居民户口簿、居民身份证；

（二）本人无配偶以及与对方当事人没有直系血亲和三代以内旁系血亲关系的签字声明。

办理结婚登记的毗邻国边民应当出具下列证明材料：

（一）能够证明本人边民身份的有效护照、国际旅行证件或者边境地区出入境通行证件；

（二）所在国公证机构或者有权机关出具的、经中华人民共和国驻该国使（领）馆认证或者该国驻华使（领）馆认证的本人无配偶的证明，或者所在国驻华使（领）馆出具的本人无配偶的证明，或者由毗邻国边境地区与中国乡（镇）人民政府同级的政府出具的本人无配偶证明。

第七条　办理结婚登记的当事人有下列情形之一的，婚姻登记机关不予登记：

（一）未到中国法定结婚年龄的；

（二）非双方自愿的；

（三）一方或者双方已有配偶的；

（四）属于直系血亲或者三代以内旁系血亲的；

（五）患有医学上认为不应当结婚的疾病的。

第八条　婚姻登记机关应当对结婚登记当事人出具的证件、证明材料进行审查并询问相关情况，对当事人符合结婚条件的，应当当场予以登记，发给结婚证。对当事人不符合结婚条件不予登记的，应当向当事人说明理由。

第九条　男女双方补办结婚登记的，适用本办法关于结婚登记的规定。

第十条　未到婚姻登记机关办理结婚登记以夫妻名义同居生活的，不成立夫妻关系。

第十一条　因受胁迫结婚的，受胁迫的边民可以依据《中华人民共和国婚姻法》第十一条的规定向婚姻登记机关请求撤销其婚姻。受胁迫方应当出具下列证件、证明材料：

（一）本人的身份证件；

（二）结婚证；

（三）要求撤销婚姻的书面申请；

（四）公安机关出具或者人民法院作出的能够证明当事人被胁迫结婚的证明材料。

受胁迫方为毗邻国边民的，其身份证件包括能够证明边民身份的有效护照、国际旅行证件或者边境地区出入境通行证件。

婚姻登记机关经审查认为受胁迫结婚的情况属实且不涉及子女抚养、财产及债务问题的，应当撤销该婚姻，宣告结婚证作废。

第十二条　中国边民与毗邻国边民在中国边境地区自愿离婚的，应当共同到中国边民常住户口所在地的婚姻登记机关办理离婚登记。

第十三条　办理离婚登记的双方当事人应当出具下列证件、证明材料：

（一）本人的结婚证；

（二）双方当事人共同签署的离婚协议书。

除上述材料外，办理离婚登记的中国边民还需要提供本人的居民户口簿和居民身份证，毗邻国边民还需要提供能够证明边民身份的有效护照、国际旅行证件或者边境地区出入境通行证件。

离婚协议书应当载明双方当事人自愿离婚的意思表示以及对子女抚养、财产及债务处理等事项协商一致的意见。

第十四条　办理离婚登记的当事人有下列情形之一的，婚姻登记机关不予受理：

（一）未达成离婚协议的；

（二）属于无民事行为能力或者限制民事行为能力人的；

（三）其结婚登记不是在中国内地办理的。

第十五条　婚姻登记机关应当对离婚登记当事人出具的证件、证明材料进行审查并询问相关情况。对当事人确属自愿离婚，并已对子女抚养、财产、债务等问题达成一致处理意见的，应当当场予以登记，发给离婚证。

第十六条　离婚的男女双方自愿恢复夫妻关系的，应当到婚姻登记机关办理复婚登记。复婚登记适用本办法关于结婚登记的规定。

第十七条　结婚证、离婚证遗失或者损毁的，中国边民可以持居民户口簿、居民身份证，毗邻国边民可以持能够证明边民身份的有效护照、国际旅行证件或者边境地区出入境通行证向原办理婚姻登记的机关或者中国一方当事人常住户口所在地的婚姻登记机关申请补领。婚姻登记机关对当事人的婚姻登记档案进行查证，确认属实的，应当为当事人补发结婚证、离婚证。

第十八条　本办法自2012年10月1日起施行。1995年颁布的《中国与毗邻国边民婚姻登记管理试行办法》（民政部令第1号）同时废止。

民政部、总政治部关于士官婚姻管理有关问题的通知

（2011年12月28日　民发〔2011〕219号）

各省、自治区、直辖市民政厅（局），各计划单列市民政局，新疆生产建设兵团民政局；各军区、各军兵种、各总部、军事科学院、国防大学、国防科学技术大学、武警部队政治部：

为加强士官队伍建设，进一步做好新形势下士官婚姻管理工作，根据士官管理有关规定，现就有关事项通知如下：

一、士官符合下列条件之一的，经师（旅）级以上单位政治机关批准，可以在驻地或者部队内部找对象结婚：

（一）中级士官；

（二）年龄超过28周岁的男士官或者年龄超过26周岁的女士官；

（三）烈士子女、孤儿或者因战、因公、因病致残的士官。

二、军队政治机关负责对士官在部队驻地或者部队内部找对象结婚的条件进行审查，符合条件的按有关规定出具《军人婚姻登记证明》。婚姻登记机关依据军队政治机关出具的《军人婚姻登记证明》，为士官办理婚姻登记。

三、民政部、总政治部《关于军队人员婚姻管理有关问题的通知》（政组〔2010〕14号）与本通知不一致的，以本《通知》为准。

民政部办公厅关于暂未领取居民身份证军人办理婚姻登记问题的处理意见

（2010年4月13日　民办函〔2010〕80号）

各省、自治区、直辖市民政厅（局），计划单列市民政局，新疆生产建设兵团民政局：

自民政部、解放军总政治部《关于军队人员婚姻管理有关问题的通知》（政组〔2010〕14号，以下简称《通知》）印发实行以来，一些地方反映部分军人申请办理婚姻登记时，无法按照《通知》要求提供本人居民身份证。经解放军总政治部了解，虽然公安部和总参、总政、总后、总装文件规定，军人居民身份证于2008年底全部办理完毕，但由于种种原因，目前确有一些部队官兵没有取得居民身份证。为满足无居民身份证军人婚姻登记的需求，经与解放军总政组织部协商，按下述意见办理：

一、团级以上政治机关出具《军人婚姻登记证明》时，根据军人无居民身份证的具体情况，在证明右上角分别标注“暂未领取居民身份证、已编制公民身份号码。”或“暂未领取居民身份证、未编制公民身份号码。”并在标注处加盖印章。对“暂未领取居民身份证、未编制公民身份号码”的，《军人婚姻登记证明》中“公民身份号码”栏填写“无”。

二、军人持标注有“暂未领取居民身份证、已编制公民身份号码”或“暂未领取居民身份证、未编制公民身份号码”的，若除居民身份证外，当事人其他证件、证明材料齐全且符合相关规定的，婚姻登记机关应当受理其有关登记或补领证件的申请。

为保障军人婚姻权益，在文件下发过程中，军人持2010年8月1日之前出具的有效期内的《军人婚姻登记证明》或旧式婚姻状况证明，若证明中未标注“暂未领取居民身份证”，但军人声称无居民身份证的，由军人本人做出无居民身份证书面声明，婚姻登记机关可不要求声明人提供居民身份证。

三、军人有居民身份证或“暂未领取居民身份证、已编制公民身份号码”的，《申请结（离）婚登记声明书》、《结（离）婚登记审查处理表》及《结（离）婚证》上的“身份证件号”按照《通知》要求填写；“暂未领取居民身份证、未编制公民身份号码”的，上述材料中的“身份证号码”栏填写当事人的《军官证》或《文职干部证》、《学员证》、《士兵证》、《离休证》、《退休证》等军人身份证件号码。

民政部办公厅关于婚姻登记字号启用新填写方法的通知

（2009年11月23日　民办发〔2009〕29号）

各省、自治区、直辖市民政厅（局），计划单列市民政局，新疆生产建设兵团民政局：

为进一步加强婚姻登记规范化建设，加强婚姻登记信息化管理，避免婚姻登记字号重复等问题，现就启用婚姻登记字号新填写方法一事通知如下：

一、县级或县级以上人民政府民政部门办理婚姻登记的，结婚证字号填写方法为Jaaaaaa－bbbb－cccccc，离婚证字号填写方法为Laaaaaa－bbbb－cccccc，补领结婚证字号填写方法为BJaaaaaa－bbbb－cccccc，补领离婚证字号填写方法为BLaaaaaa－bbbb－cccccc，其中“aaaaaa”为6位行政区划代码

（参见《中华人民共和国行政区划代码》，GB/T 2260－2002），“bbbb”为当年年号，“cccccc”为当年办理婚姻登记的序号，如北京市东城区民政局2010年办理的第一对结婚登记字号为J110101－2010－000001。

县级民政部门设立多个婚姻登记巡回点的，由县级民政部门通过规定某一号段由某一登记点使用或其他有效方法明确字号使用规则。

二、乡（镇）人民政府办理婚姻登记的，行政区划代码由6位改为9位（参见《县级以下行政区划代码编制规则》，GB/T 10114－2003），其他填写方法与上述规定一致。

三、经济技术开发区、高新技术开发区、农垦等非行政区成立民政局并设立婚姻登记机关的，行政区划代码由省级民政部门按照前一二位为省级代码、三四位为00、五六位为序号的方式统一编码并印发通知，如江苏省无锡市高新技术开发区可编码为320001。

婚姻登记字号新填写方法于2010年1月1日正式启用，因婚姻登记信息系统无法及时改版的，原婚姻登记字号填写方法延用至2010年6月30日。已经使用民政部2009年版婚姻登记信息系统的，登记字号新填写方法自系统使用之日起启用。

民政部关于进一步做好婚姻登记规范化建设工作的通知

（2009年4月28日　民函〔2009〕113号）

今年初，民政部召开了全国婚姻登记规范化建设视频会议。会后，各地结合自身情况，不同程度地开展贯彻落实工作，但有些地方进展相对缓慢，推进过程中也遇到一些问题。为进一步做好婚姻登记规范化建设工作，现就有关事项通知如下：

一、着力推进婚姻登记信息化建设工作

婚姻登记信息化建设是开展婚姻登记工作的重要载体和实现长远发展的关键平台。各地民政部门要加快信息化建设工作的推进速度，特别是尚未实现省内联网的省级民政部门，应加紧解决信息化建设经费问题，积极协调财政、发展改革等部门争取今年的专项经费，或向财政部门申请追加经费，或主动向信息产业等相关部门申请信息化专项经费，以尽快建立省级婚姻登记与管理信息平台，力争在“十一五”期间完成省级婚姻登记信息联网工作。目前，我部正在研发全国婚姻登记信息系统，将于年中免费提供给各地使用，请尚未建立省级婚姻登记与管理信息平台的省份参照《全国婚姻登记系统硬件环境配置建议》（见附件1）的要求，尽快配备相关设备，为下一步系统部署做好准备。已搭建信息平台的省份，应当积极开展婚姻登记档案补录工作，进一步提高在线登记和婚姻管理信息化的能力和水平。网络条件好的地方，要继续推动网上预约登记。各地还应当多方筹措资金，为基层登记机关配置计算机、打印机等硬件设备。

二、科学调整规范化建设指标要求

为推动婚姻登记规范化建设工作又好又快发展，更好地体现科学发展理念，我部在进行充分论证和多方征求意见的基础上，结合基层实际情况，决定对民政部《关于评选全国婚姻登记机关规范化建设窗口单位的通知》（民函〔2006〕156号）中的指标进行调整，将年婚姻工作量（包括结婚登记、离婚登记、补发婚姻登记证、出具（无）婚姻登记记录证明）低于1000件的婚姻登记机关候登室（区）、婚姻登记室（区）总面积的达标标准，由不少于30平方米，调整为不少于15平方米。

三、加大力度逐级开展督导检查工作

民政部将成立由纪检、监察和社会事务等部门组成的部督导检查小组，对部分省份规范化建设进展情况进行督查。各地也应当结合民政部2009年纪检、监察工作要求成立督查组对本地登记机关开展督查，以督查为手段，进一步优化婚姻登记机关设置和人员配置；进一步改善婚姻登记工作管理水平，登记流程和档案管理工作；进一步提高依法行政水平，纠正在登记工作中不能依法办事等问题；特别是要进一步规范婚姻服务工作，坚决杜绝乱收费、搭车收费等损害群众利益的行为。

四、精心组织规范化建设评审工作

今年底，民政部将对新达到规范化要求的单位进行评审（已参加2008年评审的单位将不再参加此次评审），评审范围、条件及评审要求，参照2008年《民政部关于评审“全国婚姻登记规范化建设合格单位”的通知》（民函〔2008〕137号）。对于年婚姻工作量（包括结婚登记、离婚登记、补发婚姻登记证、出具（无）婚姻登记记录证明）低于1000件的婚姻登记机关候登室（区）、婚姻登记室（区）总面积的达标标准按照不少于15平方米执行。各省、自治区、直辖市民政厅（局）应于2009年11月10日前将婚姻登记规范化单位名单、评审表（见附件2）及反映合格单位基本情况的电子版照片（包括婚姻登记机关标识牌、候登区域、婚姻登记区域、档案室环境建设及婚姻登记员合影）统一报送民政部社会事务司婚姻收养管理处。2010年，民政部将对“十一五”期间婚姻登记规范化建设情况进行总结，对婚姻登记工作达到规范化要求的民政局和乡镇人民政府进行评审并颁发奖牌，并为辖区婚姻登记规范化建设作出突出贡献的省、自治区、直辖市民政厅（局）和设区的市民政局及个人予以表扬。各地民政部门要认真组织本地区婚姻登记规范化建设评审工作，对工作进度滞后以及存在明显问题的地方，进行通报批评；对确因客观原因难以按时推进的，予以指导帮助；对工作卓有成效的地方及人员，给予表扬，并将婚姻登记规范化的建设水平、进度与未来几年民政工作的评选挂钩，充分调动地方民政部门的积极性和主动性，为婚姻登记规范化建设工作提供动力。

各省、自治区、直辖市民政部门应当制定本地区"十一五"后期婚姻登记规范化建设实施规划，明确2009年和2010年两年的主要目标和实施方案，并于5月30日前将该规划和《婚姻登记规范化建设情况报表》（见附件3、附件4）一同报送民政部社会事务司。

附件：

1. 全国婚姻登记系统硬件环境配置建议（略）

2. "全国婚姻登记规范化单位"评审表（略）

3. 县级（含）以上民政部门婚姻登记规范化建设情况报表（略）

4. 乡镇人民政府婚姻登记规范化建设情况报表（略）

民政部办公厅关于启用全国涉外、涉港澳台和华侨婚姻登记信息系统的通知

（2004年3月16日　民办函〔2004〕43号）

各省、自治区、直辖市民政厅（局），各计划单列市民政局，新疆生产建设兵团民政局：

全国涉外、涉港澳台和华侨（以下简称涉外）婚姻登记信息系统经过一段时期的试运行，根据试用单位的反馈意见，部信息中心又进行了修改和完善，现决定正式启用。全国涉外婚姻登记信息系统以民政公用政务平台为依托，实现了涉外婚姻登记的实时在线登记和全国联网，数据库建立在民政部。涉外婚姻登记信息系统提供了办理涉外婚姻登记和公众访问、在线预约等功能，同时提供了单机版供登记机关短期内离线登记、客户端数据上传。

全国涉外婚姻登记信息系统建设是婚姻登记信息化建设的重要内容，各地要予以高度重视。各省、自治区、直辖市民政厅（局）应根据全国涉外婚姻登记信息系统用户表（见附件1），指定专人负责管理并及时授与本省（区、市）内办理涉外婚姻登记的登记机关的用户名和初始密码。民政部将于今年4月中旬举办全国涉外婚姻登记信息系统专项培训（具体培训时间、地点另行通知），届时请各地组织涉外婚姻登记管理人员和婚姻登记员参加。

本省（区、市）已经开发、使用涉外婚姻登记软件的，可以继续使用，但需将涉外婚姻登记数据定期上报民政部，民政部负责将该数据输入全国涉外婚姻登记数据库，具体上报格式请与部信息中心联系。

另外，各省、自治区、直辖市民政厅（局）接到本通知后尽快将本省（区、市）内涉外、涉港澳台、涉华侨婚姻登记机关的设置情况（见附件2）报民政部基层政权和社区建设司，以便对外公布并统一管理。

网址格式：http://fm.mca.gov.cn

附件：1. 全国涉外婚姻登记信息系统用户表（略）

2. 全国涉外、涉港澳台和华侨婚姻登记机关设置情况表（略）

民政部关于进一步规范（无）婚姻登记记录证明相关工作的通知

（2015年8月27日）

各省、自治区、直辖市民政厅（局），各计划单列市民政局，新疆生产建设兵团民政局：

为落实国务院简政放权、方便群众办事创业的有关要求，经与教育部、公安部、司法部、住房和城乡建设部、银监会协商，现就进一步规范（无）婚姻登记记录证明相关工作通知如下：

一、自文件发布之日起，除对涉台和本通知附件所列清单中已列出国家的公证事项仍可继续出具证明外，各地民政部门不再向任何部门和个人出具（无）婚姻登记记录证明。各地民政部门在出具证明时，应当根据当事人所涉事项，在出具证明中注明"本证明仅限于XXX（申请人）办理赴XX国家（或者台湾地区）的XX公证事项使用，用于其他事项无效。"

二、各地要高度重视婚姻登记信息化建设工作，确保按时完成《民政部关于加强婚姻登记信息化建设的通知》（民函〔2013〕183号）确定的各项任务。省级民政部门要切实加大资金、人力投入，不断完善本省（区、市）婚姻登记信息数据库。各级婚姻登记机关要加快纸质历史数据补录工作进度，为有法律法规依据的部门核对当事人的婚姻登记记录情况提供有力支撑。

三、做好政策落实和宣传工作。各地要从转变政府职能、方便群众办事创业和坚持依法行政的角度，统一思想认识，采取有效措施确保此项工作落实到位。会同相关部门落实部门间信息核对的具体措施，使此项简政放权的工作真正惠及广大人民群众。按照政务公开的要求，在办事窗口（大厅）公告取消（无）婚姻登记记录证明的相关规定，并通过多种渠道特别是微信、微博、互联网等新媒体大力宣传，营造良好的社会舆论氛围。

附件：涉外领域需出具（无）婚姻登记记录证明国家清单

哈萨克斯坦

芬兰

奥地利

荷兰

德国

阿根廷

乌拉圭

墨西哥

波兰

注:民政部将根据今后情况变化对清单中所列国家及时进行动态调整,并通知各地民政部门。

民政部办公厅关于爱尔兰公民无配偶证明样式变更的通知

（2008 年 6 月 4 日　民办函〔2008〕129 号）

各省、自治区、直辖市民政厅(局),计划单列市民政局:

近日,爱尔兰大使馆知会我部,爱尔兰驻华使领馆为希望在华结婚的爱尔兰公民出具的无配偶证明格式已作更改。自即日起,各地涉外婚姻登记机关可将爱尔兰使领馆出具的所附格式的证明作为无配偶证明采用。

附件:爱尔兰驻华使领馆出具的无配偶证明样式(略)

民政部关于外国人、华侨提供的无配偶证明认定问题的通知

（2008 年 2 月 15 日　民函〔2008〕49 号）

各省、自治区、直辖市民政厅(局),计划单列市民政局,新疆生产建设兵团民政局:

近来,我部陆续接到各地反映,一些国家出具的无配偶证明内容和形式发生变化,证明中不标明“未婚”、“单身”或“离异”等表明当事人无配偶的字样,而是改为“婚姻无障碍”、具备“婚姻法律能力”、“婚姻查找无记录”等内容;有的外国人、华侨出具有结婚记录的“婚姻查找记录”证明,同时又提供离婚判决书等离婚证件;有的外国人、华侨出具婚姻状况栏为空白或无婚姻状况栏的户籍证明。对于以上证明能否作为无配偶证明使用问题,我部认为,根据《婚姻登记条例》规定,来华办理结婚登记的外国人、华侨需提交无配偶证明,以上证明未载明当事人无配偶,因此不能单独作为无配偶证明予以采用。考虑到各国出证制度的差异,上述证明需同时附有以下材料一并作为无配偶证明使用:

一、当事人持“婚姻无障碍”、具备“婚姻法律能力”证明的,需一并提交该国有权机关出具的“婚姻无障碍”、具备“婚姻法律能力”即指当事人无配偶的证明材料。

二、当事人持“婚姻查找无记录”、“婚姻查找记录”(当事人又提供离婚判决书等离婚证件)、婚姻状况栏为空白或无婚姻状况栏的户籍证明的,需一并提交经中国驻该国使(领)馆认证或该国驻华使(领)馆认证的本人无配偶声明。

三、若有关国家照会我部,明确该国出具的“婚姻无障碍”、具备“婚姻法律能力”、“婚姻查找无记录”等证明即指当事人无配偶的,经我部通知各地后,该国出具的上述证明可以作为无配偶证明使用。近日,法国驻华大使馆照会我部,明确法国出具的“婚姻无障碍”证明与无配偶证明具有相同的效力和作用,今后,各地应当将法国出具的“婚姻无障碍”证明作为无配偶证明采用。

请各地严格执行有关规定,避免同类证明在有的地区被采用、在有的地区不被采用问题。各地婚姻登记机关可以通过多种形式进行宣传,并向当事人做好解释工作。

民政部办公厅转发外交部领事司《关于我驻外使领馆实施贴纸认证改革事》的通知

（2006 年 9 月 20 日　民办函〔2006〕180 号）

各省、自治区、直辖市民政厅(局),计划单列市民政局,新建生产建设兵团民政局:

现将外交部《关于我驻外使领馆实施贴纸认证改革事》(领八函〔2006〕491 号)转发给你们。贴纸认证已于 2006 年 9 月 1 日在我驻外使领馆正式启用,正式启用后将预留半年过渡期,在过渡期内贴纸认证与现有公证防伪纸认证两种方式并存有效。自 2007 年 3 月 1 日起,我驻外使领馆将全部采用贴纸认证方式,不再使用公证防伪纸办理领事认证。各婚姻登记机关在接受经中国驻外使领馆认证的外国有关机构出具的文书时,应认真审查,做好涉外婚姻登记工作。

外交部领事司关于我驻外使领馆实施贴纸认证改革事

（2006 年 7 月 19 日　领八函〔2006〕491 号）

各省、自治区、直辖市,各计划单列市及沿海开放城市人民政府外事办公室:

根据国际惯例和国内有关法律法规,外国文书送往我国使用时一般须办理我驻外使领馆的领事认证。目前,我使领馆办理领事认证系使用公证防伪专用纸(A4 尺寸)制作,具体操作方式是将认证词打印在防伪纸上并由我领事官员手工签署后,再盖馆印并与认证文书粘贴、加盖骑缝章。由于上述方式操作程序较为繁琐,且存在易被拆换等问题,随着近年来驻外使领馆认证量的逐年大幅增加,此种认证方式越来越不适应形势发展的需要。为推进驻外使领馆证件工作改革,提高工作效率,提高领事认证的科技含量和防伪性能,经我部领导批准,决定在我驻外使领馆取消采用公证防伪纸制作领事认证的做法,改用贴纸认证方式办理领事认证。

具体做法是:采用专用防伪贴纸打印认证证词(证词内容

与以前相同)，并直接粘贴到被认证文书上，贴纸规格为116mm×75mm；认证官员签署由原来的手工签名改为电子签名，即将签名式样事先输入电脑，然后与认证词一同打印而成；取消原来办理认证加盖使领馆馆印和骑缝章的做法，在贴纸认证与被认证文件之间的骑缝处粘贴防伪贴膜(该贴膜具有一次性使用的防揭贴功能)。

贴纸认证将自今年9月1日起在我驻外使领馆正式启用，为稳妥推进改革，正式启用后将预留半年过渡期，在过渡期内贴纸认证与现有公证防伪纸认证两种方式并存有效。自2007年3月1日起，我驻外使领馆将全部采用贴纸认证方式，不再使用公证防伪纸办理领事认证。

如遇我驻外使领馆电脑出现严重故障，不能打印贴纸认证，为应急可启用手写贴纸认证。

随函附去中国驻外使领馆机打及手写贴纸认证式样，供参考。

以上特告。

民政部关于严格制止借婚姻登记乱收费的通知

(2004年4月15日　民函〔2004〕83号)

各省、自治区、直辖市民政厅(局)，计划单列市民政局，新疆生产建设兵团民政局：

最近，国务院价格管理部门对部分省婚姻登记收费情况进行了调查，发现有的婚姻登记机关在办理婚姻登记中乱收费现象比较严重，主要表现为：第一，取消项目继续收费。如向农民收《婚育学校结业证》费、《离婚调解书》费。第二，强制服务收费。如在给农民办理结婚登记时强制销售存放结婚证的烫金盒。第三，巧立名目搭车收费。如在办理婚姻登记时搭售福利彩票或搭车收取婚前教育书籍、光盘、胸花和彩条等费用。第四，使用票据不规范。有的婚姻登记机关在办理结婚登记收费时，没有按照财务规定使用规范票据，而使用一般收款收据。

《婚姻登记条例》实施后，民政部门特别是婚姻登记机关乱收费的现象已成为群众投诉的热点和媒体关注的焦点。据了解，调查中发现的上述问题并不是个别现象，而且个别地方还相当严重。婚姻登记中的乱收费问题应当引起各级民政部门的高度重视。为切实保障《婚姻登记条例》的贯彻实施，根据民政部2004年党风廉政建设工作要点中关于“坚决取消任何非自愿收费服务项目和各种搭车收费”的要求，杜绝婚姻登记工作中乱收费的现象，现就治理整顿工作提出如下要求：

一、各级民政部门必须从贯彻“三个代表”重要思想的高度，充分认识治理婚姻登记乱收费的必要性和紧迫性。要端正思想，坚决贯彻落实党中央、国务院关于减轻农民负担的工作要求，切实维护婚姻当事人的合法权益，体现民政工作以民为本的宗旨。

二、采取必要措施，积极解决婚姻登记工作的编制和经费问题。婚姻登记是政府的日常事务性工作，任务重，责任大，各级民政部门要积极争取同级编制部门和财政部门，解决登记机关的编制和经费问题。凡尚未解决编制和经费的可暂缓集中登记。地处偏远山区，人稀地广、交通不便的，不必强行集中登记。

三、要严格区分婚姻登记与婚姻服务的界限，做到婚姻登记与婚姻服务的人员、场地及收费三分开，禁止人员混用、场地交叉、收费混合的现象发生。婚姻登记机关不允许开展任何收费服务业务，收取婚姻证书的工本费必须实行价格公示制度。要在办理登记处的明显位置明确公示证书工本费的收费标准，严格按照国家统一收费标准收费。收取工本费应开具正式行政事业票据，不得擅自提高收费标准或增加收费项目。

四、各级民政部门的婚姻服务机构在开展婚姻服务工作中，必须坚持当事人自愿的原则。所有收费服务项目和收费标准必须经当地物价部门核定。婚姻服务机构必须在明显处公示收费项目、收费标准及价格管理部门批准收费的文号，明示所有收费服务均为当事人自愿，同时须公布价格管理部门的监督电话及婚姻服务机构的上级投诉电话。收费服务必须使用正式发票，严禁搞强制性服务和任何形式的搭车收费。各级民政部门要正确引导婚姻服务，不得给登记机关下达婚姻服务创收任务。

五、要将治理婚姻登记搭车收费和乱收费问题作为今年开展执法检查的工作重点。根据民政部《关于印发〈民政部2004年党风廉政建设工作要点〉的通知》(民发〔2004〕17号)的要求，要通过开展执法检查进一步加强婚姻登记机关的行风建设，树立良好的形象。各级婚姻业务主管部门要会同纪检监察部门，按本通知要求共同对本辖区内的所有婚姻登记机关的登记收费及所有民政部门管理的婚姻服务机构的服务收费情况进行检查，发现不规范的问题及时予以纠正，彻底清理整顿婚姻登记中的乱收费问题。民政部将于下半年组织若干个检查组，重点检查婚姻登记机关的行风建设情况，特别是婚姻登记中有无乱收费问题。

各级民政部门要按照“谁主管、谁负责”的原则，加强领导，强化监督，抓好检查落实。各省、自治区、直辖市民政厅(局)在2004年7月底以前，要将执法检查和清理整顿情况书面分别报部基层政权和社区建设司、监察局。

◎请示答复

民政部办公厅关于持中国护照在台工作人员办理结婚登记所需证件、证明材料问题的复函

（2008 年 8 月 20 日　民办函〔2008〕181 号）

湖北省民政厅：

你厅《关于出国人员无法出具所需证件、证明材料事项的请示》（鄂民政函〔2008〕213 号）收悉。

来函称：当事人陈××2004 年持中国护照在美国留学两年后，于 2006 年 9 月 17 日到台湾大学物理系从事学术科技研究至今。现陈××持中国护照、台湾地区入出境许可证、切结（宣誓）书（台湾地方法院公证处出具）到武汉市办理结婚登记时遇到困难，即按《婚姻登记条例》规定，如按出国人员身份办理结婚登记，陈××无法（不便）到美国开具无配偶证明；如按台湾居民身份办理结婚登记，当事人又没有台湾身份证和台湾居民来往内地通行证。由于目前没有针对办理此类婚姻登记的法律依据，来函希望能够进行具体指导。

经商国务院台湾事务办公室，现答复如下：考虑到持中国护照的在台工作人员回内地办理结婚登记遇到的实际困难，今后，该类人员出具以下证件和证明材料的，婚姻登记机关应当为其办理结婚登记：（1）本人的有效护照；（2）台湾地区入出境许可证；（3）经台湾公证机构公证的无配偶证明（切结书、宣誓书）；（4）经台湾公证机构公证的在台就业单位出具的当事人在该单位就业的证明。

民政部关于为汶川特大地震灾区有关人员出具婚姻登记证明问题的复函

（2008 年 8 月 4 日　民函〔2008〕237 号）

四川省民政厅：

你厅《关于为汶川特大地震灾区有关人员出具婚姻登记记录证明问题的请示》（川民政〔2008〕87 号）收悉。为保障汶川地震灾后重建工作有序开展，积极恢复灾区群众正常生活秩序，解决因地震造成婚姻登记档案遗失、损毁引起的有关问题，经商最高人民法院、公安部、卫生部，现就为汶川特大地震灾区有关人员出具婚姻登记证明问题提出以下意见。

对前来申请出具婚姻登记证明的群众，婚姻登记机关在确认婚姻关系一方或者双方当事人死亡且婚姻登记纸质档案、电子档案均已被毁的情况下，可以采取申请人声明并提供相关证明材料与婚姻登记机关公告相结合的方法为其出具婚姻登记证明：

（一）申请人范围

1. 婚姻关系一方当事人死亡的，申请人为对方当事人；

2. 婚姻关系双方当事人死亡的，申请人为任何一方婚姻关系当事人的亲属，包括近亲属（父母、子女、兄弟姐妹、祖父母、外祖父母、孙子女、外孙子女）及因继承等原因要求出具证明的其他家庭成员。

（二）受理部门

因汶川特大地震灾害造成婚姻登记档案被毁的受灾地区依法具有办理婚姻登记职能的乡（镇）人民政府或者县级人民政府民政部门。

（三）申请人应当提供的证件和证明材料

1. 申请人的居民身份证和户口簿；

2. 婚姻关系当事人双方的户口簿（申请出具离婚登记证明的，提供一方当事人户口簿）；

3. 婚姻关系当事人的死亡证明（申请人为婚姻关系当事人的亲属的，提供双方当事人死亡证明）。下列材料之一可以作为死亡证明采信：（1）公安机关出具的死亡证明；（2）医疗卫生机构出具的《死亡医学证明书》；（3）人民法院宣告死亡的判决书。

申请出具结婚登记证明的，若户口簿中未记载双方当事人夫妻关系或者婚姻状况一栏与申请内容不符的，申请人还应当提供婚姻关系当事人任何一方所在单位或村（居）民委员会或其他近亲属出具的夫妻关系证明材料。申请出具离婚登记证明的，若户口簿中婚姻状况一栏与申请内容不符的，申请人还应当提供婚姻关系当事人任何一方所在单位或村（居）民委员会或其他近亲属出具的夫妻离异证明材料。

申请人为婚姻关系当事人的亲属的，若户口簿中未记载申请人与婚姻关系当事人的亲属关系，申请人还应当提供婚姻关系当事人任何一方所在单位或村（居）民委员会出具的亲属关系证明。

申请人无法提供居民身份证的，可以提供临时身份证；无法提供户口簿的，可以提供公安部门出具的户籍证明。

（四）公告程序

申请人应当在婚姻登记机关填写《申请出具婚姻登记证明声明书》（格式见附件 1）。婚姻登记机关应当制作公告文书（格式可参考附件 2），公告地点为受理申请的婚姻登记机关办公地点以及婚姻关系当事人户籍所在地的乡（镇）人民政府、街道办事处办公地点或者临时安置办公地点，公告期为 15 日。

公告期间，当事人的其他近亲属或利害关系人对公告内容提出异议的，应当在公告期内持本人身份证件到婚姻登记

机关提交书面说明，婚姻登记机关不得为申请人出具婚姻登记证明。申请人与提出异议者因财产继承、债务承担等原因引发争议的，应当通过其他法律程序解决。公告期满后无异议的，婚姻登记机关应当在3个工作日内为申请人出具《婚姻登记证明》（格式见附件3）。

地震灾区婚姻登记机关应当建立专门档案，妥善保存出具婚姻登记证明过程中形成的档案材料，档案材料包括以下内容：（1）申请人身份证、户口簿复印件；（2）婚姻关系当事人的户口簿复印件；（3）婚姻关系当事人死亡证明复印件；（4）申请人填写的《申请出具婚姻登记声明书》；（5）其他有关材料。以户籍证明代替户口簿的，婚姻登记机关应当保存户籍证明原件。婚姻登记机关应当妥善保存公告完毕的公告文书、对公告内容提出异议的当事人的书面说明及身份证件复印件等材料。申请人再次书面申请出具同一《婚姻登记证明》的，婚姻登记机关在核查档案后可以直接出具。

附件：1. 申请出具婚姻登记证明声明书

2. 公告文书

3. 婚姻登记证明

附件1

申请出具婚姻登记证明声明书

本人申请出具＿＿＿＿＿与＿＿＿＿＿的婚姻登记证明，谨此声明：

本人姓名：＿＿＿＿，身份证件号：＿＿＿＿＿，与婚姻当事人的关系：＿＿＿＿＿（当事人本人／当事人子女／男方或女方当事人父母、兄弟姐妹、祖父母、外祖父母、孙子女、外孙子女／当事人的其他家庭成员），现住址：＿＿＿＿＿＿＿＿＿＿。

男方当事人姓名：＿＿＿，国籍：＿＿＿，民族：＿＿＿，职业：＿＿＿，出生日期＿＿＿年＿＿月＿＿日，文化程度：＿＿＿＿，身份证件号：＿＿＿＿＿＿＿＿，常住户口所在地：＿＿＿＿＿＿＿＿＿＿。

女方当事人姓名：＿＿＿，国籍：＿＿＿，民族：＿＿＿，职业：＿＿＿，出生日期＿＿＿年＿＿月＿＿日，文化程度：＿＿＿＿，身份证件号：＿＿＿＿＿＿＿，常住户口所在地：＿＿＿＿＿＿＿＿＿＿。

我确认，双方当事人曾于＿＿＿年＿＿月＿＿日在＿＿＿＿婚姻登记机关办理＿＿＿＿＿＿（结婚登记/离婚登记），且至2008年5月12日汶川地震发生前未改变该婚姻关系。本人上述声明完全真实，如有虚假，愿承担法律责任。

声明人：＿＿＿＿　监督人：＿＿＿＿

＿＿年＿月＿日　＿＿年＿月＿日

附件2

公告文书

××××年××号

因汶川地震造成我婚姻登记机关婚姻登记档案被毁，现根据申请人申请，公告申请人声明的以下内容：

（此处可粘贴一份或多份《申请出具婚姻登记证明声明书》复印件）

此公告文书公告期为15天，公告时间从＿＿＿＿年＿＿月＿＿日至＿＿＿＿年＿＿月＿＿日，对公告内容有异议者，请于＿＿＿＿年＿＿月＿＿日前与我婚姻登记机关取得联系，联系电话＿＿＿＿＿＿。

＿＿＿＿乡镇人民政府（或＿＿＿＿县民政局）

＿＿＿＿年＿＿月＿＿日

附件3

婚姻登记证明

因汶川地震造成我婚姻登记机关婚姻登记档案被毁，现申请人＿＿＿＿＿提供相关证明材料并作以下声明：

男方当事人姓名：＿＿＿＿，国籍：＿＿＿＿，民族：＿＿＿＿，职业：＿＿＿＿，出生日期＿＿＿＿年＿＿月＿＿日，文化程度：＿＿＿＿，身份证件号：＿＿＿＿＿＿＿＿，常住户口所在地：＿＿＿＿＿＿＿＿＿＿。

女方当事人姓名：＿＿＿＿，国籍：＿＿＿＿，民族：＿＿＿＿，职业：＿＿＿＿，出生日期＿＿＿＿年＿＿月＿＿日，文化程度：＿＿＿＿，身份证件号：＿＿＿＿＿＿＿＿，常住户口所在地：＿＿＿＿＿＿＿＿＿。

双方当事人曾于＿＿＿＿年＿＿月＿＿日在本婚姻登记机关办理＿＿＿＿＿＿（结婚登记/离婚登记）。

上述内容已经我婚姻登记机关公告15日，无人提出异议，特此证明。

＿＿＿＿乡镇人民政府（或＿＿＿＿县民政局）

＿＿＿＿年＿＿月＿＿日

备注：本证明内容不代表当事人目前的婚姻状况

民政部办公厅关于补发婚姻登记证中相关字段填写问题的复函

（2007年1月9日　民办函〔2007〕3号）

上海市民政局：

你局《关于补领婚姻证书中相关字段如何填写问题的函》（沪民婚发〔2006〕19号）收悉。现答复如下：

一、补发婚姻登记证中“姓名”、“国籍”、“身份证件号”、“出生日期”的填写：婚姻登记证是当事人依法缔结或解除婚姻关系的法律文书。按照《婚姻登记条例》和《民政部婚姻登记工作暂行规范》（民发〔2003〕127号，以下简称《暂行规范》）的规定，申请补领婚姻登记证必须具备两个条件：一是当事人依法缔结或解除了婚姻关系，二是该关系持续至今。由此可见，婚姻登记机关为当事人补发的婚姻登记证反映的是补发时当事人双方之间存在夫妻或离异关系（排除可能有人弄虚作假，骗取婚姻登记证的情形）。因此，补发婚姻证中的“姓名”、“国籍”、“身份证件号”、“出生日期”应当按照当事人申请补领时出具的身份证件上的内容填写。

二、补发婚姻登记证中“登记日期”的填写：婚姻登记证中的“登记日期”是指当事人进行结婚登记或离婚登记的日期。《中华人民共和国婚姻法》规定，“要求结婚的男女双方必须亲自到婚姻登记机关进行结婚登记。符合本法规定的，予以登记，发给结婚证。取得结婚证，即确立夫妻关系”，“男女双方自愿离婚的，准予离婚。……婚姻登记机关查明双方确实是自愿并对子女和财产问题已有适当处理时，发给离婚证”，因此，“登记日期”即是双方当事人依法登记建立或解除婚姻关系的日期。

鉴于婚姻登记证在不同时期有不同的式样，早年登记的当事人持新版式婚姻登记证有可能引发真实性的质疑，新版婚姻登记证专门设“备注”栏，解决这一问题。《民政部办公厅关于启用新式婚姻登记证等问题的通知》（民办函〔2003〕166号）规定：“当事人结婚证、离婚证遗失或损毁的，仍补发结婚证、离婚证，但须在证件备注中注明：结（离）婚证遗失（损毁），补发此证。＊＊＊＊年＊＊月＊＊日（补发日期）。”即补发原因和补发日期填写在“备注”栏中。

三、补发婚姻登记证中“结（离）婚证字号”的填写：婚姻登记证中“结（离）婚证字号”是从方便管理的角度，由婚姻登记机关为发出证书设定的编号。按照《暂行规范》的规定，“结（离）婚证字号”反映的是办理该登记的机关、登记年份及登记序号。由于补发婚姻登记证与办理婚姻登记，发给结婚证（或离婚证）的性质不同（办理婚姻登记，发给结婚证，当事人即建立夫妻关系。办理离婚登记，发给离婚证，当事人即解除夫妻关系。无论是结婚登记、还是离婚登记，当事人之间的民事关系都发生了改变。但是，补领婚姻登记证，不改变当事人之间的民事关系，如果当事人婚姻登记证丢失或损毁后，未到婚姻登记机关补领，双方的夫妻或离异关系依然存在），属于不同的类别，其编号应当与婚姻登记发证编号有区别。《民政部办公厅关于规范补领婚姻证件字号的复函》（民办函〔2005〕70号）规定：“补领婚姻登记证类可以在字号中增加‘补’字。”另外，由于婚姻登记证中的“结（离）婚证字号”对当事人之间的婚姻关系并无实质影响，而且相当一部分早期的婚姻登记档案中并未设置证书字号，因此，新版婚姻登记证中未设计填写原婚姻证件字号。

如果当事人要求取得原婚姻登记信息（姓名、国籍、身份证件号、出生日期、证书字号）证明，可以按照《婚姻登记档案管理办法》向婚姻登记档案保管部门申领加盖婚姻登记档案保管部门印章的婚姻登记档案复印件。

附件

上海市民政局关于补领婚姻证书中相关字段如何填写的函

（2006年11月20日　沪民婚发〔2006〕19号）

民政部办公厅：

《婚姻登记工作暂行规范》（民发〔2003〕127号）对关于补领婚姻证书事项中婚姻证书上如何填写姓名、登记日期、婚姻证书字号、国籍、身份证件号码、备注等字段都没有具体的规定。因为补领婚姻证书涉及历史和现在，关系到当事人的合法权利和婚姻登记工作的规范。我局认为补领婚姻登记证书应尊重历史，补领的婚姻登记证书上的内容应该是历史的重现，即证书上的内容应该是查档证明上反映出的当事人原来的个人信息和登记信息，登记日期和证书号也是原来领取证书时的日期和号码，在备注栏中写明补领登记日期和给予的补领登记证书号。如果证书是为了给当事人最新的个人身份以方便的话，那么补领婚姻证书上包括姓名、国籍、身份证件号码等事项都应该以当事人补领证书时出具的身份证件为准，并且登记日期、婚姻证字号就应该对应的是补领登记日期和补领证书号，在备注栏中写明原来登记时的日期和号码。

以上两种填写方式，哪一种为妥，请函复。

民政部办公厅关于申请在华结婚登记的外国人委托办理的无配偶证明是否有效问题的复函

（2005 年 12 月 15 日　民办函〔2005〕239 号）

福建省民政厅：

你厅《关于涉外婚姻登记中外国人单身证明委托他人办理是否有效的请示》（闽民事〔2005〕554 号）收悉。现答复如下：

从请示内容看，现有一些国家的当事人是在到了中国之后委托其本国律师、家人或朋友以委托人的身份办理无配偶证明。关于申请在华结婚登记的外国人委托办理的无配偶证明是否有效问题，经商外交部，我们的意见是：如果申请在华结婚登记的外国人到中国后委托其本国律师、家人或朋友以委托人身份办理的单身证明，表明当事人无配偶且经我驻该国使（领）馆或该国驻华使（领）馆认证，登记机关在办理结婚登记时可以采用。

附件：（略）

民政部办公厅关于出国人员在港工作期间办理结婚登记所需证件、证明问题的复函

（2005 年 11 月 4 日　民办函〔2005〕209 号）

江苏省民政厅：

你厅《关于出国人员所需证件、证明的请示》（苏民福〔2005〕43 号）收悉。现答复如下：

你省南通籍公民潘正明于 2003 年获美国哥伦比亚大学法律博士学位后，在美国一律师事务所工作。2004 年 8 月，因工作需要，被派往该事务所的香港分所工作至今。目前，潘正明提出与你省南通籍未婚妻办理结婚登记，其所持有的证件有：中国护照（贴有香港签证）、香港居民身份证（非永久居民身份证）。目前的问题是，如按出国人员身份办理结婚登记，潘正明表示无法（含不便）到美国开具无配偶证明，如按香港居民身份办理结婚登记，当事人又没有“港澳居民来往内地通行证”。

鉴于赴港工作人员的实际情况，我部意见，由国外机构派驻香港工作的出国人员或应聘在香港工作的我国原海外留学人员可以出具以下证件和证明材料办理结婚登记：（1）本人的有效护照；（2）本人的香港居民身份证；（3）经香港委托公证人公证的本人无配偶及与对方当事人没有直系血亲和三代以内旁系血亲关系的声明。

附件：江苏省民政厅《关于出国人员所需证件、证明的请示》（苏民福〔2005〕43 号）（略）

民政部关于刘明与侨胞吕春蓉办理婚姻登记的答复

（2005 年 8 月 12 日　民函〔2005〕209 号）

湖北省民政厅：

你厅《关于刘明与侨胞吕春蓉办理婚姻登记事宜的请示》（鄂民政函〔2005〕181 号）收悉。现答复如下：

《婚姻登记条例》第五条规定，华侨办理结婚登记需要出具本人的有效护照，这里的“有效护照”是一个广义的概念，是指中国公民持有的入境证件。目前，旅居海外的台胞来祖国大陆均需到我驻外使、领馆领取旅行证。凭旅行证入境。在办理婚姻登记时，我驻外使、领馆签发的旅行证与护照具有同等效力。

附件：湖北省民政厅《关于刘明与侨胞吕春蓉办理婚姻登记事宜的请示》（略）

民政部关于张志仁申请撤销结婚登记问题的答复

（2005 年 6 月 28 日　民函〔2005〕149 号）

四川省民政厅：

你厅《关于张志仁申请撤销与刘萍结婚登记有关问题的请示》（川民政〔2005〕34 号）收悉，经研究，现答复如下：

《大陆居民与台湾居民婚姻登记管理暂行办法》是 1998 年 12 月 10 日发布实施的，其制定的依据是当时正在实行的 1980 年 9 月 10 日第五届全国人大第三次会议通过的《中华人民共和国婚姻法》（以下简称《婚姻法》）和 1994 年 2 月 1 日发布实施的《婚姻登记管理条例》。

2001 年 4 月 28 日第九届全国人大常委会第二十一次会议通过了《关于修改〈中华人民共和国婚姻法〉的决定》，修改后的《婚姻法》增加了无效婚姻和可撤销婚姻的内容，但其可撤销婚姻仅限于因胁迫结婚的。

2003 年 10 月 1 日，国务院颁布实施《婚姻登记条例》（以下简称《条例》），《条例》根据修改后的《婚姻法》中无效婚姻和可撤销婚姻的规定，没有规定“申请婚姻登记的当事人弄虚作假、骗取婚姻登记的，婚姻登记管理机关应当撤销婚姻登记，对结婚、复婚的当事人宣布其婚姻关系无效并收回结婚证，对离婚的当事人宣布其解除婚姻关系无效并收回离婚证”的内容。同时，《条例》也在适用范围上作了调整，它不仅适用于内地居民之间的婚姻登记，而且还适用于内地居民与香港

居民、澳门居民、台湾居民以及国内居民与华侨、外国人之间的婚姻登记。从《条例》施行之日起,1994 年颁布的《婚姻登记管理条例》即废止,以往依据该条例制定的《中国公民同外国人办理婚姻登记的几项规定》、《大陆居民与台湾居民婚姻登记管理暂行办法》、《华侨同国内公民、港澳同胞同内地公民之间办理婚姻登记的几项规定》等法规、规章也同时废止。

《中华人民共和国立法法》第七十九条规定,“行政法规的效力高于地方性法规、规章。”第八十三条规定,“同一机关制定的法律、行政法规、地方性法规、自治条例和单行条例、规章,特别规定与一般规定不一致的,适用特别规定”,《条例》与《大陆居民与台湾居民婚姻登记管理暂行办法》不是同一机关制定的,《条例》是上位法。因此,婚姻登记机关只能撤销具备一定条件的胁迫婚姻。

附件:四川省民政厅关于张志仁申请撤销与刘萍结婚登记有关问题的请示(川民政〔2005〕34 号)(略)

民政部办公厅关于对《关于婚姻登记工作中涉及户籍问题的请示》的复函

(2005 年 3 月 16 日 民办函〔2005〕47 号)

山东省民政厅:

你厅《关于婚姻登记工作中涉及户籍问题的请示》(鲁民函〔2004〕272 号)收悉。经研究答复如下:

一、民政部《关于贯彻执行〈婚姻登记条例〉若干问题的意见》(民函〔2004〕76 号,以下简称《意见》)第二条第一款“当事人无法出具居民户口簿的,婚姻登记机关可凭公安部门或有关户籍管理机构出具的加盖印章的户籍证明办理婚姻登记”中,“有关户籍管理机构”是指负责户籍管理的公安派出所以及负责集体户籍管理的单位、组织。根据《公安部办公厅关天对执行〈婚姻登记条例〉有关问题的意见的函》(公治〔2003〕181 号)关于“可凭公安派出所或厂矿企业户籍管理机构出具的加盖单位印章的户籍证明申请办理婚姻登记”的意见,我部认为,单位内部的户籍管理科室是单位内部具体负责户籍管理的部门,直接掌握、了解本单位管理的户籍情况,其为本单位申请婚姻登记的当事人出具户籍证明,婚姻登记机关可以接受。

二、《意见》第二条第二款“当事人未办理落户手续的,户口迁出地或另一方当事人户口所在地的婚姻登记机关可凭公安部门或者有关户籍管理机构出具的证明材料办理婚姻登记”中的“公安部门或者有关户籍管理机构出具的证明材料”是指包括户口迁移证明在内的证明当事人的户口正在办理迁移的证明。

民政部办公厅关于华侨、港澳台居民提交婚姻状况证明问题的复函

(2004 年 11 月 30 日 民办函〔2005〕246 号)

浙江省民政厅:

你厅十月二十七日关于出国人员、华侨、港澳台居民婚姻状况证明问题的函(浙民函〔2004〕83 号)收悉,经研究,现答复如下:

一、2003 年 10 月 1 日实施的《婚姻登记条例》(以下简称《条例》)对华侨、港澳台居民出具的婚姻状况证明的内容作了规定,其中,华侨应当提交“居住国公证机构或者有权机关出具的、经中华人民共和国驻该国使(领)馆认证的本人无配偶以及与对方当事人没有直系血亲和三代以内旁系血亲关系的证明,或者中华人民共和国驻该国使(领)馆出具的本人无配偶以及与对方当事人没有直系血亲和三代以内旁系血亲关系的证明。”目前,我外交部已就贯彻执行《婚姻登记条例》作出规定,要求驻外使(领)馆按照《条例》的规定,为出国人员、华侨办理有关婚姻状况证明的公证、认证,但仍然存在有关申请结婚双方血亲关系的内容被忽略或遗忘,没有在证明中体现的情况。鉴于居住地及使馆并不了解申请结婚双方的血亲关系,完全凭个人声明的客观情况,以及当事人申请结婚登记时填写的《申请结婚登记声明书》中已经包含该项内容,因此,华侨只提交无配偶证明的,无需重新开具双方没有血亲关系的证明,婚姻登记机关可以受理其结婚申请,符合结婚条件的予以登记。

二、《条例》规定,港澳台居民申请结婚登记,应当提交“经居住地公证机关公证的本人无配偶以及与对方当事人没有直系血亲和三代以内的旁系血亲关系的声明”,目前,港澳地区的声明式样,经商中国委托公证人协会(香港)、澳门特别行政区民事登记局已经确定(式样附后),依其式样,声明应由本人作出。另外,香港《宣誓及声明条例》规定:如法律授权或规定任何人作出声明,该声明需按“本人 A. B,现居住于……谨以至诚声明:……”的方式作出和签署。因此,港澳居民申请结婚登记应提交本人作出的声明。台湾居民委托第三人办理的,表明当事人无配偶以及与对方当事人没有直接血亲和三代以内旁系血亲关系的证明,婚姻登记机关可以接受。

附件:

1. 香港居民无配偶以及与对方当事人没有直系血亲和三代以内旁系血亲关系的声明。(适用格式1－1－1、1－1－2、1－1－3)(略)

2. 香港居民申请补办结婚登记声明(适用格式1－1－4)(略)

3. 澳门居民无配偶以及与对方当事人没有直系血亲和

三代以内旁系血亲关系的声明(略)

4. 澳门居民申请补办结婚登记声明(略)

5. 澳门第一公证署、第二公证署、海岛公证署有权限作出公证认定签名的工作人员名单、职级及其签名式样(略)

民政部办公厅关于能否撤销李某与张某离婚登记问题的复函

(2003年5月22日 民办函〔2003〕71号)

河北省民政厅:

你厅《关于能否撤销李某与张某离婚登记问题的请示》(冀民请〔2003〕29号)收悉。现答复如下:

从你厅的请示和所附材料看,李某与张某办理离婚登记时,离婚意思表示明确,证件证明齐全,程序合法。当事人李某以假离婚、离婚的目的是为了逃避债务为由,请求宣布其解除婚姻关系无效,没有法律依据:(1)《婚姻法》第三十一条规定"男女双方自愿离婚的,准予离婚。双方必须到婚姻登记机关申请离婚。婚姻登记机关查明双方确实是自愿并对子女和财产已有适当处理时,发给离婚证"。婚姻法没有关于离婚目的的规定,也未规定离婚目的对离婚效力的影响。(2)《婚姻登记管理条例》第25条"申请婚姻登记的当事人弄虚作假、骗取婚姻登记的,婚姻登记管理机关应当撤销婚姻登记,……对离婚的当事人宣布其解除婚姻关系无效并收回离婚证"是指申请人不符合婚姻登记的实质条件,通过弄虚作假,骗取登记的,婚姻登记机关应当撤销登记。而李某与张某是双方自愿离婚,并对子女抚养和财产处理达成一致意见(见双方的离婚协议书),不存在不符合离婚登记实质条件的情况,因此,婚姻登记机关不能撤销李某与张某的离婚登记。

当事人所在单位出具的证明内容是否是真实的,单位是否真实地知道当事人的离婚目的以及是否认真做了调解和好工作,不影响离婚登记效力。

关于离婚当事人之间以及当事人与第三人之间财产、债务纠纷,可以向人民法院提起诉讼,由人民法院根据具体情况进行调解或判决。《婚姻法》第四十一条规定"离婚时,原为夫妻共同生活所负债务,应当共同偿还。共同财产不足清偿的,或财产归各自所有的,由双方协议清偿;协议不成时,由人民法院判决。"1986年10月3日最高人民法院《关于男女双方登记离婚后,因对财产、子女抚养发生纠纷,当事人向人民法院起诉的,法院应予受理的批复》(〔1986〕民他字第45号)规定"男女双方经婚姻登记机关办理离婚登记后,因对财产、子女抚养引起纠纷,当事人向人民法院起诉的,可直接由有关法院依法受理"。

民政部办公厅关于王某、张某某婚姻登记案的意见

(2003年7月3日 民办函〔2003〕99号)

四川省民政厅:

你厅《关于王某请求撤销结婚登记有关问题的函》(川民事〔2003〕82号)收悉。我们的意见是:

婚姻法规定的四种婚姻无效情形中,没有越权管辖办理登记的情形,也没有明确婚姻登记机关可以宣告婚姻无效。新的婚姻登记条例出台前,婚姻登记机关无权以越权管辖办理登记为由宣告婚姻无效。王某提出要求撤销其与张某某的结婚登记并宣告婚姻无效,是在新的婚姻法颁布实施之后,依据婚姻法和最高人民法院《关于适用〈中华人民共和国婚姻法〉若干问题的解释(一)》的有关规定,建议提请人民法院按诉讼程序解决。

另外,同意你厅来函第四个问题中第2条意见,即按照行政复议法的规定,对太极乡人民政府的具体行政行为的行政复议机关是乐至县人民政府。当事人如对行政复议决定不复的,可以依照《中华人民共和国行政诉讼法》的规定提起行政诉讼。

民政部办公厅对具有双重国籍的章恭财申请办理结婚登记处理意见的复函

(1997年3月26日 厅办函〔1997〕71号)

湖北省民政厅:

你厅《关于章恭财具有双重国籍如何处理的请示》收悉。经研究,答复如下:

持有两个以上国家(地区)身份证件的当事人申请同中国(国内、内地、大陆)公民结婚,其合法入境身份视为当事人身份。即,当事人持外国护照入境,其婚姻登记须按照涉外婚姻有关规定办理;当事人持台湾同胞身份证件入境,其婚姻登记须按照涉台婚姻有关规定办理;当事人持港澳同胞或华侨身份证件入境,其婚姻登记须按照涉港澳、华侨婚姻有关规定办理。

财政部、国家发展计划委员会关于同意变更婚姻登记收费项目的复函

(2002年2月5日 财综〔2002〕7号)

民政部《关于变更婚姻登记收费项目和调整收费标准的函》(民函〔2001〕105号)收悉。经研究,现将有关事项函复如下:

一、为加强婚姻登记管理，参照国际惯例，同意将现行地方各级民政部门收取的婚姻证书费，离婚、解除夫妻关系证明书费，涉外结婚或复婚登记手续费，内地公民同港、澳、台、华侨结婚或复婚登记手续费以及离婚登记手续费，统一变更为婚姻登记费（含证书工本费）。

二、婚姻登记费收费标准由国家计委、财政部另行核定。

三、收取婚姻登记费应按照规定到指定的价格主管部门办理收费许可证变更手续，并使用省、自治区、直辖市财政部门统一印制的行政事业性收费票据。

四、婚姻登记费应按照《财政部关于行政性收费纳入预算管理有关问题的通知》（财预字〔1994〕37 号）规定，实行“收支两条线”管理。即收入全额上缴同级地方国库，支出按照批准的预算安排使用。

五、各级民政部门应加强婚姻登记收费管理，不得擅自增加收费项目、扩大收费范围或搭车收取其他费用，并自觉接受财政、价格、审计部门的监督检查。

六、本文自发布之日起执行，过去有关规定与本文不一致的，一律废止。

文书范本

中国公民办理婚姻登记流程图

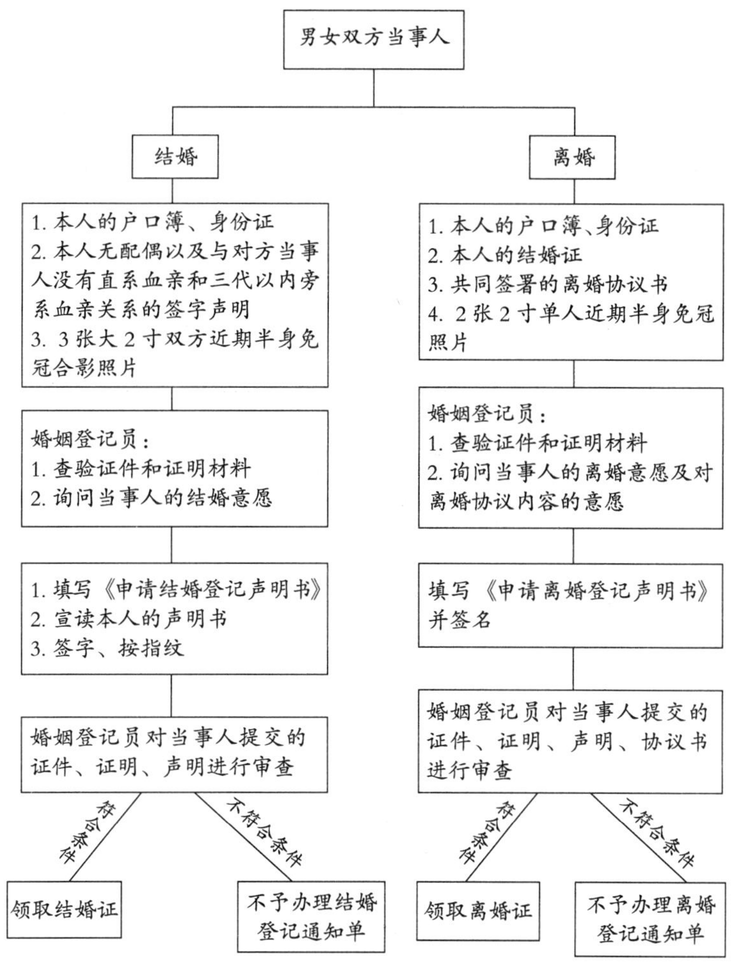

离婚协议书(参考文本)

离婚协议书

男方:×××

女方:×××

双方经过充分考虑、协商,现就离婚问题达成协议如下:

(简述双方离婚的原因)

一、双方在感情上已经完全破裂,没有和好的可能。因此,双方均同意解除婚姻关系(双方是否自愿离婚的意思表示)。

二、明确子女的抚养归属权及抚养费(含生活费、教育费、医疗费等)的负担,并写明给付上述费用的具体时间、方式。在抚养费条款之后,还应当就非直接抚养一方对子女的探望权作出时间、地点等明确具体的约定。

三、夫妻共同财产的分割(含房产、物业、电器、家具、通讯设备、交通工具、现金存款、有价证券、股权等)。

四、对债权债务的处理(对夫妻关系存续期间共同的债权、债务的享有和承担的具体处理)。

男方:×××

女方:×××

年 月 日

1. 首部。

(1)标题。应当居中标明“离婚协议书”。

(2)当事人的基本情况。应依次写明其姓名、性别、年龄、民族、籍贯、职业或者工作单位和职务、住址、联系电话。

2. 正文。

(1)双方都愿意解除婚姻关系的意思表示。

(2)关于对子女抚养问题的约定。包括子女的抚养权、抚育费和探视权等。

(3)对财产问题的约定。

(4)对经济帮助的约定。

(5)其他约定。

3. 结尾。

由当事人双方签名;有见证人的,见证人也应签名;最后写明订立协议的时间。

2. 收养登记

中华人民共和国收养法

（1991年12月29日第七届全国人民代表大会常务委员会第二十三次会议通过 根据1998年11月4日第九届全国人民代表大会常务委员会第五次会议《关于修改〈中华人民共和国收养法〉的决定》修正）

第一章 总 则

第一条 【立法宗旨】为保护合法的收养关系，维护收养关系当事人的权利，制定本法。

第二条 【基本原则】收养应当有利于被收养的未成年人的抚养、成长，保障被收养人和收养人的合法权益，遵循平等自愿的原则，并不得违背社会公德。

第三条 【不得违背计划生育】收养不得违背计划生育的法律、法规。

第二章 收养关系的成立

第四条 【被收养人的条件】下列不满14周岁的未成年人可以被收养：

（一）丧失父母的孤儿；

（二）查找不到生父母的弃婴和儿童；

（三）生父母有特殊困难无力抚养的子女。

第五条 【送养人的条件】下列公民、组织可以作送养人：

（一）孤儿的监护人；

（二）社会福利机构；

（三）有特殊困难无力抚养子女的生父母。

第六条 【收养人的条件】收养人应当同时具备下列条件：

（一）无子女；

（二）有抚养教育被收养人的能力；

（三）未患有在医学上认为不应当收养子女的疾病；

（四）年满30周岁。

第七条 【收养人条件的特别规定】收养三代以内同辈旁系血亲的子女，可以不受本法第四条第三项、第五条第三项、第九条和被收养人不满14周岁的限制。

华侨收养三代以内同辈旁系血亲的子女，还可以不受收养人无子女的限制。

第八条 【收养人数】收养人只能收养1名子女。

收养孤儿、残疾儿童或者社会福利机构抚养的查找不到生父母的弃婴和儿童，可以不受收养人无子女和收养1名的限制。

第九条 【无配偶男性收养女性的年龄限制】无配偶的男性收养女性的，收养人与被收养人的年龄应当相差40周岁以上。

第十条 【共同送养与共同收养】生父母送养子女，须双方共同送养。生父母一方不明或者查找不到的可以单方送养。

有配偶者收养子女，须夫妻共同收养。

第十一条 【当事人自愿】收养人收养与送养人送养，须双方自愿。收养年满10周岁以上未成年人的，应当征得被收养人的同意。

第十二条 【监护人送养的限制】未成年人的父母均不具备完全民事行为能力的，该未成年人的监护人不得将其送养，但父母对该未成年人有严重危害可能的除外。

第十三条 【送养未成年孤儿的限制】监护人送养未成年孤儿的，须征得有抚养义务的人同意。有抚养义务的人不同意送养、监护人不愿意继续履行监护职责的，应当依照《中华人民共和国民法通则》的规定变更监护人。

第十四条 【收养继子女的特别规定】继父或者继母经继子女的生父母同意，可以收养继子女，并可以不受本法第四条第三项、第五条第三项、第六条和被收养人不满14周岁以及收养1名的限制。

第十五条 【收养的形式要件】收养应当向县级以上人民政府民政部门登记。收养关系自登记之日起成立。

收养查找不到生父母的弃婴和儿童的，办理登记的民政部门应当在登记前予以公告。

收养关系当事人愿意订立收养协议的，可以订立收养协议。

收养关系当事人各方或者一方要求办理收养公证的，应当办理收养公证。

第十六条 【户口登记】收养关系成立后，公安部门应当依照国家有关规定为被收养人办理户口登记。

第十七条 【亲朋抚养例外】孤儿或者生父母无力抚养的子女，可以由生父母的亲属、朋友抚养。

抚养人与被抚养人的关系不适用收养关系。

第十八条 【优先抚养权】配偶一方死亡，另一方送养未成年子女的，死亡一方的父母有优先抚养的权利。

第十九条 【禁止超计划生育】送养人不得以送养子女为理由违反计划生育的规定再生育子女。

第二十条 【禁止买卖儿童】严禁买卖儿童或者借收养名义买卖儿童。

第二十一条 【涉外收养】外国人依照本法可以在中华人民共和国收养子女。

外国人在中华人民共和国收养子女，应当经其所在国主管机关依照该国法律审查同意。收养人应当提供由其所在国有权机构出具的有关收养人的年龄、婚姻、职业、财产、健康、有无受过刑事处罚等状况的证明材料，该证明材料应当经其所在国外交机关或者外交机关授权的机构认证，并经中华人民共和国驻该国使领馆认证。该收养人应当与送养人订立书面协议，亲自向省级人民政府民政部门登记。

收养关系当事人各方或者一方要求办理收养公证的，应当到国务院司法行政部门认定的具有办理涉外公证资格的公证机构办理收养公证。

第二十二条　【保守收养秘密】收养人、送养人要求保守收养秘密的，其他人应当尊重其意愿，不得泄露。

第三章　收养的效力

第二十三条　【收养的效力】自收养关系成立之日起，养父母与养子女间的权利义务关系，适用法律关于父母子女关系的规定；养子女与养父母的近亲属间的权利义务关系，适用法律关于子女与父母的近亲属关系的规定。

养子女与生父母及其他近亲属间的权利义务关系，因收养关系的成立而消除。

第二十四条　【养子女的姓氏】养子女可以随养父或者养母的姓，经当事人协商一致，也可以保留原姓。

第二十五条　【收养的无效】违反《中华人民共和国民法通则》第五十五条和本法规定的收养行为无法律效力。

收养行为被人民法院确认无效的，从行为开始时起就没有法律效力。

第四章　收养关系的解除

第二十六条　【收养解除】收养人在被收养人成年以前，不得解除收养关系，但收养人、送养人双方协议解除的除外，养子女年满10周岁以上的，应当征得本人同意。

收养人不履行抚养义务，有虐待、遗弃等侵害未成年养子女合法权益行为的，送养人有权要求解除养父母与养子女间的收养关系。送养人、收养人不能达成解除收养关系协议的，可以向人民法院起诉。

第二十七条　【协议收养解除】养父母与成年养子女关系恶化、无法共同生活的，可以协议解除收养关系。不能达成协议的，可以向人民法院起诉。

第二十八条　【解除的程序】当事人协议解除收养关系的，应当到民政部门办理解除收养关系的登记。

第二十九条　【解除的法律后果】收养关系解除后，养子女与养父母及其他近亲属间的权利义务关系即行消除，与生父母及其他近亲属间的权利义务关系自行恢复，但成年养子女与生父母及其他近亲属间的权利义务关系是否恢复，可以协商确定。

第三十条　【解除后的抚养费给付】收养关系解除后，经养父母抚养的成年养子女，对缺乏劳动能力又缺乏生活来源的养父母，应当给付生活费。因养子女成年后虐待、遗弃养父母而解除收养关系的，养父母可以要求养子女补偿收养期间支出的生活费和教育费。

生父母要求解除收养关系的，养父母可以要求生父母适当补偿收养期间支出的生活费和教育费，但因养父母虐待、遗弃养子女而解除收养关系的除外。

第五章　法 律 责 任

第三十一条　【法律责任】借收养名义拐卖儿童的，依法追究刑事责任。

遗弃婴儿的，由公安部门处以罚款；构成犯罪的，依法追究刑事责任。

出卖亲生子女的，由公安部门没收非法所得，并处以罚款；构成犯罪的，依法追究刑事责任。

第六章　附　　则

第三十二条　【变通规定】民族自治地方的人民代表大会及其常务委员会可以根据本法的原则，结合当地情况，制定变通的或者补充的规定。自治区的规定，报全国人民代表大会常务委员会备案。自治州、自治县的规定，报省或者自治区的人民代表大会常务委员会批准后生效，并报全国人民代表大会常务委员会备案。

第三十三条　【实施办法的制定】国务院可以根据本法制定实施办法。

第三十四条　【施行日期】本法自1992年4月1日起施行。

中国公民收养子女登记办法

（1999年5月12日国务院批准　1999年5月25日民政部令第14号发布　自发布之日起施行）

第一条　为了规范收养登记行为，根据《中华人民共和国收养法》（以下简称收养法），制定本办法。

第二条　中国公民在中国境内收养子女或者协议解除收养关系的，应当依照本办法的规定办理登记。

办理收养登记的机关是县级人民政府民政部门。

第三条　收养社会福利机构抚养的查找不到生父母的弃婴、儿童和孤儿的，在社会福利机构所在地的收养登记机关办理登记。

收养非社会福利机构抚养的查找不到生父母的弃婴和儿童的，在弃婴和儿童发现地的收养登记机关办理登记。

收养生父母有特殊困难无力抚养的子女或者由监护人监护的孤儿的，在被收养人生父母或者监护人常住户口所在地（组织作监护人的，在该组织所在地）的收养登记机关办理登记。

收养三代以内同辈旁系血亲的子女,以及继父或者继母收养继子女的,在被收养人生父或者生母常住户口所在地的收养登记机关办理登记。

第四条　收养关系当事人应当亲自到收养登记机关办理成立收养关系的登记手续。

夫妻共同收养子女的,应当共同到收养登记机关办理登记手续;一方因故不能亲自前往的,应当书面委托另一方办理登记手续,委托书应当经过村民委员会或者居民委员会证明或者经过公证。

第五条　收养人应当向收养登记机关提交收养申请书和下列证件、证明材料:

(一)收养人的居民户口簿和居民身份证;

(二)由收养人所在单位或者村民委员会、居民委员会出具的本人婚姻状况、有无子女和抚养教育被收养人的能力等情况的证明;

(三)县级以上医疗机构出具的未患有在医学上认为不应当收养子女的疾病的身体健康检查证明。

收养查找不到生父母的弃婴、儿童的,并应当提交收养人经常居住地计划生育部门出具的收养人生育情况证明;其中收养非社会福利机构抚养的查找不到生父母的弃婴、儿童的,收养人还应当提交下列证明材料:

(一)收养人经常居住地计划生育部门出具的收养人无子女的证明;

(二)公安机关出具的捡拾弃婴、儿童报案的证明。

收养继子女的,可以只提交居民户口簿、居民身份证和收养人与被收养人生父或者生母结婚的证明。

第六条　送养人应当向收养登记机关提交下列证件和证明材料:

(一)送养人的居民户口簿和居民身份证(组织作监护人的,提交其负责人的身份证件);

(二)收养法规定送养时应当征得其他有抚养义务的人同意的,并提交其他有抚养义务的人同意送养的书面意见。

社会福利机构为送养人的,并应当提交弃婴、儿童进入社会福利机构的原始记录,公安机关出具的捡拾弃婴、儿童报案的证明,或者孤儿的生父母死亡或者宣告死亡的证明。

监护人为送养人的,并应当提交实际承担监护责任的证明,孤儿的父母死亡或者宣告死亡的证明,或者被收养人生父母无完全民事行为能力并对被收养人有严重危害的证明。

生父母为送养人的,并应当提交与当地计划生育部门签订的不违反计划生育规定的协议;有特殊困难无力抚养子女的,还应当提交其所在单位或者村民委员会、居民委员会出具的送养人有特殊困难的证明。其中,因丧偶或者一方下落不明由单方送养的,还应当提交配偶死亡或者下落不明的证明;子女由三代以内同辈旁系血亲收养的,还应当提交公安机关出具的或者经过公证的与收养人有亲属关系的证明。

被收养人是残疾儿童的,并应当提交县级以上医疗机构出具的该儿童的残疾证明。

第七条　收养登记机关收到收养登记申请书及有关材料后,应当自次日起30日内进行审查。对符合收养法规定条件的,为当事人办理收养登记,发给收养登记证,收养关系自登记之日起成立;对不符合收养法规定条件的,不予登记,并对当事人说明理由。

收养查找不到生父母的弃婴、儿童的,收养登记机关应当在登记前公告查找其生父母;自公告之日起满60日,弃婴、儿童的生父母或者其他监护人未认领的,视为查找不到生父母的弃婴、儿童。公告期间不计算在登记办理期限内。

第八条　收养关系成立后,需要为被收养人办理户口登记或者迁移手续的,由收养人持收养登记证到户口登记机关按照国家有关规定办理。

第九条　收养关系当事人协议解除收养关系的,应当持居民户口簿、居民身份证、收养登记证和解除收养关系的书面协议,共同到被收养人常住户口所在地的收养登记机关办理解除收养关系登记。

第十条　收养登记机关收到解除收养关系登记申请书及有关材料后,应当自次日起30日内进行审查;对符合收养法规定的,为当事人办理解除收养关系的登记,收回收养登记证,发给解除收养关系证明。

第十一条　为收养关系当事人出具证明材料的组织,应当如实出具有关证明材料。出具虚假证明材料的,由收养登记机关没收虚假证明材料,并建议有关组织对直接责任人员给予批评教育,或者依法给予行政处分、纪律处分。

第十二条　收养关系当事人弄虚作假骗取收养登记的,收养关系无效,由收养登记机关撤销登记,收缴收养登记证。

第十三条　本办法规定的收养登记证、解除收养关系证明的式样,由国务院民政部门制订。

第十四条　华侨以及居住在香港、澳门、台湾地区的中国公民在内地收养子女的,申请办理收养登记的管辖以及所需要出具的证件和证明材料,按照国务院民政部门的有关规定执行。

第十五条　本办法自发布之日起施行。

外国人在中华人民共和国收养子女登记办法

(1999年5月12日国务院批准　1999年5月25日民政部令第15号公布　自发布之日起施行)

第一条　为了规范涉外收养登记行为,根据《中华人民共和国收养法》,制定本办法。

第二条　外国人在中华人民共和国境内收养子女(以下

简称外国人在华收养子女)，应当依照本办法办理登记。

收养人夫妻一方为外国人，在华收养子女，也应当依照本办法办理登记。

第三条 外国人在华收养子女，应当符合中国有关收养法律的规定，并应当符合收养人所在国有关收养法律的规定；因收养人所在国法律的规定与中国法律的规定不一致而产生的问题，由两国政府有关部门协商处理。

第四条 外国人在华收养子女，应当通过所在国政府或者政府委托的收养组织(以下简称外国收养组织)向中国政府委托的收养组织(以下简称中国收养组织)转交收养申请并提交收养人的家庭情况报告和证明。

前款规定的收养人的收养申请、家庭情况报告和证明，是指由其所在国有权机构出具，经其所在国外交机关或者外交机关授权的机构认证，并经中华人民共和国驻该国使馆或者领馆认证的下列文件：

(一)跨国收养申请书；

(二)出生证明；

(三)婚姻状况证明；

(四)职业、经济收入和财产状况证明；

(五)身体健康检查证明；

(六)有无受过刑事处罚的证明；

(七)收养人所在国主管机关同意其跨国收养子女的证明；

(八)家庭情况报告，包括收养人的身份、收养的合格性和适当性、家庭状况和病史、收养动机以及适合于照顾儿童的特点等。

在华工作或者学习连续居住1年以上的外国人在华收养子女，应当提交前款规定的除身体健康检查证明以外的文件，并应当提交在华所在单位或者有关部门出具的婚姻状况证明，职业、经济收入或者财产状况证明，有无受过刑事处罚证明以及县级以上医疗机构出具的身体健康检查证明。

第五条 送养人应当向省、自治区、直辖市人民政府民政部门提交本人的居民户口簿和居民身份证(社会福利机构作送养人的，应当提交其负责人的身份证件)、被收养人的户籍证明等情况证明，并根据不同情况提交下列有关证明材料：

(一)被收养人的生父母(包括已经离婚的)为送养人的，应当提交生父母有特殊困难无力抚养的证明和生父母双方同意送养的书面意见；其中，被收养人的生父或者生母因丧偶或者一方下落不明，由单方送养的，并应当提交配偶死亡或者下落不明的证明以及死亡的或者下落不明的配偶的父母不行使优先抚养权的书面声明；

(二)被收养人的父母均不具备完全民事行为能力，由被收养人的其他监护人作送养人的，应当提交被收养人的父母不具备完全民事行为能力且对被收养人有严重危害的证明以及监护人有监护权的证明；

(三)被收养人的父母均已死亡，由被收养人的监护人作送养人的，应当提交其生父母的死亡证明、监护人实际承担监护责任的证明，以及其他有抚养义务的人同意送养的书面意见；

(四)由社会福利机构作送养人的，应当提交弃婴、儿童被遗弃和发现的情况证明以及查找其父母或者其他监护人的情况证明；被收养人是孤儿的，应当提交孤儿父母的死亡或者宣告死亡证明，以及有抚养孤儿义务的其他人同意送养的书面意见。

送养残疾儿童的，还应当提交县级以上医疗机构出具的该儿童的残疾证明。

第六条 省、自治区、直辖市人民政府民政部门应当对送养人提交的证件和证明材料进行审查，对查找不到生父母的弃婴和儿童公告查找其生父母；认为被收养人、送养人符合收养法规定条件的，将符合收养法规定的被收养人、送养人名单通知中国收养组织，同时转交下列证件和证明材料：

(一)送养人的居民户口簿和居民身份证(社会福利机构作送养人的，为其负责人的身份证件)复制件；

(二)被收养人是弃婴或者孤儿的证明、户籍证明、成长情况报告和身体健康检查证明的复制件及照片。

省、自治区、直辖市人民政府民政部门查找弃婴或者儿童生父母的公告应当在省级地方报纸上刊登。自公告刊登之日起满60日，弃婴和儿童的生父母或者其他监护人未认领的，视为查找不到生父母的弃婴和儿童。

第七条 中国收养组织对外国收养人的收养申请和有关证明进行审查后，应当在省、自治区、直辖市人民政府民政部门报送的符合收养法规定条件的被收养人中，参照外国收养人的意愿，选择适当的被收养人，并将该被收养人及其送养人的有关情况通过外国政府或者外国收养组织送交外国收养人。外国收养人同意收养的，中国收养组织向其发出来华收养子女通知书，同时通知有关的省、自治区、直辖市人民政府民政部门向送养人发出被收养人已被同意收养的通知。

第八条 外国人来华收养子女，应当亲自来华办理登记手续。夫妻共同收养的，应当共同来华办理收养手续；一方因故不能来华的，应当书面委托另一方。委托书应当经所在国公证和认证。

第九条 外国人来华收养子女，应当与送养人订立书面收养协议。协议一式3份，收养人、送养人各执1份，办理收养登记手续时收养登记机关收存1份。

书面协议订立后，收养关系当事人应当共同到被收养人常住户口所在地的省、自治区、直辖市人民政府民政部门办理收养登记。

第十条 收养关系当事人办理收养登记时，应当填写外国人来华收养子女登记申请书并提交收养协议，同时分别提供有关材料。

收养人应当提供下列材料：

（一）中国收养组织发出的来华收养子女通知书；

（二）收养人的身份证件和照片。

送养人应当提供下列材料：

（一）省、自治区、直辖市人民政府民政部门发出的被收养人已被同意收养的通知；

（二）送养人的居民户口簿和居民身份证（社会福利机构作送养人的，为其负责人的身份证件）、被收养人的照片。

第十一条 收养登记机关收到外国人来华收养子女登记申请书和收养人、被收养人及其送养人的有关材料后，应当自次日起7日内进行审查，对符合本办法第十条规定的，为当事人办理收养登记，发给收养登记证书。收养关系自登记之日起成立。

收养登记机关应当将登记结果通知中国收养组织。

第十二条 收养关系当事人办理收养登记后，各方或者一方要求办理收养公证的，应当到收养登记地的具有办理涉外公证资格的公证机构办理收养公证。

第十三条 被收养人出境前，收养人应当凭收养登记证书到收养登记地的公安机关为被收养人办理出境手续。

第十四条 外国人在华收养子女，应当向登记机关交纳登记费。登记费的收费标准按照国家有关规定执行。

中国收养组织是非营利性公益事业单位，为外国收养人提供收养服务，可以收取服务费。服务费的收费标准按照国家有关规定执行。

为抚养在社会福利机构生活的弃婴和儿童，国家鼓励外国收养人、外国收养组织向社会福利机构捐赠。受赠的社会福利机构必须将捐赠财物全部用于改善所抚养的弃婴和儿童的养育条件，不得挪作它用，并应当将捐赠财物的使用情况告知捐赠人。受赠的社会福利机构还应当接受有关部门的监督，并应当将捐赠的使用情况向社会公布。

第十五条 中国收养组织的活动受国务院民政部门监督。

第十六条 本办法自发布之日起施行。1993年11月3日国务院批准，1993年11月10日司法部、民政部发布的《外国人在中华人民共和国收养子女实施办法》同时废止。

国务院办公厅关于加强孤儿保障工作的意见

（2010年11月16日 国办发〔2010〕54号）

党和政府历来关心孤儿的健康成长。新中国成立以来，我国孤儿福利事业取得了长足进展，孤儿生活状况得到了明显改善，但总体看，孤儿保障体系还不够健全，保障水平有待提高。为建立与我国经济社会发展水平相适应的孤儿保障制度，使孤儿生活得更加幸福、更有尊严，经国务院同意，现提出以下意见：

一、拓展安置渠道，妥善安置孤儿

孤儿是指失去父母、查找不到生父母的未满18周岁的未成年人，由地方县级以上民政部门依据有关规定和条件认定。地方各级政府要按照有利于孤儿身心健康成长的原则，采取多种方式，拓展孤儿安置渠道，妥善安置孤儿。

（一）亲属抚养。孤儿的监护人依照《中华人民共和国民法通则》等法律法规确定。孤儿的祖父母、外祖父母、兄、姐要依法承担抚养义务、履行监护职责；鼓励关系密切的其他亲属、朋友担任孤儿监护人；没有前述监护人的，未成年人的父、母的所在单位或者未成年人住所地的居民委员会、村民委员会或者民政部门担任监护人。监护人不履行监护职责或者侵害孤儿合法权益的，应承担相应的法律责任。

（二）机构养育。对没有亲属和其他监护人抚养的孤儿，经依法公告后由民政部门设立的儿童福利机构收留抚养。有条件的儿童福利机构可在社区购买、租赁房屋，或在机构内部建造单元式居所，为孤儿提供家庭式养育。公安部门应及时为孤儿办理儿童福利机构集体户口。

（三）家庭寄养。由孤儿父母生前所在单位或者孤儿住所地的村（居）民委员会或者民政部门担任监护人的，可由监护人对有抚养意愿和抚养能力的家庭进行评估，选择抚育条件较好的家庭开展委托监护或者家庭寄养，并给予养育费用补贴，当地政府可酌情给予劳务补贴。

（四）依法收养。鼓励收养孤儿。收养孤儿按照《中华人民共和国收养法》的规定办理。对中国公民依法收养的孤儿，需要为其办理户口登记或者迁移手续的，户口登记机关应及时予以办理，并在登记与户主关系时注明子女关系。对寄养的孤儿，寄养家庭有收养意愿的，应优先为其办理收养手续。继续稳妥开展涉外收养，进一步完善涉外收养办法。

二、建立健全孤儿保障体系，维护孤儿基本权益

（一）建立孤儿基本生活保障制度。为满足孤儿基本生活需要，建立孤儿基本生活保障制度。各省、自治区、直辖市政府按照不低于当地平均生活水平的原则，合理确定孤儿基本生活最低养育标准，机构抚养孤儿养育标准应高于散居孤儿养育标准，并建立孤儿基本生活最低养育标准自然增长机制。地方各级财政要安排专项资金，确保孤儿基本生活费及时足额到位；中央财政安排专项资金，对地方支出孤儿基本生活费按照一定标准给予补助。民政、财政部门要建立严格的孤儿基本生活费管理制度，加强监督检查，确保专款专用、按时发放，确保孤儿基本生活费用于孤儿。

（二）提高孤儿医疗康复保障水平。将孤儿纳入城镇居民基本医疗保险、新型农村合作医疗、城乡医疗救助等制度覆盖范围，适当提高救助水平，参保（合）费用可通过城乡医疗救助制度解决；将符合规定的残疾孤儿医疗康复项目纳入基本医疗保障范围，稳步提高待遇水平；有条件的地方政府和社会慈善组织可为孤儿投保意外伤害保险和重大疾病保险等商业健康保险或补充保险。卫生部门要对儿童福利机构设置的医院、门诊部、诊所、卫生所（室）给予支持和指导；疾病预防控制机构要加强对儿童福利机构防疫工作的指导，及时调查处理机构内发生的传染病疫情；鼓励、支持医疗机构采取多种形式减免孤儿医疗费用。继续实施"残疾孤儿手术康复明天计划"。

（三）落实孤儿教育保障政策。家庭经济困难的学龄前孤儿到学前教育机构接受教育的，由当地政府予以资助。将义务教育阶段的孤儿寄宿生全面纳入生活补助范围。在普通高中、中等职业学校、高等职业学校和普通本科高校就读的孤儿，纳入国家资助政策体系优先予以资助；孤儿成年后仍在校就读的，继续享有相应政策；学校为其优先提供勤工助学机会。切实保障残疾孤儿受教育的权利，具备条件的残疾孤儿，在普通学校随班就读；不适合在普通学校就读的视力、听力、言语、智力等残疾孤儿，安排到特殊教育学校就读；不能到特殊教育学校就读的残疾孤儿，鼓励并扶持儿童福利机构设立特殊教育班或特殊教育学校，为其提供特殊教育。

（四）扶持孤儿成年后就业。认真贯彻落实《中华人民共和国就业促进法》和《国务院关于做好促进就业工作的通知》（国发〔2008〕5号）等精神，鼓励和帮扶有劳动能力的孤儿成年后实现就业，按规定落实好职业培训补贴、职业技能鉴定补贴、免费职业介绍、职业介绍补贴和社会保险补贴等政策；孤儿成年后就业困难的，优先安排其到政府开发的公益性岗位就业。人力资源社会保障部门要进一步落实孤儿成年后就业扶持政策，提供针对性服务和就业援助，促进有劳动能力的孤儿成年后就业。

（五）加强孤儿住房保障和服务。居住在农村的无住房孤儿成年后，按规定纳入农村危房改造计划优先予以资助，乡镇政府和村民委员会要组织动员社会力量和当地村民帮助其建房。居住在城市的孤儿成年后，符合城市廉租住房保障条件或其他保障性住房供应条件的，当地政府要优先安排、应保尽保。对有房产的孤儿，监护人要帮助其做好房屋的维修和保护工作。

三、加强儿童福利机构建设，提高专业保障水平

（一）完善儿童福利机构设施。"十二五"期间，继续实施"儿童福利机构建设蓝天计划"，孤儿较多的县（市）可独立设置儿童福利机构，其他县（市）要依托民政部门设立的社会福利机构建设相对独立的儿童福利设施，并根据实际需要，为其配备抚育、康复、特殊教育必需的设备器材和救护车、校车等，完善儿童福利机构养护、医疗康复、特殊教育、技能培训、监督评估等方面的功能。儿童福利机构设施建设、维修改造及有关设备购置，所需经费由财政预算、民政部门使用的彩票公益金、社会捐助等多渠道解决。发展改革部门要充分考虑儿童福利事业发展需要，统筹安排儿童福利机构设施建设项目，逐步改善儿童福利机构条件。海关在办理国（境）外无偿捐赠给儿童福利机构的物资设备通关手续时，给予通关便利。

（二）加强儿童福利机构工作队伍建设。科学设置儿童福利机构岗位，加强孤残儿童护理员、医护人员、特教教师、社工、康复师等专业人员培训。在整合现有儿童福利机构从业人员队伍的基础上，积极创造条件，通过购买服务和社会化用工等形式，充实儿童福利机构工作力量，提升服务水平。按照国家有关规定，落实对儿童福利机构工作人员的工资倾斜政策。将儿童福利机构中设立的特殊教育班或特殊教育学校的教师、医护人员专业技术职务评定工作纳入教育、卫生系统职称评聘体系，在结构比例、评价方面给予适当倾斜。教育、卫生部门举办的继续教育和业务培训要主动吸收儿童福利机构相关人员参加。积极推进孤残儿童护理员职业资格制度建设，支持开发孤残儿童护理员教材，设置孤残儿童护理员专业，对孤残儿童护理员进行培训。

（三）发挥儿童福利机构的作用。儿童福利机构是孤儿保障的专业机构，要发挥其在孤儿保障中的重要作用。对社会上无人监护的孤儿，儿童福利机构要及时收留抚养，确保孤儿居有定所、生活有着。要发挥儿童福利机构的专业优势，为亲属抚养、家庭寄养的孤儿提供有针对性的指导和服务。

四、健全工作机制，促进孤儿福利事业健康发展

（一）加强组织领导。地方各级政府要高度重视孤儿保障工作，把孤儿福利事业纳入国民经济和社会发展总体规划、相关专项规划和年度计划。要加强对孤儿保障工作的领导，健全"政府主导，民政牵头，部门协作，社会参与"的孤儿保障工作机制，及时研究解决孤儿保障工作中存在的实际困难和问题。民政部门要发挥牵头部门作用，加强孤儿保障工作能力建设，充实儿童福利工作力量，强化对儿童福利机构的监督管理，建设好全国儿童福利信息管理系统。财政部门要建立稳定的经费保障机制，将孤儿保障所需资金纳入社会福利事业发展资金预算，通过财政拨款、民政部门使用的彩票公益金等渠道安排资金，切实保障孤儿的基本生活和儿童福利专项工作经费。发展改革、教育、公安、司法、人力资源社会保障、住房城乡建设、卫生、人口计生等部门要将孤儿保障有关工作列入职责范围和目标管理，进一步明确责任。

（二）保障孤儿合法权益。依法保护孤儿的人身、财产权利，积极引导法律服务人员为孤儿提供法律服务，为符合法律援助条件的孤儿依法提供法律援助。有关方面要严厉打击查处拐卖孤儿、遗弃婴儿等违法犯罪行为，及时发现并制止公民私自收养弃婴和儿童的行为。公安部门应及时出具弃婴捡拾报案证明，积极查找弃婴和儿童的生父母或者其他监护人。卫生部门要加强对医疗保健机构的监督管理，医疗保健机构发现弃婴，应及时向所在地公安机关报案，不得转送他人。有关部门要尽快研究拟订有关儿童福利的法规 。

(三)加强宣传引导。进一步加大宣传工作力度,弘扬中华民族慈幼恤孤的人道主义精神和传统美德,积极营造全社会关心关爱孤儿的氛围。大力发展孤儿慈善事业,引导社会力量通过慈善捐赠、实施公益项目、提供服务等多种方式,广泛开展救孤恤孤活动。

收养登记工作规范

(2008 年 8 月 25 日　民发〔2008〕118 号)

为了规范收养登记工作,根据《中华人民共和国收养法》、《外国人在中华人民共和国收养子女登记办法》、《中国公民收养子女登记办法》和《华侨以及居住在香港、澳门、台湾地区的中国公民办理收养登记的管辖以及所需要出具的证件和证明材料的规定》,制定本规范。

第一章　收养登记机关和登记员

第一条　收养登记机关是依法履行收养登记行政职能的各级人民政府民政部门。

收养登记机关应当依照法律、法规及本规范,认真履行职责,做好收养登记工作。

第二条　收养登记机关的职责:

(一)办理收养登记;

(二)办理解除收养登记;

(三)撤销收养登记;

(四)补发收养登记证和解除收养关系证明;

(五)出具收养关系证明;

(六)办理寻找弃婴(弃儿)生父母公告;

(七)建立和保管收养登记档案;

(八)宣传收养法律法规。

第三条　收养登记的管辖按照《外国人在中华人民共和国收养子女登记办法》、《中国公民收养子女登记办法》和《华侨以及居住在香港、澳门、台湾地区的中国公民办理收养登记的管辖以及所需要出具的证件和证明材料的规定》的有关规定确定。

第四条　收养登记机关办理收养登记应当使用民政厅或者民政局公章。

收养登记机关应当按照有关规定刻制收养登记专用章。

第五条　收养登记机关应当设置有专门的办公场所,并在醒目位置悬挂收养登记处(科)标识牌。

收养登记场所应当庄严、整洁,设有收养登记公告栏。

第六条　收养登记实行政务公开,应当在收养登记场所公开展示下列内容:

(一)本收养登记机关的管辖权及依据;

(二)收养法的基本原则以及父母和子女的权利、义务;

(三)办理收养登记、解除收养登记的条件与程序;

(四)补领收养登记证的条件与程序;

(五)无效收养及可撤销收养的规定;

(六)收费项目与收费标准、依据;

(七)收养登记员职责及其照片、编号;

(八)办公时间和服务电话(电话号码在当地 114 查询台登记);

(九)监督电话。

收养登记场所应当备有《中华人民共和国收养法》、《外国人在中华人民共和国收养子女登记办法》、《中国公民收养子女登记办法》和《华侨以及居住在香港、澳门、台湾地区的中国公民办理收养登记的管辖以及所需要出具的证件和证明材料的规定》,及其他有关文件供收养当事人免费查阅。

收养登记机关对外办公时间应当为国家法定办公时间。

第七条　收养登记机关应当实行计算机管理。各级民政部门应当为本行政区域内收养登记管理信息化建设创造条件。

第八条　收养登记机关应当配备收养登记员。收养登记员由本级民政部门考核、任免。

第九条　收养登记员的主要职责:

(一)解答咨询;

(二)审查当事人是否具备收养登记、解除收养登记、补发收养登记证、撤销收养登记的条件;

(三)颁发收养登记证;

(四)出具收养登记证明;

(五)及时将办理完毕的收养登记材料收集、整理、归档。

第十条　收养登记员应当熟练掌握相关法律法规和计算机操作,依法行政,热情服务,讲求效率。

收养登记员应当尊重当事人的意愿,保守收养秘密。

第十一条　收养登记员办理收养登记及相关业务应当按照申请—受理—审查—报批—登记—颁证的程序办理。

第十二条　收养登记员在完成表格和证书、证明填写后,应当进行认真核对、检查,并复印存档。对打印或者书写错误、证件被污染或者损坏的,应当作废处理,重新填写。

第二章　收 养 登 记

第十三条　受理收养登记申请的条件是:

(一)收养登记机关具有管辖权;

(二)收养登记当事人提出申请;

(三)当事人持有的证件、证明材料符合规定。

收养人和被收养人应当提交 2 张 2 寸近期半身免冠合影照片。送养人应当提交 2 张 2 寸近期半身免冠合影或者单人照片,社会福利机构送养的除外。

第十四条　收养登记员受理收养登记申请,应当按照下列程序进行:

(一)区分收养登记类型,查验当事人提交的证件和证明材料、照片是否符合此类型的要求；

（二）询问或者调查当事人的收养意愿、目的和条件，告知收养登记的条件和弄虚作假的后果；

（三）见证当事人在《收养登记申请书》（附件1）上签名；

（四）将当事人的信息输入计算机应当用程序，并进行核查；

（五）复印当事人的身份证件、户口簿。单身收养的应当复印无婚姻登记记录证明、离婚证或者配偶死亡证明；夫妻双方共同收养的应当复印结婚证。

第十五条 《收养登记申请书》的填写：

（一）当事人"姓名"：当事人是中国公民的，使用中文填写；当事人是外国人的，按照当事人护照上的姓名填写；

（二）"出生日期"：使用阿拉伯数字，按照身份证件上的出生日期填写为"××××年××月××日"；

（三）"身份证件号"：当事人是内地居民的，填写公民身份号码；当事人是香港、澳门、台湾居民中的中国公民的，填写香港、澳门、台湾居民身份证号，并在号码后加注"（香港）"、"（澳门）"或者"（台湾）"；当事人是华侨的，填写护照号；当事人是外国人的，填写护照号。

证件号码前面有字符的，应当一并填写；

（四）"国籍"：当事人是内地居民、华侨以及居住在香港、澳门、台湾地区的中国公民的，填写"中国"；当事人是外国人的，按照护照上的国籍填写；

（五）"民族"、"职业"和"文化程度"，按照《中华人民共和国国家标准》填写；

（六）"健康状况"填写"健康"、"良好"、"残疾"或者其他疾病；

（七）"婚姻状况"填写"未婚"、"已婚"、"离婚"、"丧偶"；

（八）"家庭收入"填写家庭年收入总和；

（九）"住址"填写户口簿上的家庭住址；

（十）送养人是社会福利机构的，填写"送养人情况（1）"，经办人应当是社会福利机构工作人员。送养人是非社会福利机构的，填写"送养人情况（2）"，"送养人和被收养人关系"是亲属关系的，应当写明具体亲属关系；不是亲属关系的，应当写明"非亲属"。

收养非社会福利机构抚养的查找不到生父母的儿童的，送养人有关内容不填；

（十一）"被收养后改名为"填写被收养人被收养后更改的姓名。未更改姓名的，此栏不填；

（十二）被收养人"身份类别"分别填写"孤儿"、"社会福利机构抚养的查找不到生父母的儿童"、"非社会福利机构抚养的查找不到生父母的儿童"、"生父母有特殊困难无力抚养的子女"、"继子女"。收养三代以内同辈旁系血亲的子女，应当写明具体亲属关系；

（十三）继父母收养继子女的，要同时填写收养人和送养人有关内容。单身收养后，收养人结婚，其配偶要求收养继子女的；送养人死亡或者被人民法院宣告死亡的，送养人有关内容不填；

（十四）《收养登记申请书》中收养人、被收养人和送养人（送养人是社会福利机构的经办人）的签名必须由当事人在收养登记员当面完成；

当事人没有书写能力的，由当事人口述，收养登记员代为填写。收养登记员代当事人填写完毕后，应当宣读，当事人认为填写内容无误，在当事人签名处按指纹。当事人签名一栏不得空白，也不得由他人代为填写、代按指纹。

第十六条 收养登记员要分别询问或者调查收养人、送养人、年满10周岁以上的被收养人和其他应当询问或者调查的人。

询问或者调查的重点是被询问人或者被调查人的姓名、年龄、健康状况、经济和教育能力、收养人、送养人和被收养人之间的关系、收养的意愿和目的。特别是对年满10周岁以上的被收养人应当询问是否同意被收养和有关协议内容。

询问或者调查结束后，要将笔录给被询问人或者被调查人阅读。被询问人或者被调查人要写明"已阅读询问（或者调查）笔录，与本人所表示的意思一致（或者调查情况属实）"，并签名。被询问人或者被调查人没有书写能力的，可由收养登记员向被询问或者被调查人宣读所记录的内容，并注明"由收养登记员记录，并向当事人宣读，被询问人（被调查人）在确认所记录内容正确无误后按指纹。"然后请被询问人或者被调查人在注明处按指纹。

第十七条 收养查找不到生父母的弃婴、弃儿的，收养登记机关应当根据《中国公民收养子女登记办法》第七条的规定，在登记前公告查找其生父母（附件2）。

公告应当刊登在收养登记机关所在地设区的市（地区）级以上地方报纸上。公告要有查找不到生父母的弃婴、弃儿的照片。办理公告时收养登记员要保存捡拾证明和捡拾地派出所出具的报案证明。派出所出具的报案证明应当有出具该证明的警员签名和警号。

第十八条 办理内地居民收养登记和华侨收养登记，以及香港、澳门、台湾居民中的中国公民的收养登记，收养登记员收到当事人提交的申请书及有关材料后，应当自次日起30日内进行审查。对符合收养条件的，为当事人办理收养登记，填写《收养登记审查处理表》（附件3），报民政局主要领导或者分管领导批准，并填发收养登记证。

办理涉外收养登记，收养登记员收到当事人提交的申请书及有关材料后，应当自次日起7日内进行审查。对符合收养条件的，为当事人办理收养登记，填写《收养登记审查处理表》，报民政厅（局）主要领导或者分管领导批准，并填发收养登记证。

第十九条 《收养登记审查处理表》和收养登记证由计

算机打印,未使用计算机进行收养登记的,应当使用蓝黑、黑色墨水的钢笔或者签字笔填写。

第二十条 《收养登记审查处理表》的填写:

(一)"提供证件情况":应当对当事人提供的证件、证明材料核实后填写"齐全";

(二)"审查意见":填写"符合收养条件,准予登记";

(三)"主要领导或者分管领导签名":由批准该收养登记的民政厅(局)主要领导或者分管领导亲笔签名,不得使用个人印章或者计算机打印;

(四)"收养登记员签名":由办理该收养登记的收养登记员亲笔签名,不得使用个人印章或者计算机打印;

(五)"收养登记日期":使用阿拉伯数字,填写为:"××××年××月××日"。填写的日期应当与收养登记证上的登记日期一致;

(六)"承办机关名称":填写承办单位名称;

(七)"收养登记证字号"填写式样为"(XXXX)AB收字YYYYY"(AB为收养登记机关所在省级和县级或者市级和区级的行政区域简称,XXXX为年号,YYYYY为当年办理收养登记的序号);

(八)"收养登记证印制号"填写颁发给当事人的收养登记证上印制的号码。

第二十一条 收养登记证的填写按照《民政部办公厅关于启用新式〈收养登记证〉的通知》(民办函〔2006〕203号)的要求填写。

收养登记证上收养登记字号、姓名、性别、国籍、出生日期、身份证件号、住址、被收养人身份、更改的姓名,以及登记日期应当与《收养登记申请书》和《收养登记审查处理表》中相应项目一致。

无送养人的,"送养人姓名(名称)"一栏不填。

第二十二条 颁发收养登记证,应当在当事人在场时按照下列步骤进行:

(一)核实当事人姓名和收养意愿;

(二)告知当事人领取收养登记证后的法律关系以及父母和子女的权利、义务;

(三)见证当事人本人亲自在附件3上的"当事人领证签名或者按指纹"一栏中签名;当事人没有书写能力的,应当按指纹。

"当事人领证签名或者按指纹"一栏不得空白,不得由他人代为填写、代按指纹;

(四)将收养登记证颁发给收养人,并向当事人宣布:取得收养登记证,确立收养关系。

第二十三条 收养登记机关对不符合收养登记条件的,不予受理,但应当向当事人出具《不予办理收养登记通知书》(附件4),并将当事人提交的证件和证明材料全部退还当事人。对于虚假证明材料,收养登记机关予以没收。

第三章 解除收养登记

第二十四条 受理解除收养关系登记申请的条件是:

(一)收养登记机关具有管辖权;

(二)收养人、送养人和被收养人共同到被收养人常住户口所在地的收养登记机关提出申请;

(三)收养人、送养人自愿解除收养关系并达成协议。被收养人年满10周岁的,已经征得其同意;

(四)持有收养登记机关颁发的收养登记证。经公证机构公证确立收养关系的,应当持有公证书;

(五)收养人、送养人和被收养人各提交2张2寸单人近期半身免冠照片,社会福利机构送养的除外;

(六)收养人、送养人和被收养人持有身份证件、户口簿。

送养人是社会福利机构的,要提交社会福利机构法定代表人居民身份证复印件。

养父母与成年养子女协议解除收养关系的,无需送养人参与。

第二十五条 收养登记员受理解除收养关系登记申请,应当按照下列程序进行:

(一)查验当事人提交的照片、证件和证明材料。

当事人提供的收养登记证上的姓名、出生日期、公民身份号码与身份证、户口簿不一致的,当事人应当书面说明不一致的原因;

(二)向当事人讲明收养法关于解除收养关系的条件;

(三)询问当事人的解除收养关系意愿以及对解除收养关系协议内容的意愿;

(四)收养人、送养人和被收养人参照本规范第十五条的相关内容填写《解除收养登记申请书》(附件5);

(五)将当事人的信息输入计算机应当用程序,并进行核查;

(六)复印当事人的身份证件、户口簿。

第二十六条 收养登记员要分别询问收养人、送养人、年满10周岁以上的被收养人和其他应当询问的人。

询问的重点是被询问人的姓名、年龄、健康状况、民事行为能力、收养人、送养人和被收养人之间的关系、解除收养登记的意愿。对年满10周岁以上的被收养人应当询问是否同意解除收养登记和有关协议内容。

对未成年的被收养人,要询问送养人同意解除收养登记后接纳被收养人和有关协议内容。

询问结束后,要将笔录给被询问人阅读。被询问人要写明"已阅读询问笔录,与本人所表示的意思一致",并签名。被询问人没有书写能力的,可由收养登记员向被询问人宣读所记录的内容,并注明"由收养登记员记录,并向当事人宣读,被询问人在确认所记录内容正确无误后按指纹。"然后请被询问人在注明处按指纹。

第二十七条　收养登记员收到当事人提交的证件、申请解除收养关系登记申请书、解除收养关系协议书后，应当自次日起30日内进行审查。对符合解除收养条件的，为当事人办理解除收养关系登记，填写《解除收养登记审查处理表》（附件6），报民政厅（局）主要领导或者分管领导批准，并填发《解除收养关系证明》。

"解除收养关系证明字号"填写式样为"（XXXX）AB解字YYYYY"（AB为收养登记机关所在省级和县级或者市级和区级的行政区域简称，XXXX为年号，YYYYY为当年办理解除收养登记的序号）。

第二十八条　颁发解除收养关系证明，应当在当事人均在场时按照下列步骤进行：

（一）核实当事人姓名和解除收养关系意愿；

（二）告知当事人领取解除收养关系证明后的法律关系；

（三）见证当事人本人亲自在《解除收养登记审查处理表》"领证人签名或者按指纹"一栏中签名；当事人没有书写能力的，应当按指纹。

"领证人签名或者按指纹"一栏不得空白，不得由他人代为填写、代按指纹；

（四）收回收养登记证，收养登记证遗失应当提交查档证明；

（五）将解除收养关系证明一式两份分别颁发给解除收养关系的收养人和被收养人，并宣布：取得解除收养关系证明，收养关系解除。

第二十九条　收养登记机关对不符合解除收养关系登记条件的，不予受理，但应当向当事人出具《不予办理解除收养登记通知书》（附件7），将当事人提交的证件和证明材料全部退还当事人。对于虚假证明材料，收养登记机关予以没收。

第四章　撤销收养登记

第三十条　收养关系当事人弄虚作假骗取收养登记的，按照《中国公民收养子女登记办法》第十二条的规定，由利害关系人、有关单位或者组织向原收养登记机关提出，由收养登记机关撤销登记，收缴收养登记证。

第三十一条　收养登记员受理撤销收养登记申请，应当按照下列程序进行：

（一）查验申请人提交的证件和证明材料；

（二）申请人在收养登记员面前亲自填写《撤销收养登记申请书》（附件8），并签名。

申请人没有书写能力的，可由当事人口述，第三人代为填写，当事人在"申请人"一栏按指纹。

第三人应当在申请书上注明代写人的姓名、公民身份号码、住址、与申请人的关系。

收养登记机关工作人员不得作为第三人代申请人填写；

（三）申请人宣读本人的申请书，收养登记员作见证人并在见证人一栏签名；

（四）调查涉案当事人的收养登记情况。

第三十二条　符合撤销条件的，收养登记机关拟写《关于撤销×××与×××收养登记决定书》（附件9），报民政厅（局）主要领导或者分管领导批准，并印发撤销决定。

第三十三条　收养登记机关应当将《关于撤销×××与×××收养登记决定书》送达每位当事人，收缴收养登记证，并在收养登记机关的公告栏公告30日。

第三十四条　收养登记机关对不符合撤销收养条件的，应当告知当事人不予撤销的原因，并告知当事人可以向人民法院起诉。

第五章　补领收养登记证、解除收养关系证明

第三十五条　当事人遗失、损毁收养证件，可以向原收养登记机关申请补领。

第三十六条　受理补领收养登记证、解除收养关系证明申请的条件是：

（一）收养登记机关具有管辖权；

（二）依法登记收养或者解除收养关系，目前仍然维持该状况；

（三）收养人或者被收养人亲自到收养登记机关提出申请。

收养人或者被收养人因故不能到原收养登记机关申请补领收养登记证的，可以委托他人办理。委托办理应当提交经公证机关公证的当事人的身份证件复印件和委托书。委托书应当写明当事人办理收养登记的时间及承办机关、目前的收养状况、委托事由、受委托人的姓名和身份证件号码。受委托人应当同时提交本人的身份证件。

夫妻双方共同收养子女的，应当共同到收养登记机关提出申请，一方不能亲自到场的，应当书面委托另一方，委托书应当经过村（居）民委员会证明或者经过公证。外国人的委托书应当经所在国公证和认证。夫妻双方一方死亡的，另一方应当出具配偶死亡的证明；离婚的出具离婚证件，可以一方提出申请。

被收养人未成年的，可由监护人提出申请。监护人要提交监护证明；

（四）申请人持有身份证件、户口簿；

（五）申请人持有查档证明。

收养登记档案遗失的，申请人应当提交能够证明其收养状况的证明。户口本上父母子女关系的记载，单位、村（居）民委员会或者近亲属出具的写明当事人收养状况的证明可以作为当事人收养状况证明使用；

（六）收养人和被收养人的2张2寸合影或者单人近期半身免冠照片。

监护人提出申请的，要提交监护人1张2寸合影或者单人近期半身免冠照片。监护人为单位的，要提交单位法定代表人身份证件复印件和经办人1张2寸单人近期半身免冠照片。

第三十七条 收养登记员受理补领收养登记证、解除收养关系证明，应当按照下列程序进行：

（一）查验申请人提交的照片、证件和证明材料。

申请人出具的身份证、户口簿上的姓名、年龄、公民身份号码与原登记档案不一致的，申请人应当书面说明不一致的原因，收养登记机关可根据申请人出具的身份证件补发收养登记证；

（二）向申请人讲明补领收养登记证、解除收养关系证明的条件；

（三）询问申请人当时办理登记的情况和现在的收养状况。

对于没有档案可查的，收养登记员要对申请人进行询问。询问结束后，要将笔录给被询问人阅读。被询问人要写明"已阅读询问笔录，与本人所表示的意思一致"，并签名。被询问人没有书写能力的，可由收养登记员向被询问人宣读所记录的内容，并注明"由收养登记员记录，并向被询问人宣读，被询问人在确认所记录内容正确无误后按指纹。"然后请被询问人在注明处按指纹；

（四）申请人参照本规范第十五条相关规定填写《补领收养登记证申请书》（附件10）；

（五）将申请人的信息输入计算机应当用程序，并进行核查；

（六）向出具查档证明的机关进行核查；

（七）复印当事人的身份证件、户口簿。

第三十八条 收养登记员收到申请人提交的证件、证明后，应当自次日起30日内进行审查，符合补发条件的，填写《补发收养登记证审查处理表》（附件11），报民政厅（局）主要领导或者分管领导批准，并填发收养登记证、解除收养关系证明。

《补发收养登记证审查处理表》和收养登记证按照《民政部办公厅关于启用新式〈收养登记证〉的通知》（民办函〔2006〕203号）和本规范相关规定填写。

第三十九条 补发收养登记证、解除收养关系证明，应当在申请人或者委托人在场时按照下列步骤进行：

（一）向申请人或者委托人核实姓名和原登记日期；

（二）见证申请人或者委托人在《补发收养登记证审查处理表》"领证人签名或者按指纹"一栏中签名；申请人或者委托人没有书写能力的，应当按指纹。

"领证人签名或者按指纹"一栏不得空白，不得由他人代为填写、代按指纹；

（三）将补发的收养登记证、解除收养登记证发给申请人或者委托人，并告知妥善保管。

第四十条 收养登记机关对不具备补发收养登记证、解除收养关系证明受理条件的，不予受理，并告知原因和依据。

第四十一条 当事人办理过收养或者解除收养关系登记，申请补领时的收养状况因解除收养关系或者收养关系当事人死亡发生改变的，不予补发收养登记证，可由收养登记机关出具收养登记证明。

收养登记证明不作为收养人和被收养人现在收养状况的证明。

第四十二条 出具收养登记证明的申请人范围和程序与补领收养登记证相同。申请人向原办理该收养登记的机关提出申请，并填写《出具收养登记证明申请书》（附件12）。收养登记员收到当事人提交的证件、证明后，应当自次日起30日内进行审查，符合出证条件的，填写《出具收养登记证明审查处理表》（附件13），报民政厅（局）主要领导或者分管领导批准，并填写《收养登记证明书》（附件14），发给申请人。

第四十三条 "收养登记证明字号"填写式样为"（XXXX）AB证字YYYYY"（AB为收养登记机关所在省级和县级或者市级和区级的行政区域简称，XXXX为年号，YYYYY为当年出具收养登记证明的序号）。

第六章 收养档案和证件管理

第四十四条 收养登记机关应当按照《收养登记档案管理暂行办法》（民发〔2003〕181号）的规定，制定立卷、归档、保管、移交和使用制度，建立和管理收养登记档案，不得出现原始材料丢失、损毁情况。

第四十五条 收养登记机关不得购买非上级民政部门提供的收养证件。各级民政部门发现本行政区域内有购买、使用非上级民政部门提供的收养证件的，应当予以没收，并追究相关责任人的法律责任和行政责任。

收养登记机关已将非法购制的收养证件颁发给收养当事人的，应当追回，并免费为当事人换发符合规定的收养登记证、解除收养关系证明。

报废的收养证件由收养登记机关登记造册，统一销毁。

收养登记机关发现收养证件有质量问题时，应当及时书面报告省（自治区、直辖市）人民政府民政部门。

第七章 监督与管理

第四十六条 各级民政部门应当建立监督检查制度，定期对本级民政部门设立的收养登记处（科）和下级收养登记机关进行监督检查，发现问题，及时纠正。

第四十七条 收养登记机关应当按规定到指定的物价部门办理收费许可证，按照国家规定的标准收取收养登记费，并使用财政部门统一制定的收费票据。

第四十八条 收养登记机关及其收养登记员有下列行为之一的，对直接负责的主管人员和其他直接责任人员依法给予行政处分：

（一）为不符合收养登记条件的当事人办理收养登记的；

（二）依法应当予以登记而不予登记的；

（三）违反程序规定办理收养登记、解除收养关系登记、撤销收养登记及其他证明的；

（四）要求当事人提交《中华人民共和国收养法》、《中国公民收养子女登记办法》、《华侨以及居住在香港、澳门、台湾地区的中国公民办理收养登记的管辖以及所需要出具的证件和证明材料的规定》、《外国人在中华人民共和国收养子女登记办法》和本规范规定以外的证件和证明材料的；

（五）擅自提高收费标准、增加收费项目或者不使用规定收费票据的；

（六）玩忽职守造成收养登记档案损毁的；

（七）泄露当事人收养秘密并造成严重后果的；

（八）购买使用伪造收养证书的。

第四十九条 收养登记员违反规定办理收养登记，给当事人造成严重后果的，应当由收养登记机关承担对当事人的赔偿责任，并对承办人员进行追偿。

第八章 附 则

第五十条 收养查找不到生父母的弃婴、儿童的公告费，由收养人缴纳。

第五十一条 收养登记当事人提交的居民身份证与常住户口簿上的姓名、性别、出生日期应当一致；不一致的，当事人应当先到公安部门更正。

居民身份证或者常住户口簿丢失，当事人应当先到公安户籍管理部门补办证件。当事人无法提交居民身份证的，可提交有效临时身份证办理收养登记。当事人无法提交居民户口簿的，可提交公安部门或者有关户籍管理机构出具的加盖印章的户籍证明办理收养登记。

第五十二条 收养登记当事人提交的所在单位或者村民委员会、居民委员会、县级以上医疗机构、人口计生部门出具的证明，以及本人的申请，有效期6个月。

第五十三条 人民法院依法判决或者调解结案的收养案件，确认收养关系效力或者解除收养关系的，不再办理收养登记或者解除收养登记。

第五十四条 《中华人民共和国收养法》公布施行以前所形成的收养关系，收养关系当事人申请办理收养登记的，不予受理。

附件1：

收养登记申请书

收养登记申请

收养目的：

不遗弃不虐待被收养人和抚育被收养人健康成长的保证：

其他有关事项：

本人申请内容完全真实，如有虚假，愿承担法律责任。

收养人签名________ 收养人签名________

________年____月____日 ________年____月____日

收养人情况

姓　名	（男）	（女）
出生日期		
身份证件号		
国　　籍		
民　　族		
职　　业		
文化程度		
工作单位		
健康状况		
婚姻状况		
子女情况	亲生子女(男)___个(女)___个 继 子 女(男)___个(女)___个 养 子 女(男)___个(女)___个	亲生子女(男)___个(女)___个 继 子 女(男)___个(女)___个 养 子 女(男)___个(女)___个
家庭年收入		
住　　址		
联系收养的 收养组织名称		

送养人情况(1)

社会福利机构名称	
单位地址	
联系电话	
法定代表人姓名	
经办人姓名	(男/女)
经办人身份证件号	
经办人职务	
送养机构的意见	(填写是否同意收养人收养的意见和同意委托本机构经办人办理送养的意见) 送养机构公章 送养机构法定代表人签名:
社会福利机构 业务主管机关 领导签名、盖章	年　　月　　日

贴法定代表人身份证件复印件　　　　贴经办人照片

送养人情况(2)

姓　　名	（男）	（女）
出生日期		
身份证件号		
国　　籍		
民　　族		
职　　业		
文化程度		
工作单位		
健康状况		
婚姻状况		
住　　址		
送养人与被收养人关系		
送养人的意见	（填写送养原因和是否同意收养人收养的意见） 送养人签名　　　　送养人签名	

贴送养人照片

被收养人情况(1)

姓　　名	（男/女）
被收养后改名为	
出生日期	
身份证件号	
国　　籍	
民　　族	
职　　业	
文化程度	
工作单位	
健康状况	
婚姻状况	
被收养前的 户籍地或者捡拾地	
身份类别	（填写:“孤儿”、“社会福利机构抚养的查找不到生父母的儿童”、“非社会福利机构抚养的查找不到生父母的儿童”、“生父母有特殊困难无力抚养的子女”、“继子女”。收养三代以内同辈旁系血亲的子女,应写明具体亲属关系。）

被收养人情况(2)

年满10周岁被收养人 对收养登记的意见	签名
未满10周岁被收养人 按手(足)印	

收养登记询问笔录

询问时间:＿＿＿＿＿＿　询问地点:＿＿＿＿＿＿
询问人:＿＿＿＿＿＿　被询问人:＿＿＿＿＿＿
记录人:＿＿＿＿＿＿
询问内容:

收养登记调查记录

调查时间:＿＿＿＿＿＿　调查地点:＿＿＿＿＿＿
调查人:＿＿＿＿＿＿　被调查人:＿＿＿＿＿＿
记录人:＿＿＿＿＿＿
调查内容:

附件2:

寻找弃婴(弃儿)生父母公告

弃婴
弃儿
照片

＿＿＿＿年＿＿月＿＿日＿＿时＿＿＿＿＿＿＿＿＿＿＿＿在＿＿＿＿＿＿＿＿(何地)＿＿＿＿＿捡拾男(女)性弃婴(弃儿)一名,(姓名＿＿＿＿),出生日期(或者估计年龄)＿＿＿＿＿＿＿＿＿,身体＿＿＿＿＿＿＿＿＿＿＿＿(健康或者残疾特征),随身携带物品有＿＿＿＿＿＿＿＿＿＿＿＿＿＿＿＿。

请孩子的亲生父母或者其他监护人持有效证件与＿＿＿＿＿＿＿＿＿＿＿＿(联系人姓名)联系,联系电话＿＿＿＿＿＿＿＿＿＿＿＿＿＿,联系地址＿＿＿＿＿＿＿＿＿＿＿＿＿＿。即日起60日内无人认领,孩子将被依法安置。

附件3：

收养登记审查处理表

提供证件情况	
审查意见	
主要领导或者	
分管领导签名	
收养登记员签名	
收养登记日期	
承办机关名称	
收养登记证字号	
收养登记证印制号	
领证人签名或者按指纹	年　月　日
备　注	

附件4：

不予办理收养登记通知书

______、______：

你们于____年__月__日在本处申请收养登记，因________________，根据《中华人民共和国收养法》和《中国公民收养子女登记办法》（或者《华侨以及居住在香港、澳门、台湾地区的中国公民办理收养登记的管辖以及所需要出具的证件和证明材料的规定》/《外国人在中华人民共和国收养子女登记办法》）的规定，不予办理收养登记。

民政局（公章）

____年__月__日

附件5：

解除收养登记申请书

解除收养登记申请

事由：

本人申请内容完全真实，如有虚假，愿承担法律责任。

申请人签名______　　申请人签名______

____年__月__日　　____年__月__日

收养人情况

姓　　名	（男）	（女）
出生日期		
身份证件号		
国　　籍		
民　　族		
职　　业		
文化程度		
工作单位		
健康状况		
婚姻状况		
住　　址		
收养人对解除收养登记的意见	签名：	签名：

贴收养人照片

送养人情况(1)

社会福利机构名称	
单位地址	
联系电话	
法定代表人姓名	
经办人姓名	（男/女）
经办人身份证件号	
经办人职务	
送养机构的意见	（填写是否同意解除收养的意见和同意委托本机构经办人办理送养的意见） 送养机构公章 送养机构法定代表人签名：
社会福利机构 业务主管机关 领导签名、盖章	年　　月　　日

贴法定代表人身份证件复印件

贴经办人照片

送养人情况(2)

姓　　名	（男）	（女）
出生日期		
身份证件号		
国　　籍		
民　　族		
职　　业		
文化程度		
工作单位		
健康状况		
婚姻状况		
住　　址		
送养人与被收养人关系		
送养人的意见	（填写是否同意解除收养的意见） 送养人签名　　　　送养人签名	

贴送养人照片

被收养人情况(1)

姓　　名	（男/女）
出生日期	
身份证件号	
国　　籍	
民　　族	
职　　业	
文化程度	
工作单位	
健康状况	
婚姻状况	
住　　址	
身份类别	（填写:“孤儿”、“社会福利机构抚养的查找不到生父母的儿童”、“非社会福利机构抚养的查找不到生父母的儿童”、“生父母有特殊困难无力抚养的子女”、“继子女”。收养三代以内同辈旁系血亲的子女,应写明具体亲属关系。）

被收养人情况(2)

被收养人照片	
年满 10 周岁 被收养人对解除 收养登记的意见	签名
未满 10 周岁 被收养人 按手(足)印	

解除收养登记协议书

协议人自愿解除收养登记的意思表示:

协议事项:

收养人完全同意本协议的各项内容。

收养人签名______________

被收养人完全同意本协议的各项内容。

年满 10 周岁的被收养人签名______________

送养人完全同意本协议的各项内容。

送养人签名______________

注:1. 被收养人年满 18 周岁的,协议人为收养人和被收养人。

2. 被收养人年满 10 周岁、未满 18 周岁的,协议人为收养人、被收养人和送养人。

3. 被收养人未满 10 周岁的,协议人为收养人和送养人。

解除收养登记询问笔录

询问时间:____________ 询问地点:____________

询问人:______________ 被询问人:____________

记录人:____________

询问内容:

附件6：

解除收养登记审查处理表

提供证件情况		
收养证字号		
收养登记日期		
收养登记机关		
解除收养登记审查意见		
主要领导或者分管领导签名		
收养登记员签名		
解除收养登记日期		
承办机关名称		
解除收养关系证明字号		
解除收养关系证明印制号		
领证人签名或者按指纹	年　月　日	年　月　日
备　注		

附件7：

不予办理解除收养登记通知书

____________、____________：

你们于________年____月____日在本处申请解除收养登记，因欠缺____，根据《中华人民共和国收养法》和《中国公民收养子女登记办法》（或者《华侨以及居住在香港、澳门、台湾地区的中国公民办理收养登记的管辖以及所需要出具的证件和证明材料的规定》/《外国人在中华人民共和国收养子女登记办法》）的规定，不予办理解除收养登记。

民政局（公章）

________年____月____日

附件8：

撤销收养登记申请书

申请人______,性别______,出生日期______年___月___日,身份证件号______民族______,国籍______,因______________________申请撤销收养人______、______与被收养人______,于______年____月___日在______办理的收养登记,并提交下列证明材料:______________________共______件。

申请人常住户口所在地______

现住______

联系方式______

申请人______　　见证人______

______年___月___日　　______年___月___日

附件9：

关于撤销×××、×××与×××收养登记决定书

收养人×××、×××与被收养人×××,于______年___月___日在本机关办理的收养登记,依据《中华人民共和国收养法》第二十五条和《中国公民收养子女登记办法》第十二条的规定,决定撤销×××、×××与×××的收养登记,收缴本机关颁发的×××号收养登记证。

×××民政局

年　　月　　日

附件 10：

补领收养登记证申请书

补领收养登记证申请书

收养人________与被收养人________于____年__月__日在________________________办理________（收养登记/解除收养登记），收养人与被收养人仍维持该状况。现因________（收养登记证/解除收养关系证明）________（遗失/损毁），申请补领。

本人申请内容和所提供的情况完全真实，如有虚假，愿承担法律责任。

申请人________

年　　月　　日

收养人情况

姓　　名	（男）	（女）
出生日期		
身份证件号		
国　　籍		
民　　族		
职　　业		
文化程度		
工作单位		
婚姻状况		
住　　址		
联系方式		

补收养登记证贴收养人与被收养人合影照片

补解除收养关系证明贴收养人照片

被收养人情况

姓　　名	（男/女）
出生日期	
身份证件号	
国　　籍	
民　　族	
职　　业	
文化程度	
工作单位	
健康状况	
婚姻状况	
住　　址	
身份类别	（填写："孤儿"、"社会福利机构抚养的查找不到生父母的儿童"、"非社会福利机构抚养的查找不到生父母的儿童"、"生父母有特殊困难无力抚养的子女"、"继子女"。收养三代以内同辈旁系血亲的子女，应写明具体亲属关系。）
联系方式	

补解除收养关系证明贴被收养人照片

被收养人的监护人情况(1)

单位名称	
单位地址	
联系电话	
法定代表人姓名	
经办人姓名	（男/女）
经办人身份证件号	
经办人职务	
单位意见	（填写是否同意委托本单位经办人办理补证的意见） 单位公章 单位法定代表人签名：
单位业务主管机关 领导签名、盖章	年　　月　　日

法定代表人身份证件复印件　　　　经办人照片

被收养人的监护人情况(2)

姓　　名	(男)	(女)
出生日期		
身份证件号		
国　　籍		
民　　族		
职　　业		
文化程度		
工作单位		
健康状况		
婚姻状况		
住　　址		
监护人与被收养人关系		

监护人照片

补领收养登记证询问笔录

询问时间:______________　询问地点:______________
询问人:______________　被询问人:______________
记录人:______________
询问内容:

附件 11:

补发收养登记证审查处理表

补发证件类型	
补发原因	
提供证件情况	
审查意见	
主要领导或者分管领导签名	
登记员签名	
补发日期	
承办机关名称	
补发证件字号	
补发证件印制号	
领证人签名或者按指纹	年　　月　　日
备　注	

附件 12：

出具收养登记证明申请书

出具收养登记证明申请书

收养人__________与被收养人__________于_____年___月___日在_______________________________________办理__________（收养登记/解除收养登记）。现因__________________,申请出具收养登记证明。

本人申请内容和所提供的情况完全真实,如有虚假,愿承担法律责任。

申请人__________

年　　月　　日

收养人情况

姓　　名	（男）	（女）
出生日期		
身份证件号		
国　　籍		
民　　族		
职　　业		
文化程度		
工作单位		
婚姻状况		
住　　址		
联系方式		

被收养人情况

姓　　名	（男/女）
出生日期	
身份证件号	
国　　籍	
民　　族	
职　　业	
文化程度	
工作单位	
健康状况	
婚姻状况	
住　　址	
身份类别	（填写:“孤儿”、“社会福利机构抚养的查找不到生父母的儿童”、“非社会福利机构抚养的查找不到生父母的儿童”、“生父母有特殊困难无力抚养的子女”、“继子女”。收养三代以内同辈旁系血亲的子女,应写明具体亲属关系。）
联系方式	

被收养人的监护人情况(1)

单位名称	
单位地址	
联系电话	
法定代表人姓名	
经办人姓名	（男/女）
经办人身份证件号	
经办人职务	
单位意见	（填写是否同意委托本单位经办人办理出具证明的意见） 单位公章 单位法定代表人签名：
单位业务主管机关 领导签名、盖章	年　　月　　日

被收养人的监护人情况(2)

姓　　名	(男)	(女)
出生日期		
身份证件号		
国　　籍		
民　　族		
职　　业		
文化程度		
工作单位		
健康状况		
婚姻状况		
住　　址		
监护人与被收养人关系		

出具收养登记证明询问笔录

询问时间:______________　　询问地点:______________

询问人:________________　　被询问人:______________

记录人:______________

询问内容:

附件 13:

出具收养登记证明审查处理表

出证原因	
提供证件情况	
审查意见	
主要领导或者分管领导签名	
登记员签名	
出证日期	
承办机关名称	
证明字号	
领证人签名或者按指纹	年　　月　　日
备　注	

附件14：

收养登记证明书

（　　）证字　　号

经查，收养人　　　　性别　　　　国籍
出生日期　　　　身份证件号
收养人　　　　性别　　　　国籍
出生日期　　　　身份证件号
与被收养人　　　　性别　　　　国籍
出生日期　　　　身份证件号
曾于　　　年　　月　　日在　　　　　　　　办理
（收养登记/解除收养登记）　　　　登记证字号

出证机关
年　　月　　日

注：本证明不能作为当事人现在收养状况的证明。

民政部关于印发《收养能力评估工作指引》的通知

（2015年9月7日　民发〔2015〕168号）

各省、自治区、直辖市民政厅（局），各计划单列市民政局，新疆生产建设兵团民政局：

自2012年开展收养能力评估试点工作以来，经过各地的不断努力，全国已有28个省份的156个地区开展了试点工作。试点工作的深入开展为建立收养能力评估制度积累了宝贵经验、奠定了良好基础。但在实际工作中仍存在评估人员不够专业、评估程序不够规范、评估内容不够全面的情况，影响收养能力评估试点工作的预期效果。为进一步推进收养能力评估试点工作，结合各地试点工作经验，我部制定了《收养能力评估工作指引》，现印发给你们，请参照执行。各地可根据实际情况细化标准，并做好对评估机构和人员的培训指导。

附件：

1. 收养能力评估通知书（略）
2. 收养申请家庭情况声明（略）
3. 收养申请人个人授权书（略）
4. 收养能力评估报告（略）

收养能力评估工作指引

为科学评估收养家庭抚养教育能力，进一步明确收养能力评估的对象、流程、标准和评估方式，规范评估报告的内容及格式，确保收养能力评估工作规范、准确地开展，现制定本指引。

一、评估对象

中国公民在中国境内收养子女的，依照本指引进行收养能力评估。收养继子女的，不进行收养能力评估。

二、评估机构及人员

收养评估工作可以由收养登记机关委托的第三方机构或者收养登记机关开展。民政部门优先采取委托第三方方式开展收养能力评估，评估人员为社会工作师、律师、医生、心理咨询师、婚姻家庭咨询师等专业人员。暂时不具备条件的，也可以由收养登记机关自行评估，评估人员为公务人员或具备专业资质的聘用人员。

三、评估流程

收养能力评估流程包括评估告知、评估前准备、实施评估并出具报告等。

1. 评估告知:收养人和送养人达成收养合意后向收养登记机关提交书面申请,收养登记机关对收养人情况进行初审,并向收养人发出《收养能力评估通知书》(见附件1),告知将对收养申请人抚养教育能力进行家庭调查与评估。

2. 评估前准备:收养申请人自收到《收养能力评估通知书》之日起7个工作日内到收养登记机关委托的收养评估机构提交通知书中所列材料,并在收养评估机构签署《收养申请家庭情况声明》(见附件2)和《收养申请人个人授权书》(见附件3)。

3. 实施评估并出具报告:收养评估机构自收到收养申请人所提交的材料之日起30日内完成评估,并出具《收养能力评估报告》(见附件4)。如有特殊情况,评估期限可以适当延长,但最长不超过60日。收养能力评估期间不计算在收养登记办理日期内。评估工作由不少于两名评估人员共同进行。收养评估机构及评估人员对收养申请人家庭情况进行保密。

四、评估标准

针对收养家庭主客观情况,将收养能力评估标准分为基本标准和否决性标准两类,各地可以在科学论证的基础上,对部分确实可以量化的标准进行量化评分。

(一)基本标准(8项)。

基本标准是指评估收养申请人抚养教育能力所依据的全部基本条件:

1. 收养动机:收养申请人能够从儿童利益优先角度出发认识收养问题,对收养后产生的权利义务充分掌握,对今后可能出现的情况有充分心理准备,积极配合进行家庭评估。

2. 年龄:收养申请人年满30周岁,且按照我国当年人口平均预期寿命推算,其至少可以抚养被收养儿童至成年。

3. 健康状况:收养申请人及其他共同生活家庭成员的生理及心理健康状况良好。

4. 道德品行情况:结合违法犯罪记录及个人信用信息提示等综合考量,收养申请人具有良好的道德品行,遵守国家法律、法规和相关制度。

5. 经济及住房条件:收养申请人有固定职业和稳定经济收入,家庭人均收入原则上处于当地居民家庭中等收入水平以上。无固定职业者,应有较好的经济基础和稳定的经济来源。收养申请人应有固定住所,且人均住宅面积原则上不低于当地人均住宅面积水平。

6. 婚姻家庭关系:夫妻双方共同收养的,收养申请人婚姻和谐,家庭关系和睦,对家庭有较强的责任感。单身收养申请人应对家庭有较强责任感,收养子女的意愿获得亲人的明确支持。

7. 共同生活家庭成员意见:与收养申请人共同生活的家庭其他成员愿意接纳被收养儿童成为家庭中一员。

8. 抚育计划:收养申请人应当对被收养儿童有明确的抚育计划。内容应包括抚育开支的计划,有关教育、个人才能培养的长短期安排,主要生活照料人的安排及抚育能力的情况,以及当收养申请人出现特殊情况,无法照顾被收养儿童时,对被收养儿童的监护安排。

(二)否决性标准(5项)。

否决性标准是指若收养申请人具有以下情况之一则不得收养儿童:

1. 参加非法组织、邪恶教派的。

2. 有买卖、虐待或遗弃儿童行为的。

3. 有持续性、经常性的家庭暴力的。

4. 有故意犯罪行为,判处或者可能判处徒刑以上刑罚的。

5. 患甲类或乙类传染病在传染期,患重型精神病在发病期的。

五、评估方式

评估人员运用面谈、查阅资料和走访等形式进行综合评估。

(一)面谈。主要通过听取个人陈述、深度访谈等形式进行,对象为收养申请人本人及共同生活家庭成员。

(二)查阅资料。查阅收养申请人按照《收养能力评估通知书》中提交的各项材料。根据收养评估申请人的授权,到相关部门核查收养申请人的财产状况、犯罪记录情况和个人征信记录情况。

(三)走访。到申请收养家庭住所实地查看居住环境,征求收养人亲属、朋友、同事、邻里、所在城市社区居民委员会或农村村民委员会的意见。

六、评估能力评估报告

(一)收养能力评估报告的内容。

评估人员对申请收养家庭整体情况作出真实全面评估后形成综合评估材料,由评估机构制作书面的《收养能力评估报告》。报告内容包括正文和附件两部分:正文部分包括详细的收养申请人情况和评估结论,附件部分包括各项证明材料的复印件、访谈笔录、家访照片等等。

(二)收养能力评估报告的有效期。

收养能力评估报告从出具之日起6个月内有效。

(三)收养能力评估报告的签署。

报告结论由进行收养能力评估工作人员共同签名,交评估机构负责人签字批准,并加盖机构公章。

(四)收养能力评估报告的提交。

评估机构出具《收养能力评估报告》一式三份,一份送达收养登记机关,一份送达收养申请人,另一份评估机构留存。

华侨以及居住在香港、澳门、台湾地区的中国公民办理收养登记的管辖以及所需要出具的证件和证明材料的规定

（1999年5月25日民政部令第16号发布　自发布之日起施行）

第一条　根据《中国公民收养子女登记办法》，制定本规定。

第二条　华侨以及居住在香港、澳门、台湾地区的中国公民在内地收养子女的，应当到被收养人常住户口所在地的直辖市、设区的市、自治州人民政府民政部门或者地区（盟）行政公署民政部门申请办理收养登记。

第三条　居住在已与中国建立外交关系国家的华侨申请办理成立收养关系的登记时，应当提交收养申请书和下列证件、证明材料：

（一）护照；

（二）收养人居住国有权机构出具的收养人的年龄、婚姻、有无子女、职业、财产、健康、有无受过刑事处罚等状况的证明材料，该证明材料应当经其居住国外交机关或者外交机关授权的机构认证，并经中国驻该国使领馆认证。

第四条　居住在未与中国建立外交关系国家的华侨申请办理成立收养关系的登记时，应当提交收养申请书和下列证件、证明材料：

（一）护照；

（二）收养人居住国有权机构出具的收养人的年龄、婚姻、有无子女、职业、财产、健康、有无受过刑事处罚等状况的证明材料，该证明材料应当经其居住国外交机关或者外交机关授权的机构认证，并经已与中国建立外交关系的国家驻该国使领馆认证。

第五条　香港居民中的中国公民申请办理成立收养关系的登记时，应当提交收养申请书和下列证件、证明材料：

（一）香港居民身份证、香港居民来往内地通行证或者香港同胞回乡证；

（二）经国家主管机关委托的香港委托公证人证明的收养人的年龄、婚姻、有无子女、职业、财产、健康、有无受过刑事处罚等状况的证明材料。

第六条　澳门居民中的中国公民申请办理成立收养关系的登记时，应当提交收养申请书和下列证件、证明材料：

（一）澳门居民身份证、澳门居民来往内地通行证或者澳门同胞回乡证；

（二）澳门地区有权机构出具的收养人的年龄、婚姻、有无子女、职业、财产、健康、有无受过刑事处罚等状况的证明材料。

第七条　台湾居民申请办理成立收养关系的登记时，应当提交收养申请书和下列证件、证明材料：

（一）在台湾地区居住的有效证明；

（二）中华人民共和国主管机关签发或签注的在有效期内的旅行证件；

（三）经台湾地区公证机构公证的收养人的年龄、婚姻、有无子女、职业、财产、健康、有无受过刑事处罚等状况的证明材料。

第八条　本规定自发布之日起施行。

民政部办公厅关于启用“全国收养登记管理信息系统”及启用新式收养登记字号的通知

（2010年11月19日　民办函〔2010〕289号）

各省、自治区、直辖市民政厅（局），各计划单列市民政局，新疆生产建设兵团民政局：

为加强全国收养登记管理信息化建设，我部研发了“全国收养登记管理信息系统”并在试点省份完成试运行。为保证该系统于2011年1月1日在全国正式启用，同时避免在系统使用过程中出现收养登记字号重复等问题，现就有关事项通知如下：

一、认真测试，保证系统按时启用

“全国收养登记管理信息系统”以信息化基础支撑环境为依托，系统和数据库建在民政部，为办理内地居民收养登记、涉港澳台居民和华侨收养登记的民政局提供实时在线登记服务。该系统访问地址为：http://adopt.mca.gov.cn或http://202.108.98.55，用户名为办理收养登记的民政局所属地行政区划代码（参见《中华人民共和国行政区划代码》，GB/T 2260－2006），如北京市东城区民政局用户名为110101，各地初始密码均为123456。

收到通知后，办理内地居民收养登记、涉港澳台居民和华侨收养登记的民政局应及时登录系统并更改初始密码，在系统正式启用前认真测试练习，保证正确操作，测试数据由我部于2011年1月1日前统一删除。我部将择期举办系统操作培训班，培训时间及地点另行通知。已经自行开发收养登记管理信息系统的民政部门，可以继续使用原系统办理收养登记。

二、启用新式收养登记字号

自2011年1月1日起，各地启用新式收养登记字号填写方法。办理收养登记的，收养登记字号为Saaaaaa－bbbb－cccc；办理解除收养登记的，解除收养登记字号为Jaaaaaa－

bbbb－cccc；办理撤销收养登记的，撤销收养登记字号为Caaaaaa－bbbb－cccc；补发收养登记证的，补发收养登记证字号为BSaaaaaa－bbbb－cccc；补发解除收养登记证的，补发解除收养登记证字号为BJaaaaaa－bbbb－cccc；出具收养登记证明的，收养登记证明字号为Zaaaaaa－bbbb－cccc。

以上“aaaaaa”为办理收养登记的民政局所属地行政区划代码，“bbbb”为当年年号，“cccc”为当年办理登记、补发证件或出具证明序号，如北京市民政局2011年办理的第一对涉外收养登记字号为S110000－2011－0001。

各地在使用系统过程中遇到问题，可通过省级民政部门及时与开发公司或我部联系。紫光软件系统有限公司联系人及联系电话：罗新宇，13261200092，民政部社会事务司联系人及联系电话：阳艳燕，010－58123173，民政部信息中心联系人及联系电话：宝力高，010－58123754。

民政部办公厅关于生父母一方为非中国内地居民送养内地子女有关问题的意见

（2009年9月24日　民办发〔2009〕26号）

《中华人民共和国收养法》实施十年来，随着我国对外交流的不断深入，收养领域出现了许多新情况和新问题，为深入贯彻落实科学发展观，充分体现儿童最佳利益原则，切实维护收养关系当事人的合法权益和合理诉求，根据《中华人民共和国收养法》的有关规定，现就解决生父母一方为中国内地居民，另一方为非中国内地居民（外国人、华侨以及港澳台居民，下同）送养中国内地户籍子女问题提出以下意见：

一、被收养人的生父母应当提供的材料

（一）被收养人的生父或者生母是中国内地居民的，应当提供下列材料：

1. 本人居民身份证、户口簿以及2张2寸近期半身免冠照片；

2. 本人与被收养人的父母子女关系证明；

3. 本人签署的同意送养子女的书面意见；

4. 被收养人居民身份证、户口簿以及2张2寸近期半身免冠照片。

父母子女关系证明是指DNA鉴定证明或者公安机关、人民法院、公证机构以及其他有权机关出具的能够证明父母子女关系的文书。（下同）

（二）被收养人的生父或者生母是非中国内地居民的，应当提供下列材料：

1. 本人有效身份证件（外国人、华侨应当提供本人有效护照或者其他有效的国际旅行证件，港澳台居民应当提供有效通行证和身份证，下同）和2张2寸近期半身免冠照片；

2. 本人与被收养人的父母子女关系证明；

3. 本人签署的同意送养子女的书面意见；

4. 所在国或者所在地区有权机关出具的不反对此送养行为的证明。

若送养人所在国无法出具材料4中的证明，也可以提供所在国驻华使领馆出具的表明该国法律不反对此类送养行为的证明。华侨无需提供材料4。

送养人有特殊困难无力抚养子女的，应当同时提交父母有特殊困难无力抚养子女的证明。“有特殊困难”是指生父母家庭人均收入处于当地居民最低生活保障水平的，或者生父母因病、因残导致家庭生活困难的，或者因其他客观原因导致家庭无力抚养子女的。送养人为中国内地居民的，提供本人声明及所在街道办事处、乡镇人民政府出具的当事人有特殊困难无力抚养的证明。送养人为非中国内地居民的，提供本人声明及所在国或所在地区有权机构出具的本人有特殊困难无力抚养子女的证明，当事人在中国内地居住满一年，无法提供所在国或者所在地区出具的有特殊困难无力抚养子女证明，也可以只出具本人声明。

被收养人父母一方死亡或者下落不明的，送养人应当提交死亡或者下落不明的证明以及死亡或者下落不明一方的父母不行使优先抚养权的书面证明。由非中国内地居民单方送养的，应当同时提交本部分（一）中第2、4项材料。

被收养人是残疾儿童的，应当提交县级或者二级以上医疗机构出具的该儿童的残疾证明。

被收养人年满10周岁的，应当提交被收养人同意被收养的证明。

外国人、华侨提交的声明、书面意见或者所在国出具的证明材料，应当经我国驻该国使领馆认证或者该国驻华使领馆公证或者认证。港澳台地区居民提交的声明、书面意见或者所在地区出具的证明材料应当经有权机关公证。

二、办理收养登记的程序

收养人应当按照其身份提供相应的证件和证明材料，并按照现行法律程序办理收养手续。收养登记机关应当根据收养关系当事人的身份对其证件及证明材料进行审查，符合《中华人民共和国收养法》及相关规定的，予以登记，发给收养登记证。不符合规定的，应当说明原因。

关于解决国内公民私自收养子女有关问题的通知

（2008年9月5日　民发〔2008〕132号）

各省、自治区、直辖市民政厅（局）、公安厅（局）、司法厅（局）、卫生厅（局）、人口计生委，新疆生产建设兵团民政局、公安局、司法局、卫生局、人口计生委：

《中华人民共和国收养法》(以下简称《收养法》)实施以来,国内公民依法收养意识不断增强,通过办理收养登记,有效地保障了收养关系当事人的合法权益。但目前依然存在国内公民未经登记私自收养子女的情况,因收养关系不能成立,导致已经被抚养的未成年人在落户、入学、继承等方面的合法权益无法得到有效保障。为全面贯彻落实科学发展观,体现以人为本,依法保护当事人的合法权益,进一步做好国内公民收养子女登记工作,现就解决国内公民私自收养子女问题通知如下:

一、区分不同情况,妥善解决现存私自收养子女问题

(一)1999年4月1日,《收养法》修改决定施行前国内公民私自收养子女的,依据司法部《关于办理收养法实施前建立的事实收养关系公证的通知》(司发通〔1993〕125号)、《关于贯彻执行〈中华人民共和国收养法〉若干问题的意见》(司发通〔2000〕33号)和公安部《关于国内公民收养弃婴等落户问题的通知》(公通字〔1997〕54号)的有关规定办理。

依据司法部《关于贯彻执行〈中华人民共和国收养法〉若干问题的意见》(司发通〔2000〕33号)的规定,对当事人之间抚养的事实已办理公证的,抚养人可持公证书、本人的合法有效身份证件及相关证明材料,向其常住户口所在地的户口登记机关提出落户申请,经县、市公安机关审批同意后,办理落户手续。

(二)1999年4月1日,《收养法》修改决定施行后国内公民私自收养子女的,按照下列情况办理:

1. 收养人符合《收养法》规定的条件,私自收养非社会福利机构抚养的查找不到生父母的弃婴和儿童,捡拾证明不齐全的,由收养人提出申请,到弃婴和儿童发现地的县(市)人民政府民政部门领取并填写《捡拾弃婴(儿童)情况证明》,经收养人常住户口所在地的村(居)民委员会确认,乡(镇)人民政府、街道办事处审核并出具《子女情况证明》,发现地公安部门对捡拾人进行询问并出具《捡拾弃婴(儿童)报案证明》,收养人持上述证明及《中国公民收养子女登记办法》(以下简称《登记办法》)规定的其他证明材料到弃婴和儿童发现地的县(市)人民政府民政部门办理收养登记。

2. 收养人具备抚养教育能力,身体健康,年满30周岁,先有子女,后又私自收养非社会福利机构抚养的查找不到生父母的弃婴和儿童,或者先私自收养非社会福利机构抚养的查找不到生父母的弃婴和儿童,后又生育子女的,由收养人提出申请,到弃婴和儿童发现地的县(市)人民政府民政部门领取并填写《捡拾弃婴(儿童)情况证明》,发现地公安部门出具《捡拾弃婴(儿童)报案证明》。弃婴和儿童发现地的县(市)人民政府民政部门应公告查找其生父母,并由发现地的社会福利机构办理入院登记手续,登记集体户口。对于查找不到生父母的弃婴、儿童,按照收养社会福利机构抚养的弃婴和儿童予以办理收养手续。由收养人常住户口所在地的村(居)民委员会确认,乡(镇)人民政府、街道办事处负责审核并出具收养前当事人《子女情况证明》。在公告期内或收养后有检举收养人政策外生育的,由人口计生部门予以调查处理。确属政策外生育的,由人口计生部门按有关规定处理。

捡拾地没有社会福利机构的,可到由上一级人民政府民政部门指定的机构办理。

3. 收养人不满30周岁,但符合收养人的其他条件,私自收养非社会福利机构抚养的查找不到生父母的弃婴和儿童且愿意继续抚养的,可向弃婴和儿童发现地的县(市)人民政府民政部门或社会福利机构提出助养申请,登记集体户口后签订义务助养协议,监护责任由民政部门或社会福利机构承担。待收养人年满30周岁后,仍符合收养人条件的,可以办理收养登记。

4. 单身男性私自收养非社会福利机构抚养的查找不到生父母的女性弃婴和儿童,年龄相差不到40周岁的,由当事人常住户口所在地的乡(镇)人民政府、街道办事处,动员其将弃婴和儿童送交当地县(市)人民政府民政部门指定的社会福利机构抚养。

夫妻双方在婚姻关系存续期间私自收养女性弃婴和儿童,后因离婚或者丧偶,女婴由男方抚养,年龄相差不到40周岁,抚养事实满一年的,可凭公证机构出具的抚养事实公证书,以及人民法院离婚判决书、离婚调解书、离婚证或者其妻死亡证明等相关证明材料,到县(市)人民政府民政部门申请办理收养登记。

5. 私自收养生父母有特殊困难无力抚养的子女、由监护人送养的孤儿,或者私自收养三代以内同辈旁系血亲的子女,符合《收养法》规定条件的,应当依法办理登记手续;不符合条件的,应当将私自收养的子女交由生父母或者监护人抚养。

(三)私自收养发生后,收养人因经济状况,身体健康等原因不具备抚养能力,或者收养人一方死亡、离异,另一方不愿意继续抚养,或者养父母双亡的,可由收养人或其亲属将被收养人送交社会福利机构抚养(被收养人具备完全民事行为能力的除外)。其亲属符合收养人条件且愿意收养的,应当依法办理收养登记。

(四)对于不符合上述规定的国内公民私自收养,依据《收养法》及相关法律法规的规定,由当事人常住户口所在地的乡(镇)人民政府、街道办事处,动员其将弃婴或儿童送交社会福利机构抚养。

二、综合治理,建立依法安置弃婴的长效机制

有关部门要高度重视,从构建社会主义和谐社会的高度出发,采取有力措施,加大《收养法》、《登记办法》等法律、法规和政策的宣传贯彻力度,充分发挥乡(镇)人民政府、街道办事处,村(居)民委员会的作用,广泛深入地向群众宣传弃婴收养的有关规定,切实做到依法安置,依法登记和依法收养。

民政部门应协调、协助本辖区内弃婴的报案、临时安置、移送社会福利机构等工作。同时,要进一步加强、规范社会福利机构建设,提高养育水平,妥善接收、安置查找不到生父母的弃婴和儿童;对不按规定,拒绝接收的,要责令改正。

公安部门应依据有关规定及时为弃婴捡拾人出具捡拾报案证明,为查找不到生父母的弃婴和儿童办理社会福利机构集体户口,将已被收养的儿童户口迁至收养人家庭户口,并在登记与户主关系时注明子女关系;应积极查找弃婴和儿童的生父母或其他监护人,严厉打击查处借收养名义拐卖儿童、遗弃婴儿等违法犯罪行为。

司法行政部门应指导公证机构依法办理收养公证和当事人之间抚养事实公证。

卫生部门应加强对医疗保健机构的监督管理,配合民政、公安部门做好弃婴和儿童的收养登记工作。医疗保健机构发现弃婴和弃儿,应及时向所在地公安部门报案并移送福利机构,不得转送他人或私自收养。

人口计生部门应积极配合民政部门做好收养登记工作,掌握辖区内居民的家庭成员情况和育龄人员的生育情况,做好相关工作。

各地应广泛深入宣传通知精神,集中处理本行政区域内2009年4月1日之前发生的国内公民私自收养。自本通知下发之日起,公民捡拾弃婴的,一律到当地公安部门报案,查找不到生父母和其他监护人的一律由公安部门送交当地社会福利机构或者民政部门指定的抚养机构抚养。公民申请收养子女的,应到民政部门申请办理收养登记。对本通知下发之前已经处理且执行完结的私自收养子女的问题,不再重新处理;正在处理过程中,但按照通知规定不予处理的,终止有关程序;已经发生,尚未处理的,按本通知执行。

各级政府和有关部门应以科学发展观为统领,本着“以人为本、儿童至上、区别对待、依法办理”的原则,积极稳妥地解决已经形成的私自收养问题。各省、自治区、直辖市相关部门应根据通知精神,结合本地实际情况,制订相关实施意见。对已确立的收养关系的户口迁移,应按当地公安部门的现行规定执行。

附件:1. 捡拾弃婴(儿童)情况证明(略)
　　2. 子女情况证明(略)
　　3. 捡拾弃婴(儿童)报案证明(略)

民政部关于社会福利机构涉外送养工作的若干规定

(2003年9月4日　民发〔2003〕112号)

各省、自治区、直辖市民政厅(局),计划单列市民政局,新疆生产建设兵团民政局:

为了进一步规范社会福利机构的涉外送养行为,维护被送养儿童的合法权益,保证涉外送养工作的健康发展,现作如下规定:

一、涉外送养的儿童必须是社会福利机构抚养的丧失父母的孤儿(以下简称孤儿)或查找不到生父母的弃婴、儿童。

二、社会福利机构送养儿童,应当向省级人民政府民政部门报送以下证明材料:

(一)社会福利机构负责人的身份证复制件。

(二)被送养儿童的户籍证明复制件。

(三)被送养儿童成长情况报告。

成长情况报告应包括以下内容:入院经过、入院初期的身体状况、在院期间各阶段的身心发育状况及免疫接种情况、性格特征及表现、喜好、与他人交往等情况。

被送养儿童年龄为0-6周岁的,还应提交《被送养儿童成长状况表》(见附件1),此表每3个月填写一次。

(四)《被送养儿童体格检查表》及化验检查报告单(见附件2)。

体检应当在定点医院进行。定点医院应当是地(市)级以上的儿童医院或设有儿科的综合性医院。定点医院由社会福利机构的主管民政部门提出,省级人民政府民政部门审核批准,报中国收养中心备案。社会福利机构或其主管民政部门要与定点医院签订合作协议,明确双方的权利和责任。体检结果有效期为6个月,超过期限的应当重新体检。

被送养儿童是病残的,应提交病残诊断证明、检查报告、治疗情况报告等。

(五)被送养儿童2寸免冠彩色照片、近期全身生活照片。

被送养儿童是病残儿童且病残有外观表现的,还应提供病残部位照片。

(六)被送养儿童是孤儿的,应当提交《社会福利机构接收孤儿入院登记表》(见附件3)、孤儿父母死亡或者宣告死亡的证明、其他有抚养义务的人同意送养的书面意见。

被送养儿童是弃婴的,应当提交公安机关出具的捡拾弃婴报案的证明、《捡拾弃婴登记表》(见附件4)、《社会福利机构接收弃婴入院登记表》(见附件5)。

(七)被送养儿童年满7周岁以上的,应提交儿童有关情况的报告。

(八)被送养儿童是年满10周岁以上的,应提交该儿童同意被送养的书面意见。

三、社会福利机构送养弃婴、儿童,省级人民政府民政部门应当在当地省级报纸上刊登查找弃婴、儿童生父母的公告。自公告刊登之日起满60日,弃婴、儿童的生父母或其他监护人未认领的,视为查找不到生父母的弃婴、儿童。

公告应包括以下内容:弃婴、儿童的姓名、年龄、性别、身体特征、被捡拾的时间、地点、随身携带物品、公告期限、认领方式,并附1寸入院初期的正面免冠照片。弃婴、儿童入院前姓名不详、年龄为估算的,要特别注明。

四、省级人民政府民政部门负责审查社会福利机构报送的材料，着重审查以下内容：

（一）报送的材料是否齐全、有效。

（二）被送养儿童的身体发育状况是否达到相应的发育水平；体检结果是否达到涉外送养各项指标的要求，是否患有智力低下、脑瘫及其他潜在性的不宜涉外送养的疾病。

（三）儿童来源是否清楚，身心发育是否健康，道德品质是否良好。

（四）有无其他不宜涉外送养的问题。

省级人民政府民政部门审查合格后，填写《涉外送养审查意见表》（见附件6），由省级人民政府民政部门负责人签署意见，并加盖印章。

五、省级人民政府民政部门审查同意后，应当向中国收养中心报送以下材料：

（一）涉外送养儿童名单。

（二）本规定第二条所列材料的复制件。

（三）《涉外送养审查意见表》。

六、被送养儿童的材料报送中国收养中心后，省级人民政府民政部门应当做好以下工作：

（一）所报送儿童寄养在家庭的，适时通知社会福利机构解除寄养关系。

（二）如有国内公民申请收养，应当及时通报中国收养中心。若该儿童尚未选配外国收养家庭，优先安排国内公民收养；若外国收养人已同意收养该儿童，则不再安排国内公民收养。

（三）如发生儿童病重或死亡等重大情况不能送养时，应当及时书面通报中国收养中心。

七、中国收养中心为被送养儿童选择到外国收养人后，向省级人民政府民政部门发出《涉外送养通知》，由省级人民政府民政部门书面通知社会福利机构。

八、社会福利机构接到被送养儿童已被同意收养的通知后，应当做好以下工作：

（一）复查被送养儿童身心发育等方面的情况，如果情况发生较大变化不宜涉外送养的，应当及时通过省级人民政府民政部门书面通报中国收养中心。

（二）将收养父母的情况如实告诉7周岁以上被送养儿童，并为其提供心理咨询和辅导。

（三）做好交接被送养儿童收养登记的各项准备工作。

九、收养登记前，省级人民政府民政部门应视具体情况确定适当的融和期，以便收养人与被送养儿童相互了解和融和。省级人民政府民政部门应当在法定工作日和指定的办公地点安排外国收养人与被送养儿童、送养人见面，在确认收养关系当事人的身份无误后，由送养人向收养人介绍被送养儿童的情况和有关事项，并向外国收养人交接被送养儿童。交接被送养儿童时，送养人和收养人应当签订融和期间委托监护协议（见附件7）。

融和期满后，收养关系当事人对收养事宜无疑义的，收养人和送养人应当订立书面收养协议（见附件8），协议一式三份。

十、收养协议订立后，收养关系当事人应当共同到被送养儿童常住户口所在地的省级人民政府民政部门，依照《外国人在中华人民共和国收养子女登记办法》的规定，办理收养登记。收养登记完成后，省级人民政府民政部门应当及时将收养登记结果转交中国收养中心，并附收养登记证件的复制件。

十一、从事涉外收养工作的人员应当严格依法办事，增强组织纪律观念，遵守外事工作纪律，恪守职业道德，保守工作秘密；不得私自联系涉外收养事务，不得指定收养；严禁在工作中弄虚作假，严禁从涉外收养中获取不正当收益。未经中国收养中心同意，禁止向外国收养人、外国收养组织提供被送养儿童的信息资料；未经省级人民政府民政部门同意，社会福利机构不得擅自接洽外国收养人、外国收养组织。

十二、本规定自下发之日起执行。

民政部关于进一步加强涉外送养工作的通知

（2000年12月31日　民函〔2000〕159号）

各省、自治区、直辖市民政厅（局），计划单列市民政局，新疆生产建设兵团民政局：

自从开展涉外送养工作以来，各级民政部门及儿童社会福利工作者以高度的责任感和人道主义精神，积极努力地为孤儿、弃婴创造适合其身心发育的环境。使部分失去家庭的儿童重新回归了家庭。目前，涉外送养已经成为安置、养育孤儿和弃婴的方式之一。同时，涉外送养工作的开展也为减轻社会福利机构的压力，提高管理和服务水平，改善办院条件，增进与收养国人民之间的友谊，发挥了积极作用。但是，随着工作的开展，也出现了一些问题，如不及时加以解决，将影响涉外送养工作的健康发展，有损于我国社会福利事业的形象。为进一步贯彻落实有关法律法规和全国收养工作会议精神，促进涉外送养工作依法、有序、健康地进行，现提出如下意见：

一、充分认识涉外收养工作的重要性、敏感性

涉外送养属于一种发生在不同国家和不同种族之间、不同文化背景之下的跨国收养行为，直接关系到被送养儿童的人身权益、其所在国的国家形象和外国收养人的合法利益。各级民政部门务必保持清醒的头脑。涉外送养工作要以充分保障被送养儿童的合法权益为前提。我国作为联合国《儿童权利公约》的缔约国，在《收养法》中规定："收养应当有利于被收养的未成年人的抚养、成长，保障被收养人和收养人的合法权益。"从这个意义上讲，涉外送养是我国政府为保障孤儿、弃婴合法权益所采取的一项措施，因此，在收养工作中，各地要牢固树立“优先国内公民收养，适量涉外送养”的指导思想，正确处理涉外送养与国内收养的关系，把维护我国被收养儿童的利益放在首位。要紧密结合我国社会福利社会化的进程，努力挖掘和拓展国内安置孤残儿童的新的思路和途径。在积极鼓励国内公民收养和满足国内收养需求的前提下，适度开展并做好涉外送养工作。

收养是重要的民事法律行为。外国收养人通过合法手续在中国境内收养子女，是对我国儿童福利事业的支持和帮助，其行为受我国法律保护。各级民政部门、各地社会福利机构和中国收养中心在为在华收养子女的外国收养人办理收养手续的过程中，必须端正态度，认真负责，及时、准确地提供被收养人的真实情况，力戒为达到送养目的采取欺骗行为。

涉外送养工作也是一项政治性很强的工作，直接关系国家形象。联合国《儿童权利公约》明确指出：“跨国收养应当是确认儿童不能安置于国内寄养、收养家庭或不能以任何方式在儿童原籍国加以照料的一种替代办法。”各级民政部门和相关人员对此应有正确认识，严防给境外反华势力和一些别有用心的人攻击我国儿童福利事业制造口实。

二、进一步加强对涉外送养工作的管理和监督

各省、自治区、直辖市民政部门要进一步贯彻落实全国收养工作会议精神，督促和指导本地社会福利机构建立健全涉外收养工作的各项规章制度。统一思想，慎重对待本地社会福利机构对开展涉外送养工作的愿望和要求，要从国家利益出发，严格把关。严禁把涉外送养工作当作“创收”和“扶贫”手段，不得以涉外送养捐赠款替代政府划拨给社会福利机构的事业费。

各地民政厅（局）业务主管部门，应注意不断提高业务素质和执法水平，加强对社会福利机构涉外送养工作的日常监督和检查，严格依法办事，防止把有被拐卖嫌疑、走失等来源不清或身份有待确定的儿童送养出去。要把涉外送养工作作为社会福利机构管理工作的重要组成部分，纳入考核评比内容。

各地应根据本地社会福利机构的发展实际，制定严格的标准，有选择地确定部分社会福利机构开展涉外送养工作。那些内部管理混乱、服务质量差、设施设备不完善的社会福利机构，不得开展涉外送养工作。

要进一步开展对社会福利机构中从事涉外收养工作人员的培训。社会福利机构直接从事涉外送养工作，其工作人员在实际工作中与外国收养人直接接触，他们的业务能力和政策水平直接影响当地涉外送养工作的质量甚至国家的声誉。开展对社会福利机构从事涉外送养工作人员的培训，特别是对拟开展涉外送养工作的福利机构主要管理人员的培训，应作为一项制度给予统一规定。各省、自治区、直辖市民政厅（局）每年应至少举办一次针对相关人员的培训。凡院长未经省级以上民政部门培训的福利院，不能开展涉外送养工作。在培训工作中，除加强对收养法规和政策等有关业务知识的培训外，要注重加强对工作人员职业道德和廉洁自律的教育。

开展涉外送养工作的社会福利机构要进一步增强自身建设，以高度负责的态度开展工作。所有在院儿童，都要在接收、养育的全过程中做好详细记录和规范的档案立卷保存工作。凡开展涉外收养工作的社会福利机构，都要实行涉外收养儿童定点医院体检制度。工作人员应详细掌握儿童的身体状况特别是健康情况，在上报送养材料时严禁虚报待送养儿童的年龄，严禁把待送养孩子与非送养孩子按不同标准分开抚养，严禁为送养孩子编造空头的待送养花名册甚至到社会上找孩子，或与邻院、邻省订立利益合同代送和转送孩子。严禁社会福利机构擅自为收养组织和收养人提供预送养情况。对违反规定的社会福利机构要停止其涉外送养，严肃处理，通报全国，并追究有关领导和当事人的责任。

三、进一步规范涉外收养捐赠的管理和使用

《外国人在中华人民共和国收养子女登记办法》指出：“为抚养在社会福利机构生活的弃婴和儿童，国家鼓励外国收养人、外国收养组织向社会福利机构捐赠。受赠的社会福利机构必须将捐赠财物全部用于改善所抚养的弃婴和儿童的养育条件，不得挪作它用，并应当将捐赠财物的使用情况告知捐赠人。受赠的社会福利机构还应当接受有关部门的监督，并应当将捐赠的使用情况向社会公布。”

外国收养人如有捐赠意愿的，福利机构应视情况举行一个有不同岗位人员代表参加的小型捐赠仪式，并由社会福利机构向外国收养捐赠人出具捐赠接受凭证。社会福利机构接受外汇现钞捐赠，必须严格执行我国捐赠法、外汇管理条例和国家财务制度的有关规定，不得擅自私存。接受收养捐赠的单位，必须是送养儿童的社会福利机构，其他任何部门、单位和个人不得代收或转交。

收养人捐赠，必须坚持完全自愿的原则，社会福利机构以及其他任何机构、组织和个人不得对此进行干预。社会福利机构不得强迫或变相强迫外国收养人捐赠和支付法定之外不合理的其他费用。

社会福利机构使用捐赠款物，要坚持领导班子集体确定、登记造册、张榜公布等程序，做到账目清楚，手续完备，用途公开。涉外送养捐赠款除外国收养捐赠人有指定意向外，实行专款专用。只能用于：儿童福利院（社会福利院儿童部）的基础设施改造及医疗、康复、教学、娱乐设备更新；孤残儿童接受医疗、康复、学习的费用及改善儿童的生活；送养儿童工作所需的费用（其费用不得超过捐赠款的4%）。严禁用于福利院行政经费、职工工资及福利待遇等费用的支出；特别是严禁购买小轿车、移动电话等用品。

受赠的社会福利机构必须严格遵守《捐赠法》，及时将捐赠财物的使用情况告知捐赠人及向全体职工和社会公布。同时，受赠的社会福利机构还应接受上级民政部门和有关财务部门、审计部门的监督和检查。要建立涉外送养捐赠使用报告制度。10（含）万元人民币以上的支出，必须申报上级民政主管部门审核批准。

四、做好大龄、残疾儿童的送养工作

为鼓励外国收养人收养社会福利机构抚养的大龄儿童和残疾儿童，中国收养中心可以为其加快办理手续，并免收服务费；实行涉外送养指标调控的省份不占指标；民政部门免收登记费。

各省、自治区、直辖市民政厅（局），要结合贯彻落实全国社会福利社会化工作会议精神，进一步加强社会福利机构的各项建设，认真研究涉外送养工作的理论，探索新办法，解决新问题，切实做好我国的涉外送养工作。

民政部关于在办理收养登记中严格区分孤儿与查找不到生父母的弃婴的通知

（1992年8月11日　民婚函〔1992〕263号）

各省、自治区、直辖市民政厅（局），各计划单列市民政局：

《中华人民共和国收养法》实施后，各地的收养登记工作已陆续开展起来。目前发现在办理收养登记的过程中，各地孤儿与查找不到生父母的弃婴的认定，政策掌握不统一，出现了一些偏差。为了严格执行《收养法》，维护当事人的合法权益，现就此问题，特作如下通知：

一、我国《收养法》中所称的孤儿是指其父母死亡或人民法院宣告其父母死亡的不满十四周岁的未成年人。

二、送养孤儿的须提交有关部门出具的孤儿父母死亡证明书（正常死亡证明书由医疗卫生单位出具，非正常死亡证明书由县以上公安部门出具）或人民法院宣告死亡的判决书。

三、收养登记员对当事人提交的孤儿父母死亡的证明应严格审查和进行必要的调查，并将调查笔录归卷存档。对当事人弄虚作假的，收养登记机关应拒绝为其办理登记。若收养登记员审查不严，玩忽职守，应视情节轻重，由其主管机关撤销其收养登记员资格或给予其必要的行政处分。

以上各条在全国人大对如何认定孤儿和弃婴未作出新的解释前，望各地严格遵照执行。

民政部、国家宗教事务局关于规范宗教界收留孤儿、弃婴活动的通知

（2014年4月30日　民发〔2014〕99号）

各省、自治区、直辖市民政厅（局）、宗教局（民宗委、厅、局），新疆生产建设兵团民政局、民宗局：

济孤恤幼是宗教界行慈举善的重要形式。近年来，宗教界在孤儿、弃婴救助方面发挥了积极作用，但也存在一些监管不到位、抚育不科学、教育无保障等问题。根据《关于进一步做好弃婴相关工作的通知》（民发〔2013〕83号），为规范宗教界收留孤儿、弃婴活动，现就有关事项通知如下：

一、正确对待和妥善处理宗教界收留孤儿、弃婴问题，关系到儿童合法权益保障，关系到宗教界积极作用发挥，关系到社会和谐稳定。要深入贯彻以人为本的理念，始终坚持儿童优先、儿童利益最大化的原则，采取有效措施规范宗教界收留孤儿、弃婴活动。

二、宗教界收留孤儿、弃婴活动，是指依法登记的宗教团体、宗教活动场所和经认定备案的宗教教职人员及上述三类主体兴办的收留孤儿、弃婴机构（三类主体兴办的收留孤儿、弃婴机构，以下简称“宗教界兴办机构”）从事的收留孤儿、弃婴活动。除上述三类主体外，其他组织和个人不得以宗教为名从事收留孤儿、弃婴活动。

三、宗教团体、宗教活动场所及宗教界兴办机构要有相对稳定的人力、财力资源，要有符合国家消防安全和卫生防疫标准的制度，具备儿童健康成长必需的抚育、教育等条件。

基本具备上述条件的宗教界兴办机构，应申请与民政部门合办，并严格按照双方签订的合办协议，加强日常管理，强化抚育责任，依法依规开展活动。不同意与民政部门合办的，以及基本具备上述条件的宗教团体、宗教活动场所，要主动向民政部门提出代养申请。民政部门要与其签订代养协议，明确责任，加强业务指导和规范管理。宗教事务部门要配合民政部门做好宗教界的工作。

不具备上述条件的宗教团体、宗教活动场所及宗教界兴办机构，民政、宗教事务部门要提出整改期限和整改措施，指导和帮助其改善基础设施和收留条件。对于经整改仍不具备上述基本条件的，或虽具备上述条件但既不同意合办又不签订代养协议的，民政、宗教事务部门要会同公安等有关部门责令其停止收留活动。能够查找到监护人的，将孤儿、弃婴交付监护人；查找不到监护人的，送交民政部门设立的儿童福利机构收留抚养。

宗教教职人员个人已收留孤儿、弃婴的，按照《关于进一步做好弃婴相关工作的通知》（民发〔2013〕83号）相关规定执行。

四、与民政部门合办或签订代养协议的宗教界兴办机构，以及已经与民政部签订代养协议且具备落户条件的宗教团体和宗教活动场所，可接受孤儿、弃婴落户。宗教团体和宗教活动场所不具备落户条件的，应到与其合办或签订代养协议的儿童福利机构落户。

五、民政部门要按照《关于发放孤儿基本生活费的通知》（民发〔2010〕161号）的相关规定，积极为宗教界收留的儿童进行孤儿身份认定。材料齐全的，将其纳入孤儿国家保障范

围，按照当地孤儿养育标准发放基本生活费；材料不全但可以补齐的，民政部门要协调相关部门为其补齐手续并纳入孤儿国家保障范围；材料确实无法补齐不能认定为孤儿的，要按照国家相关规定予以救助。

六、宗教界收留孤儿、弃婴活动应遵守的基本原则和享受的扶持优惠政策，适用《关于鼓励和规范宗教界从事公益慈善活动的意见》（国宗发〔2012〕6号）。宗教界要按照《中华人民共和国未成年人保护法》、《中华人民共和国义务教育法》等法律法规，充分保障孤儿、弃婴的合法权益。不得强制收留的孤儿、弃婴信仰宗教。

七、民政、宗教事务部门要积极协调公安、卫生计生等有关部门为宗教界收留的孤儿、弃婴查找监护人，办理户籍登记；协调卫生计生部门适度减免宗教界收留孤儿、弃婴的治病费用，减轻其经济负担；协调教育部门帮助宗教界收留的孤儿、弃婴入学就读，保障其接受义务教育权利，减免相关费用；协调新闻宣传部门加强政策法规宣传，对责令停止收留活动的，做好社会舆论引导和解释工作。

八、民政、宗教事务部门要强化服务意识，寓管理于服务之中，帮助协调解决宗教界收留孤儿、弃婴存在的困难和问题。民政部门要充分发挥在孤儿、弃婴保障工作中的主导作用，加强指导管理。宗教事务部门要配合民政等相关部门加强对宗教界从事收留孤儿、弃婴活动的监督检查，推动规范管理。

自本通知下发之日起，宗教界申请设立收留孤儿、弃婴的机构，必须与当地县级以上人民政府民政部门共同举办。

民政部关于规范生父母有特殊困难无力抚养的子女和社会散居孤儿收养工作的意见

（2014年9月28日　民发〔2014〕206号）

各省、自治区、直辖市民政厅（局）：

为规范生父母有特殊困难无力抚养的子女和社会散居孤儿（以下简称两类儿童）的收养工作，切实维护被收养儿童的合法权益，根据《中华人民共和国收养法》及《中国公民收养子女登记办法》、《外国人在中华人民共和国收养子女登记办法》及相关规定，现就两类儿童收养提出如下意见：

一、坚持两类儿童收养工作原则

收养应当有利于被收养未成年人的抚养、成长。要落实儿童利益最佳的原则，把“一切为了孩子”的要求贯穿于收养工作始终，让儿童回归家庭，得到父母的关爱和良好的教育。要坚持国内收养优先的原则，鼓励、支持符合条件的国内家庭收养，研究创制亲属收养的政策措施，积极引导国内家庭转变收养观念，帮助大龄和残疾儿童实现国内收养。同时，积极稳妥地开展涉外收养工作。要遵循平等自愿的原则，充分尊重被收养人和送养人的意愿，切实维护其合法权益。对送养年满十周岁以上未成年人的，要征得其本人同意。告知送养人送养的权利义务，让其知晓送养后的法律后果，方便其行使选择权利。他人不得诱使或强迫监护人送养。要坚持依法登记的原则，强化对收养登记工作人员的管理约束，不断增强法律意识，提高依法办事能力，严格依法依规办理收养登记。

二、明确送养人和送养意愿

生父母有特殊困难无力抚养的子女由生父母作为送养人。生父母均不具备完全民事行为能力且对被收养人有严重危害可能的，由被收养人的监护人作为送养人。社会散居孤儿由其监护人作为送养人。社会散居孤儿的监护人依法变更为社会福利机构的，可以由社会福利机构送养。送养人可以向民政部门提出送养意愿。民政部门可以委托社会福利机构代为接收送养意愿。

三、严格规范送养材料

提交送养材料时，送养人可以直接向县级以上人民政府民政部门提交，也可以由受委托的社会福利机构转交。受委托的社会福利机构应当协助送养人按照要求提交送养证明材料。

送养人应当提交下列证件和证明材料：本人及被收养人的居民身份证和居民户口簿或公安机关出具的户籍证明，《生父母或监护人同意送养的书面意见》（见附件1），并根据下列情况提交相关证明材料。

（一）生父母作为送养人的，应当提交下列证明材料：

1. 生父母有特殊困难无力抚养子女的证明；

2. 生父母与当地卫生和计划生育部门签订的计划生育协议。

生父母有特殊困难无力抚养的证明是指生父母所在单位或者村（居）委会根据下列证件、证明材料之一出具的能够确定生父母有特殊困难无力抚养的相关证明：

（1）县级以上医疗机构出具的重特大疾病证明；

（2）县级残疾人联合会出具的重度残疾证明；

（3）人民法院判处有期徒刑或无期徒刑、死刑的判决书。

生父母确因其他客观原因无力抚养子女的，乡镇人民政府、街道办事处出具的有关证明可以作为生父母有特殊困难无力抚养的证明使用。

（二）如生父母一方死亡或者下落不明的，送养人还应当提交下列证明：

1. 死亡证明、公安机关或者其他有关机关出具的下落不明的证明；

2. 经公证的死亡或者下落不明一方的父母不行使优先抚养权的书面声明（见附件2）。

（三）生父母以外的监护人作为送养人的，应当提交下列证明材料：

1. 生父母的死亡证明或者人民法院出具的能够证明生父母双方均不具备完全民事行为能力的文书;

2. 监护人所在单位或村(居)委会出具的监护人实际承担监护责任的证明;

3. 其他有抚养义务的人(祖父母、外祖父母、成年兄姐)出具的经公证的同意送养的书面意见(见附件3)。

生父母均不具备完全民事行为能力的,还应当提交生父母所在单位、村(居)委会、医疗机构、司法鉴定机构或者其他有权机关出具的生父母对被收养人有严重危害可能的证明。

(四)涉外送养的,送养人还应当提交下列材料:

1. 被收养人照片;

2. 县级以上医疗机构出具的被收养人体检报告;

3. 被收养人成长报告。

体检报告参照《关于社会福利机构涉外送养若干规定》(民发〔2003〕112号)办理。被收养人成长报告应全面、准确地反映儿童的情况,包括儿童生父母简要情况、儿童成长发育情况、生活习惯、性格爱好等。7岁以上儿童的成长报告应着重反映儿童心理发育、学习、与人交往、道德品行等方面的情况。

四、依法办理收养登记

(一)中国公民收养两类儿童登记。

中国公民收养两类儿童登记的办理,按照《中国公民收养子女登记办法》及相关规定执行。

(二)外国人收养两类儿童登记。

外国人收养两类儿童登记的办理,由省级人民政府民政部门对送养人提交的涉外送养材料进行审查,认为符合法律规定的,填写《生父母有特殊困难无力抚养的子女和社会散居孤儿涉外送养审查意见表》(见附件4),并向中国儿童福利和收养中心报送,同时附两套上述涉外送养材料的复制件以及被收养人照片。

中国儿童福利和收养中心为被收养人选择到外国收养人后,向省级人民政府民政部门发出《涉外送养通知》,由省级人民政府民政部门书面通知送养人,或者由受委托的社会福利机构代为转交送养人。

送养人接到书面通知后,省级人民政府民政部门和受委托的社会福利机构,应当积极协助送养人做好交接工作,并指导送养人将收养人的情况如实告诉7周岁以上被收养人,帮助送养人做好被收养人的心理辅导。

受委托的社会福利机构可在自身条件允许时,应当事人一方要求,指定人员陪同送养人和被收养人办理收养登记。

外国人收养两类儿童的其他事宜参照《关于社会福利机构涉外送养若干规定》(民发〔2003〕112号)执行。

五、做好两类儿童收养工作的相关要求

各级人民政府民政部门要加强对受托社会福利机构指导督促,做好宣传引导工作,依法保障两类儿童收养工作的健康开展。要切实加强对被收养人的身份审核。受委托的社会福利机构要对被收养人和送养人的情况进行实地调查走访,重点了解是否符合两类儿童的送养条件,注意做好调查笔录、材料保存等工作,严防弄虚作假。有条件的地方可通过政府购买服务、引入社会工作者等方式开展收养评估工作,对被收养人和送养人的情况进行了解把握。各级人民政府民政部门要加强对送养证明材料的审查,依法办理收养登记。

附件:

1. 生父母或监护人同意送养的书面意见(略)

2. 死亡或下落不明一方的父母不行使优先抚养权的书面声明(略)

3. 其他有抚养义务的人同意送养的书面意见(略)

4. 生父母有特殊困难无力抚养的子女和社会散居孤儿涉外送养审查意见表(略)

民政部、公安部关于开展查找不到生父母的打拐解救儿童收养工作的通知

(2015年8月20日　民发〔2015〕159号)

各省、自治区、直辖市民政厅(局)、公安厅(局),新疆生产建设兵团民政局、公安局:

家庭是儿童成长的最佳环境,为落实党的十八届三中全会通过的《中共中央关于全面深化改革若干重大问题的决定》中关于健全困境儿童分类保障制度的要求以及国务院办公厅《中国反对拐卖人口行动计划(2013—2020年)》(国办发〔2013〕19号)的相关要求,进一步完善打拐解救儿童安置渠道,使查找不到生父母的打拐解救儿童能够通过收养回归家庭中健康、快乐成长,根据《中华人民共和国收养法》等法律法规的有关规定,现就查找不到生父母的打拐解救儿童收养问题通知如下:

一、全力查找打拐解救儿童生父母

儿童失踪后,其监护人应当及时向公安机关报警。公安机关接到儿童失踪报警后,应当立即出警处置并立案侦查,迅速启动儿童失踪快速查找机制,充分调动警务资源,第一时间组织查找,并及时免费采集失踪儿童父母血样录入全国打拐DNA信息库。

公安机关解救被拐卖儿童后,对于查找到生父母或其他监护人的,应当及时送还。对于暂时查找不到生父母及其他监护人的,应当送交社会福利机构或者救助保护机构抚养,并签发打拐解救儿童临时照料通知书(附件1),由社会福利机构或者救助保护机构承担临时监护责任。同时,公安机关要一律采集打拐解救儿童血样,检验后录入全国打拐DNA信息库比对,寻找儿童的生父母。公安机关经查找,1个月内未找到儿童生父母或其他监护人的,应当为社会福利机构或者救助保护机构出具暂时未查找到生父母或其他监护人的证明

（附件2）。社会福利机构或者救助保护机构在接收打拐解救儿童后，应当在报纸和全国打拐解救儿童寻亲公告平台上发布儿童寻亲公告。公告满30日，儿童的生父母或者其他监护人未认领的，救助保护机构应当在7日内将儿童及相关材料移交当地社会福利机构。社会福利机构应当尽快为儿童办理入院手续并申报落户手续，公安机关应当积极办理落户手续。

从儿童被送交社会福利机构或者救助保护机构之日起满12个月，公安机关未能查找到儿童生父母或其他监护人的，应当向社会福利机构出具查找不到生父母或其他监护人的证明（附件3）。

打拐解救儿童在社会福利机构或者救助保护机构期间，如有人主张其为被公告儿童的生父母或者其他监护人的，上述机构应当立即通知公安机关，由公安机关开展调查核实工作。公安机关经调查确认找到打拐解救儿童生父母或其他监护人的，应当出具打拐解救儿童送还通知书（附件4），由社会福利机构或者救助保护机构配合该儿童生父母或其他监护人将儿童接回。

二、依法开展收养登记工作

社会福利机构收到查找不到生父母或其他监护人的证明后，对于符合收养条件的儿童，应当及时进行国内送养，使儿童能够尽快回归正常的家庭生活。

办理收养登记前，社会福利机构应当与收养家庭签订收养协议（附件5）。

收养人应当填写收养申请书并向有管辖权的收养登记机关提交下列证件、证明材料：

（一）居民户口簿和居民身份证；

（二）婚姻登记证或者离婚判决书、离婚调解书；

（三）县级以上医疗机构出具的未患有在医学上认为不应当收养子女疾病的身体健康检查证明；

收养登记机关应当对收养人进行收养能力评估。收养能力评估可以通过委托第三方等方式开展。收养能力评估应当包括收养人收养动机、职业和经济状况、受教育程度、身体情况、道德品质、家庭关系等内容。

社会福利机构应当向收养登记机关提交下列证件、证明材料：

（一）社会福利机构法人登记证书、法定代表人身份证明和授权委托书；

（二）被收养人照片、指纹、DNA信息和情况说明；

（三）被收养人进入社会福利机构的原始记录和查找不到生父母或其他监护人的证明等相关证明材料；

被收养人有残疾或者患有重病的，社会福利机构应当同时提交县级以上医疗机构出具的残疾证明或者患病证明。

被收养人年满10周岁的，收养登记机关还应就收养登记事项单独征得其本人同意。

收养登记机关在收到收养登记申请书及相关材料后，应当按照规定进行公告。自公告之日起满60日，打拐解救儿童的生父母或者其他监护人未认领的，收养登记机关应当为符合条件的当事人办理收养登记。对不符合条件的，不予登记并对当事人说明理由。

三、妥善处理打拐解救儿童收养关系解除问题

打拐解救儿童被收养后，公安机关查找到其生父母或其他监护人，或者其生父母或其他监护人又查找到该儿童的，如儿童的生父母或其他监护人要求解除收养关系，且经公安机关确认该儿童确属于被盗抢、被拐骗或者走失的，收养人应当与社会福利机构共同到民政部门办理解除收养关系登记。

儿童的生父母双方或者其他监护人有出卖或者故意遗弃儿童行为的，应当依法追究法律责任，已成立的合法收养关系不受影响。

四、扎实抓好政策落实工作

（一）切实加强组织领导。各地要从落实党中央和国务院关于加强被拐卖受害人的救助、安置、康复和回归社会工作有关要求的高度充分认识此项工作的重要意义，将其作为保护未成年人合法权益和打击整治拐卖儿童犯罪买方市场的重要举措抓紧抓好。各地民政部门和公安部门要建立协调沟通机制，形成工作合力，细化职责分工，将好事办好。要做好督促检查工作，确保此项工作尽快落实。

（二）尽快解决历史问题。各地要优先解决已经在社会福利机构或者救助保护机构长期生活的打拐解救儿童的落户和收养问题。对于社会福利机构或者救助保护机构内尚未采集血样的打拐解救儿童，当地公安机关应当及时采集DNA信息入库比对查找其生父母，相关费用由公安机关承担，社会福利机构应当协助配合。对于采集了DNA信息、并在本通知实行前已经查找其生父母或其他监护人满12个月的儿童，公安机关应当直接向社会福利机构出具查找不到生父母或其他监护人的证明。社会福利机构或者救助保护机构应当及时在报纸和全国打拐解救儿童寻亲公告平台上发布寻亲公告，公告期满后救助保护机构应当在7日内将儿童及相关材料移交当地社会福利机构。社会福利机构应当在公安机关配合下尽快办理落户等手续，对于符合收养条件的儿童，按照本通知要求及时送养。

（三）着力做好宣传引导。各地要通过多种渠道主动做好政策宣传工作，特别是做好与新闻媒体的沟通，使群众充分了解相关法律规定和打拐解救儿童的生活状况，知晓办理收养登记对于保护打拐解救儿童权益和打击拐卖儿童犯罪的重要意义，营造良好的社会舆论氛围。

附件：1. 打拐解救儿童临时照料通知书（略）

2. 暂时未查找到生父母或其他监护人证明（略）

3. 查找不到生父母或其他监护人证明（略）

4. 打拐解救儿童送还通知书（略）

5. 收养协议（略）

五、社会福利和慈善事业

1. 儿童福利

中华人民共和国未成年人保护法

（1991年9月4日第七届全国人民代表大会常务委员会第二十一次会议通过　2006年12月29日第十届全国人民代表大会常务委员会第二十五次会议修订　根据2012年10月26日第十一届全国人民代表大会常务委员会第二十九次会议《关于修改〈中华人民共和国未成年人保护法〉的决定》修正）

第一章　总　　则

第一条　【立法目的和依据】为了保护未成年人的身心健康，保障未成年人的合法权益，促进未成年人在品德、智力、体质等方面全面发展，培养有理想、有道德、有文化、有纪律的社会主义建设者和接班人，根据宪法，制定本法。

第二条　【未成年人的定义】本法所称未成年人是指未满十八周岁的公民。

第三条　【未成年人的权利】未成年人享有生存权、发展权、受保护权、参与权等权利，国家根据未成年人身心发展特点给予特殊、优先保护，保障未成年人的合法权益不受侵犯。

未成年人享有受教育权，国家、社会、学校和家庭尊重和保障未成年人的受教育权。

未成年人不分性别、民族、种族、家庭财产状况、宗教信仰等，依法平等地享有权利。

第四条　【对未成年人进行教育】国家、社会、学校和家庭对未成年人进行理想教育、道德教育、文化教育、纪律和法制教育，进行爱国主义、集体主义和社会主义的教育，提倡爱祖国、爱人民、爱劳动、爱科学、爱社会主义的公德，反对资本主义的、封建主义的和其他的腐朽思想的侵蚀。

第五条　【保护未成年人工作的原则】保护未成年人的工作，应当遵循下列原则：

（一）尊重未成年人的人格尊严；

（二）适应未成年人身心发展的规律和特点；

（三）教育与保护相结合。

第六条　【保护未成年人是全社会的共同责任】保护未成年人，是国家机关、武装力量、政党、社会团体、企业事业组织、城乡基层群众性自治组织、未成年人的监护人和其他成年公民的共同责任。

对侵犯未成年人合法权益的行为，任何组织和个人都有权予以劝阻、制止或者向有关部门提出检举或者控告。

国家、社会、学校和家庭应当教育和帮助未成年人维护自己的合法权益，增强自我保护的意识和能力，增强社会责任感。

第七条　【国家机关的责任】中央和地方各级国家机关应当在各自的职责范围内做好未成年人保护工作。

国务院和地方各级人民政府领导有关部门做好未成年人保护工作；将未成年人保护工作纳入国民经济和社会发展规划以及年度计划，相关经费纳入本级政府预算。

国务院和省、自治区、直辖市人民政府采取组织措施，协调有关部门做好未成年人保护工作。具体机构由国务院和省、自治区、直辖市人民政府规定。

第八条　【社会团体的责任】共产主义青年团、妇女联合会、工会、青年联合会、学生联合会、少年先锋队以及其他有关社会团体，协助各级人民政府做好未成年人保护工作，维护未成年人的合法权益。

第九条　【表彰和奖励】各级人民政府和有关部门对保护未成年人有显著成绩的组织和个人，给予表彰和奖励。

第二章　家庭保护

第十条　【监护职责】父母或者其他监护人应当创造良好、和睦的家庭环境，依法履行对未成年人的监护职责和抚养义务。

禁止对未成年人实施家庭暴力，禁止虐待、遗弃未成年人，禁止溺婴和其他残害婴儿的行为，不得歧视女性未成年人或者有残疾的未成年人。

第十一条　【家庭教育】父母或者其他监护人应当关注未成年人的生理、心理状况和行为习惯，以健康的思想、良好的品行和适当的方法教育和影响未成年人，引导未成年人进行有益身心健康的活动，预防和制止未成年人吸烟、酗酒、流浪、沉迷网络以及赌博、吸毒、卖淫等行为。

第十二条　【监护人学习家庭教育知识和有关机关和社会组织提供家庭教育指导】父母或者其他监护人应当学习家庭教育知识，正确履行监护职责，抚养教育未成年人。

有关国家机关和社会组织应当为未成年人的父母或者其他监护人提供家庭教育指导。

第十三条 【尊重未成年人受教育权】父母或者其他监护人应当尊重未成年人受教育的权利，必须使适龄未成年人依法入学接受并完成义务教育，不得使接受义务教育的未成年人辍学。

第十四条 【尊重未成年人知情权】父母或者其他监护人应当根据未成年人的年龄和智力发展状况，在作出与未成年人权益有关的决定时告知其本人，并听取他们的意见。

第十五条 【防止未成年人早婚】父母或者其他监护人不得允许或者迫使未成年人结婚，不得为未成年人订立婚约。

第十六条 【委托监护】父母因外出务工或者其他原因不能履行对未成年人监护职责的，应当委托有监护能力的其他成年人代为监护。

第三章 学校保护

第十七条 【教育的方针政策】学校应当全面贯彻国家的教育方针，实施素质教育，提高教育质量，注重培养未成年学生独立思考能力、创新能力和实践能力，促进未成年学生全面发展。

第十八条 【尊重未成年学生受教育权】学校应当尊重未成年学生受教育的权利，关心、爱护学生，对品行有缺点、学习有困难的学生，应当耐心教育、帮助，不得歧视，不得违反法律和国家规定开除未成年学生。

第十九条 【社会生活指导、心理健康辅导和青春期教育】学校应当根据未成年学生身心发展的特点，对他们进行社会生活指导、心理健康辅导和青春期教育。

第二十条 【不得加重学生学习负担】学校应当与未成年学生的父母或者其他监护人互相配合，保证未成年学生的睡眠、娱乐和体育锻炼时间，不得加重其学习负担。

第二十一条 【尊重未成年人的人格尊严】学校、幼儿园、托儿所的教职员工应当尊重未成年人的人格尊严，不得对未成年人实施体罚、变相体罚或者其他侮辱人格尊严的行为。

第二十二条 【保障学生安全】学校、幼儿园、托儿所应当建立安全制度，加强对未成年人的安全教育，采取措施保障未成年人的人身安全。

学校、幼儿园、托儿所不得在危及未成年人人身安全、健康的校舍和其他设施、场所中进行教育教学活动。

学校、幼儿园安排未成年人参加集会、文化娱乐、社会实践等集体活动，应当有利于未成年人的健康成长，防止发生人身安全事故。

第二十三条 【制定突发事件预案】教育行政等部门和学校、幼儿园、托儿所应当根据需要，制定应对各种灾害、传染性疾病、食物中毒、意外伤害等突发事件的预案，配备相应设施并进行必要的演练，增强未成年人的自我保护意识和能力。

第二十四条 【学生伤害事故处理】学校对未成年学生在校内或者本校组织的校外活动中发生人身伤害事故的，应当及时救护，妥善处理，并及时向有关主管部门报告。

第二十五条 【专门学校】对于在学校接受教育的有严重不良行为的未成年学生，学校和父母或者其他监护人应当互相配合加以管教；无力管教或者管教无效的，可以按照有关规定将其送专门学校继续接受教育。

依法设置专门学校的地方人民政府应当保障专门学校的办学条件，教育行政部门应当加强对专门学校的管理和指导，有关部门应当给予协助和配合。

专门学校应当对在校就读的未成年学生进行思想教育、文化教育、纪律和法制教育、劳动技术教育和职业教育。

专门学校的教职员工应当关心、爱护、尊重学生，不得歧视、厌弃。

第二十六条 【幼儿园保育、教育】幼儿园应当做好保育、教育工作，促进幼儿在体质、智力、品德等方面和谐发展。

第四章 社会保护

第二十七条 【社会保护的原则】全社会应当树立尊重、保护、教育未成年人的良好风尚，关心、爱护未成年人。

国家鼓励社会团体、企业事业组织以及其他组织和个人，开展多种形式的有利于未成年人健康成长的社会活动。

第二十八条 【保障受教育权】各级人民政府应当保障未成年人受教育的权利，并采取措施保障家庭经济困难的、残疾的和流动人口中的未成年人等接受义务教育。

第二十九条 【活动场所和设施】各级人民政府应当建立和改善适合未成年人文化生活需要的活动场所和设施，鼓励社会力量兴办适合未成年人的活动场所，并加强管理。

第三十条 【公共文化体育设施免费或优惠开放】爱国主义教育基地、图书馆、青少年宫、儿童活动中心应当对未成年人免费开放；博物馆、纪念馆、科技馆、展览馆、美术馆、文化馆以及影剧院、体育场馆、动物园、公园等场所，应当按照有关规定对未成年人免费或者优惠开放。

第三十一条 【学校文化体育设施和社区公益性上网服务设施免费或优惠开放】县级以上人民政府及其教育行政部门应当采取措施，鼓励和支持中小学校在节假日期间将文化体育设施对未成年人免费或者优惠开放。

社区中的公益性互联网上网服务设施，应当对未成年人免费或者优惠开放，为未成年人提供安全、健康的上网服务。

第三十二条 【鼓励和扶持有利未成年人健康成长的作品的创作和传播】国家鼓励新闻、出版、信息产业、广播、电影、电视、文艺等单位和作家、艺术家、科学家以及其他公民，创作或者提供有利于未成年人健康成长的作品。出版、制作和传播专门以未成年人为对象的内容健康的图书、报刊、音像制品、电子出版物以及网络信息等，国家给予扶持。

国家鼓励科研机构和科技团体对未成年人开展科学知识普及活动。

第三十三条 【预防未成年人沉迷网络】国家采取措施，预防未成年人沉迷网络。

国家鼓励研究开发有利于未成年人健康成长的网络产品，推广用于阻止未成年人沉迷网络的新技术。

第三十四条 【禁止制作或传播毒害未成年人的出版物】禁止任何组织、个人制作或者向未成年人出售、出租或者以其他方式传播淫秽、暴力、凶杀、恐怖、赌博等毒害未成年人的图书、报刊、音像制品、电子出版物以及网络信息等。

第三十五条 【未成年人产品的特殊要求】生产、销售用于未成年人的食品、药品、玩具、用具和游乐设施等，应当符合国家标准或者行业标准，不得有害于未成年人的安全和健康；需要标明注意事项的，应当在显著位置标明。

第三十六条 【对不适宜未成年人活动场所的要求】中小学校园周边不得设置营业性歌舞娱乐场所、互联网上网服务营业场所等不适宜未成年人活动的场所。

营业性歌舞娱乐场所、互联网上网服务营业场所等不适宜未成年人活动的场所，不得允许未成年人进入，经营者应当在显著位置设置未成年人禁入标志；对难以判明是否已成年的，应当要求其出示身份证件。

第三十七条 【保护未成年人免受烟酒危害】禁止向未成年人出售烟酒，经营者应当在显著位置设置不向未成年人出售烟酒的标志；对难以判明是否已成年的，应当要求其出示身份证件。

任何人不得在中小学校、幼儿园、托儿所的教室、寝室、活动室和其他未成年人集中活动的场所吸烟、饮酒。

第三十八条 【劳动保护】任何组织或者个人不得招用未满十六周岁的未成年人，国家另有规定的除外。

任何组织或者个人按照国家有关规定招用已满十六周岁未满十八周岁的未成年人的，应当执行国家在工种、劳动时间、劳动强度和保护措施等方面的规定，不得安排其从事过重、有毒、有害等危害未成年人身心健康的劳动或者危险作业。

第三十九条 【保护未成年人隐私权】任何组织或者个人不得披露未成年人的个人隐私。

对未成年人的信件、日记、电子邮件，任何组织或者个人不得隐匿、毁弃；除因追查犯罪的需要，由公安机关或者人民检察院依法进行检查，或者对无行为能力的未成年人的信件、日记、电子邮件由其父母或者其他监护人代为开拆、查阅外，任何组织或者个人不得开拆、查阅。

第四十条 【优先救护未成年人】学校、幼儿园、托儿所和公共场所发生突发事件时，应当优先救护未成年人。

第四十一条 【保护未成年人人身权利】禁止拐卖、绑架、虐待未成年人，禁止对未成年人实施性侵害。

禁止胁迫、诱骗、利用未成年人乞讨或者组织未成年人进行有害其身心健康的表演等活动。

第四十二条 【公安机关的责任】公安机关应当采取有力措施，依法维护校园周边的治安和交通秩序，预防和制止侵害未成年人合法权益的违法犯罪行为。

任何组织或者个人不得扰乱教学秩序，不得侵占、破坏学校、幼儿园、托儿所的场地、房屋和设施。

第四十三条 【社会救助】县级以上人民政府及其民政部门应当根据需要设立救助场所，对流浪乞讨等生活无着未成年人实施救助，承担临时监护责任；公安部门或者其他有关部门应当护送流浪乞讨或者离家出走的未成年人到救助场所，由救助场所予以救助和妥善照顾，并及时通知其父母或者其他监护人领回。

对孤儿、无法查明其父母或者其他监护人的以及其他生活无着的未成年人，由民政部门设立的儿童福利机构收留抚养。

未成年人救助机构、儿童福利机构及其工作人员应当依法履行职责，不得虐待、歧视未成年人；不得在办理收留抚养工作中牟取利益。

第四十四条 【卫生保健和预防接种】卫生部门和学校应当对未成年人进行卫生保健和营养指导，提供必要的卫生保健条件，做好疾病预防工作。

卫生部门应当做好对儿童的预防接种工作，国家免疫规划项目的预防接种实行免费；积极防治儿童常见病、多发病，加强对传染病防治工作的监督管理，加强对幼儿园、托儿所卫生保健的业务指导和监督检查。

第四十五条 【发展托幼事业】地方各级人民政府应当积极发展托幼事业，办好托儿所、幼儿园，支持社会组织和个人依法兴办哺乳室、托儿所、幼儿园。

各级人民政府和有关部门应当采取多种形式，培养和训练幼儿园、托儿所的保教人员，提高其职业道德素质和业务能力。

第四十六条 【保护未成年人的智力成果和荣誉权】国家依法保护未成年人的智力成果和荣誉权不受侵犯。

第四十七条 【就业帮助】未成年人已经完成规定年限的义务教育不再升学的，政府有关部门和社会团体、企业事业组织应当根据实际情况，对他们进行职业教育，为他们创造劳动就业条件。

第四十八条 【居民委员会、村民委员会的责任】居民委员会、村民委员会应当协助有关部门教育和挽救违法犯罪的未成年人，预防和制止侵害未成年人合法权益的违法犯罪行为。

第四十九条 【救济途径】未成年人的合法权益受到侵害的，被侵害人及其监护人或者其他组织和个人有权向有关部门投诉，有关部门应当依法及时处理 。

第五章 司法保护

第五十条 【保护主体】公安机关、人民检察院、人民法院以及司法行政部门,应当依法履行职责,在司法活动中保护未成年人的合法权益。

第五十一条 【审理未成年人案件的原则】未成年人的合法权益受到侵害,依法向人民法院提起诉讼的,人民法院应当依法及时审理,并适应未成年人生理、心理特点和健康成长的需要,保障未成年人的合法权益。

在司法活动中对需要法律援助或者司法救助的未成年人,法律援助机构或者人民法院应当给予帮助,依法为其提供法律援助或者司法救助。

第五十二条 【依法保护未成年人的继承权利和家庭权利】人民法院审理继承案件,应当依法保护未成年人的继承权和受遗赠权。

人民法院审理离婚案件,涉及未成年子女抚养问题的,应当听取有表达意愿能力的未成年子女的意见,根据保障子女权益的原则和双方具体情况依法处理。

第五十三条 【撤销监护资格】父母或者其他监护人不履行监护职责或者侵害被监护的未成年人的合法权益,经教育不改的,人民法院可以根据有关人员或者有关单位的申请,撤销其监护人的资格,依法另行指定监护人。被撤销监护资格的父母应当依法继续负担抚养费用。

第五十四条 【未成年人犯罪案件的方针和原则】对违法犯罪的未成年人,实行教育、感化、挽救的方针,坚持教育为主、惩罚为辅的原则。

对违法犯罪的未成年人,应当依法从轻、减轻或者免除处罚。

第五十五条 【设立专门机构或指定专人办理】公安机关、人民检察院、人民法院办理未成年人犯罪案件和涉及未成年人权益保护案件,应当照顾未成年人身心发展特点,尊重他们的人格尊严,保障他们的合法权益,并根据需要设立专门机构或者指定专人办理。

第五十六条 【讯问和询问的保护性规定】讯问、审判未成年犯罪嫌疑人、被告人,询问未成年证人、被害人,应当依照刑事诉讼法的规定通知其法定代理人或者其他人员到场。

公安机关、人民检察院、人民法院办理未成年人遭受性侵害的刑事案件,应当保护被害人的名誉。

第五十七条 【羁押、服刑未成年人权益的保护】对羁押、服刑的未成年人,应当与成年人分别关押。

羁押、服刑的未成年人没有完成义务教育的,应当对其进行义务教育。

解除羁押、服刑期满的未成年人的复学、升学、就业不受歧视。

第五十八条 【媒体报道的限制】对未成年人犯罪案件,新闻报道、影视节目、公开出版物、网络等不得披露该未成年人的姓名、住所、照片、图像以及可能推断出该未成年人的资料。

第五十九条 【预防未成年人犯罪】对未成年人严重不良行为的矫治与犯罪行为的预防,依照预防未成年人犯罪法的规定执行。

第六章 法律责任

第六十条 【违反本法的行为的责任】违反本法规定,侵害未成年人的合法权益,其他法律、法规已规定行政处罚的,从其规定;造成人身财产损失或者其他损害的,依法承担民事责任;构成犯罪的,依法追究刑事责任。

第六十一条 【国家机关及其工作人员违法的责任】国家机关及其工作人员不依法履行保护未成年人合法权益的责任,或者侵害未成年人合法权益,或者对提出申诉、控告、检举的人进行打击报复的,由其所在单位或者上级机关责令改正,对直接负责的主管人员和其他直接责任人员依法给予行政处分。

第六十二条 【监护人违法的责任】父母或者其他监护人不依法履行监护职责,或者侵害未成年人合法权益的,由其所在单位或者居民委员会、村民委员会予以劝诫、制止;构成违反治安管理行为的,由公安机关依法给予行政处罚。

第六十三条 【教育机构及其员工违法的责任】学校、幼儿园、托儿所侵害未成年人合法权益的,由教育行政部门或者其他有关部门责令改正;情节严重的,对直接负责的主管人员和其他直接责任人员依法给予处分。

学校、幼儿园、托儿所教职员工对未成年人实施体罚、变相体罚或者其他侮辱人格行为的,由其所在单位或者上级机关责令改正;情节严重的,依法给予处分。

第六十四条 【制作或向未成年人传播非法出版物的责任】制作或者向未成年人出售、出租或者以其他方式传播淫秽、暴力、凶杀、恐怖、赌博等图书、报刊、音像制品、电子出版物以及网络信息等的,由主管部门责令改正,依法给予行政处罚。

第六十五条 【违法生产、销售未成年人产品的责任】生产、销售用于未成年人的食品、药品、玩具、用具和游乐设施不符合国家标准或者行业标准,或者没有在显著位置标明注意事项的,由主管部门责令改正,依法给予行政处罚。

第六十六条 【营业性歌舞娱乐场所、上网服务营业场所违法的责任】在中小学校园周边设置营业性歌舞娱乐场所、互联网上网服务营业场所等不适宜未成年人活动的场所的,由主管部门予以关闭,依法给予行政处罚。

营业性歌舞娱乐场所、互联网上网服务营业场所等不适宜未成年人活动的场所允许未成年人进入,或者没有在显著位置设置未成年人禁入标志的,由主管部门责令改正,依法给予行政处罚。

第六十七条　【烟酒经营者违法的责任】向未成年人出售烟酒,或者没有在显著位置设置不向未成年人出售烟酒标志的,由主管部门责令改正,依法给予行政处罚。

第六十八条　【非法招用童工以及违反未成年工特殊劳动保护规定的责任】非法招用未满十六周岁的未成年人,或者招用已满十六周岁的未成年人从事过重、有毒、有害等危害未成年人身心健康的劳动或者危险作业的,由劳动保障部门责令改正,处以罚款;情节严重的,由工商行政管理部门吊销营业执照。

第六十九条　【侵犯未成年人隐私的责任】侵犯未成年人隐私,构成违反治安管理行为的,由公安机关依法给予行政处罚。

第七十条　【未成年人救助机构、儿童福利机构及其工作人员违法的责任】未成年人救助机构、儿童福利机构及其工作人员不依法履行对未成年人的救助保护职责,或者虐待、歧视未成年人,或者在办理收留抚养工作中牟取利益的,由主管部门责令改正,依法给予行政处分。

第七十一条　【胁迫、诱骗、利用未成年人乞讨或组织未成年人进行非法表演的责任】胁迫、诱骗、利用未成年人乞讨或者组织未成年人进行有害其身心健康的表演等活动的,由公安机关依法给予行政处罚。

第七章　附　　则

第七十二条　【施行日期】本法自2007年6月1日起施行。

中华人民共和国预防未成年人犯罪法

(1999年6月28日第九届全国人民代表大会常务委员会第十次会议通过　根据2012年10月26日第十一届全国人民代表大会常务委员会第二十九次会议《关于修改〈中华人民共和国预防未成年人犯罪法〉的决定》修正)

第一章　总　　则

第一条　为了保障未成年人身心健康,培养未成年人良好品行,有效地预防未成年人犯罪,制定本法。

第二条　预防未成年人犯罪,立足于教育和保护,从小抓起,对未成年人的不良行为及时进行预防和矫治。

第三条　预防未成年人犯罪,在各级人民政府组织领导下,实行综合治理。

政府有关部门、司法机关、人民团体、有关社会团体、学校、家庭、城市居民委员会、农村村民委员会等各方面共同参与,各负其责,做好预防未成年人犯罪工作,为未成年人身心健康发展创造良好的社会环境。

第四条　各级人民政府在预防未成年人犯罪方面的职责是:

(一)制定预防未成年人犯罪工作的规划;

(二)组织、协调公安、教育、文化、新闻出版、广播电影电视、工商、民政、司法行政等政府有关部门和其他社会组织进行预防未成年人犯罪工作;

(三)对本法实施的情况和工作规划的执行情况进行检查;

(四)总结、推广预防未成年人犯罪工作的经验,树立、表彰先进典型。

第五条　预防未成年人犯罪,应当结合未成年人不同年龄的生理、心理特点,加强青春期教育、心理矫治和预防犯罪对策的研究。

第二章　预防未成年人犯罪的教育

第六条　对未成年人应当加强理想、道德、法制和爱国主义、集体主义、社会主义教育。对于达到义务教育年龄的未成年人,在进行上述教育的同时,应当进行预防犯罪的教育。

预防未成年人犯罪的教育的目的,是增强未成年人的法制观念,使未成年人懂得违法和犯罪行为对个人、家庭、社会造成的危害,违法和犯罪行为应当承担的法律责任,树立遵纪守法和防范违法犯罪的意识。

第七条　教育行政部门、学校应当将预防犯罪的教育作为法制教育的内容纳入学校教育教学计划,结合常见多发的未成年人犯罪,对不同年龄的未成年人进行有针对性的预防犯罪教育。

第八条　司法行政部门、教育行政部门、共产主义青年团、少年先锋队应当结合实际,组织、举办展览会、报告会、演讲会等多种形式的预防未成年人犯罪的法制宣传活动。

学校应当结合实际举办以预防未成年人犯罪的教育为主要内容的活动。教育行政部门应当将预防未成年人犯罪教育的工作效果作为考核学校工作的一项重要内容。

第九条　学校应当聘任从事法制教育的专职或者兼职教师。学校根据条件可以聘请校外法律辅导员。

第十条　未成年人的父母或者其他监护人对未成年人的法制教育负有直接责任。学校在对学生进行预防犯罪教育时,应当将教育计划告知未成年人的父母或者其他监护人,未成年人的父母或者其他监护人应当结合学校的计划,针对具体情况进行教育。

第十一条　少年宫、青少年活动中心等校外活动场所应当把预防未成年人犯罪的教育作为一项重要的工作内容,开展多种形式的宣传教育活动。

第十二条　对于已满十六周岁不满十八周岁准备就业的未成年人,职业教育培训机构、用人单位应当将法律知识和预防犯罪教育纳入职业培训的内容。

第十三条 城市居民委员会、农村村民委员会应当积极开展有针对性的预防未成年人犯罪的法制宣传活动。

第三章 对未成年人不良行为的预防

第十四条 未成年人的父母或者其他监护人和学校应当教育未成年人不得有下列不良行为：

（一）旷课、夜不归宿；

（二）携带管制刀具；

（三）打架斗殴、辱骂他人；

（四）强行向他人索要财物；

（五）偷窃、故意毁坏财物；

（六）参与赌博或者变相赌博；

（七）观看、收听色情、淫秽的音像制品、读物等；

（八）进入法律、法规规定未成年人不适宜进入的营业性歌舞厅等场所；

（九）其他严重违背社会公德的不良行为。

第十五条 未成年人的父母或者其他监护人和学校应当教育未成年人不得吸烟、酗酒。任何经营场所不得向未成年人出售烟酒。

第十六条 中小学生旷课的，学校应当及时与其父母或者其他监护人取得联系。

未成年人擅自外出夜不归宿的，其父母或者其他监护人、其所在的寄宿制学校应当及时查找，或者向公安机关请求帮助。收留夜不归宿的未成年人的，应当征得其父母或者其他监护人的同意，或者在二十四小时内及时通知其父母或者其他监护人、所在学校或者及时向公安机关报告。

第十七条 未成年人的父母或者其他监护人和学校发现未成年人组织或者参加实施不良行为的团伙的，应当及时予以制止。发现该团伙有违法犯罪行为的，应当向公安机关报告。

第十八条 未成年人的父母或者其他监护人和学校发现有人教唆、胁迫、引诱未成年人违法犯罪的，应当向公安机关报告。公安机关接到报告后，应当及时依法查处，对未成年人人身安全受到威胁的，应当及时采取有效措施，保护其人身安全。

第十九条 未成年人的父母或者其他监护人，不得让不满十六周岁的未成年人脱离监护单独居住。

第二十条 未成年人的父母或者其他监护人对未成年人不得放任不管，不得迫使其离家出走，放弃监护职责。

未成年人离家出走的，其父母或者其他监护人应当及时查找，或者向公安机关请求帮助。

第二十一条 未成年人的父母离异的，离异双方对子女都有教育的义务，任何一方都不得因离异而不履行教育子女的义务。

第二十二条 继父母、养父母对受其抚养教育的未成年继子女、养子女，应当履行本法规定的父母对未成年子女在预防犯罪方面的职责。

第二十三条 学校对有不良行为的未成年人应当加强教育、管理，不得歧视。

第二十四条 教育行政部门、学校应当举办各种形式的讲座、座谈、培训等活动，针对未成年人不同时期的生理、心理特点，介绍良好有效的教育方法，指导教师、未成年人的父母和其他监护人有效地防止、矫治未成年人的不良行为。

第二十五条 对于教唆、胁迫、引诱未成年人实施不良行为或者品行不良，影响恶劣，不适宜在学校工作的教职员工，教育行政部门、学校应当予以解聘或者辞退；构成犯罪的，依法追究刑事责任。

第二十六条 禁止在中小学校附近开办营业性歌舞厅、营业性电子游戏场所以及其他未成年人不适宜进入的场所。禁止开办上述场所的具体范围由省、自治区、直辖市人民政府规定。

对本法施行前已在中小学校附近开办上述场所的，应当限期迁移或者停业。

第二十七条 公安机关应当加强中小学校周围环境的治安管理，及时制止、处理中小学校周围发生的违法犯罪行为。城市居民委员会、农村村民委员会应当协助公安机关做好维护中小学校周围治安的工作。

第二十八条 公安派出所、城市居民委员会、农村村民委员会应当掌握本辖区内暂住人口中未成年人的就学、就业情况。对于暂住人口中未成年人实施不良行为的，应当督促其父母或者其他监护人进行有效的教育、制止。

第二十九条 任何人不得教唆、胁迫、引诱未成年人实施本法规定的不良行为，或者为未成年人实施不良行为提供条件。

第三十条 以未成年人为对象的出版物，不得含有诱发未成年人违法犯罪的内容，不得含有渲染暴力、色情、赌博、恐怖活动等危害未成年人身心健康的内容。

第三十一条 任何单位和个人不得向未成年人出售、出租含有诱发未成年人违法犯罪以及渲染暴力、色情、赌博、恐怖活动等危害未成年人身心健康内容的读物、音像制品或者电子出版物。

任何单位和个人不得利用通讯、计算机网络等方式提供前款规定的危害未成年人身心健康的内容及其信息。

第三十二条 广播、电影、电视、戏剧节目，不得有渲染暴力、色情、赌博、恐怖活动等危害未成年人身心健康的内容。

广播电影电视行政部门、文化行政部门必须加强对广播、电影、电视、戏剧节目以及各类演播场所的管理。

第三十三条 营业性歌舞厅以及其他未成年人不适宜进入的场所，应当设置明显的未成年人禁止进入标志，不得允许未成年人进入。

营业性电子游戏场所在国家法定节假日外，不得允许未成年人进入，并应当设置明显的未成年人禁止进入标志。

对于难以判明是否已成年的，上述场所的工作人员可以要求其出示身份证件。

第四章 对未成年人严重不良行为的矫治

第三十四条 本法所称“严重不良行为”，是指下列严重危害社会，尚不够刑事处罚的违法行为：

（一）纠集他人结伙滋事，扰乱治安；

（二）携带管制刀具，屡教不改；

（三）多次拦截殴打他人或者强行索要他人财物；

（四）传播淫秽的读物或者音像制品等；

（五）进行淫乱或者色情、卖淫活动；

（六）多次偷窃；

（七）参与赌博，屡教不改；

（八）吸食、注射毒品；

（九）其他严重危害社会的行为。

第三十五条 对未成年人实施本法规定的严重不良行为的，应当及时予以制止。

对有本法规定严重不良行为的未成年人，其父母或者其他监护人和学校应当相互配合，采取措施严加管教，也可以送工读学校进行矫治和接受教育。

对未成年人送工读学校进行矫治和接受教育，应当由其父母或者其他监护人，或者原所在学校提出申请，经教育行政部门批准。

第三十六条 工读学校对就读的未成年人应当严格管理和教育。工读学校除按照义务教育法的要求，在课程设置上与普通学校相同外，应当加强法制教育的内容，针对未成年人严重不良行为产生的原因以及有严重不良行为的未成年人的心理特点，开展矫治工作。

家庭、学校应当关心、爱护在工读学校就读的未成年人，尊重他们的人格尊严，不得体罚、虐待和歧视。工读学校毕业的未成年人在升学、就业等方面，同普通学校毕业的学生享有同等的权利，任何单位和个人不得歧视。

第三十七条 未成年人有本法规定严重不良行为，构成违反治安管理行为的，由公安机关依法予以治安处罚。因不满十四周岁或者情节特别轻微免予处罚的，可以予以训诫。

第三十八条 未成年人因不满十六周岁不予刑事处罚的，责令他的父母或者其他监护人严加管教；在必要的时候，也可以由政府依法收容教养。

第三十九条 未成年人在被收容教养期间，执行机关应当保证其继续接受文化知识、法律知识或者职业技术教育；对没有完成义务教育的未成年人，执行机关应当保证其继续接受义务教育。

解除收容教养、劳动教养的未成年人，在复学、升学、就业等方面与其他未成年人享有同等权利，任何单位和个人不得歧视。

第五章 未成年人对犯罪的自我防范

第四十条 未成年人应当遵守法律、法规及社会公共道德规范，树立自尊、自律、自强意识，增强辨别是非和自我保护的能力，自觉抵制各种不良行为及违法犯罪行为的引诱和侵害。

第四十一条 被父母或者其他监护人遗弃、虐待的未成年人，有权向公安机关、民政部门、共产主义青年团、妇女联合会、未成年人保护组织或者学校、城市居民委员会、农村村民委员会请求保护。被请求的上述部门和组织都应当接受，根据情况需要采取救助措施的，应当先采取救助措施。

第四十二条 未成年人发现任何人对自己或者对其他未成年人实施本法第三章规定不得实施的行为或者犯罪行为，可以通过所在学校、其父母或者其他监护人向公安机关或者政府有关主管部门报告，也可以自己向上述机关报告。受理报告的机关应当及时依法查处。

第四十三条 对同犯罪行为作斗争以及举报犯罪行为的未成年人，司法机关、学校、社会应当加强保护，保障其不受打击报复。

第六章 对未成年人重新犯罪的预防

第四十四条 对犯罪的未成年人追究刑事责任，实行教育、感化、挽救方针，坚持教育为主、惩罚为辅的原则。

司法机关办理未成年人犯罪案件，应当保障未成年人行使其诉讼权利，保障未成年人得到法律帮助，并根据未成年人的生理、心理特点和犯罪的情况，有针对性地进行法制教育。

对于被采取刑事强制措施的未成年学生，在人民法院的判决生效以前，不得取消其学籍。

第四十五条 人民法院审判未成年人犯罪的刑事案件，应当由熟悉未成年人身心特点的审判员或者审判员和人民陪审员依法组成少年法庭进行。

对于审判的时候被告人不满十八周岁的刑事案件，不公开审理。

对未成年人犯罪案件，新闻报道、影视节目、公开出版物不得披露该未成年人的姓名、住所、照片及可能推断出该未成年人的资料。

第四十六条 对被拘留、逮捕和执行刑罚的未成年人与成年人应当分别关押、分别管理、分别教育。未成年犯在被执行刑罚期间，执行机关应当加强对未成年犯的法制教育，对未成年犯进行职业技术教育。对没有完成义务教育的未成年犯，执行机关应当保证其继续接受义务教育。

第四十七条 未成年人的父母或者其他监护人和学校、

城市居民委员会、农村村民委员会，对因不满十六周岁而不予刑事处罚、免予刑事处罚的未成年人，或者被判处非监禁刑罚、被判处刑罚宣告缓刑、被假释的未成年人，应当采取有效的帮教措施，协助司法机关做好对未成年人的教育、挽救工作。

城市居民委员会、农村村民委员会可以聘请思想品德优秀，作风正派，热心未成年人教育工作的离退休人员或者其他人员协助做好对前款规定的未成年人的教育、挽救工作。

第四十八条 依法免予刑事处罚、判处非监禁刑罚、判处刑罚宣告缓刑、假释或者刑罚执行完毕的未成年人，在复学、升学、就业等方面与其他未成年人享有同等权利，任何单位和个人不得歧视。

第七章 法律责任

第四十九条 未成年人的父母或者其他监护人不履行监护职责，放任未成年人有本法规定的不良行为或者严重不良行为的，由公安机关对未成年人的父母或者其他监护人予以训诫，责令其严加管教。

第五十条 未成年人的父母或者其他监护人违反本法第十九条的规定，让不满十六周岁的未成年人脱离监护单独居住的，由公安机关对未成年人的父母或者其他监护人予以训诫，责令其立即改正。

第五十一条 公安机关的工作人员违反本法第十八条的规定，接到报告后，不及时查处或者采取有效措施，严重不负责任的，予以行政处分；造成严重后果，构成犯罪的，依法追究刑事责任。

第五十二条 违反本法第三十条的规定，出版含有诱发未成年人违法犯罪以及渲染暴力、色情、赌博、恐怖活动等危害未成年人身心健康内容的出版物的，由出版行政部门没收出版物和违法所得，并处违法所得三倍以上十倍以下罚款；情节严重的，没收出版物和违法所得，并责令停业整顿或者吊销许可证。对直接负责的主管人员和其他直接责任人员处以罚款。

制作、复制宣扬淫秽内容的未成年人出版物，或者向未成年人出售、出租、传播宣扬淫秽内容的出版物的，依法予以治安处罚；构成犯罪的，依法追究刑事责任。

第五十三条 违反本法第三十一条的规定，向未成年人出售、出租含有诱发未成年人违法犯罪以及渲染暴力、色情、赌博、恐怖活动等危害未成年人身心健康内容的读物、音像制品、电子出版物的，或者利用通讯、计算机网络等方式提供上述危害未成年人身心健康内容及其信息的，没收读物、音像制品、电子出版物和违法所得，由政府有关主管部门处以罚款。

单位有前款行为的，没收读物、音像制品、电子出版物和违法所得，处以罚款，并对直接负责的主管人员和其他直接责任人员处以罚款。

第五十四条 影剧院、录像厅等各类演播场所，放映或者演出渲染暴力、色情、赌博、恐怖活动等危害未成年人身心健康的节目的，由政府有关主管部门没收违法播放的音像制品和违法所得，处以罚款，并对直接负责的主管人员和其他直接责任人员处以罚款；情节严重的，责令停业整顿或者由工商行政部门吊销营业执照。

第五十五条 营业性歌舞厅以及其他未成年人不适宜进入的场所、营业性电子游戏场所，违反本法第三十三条的规定，不设置明显的未成年人禁止进入标志，或者允许未成年人进入的，由文化行政部门责令改正、给予警告、责令停业整顿、没收违法所得，处以罚款，并对直接负责的主管人员和其他直接责任人员处以罚款；情节严重的，由工商行政部门吊销营业执照。

第五十六条 教唆、胁迫、引诱未成年人实施本法规定的不良行为、严重不良行为，或者为未成年人实施不良行为、严重不良行为提供条件，构成违反治安管理行为的，由公安机关依法予以治安处罚；构成犯罪的，依法追究刑事责任。

第八章 附 则

第五十七条 本法自1999年11月1日起施行。

国务院办公厅关于加强和改进流浪未成年人救助保护工作的意见

（2011年8月15日 国办发〔2011〕39号）

党中央、国务院高度重视未成年人权益保护工作，近年来国家出台了一系列法律法规和政策，未成年人权益保护工作取得了积极成效。但受人口流动加速、一些家庭监护缺失和社会不良因素影响，未成年人流浪现象仍然存在，甚至出现胁迫、诱骗、利用未成年人乞讨和实施违法犯罪活动等问题，严重侵害了未成年人合法权益，妨害了未成年人健康成长。为进一步完善流浪未成年人救助保护体系，切实加强和改进流浪未成年人救助保护工作，经国务院同意，现提出如下意见：

一、充分认识流浪未成年人救助保护工作的重要意义

做好流浪未成年人救助保护工作，关系到未成年人的健康成长，关系到社会和谐安定，关系到以人为本执政理念的落实。及时有效救助保护流浪未成年人，是各级政府的重要职责，是维护未成年人合法权益的重要内容，是预防未成年人违法犯罪的重要举措，是加强和创新社会管理的重要方面，是社会文明进步的重要体现。各地区、各有关部门要充分认识加强和改进流浪未成年人救助保护工作的重要性和紧迫性，进一步统一思想，提高认识，认真落实《中华人民共和国未成年人保护法》、《中华人民共和国预防未成年人犯罪法》和《中华人民共和国义务教育法》等法律法规，不断完善政策措施，提升救助保护水平,维护好流浪未成年人的合法权益。

二、流浪未成年人救助保护工作的总体要求和基本原则

(一)总体要求。牢固树立以人为本、执政为民的理念,贯彻预防为主、标本兼治的方针,健全机制,完善政策,落实责任,加快推进流浪未成年人救助保护体系建设,确保流浪未成年人得到及时救助保护、教育矫治、回归家庭和妥善安置,最大限度减少未成年人流浪现象,坚决杜绝胁迫、诱骗、利用未成年人乞讨等违法犯罪行为。

(二)基本原则。

坚持未成年人权益保护优先。把未成年人权益保护和健康成长作为首要任务,加强对家庭监护的指导和监督,及时救助流浪未成年人,严厉打击胁迫、诱骗、利用未成年人乞讨等违法犯罪行为,切实保障未成年人的生存权、发展权、参与权、受保护权。

坚持救助保护和教育矫治并重。积极主动救助流浪未成年人,保障其生活、维护其权益;同时加强流浪未成年人思想、道德、文化和法制教育,强化心理疏导和行为矫治,帮助其顺利回归家庭。

坚持源头预防和综合治理。综合运用经济、行政、司法等手段,落实义务教育、社会保障和扶贫开发等政策,强化家庭、学校、社会共同责任,不断净化社会环境,防止未成年人外出流浪。

坚持政府主导和社会参与。落实政府责任,加大政府投入,加强各方协作,充分发挥基层组织作用,调动社会各方面参与流浪未成年人救助保护的积极性,形成救助保护工作的合力。

三、加强和改进流浪未成年人救助保护工作的政策措施

(一)实行更加积极主动的救助保护。公安机关发现流浪乞讨的未成年人,应当护送到救助保护机构接受救助。其中由成年人携带流浪乞讨的,应当进行调查、甄别,对有胁迫、诱骗、利用未成年人乞讨等违法犯罪嫌疑的,要依法查处;对由父母或其他监护人携带流浪乞讨的,应当批评、教育并引导护送到救助保护机构接受救助,无力自行返乡的由救助保护机构接送返乡,公安机关予以协助配合。民政部门要积极开展主动救助,引导护送流浪未成年人到救助保护机构接受救助。城管部门发现流浪未成年人,应当告知并协助公安或民政部门将其护送到救助保护机构接受救助。对突发急病的流浪未成年人,公安机关和民政、城管部门应当直接护送到定点医院进行救治。

充分发挥村(居)民委员会等基层组织作用,组织和动员居民提供线索,劝告、引导流浪未成年人向公安机关、救助保护机构求助,或及时向公安机关报警。

(二)加大打击拐卖未成年人犯罪力度。公安机关要严厉打击拐卖未成年人犯罪,对来历不明的流浪乞讨和被强迫从事违法犯罪活动的未成年人,要一律采集生物检材,检验后录入全国打拐DNA(脱氧核糖核酸)信息库比对,及时发现、解救失踪被拐未成年人。加强接处警工作,凡接到涉及未成年人失踪被拐报警的,公安机关要立即出警处置,认真核查甄别,打击违法犯罪活动。强化立案工作,实行未成年人失踪快速查找机制,充分调动警务资源,第一时间组织查找。建立跨部门、跨警种、跨地区打击拐卖犯罪工作机制。民政等有关部门要协助公安机关做好被拐未成年人的调查、取证和解救工作。

(三)帮助流浪未成年人及时回归家庭。救助保护机构和公安机关要综合运用救助保护信息系统、公安人口管理信息系统、全国打拐DNA(脱氧核糖核酸)信息库和向社会发布寻亲公告等方式,及时查找流浪未成年人父母或其他监护人。

对查找到父母或其他监护人的流浪未成年人,救助保护机构要及时安排接送返乡,交通运输、铁道等部门要在购票、进出站、乘车等方面积极协助。流出地救助保护机构应当通知返乡流浪未成年人或其监护人常住户口所在地的乡镇人民政府(街道办事处)做好救助保护和帮扶工作。流出地救助保护机构要对流浪未成年人的家庭监护情况进行调查评估:对确无监护能力的,由救助保护机构协助监护人及时委托其他人员代为监护;对拒不履行监护责任、经反复教育不改的,由救助保护机构向人民法院提出申请撤销其监护人资格,依法另行指定监护人。

对暂时查找不到父母或其他监护人的流浪未成年人,在继续查找的同时,要通过救助保护机构照料、社会福利机构代养、家庭寄养等多种方式予以妥善照顾。对经过2年以上仍查找不到父母或其他监护人的,公安机关要按户籍管理有关法规政策规定为其办理户口登记手续,以便于其就学、就业等正常生活。对在打拐过程中被解救且查找不到父母或其他监护人的婴幼儿,民政部门要将其安置到社会福利机构抚育,公安机关要按规定为其办理户口登记手续。

(四)做好流浪未成年人的教育矫治。救助保护机构要依法承担流浪未成年人的临时监护责任,为其提供文化和法制教育、心理辅导、行为矫治、技能培训等救助保护服务,对合法权益受到侵害的,要协助司法部门依法为其提供法律援助或司法救助。救助保护机构要在教育行政部门指导下帮助流浪未成年人接受义务教育或替代教育,对沾染不良习气的,要通过思想、道德和法制教育,矫治不良习惯,纠正行为偏差;对有严重不良行为的,按照有关规定送专门学校进行矫治和接受教育。对流浪残疾未成年人,卫生、残联等部门要指导救助保护机构对其进行心理疏导、康复训练等。

(五)强化流浪未成年人源头预防和治理。预防未成年人流浪是家庭、学校、政府和社会的共同责任,做好源头预防是解决未成年人流浪问题的治本之策。家庭是预防和制止未成年人流浪的第一责任主体,应当依法履行对未成年人的监护责任和抚养义务。有关部门和基层组织要加强对家庭履行监护责任的指导和监督，对困难家庭予以帮扶，提升家庭抚育和教育能力，帮助其解决实际困难。村（居）民委员会要建立随访制度，对父母或其他监护人不依法履行监护责任或者侵害未成年人权益的，要予以劝诫、制止；情节严重的，要报告公安机关予以训诫，责令其改正；构成违反治安管理行为的，由公安机关依法给予行政处罚。

学校是促进未成年人健康成长的重要阵地，要坚持育人为本、德育为先，加强学生思想道德教育和心理健康辅导，根据学生特点和需要，开展职业教育和技能培训，使学生掌握就业技能，实现稳定就业；对品行有缺点、学习有困难的学生，要进行重点教育帮扶；对家庭经济困难的学生，要按照有关规定给予教育资助和特别关怀。教育行政部门要建立适龄儿童辍学、失学信息通报制度，指导学校做好劝学、返学工作，乡镇人民政府（街道办事处）、村（居）民委员会要积极做好协助工作。

地方各级政府和有关部门要进一步落实义务教育、社会保障和扶贫开发等政策，充分调动社会各方面的力量，把流浪未成年人救助保护纳入重点青少年群体教育帮助工作、“春蕾计划”、“安康计划”和家庭教育工作的总体计划；将流浪残疾未成年人纳入残疾未成年人康复、教育总体安排；充分发挥志愿者、社工队伍和社会组织作用，鼓励和支持其参与流浪未成年人救助、教育、矫治等服务。

四、健全工作机制，形成救助保护工作合力

（一）加强组织领导。进一步完善政府主导、民政牵头、部门负责、社会参与的流浪未成年人救助保护工作机制。建立民政部牵头的部际联席会议制度，研究解决突出问题和困难，制定和完善相关政策措施，指导和督促地方做好工作。民政部要发挥牵头部门作用，加强组织协调，定期通报各省（区、市）流浪未成年人救助保护工作情况，建立挂牌督办和警示制度。地方各级政府要高度重视，建立由政府分管领导牵头的流浪未成年人救助保护工作机制；要建立和完善工作责任追究机制，对工作不力、未成年人流浪现象严重的地区，追究该地区相关领导的责任。

（二）完善法律法规。抓紧做好流浪乞讨人员救助管理法律法规规章修订相关工作，完善流浪未成年人救助保护制度，健全流浪未成年人救助保护、教育矫治、回归安置和源头预防等相关规定，规范救助保护工作行为，强化流浪未成年人司法救助和保护，为流浪未成年人救助保护工作提供有力的法律保障。

（三）加强能力建设。各级政府要加强流浪未成年人救助保护能力建设，进一步提高管理和服务水平。要充分发挥现有救助保护机构、各类社会福利机构的作用，不断完善救助保护设施。要加强救助保护机构工作队伍建设，合理配备人员编制，按照国家有关规定落实救助保护机构工作人员的工资倾斜政策，对救助保护机构教师按照国家有关规定开展职称评定和岗位聘用。公安机关要根据需要在救助保护机构内设立警务室或派驻民警，协助救助保护机构做好管理工作。财政部门要做好流浪乞讨人员救助资金保障工作，地方财政要建立稳定的经费保障机制，中央财政给予专项补助。

（四）加强宣传引导。进一步加大未成年人权益保护法律法规宣传力度，开展多种形式的法制宣传活动，在全社会牢固树立未成年人权益保护意识。加强舆论引导，弘扬中华民族恤孤慈幼的传统美德，鼓励社会力量通过开展慈善捐助、实施公益项目、提供志愿服务等多种方式，积极参与流浪未成年人救助保护工作，营造关心关爱流浪未成年人的良好氛围。

国务院关于加强农村留守儿童关爱保护工作的意见

（2016 年 2 月 4 日　国发〔2016〕13 号）

近年来，随着我国经济社会发展和工业化、城镇化进程推进，一些地方农村劳动力为改善家庭经济状况、寻求更好发展，走出家乡务工、创业，但受工作不稳定和居住、教育、照料等客观条件限制，有的选择将未成年子女留在家乡交由他人监护照料，导致大量农村留守儿童出现。农村劳动力外出务工为我国经济建设作出了积极贡献，对改善自身家庭经济状况起到了重要作用，客观上为子女的教育和成长创造了一定的物质基础和条件，但也导致部分儿童与父母长期分离，缺乏亲情关爱和有效监护，出现心理健康问题甚至极端行为，遭受意外伤害甚至不法侵害。这些问题严重影响儿童健康成长，影响社会和谐稳定，各方高度关注，社会反响强烈。进一步加强农村留守儿童关爱保护工作，为广大农村留守儿童健康成长创造更好的环境，是一项重要而紧迫的任务。现提出以下意见：

一、充分认识做好农村留守儿童关爱保护工作的重要意义

留守儿童是指父母双方外出务工或一方外出务工另一方无监护能力、不满十六周岁的未成年人。农村留守儿童问题是我国经济社会发展中的阶段性问题，是我国城乡发展不均衡、公共服务不均等、社会保障不完善等问题的深刻反映。近年来，各地区、各有关部门积极开展农村留守儿童关爱保护工作，对促进广大农村留守儿童健康成长起到了积极作用，但工作中还存在一些薄弱环节，突出表现在家庭监护缺乏监督指导、关爱服务体系不完善、救助保护机制不健全等方面，农村留守儿童关爱保护工作制度化、规范化、机制化建设亟待加强。

农村留守儿童和其他儿童一样是祖国的未来和希望，需要全社会的共同关心。做好农村留守儿童关爱保护工作，关系到未成年人健康成长，关系到家庭幸福与社会和谐，关系到全面建成小康社会大局。党中央、国务院对做好农村留守儿童关爱保护工作高度重视。加强农村留守儿童关爱保护工作、维护未成年人合法权益，是各级政府的重要职责，也是家庭和全社会的共同责任。各地区、各有关部门要充分认识加强农村留守儿童关爱保护工作的重要性和紧迫性，增强责任感和使命感，加大工作力度，采取有效措施，确保农村留守儿童得到妥善监护照料和更好关爱保护。

二、总体要求

（一）指导思想。全面落实党的十八大和十八届二中、三中、四中、五中全会精神，深入贯彻习近平总书记系列重要讲话精神，按照国务院决策部署，以促进未成年人健康成长为出发点和落脚点，坚持依法保护，不断健全法律法规和制度机制，坚持问题导向，强化家庭监护主体责任，加大关爱保护力度，逐步减少儿童留守现象，确保农村留守儿童安全、健康、受教育等权益得到有效保障。

（二）基本原则。

坚持家庭尽责。落实家庭监护主体责任，监护人要依法尽责，在家庭发展中首先考虑儿童利益；加强对家庭监护和委托监护的督促指导，确保农村留守儿童得到妥善监护照料、亲情关爱和家庭温暖。

坚持政府主导。把农村留守儿童关爱保护工作作为各级政府重要工作内容，落实县、乡镇人民政府属地责任，强化民政等有关部门的监督指导责任，健全农村留守儿童关爱服务体系和救助保护机制，切实保障农村留守儿童合法权益。

坚持全民关爱。充分发挥村（居）民委员会、群团组织、社会组织、专业社会工作者、志愿者等各方面积极作用，着力解决农村留守儿童在生活、监护、成长过程中遇到的困难和问题，形成全社会关爱农村留守儿童的良好氛围。

坚持标本兼治。既立足当前，完善政策措施，健全工作机制，着力解决农村留守儿童监护缺失等突出问题；又着眼长远，统筹城乡发展，从根本上解决儿童留守问题。

（三）总体目标。家庭、政府、学校尽职尽责，社会力量积极参与的农村留守儿童关爱保护工作体系全面建立，强制报告、应急处置、评估帮扶、监护干预等农村留守儿童救助保护机制有效运行，侵害农村留守儿童权益的事件得到有效遏制。到2020年，未成年人保护法律法规和制度体系更加健全，全社会关爱保护儿童的意识普遍增强，儿童成长环境更为改善、安全更有保障，儿童留守现象明显减少。

三、完善农村留守儿童关爱服务体系

（一）强化家庭监护主体责任。父母要依法履行对未成年子女的监护职责和抚养义务。外出务工人员要尽量携带未成年子女共同生活或父母一方留家照料，暂不具备条件的应当委托有监护能力的亲属或其他成年人代为监护，不得让不满十六周岁的儿童脱离监护单独居住生活。外出务工人员要与留守未成年子女常联系、多见面，及时了解掌握他们的生活、学习和心理状况，给予更多亲情关爱。父母或受委托监护人不履行监护职责的，村（居）民委员会、公安机关和有关部门要及时予以劝诫、制止；情节严重或造成严重后果的，公安等有关机关要依法追究其责任。

（二）落实县、乡镇人民政府和村（居）民委员会职责。县级人民政府要切实加强统筹协调和督促检查，结合本地实际制定切实可行的农村留守儿童关爱保护政策措施，认真组织开展关爱保护行动，确保关爱保护工作覆盖本行政区域内所有农村留守儿童。乡镇人民政府（街道办事处）和村（居）民委员会要加强对监护人的法治宣传、监护监督和指导，督促其履行监护责任，提高监护能力。村（居）民委员会要定期走访、全面排查，及时掌握农村留守儿童的家庭情况、监护情况、就学情况等基本信息，并向乡镇人民政府（街道办事处）报告；要为农村留守儿童通过电话、视频等方式与父母联系提供便利。乡镇人民政府（街道办事处）要建立翔实完备的农村留守儿童信息台账，一人一档案，实行动态管理、精准施策，为有关部门和社会力量参与农村留守儿童关爱保护工作提供支持；通过党员干部上门家访、驻村干部探访、专业社会工作者随访等方式，对重点对象进行核查，确保农村留守儿童得到妥善照料。县级民政部门及救助管理机构要对乡镇人民政府（街道办事处）、村（居）民委员会开展的监护监督等工作提供政策指导和技术支持。

（三）加大教育部门和学校关爱保护力度。县级人民政府要完善控辍保学部门协调机制，督促监护人送适龄儿童、少年入学并完成义务教育。教育行政部门要落实免费义务教育和教育资助政策，确保农村留守儿童不因贫困而失学；支持和指导中小学校加强心理健康教育，促进学生心理、人格积极健康发展，及早发现并纠正心理问题和不良行为；加强对农村留守儿童相对集中学校教职工的专题培训，着重提高班主任和宿舍管理人员关爱照料农村留守儿童的能力；会同公安机关指导和协助中小学校完善人防、物防、技防措施，加强校园安全管理，做好法治宣传和安全教育，帮助儿童增强防范不法侵害的意识、掌握预防意外伤害的安全常识。中小学校要对农村留守儿童受教育情况实施全程管理，利用电话、家访、家长会等方式加强与家长、受委托监护人的沟通交流，了解农村留守儿童生活情况和思想动态，帮助监护人掌握农村留守儿童学习情况，提升监护人责任意识和教育管理能力；及时了解无故旷课农村留守儿童情况，落实辍学学生登记、劝返复学和书面报告制度，劝返无效的，应书面报告县级教育行政部门和乡镇人民政府，依法采取措施劝返复学；帮助农村留守儿童通过电话、视频等方式加强与父母的情感联系和亲情交流。寄宿制学校要完善教职工值班制度，落实学生宿舍安全管理责任，丰富校园文化生活，引导寄宿学生积极参与体育、艺术、社会实践等活动，增强学校教育吸引力。

（四）发挥群团组织关爱服务优势。各级工会、共青团、妇联、残联、关工委等群团组织要发挥自身优势,积极为农村留守儿童提供假期日间照料、课后辅导、心理疏导等关爱服务。工会、共青团要广泛动员广大职工、团员青年、少先队员等开展多种形式的农村留守儿童关爱服务和互助活动。妇联要依托妇女之家、儿童之家等活动场所,为农村留守儿童和其他儿童提供关爱服务,加强对农村留守儿童父母、受委托监护人的家庭教育指导,引导他们及时关注农村留守儿童身心健康状况,加强亲情关爱。残联要组织开展农村留守残疾儿童康复等工作。关工委要组织动员广大老干部、老战士、老专家、老教师、老模范等离退休老同志,协同做好农村留守儿童的关爱与服务工作。

(五)推动社会力量积极参与。加快孵化培育社会工作专业服务机构、公益慈善类社会组织、志愿服务组织,民政等部门要通过政府购买服务等方式支持其深入城乡社区、学校和家庭,开展农村留守儿童监护指导、心理疏导、行为矫治、社会融入和家庭关系调适等专业服务。充分发挥市场机制作用,支持社会组织、爱心企业依托学校、社区综合服务设施举办农村留守儿童托管服务机构,财税部门要依法落实税费减免优惠政策。

四、建立健全农村留守儿童救助保护机制

(一)建立强制报告机制。学校、幼儿园、医疗机构、村(居)民委员会、社会工作服务机构、救助管理机构、福利机构及其工作人员,在工作中发现农村留守儿童脱离监护单独居住生活或失踪、监护人丧失监护能力或不履行监护责任、疑似遭受家庭暴力、疑似遭受意外伤害或不法侵害等情况的,应当在第一时间向公安机关报告。负有强制报告责任的单位和人员未履行报告义务的,其上级机关和有关部门要严肃追责。其他公民、社会组织积极向公安机关报告的,应及时给予表扬和奖励。

(二)完善应急处置机制。公安机关要及时受理有关报告,第一时间出警调查,有针对性地采取应急处置措施,强制报告责任人要协助公安机关做好调查和应急处置工作。属于农村留守儿童单独居住生活的,要责令其父母立即返回或确定受委托监护人,并对父母进行训诫;属于监护人丧失监护能力或不履行监护责任的,要联系农村留守儿童父母立即返回或委托其他亲属监护照料;上述两种情形联系不上农村留守儿童父母的,要就近护送至其他近亲属、村(居)民委员会或救助管理机构、福利机构临时监护照料,并协助通知农村留守儿童父母立即返回或重新确定受委托监护人。属于失踪的,要按照儿童失踪快速查找机制及时开展调查。属于遭受家庭暴力的,要依法制止,必要时通知并协助民政部门将其安置到临时庇护场所、救助管理机构或者福利机构实施保护;属于遭受其他不法侵害、意外伤害的,要依法制止侵害行为、实施保护;对于上述两种情形,要按照有关规定调查取证,协助其就医、鉴定伤情,为进一步采取干预措施、依法追究相关法律责任打下基础。公安机关要将相关情况及时通报乡镇人民政府(街道办事处)。

(三)健全评估帮扶机制。乡镇人民政府(街道办事处)接到公安机关通报后,要会同民政部门、公安机关在村(居)民委员会、中小学校、医疗机构以及亲属、社会工作专业服务机构的协助下,对农村留守儿童的安全处境、监护情况、身心健康状况等进行调查评估,有针对性地安排监护指导、医疗救治、心理疏导、行为矫治、法律服务、法律援助等专业服务。对于监护人家庭经济困难且符合有关社会救助、社会福利政策的,民政及其他社会救助部门要及时纳入保障范围。

(四)强化监护干预机制。对实施家庭暴力、虐待或遗弃农村留守儿童的父母或受委托监护人,公安机关应当给予批评教育,必要时予以治安管理处罚,情节恶劣构成犯罪的,依法立案侦查。对于监护人将农村留守儿童置于无人监管和照看状态导致其面临危险且经教育不改的,或者拒不履行监护职责六个月以上导致农村留守儿童生活无着的,或者实施家庭暴力、虐待或遗弃农村留守儿童导致其身心健康严重受损的,其近亲属、村(居)民委员会、县级民政部门等有关人员或者单位要依法向人民法院申请撤销监护人资格,另行指定监护人。

五、从源头上逐步减少儿童留守现象

(一)为农民工家庭提供更多帮扶支持。各地要大力推进农民工市民化,为其监护照料未成年子女创造更好条件。符合落户条件的要有序推进其本人及家属落户。符合住房保障条件的要纳入保障范围,通过实物配租公共租赁住房或发放租赁补贴等方式,满足其家庭的基本居住需求。不符合上述条件的,要在生活居住、日间照料、义务教育、医疗卫生等方面提供帮助。倡导用工单位、社会组织和专业社会工作者、志愿者队伍等社会力量,为其照料未成年子女提供便利条件和更多帮助。公办义务教育学校要普遍对农民工未成年子女开放,要通过政府购买服务等方式支持农民工未成年子女接受义务教育;完善和落实符合条件的农民工子女在输入地参加中考、高考政策。

(二)引导扶持农民工返乡创业就业。各地要大力发展县域经济,落实国务院关于支持农民工返乡创业就业的一系列政策措施。中西部地区要充分发挥比较优势,积极承接东部地区产业转移,加快发展地方优势特色产业,加强基本公共服务,制定和落实财政、金融等优惠扶持政策,落实定向减税和普遍性降费政策,为农民工返乡创业就业提供便利条件。人力资源社会保障等有关部门要广泛宣传农民工返乡创业就业政策,加强农村劳动力的就业创业技能培训,对有意愿就业创业的,要有针对性地推荐用工岗位信息或创业项目信息。

六、强化农村留守儿童关爱保护工作保障措施

(一)加强组织领导。各地要将农村留守儿童关爱保护工作纳入重要议事日程,建立健全政府领导,民政部门牵头,教育、公安、司法行政、卫生计生等部门和妇联、共青团等群团组织参加的农村留守儿童关爱保护工作领导机制，及时研究解决工作中的重大问题。民政部要牵头建立农村留守儿童关爱保护工作部际联席会议制度，会同有关部门在2016年上半年开展一次全面的农村留守儿童摸底排查，依托现有信息系统完善农村留守儿童信息管理功能，健全信息报送机制。各级妇儿工委和农民工工作领导小组要将农村留守儿童关爱保护作为重要工作内容，统筹推进相关工作。各地民政、公安、教育等部门要强化责任意识，督促有关方面落实相关责任。要加快推动完善未成年人保护相关法律法规，进一步明确权利义务和各方职责，特别要强化家庭监护主体责任，为农村留守儿童关爱保护工作提供有力法律保障。

（二）加强能力建设。统筹各方资源，充分发挥政府、市场、社会的作用，逐步完善救助管理机构、福利机构场所设施，满足临时监护照料农村留守儿童的需要。加强农村寄宿制学校建设，促进寄宿制学校合理分布，满足农村留守儿童入学需求。利用现有公共服务设施开辟儿童活动场所，提供必要托管服务。各级财政部门要优化和调整支出结构，多渠道筹措资金，支持做好农村留守儿童关爱保护工作。各地要积极引导社会资金投入，为农村留守儿童关爱保护工作提供更加有力的支撑。各地区、各有关部门要加强农村留守儿童关爱保护工作队伍建设，配齐配强工作人员，确保事有人干、责有人负。

（三）强化激励问责。各地要建立和完善工作考核和责任追究机制，对认真履责、工作落实到位、成效明显的，要按照国家有关规定予以表扬和奖励；对工作不力、措施不实、造成严重后果的，要追究有关领导和人员责任。对贡献突出的社会组织和个人，要适当给予奖励。

（四）做好宣传引导。加强未成年人保护法律法规和政策措施宣传工作，开展形式多样的宣传教育活动，强化政府主导、全民关爱的责任意识和家庭自觉履行监护责任的法律意识。建立健全舆情监测预警和应对机制，理性引导社会舆论，及时回应社会关切，宣传报道先进典型，营造良好社会氛围。

各省（区、市）要结合本地实际，制定具体实施方案。对本意见的执行情况，国务院将适时组织专项督查。

国务院关于加强困境儿童保障工作的意见

（2016年6月13日　国发〔2016〕36号）

儿童是家庭的希望，是国家和民族的未来。在党和政府的高度重视下，我国保障儿童权益的法律体系逐步健全，广大儿童合法权益得到有效保障，生存发展环境进一步优化，在家庭、政府和社会的关爱下健康成长。同时，也有一些儿童因家庭经济贫困、自身残疾、缺乏有效监护等原因，面临生存、发展和安全困境，一些冲击社会道德底线的极端事件时有发生，不仅侵害儿童权益，也影响社会和谐稳定，是全面建成小康社会亟需妥善解决的突出问题。

困境儿童包括因家庭贫困导致生活、就医、就学等困难的儿童，因自身残疾导致康复、照料、护理和社会融入等困难的儿童，以及因家庭监护缺失或监护不当遭受虐待、遗弃、意外伤害、不法侵害等导致人身安全受到威胁或侵害的儿童。为困境儿童营造安全无虞、生活无忧、充满关爱、健康发展的成长环境，是家庭、政府和社会的共同责任。做好困境儿童保障工作，关系儿童切身利益和健康成长，关系千家万户安居乐业、和谐幸福，关系社会稳定和文明进步，关系全面建成小康社会大局。为加强困境儿童保障工作，确保困境儿童生存、发展、安全权益得到有效保障，现提出以下意见。

一、总体要求

（一）指导思想。全面落实党的十八大和十八届三中、四中、五中全会精神，深入贯彻习近平总书记系列重要讲话精神，按照党中央、国务院决策部署，以促进儿童全面发展为出发点和落脚点，坚持问题导向，优化顶层设计，强化家庭履行抚养义务和监护职责的意识和能力，综合运用社会救助、社会福利和安全保障等政策措施，分类施策，精准帮扶，为困境儿童健康成长营造良好环境。

（二）基本原则。

坚持家庭尽责。强化家庭是抚养、教育、保护儿童，促进儿童发展第一责任主体的意识，大力支持家庭提高抚养监护能力，形成有利于困境儿童健康成长的家庭环境。

坚持政府主导。落实政府责任，积极推动完善保障儿童权益、促进儿童发展的相关立法，制定配套政策措施，健全工作机制，统筹各方资源，加快形成困境儿童保障工作合力。

坚持社会参与。积极孵化培育相关社会组织，动员引导广大企业和志愿服务力量参与困境儿童保障工作，营造全社会关心关爱困境儿童的良好氛围。

坚持分类保障。针对困境儿童监护、生活、教育、医疗、康复、服务和安全保护等方面的突出问题，根据困境儿童自身、家庭情况分类施策，促进困境儿童健康成长。

（三）总体目标。加快形成家庭尽责、政府主导、社会参与的困境儿童保障工作格局，建立健全与我国经济社会发展水平相适应的困境儿童分类保障制度，困境儿童服务体系更加完善，全社会关爱保护儿童的意识明显增强，困境儿童成长环境更为改善、安全更有保障。

二、加强困境儿童分类保障

针对困境儿童生存发展面临的突出问题和困难，完善落实社会救助、社会福利等保障政策，合理拓展保障范围和内容，实现制度有效衔接，形成困境儿童保障政策合力。

（一）保障基本生活。对于无法定抚养人的儿童，纳入孤儿保障范围。对于无劳动能力、无生活来源、法定抚养人无抚养能力的未满16周岁儿童，纳入特困人员救助供养范围。对于法定抚养人有抚养能力但家庭经济困难的儿童，符合最低生活保障条件的纳入保障范围并适当提高救助水平。对于遭遇突发性、紧迫性、临时性基本生活困难家庭的儿童，按规定实施临时救助时要适当提高对儿童的救助水平。对于其他困境儿童，各地区也要做好基本生活保障工作。

（二）保障基本医疗。对于困难的重病、重残儿童，城乡居民基本医疗保险和大病保险给予适当倾斜，医疗救助对符合条件的适当提高报销比例和封顶线。落实小儿行为听力测试、儿童听力障碍语言训练等医疗康复项目纳入基本医疗保障范围政策。对于最低生活保障家庭儿童、重度残疾儿童参加城乡居民基本医疗保险的个人缴费部分给予补贴。对于纳入特困人员救助供养范围的儿童参加城乡居民基本医疗保险给予全额资助。加强城乡居民基本医疗保险、大病保险、医疗救助、疾病应急救助和慈善救助的有效衔接，实施好基本公共卫生服务项目，形成困境儿童医疗保障合力。

（三）强化教育保障。对于家庭经济困难儿童，要落实教育资助政策和义务教育阶段“两免一补”政策。对于残疾儿童，要建立随班就读支持保障体系，为其中家庭经济困难的提供包括义务教育、高中阶段教育在内的12年免费教育。对于农业转移人口及其他常住人口随迁子女，要将其义务教育纳入各级政府教育发展规划和财政保障范畴，全面落实在流入地参加升学考试政策和接受中等职业教育免学费政策。支持特殊教育学校、取得办园许可的残疾儿童康复机构和有条件的儿童福利机构开展学前教育。支持儿童福利机构特教班在做好机构内残疾儿童特殊教育的同时，为社会残疾儿童提供特殊教育。完善义务教育控辍保学工作机制，确保困境儿童入学和不失学，依法完成义务教育。

（四）落实监护责任。对于失去父母、查找不到生父母的儿童，纳入孤儿安置渠道，采取亲属抚养、机构养育、家庭寄养和依法收养方式妥善安置。对于父母没有监护能力且无其他监护人的儿童，以及人民法院指定由民政部门担任监护人的儿童，由民政部门设立的儿童福利机构收留抚养。对于儿童生父母或收养关系已成立的养父母不履行监护职责且经公安机关教育不改的，由民政部门设立的儿童福利机构、救助保护机构临时监护，并依法追究生父母、养父母法律责任。对于决定执行行政拘留的被处罚人或采取刑事拘留等限制人身自由刑事强制措施的犯罪嫌疑人，公安机关应当询问其是否有未成年子女需要委托亲属、其他成年人或民政部门设立的儿童福利机构、救助保护机构监护，并协助其联系有关人员或民政部门予以安排。对于服刑人员、强制隔离戒毒人员的缺少监护人的未成年子女，执行机关应当为其委托亲属、其他成年人或民政部门设立的儿童福利机构、救助保护机构监护提供帮助。对于依法收养儿童，民政部门要完善和强化监护人抚养监护能力评估制度，落实妥善抚养监护要求。

（五）加强残疾儿童福利服务。对于0－6岁视力、听力、言语、智力、肢体残疾儿童和孤独症儿童，加快建立康复救助制度，逐步实现免费得到手术、康复辅助器具配置和康复训练等服务。对于社会散居残疾孤儿，纳入“残疾孤儿手术康复明天计划”对象范围。支持儿童福利机构在做好机构内孤残儿童服务的同时，为社会残疾儿童提供替代照料、养育辅导、康复训练等服务。纳入基本公共服务项目的残疾人康复等服务要优先保障残疾儿童需求。

三、建立健全困境儿童保障工作体系

强化和落实基层政府、部门职责，充实和提升基层工作能力，充分发挥群团组织优势，广泛动员社会力量参与，建立健全覆盖城乡、上下联动、协同配合的困境儿童保障工作体系。

（一）构建县（市、区、旗）、乡镇（街道）、村（居）三级工作网络。

县级人民政府要建立政府领导，民政部门、妇儿工委办公室牵头，教育、卫生计生、人力资源社会保障等部门和公安机关、残联组织信息共享、协调联动的工作机制，统筹做好困境儿童保障政策落实和指导、协调、督查等工作。要参照农村留守儿童救助保护机制，建立面向城乡困境儿童包括强制报告、应急处置、评估帮扶、监护干预等在内的困境儿童安全保护机制。要依托县级儿童福利机构、救助保护机构、特困人员救助供养机构、残疾人服务机构、城乡社区公共服务设施等，健全困境儿童服务网络，辐射城乡社区，发挥临时庇护、收留抚养、福利服务等功能。

乡镇人民政府（街道办事处）负责民政工作的机构要建立翔实完备的困境儿童信息台账，一人一档案，实行动态管理，为困境儿童保障工作提供信息支持。乡镇人民政府（街道办事处）要畅通与县级人民政府及其民政部门、妇儿工委办公室和教育、卫生计生、人力资源社会保障等部门以及公安机关、残联组织的联系，并依托上述部门（组织）在乡镇（街道）的办事（派出）机构，及时办理困境儿童及其家庭社会救助、社会福利、安全保护等事务。

村（居）民委员会要设立由村（居）民委员会委员、大学生村官或者专业社会工作者等担（兼）任的儿童福利督导员或儿童权利监察员，负责困境儿童保障政策宣传和日常工作，通过全面排查、定期走访及时掌握困境儿童家庭、监护、就学等基本情况，指导监督家庭依法履行抚养义务和监护职责，并通过村（居）民委员会向乡镇人民政府（街道办事处）报告情况。村（居）民委员会对于发现的困境儿童及其家庭，属于家庭经济贫困、儿童自身残疾等困难情形的，要告知或协助其申请相关社会救助、社会福利等保障；属于家庭监护缺失或监护不当导致儿童人身安全受到威胁或侵害的，要落实强制报告责任；并积极协助乡镇人民政府（街道办事处）、民政部门、妇儿工委办公室和教育、卫生计生、人力资源社会保障等部门及公安机关、残联组织开展困境儿童保障工作。

（二）建立部门协作联动机制。

民政部门、妇儿工委办公室要发挥牵头作用，做好综合协调、指导督促等工作，会同教育、卫生计生、人力资源社会保障等有关部门和公安机关、残联组织，推动各有关方面共同做好困境儿童保障工作。民政、教育、卫生计生、人力资源社会保障、住房城乡建设等社会救助管理部门要进一步完善政策措施，健全"一门受理、协同办理"等工作机制，确保符合条件的困境儿童及其家庭及时得到有效帮扶。民政、教育、卫生计生部门和公安机关要督促和指导中小学校、幼儿园、托儿所、医疗卫生机构、社会福利机构、救助保护机构切实履行困境儿童安全保护机制赋予的强制报告、应急处置、评估帮扶、监护干预等职责，保障困境儿童人身安全。

（三）充分发挥群团组织作用。

各级群团组织要发挥自身优势，广泛开展适合困境儿童特点和需求的关爱、帮扶、维权等服务，发挥示范带动作用。工会、共青团、妇联要广泛动员广大职工、团员青年、妇女等开展多种形式的困境儿童关爱服务，依托职工之家、妇女之家、儿童之家、家长学校、家庭教育指导中心、青少年综合服务平台等，加强对困境儿童及其家庭的教育指导和培训帮扶。残联组织要依托残疾人服务设施加强残疾儿童康复训练、特殊教育等工作，加快建立残疾儿童康复救助制度，加强残疾儿童康复机构建设和康复服务专业技术人员培训培养，组织实施残疾儿童康复救助项目，提高康复保障水平和服务能力。关工委要组织动员广大老干部、老战士、老专家、老教师、老模范等离退休老同志，协同做好困境儿童关爱服务工作。

（四）鼓励支持社会力量参与。

建立政府主导与社会参与良性互动机制。加快孵化培育专业社会工作服务机构、慈善组织、志愿服务组织，引导其围绕困境儿童基本生活、教育、医疗、照料、康复等需求，捐赠资金物资、实施慈善项目、提供专业服务。落实国家有关税费优惠政策，通过政府和社会资本合作（PPP）等方式，支持社会力量举办困境儿童托养照料、康复训练等服务机构，并鼓励其参与承接政府购买服务。支持社会工作者、法律工作者等专业人员和志愿者针对困境儿童不同特点提供心理疏导、精神关爱、家庭教育指导、权益维护等服务。鼓励爱心家庭依据相关规定，为有需要的困境儿童提供家庭寄养、委托代养、爱心助养等服务，帮助困境儿童得到妥善照料和家庭亲情。积极倡导企业履行社会责任，通过一对一帮扶、慈善捐赠、实施公益项目等多种方式，为困境儿童及其家庭提供更多帮助。

四、加强工作保障

（一）强化组织领导。各地区要将困境儿童保障工作纳入重要议事日程和经济社会发展等规划，完善政策措施，健全工作机制，及时研究解决工作中的重大问题。要完善工作考核，强化激励问责，制定督查考核办法，明确督查指标，建立常态化、经常化的督查考核机制，定期通报工作情况，及时总结推广先进经验。民政部、国务院妇儿工委办公室、教育部、公安部、国家卫生计生委等有关部门和全国妇联、中国残联要积极推动制定完善儿童福利、儿童保护和家庭教育、儿童收养等法律法规，为困境儿童保障工作提供有力法律保障。加强各级各部门困境儿童工作信息共享和动态监测。

（二）强化能力建设。统筹各方资源，充分发挥政府、市场、社会作用，逐步完善儿童福利机构或社会福利机构儿童部、救助保护机构场所设施，健全服务功能，增强服务能力，满足监护照料困境儿童需要。利用现有公共服务设施开辟儿童之家等儿童活动和服务场所，将面向儿童服务功能纳入社区公共服务体系。各级财政部门要优化和调整支出结构，多渠道筹措资金，支持做好困境儿童保障工作。各地区要积极引导社会资金投入，为困境儿童保障工作提供更加有力支撑；要加强困境儿童保障工作队伍建设，制定儿童福利督导员或儿童权利监察员工作规范，明确工作职责，强化责任意识，提高服务困境儿童能力。

（三）强化宣传引导。加强儿童权益保障法律法规和困境儿童保障政策宣传，开展形式多样的宣传教育活动，强化全社会保护儿童权利意识，强化家庭履责的法律意识和政府主导、全民关爱的责任意识。大力弘扬社会主义核心价值观和中华民族恤孤慈幼的传统美德，鼓励、倡导、表彰邻里守望和社区互助行为，宣传报道先进典型，发挥示范带动作用。建立健全舆情监测预警和应对机制，及时妥善回应社会关切。

各地区、各部门要根据实际情况和职责分工制定具体实施办法。民政部、国务院妇儿工委办公室要加强对本意见执行情况的监督检查，重大情况及时向国务院报告。国务院将适时组织专项督查。

民政部关于贯彻落实《国务院关于加强农村留守儿童关爱保护工作的意见》的通知

（2016年4月27日　民函〔2016〕119号）

各省、自治区、直辖市民政厅（局），各计划单列市民政局，新疆生产建设兵团民政局：

2016年2月4日，国务院印发了《关于加强农村留守儿童关爱保护工作的意见》（国发〔2016〕13号，以下简称《意见》）。为抓好《意见》贯彻落实工作，现就有关要求通知如下：

一、充分认识《意见》出台的重大意义

党中央、国务院高度重视农村留守儿童关爱保护工作。党的十八届三中、五中全会分别对建立健全农村留守儿童关爱服务体系做出决策部署。国务院连续三年在《政府工作报告》中对农村留守儿童工作提出明确要求。《中共中央 国务院关于打赢脱贫攻坚战的决定》(中发〔2015〕34号)将农村留守儿童关爱保护工作列为重点工作任务。进一步加强农村留守儿童关爱保护工作,为广大农村留守儿童健康成长创造更好的环境,是一项重要而紧迫的任务。

《意见》的印发实施,是党中央、国务院高度重视农村留守儿童关爱保护工作的重要体现。《意见》是以农村留守儿童关爱保护为切入点的第一份系统性地明确未成年人保护政策措施和工作机制的国务院文件,是未成年人保护工作的重大制度创新,为健全未成年人保护制度,落实《中华人民共和国未成年人保护法》提供了有力的政策遵循。贯彻实施好《意见》,对于做好农村留守儿童关爱保护工作,保护未成年人合法权益,促进未成年人健康成长,维护家庭幸福与社会和谐,服务全面建成小康社会大局具有十分重要的意义。

各级民政部门要从全局和战略的高度,深刻认识《意见》出台的重大意义,迅速把思想和行动统一到党中央、国务院决策部署和工作要求上来,切实增强政治责任感和历史使命感,按照全国加强农村留守儿童关爱保护工作电视电话会议精神,把做好农村留守儿童关爱保护工作摆上重要议事日程,发挥牵头作用,履行部门职能,加强组织领导,采取有效措施,加大工作力度,切实抓好《意见》贯彻落实,推动农村留守儿童关爱保护政策措施落地生根,见到实实在在的成效。

二、准确把握民政部门的职责要求

《意见》紧紧抓住农村留守儿童关爱保护工作中的突出问题和薄弱环节,针对完善关爱服务体系和健全救助保护机制等重点环节,提出了系统性的顶层设计和有针对性的政策安排,明确了家庭、政府及有关部门、群团组织、学校、村(居)民委员会和社会力量的职责任务。各地要认真学习领会《意见》精神,深入理解《意见》规定的政策措施和工作要求,准确把握民政部门在农村留守儿童关爱保护工作中的职责要求。

一是承担牵头组织职责。提请地方党委政府把农村留守儿童关爱保护工作纳入脱贫攻坚和全面小康社会建设大局,协助地方党委政府结合实际制定具体实施方案,推动建立健全政府领导、民政牵头、有关部门和群团组织参加的农村留守儿童关爱保护工作领导机制。主动加强与编制、发展改革、财政、人力资源社会保障等有关部门的沟通协调,争取必要的关爱保护工作经费保障,加强关爱保护工作机构和队伍建设。

二是做好统筹协调工作。配合公安机关、乡镇人民政府(街道办事处)建立强制报告信息和应急处置情况共享机制,及时掌握处于困境中的农村留守儿童信息,共同做好家庭监护情况调查评估、救助帮扶、监护干预等工作。加强与各级工会、妇联、共青团等群团组织和中小学校的沟通协作和资源整合,实现家庭、学校、社区、社会关爱的统筹、协调、可持续的联动。通过孵化培育、政府购买服务、引导志愿服务等方式,支持和引导社会工作专业服务机构、公益慈善类社会组织、志愿服务组织,深入村庄、学校和家庭开展农村留守儿童关爱服务。会同相关部门深入解读宣传《意见》精神,及时总结推广成熟工作经验。

三是发挥督促指导作用。通过政策指导、技术支持等方式,指导乡镇人民政府(街道办事处)、村(居)民委员会做好摸底排查、定期走访、重点核查、家庭监护监督等工作。加大未成年人保护法律和政策培训力度,指导村(居)民委员会、社会工作服务机构、救助管理机构、福利机构切实履行强制报告义务,并协助公安机关做好调查和应急处置工作。主动会同相关部门,对各地区、各部门、基层政府、基层组织的责任落实、协作配合、实际成效等情况定期或不定期进行督促检查和评估考核,及时掌握和通报工作进展情况。

四是落实兜底保障职责。指导乡镇人民政府(街道办事处)、村(居)民委员会主动发现报告处于生活困境的农村留守儿童,及时将符合条件的农村留守儿童及其家庭纳入有关社会救助、社会福利政策保障范围或协调公益慈善力量提供关爱帮扶,帮助农村留守儿童及其家庭解决实际生活困难。指导救助管理机构、福利机构及时接收公安机关护送来的无人监护或遭受监护侵害的农村留守儿童,做好临时监护照料工作。依法开展家庭监护干预工作,运用法律手段保护遭受监护侵害的农村留守儿童合法权益,确保其得到妥善照料监护。

三、扎实做好贯彻落实《意见》的重点工作

(一)协助地方党委政府制定具体实施意见或方案。发挥参谋作用,认真总结前期工作经验和未成年人社会保护工作有效做法,协助地方党委政府抓紧制定具体实施意见或方案,进一步完善政策规定和保障措施,明确部门职责和任务分工,细化业务流程和工作要求,确保关爱保护措施因地制宜、切实可行。实施意见或方案要强化关爱服务和救助保护政策措施的有效衔接,区分情况和类型,因人施策、按需帮扶,确保农村留守儿童得到妥善照料和有效关爱。要着眼长远,在加快统筹城乡发展、推进基本公共服务均等化进程中,从根本上逐步解决农村留守儿童问题。

(二)推动建立健全组织领导和统筹协调机制。协助地方党委政府在今年6月底前建立健全政府领导、民政牵头、有关部门和群团组织参加的农村留守儿童关爱保护工作组织领导和统筹协调机制,加强力量资源统筹、信息沟通、工作协调和优势互补,形成各司其职、分工协作、齐抓共管、整体推进的良好工作格局。

(三)认真组织开展农村留守儿童摸底排查工作。按照《民政部 教育部 公安部关于开展农村留守儿童摸底排查工作的通知》(民发〔2016〕42号)要求,督促指导乡镇人民政府(街道办事处)和村(居)民委员会全面开展摸底排查工作,将摸排数据、教育事业统计和学籍系统中农村留守儿童数据、公安机关户籍数据进行比对核实,把底数摸清,情况搞准,并健全信息报送机制,形成详实完备、动态更新的农村留守儿童信息库，为细化完善关爱保护政策措施，引导基层自治组织和社会力量实行精准关爱保护提供基础数据支持。

（四）加强基层关爱保护工作能力建设。加强县（市、区、旗）未成年人保护机构、儿童福利机构建设并完善相关设施设备，创造条件推动流浪未成年人救助保护中心转型升级为未成年人保护中心。探索通过设置公益岗位、聘用专业社工、吸纳志愿者、灵活用工等途径，充实救助管理机构、福利机构、乡镇（街道）和村（居）的关爱保护工作力量。积极争取财政部门支持，按照使用宗旨安排彩票公益金支持开展农村留守儿童关爱保护工作。

四、统筹推进农村留守儿童关爱保护和未成年人社会保护工作

未成年人社会保护试点工作已经开展近三年，实践探索了监测预防、发现报告、评估帮扶、监护干预等工作机制，积累了一定的成熟经验和有效做法。《意见》总结、应用未成年人社会保护试点工作经验，全面把握新形势下农村留守儿童关爱保护工作特点，依法设计了包括强制报告、应急处置、评估帮扶、监护干预等环节在内的救助保护机制，要把这套机制逐步覆盖到所有未成年人。今年全国“两会”审议通过的“十三五”规划纲要将农村留守儿童关爱保护和未成年人社会保护列为基本公共服务内容，各地要以贯彻落实《意见》为契机，统筹推进农村留守儿童关爱保护和未成年人社会保护工作，在政策措施、保护机制、服务体系、工作力量和资源配置等方面统筹衔接。

各地要将贯彻落实《意见》和全国加强农村留守儿童关爱保护工作电视电话会议精神的进展情况于6月底前上报民政部。

民政部关于开展未成年人社会保护试点工作的通知

（2013年5月6日）

各省、自治区、直辖市民政厅（局），各计划单列市民政局，新疆生产建设兵团民政局：

近年来，国家出台了一系列保护未成年人的法律法规和政策措施，未成年人权益保护工作取得了积极成效，形成了全社会关爱未成年人的良好氛围。但受经济贫困、监护缺失、家庭暴力、教育失当等影响，一些未成年人遇到了生存困难、监护困境和成长障碍，迫切需要建立新型社会保护制度。为探索建立未成年人社会保护制度，切实保障未成年人合法权益，民政部决定开展未成年人社会保护试点工作。现将有关事项通知如下：

一、总体思路

坚持未成年人权益保护优先，加强理论创新、政策创新、制度创新、实践创新，强化源头预防和综合治理，积极拓展流浪未成年人救助保护内容，帮助困境未成年人及其家庭解决生活、监护、教育和发展等问题，探索未成年人社会保护体系建设，最大限度减少未成年人流浪乞讨和其他受侵害现象，促进未成年人健康成长。

二、基本原则

（一）以人为本，创新发展。把实现好维护好发展好未成年人合法权益作为试点工作的出发点和落脚点，坚持以人为本、为民解困，创新工作理念和方法，完善政策措施，探索面向所有未成年人的新型社会保护体系，构建具有中国特色的未成年人社会保护制度。

（二）预防为主，标本兼治。坚持从源头抓起，筑牢基础防线，完善未成年人社会保护服务网络，加强对家庭监护的指导监督和困难家庭的救助帮扶，增强未成年人思想道德教育和心理健康辅导，及时救助保护困境未成年人，严厉打击涉及未成年人的违法犯罪行为，不断净化社会环境。

（三）政府主导，社会参与。切实转变政府职能，落实政府社会管理和公共服务职责，发挥政府在政策制定、设施建设、资金投入等方面的主导作用，发挥相关政府职能部门、政府举办的社会服务平台作用，建立分工明确、协同推进的工作机制。充分调动社会各方面的积极性，形成未成年人社会保护工作合力。

（四）因地制宜，注重实效。坚持因地制宜，分类指导，多措并举，注重实效。合理确定未成年人社会保护的基本内涵、主要目标、重点任务、推进措施和分析评价。创新工作载体，解决困扰未成年人社会保护的难点问题，为未成年人健康成长提供有效保障。

三、试点地区

民政部在北京市、河北省石家庄市、辽宁省大连市、吉林省长春市、黑龙江省佳木斯市、江苏省苏州市、安徽省蚌埠市、福建省厦门市、江西省万载县、山东省泰安市、河南省郑州市、湖北省荆州市、湖南省常德市、广西壮族自治区桂林市、重庆市万州区、四川省成都市、贵州省凯里市、陕西省宝鸡市、兴平市、新疆自治区阿克苏地区等20个地区开展未成年人社会保护试点工作。

各省（自治区、直辖市）可以根据本地实际情况另行确定省级试点地区。

四、主要内容

（一）建立未成年人社区保护网络。在城乡基层建立社区儿童服务中心，开展流浪乞讨、失学辍学、留守流动、监护缺失等困境儿童的排查摸底和定期走访工作，为有需求的未成年人及其家庭提供临时照料、教育辅导、心理疏导、监护指导、政策咨询、亲职能力培训、帮扶转介等服务。

（二）加强家庭监护服务和监督。建立未成年人社会保护机构，协调有关部门制定和完善相关政策措施，指导社区儿童服务中心开展活动，督促村（居）委会建立随访制度，对问题家庭进行监护干预，提升家庭抚养和教育能力。

（三）保护受伤害未成年人。建立受伤害未成年人发现、报告和响应机制，配合相关部门打击操纵、教唆、利用未成年人违法犯罪行为，协调相关部门对漠视、虐待、遗弃未成年人等事件进行调查核实，收集保存相关证据，评估未成年人受伤害程度，为未成年人提供及时保护、心理疏导、法律援助等服务，落实国家监护责任。

（四）开展困境未成年人救助帮扶。充分发挥现有救助保护机构的职责作用，积极开展延伸服务，帮助困境未成年人及其家庭落实义务教育、职业教育、就业服务、社会保障和扶贫开发等政策，将救助保护机构拓展为社会保护转介平台，面向社会开展未成年人权益保护服务。

（五）健全未成年人社会保护工作机制。明确相关部门、基层组织、社会组织、专业机构、各类志愿者的工作职责和协作程序，建立完善监测、预防、报告、转介、处置等保护体系，形成政府负责、民政牵头、部门协作、社会参与的未成年人社会保护工作机制。

（六）完善未成年人社会保护制度。分析梳理未成年人权益保护现状，提出完善法规政策、强化部门职责、推进社会协同的相关措施，构建法律法规和政策措施有效衔接的未成年人社会保护制度。

五、工作要求

（一）加强组织领导。各地要高度重视未成年人社会保护试点工作，纳入重要议事日程，建立试点工作领导机制，调整充实人员机构，落实目标责任、加强监督考核，切实履行社会管理和公共服务职能，以改革创新精神推动试点工作。要切实加强与有关部门、基层组织和社会组织的沟通协调，争取多方面的政策支持和工作配合。

（二）加大保障力度。各地和试点地区要通过政策倾斜、资金扶持、项目合作、智力支持等多种方式，切实保障试点工作顺利开展。要积极动员高等院校、科研单位、专业组织等方面的资源，鼓励企事业单位、公益慈善组织、热心人士提供捐助和社会保护服务，并通过购买服务等方式支持社会力量参与。

（三）提升工作水平。要认真研究未成年人社会保护对象、范围、定位和思路，充分运用现行法律法规和政策措施，制订未成年人社会保护工作整体架构和基本模型，探索未成年人社会保护工作方式方法，构建直接面向未成年人的社会保护网络和体系。要建立科学评估机制，及时研究新情况，解决新问题，不断总结和探索未成年人社会保护工作实践和规律，推广先进经验，加大宣传力度，为试点工作创造良好氛围。

请各地按照本通知精神，结合实际，制定贯彻落实的具体措施。民政部确定试点地区要尽快研究制定试点工作方案，报送省级民政部门和民政部社会事务司备案后实施，并及时报告试点工作进展情况。

关于防治中小学生欺凌和暴力的指导意见

（2016 年 11 月 1 日　教基一〔2016〕6 号）

各省、自治区、直辖市教育厅（教委）、综治办、高级人民法院、人民检察院、公安厅（局）、民政厅（局）、司法厅（局）、团委、妇联，新疆生产建设兵团教育局、综治办、人民法院、人民检察院、公安局、民政局、司法局、团委、妇联：

在党中央、国务院的正确领导下，在各级党委政府及教育、综治、公安、司法等有关部门和共青团、妇联等群团组织的共同努力下，发生在中小学生之间的欺凌和暴力事件得到遏制，预防青少年违法犯罪工作取得明显成效。但是，由于在落实主体责任、健全制度措施、实施教育惩戒、形成工作合力等方面还存在薄弱环节，少数地方学生之间欺凌和暴力问题仍时有发生，损害了学生身心健康，造成了不良社会影响。为全面贯彻党的教育方针，落实立德树人根本任务，切实防治学生欺凌和暴力事件的发生，现提出如下指导意见。

一、积极有效预防学生欺凌和暴力

1. 切实加强中小学生思想道德教育、法治教育和心理健康教育。各地要紧密联系中小学生的思想实际，积极培育和践行社会主义核心价值观。落实《中小学生守则（2015 年修订）》，引导全体中小学生从小知礼仪、明是非、守规矩，做到珍爱生命、尊重他人、团结友善、不恃强凌弱，弘扬公序良俗、传承中华美德。落实《中小学法制教育指导纲要》、《青少年法治教育大纲》，开展“法治进校园”全国巡讲活动，让学生知晓基本的法律边界和行为底线，消除未成年人违法犯罪不需要承担任何责任的错误认识，养成遵规守法的良好行为习惯。落实《中小学心理健康教育指导纲要（2012 年修订）》，培养学生健全人格和积极心理品质，对有心理困扰或心理问题的学生开展科学有效的心理辅导，提高其心理健康水平。切实加强家庭教育，家长要注重家风建设，加强对孩子的管教，注重孩子思想品德教育和良好行为习惯培养，从源头上预防学生欺凌和暴力行为发生。

2. 认真开展预防欺凌和暴力专题教育。各地要在专项整治的基础上，结合典型案例，集中开展预防学生欺凌和暴力专题教育。要强化学生校规校纪教育，通过课堂教学、专题讲座、班团队会、主题活动、编发手册、参观实践等多种形式，提高学生对欺凌和暴力行为严重危害性的认识，增强自我保护意识和能力，自觉遵守校规校纪，做到不实施欺凌和暴力行为。研制学校防治学生欺凌和暴力的指导手册，全面加强教职工特别是班主任专题培训，提高教职工有效防治学生欺凌和暴力的责任意识和能力水平。要通过家访、家长会、家长学校等途径，帮助家长了解防治学生欺凌和暴力知识，增强监护责任意识,提高防治能力。要加强中小学生违法犯罪预防综合基地和人才建设,为开展防治学生欺凌和暴力专题教育提供支持和帮助。

3. 严格学校日常安全管理。中小学校要制定防治学生欺凌和暴力工作制度,将其纳入学校安全工作统筹考虑,健全应急处置预案,建立早期预警、事中处理及事后干预等机制。要加强师生联系,密切家校沟通,及时掌握学生思想情绪和同学关系状况,特别要关注学生有无学习成绩突然下滑、精神恍惚、情绪反常、无故旷课等异常表现及产生的原因,对可能的欺凌和暴力行为做到早发现、早预防、早控制。严格落实值班、巡查制度,禁止学生携带管制刀具等危险物品进入学校,针对重点学生、重点区域、重点时段开展防治工作。对发现的欺凌和暴力事件线索和苗头要认真核实、准确研判,对早期发现的轻微欺凌事件,实施必要的教育、惩戒。

4. 强化学校周边综合治理。各级综治组织要加大新形势下群防群治工作力度,实现人防物防技防在基层综治中心的深度融合,动员社会各方面力量做好校园周边地区安全防范工作。要依托全国社会治安综合治理信息系统,整合各有关部门信息资源,发挥青少年犯罪信息数据库作用,加强对重点青少年群体的动态研判。进一步加强校园及周边地区社会治安防控体系建设,作为公共安全视频监控建设联网应用示范工作的重要内容,推进校园及周边地区公共安全视频监控系统全覆盖,加大视频图像集成应用力度,实现对青少年违法犯罪活动的预测预警、实时监控、轨迹追踪及动态管控。把学校周边作为社会治安重点地区排查整治工作的重点,加强组织部署和检查考核。要对中小学生欺凌和暴力问题突出的地区和单位,根据《中共中央办公厅 国务院办公厅关于印发〈健全落实社会治安综合治理领导责任制规定〉的通知》要求,通过通报、约谈、挂牌督办、实施一票否决权制等方式进行综治领导责任督导和追究。公安机关要在治安情况复杂、问题较多的学校周边设置警务室或治安岗亭,密切与学校的沟通协作,积极配合学校排查发现学生欺凌和暴力隐患苗头,并及时预防处置。要加强学生上下学重要时段、学生途经重点路段的巡逻防控和治安盘查,对发现的苗头性、倾向性欺凌和暴力问题,要采取相应防范措施并通知学校和家长,及时干预,震慑犯罪。

二、依法依规处置学生欺凌和暴力事件

5. 保护遭受欺凌和暴力学生身心安全。各地要建立中小学生欺凌和暴力事件及时报告制度,一旦发现学生遭受欺凌和暴力,学校和家长要及时相互通知,对严重的欺凌和暴力事件,要向上级教育主管部门报告,并迅速联络公安机关介入处置。报告时相关人员有义务保护未成年人合法权益,学校、家长、公安机关及媒体应保护遭受欺凌和暴力学生以及知情学生的身心安全,严格保护学生隐私,防止泄露有关学生个人及其家庭的信息。特别要防止网络传播等因素导致事态蔓延,造成恶劣社会影响,使受害学生再次受到伤害。

6. 强化教育惩戒威慑作用。对实施欺凌和暴力的中小学生必须依法依规采取适当的矫治措施予以教育惩戒,既做到真情关爱、真诚帮助,力促学生内心感化、行为转化,又充分发挥教育惩戒措施的威慑作用。对实施欺凌和暴力的学生,学校和家长要进行严肃的批评教育和警示谈话,情节较重的,公安机关应参与警示教育。对屡教不改、多次实施欺凌和暴力的学生,应登记在案并将其表现记入学生综合素质评价,必要时转入专门学校就读。对构成违法犯罪的学生,根据《刑法》、《治安管理处罚法》、《预防未成年人犯罪法》等法律法规予以处置,区别不同情况,责令家长或者监护人严加管教,必要时可由政府收容教养,或者给予相应的行政、刑事处罚,特别是对犯罪性质和情节恶劣、手段残忍、后果严重的,必须坚决依法惩处。对校外成年人教唆、胁迫、诱骗、利用在校中小学生违法犯罪行为,必须依法从重惩处,有效遏制学生欺凌和暴力等案事件发生。各级公安、检察、审判机关要依法办理学生欺凌和暴力犯罪案件,做好相关侦查、审查逮捕、审查起诉、诉讼监督、审判和犯罪预防工作。

7. 实施科学有效的追踪辅导。欺凌和暴力事件妥善处置后,学校要持续对当事学生追踪观察和辅导教育。对实施欺凌和暴力的学生,要充分了解其行为动机和深层原因,有针对性地进行教育引导和帮扶,给予其改过机会,避免歧视性对待。对遭受欺凌和暴力的学生及其家人提供帮助,及时开展相应的心理辅导和家庭支持,帮助他们尽快走出心理阴影,树立自信,恢复正常学习生活。对确实难以回归本校本班学习的当事学生,教育部门和学校要妥善做好班级调整和转学工作。要认真做好学生欺凌和暴力典型事件通报工作,既要充分发挥警示教育作用,又要注意不过分渲染事件细节。

三、切实形成防治学生欺凌和暴力的工作合力

8. 加强部门统筹协调。各地要把防治学生欺凌和暴力工作作为全面依法治国,建设社会主义和谐社会的重要任务。教育、综治、人民法院、人民检察院、公安、民政、司法、共青团、妇联等部门组织,应成立防治学生欺凌和暴力工作领导小组,明确任务分工,强化工作职责,完善防治办法,加强考核检查,健全工作机制,形成政府统一领导、相关部门齐抓共管、学校家庭社会三位一体的工作合力。

9. 依法落实家长监护责任。管教孩子是家长的法定监护职责。引导广大家长要增强法治意识,掌握科学的家庭教育理念,尽量多安排时间与孩子相处交流,及时了解孩子的日常表现和思想状况,积极与学校沟通情况,自觉发挥榜样作用,切实加强对孩子的管教,特别要做好孩子离校后的监管看护教育工作,避免放任不管、缺教少护、教而不当。要落实监护人责任追究制度,根据《民法》等相关法律法规,未成年学生对他人的人身和财产造成损害的,依法追究其监护人的法律责任。

10. 加强平安文明校园建设。中小学校要把防治学生欺凌和暴力作为加强平安文明校园建设的重要内容。学校党组织要充分发挥政治核心作用，加强组织协调和教育引导。校长是学校防治学生欺凌和暴力的第一责任人，分管法治教育副校长和班主任是直接责任人，要充分调动全体教职工的积极性，明确相关岗位职责，将学校防治学生欺凌和暴力的各项工作落实到每个管理环节、每位教职工。要努力创造温馨和谐、积极向上的校园环境，重视校园绿化、美化和人文环境建设。加强优良校风、教风、学风建设，开展内容健康、格调高雅、丰富多彩的校园活动，形成团结向上、互助友爱、文明和谐的校园氛围，激励学生爱学校、爱老师、爱同学，提高校园整体文明程度。要健全各项管理制度、校规校纪，落实《义务教育学校管理标准》，提高学校治理水平，推进依法依规治校，建设无欺凌和暴力的平安文明校园。

11. 全社会共同保护未成年学生健康成长。要建立学校、家庭、社区（村）、公安、司法、媒体等各方面沟通协作机制，畅通信息共享渠道，进一步加强对学生保护工作的正面宣传引导，防止媒体过度渲染报道事件细节，避免学生欺凌和暴力通过网络新媒体扩散演变为网络欺凌，消除暴力文化通过不良出版物、影视节目、网络游戏侵蚀、影响学生的心理和行为，引发连锁性事件。要依托各地 12355 青少年服务台，开设自护教育热线，组织专业社会工作者、公益律师、志愿者开展有针对性的自护教育、心理辅导和法律咨询。坚持标本兼治、常态长效，净化社会环境，强化学校周边综合治理，切实为保护未成年人平安健康成长提供良好社会环境。

民政部关于进一步加强受艾滋病影响儿童福利保障工作的意见

（2009 年 3 月 6 日　民发〔2009〕26 号）

各省、自治区、直辖市民政厅（局）、新疆生产建设兵团民政局：

艾滋病是全世界面临的重大公共卫生问题和社会问题。为深入学习实践科学发展观，贯彻落实国务院《艾滋病防治条例》、《中国遏制与防治艾滋病行动计划（2006 - 2010）》以及民政部等 15 部门《关于加强孤儿救助工作的意见》，进一步加强受艾滋病影响儿童福利保障工作，提出以下意见：

一、进一步提高认识，加强领导，健全受艾滋病影响儿童福利保障工作机制

受艾滋病影响儿童包括艾滋病致孤儿童、父母一方感染艾滋病或因艾滋病死亡的儿童、携带艾滋病病毒或感染艾滋病的儿童。

民政部门是受艾滋病影响儿童福利保障工作的主要职能部门，各级民政部门要坚持以人为本，从维护儿童生存权和发展权的需要出发，充分认识到做好受艾滋病影响儿童福利保障工作的重要性和紧迫性。要在当地政府领导下，推动建立政府领导、民政牵头、部门配合、社会参与的受艾滋病影响儿童福利保障工作机制。要加强调研，摸清底数和情况，积极推动制定和落实政府的各项保障政策。要加大资金投入和补贴力度，提高保障标准，提升服务水平，逐步为受艾滋病影响儿童建立稳定的、福利性的制度安排。要主动协调有关部门，形成合力，营造有利于受艾滋病影响儿童健康成长的社会环境。

二、立足民政职能，做好受艾滋病影响儿童福利保障工作

各级民政部门要采取资金保障与服务保障相结合的方式，满足受艾滋病影响儿童的基本生活以及教育、医疗、技能培训等多方面的需求，切实保障受艾滋病影响儿童和其他儿童一样健康成长。

（一）要制定艾滋病致孤儿童的基本生活不低于当地平均生活水平的养育标准。要坚持儿童利益优先的原则，根据受艾滋病影响儿童发育成长的需要，科学核定养育标准，制定不低于当地居民平均生活水平的基本生活保障金发放标准，分类给予保障。其中，艾滋病致孤儿童全额发放基本生活保障金，最低养育标准为每人每月 600 元，并创造条件对孤儿监护抚养人给予一定的补贴和支持。父母一方感染了艾滋病或因艾滋病死亡的儿童可参照艾滋病致孤儿童标准执行福利补贴。携带艾滋病病毒或感染艾滋病的儿童在发放基本生活保障金最低每人每月 600 元的基础上，给予适当的营养医疗补贴。各级民政部门要积极争取党政领导重视和各级财政支持，建立受艾滋病影响儿童基本生活保障的长效机制。要借鉴河南、湖北等地的成熟做法和经验，对艾滋病致孤儿童、父母中一方感染了艾滋病或因艾滋病去世的儿童、携带艾滋病病毒或感染艾滋病的儿童实行分类保障，推动建立起省、市分级负担、有稳定资金渠道的福利保障制度。

（二）要为受艾滋病影响儿童提供与其他儿童均等的受教育机会。根据有关规定，对处于义务教育阶段的受艾滋病影响儿童免收杂费，免费提供教科书并补助寄宿生生活费；对被公办普通高中、中等职业学校和高等学校录取的受艾滋病影响儿童，纳入现有资助政策体系，给予教育救助，联系孤儿所在学校优先为其提供勤工俭学机会；对集中安置受艾滋病影响儿童的福利机构，在安排教学工作时给予指导和支持。

（三）要为受艾滋病影响儿童提供便利的基本医疗条件。对受艾滋病影响儿童中的艾滋病毒感染者要采取适应儿童的医疗手段，进行免费的抗病毒治疗和抗机会性感染治疗；对未感染艾滋病毒的其他受艾滋病影响儿童，要在政府举办的乡镇医疗机构提供基本的卫生医疗服务。鼓励、支持医疗机构采用多种形式自愿减免受艾滋病影响儿童的医疗费用。积极争取卫生部门对儿童福利机构内设的门诊部、诊所、卫生所（室）给予指导和支持。各级民政部门要将受艾滋病影响的贫困家庭儿童纳入城乡医疗救助体系。要通过医疗救助制度，资助受艾滋病影响的贫困家庭儿童参加新型农村合作医疗或城镇居民基本医疗保险，其救治费用按照当地新型农村合作医疗或城镇居民基本医疗保险制度规定报销后仍有困难的，由民政部门在医疗救助基金中给予适当解决。

（四）要建立大龄受艾滋病影响儿童就业和生活服务制度。受艾滋病影响儿童中升入高等院校读书的，不管是否超过18岁，都要资助他们完成学业。不能继续升学的，要有计划、有步骤地开展职业技能培训、心理关怀、就业服务等形式的帮扶活动，提高其自谋职业的能力和社会适应能力，促进其身心健康地成长，更好地融入社会生活。积极协调有关部门对城镇登记失业的适龄孤儿按规定提供职业培训补贴和免费职业介绍，并落实小额担保贷款政策，鼓励和帮助其自谋职业和自主创业。

（五）要采取多种形式妥善安置艾滋病致孤儿童。要因地制宜，按照“分散抚养为主，集中养育为辅”的原则，尊重儿童意愿，采取家庭收养、家庭寄养、机构集中养育和模拟小家庭养育等途径安置艾滋病致孤儿童。家庭是儿童最好的成长环境，鼓励依法收养艾滋病致孤儿童，尽可能将艾滋病致孤儿童安置在有抚养意愿和能力的亲属家庭。在认真落实中央各部门关怀生活困难的艾滋病患者、患者家属和患者遗孤各项政策的基础上，对以上家庭给予适当的抚养费补贴和物质援助，鼓励支持亲属家庭承担责任。保障模拟小家庭家长工资和艾滋病致孤儿童安置指导中心的事业经费，确保艾滋病致孤儿童得到妥善安置。安置艾滋病致孤儿童，孤儿监护人或抚养人要与孤儿户口所在地的村（居）委会签订相关合同或协议，保障孤儿土地、房屋等财产所有权，并在其具备独立生活能力时归还。

三、健全工作网络，动员社会力量，保障受艾滋病影响儿童健康成长

要建立健全工作网络，以各级艾滋病致孤儿童安置指导中心、儿童福利机构为依托，建立儿童养育的指导、巡查和监督制度，开展对孤儿收养、寄养家庭和受艾滋病影响家庭的走访支持、服务指导、技术培训和监督检查工作。

要通过引入专业社会工作者制度，积极探索适合儿童身心发育要求的抚养模式，为受艾滋病影响儿童提供人性化、专业化的福利服务。建立联系人制度，运用专业方法和科学知识为受艾滋病影响儿童提供心理辅导、性格培养等各方面帮助，确保受艾滋病影响儿童遇到问题，有诉求渠道和机制，通过联系人得到妥善解决。要维护受艾滋病影响儿童的隐私权，防止将他们的姓名、肖像在各类媒体上公开曝光。

要动员社会力量，促进社会各界关心受艾滋病影响儿童，鼓励民间组织、企业事业单位等社会力量支持参与，为受艾滋病影响儿童生存、发展创造良好的舆论氛围和社会环境，让他们和其他儿童一样在祖国同一片蓝天下健康成长。

民政部、财政部关于发放艾滋病病毒感染儿童基本生活费的通知

（2012年10月23日　民发〔2012〕179号）

各省、自治区、直辖市民政厅（局）、财政厅（局），新疆生产建设兵团民政局、财务局：

为贯彻落实《中国儿童发展纲要（2011—2020）》有关要求，进一步推进适度普惠型儿童福利制度建设，拓展儿童福利范围，提升儿童福利水平，民政部、财政部决定，自2012年1月起为全国携带艾滋病病毒及患有艾滋病的儿童（统称艾滋病病毒感染儿童，以下简称“感染儿童”）发放基本生活费，现就有关问题通知如下：

一、充分认识发放基本生活费的重要意义

党和政府历来高度重视儿童福利工作，给予包括感染儿童在内的各类困难儿童群体特别的关怀。艾滋病是全世界面临的重大公共卫生问题和社会问题。目前我国艾滋病疫情属于总体低流行，但在特定人群和局部地区呈现出高流行态势。为感染儿童发放基本生活费，是构建和谐社会、维护社会稳定、促进社会公平正义的实际行动，是加强我国艾滋病防治工作的重要举措，是维护感染儿童合法权益、帮助感染儿童健康成长的客观要求，是促进儿童发展、推进普惠型儿童福利制度建设的重要途径。各地要充分认识这项工作的重要性和紧迫性，将其作为政府保障民生、改善民生的重点工作内容，增强责任感和使命感，高度重视，扎实推进。

二、明确基本生活费发放范围

本项基本生活费发放对象为感染艾滋病病毒的儿童。儿童系指未满18周岁的未成年人。

三、科学制定基本生活费标准

各省（自治区、直辖市）要根据城乡生活水平、儿童成长需要和财力状况，按照不低于当地平均生活水平的原则，合理确定感染儿童基本生活费标准，具体标准参照当地孤儿基本生活费额度，全额执行。

四、全面落实基本生活费保障资金

地方各级财政部门要将感染儿童基本生活费纳入孤儿基本生活费范围，列入财政预算。省级财政部门要进一步加大投入，保障感染儿童基本生活费所需资金。地方各级民政部门要根据保障对象的范围认真核定感染儿童身份，在每年申报孤儿基本生活费资金时，将感染儿童纳入，一并提出资金需求，经同级财政部门审核后列入财政预算。中央财政按照孤儿基本生活费补助标准，对各地发放感染儿童基本生活费进行补助。

五、严格规范基本生活费发放程序

感染儿童基本生活费的管理既要严格规范，又要考虑到

感染儿童的特点和城乡实际，因地制宜采取合理可行的办法和程序。

（一）申请、审核和审批。感染儿童申请基本生活费，由其监护人向感染儿童户籍所在地的县级人民政府民政部门提出申请，申请时应出具国家医疗卫生机构开具的医学证明（HIV抗体确症检测报告单，HIV 抗体检测呈阳性）。县级人民政府民政部门要认真审核申请材料，提出核定、审批意见。为保护感染儿童的隐私，不得以公示的方式核实了解情况。

（二）资金发放。县级人民政府财政部门根据同级民政部门提出的支付申请，将感染儿童基本生活费直接拨付到其监护人个人账户。财政直接支付确有困难的，可通过县级人民政府民政部门按规定程序以现金形式发放。

（三）动态管理。县级人民政府民政部门要采取多种形式，深入调查了解感染儿童基本生活保障情况，及时按照程序和规定办理增发或停发感染儿童基本生活费的手续。要将审批、发放工作与儿童福利信息系统建设结合起来，借助信息化手段实现对发放工作的动态管理，规范程序，提高效率。

（四）监督指导。县级人民政府民政部门要与感染儿童的监护人签订协议。协议应对监护人领取、使用基本生活费以及感染儿童养育状况提出相应要求，明确监护人应依法履行的监护职责和抚养义务。

发放感染儿童基本生活费是一项政策性强、比较敏感的工作，各地民政、财政部门要切实加强管理，确保发放工作顺利进行。对于感染儿童基本生活费发放工作中遇到的困难和问题，及时报告民政部、财政部。

流浪未成年人需求和家庭监护情况评估规范

（2012 年 9 月 13 日　民发〔2012〕158 号）

第一章　总　　则

第一条　为了解流浪未成年人需求和家庭监护情况，通过评估对流浪未成年人生活照料、心理疏导、行为矫治、回归安置等救助保护提供多元化服务建议，预防未成年人再次流浪，保障其生存权、受保护权、发展权、参与权等权益，制定本规范。

第二条　本规范适用于依法举办的为流浪未成年人提供救助、保护、教育的救助保护机构。

第三条　流浪未成年人需求和家庭监护情况评估的对象，是进入救助保护机构的有评估必要的流浪未成年人及其家庭。

第四条　流浪未成年人需求评估是指对流浪未成年人情况进行了解，确定其需求满足情况、存在问题及其成因，形成阶段性评估结论的过程。

第五条　流浪未成年人家庭监护评估是指对流浪未成年人的家庭监护状况、监护能力进行了解，确定家庭监护存在的问题及其成因，形成阶段性评估结论的过程。

第六条　坚持以未成年人权益保护为中心，通过评估促进流浪未成年人救助保护工作的科学化、专业化、个性化。

第七条　流浪未成年人需求和家庭监护情况评估，应当由救助保护机构工作人员、专业技术人员或者委托具有相应从业资质的社会组织、相关机构开展。

第八条　阶段性评估资料应当妥善存放。评估人员应当保护评估对象的隐私信息，不得擅自将评估相关资料、评估经过与结论对外披露。因研究、统计确需对外提供评估资料的，应当隐去可能会据以辨认出评估对象的信息。

第二章　评 估 方 法

第九条　评估方式包括：

（一）与评估对象进行直接交流；

（二）查阅流浪未成年人救助记录或者受助档案；

（三）电话访问、问卷调查；

（四）赴乡镇（街道）、社区实地调查或者咨询相关专业机构。

第十条　评估应当选择合适的评估方法和工具，科学应用评估量表。

第十一条　应当保证评估环境的私密性，重视流浪未成年人的主观感受。

第三章　流浪未成年人需求评估

第十二条　了解流浪未成年人的基本信息，包括：

（一）姓名、性别、年龄、民族、文化程度及宗教信仰；

（二）身份信息、户籍所在地或者经常住所地。

第十三条　了解并检视流浪未成年人健康状况，包括：

（一）既往病史，是否有危重病、精神病、传染病、内外伤等；

（二）对身体状况、治疗情况的自我描述，并查看相关资料；

（三）必要时可以由医生对其身体状况进行检查、诊断。

第十四条　了解流浪未成年人的流浪经历，包括：

（一）流浪原因、流浪时间和流浪的次数；

（二）流浪期间的生存方式；

（三）是否有被剥削、诱骗、胁迫、拐卖、虐待、遗弃等经历；

（四）是否有不良行为、严重不良行为或者违法犯罪行为。

第十五条　了解流浪未成年人的受教育情况，包括：

（一）受教育背景和受教育意愿；

（二）道德、法律、卫生、生活技能以及其他常识方面的认知。

第十六条　了解流浪未成年人对家庭基本信息、家庭关系、家庭监护情况和家庭经济能力的自我描述。

第十七条　评估流浪未成年人的社会认知、自我认知与流浪经历之间的相互影响，包括：

（一）对同伴、同学、亲人、朋友、老师以及其它相关人员，学校、家庭、救助机构或者其他机构的认知；

（二）对自己行为、心理的评价和认识；

（三）有无重大心理创伤或者异常行为表现；

（四）必要时由专业心理工作者进行心理评估。

第十八条　了解流浪未成年人对就学、就业的规划以及回归安置的意愿。

第四章　流浪未成年人家庭监护评估

第十九条　了解流浪未成年人家庭基本信息，包括：

（一）家庭成员组成，家庭成员文化程度、宗教信仰以及生活习俗；

（二）家庭成员的健康状况、既往病史；

（三）家庭重大变故，家庭成员有无犯罪记录。

第二十条　了解流浪未成年人的家庭关系，包括：

（一）家庭成员之间是否和睦；

（二）流浪未成年人与监护人亲疏关系和互动情况；

（三）流浪未成年人法定监护人与临时监护人的关系。

第二十一条　了解流浪未成年人家庭经济能力，包括：

（一）家庭成员的生活现状；

（二）家庭成员的就业以及收入情况；

（三）社会保障情况和其他社会支持情况。

第二十二条　了解流浪未成年人家庭监护状况，包括：

（一）家庭监护意愿和能力，存在的主要问题；

（二）有无虐待、剥削、遗弃或者严重疏于照管等现象；

（三）监护责任知晓程度、监护计划和方式方法。

第二十三条　了解流浪未成年人家庭所处社会环境，包括：

（一）地理位置以及周边安全情况；

（二）学校、社区对家庭监护的支持程度；

（三）当地政府、有关部门和基层组织对家庭监护的支持程度；

（四）地区经济社会发展情况。

第二十四条　评估流浪未成年人的回归安置条件，包括：

（一）监护人对流浪未成年人就学、就业的规划以及回归安置的意愿；

（二）监护人是否有监护意愿和监护抚养能力；

（三）是否能落实与流浪未成年人相关的义务教育、社会保障政策和帮扶措施。

第五章　评估报告

第二十五条　应及时记录流浪未成年人需求和家庭监护情况评估进展，形成比较完整的评估报告。

第二十六条　评估报告应当包括以下内容：

（一）流浪未成年人及其家庭的基本信息；

（二）流浪未成年人需求情况；

（三）流浪未成年人家庭监护情况；

（四）有利因素、主要问题及其原因分析；

（五）阶段性评估结论；

（六）服务建议。

第二十七条　服务建议应对流浪未成年人及其家庭监护提出有针对性的干预帮扶措施。

第二十八条　应当将流浪未成年人需求和家庭监护评估报告纳入受助档案，为机构转介、跟踪回访提供参考依据。

第六章　附　　则

第二十九条　流浪未成年人需求评估和家庭监护情况评估，既可以综合评估，也可以分别评估。流入地救助保护机构重点开展流浪未成年人需求评估，流出地救助保护机构重点开展流浪未成年人家庭监护情况评估。

民政部、中央综治办、最高人民法院、发展改革委、教育部、公安部、司法部、财政部、劳动和社会保障部、建设部、农业部、卫生部、人口计生委、共青团中央、全国妇联关于加强孤儿救助工作的意见

（2006年3月29日　民发〔2006〕52号）

各省、自治区、直辖市民政厅（局）、综治委、高级人民法院、发展改革委、教育厅（教委）、公安厅（局）、司法厅（局）、财政厅（局）、劳动和社会保障厅（局）、建设厅（委）、农业厅（局）、卫生厅（局）、人口计生委、团委、妇联；新疆生产建设兵团民政局、综治委、法院、发展改革委、教育局、公安局、司法局、财务局、劳动和社会保障局、建设局、农业局、卫生局、人口计生委、团委、妇联：

孤儿是社会上最弱小、最困难的群体，党和政府历来关心和重视孤残儿童福利事业。最近，胡锦涛总书记要求应区别情况，完善救助制度，使孤儿都能健康成长。为贯彻落实胡锦涛总书记的指示精神和《中共中央关于制定国民经济和社会发展第十一个五年规划的建议》、《中共中央国务院关于进一步加强和改进未成年人思想道德建设的若干意见》，发展具有中国特色的儿童福利事业，现就加强孤儿救助工作提出以下意见：

一、高度重视孤儿救助工作

据不完全统计，全国现有失去父母和事实上无人抚养的

未成年人(以下简称孤儿)57.3万名,他们失去父母,无人抚养,处于生存、发展的困境,是社会福利事业和社会救助工作的重点对象。在全面建设小康社会、构建社会主义和谐社会的新阶段,党和政府坚持“立党为公、执政为民”,树立以人为本的科学发展观,提出了加强社会福利事业建设、完善社会救助体系的目标,为加强孤儿救助工作提出了新的要求,指明了方向。各级政府,特别是地方各级政府要切实加强领导,采取有效措施,完善社会救助制度,提高社会福利水平,为保障孤儿的基本生活和健康成长创造条件。要建立政府领导、民政牵头、部门配合、社会参与的孤儿救助保护工作机制,明确部门责任,制定优惠政策,加大资金投入,广泛动员社会力量,满足孤儿生活、教育、康复、医疗和就业等方面的基本需求,营造保障孤儿合法权益、有利孤儿健康成长的良好社会环境。

二、采取多种形式妥善安置孤儿

各级政府应当按照有利于孤儿成长的原则,区别不同情况,依据有关法律、法规,妥善做好孤儿安置工作。

(一)孤儿的监护人应当依法履行监护职责,维护孤儿的合法权益。监护人不履行监护职责或侵害被监护人的合法权益的,应当承担相应的法律责任。人民法院可以根据有关人员或有关单位的申请,依法撤销监护人的资格。

(二)由孤儿父母生前所在单位或孤儿住所地的村(居)民委员会担任监护人的,可以由监护人委托有抚养意愿和抚养能力的家庭养育孤儿。

(三)由民政部门监护的孤儿,可以在社会(儿童)福利院、敬老院、孤儿学校、SOS儿童村和流浪未成年人救助保护中心等机构集中安置,并可以根据《家庭寄养管理暂行办法》的规定,开展家庭寄养。

(四)要根据《中华人民共和国收养法》的规定,积极开展孤儿收养工作。对“事实收养”问题,要根据不同情况予以解决,符合收养条件的,依法办理登记和相关手续,切实保护被收养儿童的合法权益。

(五)对于暂时查找不到家庭的流浪未成年人,可以根据具体情况延长其在流浪未成年人救助保护机构的救助和教育时间。对于确实无法查明身份的流浪未成年人,可由流浪未成年人救助保护机构和儿童福利机构安置。

(六)对因父母服刑或其他原因暂时失去生活依靠的未成年人,可以依据相关法律规定妥善安置。

三、保障孤儿基本生活和合法权益

各有关部门要认真履行职责,制定和落实优惠政策,密切配合,共同做好孤儿救助工作。

(一)财政部门应当将孤儿救助所需资金纳入城乡社会救助和社会福利事业发展资金需求,统筹考虑,合理安排。通过财政预算安排、民政部门使用福利彩票公益金资助和社会捐赠等多渠道筹集资金,保障孤儿的基本生活不低于当地平均生活水平。中央财政将加大对财政困难地区一般性转移支付力度,增强这些地区的财政保障能力。

(二)发展改革部门应当统筹考虑儿童福利机构和流浪未成年人救助保护机构建设。到2010年,基本达到每个地级市都拥有一所具有养护、医疗康复、教育能力的儿童福利机构。在财力允许的情况下,国家发展改革委在固定资产投资项目安排中,对中西部地区和东北地区的儿童福利机构建设予以适当支持。

(三)政府举办的非营利性医疗机构应当为孤儿提供基本的卫生医疗服务。鼓励、支持医疗机构采用多种形式自愿减免散居孤儿医疗费用。卫生部门对儿童福利机构设置的为所收养的孤儿服务的门诊部、诊所、卫生所(室)要给予指导和支持。

(四)教育部门应当对处于义务教育阶段的孤儿免收杂费,免费提供教科书并补助寄宿生生活费;对被公办普通高中、中等职业学校和高等学校录取的孤儿,应当纳入现有资助政策体系,给予教育救助。孤儿所在学校要优先为其提供勤工俭学机会。教育部门对儿童福利机构和流浪未成年人救助保护机构开办的特教班应当给予指导和支持。

(五)劳动和社会保障部门及有关部门应当对城镇登记失业的适龄孤儿按规定提供职业培训补贴和免费职业介绍,并落实小额担保贷款政策,鼓励和帮助其自谋职业和自主创业;县、乡(镇)政府和村民委员会要积极扶持法定劳动年龄内有劳动能力但未就业的农村孤儿从事农业生产活动,或引导和帮助其进城务工,劳动保障部门要按规定落实相关就业服务政策。

(六)人口和计划生育部门等为收养当事人出具证明材料的部门或机构,应当及时、如实出具证明材料。

(七)公安部门对孤儿安置需办理常住户口登记或者迁移手续的,要依法及时予以办理;对遗弃儿童和利用孤儿从事非法活动的违法犯罪行为要严肃查处,坚决打击。

(八)司法部门应当依法保护孤儿的人身、财产权利。司法行政部门和人民法院应当依法对有需要的孤儿提供法律援助或者司法救助。

(九)因地制宜解决孤儿住房问题。监护人应当帮助有房产的孤儿做好房屋的维修、保护工作。居住在农村无住房的孤儿成年后,乡(镇)政府和村民委员会要组织动员社会力量和居住地村民帮助其建房。儿童福利机构中的孤儿成年结婚后,符合廉租住房、经济适用住房申请条件的,当地政府和建设(房地产)部门应当给予优先安排。

四、民政部门要积极发挥职能作用

(一)要加强协调指导。作为孤儿救助职能部门,民政部门要在地方党委政府的领导下,与有关部门密切协作,充分发挥牵头作用。要针对孤儿成长过程中遇到的困难,认真研究对策措施,不断完善法规政策,要加强协调,共同落实孤儿救助的各项政策,切实保障孤儿的合法权益 。

（二）要全面提高儿童福利机构的管理服务水平。要完善儿童福利机构孤儿、弃婴接收、救治和以岗位责任制为核心的管理制度，健全儿童养育、康复标准，并通过引入社会工作专业制度、聘用专业社会工作者等方式，积极探索适应儿童身心发育要求的养育模式，为孤儿提供规范优质的服务。要及时安排儿童福利机构收养的残疾孤儿进行治疗和康复，并将非定向的社会捐赠资金优先用于残疾孤儿的治疗和康复。

（三）要建立健全孤儿福利服务工作网络。民政部门可以根据需要委托福利院和敬老院，负责孤儿生活费的日常办理工作，加强对孤儿收养、寄养家庭的走访、服务指导、技术培训和监督检查工作。

（四）民政部门要将符合条件的社会散居孤儿纳入城乡医疗救助制度；已经开展新型农村合作医疗试点的地区，要用医疗救助基金资助农村孤儿参加新型农村合作医疗，其救治费用按照当地新型农村合作医疗制度规定报销后仍有困难的，由民政部门在医疗救助基金中解决。

五、广泛动员社会力量关心和帮助孤儿

要利用“六一”儿童节、“助残日”和专项慈善活动等时机，通过各种媒体广泛开展宣传，号召社会各界奉献爱心、帮助孤儿，为孤儿生存、发展创造良好的舆论氛围和社会环境。共青团、妇联等群团组织要协助各级政府开展孤儿权益的保护工作，倡导和组织广大青少年、妇女通过开展志愿者活动等多种形式为孤儿提供及时有效的服务，并对女童和艾滋病致孤儿童给予特殊的关爱。要大力推进社会福利社会化，发展慈善事业，鼓励民间组织、企业事业单位、公民和外资等社会力量支持参与儿童福利事业，进一步推动孤儿救助工作的开展。

发展儿童福利事业，完善孤儿救助制度是贯彻“三个代表”重要思想，树立科学发展观，落实“十一五”规划的一项重要任务；是体现社会公平、维护社会稳定，构建社会主义和谐社会的一项具体措施；是弘扬中华民族扶危济困传统美德，加强社会主义精神文明建设的一个实际行动。各级政府及有关部门要高度重视，狠抓落实，社会各界要大力支持，积极参与，让孤儿分享改革发展的成果，在充满亲情的社会主义大家庭中健康成长。

民政部、财政部关于发放孤儿基本生活费的通知

（2010年11月26日　民发〔2010〕161号）

各省、自治区、直辖市民政厅（局）、财政厅（局），新疆生产建设兵团民政局、财务局：

为贯彻落实《国务院办公厅关于加强孤儿保障工作的意见》（国办发〔2010〕54号，以下简称《意见》）精神，建立健全孤儿保障制度，切实保障孤儿合法权益，促进孤儿健康成长，民政部、财政部决定，自2010年1月起为全国孤儿发放基本生活费，现就有关问题通知如下：

一、充分认识发放孤儿基本生活费的重要意义

党和政府历来高度重视儿童福利工作，给予孤儿等特殊困难儿童特别的关怀。特别是改革开放以来，我国经济社会快速健康发展，社会保障体系逐步完善，孤儿各项权益得到了相应保障。但是从全国范围来看，面向孤儿群体的保障制度尚不健全，孤儿保障水平偏低，难以满足其成长需求，儿童福利机构护理人员短缺且专业化程度低，孤儿在医疗康复、教育、住房及成年后的就业等方面还有很多困难。发放孤儿基本生活费，是落实科学发展观、构建社会主义和谐社会的实际行动，是使孤儿共享改革开放成果的重要举措，是维护孤儿合法权益、保障孤儿健康成长的客观要求，是完善社会福利体系的重要内容。各地要充分认识到这项工作的重要意义，将其作为政府改善民生、建立健全社会福利体系的重点工作内容，增强责任感和使命感，高度重视，扎实推进。

二、合理确定发放对象范围

根据《意见》，孤儿保障的对象是失去父母、查找不到生父母的未成年人。其中，“未成年人”定义依据《中华人民共和国未成年人保护法》，指未满18周岁的公民。

三、科学制定标准，全面落实保障资金

各省（自治区、直辖市）要根据城乡生活水平、儿童成长需要和财力状况，按照保障孤儿的基本生活不低于当地平均生活水平的原则，合理确定孤儿基本生活最低养育标准，具体标准参照民政部关于孤儿最低养育标准的指导意见确定。机构供养孤儿养育标准应高于散居孤儿养育标准。地方各级财政要将孤儿基本生活费列入预算，省级财政要进一步加大投入，保障孤儿基本生活费所需资金。地方各级民政部门要根据保障对象的范围认真核定孤儿身份，提出资金需求，经同级财政部门审核后列入预算。中央财政2010年安排25亿元专项补助资金，对东、中、西部地区孤儿分别按照月人均180元、270元、360元的标准予以补助。以后年度按民政部审核的上年孤儿人数及孤儿基本养育需求，逐年测算安排中央财政补助金额。各地财政部门要统筹安排中央补助和地方资金，建立孤儿基本生活最低养育标准自然增长机制。孤儿基本生活费保障资金实行专项管理，专账核算，专款专用，严禁挤占挪用。

四、严格规范发放程序

孤儿基本生活费的管理既要严格规范，又要考虑到孤儿养育的特点和城乡实际，因地制宜，采取合理可行的办法和程序。

（一）申请、审核和审批。社会散居孤儿申请孤儿基本生活费，由孤儿监护人向孤儿户籍所在地的街道办事处或乡（镇）人民政府提出申请，申请时应出具孤儿父母死亡证明或人民法院宣告孤儿父母死亡或失踪的证明。街道办事处或乡

(镇)人民政府对申请人和孤儿情况进行核实并提出初步意见,上报县级人民政府民政部门审批。县级人民政府民政部门要认真审核申请材料,提出核定、审批意见。为保护孤儿的隐私,应避免以公示的方式核实了解情况。

福利机构孤儿的基本生活费,由福利机构负责汇总孤儿信息并向所属民政部门提出申请,由所属民政部门审批。省级民政部门会同财政部门,于每年3月底之前,将本地区截止上一年底的孤儿人数、保障标准、资金安排情况联合上报民政部、财政部。

(二)资金发放。县级财政部门根据同级民政部门提出的支付申请,将孤儿基本生活费直接拨付到孤儿或其监护人个人账户或福利机构集体账户。财政直接支付确有困难的,可通过县级民政部门按规定程序以现金形式发放。

(三)动态管理。街道办事处、乡(镇)人民政府和县级人民政府民政部门要采取多种形式,深入调查了解孤儿保障情况,及时按照程序和规定办理增发或停发孤儿基本生活费的手续。要将审批、发放工作与儿童福利信息系统建设结合起来,借助信息化手段实现对发放工作的动态管理,规范程序,提高效率。

(四)监督指导。县级人民政府民政部门要与社会散居孤儿的监护人签订协议。协议应对监护人领取、使用孤儿基本生活费以及孤儿养育状况提出相应要求,明确监护人应依法履行的监护职责和抚养义务。县(市)民政部门要依托福利机构设立儿童福利指导中心。有条件的地区,应独立设立儿童福利指导中心,儿童福利指导中心可受所属民政部门委托,负责为孤儿建档造册,对孤儿养育状况进行定期巡查和监督评估,对监护人进行指导和培训;负责代理孤儿权益的相关事务,协助所属民政部门与财政、卫生、教育、人力资源社会保障、住房城乡建设等部门协调,落实孤儿医疗康复、教育、住房及成年后就业等相关的优惠政策,为孤儿成长提供必要的服务和支持。

发放孤儿基本生活费是一项全新的工作,各地民政、财政部门要切实加强管理,确保发放工作顺利进行。对于孤儿基本生活费发放工作中遇到的困难和问题,及时报告民政部、财政部。

民政部、国家计委、财政部、国家教委、卫生部、交通部关于进一步发展孤残儿童福利事业的通知

(1997年1月21日　民福发〔1997〕3号)

各省、自治区、直辖市、计划单列市民政厅(局)、计委(计经委)、财政厅(局)、教委(教育厅)、卫生厅(局)、交通厅(局):

孤残儿童福利事业是我国社会保障工作的重要组成部分。新中国成立40多年来,特别是党的十一届三中全会以来,随着我国社会经济的蓬勃发展,孤残儿童福利事业也得到了长足发展,取得了显著成绩。但是,孤残儿童福利事业目前仍存在着不少困难和问题,这些困难和问题亟待解决。主要是:福利院数量少、规模小,床位不足,收养能力低;生活标准低,医疗、康复、教育比较困难;基础设施差;工作人员队伍不稳定。为此,今年3月国务院召开专门会议,听取了民政部等有关部门关于当前我国孤残儿童福利事业发展状况和问题的汇报,研究了孤儿、弃婴和加强儿童福利院建设等问题。

为了落实国务院关于研究孤儿问题的会议纪要(国阅〔1996〕54号)文件精神,认真贯彻《中华人民共和国国民经济和社会发展"九五"计划和2010年远景目标纲要》中提出的"切实保护妇女、未成年人、老年人、残疾人等社会群体和优抚救济对象的合法权益"和"积极发展社会福利事业和社区服务,加强福利设施建设"的指导方针,进一步发展我国孤残儿童福利事业,特作如下通知:

一、各级政府要将孤残儿童福利事业列入国民经济和社会发展计划,促进孤残儿童福利事业的发展水平与当地国民经济和社会发展水平相适应。"九五"期间,各级计划部门要把儿童(社会)福利院的床位数纳入社会发展的计划指标,同时对有关儿童(社会)福利院基本建设的立项予以统一安排。到"九五"末期,争取在各直辖市、省会城市、计划单列市及重点地区至少兴办1所儿童福利院,在70%左右的县(或县级市)建立起综合性的社会福利院(含儿童部),全国儿童收养的床位数力争达到30000张。到2010年,基本达到每个地级市都拥有一所具有养护、医疗康复、教育能力的儿童福利院。

二、加强基础设施建设,增加对儿童(社会)福利院的资金投入。"九五"期间,各地要加强对儿童(社会)福利院基础设施的建设,加快对现有儿童(社会)福利院基础设施更新改造工作的步伐。危房改造、生活护理设施更新所需的经费原则上由地方政府统筹解决,中央将通过转移支付制度对老、少、边、穷地区的财政予以支持。民政部计划利用中国社会福利有奖募捐资金,对全国800所新建社会福利院儿童部和100所儿童福利院基础设施的重点改造给予资助。

三、提高社会福利机构中收养儿童的生活费标准。各地要根据当地居民平均生活水平编制社会福利机构的经费预算。经费预算应按上年预算指标加当年合理增长部分安排。调整后的儿童生活费标准应不低于当地居民平均生活水平,具体标准和提高的幅度由县以上人民政府根据实际情况制定。提高标准所需经费由地方政府解决。

四、逐步建立和完善对孤儿和弃婴的救治制度。凡需要急救的孤儿和弃婴,要先送至当地医疗机构进行救治。经诊断治疗后,由医院签发诊断证明并连同健康证、残疾证,交由福利院按照有关规定办理入院手续。救治所需的经费,经民政部门申请、卫生部门证明,地方政府安排统筹解决,地方有奖募捐委员会也要视资金募集情况予以资助。各地卫生部门

要在1997年4月底以前，将县级以上地区为孤残儿童救治的指定医院报卫生部核准。

五、进一步扶持孤残儿童福利事业的发展。各地教育部门对福利院收养的就读于小学、初中的学龄儿童、少年免收杂费和书本费；对被高中（含职业高中）、技校、中专、高等学校录取的福利院孤儿，学校可免收学杂费，并给予必要的经济资助，书本费可由学校和福利院协商解决。福利机构的救护车及生活用车可由各地根据有关规定和实际工作需要，经福利机构按程序报请地方交通主管部门审批后，减免征收养路费。儿童（社会）福利院专业技术人员及其他各类工作人员的配备和队伍稳定问题，各地要予以充分重视，并注意解决他们的工作、生活等方面的实际困难；要进一步提高儿童（社会）福利院医护人员的医护水平，并由当地民政、卫生部门共同负责对其进行必要的专业技术培训。同时，卫生部门要根据福利院工作的特点制定适合民政系统专业技术特点的职称考核办法，在条件成熟的地区，卫生部门可授权民政部门对儿童（社会）福利院的医护人员进行中级及中级职称以下的考核评定，对经考试合格的专业技术人员给予资格认定。

六、切实加强孤残儿童的保护。各级政府要高度重视儿童福利事业发展，将儿童福利院的建设作为政府为人民群众办好事、办实事的一项政治任务来抓，协调有关部门落实优惠政策，保证项目实施。各地民政、计委、财政、教委、卫生、交通等部门，要在当地政府领导下，结合本地区实际情况，制定具体措施，落实保护政策，及时帮助儿童（社会）福利院解决实际困难。各地民政部门要加强对儿童（社会）福利院的领导，维护孤残儿童的切身利益。要帮助儿童（社会）福利院改善内部管理、建立健全各项管理制度和岗位责任制，规范工作规程，提高服务水平，确保孤残儿童幸福、健康地成长。

民政部关于制定福利机构儿童最低养育标准的指导意见

（2009年6月9日　民发〔2009〕77号）

各省、自治区、直辖市民政厅（局），计划单列市民政局，新疆生产建设兵团民政局：

党中央、国务院高度重视儿童福利事业，尤其是孤儿、弃婴的权益保障。2005年10月15日，胡锦涛总书记批示："孤儿是社会上最弱小、最困难的群体，应区别情况，完善救助制度，使他们都能健康成长。"2006年"六一"国际儿童节前夕，胡锦涛总书记视察北京市儿童福利院时特别指出："各级党委和政府都要把孤残儿童放在心上，健全救助制度，完善福利设施，推进特殊教育，动员社会力量为孤残儿童奉献爱心，使他们和其他小朋友一样，在祖国的同一片蓝天下健康幸福成长。"为贯彻落实胡锦涛总书记重要指示精神，加强孤儿福利保障工作，民政部启动实施了"儿童福利机构建设蓝天计划"，建立了"残疾孤儿手术康复明天计划"长效机制，进一步加强了儿童福利机构建设，改善了残疾孤儿健康状况，提高了福利机构儿童的生活质量。但是，相当多的福利机构仍然存在着儿童养育标准低的突出现象。

针对福利机构儿童残疾比例高、残疾种类多、营养康复和医疗需求大的特点，为保障在院儿童身心全面发展需要，避免出现养育标准过低、康复条件较差、各地养育标准差距较大的问题，经测算论证，民政部建议福利机构儿童最低养育标准为每人每月1000元。这一标准包含伙食费、服装被褥费、日常用品费、教育费、医疗费和康复费，不包含儿童大病医疗救助费、寄养家庭劳务费等（详见附表）。为推动各地尽快制定出科学、合理的福利机构儿童养育标准，现提出以下意见：

一、制定福利机构儿童养育标准的重要意义

儿童福利机构是集中养育孤儿、弃婴的场所，是地方各级政府对孤儿、弃婴履行监护义务、承担养育责任的载体，在儿童福利服务体系中发挥着骨干作用，是保障孤儿、弃婴生存权益的最后一道"安全网"。孤儿、弃婴的现实生存和未来发展状况，完全取决于各级政府是否能够为他们提供满足其健康成长需要的养育条件。制定福利机构儿童养育标准，有利于维护孤儿、弃婴的合法权益，促进社会公平正义，实现全体人民共享改革发展成果；有利于促进我国人权事业全面发展，体现社会主义制度的优越性，树立我国良好的国际形象。各地要从坚持立党为公、执政为民的高度，从全面建设小康社会、构建社会主义和谐社会的高度，充分认识制定福利机构儿童养育标准的重要意义，增强责任感和使命感，切实采取有力措施，做好本地福利机构儿童养育标准的制定和落实工作。

二、制定福利机构儿童养育标准的总体要求

各地要以邓小平理论和"三个代表"重要思想为指导，深入贯彻落实科学发展观，紧紧围绕改善孤儿和弃婴养育条件、提高孤儿和弃婴生活质量的目标，着眼于解决孤儿、弃婴最迫切、最直接、最现实的利益问题，树立"一切为了孩子，为了孩子的一切"的理念，以全国福利机构儿童最低养育标准为基准，科学制定和落实本地福利机构儿童养育标准，并建立自然增长机制，实现儿童福利事业与经济社会的协调发展。

三、加强对儿童福利机构养育工作的指导

各地要及时向当地政府汇报，把制定和落实福利机构儿童养育标准工作纳入到政府关注民生、建立健全社会保障体系的重点工作中来。地方各级民政部门作为儿童福利机构的上级主管部门，要进一步加强对儿童福利机构的指导和支持，主动帮助解决福利机构的现实困难和实际问题，为在院儿童创造积极健康的成长条件。社会各界捐赠给儿童福利机构的款物要直接用于儿童成长支出，不得冲抵福利机构行政事业经费和儿童养育费。儿童福利机构要切实负起责任，完善岗位责任制，规范内部管理，加强人员培训，不断提高养育质量和康复训练、特殊教育水平。要进一步加强专业化、标准化建设，不断改善残疾孤儿健康状况，为他们成年后融入社会打下良好基础。要密切关注孤儿、弃婴的身心发育和性格培养，促进他们全面健康成长。儿童福利工作者和福利机构工作人员要进一步增强使命感和责任感，满怀爱心和热忱，把抚养、教育孤儿、弃婴的工作做实、做细、做好。

各地要对制定和落实福利机构儿童养育标准工作做出具体部署和安排，并将工作情况于今年10月底前报社会福利和慈善事业促进司。

附件：福利机构儿童养育费用支出参照表（均值）（略）

家庭寄养管理办法

（2014年9月24日民政部令第54号公布　自2014年12月1日起施行）

第一章　总　　则

第一条　为了规范家庭寄养工作，促进寄养儿童身心健康成长，根据《中华人民共和国未成年人保护法》和国家有关规定，制定本办法。

第二条　本办法所称家庭寄养，是指经过规定的程序，将民政部门监护的儿童委托在符合条件的家庭中养育的照料模式。

第三条　家庭寄养应当有利于寄养儿童的抚育、成长，保障寄养儿童的合法权益不受侵犯。

第四条　国务院民政部门负责全国家庭寄养监督管理工作。

县级以上地方人民政府民政部门负责本行政区域内家庭寄养监督管理工作。

第五条　县级以上地方人民政府民政部门设立的儿童福利机构负责家庭寄养工作的组织实施。

第六条　县级以上人民政府民政部门应当会同有关部门采取措施，鼓励、支持符合条件的家庭参与家庭寄养工作。

第二章　寄养条件

第七条　未满十八周岁、监护权在县级以上地方人民政府民政部门的孤儿、查找不到生父母的弃婴和儿童，可以被寄养。

需要长期依靠医疗康复、特殊教育等专业技术照料的重度残疾儿童，不宜安排家庭寄养。

第八条　寄养家庭应当同时具备下列条件：

（一）有儿童福利机构所在地的常住户口和固定住所。寄养儿童入住后，人均居住面积不低于当地人均居住水平；

（二）有稳定的经济收入，家庭成员人均收入在当地处于中等水平以上；

（三）家庭成员未患有传染病或者精神疾病，以及其他不利于寄养儿童抚育、成长的疾病；

（四）家庭成员无犯罪记录，无不良生活嗜好，关系和睦，与邻里关系融洽；

（五）主要照料人的年龄在三十周岁以上六十五周岁以下，身体健康，具有照料儿童的能力、经验，初中以上文化程度。

具有社会工作、医疗康复、心理健康、文化教育等专业知识的家庭和自愿无偿奉献爱心的家庭，同等条件下优先考虑。

第九条　每个寄养家庭寄养儿童的人数不得超过二人，且该家庭无未满六周岁的儿童。

第十条　寄养残疾儿童，应当优先在具备医疗、特殊教育、康复训练条件的社区中为其选择寄养家庭。

第十一条　寄养年满十周岁以上儿童的，应当征得寄养儿童的同意。

第三章　寄养关系的确立

第十二条　确立家庭寄养关系，应当经过以下程序：

（一）申请。拟开展寄养的家庭应当向儿童福利机构提出书面申请，并提供户口簿、身份证复印件，家庭经济收入和住房情况、家庭成员健康状况以及一致同意申请等证明材料；

（二）评估。儿童福利机构应当组织专业人员或者委托社会工作服务机构等第三方专业机构对提出申请的家庭进行实地调查，核实申请家庭是否具备寄养条件和抚育能力，了解其邻里关系、社会交往、有无犯罪记录、社区环境等情况，并根据调查结果提出评估意见；

（三）审核。儿童福利机构应当根据评估意见对申请家庭进行审核，确定后报主管民政部门备案；

（四）培训。儿童福利机构应当对寄养家庭主要照料人进行培训；

（五）签约。儿童福利机构应当与寄养家庭主要照料人签订寄养协议，明确寄养期限、寄养双方的权利义务、寄养家庭的主要照料人、寄养融合期限、违约责任及处理等事项。家庭寄养协议自双方签字（盖章）之日起生效。

第十三条　寄养家庭应当履行下列义务：

（一）保障寄养儿童人身安全，尊重寄养儿童人格尊严；

（二）为寄养儿童提供生活照料，满足日常营养需要，帮助其提高生活自理能力；

（三）培养寄养儿童健康的心理素质，树立良好的思想道德观念；

（四）按照国家规定安排寄养儿童接受学龄前教育和义务教育。负责与学校沟通，配合学校做好寄养儿童的学校教育；

（五）对患病的寄养儿童及时安排医治。寄养儿童发生急症、重症等情况时，应当及时进行医治，并向儿童福利机构报告；

（六）配合儿童福利机构为寄养的残疾儿童提供辅助矫治、肢体功能康复训练、聋儿语言康复训练等方面的服务；

（七）配合儿童福利机构做好寄养儿童的送养工作；

（八）定期向儿童福利机构反映寄养儿童的成长状况，并接受其探访、培训、监督和指导；

（九）及时向儿童福利机构报告家庭住所变更情况；

（十）保障寄养儿童应予保障的其他权益。

第十四条　儿童福利机构主要承担以下职责：

（一）制定家庭寄养工作计划并组织实施；

（二）负责寄养家庭的招募、调查、审核和签约；

（三）培训寄养家庭中的主要照料人，组织寄养工作经验交流活动；

（四）定期探访寄养儿童，及时处理存在的问题；

（五）监督、评估寄养家庭的养育工作；

（六）建立家庭寄养服务档案并妥善保管；

（七）根据协议规定发放寄养儿童所需款物；

（八）向主管民政部门及时反映家庭寄养工作情况并提出建议。

第十五条　寄养协议约定的主要照料人不得随意变更。确需变更的，应当经儿童福利机构同意，经培训后在家庭寄养协议主要照料人一栏中变更。

第十六条　寄养融合期的时间不得少于六十日。

第十七条　寄养家庭有协议约定的事由在短期内不能照料寄养儿童的，儿童福利机构应当为寄养儿童提供短期养育服务。短期养育服务时间一般不超过三十日。

第十八条　寄养儿童在寄养期间不办理户口迁移手续，不改变与民政部门的监护关系。

第四章　寄养关系的解除

第十九条　寄养家庭提出解除寄养关系的，应当提前一个月向儿童福利机构书面提出解除寄养关系的申请，儿童福利机构应当予以解除。但在融合期内提出解除寄养关系的除外。

第二十条　寄养家庭有下列情形之一的，儿童福利机构应当解除寄养关系：

（一）寄养家庭及其成员有歧视、虐待寄养儿童行为的；

（二）寄养家庭成员的健康、品行不符合本办法第八条第（三）和（四）项规定的；

（三）寄养家庭发生重大变故，导致无法履行寄养义务的；

（四）寄养家庭变更住所后不符合本办法第八条规定的；

（五）寄养家庭借机对外募款敛财的；

（六）寄养家庭不履行协议约定的其他情形。

第二十一条　寄养儿童有下列情形之一的，儿童福利机构应当解除寄养关系：

（一）寄养儿童与寄养家庭关系恶化，确实无法共同生活的；

（二）寄养儿童依法被收养、被亲生父母或者其他监护人认领的；

（三）寄养儿童因就医、就学等特殊原因需要解除寄养关系的。

第二十二条　解除家庭寄养关系，儿童福利机构应当以书面形式通知寄养家庭，并报其主管民政部门备案。家庭寄养关系的解除以儿童福利机构批准时间为准。

第二十三条　儿童福利机构拟送养寄养儿童时，应当在报送被送养人材料的同时通知寄养家庭。

第二十四条　家庭寄养关系解除后，儿童福利机构应当妥善安置寄养儿童，并安排社会工作、医疗康复、心理健康教育等专业技术人员对其进行辅导、照料。

第二十五条　符合收养条件、有收养意愿的寄养家庭，可以依法优先收养被寄养儿童。

第五章　监督管理

第二十六条　县级以上地方人民政府民政部门对家庭寄养工作负有以下监督管理职责：

（一）制定本地区家庭寄养工作政策；

（二）指导、检查本地区家庭寄养工作；

（三）负责寄养协议的备案，监督寄养协议的履行；

（四）协调解决儿童福利机构与寄养家庭之间的争议；

（五）与有关部门协商，及时处理家庭寄养工作中存在的问题。

第二十七条　开展跨县级或者设区的市级行政区域的家庭寄养，应当经过共同上一级人民政府民政部门同意。

不得跨省、自治区、直辖市开展家庭寄养。

第二十八条　儿童福利机构应当聘用具有社会工作、医疗康复、心理健康教育等专业知识的专职工作人员。

第二十九条　家庭寄养经费，包括寄养儿童的养育费用补贴、寄养家庭的劳务补贴和寄养工作经费等。

寄养儿童养育费用补贴按照国家有关规定列支。寄养家庭劳务补贴、寄养工作经费等由当地人民政府予以保障。

第三十条　家庭寄养经费必须专款专用，儿童福利机构不得截留或者挪用。

第三十一条　儿童福利机构可以依法通过与社会组织合作、通过接受社会捐赠获得资助。

与境外社会组织或者个人开展同家庭寄养有关的合作项目，应当按照有关规定办理手续。

第六章　法律责任

第三十二条　寄养家庭不履行本办法规定的义务，或者未经同意变更主要照料人的，儿童福利机构可以督促其改正，情节严重的，可以解除寄养协议。

寄养家庭成员侵害寄养儿童的合法权益，造成人身财产损害的，依法承担民事责任；构成犯罪的，依法追究刑事责任。

第三十三条 儿童福利机构有下列情形之一的，由设立该机构的民政部门进行批评教育，并责令改正；情节严重的，对直接负责的主管人员和其他直接责任人员依法给予处分：

（一）不按照本办法的规定承担职责的；

（二）在办理家庭寄养工作中牟取利益，损害寄养儿童权益的；

（三）玩忽职守导致寄养协议不能正常履行的；

（四）跨省、自治区、直辖市开展家庭寄养，或者未经上级部门同意擅自开展跨县级或者设区的市级行政区域家庭寄养的；

（五）未按照有关规定办理手续，擅自与境外社会组织或者个人开展家庭寄养合作项目的。

第三十四条 县级以上地方人民政府民政部门不履行家庭寄养工作职责，由上一级人民政府民政部门责令其改正。情节严重的，对直接负责的主管人员和其他直接责任人员依法给予处分。

第七章 附 则

第三十五条 对流浪乞讨等生活无着未成年人承担临时监护责任的未成年人救助保护机构开展家庭寄养，参照本办法执行。

第三十六条 尚未设立儿童福利机构的，由县级以上地方人民政府民政部门负责本行政区域内家庭寄养的组织实施，具体工作参照本办法执行。

第三十七条 本办法自2014年12月1日起施行，2003年颁布的《家庭寄养管理暂行办法》（民发〔2003〕144号）同时废止。

2. 老年人福利

中华人民共和国老年人权益保障法

（1996年8月29日第八届全国人民代表大会常务委员会第二十一次会议通过 根据2009年8月27日第十一届全国人民代表大会常务委员会第十次会议《关于修改部分法律的决定》第一次修正 2012年12月28日第十一届全国人民代表大会常务委员会第三十次会议修订 根据2015年4月24日第十二届全国人民代表大会常务委员会第十四次会议《关于修改〈中华人民共和国电力法〉等六部法律的决定》第二次修正）

第一章 总 则

第一条 **【立法宗旨】**为了保障老年人合法权益，发展老龄事业，弘扬中华民族敬老、养老、助老的美德，根据宪法，制定本法。

第二条 **【老年人的界定】**本法所称老年人是指六十周岁以上的公民。

第三条 **【国家依法保障老年人的合法权益】**国家保障老年人依法享有的权益。

老年人有从国家和社会获得物质帮助的权利，有享受社会服务和社会优待的权利，有参与社会发展和共享发展成果的权利。

禁止歧视、侮辱、虐待或者遗弃老年人。

第四条 **【积极应对人口老龄化】**积极应对人口老龄化是国家的一项长期战略任务。

国家和社会应当采取措施，健全保障老年人权益的各项制度，逐步改善保障老年人生活、健康、安全以及参与社会发展的条件，实现老有所养、老有所医、老有所为、老有所学、老有所乐。

第五条 **【社会保障、社会养老服务体系】**国家建立多层次的社会保障体系，逐步提高对老年人的保障水平。

国家建立和完善以居家为基础、社区为依托、机构为支撑的社会养老服务体系。

倡导全社会优待老年人。

第六条 **【老龄事业发展规划、老龄工作机构】**各级人民政府应当将老龄事业纳入国民经济和社会发展规划，将老龄事业经费列入财政预算，建立稳定的经费保障机制，并鼓励社会各方面投入，使老龄事业与经济、社会协调发展。

国务院制定国家老龄事业发展规划。县级以上地方人民政府根据国家老龄事业发展规划，制定本行政区域的老龄事业发展规划和年度计划。

县级以上人民政府负责老龄工作的机构，负责组织、协调、指导、督促有关部门做好老年人权益保障工作。

第七条 **【全社会的共同责任】**保障老年人合法权益是全社会的共同责任。

国家机关、社会团体、企业事业单位和其他组织应当按照各自职责，做好老年人权益保障工作。

基层群众性自治组织和依法设立的老年人组织应当反映老年人的要求，维护老年人合法权益，为老年人服务。

提倡、鼓励义务为老年人服务。

第八条 **【老龄化宣传教育】**国家进行人口老龄化国情教育，增强全社会积极应对人口老龄化意识。

全社会应当广泛开展敬老、养老、助老宣传教育活动，树立尊重、关心、帮助老年人的社会风尚。

青少年组织、学校和幼儿园应当对青少年和儿童进行敬老、养老、助老的道德教育和维护老年人合法权益的法制教育。

广播、电影、电视、报刊、网络等应当反映老年人的生活，开展维护老年人合法权益的宣传，为老年人服务。

第九条 【老龄科学研究、统计调查】国家支持老龄科学研究，建立老年人状况统计调查和发布制度。

第十条 【表彰和奖励】各级人民政府和有关部门对维护老年人合法权益和敬老、养老、助老成绩显著的组织、家庭或者个人，对参与社会发展做出突出贡献的老年人，按照国家有关规定给予表彰或者奖励。

第十一条 【遵纪守法】老年人应当遵纪守法，履行法律规定的义务。

第十二条 【老年节】每年农历九月初九为老年节。

第二章 家庭赡养与扶养

第十三条 【居家养老】老年人养老以居家为基础，家庭成员应当尊重、关心和照料老年人。

第十四条 【赡养义务】赡养人应当履行对老年人经济上供养、生活上照料和精神上慰藉的义务，照顾老年人的特殊需要。

赡养人是指老年人的子女以及其他依法负有赡养义务的人。

赡养人的配偶应当协助赡养人履行赡养义务。

第十五条 【治疗和护理、生活照料】赡养人应当使患病的老年人及时得到治疗和护理；对经济困难的老年人，应当提供医疗费用。

对生活不能自理的老年人，赡养人应当承担照料责任；不能亲自照料的，可以按照老年人的意愿委托他人或者养老机构等照料。

第十六条 【老年人的住房】赡养人应当妥善安排老年人的住房，不得强迫老年人居住或者迁居条件低劣的房屋。

老年人自有的或者承租的住房，子女或者其他亲属不得侵占，不得擅自改变产权关系或者租赁关系。

老年人自有的住房，赡养人有维修的义务。

第十七条 【老年人的田地、林木和牲畜】赡养人有义务耕种或者委托他人耕种老年人承包的田地，照管或者委托他人照管老年人的林木和牲畜等，收益归老年人所有。

第十八条 【老年人的精神需求】家庭成员应当关心老年人的精神需求，不得忽视、冷落老年人。

与老年人分开居住的家庭成员，应当经常看望或者问候老年人。

用人单位应当按照国家有关规定保障赡养人探亲休假的权利。

第十九条 【不得拒绝履行赡养义务、要求老年人承担力不能及的劳动】赡养人不得以放弃继承权或者其他理由，拒绝履行赡养义务。

赡养人不履行赡养义务，老年人有要求赡养人付给赡养费等权利。

赡养人不得要求老年人承担力不能及的劳动。

第二十条 【赡养协议】经老年人同意，赡养人之间可以就履行赡养义务签订协议。赡养协议的内容不得违反法律的规定和老年人的意愿。

基层群众性自治组织、老年人组织或者赡养人所在单位监督协议的履行。

第二十一条 【老年人的婚姻自由】老年人的婚姻自由受法律保护。子女或者其他亲属不得干涉老年人离婚、再婚及婚后的生活。

赡养人的赡养义务不因老年人的婚姻关系变化而消除。

第二十二条 【老年人的财产权利】老年人对个人的财产，依法享有占有、使用、收益和处分的权利，子女或者其他亲属不得干涉，不得以窃取、骗取、强行索取等方式侵犯老年人的财产权益。

老年人有依法继承父母、配偶、子女或者其他亲属遗产的权利，有接受赠与的权利。子女或者其他亲属不得侵占、抢夺、转移、隐匿或者损毁应当由老年人继承或者接受赠与的财产。

老年人以遗嘱处分财产，应当依法为老年配偶保留必要的份额。

第二十三条 【扶养义务】老年人与配偶有相互扶养的义务。

由兄、姐扶养的弟、妹成年后，有负担能力的，对年老无赡养人的兄、姐有扶养的义务。

第二十四条 【督促履行赡养、扶养义务】赡养人、扶养人不履行赡养、扶养义务的，基层群众性自治组织、老年人组织或者赡养人、扶养人所在单位应当督促其履行。

第二十五条 【禁止实施家庭暴力】禁止对老年人实施家庭暴力。

第二十六条 【监护】具备完全民事行为能力的老年人，可以在近亲属或者其他与自己关系密切、愿意承担监护责任的个人、组织中协商确定自己的监护人。监护人在老年人丧失或者部分丧失民事行为能力时，依法承担监护责任。

老年人未事先确定监护人的，其丧失或者部分丧失民事行为能力时，依照有关法律的规定确定监护人。

第二十七条 【家庭养老支持政策】国家建立健全家庭养老支持政策，鼓励家庭成员与老年人共同生活或者就近居住，为老年人随配偶或者赡养人迁徙提供条件，为家庭成员照料老年人提供帮助。

第三章 社 会 保 障

第二十八条 【基本养老保险】国家通过基本养老保险制度，保障老年人的基本生活。

第二十九条 【基本医疗保险】国家通过基本医疗保险制度，保障老年人的基本医疗需要。享受最低生活保障的老年人和符合条件的低收入家庭中的老年人参加新型农村合作医疗和城镇居民基本医疗保险所需个人缴费部分，由政府给予补贴。

有关部门制定医疗保险办法，应当对老年人给予照顾。

第三十条 【长期护理保障】国家逐步开展长期护理保障工作，保障老年人的护理需求。

对生活长期不能自理、经济困难的老年人，地方各级人民政府应当根据其失能程度等情况给予护理补贴。

第三十一条 【社会救助】国家对经济困难的老年人给予基本生活、医疗、居住或者其他救助。

老年人无劳动能力、无生活来源、无赡养人和扶养人，或者其赡养人和扶养人确无赡养能力或者扶养能力的，由地方各级人民政府依照有关规定给予供养或者救助。

对流浪乞讨、遭受遗弃等生活无着的老年人，由地方各级人民政府依照有关规定给予救助。

第三十二条 【住房照顾】地方各级人民政府在实施廉租住房、公共租赁住房等住房保障制度或者进行危旧房屋改造时，应当优先照顾符合条件的老年人。

第三十三条 【老年人福利制度】国家建立和完善老年人福利制度，根据经济社会发展水平和老年人的实际需要，增加老年人的社会福利。

国家鼓励地方建立八十周岁以上低收入老年人高龄津贴制度。

国家建立和完善计划生育家庭老年人扶助制度。

农村可以将未承包的集体所有的部分土地、山林、水面、滩涂等作为养老基地，收益供老年人养老。

第三十四条 【足额支付养老待遇、提高保障水平】老年人依法享有的养老金、医疗待遇和其他待遇应当得到保障，有关机构必须按时足额支付，不得克扣、拖欠或者挪用。

国家根据经济发展以及职工平均工资增长、物价上涨等情况，适时提高养老保障水平。

第三十五条 【鼓励慈善】国家鼓励慈善组织以及其他组织和个人为老年人提供物质帮助。

第三十六条 【遗赠扶养协议】老年人可以与集体经济组织、基层群众性自治组织、养老机构等组织或者个人签订遗赠扶养协议或者其他扶助协议。

负有扶养义务的组织或者个人按照遗赠扶养协议，承担该老年人生养死葬的义务，享有受遗赠的权利。

第四章 社会服务

第三十七条 【社区养老服务】地方各级人民政府和有关部门应当采取措施，发展城乡社区养老服务，鼓励、扶持专业服务机构及其他组织和个人，为居家的老年人提供生活照料、紧急救援、医疗护理、精神慰藉、心理咨询等多种形式的服务。

对经济困难的老年人，地方各级人民政府应当逐步给予养老服务补贴。

第三十八条 【养老服务设施建设】地方各级人民政府和有关部门、基层群众性自治组织，应当将养老服务设施纳入城乡社区配套设施建设规划，建立适应老年人需要的生活服务、文化体育活动、日间照料、疾病护理与康复等服务设施和网点，就近为老年人提供服务。

发扬邻里互助的传统，提倡邻里间关心、帮助有困难的老年人。

鼓励慈善组织、志愿者为老年人服务。倡导老年人互助服务。

第三十九条 【资金投入、扶持措施】各级人民政府应当根据经济发展水平和老年人服务需求，逐步增加对养老服务的投入。

各级人民政府和有关部门在财政、税费、土地、融资等方面采取措施，鼓励、扶持企业事业单位、社会组织或者个人兴办、运营养老、老年人日间照料、老年文化体育活动等设施。

第四十条 【养老服务设施用地】地方各级人民政府和有关部门应当按照老年人口比例及分布情况，将养老服务设施建设纳入城乡规划和土地利用总体规划，统筹安排养老服务设施建设用地及所需物资。

公益性养老服务设施用地，可以依法使用国有划拨土地或者农民集体所有的土地。

养老服务设施用地，非经法定程序不得改变用途。

第四十一条 【政府投资兴办的养老机构】政府投资兴办的养老机构，应当优先保障经济困难的孤寡、失能、高龄等老年人的服务需求。

第四十二条 【养老服务标准、评估制度】国务院有关部门制定养老服务设施建设、养老服务质量和养老服务职业等标准，建立健全养老机构分类管理和养老服务评估制度。

各级人民政府应当规范养老服务收费项目和标准，加强监督和管理。

第四十三条 【设立养老机构的条件】设立养老机构，应当符合下列条件：

（一）有自己的名称、住所和章程；

（二）有与服务内容和规模相适应的资金；

（三）有符合相关资格条件的管理人员、专业技术人员和服务人员；

（四）有基本的生活用房、设施设备和活动场地；

（五）法律、法规规定的其他条件。

第四十四条 【养老机构行政许可】设立公益性养老机构应当向县级以上人民政府民政部门申请行政许可；经许可的，依法办理相应的登记。

设立经营性养老机构应当在工商行政管理部门办理登记后，向县级以上人民政府民政部门申请行政许可。

县级以上人民政府民政部门负责养老机构的指导、监督和管理，其他有关部门依照职责分工对养老机构实施监督。

第四十五条　【养老机构的变更和终止】养老机构变更或者终止的，应当妥善安置收住的老年人，并依照规定到有关部门办理手续。有关部门应当为养老机构妥善安置老年人提供帮助。

第四十六条　【养老服务人才培养】国家建立健全养老服务人才培养、使用、评价和激励制度，依法规范用工，促进从业人员劳动报酬合理增长，发展专职、兼职和志愿者相结合的养老服务队伍。

国家鼓励高等学校、中等职业学校和职业培训机构设置相关专业或者培训项目，培养养老服务专业人才。

第四十七条　【养老服务协议】养老机构应当与接受服务的老年人或者其代理人签订服务协议，明确双方的权利、义务。

养老机构及其工作人员不得以任何方式侵害老年人的权益。

第四十八条　【养老机构责任保险】国家鼓励养老机构投保责任保险，鼓励保险公司承保责任保险。

第四十九条　【老年医疗卫生服务】各级人民政府和有关部门应当将老年医疗卫生服务纳入城乡医疗卫生服务规划，将老年人健康管理和常见病预防等纳入国家基本公共卫生服务项目。鼓励为老年人提供保健、护理、临终关怀等服务。

国家鼓励医疗机构开设针对老年病的专科或者门诊。

医疗卫生机构应当开展老年人的健康服务和疾病防治工作。

第五十条　【老年医学、健康教育】国家采取措施，加强老年医学的研究和人才培养，提高老年病的预防、治疗、科研水平，促进老年病的早期发现、诊断和治疗。

国家和社会采取措施，开展各种形式的健康教育，普及老年保健知识，增强老年人自我保健意识。

第五十一条　【发展老龄产业】国家采取措施，发展老龄产业，将老龄产业列入国家扶持行业目录。扶持和引导企业开发、生产、经营适应老年人需要的用品和提供相关的服务。

第五章　社会优待

第五十二条　【提高优待水平】县级以上人民政府及其有关部门根据经济社会发展情况和老年人的特殊需要，制定优待老年人的办法，逐步提高优待水平。

对常住在本行政区域内的外埠老年人给予同等优待。

第五十三条　【为领取养老金、结算医疗费等提供帮助】各级人民政府和有关部门应当为老年人及时、便利地领取养老金、结算医疗费和享受其他物质帮助提供条件。

第五十四条　【优先办理房屋权属关系变更等】各级人民政府和有关部门办理房屋权属关系变更、户口迁移等涉及老年人权益的重大事项时，应当就办理事项是否为老年人的真实意思表示进行询问，并依法优先办理。

第五十五条　【法律援助】老年人因其合法权益受侵害提起诉讼交纳诉讼费确有困难的，可以缓交、减交或者免交；需要获得律师帮助，但无力支付律师费用的，可以获得法律援助。

鼓励律师事务所、公证处、基层法律服务所和其他法律服务机构为经济困难的老年人提供免费或者优惠服务。

第五十六条　【就医优先】医疗机构应当为老年人就医提供方便，对老年人就医予以优先。有条件的地方，可以为老年人设立家庭病床，开展巡回医疗、护理、康复、免费体检等服务。

提倡为老年人义诊。

第五十七条　【生活优先、优惠】提倡与老年人日常生活密切相关的服务行业为老年人提供优先、优惠服务。

城市公共交通、公路、铁路、水路和航空客运，应当为老年人提供优待和照顾。

第五十八条　【公共文化设施的免费和优惠】博物馆、美术馆、科技馆、纪念馆、公共图书馆、文化馆、影剧院、体育场馆、公园、旅游景点等场所，应当对老年人免费或者优惠开放。

第五十九条　【不承担酬劳义务】农村老年人不承担兴办公益事业的筹劳义务。

第六章　宜居环境

第六十条　【宜居环境建设】国家采取措施，推进宜居环境建设，为老年人提供安全、便利和舒适的环境。

第六十一条　【宜居规划】各级人民政府在制定城乡规划时，应当根据人口老龄化发展趋势、老年人口分布和老年人的特点，统筹考虑适合老年人的公共基础设施、生活服务设施、医疗卫生设施和文化体育设施建设。

第六十二条　【完善工程建设标准体系】国家制定和完善涉及老年人的工程建设标准体系，在规划、设计、施工、监理、验收、运行、维护、管理等环节加强相关标准的实施与监督。

第六十三条　【无障碍设施建设】国家制定无障碍设施工程建设标准。新建、改建和扩建道路、公共交通设施、建筑物、居住区等，应当符合国家无障碍设施工程建设标准。

各级人民政府和有关部门应当按照国家无障碍设施工程建设标准，优先推进与老年人日常生活密切相关的公共服务设施的改造。

无障碍设施的所有人和管理人应当保障无障碍设施正常使用。

第六十四条　【老年宜居社区建设】国家推动老年宜居社区建设，引导、支持老年宜居住宅的开发，推动和扶持老年人家庭无障碍设施的改造，为老年人创造无障碍居住环境。

第七章　参与社会发展

第六十五条　【保障老年人参与社会生活】国家和社会应当重视、珍惜老年人的知识、技能、经验和优良品德，发挥老年人的专长和作用，保障老年人参与经济、政治、文化和社会生活。

第六十六条　【老年人组织】老年人可以通过老年人组织，开展有益身心健康的活动。

第六十七条　【听取老年人和老年人组织的意见】制定法律、法规、规章和公共政策，涉及老年人权益重大问题的，应当听取老年人和老年人组织的意见。

老年人和老年人组织有权向国家机关提出老年人权益保障、老龄事业发展等方面的意见和建议。

第六十八条　【参与社会发展的具体活动】国家为老年人参与社会发展创造条件。根据社会需要和可能，鼓励老年人在自愿和量力的情况下，从事下列活动：

（一）对青少年和儿童进行社会主义、爱国主义、集体主义和艰苦奋斗等优良传统教育；

（二）传授文化和科技知识；

（三）提供咨询服务；

（四）依法参与科技开发和应用；

（五）依法从事经营和生产活动；

（六）参加志愿服务、兴办社会公益事业；

（七）参与维护社会治安、协助调解民间纠纷；

（八）参加其他社会活动。

第六十九条　【保护合法收入、不得安排从事危险作业】老年人参加劳动的合法收入受法律保护。

任何单位和个人不得安排老年人从事危害其身心健康的劳动或者危险作业。

第七十条　【继续教育】老年人有继续受教育的权利。

国家发展老年教育，把老年教育纳入终身教育体系，鼓励社会办好各类老年学校。

各级人民政府对老年教育应当加强领导，统一规划，加大投入。

第七十一条　【老年文化生活】国家和社会采取措施，开展适合老年人的群众性文化、体育、娱乐活动，丰富老年人的精神文化生活。

第八章　法 律 责 任

第七十二条　【救济途径】老年人合法权益受到侵害的，被侵害人或者其代理人有权要求有关部门处理，或者依法向人民法院提起诉讼。

人民法院和有关部门，对侵犯老年人合法权益的申诉、控告和检举，应当依法及时受理，不得推诿、拖延。

第七十三条　【监管部门的职责】不履行保护老年人合法权益职责的部门或者组织，其上级主管部门应当给予批评教育，责令改正。

国家工作人员违法失职，致使老年人合法权益受到损害的，由其所在单位或者上级机关责令改正，或者依法给予处分；构成犯罪的，依法追究刑事责任。

第七十四条　【纠纷调解】老年人与家庭成员因赡养、扶养或者住房、财产等发生纠纷，可以申请人民调解委员会或者其他有关组织进行调解，也可以直接向人民法院提起诉讼。

人民调解委员会或者其他有关组织调解前款纠纷时，应当通过说服、疏导等方式化解矛盾和纠纷；对有过错的家庭成员，应当给予批评教育。

人民法院对老年人追索赡养费或者扶养费的申请，可以依法裁定先予执行。

第七十五条　【干涉老年人婚姻自由的责任】干涉老年人婚姻自由，对老年人负有赡养义务、扶养义务而拒绝赡养、扶养，虐待老年人或者对老年人实施家庭暴力的，由有关单位给予批评教育；构成违反治安管理行为的，依法给予治安管理处罚；构成犯罪的，依法追究刑事责任。

第七十六条　【侵害老年人财物的责任】家庭成员盗窃、诈骗、抢夺、侵占、勒索、故意损毁老年人财物，构成违反治安管理行为的，依法给予治安管理处罚；构成犯罪的，依法追究刑事责任。

第七十七条　【侮辱、诽谤老年人的责任】侮辱、诽谤老年人，构成违反治安管理行为的，依法给予治安管理处罚；构成犯罪的，依法追究刑事责任。

第七十八条　【未经许可设立养老机构的责任】未经许可设立养老机构的，由县级以上人民政府民政部门责令改正；符合法律、法规规定的养老机构条件的，依法补办相关手续；逾期达不到法定条件的，责令停办并妥善安置收住的老年人；造成损害的，依法承担民事责任。

第七十九条　【养老机构及其工作人员的责任】养老机构及其工作人员侵害老年人人身和财产权益，或者未按照约定提供服务的，依法承担民事责任；有关主管部门依法给予行政处罚；构成犯罪的，依法追究刑事责任。

第八十条　【养老机构监管部门的责任】对养老机构负有管理和监督职责的部门及其工作人员滥用职权、玩忽职守、徇私舞弊的，对直接负责的主管人员和其他直接责任人员依法给予处分；构成犯罪的，依法追究刑事责任。

第八十一条　【未履行社会优待义务的责任】不按规定履行优待老年人义务的，由有关主管部门责令改正。

第八十二条　【工程、设施建设不符合标准等的责任】涉及老年人的工程不符合国家规定的标准或者无障碍设施所有人、管理人未尽到维护和管理职责的，由有关主管部门责令改正；造成损害的，依法承担民事责任；对有关单位、个人依法给予行政处罚；构成犯罪的，依法追究刑事责任。

第九章　附　　则

第八十三条　【民族自治地方制定变通或者补充规定】民族自治地方的人民代表大会，可以根据本法的原则，结合当地民族风俗习惯的具体情况，依照法定程序制定变通的或者补充的规定。

第八十四条　【过渡期养老机构的整改】本法施行前设立的养老机构不符合本法规定条件的，应当限期整改。具体办法由国务院民政部门制定。

第八十五条　【施行日期】本法自2013年7月1日起施行。

国务院关于加快发展养老服务业的若干意见

（2013年9月6日　国发〔2013〕35号）

近年来，我国养老服务业快速发展，以居家为基础、社区为依托、机构为支撑的养老服务体系初步建立，老年消费市场初步形成，老龄事业发展取得显著成就。但总体上看，养老服务和产品供给不足、市场发育不健全、城乡区域发展不平衡等问题还十分突出。当前，我国已经进入人口老龄化快速发展阶段，2012年底我国60周岁以上老年人口已达1.94亿，2020年将达到2.43亿，2025年将突破3亿。积极应对人口老龄化，加快发展养老服务业，不断满足老年人持续增长的养老服务需求，是全面建成小康社会的一项紧迫任务，有利于保障老年人权益，共享改革发展成果，有利于拉动消费、扩大就业，有利于保障和改善民生，促进社会和谐，推进经济社会持续健康发展。为加快发展养老服务业，现提出以下意见：

一、总体要求

（一）指导思想。以邓小平理论、“三个代表”重要思想、科学发展观为指导，从国情出发，把不断满足老年人日益增长的养老服务需求作为出发点和落脚点，充分发挥政府作用，通过简政放权，创新体制机制，激发社会活力，充分发挥社会力量的主体作用，健全养老服务体系，满足多样化养老服务需求，努力使养老服务业成为积极应对人口老龄化、保障和改善民生的重要举措，成为扩大内需、增加就业、促进服务业发展、推动经济转型升级的重要力量。

（二）基本原则。

深化体制改革。加快转变政府职能，减少行政干预，加大政策支持和引导力度，激发各类服务主体活力，创新服务供给方式，加强监督管理，提高服务质量和效率。

坚持保障基本。以政府为主导，发挥社会力量作用，着力保障特殊困难老年人的养老服务需求，确保人人享有基本养老服务。加大对基层和农村养老服务的投入，充分发挥社区基层组织和服务机构在居家养老服务中的重要作用。支持家庭、个人承担应尽责任。

注重统筹发展。统筹发展居家养老、机构养老和其他多种形式的养老，实行普遍性服务和个性化服务相结合。统筹城市和农村养老资源，促进基本养老服务均衡发展。统筹利用各种资源，促进养老服务与医疗、家政、保险、教育、健身、旅游等相关领域的互动发展。

完善市场机制。充分发挥市场在资源配置中的基础性作用，逐步使社会力量成为发展养老服务业的主体，营造平等参与、公平竞争的市场环境，大力发展养老服务业，提供方便可及、价格合理的各类养老服务和产品，满足养老服务多样化、多层次需求。

（三）发展目标。到2020年，全面建成以居家为基础、社区为依托、机构为支撑的，功能完善、规模适度、覆盖城乡的养老服务体系。养老服务产品更加丰富，市场机制不断完善，养老服务业持续健康发展。

——服务体系更加健全。生活照料、医疗护理、精神慰藉、紧急救援等养老服务覆盖所有居家老年人。符合标准的日间照料中心、老年人活动中心等服务设施覆盖所有城市社区，90%以上的乡镇和60%以上的农村社区建立包括养老服务在内的社区综合服务设施和站点。全国社会养老床位数达到每千名老年人35－40张，服务能力大幅增强。

——产业规模显著扩大。以老年生活照料、老年产品用品、老年健康服务、老年体育健身、老年文化娱乐、老年金融服务、老年旅游等为主的养老服务业全面发展，养老服务业增加值在服务业中的比重显著提升，全国机构养老、居家社区生活照料和护理等服务提供1000万个以上就业岗位。涌现一批带动力强的龙头企业和大批富有创新活力的中小企业，形成一批养老服务产业集群，培育一批知名品牌。

——发展环境更加优化。养老服务业政策法规体系建立健全，行业标准科学规范，监管机制更加完善，服务质量明显提高。全社会积极应对人口老龄化意识显著增强，支持和参与养老服务的氛围更加浓厚，养老志愿服务广泛开展，敬老、养老、助老的优良传统得到进一步弘扬。

二、主要任务

（一）统筹规划发展城市养老服务设施。

加强社区服务设施建设。各地在制定城市总体规划、控制性详细规划时，必须按照人均用地不少于0.1平方米的标准，分区分级规划设置养老服务设施。凡新建城区和新建居住（小）区，要按标准要求配套建设养老服务设施，并与住宅同步规划、同步建设、同步验收、同步交付使用；凡老城区和已建成居住（小）区无养老服务设施或现有设施没有达到规划和建设指标要求的，要限期通过购置、置换、租赁等方式开辟养老服务设施，不得挪作他用。

综合发挥多种设施作用。各地要发挥社区公共服务设施的养老服务功能，加强社区养老服务设施与社区服务中心（服务站）及社区卫生、文化、体育等设施的功能衔接，提高使用率，发挥综合效益。要支持和引导各类社会主体参与社区综合服务设施建设、运营和管理，提供养老服务。各类具有为老年人服务功能的设施都要向老年人开放。

实施社区无障碍环境改造。各地区要按照无障碍设施工程建设相关标准和规范，推动和扶持老年人家庭无障碍设施的改造，加快推进坡道、电梯等与老年人日常生活密切相关的公共设施改造。

（二）大力发展居家养老服务网络。

发展居家养老便捷服务。地方政府要支持建立以企业和机构为主体、社区为纽带、满足老年人各种服务需求的居家养老服务网络。要通过制定扶持政策措施，积极培育居家养老服务企业和机构，上门为居家老年人提供助餐、助浴、助洁、助急、助医等定制服务；大力发展家政服务，为居家老年人提供规范化、个性化服务。要支持社区建立健全居家养老服务网点，引入社会组织和家政、物业等企业，兴办或运营老年供餐、社区日间照料、老年活动中心等形式多样的养老服务项目。

发展老年人文体娱乐服务。地方政府要支持社区利用社区公共服务设施和社会场所组织开展适合老年人的群众性文化体育娱乐活动，并发挥群众组织和个人积极性。鼓励专业养老机构利用自身资源优势，培训和指导社区养老服务组织和人员。

发展居家网络信息服务。地方政府要支持企业和机构运用互联网、物联网等技术手段创新居家养老服务模式，发展老年电子商务，建设居家服务网络平台，提供紧急呼叫、家政预约、健康咨询、物品代购、服务缴费等适合老年人的服务项目。

（三）大力加强养老机构建设。

支持社会力量举办养老机构。各地要根据城乡规划布局要求，统筹考虑建设各类养老机构。在资本金、场地、人员等方面，进一步降低社会力量举办养老机构的门槛，简化手续、规范程序、公开信息，行政许可和登记机关要核定其经营和活动范围，为社会力量举办养老机构提供便捷服务。鼓励境外资本投资养老服务业。鼓励个人举办家庭化、小型化的养老机构，社会力量举办规模化、连锁化的养老机构。鼓励民间资本对企业厂房、商业设施及其他可利用的社会资源进行整合和改造，用于养老服务。

办好公办保障性养老机构。各地公办养老机构要充分发挥托底作用，重点为“三无”（无劳动能力，无生活来源，无赡养人和扶养人、或者其赡养人和扶养人确无赡养和扶养能力）老人、低收入老人、经济困难的失能半失能老人提供无偿或低收费的供养、护理服务。政府举办的养老机构要实用适用，避免铺张豪华。

开展公办养老机构改制试点。有条件的地方可以积极稳妥地把专门面向社会提供经营性服务的公办养老机构转制成为企业，完善法人治理结构。政府投资兴办的养老床位应逐步通过公建民营等方式管理运营，积极鼓励民间资本通过委托管理等方式，运营公有产权的养老服务设施。要开展服务项目和设施安全标准化建设，不断提高服务水平。

（四）切实加强农村养老服务。

健全服务网络。要完善农村养老服务托底的措施，将所有农村“三无”老人全部纳入五保供养范围，适时提高五保供养标准，健全农村五保供养机构功能，使农村五保老人老有所养。在满足农村五保对象集中供养需求的前提下，支持乡镇五保供养机构改善设施条件并向社会开放，提高运营效益，增强护理功能，使之成为区域性养老服务中心。依托行政村、较大自然村，充分利用农家大院等，建设日间照料中心、托老所、老年活动站等互助性养老服务设施。农村党建活动室、卫生室、农家书屋、学校等要支持农村养老服务工作，组织与老年人相关的活动。充分发挥村民自治功能和老年协会作用，督促家庭成员承担赡养责任，组织开展邻里互助、志愿服务，解决周围老年人实际生活困难。

拓宽资金渠道。各地要进一步落实《中华人民共和国老年人权益保障法》有关农村可以将未承包的集体所有的部分土地、山林、水面、滩涂等作为养老基地，收益供老年人养老的要求。鼓励城市资金、资产和资源投向农村养老服务。各级政府用于养老服务的财政性资金应重点向农村倾斜。

建立协作机制。城市公办养老机构要与农村五保供养机构等建立长期稳定的对口支援和合作机制，采取人员培训、技术指导、设备支援等方式，帮助其提高服务能力。建立跨地区养老服务协作机制，鼓励发达地区支援欠发达地区。

（五）繁荣养老服务消费市场。

拓展养老服务内容。各地要积极发展养老服务业，引导养老服务企业和机构优先满足老年人基本服务需求，鼓励和引导相关行业积极拓展适合老年人特点的文化娱乐、体育健身、休闲旅游、健康服务、精神慰藉、法律服务等服务，加强残障老年人专业化服务。

开发老年产品用品。相关部门要围绕适合老年人的衣、食、住、行、医、文化娱乐等需要，支持企业积极开发安全有效的康复辅具、食品药品、服装服饰等老年用品用具和服务产品，引导商场、超市、批发市场设立老年用品专区专柜；开发老年住宅、老年公寓等老年生活设施，提高老年人生活质量。引导和规范商业银行、保险公司、证券公司等金融机构开发适合老年人的理财、信贷、保险等产品。

培育养老产业集群。各地和相关行业部门要加强规划引导，在制定相关产业发展规划中，要鼓励发展养老服务中小企业，扶持发展龙头企业，实施品牌战略，提高创新能力，形成一批产业链长、覆盖领域广、经济社会效益显著的产业集群。健全市场规范和行业标准，确保养老服务和产品质量，营造安全、便利、诚信的消费环境 。

（六）积极推进医疗卫生与养老服务相结合。

推动医养融合发展。各地要促进医疗卫生资源进入养老机构、社区和居民家庭。卫生管理部门要支持有条件的养老机构设置医疗机构。医疗机构要积极支持和发展养老服务，有条件的二级以上综合医院应当开设老年病科，增加老年病床数量，做好老年慢病防治和康复护理。要探索医疗机构与养老机构合作新模式，医疗机构、社区卫生服务机构应当为老年人建立健康档案，建立社区医院与老年人家庭医疗契约服务关系，开展上门诊视、健康查体、保健咨询等服务，加快推进面向养老机构的远程医疗服务试点。医疗机构应当为老年人就医提供优先优惠服务。

健全医疗保险机制。对于养老机构内设的医疗机构，符合城镇职工（居民）基本医疗保险和新型农村合作医疗定点条件的，可申请纳入定点范围，入住的参保老年人按规定享受相应待遇。完善医保报销制度，切实解决老年人异地就医结算问题。鼓励老年人投保健康保险、长期护理保险、意外伤害保险等人身保险产品，鼓励和引导商业保险公司开展相关业务。

三、政策措施

（一）完善投融资政策。要通过完善扶持政策，吸引更多民间资本，培育和扶持养老服务机构和企业发展。各级政府要加大投入，安排财政性资金支持养老服务体系建设。金融机构要加快金融产品和服务方式创新，拓宽信贷抵押担保物范围，积极支持养老服务业的信贷需求。积极利用财政贴息、小额贷款等方式，加大对养老服务业的有效信贷投入。加强养老服务机构信用体系建设，增强对信贷资金和民间资本的吸引力。逐步放宽限制，鼓励和支持保险资金投资养老服务领域。开展老年人住房反向抵押养老保险试点。鼓励养老机构投保责任保险，保险公司承保责任保险。地方政府发行债券应统筹考虑养老服务需求，积极支持养老服务设施建设及无障碍改造。

（二）完善土地供应政策。各地要将各类养老服务设施建设用地纳入城镇土地利用总体规划和年度用地计划，合理安排用地需求，可将闲置的公益性用地调整为养老服务用地。民间资本举办的非营利性养老机构与政府举办的养老机构享有相同的土地使用政策，可以依法使用国有划拨土地或者农民集体所有的土地。对营利性养老机构建设用地，按照国家对经营性用地依法办理有偿用地手续的规定，优先保障供应，并制定支持发展养老服务业的土地政策。严禁养老设施建设用地改变用途、容积率等土地使用条件搞房地产开发。

（三）完善税费优惠政策。落实好国家现行支持养老服务业的税收优惠政策，对养老机构提供的养护服务免征营业税，对非营利性养老机构自用房产、土地免征房产税、城镇土地使用税，对符合条件的非营利性养老机构按规定免征企业所得税。对企事业单位、社会团体和个人向非营利性养老机构的捐赠，符合相关规定的，准予在计算其应纳税所得额时按税法规定比例扣除。各地对非营利性养老机构建设要免征有关行政事业性收费，对营利性养老机构建设要减半征收有关行政事业性收费，对养老机构提供养老服务也要适当减免行政事业性收费，养老机构用电、用水、用气、用热按居民生活类价格执行。境内外资本举办养老机构享有同等的税收等优惠政策。制定和完善支持民间资本投资养老服务业的税收优惠政策。

（四）完善补贴支持政策。各地要加快建立养老服务评估机制，建立健全经济困难的高龄、失能等老年人补贴制度。可根据养老服务的实际需要，推进民办公助，选择通过补助投资、贷款贴息、运营补贴、购买服务等方式，支持社会力量举办养老服务机构，开展养老服务。民政部本级彩票公益金和地方各级政府用于社会福利事业的彩票公益金，要将50%以上的资金用于支持发展养老服务业，并随老年人口的增加逐步提高投入比例。国家根据经济社会发展水平和职工平均工资增长、物价上涨等情况，进一步完善落实基本养老、基本医疗、最低生活保障等政策，适时提高养老保障水平。要制定政府向社会力量购买养老服务的政策措施。

（五）完善人才培养和就业政策。教育、人力资源社会保障、民政部门要支持高等院校和中等职业学校增设养老服务相关专业和课程，扩大人才培养规模，加快培养老年医学、康复、护理、营养、心理和社会工作等方面的专门人才，制定优惠政策，鼓励大专院校对口专业毕业生从事养老服务工作。充分发挥开放大学作用，开展继续教育和远程学历教育。依托院校和养老机构建立养老服务实训基地。加强老年护理人员专业培训，对符合条件的参加养老护理职业培训和职业技能鉴定的从业人员按规定给予相关补贴，在养老机构和社区开发公益性岗位，吸纳农村转移劳动力、城镇就业困难人员等从事养老服务。养老机构应当积极改善养老护理员工作条件，加强劳动保护和职业防护，依法缴纳养老保险费等社会保险费，提高职工工资福利待遇。养老机构应当科学设置专业技术岗位，重点培养和引进医生、护士、康复医师、康复治疗师、社会工作者等具有执业或职业资格的专业技术人员。对在养老机构就业的专业技术人员，执行与医疗机构、福利机构相同的执业资格、注册考核政策。

（六）鼓励公益慈善组织支持养老服务。引导公益慈善组织重点参与养老机构建设、养老产品开发、养老服务提供，使公益慈善组织成为发展养老服务业的重要力量。积极培育发展为老服务公益慈善组织。积极扶持发展各类为老服务志愿组织，开展志愿服务活动。倡导机关干部和企事业单位职工、大中小学学生参加养老服务志愿活动。支持老年群众组织开展自我管理、自我服务和服务社会活动。探索建立健康老人参与志愿互助服务的工作机制，建立为老志愿服务登记制度。弘扬敬老、养老、助老的优良传统，支持社会服务窗口行业开展“敬老文明号”创建活动 。

四、组织领导

（一）健全工作机制。各地要将发展养老服务业纳入国民经济和社会发展规划，纳入政府重要议事日程，进一步强化工作协调机制，定期分析养老服务业发展情况和存在问题，研究推进养老服务业加快发展的各项政策措施，认真落实养老服务业发展的相关任务要求。民政部门要切实履行监督管理、行业规范、业务指导职责，推动公办养老机构改革发展。发展改革部门要将养老服务业发展纳入经济社会发展规划、专项规划和区域规划，支持养老服务设施建设。财政部门要在现有资金渠道内对养老服务业发展给予财力保障。老龄工作机构要发挥综合协调作用，加强督促指导工作。教育、公安消防、卫生计生、国土、住房城乡建设、人力资源社会保障、商务、税务、金融、质检、工商、食品药品监管等部门要各司其职，及时解决工作中遇到的问题，形成齐抓共管、整体推进的工作格局。

（二）开展综合改革试点。国家选择有特点和代表性的区域进行养老服务业综合改革试点，在财政、金融、用地、税费、人才、技术及服务模式等方面进行探索创新，先行先试，完善体制机制和政策措施，为全国养老服务业发展提供经验。

（三）强化行业监管。民政部门要健全养老服务的准入、退出、监管制度，指导养老机构完善管理规范、改善服务质量，及时查处侵害老年人人身财产权益的违法行为和安全生产责任事故。价格主管部门要探索建立科学合理的养老服务定价机制，依法确定适用政府定价和政府指导价的范围。有关部门要建立完善养老服务业统计制度。其他各有关部门要依照职责分工对养老服务业实施监督管理。要积极培育和发展养老服务行业协会，发挥行业自律作用。

（四）加强督促检查。各地要加强工作绩效考核，确保责任到位、任务落实。省级人民政府要根据本意见要求，结合实际抓紧制定实施意见。国务院相关部门要根据本部门职责，制定具体政策措施。民政部、发展改革委、财政部等部门要抓紧研究提出促进民间资本参与养老服务业的具体措施和意见。发展改革委、民政部和老龄工作机构要加强对本意见执行情况的监督检查，及时向国务院报告。国务院将适时组织专项督查。

（此件有删减）

国务院关于开展新型农村社会养老保险试点的指导意见

（2009 年 9 月 1 日　国发〔2009〕32 号）

根据党的十七大和十七届三中全会精神，国务院决定，从 2009 年起开展新型农村社会养老保险（以下简称新农保）试点。现就试点工作提出以下指导意见：

一、基本原则

新农保工作要高举中国特色社会主义伟大旗帜，以邓小平理论和“三个代表”重要思想为指导，深入贯彻落实科学发展观，按照加快建立覆盖城乡居民的社会保障体系的要求，逐步解决农村居民老有所养问题。新农保试点的基本原则是“保基本、广覆盖、有弹性、可持续”。一是从农村实际出发，低水平起步，筹资标准和待遇标准要与经济发展及各方面承受能力相适应；二是个人（家庭）、集体、政府合理分担责任，权利与义务相对应；三是政府主导和农民自愿相结合，引导农村居民普遍参保；四是中央确定基本原则和主要政策，地方制订具体办法，对参保居民实行属地管理。

二、任务目标

探索建立个人缴费、集体补助、政府补贴相结合的新农保制度，实行社会统筹与个人账户相结合，与家庭养老、土地保障、社会救助等其他社会保障政策措施相配套，保障农村居民老年基本生活。2009 年试点覆盖面为全国 10% 的县（市、区、旗），以后逐步扩大试点，在全国普遍实施，2020 年之前基本实现对农村适龄居民的全覆盖。

三、参保范围

年满 16 周岁（不含在校学生）、未参加城镇职工基本养老保险的农村居民，可以在户籍地自愿参加新农保。

四、基金筹集

新农保基金由个人缴费、集体补助、政府补贴构成。

（一）个人缴费。参加新农保的农村居民应当按规定缴纳养老保险费。缴费标准目前设为每年 100 元、200 元、300 元、400 元、500 元 5 个档次，地方可以根据实际情况增设缴费档次。参保人自主选择档次缴费，多缴多得。国家依据农村居民人均纯收入增长等情况适时调整缴费档次。

（二）集体补助。有条件的村集体应当对参保人缴费给予补助，补助标准由村民委员会召开村民会议民主确定。鼓励其他经济组织、社会公益组织、个人为参保人缴费提供资助。

（三）政府补贴。政府对符合领取条件的参保人全额支付新农保基础养老金，其中中央财政对中西部地区按中央确定的基础养老金标准给予全额补助，对东部地区给予 50% 的补助。

地方政府应当对参保人缴费给予补贴，补贴标准不低于每人每年 30 元；对选择较高档次标准缴费的，可给予适当鼓励，具体标准和办法由省（区、市）人民政府确定。对农村重度残疾人等缴费困难群体，地方政府为其代缴部分或全部最低标准的养老保险费。

五、建立个人账户

国家为每个新农保参保人建立终身记录的养老保险个人账户。个人缴费，集体补助及其他经济组织、社会公益组织、个人对参保人缴费的资助，地方政府对参保人的缴费补贴，全部记入个人账户。个人账户储存额目前每年参考中国人民银行公布的金融机构人民币一年期存款利率计息。

六、养老金待遇

养老金待遇由基础养老金和个人账户养老金组成，支付终身。

中央确定的基础养老金标准为每人每月55元。地方政府可以根据实际情况提高基础养老金标准，对于长期缴费的农村居民，可适当加发基础养老金，提高和加发部分的资金由地方政府支出。

个人账户养老金的月计发标准为个人账户全部储存额除以139（与现行城镇职工基本养老保险个人账户养老金计发系数相同）。参保人死亡，个人账户中的资金余额，除政府补贴外，可以依法继承；政府补贴余额用于继续支付其他参保人的养老金。

七、养老金待遇领取条件

年满60周岁、未享受城镇职工基本养老保险待遇的农村有户籍的老年人，可以按月领取养老金。

新农保制度实施时，已年满60周岁、未享受城镇职工基本养老保险待遇的，不用缴费，可以按月领取基础养老金，但其符合参保条件的子女应当参保缴费；距领取年龄不足15年的，应按年缴费，也允许补缴，累计缴费不超过15年；距领取年龄超过15年的，应按年缴费，累计缴费不少于15年。

要引导中青年农民积极参保、长期缴费，长缴多得。具体办法由省（区、市）人民政府规定。

八、待遇调整

国家根据经济发展和物价变动等情况，适时调整全国新农保基础养老金的最低标准。

九、基金管理

建立健全新农保基金财务会计制度。新农保基金纳入社会保障基金财政专户，实行收支两条线管理，单独记账、核算，按有关规定实现保值增值。试点阶段，新农保基金暂实行县级管理，随着试点扩大和推开，逐步提高管理层次；有条件的地方也可直接实行省级管理。

十、基金监督

各级人力资源社会保障部门要切实履行新农保基金的监管职责，制定完善新农保各项业务管理规章制度，规范业务程序，建立健全内控制度和基金稽核制度，对基金的筹集、上解、划拨、发放进行监控和定期检查，并定期披露新农保基金筹集和支付信息，做到公开透明，加强社会监督。财政、监察、审计部门按各自职责实施监督，严禁挤占挪用，确保基金安全。试点地区新农保经办机构和村民委员会每年在行政村范围内对村内参保人缴费和待遇领取资格进行公示，接受群众监督。

十一、经办管理服务

开展新农保试点的地区，要认真记录农村居民参保缴费和领取待遇情况，建立参保档案，长期妥善保存；建立全国统一的新农保信息管理系统，纳入社会保障信息管理系统（“金保工程”）建设，并与其他公民信息管理系统实现信息资源共享；要大力推行社会保障卡，方便参保人持卡缴费、领取待遇和查询本人参保信息。试点地区要按照精简效能原则，整合现有农村社会服务资源，加强新农保经办能力建设，运用现代管理方式和政府购买服务方式，降低行政成本，提高工作效率。新农保工作经费纳入同级财政预算，不得从新农保基金中开支。

十二、相关制度衔接

原来已开展以个人缴费为主、完全个人账户农村社会养老保险（以下称老农保）的地区，要在妥善处理老农保基金债权问题的基础上，做好与新农保制度衔接。在新农保试点地区，凡已参加了老农保、年满60周岁且已领取老农保养老金的参保人，可直接享受新农保基础养老金；对已参加老农保、未满60周岁且没有领取养老金的参保人，应将老农保个人账户资金并入新农保个人账户，按新农保的缴费标准继续缴费，待符合规定条件时享受相应待遇。

新农保与城镇职工基本养老保险等其他养老保险制度的衔接办法，由人力资源社会保障部会同财政部制定。要妥善做好新农保制度与被征地农民社会保障、水库移民后期扶持政策、农村计划生育家庭奖励扶助政策、农村五保供养、社会优抚、农村最低生活保障制度等政策制度的配套衔接工作，具体办法由人力资源社会保障部、财政部会同有关部门研究制订。

十三、加强组织领导

国务院成立新农保试点工作领导小组，研究制订相关政策并督促检查政策的落实情况，总结评估试点工作，协调解决试点工作中出现的问题。

地方各级人民政府要充分认识开展新农保试点工作的重大意义，将其列入当地经济社会发展规划和年度目标管理考核体系，切实加强组织领导。各级人力资源社会保障部门要切实履行新农保工作行政主管部门的职责，会同有关部门做好新农保的统筹规划、政策制定、统一管理、综合协调等工作。试点地区也要成立试点工作领导小组，负责本地区试点工作。

十四、制定具体办法和试点实施方案

省（区、市）人民政府要根据本指导意见，结合本地区实际情况，制定试点具体办法，并报国务院新农保试点工作领导小组备案；要在充分调研、多方论证、周密测算的基础上，提出切实可行的试点实施方案，按要求选择试点地区，报国务院新农保试点工作领导小组审定。试点县（市、区、旗）的试点实施方案由各省（区、市）人民政府批准后实施，并报国务院新农保试点工作领导小组备案。

十五、做好舆论宣传工作

建立新农保制度是深入贯彻落实科学发展观、加快建设覆盖城乡居民社会保障体系的重大决策，是应对国际金融危机、扩大国内消费需求的重大举措，是逐步缩小城乡差距、改变城乡二元结构、推进基本公共服务均等化的重要基础性工程,是实现广大农村居民老有所养、促进家庭和谐、增加农民收入的重大惠民政策。

各地区和有关部门要坚持正确的舆论导向,运用通俗易懂的宣传方式,加强对试点工作重要意义、基本原则和各项政策的宣传,使这项惠民政策深入人心,引导适龄农民积极参保。

各地要注意研究试点过程中出现的新情况、新问题,积极探索和总结解决新问题的办法和经验,妥善处理改革、发展和稳定的关系,把好事办好。重要情况要及时向国务院新农保试点工作领导小组报告。

国务院办公厅关于印发社会养老服务体系建设规划(2011—2015年)的通知

(2011年12月16日 国办发〔2011〕60号)

《社会养老服务体系建设规划(2011—2015年)》已经国务院同意,现印发给你们,请认真贯彻执行。

社会养老服务体系建设规划(2011—2015年)

为积极应对人口老龄化,建立起与人口老龄化进程相适应、与经济社会发展水平相协调的社会养老服务体系,实现党的十七大确立的"老有所养"的战略目标和十七届五中全会提出的"优先发展社会养老服务"的要求,根据《中华人民共和国国民经济和社会发展第十二个五年规划纲要》和《中国老龄事业发展"十二五"规划》,制定本规划。

一、规划背景

(一)现状和问题。

自1999年我国步入老龄化社会以来,人口老龄化加速发展,老年人口基数大、增长快并日益呈现高龄化、空巢化趋势,需要照料的失能、半失能老人数量剧增。第六次全国人口普查显示,我国60岁及以上老年人口已达1.78亿,占总人口的13.26%,加强社会养老服务体系建设的任务十分繁重。

近年来,在党和政府的高度重视下,各地出台政策措施,加大资金支持力度,使我国的社会养老服务体系建设取得了长足发展。养老机构数量不断增加,服务规模不断扩大,老年人的精神文化生活日益丰富。截至2010年底,全国各类收养性养老机构已达4万个,养老床位达314.9万张。社区养老服务设施进一步改善,社区日间照料服务逐步拓展,已建成含日间照料功能的综合性社区服务中心1.2万个,留宿照料床位1.2万张,日间照料床位4.7万张。以保障三无、五保、高龄、独居、空巢、失能和低收入老人为重点,借助专业化养老服务组织,提供生活照料、家政服务、康复护理、医疗保健等服务的居家养老服务网络初步形成。养老服务的运作模式、服务内容、操作规范等也不断探索创新,积累了有益的经验。

但是,我国社会养老服务体系建设仍然处于起步阶段,还存在着与新形势、新任务、新需求不相适应的问题,主要表现在:缺乏统筹规划,体系建设缺乏整体性和连续性;社区养老服务和养老机构床位严重不足,供需矛盾突出;设施简陋、功能单一,难以提供照料护理、医疗康复、精神慰藉等多方面服务;布局不合理,区域之间、城乡之间发展不平衡;政府投入不足,民间投资规模有限;服务队伍专业化程度不高,行业发展缺乏后劲;国家出台的优惠政策落实不到位;服务规范、行业自律和市场监管有待加强等。

(二)必要性和可行性。

我国的人口老龄化是在"未富先老"、社会保障制度不完善、历史欠账较多、城乡和区域发展不平衡、家庭养老功能弱化的形势下发生的,加强社会养老服务体系建设的任务十分繁重。

加强社会养老服务体系建设,是应对人口老龄化、保障和改善民生的必然要求。目前,我国是世界上唯一一个老年人口超过1亿的国家,且正在以每年3%以上的速度快速增长,是同期人口增速的五倍多。预计到2015年,老年人口将达到2.21亿,约占总人口的16%;2020年达到2.43亿,约占总人口的18%。随着人口老龄化、高龄化的加剧,失能、半失能老年人的数量还将持续增长,照料和护理问题日益突出,人民群众的养老服务需求日益增长,加快社会养老服务体系建设已刻不容缓。

加强社会养老服务体系建设,是适应传统养老模式转变、满足人民群众养老服务需求的必由之路。长期以来,我国实行以家庭养老为主的养老模式,但随着计划生育基本国策的实施,以及经济社会的转型,家庭规模日趋小型化,"4-2-1"家庭结构日益普遍,空巢家庭不断增多。家庭规模的缩小和结构变化使其养老功能不断弱化,对专业化养老机构和社区服务的需求与日俱增。

加强社会养老服务体系建设,是解决失能、半失能老年群体养老问题、促进社会和谐稳定的当务之急。目前,我国城乡失能和半失能老年人约3300万,占老年人口总数的19%。由于现代社会竞争激烈和生活节奏加快,中青年一代正面临着工作和生活的双重压力,照护失能、半失能老年人力不从心,迫切需要通过发展社会养老服务来解决。

加强社会养老服务体系建设,是扩大消费和促进就业的有效途径。庞大的老年人群体对照料和护理的需求,有利于养老服务消费市场的形成。据推算,2015年我国老年人护理服务和生活照料的潜在市场规模将超过4500亿元,养老服务就业岗位潜在需求将超过500万个。

在面对挑战的同时，我国社会养老服务体系建设也面临着前所未有的发展机遇。加强社会养老服务体系建设，已越来越成为各级党委政府关心、社会广泛关注、群众迫切期待解决的重大民生问题。同时，随着我国综合国力的不断增强，城乡居民收入的持续增多，公共财政更多地投向民生领域，以及人民群众自我保障能力的提高，社会养老服务体系建设已具备了坚实的社会基础。

二、内涵和定位

（一）内涵。

社会养老服务体系是与经济社会发展水平相适应，以满足老年人养老服务需求、提升老年人生活质量为目标，面向所有老年人，提供生活照料、康复护理、精神慰藉、紧急救援和社会参与等设施、组织、人才和技术要素形成的网络，以及配套的服务标准、运行机制和监管制度。

社会养老服务体系建设应以居家为基础、社区为依托、机构为支撑，着眼于老年人的实际需求，优先保障孤老优抚对象及低收入的高龄、独居、失能等困难老年人的服务需求，兼顾全体老年人改善和提高养老服务条件的要求。

社会养老服务体系建设是应对人口老龄化的一项长期战略任务，是坚持政府主导，鼓励社会参与，不断完善管理制度，丰富服务内容，健全服务标准，满足人民群众日益增长的养老服务需求的持续发展过程。本建设规划仅着眼于构建体系建设的基本框架。

（二）功能定位。

我国的社会养老服务体系主要由居家养老、社区养老和机构养老等三个有机部分组成。

居家养老服务涵盖生活照料、家政服务、康复护理、医疗保健、精神慰藉等，以上门服务为主要形式。对身体状况较好、生活基本能自理的老年人，提供家庭服务、老年食堂、法律服务等服务；对生活不能自理的高龄、独居、失能等老年人提供家务劳动、家庭保健、辅具配置、送饭上门、无障碍改造、紧急呼叫和安全援助等服务。有条件的地方可以探索对居家养老的失能老年人给予专项补贴，鼓励他们配置必要的康复辅具，提高生活自理能力和生活质量。

社区养老服务是居家养老服务的重要支撑，具有社区日间照料和居家养老支持两类功能，主要面向家庭日间暂时无人或者无力照护的社区老年人提供服务。在城市，结合社区服务设施建设，增加养老设施网点，增强社区养老服务能力，打造居家养老服务平台。倡议、引导多种形式的志愿活动及老年人互助服务，动员各类人群参与社区养老服务。在农村，结合城镇化发展和新农村建设，以乡镇敬老院为基础，建设日间照料和短期托养的养老床位，逐步向区域性养老服务中心转变，向留守老年人及其他有需要的老年人提供日间照料、短期托养、配餐等服务；以建制村和较大自然村为基点，依托村民自治和集体经济，积极探索农村互助养老新模式。

机构养老服务以设施建设为重点，通过设施建设，实现其基本养老服务功能。养老服务设施建设重点包括老年养护机构和其他类型的养老机构。老年养护机构主要为失能、半失能的老年人提供专门服务，重点实现以下功能：1. 生活照料。设施应符合无障碍建设要求，配置必要的附属功能用房，满足老年人的穿衣、吃饭、如厕、洗澡、室内外活动等日常生活需求。2. 康复护理。具备开展康复、护理和应急处置工作的设施条件，并配备相应的康复器材，帮助老年人在一定程度上恢复生理功能或减缓部分生理功能的衰退。3. 紧急救援。具备为老年人提供突发性疾病和其他紧急情况的应急处置救援服务能力，使老年人能够得到及时有效的救援。鼓励在老年养护机构中内设医疗机构。符合条件的老年养护机构还应利用自身的资源优势，培训和指导社区养老服务组织和人员，提供居家养老服务，实现示范、辐射、带动作用。其他类型的养老机构根据自身特点，为不同类型的老年人提供集中照料等服务。

三、指导思想和基本原则

（一）指导思想。

以邓小平理论和"三个代表"重要思想为指导，深入贯彻落实科学发展观，以满足老年人的养老服务需求为目标，从我国基本国情出发，坚持政府主导、政策扶持、多方参与、统筹规划，在"十二五"期间，初步建立起与人口老龄化进程相适应、与经济社会发展水平相协调，以居家为基础、社区为依托、机构为支撑的社会养老服务体系，让老年人安享晚年，共享经济社会发展成果。

（二）基本原则。

1. 统筹规划、分级负责。加强社会养老服务体系建设是一项长期的战略任务，各级政府对养老机构和社区养老服务设施的建设和发展统筹考虑、整体规划。中央制定全国总体规划，确定建设目标和主要任务，制定优惠政策，支持重点领域建设；地方制定本地规划，承担主要建设任务，落实优惠政策，推动形成基层网络，保障其可持续发展。

2. 政府主导、多方参与。加强政府在制度、规划、筹资、服务、监管等方面的职责，加快社会养老服务设施建设。发挥市场在资源配置中的基础性作用，打破行业界限，开放社会养老服务市场，采取公建民营、民办公助、政府购买服务、补助贴息等多种模式，引导和支持社会力量兴办各类养老服务设施。鼓励城乡自治组织参与社会养老服务。充分发挥专业化社会组织的力量，不断提高社会养老服务水平和效率，促进有序竞争机制的形成，实现合作共赢。

3. 因地制宜、突出重点。根据区域内老年人口数量和养老服务发展水平，充分依托现有资源，合理安排社会养老服务体系建设项目。以居家养老服务为导向，以长期照料、护理康复和社区日间照料为重点，分类完善不同养老服务机构和设施的功能,优先解决好需求最迫切的老年群体的养老问题。

4. 深化改革、持续发展。按照管办分离、政事政企分开的原则,统筹推进公办养老服务机构改革。区分营利性与非营利性,加强对社会养老服务机构的登记和监管。盘活存量,改进管理。完善养老服务的投入机制、服务规范、建设标准、评价体系,促进信息化建设,加快养老服务专业队伍建设,确保养老机构良性运行和可持续发展。

四、目标和任务

(一)建设目标。

到2015年,基本形成制度完善、组织健全、规模适度、运营良好、服务优良、监管到位、可持续发展的社会养老服务体系。每千名老年人拥有养老床位数达到30张。居家养老和社区养老服务网络基本健全。

(二)建设任务。

改善居家养老环境,健全居家养老服务支持体系。以社区日间照料中心和专业化养老机构为重点,通过新建、改扩建和购置,提升社会养老服务设施水平。充分考虑经济社会发展水平和人口老龄化发展程度,"十二五"期间,增加日间照料床位和机构养老床位340余万张,实现养老床位总数翻一番;改造30%现有床位,使之达到建设标准。

在居家养老层面,支持有需求的老年人实施家庭无障碍设施改造。扶持居家服务机构发展,进一步开发和完善服务内容和项目,为老年人居家养老提供便利服务。

在城乡社区养老层面,重点建设老年人日间照料中心、托老所、老年人活动中心、互助式养老服务中心等社区养老设施,推进社区综合服务设施增强养老服务功能,使日间照料服务基本覆盖城市社区和半数以上的农村社区。

在机构养老层面,重点推进供养型、养护型、医护型养老设施建设。县级以上城市,至少建有一处以收养失能、半失能老年人为主的老年养护设施。在国家和省级层面,建设若干具有实训功能的养老服务设施。

提高社会养老服务装备水平,鼓励研发养老护理专业设备、辅具,积极推动养老服务专用车配备。

加强养老服务信息化建设,依托现代技术手段,为老年人提供高效便捷的服务,规范行业管理,不断提高养老服务水平。

(三)建设方式。

通过新建、扩建、改建、购置等方式,因地制宜建设养老服务设施。新建小区要统筹规划,将养老服务设施建设纳入公建配套实施方案。鼓励通过整合、置换或转变用途等方式,将闲置的医院、企业、农村集体闲置房屋以及各类公办培训中心、活动中心、疗养院、小旅馆、小招待所等设施资源改造用于养老服务。通过设备和康复辅具产品研发、养老服务专用车配备和信息化建设,全面提升社会养老服务能力。

(四)运行机制。

充分发挥市场在资源配置中的基础性作用,为各类服务主体营造平等参与、公平竞争的环境,实现社会养老服务可持续发展。

公办养老机构应充分发挥其基础性、保障性作用。按照国家分类推进事业单位改革的总体思路,理顺公办养老机构的运行机制,建立责任制和绩效评价制度,提高服务质量和效率。

鼓励有条件或新建的公办养老机构实行公建民营,通过公开招投标选定各类专业化的机构负责运营。负责运营的机构应坚持公益性质,通过服务收费、慈善捐赠、政府补贴等多种渠道筹集运营费用,确保自身的可持续发展。

加强对非营利性社会办养老机构的培育扶持,采取民办公助等形式,给予相应的建设补贴或运营补贴,支持其发展。鼓励民间资本投资建设专业化的服务设施,开展社会养老服务。

推动社会专业机构以输出管理团队、开展服务指导等方式参与养老服务设施运营,引导养老机构向规模化、专业化、连锁化方向发展。鼓励社会办养老机构收养政府供养对象,共享资源,共担责任。

(五)资金筹措。

社会养老服务体系建设资金需多方筹措,多渠道解决。

要充分发挥市场机制的基础性作用,通过用地保障、信贷支持、补助贴息和政府采购等多种形式,积极引导和鼓励企业、公益慈善组织及其他社会力量加大投入,参与养老服务设施的建设、运行和管理。

地方各级政府要切实履行基本公共服务职能,强化在社会养老服务体系建设中的支出责任,安排财政性专项资金,支持公益性养老服务设施建设。

民政部本级福利彩票公益金及地方各级彩票公益金要增加资金投入,优先保障社会养老服务体系建设。

中央设立专项补助投资,依据各地经济社会发展水平、老龄人口规模等,积极支持地方社会养老服务体系发展,重点用于社区日间照料中心和老年养护机构设施建设。

五、保障措施

(一)强化统筹规划,加强组织领导。从构建社会主义和谐社会的战略高度,充分认识加强社会养老服务体系建设的重要意义,增强使命感、责任感和紧迫感,将社会养老服务体系建设摆上各级政府的重要议事日程和目标责任考核范围,纳入经济社会发展规划,切实抓实抓好。各地要建立由民政、发展改革、老龄部门牵头,相关部门参与的工作机制,加强组织领导,加强协调沟通,加强对规划实施的督促检查,确保规划目标的如期实现。鼓励社会各界对规划实施进行监督。

(二)加大资金投入,建立长效机制。对公办养老机构保障所需经费,应列入财政预算并建立动态保障机制。采取公建民营、委托管理、购买服务等多种方式,支持社会组织兴办或者运营的公益性养老机构。鼓励和引导金融机构在风险可控和商业可持续的前提下,创新金融产品和服务方式,改进和完善对社会养老服务产业的金融服务,增加对养老服务企业及其建设项目的信贷投入。积极探索拓展社会养老服务产业市场化融资渠道。积极探索采取直接补助或贴息的方式,支持民间资本投资建设专业化的养老服务设施。

(三)加强制度建设,确保规范运营。建立、健全相关法律法规,建立养老服务准入、退出、监管制度,加大执法力度,规范养老服务市场行为。制定和完善居家养老、社区养老服务和机构养老服务的相关标准,建立相应的认证体系,大力推动养老服务标准化,促进养老服务示范活动深入开展。建立养老机构等级评定制度。建立老年人入院评估、养老服务需求评估等评估制度。

(四)完善扶持政策,推动健康发展。各级政府应将社会养老服务设施建设纳入城乡建设规划和土地利用规划,合理安排,科学布局,保障土地供应。符合条件的,按照土地划拨目录依法划拨。研究制定财政补助、社会保险、医疗等相关扶持政策,贯彻落实好有关税收以及用水、用电、用气等优惠政策。有条件的地方,可以探索实施老年护理补贴、护理保险,增强老年人对护理照料的支付能力。支持建立老年人意外伤害保险制度,构建养老服务行业风险合理分担机制。建立科学合理的价格形成机制,规范服务收费项目和标准。

(五)加快人才培养,提升服务质量。加强养老服务职业教育培训,有计划地在高等院校和中等职业学校增设养老服务相关专业和课程,开辟养老服务培训基地,加快培养老年医学、护理、营养和心理等方面的专业人才,提高养老服务从业人员的职业道德、业务技能和服务水平。如养老机构具有医疗资质,可以纳入护理类专业实习基地范围,鼓励大专院校学生到各类养老机构实习。加强养老服务专业培训教材开发,强化师资队伍建设。推行养老护理员职业资格考试认证制度,五年内全面实现持证上岗。完善培训政策和方法,加强养老护理员职业技能培训。探索建立在养老服务中引入专业社会工作人才的机制,推动养老机构开发社工岗位。开展社会工作的学历教育和资格认证。支持养老机构吸纳就业困难群体就业。加快培育从事养老服务的志愿者队伍,实行志愿者注册制度,形成专业人员引领志愿者的联动工作机制。

(六)运用现代科技成果,提高服务管理水平。以社区居家老年人服务需求为导向,以社区日间照料中心为依托,按照统筹规划、实用高效的原则,采取便民信息网、热线电话、爱心门铃、健康档案、服务手册、社区呼叫系统、有线电视网络等多种形式,构建社区养老服务信息网络和服务平台,发挥社区综合性信息网络平台的作用,为社区居家老年人提供便捷高效的服务。在养老机构中,推广建立老年人基本信息电子档案,通过网上办公实现对养老机构的日常管理,建成以网络为支撑的机构信息平台,实现居家、社区与机构养老服务的有效衔接,提高服务效率和管理水平。加强老年康复辅具产品研发。

各地可根据本规划,结合实际,制定本地区的社会养老服务体系建设规划。

国务院办公厅转发卫生计生委等部门关于推进医疗卫生与养老服务相结合指导意见的通知

(2015 年 11 月 18 日　国办发〔2015〕84 号)

各省、自治区、直辖市人民政府,国务院各部委、各直属机构:

卫生计生委、民政部、发展改革委、财政部、人力资源社会保障部、国土资源部、住房城乡建设部、全国老龄办、中医药局《关于推进医疗卫生与养老服务相结合的指导意见》已经国务院同意,现转发给你们,请认真贯彻执行。

关于推进医疗卫生与养老服务相结合的指导意见

(卫生计生委　民政部　发展改革委　财政部　人力资源社会保障部　国土资源部　住房城乡建设部　全国老龄办　中医药局)

为贯彻落实《国务院关于加快发展养老服务业的若干意见》(国发〔2013〕35 号)和《国务院关于促进健康服务业发展的若干意见》(国发〔2013〕40 号)等文件要求,进一步推进医疗卫生与养老服务相结合,现提出以下意见。

一、充分认识推进医疗卫生与养老服务相结合的重要性

我国是世界上老年人口最多的国家,老龄化速度较快。失能、部分失能老年人口大幅增加,老年人的医疗卫生服务需求和生活照料需求叠加的趋势越来越显著,健康养老服务需求日益强劲,目前有限的医疗卫生和养老服务资源以及彼此相对独立的服务体系远远不能满足老年人的需要,迫切需要为老年人提供医疗卫生与养老相结合的服务。医疗卫生与养老服务相结合,是社会各界普遍关注的重大民生问题,是积极应对人口老龄化的长久之计,是我国经济发展新常态下重要的经济增长点。加快推进医疗卫生与养老服务相结合,有利于满足人民群众日益增长的多层次、多样化健康养老服务需求,有利于扩大内需、拉动消费、增加就业,有利于推动经济持续健康发展和社会和谐稳定,对稳增长、促改革、调结构、惠民生和全面建成小康社会具有重要意义。

二、基本原则和发展目标

(一)基本原则。

保障基本,统筹发展。把保障老年人基本健康养老需求放在首位,对有需求的失能、部分失能老年人,以机构为依托,做好康复护理服务,着力保障特殊困难老年人的健康养老服务需求;对多数老年人,以社区和居家养老为主,通过医养有机融合,确保人人享有基本健康养老服务。推动普遍性服务和个性化服务协同发展,满足多层次、多样化的健康养老需求。

政府引导,市场驱动。发挥政府在制定规划、出台政策、引导投入、规范市场、营造环境等方面的引导作用,统筹各方资源,推动形成互利共赢的发展格局。充分发挥市场在资源配置中的决定性作用,营造平等参与、公平竞争的市场环境,充分调动社会力量的积极性和创造性。

深化改革,创新机制。加快政府职能转变,创新服务供给和资金保障方式,积极推进政府购买服务,激发各类服务主体潜力和活力,提高医养结合服务水平和效率。加强部门协作,提升政策引导、服务监管等工作的系统性和协同性,促进行业融合发展。

(二)发展目标。

到2017年,医养结合政策体系、标准规范和管理制度初步建立,符合需求的专业化医养结合人才培养制度基本形成,建成一批兼具医疗卫生和养老服务资质和能力的医疗卫生机构或养老机构(以下统称医养结合机构),逐步提升基层医疗卫生机构为居家老年人提供上门服务的能力,80%以上的医疗机构开设为老年人提供挂号、就医等便利服务的绿色通道,50%以上的养老机构能够以不同形式为入住老年人提供医疗卫生服务,老年人健康养老服务可及性明显提升。

到2020年,符合国情的医养结合体制机制和政策法规体系基本建立,医疗卫生和养老服务资源实现有序共享,覆盖城乡、规模适宜、功能合理、综合连续的医养结合服务网络基本形成,基层医疗卫生机构为居家老年人提供上门服务的能力明显提升。所有医疗机构开设为老年人提供挂号、就医等便利服务的绿色通道,所有养老机构能够以不同形式为入住老年人提供医疗卫生服务,基本适应老年人健康养老服务需求。

三、重点任务

(三)建立健全医疗卫生机构与养老机构合作机制。鼓励养老机构与周边的医疗卫生机构开展多种形式的协议合作,建立健全协作机制,本着互利互惠原则,明确双方责任。医疗卫生机构为养老机构开通预约就诊绿色通道,为入住老年人提供医疗巡诊、健康管理、保健咨询、预约就诊、急诊急救、中医养生保健等服务,确保入住老年人能够得到及时有效的医疗救治。养老机构内设的具备条件的医疗机构可作为医院(含中医医院)收治老年人的后期康复护理场所。鼓励二级以上综合医院(含中医医院,下同)与养老机构开展对口支援、合作共建。通过建设医疗养老联合体等多种方式,整合医疗、康复、养老和护理资源,为老年人提供治疗期住院、康复期护理、稳定期生活照料以及临终关怀一体化的健康和养老服务。

(四)支持养老机构开展医疗服务。养老机构可根据服务需求和自身能力,按相关规定申请开办老年病医院、康复医院、护理院、中医医院、临终关怀机构等,也可内设医务室或护理站,提高养老机构提供基本医疗服务的能力。养老机构设置的医疗机构要符合国家法律法规和卫生计生行政部门、中医药管理部门的有关规定,符合医疗机构基本标准,并按规定由相关部门实施准入和管理,依法依规开展医疗卫生服务。卫生计生行政部门和中医药管理部门要加大政策规划支持和技术指导力度。养老机构设置的医疗机构,符合条件的可按规定纳入城乡基本医疗保险定点范围。鼓励执业医师到养老机构设置的医疗机构多点执业,支持有相关专业特长的医师及专业人员在养老机构规范开展疾病预防、营养、中医调理养生等非诊疗行为的健康服务。

(五)推动医疗卫生服务延伸至社区、家庭。充分依托社区各类服务和信息网络平台,实现基层医疗卫生机构与社区养老服务机构的无缝对接。发挥卫生计生系统服务网络优势,结合基本公共卫生服务的开展为老年人建立健康档案,并为65岁以上老年人提供健康管理服务,到2020年65岁以上老年人健康管理率达到70%以上。鼓励为社区高龄、重病、失能、部分失能以及计划生育特殊家庭等行动不便或确有困难的老年人,提供定期体检、上门巡诊、家庭病床、社区护理、健康管理等基本服务。推进基层医疗卫生机构和医务人员与社区、居家养老结合,与老年人家庭建立签约服务关系,为老年人提供连续性的健康管理服务和医疗服务。提高基层医疗卫生机构为居家老年人提供上门服务的能力,规范为居家老年人提供的医疗和护理服务项目,将符合规定的医疗费用纳入医保支付范围。

(六)鼓励社会力量兴办医养结合机构。鼓励社会力量针对老年人健康养老需求,通过市场化运作方式,举办医养结合机构以及老年康复、老年护理等专业医疗机构。在制定医疗卫生和养老相关规划时,要给社会力量举办医养结合机构留出空间。按照"非禁即入"原则,凡符合规划条件和准入资质的,不得以任何理由加以限制。整合审批环节,明确并缩短审批时限,鼓励有条件的地方提供一站式便捷服务。通过特许经营、公建民营、民办公助等模式,支持社会力量举办非营利性医养结合机构。支持企业围绕老年人的预防保健、医疗卫生、康复护理、生活照料、精神慰藉等方面需求,积极开发安全有效的食品药品、康复辅具、日常照护、文化娱乐等老年人用品用具和服务产品。

(七)鼓励医疗卫生机构与养老服务融合发展。鼓励地方因地制宜,采取多种形式实现医疗卫生和养老服务融合发展。统筹医疗卫生与养老服务资源布局,重点加强老年病医院、康复医院、护理院、临终关怀机构建设,公立医院资源丰富的地区可积极稳妥地将部分公立医院转为康复、老年护理等接续性医疗机构。提高综合医院为老年患者服务的能力,有条件的二级以上综合医院要开设老年病科,做好老年慢性病防治和康复护理相关工作。提高基层医疗卫生机构康复、护理床位占比，鼓励其根据服务需求增设老年养护、临终关怀病床。全面落实老年医疗服务优待政策，医疗卫生机构要为老年人特别是高龄、重病、失能及部分失能老年人提供挂号、就诊、转诊、取药、收费、综合诊疗等就医便利服务。有条件的医疗卫生机构可以通过多种形式、依法依规开展养老服务。鼓励各级医疗卫生机构和医务工作志愿者定期为老年人开展义诊。充分发挥中医药（含民族医药，下同）的预防保健特色优势，大力开发中医药与养老服务相结合的系列服务产品。

四、保障措施

（八）完善投融资和财税价格政策。对符合条件的医养结合机构，按规定落实好相关支持政策。拓宽市场化融资渠道，探索政府和社会资本合作（PPP）的投融资模式。鼓励和引导各类金融机构创新金融产品和服务方式，加大金融对医养结合领域的支持力度。有条件的地方可通过由金融和产业资本共同筹资的健康产业投资基金支持医养结合发展。用于社会福利事业的彩票公益金要适当支持开展医养结合服务。积极推进政府购买基本健康养老服务，逐步扩大购买服务范围，完善购买服务内容，各类经营主体平等参与。

（九）加强规划布局和用地保障。各级政府要在土地利用总体规划和城乡规划中统筹考虑医养结合机构发展需要，做好用地规划布局。对非营利性医养结合机构，可采取划拨方式，优先保障用地；对营利性医养结合机构，应当以租赁、出让等有偿方式保障用地，养老机构设置医疗机构，可将在项目中配套建设医疗服务设施相关要求作为土地出让条件，并明确不得分割转让。依法需招标拍卖挂牌出让土地的，应当采取招标拍卖挂牌出让方式。

（十）探索建立多层次长期照护保障体系。继续做好老年人照护服务工作。进一步开发包括长期商业护理保险在内的多种老年护理保险产品，鼓励有条件的地方探索建立长期护理保险制度，积极探索多元化的保险筹资模式，保障老年人长期护理服务需求。鼓励老年人投保长期护理保险产品。建立健全长期照护项目内涵、服务标准以及质量评价等行业规范和体制机制，探索建立从居家、社区到专业机构等比较健全的专业照护服务提供体系。

落实好将偏瘫肢体综合训练、认知知觉功能康复训练、日常生活能力评定等医疗康复项目纳入基本医疗保障范围的政策，为失能、部分失能老年人治疗性康复提供相应保障。

（十一）加强人才队伍建设。做好职称评定、专业技术培训和继续医学教育等方面的制度衔接，对养老机构和医疗卫生机构中的医务人员同等对待。完善薪酬、职称评定等激励机制，鼓励医护人员到医养结合机构执业。建立医疗卫生机构与医养结合机构人员进修轮训机制，促进人才有序流动。将老年医学、康复、护理人才作为急需紧缺人才纳入卫生计生人员培训规划。加强专业技能培训，大力推进养老护理员等职业技能鉴定工作。支持高等院校和中等职业学校增设相关专业课程，加快培养老年医学、康复、护理、营养、心理和社会工作等方面专业人才。

（十二）强化信息支撑。积极开展养老服务和社区服务信息惠民试点，利用老年人基本信息档案、电子健康档案、电子病历等，推动社区养老服务信息平台与区域人口健康信息平台对接，整合信息资源，实现信息共享，为开展医养结合服务提供信息和技术支撑。组织医疗机构开展面向养老机构的远程医疗服务。鼓励各地探索基于互联网的医养结合服务新模式，提高服务的便捷性和针对性。

五、组织实施

（十三）加强组织领导和部门协同。各地区、各有关部门要高度重视，把推进医养结合工作摆在重要位置，纳入深化医药卫生体制改革和促进养老、健康服务业发展的总体部署，各地要及时制定出台推进医养结合的政策措施、规划制度和具体方案。各相关部门要加强协同配合，落实和完善相关优惠扶持政策，共同支持医养结合发展。发展改革部门要将推动医疗卫生与养老服务相结合纳入国民经济和社会发展规划。卫生计生、民政和发展改革部门要做好养老机构和医疗卫生机构建设的规划衔接，加强在规划和审批等环节的合作，制定完善医养结合机构及为居家老年人提供医疗卫生和养老服务的标准规范并加强监管。财政部门要落实相关投入政策，积极支持医养结合发展。人力资源社会保障、卫生计生部门要将符合条件的医养结合机构纳入城乡基本医疗保险定点范围。国土资源部门要切实保障医养结合机构的土地供应。城乡规划主管部门要统筹规划医养结合机构的用地布局。老龄工作部门要做好入住医养结合机构和接受居家医养服务老年人的合法权益保障工作。中医药管理部门要研究制定中医药相关服务标准规范并加强监管，加强中医药适宜技术和服务产品推广，加强中医药健康养老人才培养，做好中医药健康养老工作。

（十四）抓好试点示范。国家选择有条件、有代表性的地区组织开展医养结合试点，规划建设一批特色鲜明、示范性强的医养结合试点项目。各地要结合实际积极探索促进医养结合的有效形式，每个省（区、市）至少设 1 个省级试点地区，积累经验、逐步推开。卫生计生、民政部门要会同相关部门密切跟踪各地进展，帮助解决试点中的重大问题，及时总结推广好的经验和做法，完善相关政策措施。

（十五）加强考核督查。各地区、各有关部门要建立以落实医养结合政策情况、医养结合服务覆盖率、医疗卫生机构和养老机构无缝对接程度、老年人护理服务质量、老年人满意度等为主要指标的考核评估体系，加强绩效考核。卫生计生、民政部门要会同相关部门加强对医养结合工作的督查，定期通报地方工作进展情况，确保各项政策措施落到实处。

养老机构设立许可办法

（2013年6月28日民政部令第48号公布 根据2015年5月5日公布的《民政部关于修改部分规章的决定》修订）

第一章 总 则

第一条 为了规范养老机构设立许可，促进养老机构健康发展，根据《中华人民共和国老年人权益保障法》和有关法律、行政法规，制定本办法。

第二条 养老机构设立许可的申请、受理、审查、决定和监督检查，适用本办法。

第三条 本办法所称养老机构，是指为老年人提供集中居住和照料服务的机构。

第四条 国务院民政部门负责全国养老机构设立许可工作。

县级以上地方人民政府民政部门负责本行政区域内养老机构设立许可工作。

第五条 实施养老机构设立许可，应当遵循公开、公平、公正原则。

第二章 条件和程序

第六条 设立养老机构，应当符合下列条件：

（一）有名称、住所、机构章程和管理制度；

（二）有符合养老机构相关规范和技术标准，符合国家环境保护、消防安全、卫生防疫等要求的基本生活用房、设施设备和活动场地；

（三）有与开展服务相适应的管理人员、专业技术人员和服务人员；

（四）有与服务内容和规模相适应的资金；

（五）床位数在10张以上；

（六）法律、法规规定的其他条件。

第七条 依法成立的组织或者具有完全民事行为能力的自然人可以向养老机构住所地县级以上人民政府民政部门申请设立养老机构。

第八条 县、不设区的市、直辖市的区人民政府民政部门实施本行政区域内养老机构的设立许可。

设区的市人民政府民政部门实施住所在市辖区的养老机构的设立许可。

设区的市人民政府民政部门可以委托市辖区人民政府民政部门实施许可。

第九条 省级以上人民政府投资兴办的发挥实训、示范功能的养老机构，可以到同级人民政府民政部门申请设立许可。

前款规定的许可事项，可以委托下一级人民政府民政部门实施许可。

第十条 外国的组织、个人独资或者与中国的组织、个人合资、合作设立养老机构的，香港、澳门、台湾地区的组织、个人以及华侨独资或者与内地（大陆）的组织、个人合资、合作设立养老机构的，由住所地省级人民政府民政部门或者其委托的设区的市级人民政府（行政公署）民政部门实施许可。

法律、法规对投资者另有规定的，从其规定。

第十一条 许可机关根据申请人筹建养老机构的需要和条件，在设立条件、提交材料等方面提供指导和支持。

第十二条 申请设立养老机构，应当向许可机关提交下列文件、资料：

（一）设立申请书；

（二）申请人、拟任法定代表人或者主要负责人的资格证明文件；

（三）符合登记规定的机构名称、章程和管理制度；

（四）建设单位的竣工验收合格证明，卫生防疫、环境保护部门的验收报告或者审查意见，以及公安消防部门出具的建设工程消防设计审核、消防验收合格意见，或者消防备案凭证；

（五）服务场所的自有产权证明或者房屋租赁合同；

（六）管理人员、专业技术人员、服务人员的名单、身份证明文件和健康状况证明；

（七）依照法律、法规、规章规定，需要提供的其他材料。

申请设立经营性养老机构的，还应当提供营业执照及复印件。

第十三条 许可机关应当自受理设立申请之日起20个工作日内，对申请人提交的文件、材料进行书面审查并实地查验。符合条件的，颁发养老机构设立许可证（以下简称设立许可证）；不符合条件的，应当书面通知申请人并说明理由。

第十四条 养老机构应当取得许可并依法登记。未获得许可和依法登记前，养老机构不得以任何名义收取费用、收住老年人。

第三章 许可管理

第十五条 设立许可证应当载明机构名称、住所、法定代表人或者主要负责人、服务范围、有效期限等事项。

设立许可证分为正本和副本，正本和副本具有同等法律效力。设立许可证的式样由国务院民政部门统一规定。

第十六条 设立许可证有效期5年。设立许可证有效期届满30日前，养老机构应当持设立许可证、登记证书副本、养老服务提供情况报告到原许可机关申请换发许可证。

许可机关应当在有效期限届满前按照设立条件作出是否准予延续的决定，逾期未做决定的，视为准予延续。

第十七条 养老机构设立分支机构，应当依照本办法第八条、第九条和第十条的规定，到分支机构住所地的县级以上人民政府民政部门办理申请设立许可手续。相关法律、行政法规对分支机构另有规定的，从其规定。

第十八条 养老机构变更名称、法定代表人或者主要负责人、服务范围的，应当到原许可机关办理变更手续。

养老机构变更住所的，应当重新办理申请设立许可手续。

第十九条 养老机构自行解散，或者无法继续提供服务的，应当终止，并将设立许可证交回原许可机关，办理注销手续。

终止服务的养老机构应当按照有关规定进行清算。

第二十条 养老机构因分立、合并、改建、扩建等原因暂停服务的，或者因解散等原因终止服务的，应当向原许可机关提出申请，并提交老年人安置方案，经批准后实施。未经批准，不得擅自暂停或者终止服务。

第二十一条 许可机关应当建立健全养老机构设立许可信息管理制度，及时公布养老机构设立许可相关信息。

第四章 监督检查

第二十二条 许可机关依法对养老机构的名称、住所、法定代表人或者主要负责人、服务范围等设立许可证载明事项的变化情况进行监督检查，养老机构应当接受和配合监督检查。

许可机关实施养老机构设立许可和对有关事项进行监督检查，不得收取任何费用。

第二十三条 有下列情形之一的，许可机关或者其上级机关，根据利害关系人的请求或者依据职权，可以撤销许可：

（一）许可机关工作人员滥用职权、玩忽职守作出准予许可决定的；

（二）超越法定职权作出准予许可决定的；

（三）违反法定程序作出准予许可决定的；

（四）对不符合法定条件的养老机构准予许可的；

（五）依法可以撤销许可的其他情形。

许可机关发现养老机构以欺骗、贿赂等不正当手段取得许可的，应当予以撤销。

许可机关依法撤销许可后，应当告知相关登记管理机关。

第二十四条 养老机构有下列情形之一的，许可机关应当注销许可，并予以公告：

（一）设立许可证有效期届满未延续的；

（二）养老机构依法终止的；

（三）许可被依法撤销、撤回的；

（四）被登记管理机关依法吊销登记证书的；

（五）因不可抗力导致许可事项无法实施的；

（六）法律、法规规定的应当注销许可的其他情形。

许可机关依法注销许可后，应当告知相关登记管理机关。

第二十五条 任何单位和个人对违反本办法的行为，有权向许可机关举报，许可机关应当及时核实、处理。

第五章 法律责任

第二十六条 养老机构有下列情形之一的，许可机关应当依法给予警告，并处以3万元以下罚款；构成犯罪的，依法追究刑事责任：

（一）未依法履行变更、终止手续的；

（二）涂改、倒卖、出租、出借、转让设立许可证的。

第二十七条 未经许可设立养老机构的，由许可机关责令改正；造成人身、财产损害的，依法承担民事责任；违反治安管理规定的，由公安机关依照《中华人民共和国治安管理处罚法》的有关规定予以处罚；构成犯罪的，依法追究刑事责任。

第二十八条 许可机关及其工作人员在养老机构设立许可申请、受理、审查、决定和监督检查中滥用职权、玩忽职守、徇私舞弊的，由上级机关责令改正；造成严重后果的，对直接负责的主管人员和其他直接责任人员依法给予处分；构成犯罪的，依法追究刑事责任。

第六章 附 则

第二十九条 本办法实施前设立的养老机构，符合本办法规定条件的，应当按照本办法的规定办理有关手续。

本办法实施前设立的养老机构，不符合设立条件的，应当在本办法实施后1年内完成整改，其中农村五保供养服务机构应当在实施后2年内完成整改。

第三十条 城乡社区日间照料和互助型养老场所等不适用本办法。

第三十一条 本办法自2013年7月1日起施行。

养老机构管理办法

（2013年6月28日民政部令第49号公布 自2013年7月1日起施行）

第一章 总 则

第一条 为了规范对养老机构的管理，促进养老事业健康发展，根据《中华人民共和国老年人权益保障法》和有关法律、行政法规，制定本办法。

第二条 本办法所称养老机构是指依照《养老机构设立许可办法》设立并依法办理登记的为老年人提供集中居住和照料服务的机构。

第三条 国务院民政部门负责全国养老机构的指导、监督和管理，县级以上地方人民政府民政部门负责本行政区域内养老机构的指导、监督和管理。其他有关部门依照职责分工对养老机构实施监督。

第四条 养老机构应当依法保障收住老年人的合法权益。

入住养老机构的老年人应当遵守养老机构的规章制度。

第五条 县级以上地方人民政府民政部门应当根据本级人民政府经济社会发展规划和相关规划，会同有关部门编制养老机构建设规划,并组织实施。

第六条 政府投资兴办的养老机构,应当优先保障孤老优抚对象和经济困难的孤寡、失能、高龄等老年人的服务需求。

第七条 民政部门应当会同有关部门采取措施,鼓励、支持企业事业单位、社会组织或者个人兴办、运营养老机构。

鼓励公民、法人或者其他组织为养老机构提供捐赠和志愿服务。

第八条 民政部门对在养老机构服务和管理工作中做出显著成绩的单位和个人,依照国家有关规定给予表彰和奖励。

第二章 服务内容

第九条 养老机构按照服务协议为收住的老年人提供生活照料、康复护理、精神慰藉、文化娱乐等服务。

第十条 养老机构提供的服务应当符合养老机构基本规范等有关国家标准或者行业标准和规范。

第十一条 养老机构为老年人提供服务,应当与接受服务的老年人或者其代理人签订服务协议。

服务协议应当载明下列事项:

(一)养老机构的名称、住所、法定代表人或者主要负责人、联系方式;

(二)老年人及其代理人和老年人指定的经常联系人的姓名、住址、身份证明、联系方式;

(三)服务内容和服务方式;

(四)收费标准以及费用支付方式;

(五)服务期限和地点;

(六)当事人的权利和义务;

(七)协议变更、解除与终止的条件;

(八)违约责任;

(九)意外伤害责任认定和争议解决方式;

(十)当事人协商一致的其他内容。

服务协议示范文本由国务院民政部门另行制定。

第十二条 养老机构应当提供满足老年人日常生活需求的吃饭、穿衣、如厕、洗澡、室内外活动等服务。

养老机构应当提供符合老年人居住条件的住房,并配备适合老年人安全保护要求的设施、设备及用具,定期对老年人活动场所和物品进行消毒和清洗。

养老机构提供的饮食应当符合卫生要求、有利于老年人营养平衡、符合民族风俗习惯。

第十三条 养老机构应当建立入院评估制度,做好老年人健康状况评估,并根据服务协议和老年人的生活自理能力,实施分级分类服务。

养老机构应当为老年人建立健康档案,组织定期体检,做好疾病预防工作。

养老机构可以通过设立医疗机构或者采取与周边医疗机构合作的方式,为老年人提供医疗服务。养老机构设立医疗机构的,应当依法取得医疗机构执业许可证,按照医疗机构管理相关法律法规进行管理。

第十四条 养老机构在老年人突发危重疾病时,应当及时通知代理人或者经常联系人并转送医疗机构救治;发现老年人为疑似传染病病人或者精神障碍患者时,应当依照传染病防治、精神卫生等相关法律法规的规定处理。

第十五条 养老机构应当根据需要为老年人提供情绪疏导、心理咨询、危机干预等精神慰藉服务。

第十六条 养老机构应当开展适合老年人的文化、体育、娱乐活动,丰富老年人的精神文化生活。

养老机构开展文化、体育、娱乐活动时,应当为老年人提供必要的安全防护措施。

第三章 内部管理

第十七条 养老机构应当按照国家有关规定建立健全安全、消防、卫生、财务、档案管理等规章制度,制定服务标准和工作流程,并予以公开。

第十八条 养老机构应当配备与服务和运营相适应的工作人员,并依法与其签订聘用合同或者劳动合同。

养老机构中从事医疗、康复、社会工作等服务的专业技术人员,应当持有关部门颁发的专业技术等级证书上岗;养老护理人员应当接受专业技能培训,经考核合格后持证上岗。

养老机构应当定期组织工作人员进行职业道德教育和业务培训。

第十九条 养老机构应当依照其登记类型、经营性质、设施设备条件、管理水平、服务质量、护理等级等因素确定服务项目的收费标准。

养老机构应当在醒目位置公示各类服务项目收费标准和收费依据,并遵守国家和地方政府价格管理有关规定。

第二十条 养老机构应当按照国家有关规定接受、使用捐赠物资,接受志愿服务。

第二十一条 养老机构应当实行24小时值班,做好老年人安全保障工作。

第二十二条 养老机构应当依法履行消防安全职责,健全消防安全管理制度,实行消防工作责任制,配置、维护消防设施、器材,开展日常防火检查,定期组织灭火和应急疏散消防安全培训。

第二十三条 养老机构应当制定突发事件应急预案。

突发事件发生后,养老机构应当立即启动应急处理程序,根据突发事件应对管理职责分工向有关部门报告,并将应急处理结果报实施许可的民政部门和住所地民政部门。

第二十四条 鼓励养老机构投保责任保险,降低机构运营风险。

第二十五条 养老机构应当建立老年人信息档案,妥善保存相关原始资料。

养老机构应当保护老年人的个人信息。

第二十六条 养老机构应当经常听取老年人的意见和建议，发挥老年人对养老机构服务和管理的监督促进作用。

第二十七条 养老机构因变更或者终止等原因暂停、终止服务的，应当于暂停或者终止服务 60 日前，向实施许可的民政部门提交老年人安置方案，方案中应当明确收住老年人的数量、安置计划及实施日期等事项，经批准后方可实施。

民政部门应当自接到安置方案之日起 20 日内完成审核工作。

民政部门应当督促养老机构实施安置方案，并及时为其妥善安置老年人提供帮助。

第四章 监督检查

第二十八条 民政部门应当按照实施许可权限，通过书面检查或者实地查验等方式对养老机构进行监督检查，并向社会公布检查结果。上级民政部门可以委托下级民政部门进行监督检查。

养老机构应当于每年 3 月 31 日之前向实施许可的民政部门提交上一年度的工作报告。年度工作报告内容包括服务范围、服务质量、运营管理等情况。

第二十九条 民政部门应当建立养老机构评估制度，定期对养老机构的人员、设施、服务、管理、信誉等情况进行综合评价。

养老机构评估工作可以委托第三方实施，评估结果应当向社会公布。

第三十条 民政部门应当定期开展养老服务行业统计工作，养老机构应当及时准确报送相关信息。

第三十一条 民政部门应当建立对养老机构管理的举报和投诉制度。

民政部门接到举报、投诉后，应当及时核实、处理。

第三十二条 上级民政部门应当加强对下级民政部门的指导和监督，及时纠正养老机构管理中的违规违法行为。

第五章 法律责任

第三十三条 养老机构有下列行为之一的，由实施许可的民政部门责令改正；情节严重的，处以 3 万元以下的罚款；构成犯罪的，依法追究刑事责任：

（一）未与老年人或者其代理人签订服务协议，或者协议不符合规定的；

（二）未按照国家有关标准和规定开展服务的；

（三）配备人员的资格不符合规定的；

（四）向负责监督检查的民政部门隐瞒有关情况、提供虚假材料或者拒绝提供反映其活动情况真实材料的；

（五）利用养老机构的房屋、场地、设施开展与养老服务宗旨无关的活动的；

（六）歧视、侮辱、虐待或遗弃老年人以及其他侵犯老年人合法权益行为的；

（七）擅自暂停或者终止服务的；

（八）法律、法规、规章规定的其他违法行为。

第三十四条 民政部门及其工作人员违反本办法有关规定，由上级行政机关责令改正；情节严重的，对直接负责的主管人员和其他责任人员依法给予行政处分；构成犯罪的，依法追究刑事责任。

第六章 附 则

第三十五条 国家对光荣院、农村五保供养服务机构等养老机构的管理有特别规定的，依照其规定办理。

第三十六条 本办法自 2013 年 7 月 1 日起施行。

国家卫生计生委办公厅关于印发《养老机构医务室基本标准（试行）》和《养老机构护理站基本标准（试行）》的通知

（2014 年 10 月 31 日 国卫办医发〔2014〕57 号）

各省、自治区、直辖市卫生计生委，新疆生产建设兵团卫生局：

为指导养老机构作好医务室、护理站的建设和管理，促进医养结合，我委根据《执业医师法》、《医疗机构管理条例》、《护士条例》等法律、法规及有关规定，组织制定了《养老机构医务室基本标准（试行）》和《养老机构护理站基本标准（试行）》。现印发给你们，请遵照执行。

养老机构医务室基本标准（试行）

养老机构医务室是设置在养老机构内，为养老机构患者提供老年保健，一般常见病、多发病诊疗、护理，诊断明确的慢性病治疗，急诊救护等服务的医疗机构。

一、人员

（一）至少有 1 名取得执业医师资格，经注册后在医疗、保健机构中执业满 5 年，身体健康的临床类别执业医师或中医类别执业医师。执业医师人数≥2 人的，至少应含有 1 名中医类别执业医师。

（二）至少有 1 名注册护士。养老机构床位达到 100 张以上时，每增加 100 张床位，至少增加 1 名注册护士。护理员按需配备。

（三）其他药学、医技人员按需配备。

二、房屋

（一）整体设计应满足无障碍设计要求。

（二）建筑面积不少于 40 平方米。

（三）至少设有诊室、治疗室、处置室。

（四）每室独立且符合卫生学布局及流程。其中，治疗室、处置室的　使用面积均不少于10平方米；如设观察室，其使用面积不少于15平方米；如设康复室，应增加相应建筑面积（增加的建筑面积不少于50平方米）。

（五）应当设医疗废物存放点，与治疗区域隔开。

三、设备

（一）基本设备。

诊桌、诊椅、诊床、诊察凳、方盘、纱布罐、听诊器、血压计、体温表、注射器、身高体重计、视力卡、视力灯箱、压舌板、药品柜、紫外线消毒灯、高压灭菌设备、处置台、器械柜、便携式心电图机、血糖测定仪、雾化吸入器、出诊箱、轮椅、输液椅、候诊椅、医用冰箱、污物桶。

设置康复室的，至少配备与康复需求相适应的运动治疗、物理治疗和作业治疗设备。

开展中医药服务的，还应当配备脉枕、针灸器具、火罐、电针仪、艾灸仪等等。

（二）急救设备。

心电监护仪、心脏氧源（氧气瓶/制氧机）、供氧设备、吸痰器、开口器、牙垫、口腔通气道、简易呼吸器。

（三）健康教育及其他设备。

健康教育宣传栏、健康教育影像设备、能连接互联网的计算机及打印设备、电话等通讯设备，健康档案管理等有关设备。

（四）有与工作需要相应的其他设备。

四、具有与功能任务相适应的转诊制度、药品登记分发制度、健康教育制度等各项规章制度，以及急救流程、技术操作规范，制定人员岗位职责。

养老机构护理站基本标准（试行）

养老机构护理站是设置在养老机构内，为养老机构患者提供常见病多发病护理、慢性病护理、康复指导、心理护理、根据医嘱进行处置、消毒隔离指导、健康教育等服务的医疗机构。

一、人员

（一）至少有2名具有护士以上职称的注册护士，其中有1名具有主管护师以上职称。养老机构床位达到100张以上时，每增加100张床位，至少增加1名注册护士。

（二）至少有1名康复治疗人员。

（三）按工作需求配备护理员，注册护士与护理员之比为1:2.5。

二、房屋

（一）整体设计应当满足无障碍设计要求。

（二）建筑面积不少于30平方米。

（三）至少设有治疗室、处置室。每室独立且符合卫生学布局及流程。

（四）应当设医疗废物存放点，与治疗区域隔开。

三、设备

（一）诊桌、诊椅、诊察凳、方盘、纱布罐、听诊器、火罐、刮痧板、血压计、体温表、身高体重计、血糖测定仪、体外除颤设备、治疗车、药品柜、紫外线消毒灯、高压灭菌设备、处置台、轮椅、输液椅、医用冰箱、污物桶。

（二）有必要的健康教育、办公和通讯联络设备，有诊疗护理记录及文件保存条件。

（三）有与工作需要相应的其他设备。

四、具有与功能任务相适应的转诊制度、药品登记分发制度、健康教育制度等各项规章制度，以及急救流程、技术操作规范，制定人员岗位职责。

民政部关于推进养老服务评估工作的指导意见

（2013年7月30日　民发〔2013〕127号）

各省、自治区、直辖市民政厅（局），新疆生产建设兵团民政局：

为深入贯彻《中华人民共和国老年人权益保障法》（以下简称《老年人权益保障法》）关于建立健全养老服务评估制度的要求，全面落实《国务院办公厅关于印发社会养老服务体系建设规划（2011－2015年）的通知》（国办发〔2011〕60号）和《民政部关于开展"社会养老服务体系建设推进年"活动暨启动"敬老爱老助老工程"的意见》（民发〔2012〕35号）等文件精神，推动建立统一规范的养老服务评估制度，提出如下意见：

一、充分认识养老服务评估工作的重要意义

养老服务评估，是为科学确定老年人服务需求类型、照料护理等级以及明确护理、养老服务等补贴领取资格等，由专业人员依据相关标准，对老年人生理、心理、精神、经济条件和生活状况等进行的综合分析评价工作。从评估时间上可以分为首次评估（准入评估）和持续评估（跟踪式评估）。建立健全养老服务评估制度，是积极应对人口老龄化、深入贯彻落实《老年人权益保障法》，保障老年人合法权益的重要举措；是推进社会养老服务体系建设，提升养老服务水平，充分保障经济困难的孤寡、失能、高龄、失独等老年人服务需求的迫切需要；是合理配置养老服务资源，充分调动和发挥社会力量参与，全面提升养老机构服务质量和运行效率的客观要求。各地要站在坚持以人为本、加强社会建设的高度，从大力发展养老服务事业的全局出发，提高思想认识，加强组织领导，完善配套措施，稳步推进养老服务评估工作深入开展。

二、推进养老服务评估工作的总体要求

（一）指导思想。以科学发展观为指导，以保障老年人养老服务需求为核心，科学确定评估标准，认真制定评估方案，合理设计评估流程，积极培育评估队伍，广泛吸收社会力量参与，高效利用评估结果，为建立和完善以居家为基础、社区为依托、机构为支撑的社会养老服务体系，实现老有所养目标发挥积极作用，逐步实现基本养老服务均等化。

（二）基本原则。

1. 权益优先，平等自愿。坚持老年人权益优先，把推进养老服务评估工作与保障老年人合法权益、更好地享受社会服务和社会优待结合起来。坚持平等自愿，尊重受评估老年人意愿，切实加强隐私保护。

2. 政府指导，社会参与。充分发挥政府在推动养老服务评估工作中的主导作用，进一步明确部门职责、理顺关系，建立完善资金人才保障机制。充分发挥和依托专业机构、养老机构、第三方社会组织的技术优势，强化社会监督，提升评估工作的社会参与度和公信力。

3. 客观公正，科学规范。以评估标准为工具，逐步统一工作规程和操作要求，保证结果真实准确。逐步扩大持续评估项目范围，努力提升评估质量。坚持中立公正立场，客观真实地反映老年人能力水平和服务需求。

4. 试点推进，统筹兼顾。试点先行，不断完善工作步骤和推进方案，建立符合本地区养老服务发展特点和水平的评估制度，并逐步扩大试点范围。要把推进养老服务评估工作与做好居家社区养老服务、机构养老等工作紧密结合，建立衔接紧密、信息互联共享的合作机制。

（三）主要目标。2013年底前，各地要根据本意见制定实施方案，确定开展评估地区范围，做好组织准备工作，落实评估机构和人员队伍。2014年初要启动评估工作试点，根据进展情况逐步扩大覆盖范围。到“十二五”末，力争建立起科学合理、运转高效的长效评估机制，基本实现养老服务评估科学化、常态化和专业化。

三、推进养老服务评估工作的主要任务

（一）探索建立评估组织模式。养老服务评估可以由基层民政部门、乡镇人民政府（街道办事处）、社会组织以及养老机构单独或者联合组织开展，养老服务评估可以分为居家养老服务需求评估、机构养老服务需求评估和补贴领取资格评估等。各地要依据本地社会养老服务体系建设情况和老年人需求实际，积极探索在社区公共服务平台建立评估站点；要采取政府购买服务、社工介入等方式，积极鼓励社会力量参与，合理确定本地区养老服务评估形式。要加大宣传引导力度，充分调动老年人参与的积极性和主动性。

（二）探索完善评估指标体系。民政部将于近期发布的《老年人能力评估》行业标准，是养老服务评估工作的主要依据。该标准为老年人能力评估提供了统一、规范和可操作的评估工具，规定老年人能力评估的对象、指标、实施及结果。标准下发后，各地应当积极采用该标准，或者根据该标准结合实际情况制订或者修改地方标准。老年人能力评估应当以确定老年人服务需求为重点，突出老年人自我照料能力评估。评估指标应当涵盖日常行为能力、精神卫生情况、感知觉情况、社会参与状况等方面，所需健康体检应当在经卫生行政部门许可的开展健康体检服务的医疗机构内进行。对老年人经济状况、居住状况、生活环境等方面的评估标准，各地可根据当地平均生活水平、养老服务资源状况、护理或者养老服务补贴相关政策等综合制定。要将定性分析和定量分析相结合，积极探索将评估指标与可通过面谈、走访等方法观察反映的指标相结合，逐步建立科学、全面、开放的评估指标体系。

（三）探索完善评估流程。养老服务评估应当包括申请、初评、评定、社会公示、结果告知、部门备案等环节。评估申请要坚持自愿原则，由老年人本人或者代理人提出；无民事行为能力或者限制民事行为能力的老年人可以由其监护人提出申请。评估应当按照先易后难原则，首先评估老年人经济状况、身份特征等借助相关材料即可核实的项目，然后再评估生活环境、能力状况等需要实地核实、检查的项目。要根据评估项目，合理确定评估时间，在优先保障评估质量的前提下，兼顾评估效率。对受年龄增长等原因影响较大的评估项目，应当进行持续评估。对首次评估确定为完全失能等级、且康复难度大的老年人，可不再进行持续评估。评估结果应当及时告知评估对象，评估对象或者利害关系人对评估结果有异议的，可申请原评估机构重新评估。评估过程中应当加强对受评估老年人个人信息的保护，除养老服务等补贴领取资格的评估需要在本村（居）民委员会范围内公示外，评估机构不得泄露评估结果。

（四）探索评估结果综合利用机制。评估结果是制定国家宏观养老政策，推进养老社会化服务的重要基础资料，是争取财政经费保障，保证各项针对老年人的服务和优待措施落实的主要依据。各地要充分运用好评估结果，使评估工作综合效益最大化。一是用于推进居家养老服务社会化。居家养老服务机构可以根据评估结果分析老年人服务需求，在征得老年人同意的前提下，加强与相关服务单位的对接，制定个性化的服务方案，提高居家养老服务的针对性和效率。二是用于确定机构养老需求和照料护理等级。对于经评估属于经济困难的孤寡、失能、高龄、失独等老年人，政府投资兴办的养老机构，应当优先安排入住。养老机构应当将评估结果作为老年人入院、制定护理计划和风险防范的主要依据。三是用于老年人健康管理。各地要把评估工作纳入养老服务信息系统建设，并结合国家社会养老综合信息服务平台建设及应用示范工程项目，推进建立老年人健康档案，提高康复护理等服务水平。四是作为养老机构的立项依据。要根据服务辐射区域内老年人能力和需求评估状况，合理规划建设符合实际需要的养老机构，提高设施设备使用效率。同时，各地要逐步建立护理补贴和养老服务补贴制度，有效利用评估结果，完善并落实老年人社会福利政策。对于经评估属于生活长期不能自理、经济困难的老年人，可以根据其失能程度等情况作为给予护理补贴依据;对于经评估属于经济困难的老年人,可以给予养老服务补贴。

（五）探索建立养老评估监督机制。各地民政部门要加强对养老服务评估工作的指导,探索建立有效的监督约束机制,畅通评估对象利益表达渠道。各地民政部门和评估机构应当通过网络、服务须知、宣传手册等载体,主动公开评估指标、流程,自觉接受社会监督。各地民政部门要以定期检查和随机抽查等方式对评估指标、评估结果等进行检查。对评估行为不规范的机构和人员,予以纠正并向社会公开。要建立养老服务评估档案,妥善保管申请书、评估报告及建议等文档,逐步提高评估工作信息化水平。

四、推进养老服务评估工作的保障措施

（一）加强组织领导。各地民政部门要按照养老服务工作关口前移和重心下沉的要求,切实加强领导,把评估纳入养老服务工作重要议事日程,制定切实可行的实施方案,建立分工明确、责任到人的推进机制,为评估工作顺利开展提供坚强组织保障。各地可选择基础条件好、工作积极性高的地区作为先行试点,给予指导和支持,定期研究分析进展情况,不断总结完善评估方式方法。各地民政部门要加强对评估工作重点难点问题的研究,积极协调相关部门,增进共识、凝聚合力、攻坚克难,努力形成结果共享、协同推进的工作格局。要充分整合现有资金渠道,积极争取当地财政支持,引导社会力量投入,福利彩票公益金可用于支持养老服务评估试点,建立经费保障机制,为评估工作提供保障。

（二）加强人才队伍建设。养老服务评估工作专业性强,标准比较细致,各地要依托专业机构、相关机构和社会组织加强评估机构建设,有条件的地方可以建立专门的评估机构。要依托大中专院校、示范养老机构,加快培养评估专业人才。要选择责任心强、业务素质过硬的人员参与评估,加强岗前培训,使其具备医学、心理学、社会学、法律、社会保障、社会工作等基础知识。要建立养老服务评估专家队伍,积极开展技术指导,提供有力人才支持。

（三）营造良好社会环境。要抓紧制定完善与《老年人权益保障法》等法律法规要求相适应的具体措施,建立健全有利于养老服务评估示范推广、创新创制的政策体系,建立社会力量参与的激励评价机制,加快推进与养老服务评估配套的行业标准、信息化管理等软环境建设。要把推动养老服务评估工作与落实老年人合法权益,改善老年人生活、健康、安全以及参与社会发展的保障条件结合起来,积极营造敬老、爱老、助老的浓厚社会氛围。

民政部关于鼓励和引导民间资本进入养老服务领域的实施意见

（2012 年 7 月 24 日　民发〔2012〕129 号）

各省、自治区、直辖市民政厅(局)、新疆生产建设兵团民政局:

养老服务是党和政府高度关切、社会各界广泛关注、人民群众迫切需求的重大民生问题,在我国应对人口老龄化挑战、保障和改善民生、加强和创新社会管理中发挥着重要作用。鼓励和引导民间资本进入养老服务领域,对于实现养老服务投资主体多元化,缓解养老服务供需矛盾,加快推进以居家为基础、社区为依托、机构为支撑的社会养老服务体系建设,具有重要意义。为贯彻落实《国务院关于鼓励和引导民间投资健康发展的若干意见》(国发〔2010〕13 号)精神,民政部结合当前养老服务发展实际,制定本实施意见。

一、鼓励民间资本参与居家和社区养老服务

（一）采取政府补助、购买服务、协调指导、评估认证等方式,鼓励各类民间资本进入居家养老服务领域。

（二）支持民间资本拓展居家养老服务内容,为老年人提供生活照料、家政服务、精神慰藉、康复护理、居家无障碍设施改造、紧急呼叫、安全援助和社会参与等多方面服务。

（三）鼓励民间资本在城镇社区举办老年人日间照料中心、托老所、老年之家、老年活动中心等养老服务设施,支持社区养老服务网点连锁发展、扩大布点,提高社区养老服务的可及性。

（四）鼓励民间资本参与农村居家和社区养老服务发展,重点为向留守老年人及其他有需要的老年人提供日间照料、短期托养、配餐等服务。支持村民自治组织发展农村互助养老模式。

二、鼓励民间资本举办养老机构或服务设施

（五）鼓励和支持民间资本举办适宜老年人特别是失能、半失能、高龄老年人集中照料、护理、康复、娱乐的养老院、养护院、老年公寓、敬老院等多种形式的养老机构。

（六）民间资本举办的养老机构或服务设施,可以按照举办目的,区分营利和非营利性质,自主选择民办非企业单位和企业两种法人登记类型。

（七）对于民间资本举办的非营利、营利性养老机构或服务设施,支持其根据市场需求,丰富服务形式和服务内容,为老年人提供多样化的选择性服务。

（八）鼓励民间资本举办的养老机构规模化、品牌化、连锁化和网络化发展,支持其跨区联合、资源共享,发展异地互动养老,推动形成一批具有知名品牌和较强竞争力的养老机构。

（九）鼓励民间资本对闲置的医院、企业厂房、商业设施、农村集体房屋及各类公办培训中心、活动中心、疗养院、旅馆、招待所等可利用的社会资源进行整合和改造，使之用于养老服务。

（十）按照《外商投资产业指导目录》的要求，鼓励境外资本在境内投资设立养老机构。对境内养老机构现有的税收等优惠政策，同样适用于符合条件的境外投资者。港澳地区服务提供者在内地举办非营利性养老机构，按有关规定执行。

三、鼓励民间资本参与提供基本养老服务

（十一）对于政府举办的尤其是新建的养老机构或服务设施，在明晰产权的基础上，提倡通过公开招投标，以承包、联营、合资、合作等方式，交由社会组织、企业或有能力的个人等民间资本运营或管理。

（十二）鼓励民间资本举办的养老机构接收安置政府供养对象，政府按照规定标准拨付相关生活、医疗、照料等费用。

（十三）各级民政部门要采取政府购买服务的方式，支持民间资本在为孤老优抚对象、“三无”、五保及低收入的高龄、独居、失能等困难老年人提供的基本养老服务中，发挥积极作用。

四、鼓励民间资本参与养老产业发展

（十四）积极支持民间资本参与发展老年生活服务、医疗康复、饮食服装、营养保健、休闲旅游、文化传媒、金融和房地产等养老产业。

（十五）鼓励和引导民间资本开发老年保健、老年照护、老年康复辅具、老年住宅、老年宜居社区等产品和服务市场。

（十六）鼓励民间资本投资建设各类专业化养老服务机构或组织，承接政府或社会委托，提供养老服务评估、咨询和第三方认证等服务。

五、落实民间资本参与养老服务优惠政策

（十七）将民间资本举办养老机构或服务设施纳入经济社会发展规划、城乡建设规划、土地利用规划和年度土地利用计划，合理安排用地需求，符合条件的，按照土地划拨目录依法划拨。

（十八）对民间资本举办的非营利性养老机构或服务设施提供养老服务，根据其投资额、建设规模、床位数、入住率和覆盖社区数、入户服务老人数等因素，给予一定的建设补贴或运营补贴。

（十九）对民间资本举办的养老机构或服务设施提供的养护服务免征营业税。对符合条件的非营利性养老机构或服务设施自用房产、土地免征房产税、城镇土地使用税，其免税收入不计入所得税应纳税收入。

（二十）民间资本举办的各类养老机构或服务设施按有关规定，要与居民家庭用电、用水、用气、用热同价。

（二十一）对民间资本举办的养老机构或服务设施所办医疗机构已取得执业许可证并申请城镇职工（居民）基本医疗保险或新型农村合作医疗保险定点机构的，经审查合格后纳入定点范围。

（二十二）民间资本举办的非营利性养老机构或服务设施提供的养老服务，其价格实行政府指导价。营利性养老机构提供的服务，根据其提供的服务质量，实行企业自主定价。

（二十三）鼓励社会向民间资本举办的非营利性养老机构进行捐赠，按规定享受相关税收优惠政策。

六、加大对民间资本进入养老服务领域资金支持

（二十四）争取建立养老服务长效投入机制和动态保障机制，不断增加对民间资本进入养老服务领域的财政支持。

（二十五）争取设立多种形式的专项投资，鼓励和引导民间资本进入养老服务领域。在安排中央专项补助资金支持社会养老服务体系建设工作中，要将民间资本参与运营或管理的养老机构纳入资助范围。

（二十六）各级民政部门福利彩票公益金每年留存部分要按不低于50%的比例用于社会养老服务体系建设，并不断加大对民间资本提供养老服务的扶持力度。

（二十七）鼓励金融机构加快金融产品和服务方式创新，通过创新信贷品种、增加信贷投入、放宽贷款条件、扩大抵押担保范围等方式，加大对民间资本进入养老服务领域的金融支持。

七、加强对民间资本进入养老服务领域指导规范

（二十八）完善养老服务法律、法规和政策，加强养老服务监督和管理，为鼓励和引导民间资本进入养老服务领域创造公平竞争的市场环境。

（二十九）制订养老服务资格认证、建筑设施、人员配备、分类管理、安全卫生、等级评定等标准，建立养老服务需求与质量评估制度，推动各级各类养老服务标准的贯彻落实，规范民间资本养老服务提供行为。

（三十）开展养老服务从业人员职业道德建设、专业技能培训和职业资格鉴定，提升法律意识、责任意识和业务水平，推行院长岗前培训和养老护理员持证上岗制度，提升民间资本提供养老服务的质量和水平。

（三十一）指导民间资本举办的养老机构或服务设施加强管理服务，健全规章制度，落实安全责任，实现安全、健康、有序发展。

（三十二）培育和发展养老服务行业协会，发挥其在行业自律、监督评估和沟通协调等方面的作用，促进民间资本投资主体行业自律和维护自身合法权益。

（三十三）地方各级民政部门要发挥好宏观管理、行业规范和业务指导职能，进一步采取切实有效措施，鼓励和引导民间资本进入养老服务领域。工作推进过程中遇到的困难和问题，请及时报部 。

民政部办公厅关于转发宁夏建立高龄老人津贴制度有关政策的通知

（2009 年 5 月 7 日　民办函〔2009〕151 号）

各省、自治区、直辖市民政厅（局），新疆生产建设兵团民政局：

目前，全国 80 岁以上的高龄老人已达到 1805 万，并正在以每年 100 万以上的速度增长。为了解决这部分老年人养老服务的资金保障问题，李学举部长在 2009 年全国民政工作会议上明确提出，“有条件的地区可建立困难老人、高龄老人津贴制度”。

近日，宁夏下发《自治区人民政府办公厅关于建立 80 岁以上低收入老年人基本生活津贴制度的通知》，决定在全区建立高龄老人津贴制度，成为全国第一个建立高龄老人津贴制度的省区。高龄老人津贴制度的建立，是对传统补缺型社会福利制度的重大变革和创新，实现了由临时性、不确定救济向常态化、制度性保障的重大突破。现予转发，供参考学习。

请你们学习借鉴宁夏的经验做法，按照李学举部长的讲话精神，结合当地实际，加快制定有关政策措施，尽快探索建立高龄老人津贴制度。

附件：《自治区人民政府办公厅关于建立 80 岁以上低收入老年人基本生活津贴制度的通知》（宁政办发〔2009〕135 号）

附件

自治区人民政府办公厅关于建立 80 岁以上低收入老年人基本生活津贴制度的通知

各市、县（市、区）人民政府、自治区政府各部门、直属机构：

为进一步贯彻落实自治区党委、政府《关于保障和改善民生若干问题的决定》，加快推进覆盖城乡老年人社会保障体系建设，积极探索建立低收入高龄老年人基本生活保障的长效机制，努力实现“老有所养”的目标。自治区人民政府决定，在全区建立 80 岁以上农村老年人和城市低收入家庭中无固定收入老年人基本生活津贴制度（以下简称“高龄老人津贴制度”）。现就有关事项通知如下：

一、充分认识建立高龄老人津贴制度的重要意义

人口老龄化是人类社会发展的必然趋势，也是各级人民政府必须面对的重大社会问题。今年，我区已进入人口老龄化社会，老年人口增长快，高龄老人比例高，家庭养老功能弱，老年人社会保障体系不健全，是当前我区老龄工作面临的形势。党的十七大提出了“老有所养”的战略目标，为进一步推动我区老年人社会保障体系建设指明了方向。高龄老人津贴制度的建立，对于解决高龄老人基本生活问题，提高高龄老人的生活质量，将会起到重要作用。各地、各有关部门要从构建和谐宁夏的高度，把对老年人的社会保障体系建设纳入当地经济社会发展规划，研究制定鼓励和扶持社会力量参与养老事业的优惠政策，加大资金投入，完善配套措施，强化工作力度，把这件惠及我区高龄低收入老年人的实事办好，使党的老有所养惠民政策落到实处。

二、建立高龄老人津贴制度的指导思想和基本原则

建立高龄老人津贴制度必须以党的十七大和十七届三中全会精神为指导，按照“低标准、广覆盖、保基本、多层次、可持续”的总体要求，创新高龄老人福利制度模式，健全养老保障服务体系，建立保障高龄老人基本生活需求的长效机制，推进补缺型老年福利向适度普惠型社会福利发展，使广大高龄老人的基本生活得到保障，不断提高高龄老人的生活质量，切实推进和谐宁夏建设。

建立高龄老人津贴制度，是一种兼有社会救助和社会福利性质的社会保障措施，必须遵循以下原则：（一）坚持因地制宜的原则，充分考虑我区区情和高龄老人的基本生活需求，建立与我区经济社会发展水平相适应的高龄老人津贴制度；（二）坚持“保障对象属地管理、保障经费分级负担”的原则，明确各级政府的责任和义务，形成“党政主导、民政牵头、部门配合、社会参与”的工作格局；（三）坚持公开、公平、公正的原则，严格按照条件界定对象、确定标准，实行“三级审批、三榜公示”，增强工作透明度；（4）坚持尽力而为与量力而行的原则，既要实事求是地将符合条件的高龄低收入老年人纳入保障范围，又不搞盲目攀比、加重各级财政负担。

三、高龄老人津贴的发放范围和发放标准

凡具有本自治区户口、且年龄在 80 周岁以上（含 80 周岁，即 1929 年 12 月 31 日以前出生的）的农村老年人和城市低收入家庭中无固定收入的老年人，从今年 5 月份起，可享受“高龄老人津贴”待遇。本通知所说的城市低收入家庭是指家庭共同生活成员人均月收入低于当地最低生活保障线 150% 的家庭。对于五保供养对象、已享受城乡低保待遇、领取离退休金的老年人，不再享受“高龄老人津贴”。家庭收入计算范围和方法，参照低保家庭收入计算办法执行。

高龄老人津贴发放标准，原则上按照各地低保标准、补助水平和发放对象的年龄实行分类分档发放，并随当地经济社会发展、群众生活水平的提高和低保标准变动情况适时进行调整。具体的发放标准由民政厅、财政厅按上述原则协商确定。各地要严格按照本通知的有关规定，科学、合理、准确地核定保障对象，既不能因财政困难将符合条件的低收入老年人排斥在外，也不能降低条件随意扩大范围，加重财政负担。

四、高龄老人津贴的发放程序

高龄老人津贴发放实行属地化管理，参照《宁夏回族自治区城市居民最低生活保障实施办法》和《宁夏回族自治区农村村民最低生活保障办法》的有关规定，严格按照个人申请、居(村)委会调查核实、街道办事处(乡镇)审核、县(市、区)民政局审批的程序,实行三级审批、三榜公示,接受群众监督,做到公开、公正、透明。

高龄老人津贴一律采用银行卡形式发放。各地要根据老年人口和收入变动情况,实行动态管理,按照程序及时办理审批、增发、停发手续,确保按时足额发放。

五、高龄老人津贴的资金筹集和管理

高龄老人津贴所需资金由自治区、市、县(市、区)政府财政预算资金及其他资金解决,专户管理,专款专用。自治区财政按照低保资金的分配比例对市、县(市、区)予以补助,差额部分由市、县(市、区)财政自筹。要切实加强资金的监管,各级民政部门要认真做好发放对象的审定和发放工作;财政部门要确保所需资金按时拨付;监察、审计等部门要定期检查、审计,确保资金发放安全到位。对套取、截留、挤占、挪用和不按规定发放的,要按有关规定依法查处。

六、加强对建立高龄老人津贴制度的领导

(一)加强领导,精心组织。各地、各有关部门要切实加强领导,结合本地实际及时制定建立高龄老人津贴制度的具体工作方案和实施细则,精心谋划,周密部署,认真抓好落实。各级民政部门要切实负起责任,发挥好综合协调职能,积极争取各相关部门的配合与支持,确保此项工作顺利实施。

(二)健全档案,规范管理。各地要在对80岁以上的农村老年人和城市低收入家庭中无固定收入的老年人调查摸底的基础上,对拟发放对象进行核实,登记造册,建立台账,健全档案。要坚持动态管理、定期核查,切实做到有进有出、分类发放。要建立定期抽查、核查制度和统计报告制度,广泛接受社会监督和有关部门的检查。

(三)广泛宣传,搞好衔接。充分发挥新闻媒体的作用,加大相关政策的宣传力度,向社会公布高龄老人津贴的发放范围、发放标准和发放程序,增强工作的透明度。要通过设立举报电话和信访接待平台,接受群众监督和舆论监督。严格执行高龄老人津贴制度的适用范围,准确把握高龄老人津贴制度与最低生活保障制度以及其他专项救助制度、福利制度的关系,加强各项救助制度、福利制度的衔接配套,形成高龄老人津贴与社会救助、社会福利和慈善事业各有侧重、相互衔接、良性互动的运行机制,确保高龄老人津贴发放工作健康有序进行。

财政部、国家税务总局关于对老年服务机构有关税收政策问题的通知

(2000年11月24日　财税〔2000〕97号)

各省、自治区、直辖市财政厅(局)、国家税务局、地方税务局:

为贯彻中共中央、国务院《关于加强老龄工作的决定》(中发〔2000〕13号)精神,现对政府部门和社会力量兴办的老年服务机构有关税收政策问题通知如下:

一、对政府部门和企事业单位、社会团体以及个人等社会力量投资兴办的福利性、非营利性的老年服务机构,暂免征收企业所得税,以及老年服务机构自用房产、土地、车船的房产税、城镇土地使用税、车船使用税。

二、对企事业单位、社会团体和个人等社会力量,通过非营利性的社会团体和政府部门向福利性、非营利性的老年服务机构的捐赠,在缴纳企业所得税和个人所得税前准予全额扣除。

三、本通知所称老年服务机构,是指专门为老年人提供生活照料、文化、护理、健身等多方面服务的福利性、非营利性的机构,主要包括:老年社会福利院、敬老院(养老院)、老年服务中心、老年公寓(含老年护理院、康复中心、托老所)等。

本通知自2000年10月1日起执行。

中国保监会关于印发《养老保障管理业务管理办法》的通知

(2015年7月30日　保监发〔2015〕73号)

各养老保险公司:

为促进保险业积极参与多层次养老保障体系建设,推动养老保障管理业务持续健康发展,保护养老保障管理业务活动当事人的合法权益,我会制定了《养老保障管理业务管理办法》,现予印发,请遵照执行。

养老保障管理业务管理办法

第一章　总　　则

第一条　为规范养老保险公司养老保障管理业务经营行为,保护养老保障管理业务活动当事人的合法权益,促进保险业积极参与多层次养老保障体系建设,根据《中华人民共和国保险法》等法律法规,制定本办法。

第二条　本办法所称养老保险公司,是指经中国保险监督管理委员会(以下简称中国保监会)批准设立并依法登记注册的商业养老保险公司。

第三条　本办法所称养老保障管理业务,是指养老保险公司作为管理人,接受政府机关、企事业单位及其他社会组织等团体委托人和个人委托人的委托,为其提供养老保障以及与养老保障相关的资金管理服务,包括方案设计、受托管理、账户管理、投资管理、待遇支付、薪酬递延、福利计划、留才激励等服务事项。

第四条　养老保险公司开展养老保障管理业务,应当遵

守法律、行政法规和中国保监会等监管机构的规定，遵循自愿、公平、诚实信用原则，不得损害客户的合法权益和社会公共利益。

第五条 养老保险公司开展养老保障管理业务，应当充分了解委托人的需求，遵循风险匹配原则，充分发挥养老保险公司在受托管理、账户管理、投资管理、风险管理和年金给付等方面的综合优势，向委托人提供合适的产品和服务。

第六条 中国保监会依据法律、行政法规和本办法的规定，对养老保险公司开展养老保障管理业务进行监督管理。中国保监会派出机构在中国保监会授权范围内履行监管职责。

第二章 业务规范

第七条 养老保险公司开展养老保障管理业务，应当具备完善的公司治理结构、健全的内部控制制度、科学的投资决策体系以及规范的业务操作流程。

第八条 养老保险公司开展养老保障管理业务，可以在全国范围内展业，但应当具备与展业活动相适应的客户服务能力。

第九条 养老保险公司开展个人养老保障管理业务，应当具备企业年金业务或者保险业务两年以上经营经验。

第十条 养老保险公司开展养老保障管理业务，应当要求委托人以真实身份参与养老保障管理业务并承诺委托资金的来源、用途符合法律法规规定。承诺方式包括书面承诺或网络实名确认等。委托人未做承诺，或者养老保险公司明知委托人身份不真实、委托资金来源或者用途不合法，养老保险公司不得为其办理养老保障管理业务。

第十一条 养老保险公司开展养老保障管理业务，可以采取下列形式：

（一）为单一团体委托人办理单一型养老保障管理业务；

（二）为多个团体委托人办理集合型养老保障管理业务；

（三）为多个个人委托人办理集合型养老保障管理业务。

养老保险公司采取形式（一）开展养老保障管理业务的，受托管理的委托人资金初始金额不得低于5000万元人民币；采取形式（三）开展养老保障管理业务的，封闭式投资组合受托管理的个人委托人资金初始金额不得低于1万元人民币。

第十二条 养老保险公司开展团体养老保障管理业务，应当要求团体委托人提供下列材料：

（一）经董事会决议、职工代表大会或其他决策程序通过的养老保障管理方案，或有关政府部门对养老保障方案的批复、核准文件；

（二）所有受益人名单和身份信息。

如团体养老保障管理业务只有个人缴费，无团体缴费的，上述材料（一）可免于提供。

养老保险公司开展个人养老保障管理业务，应当要求个人委托人提供下列材料：

（一）个人身份信息；

（二）个人资金账户信息。

第十三条 养老保险公司开展养老保障管理业务，应当依照法律、行政法规和本办法的规定，与委托人签订受托管理合同，就双方的权利、义务和相关事宜做出明确约定。受托管理合同应当包括下列基本事项：

（一）委托人资金的缴费规则；

（二）投资范围、投资限制和投资比例；

（三）投资策略和管理期限；

（四）委托人资金的管理方式和管理权限；

（五）各类风险揭示；

（六）委托人账户信息的提供及查询方式；

（七）当事人的权利与义务；

（八）管理费用的计算方法和支付方式；

（九）其他服务内容及其费用的提取、支付方式；

（十）合同解除和终止的条件、程序及客户资产的清算返还事宜；

（十一）违约责任和纠纷的解决方式；

（十二）中国保监会规定的其他事项。

第十四条 养老保险公司开展养老保障管理业务，应当履行下列职责：

（一）建立、维护委托人和受益人账户信息，并向委托人和受益人提供账户查询服务；

（二）制定基金投资策略并进行投资管理；

（三）定期估值并与资产托管人核对；

（四）监督基金管理情况；

（五）计算并办理待遇支付；

（六）定期编制并向委托人提供养老保障管理报告；

（七）妥善保存养老保障管理业务有关记录；

（八）国家规定和合同约定的其他职责。

第十五条 养老保险公司可以自行开展养老保障管理业务的各项工作，也可以委托其他合格金融机构承担部分管理人职责，但应当对其承接的养老保障管理业务承担最终责任。

养老保险公司委托其他合格金融机构承担部分管理人职责的，应当与选聘的金融机构签订委托管理合同，明确约定各方的权利、义务和相关事宜。

第十六条 养老保险公司开展的养老保障管理业务，不需计提保险责任准备金。

第十七条 养老保险公司开发的养老保障管理产品，应当在销售前向中国保监会备案。

产品备案材料包括以下文件：

（一）《养老保障管理产品备案报送材料清单表》，加盖公司公章；

（二）养老保障管理产品合同文本；

（三）投资组合说明书；
（四）总精算师声明书；
（五）法律责任人声明书；
（六）产品可行性报告；
（七）财务管理办法；
（八）业务管理办法；
（九）投资风险提示函；
（十）中国保监会规定的其他材料。

第十八条　养老保障管理产品主要内容发生变更的，养老保险公司应当在销售前向中国保监会备案。

发生下列情形之一的，属于产品主要内容变更：
（一）产品名称变更；
（二）管理人变更；
（三）管理费费率上调；
（四）主要投资政策变更；
（五）中国保监会规定的其他情形。

产品变更备案材料包括以下文件：
（一）变更备案报送材料清单表，加盖公司公章；
（二）变更原因、主要变更内容的对比说明；
（三）产品变更涉及的文本（包括合同文本、投资组合说明书等）；
（四）总精算师声明书；
（五）法律责任人声明书；
（六）中国保监会规定的其他材料。

第十九条　团体养老保障管理产品名称应符合以下格式：养老保险公司名称 + 说明性文字 + 单一型或集合型 + 团体养老保障管理产品，个人养老保障管理产品名称应符合以下格式：养老保险公司名称 + 说明性文字 + 个人养老保障管理产品。其中，养老保险公司名称可以用全称或简称；说明性文字由各养老保险公司自定，字数不得超过 10 个。

第二十条　养老保险公司开展养老保障管理业务，应当以养老保障管理产品名义开设产品层银行资金账户和组合层银行资金账户、资产类账户。其中，为单一委托人办理养老保障管理业务，开设的产品层银行资金账户名称应包含养老保障管理产品名称，组合层银行资金账户、资产类账户名称应包含养老保障管理产品名称、投资组合名称；为多个委托人办理集合养老保障管理业务，开设的产品层银行资金账户名称应包含养老保障管理产品名称，组合层银行资金账户、资产类账户名称应包含养老保障管理产品名称和投资组合名称。

第二十一条　养老保险公司开展养老保障管理业务，应当对每个养老保障管理产品建立独立的养老保障管理基金。对养老保障管理基金的管理应当遵循专户管理、账户隔离和独立核算的原则，确保养老保障管理基金独立于任何为基金管理提供服务的自然人、法人或其他组织的固有财产及其管理的其他财产。

专户管理是指对每个养老保障管理基金开设专门的银行资金账户和资产类账户进行管理。

账户隔离是指养老保障管理基金的银行资金账户和资产类账户应当与养老保险公司自身的及其管理的任何银行资金账户和资产类账户实现完全的独立分离，不得存在债权债务关系，也不得承担连带责任；不得发生买卖、交易、财产转移和利益输送行为，仅在投资账户建立初期，为建立该账户而发生的现金转移，可不受此限制。

独立核算是指对每个养老保障管理基金单独进行会计账务处理，并提供资产负债表和利润表等财务报表。

第二十二条　养老保障管理基金应当实行第三方托管制度。养老保险公司应当委托独立的资产托管人并签订资产托管合同，明确约定各方的权利、义务和相关事宜。

资产托管人的资格、职责、选择等有关事项比照中国保监会资产托管的有关规定执行。

第二十三条　养老保障管理基金托管人应当根据本办法和资产托管合同向相关机构申请开立资产类账户，依据基金管理人的委托授权书以及资产托管合同开立资金账户，并通知基金管理人。

第二十四条　养老保障管理基金采用完全积累账户制管理。养老保障管理基金投资运营所得收益，全额计入养老保障管理基金的各类账户。

第二十五条　养老保险公司可以为团体委托人设置公共账户，用以记录委托人缴费及其投资收益等账户信息。如存在个人受益人的，可以分别为受益人设立个人账户；个人账户下可以分设团体缴费账户和个人缴费账户，分别记录团体缴费和个人缴费的缴费明细及其投资收益等账务信息。

第二十六条　养老保险公司为个人受益人设立个人账户的，应当与委托人明确约定权益归属原则和领取支付条件，其中对于个人受益人本人缴费部分的权益，应当全额计入个人缴费账户。

委托人为团体客户的，个人受益人离职后，其个人账户可以在原养老保障管理基金管理人设置的保留账户继续管理。

第二十七条　养老保险公司开展养老保障管理业务，应当根据管理合同约定收取管理费用。管理费用可以包括以下项目：

（一）初始费。初始费是养老保险公司受托管理资金进入基金管理专户时一次性扣除的管理成本。初始费按照当期缴费总额的一定比例收取。

（二）管理费。管理费是养老保险公司为养老保障管理基金提供受托管理、账户管理、投资管理、待遇支付等服务的运营成本。管理费每年按照当年养老保障管理基金净值的一定比例收取，或根据管理形式及服务类型采取定额收费的形式收取。

（三）托管费。托管费是资产托管人为养老保障管理基金提供基金托管服务的运营成本。托管费每年按照当年养老保障管理基金净值的一定比例收取，或根据管理形式及服务类型采取定额收费的形式收取。

（四）解约费。委托人提前解除养老保障委托管理合同的，养老保险公司可以按照解除合同时养老保障管理基金净值的一定比例一次性收取解约费。养老保险公司应根据合同存续期限设置递减的解约费比例。

养老保险公司为个人受益人设立个人账户的，个人受益人提前退出的，应当通过委托人提出退出申请，养老保险公司可以按照受益人个人账户净值的比例一次性收取解约费。养老保险公司应根据个人账户的存续期设置递减的解约费比例。

（五）投资转换费。投资转换费是养老保险公司为养老保障管理基金提供投资转换服务的运营成本。投资转换费按照投资转换基金净值的一定比例收取，或采取定额收费的形式收取。

第二十八条 养老保障管理业务团体委托人提前解除合同时，养老保险公司应当要求其提供已通知受益人解约事宜的有效证明，并按照委托人要求与权益归属原则处理养老保障管理基金。

养老保障管理业务个人委托人提前解除合同时，养老保险公司应当在扣除解约费后，以银行转账方式将个人委托人资金余额划拨至个人委托人本人的银行资金账户。

第二十九条 养老保险公司和资产托管人应当按照有关法律、行政法规的规定保存资产管理业务的会计账册，并妥善保存有关的合同、协议、交易记录等文件、资料。

第三十条 养老保险公司应当通过公司网站或指定网站向个人委托人披露个人养老保障管理产品信息，并保证所披露信息的真实性、准确性和完整性。应向个人委托人披露的个人养老保障管理产品信息包括：

（一）募集公告、养老保障管理合同；

（二）组合募集情况；

（三）组合资产净值、份额净值；

（四）投资方向；

（五）应予披露的其他信息。

封闭式投资组合上述披露事项（三）可免于提供。

第三十一条 养老保险公司应当于每年度结束后60日内，向团体委托人提供上一年度的养老保障管理报告，并向受益人提供年度对账单以及个人权益信息查询等服务。

第三十二条 养老保险公司应当于每年度结束后60日内，在公司网站上披露养老保障管理业务的基本信息，包括基金规模、基金数目、基金收益率等，但需要保密的客户信息除外。

第三十三条 养老保险公司应当加强养老保障管理业务销售人员管理，销售人员应满足以下要求：

（一）充分了解并自觉遵守养老保障管理业务相关法律法规；

（二）熟悉养老保障管理产品特性以及向委托人提供咨询意见所涉及的其他金融产品的特性，并对有关产品市场有所认识和理解；

（三）具备相关监管部门要求的行业资格。

第三十四条 养老保险公司通过互联网渠道销售养老保障管理产品，应当参照中国保监会互联网保险监管规定中关于网络平台建设、信息披露、第三方合作协议签署、交易信息管理、客户服务管理、业务数据安全管理、客户信息安全管理、应急处置等方面的相关规定执行。

第三章 投资管理

第三十五条 养老保障管理基金投资范围比照中国保监会保险资金运用相关监管规定执行。

第三十六条 养老保障管理基金投资账户的资产配置范围包括流动性资产、固定收益类资产、上市权益类资产、基础设施投资计划、不动产相关金融产品、其他金融资产。流动性资产、固定收益类资产、上市权益类资产、基础设施投资计划、不动产相关金融产品、其他金融资产的分类和定义遵照中国保监会资金运用相关监管规定。

第三十七条 养老保障管理基金可由养老保险公司自行投资管理，也可委托给符合条件的投资管理人进行投资管理。

投资管理人是指在中国境内依法设立的，符合中国保监会规定的保险资产管理公司、证券公司、证券资产管理公司、证券投资基金管理公司及其子公司等专业投资管理机构。

第三十八条 养老保障管理产品设立的投资组合类型，包括开放式投资组合和封闭式投资组合。

开放式投资组合是指基金份额总额不固定，基金份额可以在养老保障管理合同约定的时间和场所缴费或者领取；封闭式投资组合是指基金份额总额在养老保障管理合同约定的封闭期限内固定不变，基金份额不得提前申请领取。

第三十九条 养老保险公司应当加强养老保障管理产品投资账户的流动性管理，确保投资账户能够满足流动性需要。其中，对于开放式投资组合的流动性管理应当符合以下要求：

（一）流动性资产的投资余额不得低于投资组合价值的5%；

（二）基础设施投资计划、不动产相关金融产品、其他金融资产的投资余额不得超过投资组合价值的75%，其中单一项目的投资余额不得超过投资组合价值的50%；

（三）针对投资组合特点建立相应的流动性管理方案。

投资组合建立初期、10个工作日内赎回比例超过投资组合价值10%时、投资组合清算期间，投资组合可以突破上述有关流动性管理的比例限制，但应在30个工作日内调整至规定范围内。

第四十条 养老保险公司设立封闭式投资组合，应当在投资组合说明书中明示“封闭式”，并在产品或募集公告中明示封闭期限及投资方向。

第四十一条 养老保险公司设立的封闭式投资组合应当满足产品与投资资产配置独立性、期限结构匹配性要求。

第四十二条 封闭式投资组合投资另类金融产品的，养老保险公司在销售时，应当向购买客户主动披露拟投资的另类金融产品的投资品种、基础资产、投资比例、估值方法、流动性管理策略、主要投资风险等。

另类金融产品是指传统的存款、股票、债券、证券投资基金等之外的金融产品。

第四章 风险控制

第四十三条 养老保险公司开展养老保障管理业务，应当建立相应的风险管理体系，并将养老保障管理业务的风险管理纳入养老保险公司全面风险管理体系之中。养老保障管理业务风险管理体系应覆盖市场风险、信用风险、流动性风险、操作风险、战略风险、声誉风险等各类风险，并就相关风险制定有效的管控措施。

第四十四条 在向委托人推介养老保障管理产品时，养老保险公司应当充分了解委托人的风险偏好、风险认知能力和风险承受能力，合理评估委托人的财务状况，并根据所了解的委托人的情况推荐合适的产品供委托人自主选择。

第四十五条 在与委托人签订受托管理合同时，养老保险公司应当向委托人提供投资风险提示函，充分揭示投资风险，包括市场风险、信用风险、流动性风险、操作风险及其他风险，以及上述风险的含义、特征、可能引起的后果，并要求委托人对投资风险提示函内容进行确认。确认方式包括书面确认或网络实名验证确认等。

第四十六条 养老保险公司应当向客户如实披露其投资管理能力和历史业绩等情况。养老保险公司向客户做出投资收益预测，必须恪守诚信原则，提供充分合理的依据；并以书面方式或在销售网站该产品销售界面显著位置特别声明，所述预测结果仅供客户参考，不构成养老保险公司对客户的承诺。

第四十七条 养老保险公司应当合理控制短期个人养老保障管理产品业务规模，年度新增业务规模应与公司的资本实力相匹配。

短期个人养老保障管理产品是指产品期限在三年以内（含三年），销售给个人客户的养老保障管理产品。

经营商业保险业务的养老保险公司，受托管理的封闭式短期个人养老保障管理业务的年度新增规模不得超过公司上一年度末偿付能力溢额的10倍；不经营商业保险业务的养老保险公司，受托管理的封闭式短期个人养老保障管理业务的年度新增规模不得超过公司上一年度末公司净资产的10倍。

第四十八条 养老保险公司开展个人养老保障管理业务，应对发行的每一期产品按管理费收入10%的比例计提风险准备金，计提总额达到养老保险公司上年度管理个人养老保障管理业务总规模的1%时，不再计提。计提的风险准备金专门用于赔偿因投资管理机构违法违规、违反受托管理合同、未尽责履职等原因给养老保障基金财产或受益人造成的损失。

风险准备金应当存放在养老保险公司或其委托的投资管理人在资产托管人处开立的专用存款账户。

养老保险公司可以对已提取的风险准备金进行自主投资管理或委托投资管理人投资，风险准备金可投资于银行存款、国债、中央银行票据、中央企业债券、中央级金融机构发行的金融债券等高流动性、低风险的金融产品。投资管理产生的投资收益，应当纳入风险准备金管理。

第四十九条 养老保险公司及其从业人员开展养老保障管理业务，不得有以下行为：

（一）以虚假、片面、误导、夸大的方式宣传推介养老保障管理产品；

（二）向客户做出保证其资金本金不受损失或者承担损失的承诺；

（三）以欺骗、隐瞒或诱导等方式销售养老保障管理产品；

（四）挪用、侵占客户资金；

（五）将养老保障管理业务与其他业务混合操作；

（六）以转移养老保障管理基金投资收益或者亏损为目的，在不同的投资组合之间进行买卖，损害客户的利益；

（七）利用所管理的养老保障管理基金谋取不正当利益；

（八）不公平地对待养老保障管理基金，损害客户的利益；

（九）从事内幕交易及其他不正当交易行为；

（十）法律、行政法规和中国保监会等监管机构规定禁止的其他行为。

第五十条 养老保险公司自身不得对养老保障管理基金的投资收益承担任何形式的保证责任，不得在管理合同和产品设计中列入投资收益保证条款。

第五十一条 养老保险公司可以为养老保障管理基金的保值增值向第三方合格机构购买风险买断合同，相应的费用可以列入基金的运营成本。养老保险公司不得对担保机构提供任何形式的反担保。

第三方合格机构应当满足以下条件：

（一）注册资本不低于5亿元人民币；

（二）上一年度经审计的净资产不低于20亿元人民币；

（三）为养老保障管理基金承担风险买断合同的总金额不超过上一年度经审计的净资产的10倍；

（四）最近三年未受过重大处罚；

（五）中国保监会规定的其他条件。

养老保险公司为养老保障管理基金购买风险买断合同

的，应当在受托管理合同或投资风险提示函中向委托人充分揭示购买风险买断合同后养老保障管理基金仍然存在投资损失的风险。

第五十二条　养老保险公司应当依法采取预防、监控措施，建立健全客户身份识别制度、大额交易和可疑交易报告制度，全面履行反洗钱义务。

第五十三条　发生以下情形之一的，养老保险公司应当选择会计师事务所对养老保障管理业务进行外部审计，相应的审计费用可以列入基金的运营成本。

（一）养老保障管理基金投资运作满三个会计年度时；

（二）养老保障管理基金管理人职责终止时；

（三）国家规定的其他情形。

养老保险公司应当自收到外部审计机构出具的审计报告之日起的30日内向委托人提交审计报告。

同一家会计师事务所连续审计三次的，应当予以更换。

第五章　监督管理

第五十四条　开展养老保障管理业务的养老保险公司，应当在每年3月31日之前向中国保监会提交养老保障管理业务专题报告。专题报告包括以下内容：

（一）管理合同签订及履行情况；

（二）基金运作及投资收益情况；

（三）资产托管及投资监督情况；

（四）管理费用收取情况；

（五）风险准备金的提取、投资管理、使用、年末结余等情况；

（六）中国保监会要求的其他事项。

第五十五条　养老保险公司按照本办法有关规定和合同约定发生外部审计的，应当自收到外部审计机构出具的审计报告之日起的30日内向中国保监会报送审计报告。

第五十六条　中国保监会及其派出机构对养老保险公司、资产托管人、投资管理人开展养老保障管理业务的情况，进行定期或者不定期的检查，养老保险公司、资产托管人、投资管理人应当予以配合。

第五十七条　养老保险公司及其从业人员违反本办法的，由中国保监会依照法律、行政法规进行处罚；法律、行政法规没有规定的，由中国保监会责令改正；涉嫌犯罪的，依法移交司法机关追究刑事责任。

第六章　附　　则

第五十八条　本办法由中国保监会负责解释。

第五十九条　养老金管理公司开展养老保障管理业务，应遵守本办法规定。

第六十条　本办法自下发之日起施行。《养老保障管理业务管理暂行办法》（保监发〔2013〕43号）同时废止。

民政部、卫生计生委关于做好医养结合服务机构许可工作的通知

（2016年4月8日　民发〔2016〕52号）

各省、自治区、直辖市民政厅（局）、卫生计生委：

为落实国务院简政放权要求，改进行政审批工作，根据《国务院办公厅转发卫生计生委等部门关于推进医疗卫生与养老服务相结合指导意见的通知》（国办发〔2015〕84号）精神，现就做好医养结合服务机构许可工作通知如下：

一、做好医养结合服务机构许可政策宣讲工作

各地民政、卫生计生部门应当将法律、法规、规章规定的设立养老机构、医疗机构有关行政许可的事项、依据、条件、数量、程序、期限以及需要提交的全部材料的目录和申请书示范文本等，在办事服务窗口及政务网站公开。申办人要求对材料内容予以说明、解释的，各地民政、卫生计生部门应当说明、解释，提供准确、可及的服务。

二、做好医养结合服务机构筹建指导工作

申办人拟举办医养结合服务机构的，民政、卫生计生部门应当在接到申请后，按照首接责任制原则，及时根据各自职责办理审批，不得将彼此审批事项互为审批前置条件，不得互相推诿。各地民政、卫生计生部门应当根据申办人的需要和条件，在设立条件、提交材料、建设标准、服务规范等方面，为医养结合机构申办人提供咨询和指导，减少繁文缛节，提高办事效率。省级民政部门、卫生计生部门可以制定统一的筹建指导书，方便申请人到相关部门办理相关行政许可手续。

三、支持医疗机构设立养老机构

医疗机构面向老年人开展集中居住和照料服务的，应当按照《养老机构设立许可办法》规定，申请养老机构设立许可，民政部门予以优先受理。符合设立条件的，自受理设立申请后10个工作日内颁发养老机构设立许可证。对于无内设养老机构，但具有养老服务需求的医疗机构，民政部门应当指导其与养老机构建立协作机制，开展一体化的健康和养老服务。基层医疗机构和二级医院内设养老机构符合条件的，享受养老机构相关建设补贴、运营补贴和其他政策扶持。

四、支持养老机构设立医疗机构

卫生计生部门应当将养老机构设立老年病医院、康复医院、护理院、中医医院、临终关怀等医疗机构纳入区域卫生规划，优先予以审核审批，并加大政策支持和技术指导力度。养老机构内设医疗机构为门诊部、诊所、医务室、护理站的，养老机构应当向当地县级卫生计生部门申请设置和执业登记。卫生计生部门应当在受理设置申请后10个工作日内给予是否同意设置的批复。对于不具备条件设置医疗机构的养老机构，卫生计生部门应当指导其与周边医疗机构签订合作协议，

建立绿色通道，优先提供巡诊义诊、接诊转诊、康复指导、远程医疗等服务，或者托管其内设医务室，选派医护人员开展医疗服务。养老机构内设医疗机构，属于社会办医范畴的，按照《关于促进社会办医加快发展的若干政策措施》（国办发〔2015〕45号）等相关规定，享受政策扶持。

各地民政、卫生计生部门要高度重视做好医养结合服务机构许可工作，加强沟通、密切配合，打造"无障碍"审批环境。对于违反相关规定，任意提高许可标准、人为设置准入条件、互相推诿扯皮或不作为的，要按照有关规定予以问责。

3. 残疾人福利

中华人民共和国残疾人保障法

（1990年12月28日第七届全国人民代表大会常务委员会第十七次会议通过　2008年4月24日第十一届全国人民代表大会常务委员会第二次会议修订　2008年4月24日中华人民共和国主席令第3号公布　自2008年7月1日起施行）

第一章　总　　则

第一条　为了维护残疾人的合法权益，发展残疾人事业，保障残疾人平等地充分参与社会生活，共享社会物质文化成果，根据宪法，制定本法。

第二条　残疾人是指在心理、生理、人体结构上，某种组织、功能丧失或者不正常，全部或者部分丧失以正常方式从事某种活动能力的人。

残疾人包括视力残疾、听力残疾、言语残疾、肢体残疾、智力残疾、精神残疾、多重残疾和其他残疾的人。

残疾标准由国务院规定。

第三条　残疾人在政治、经济、文化、社会和家庭生活等方面享有同其他公民平等的权利。

残疾人的公民权利和人格尊严受法律保护。

禁止基于残疾的歧视。禁止侮辱、侵害残疾人。禁止通过大众传播媒介或者其他方式贬低损害残疾人人格。

第四条　国家采取辅助方法和扶持措施，对残疾人给予特别扶助，减轻或者消除残疾影响和外界障碍，保障残疾人权利的实现。

第五条　县级以上人民政府应当将残疾人事业纳入国民经济和社会发展规划，加强领导，综合协调，并将残疾人事业经费列入财政预算，建立稳定的经费保障机制。

国务院制定中国残疾人事业发展纲要，县级以上地方人民政府根据中国残疾人事业发展纲要，制定本行政区域的残疾人事业发展规划和年度计划，使残疾人事业与经济、社会协调发展。

县级以上人民政府负责残疾人工作的机构，负责组织、协调、指导、督促有关部门做好残疾人事业的工作。

各级人民政府和有关部门，应当密切联系残疾人，听取残疾人的意见，按照各自的职责，做好残疾人工作。

第六条　国家采取措施，保障残疾人依照法律规定，通过各种途径和形式，管理国家事务，管理经济和文化事业，管理社会事务。

制定法律、法规、规章和公共政策，对涉及残疾人权益和残疾人事业的重大问题，应当听取残疾人和残疾人组织的意见。

残疾人和残疾人组织有权向各级国家机关提出残疾人权益保障、残疾人事业发展等方面的意见和建议。

第七条　全社会应当发扬人道主义精神，理解、尊重、关心、帮助残疾人，支持残疾人事业。

国家鼓励社会组织和个人为残疾人提供捐助和服务。

国家机关、社会团体、企业事业单位和城乡基层群众性自治组织，应当做好所属范围内的残疾人工作。

从事残疾人工作的国家工作人员和其他人员，应当依法履行职责，努力为残疾人服务。

第八条　中国残疾人联合会及其地方组织，代表残疾人的共同利益，维护残疾人的合法权益，团结教育残疾人，为残疾人服务。

中国残疾人联合会及其地方组织依照法律、法规、章程或者接受政府委托，开展残疾人工作，动员社会力量，发展残疾人事业。

第九条　残疾人的扶养人必须对残疾人履行扶养义务。

残疾人的监护人必须履行监护职责，尊重被监护人的意愿，维护被监护人的合法权益。

残疾人的亲属、监护人应当鼓励和帮助残疾人增强自立能力。

禁止对残疾人实施家庭暴力，禁止虐待、遗弃残疾人。

第十条　国家鼓励残疾人自尊、自信、自强、自立，为社会主义建设贡献力量。

残疾人应当遵守法律、法规，履行应尽的义务，遵守公共秩序，尊重社会公德。

第十一条　国家有计划地开展残疾预防工作，加强对残疾预防工作的领导，宣传、普及母婴保健和预防残疾的知识，建立健全出生缺陷预防和早期发现、早期治疗机制，针对遗传、疾病、药物、事故、灾害、环境污染和其他致残因素，组织和动员社会力量，采取措施，预防残疾的发生，减轻残疾程度。

国家建立健全残疾人统计调查制度，开展残疾人状况的统计调查和分析。

第十二条　国家和社会对残疾军人、因公致残人员以及其他为维护国家和人民利益致残的人员实行特别保障，给予抚恤和优待。

第十三条 对在社会主义建设中做出显著成绩的残疾人，对维护残疾人合法权益、发展残疾人事业、为残疾人服务做出显著成绩的单位和个人，各级人民政府和有关部门给予表彰和奖励。

第十四条 每年5月的第三个星期日为全国助残日。

第二章 康　　复

第十五条 国家保障残疾人享有康复服务的权利。

各级人民政府和有关部门应当采取措施，为残疾人康复创造条件，建立和完善残疾人康复服务体系，并分阶段实施重点康复项目，帮助残疾人恢复或者补偿功能，增强其参与社会生活的能力。

第十六条 康复工作应当从实际出发，将现代康复技术与我国传统康复技术相结合；以社区康复为基础，康复机构为骨干，残疾人家庭为依托；以实用、易行、受益广的康复内容为重点，优先开展残疾儿童抢救性治疗和康复；发展符合康复要求的科学技术，鼓励自主创新，加强康复新技术的研究、开发和应用，为残疾人提供有效的康复服务。

第十七条 各级人民政府鼓励和扶持社会力量兴办残疾人康复机构。

地方各级人民政府和有关部门，应当组织和指导城乡社区服务组织、医疗预防保健机构、残疾人组织、残疾人家庭和其他社会力量，开展社区康复工作。

残疾人教育机构、福利性单位和其他为残疾人服务的机构，应当创造条件，开展康复训练活动。

残疾人在专业人员的指导和有关工作人员、志愿工作者及亲属的帮助下，应当努力进行功能、自理能力和劳动技能的训练。

第十八条 地方各级人民政府和有关部门应当根据需要有计划地在医疗机构设立康复医学科室，举办残疾人康复机构，开展康复医疗与训练、人员培训、技术指导、科学研究等工作。

第十九条 医学院校和其他有关院校应当有计划地开设康复课程，设置相关专业，培养各类康复专业人才。

政府和社会采取多种形式对从事康复工作的人员进行技术培训；向残疾人、残疾人亲属、有关工作人员和志愿工作者普及康复知识，传授康复方法。

第二十条 政府有关部门应当组织和扶持残疾人康复器械、辅助器具的研制、生产、供应、维修服务。

第三章 教　　育

第二十一条 国家保障残疾人享有平等接受教育的权利。

各级人民政府应当将残疾人教育作为国家教育事业的组成部分，统一规划，加强领导，为残疾人接受教育创造条件。

政府、社会、学校应当采取有效措施，解决残疾儿童、少年就学存在的实际困难，帮助其完成义务教育。

各级人民政府对接受义务教育的残疾学生、贫困残疾人家庭的学生提供免费教科书，并给予寄宿生活费等费用补助；对接受义务教育以外其他教育的残疾学生、贫困残疾人家庭的学生按照国家有关规定给予资助。

第二十二条 残疾人教育，实行普及与提高相结合、以普及为重点的方针，保障义务教育，着重发展职业教育，积极开展学前教育，逐步发展高级中等以上教育。

第二十三条 残疾人教育应当根据残疾人的身心特性和需要，按照下列要求实施：

（一）在进行思想教育、文化教育的同时，加强身心补偿和职业教育；

（二）依据残疾类别和接受能力，采取普通教育方式或者特殊教育方式；

（三）特殊教育的课程设置、教材、教学方法、入学和在校年龄，可以有适度弹性。

第二十四条 县级以上人民政府应当根据残疾人的数量、分布状况和残疾类别等因素，合理设置残疾人教育机构，并鼓励社会力量办学、捐资助学。

第二十五条 普通教育机构对具有接受普通教育能力的残疾人实施教育，并为其学习提供便利和帮助。

普通小学、初级中等学校，必须招收能适应其学习生活的残疾儿童、少年入学；普通高级中等学校、中等职业学校和高等学校，必须招收符合国家规定的录取要求的残疾考生入学，不得因其残疾而拒绝招收；拒绝招收的，当事人或者其亲属、监护人可以要求有关部门处理，有关部门应当责令该学校招收。

普通幼儿教育机构应当接收能适应其生活的残疾幼儿。

第二十六条 残疾幼儿教育机构、普通幼儿教育机构附设的残疾儿童班、特殊教育机构的学前班、残疾儿童福利机构、残疾儿童家庭，对残疾儿童实施学前教育。

初级中等以下特殊教育机构和普通教育机构附设的特殊教育班，对不具有接受普通教育能力的残疾儿童、少年实施义务教育。

高级中等以上特殊教育机构、普通教育机构附设的特殊教育班和残疾人职业教育机构，对符合条件的残疾人实施高级中等以上文化教育、职业教育。

提供特殊教育的机构应当具备适合残疾人学习、康复、生活特点的场所和设施。

第二十七条 政府有关部门、残疾人所在单位和有关社会组织应当对残疾人开展扫除文盲、职业培训、创业培训和其他成人教育，鼓励残疾人自学成才。

第二十八条 国家有计划地举办各级各类特殊教育师范院校、专业，在普通师范院校附设特殊教育班，培养、培训特殊教育师资。普通师范院校开设特殊教育课程或者讲授有关内容，使普通教师掌握必要的特殊教育知识。

特殊教育教师和手语翻译，享受特殊教育津贴。

第二十九条 政府有关部门应当组织和扶持盲文、手语的研究和应用，特殊教育教材的编写和出版，特殊教育教学用具及其他辅助用品的研制、生产和供应。

第四章 劳动就业

第三十条 国家保障残疾人劳动的权利。

各级人民政府应当对残疾人劳动就业统筹规划，为残疾人创造劳动就业条件。

第三十一条 残疾人劳动就业，实行集中与分散相结合的方针，采取优惠政策和扶持保护措施，通过多渠道、多层次、多种形式，使残疾人劳动就业逐步普及、稳定、合理。

第三十二条 政府和社会举办残疾人福利企业、盲人按摩机构和其他福利性单位，集中安排残疾人就业。

第三十三条 国家实行按比例安排残疾人就业制度。

国家机关、社会团体、企业事业单位、民办非企业单位应当按照规定的比例安排残疾人就业，并为其选择适当的工种和岗位。达不到规定比例的，按照国家有关规定履行保障残疾人就业义务。国家鼓励用人单位超过规定比例安排残疾人就业。

残疾人就业的具体办法由国务院规定。

第三十四条 国家鼓励和扶持残疾人自主择业、自主创业。

第三十五条 地方各级人民政府和农村基层组织，应当组织和扶持农村残疾人从事种植业、养殖业、手工业和其他形式的生产劳动。

第三十六条 国家对安排残疾人就业达到、超过规定比例或者集中安排残疾人就业的用人单位和从事个体经营的残疾人，依法给予税收优惠，并在生产、经营、技术、资金、物资、场地等方面给予扶持。国家对从事个体经营的残疾人，免除行政事业性收费。

县级以上地方人民政府及其有关部门应当确定适合残疾人生产、经营的产品、项目，优先安排残疾人福利性单位生产或者经营，并根据残疾人福利性单位的生产特点确定某些产品由其专产。

政府采购，在同等条件下应当优先购买残疾人福利性单位的产品或者服务。

地方各级人民政府应当开发适合残疾人就业的公益性岗位。

对申请从事个体经营的残疾人，有关部门应当优先核发营业执照。

对从事各类生产劳动的农村残疾人，有关部门应当在生产服务、技术指导、农用物资供应、农副产品购销和信贷等方面，给予帮助。

第三十七条 政府有关部门设立的公共就业服务机构，应当为残疾人免费提供就业服务。

残疾人联合会举办的残疾人就业服务机构，应当组织开展免费的职业指导、职业介绍和职业培训，为残疾人就业和用人单位招用残疾人提供服务和帮助。

第三十八条 国家保护残疾人福利性单位的财产所有权和经营自主权，其合法权益不受侵犯。

在职工的招用、转正、晋级、职称评定、劳动报酬、生活福利、休息休假、社会保险等方面，不得歧视残疾人。

残疾职工所在单位应当根据残疾职工的特点，提供适当的劳动条件和劳动保护，并根据实际需要对劳动场所、劳动设备和生活设施进行改造。

国家采取措施，保障盲人保健和医疗按摩人员从业的合法权益。

第三十九条 残疾职工所在单位应当对残疾职工进行岗位技术培训，提高其劳动技能和技术水平。

第四十条 任何单位和个人不得以暴力、威胁或者非法限制人身自由的手段强迫残疾人劳动。

第五章 文化生活

第四十一条 国家保障残疾人享有平等参与文化生活的权利。

各级人民政府和有关部门鼓励、帮助残疾人参加各种文化、体育、娱乐活动，积极创造条件，丰富残疾人精神文化生活。

第四十二条 残疾人文化、体育、娱乐活动应当面向基层，融于社会公共文化生活，适应各类残疾人的不同特点和需要，使残疾人广泛参与。

第四十三条 政府和社会采取下列措施，丰富残疾人的精神文化生活：

（一）通过广播、电影、电视、报刊、图书、网络等形式，及时宣传报道残疾人的工作、生活等情况，为残疾人服务；

（二）组织和扶持盲文读物、盲人有声读物及其他残疾人读物的编写和出版，根据盲人的实际需要，在公共图书馆设立盲文读物、盲人有声读物图书室；

（三）开办电视手语节目，开办残疾人专题广播栏目，推进电视栏目、影视作品加配字幕、解说；

（四）组织和扶持残疾人开展群众性文化、体育、娱乐活动，举办特殊艺术演出和残疾人体育运动会，参加国际性比赛和交流；

（五）文化、体育、娱乐和其他公共活动场所，为残疾人提供方便和照顾。有计划地兴办残疾人活动场所。

第四十四条 政府和社会鼓励、帮助残疾人从事文学、艺术、教育、科学、技术和其他有益于人民的创造性劳动。

第四十五条 政府和社会促进残疾人与其他公民之间的相互理解和交流，宣传残疾人事业和扶助残疾人的事迹，弘扬残疾人自强不息的精神，倡导团结、友爱、互助的社会风尚。

第六章 社会保障

第四十六条 国家保障残疾人享有各项社会保障的权利。

政府和社会采取措施，完善对残疾人的社会保障，保障和改善残疾人的生活。

第四十七条 残疾人及其所在单位应当按照国家有关规定参加社会保险。

残疾人所在城乡基层群众性自治组织、残疾人家庭，应当鼓励、帮助残疾人参加社会保险。

对生活确有困难的残疾人，按照国家有关规定给予社会保险补贴。

第四十八条 各级人民政府对生活确有困难的残疾人，通过多种渠道给予生活、教育、住房和其他社会救助。

县级以上地方人民政府对享受最低生活保障待遇后生活仍有特别困难的残疾人家庭，应当采取其他措施保障其基本生活。

各级人民政府对贫困残疾人的基本医疗、康复服务、必要的辅助器具的配置和更换，应当按照规定给予救助。

对生活不能自理的残疾人，地方各级人民政府应当根据情况给予护理补贴。

第四十九条 地方各级人民政府对无劳动能力、无扶养人或者扶养人不具有扶养能力、无生活来源的残疾人，按照规定予以供养。

国家鼓励和扶持社会力量举办残疾人供养、托养机构。

残疾人供养、托养机构及其工作人员不得侮辱、虐待、遗弃残疾人。

第五十条 县级以上人民政府对残疾人搭乘公共交通工具，应当根据实际情况给予便利和优惠。残疾人可以免费携带随身必备的辅助器具。

盲人持有效证件免费乘坐市内公共汽车、电车、地铁、渡船等公共交通工具。盲人读物邮件免费寄递。

国家鼓励和支持提供电信、广播电视服务的单位对盲人、听力残疾人、言语残疾人给予优惠。

各级人民政府应当逐步增加对残疾人的其他照顾和扶助。

第五十一条 政府有关部门和残疾人组织应当建立和完善社会各界为残疾人捐助和服务的渠道，鼓励和支持发展残疾人慈善事业，开展志愿者助残等公益活动。

第七章 无障碍环境

第五十二条 国家和社会应当采取措施，逐步完善无障碍设施，推进信息交流无障碍，为残疾人平等参与社会生活创造无障碍环境。

各级人民政府应当对无障碍环境建设进行统筹规划，综合协调，加强监督管理。

第五十三条 无障碍设施的建设和改造，应当符合残疾人的实际需要。

新建、改建和扩建建筑物、道路、交通设施等，应当符合国家有关无障碍设施工程建设标准。

各级人民政府和有关部门应当按照国家无障碍设施工程建设规定，逐步推进已建成设施的改造，优先推进与残疾人日常工作、生活密切相关的公共服务设施的改造。

对无障碍设施应当及时维修和保护。

第五十四条 国家采取措施，为残疾人信息交流无障碍创造条件。

各级人民政府和有关部门应当采取措施，为残疾人获取公共信息提供便利。

国家和社会研制、开发适合残疾人使用的信息交流技术和产品。

国家举办的各类升学考试、职业资格考试和任职考试，有盲人参加的，应当为盲人提供盲文试卷、电子试卷或者由专门的工作人员予以协助。

第五十五条 公共服务机构和公共场所应当创造条件，为残疾人提供语音和文字提示、手语、盲文等信息交流服务，并提供优先服务和辅助性服务。

公共交通工具应当逐步达到无障碍设施的要求。有条件的公共停车场应当为残疾人设置专用停车位。

第五十六条 组织选举的部门应当为残疾人参加选举提供便利；有条件的，应当为盲人提供盲文选票。

第五十七条 国家鼓励和扶持无障碍辅助设备、无障碍交通工具的研制和开发。

第五十八条 盲人携带导盲犬出入公共场所，应当遵守国家有关规定。

第八章 法律责任

第五十九条 残疾人的合法权益受到侵害的，可以向残疾人组织投诉，残疾人组织应当维护残疾人的合法权益，有权要求有关部门或者单位查处。有关部门或者单位应当依法查处，并予以答复。

残疾人组织对残疾人通过诉讼维护其合法权益需要帮助的，应当给予支持。

残疾人组织对侵害特定残疾人群体利益的行为，有权要求有关部门依法查处。

第六十条 残疾人的合法权益受到侵害的，有权要求有关部门依法处理，或者依法向仲裁机构申请仲裁，或者依法向人民法院提起诉讼。

对有经济困难或者其他原因确需法律援助或者司法救助

的残疾人，当地法律援助机构或者人民法院应当给予帮助，依法为其提供法律援助或者司法救助。

第六十一条　违反本法规定，对侵害残疾人权益行为的申诉、控告、检举，推诿、拖延、压制不予查处，或者对提出申诉、控告、检举的人进行打击报复的，由其所在单位、主管部门或者上级机关责令改正，并依法对直接负责的主管人员和其他直接责任人员给予处分。

国家工作人员未依法履行职责，对侵害残疾人权益的行为未及时制止或者未给予受害残疾人必要帮助，造成严重后果的，由其所在单位或者上级机关依法对直接负责的主管人员和其他直接责任人员给予处分。

第六十二条　违反本法规定，通过大众传播媒介或者其他方式贬低损害残疾人人格的，由文化、广播电影电视、新闻出版或者其他有关主管部门依据各自的职权责令改正，并依法给予行政处罚。

第六十三条　违反本法规定，有关教育机构拒不接收残疾学生入学，或者在国家规定的录取要求以外附加条件限制残疾学生就学的，由有关主管部门责令改正，并依法对直接负责的主管人员和其他直接责任人员给予处分。

第六十四条　违反本法规定，在职工的招用等方面歧视残疾人的，由有关主管部门责令改正；残疾人劳动者可以依法向人民法院提起诉讼。

第六十五条　违反本法规定，供养、托养机构及其工作人员侮辱、虐待、遗弃残疾人的，对直接负责的主管人员和其他直接责任人员依法给予处分；构成违反治安管理行为的，依法给予行政处罚。

第六十六条　违反本法规定，新建、改建和扩建建筑物、道路、交通设施，不符合国家有关无障碍设施工程建设标准，或者对无障碍设施未进行及时维修和保护造成后果的，由有关主管部门依法处理。

第六十七条　违反本法规定，侵害残疾人的合法权益，其他法律、法规规定行政处罚的，从其规定；造成财产损失或者其他损害的，依法承担民事责任；构成犯罪的，依法追究刑事责任。

第九章　附　　则

第六十八条　本法自2008年7月1日起施行。

国务院关于全面建立困难残疾人生活补贴和重度残疾人护理补贴制度的意见

（2015年9月22日　国发〔2015〕52号）

各省、自治区、直辖市人民政府，国务院各部委、各直属机构：

残疾人是需要格外关心、格外关注的特殊困难群体。党和政府高度重视残疾人福利保障工作。为解决残疾人特殊生活困难和长期照护困难，国务院决定全面建立困难残疾人生活补贴和重度残疾人护理补贴（以下统称残疾人两项补贴）制度。这是保障残疾人生存发展权益的重要举措，对全面建成小康社会具有重要意义。为此，现提出以下意见：

一、总体要求

（一）指导思想。深入贯彻党的十八大和十八届二中、三中、四中全会精神，按照党中央、国务院决策部署，以协调推进“四个全面”战略布局为统领，以加快推进残疾人小康进程为目标，以残疾人需求为导向，加强顶层制度设计，制定残疾人专项福利政策，逐步完善残疾人社会保障体系。

（二）基本原则。

坚持需求导向，待遇适度。从残疾人最直接最现实最迫切的需求入手，着力解决残疾人因残疾产生的额外生活支出和长期照护支出困难。立足经济社会发展状况，科学合理确定保障标准，逐步提高保障水平。

坚持制度衔接，全面覆盖。注重与社会救助、社会保险、公益慈善有效衔接，努力形成残疾人社会保障合力。做到应补尽补，确保残疾人两项补贴制度覆盖所有符合条件的残疾人。

坚持公开公正，规范有序。建立和完善标准统一、便民利民的申请、审核、补贴发放机制，做到阳光透明、客观公正。加强政策评估和绩效考核，不断提高制度运行效率。

坚持资源统筹，责任共担。积极发挥家庭、社会、政府作用，形成家庭善尽义务、社会积极扶助、政府兜底保障的责任共担格局。

二、主要内容

（一）补贴对象。困难残疾人生活补贴主要补助残疾人因残疾产生的额外生活支出，对象为低保家庭中的残疾人，有条件的地方可逐步扩大到低收入残疾人及其他困难残疾人。低收入残疾人及其他困难残疾人的认定标准由县级以上地方人民政府参照相关规定、结合实际情况制定。重度残疾人护理补贴主要补助残疾人因残疾产生的额外长期照护支出，对象为残疾等级被评定为一级、二级且需要长期照护的重度残疾人，有条件的地方可扩大到非重度智力、精神残疾人或其他残疾人，逐步推动形成面向所有需要长期照护残疾人的护理补贴制度。长期照护是指因残疾产生的特殊护理消费品和照护服务支出持续6个月以上时间。

（二）补贴标准。残疾人两项补贴标准由省级人民政府根据经济社会发展水平和残疾人生活保障需求、长期照护需求统筹确定，并适时调整。有条件的地方可以按照残疾人的不同困难程度制定分档补贴标准，提高制度精准性，加大补贴力度。

（三）补贴形式。残疾人两项补贴采取现金形式按月发放。有条件的地方可根据实际情况详细划分补贴类别和标准，采取凭据报销或政府购买服务形式发放重度残疾人护理补贴。

（四）政策衔接。符合条件的残疾人，可同时申领困难残疾人生活补贴和重度残疾人护理补贴。既符合残疾人两项补贴条件，又符合老年、因公致残、离休等福利性生活补贴（津贴）、护理补贴（津贴）条件的残疾人，可择高申领其中一类生活补贴（津贴）、护理补贴（津贴）。享受孤儿基本生活保障政策的残疾儿童不享受困难残疾人生活补贴，可享受重度残疾人护理补贴。残疾人两项补贴不计入城乡最低生活保障家庭的收入。领取工伤保险生活护理费、纳入特困人员供养保障的残疾人不享受残疾人两项补贴。

三、申领程序和管理办法

（一）自愿申请。残疾人两项补贴由残疾人向户籍所在地街道办事处或乡镇政府受理窗口提交书面申请。残疾人的法定监护人，法定赡养、抚养、扶养义务人，所在村民（居民）委员会或其他委托人可以代为办理申请事宜。申请残疾人两项补贴应持有第二代中华人民共和国残疾人证，并提交相关证明材料。

（二）逐级审核。街道办事处或乡镇政府依托社会救助、社会服务“一门受理、协同办理”机制，受理残疾人两项补贴申请并进行初审。初审合格材料报送县级残联进行相关审核。审核合格材料转送县级人民政府民政部门审定，残疾人家庭经济状况依托居民家庭经济状况核对机制审核。审定合格材料由县级人民政府民政部门会同县级残联报同级财政部门申请拨付资金。

（三）补贴发放。补贴资格审定合格的残疾人自递交申请当月计发补贴。残疾人两项补贴采取社会化形式发放，通过金融机构转账存入残疾人账户。特殊情况下需要直接发放现金的，要制定专门的监管办法，防止和杜绝冒领、重复领取、克扣现象。

（四）定期复核。采取残疾人主动申报和发放部门定期抽查相结合的方式，建立残疾人两项补贴定期复核制度，实行残疾人两项补贴应补尽补、应退则退的动态管理。定期复核内容包括申请人资格条件是否发生变化、补贴是否及时足额发放到位等。

四、保障措施

（一）加强组织领导。各地区、各部门要充分认识全面建立残疾人两项补贴制度的重要性，将其作为保障和改善民生的重要任务，完善政府领导、民政牵头、残联配合、部门协作、社会参与的工作机制。民政部门要履行主管部门职责，做好补贴资格审定、补贴发放、监督管理等工作，推进残疾人两项补贴制度与相关社会福利、社会救助、社会保险制度有机衔接。财政部门要加强资金保障，及时足额安排补贴资金及工作经费，确保残疾人两项补贴制度顺利实施。中央财政通过增加一般性转移支付予以支持。残联组织要发挥“代表、服务、管理”职能作用，及时掌握残疾人需求，严格残疾人证发放管理，做好残疾人两项补贴相关审核工作。

（二）加强制度落实。地方已经实施的残疾人两项补贴制度补贴对象范围小于本意见要求的，要严格按本意见执行，有条件的地方可适当扩大补贴范围。要通过政府购买服务、引导市场服务、鼓励慈善志愿服务等方式，健全补贴与服务相结合的残疾人社会福利体系，促进残疾人服务业发展。

（三）加强监督管理。地方各级人民政府要将残疾人两项补贴工作纳入年度考核内容，重点督查落实情况。残疾人两项补贴资金发放使用情况要定期向社会公示，接受社会监督，财政、审计、监察部门要加强监督检查，防止出现挤占、挪用、套取等违法违规现象。民政部门要会同残联组织定期开展残疾人两项补贴工作绩效评估，及时处理残疾人及其他群众的投诉建议，不断完善相关政策措施，切实维护残疾人合法权益。要统筹建立统一的残疾人两项补贴工作网络信息平台，加强对基本信息的实时监测、比对、归纳分析和动态管理，不断提高工作效率。

（四）加强政策宣传。各地要及时组织学习培训，全面掌握残疾人两项补贴制度精神和内容，正确组织实施残疾人两项补贴工作。要充分利用多种媒介宣传残疾人两项补贴制度，营造良好舆论氛围，引导全社会更加关心、关爱残疾人。要充分考虑残疾人获取信息的特殊要求和实际困难，采用灵活多样形式进行宣传解读，确保残疾人及其家属知晓残疾人两项补贴制度内容，了解基本申领程序和要求。要及时做好残疾人两项补贴政策解释工作，协助残疾人便捷办理相关手续。

残疾人两项补贴制度自2016年1月1日起全面实施。各地要结合实际制定贯彻实施办法，推进落实相关工作。民政部、财政部、中国残联要根据职责，抓紧制定具体政策措施。国务院将适时组织专项督查。

残疾人就业条例

（2007年2月25日中华人民共和国国务院令第488号公布　自2007年5月1日起施行）

第一章　总　　则

第一条　为了促进残疾人就业，保障残疾人的劳动权利，根据《中华人民共和国残疾人保障法》和其他有关法律，制定本条例。

第二条　国家对残疾人就业实行集中就业与分散就业相结合的方针，促进残疾人就业。

县级以上人民政府应当将残疾人就业纳入国民经济和社会发展规划，并制定优惠政策和具体扶持保护措施，为残疾人就业创造条件。

第三条　机关、团体、企业、事业单位和民办非企业单位

(以下统称用人单位)应当依照有关法律、本条例和其他有关行政法规的规定,履行扶持残疾人就业的责任和义务。

第四条 国家鼓励社会组织和个人通过多种渠道、多种形式,帮助、支持残疾人就业,鼓励残疾人通过应聘等多种形式就业。禁止在就业中歧视残疾人。

残疾人应当提高自身素质,增强就业能力。

第五条 各级人民政府应当加强对残疾人就业工作的统筹规划,综合协调。县级以上人民政府负责残疾人工作的机构,负责组织、协调、指导、督促有关部门做好残疾人就业工作。

县级以上人民政府劳动保障、民政等有关部门在各自的职责范围内,做好残疾人就业工作。

第六条 中国残疾人联合会及其地方组织依照法律、法规或者接受政府委托,负责残疾人就业工作的具体组织实施与监督。

工会、共产主义青年团、妇女联合会,应当在各自的工作范围内,做好残疾人就业工作。

第七条 各级人民政府对在残疾人就业工作中做出显著成绩的单位和个人,给予表彰和奖励。

第二章 用人单位的责任

第八条 用人单位应当按照一定比例安排残疾人就业,并为其提供适当的工种、岗位。

用人单位安排残疾人就业的比例不得低于本单位在职职工总数的1.5%。具体比例由省、自治区、直辖市人民政府根据本地区的实际情况规定。

用人单位跨地区招用残疾人的,应当计入所安排的残疾人职工人数之内。

第九条 用人单位安排残疾人就业达不到其所在地省、自治区、直辖市人民政府规定比例的,应当缴纳残疾人就业保障金。

第十条 政府和社会依法兴办的残疾人福利企业、盲人按摩机构和其他福利性单位(以下统称集中使用残疾人的用人单位),应当集中安排残疾人就业。

集中使用残疾人的用人单位的资格认定,按照国家有关规定执行。

第十一条 集中使用残疾人的用人单位中从事全日制工作的残疾人职工,应当占本单位在职职工总数的25%以上。

第十二条 用人单位招用残疾人职工,应当依法与其签订劳动合同或者服务协议。

第十三条 用人单位应当为残疾人职工提供适合其身体状况的劳动条件和劳动保护,不得在晋职、晋级、评定职称、报酬、社会保险、生活福利等方面歧视残疾人职工。

第十四条 用人单位应当根据本单位残疾人职工的实际情况,对残疾人职工进行上岗、在岗、转岗等培训。

第三章 保障措施

第十五条 县级以上人民政府应当采取措施,拓宽残疾人就业渠道,开发适合残疾人就业的公益性岗位,保障残疾人就业。

县级以上地方人民政府发展社区服务事业,应当优先考虑残疾人就业。

第十六条 依法征收的残疾人就业保障金应当纳入财政预算,专项用于残疾人职业培训以及为残疾人提供就业服务和就业援助,任何组织或者个人不得贪污、挪用、截留或者私分。残疾人就业保障金征收、使用、管理的具体办法,由国务院财政部门会同国务院有关部门规定。

财政部门和审计机关应当依法加强对残疾人就业保障金使用情况的监督检查。

第十七条 国家对集中使用残疾人的用人单位依法给予税收优惠,并在生产、经营、技术、资金、物资、场地使用等方面给予扶持。

第十八条 县级以上地方人民政府及其有关部门应当确定适合残疾人生产、经营的产品、项目,优先安排集中使用残疾人的用人单位生产或者经营,并根据集中使用残疾人的用人单位的生产特点确定某些产品由其专产。

政府采购,在同等条件下,应当优先购买集中使用残疾人的用人单位的产品或者服务。

第十九条 国家鼓励扶持残疾人自主择业、自主创业。对残疾人从事个体经营的,应当依法给予税收优惠,有关部门应当在经营场地等方面给予照顾,并按照规定免收管理类、登记类和证照类的行政事业性收费。

国家对自主择业、自主创业的残疾人在一定期限内给予小额信贷等扶持。

第二十条 地方各级人民政府应当多方面筹集资金,组织和扶持农村残疾人从事种植业、养殖业、手工业和其他形式的生产劳动。

有关部门对从事农业生产劳动的农村残疾人,应当在生产服务、技术指导、农用物资供应、农副产品收购和信贷等方面给予帮助。

第四章 就业服务

第二十一条 各级人民政府和有关部门应当为就业困难的残疾人提供有针对性的就业援助服务,鼓励和扶持职业培训机构为残疾人提供职业培训,并组织残疾人定期开展职业技能竞赛。

第二十二条 中国残疾人联合会及其地方组织所属的残疾人就业服务机构应当免费为残疾人就业提供下列服务:

(一)发布残疾人就业信息;

(二)组织开展残疾人职业培训;

（三）为残疾人提供职业心理咨询、职业适应评估、职业康复训练、求职定向指导、职业介绍等服务；

（四）为残疾人自主择业提供必要的帮助；

（五）为用人单位安排残疾人就业提供必要的支持。

国家鼓励其他就业服务机构为残疾人就业提供免费服务。

第二十三条 受劳动保障部门的委托，残疾人就业服务机构可以进行残疾人失业登记、残疾人就业与失业统计；经所在地劳动保障部门批准，残疾人就业服务机构还可以进行残疾人职业技能鉴定。

第二十四条 残疾人职工与用人单位发生争议的，当地法律援助机构应当依法为其提供法律援助，各级残疾人联合会应当给予支持和帮助。

第五章 法律责任

第二十五条 违反本条例规定，有关行政主管部门及其工作人员滥用职权、玩忽职守、徇私舞弊，构成犯罪的，依法追究刑事责任；尚不构成犯罪的，依法给予处分。

第二十六条 违反本条例规定，贪污、挪用、截留、私分残疾人就业保障金，构成犯罪的，依法追究刑事责任；尚不构成犯罪的，对有关责任单位、直接负责的主管人员和其他直接责任人员依法给予处分或者处罚。

第二十七条 违反本条例规定，用人单位未按照规定缴纳残疾人就业保障金的，由财政部门给予警告，责令限期缴纳；逾期仍不缴纳的，除补缴欠缴数额外，还应当自欠缴之日起，按日加收5‰的滞纳金。

第二十八条 违反本条例规定，用人单位弄虚作假，虚报安排残疾人就业人数，骗取集中使用残疾人的用人单位享受的税收优惠待遇的，由税务机关依法处理。

第六章 附 则

第二十九条 本条例所称残疾人就业，是指符合法定就业年龄有就业要求的残疾人从事有报酬的劳动。

第三十条 本条例自2007年5月1日起施行。

残疾人教育条例

（1994年8月23日中华人民共和国国务院令第161号发布 根据2011年1月8日《国务院关于废止和修改部分行政法规的决定》修订）

第一章 总 则

第一条 为了保障残疾人受教育的权利，发展残疾人教育事业，根据《中华人民共和国残疾人保障法》和国家有关教育的法律，制定本条例。

第二条 实施残疾人教育，应当贯彻国家的教育方针，并根据残疾人的身心特性和需要，全面提高其素质，为残疾人平等地参与社会生活创造条件。

第三条 残疾人教育是国家教育事业的组成部分。

发展残疾人教育事业，实行普及与提高相结合、以普及为重点的方针，着重发展义务教育和职业教育，积极开展学前教育，逐步发展高级中等以上教育。

残疾人教育应当根据残疾人的残疾类别和接受能力，采取普通教育方式或者特殊教育方式，充分发挥普通教育机构在实施残疾人教育中的作用。

第四条 各级人民政府应当加强对残疾人教育事业的领导，统筹规划和发展残疾人教育事业，逐步增加残疾人教育经费，改善办学条件。

第五条 国务院教育行政部门主管全国的残疾人教育工作。县级以上地方各级人民政府教育行政部门主管本行政区域内的残疾人教育工作。

县级以上各级人民政府其他有关部门在各自的职责范围内负责有关的残疾人教育工作。

第六条 中国残疾人联合会及其地方组织应当积极促进和开展残疾人教育工作。

第七条 幼儿教育机构、各级各类学校及其他教育机构应当依照国家有关法律、法规的规定，实施残疾人教育。

第八条 残疾人家庭应当帮助残疾人接受教育。

第九条 社会各界应当关心和支持残疾人教育事业。

第二章 学前教育

第十条 残疾幼儿的学前教育，通过下列机构实施：

（一）残疾幼儿教育机构；

（二）普通幼儿教育机构；

（三）残疾儿童福利机构；

（四）残疾儿童康复机构；

（五）普通小学的学前班和残疾儿童、少年特殊教育学校的学前班。

残疾儿童家庭应当对残疾儿童实施学前教育。

第十一条 残疾幼儿的教育应当与保育、康复结合实施。

第十二条 卫生保健机构、残疾幼儿的学前教育机构和家庭，应当注重对残疾幼儿的早期发现、早期康复和早期教育。

卫生保健机构、残疾幼儿的学前教育机构应当就残疾幼儿的早期发现、早期康复和早期教育提供咨询、指导。

第三章 义务教育

第十三条 地方各级人民政府应当将残疾儿童、少年实行义务教育纳入当地义务教育发展规划并统筹安排实施。

县级以上各级人民政府对实施义务教育的工作进行监督、指导、检查，应当包括对残疾儿童、少年实施义务教育工作的监督、指导、检查。

第十四条　适龄残疾儿童、少年的父母或者其他监护人，应当依法使其子女或者被监护人接受义务教育。

第十五条　残疾儿童、少年接受义务教育的入学年龄和年限，应当与当地儿童、少年接受义务教育的入学年龄和年限相同；必要时，其入学年龄和在校年龄可以适当提高。

第十六条　县级人民政府教育行政部门和卫生行政部门应当组织开展适龄残疾儿童、少年的就学咨询，对其残疾状况进行鉴定，并对其接受教育的形式提出意见。

第十七条　适龄残疾儿童、少年可以根据条件，通过下列形式接受义务教育：

（一）在普通学校随班就读；

（二）在普通学校、儿童福利机构或者其他机构附设的残疾儿童、少年特殊教育班就读；

（三）在残疾儿童、少年特殊教育学校就读。

地方各级人民政府应当逐步创造条件，对因身体条件不能到学校就读的适龄残疾儿童、少年，采取其他适当形式进行义务教育。

第十八条　对经济困难的残疾学生，应当酌情减免杂费和其他费用。

第十九条　残疾儿童、少年特殊教育学校（班）的教育工作，应当坚持思想教育、文化教育、劳动技能教育与身心补偿相结合；并根据学生残疾状况和补偿程度，实施分类教学，有条件的学校，实施个别教学。

第二十条　残疾儿童、少年特殊教育学校（班）的课程计划、教学大纲和教材，应当适合残疾儿童、少年的特点。

残疾儿童、少年特殊教育学校（班）的课程计划和教学大纲由国务院教育行政部门制订；教材由省级以上人民政府教育行政部门审定。

第二十一条　普通学校应当按照国家有关规定招收能适应普通班学习的适龄残疾儿童、少年就读，并根据其学习、康复的特殊需要对其提供帮助。有条件的学校，可以设立专门辅导教室。

县级人民政府教育行政部门应当加强对本行政区域内的残疾儿童、少年随班就读教学工作的指导。

随班就读残疾学生的义务教育，可以适用普通义务教育的课程计划、教学大纲和教材，但是对其学习要求可以有适度弹性。

第二十二条　实施义务教育的残疾儿童、少年特殊教育学校应当根据需要，在适当阶段对残疾学生进行劳动技能教育、职业教育和职业指导。

第四章　职业教育

第二十三条　各级人民政府应当将残疾人职业教育纳入职业教育发展的总体规划，建立残疾人职业教育体系，统筹安排实施。

第二十四条　残疾人职业教育，应当重点发展初等和中等职业教育，适当发展高等职业教育，开展以实用技术为主的中期、短期培训。

第二十五条　残疾人职业教育体系由普通职业教育机构和残疾人职业教育机构组成，以普通职业教育机构为主体。

县级以上地方各级人民政府应当根据需要，合理设置残疾人职业教育机构。

第二十六条　普通职业教育学校必须招收符合国家规定的录取标准的残疾人入学，普通职业培训机构应当积极招收残疾人入学。

第二十七条　残疾人职业教育学校和培训机构，应当根据社会需要和残疾人的身心特性合理设置专业，并根据教学需要和条件，发展校办企业，办好实习基地。

第二十八条　对经济困难的残疾学生，应当酌情减免学费和其他费用。

第五章　普通高级中等以上教育及成人教育

第二十九条　普通高级中等学校、高等院校、成人教育机构必须招收符合国家规定的录取标准的残疾考生入学，不得因其残疾而拒绝招收。

第三十条　设区的市以上地方各级人民政府根据需要，可以举办残疾人高级中等以上特殊教育学校（班），提高残疾人的受教育水平。

第三十一条　县级以上各级人民政府教育行政部门应当会同广播、电视部门，根据实际情况开设或者转播适合残疾人学习的专业、课程。

第三十二条　残疾人所在单位应当对本单位的残疾人开展文化知识教育和技术培训。

第三十三条　扫除文盲教育应当包括对年满 15 周岁以上的未丧失学习能力的文盲、半文盲残疾人实施的扫盲教育。

第三十四条　国家、社会鼓励和帮助残疾人自学成才。

第六章　教　　师

第三十五条　各级人民政府应当重视从事残疾人教育的教师培养、培训工作，并采取措施逐步提高他们的地位和待遇，改善他们的工作环境和条件，鼓励教师终身从事残疾人教育事业。

第三十六条　从事残疾人教育的教师，应当热爱残疾人教育事业，具有社会主义的人道主义精神，关心残疾学生，并掌握残疾人教育的专业知识和技能。

第三十七条　国家实行残疾人教育教师资格证书制度，具体办法由国务院教育行政部门会同国务院其他有关行政部门制定。

第三十八条　残疾人特殊教育学校举办单位，应当依据残疾人特殊教育学校教师编制标准，为学校配备承担教学、康复等工作的教师。

残疾人特殊教育学校教师编制标准，由国务院教育行政部门会同国务院其他有关行政部门制定。

第三十九条　国务院教育行政部门和省、自治区、直辖市人民政府应当有计划地举办特殊教育师范院校、专业，或者在普通师范院校附设特殊教育师资班（部），培养残疾人教育教师。

第四十条　县级以上地方各级人民政府教育行政部门应当将残疾人教育师资的培训列入工作计划，并采取设立培训基地等形式，组织在职的残疾人教育教师的进修提高。

第四十一条　普通师范院校应当有计划地设置残疾人特殊教育必修课程或者选修课程，使学生掌握必要的残疾人特殊教育的基本知识和技能，以适应对随班就读的残疾学生的教育需要。

第四十二条　从事残疾人教育的教师、职工根据国家有关规定享受残疾人教育津贴及其他待遇。

第七章　物质条件保障

第四十三条　省、自治区、直辖市人民政府应当根据残疾人教育的特殊情况，依据国务院有关行政主管部门的指导性标准，制定本行政区域内残疾人学校的建设标准、经费开支标准、教学仪器设备配备标准等。

第四十四条　残疾人教育经费由各级人民政府负责筹措，予以保证，并随着教育事业费的增加而逐步增加。

县级以上各级人民政府可以根据需要，设立专项补助款，用于发展残疾人教育。

地方各级人民政府用于义务教育的财政拨款和征收的教育费附加，应当有一定比例用于发展残疾儿童、少年义务教育。

第四十五条　国家鼓励社会力量举办残疾人教育机构或者捐资助学。

第四十六条　县级以上地方各级人民政府对残疾人教育机构的设置，应当统筹规划、合理布局。

残疾人学校的设置，由教育行政部门按照国家有关规定审批。

第四十七条　残疾人教育机构的建设，应当适应残疾学生学习、康复和生活的特点。

普通学校应当根据实际情况，为残疾学生入学后的学习、生活提供便利和条件。

第四十八条　县级以上各级人民政府及其有关部门应当采取优惠政策和措施，支持研究、生产残疾人教育专用仪器设备、教具、学具及其他辅助用品，扶持残疾人教育机构兴办和发展校办企业或者福利企业。

第八章　奖励与处罚

第四十九条　有下列事迹之一的单位和个人，由各级人民政府或者其教育行政部门给予奖励：

（一）在残疾人教育教学、教学研究方面做出突出贡献的；

（二）为残疾人就学提供帮助，表现突出的；

（三）研究、生产残疾人教育专用仪器、设备、教具和学具，在提高残疾人教育质量方面取得显著成绩的；

（四）在残疾人学校建设中取得显著成绩的；

（五）为残疾人教育事业做出其他重大贡献的。

第五十条　有下列行为之一的，由有关部门对直接责任人员给予行政处分：

（一）拒绝招收按照国家有关规定应当招收的残疾人入学的；

（二）侮辱、体罚、殴打残疾学生的；

（三）侵占、克扣、挪用残疾人教育款项的。

有前款所列第（一）项行为的，由教育行政部门责令该学校招收残疾人入学。有前款所列第（二）项行为，违反《中华人民共和国治安管理处罚法》的，由公安机关给予行政处罚。有前款所列第（二）项、第（三）项行为，构成犯罪的，依法追究刑事责任。

第九章　附　　则

第五十一条　省、自治区、直辖市人民政府可以依照本条例制定实施办法。

第五十二条　本条例自发布之日起施行。

无障碍环境建设条例

（2012年6月13日国务院第208次常务会议通过　2012年6月28日中华人民共和国国务院令第622号公布　自2012年8月1日起施行）

第一章　总　　则

第一条　为了创造无障碍环境，保障残疾人等社会成员平等参与社会生活，制定本条例。

第二条　本条例所称无障碍环境建设，是指为便于残疾人等社会成员自主安全地通行道路、出入相关建筑物、搭乘公共交通工具、交流信息、获得社区服务所进行的建设活动。

第三条　无障碍环境建设应当与经济和社会发展水平相适应，遵循实用、易行、广泛受益的原则。

第四条　县级以上人民政府负责组织编制无障碍环境建设发展规划并组织实施。

编制无障碍环境建设发展规划，应当征求残疾人组织等社会组织的意见。

无障碍环境建设发展规划应当纳入国民经济和社会发展规划以及城乡规划。

第五条 国务院住房和城乡建设主管部门负责全国无障碍设施工程建设活动的监督管理工作，会同国务院有关部门制定无障碍设施工程建设标准，并对无障碍设施工程建设的情况进行监督检查。

国务院工业和信息化主管部门等有关部门在各自职责范围内，做好无障碍环境建设工作。

第六条 国家鼓励、支持采用无障碍通用设计的技术和产品，推进残疾人专用的无障碍技术和产品的开发、应用和推广。

第七条 国家倡导无障碍环境建设理念，鼓励公民、法人和其他组织为无障碍环境建设提供捐助和志愿服务。

第八条 对在无障碍环境建设工作中作出显著成绩的单位和个人，按照国家有关规定给予表彰和奖励。

第二章 无障碍设施建设

第九条 城镇新建、改建、扩建道路、公共建筑、公共交通设施、居住建筑、居住区，应当符合无障碍设施工程建设标准。

乡、村庄的建设和发展，应当逐步达到无障碍设施工程建设标准。

第十条 无障碍设施工程应当与主体工程同步设计、同步施工、同步验收投入使用。新建的无障碍设施应当与周边的无障碍设施相衔接。

第十一条 对城镇已建成的不符合无障碍设施工程建设标准的道路、公共建筑、公共交通设施、居住建筑、居住区，县级以上人民政府应当制定无障碍设施改造计划并组织实施。

无障碍设施改造由所有权人或者管理人负责。

第十二条 县级以上人民政府应当优先推进下列机构、场所的无障碍设施改造：

(一)特殊教育、康复、社会福利等机构；

(二)国家机关的公共服务场所；

(三)文化、体育、医疗卫生等单位的公共服务场所；

(四)交通运输、金融、邮政、商业、旅游等公共服务场所。

第十三条 城市的主要道路、主要商业区和大型居住区的人行天桥和人行地下通道，应当按照无障碍设施工程建设标准配备无障碍设施，人行道交通信号设施应当逐步完善无障碍服务功能，适应残疾人等社会成员通行的需要。

第十四条 城市的大中型公共场所的公共停车场和大型居住区的停车场，应当按照无障碍设施工程建设标准设置并标明无障碍停车位。

无障碍停车位为肢体残疾人驾驶或者乘坐的机动车专用。

第十五条 民用航空器、客运列车、客运船舶、公共汽车、城市轨道交通车辆等公共交通工具应当逐步达到无障碍设施的要求。有关主管部门应当制定公共交通工具的无障碍技术标准并确定达标期限。

第十六条 视力残疾人携带导盲犬出入公共场所，应当遵守国家有关规定，公共场所的工作人员应当按照国家有关规定提供无障碍服务。

第十七条 无障碍设施的所有权人和管理人，应当对无障碍设施进行保护，有损毁或者故障及时进行维修，确保无障碍设施正常使用。

第三章 无障碍信息交流

第十八条 县级以上人民政府应当将无障碍信息交流建设纳入信息化建设规划，并采取措施推进信息交流无障碍建设。

第十九条 县级以上人民政府及其有关部门发布重要政府信息和与残疾人相关的信息，应当创造条件为残疾人提供语音和文字提示等信息交流服务。

第二十条 国家举办的升学考试、职业资格考试和任职考试，有视力残疾人参加的，应当为视力残疾人提供盲文试卷、电子试卷，或者由工作人员予以协助。

第二十一条 设区的市级以上人民政府设立的电视台应当创造条件，在播出电视节目时配备字幕，每周播放至少一次配播手语的新闻节目。

公开出版发行的影视类录像制品应当配备字幕。

第二十二条 设区的市级以上人民政府设立的公共图书馆应当开设视力残疾人阅览室，提供盲文读物、有声读物，其他图书馆应当逐步开设视力残疾人阅览室。

第二十三条 残疾人组织的网站应当达到无障碍网站设计标准，设区的市级以上人民政府网站、政府公益活动网站，应当逐步达到无障碍网站设计标准。

第二十四条 公共服务机构和公共场所应当创造条件为残疾人提供语音和文字提示、手语、盲文等信息交流服务，并对工作人员进行无障碍服务技能培训。

第二十五条 举办听力残疾人集中参加的公共活动，举办单位应当提供字幕或者手语服务。

第二十六条 电信业务经营者提供电信服务，应当创造条件为有需求的听力、言语残疾人提供文字信息服务，为有需求的视力残疾人提供语音信息服务。

电信终端设备制造者应当提供能够与无障碍信息交流服务相衔接的技术、产品。

第四章 无障碍社区服务

第二十七条 社区公共服务设施应当逐步完善无障碍服务功能，为残疾人等社会成员参与社区生活提供便利。

第二十八条 地方各级人民政府应当逐步完善报警、医疗急救等紧急呼叫系统，方便残疾人等社会成员报警、呼救。

第二十九条 对需要进行无障碍设施改造的贫困家庭,县级以上地方人民政府可以给予适当补助。

第三十条 组织选举的部门应当为残疾人参加选举提供便利,为视力残疾人提供盲文选票。

第五章 法律责任

第三十一条 城镇新建、改建、扩建道路、公共建筑、公共交通设施、居住建筑、居住区,不符合无障碍设施工程建设标准的,由住房和城乡建设主管部门责令改正,依法给予处罚。

第三十二条 肢体残疾人驾驶或者乘坐的机动车以外的机动车占用无障碍停车位,影响肢体残疾人使用的,由公安机关交通管理部门责令改正,依法给予处罚。

第三十三条 无障碍设施的所有权人或者管理人对无障碍设施未进行保护或者及时维修,导致无法正常使用的,由有关主管部门责令限期维修;造成使用人人身、财产损害的,无障碍设施的所有权人或者管理人应当承担赔偿责任。

第三十四条 无障碍环境建设主管部门工作人员滥用职权、玩忽职守、徇私舞弊的,依法给予处分;构成犯罪的,依法追究刑事责任。

第六章 附 则

第三十五条 本条例自2012年8月1日起施行。

残疾人专用品免征进口税收暂行规定

(1997年1月22日国务院批准 1997年4月10日海关总署令第61号发布 自发布之日起施行)

第一条 为了支持残疾人康复工作,有利于残疾人专用品进口,制定本规定。

第二条 进口下列残疾人专用品,免征进口关税和进口环节增值税、消费税:

(一)肢残者用的支辅具,假肢及其零部件,假眼,假鼻,内脏托带,矫形器,矫形鞋,非机动助行器,代步工具(不包括汽车、摩托车),生活自助具,特殊卫生用品;

(二)视力残疾者用的盲杖,导盲镜,助视器,盲人阅读器;

(三)语言、听力残疾者用的语言训练器;

(四)智力残疾者用的行为训练器,生活能力训练用品。

进口前款所列残疾人专用品,由纳税人直接在海关办理免税手续。

第三条 有关单位进口的国内不能生产的下列残疾人专用品,按隶属关系经民政部或者中国残疾人联合会批准,并报海关总署审核后,免征进口关税和进口环节增值税、消费税:

(一)残疾人康复及专用设备,包括床房监护设备、中心监护设备、生化分析仪和超声诊断仪;

(二)残疾人特殊教育设备和职业教育设备;

(三)残疾人职业能力评估测试设备;

(四)残疾人专用劳动设备和劳动保护设备;

(五)残疾人文体活动专用设备;

(六)假肢专用生产、装配、检测设备,包括假肢专用铣磨机、假肢专用真空成型机、假肢专用平板加热器和假肢综合检测仪;

(七)听力残疾者用的助听器。

第四条 本规定第三条规定的有关单位,是指:

(一)民政部直属企事业单位和省、自治区、直辖市民政部门所属福利机构、假肢厂和荣誉军人康复医院(包括各类革命伤残军人休养院、荣军医院和荣军康复医院);

(二)中国残疾人联合会(中国残疾人福利基金会)直属事业单位和省、自治区、直辖市残疾人联合会(残疾人福利基金会)所属福利机构和康复机构。

第五条 依据本规定免税进口的残疾人专用品,不得擅自移作他用。

违反前款规定,将免税进口的物品擅自移作他用,构成走私罪的,依法追究刑事责任;尚不构成犯罪的,按走私行为或者违反海关监管规定的行为论处。

第六条 海关总署根据本规定制定实施办法。

第七条 本规定自发布之日起施行。

工伤保险辅助器具配置管理办法

(2016年2月16日人力资源和社会保障部、民政部、国家卫生和计划生育委员会令第27号公布 自2016年4月1日起施行)

第一章 总 则

第一条 为了规范工伤保险辅助器具配置管理,维护工伤职工的合法权益,根据《工伤保险条例》,制定本办法。

第二条 工伤职工因日常生活或者就业需要,经劳动能力鉴定委员会确认,配置假肢、矫形器、假眼、假牙和轮椅等辅助器具的,适用本办法。

第三条 人力资源社会保障行政部门负责工伤保险辅助器具配置的监督管理工作。民政、卫生计生等行政部门在各自职责范围内负责工伤保险辅助器具配置的有关监督管理工作。

社会保险经办机构(以下称经办机构)负责对申请承担工伤保险辅助器具配置服务的辅助器具装配机构和医疗机构(以下称工伤保险辅助器具配置机构)进行协议管理,并按照规定核付配置费用。

第四条 设区的市级(含直辖市的市辖区、县)劳动能力鉴定委员会(以下称劳动能力鉴定委员会)负责工伤保险辅助器具配置的确认工作。

第五条　省、自治区、直辖市人力资源社会保障行政部门负责制定工伤保险辅助器具配置机构评估确定办法。

经办机构按照评估确定办法,与工伤保险辅助器具配置机构签订服务协议,并向社会公布签订服务协议的工伤保险辅助器具配置机构(以下称协议机构)名单。

第六条　人力资源社会保障部根据社会经济发展水平、工伤职工日常生活和就业需要等,组织制定国家工伤保险辅助器具配置目录,确定配置项目、适用范围、最低使用年限等内容,并适时调整。

省、自治区、直辖市人力资源社会保障行政部门可以结合本地区实际,在国家目录确定的配置项目基础上,制定省级工伤保险辅助器具配置目录,适当增加辅助器具配置项目,并确定本地区辅助器具配置最高支付限额等具体标准。

第二章　确认与配置程序

第七条　工伤职工认为需要配置辅助器具的,可以向劳动能力鉴定委员会提出辅助器具配置确认申请,并提交下列材料:

(一)《工伤认定决定书》原件和复印件,或者其他确认工伤的文件;

(二)居民身份证或者社会保障卡等有效身份证明原件和复印件;

(三)有效的诊断证明、按照医疗机构病历管理有关规定复印或者复制的检查、检验报告等完整病历材料。

工伤职工本人因身体等原因无法提出申请的,可由其近亲属或者用人单位代为申请。

第八条　劳动能力鉴定委员会收到辅助器具配置确认申请后,应当及时审核;材料不完整的,应当自收到申请之日起5个工作日内一次性书面告知申请人需要补正的全部材料;材料完整的,应当在收到申请之日起60日内作出确认结论。伤情复杂、涉及医疗卫生专业较多的,作出确认结论的期限可以延长30日。

第九条　劳动能力鉴定委员会专家库应当配备辅助器具配置专家,从事辅助器具配置确认工作。

劳动能力鉴定委员会应当根据配置确认申请材料,从专家库中随机抽取3名或者5名专家组成专家组,对工伤职工本人进行现场配置确认。专家组中至少包括1名辅助器具配置专家、2名与工伤职工伤情相关的专家。

第十条　专家组根据工伤职工伤情,依据工伤保险辅助器具配置目录有关规定,提出是否予以配置的确认意见。专家意见不一致时,按照少数服从多数的原则确定专家组的意见。

劳动能力鉴定委员会根据专家组确认意见作出配置辅助器具确认结论。其中,确认予以配置的,应当载明确认配置的理由、依据和辅助器具名称等信息;确认不予配置的,应当说明不予配置的理由。

第十一条　劳动能力鉴定委员会应当自作出确认结论之日起20日内将确认结论送达工伤职工及其用人单位,并抄送经办机构。

第十二条　工伤职工收到予以配置的确认结论后,及时向经办机构进行登记,经办机构向工伤职工出具配置费用核付通知单,并告知下列事项:

(一)工伤职工应当到协议机构进行配置;

(二)确认配置的辅助器具最高支付限额和最低使用年限;

(三)工伤职工配置辅助器具超目录或者超出限额部分的费用,工伤保险基金不予支付。

第十三条　工伤职工可以持配置费用核付通知单,选择协议机构配置辅助器具。

协议机构应当根据与经办机构签订的服务协议,为工伤职工提供配置服务,并如实记录工伤职工信息、配置器具产品信息、最高支付限额、最低使用年限以及实际配置费用等配置服务事项。

前款规定的配置服务记录经工伤职工签字后,分别由工伤职工和协议机构留存。

第十四条　协议机构或者工伤职工与经办机构结算配置费用时,应当出具配置服务记录。经办机构核查后,应当按照工伤保险辅助器具配置目录有关规定及时支付费用。

第十五条　工伤职工配置辅助器具的费用包括安装、维修、训练等费用,按照规定由工伤保险基金支付。

经经办机构同意,工伤职工到统筹地区以外的协议机构配置辅助器具发生的交通、食宿费用,可以按照统筹地区人力资源社会保障行政部门的规定,由工伤保险基金支付。

第十六条　辅助器具达到规定的最低使用年限的,工伤职工可以按照统筹地区人力资源社会保障行政部门的规定申请更换。

工伤职工因伤情发生变化,需要更换主要部件或者配置新的辅助器具的,经向劳动能力鉴定委员会重新提出确认申请并经确认后,由工伤保险基金支付配置费用。

第三章　管理与监督

第十七条　辅助器具配置专家应当具备下列条件之一:

(一)具有医疗卫生中高级专业技术职务任职资格;

(二)具有假肢师或者矫形器师职业资格;

(三)从事辅助器具配置专业技术工作5年以上。

辅助器具配置专家应当具有良好的职业品德。

第十八条　工伤保险辅助器具配置机构的具体条件,由省、自治区、直辖市人力资源社会保障行政部门会同民政、卫生计生行政部门规定。

第十九条 经办机构与工伤保险辅助器具配置机构签订的服务协议,应当包括下列内容:

(一)经办机构与协议机构名称、法定代表人或者主要负责人等基本信息;

(二)服务协议期限;

(三)配置服务内容;

(四)配置费用结算;

(五)配置管理要求;

(六)违约责任及争议处理;

(七)法律、法规规定应当纳入服务协议的其他事项。

第二十条 配置的辅助器具应当符合相关国家标准或者行业标准。统一规格的产品或者材料等辅助器具在装配前应当由国家授权的产品质量检测机构出具质量检测报告,标注生产厂家、产品品牌、型号、材料、功能、出品日期、使用期和保修期等事项。

第二十一条 协议机构应当建立工伤职工配置服务档案,并至少保存至服务期限结束之日起两年。经办机构可以对配置服务档案进行抽查,并作为结算配置费用的依据之一。

第二十二条 经办机构应当建立辅助器具配置工作回访制度,对辅助器具装配的质量和服务进行跟踪检查,并将检查结果作为对协议机构的评价依据。

第二十三条 工伤保险辅助器具配置机构违反国家规定的辅助器具配置管理服务标准,侵害工伤职工合法权益的,由民政、卫生计生行政部门在各自监管职责范围内依法处理。

第二十四条 有下列情形之一的,经办机构不予支付配置费用:

(一)未经劳动能力鉴定委员会确认,自行配置辅助器具的;

(二)在非协议机构配置辅助器具的;

(三)配置辅助器具超目录或者超出限额部分的;

(四)违反规定更换辅助器具的。

第二十五条 工伤职工或者其近亲属认为经办机构未依法支付辅助器具配置费用,或者协议机构认为经办机构未履行有关协议的,可以依法申请行政复议或者提起行政诉讼。

第四章 法律责任

第二十六条 经办机构在协议机构管理和核付配置费用过程中收受当事人财物的,由人力资源社会保障行政部门责令改正,对直接负责的主管人员和其他直接责任人员依法给予处分;情节严重,构成犯罪的,依法追究刑事责任。

第二十七条 从事工伤保险辅助器具配置确认工作的组织或者个人有下列情形之一的,由人力资源社会保障行政部门责令改正,处2000元以上1万元以下的罚款;情节严重,构成犯罪的,依法追究刑事责任:

(一)提供虚假确认意见的;

(二)提供虚假诊断证明或者病历的;

(三)收受当事人财物的。

第二十八条 协议机构不按照服务协议提供服务的,经办机构可以解除服务协议,并按照服务协议追究相应责任。

经办机构不按时足额结算配置费用的,由人力资源社会保障行政部门责令改正;协议机构可以解除服务协议。

第二十九条 用人单位、工伤职工或者其近亲属骗取工伤保险待遇,辅助器具装配机构、医疗机构骗取工伤保险基金支出的,按照《工伤保险条例》第六十条的规定,由人力资源社会保障行政部门责令退还,处骗取金额2倍以上5倍以下的罚款;情节严重,构成犯罪的,依法追究刑事责任。

第五章 附 则

第三十条 用人单位未依法参加工伤保险,工伤职工需要配置辅助器具的,按照本办法的相关规定执行,并由用人单位支付配置费用。

第三十一条 本办法自2016年4月1日起施行。

假肢和矫形器(辅助器具)生产装配企业资格认定办法

(2005年10月12日民政部令第29号发布 自发布之日起施行)

《假肢和矫形器(辅助器具)生产装配企业资格认定办法》已经2005年9月19日第五次部务会议通过,现予公布,自公布之日起施行。

第一条 根据《国务院对确需保留的行政审批项目设定行政许可的决定》(中华人民共和国国务院令第412号)的规定,制定本办法。

第二条 本办法适用于组装假肢或者矫形器(辅助器具)专用件并由本企业直接为残疾人或者患者装配使用的企业资格认定。

第三条 假肢和矫形器(辅助器具)产品目录,由国务院民政部门以《中国伤残人员专门用品目录》(以下简称《目录》)的形式公布。

从事《目录》中假肢和矫形器(辅助器具)产品生产装配的企业,在工商登记注册前,应当由省、自治区、直辖市人民政府民政部门按照本办法的规定进行资格认定。

第四条 申请假肢和矫形器(辅助器具)生产装配企业资格认定,应当具备下列条件:

(一)所生产装配的假肢和矫形器(辅助器具)属于《目录》范围内的产品;

(二)拥有取得假肢或者矫形器(辅助器具)制作师执业

资格证书的专业技术人员不少于1人,取得民政行业特有工种职业资格证书的假肢装配工或者矫形器装配工不少于2人;

（三）具有测量取型、石膏加工、抽真空成型、打磨修饰、钳工装配、对线调整、热塑成型、假肢功能训练等专用设备和工具;

（四）具有独立的接待室、假肢或者矫形器（辅助器具）制作室和假肢功能训练室,使用面积不少于115平方米。

第五条 申请假肢和矫形器（辅助器具）生产装配企业资格认定,应当向省、自治区、直辖市人民政府民政部门提交以下材料（一式两份）:

（一）假肢或者矫形器（辅助器具）生产装配企业资格认定申请书;

（二）取得假肢或者矫形器（辅助器具）制作师执业资格证书的专业技术人员的身份证复印件和制作师执业资格证书复印件,取得假肢装配工或者矫形器装配工的职业资格证书复印件（复印件需与原件核对无误）;

（三）本办法第四条第（三）项规定的专用设备和工具清单;

（四）本办法第四条第（四）项规定的场地权属及使用证明和功能说明。

第六条 省、自治区、直辖市人民政府民政部门应当依据《中华人民共和国行政许可法》第三十二条的规定,对申请人提出的企业资格认定申请分别不同情形作出处理。

第七条 省、自治区、直辖市人民政府民政部门在审查申请材料过程中,认为需要对专用设备和工具清单、场地使用功能等情况核实的,应当指派两名以上工作人员进行核查。

第八条 省、自治区、直辖市人民政府民政部门应当自受理申请之日起20个工作日内作出是否准予资格认定的决定。予以认定的,发给《假肢和矫形器（辅助器具）生产装配企业资格认定证书》。不予认定的,应当书面说明理由,并告知申请人享有申请行政复议或者提起行政诉讼的权利。

第九条 假肢和矫形器（辅助器具）生产装配企业设立具有装配业务的分公司,国家核拨经费的事业单位、大专院校、科技性社会团体等设立不具备企业法人条件的假肢和矫形器（辅助器具）装配部门,依照本办法规定办理。

第十条 本办法自发布之日起施行。

本办法施行前已经在工商行政管理部门登记注册的假肢和矫形器（辅助器具）生产装配企业,应当自本办法施行1年内,按照本办法的规定,申请办理企业资格认定。

假肢与矫形器（辅助器具）制作师执业资格注册办法[①]

（2006年2月9日民政部令第33号公布　根据2010年12月27日民政部令第38号修订）

第一条 为了加强对假肢与矫形器（辅助器具）制作师执业资格的注册登记管理,规范假肢与矫形器（辅助器具）制作师执业行为,依据《国务院对确需保留的行政审批项目设定行政许可的决定》（中华人民共和国国务院令第412号）规定,制定本办法。

第二条 本办法所称假肢与矫形器（辅助器具）制作师（以下简称制作师）,是指经全国假肢制作师或者矫形器（辅助器具）制作师执业资格考试合格,并取得国务院人事部门和民政部门共同用印的《假肢制作师执业资格证书》或者《矫形器制作师执业资格证书》（以下简称制作师执业资格证书）,在假肢和矫形器（辅助器具）生产装配企业从事专业技术业务的人员。

第三条 国务院民政部门主管全国制作师的注册登记管理工作,注册登记管理工作的具体事宜由全国性假肢矫形器（康复器具）行业协会承办。

第四条 制作师应当在取得制作师执业资格证书后3个月内,向国务院民政部门（以下简称注册登记机构）申请办理制作师初始注册登记手续。

第五条 申请制作师初始注册登记的,必须同时具备下列条件:

（一）遵纪守法,恪守制作师职业道德;

（二）取得制作师执业资格证书;

（三）经所在执业单位审核同意;

（四）身体健康,能够在假肢和矫形器生产装配企业关键技术岗位工作。

第六条 申请制作师初始注册登记的,应当向注册登记机构提交下列材料:

（一）制作师注册登记申请书;

（二）与原件核对无误的制作师执业资格证书复印件;

（三）与原件核对无误的申请人身份证复印件;

（四）申请人所在执业单位考核合格证明;

（五）申请人与所在执业单位签订的聘用合同。

超过规定期限申请制作师初始注册登记的,除提交上述材料外,还应当提交注册登记机构认可的制作师通过刊授、自修、参加培训、业务研讨、学术交流等方式取得的继续教育、业务培训证明。超过规定期限1年以上申请制作师初始注册登

① 该办法根据2010年12月27日民政部令第38号公布的《民政部关于废止、修改部分规章的决定》予以修订第3条。

记的，还应当提交实际操作考核合格的证明。

注册登记机构应当自收到申请材料后20个工作日内，作出准予注册登记或者不予注册登记的决定。准予注册登记的，核发注册证；不予注册登记的，应当书面说明理由。

第七条　有下列情形之一的，不予注册登记：

（一）属于无民事行为能力人或者限制民事行为能力人的；

（二）在业务中有重大过失，过失之日至申请注册登记之日不满两年的；

（三）因年龄超过70周岁或者健康等原因不宜从事制作师业务的。

第八条　制作师初始注册登记后，应当于每年3月31日前向注册登记机构申请验证。申请验证可以通过信函、电报、电传、传真、电子数据交换和电子邮件等方式提出。申请验证的，应当提交注册登记机构认可的制作师每年通过刊授、自修、参加培训、业务研讨、学术交流等方式取得的不少于30学时的继续教育、业务培训证明；经所在单位考核合格的证明。

验证合格的，由注册登记机构在注册证上加盖验证专用章。

第九条　制作师执业资格证书初始注册登记的有效期限为3年，自注册登记之日起计算。制作师注册登记有效期满要求继续执业的，应当在注册登记有效期届满前3个月，向注册登记机构申请续期注册登记。

申请续期注册登记可以通过信函、电报、电传、传真、电子数据交换和电子邮件等方式提出。申请续期注册登记的，所提供的申请材料除初始注册登记规定的内容外，还应当提交本人工作总结、业绩证明，注册登记机构认可的制作师通过刊授、自修、参加培训、业务研讨、学术交流等方式取得的继续教育、业务培训证明。

注册登记机构应当自收到申请材料之日起20个工作日内，作出准予续期注册登记或者不准予续期注册登记的决定。准予续期注册登记的，有效期限为3年，重新核发注册证，收回原注册证。

第十条　制作师有下列情形之一的，不予验证或者续期注册登记：

（一）同时在两个假肢或者矫形器生产装配企业执业的；

（二）未在执业单位执业时间连续超过1年以上的；

（三）因违法执业或者因过失对当事人造成身体严重伤害的。

第十一条　制作师变更工作单位，应当在变更工作单位后两个月内向注册登记机构办理变更注册登记手续。

第十二条　本办法自发布之日起施行。

关于生产和装配伤残人员专门用品企业免征企业所得税的通知

（2016年10月24日　财税〔2016〕111号）

各省、自治区、直辖市、计划单列市财政厅（局）、国家税务局、地方税务局、民政厅（局），新疆生产建设兵团财务局、民政局：

经国务院批准，现对生产和装配伤残人员专门用品的企业征免企业所得税政策明确如下：

一、自2016年1月1日至2020年12月31日期间，对符合下列条件的居民企业，免征企业所得税：

1. 生产和装配伤残人员专门用品，且在民政部发布的《中国伤残人员专门用品目录》范围之内。

2. 以销售本企业生产或者装配的伤残人员专门用品为主，其所取得的年度伤残人员专门用品销售收入（不含出口取得的收入）占企业收入总额60%以上。

3. 企业账证健全，能够准确、完整地向主管税务机关提供纳税资料，且本企业生产或者装配的伤残人员专门用品所取得的收入能够单独、准确核算；

4. 企业拥有假肢制作师、矫形器制作师资格证书的专业技术人员不得少于1人；其企业生产人员如超过20人，则其拥有假肢制作师、矫形器制作师资格证书的专业技术人员不得少于全部生产人员的1/6。

5. 具有与业务相适应的测量取型、模型加工、接受腔成型、打磨、对线组装、功能训练等生产装配专用设备和工具。

6. 具有独立的接待室、假肢或者矫形器（辅助器具）制作室和假肢功能训练室，使用面积不少于115平方米。

二、享受本通知税收优惠的企业，应当按照《国家税务总局关于发布〈企业所得税优惠政策事项办理办法〉的公告》（国家税务总局公告2015年第76号）规定向税务机关履行备案手续，妥善保管留存备查资料。

附件：中国伤残人员专门用品目录（略）

关于提高特、一等革命伤残人员护理费标准的通知

（1993年7月20日　民优发〔1993〕10号）

各省、自治区、直辖市民政、财政、人事厅（局），各计划单列市民政、财政、人事局：

随着我国人民生活水平的提高和物价的调整，经研究，决定从1993年1月1日起提高特、一等革命伤残人员的护理费标准。现将有关事项通知如下：

一、按照国家规定享受护理费的特、一等革命伤残人员

(包括革命伤残军人、伤残人民警察、伤残工作人员、伤残民兵民工),其护理费标准,可参照1993年人事部、财政部《关于调整国家机关、事业单位因公致残人员护理费标准的通知》(人退发〔1993〕1号)的规定进行调整,即:因战、因公特等革命伤残人员为本地区当年社会平均工资的50%;因战、因公一等革命伤残人员为本地区当年社会平均工资的40%;因病一等革命伤残人员为本地区当年社会平均工资的30%。各省、自治区、直辖市要按上述规定标准,制定出当地的具体实施办法。

离休、退休的和在乡的特、一等革命伤残人员护理费标准调整所需经费,仍由原经费开支渠道解决。

二、今后各地民政、财政部门每年7月根据统计部门提供的本年度当地社会平均工资标准(此标准按照人事部、财政部、国家统计局《关于国家机关、事业单位因公致残人员护理费问题的补充通知》(人退发〔1993〕3号)的规定制定),调整护理费标准,从当月按新的调整标准发给护理费。社会平均工资出现负增长时,护理费标准不作调整。

三、各地原规定的护理费标准高于上述标准的予以保留。

民政部、中国残疾人联合会关于残疾军人享受社会残疾人待遇有关问题的通知

(2013年3月21日　财税〔2007〕92号)

各省、自治区、直辖市民政厅(局)、残联,各计划单列市民政局、残联,新疆生产建设兵团民政局、残联:

残疾军人是为国家作出特殊贡献的优抚对象,是社会残疾人的重要组成部分。现就残疾军人享受社会残疾人待遇有关问题通知如下:

一、本通知中"残疾军人"是指在服役期间因战因公因病致残,并按规定评定了残疾等级、持有合法有效的《中华人民共和国残疾军人证》的退役军人。

二、残疾军人除享受国家给予的特殊待遇外,同时也应享受当地社会残疾人的相应待遇。

三、惠及所有残疾人政策待遇,残疾军人凭《中华人民共和国残疾军人证》应予享受;惠及特定残疾人的政策待遇(如安装假肢、配发轮椅车等),按照有关身体残疾的特殊要求,符合条件的残疾军人应予享受。具体办法由地方民政部门和残联制定。

四、各地民政、残联部门要密切协作,加强有关政策宣传,加大工作力度,建立信息共享机制,确保残疾军人享受社会残疾人的相应待遇。

财政部、国家税务总局关于促进残疾人就业增值税优惠政策的通知

(2016年5月5日　财税〔2016〕52号)

各省、自治区、直辖市、计划单列市财政厅(局)、国家税务局,新疆生产建设兵团财务局:

为继续发挥税收政策促进残疾人就业的作用,进一步保障残疾人权益,经国务院批准,决定对促进残疾人就业的增值税政策进行调整完善。现将有关政策通知如下:

一、对安置残疾人的单位和个体工商户(以下称纳税人),实行由税务机关按纳税人安置残疾人的人数,限额即征即退增值税的办法。

安置的每位残疾人每月可退还的增值税具体限额,由县级以上税务机关根据纳税人所在区县(含县级市、旗,下同)适用的经省(含自治区、直辖市、计划单列市,下同)人民政府批准的月最低工资标准的4倍确定。

二、享受税收优惠政策的条件

(一)纳税人(除盲人按摩机构外)月安置的残疾人占在职职工人数的比例不低于25%(含25%),并且安置的残疾人人数不少于10人(含10人);

盲人按摩机构月安置的残疾人占在职职工人数的比例不低于25%(含25%),并且安置的残疾人人数不少于5人(含5人)。

(二)依法与安置的每位残疾人签订了一年以上(含一年)的劳动合同或服务协议。

(三)为安置的每位残疾人按月足额缴纳了基本养老保险、基本医疗保险、失业保险、工伤保险和生育保险等社会保险。

(四)通过银行等金融机构向安置的每位残疾人,按月支付了不低于纳税人所在区县适用的经省人民政府批准的月最低工资标准的工资。

三、《财政部 国家税务总局关于教育税收政策的通知》(财税〔2004〕39号)第一条第7项规定的特殊教育学校举办的企业,只要符合本通知第二条第(一)项第一款规定的条件,即可享受本通知第一条规定的增值税优惠政策。这类企业在计算残疾人人数时可将在企业上岗工作的特殊教育学校的全日制在校学生计算在内,在计算企业在职职工人数时也要将上述学生计算在内。

四、纳税人中纳税信用等级为税务机关评定的C级或D级的,不得享受本通知第一条、第三条规定的政策。

五、纳税人按照纳税期限向主管国税机关申请退还增值税。本纳税期已交增值税额不足退还的,可在本纳税年度内

以前纳税期已交增值税扣除已退增值税的余额中退还，仍不足退还的可结转本纳税年度内以后纳税期退还，但不得结转以后年度退还。纳税期限不为按月的，只能对其符合条件的月份退还增值税。

六、本通知第一条规定的增值税优惠政策仅适用于生产销售货物，提供加工、修理修配劳务，以及提供营改增现代服务和生活服务税目（不含文化体育服务和娱乐服务）范围的服务取得的收入之和，占其增值税收入的比例达到50%的纳税人，但不适用于上述纳税人直接销售外购货物（包括商品批发和零售）以及销售委托加工的货物取得的收入。

纳税人应当分别核算上述享受税收优惠政策和不得享受税收优惠政策业务的销售额，不能分别核算的，不得享受本通知规定的优惠政策。

七、如果既适用促进残疾人就业增值税优惠政策，又适用重点群体、退役士兵、随军家属、军转干部等支持就业的增值税优惠政策的，纳税人可自行选择适用的优惠政策，但不能累加执行。一经选定，36个月内不得变更。

八、残疾人个人提供的加工、修理修配劳务，免征增值税。

九、税务机关发现已享受本通知增值税优惠政策的纳税人，存在不符合本通知第二条、第三条规定条件，或者采用伪造或重复使用残疾人证、残疾军人证等手段骗取本通知规定的增值税优惠的，应将纳税人发生上述违法违规行为的纳税期内按本通知已享受到的退税全额追缴入库，并自发现当月起36个月内停止其享受本通知规定的各项税收优惠。

十、本通知有关定义

（一）残疾人，是指法定劳动年龄内，持有《中华人民共和国残疾人证》或者《中华人民共和国残疾军人证（1至8级）》的自然人，包括具有劳动条件和劳动意愿的精神残疾人。

（二）残疾人个人，是指自然人。

（三）在职职工人数，是指与纳税人建立劳动关系并依法签订劳动合同或者服务协议的雇员人数。

（四）特殊教育学校举办的企业，是指特殊教育学校主要为在校学生提供实习场所、并由学校出资自办、由学校负责经营管理、经营收入全部归学校所有的企业。

十一、本通知规定的增值税优惠政策的具体征收管理办法，由国家税务总局制定。

十二、本通知自2016年5月1日起执行，《财政部 国家税务总局关于促进残疾人就业税收优惠政策的通知》（财税〔2007〕92号）、《财政部 国家税务总局关于将铁路运输和邮政业纳入营业税改征增值税试点的通知》（财税〔2013〕106号）附件3第二条第（二）项同时废止。纳税人2016年5月1日前执行财税〔2007〕92号和财税〔2013〕106号文件发生的应退未退的增值税余额，可按照本通知第五条规定执行。

公安部、民政部、劳动和社会保障部、建设部、交通部、国家工商行政管理总局、中国残疾人联合会关于印发《关于规范残疾人机动轮椅车运营问题维护社会稳定的意见》的通知

（2007年5月11日　公通字〔2007〕28号）

各省、自治区、直辖市公安厅（局）、民政厅（局）、劳动和社会保障厅（局）、建设厅（委）、交通厅（局）、工商行政管理局、残疾人联合会，新疆建设兵团公安局：

现将《关于规范残疾人机动轮椅车运营问题维护社会稳定的意见》印发给你们，请结合实际，认真贯彻执行。

关于规范残疾人机动轮椅车运营问题维护社会稳定的意见

近年来，随着我国经济社会的不断发展，城市化进程的不断加快，许多城市在创建卫生城市、文明城市、旅游城市等活动中，加快了城市建设和改造，调整交通运输结构，整顿运营秩序，强化交通秩序管理。为规范城市道路交通秩序，维护社会稳定，现就规范残疾人机动轮椅车运营问题提出如下意见：

一、加强领导，建立规范残疾人机动轮椅车运营问题的工作机制

关心残疾人生活现状，改善残疾人生存环境，是实践“三个代表”重要思想，落实科学发展观，构建社会主义和谐社会的具体体现。各级公安、民政、劳动保障、建设、交通、工商、保险、残联等部门，要加强对残疾人机动轮椅车运营工作的领导和协调，制定切实可行的管理办法，建立长效管理机制，规范残疾人机动轮椅车运营；要加强宣传工作，共同营造全社会关心、帮助残疾人的良好社会氛围，确保社会的和谐与稳定。

二、全面清理，严厉打击非残疾人利用残疾人机动轮椅车从事运营活动

在允许运营的城市，各有关部门要在当地政府的统一领导下，组织对残疾人机动轮椅车运营进行全面清理。要严厉打击非残疾人利用残疾人机动轮椅车从事运营活动，取缔未办理运营手续的残疾人驾驶残疾人轮椅车从事运营活动，取消转让运营车辆残疾人的运营资格；要制定工作方案，明确各部门职责，建立残疾人机动轮椅车运营清理整顿协作机制。

三、研究政策，稳妥处理好残疾人机动轮椅车运营问题

残疾人机动轮椅车是下肢残疾人的代步工具，原则上不

应用于运营。鉴于目前我国许多残疾人就业困难和社会保障制度尚不健全的实际，各地应本着“从实际出发，区别对待，规范管理，逐步淘汰”的原则，妥善解决现有残疾人机动轮椅车运营问题。在没有解决好保障残疾人就业和生活的城市，应当根据当地经济社会发展水平、出租汽车总量和运营市场的供求关系，以及残疾人社会保障情况，由政府严格核定进入运营市场的残疾人机动轮椅车总量。在当地残联提出申请，有关部门审查，经社会听证后把残疾人机动轮椅车运营作为过渡措施，确定运营期限，报当地人民政府批准后执行，同时通过安置或扶持就业、发放生活补助等保障措施，在切实保障残疾人生活的基础上逐步淘汰从事运营的残疾人机动轮椅车。

四、加强管理，规范残疾人机动轮椅车运营活动

在允许运营的城市，各有关部门要在当地政府的统一领导下，切实履行职责，对残疾人机动轮椅车运营进行严格管理。公安机关交通管理部门要根据《道路交通安全法》，对残疾人机动轮椅车按非机动车进行管理，核发残疾人机动轮椅车驾驶证、行驶证和号牌，配合有关部门取缔残疾人机动轮椅车非法运营，维护道路交通秩序。对残疾人驾驶机动轮椅车违反《道路交通安全法》的交通违法行为，要给予相应处罚。城市客运和市容管理部门或道路运输管理机构要根据公安机关交通管理部门出具的车辆检验合格证明和核发的残疾人机动轮椅车驾驶证、行驶证和号牌，残联出具的适合驾驶残疾人机动轮椅车的身体状况、无业或生活无其他经济来源证明，以及机动车第三者责任险投保证明、承运人责任保险投保证明等，在政府核定的数量范围内办理运营手续。工商行政管理部门对申办运营手续的残疾人，符合登记条件的准予登记，发给营业执照。残联要及时掌握残疾人机动轮椅车运营有关情况，教育、引导残疾人遵纪守法，做好对残疾车主的文明驾驶教育和学习交通法规等工作，提高驾驶人员技术和职业道德素质，积极配合政府和有关部门做好有关管理工作。各地要统一残疾人运营机动轮椅车的车容和标识。

五、完善措施，妥善解决残疾人的生活保障问题

各有关部门要采取切实有效的措施，制定相关的配套政策，从社会保障、就业等方面解决残疾人的生活保障问题。要加大残疾人就业工作力度，广开就业渠道，积极稳妥地发展福利企业，提高残疾人集中就业比例；推动按比例安排残疾人就业工作，努力开辟适合残疾人就业的门路，做到工作性质适宜残疾人，工作相对稳定，收入达到当地最低工资标准。对取消运营后不适宜就业的残疾人，符合条件的要将其家庭及时纳入低保范围，并根据残疾人的不同情况适当提高对本人的补助水平，以保障残疾人及其家庭的基本生活。

海关总署关于残疾人专用品免税审批有关事宜的补充通知

（2004年10月15日　署税发〔2004〕355号）

广东分署，天津、上海特派办，各直属海关：

为保证国家对残疾人专用品进口税收优惠政策的有效实施，经商民政部、中国残疾人联合会，现就有关问题进一步明确如下：

一、《海关总署关于执行〈残疾人专用品免征进口税收暂行规定实施办法〉的通知》（署税〔1997〕544号）附件第五条规定批量进口残疾人专用品的“进口单位”，由民政部和中国残疾人联合会分别进行管理。

（一）民政部门核准的有：

1、直接从事残疾人康复治疗工作的机构；

2、专门制作残疾人用品的生产企业；

3、专门经营和销售残疾人用品的贸易公司。

（二）中国残疾人联合会系统有：

1、各级残联；

2、各级残联所属的单位；

二、上述单位批量进口《残疾人个人用专用品清单》所列商品，海关凭民政部（包括省、自治区、直辖市的民政部门）或中国残疾人联合会（包括省、自治区、直辖市的残疾人联合会）出具的证明函，办理免税审批手续。

三、进口单位可以委托进出口公司代理进口，或者自营进口。自营进口的应在向商务部门领取对外贸易经营者备案登记表后，按规定到海关办理注册登记手续。

特此通知。

国家税务总局关于明确残疾人所得征免个人所得税范围的批复

（1999年5月21日　国税函〔1999〕329号）

河南省地方税务局：

你局《关于如何确定残疾人所得征免个人所得税的范围的请示》（豫地税函〔1999〕067号）收悉。经研究，现批复如下：

根据《中华人民共和国个人所得税法》（以下简称税法）第五条第一款及其实施条例第十六条的规定，经省级人民政府批准可减征个人所得税的残疾、孤老人员和烈属的所得仅限于劳动所得，具体所得项目为：工资、薪金所得；个体工商户的生产经营所得；对企事业单位的承包经营、承租经营所得；劳务报酬所得；稿酬所得；特许权使用费所得。

税法第二条所列的其他各项所得，不属减征照顾的范围。

4. 福利机构

国务院办公厅转发民政部等部门关于加快实现社会福利社会化意见的通知

（2000 年 2 月 27 日　国办发〔2000〕19 号）

民政部、国家计委、国家经贸委、教育部、财政部、劳动保障部、国土资源部、建设部、外经贸部、卫生部、税务总局《关于加快实现社会福利社会化的意见》已经国务院批准，现转发给你们，请认真贯彻执行。

民政部、国家计委、国家经贸委、教育部、财政部、劳动保障部、国土资源部、建设部、外经贸部、卫生部、税务总局关于加快实现社会福利社会化的意见

为了推进我国社会福利事业的改革与发展，建立适应社会主义市场经济体制的社会福利服务体系，现就加快实现社会福利社会化问题提出如下意见：

一、推进社会福利社会化的必要性和紧迫性

新中国成立 50 年来特别是改革开放以来，在党和政府的重视、关怀下，我国以老年人、残疾人、孤儿等社会特殊困难群体为主要对象的社会福利事业取得了长足进展，在社会主义物质文明和精神文明建设中发挥了积极作用。

我国已经进入老龄社会，老年人口基数大，增长快，特别是随着家庭小型化的发展，社会化养老的需求迅速增长。同时，残疾人和孤儿的养护、康复条件也亟待改善。但是长期以来，我国社会福利由国家和集体包办，存在资金不足、福利机构少、服务水平较低等问题，难以满足人民群众对福利服务需求日益增长的需要。社会福利事业的改革与发展，已经引起党和政府及全社会的广泛关注。为此，必须从长远和全局出发，广泛动员和依靠社会力量，大力推进社会福利社会化，加快社会福利事业的发展，这对于进一步建立健全社会保障制度，促进社会稳定和社会文明进步具有重要意义。同时，推进社会福利社会化，对于扩大内需，拉动经济增长，增加就业，也有积极的现实意义。

推进社会福利社会化不仅是必要的，也是切实可行的。全社会对社会福利需求的急剧增长，使社会福利社会化具有广阔的发展前景；我国综合国力的增强，人民群众生活水平和道德水准的提高，为推进社会福利社会化奠定了良好的基础；企业“办社会”职能分离后的资源与社会上闲置资源的综合开发利用和置换，国内外一些社会团体、慈善组织和个人的积极参与（捐助或投资），社区服务中养老、托幼和助残等系列化服务的蓬勃发展，为实现社会福利社会化创造了有利条件。

二、推进社会福利社会化的指导思想、目标和总体要求

（一）推进社会福利社会化的指导思想：立足我国社会主义初级阶段的基本国情，以邓小平理论和党的十五大精神为指导，在供养方式上坚持以居家为基础、以社区为依托、以社会福利机构为补充的发展方向，探索出一条国家倡导资助、社会各方面力量积极兴办社会福利事业的新路子，建立与社会主义市场经济体制和社会发展相适应的社会福利事业管理体制和运行机制，促进社会福利事业健康有序地发展。

（二）推进社会福利社会化的目标：到 2005 年，在我国基本建成以国家兴办的社会福利机构为示范、其他多种所有制形式的社会福利机构为骨干、社区福利服务为依托、居家供养为基础的社会福利服务网络。各类社会福利机构的数量和集中收养人员的数量每年以 10% 左右的速度增长，尤其是老年人社会福利服务机构的数量有较大增长；城市中各种所有制形式的养老服务机构床位数达到每千名老人 10 张左右，普遍建立起社区福利服务设施并开展家庭护理等系列服务项目；农村 90% 以上的乡镇建立起以“五保”老人为主要对象，同时面向所有老年人、残疾人和孤儿的社会福利机构。

（三）推进社会福利社会化的总体要求：

一是投资主体多元化。从我国的基本国情出发，推进社会福利社会化采取国家、集体和个人等多渠道投资方式，形成社会福利机构多种所有制形式共同发展的格局。各级政府应根据经济和社会发展的需要，逐年增加对社会福利事业的投入，重点用在一些基础性、示范性社会福利机构的建设上，同时采取民办公助的办法，将一部分资金用于鼓励、支持和资助各种社会力量兴办社会福利机构；适当增加中国福利彩票发行额度，为社会福利事业的发展筹措更多的资金；采取优惠政策，鼓励集体、村（居）民自治组织、社会团体、个人和外资以多种形式捐助或兴办社会福利事业；企事业单位可以根据自身条件自愿捐助社会福利事业，或利用闲置资源投资“面向社区、自主经营、自负盈亏”的社会福利事业；儿童福利机构在今后一段时期仍以政府管理为主，也可吸纳社会资金合办，同时通过收养、寄养、助养和接受捐赠等多种形式，走社会化发展的路子。

二是服务对象公众化。社会福利机构除确保国家供养的“三无”对象（无劳动能力、无生活来源、无法定抚养人或赡养人）、孤儿等特困群体的需求外，还要面向全社会老年人、残疾人，拓展服务领域，扩大服务范围和覆盖面，并根据服务对象的不同情况，实行有偿、减免或无偿等多种服务。

三是服务方式多样化。社会福利机构和社区除集中养

老、助残外，应发挥多种服务功能，为家庭服务提供支持。要大力发展社区福利服务设施和网点，建立社区福利服务体系，因地制宜地为老年人、残疾人、孤儿等特殊困难群体提供各种福利服务。要积极推进单位福利设施社会化。

四是服务队伍专业化。要逐步提高社会福利服务队伍的专业化水平，制定岗位专业标准和操作规范，实行职业资格和技术等级管理认证制度；加强社会福利工作系统的专业教育、在职教育及岗位技能培训，建立并完善学科建设和教材体系；大力倡导志愿者服务，加强志愿者服务队伍建设，使志愿者服务制度化、规范化。

三、制定优惠政策，引导社会力量积极参与社会福利事业

对社会力量投资创办社会福利机构，各级政府及有关部门应给予政策上的扶持和优惠。

（一）各地要将社会福利机构及床位数作为社会发展的指导性指标纳入国民经济和社会发展计划，要在基本建设计划中统筹安排社会福利设施建设。

（二）社会福利机构的建设用地，按照法律、法规规定应当采用划拨方式供地的，要划拨供地；按照法律、法规规定应当采用有偿方式供地的，在地价上要适当给予优惠；属出让土地的，土地出让金收取标准应适当降低。

（三）各地在制定城市居住区规划时，无论是新区建设还是旧区改造，都应按原国家技术监督局、建设部发布的《城市居住区规划设计规范》（GB50180—93）的有关规定，将社会福利设施特别是老年人服务设施纳入公共设施进行统一规划。城镇人口不足6万人的街道办事处要设立一处老年人综合福利服务设施，同时附设一处可容纳30名左右老人的养老院；城镇人口超过6万人的街道办事处则要按上述要求增设新的老年人综合福利服务设施。要充分考虑社会福利服务对象的要求和社会福利事业发展的需要，尽可能在靠近社区、交通便利、环境良好的区位安排社会福利设施建设，施工中要严格按照规划和福利机构建设、建筑标准及规范实施，建成后任何部门和单位不得挤占。各市人民政府对此项市政基础设施配套建设费应酌情给予减免。

（四）对社会福利机构及其提供的福利性服务和兴办的第三产业，安置残疾人的福利企业，以及单位和个人捐赠支持社会福利事业的，国家给予税收优惠政策，按照现行国家税法规定执行。

（五）对获得民政部门批准设置的社会福利机构按规定到有关部门办理法人注册登记时，有关部门应优先办理；对未获得民政部门批准而设置的社会福利机构，有关部门不应办理法人注册登记手续。

（六）对社会福利机构的用电按当地最优惠价格收费，用水按居民生活用水价格收费；对社会福利机构使用电话等电信业务要给予优惠和优先照顾。

（七）各地在制定本区域卫生事业发展规划时，要充分考虑老年人、残疾人、孤残儿童的医疗、预防、保健、康复等卫生需要，积极支持社区卫生服务机构开展老年医疗、预防、保健、康复、健康教育等工作，鼓励并扶持社会力量兴办以老年人、残疾人、孤儿为服务对象的非营利性医疗机构。对社会福利机构所办医疗机构已取得执业许可证并申请城镇职工基本医疗保险定点医疗机构的，可根据劳动保障部下发的《关于印发城镇职工基本医疗保险定点医疗机构管理暂行办法的通知》（劳社部发〔1999〕14号）的规定，经审查合格后纳入城镇职工基本医疗保险定点范围，社会福利机构收养人员中的基本医疗保险参保人员，在定点的社会福利机构所办医疗机构就医所发生的医疗费用，按基本医疗保险的规定支付。

（八）对社会福利机构中收养的（包括社会福利机构在社区和居民家庭中分散寄养的）就读于小学、初中的孤儿，要按有关规定免收杂费、书本费；对被高中（职业高中）、技校、中专、高等学校录取的孤儿，要免收学费、住宿费。

（九）对各类社会福利机构中具有劳动能力的成年孤残人员，应积极采取措施，优先推荐就业，免费给予上岗前的培训。社会福利企业、事业单位及其职工，要依据国家有关规定，参加社会保险，缴纳社会保险费，依法保障职工享受各项社会保险待遇的权益。对进入社会福利机构养老并享受社会保险的人员，社会保险机构可委托社会福利机构代办其养老金发放等服务性工作。

四、统筹规划，规范管理，有序发展

（一）统筹规划、依法规范社会福利事业的发展。各级政府及有关部门要加强调查研究，合理确定社会福利事业发展目标，对社会福利机构的数量、布局、规模档次以及资金、用地等统筹安排，防止盲目发展、一哄而起和重复建设，避免资源浪费。

要抓紧制定社会福利事业的有关法规，使社会福利事业的建设与管理有章可循、有法可依。今后，申办社会福利机构，要严格执行民政部颁布的《社会福利机构管理暂行办法》的有关规定，老年人福利设施建设要按照建设部、民政部联合颁布的《老年人建筑设计规范》（JGJ122—99）进行设计和施工，接受行政主管部门的检查和监督。

（二）建立充满生机和活力的管理体制和运行机制。要按照社会主义市场经济体制的要求，处理好社会福利工作中政府职能和社会化的关系，研究制定社会福利机构分类管理的政策措施，逐步建立起政府宏观管理、社会力量兴办、社会福利机构自主经营的管理体制。要按照产业化的发展方向逐步建立起适应市场经济要求的运行机制。要深化现有国家、集体兴办的社会福利机构改革，探索社会化管理的新路子，盘活存量。对新办的社会福利机构，要打破旧框框，按照市场经济的要求运作，真正体现市场配置资源、价值规律调节、公平竞争、优胜劣汰的市场经济法则，使各类社会福利机构都能够自主经营、自负盈亏、自我发展 。

（三）加强领导，促进社会福利社会化有序发展。社会化是我国社会福利事业发展的方向，也是我国社会福利事业管理体制的重大改革，必须积极稳妥地推进。各级政府要切实加强领导，把社会福利社会化列入重要议事日程，作为一件大事抓紧抓好；要从实际出发，因地制宜，积极推进；要注意抓好试点，总结经验，逐步推广。各级民政部门要当好政府的参谋，提出切实可行的实施方案，做好服务协调和督促检查工作。各有关部门要密切配合，大力协助，为社会福利社会化健康有序地发展做出积极贡献。

社会福利机构管理暂行办法

（1999年12月30日民政部令第19号发布　自发布之日起施行　根据2015年5月5日公布的《民政部关于修改部分规章的决定》修订）

第一章　总　　则

第一条　为了加强对社会福利机构的管理，促进社会福利事业的健康发展，根据有关法律，制定本办法。

第二条　本办法所称社会福利机构是指国家、社会组织和个人举办的，为老年人、残疾人、孤儿和弃婴提供养护、康复、托管等服务的机构。

第三条　社会福利机构应当遵守国家法律、法规和政策，坚持社会福利性质，保障服务对象的合法权益。

第四条　社会福利机构享受国家有关优惠政策。

第五条　国务院民政部门负责指导全国社会福利机构的管理工作。县级以上地方人民政府民政部门是社会福利机构的业务主管部门，对社会福利机构进行管理、监督和检查。

第二章　审　　批

第六条　县级以上地方人民政府民政部门应当根据本行政区域内社会福利事业发展需要，制定社会福利机构设置规划。

社会福利机构的设置应当符合社会福利机构的设置规划和社会福利机构设置的基本标准。

第七条　依法成立的组织或具有完全民事行为能力的个人（以下称申办人）凡具备相应的条件，可以依照本办法的规定，向社会福利机构所在地的县级以上人民政府民政部门提出举办社会福利机构的筹办申请。

第八条　申办人申请筹办社会福利机构时，应当提交下列材料：

（一）申请书、可行性研究报告；

（二）申办人的资格证明文件；

（三）拟办社会福利机构资金来源的说明；

（四）拟办社会福利机构固定场所的证明文件。

申办人应当持以上材料，向社会福利机构所在地的县级以上人民政府民政部门提出申请，由受理申请的民政部门进行审批。

香港、澳门、台湾地区的组织和个人，华侨以及国外的申办人采取合资、合作的形式举办社会福利机构，应当向省级人民政府民政部门提出筹办申请。并报省级人民政府外经贸部门审核。

第九条　民政部门应当自受理申请之日起30日内，根据当地社会福利机构设置规划和社会福利机构设置的基本标准进行审查，作出同意筹办或者不予同意筹办的决定，并将审批结果以书面形式通知申办人。

第十条　经同意筹办的社会福利机构具备开业条件时，应当向民政部门申请领取《社会福利机构设置批准证书》。

第十一条　申请领取《社会福利机构设置批准证书》的机构，应当符合社会福利机构设置的下列基本标准：

（一）有固定的服务场所、必备的生活设施及室外活动场地；

（二）符合国家消防安全和卫生防疫标准，符合《老年人建筑设计规范》和《方便残疾人使用的城市道路和建筑物设计规范》；

（三）有与其服务内容和规模相适应的开办经费；

（四）有完善的章程，机构的名称应符合登记机关的规定和要求；

（五）有与开展服务相适应的管理和服务人员，医务人员应当符合卫生行政部门规定的资格条件，护理人员、工作人员应当符合有关部门规定的健康标准。

第十二条　申请领取《社会福利机构设置批准证书》时，应当提交下列文件：

（一）申请《社会福利机构设置批准证书》的书面报告；

（二）民政部门发给的社会福利机构筹办批准书；

（三）服务场所的所有权证明或租用合同书；

（四）建设、消防、卫生防疫等有关部门的验收报告或者审查意见书；

（五）机构的章程和规章制度；

（六）管理人员、专业技术人员和护理人员的名单及有效证件的复印件以及工作人员的健康状况证明；

（七）要求提供的其他材料。

第十三条　民政部门自受理申请之日起30日内，对所报文件进行审查，并根据社会福利机构设置的基本标准进行实地验收。合格的，发给《社会福利机构设置批准证书》；不合格的，将审查结果以书面形式通知申办人。

第十四条　申办人取得《社会福利机构设置批准证书》后，应当到登记机关办理登记手续。

第三章　管　　理

第十五条　社会福利机构应当与服务对象或者其家属

（监护人）签定服务协议书，明确双方的责任、权利和义务。

社会组织和个人兴办以孤儿、弃婴为服务对象的社会福利机构，必须与当地县级以上人民政府民政部门共同举办；社会福利机构收养孤儿或者弃婴时，应当经民政业务主管部门逐一审核批准，并签订代养协议书。

第十六条　社会福利机构应当建立健全各项规章制度和服务标准。

各项规章制度和服务标准应当张榜公布，并报民政部门备案。

第十七条　社会福利机构应当在每年3月5日前，提交本年度的工作报告和下一年度的工作计划。

第十八条　社会福利机构中不具备上岗资格的护理人员、特教人员应当接受岗前培训，经考核合格后持证上岗。

第十九条　社会福利机构应当加强财务管理，其收益应当按照国家的有关政策规定分配使用，自觉接受财政、审计、监察等部门的监督。

第二十条　社会福利机构的资产受国家法律保护，任何组织和个人不得侵占。社会福利机构将其所属的固定资产租赁或者转让时，须经民政部门和登记机关同意后，办理有关手续。

第二十一条　社会福利机构应当严格按照公益事业捐赠法的规定开展捐赠活动。不得接受任何带有政治性等附加条件的捐赠。

第二十二条　社会福利机构在对外交往中应当遵守国家的有关法律、规定，严格履行报批手续。

第二十三条　社会福利机构变更章程、名称、服务项目和住所时，应当报民政部门审批。更换主要负责人，应当报民政部门备案。

第二十四条　社会福利机构分立、合并或者解散，应当提前3个月向民政部门提出申请，报送有关部门确认的清算报告及相关材料，并由民政部门报请当地政府对其资产进行评估和处置后，办理有关手续。

第二十五条　县级以上人民政府民政部门应当定期对社会福利机构的工作进行年度检查。

第四章　法律责任

第二十六条　民政部门对社会福利机构的审批和年检工作实行政务公开，有违反国家有关法律、法规和本办法规定的，视情节轻重，对直接责任人给予批评教育、行政处分，构成犯罪的依法追究刑事责任。

第二十七条　社会福利机构有下列情形之一的，由民政部门根据情况给予警告罚款，直至建议登记管理机关取缔或者撤销登记，并按管理权限对直接责任人给予批评教育、行政处分，构成犯罪的依法追究刑事责任。

（一）违反国家关于老年人、残疾人和孤儿权益保护的法律法规，侵害服务对象合法权益的；

（二）未取得《社会福利机构设置批准证书》擅自执业的；

（三）年检不合格，限期整改后仍不合格的；

（四）进行非法集资的；

（五）未办理变更手续，其活动超出许可范围的；

（六）其他违法行为。

第五章　附　　则

第二十八条　本办法实施前已经执业的社会福利机构，应当在本办法实施后的6个月内，按照本办法的规定，向县级以上民政部门提出申请，补领《社会福利机构设置批准证书》。

第二十九条　本办法自发布之日起施行。

福利企业资格认定办法

（2007年6月29日　民发〔2007〕103号）

第一条　为了规范福利企业的资格认定和集中安排残疾人就业的用工行为，保障残疾人职工的合法权益，根据《中华人民共和国残疾人保障法》、《残疾人就业条例》、《财政部国家税务总局关于促进残疾人就业税收优惠政策的通知》（财税〔2007〕92号）和《国家税务总局民政部中国残疾人联合会关于促进残疾人就业税收优惠政策征管办法的通知》（国税发〔2007〕67号）的有关规定，制定本办法。

第二条　本办法所称福利企业，是指依法在工商行政管理机关登记注册，安置残疾人职工占职工总人数25%以上，残疾人职工人数不少于10人的企业。

第三条　福利企业安置的残疾人职工应当是持有《中华人民共和国残疾人证》上注明属于视力、听力、言语、肢体、智力和精神残疾的人员，或者是持有《中华人民共和国残疾军人证（1至8级）》的残疾人。

第四条　申请福利企业资格认定的企业，应当具备下列条件：

（一）企业依法与安置就业的每位残疾人职工签订1年（含）以上的劳动合同或者服务协议，并且安置的每位残疾人职工在单位实际上岗从事全日制工作，且不存在重复就业情况；

（二）企业提出资格认定申请前一个月的月平均实际安置就业的残疾人职工占本单位在职职工总数的比例达到25%（含）以上，且残疾人职工不少于10人；

（三）企业在提出资格认定申请的前一个月，通过银行等金融机构向安置的每位残疾人职工实际支付了不低于所在区县（含县级市、旗）最低工资标准的工资；

（四）企业在提出资格认定申请前一个月，为安置的每位残疾人职工按月足额缴纳所在区县（含县级市、旗）人民政府根据国家政策规定缴纳的基本养老保险、基本医疗保险、失业保险和工伤保险等社会保险；

（五）企业具有适合每位残疾人职工的工种、岗位；

（六）企业内部的道路和建筑物符合国家无障碍设计规范。

第五条 企业申请福利企业资格认定，应当向当地县级以上人民政府民政部门（以下简称认定机关）提出认定申请，具体认定机关由省、自治区、直辖市民政厅（局）和新疆生产建设兵团民政局确定，报民政部备案。

第六条 企业申请福利企业资格认定时，应当向认定机关提交下列材料：

（一）福利企业资格认定申请书；

（二）企业营业执照、税务登记证副本；

（三）适合安置残疾人就业的可行性报告；

（四）企业与每位残疾人职工签订的劳动合同副本；

（五）企业在职职工总数的证明材料；

（六）残疾人职工的《中华人民共和国残疾人证》或《中华人民共和国残疾军人证（1至8级）》；

（七）企业通过银行等金融机构向每位残疾人职工支付工资的凭证；

（八）社保部门出具的企业为每位残疾人职工缴纳的社会保险费缴费记录；

（九）残疾人职工岗位说明书；

（十）企业内部道路和建筑物符合无障碍设计规范的证明。

第七条 认定机关收到认定申请书及有关材料后，应当自次日起20个工作日内进行审查并提出书面意见。

第八条 认定机关在审查过程中，可以提请发证机关对残疾人证件的真实性进行审核；需要进一步核实残疾人职工工作岗位和无障碍设施等情况的，应当指派2名以上工作人员实地核查。

第九条 认定机关经审查，对符合福利企业资格条件的，予以认定，颁发福利企业证书，并向申请人出具书面审核认定意见。认定机关要在残疾人证件上加盖"已就业"印章。

对不符合福利企业条件的，不予认定，并对申请人书面说明理由。

第十条 企业实际安置就业的残疾人职工或在职职工人数发生变化，应当自发生变化之日起15日内，向认定机关申请认定。

认定机关应当自收到认定申请次日起7个工作日内进行审核。对仍符合福利企业资格条件的，向申请人出具书面审核认定意见；对不符合福利企业资格条件的，注销其福利企业资格，收回福利企业证书，并书面通知主管税务机关。

第十一条 申请人对认定机关决定不服的，可以依照《中华人民共和国行政复议法》提出行政复议，或依照《中华人民共和国行政诉讼法》提起行政诉讼。

第十二条 福利企业证书式样由民政部统一制订，审核认定意见书的式样由省级人民政府民政部门制订。

第十三条 认定机关应当会同主管税务机关对福利企业进行年检。

第十四条 主管税务机关、残疾人联合会提请认定机关核实单位安置的残疾人所持有的《中华人民共和国残疾军人证（1至8级）》时，持证残疾人属于本省（自治区、直辖市）户籍的，认定机关应在5个工作日内确认并答复，属于外省（自治区、直辖市）户籍的，应在10个工作日内确认并答复。

第十五条 认定机关进行福利企业资格认定、核查、年检，不得向企业收取任何费用。

第十六条 本办法由民政部负责解释。

第十七条 本办法自2007年7月1日起施行。《社会福利企业管理暂行办法》（民福发〔1990〕21号）、《社会福利企业招用残疾职工的暂行规定》（民福字〔1989〕37号）、《关于对调整完善现行福利企业税收优惠政策试点地区福利企业进行资格审核认定的通知》（民函〔2007〕80号）同时废止。

民政部关于在广东省试点开展港澳服务提供者以独资民办非企业单位形式举办残疾人福利机构工作的通知

（2009年2月13日　民发〔2009〕17号）

广东省民政厅：

2008年7月经国务院批准的《〈内地与香港关于建立更紧密经贸关系的安排〉补充协议五》及《〈内地与澳门关于建立更紧密经贸关系的安排〉补充协议五》，作出了"在广东省试点，允许香港服务提供者以独资民办非企业单位形式举办残疾人福利机构"和"在广东省试点，允许澳门服务提供者以独资民办非企业单位形式举办残疾人福利机构"的安排。为了落实国务院的部署，现就有关事项通知如下：

一、试点范围

自2009年起，香港、澳门特别行政区的社会组织和个人（以下简称申办人），以独资民办非企业单位形式在中国内地举办残疾人福利机构的，应当在广东省内举办。

二、管理机关

你厅作为广东省试点工作的管理机关，参照《民办非企业单位登记管理暂行条例》（以下简称《条例》）、《社会福利机构管理暂行办法》（以下简称《办法》）和《残疾人社会福利机构基本规范》（中华人民共和国行业标准MZ－2001）的规定，履行业务主管单位和登记管理机关的监督、管理职能。

三、申办条件

申办残疾人福利机构的，除应当符合《内地与香港关于建立更紧密经贸关系的安排》附件5《关于"服务提供者"定义及相关规定》、《条例》第8条规定的条件及《办法》第11条规定的基本标准以外,还应当符合以下条件:

（一）申办人为个人的,应当是香港、澳门特别行政区具有完全民事行为能力且无犯罪记录的永久性居民;申办人为社会组织的,应当是依据香港、澳门特别行政区法律组建或设立的具有独立法人资格的组织,且其负责人无犯罪记录;申办人应当从事残疾人服务领域工作3年以上;

（二）举办资金应当全部来自申办人,其中开办经费应当符合每张床位不低于10000元人民币的标准;

（三）管理人员、专业技术人员、护理人员应当符合国家对该行业从业人员的资格要求;

（四）直接服务于服务对象的工作人员与服务对象的比例不得小于1:3;

（五）拟申办的残疾人福利机构应当具备法人条件。

四、申请审批程序

（一）申办人在提出申请时,应当向你厅提交下列材料:

1. 申请《社会福利机构设置批准证书》的书面报告;

2. 服务场所的所有权证明或者使用权证明;

3. 建设、消防、卫生防疫等有关部门的验收报告或者审查意见书;

4. 验资证明及资产评估报告;

5. 机构的规章制度;

6. 管理人员、专业技术人员和护理人员的名单及有效证件的复印件以及工作人员的健康状况证明;

7. 申办人个人或者社会组织的负责人、残疾人福利机构拟任负责人的基本情况、身份证明以及无犯罪记录证明;其中,香港居民的身份证明,应当经内地认可的公证人公证;澳门居民的身份证明,应当经澳门特别行政区政府公证部门或者内地认可的公证人公证;申办人为社会组织的,应当提交该组织依法登记的证明,并进行公证;

8. 护理人员、工作人员的职业技能资格证明;

9. 民办非企业单位登记申请书;

10. 符合《条例》第10条规定的章程草案;

11. 其他需要提供的材料。

（二）你厅应当自受理申请之日起60日内,对试点申办人提交的材料进行审查和实地验收。

符合规定条件的,发给《社会福利机构设置批准证书》,根据有关材料继续作登记审查。准予登记的,发给《民办非企业单位(法人)登记证书》;不准予登记的,应当以书面形式向申办人说明理由。

不符合规定条件的,将审查结果以书面形式通知申办人。

（三）你厅应当根据以上规定及《民政部门实施行政许可办法》的有关规定,制定工作流程,简化登记手续,做好审批工作。

五、其他相关问题

（一）为方便香港澳门服务提供者在广东以独资民办非企业单位形式举办残疾人福利机构,你厅可制定"港澳服务提供者在广东以独资民办非企业单位形式举办残疾人福利机构申请指引","申请指引"可明确管理机关、申办对象、申办条件、申请登记程序、审批期限、咨询服务等有关事项。

（二）按照本通知规定举办的残疾人福利机构,享受广东省现行的予以其他社会福利机构的同等优惠政策。

（三）管理机关的工作人员、试点残疾人福利机构有违法行为的,按照《条例》和《办法》的有关规定予以处分、处罚。

民政部关于批准发布《老年人社会福利机构基本规范》、《残疾人社会福利机构基本规范》、《儿童社会福利机构基本规范》行业标准的通知

(2001年2月6日 民发〔2001〕24号)

各省、自治区、直辖市民政厅(局):

兹批准《老年人社会福利机构基本规范》、《残疾人社会福利机构基本规范》、《儿童社会福利机构基本规范》为强制性行业标准,并予以发布。各项标准编号和名称如下:

MZ008-2001《老年人社会福利机构基本规范》;

MZ009-2001《残疾人社会福利机构基本规范》;

MZ010-2001《儿童社会福利机构基本规范》。

以上三项标准从2001年3月1日起实施。

老年人社会福利机构基本规范

(Standards of Social Welfare Institution for the Elderly)

MZ008-2001

前 言

为了加强老年人社会福利机构的规范化管理,维护老年人权益,促进老年人社会福利事业健康发展,根据民政部人教科字〔2000〕第24号文的要求,特制定本规范。

本规范的主要技术内容是:总则、术语、服务、管理、设施设备。

本规范由民政部人事教育司归口管理,授权主要起草单位负责解释。

本规范主要起草单位:民政部社会福利和社会事务司。

本规范参加起草单位:北京市民政局。

本规范主要起草人:常宗虎、李建平、贾晓九、蔡安财、孟志强、郭幼生、彭嘉琳。

1 总 则

1.1 为加强老年人社会福利机构规范化管理,维护老年人权益,促进老年人社会福利事业健康发展,制定本规范。

1.2 本规范适用于各类、各种所有制形式的为老年人提供养护、康复、托管等服务的社会福利服务机构。

1.3 老年人社会福利机构的宗旨是:以科学的知识和技能维护老年人基本权益,帮助老年人适应社会,促进老年人自身发展。

1.4 本规范所列各种条款均为最低要求。

1.5 老年人社会福利机构除应符合本规范外,尚应符合国家现行相关强制性标准的规定。

2 术 语

2.1 老年人 The Elderly

60 周岁及以上的人口。

2.2 自理老人 The Self - care Elderly

日常生活行为完全自理,不依赖他人护理的老年人。

2.3 介助老人 The Device - aided Elderly 日常生活行为依赖扶手、拐杖、轮椅和升降等设施帮助的老年人。

2.4 介护老人 The Nursing - cared Elderly 日常生活行为依赖他人护理的老年人。

2.5 老年社会福利院 Social Welfare Institution for the Aged

由国家出资举办、管理的综合接待"三无"老人、自理老人、介助老人、介护老人安度晚年而设置的社会养老服务机构,设有生活起居、文化娱乐、康复训练、医疗保健等多项服务设施。

2.6 养老院或老人院 Homes for the Aged

专为接待自理老人或综合接待自理老人、介助老人、介护老人安度晚年而设置的社会养老服务机构,设有生活起居、文化娱乐、康复训练、医疗保健等多项服务设施。

2.7 老年公寓 Hostels for the Elderly

专供老年人集中居住,符合老年体能心态特征的公寓式老年住宅,具备餐饮、清洁卫生、文化娱乐、医疗保健等多项服务设施。

2.8 护老院 Homes for the Device - aided Elderly

专为接待介助老人安度晚年而设置的社会养老服务机构,设有生活起居、文化娱乐、康复训练、医疗保健等多项服务设施。

2.9 护养院 Nursing Homes

专为接待介护老人安度晚年而设置的社会养老服务机构,设有起居生活、文化娱乐、康复训练、医疗保健等多项服务设施。

2.10 敬老院 Homes for the Elderly in the Rural Areas

在农村乡(镇)、村设置的供养"三无"(无法定扶养义务人,或者虽有法定抚养义务人,但是抚养义务人无扶养能力的;无劳动能力的;无生活来源的)"五保"(吃、穿、住、医、葬)老人和接待社会上的老年人安度晚年的社会养老服务机构,设有生活起居、文化娱乐、康复训练、医疗保健等多项服务设施。

2.11 托老所 Nursery for the Elderly

为短期接待老年人托管服务的社区养老服务场所,设有生活起居、文化娱乐、康复训练、医疗保健等多项服务设施,分为日托、全托、临时托等。

2.12 老年人服务中心 Center of Service for the Elderly

为老年人提供各种综合性服务的社区服务场所,设有文化娱乐、康复训练、医疗保健等多项或单项服务设施和上门服务项目。

3 服 务

3.1 膳食

3.1.1 有主管部门颁发了卫生许可证的专门为老人服务的食堂,配备厨师和炊事员。

3.1.2 厨师和炊事员持证上岗,严格执行食品卫生法规,严防食物中毒。

3.1.3 注意营养、合理配餐,每周有食谱,根据老人的需要或医嘱制作普食、软食、流食及其他特殊饮食。

3.1.4 为有需要的自理老人、介助老人和所有介护老人送饭到居室,根据需要喂水喂饭。清洗消毒餐具。

3.1.5 每月召开 1 次膳食管理委员会,征求智力正常老人及其他老人家属的意见,满意率达到 80% 以上。

3.1.6 照顾不同老年人的饮食习惯,尊重少数民族的饮食习俗。

3.2 护 理

3.2.1 自理老人

3.2.1.1 每天清扫房间 1 次,室内应无蝇、无蚊、无鼠、无蟑螂、无臭虫。

3.2.1.2 提供干净、得体的服装并定期换洗,冬、春、秋季每周 1 次,夏季经常换洗。保持室内空气新鲜,无异味。

3.2.1.3 协助老人整理床铺。

3.2.1.4 每周换洗一次被罩、床单、枕巾(必要时随时换洗)。

3.2.1.5 夏季每周洗澡 2 次,其他季节每周 1 次。

3.2.1.6 督促老人洗头、理发、修剪指甲。

3.2.1.7 服务人员 24 小时值班,实行程序化个案护理。视情况调整护理方案。

3.2.2 介助老人

3.2.2.1 每天清扫房间 1 次,室内应无蝇、无蚊、无鼠、无蟑螂、无臭虫。保持室内空气新鲜,无异味。

3.2.2.2　提供干净、得体的服装并定期换洗，冬、春、秋季每周1次，夏季经常换洗。

3.2.2.3　协助老人整理床铺。

3.2.2.4　每周换洗1次被罩、床单、枕巾（必要时随时换洗）。

3.2.2.5　夏季每周洗澡2次，其他季节每周1次。

3.2.2.6　协助老人洗头、修剪指甲。

3.2.2.7　定期上门理发，保持老人仪表端正。

3.2.2.8　毛巾、洗脸盆应经常清洗，便器每周消毒1次。

3.2.2.9　搀扶老人上厕所排便。

3.2.2.10　Ⅰ°褥疮发生率低于5%，Ⅱ°褥疮发生率为零，入院前发生严重低蛋白血症，全身高度浮肿、癌症晚期、恶液质等患者除外。对因病情不能翻身而患褥疮的情况应有详细记录，并尽可能提供防护措施。

3.2.2.11　服务人员24小时值班，实行程序化个案护理。视情况调整护理方案。

3.2.3 介护老人

3.2.3.1　每天清扫房间1次，室内应无蝇、无蚊、无老鼠、无蟑螂、无臭虫。保持室内空气新鲜，无异味。

3.2.3.2　提供干净、得体的服装并定期换洗，冬、春、秋季每周1次，夏季经常换洗。

3.2.3.3　整理床铺。

3.2.3.4　每周换洗1次被罩、床单、枕巾（必要时随时换洗）。

3.2.3.5　帮助老人起床穿衣、睡前脱衣。

3.2.3.6　全身洗澡，每周2次。

3.2.3.7　定期修剪指甲、洗头。

3.2.3.8　口腔护理清洁无异味。

3.2.3.9　定期上门理发，保持老人仪表端正。

3.2.3.10　毛巾、洗脸盆应经常清洗，便器每周消毒1次。

3.2.3.11　送饭到居室，喂水喂饭。

3.2.3.12　帮助老人排便。

3.2.3.13　为行走不便的老人配备临时使用的拐杖、轮椅车和其他辅助器具。

3.2.3.14　Ⅰ°褥疮发生率低于5%，Ⅱ°褥疮发生率为零，入院前发生严重低蛋白血症，全身高度浮肿、癌症晚期、恶液质等患者除外。对因病情不能翻身而患褥疮的情况应有详细记录，并尽可能提供防护措施。

3.2.3.15　早晨起床后帮助老人洗漱，晚上帮助老人洗脚。

3.2.3.16　视天气情况，每天带老人到户外活动1小时。

3.2.3.17　服务人员24小时值班，实行程序化个案护理。视情况调整护理方案。

3.2.4　帮助老人办理到异地的车船票。

3.2.5　特别保护女性智残和患有精神病的老人的人身权益不受侵犯。

3.2.6　对患有传染病的老人要及时采取特殊保护措施，并对其隔离、治疗，以既不影响他人又尊重病患老人为原则。

3.3　康　复

3.3.1　卫生保健人员定期查房巡诊，每天1次。

3.3.2　为老人定期检查身体，每年1次。

3.3.3　医护人员定期、定时护理。

3.3.4　组织智力健全和部分健全的老人每月进行1次健康教育和自我保健、自我护理知识的学习，常见病、多发病的自我防治以及老年营养学的学习。

3.3.5　医护人员确保各项治疗措施的落实，确保每周开展两种以上康复活动。

3.3.6　定期或不定期地做好休养区和院内公共场所的消毒灭菌工作。

3.3.7　制定年度康复计划，每周组织老年人开展3次康复活动。

3.4　心　理

3.4.1　为有劳动能力的老人自愿参加公益活动提供中介服务或给予劳动的机会。组织健康老人每季度参加1次公益活动。

3.4.2　每周根据老人身体健康情况、兴趣爱好、文化程度，开展1次有益于身心健康的各种文娱、体育活动，丰富老年人的文化生活。

3.4.3　与老人每天交谈15分钟以上，并作好谈话周记。及时掌握每个老人的情绪变化，对普遍性问题和极端的个人问题集体研究解决，保持老人的自信状态。

3.4.4　经常组织老人进行必要的情感交流和社会交往。不定期开展为老人送温暖、送欢乐活动，消除老人的心理障碍。帮助老人建立新的社会联系，努力营造和睦的大家庭色彩，基本满足老人情感交流和社会交往的需要。根据老年人的特长、身体健康状况、社会参与意愿，不定时的组织老年人参与社会活动，为社会发展贡献余热。

3.4.5　制定有针对性的"入住适应计划"，帮助新入住老人顺利渡过入住初期。

4　管　　理

4.1　机构证书和名称

4.1.1　提供《社会福利机构设置批准证书》和法人资格证书，并悬挂在醒目的地方。

4.1.2　老年人社会福利机构的名称，必须根据收养对象的健康状况和机构的业务性质，标明养老院、老年公寓、护老院、护养院、敬老院、托老所或老年人服务中心等。由国家和集体举办的，应冠以所在地省（自治区、直辖市）、市（地、州）、县（县级市、市辖区）、乡（镇）行政区划名称，但不再另起字号;由社会组织和个人兴办的应执行《民办非企业单位名称管理暂行规定》。

4.2 人力资源配置

4.2.1 城镇地区和有条件的农村地区,老年人社会福利机构主要领导应具备相关专业大专以上学历,模范遵守国家的法律法规,熟练掌握所从事工作的基本知识和专业技能。

4.2.2 城镇地区和有条件的农村地区,老年人社会福利机构应有1名大专学历以上、社会工作类专业毕业的专职的社会工作人员和专职康复人员。为介护老人服务的机构有1名医生和相应数量的护士。护理人员及其他人员的数量以能满足服务对象需要并能提供本规范所规定的服务项目为原则。

4.2.3 主要领导应接受社会工作类专业知识的培训。各专业工作人员应具有相关部门颁发的职业资格证书或国家承认的相关专业大专以上学历。无专业技术职务的护理人员应接受岗前培训,经省级以上主管机关培训考核后持证上岗。

4.3 制度建设

4.3.1 有按照有关规定和要求制定的适合实际工作需要的规章制度。

4.3.2 有与入院老年人或其亲属、单位签订的具有法律效力的入院协议书。

4.3.3 有简单介绍本机构最新情况的书面图文资料。其中须说明服务宗旨、目标、对象、项目、收费及服务使用者申请加入和退出服务的办法与发表意见的途径、本机构处理所提意见和投诉的承诺等。这类资料应满足服务对象使用。

4.3.4 有可供相关人员查阅和向有关部门汇报的长中短期工作计划、定期统计资料、年度总结和评估报告。

4.3.5 建立入院老人档案,包括入院协议书、申请书、健康检查资料、身份证、户口簿复印件、老人照片及记录后事处理联系人等与老人有关的资料并长期保存。

4.3.6 有全部工作人员、管理机构和决策机构的职责说明、工作流程及组织结构图。

4.3.7 有工作人员工作细则和选聘、培训、考核、任免、奖惩等的相关管理制度。

4.3.8 严格执行有关外事、财务、人事、捐赠等方面规定。

4.3.9 各部门、各层级应签订预防事故的责任书,确保安全,做到全年无重大责任事故。

4.3.10 护理人员确保各项治疗、护理、康复措施的落实,严禁发生事故。

4.3.11 服务项目的收费按照当地物价部门和民政部门的规定执行,收费项目既要逐项分计,又要适当合计。收费标准应当公开和便于查阅。

4.3.12 有工作人员和入院老人花名册。入院老人的个人资料除供有需要知情的人员查阅外应予以保密。

4.3.13 严防智残和患有精神病的老人走失。为智残和患有精神病的老人佩戴写有姓名和联系方式的卡片,或采取其他有效措施,以便老人走失后的查找工作。

4.3.14 对患有精神病且病情不稳定的老人有约束保护措施和处理突发事件的措施。

4.3.15 有老人参与机构管理的管理委员会。

4.3.16 长期住院的“三无”老人的个人财产应予以登记,并办理有关代保管服务的手续。

4.3.17 工作人员在工作时间内须佩证上岗。

5 设施设备

5.1 老人居室

5.1.1 老人居室的单人间使用面积不小于10平方米;双人间使用面积不小于14平方米;三人间使用面积不小于18平方米;合居型居室每张床位的使用面积不小于5平方米。

5.1.2 根据老人实际需要,居室应配设单人床、床头柜、桌椅、衣柜、衣架、毛巾架、毯子、褥子、被子、床单、被罩、枕芯、枕套、枕巾、时钟、梳妆镜、洗脸盆、暖水瓶、痰盂、废纸桶、床头牌等,介助、介护老人的床头应安装呼叫铃。

5.1.3 室内家具、各种设备应无尖角凸出部分。

5.2 饭厅应配设餐桌、坐椅、时钟、公告栏、废纸桶、窗帘、消毒柜、洗漱池、防蝇设备等。

5.3 洗手间及浴室应配备安装在墙上的尿池、坐便器、卫生纸、卫生纸专用夹、废纸桶、淋浴器、坐浴盆或浴池、防滑的浴池垫和淋浴垫、浴室温度计、抽气扇等。

5.4 有必备的洗衣设备,应有洗衣机、熨斗等。

5.5 建有老人活动室。有供其阅读、写字、绘画、娱乐的场所。该场所应提供图书、报刊、电视机和棋牌。

5.6 有配置了适合老人使用的健身、康复器械和设备的康复室和健身场所。

5.7 有接待来访的场所。接待室配备桌椅、纸笔及相关介绍材料。

5.8 室外活动场所不得少于150平方米,绿化面积达到60%。

5.9 公共区域应设有明显标志,方便识别。

5.10 有一部可供老人使用的电话。

5.11 根据老人健康情况,必须准备足够的医疗设备和物资,应有急救药箱和轮椅车等。不设医务室的老年人社会福利机构应与专业医院签订合同。合同医院必须具备处理老年人社会福利机构内各种突发性疾病和其他紧急情况的能力,并能够承担老年人常见病、多发病的日常诊疗任务。

5.12 及时解决消防、照明、报警、取暖、通讯、降温、排污等设施和生活设备出现的问题,严格执行相关规定,保证其随时处于正常状态。

5.13 保证水、电供应,冬季室温不低于16℃,夏季不超过28℃。

5.14 生活环境安静、清洁、优美,居室物品放置有序,顶棚、墙面、地面、桌面、镜面、窗户、窗台洁净。

残疾人社会福利机构基本规范

(Standards of Social Welfare Institution for Disabled Persons)

MZ009－2001

前 言

为了加强残疾人社会福利机构的规范化管理,维护残疾人权益,促进残疾人社会福利事业健康发展,根据民政部人教科字〔2000〕第24号文的要求,特制定本规范。

本规范的主要技术内容是:1. 总则;2. 术语;3. 服务;4. 管理;5. 设施设备;6. 其他。

本规范由民政部人事教育司归口管理,授权主要起草单位负责具体解释。

本规范主要起草单位:民政部社会福利和社会事务司。

本规范参加起草单位:民政部假肢科学研究所、北京市第三社会福利院。

本规范主要起草人:常宗虎、王喜太、蔡卫义、刘志泉、余制波、李浩、陈友富。

1 总 则

1.1 为加强残疾人社会福利机构规范化管理,维护残疾人权益,促进残疾人社会福利事业健康发展,制定本规范。

1.2 本规范适用于各类、各种所有制形式的为残疾人提供养护、康复、托管等服务的社会福利服务机构。

1.3 残疾人社会福利机构的宗旨是:以科学的知识和技能维护残疾人基本权益,帮助残疾人适应社会,促进残疾人自身发展。

1.4 本规范所列各种条款均为最低要求。

1.5 残疾人社会福利机构除应符合本规范外,尚应符合国家现行相关强制性标准的规定。

2 术 语

2.1 残疾人社会福利机构 Social Welfare Institution for Disabled Persons 为肢体、智力、视力、听力、语言、精神方面有残疾的人员提供康复和功能补偿的辅助器具,进行康复治疗、康复训练,承担教育、养护和托管服务的社会福利机构。

3 服 务

3.1 膳食

3.1.1 有主管部门颁发了卫生许可证的专门为残疾人服务的食堂,配备厨师和炊事员。

3.1.2 厨师和炊事员持证上岗,严格执行食品卫生法规,严防食物中毒。

3.1.3 注意营养、合理配餐,每周有食谱。根据残疾人的需要或医嘱要求,制作普食、软食、半流食、流食及其他饮食。

3.1.4 为生活不能自理的残疾人送饭到居室,根据需要喂水喂饭。清洗消毒餐具。

3.1.5 每月召开1次膳食管理会,征求智力正常的残疾人及其他残疾人家属的意见,满意率达到80%以上。

3.1.6 照顾不同残疾人的饮食习惯,尊重少数民族的饮食习俗。

3.2 护理

3.2.1 每天清扫房间1次,室内应做到无蝇、无蚊、无鼠、无蟑螂、无臭虫。保持室内空气新鲜,无异味。

3.2.2 为供养人员提供干净、得体的服装,并定期换洗。夏季经常换洗,其他季节每周1次。

3.2.3 整理床铺。

3.2.4 每周换洗1次被罩、床单、枕巾(必要时随时换洗)。

3.2.5 帮助生活不能自理的残疾人穿衣、脱衣。

3.2.6 协助残疾人洗澡,夏季每周2次,其他季节每周1次;协助残疾人理发,每月1次;协助残疾人洗头,修剪指甲。口腔护理清洁无异味。

3.2.7 毛巾、洗脸盆应经常清洗,便器每周消毒1次。

3.2.8 协助残疾人上厕所排便。

3.2.9 为行走不便的残疾人配备临时使用的拐杖、轮椅车和其他辅助器具。

3.2.10 Ⅰ°褥疮发生率低于5%,Ⅱ°褥疮发生率为零,入院前发生严重低蛋白血症,全身高度浮肿、癌症晚期、恶液质等患者除外。对因病情不能翻身而患褥疮的情况应有详细记录,并尽可能提供防护措施。

3.2.11 视天气情况,每天带残疾人到户外活动1小时。

3.2.12 帮助住院残疾人办理到异地的车船票。

3.2.13 特别保护女性智残人和精神病人的人身权益不受侵犯。

3.2.14 对患有传染病的残疾人要及时采取特殊保护措施,并对其隔离、治疗,以既不影响他人又尊重病患残疾人为原则。

3.2.15 服务人员24小时值班,实行程序化个案护理。视情况调整护理方案。

3.3 康复

3.3.1 肢体残疾人

3.3.1.1 根据残疾人要求和实际情况,为其提供、装配符合国家或行业标准并经国家相关产品监督检测部门检验合格的各种假肢与矫形器、轮椅车、助行架、拐杖、内脏托带及其他康复和功能补偿的辅助器具，进行康复治疗和康复训练。

3.3.1.2 为肢残人提供熟练的护理服务，对残肢肿胀、皮肤感染、溃疡等常见残肢病提供规范化的医疗服务，对残肢状况不良的残疾人及时进行康复治疗、康复训练和康复评定。

3.3.1.3 对个别残肢需要修整或患有难治残肢病的残疾人经其本人和家属同意后，及时送医院治疗。

3.1.1.4 对装肢前需要进行残肢训练的截肢者，应有康复训练人员一对一、有计划地进行增大残肢肌力和活动范围的功能训练。

3.1.1.5 装肢后，应有专职人员对残疾人进行矫正行走姿势的步态训练，并做好评估记录。

3.3.2 智力残疾人

3.3.2.1 利用传统疗法(如针灸)、物理疗法(各种理疗设备)对智残人进行康复治疗。

3.3.2.2 通过日常生活能力训练、手工作业训练，对智残人进行智力训练。

3.3.2.3 利用运动疗法、作业疗法，对智残者进行肢体训练。

3.3.3 盲聋哑人

3.3.3.1 利用传统疗法(如针灸)、物理疗法(各种理疗设备)对盲聋哑人进行康复治疗。

3.3.3.2 利用语言治疗和矫正训练设备进行听力训练、语言训练。

3.3.4 精神病人

3.3.4.1 按照康复计划和个人康复方案实施康复治疗和康复训练，并及时进行康复评估。康复参训率达到90%以上，康复有效率达到85%以上。

3.3.4.2 有针对性地举办各种形式的技能训练，为安置康复期精神病人就业及参加生产劳动创造条件。

3.3.4.3 定岗康复项目不得少于 8 个，每个项目必须有专职人员指导精神病人康复。

3.4 辅助器具装配

3.4.1 提供服务前应详细了解残疾人的身体状况和致残原因，并对所了解的情况进行认真记录，应具有个人资料卡和处方单。

3.4.2 为残疾人提供有关假肢与矫形器及其他康复和功能补偿辅助器具的样品、适应范围、使用说明、残肢护理、产品维护等知识的咨询服务，询问、回答残疾人问题热情、耐心、准确、周到。

3.4.3 明码标价，公开产品质量和服务质量标准，主动向残疾人介绍产品的品种、结构、档次和性能，并与残疾人签订包含按时交货、产品合格和保修、包换、包退内容的服务协议书。

3.4.4 按照处方要求选配假肢、矫形器及其他康复和功能补偿辅助器具的零部件，对备件、半成品加工、组装等工序有严格的质量检验。

3.4.5 残疾人试样时，注意听取其意见，悉心告知和指导使用方法，并做好试样结果纪录；对装配不适当的地方及时修改后再行试样，直至符合残疾人的生理、病理要求。

3.4.6 正式交付残疾人的假肢、矫形器及其他康复和功能补偿辅助器具产品，应经注册执业假肢与矫形器制作师检验和签字，盖有合格证章，并经残疾人或其家属签字认可。

3.5 心理

3.5.1 为有劳动能力的残疾人自愿参加公益活动提供服务或给予劳动的机会。组织有活动能力的残疾人每季度参加 1 次公益活动。

3.5.2 每周组织残疾人开展 1 次有益于身心健康的集体性文娱或体育活动，丰富残疾人的精神文化生活。

3.5.3 与智力健全和部分健全的残疾人每天交谈 10 分钟以上，并作好谈话周记。精神病人酌情处理。及时掌握每个残疾人的情绪变化，对普遍性问题和极端的个人问题集体研究解决，保持残疾人的自信状态。

3.5.4 经常组织残疾人进行必要的情感交流和社会交往。不定期开展为残疾人送温暖、送欢乐活动，消除残疾人的心理障碍。帮助残疾人建立新的社会联系，努力营造和睦的大家庭色彩，基本满足残疾人情感交流和社会交往的需要。

3.6 其他

3.6.1 卫生保健人员定期查房巡诊，每天 1 次。

3.6.2 为残疾人定期检查身体，每年 1 次。

3.6.3 医务人员护理定期定时。

3.6.4 组织智力健全和部分健全的残疾人每月进行 1 次健康教育和自我保健、自我护理知识的学习。

3.6.5 定期或不定期地做好休养区和院内公共场所的消毒灭菌工作。

3.6.6 对采用药物维持治疗三年以上、病情稳定的“三无”未婚精神病人，当其申请结婚时，如符合法律规定，视情况为他们提供登记结婚和有效避孕的方便条件。

3.6.7 对基本康复并已办理出院手续的精神病人和具有一定劳动能力的智残人，负责向所送单位或街道推荐其就业，并按有关政策提出享受国家财政扶持、减免税收等生产自救优惠政策的建议。

4 管　　理

4.1 机构证书和名称

4.1.1 提供《社会福利机构设置批准证书》和法人资格证书，并悬挂在醒目的地方。

4.1.2 残疾人社会福利机构的名称，必须根据收养对象的健康状况和机构的业务性质，标明肢残人社会福利机构、智残人社会福利机构、聋哑人社会福利机构、精神病人社会福利机构或综合性残疾人社会福利机构等。由国家和集体举办的,应冠以所在地省(自治区、直辖市)、市(地、州)、县(县级市、市辖区)、乡(镇)行政区划名称,但不再另起字号;由社会组织和个人举办的,应执行《民办非企业单位名称管理暂行规定》。

4.2　人力资源配置

4.2.1　城镇地区和有条件的农村地区,残疾人社会福利机构主要领导应具备大专以上学历,具有高尚的职业道德,遵守国家的法律法规,熟练掌握所从事工作的基本知识和专业技能。

4.2.2　城镇地区和有条件的农村地区,残疾人社会福利机构应有1名大专以上学历、社会工作类专业毕业的专、兼职社会工作人员,1名专职康复人员。肢残人和盲聋哑人社会福利机构,应按床位数配备国家认定的相应数量的医疗及康复护理人员。精神病人社会福利机构医护人员的配备,按卫生部门有关要求执行。其他人员的数量以能满足服务对象需要并能提供本规范所规定的服务项目为原则。

4.2.3　肢残人社会福利机构,10人以下的单位,具有符合规定并注册登记的执业假肢、矫形器制作师应达到生产装配人员的30%;10人以上的单位,具有符合规定并注册登记的执业假肢、矫形器制作师不得少于3名;生产、加工部门配有工程系列中等专业技术职务以上的专业技术人员;生产、装配部门的职工应符合上岗条件和国家假肢制作装配工、矫形器制作装配工的各级工种要求。

4.2.4　主要领导应接受社会工作类专业的培训。各专业工作人员应具有相关部门颁发的职业资格证书或国家承认的相关专业大专以上学历。无专业技术职务的护理人员应接受岗前培训,经省级以上主管机关培训考核后持证上岗。

4.3　制度建设

4.3.1　有按照有关规定和要求制定的适合实际工作需要的规章制度。

4.3.2　有与入院残疾人或其亲属、单位签订的具有法律效力的入院协议书。

4.3.3　有简单介绍本机构最新情况的书面图文资料。其中须说明服务宗旨、目标、对象、项目、收费及服务使用者申请加入和退出服务的办法与发表意见的途径、本机构处理所提意见和投诉的承诺等。这类资料应满足服务对象使用。

4.3.4　有可供相关人员查阅和向有关部门汇报的长中短期工作计划、定期统计资料、年度总结和评估报告,以及针对存在问题采取的相应对策。

4.3.5　认真检查、详细了解残疾人的身体状况和致残原因,规范建立个人健康档案、诊疗计划和康复评估记录,并长期保存。

4.3.6　有全部工作人员、管理机构和决策机构的职责说明、工作流程及组织机构图。

4.3.7　有工作人员工作细则和选聘、培训、考核、任免、奖惩等相关管理制度。

4.3.8　严格执行有关外事、财务、人事、捐赠等方面的规定。

4.3.9　各部门、各层级应签订预防事故的责任书,确保安全,做到全年无重大责任事故。

4.3.10　护理人员确保各项治疗、护理、康复措施的落实,严禁发生事故。

4.3.11　服务项目的收费按照当地物价部门和民政部门的规定执行,收费项目既要逐项分计,又要适当合计。收费标准应当公开和便于查阅。

4.3.12　有工作人员和入院残疾人花名册。入院残疾人的个人资料除供有需要知情的人员查阅外应予以保密。

4.3.13　严防智残人和精神病人走失。为智残人和精神病人佩戴写有姓名和联系方式的卡片,或采取其他有效措施,以便病人走失后的查找工作。

4.3.14　对病情不稳定的精神病人有约束保护措施和处理突发事件的措施。

4.3.15　有智力健全的残疾人和残疾人家属参与机构管理的管理委员会。

4.3.16　对长期住院的“三无”精神病人的个人财产应予以登记,并办理有关代保管服务的手续。

4.3.17　工作人员在工作时间内须佩证上岗。

5　设施设备

5.1　日常设施设备

5.1.1　残疾人居室的单人间使用面积不小于10平方米;双人间使用面积不小于14平方米;三人间使用面积不小于18平方米;合居型居室每张床位的使用面积不小于5平方米。

5.1.2　根据残疾人的实际需要配备居室设施,应配设单人床、床头柜、床头铃、衣柜、衣架、毛巾架、褥子、被子、毯子、床单、被罩、枕芯、枕套、枕巾、时钟、洗脸盆、暖水瓶、痰盂、病床便盆、尿壶、废纸桶、床头牌、鞋拔等。

5.1.3　室内家具、各种设备应无尖角凸出部分。

5.1.4　饭厅应配设餐桌、坐椅、时钟、公告栏、废纸桶、窗帘、消毒柜、洗漱池、防蝇设备等。

5.1.5　洗手间及浴室至少应配备安装在墙上的尿池、坐便器、卫生纸、卫生纸专用夹、废纸桶、淋浴器、坐浴盆或浴池、防滑的浴池垫和淋浴垫、浴室温度计、抽气扇等。

5.1.6　有必备的洗衣设备。应有洗衣机、熨斗等。

5.1.7　有供残疾人阅读、写字、绘画、娱乐的场所。该场所应提供图书、报刊、电视机和棋牌。

5.1.8　有适合残疾人使用的健身、康复器械和设备的康复室和健身场所。

5.1.9　院内有固定的职业技能培训基地,做到预防、医疗、康复、培训四位一体。

5.1.10 有接待来访的场所。接待室配备桌椅、纸笔及相关介绍材料。

5.1.11 室外活动场所达到150平方米,绿化面积达到60%。

5.1.12 公共区域应设有明显标志,方便识别。

5.1.13 必须根据残疾人健康情况准备足够的医疗设备和物资,应有急救药箱和轮椅车等。不设医务室或相关医疗力量不足的残疾人社会福利机构应与专业医院签订合同。合同医院必须具备处理残疾人社会福利机构内各种突发性疾病和其他紧急情况的能力,并能够承担残疾人常见病、多发病的日常诊疗任务。

5.1.14 有1部可供入院残疾人使用的公用电话。

5.1.15 及时解决消防、照明、报警、通讯、取暖、降温、排污等设施和生活设备出现的问题,严格执行相关规定,保证其随时处于正常状态。

5.1.16 保证水、电供应,冬季室内温度不低于16℃,夏季不超过28℃。

5.1.17 生活环境安静、清洁、优美,居室物品放置有序,顶棚、玻璃、墙面、地面、桌面、窗台洁净。

肢体残疾人

5.2.1 基本建筑面积在1000平方米以上。其中,残疾人接待室面积达50平方米以上;体疗室、理疗室和康复训练室的总面积达80平方米以上;残疾人使用假肢的步态训练室,面积达40平方米以上。残疾人出入的场所应符合无障碍设计的标准。

5.2.2 居室应配设单人床(床上根据需要配设防褥疮的特殊装置)、床栏杆或固定在床上的用于肢残人自我起立的栏杆、床头铃、床头牌、枕芯、枕套、枕巾、被子、褥子、毯子、床单、被罩、残肢支撑架、手杖架、肘拐和腋拐架、床头柜、凳子和站立椅、衣柜、衣架、毛巾架、窗帘及其开关器、高度为坐姿可及的电源开关等照明控制辅助器具、洗脸盆、暖水瓶、痰盂、废纸桶、时钟、梳妆镜、鞋拔等,并根据需要为下肢瘫痪的残疾人配置尿吸收器具及其固定用具和尿收集用具。

5.2.3 有工作人员与肢残人一对一的测量、取型室,室内备有更衣、冲洗及保暖、通风设备。

5.2.4 步态训练室配有平行杠、照姿镜、体操垫、肋木、训练用扶梯、步行训练器、助行器、自行车训练器等器械。

5.2.5 理疗室应备有蜡疗、红外线、音频电疗、磁疗、超短波、超声波、微波治疗机等设备和弹力服、抗水肿袜套等器具,体疗室应备有肋木、蹦床、体操垫、平衡板、牵引器等器具。

5.2.6 生产装配假肢和矫形器所需的测量、取型、预制件加工、组装、试样修理等各工序设备、车间配备齐全。

5.2.7 配有机械加工车间(生产装配电动手或肌电手的还需有电器加工车间),可进行假肢和矫形器及其他装饰假体、轮椅车等产品零部件的生产或修配。

5.2.8 接待残疾人的客房至少有16张床位。

5.2.9 卫生间内安装在墙上的尿池和坐便器上应装配扶手。

5.2.10 浴室内应配备防滑的浴池垫、淋浴垫和带子等。

5.2.11 在公共区域放置可用于入厕和淋浴的坐便椅,数量应满足在院残疾人的使用。

5.3 智力残疾人

5.3.1 基本建筑面积不少于500平方米以上。其中残疾人接待室面积在50平方米以上;病房床位在20张以上,病房每床占用面积不少于4平方米;全院残疾人活动空间不少于100平方米。

5.3.2 居室应配设单人床(床上根据需要配设防褥疮的特殊装置)、床栏杆、床头铃、枕芯、枕套、枕巾、被子、褥子、毯子、床单、被罩、床头牌、床头柜、衣柜、衣架、毛巾架、窗帘及其开关器、时钟、洗脸盆、痰盂、废纸桶、鞋拔等,并根据需要为尿失禁的智残人配置尿吸收器具及其固定用具和尿收集用具。

5.3.3 院内环境和所有设施必须符合残疾人行动和休闲的特点,绿化面积达到60%以上。

5.3.4 设有康复治疗室和智能训练室。

5.3.5 备有日常生活训练用具、训练用垫和床、沙袋、哑铃等运动治疗设备。

5.4 盲聋哑人

5.4.1 基本建筑面积不少于500平方米。其中残疾人接待室面积在50平方米以上;病房床位在20张以上,每床净使用面积不少于4平方米。

5.4.2 设有康复治疗室和语言训练室。

5.4.3 备有声音记录器、非语言交流写字画板、助听器、电视机、6CD等基本训练设备。

5.5 精神病人

5.5.1 基本建筑面积不少于500平方米以上。其中残疾人接待室、门诊室合计面积在50平方米以上;病房床位在20张以上,每床净使用面积不少于4平方米;病员活动空间不少于100平方米。

5.5.2 院内环境和各项设施应根据病情特点而设定,防止病人的走失和相互伤害。道路全部采用硬路面,道旁植树栽花,场地绿化面积达60%以上。

5.5.3 设有医疗、护理和康复训练室。

5.5.4 医疗设备的配备按卫生部门有关要求执行。

6 其　　他

6.1 残疾人康复福利机构应设在靠近社区、交通便利、环境良好的区域。

6.2 用于康复服务的各种药品、器械及原材料有正常的供应渠道。

儿童社会福利机构基本规范

(Standards of Social Welfare Institution for Special Children)

MZ010－2001

前　言

为了加强儿童社会福利机构的规范化管理，维护儿童权益，促进儿童社会福利事业健康发展，根据民政部人教科字〔2000〕第24号文的要求，特制定本规范。

本规范的主要技术内容是：1.总则；2.术语；3.服务；4.管理；5.设施设备；6.其他。

本规范由民政部人事教育司归口管理，授权主要起草单位负责具体解释。

本规范主要起草单位：民政部社会福利和社会事务司。

本规范参加起草单位：浙江省残疾儿童康复中心、浙江省民政厅、安徽省民政厅、江苏省民政厅、新疆维吾尔自治区民政厅。

本规范主要起草人：常宗虎、卢亦鲁、王素英、周炳泉、周大群、范桦林、张子得、李浩。

1　总　　则

1.1　为加强儿童社会福利机构的规范化管理，维护儿童权益，促进儿童社会福利事业的健康发展，制定本规范。

1.2　本规范适用于各类、各种所有制形式为孤、弃、残儿童提供养护、康复、医疗、教育、托管等服务的儿童社会福利服务机构，如儿童福利院、社会福利院、3.O.3儿童村、孤儿学校、残疾儿童康复中心、社区特教班等。

1.3　儿童社会福利机构的宗旨是：以科学的知识和技能维护儿童基本权益，帮助儿童适应社会，促进儿童自身发展。

1.4　本规范所列举各种条款均为最低要求。

1.5　儿童社会福利机构除应符合本规范外，尚应符合国家现行相关强制性标准的规定。

2　术　　语

2.1　儿童 Children

14周岁及以下的人口。

2.2　新生儿 Neonate

自出生后到4周的儿童。

2.3　婴儿 Infant

4周到满1周岁的儿童。

2.4　幼儿 Toddler

1周岁到满3周岁的儿童。

2.5　学龄前儿童 Preschoolers

3周岁到入小学前(6－7周岁)的儿童。

2.6　学龄期儿童 Children of School Age

入小学起(6－7周岁)到青春期(女12周岁，男13周岁)的儿童。

2.7　青少年 Adolescent

女孩从12周岁开始到17－18周岁，男孩从13周岁开始到20周岁。

2.8　孤儿 Orphan

丧失父母的儿童。

2.9　弃婴 Abandoned Baby

查找不到生父母的1周岁以内的儿童。

2.10　弃儿 Foundling

查找不到生父母的1周岁以上的儿童。

2.11　残疾儿童 Disabled Children

14周岁以下符合国家规定的残疾标准的儿童。

2.12　3.O.3儿童村　S.O.S Children's Village

国际性民间慈善组织，经费来自于募捐。以模拟家庭为单位，由一位“妈妈”和若干名健全孤儿组成一个家庭。一般由10－20个家庭组成。

2.13　孤儿学校 School for Orphans

为孤儿提供九年制义务教育的场所。

2.14　残疾儿童康复中心 Rehabilitation Center for Disabled Children

为残疾儿童提供各种综合性康复服务的机构，设有医疗保健、手术矫治、康复训练、业务培训等多项服务设施。

2.15　社区特教班 Community－based Educational Services for Special Children

指在社区内为残疾(主要是智力残疾)儿童进行特殊教育和相关康复服务的班级。

2.16　家庭寄养 Foster Care

把失去家庭的孤残儿童托养在一个家庭的儿童养育方式。

3　服　　务

3.1　膳食

3.1.1　有由主管部门颁发了卫生许可证的专门为儿童服务的食堂配备厨师和炊事员。

3.1.2　厨师和炊事员应持证上岗，严格执行食品卫生法规，严防食物中毒。

3.1.3　注意营养，合理配餐，每周有食谱。按照不同年龄阶段或医嘱要求，制作普食、软食、半流食、流食及其他特殊饮食。

3.1.4　为有需要的儿童送饭到居室，根据需要喂水喂饭。清洗消毒餐具。

3.1.5　为婴幼儿配奶必须按规范操作。

3.1.6 尊重少数民族饮食习俗。

3.2 护理

3.2.1 新生儿及婴儿

3.2.1.1 婴儿室应阳光充足,室温和湿度适宜,无噪音,无污染。

3.2.1.2 室内保持清洁,应做到无蝇、无蚊、无鼠、无蟑螂、无臭虫。保持室内空气新鲜,无异味。

3.2.1.3 建立严格的消毒隔离制度,做到一人一床、一瓶、一碗、一杯、一盆、一巾、一勺,室内地面定期消毒。

3.2.1.4 定时喂奶、喂水、喂食,保证新生儿及婴儿生长发育需要。

3.2.1.5 婴儿每天活动时间应不少于2小时。

3.2.1.6 加强新生儿脐部护理,夏季每天洗澡1次,其他季节每周2次。

3.2.1.7 勤换尿布、内衣,防止尿布湿疹和褥疮发生。

3.2.1.8 翻晒被褥,根据天气变化,及时添减衣被。

3.2.1.9 为婴儿勤剪指甲。

3.2.1.10 离开婴儿前,应采取防止其坠床的措施。

3.2.1.11 加强口腔护理。

3.2.1.12 对患有传染病的新生儿及婴儿要及时采取特殊保护措施,并对其隔离治疗,以既不影响他人又尊重病患儿童为原则。

3.2.1.13 服务人员24小时值班,实行程序化个案护理。

3.2.2 幼儿

3.2.2.1 居室阳光充足,整洁卫生,做到无蝇、无蚊、无鼠、无蟑螂、无臭虫。保持室内空气新鲜,无异味。

3.2.2.2 执行消毒制度,做到一人一床、一帕、一杯、一巾、一碗、一盆,定期消毒。

3.2.2.3 整理床铺。

3.2.2.4 每周换洗1次被罩、床单、枕巾(必要时随时换洗)。

3.2.2.5 天气许可时,每天带幼儿户外活动1小时。

3.2.2.6 培养幼儿生活自理能力,如洗脸、漱口、穿衣、自行大小便等。

3.2.2.7 为幼儿剪指甲、梳头、洗头。

3.2.2.8 培养幼儿良好的卫生习惯,勤洗澡、勤理发、勤换衣服。每天洗脸2次,洗脚1次。夏季每天洗澡1次,其他季节每周2次。

3.2.2.9 对患有传染病的幼儿要及时采取特殊保护措施,并对其隔离治疗,以既不影响他人又尊重病患儿童为原则。

3.2.2.10 服务人员24小时值班,实行程序化个案护理。

3.2.3 学龄前儿童

3.2.3.1 居室阳光充足,整洁卫生,做到无蝇、无蚊、无鼠、无蟑螂、无臭虫。保持室内空气新鲜,无异味。

3.2.3.2 执行消毒制度,做到一人一床、一帕、一杯、一巾、一碗、一盆,定期消毒。

3.2.3.3 整理床铺。

3.2.3.4 每周换洗1次被罩、床单、枕巾(必要时随时换洗)。

3.2.3.5 视天气情况,每天带儿童到户外活动1小时。

3.2.3.6 进行生活技能培训。着重培养儿童生活自理能力,如洗脸、刷牙、穿衣、梳头、自行大小便等;着重培养儿童简单家务劳动能力,如洗碗、扫地、铺床、洗手帕等。

3.2.3.7 指导儿童定时去食堂吃饭。

3.2.3.8 协助儿童洗澡,夏季每周2次,其他季节每周1次。

3.2.3.9 对患有传染病的学龄前儿童要及时采取特殊保护措施,并对其隔离治疗,以既不影响他人又尊重病患儿童为原则。

3.2.3.10 服务人员24小时值班,实行程序化个案护理。

3.2.4 学龄期儿童

3.2.4.1 居室阳光充足,整洁卫生,做到无蝇、无蚊、无鼠、无蟑螂、无臭虫;保持室内空气新鲜,无异味。

3.2.4.2 执行消毒制度,做到一人一床、一帕、一杯、一巾、一碗、一盆,定期消毒。

3.2.4.3 协助儿童整理床铺。

3.2.3.4 每周换洗1次被罩、床单、枕巾(必要时随时换洗)。

3.2.4.5 进行卫生宣传和教育,帮助儿童养成良好的卫生习惯,勤洗澡、勤理发、勤换衣服。

3.2.4.6 了解儿童每天的生活和学习情况,检查其作业,进行教育和生活技能培训。

3.2.4.7 对患有传染病的学龄期儿童要及时采取特殊保护措施,并对其隔离治疗,以既不影响他人又尊重病患儿童为原则。

3.2.4.8 服务人员24小时值班,实行程序化个案护理。

3.2.5 青少年

3.2.5.1 居室阳光充足,整洁卫生,做到无蝇、无蚊、无鼠、无蟑螂、无臭虫。保持室内空气新鲜,无异味。

3.2.5.2 执行消毒制度,做到一人一床、一帕、一杯、一巾、一碗、一盆,定期消毒。

3.2.5.3 每周换洗1次被罩、床单、枕巾。

3.2.5.4 鼓励和帮助青少年学会处理衣、食、住、行问题,为其独立生活打下基础。

3.2.5.5 了解青少年每天的生活和学习情况,定期检查其作业。

3.2.5.6 进行劳动技能和就业前培训等训练。

3.2.5.7 对患有传染病的青少年要及时采取特殊保护措施，并对其隔离治疗，以既不影响他人又尊重病患青少年为原则。

3.2.5.8 服务人员24小时值班，实行程序化个案护理。

3.2.6 残疾儿童

3.2.6.1 居室阳光充足，整洁卫生，做到无蝇、无蚊、无鼠、无蟑螂、无臭虫。保持室内空气新鲜，无异味。

3.2.6.2 执行消毒制度，做到一人一床、一帕、一杯、一巾、一碗、一盆，定期消毒。

3.2.6.3 协助儿童洗澡，夏季每周2次，其他季节每周1次。

3.2.6.4 每周换洗1次被罩、床单、枕巾（必要时随时换洗）。

3.2.6.5 根据残疾情况，提供各种基本的护理服务。如对无吸吮能力的婴儿，应慢速滴喂，防止咳呛等。

3.2.6.6 定期翻身、擦浴及室外活动，防止出现褥疮。

3.2.6.7 从运动、认知、生活自理能力和语言交往能力等方面进行训练，以减轻残疾程度。

3.2.6.8 对患有传染病的残疾儿童要及时采取特殊保护措施，并对其隔离治疗，以既不影响他人又尊重病患儿童为原则。

3.2.6.9 服务人员24小时值班，实行程序化个案护理，视情况调整护理方案。

3.3 康复

3.3.1 为儿童建立健康档案，定期体检。6个月内的婴儿，每月体检1次；6个月至12个月内的婴儿，每3个月体检1次；1－3岁幼儿，每6个月体检1次；3岁以上儿童，每年体检1次。

3.3.2 定期查房。每日巡诊1次，发现问题及时处理。

3.3.3 按照儿童生长发育规律，及早发现儿童异常现象，并给予早期干预。对常见病、多发病制定预防与治疗预案。

3.3.4 做好儿童计划免疫工作，预防传染病发生。

3.3.5 把儿童社会福利机构内所有儿童、青少年的医疗保健康复纳入到当地初级卫生保健体系之中。

3.3.6 凡新入院婴幼儿，均应隔离观察，经体检确定无传染性疾病，再转入普通居室。

3.3.7 为残疾儿童提供各种综合性康复服务的机构应提供康复服务，并能够开展肢体功能训练、聋儿语训、弱智教育等学龄前早期综合康复训练，指导社区康复工作，接受残疾儿童的自费寄养，承担社会福利机构工作人员业务培训，以及病残儿童家长康复知识培训工作，参与当地的初级卫生保健工作。

3.4 心理

3.4.1 婴幼儿：开展情感交流和爱抚，进行感官、动作、语言训练、促进心理发育，营造和谐温暖的生活环境。

3.4.2 学龄前儿童：开展儿童心理健康教育，及时化解心理困惑，纠正不良行为。辅导儿童做游戏，培养独立能力。

3.4.3 7－14周岁儿童及青少年：做好入学前、后的适应性衔接，开展素质教育，培养身心健康发展的学生。分析心理活动，进行心理健康教育和咨询、辅导。进行青春期教育，对有不良行为者，耐心说服教育，防止发展为品行障碍和人格障碍，帮助其融入主流社会。

3.4.4 残疾儿童：针对不同残疾和过去经历所造成的心理问题，进行心理健康教育和咨询、辅导，促进身心健康发展。

3.4.5 运用社会活动培养儿童及青少年的社会适应性，对个别问题突出的儿童和青少年，制定专门方案。

3.5 教育

3.5.1 根据儿童特点，利用多种形式开展寓教于乐的教育。

3.5.2 学龄前儿童按《幼儿教育大纲》制定教学计划。

3.5.3 适龄健全儿童入学率达到100%，实行九年制义务教育。

3.5.4 对各类残疾儿童，因人施教，制订相应的集体和个案特殊教育方案，对盲、聋儿童送专门学校或在福利机构设置特殊教育班学习。对残疾青少年开展职业培训。注重社会实践教育，提高儿童的综合素质，促进儿童全面发展。

3.5.5 专门为孤残儿童提供教育和特殊教育的社会福利机构，需全面贯彻国家教育方针，执行国家教育法律法规和有关部门颁布的课程计划和教学大纲，对学生实施素质教育，使其成为德、智、体、美、劳全面发展的社会主义的建设者和接班人。

4 管 理

4.1 机构证书和名称

4.1.1 提供《社会福利机构设置批准证书》和法人资格证书，并悬挂在醒目的地方。

4.1.2 儿童社会福利机构的名称，必须根据收养对象的健康状况和机构的业务性质标明儿童社会福利院、3.0.3 儿童村、孤儿学校、残疾儿童康复中心、社区特教班等。由国家和集体举办的，应冠以所在地省（自治区、直辖市）、市（地、州）、县（县级市、市辖区）、乡（镇）行政区划名称，但不再另起字号；由社会组织和个人与民政部门共同举办的，应执行《民办非企业单位名称管理暂行规定》。

4.2 人力资源配置

4.2.1 城镇地区和有条件的农村地区，儿童社会福利机构主要领导应具备大专以上学历，具有高尚的职业道德，遵守国家的法律法规，熟练掌握所从事工作的基本知识和专业技能。

4.2.2 城镇地区和有条件的农村地区，儿童社会福利机构至少应具备1名大专学历以上、社会工作类专业毕业的专、兼职社会工作人员，1名专职康复人员；根据工作需要配备教师、医生、护士、护理员及其他人员，其数量以能满足服务对象需要并能提供本规范所规定的服务项目为原则。

4.2.3 主要领导应接受社会工作类专业知识培训。各专业工作人员应具有相关部门颁发的职业资格证书或国家承认的相关专业大专以上学历。无专业技术职务的护理人员应接受岗前培训，经省级以上主管机关培训考核后持证上岗。

4.2.4 配备营养师(士)1名。

4.3 制度建设

4.3.1 有按照有关规定和要求制定的适合实际工作需要的规章制度。

4.3.2 收容社会弃婴，必须履行相应的手续。

4.3.3 积极开展儿童送养、家庭寄养工作，为孤儿、弃婴回归社会创造条件。

4.3.4 有与自费寄养儿童的家长或监护人签订的具有法律效力的入院协议书，并长期保存。

4.3.5 有简单介绍本机构最新情况的书面图文资料，其中须说明服务的宗旨、目标、对象、项目、收费及服务使用者申请加入和退出服务的办法与发表意见的途径，本机构处理所提意见和投诉的承诺等。这类资料应满足服务对象使用。

4.3.6 有可供相关人员查阅和向有关部门汇报的长、中、短期工作计划，定期统计资料，年度总结和评估报告，以及针对存在问题采取的相应对策。

4.3.7 有全部工作人员、管理机构、决策机构的职责说明、工作流程及组织结构图。

4.3.8 有工作人员工作细则和选聘、培训、考核、任免、奖惩等相关管理制度。

4.3.9 严格执行有关外事、财务、人事、捐赠等方面的规定。

4.3.10 各部门、各层级应签订预防事故的责任书，确保安全，做到全年无重大责任事故。

4.3.11 护理人员确保各项治疗、护理、康复措施的落实，严禁发生事故。

4.3.12 服务项目的收费按照当地物价部门和民政部门的规定执行，收费项目既要逐项分计，又要适当合计。收费标准应公开和便于查阅。

4.3.13 有工作人员、在院儿童，寄养儿童及寄养家长、监护人和被收养儿童及收养人的花名册。入院儿童、寄养家长、监护人和被收养儿童及收养人的个人资料除供需要知情的人员查阅外应予以保密。

4.3.14 严防入院儿童走失。采取有效措施，以便儿童走失后的查找工作。

4.3.15 有处理突发事件的措施。

4.3.16 有自费寄养儿童的家长或监护人参与机构管理的管理委员会。

4.3.17 工作人员在工作时间内须佩证上岗。

5 设施设备

5.1 儿童居室

5.1.1 分婴儿室和儿童室。人均居住面积不小于3平方米。

5.1.2 根据儿童的实际需要，配备居室设施，应配设：儿童单人床、床头柜、衣柜、衣架、毛巾架、褥子、薄被、厚被、毛巾被、床单、被罩、枕芯、枕套、枕巾、便盆、尿壶、废纸桶、床头牌等。

5.1.3 室内家具、各种设备应无尖角凸出部分。

5.2 饭厅应配设儿童餐桌、坐椅、时钟、公告栏、废纸桶、窗帘、消毒柜、洗漱池、防蝇设备等。

5.3 洗手间及浴室应配备安装在墙上的尿池、坐便器、卫生纸、卫生纸专用夹、废纸桶、淋浴器、坐浴盆或浴池、防滑的浴池垫和淋浴垫、浴室温度计、抽气扇等。

5.4 婴幼儿配奶室应配备消毒柜、电冰箱、热源、配奶用具等。

5.5 设有儿童专用的卫生间。儿童卫生间应配备淋浴器、取暖设备、大小便器、废纸桶、洗手池、窗帘等。

5.6 有必备的洗衣设备。应有洗衣机、熨斗等。

5.7 有供儿童游戏、学习用的活动场所、教室、图书室及相应设备。

5.8 有配置了适合残疾儿童运动、康复、作业治疗和语言训练的器械和设备的康复室和健身场所。

5.9 有接待来访人员的场所，接待室配备桌椅、纸笔及相关介绍资料。

5.10 室外活动场所达到150平方米，绿化面积达到60%。

5.11 公共区域应设有明显标志，方便识别。

5.12 有1部可供自费寄养儿童使用的公用电话。

5.13 必须根据儿童健康情况，准备足够的医疗设备和物资，应有吸氧装置、灭菌设备、婴儿保温箱、急救箱、输液设备、吸痰器、药品柜、电冰箱等。能处理儿童常见病、多发病，能开展应急处理以及转院过程中的医护工作。不设医务室或相关医疗力量不足的儿童社会福利机构应与有一定资质的医院签订医疗合同，合同医院必须具备处理儿童社会福利机构内各种突发性疾病和其他紧急情况的能力并能够承担儿童常见病、多发病的日常诊疗任务。

5.14 及时解决消防、照明、报警、通讯、取暖、降温、排污等设施和生活设备出现的问题，严格执行相关规定，保证其随时处于正常运转状态。

5.15 保证水、电供应，冬季室温不低于16℃，夏季不超过28℃。

5.16　生活环境安静、清洁、优美、居室物品放置有序，顶棚、玻璃、墙面、地面、桌面、窗台洁净。

5.17　建筑设施分区合理，方便管理。

6　附　　则

6.1　儿童寄养家庭可参照本规范的相应条款执行。

民政部关于社会福利基金筹集、管理与使用规定

（1999年3月16日　民福发〔1999〕9号）

根据民政部“三定”方案和财政部、民政部发布的《社会福利基金使用管理暂行办法》（以下简称《暂行办法》），本着社会福利基金筹集、管理和使用分开的原则，现就民政部社会福利基金的筹集、管理与使用作如下规定。

一、社会福利基金的筹集和收缴

中国福利彩票发行中心负责中国福利彩票的发行和社会福利基金的筹集工作。包括：

（一）定期编制和报送中国福利彩票年度发行计划，并根据国务院批准的年度发行计划组织实施。

（二）根据《暂行办法》规定的中央级社会福利基金留成比例（彩票销售总额的5%），负责同各省、自治区、直辖市彩票发行机构具体办理中央级留成社会福利基金的收缴。收缴社会福利基金时，应向缴款单位出具财政部门统一印制或监制的票据。

（三）向民政部集中上缴所筹集的社会福利基金。根据财政部的有关规定，每季度末20日以前，通过银行直接汇入民政部预算外资金收入过渡账户或将转账支票送缴民政部财务和机关事务司。民政部财务和机关事务司收到汇缴款项后，出具财政部门统一印制或监制的票据。

二、社会福利基金的财政专户缴款和财务管理

民政部财务和机关事务司负责中央级社会福利基金的财政专户缴款和财务管理工作。包括：

（一）按照《暂行办法》的有关规定，负责向财政部报送《民政部本级社会福利基金收支计划》。

（二）向财政部预算外资金专户办理民政部本级社会福利基金收入的集中上缴。根据财政部的有关规定，每季度末25日以前，填制银行《进账单》（注明预算外资金收入项目、具体金额等）；通过银行转账支票将社会福利基金从民政部过渡账户中一次全额上缴财政部中央预算外资金财政专户。

（三）按照民政部制定的《民政部本级社会福利基金收支计划》和资助项目的进度办理财务拨款手续。

（四）负责社会福利基金的日常财务工作，年终编制社会福利基金收支决算报财政部审批。

三、社会福利基金安排使用

民政部社会福利和社会事务司负责本级福利基金资助项目评审的日常工作。包括：

（一）根据《暂行办法》中社会福利基金使用范围的有关规定，按照中国福利彩票发行额度编制《民政部本级社会福利基金收支计划》，经财务和机关事务司审核，报送部评审委员会。

（二）负责接受和整理民政部本级社会福利基金资助项目的申请报告及有关资料，组织必要的考查评估，并提出评估意见。

（三）按照《暂行办法》中社会福利基金使用的有关规定和年度支出计划，按时编制民政部本级社会福利基金年度资助项目方案，经评审委员会审议后报部长办公会议审定。

（四）定期向社会公布民政部本级社会福利基金的使用情况。

（五）负责保管民政部本级社会福利基金资助项目的档案。

（六）负责筹备民政部评审委员会会议并承办其日常工作。

四、社会福利基金项目的评定审查

民政部社会福利基金项目评审委员会负责民政部本级福利基金资助项目的评定、审查。

民政部社会福利基金项目评审委员会由部领导、各有关司（局）和单位的负责人组成。

五、社会福利基金使用的监督检查

审计、纪检和监察部门负责对民政部本级社会福利基金的使用进行监督检查。

民政部办公厅关于对民办社会福利机构登记有关事宜的函

（1998年6月18日　厅办函〔1998〕103号）

广东省民政厅：

你厅给社会团体和民办非企业单位管理司传真的《广东省民办社会福利机构管理办法》（省政府令第37号）收悉。

经研究并报部领导同意现答复如下：

一、依据1989年国务院颁布施行的《社会团体登记管理条例》和新修订上报国务院的《社会团体登记管理条例》的有关规定，民办社会福利机构均不属于社会团体。

二、根据中办发（1996）22号文件我部起草上报国务院的《民办非企业单位登记管理条例》中已明确了民办社会福利机构属于该《条例》的调整范围，确定为民办非企业单位法人。鉴于此，建议你厅应尽快商省法制办，明确民办社会福利机构

应纳入民办非企业单位的法律调整范畴，待国务院颁布《条例》后，再行办理登记为宜。

三、你省若需急于办理民办社会福利机构的登记事宜，也应按民办非企业单位对待。

国家级福利院评定标准

（1993 年 4 月 22 日　民福发〔1993〕6 号）

总　　则

第一条　为了加强对全国福利院的宏观管理，促进福利院的正规化建设，特制定国家级福利院评定标准。

第二条　本标准适用于由国家投资兴建、县以上民政部门负责管理的社会福利院、儿童福利院和精神病人福利院。集体、个人投资兴办的福利院的评定标准另行制定。

第三条　国家级福利院的总体要求是：

（一）贯彻、执行党和国家的路线、方针和政策，全心全意为收养、休养人员服务，与收养、休养人员建立平等、团结、友爱、互助的社会主义人际关系。

（二）坚持办院宗旨，完成当地人民政府安排的“三无”（无家可归、无依无靠、无生活来源）对象的收养任务。

（三）深化改革，实现由福利型向福利经营型、封闭型向开放型、供养型向供养康复型的转变。

（四）管理、服务规范化，效益显著，在城市社会福利事业单位中起骨干、示范作用。

第四条　国家级福利院分为国家一级福利院和国家二级福利院。申报国家级福利院须经省级民政厅（局）审核，由民政部批准、命名。

规　　模

第五条　国家级福利院必须具有一定规模。国家一级福利院床位总数在 150 张以上，国家二级福利院床位总数在 100 张床以上。

第六条　有一支适应工作需要的专业化队伍，其中医疗康复专业队伍中必须有高级职称的专业技术人员。国家一级福利院医护人员应占全院职工总数的 70% 以上，国家二级福利院应占 65% 以上。

第七条　有较为完善的生活服务保障设施。

第八条　有基本的现代医疗康复设备。

功　　能

第九条　具有开展老年人、伤残儿童、精神病人的医疗、护理和康复工作的能力。

第十条　扩大服务面，具有向社会康复辐射的能力。

第十一条　具有专业培训和科研能力。

第十二条　具有自我发展能力。能利用现有设施和医疗条件，向社会开放，增加收入，不断改善收养、休养人员生活和完善福利院服务设施。

管　　理

第十三条　有健全的领导班子。领导成员事业心强，廉洁奉公，团结协作，求实创新，政绩突出。

第十四条　有高效、精干的管理机构。

第十五条　有经主管部门认可的切实可行的中长期发展规划和年度实施计划。

第十六条　有完善的以岗位责任制为主要内容的各项规章制度。

第十七条　院容院貌好，生活环境优美舒适。国家一级福利院应是本地区的花园式单位，国家二级福利院应是本地区的绿化先进单位。

第十八条　精神文明建设成果显著。

质　　量

第十九条　为收养、休养人员提供优质服务。精心安排收养、休养人员的吃、穿、住、治疗和康复。收养、休养人员生活水平不低于当地群众的一般生活水平。国家一级福利院和二级福利院的收养、休养人员及其家属满意率分别达到 95% 和 90% 以上。

第二十条　认真做好医疗保健工作。定期为收养、休养人员进行健康检查，建立健全病历档案，有病及时治疗。连续三年内无责任医疗事故。国家一级福利院单病种的治愈好转率高于 95%，国家二级福利院高于 90%。

第二十一条　精心护理患病的收养、休养人员，所有上岗的护理人员都必须进行培训。基础护理合格率、护理技术操作合格率、护理规程合格率达到规定的比例。

第二十二条　开展收养、休养人员康复活动有显著成效。国家一级福利院收养、休养人员的康复参与率达到 98%、康复有效率达到 90%，国家二级福利院康复参与率达到 90%、康复有效率达到 85%。

效　　益

第二十三条　床位利用率高。国家一级福利院的床位利用率达到 98% 以上，国家二级福利院达到 95% 以上。

第二十四条　工作人员与收养、休养人员的比例合理。国家级福利院应达到以下标准：工作人员与正常老人的比例为 1∶4；与生活不能自理老人的比例为 1∶1.5；与健全儿童的比例为 1∶6；与婴儿、残疾儿童的比例为 1∶1.5；与精神病人的比例为 1∶2.5。

第二十五条　事业费开支合理。国家拨给的事业费重点用在收养、休养人员身上。国家一级福利院收养、休养人员年生活费开支占年事业费的比例达到80%，国家二级福利院达到70%。

第二十六条　创收能力强。按职工总数计算，国家一级福利院每人每年平均创收为4000元，国家二级福利院每人每年平均创收为3000元。

附　　件

第二十七条　各省、自治区、直辖市民政厅（局）可依据本标准，制定本地区福利院等级评定标准和实施细则。

第二十八条　本标准自颁布之日起实施。

第二十九条　本标准由民政部负责解释。

精神卫生社会福利机构基本规范

（2014年9月9日　民政部公告第329号）

1　范　　围

本规范规定了精神卫生社会福利机构的服务、设施设备、运行管理、评价与改进。

本规范适用于精神卫生社会福利机构的设置与管理。

其他社会福利机构设置的精神障碍患者服务区可参照执行本规范。

2　规范性引用文件

下列文件对本标准的应用是必不可少的。凡是注日期的引用文件，仅注日期的版本适用于本文件。

凡是不注日期的引用文件，其最新版本（包括所有的修改单）适用于本文件。

GB/T 24421.2　服务业组织标准化工作指南第2部分：标准体系

GB 50763—2012《无障碍设计规范》

GB 5749—2006《生活饮用水卫生标准》

3　术语和定义

3.1　**精神卫生社会福利机构** social welfare institutions for people with mental disorders

为精神障碍患者中的特困人员、流浪乞讨人员、低收入人群、复员退伍军人等特殊困难群体提供集中救治、救助、护理、康复和照料等服务的社会福利机构。

3.2　**特困人员** low - income people

指无劳动能力、无生活来源且无法定赡养、抚养、扶养义务人，或者其法定赡养、抚养、扶养义务人无赡养、抚养、扶养能力的老年人、残疾人以及未满16周岁的未成年人。

3.3　**精神障碍** mental disorder

是指由各种原因引起的感知、情感和思维等精神活动的紊乱或者异常，导致患者明显的心理痛苦或者社会适应等功能损害。

4　设立条件

4.1　机构有承担特困人员及其他精神障碍患者医疗、护理、康复和长期照料的能力。

4.1.1 有与从事精神卫生福利服务相适应的医疗、护理、康复、社会工作和生活照料人员。

4.1.2 有满足开展精神卫生福利服务需要的设施和设备。

4.1.3 有完善的精神卫生福利服务管理制度和质量监控制度。

4.2　应具有以下资质证书：

（1）法人资格证书

（2）《社会福利机构设置批准证书》

4.3　开展精神障碍诊疗服务的机构应具有《医疗机构执业许可证》。

5　建筑设施

5.1　机构建筑应符合GB 50763－2012的规定。

5.2　建筑设施应遵照精神障碍患者的心理特点，尊重患者隐私，满足精神卫生福利服务的工作流程。

5.3　院区选址应符合下列要求：

（1）交通便利；

（2）地形规整平坦，地质构造稳定，水文地质条件良好；

（3）供水、供电、供气、通讯等公用基础设施完善；

（4）远离具有易燃、易爆产品生产、储存区域。

5.4　院区应设置围墙或栏杆，围墙及栏杆应设置防攀爬措施。

5.5　建筑宜采用单层或多层建筑，不宜设计阳台。三层及以上主要业务功能建筑物应设置电梯，并应设置封闭式电梯厅。

5.6　住院病区至少应有两个不同方向的出入口，以满足安全疏散和洁污分流的要求。

5.7　住院病区的环境应符合下列要求：

（1）环境宜安静，噪音应控制在35～40db（A）；

（2）温湿度适宜，室温：冬季以18～22℃，夏季以26～28℃为宜，湿度以30～65%为宜；

（3）有良好的朝向和自然采光、通风条件，50%以上的病房应具有良好日照；

（4）应设置一般照明和夜间照明，照明灯具应在进门处或值班室受控；

（5）墙壁应采用柔和的淡色。

5.8　住院病区室内净高宜不低于2.8米，走廊净宽宜不低于3米。

5.9 住院病区基本用房组成应包括带卫生间病房、不带卫生间病房、公共卫生间、浴室、活动室、隔离室、急救室、治疗室、患者餐厅、护士办公、医生办公、护士站、值班室、库房、配餐室、开水间、污洗室、污物暂存间。

5.10 住院病区应分设男女病区，护士站设置宜靠近病区出入口。

5.11 每个房间的床位数不宜超过8张，每床位使用面积不少于5平方米。

5.12 装修设计与材料选择，应符合功能部位的特点和使用要求，选用经济、实用、美观的材料与构造。

(1)地面应选用耐用、防滑、便于清扫、消毒的构造与材料，踢脚板应选用坚固耐用构造和材料；

(2)内墙面应符合清洁、消毒的一般要求，转角宜做成圆弧形；

(3)住院病区、隔离室以及患者集中活动场所，不应采用装配式吊顶构造，不应出现可以被吊挂的构造或构件；

(4)病房门、患者使用的卫生间门、浴室门应朝外开。病房门上宜设观察窗，选用安全玻璃(如双层钢化夹胶玻璃)，病房、隔离室和患者集中活动的用房不应采用闭门器，所有紧固件应选用不易被松动的品种和型号，患者使用的门执手应选用不宜被吊挂的规格；

(5)患者使用的卫生间、盥洗室、浴室的玻璃应采用镜面金属板或其他不易破碎的材料。

(6)病房、隔离室和患者集中活动的用房所有窗玻璃应选用安全玻璃(如双层钢化夹胶玻璃)，窗的开启形式为平移，并应做好水平、上下限位构造，开启部位应配置防护栏杆，所有紧固件均应选用不易被松动的规格，窗插销选用按钮暗装构造。

5.13 供水、供电、供暖设施应遵循专业规范、安全可靠。

(1)供水水质应符合GB 5749—2006规定；

(2)宜采用双回路供电或设置应急自备电源；

(3)患者可接触到的环境内的电气装置应考虑安全措施，防止患者受到伤害；

(4)患者可接触到的环境内的照明装置应为封闭式，高度不低于2.4m，且为非吊杆吊链式；

(5)患者可接触到的环境内插座应采用安全插座；

5.14 对涉及污染环境的污物(含医疗废弃物、污废水等)有符合规定的处理设施。

5.15 信息系统应有办公自动化系统、住院业务管理系统、财务管理系统、人事管理系统。

5.16 应有相应的通讯系统和安全防范系统。

5.17 应有规范、简洁、清晰、醒目的标识系统。

(1)建筑物外部环境标识应包括民政系统统一标识、院徽、院名、单体建筑物名称标识、院区总平面图、出入口标识、停车指示和交通标识、多项指示牌、急救专用通道警示、宣传栏；

(2)室内标识系统应包括机构简介标牌、各楼层平面图、各楼层科室分布总索引、楼层号牌、通道分流指引、科室名称牌、公共安全标识牌、无障碍设施标识、消防疏散图标识牌。

5.18 应有供患者使用的阅览室、影视厅、棋牌室等文化娱乐设施。

6 设　备

6.1 室内设施设备应无尖角、凸出部分。

6.2 卧室应有安全坚固的床、床头柜、衣物柜、座椅。

6.3 餐厅应有餐桌、座椅、时钟、公告栏、垃圾桶、消毒柜、洗涤池、饮水设施、防蝇设备。

6.4 卫生间应有便池、坐便器、洗手池、安全扶手。

6.5 浴室应有安全的淋浴设备、安全扶手、防滑垫、衣物柜、通风设施。

6.6 洗衣房应有水池、洗衣机、烘干机、消毒设备。

6.7 活动室应有电视、音响、空调和桌椅。

6.8 应按照规范配置锹、钩、桶、沙箱、灭火器等消防器材。

6.9 可配备救护车、生活用车。

7 人　员

7.1 有人事管理机构，有相应的岗位职责。

7.2 有岗位聘用、工资薪酬、绩效考核、考勤休假、教育培训、员工奖惩制度。

7.3 有完善的职业安全防护制度和措施。

7.4 应有针对员工健康的保健计划，并为有需要的员工提供心理健康服务。

7.5 应有符合机构功能任务的行政人员、后勤人员、医生、护士、社会工作人员、康复工作人员、生活照料人员。

7.6 工作人员与实际开放床位比例不低于0.8:1.0。

8 管　理

8.1 运行管理

8.1.1 有行政办公、后勤管理机构，有相应的岗位职责。

8.1.2 有发展目标、中长期发展规划、年度工作计划及总结。

8.1.3 行政管理应有文件管理制度、会议制度、印章管理制度、档案管理制度、值班制度、应急管理制度。

8.1.4 后勤服务应有水电管理制度、安全保卫制度、消防安全制度、设备管理制度、环境卫生制度。

8.1.5 财务管理应有财务报销制度、采购制度、固定资产管理制度。

8.1.6 运行机制和决策程序清晰，实行管理问责制。

8.2 医疗管理

8.2.1 有医疗管理组织机构，有相应的岗位职责。

8.2.2 应有患者定期健康检查制度、传染性疾病筛查制度、查房制度、疑难病例讨论制度、急诊会诊制度、危重患者抢救制度、查对制度、医生交接班制度、病历管理制度、转诊制度、医疗质量控制制度。

8.2.3 应有医疗建设规范和工作计划，并组织实施。

8.2.4 应遵循病历书写基本规范。

8.2.5 应加强医疗缺陷管理，制定措施，加以防范，及时发现和纠正差错事故。

8.3　**护理管理**

8.3.1 有护理管理组织机构，有相应的岗位职责。

8.3.2 有查对制度、交接班制度、分级护理制度、护理查房制度、护理会诊制度、护理质量管理制度、护理缺陷报告制度、危重患者抢救制度、护理投诉处理制度。

8.3.3 有护理建设规范和工作计划，并组织实施。

8.3.4 护理人员应持证上岗，佩戴工作牌和穿护理工作服。

8.3.5 有护理质量标准、质量控制办法并定期检查、考核与评价。

8.3.6 护理人员应掌握常用护理急救技术，熟悉抢救程序，抢救药品及抢救仪器的使用。

8.3.7 应依法采用约束保护措施和正确使用安全保护器具。

8.4　**感染控制**

8.4.1 有感染管理组织机构，有相应的岗位职责。

8.4.2 有院内感染管理责任制度、院内感染监测制度、院内感染病例诊断和实时报告制度、消毒隔离制度、消毒灭菌效果监测制度。

8.4.3 医院感染专业人员应当具备医院感染预防与控制工作的专业知识，并能够承担医院感染管理和业务技术工作。

8.4.4 按照规定向疾病预防控制部门报告感染事件时应同时报告主管民政部门。

8.4.5 应及时隔离治疗患有传染性疾病的精神障碍患者。

8.5　**应急管理和安全**

8.5.1 有应急管理和安全组织机构，有相应的岗位职责。

8.5.2 有预防安全事故的管理制度和安全工作守则。

8.5.3 有应对自然灾害、消防、饮食、医疗、公共卫生及其它突发安全事件的应急预案。

8.5.4 应有工作人员24小时值班制度。

8.5.5 有防范和减少患者跌倒、坠床、噎食、自杀、暴力攻击、擅自离院等意外事件发生的管理细则。

9　服　务

9.1　**入出院服务**

9.1.1 有入出院服务组织机构，有相应的岗位职责。

9.1.2 有入院登记制度、入院体检制度、疾病筛查制度、短期隔离制度、风险评估制度、出院制度、转院制度。

9.1.3 入院登记信息应包括身份信息、家庭信息、健康信息、社会保障信息、背景调查。

9.1.4 办理入院登记时，应检查随身携带物品，查缴违禁物品，审核相关证明材料。

9.1.5 应对病情稳定的新入院患者制定适应性服务计划，使其尽快融入院内生活，减少因不适应而产生的负面影响。

9.1.6 办理出院手续时，应有出院通知单、疾病诊断书、物品移交清单。

9.2　**生活照料**

9.2.1 有生活照料服务组织机构，有相应的岗位职责。

9.2.2 有生活护理制度、个人清洁卫生制度、被服换洗制度、活动制度、探访制度。

9.2.3 应制订精神障碍患者每日生活安排及活动计划。

9.2.4 应保持房间整洁、空气清新、无异味。

9.2.5 每月换洗床单、被罩、枕巾、晾晒被褥不得少于2次，必要时随时换洗。

9.2.6 应为特困精神障碍患者提供干净、得体的服装，每周至少换洗1次，必要时随时换洗。

9.2.7 应做好精神障碍患者的个人清洁卫生。定期为患者修剪指（趾）甲、洗澡、理发，做好口腔护理。

9.2.8 除非天气、病情等特殊原因，每天户外活动时间宜不少于2小时。

9.2.9 应满足精神障碍患者正常的通讯和会见探访者的需要。

9.3　**营养和膳食服务**

9.3.1 有营养和膳食服务组织机构，有相应的岗位职责。

9.3.2 有膳食管理制度、卫生制度、清洁消毒制度、食品留样制度、烹饪加工制度、食品原料采购索证制度、库房分类管理制度。

9.3.3 食堂应取得《食品卫生许可证》。

9.3.4 营养师和厨师应持证上岗，按规定体检。

9.3.5 每周有食谱，保持合理配餐、营养均衡，能提供患者健康需要的特殊饮食。

9.3.6 每年召开膳食管理会议不应少于2次，征求患者家属及相关方意见。

9.3.7 食品应24小时留样，防止食物中毒事件的发生。

9.3.8 患者进餐时应有工作人员看护，防止噎食等意外发生。

9.3.9 尊重少数民族和宗教信仰人士的饮食习俗。

9.4　**康复**

9.4.1 有康复服务组织机构，有相应的岗位职责。

9.4.2 有康复训练制度、康复安全管理制度、康复效果评估制度、康复档案管理制度。

9.4.3 应针对患者需求，开展生理康复、心理康复、职业康复和社交康复服务。

9.4.4 应针对出院准备期的患者开展增进服药依从性、社会适应能力训练。

9.4.5 应采取随班就读或院内办班，保证患有精神障碍的适龄儿童、少年接受义务教育。

9.4.6 应开展工娱治疗，帮助有劳动能力的精神障碍患者从事力所能及的劳动。

9.5 **社会工作**

9.5.1 有社会工作服务组织机构，有相应的岗位职责。

9.5.2 有个案工作制度、小组工作制度、团体工作制度、社会工作档案管理制度、社会工作督导制度、社会工作服务效果评估制度、志愿者招募和管理制度。

9.5.3 社会工作人员应取得相应的职业资格证书。

9.5.4 应针对患者开展社会适应能力训练、出院前评估、社会救助、政策咨询、社会支持、健康教育、疾病管理服务。

9.5.5 应针对患者家属开展社会支持、政策咨询、健康教育服务。

10　评价与改进

10.1　有根据相关规章制度、岗位职责编制的检查评分及检查记录表，并组织定期检查、监督和评价。

10.2　接受上级主管部门的监督管理。

10.3　评价的方法应客观公正、简单易行，并能够较全面的验证机构内各项工作的实施情况。

10.4　应建立持续改进机制，改进可按照 P－D－C－A（计划－实施－检查－处置）的管理模式进行。

10.5　定期进行服务满意度调查，并将调查结果进行汇总、分析，作为持续改进的依据。

5. 慈善法

中华人民共和国慈善法

（2016 年 3 月 16 日第十二届全国人民代表大会第四次会议通过　2016 年 3 月 16 日中华人民共和国主席令第 43 号公布　自 2016 年 9 月 1 日起施行）

第一章　总　　则

第一条　为了发展慈善事业，弘扬慈善文化，规范慈善活动，保护慈善组织、捐赠人、志愿者、受益人等慈善活动参与者的合法权益，促进社会进步，共享发展成果，制定本法。

第二条　自然人、法人和其他组织开展慈善活动以及与慈善有关的活动，适用本法。其他法律有特别规定的，依照其规定。

第三条　本法所称慈善活动，是指自然人、法人和其他组织以捐赠财产或者提供服务等方式，自愿开展的下列公益活动：

（一）扶贫、济困；

（二）扶老、救孤、恤病、助残、优抚；

（三）救助自然灾害、事故灾难和公共卫生事件等突发事件造成的损害；

（四）促进教育、科学、文化、卫生、体育等事业的发展；

（五）防治污染和其他公害，保护和改善生态环境；

（六）符合本法规定的其他公益活动。

第四条　开展慈善活动，应当遵循合法、自愿、诚信、非营利的原则，不得违背社会公德，不得危害国家安全、损害社会公共利益和他人合法权益。

第五条　国家鼓励和支持自然人、法人和其他组织践行社会主义核心价值观，弘扬中华民族传统美德，依法开展慈善活动。

第六条　国务院民政部门主管全国慈善工作，县级以上地方各级人民政府民政部门主管本行政区域内的慈善工作；县级以上人民政府有关部门依照本法和其他有关法律法规，在各自的职责范围内做好相关工作。

第七条　每年 9 月 5 日为“中华慈善日”。

第二章　慈 善 组 织

第八条　本法所称慈善组织，是指依法成立、符合本法规定，以面向社会开展慈善活动为宗旨的非营利性组织。

慈善组织可以采取基金会、社会团体、社会服务机构等组织形式。

第九条　慈善组织应当符合下列条件：

（一）以开展慈善活动为宗旨；

（二）不以营利为目的；

（三）有自己的名称和住所；

（四）有组织章程；

（五）有必要的财产；

（六）有符合条件的组织机构和负责人；

（七）法律、行政法规规定的其他条件。

第十条　设立慈善组织，应当向县级以上人民政府民政部门申请登记，民政部门应当自受理申请之日起三十日内作出决定。符合本法规定条件的，准予登记并向社会公告；不符合本法规定条件的，不予登记并书面说明理由。

本法公布前已经设立的基金会、社会团体、社会服务机构等非营利性组织，可以向其登记的民政部门申请认定为慈善组织，民政部门应当自受理申请之日起二十日内作出决定。符合慈善组织条件的，予以认定并向社会公告；不符合慈善组织条件的，不予认定并书面说明理由。

有特殊情况需要延长登记或者认定期限的，报经国务院民政部门批准，可以适当延长，但延长的期限不得超过六十日。

第十一条　慈善组织的章程，应当符合法律法规的规定，并载明下列事项：

（一）名称和住所；

（二）组织形式；

（三）宗旨和活动范围；

（四）财产来源及构成；

（五）决策、执行机构的组成及职责；

（六）内部监督机制；

（七）财产管理使用制度；

（八）项目管理制度；

（九）终止情形及终止后的清算办法；

（十）其他重要事项。

第十二条　慈善组织应当根据法律法规以及章程的规定，建立健全内部治理结构，明确决策、执行、监督等方面的职责权限，开展慈善活动。

慈善组织应当执行国家统一的会计制度，依法进行会计核算，建立健全会计监督制度，并接受政府有关部门的监督管理。

第十三条　慈善组织应当每年向其登记的民政部门报送年度工作报告和财务会计报告。报告应当包括年度开展募捐和接受捐赠情况、慈善财产的管理使用情况、慈善项目实施情况以及慈善组织工作人员的工资福利情况。

第十四条　慈善组织的发起人、主要捐赠人以及管理人员，不得利用其关联关系损害慈善组织、受益人的利益和社会公共利益。

慈善组织的发起人、主要捐赠人以及管理人员与慈善组织发生交易行为的，不得参与慈善组织有关该交易行为的决策，有关交易情况应当向社会公开。

第十五条　慈善组织不得从事、资助危害国家安全和社会公共利益的活动，不得接受附加违反法律法规和违背社会公德条件的捐赠，不得对受益人附加违反法律法规和违背社会公德的条件。

第十六条　有下列情形之一的，不得担任慈善组织的负责人：

（一）无民事行为能力或者限制民事行为能力的；

（二）因故意犯罪被判处刑罚，自刑罚执行完毕之日起未逾五年的；

（三）在被吊销登记证书或者被取缔的组织担任负责人，自该组织被吊销登记证书或者被取缔之日起未逾五年的；

（四）法律、行政法规规定的其他情形。

第十七条　慈善组织有下列情形之一的，应当终止：

（一）出现章程规定的终止情形的；

（二）因分立、合并需要终止的；

（三）连续二年未从事慈善活动的；

（四）依法被撤销登记或者吊销登记证书的；

（五）法律、行政法规规定应当终止的其他情形。

第十八条　慈善组织终止，应当进行清算。

慈善组织的决策机构应当在本法第十七条规定的终止情形出现之日起三十日内成立清算组进行清算，并向社会公告。不成立清算组或者清算组不履行职责的，民政部门可以申请人民法院指定有关人员组成清算组进行清算。

慈善组织清算后的剩余财产，应当按照慈善组织章程的规定转给宗旨相同或者相近的慈善组织；章程未规定的，由民政部门主持转给宗旨相同或者相近的慈善组织，并向社会公告。

慈善组织清算结束后，应当向其登记的民政部门办理注销登记，并由民政部门向社会公告。

第十九条　慈善组织依法成立行业组织。

慈善行业组织应当反映行业诉求，推动行业交流，提高慈善行业公信力，促进慈善事业发展。

第二十条　慈善组织的组织形式、登记管理的具体办法由国务院制定。

第三章　慈善募捐

第二十一条　本法所称慈善募捐，是指慈善组织基于慈善宗旨募集财产的活动。

慈善募捐，包括面向社会公众的公开募捐和面向特定对象的定向募捐。

第二十二条　慈善组织开展公开募捐，应当取得公开募捐资格。依法登记满二年的慈善组织，可以向其登记的民政部门申请公开募捐资格。民政部门应当自受理申请之日起二十日内作出决定。慈善组织符合内部治理结构健全、运作规范的条件的，发给公开募捐资格证书；不符合条件的，不发给公开募捐资格证书并书面说明理由。

法律、行政法规规定自登记之日起可以公开募捐的基金会和社会团体，由民政部门直接发给公开募捐资格证书。

第二十三条　开展公开募捐，可以采取下列方式：

（一）在公共场所设置募捐箱；

（二）举办面向社会公众的义演、义赛、义卖、义展、义拍、慈善晚会等；

（三）通过广播、电视、报刊、互联网等媒体发布募捐信息；

（四）其他公开募捐方式。

慈善组织采取前款第一项、第二项规定的方式开展公开募捐的，应当在其登记的民政部门管辖区域内进行，确有必要在其登记的民政部门管辖区域外进行的，应当报其开展募捐活动所在地的县级以上人民政府民政部门备案。捐赠人的捐赠行为不受地域限制。

慈善组织通过互联网开展公开募捐的，应当在国务院民政部门统一或者指定的慈善信息平台发布募捐信息，并可以同时在其网站发布募捐信息。

第二十四条 开展公开募捐，应当制定募捐方案。募捐方案包括募捐目的、起止时间和地域、活动负责人姓名和办公地址、接受捐赠方式、银行账户、受益人、募得款物用途、募捐成本、剩余财产的处理等。

募捐方案应当在开展募捐活动前报慈善组织登记的民政部门备案。

第二十五条 开展公开募捐，应当在募捐活动现场或者募捐活动载体的显著位置，公布募捐组织名称、公开募捐资格证书、募捐方案、联系方式、募捐信息查询方法等。

第二十六条 不具有公开募捐资格的组织或者个人基于慈善目的，可以与具有公开募捐资格的慈善组织合作，由该慈善组织开展公开募捐并管理募得款物。

第二十七条 广播、电视、报刊以及网络服务提供者、电信运营商，应当对利用其平台开展公开募捐的慈善组织的登记证书、公开募捐资格证书进行验证。

第二十八条 慈善组织自登记之日起可以开展定向募捐。

慈善组织开展定向募捐，应当在发起人、理事会成员和会员等特定对象的范围内进行，并向募捐对象说明募捐目的、募得款物用途等事项。

第二十九条 开展定向募捐，不得采取或者变相采取本法第二十三条规定的方式。

第三十条 发生重大自然灾害、事故灾难和公共卫生事件等突发事件，需要迅速开展救助时，有关人民政府应当建立协调机制，提供需求信息，及时有序引导开展募捐和救助活动。

第三十一条 开展募捐活动，应当尊重和维护募捐对象的合法权益，保障募捐对象的知情权，不得通过虚构事实等方式欺骗、诱导募捐对象实施捐赠。

第三十二条 开展募捐活动，不得摊派或者变相摊派，不得妨碍公共秩序、企业生产经营和居民生活。

第三十三条 禁止任何组织或者个人假借慈善名义或者假冒慈善组织开展募捐活动，骗取财产。

第四章 慈 善 捐 赠

第三十四条 本法所称慈善捐赠，是指自然人、法人和其他组织基于慈善目的，自愿、无偿赠与财产的活动。

第三十五条 捐赠人可以通过慈善组织捐赠，也可以直接向受益人捐赠。

第三十六条 捐赠人捐赠的财产应当是其有权处分的合法财产。捐赠财产包括货币、实物、房屋、有价证券、股权、知识产权等有形和无形财产。

捐赠人捐赠的实物应当具有使用价值，符合安全、卫生、环保等标准。

捐赠人捐赠本企业产品的，应当依法承担产品质量责任和义务。

第三十七条 自然人、法人和其他组织开展演出、比赛、销售、拍卖等经营性活动，承诺将全部或者部分所得用于慈善目的的，应当在举办活动前与慈善组织或者其他接受捐赠的人签订捐赠协议，活动结束后按照捐赠协议履行捐赠义务，并将捐赠情况向社会公开。

第三十八条 慈善组织接受捐赠，应当向捐赠人开具由财政部门统一监（印）制的捐赠票据。捐赠票据应当载明捐赠人、捐赠财产的种类及数量、慈善组织名称和经办人姓名、票据日期等。捐赠人匿名或者放弃接受捐赠票据的，慈善组织应当做好相关记录。

第三十九条 慈善组织接受捐赠，捐赠人要求签订书面捐赠协议的，慈善组织应当与捐赠人签订书面捐赠协议。

书面捐赠协议包括捐赠人和慈善组织名称，捐赠财产的种类、数量、质量、用途、交付时间等内容。

第四十条 捐赠人与慈善组织约定捐赠财产的用途和受益人时，不得指定捐赠人的利害关系人作为受益人。

任何组织和个人不得利用慈善捐赠违反法律规定宣传烟草制品，不得利用慈善捐赠以任何方式宣传法律禁止宣传的产品和事项。

第四十一条 捐赠人应当按照捐赠协议履行捐赠义务。捐赠人违反捐赠协议逾期未交付捐赠财产，有下列情形之一的，慈善组织或者其他接受捐赠的人可以要求交付；捐赠人拒不交付的，慈善组织和其他接受捐赠的人可以依法向人民法院申请支付令或者提起诉讼：

（一）捐赠人通过广播、电视、报刊、互联网等媒体公开承诺捐赠的；

（二）捐赠财产用于本法第三条第一项至第三项规定的慈善活动，并签订书面捐赠协议的。

捐赠人公开承诺捐赠或者签订书面捐赠协议后经济状况显著恶化，严重影响其生产经营或者家庭生活的，经向公开承诺捐赠地或者书面捐赠协议签订地的民政部门报告并向社会公开说明情况后，可以不再履行捐赠义务。

第四十二条 捐赠人有权查询、复制其捐赠财产管理使用的有关资料，慈善组织应当及时主动向捐赠人反馈有关情况。

慈善组织违反捐赠协议约定的用途，滥用捐赠财产的，捐赠人有权要求其改正；拒不改正的，捐赠人可以向民政部门投诉、举报或者向人民法院提起诉讼。

第四十三条 国有企业实施慈善捐赠应当遵守有关国有资产管理的规定，履行批准和备案程序。

第五章 慈善信托

第四十四条 本法所称慈善信托属于公益信托,是指委托人基于慈善目的,依法将其财产委托给受托人,由受托人按照委托人意愿以受托人名义进行管理和处分,开展慈善活动的行为。

第四十五条 设立慈善信托、确定受托人和监察人,应当采取书面形式。受托人应当在慈善信托文件签订之日起七日内,将相关文件向受托人所在地县级以上人民政府民政部门备案。

未按照前款规定将相关文件报民政部门备案的,不享受税收优惠。

第四十六条 慈善信托的受托人,可以由委托人确定其信赖的慈善组织或者信托公司担任。

第四十七条 慈善信托的受托人违反信托义务或者难以履行职责的,委托人可以变更受托人。变更后的受托人应当自变更之日起七日内,将变更情况报原备案的民政部门重新备案。

第四十八条 慈善信托的受托人管理和处分信托财产,应当按照信托目的,恪尽职守,履行诚信、谨慎管理的义务。

慈善信托的受托人应当根据信托文件和委托人的要求,及时向委托人报告信托事务处理情况、信托财产管理使用情况。慈善信托的受托人应当每年至少一次将信托事务处理情况及财务状况向其备案的民政部门报告,并向社会公开。

第四十九条 慈善信托的委托人根据需要,可以确定信托监察人。

信托监察人对受托人的行为进行监督,依法维护委托人和受益人的权益。信托监察人发现受托人违反信托义务或者难以履行职责的,应当向委托人报告,并有权以自己的名义向人民法院提起诉讼。

第五十条 慈善信托的设立、信托财产的管理、信托当事人、信托的终止和清算等事项,本章未规定的,适用本法其他有关规定;本法未规定的,适用《中华人民共和国信托法》的有关规定。

第六章 慈善财产

第五十一条 慈善组织的财产包括:

(一)发起人捐赠、资助的创始财产;

(二)募集的财产;

(三)其他合法财产。

第五十二条 慈善组织的财产应当根据章程和捐赠协议的规定全部用于慈善目的,不得在发起人、捐赠人以及慈善组织成员中分配。

任何组织和个人不得私分、挪用、截留或者侵占慈善财产。

第五十三条 慈善组织对募集的财产,应当登记造册,严格管理,专款专用。

捐赠人捐赠的实物不易储存、运输或者难以直接用于慈善目的的,慈善组织可以依法拍卖或者变卖,所得收入扣除必要费用后,应当全部用于慈善目的。

第五十四条 慈善组织为实现财产保值、增值进行投资的,应当遵循合法、安全、有效的原则,投资取得的收益应当全部用于慈善目的。慈善组织的重大投资方案应当经决策机构组成人员三分之二以上同意。政府资助的财产和捐赠协议约定不得投资的财产,不得用于投资。慈善组织的负责人和工作人员不得在慈善组织投资的企业兼职或者领取报酬。

前款规定事项的具体办法,由国务院民政部门制定。

第五十五条 慈善组织开展慈善活动,应当依照法律法规和章程的规定,按照募捐方案或者捐赠协议使用捐赠财产。慈善组织确需变更募捐方案规定的捐赠财产用途的,应当报民政部门备案;确需变更捐赠协议约定的捐赠财产用途的,应当征得捐赠人同意。

第五十六条 慈善组织应当合理设计慈善项目,优化实施流程,降低运行成本,提高慈善财产使用效益。

慈善组织应当建立项目管理制度,对项目实施情况进行跟踪监督。

第五十七条 慈善项目终止后捐赠财产有剩余的,按照募捐方案或者捐赠协议处理;募捐方案未规定或者捐赠协议未约定的,慈善组织应当将剩余财产用于目的相同或者相近的其他慈善项目,并向社会公开。

第五十八条 慈善组织确定慈善受益人,应当坚持公开、公平、公正的原则,不得指定慈善组织管理人员的利害关系人作为受益人。

第五十九条 慈善组织根据需要可以与受益人签订协议,明确双方权利义务,约定慈善财产的用途、数额和使用方式等内容。

受益人应当珍惜慈善资助,按照协议使用慈善财产。受益人未按照协议使用慈善财产或者有其他严重违反协议情形的,慈善组织有权要求其改正;受益人拒不改正的,慈善组织有权解除协议并要求受益人返还财产。

第六十条 慈善组织应当积极开展慈善活动,充分、高效运用慈善财产,并遵循管理费用最必要原则,厉行节约,减少不必要的开支。慈善组织中具有公开募捐资格的基金会开展慈善活动的年度支出,不得低于上一年总收入的百分之七十或者前三年收入平均数额的百分之七十;年度管理费用不得超过当年总支出的百分之十,特殊情况下,年度管理费用难以符合前述规定的,应当报告其登记的民政部门并向社会公开说明情况。

具有公开募捐资格的基金会以外的慈善组织开展慈善活动的年度支出和管理费用的标准,由国务院民政部门会同国务院财政、税务等部门依照前款规定的原则制定。

捐赠协议对单项捐赠财产的慈善活动支出和管理费用有约定的，按照其约定。

第七章　慈 善 服 务

第六十一条　本法所称慈善服务，是指慈善组织和其他组织以及个人基于慈善目的，向社会或者他人提供的志愿无偿服务以及其他非营利服务。

慈善组织开展慈善服务，可以自己提供或者招募志愿者提供，也可以委托有服务专长的其他组织提供。

第六十二条　开展慈善服务，应当尊重受益人、志愿者的人格尊严，不得侵害受益人、志愿者的隐私。

第六十三条　开展医疗康复、教育培训等慈善服务，需要专门技能的，应当执行国家或者行业组织制定的标准和规程。

慈善组织招募志愿者参与慈善服务，需要专门技能的，应当对志愿者开展相关培训。

第六十四条　慈善组织招募志愿者参与慈善服务，应当公示与慈善服务有关的全部信息，告知服务过程中可能发生的风险。

慈善组织根据需要可以与志愿者签订协议，明确双方权利义务，约定服务的内容、方式和时间等。

第六十五条　慈善组织应当对志愿者实名登记，记录志愿者的服务时间、内容、评价等信息。根据志愿者的要求，慈善组织应当无偿、如实出具志愿服务记录证明。

第六十六条　慈善组织安排志愿者参与慈善服务，应当与志愿者的年龄、文化程度、技能和身体状况相适应。

第六十七条　志愿者接受慈善组织安排参与慈善服务的，应当服从管理，接受必要的培训。

第六十八条　慈善组织应当为志愿者参与慈善服务提供必要条件，保障志愿者的合法权益。

慈善组织安排志愿者参与可能发生人身危险的慈善服务前，应当为志愿者购买相应的人身意外伤害保险。

第八章　信 息 公 开

第六十九条　县级以上人民政府建立健全慈善信息统计和发布制度。

县级以上人民政府民政部门应当在统一的信息平台，及时向社会公开慈善信息，并免费提供慈善信息发布服务。

慈善组织和慈善信托的受托人应当在前款规定的平台发布慈善信息，并对信息的真实性负责。

第七十条　县级以上人民政府民政部门和其他有关部门应当及时向社会公开下列慈善信息：

（一）慈善组织登记事项；

（二）慈善信托备案事项；

（三）具有公开募捐资格的慈善组织名单；

（四）具有出具公益性捐赠税前扣除票据资格的慈善组织名单；

（五）对慈善活动的税收优惠、资助补贴等促进措施；

（六）向慈善组织购买服务的信息；

（七）对慈善组织、慈善信托开展检查、评估的结果；

（八）对慈善组织和其他组织以及个人的表彰、处罚结果；

（九）法律法规规定应当公开的其他信息。

第七十一条　慈善组织、慈善信托的受托人应当依法履行信息公开义务。信息公开应当真实、完整、及时。

第七十二条　慈善组织应当向社会公开组织章程和决策、执行、监督机构成员信息以及国务院民政部门要求公开的其他信息。上述信息有重大变更的，慈善组织应当及时向社会公开。

慈善组织应当每年向社会公开其年度工作报告和财务会计报告。具有公开募捐资格的慈善组织的财务会计报告须经审计。

第七十三条　具有公开募捐资格的慈善组织应当定期向社会公开其募捐情况和慈善项目实施情况。

公开募捐周期超过六个月的，至少每三个月公开一次募捐情况，公开募捐活动结束后三个月内应当全面公开募捐情况。

慈善项目实施周期超过六个月的，至少每三个月公开一次项目实施情况，项目结束后三个月内应当全面公开项目实施情况和募得款物使用情况。

第七十四条　慈善组织开展定向募捐的，应当及时向捐赠人告知募捐情况、募得款物的管理使用情况。

第七十五条　慈善组织、慈善信托的受托人应当向受益人告知其资助标准、工作流程和工作规范等信息。

第七十六条　涉及国家秘密、商业秘密、个人隐私的信息以及捐赠人、慈善信托的委托人不同意公开的姓名、名称、住所、通讯方式等信息，不得公开。

第九章　促 进 措 施

第七十七条　县级以上人民政府应当根据经济社会发展情况，制定促进慈善事业发展的政策和措施。

县级以上人民政府有关部门应当在各自职责范围内，向慈善组织、慈善信托受托人等提供慈善需求信息，为慈善活动提供指导和帮助。

第七十八条　县级以上人民政府民政部门应当建立与其他部门之间的慈善信息共享机制。

第七十九条　慈善组织及其取得的收入依法享受税收优惠。

第八十条　自然人、法人和其他组织捐赠财产用于慈善活动的，依法享受税收优惠。企业慈善捐赠支出超过法律规定的准予在计算企业所得税应纳税所得额时当年扣除的部分，允许结转以后三年内在计算应纳税所得额时扣除。

境外捐赠用于慈善活动的物资，依法减征或者免征进口关税和进口环节增值税。

第八十一条 受益人接受慈善捐赠，依法享受税收优惠。

第八十二条 慈善组织、捐赠人、受益人依法享受税收优惠的，有关部门应当及时办理相关手续。

第八十三条 捐赠人向慈善组织捐赠实物、有价证券、股权和知识产权的，依法免征权利转让的相关行政事业性费用。

第八十四条 国家对开展扶贫济困的慈善活动，实行特殊的优惠政策。

第八十五条 慈善组织开展本法第三条第一项、第二项规定的慈善活动需要慈善服务设施用地的，可以依法申请使用国有划拨土地或者农村集体建设用地。慈善服务设施用地非经法定程序不得改变用途。

第八十六条 国家为慈善事业提供金融政策支持，鼓励金融机构为慈善组织、慈善信托提供融资和结算等金融服务。

第八十七条 各级人民政府及其有关部门可以依法通过购买服务等方式，支持符合条件的慈善组织向社会提供服务，并依照有关政府采购的法律法规向社会公开相关情况。

第八十八条 国家采取措施弘扬慈善文化，培育公民慈善意识。

学校等教育机构应当将慈善文化纳入教育教学内容。国家鼓励高等学校培养慈善专业人才，支持高等学校和科研机构开展慈善理论研究。

广播、电视、报刊、互联网等媒体应当积极开展慈善公益宣传活动，普及慈善知识，传播慈善文化。

第八十九条 国家鼓励企业事业单位和其他组织为开展慈善活动提供场所和其他便利条件。

第九十条 经受益人同意，捐赠人对其捐赠的慈善项目可以冠名纪念，法律法规规定需要批准的，从其规定。

第九十一条 国家建立慈善表彰制度，对在慈善事业发展中做出突出贡献的自然人、法人和其他组织，由县级以上人民政府或者有关部门予以表彰。

第十章 监督管理

第九十二条 县级以上人民政府民政部门应当依法履行职责，对慈善活动进行监督检查，对慈善行业组织进行指导。

第九十三条 县级以上人民政府民政部门对涉嫌违反本法规定的慈善组织，有权采取下列措施：

（一）对慈善组织的住所和慈善活动发生地进行现场检查；

（二）要求慈善组织作出说明，查阅、复制有关资料；

（三）向与慈善活动有关的单位和个人调查与监督管理有关的情况；

（四）经本级人民政府批准，可以查询慈善组织的金融账户；

（五）法律、行政法规规定的其他措施。

第九十四条 县级以上人民政府民政部门对慈善组织、有关单位和个人进行检查或者调查时，检查人员或者调查人员不得少于二人，并应当出示合法证件和检查、调查通知书。

第九十五条 县级以上人民政府民政部门应当建立慈善组织及其负责人信用记录制度，并向社会公布。

民政部门应当建立慈善组织评估制度，鼓励和支持第三方机构对慈善组织进行评估，并向社会公布评估结果。

第九十六条 慈善行业组织应当建立健全行业规范，加强行业自律。

第九十七条 任何单位和个人发现慈善组织、慈善信托有违法行为的，可以向民政部门、其他有关部门或者慈善行业组织投诉、举报。民政部门、其他有关部门或者慈善行业组织接到投诉、举报后，应当及时调查处理。

国家鼓励公众、媒体对慈善活动进行监督，对假借慈善名义或者假冒慈善组织骗取财产以及慈善组织、慈善信托的违法违规行为予以曝光，发挥舆论和社会监督作用。

第十一章 法律责任

第九十八条 慈善组织有下列情形之一的，由民政部门责令限期改正；逾期不改正的，吊销登记证书并予以公告：

（一）未按照慈善宗旨开展活动的；

（二）私分、挪用、截留或者侵占慈善财产的；

（三）接受附加违反法律法规或者违背社会公德条件的捐赠，或者对受益人附加违反法律法规或者违背社会公德的条件的。

第九十九条 慈善组织有下列情形之一的，由民政部门予以警告、责令限期改正；逾期不改正的，责令限期停止活动并进行整改：

（一）违反本法第十四条规定造成慈善财产损失的；

（二）将不得用于投资的财产用于投资的；

（三）擅自改变捐赠财产用途的；

（四）开展慈善活动的年度支出或者管理费用的标准违反本法第六十条规定的；

（五）未依法履行信息公开义务的；

（六）未依法报送年度工作报告、财务会计报告或者报备募捐方案的；

（七）泄露捐赠人、志愿者、受益人个人隐私以及捐赠人、慈善信托的委托人不同意公开的姓名、名称、住所、通讯方式等信息的。

慈善组织违反本法规定泄露国家秘密、商业秘密的，依照有关法律的规定予以处罚。

慈善组织有前两款规定的情形，经依法处理后一年内再出现前款规定的情形，或者有其他情节严重情形的，由民政部门吊销登记证书并予以公告。

第一百条　慈善组织有本法第九十八条、第九十九条规定的情形，有违法所得的，由民政部门予以没收；对直接负责的主管人员和其他直接责任人员处二万元以上二十万元以下罚款。

第一百零一条　开展募捐活动有下列情形之一的，由民政部门予以警告、责令停止募捐活动；对违法募集的财产，责令退还捐赠人；难以退还的，由民政部门予以收缴，转给其他慈善组织用于慈善目的；对有关组织或者个人处二万元以上二十万元以下罚款：

（一）不具有公开募捐资格的组织或者个人开展公开募捐的；

（二）通过虚构事实等方式欺骗、诱导募捐对象实施捐赠的；

（三）向单位或者个人摊派或者变相摊派的；

（四）妨碍公共秩序、企业生产经营或者居民生活的。

广播、电视、报刊以及网络服务提供者、电信运营商未履行本法第二十七条规定的验证义务的，由其主管部门予以警告，责令限期改正；逾期不改正的，予以通报批评。

第一百零二条　慈善组织不依法向捐赠人开具捐赠票据、不依法向志愿者出具志愿服务记录证明或者不及时主动向捐赠人反馈有关情况的，由民政部门予以警告，责令限期改正；逾期不改正的，责令限期停止活动。

第一百零三条　慈善组织弄虚作假骗取税收优惠的，由税务机关依法查处；情节严重的，由民政部门吊销登记证书并予以公告。

第一百零四条　慈善组织从事、资助危害国家安全或者社会公共利益活动的，由有关机关依法查处，由民政部门吊销登记证书并予以公告。

第一百零五条　慈善信托的受托人有下列情形之一的，由民政部门予以警告，责令限期改正；有违法所得的，由民政部门予以没收；对直接负责的主管人员和其他直接责任人员处二万元以上二十万元以下罚款：

（一）将信托财产及其收益用于非慈善目的的；

（二）未按照规定将信托事务处理情况及财务状况向民政部门报告或者向社会公开的。

第一百零六条　慈善服务过程中，因慈善组织或者志愿者过错造成受益人、第三人损害的，慈善组织依法承担赔偿责任；损害是由志愿者故意或者重大过失造成的，慈善组织可以向其追偿。

志愿者在参与慈善服务过程中，因慈善组织过错受到损害的，慈善组织依法承担赔偿责任；损害是由不可抗力造成的，慈善组织应当给予适当补偿。

第一百零七条　自然人、法人或者其他组织假借慈善名义或者假冒慈善组织骗取财产的，由公安机关依法查处。

第一百零八条　县级以上人民政府民政部门和其他有关部门及其工作人员有下列情形之一的，由上级机关或者监察机关责令改正；依法应当给予处分的，由任免机关或者监察机关对直接负责的主管人员和其他直接责任人员给予处分：

（一）未依法履行信息公开义务的；

（二）摊派或者变相摊派捐赠任务，强行指定志愿者、慈善组织提供服务的；

（三）未依法履行监督管理职责的；

（四）违法实施行政强制措施和行政处罚的；

（五）私分、挪用、截留或者侵占慈善财产的；

（六）其他滥用职权、玩忽职守、徇私舞弊的行为。

第一百零九条　违反本法规定，构成违反治安管理行为的，由公安机关依法给予治安管理处罚；构成犯罪的，依法追究刑事责任。

第十二章　附　　则

第一百一十条　城乡社区组织、单位可以在本社区、单位内部开展群众性互助互济活动。

第一百一十一条　慈善组织以外的其他组织可以开展力所能及的慈善活动。

第一百一十二条　本法自2016年9月1日起施行。

慈善组织公开募捐管理办法

（2016年8月31日民政部令第59号公布　自2016年9月1日起施行）

第一条　为了规范慈善组织开展公开募捐，根据《中华人民共和国慈善法》（以下简称《慈善法》），制定本办法。

第二条　慈善组织公开募捐资格和公开募捐活动管理，适用本办法。

第三条　依法取得公开募捐资格的慈善组织可以面向公众开展募捐。不具有公开募捐资格的组织和个人不得开展公开募捐。

第四条　县级以上人民政府民政部门依法对其登记的慈善组织公开募捐资格和公开募捐活动进行监督管理，并对本行政区域内涉及公开募捐的有关活动进行监督管理。

第五条　依法登记或者认定为慈善组织满二年的社会组织，申请公开募捐资格，应当符合下列条件：

（一）根据法律法规和本组织章程建立规范的内部治理结构，理事会能够有效决策，负责人任职符合有关规定，理事会成员和负责人勤勉尽职，诚实守信；

（二）理事会成员来自同一组织以及相互间存在关联关系组织的不超过三分之一，相互间具有近亲属关系的没有同时在理事会任职；

（三）理事会成员中非内地居民不超过三分之一，法定代表人由内地居民担任；

（四）秘书长为专职，理事长（会长）、秘书长不得由同一人兼任，有与本慈善组织开展活动相适应的专职工作人员；

（五）在省级以上人民政府民政部门登记的慈善组织有三名以上监事组成的监事会；

（六）依法办理税务登记，履行纳税义务；

（七）按照规定参加社会组织评估，评估结果为3A及以上；

（八）申请时未纳入异常名录；

（九）申请公开募捐资格前二年，未因违反社会组织相关法律法规受到行政处罚，没有其他违反法律、法规、国家政策行为的。

《慈善法》公布前设立的非公募基金会、具有公益性捐赠税前扣除资格的社会团体，登记满二年，经认定为慈善组织的，可以申请公开募捐资格。

第六条 慈善组织申请公开募捐资格，应当向其登记的民政部门提交下列材料：

（一）申请书，包括本组织符合第五条各项条件的具体说明和书面承诺；

（二）注册会计师出具的申请前二年的财务审计报告，包括年度慈善活动支出和年度管理费用的专项审计；

（三）理事会关于申请公开募捐资格的会议纪要。

有业务主管单位的慈善组织，还应当提交经业务主管单位同意的证明材料。

评估等级在4A及以上的慈善组织免于提交第一款第二项、第三项规定的材料。

第七条 民政部门收到全部有效材料后，应当依法进行审核。

情况复杂的，民政部门可以征求有关部门意见或者通过论证会、听证会等形式听取意见，也可以根据需要对该组织进行实地考察。

第八条 民政部门应当自受理之日起二十日内作出决定。对符合条件的慈善组织，发给公开募捐资格证书；对不符合条件的，不发给公开募捐资格证书并书面说明理由。

第九条 《慈善法》公布前登记设立的公募基金会，凭其标明慈善组织属性的登记证书向登记的民政部门申领公开募捐资格证书。

第十条 开展公开募捐活动，应当依法制定募捐方案。募捐方案包括募捐目的、起止时间和地域、活动负责人姓名和办公地址、接受捐赠方式、银行账户、受益人、募得款物用途、募捐成本、剩余财产的处理等。

第十一条 慈善组织应当在开展公开募捐活动的十日前将募捐方案报送登记的民政部门备案。材料齐备的，民政部门应当即时受理，对予以备案的向社会公开；对募捐方案内容不齐备的，应当即时告知慈善组织，慈善组织应当在十日内向其登记的民政部门予以补正。

为同一募捐目的开展的公开募捐活动可以合并备案。公开募捐活动进行中，募捐方案的有关事项发生变化的，慈善组织应当在事项发生变化之日起十日内向其登记的民政部门补正并说明理由。

有业务主管单位的慈善组织，还应当同时将募捐方案报送业务主管单位。

开展公开募捐活动，涉及公共安全、公共秩序、消防等事项的，还应当按照其他有关规定履行批准程序。

第十二条 慈善组织为应对重大自然灾害、事故灾难和公共卫生事件等突发事件，无法在开展公开募捐活动前办理募捐方案备案的，应当在公开募捐活动开始后十日内补办备案手续。

第十三条 慈善组织在其登记的民政部门管辖区域外，以《慈善法》第二十三条第一款第一项、第二项方式开展公开募捐活动的，除向其登记的民政部门备案外，还应当在开展公开募捐活动十日前，向其开展募捐活动所在地的县级人民政府民政部门备案，提交募捐方案、公开募捐资格证书复印件、确有必要在当地开展公开募捐活动的情况说明。

第十四条 慈善组织开展公开募捐活动应当按照本组织章程载明的宗旨和业务范围，确定明确的募捐目的和捐赠财产使用计划；应当履行必要的内部决策程序；应当使用本组织账户，不得使用个人和其他组织的账户；应当建立公开募捐信息档案，妥善保管、方便查阅。

第十五条 慈善组织开展公开募捐活动，应当在募捐活动现场或者募捐活动载体的显著位置，公布本组织名称、公开募捐资格证书、募捐方案、联系方式、募捐信息查询方法等。

第十六条 慈善组织通过互联网开展公开募捐活动的，应当在民政部统一或者指定的慈善信息平台发布公开募捐信息，并可以同时在以本慈善组织名义开通的门户网站、官方微博、官方微信、移动客户端等网络平台发布公开募捐信息。

第十七条 具有公开募捐资格的慈善组织与不具有公开募捐资格的组织或者个人合作开展公开募捐活动，应当依法签订书面协议，使用具有公开募捐资格的慈善组织名义开展公开募捐活动；募捐活动的全部收支应当纳入该慈善组织的账户，由该慈善组织统一进行财务核算和管理，并承担法律责任。

第十八条 慈善组织为急难救助设立慈善项目，开展公开募捐活动时，应当坚持公开、公平、公正的原则，合理确定救助标准，监督受益人珍惜慈善资助，按照募捐方案的规定合理使用捐赠财产。

第十九条 慈善组织应当加强对募得捐赠财产的管理，依据法律法规、章程规定和募捐方案使用捐赠财产。确需变更募捐方案规定的捐赠财产用途的，应当召开理事会进行审议，报其登记的民政部门备案，并向社会公开。

第二十条 慈善组织应当依照有关规定定期将公开募捐

情况和慈善项目实施情况向社会公开。

第二十一条　具有公开募捐资格的慈善组织有下列情形之一的，由登记的民政部门纳入活动异常名录并向社会公告：

（一）不符合本办法第五条规定条件的；

（二）连续六个月不开展公开募捐活动的。

第二十二条　慈善组织被依法撤销公开募捐资格的，应当立即停止公开募捐活动并将相关情况向社会公开。

出现前款规定情形的，民政部门应当及时向社会公告。

第二十三条　慈善组织有下列情形之一的，民政部门可以给予警告、责令限期改正：

（一）伪造、变造、出租、出借公开募捐资格证书的；

（二）未依照本办法进行备案的；

（三）未按照募捐方案确定的时间、期限、地域范围、方式进行募捐的；

（四）开展公开募捐未在募捐活动现场或者募捐活动载体的显著位置公布募捐活动信息的；

（五）开展公开募捐取得的捐赠财产未纳入慈善组织统一核算和账户管理的；

（六）其他违反本办法情形的。

第二十四条　公开募捐资格证书、公开募捐方案范本等格式文本，由民政部统一制定。

第二十五条　本办法由民政部负责解释。

第二十六条　本办法自2016年9月1日起施行。

慈善组织认定办法

（2016年8月31日民政部令第58号公布　自2016年9月1日起施行）

第一条　为了规范慈善组织认定工作，根据《中华人民共和国慈善法》（以下简称《慈善法》）的规定，制定本办法。

第二条　《慈善法》公布前已经设立的基金会、社会团体、社会服务机构等非营利性组织，申请认定为慈善组织，适用本办法。

第三条　县级以上人民政府民政部门对其登记的基金会、社会团体、社会服务机构进行慈善组织认定。

第四条　基金会、社会团体、社会服务机构申请认定为慈善组织，应当符合下列条件：

（一）申请时具备相应的社会组织法人登记条件；

（二）以开展慈善活动为宗旨，业务范围符合《慈善法》第三条的规定；申请时的上一年度慈善活动的年度支出和管理费用符合国务院民政部门关于慈善组织的规定；

（三）不以营利为目的，收益和营运结余全部用于章程规定的慈善目的；财产及其孳息没有在发起人、捐赠人或者本组织成员中分配；章程中有关于剩余财产转给目的相同或者相近的其他慈善组织的规定；

（四）有健全的财务制度和合理的薪酬制度；

（五）法律、行政法规规定的其他条件。

第五条　有下列情形之一的，不予认定为慈善组织：

（一）有法律法规和国家政策规定的不得担任慈善组织负责人的情形的；

（二）申请前二年内受过行政处罚的；

（三）申请时被民政部门列入异常名录的；

（四）有其他违反法律法规和国家政策行为的。

第六条　申请认定为慈善组织，社会团体应当经会员（代表）大会表决通过，基金会、社会服务机构应当经理事会表决通过；有业务主管单位的，还应当经业务主管单位同意。

第七条　申请认定慈善组织的基金会，应当向民政部门提交下列材料：

（一）申请书；

（二）符合本办法第四条规定以及不存在第五条所列情形的书面承诺；

（三）按照本办法第六条规定召开会议形成的会议纪要。

申请认定为慈善组织的社会团体、社会服务机构，除前款规定的材料外，还应当向民政部门提交下列材料：

（一）关于申请理由、慈善宗旨、开展慈善活动等情况的说明；

（二）注册会计师出具的上一年度财务审计报告，含慈善活动年度支出和管理费用的专项审计。

有业务主管单位的，还应当提交业务主管单位同意的证明材料。

第八条　民政部门自收到全部有效材料后，应当依法进行审核。

情况复杂的，民政部门可以征求有关部门意见或者通过论证会、听证会等形式听取意见，也可以根据需要对该组织进行实地考察。

第九条　民政部门应当自受理申请之日起二十日内作出决定。符合慈善组织条件的，予以认定并向社会公告；不符合慈善组织条件的，不予认定并书面说明理由。

第十条　认定为慈善组织的基金会、社会团体、社会服务机构，由民政部门换发登记证书，标明慈善组织属性。

慈善组织符合税收法律法规规定条件的，依照税法规定享受税收优惠。

第十一条　基金会、社会团体、社会服务机构在申请时弄虚作假的，由民政部门撤销慈善组织的认定，将该组织及直接责任人纳入信用记录，并向社会公布。

对出具虚假审计报告的注册会计师及其所属的会计师事务所，由民政部门通报有关部门。

第十二条　本办法由民政部负责解释。

第十三条　本办法自2016年9月1日起施行。

6. 福利彩票

彩票管理条例

（2009 年 4 月 22 日国务院第 58 次常务会议通过　2009 年 5 月 4 日中华人民共和国国务院令第 554 号公布　自 2009 年 7 月 1 日起施行）

第一章　总　　则

第一条　为了加强彩票管理，规范彩票市场发展，维护彩票市场秩序，保护彩票参与者的合法权益，促进社会公益事业发展，制定本条例。

第二条　本条例所称彩票，是指国家为筹集社会公益资金，促进社会公益事业发展而特许发行、依法销售，自然人自愿购买，并按照特定规则获得中奖机会的凭证。

彩票不返还本金、不计付利息。

第三条　国务院特许发行福利彩票、体育彩票。未经国务院特许，禁止发行其他彩票。禁止在中华人民共和国境内发行、销售境外彩票。

第四条　彩票的发行、销售和开奖，应当遵循公开、公平、公正和诚实信用的原则。

第五条　国务院财政部门负责全国的彩票监督管理工作。国务院民政部门、体育行政部门按照各自的职责分别负责全国的福利彩票、体育彩票管理工作。

省、自治区、直辖市人民政府财政部门负责本行政区域的彩票监督管理工作。省、自治区、直辖市人民政府民政部门、体育行政部门按照各自的职责分别负责本行政区域的福利彩票、体育彩票管理工作。

县级以上各级人民政府公安机关和县级以上工商行政管理机关，在各自的职责范围内，依法查处非法彩票，维护彩票市场秩序。

第二章　彩票发行和销售管理

第六条　国务院民政部门、体育行政部门依法设立的福利彩票发行机构、体育彩票发行机构（以下简称彩票发行机构），分别负责全国的福利彩票、体育彩票发行和组织销售工作。

省、自治区、直辖市人民政府民政部门、体育行政部门依法设立的福利彩票销售机构、体育彩票销售机构（以下简称彩票销售机构），分别负责本行政区域的福利彩票、体育彩票销售工作。

第七条　彩票发行机构申请开设、停止福利彩票、体育彩票的具体品种（以下简称彩票品种）或者申请变更彩票品种审批事项的，应当依照本条例规定的程序报国务院财政部门批准。

国务院财政部门应当根据彩票市场健康发展的需要，按照合理规划彩票市场和彩票品种结构、严格控制彩票风险的原则，对彩票发行机构的申请进行审查。

第八条　彩票发行机构申请开设彩票品种，应当经国务院民政部门或者国务院体育行政部门审核同意，向国务院财政部门提交下列申请材料：

（一）申请书；

（二）彩票品种的规则；

（三）发行方式、发行范围；

（四）市场分析报告及技术可行性分析报告；

（五）开奖、兑奖操作规程；

（六）风险控制方案。

国务院财政部门应当自受理申请之日起 90 个工作日内，通过专家评审、听证会等方式对开设彩票品种听取社会意见，对申请进行审查并作出书面决定。

第九条　彩票发行机构申请变更彩票品种的规则、发行方式、发行范围等审批事项的，应当经国务院民政部门或者国务院体育行政部门审核同意，向国务院财政部门提出申请并提交与变更事项有关的材料。国务院财政部门应当自受理申请之日起 45 个工作日内，对申请进行审查并作出书面决定。

第十条　彩票发行机构申请停止彩票品种的，应当经国务院民政部门或者国务院体育行政部门审核同意，向国务院财政部门提出书面申请并提交与停止彩票品种有关的材料。国务院财政部门应当自受理申请之日起 10 个工作日内，对申请进行审查并作出书面决定。

第十一条　经批准开设、停止彩票品种或者变更彩票品种审批事项的，彩票发行机构应当在开设、变更、停止的 10 个自然日前，将有关信息向社会公告。

第十二条　因维护社会公共利益的需要，在紧急情况下，国务院财政部门可以采取必要措施，决定变更彩票品种审批事项或者停止彩票品种。

第十三条　彩票发行机构、彩票销售机构应当依照政府采购法律、行政法规的规定，采购符合标准的彩票设备和技术服务。

彩票设备和技术服务的标准，由国务院财政部门会同国务院民政部门、体育行政部门依照国家有关标准化法律、行政法规的规定制定。

第十四条　彩票发行机构、彩票销售机构应当建立风险管理体系和可疑资金报告制度，保障彩票发行、销售的安全。

彩票发行机构、彩票销售机构负责彩票销售系统的数据管理、开奖兑奖管理以及彩票资金的归集管理，不得委托他人管理。

第十五条　彩票发行机构、彩票销售机构可以委托单位、个人代理销售彩票。彩票发行机构、彩票销售机构应当与接受委托的彩票代销者签订彩票代销合同。福利彩票、体育彩票的代销合同示范文本分别由国务院民政部门、体育行政部门制定。

彩票代销者不得委托他人代销彩票。

第十六条 彩票销售机构应当为彩票代销者配置彩票投注专用设备。彩票投注专用设备属于彩票销售机构所有,彩票代销者不得转借、出租、出售。

第十七条 彩票销售机构应当在彩票发行机构的指导下,统筹规划彩票销售场所的布局。彩票销售场所应当按照彩票发行机构的统一要求,设置彩票销售标识,张贴警示标语。

第十八条 彩票发行机构、彩票销售机构、彩票代销者不得有下列行为:

(一)进行虚假性、误导性宣传;

(二)以诋毁同业者等手段进行不正当竞争;

(三)向未成年人销售彩票;

(四)以赊销或者信用方式销售彩票。

第十九条 需要销毁彩票的,由彩票发行机构报国务院财政部门批准后,在国务院民政部门或者国务院体育行政部门的监督下销毁。

第二十条 彩票发行机构、彩票销售机构应当及时将彩票发行、销售情况向社会全面公布,接受社会公众的监督。

第三章 彩票开奖和兑奖管理

第二十一条 彩票发行机构、彩票销售机构应当按照批准的彩票品种的规则和开奖操作规程开奖。

国务院民政部门、体育行政部门和省、自治区、直辖市人民政府民政部门、体育行政部门应当加强对彩票开奖活动的监督,确保彩票开奖的公开、公正。

第二十二条 彩票发行机构、彩票销售机构应当确保彩票销售数据的完整、准确和安全。当期彩票销售数据封存后至开奖活动结束前,不得查阅、变更或者删除销售数据。

第二十三条 彩票发行机构、彩票销售机构应当加强对开奖设备的管理,确保开奖设备正常运行,并配置备用开奖设备。

第二十四条 彩票发行机构、彩票销售机构应当在每期彩票销售结束后,及时向社会公布当期彩票的销售情况和开奖结果。

第二十五条 彩票中奖者应当自开奖之日起60个自然日内,持中奖彩票到指定的地点兑奖,彩票品种的规则规定需要出示身份证件的,还应当出示本人身份证件。逾期不兑奖的视为弃奖。

禁止使用伪造、变造的彩票兑奖。

第二十六条 彩票发行机构、彩票销售机构、彩票代销者应当按照彩票品种的规则和兑奖操作规程兑奖。

彩票中奖奖金应当以人民币现金或者现金支票形式一次性兑付。

不得向未成年人兑奖。

第二十七条 彩票发行机构、彩票销售机构、彩票代销者以及其他因职务或者业务便利知悉彩票中奖者个人信息的人员,应当对彩票中奖者个人信息予以保密。

第四章 彩票资金管理

第二十八条 彩票资金包括彩票奖金、彩票发行费和彩票公益金。彩票资金构成比例由国务院决定。

彩票品种中彩票资金的具体构成比例,由国务院财政部门按照国务院的决定确定。

随着彩票发行规模的扩大和彩票品种的增加,可以降低彩票发行费比例。

第二十九条 彩票发行机构、彩票销售机构应当按照国务院财政部门的规定开设彩票资金账户,用于核算彩票资金。

第三十条 国务院财政部门和省、自治区、直辖市人民政府财政部门应当建立彩票发行、销售和资金管理信息系统,及时掌握彩票销售和资金流动情况。

第三十一条 彩票奖金用于支付彩票中奖者。彩票单注奖金的最高限额,由国务院财政部门根据彩票市场发展情况决定。

逾期未兑奖的奖金,纳入彩票公益金。

第三十二条 彩票发行费专项用于彩票发行机构、彩票销售机构的业务费用支出以及彩票代销者的销售费用支出。

彩票发行机构、彩票销售机构的业务费实行收支两条线管理,其支出应当符合彩票发行机构、彩票销售机构财务管理制度。

第三十三条 彩票公益金专项用于社会福利、体育等社会公益事业,不用于平衡财政一般预算。

彩票公益金按照政府性基金管理办法纳入预算,实行收支两条线管理。

第三十四条 彩票发行机构、彩票销售机构应当按照国务院财政部门的规定,及时上缴彩票公益金和彩票发行费中的业务费,不得截留或者挪作他用。财政部门应当及时核拨彩票发行机构、彩票销售机构的业务费。

第三十五条 彩票公益金的分配政策,由国务院财政部门会同国务院民政、体育行政等有关部门提出方案,报国务院批准后执行。

第三十六条 彩票发行费、彩票公益金的管理、使用单位,应当依法接受财政部门、审计机关和社会公众的监督。

彩票公益金的管理、使用单位,应当每年向社会公告公益金的使用情况。

第三十七条 国务院财政部门和省、自治区、直辖市人民政府财政部门应当每年向本级人民政府报告上年度彩票公益金的筹集、分配和使用情况,并向社会公告。

第五章 法律责任

第三十八条 违反本条例规定，擅自发行、销售彩票，或者在中华人民共和国境内发行、销售境外彩票构成犯罪的，依法追究刑事责任；尚不构成犯罪的，由公安机关依法给予治安管理处罚；有违法所得的，没收违法所得。

第三十九条 彩票发行机构、彩票销售机构有下列行为之一的，由财政部门责令停业整顿；有违法所得的，没收违法所得，并处违法所得3倍的罚款；对直接负责的主管人员和其他直接责任人员，依法给予处分；构成犯罪的，依法追究刑事责任：

（一）未经批准开设、停止彩票品种或者未经批准变更彩票品种审批事项的；

（二）未按批准的彩票品种的规则、发行方式、发行范围、开奖兑奖操作规程发行、销售彩票或者开奖兑奖的；

（三）将彩票销售系统的数据管理、开奖兑奖管理或者彩票资金的归集管理委托他人管理的；

（四）违反规定查阅、变更、删除彩票销售数据的；

（五）以赊销或者信用方式销售彩票的；

（六）未经批准销毁彩票的；

（七）截留、挪用彩票资金的。

第四十条 彩票发行机构、彩票销售机构有下列行为之一的，由财政部门责令改正；有违法所得的，没收违法所得；对直接负责的主管人员和其他直接责任人员，依法给予处分：

（一）采购不符合标准的彩票设备或者技术服务的；

（二）进行虚假性、误导性宣传的；

（三）以诋毁同业者等手段进行不正当竞争的；

（四）向未成年人销售彩票的；

（五）泄露彩票中奖者个人信息的；

（六）未将逾期未兑奖的奖金纳入彩票公益金的；

（七）未按规定上缴彩票公益金、彩票发行费中的业务费的。

第四十一条 彩票代销者有下列行为之一的，由民政部门、体育行政部门责令改正，处2000元以上1万元以下罚款；有违法所得的，没收违法所得：

（一）委托他人代销彩票或者转借、出租、出售彩票投注专用设备的；

（二）进行虚假性、误导性宣传的；

（三）以诋毁同业者等手段进行不正当竞争的；

（四）向未成年人销售彩票的；

（五）以赊销或者信用方式销售彩票的。

彩票代销者有前款行为受到处罚的，彩票发行机构、彩票销售机构有权解除彩票代销合同。

第四十二条 伪造、变造彩票或使用伪造、变造的彩票兑奖的，依法给予治安管理处罚；构成犯罪的，依法追究刑事责任。

第四十三条 彩票公益金管理、使用单位违反彩票公益金管理、使用规定的，由财政部门责令限期改正；有违法所得的，没收违法所得；在规定期限内不改正的，没收已使用彩票公益金形成的资产，取消其彩票公益金使用资格。

第四十四条 依照本条例的规定履行彩票管理职责的财政部门、民政部门、体育行政部门的工作人员，在彩票监督管理活动中滥用职权、玩忽职守、徇私舞弊，构成犯罪的，依法追究刑事责任；尚不构成犯罪的，依法给予处分。

第六章 附 则

第四十五条 本条例自2009年7月1日起施行。

国务院关于进一步规范彩票管理的通知

（2001年10月30日 国发〔2001〕35号）

发行彩票是国家筹集公益资金的一种重要手段。近年来，福利彩票和体育彩票发行方式不断更新，发行规模不断扩大，促进了社会福利事业和体育事业的发展。但是，当前彩票管理中仍存在一些问题，主要表现在：个别地方和部门违反国务院规定，未经批准擅自发行或变相发行彩票；一些彩票发行与销售机构违反有关规定，擅自改变彩票发行方式和游戏规则，或在宣传中发布可能误导公众的信息；个别地区存在民间私自发行彩票、代销境外“六合彩”等非法行为；彩票发行管理办法、资金和财务管理制度不尽完善，发行费用比例过高；彩票公益金的使用范围过于狭窄。这些问题严重影响了彩票市场的健康发展。为进一步加强对彩票市场的监督管理，规范彩票发行和销售行为，适当扩大彩票发行规模，支持社会保障事业，现就有关问题通知如下：

一、彩票发行的审批权集中在国务院，任何地方和部门均无权批准发行彩票。目前，经国务院批准发行的彩票有两种，即福利彩票和体育彩票。要坚决取缔各种以有奖销售或抽奖方式变相发行彩票的活动，加大对民间私自发行彩票、代销境外“六合彩”等非法行为的打击力度。对未经国务院批准擅自发行或变相发行彩票的，财政部要会同工商、公安等部门进行查处，涉及政府部门和行政机关的，要对主要责任人给予党纪和政纪处分，触犯刑法的要追究刑事责任。

二、财政部负责起草、制定国家有关彩票管理的法规、政策；管理彩票市场，监督彩票的发行和销售活动；会同民政部和国家体育总局研究制定彩票资金使用的政策，监督彩票资金的解缴、分配和使用。

民政部、国家体育总局根据国家有关法规、政策和制度，分别研究制定福利彩票和体育彩票的发行、销售和资金管理的具体办法并组织实施；负责研究制定本系统彩票发展规划；

研究提出发行额度并经审核批准后组织实施;确保及时足额向财政专户解缴彩票公益金;加强对彩票发行与销售机构的管理,努力降低成本,扩大发行规模。

三、国务院对年度彩票发行规模仍实行额度管理。民政部、国家体育总局发行彩票要向财政部提出额度申请,财政部审核汇总后报国务院,经国务院批准后由财政部将发行额度分别下达给民政部和国家体育总局,由民政部和国家体育总局据此制定具体分配方案并组织实施。年度执行中,财政部可根据彩票市场情况,会同民政部、国家体育总局提出调整彩票发行额度的意见,报请国务院批准后执行。

四、从2001年起,适当扩大彩票发行规模,并对彩票公益金的分配比例进行调整。财政部会同民政部、国家体育总局分别确定民政部门和体育部门的彩票公益金基数,基数以内的彩票公益金,由民政和体育部门继续按规定的范围使用;超过基数的彩票公益金,20%由民政和体育部门分别分配使用,80%上交财政部,纳入全国社会保障基金,统一管理和使用。

五、从2002年1月1日起,彩票发行资金构成比例调整为:返奖比例不得低于50%,发行费用比例不得高于15%,彩票公益金比例不得低于35%。今后随彩票发行规模的扩大和品种增加,进一步适当调整彩票发行资金构成比例,降低发行费用,增加彩票公益金。

六、按照"收支两条线"的原则,对彩票发行收入实行专户管理。彩票公益金和发行费用必须纳入财政专户,支出应符合彩票发行与销售机构财务管理制度和彩票公益金管理制度。彩票公益金不得用于平衡预算,发行费用结余不得用于补充民政、体育部门的行政经费。国家审计机关要加强对彩票发行以及彩票公益金筹集、分配和使用情况的审计,年度审计结果向社会公布。

七、财政部要会同有关部门尽快起草《彩票管理条例》,报国务院审批后公布执行。财政部要尽快制定统一的彩票发行与销售管理、彩票发行与销售机构财务管理以及彩票公益金管理的办法,规范彩票发行与销售机构的行为,加强对彩票资金的监督及管理。

彩票管理条例实施细则

(2012年1月18日财政部、民政部、国家体育总局令第67号公布　自2012年3月1日起施行)

第一章　总　　则

第一条　根据《彩票管理条例》(以下简称条例),制定本细则。

第二条　条例第二条所称特定规则,是指经财政部批准的彩票游戏规则。

条例第二条所称凭证,是指证明彩票销售与购买关系成立的专门凭据,应当记载彩票游戏名称,购买数量和金额,数字、符号或者图案,开奖和兑奖等相关信息。

第三条　财政部负责全国的彩票监督管理工作,主要职责是:

(一)制定彩票监督管理制度和政策;

(二)监督管理全国彩票市场以及彩票的发行和销售活动,监督彩票资金的解缴和使用;

(三)会同民政部、国家体育总局等有关部门提出彩票公益金分配政策建议;

(四)审批彩票品种的开设、停止和有关审批事项的变更;

(五)会同民政部、国家体育总局制定彩票设备和技术服务标准;

(六)审批彩票发行机构财务收支计划,监督彩票发行机构财务管理活动;

(七)审批彩票发行机构的彩票销毁方案。

第四条　民政部、国家体育总局按照各自的职责分别负责全国的福利彩票、体育彩票管理工作,主要职责是:

(一)制定全国福利彩票、体育彩票事业的发展规划和管理制度;

(二)设立福利彩票、体育彩票发行机构;

(三)制定民政部门、体育行政部门彩票公益金使用管理办法,指导地方民政部门、体育行政部门彩票公益金的使用和管理;

(四)审核福利彩票、体育彩票品种的开设、停止和有关审批事项的变更;

(五)监督福利彩票、体育彩票发行机构的彩票销毁工作;

(六)制定福利彩票、体育彩票的代销合同示范文本。

第五条　省级财政部门负责本行政区域的彩票监督管理工作,主要职责是:

(一)制定本行政区域的彩票监督管理具体实施办法,审核本行政区域的彩票销售实施方案;

(二)监督管理本行政区域彩票市场以及彩票的销售活动,监督本行政区域彩票资金的解缴和使用;

(三)会同省级民政部门、体育行政部门制定本行政区域的彩票公益金管理办法;

(四)审批彩票销售机构财务收支计划,监督彩票销售机构财务管理活动。

第六条　省级民政部门、体育行政部门按照各自的职责分别负责本行政区域的福利彩票、体育彩票管理工作,主要职责是:

(一)设立本行政区域的福利彩票、体育彩票销售机构;

(二)批准建立本行政区域福利彩票、体育彩票的销售网络;

(三)制定本行政区域民政部门、体育行政部门彩票公益金使用管理办法,指导省以下民政部门、体育行政部门彩票公

益金的使用和管理;

（四）监督本行政区域彩票代销者的代销行为。

第七条　条例第五条所称非法彩票,是指违反条例规定以任何方式发行、销售以下形式的彩票:

（一）未经国务院特许,擅自发行、销售福利彩票、体育彩票之外的其他彩票;

（二）在中华人民共和国境内,擅自发行、销售的境外彩票;

（三）未经财政部批准,擅自发行、销售的福利彩票、体育彩票品种和彩票游戏;

（四）未经彩票发行机构、彩票销售机构委托,擅自销售的福利彩票、体育彩票。

县级以上财政部门、民政部门、体育行政部门,以及彩票发行机构、彩票销售机构,应当积极配合公安机关和工商行政管理机关依法查处非法彩票,维护彩票市场秩序。

第二章　彩票发行和销售管理

第八条　福利彩票发行机构、体育彩票发行机构,按照统一发行、统一管理、统一标准的原则,分别负责全国的福利彩票、体育彩票发行和组织销售工作,主要职责是:

（一）制定全国福利彩票、体育彩票发行销售的发展规划、管理制度、工作规范和技术标准等;

（二）建立全国福利彩票、体育彩票的发行销售系统、市场调控机制、激励约束机制和监督管理机制;

（三）组织彩票品种的研发,申请开设、停止彩票品种或者变更彩票品种审批事项,经批准后组织实施;

（四）负责组织管理全国福利彩票、体育彩票的销售系统数据、资金归集结算、设备和技术服务、销售渠道和场所规划、印制和物流、开奖兑奖、彩票销毁;

（五）负责组织管理全国福利彩票、体育彩票的形象建设、彩票代销、营销宣传、业务培训、人才队伍建设等工作。

第九条　福利彩票销售机构、体育彩票销售机构,在福利彩票发行机构、体育彩票发行机构的统一组织下,分别负责本行政区域的福利彩票、体育彩票销售工作,主要职责是:

（一）制定本行政区域福利彩票、体育彩票销售管理办法和工作规范;

（二）向彩票发行机构提出停止彩票品种或者变更彩票品种审批事项的建议;

（三）向同级财政部门提出本行政区域彩票销售实施方案,经审核后组织实施;

（四）负责本行政区域福利彩票、体育彩票销售系统的建设、运营和维护;

（五）负责实施本行政区域福利彩票、体育彩票的销售系统数据管理、资金归集结算、销售渠道和场所规划、物流管理、开奖兑奖;

（六）负责组织实施本行政区域福利彩票、体育彩票的形象建设、彩票代销、营销宣传、业务培训、人才队伍建设等工作。

第十条　各省、自治区、直辖市福利彩票、体育彩票的销售网络,由福利彩票销售机构、体育彩票销售机构提出方案,分别报省级民政部门、体育行政部门批准后建立。

第十一条　条例第七条所称彩票品种,是指按照彩票游戏机理和特征划分的彩票类型,包括乐透型、数字型、竞猜型、传统型、即开型、视频型、基诺型等。

条例第七条所称开设,是指在已发行销售的彩票品种之外,增加新的品种。

条例第七条所称变更,是指在已发行销售的彩票品种之内,对彩票游戏规则、发行方式、发行范围等事项进行调整。

第十二条　彩票发行机构申请开设彩票品种,或者申请变更彩票品种审批事项涉及对技术方案进行重大调整的,应当委托专业检测机构进行技术检测。

第十三条　对彩票发行机构申请开设彩票品种的审查,按照以下程序办理:

（一）彩票发行机构将拟开设彩票品种的申请材料报民政部或者国家体育总局进行审核;

（二）民政部或者国家体育总局审核同意后,彩票发行机构向财政部提交申请材料;

（三）财政部自收到申请材料之日起10个工作日之内,对申请材料进行初步审核,并出具受理或者不予受理意见书;

（四）受理申请后,财政部通过专家评审、听证会等方式听取社会意见;

（五）财政部自受理申请之日起90个工作日内,根据条例、有关彩票管理的制度规定以及社会意见作出书面决定。

第十四条　彩票发行机构申请变更彩票品种审批事项的,应当向财政部提交下列申请材料:

（一）申请书;

（二）拟变更彩票品种审批事项的具体内容,包括对彩票游戏规则、发行方式、发行范围等的具体调整方案;

（三）对变更彩票品种审批事项的市场分析报告;

（四）财政部要求报送的其他材料。

第十五条　对彩票发行机构申请变更彩票品种审批事项的审查,按照以下程序办理:

（一）彩票发行机构将拟变更彩票品种审批事项的申请材料报民政部或者国家体育总局进行审核;

（二）民政部或者国家体育总局审核同意后,彩票发行机构向财政部提交申请材料;

（三）财政部自收到申请材料之日起10个工作日之内,对申请材料进行初步审核,并出具受理或者不予受理意见书;

（四）财政部自受理申请之日起45个工作日内,根据条例、有关彩票管理的制度规定作出书面决定。

第十六条　彩票发行机构申请停止彩票品种或者彩票游戏，应当向财政部报送拟停止彩票品种或者彩票游戏上市以来的销售情况、奖池和调节基金余额、停止发行销售的理由等相关材料。

第十七条　对彩票发行机构申请停止彩票品种或者彩票游戏的审查，按照以下程序办理：

（一）彩票发行机构将拟停止彩票品种或者彩票游戏的申请材料报民政部或者国家体育总局进行审核；

（二）民政部或者国家体育总局审核同意后，彩票发行机构向财政部提交申请材料；

（三）财政部自收到申请材料之日起5个工作日之内，对申请材料进行初步审核，并出具受理或者不予受理意见书；

（四）财政部自受理申请之日起10个工作日内，根据条例、有关彩票管理的制度规定作出书面决定。

第十八条　彩票销售机构认为本行政区域内需要停止彩票品种或者彩票游戏、变更彩票品种审批事项的，经省级财政部门提出意见后可以向彩票发行机构提出书面申请建议。

第十九条　经批准开设彩票品种或者变更彩票品种审批事项的，彩票发行机构、彩票销售机构应当制定销售实施方案，报同级财政部门审核同意后组织上市销售。

第二十条　彩票发行机构、彩票销售机构开展派奖活动，由负责管理彩票游戏奖池的彩票发行机构或者彩票销售机构向同级财政部门提出申请，经批准后组织实施。

第二十一条　条例第十三条所称彩票设备和技术服务，根据彩票发行销售业务的专业性、市场性特点和彩票市场发展需要，分为专用的彩票设备和技术服务与通用的彩票设备和技术服务。

专用的彩票设备和技术服务包括：彩票投注专用设备，彩票开奖设备和服务，彩票发行销售信息技术系统的开发、集成、测试、运营及维护，彩票印制、仓储和运输，彩票营销策划和广告宣传，以及彩票技术和管理咨询等。

通用的彩票设备和技术服务包括：计算机、网络设备、打印机、复印机等通用硬件产品，数据库系统、软件工具等商业软件产品，以及工程建设等。

第二十二条　彩票发行机构、彩票销售机构采购彩票设备和技术服务，依照政府采购法及相关规定，以公开招标作为主要采购方式。经同级财政部门批准，彩票发行机构、彩票销售机构采购专用的彩票设备和技术服务，可以采用邀请招标、竞争性谈判、单一来源采购、询价或者国务院政府采购监督管理部门认定的其他采购方式。

第二十三条　彩票代销者应当具备以下条件：

（一）年满18周岁且具有完全民事行为能力的个人，或者具有独立法人资格的单位；

（二）有与从事彩票代销业务相适应的资金；

（三）有满足彩票销售需要的场所；

（四）近五年内无刑事处罚记录和不良商业信用记录；

（五）彩票发行机构、彩票销售机构规定的其他条件。

第二十四条　彩票发行机构、彩票销售机构向社会征召彩票代销者和设置彩票销售场所，应当遵循以下原则：

（一）统筹规划，合理布局；

（二）公开公正，规范透明；

（三）从优选择，兼顾公益。

第二十五条　彩票发行机构、彩票销售机构应当根据民政部、国家体育总局制定的彩票代销合同示范文本，与彩票代销者签订彩票代销合同。彩票代销合同应当包括以下内容：

（一）委托方与受托方的姓名或者名称、住所及法定代表人姓名；

（二）合同订立时间、地点、生效时间和有效期限；

（三）委托方与受托方的权利和义务；

（四）彩票销售场所的设立、迁移、暂停销售、撤销；

（五）彩票投注专用设备的提供与管理；

（六）彩票资金的结算，以及销售费用、押金或者保证金的管理；

（七）不得向未成年人销售彩票和兑奖的约定；

（八）监督和违约责任；

（九）其他内容。

委托方与受托方应当遵守法律法规、规章制度和有关彩票管理政策，严格履行彩票代销合同。

第二十六条　签订彩票代销合同后，彩票发行机构、彩票销售机构应当向彩票代销者发放彩票代销证。福利彩票代销证、体育彩票代销证的格式分别由福利彩票发行机构、体育彩票发行机构制定。

彩票代销证应当置于彩票销售场所的显著位置。

彩票代销证是彩票代销者代理销售彩票的合法资格证明，不得转借、出租、出售。

第二十七条　彩票代销证应当记载以下事项：

（一）彩票代销证编号；

（二）彩票代销者的姓名或者名称、住所及法定代表人姓名；

（三）彩票销售场所地址；

（四）彩票代销证的有效期限；

（五）彩票发行机构规定的其他事项。

第二十八条　彩票发行机构、彩票销售机构应当对从事彩票代销业务的人员进行专业培训。

第二十九条　纸质即开型彩票的废票、尾票，应当定期销毁。

销毁彩票应当采用粉碎、打浆等方式。

第三十条　彩票发行机构申请销毁纸质即开型彩票的废票、尾票的，应当向财政部提出书面申请并提交拟销毁彩票的名称、面值、数量、金额，以及销毁时间、地点、方式等材料。

财政部应当自受理申请之日起10个工作日内,对申请进行审查并作出书面决定。

彩票发行机构应当自财政部作出书面决定之日起30个工作日内分别在民政部、国家体育总局的监督下销毁彩票,并于销毁后20个工作日内向财政部报送销毁情况报告。

第三十一条 彩票发行机构、彩票销售机构、彩票代销者在难以判断彩票购买者或者兑奖者是否为未成年人的情况下,可以要求彩票购买者或者兑奖者出示能够证明其年龄的有效身份证件。

第三十二条 彩票市场实行休市制度。休市期间,停止彩票的销售、开奖和兑奖。休市的彩票品种和具体时间由财政部向社会公告。

第三十三条 彩票发行机构、彩票销售机构应当于每年5月31日前,向社会公告上年度各彩票品种的销售量、中奖金额、奖池资金余额、调节基金余额等情况。

第三章 彩票开奖和兑奖管理

第三十四条 彩票发行机构、彩票销售机构应当向社会公告彩票游戏的开奖方式、开奖时间、开奖地点。

第三十五条 条例第二十二条所称开奖活动结束,是指彩票游戏的开奖号码全部摇出或者开奖结果全部产生。

通过专用摇奖设备确定开奖号码的,应当在当期彩票销售截止时封存彩票销售原始数据;通过专用电子摇奖设备或者根据体育比赛项目确定开奖号码的,应当定期封存彩票销售原始数据。

彩票销售原始数据保存期限,自封存之日起不得少于60个月。

第三十六条 民政部、国家体育总局和省级民政部门、体育行政部门应当制定福利彩票、体育彩票的开奖监督管理办法,加强对彩票开奖活动的监督。

第三十七条 彩票发行机构、彩票销售机构应当统一购置、直接管理开奖设备。

彩票发行机构、彩票销售机构不得将开奖设备转借、出租、出售。

第三十八条 彩票发行机构、彩票销售机构使用专用摇奖设备或者专用电子摇奖设备开奖的,开始摇奖前,应当对摇奖设备进行检测。摇奖设备进入正式摇奖程序后,不得中途暂停或者停止运行。

因设备、设施故障等造成摇奖中断的,已摇出的号码有效。未摇出的剩余号码,应当尽快排除故障后继续摇出;设备、设施故障等无法排除的,应当启用备用摇奖设备、设施继续摇奖。

摇奖活动结束后,彩票发行机构、彩票销售机构负责摇奖的工作人员应当对摇奖结果进行签字确认。签字确认文件保存期限不得少于60个月。

第三十九条 根据体育比赛结果进行开奖的彩票游戏,体育比赛裁定的比赛结果经彩票发行机构或者彩票销售机构依据彩票游戏规则确认后,作为开奖结果。

体育比赛因各种原因提前、推迟、中断、取消或者被认定为无效场次的,其开奖和兑奖按照经批准的彩票游戏规则执行。

第四十条 未按照彩票游戏规则和开奖操作规程进行的开奖活动及开奖结果无效。

因自然灾害等不可抗力事件导致不能按期开奖的,应当及时向社会公告后延期开奖;导致开奖中断的,已开出的号码有效,应当及时向社会公告后延期开出剩余号码。

第四十一条 彩票发行机构、彩票销售机构应当及时、准确、完整地向社会公告当期彩票销售和开奖情况,公告内容包括:

(一)彩票游戏名称,开奖日期或者期号;

(二)当期彩票销售金额;

(三)当期彩票开奖结果;

(四)奖池资金余额;

(五)兑奖期限。

第四十二条 彩票售出后出现下列情况的,不予兑奖:

(一)彩票因受损、玷污等原因导致无法正确识别的;

(二)纸质即开型彩票出现兑奖区覆盖层撕刮不开、无兑奖符号、保安区裸露等问题的。

不予兑奖的彩票如果是因印制、运输、仓储、销售原因造成的,彩票发行机构、彩票销售机构应当予以收回,并按彩票购买者意愿退还其购买该彩票所支付的款项或者更换同等金额彩票。

第四十三条 彩票中奖者应当自开奖之日起60个自然日内兑奖。最后一天为《全国年节及纪念日放假办法》规定的全体公民放假的节日或者彩票市场休市的,顺延至全体公民放假的节日后或者彩票市场休市结束后的第一个工作日。

第四十四条 彩票中奖奖金不得以人民币以外的其他货币兑付,不得以实物形式兑付,不得分期多次兑付。

第四十五条 彩票发行机构、彩票销售机构、彩票代销者及其工作人员不得违背彩票中奖者本人意愿,以任何理由和方式要求彩票中奖者捐赠中奖奖金。

第四章 彩票资金管理

第四十六条 条例第二十八条所称彩票资金,是指彩票销售实现后取得的资金,包括彩票奖金、彩票发行费、彩票公益金。

条例第二十八条所称彩票资金构成比例,是指彩票奖金、彩票发行费、彩票公益金占彩票资金的比重。

条例第二十八条所称彩票资金的具体构成比例,是指在彩票游戏规则中规定的,按照彩票销售额计提彩票奖金、彩票发行费、彩票公益金的具体比例。

第四十七条 彩票发行机构、彩票销售机构应当开设彩票资金专用账户，包括彩票资金归集结算账户、彩票投注设备押金或者保证金账户。

第四十八条 彩票奖金应当按照彩票游戏规则的规定支付给彩票中奖者。

彩票游戏单注奖金的最高限额，由财政部根据彩票市场发展情况在彩票游戏规则中规定。

第四十九条 彩票发行机构、彩票销售机构应当按照彩票游戏规则的规定设置奖池和调节基金。奖池和调节基金应当按照彩票游戏规则的规定分别核算和使用。

彩票发行机构、彩票销售机构应当设置一般调节基金。彩票游戏经批准停止销售后的奖池和调节基金结余，转入一般调节基金。

第五十条 经同级财政部门审核批准后，彩票发行机构、彩票销售机构开展彩票游戏派奖活动所需资金，可以从该彩票游戏的调节基金或者一般调节基金中支出。

不得使用奖池资金、业务费开展派奖活动。

第五十一条 条例第三十二条所称业务费，是指彩票发行机构、彩票销售机构按照彩票销售额一定比例提取的，专项用于彩票发行销售活动的经费。

第五十二条 彩票发行机构、彩票销售机构的业务费提取比例，由彩票发行机构、彩票销售机构根据彩票市场发展需要提出方案，报同级民政部门或者体育行政部门商同级财政部门核定后执行。

第五十三条 彩票发行机构、彩票销售机构的业务费由彩票发行机构、彩票销售机构按月缴入中央财政专户和省级财政专户，实行收支两条线管理。

彩票代销者的销售费用，由彩票发行机构、彩票销售机构与彩票代销者按照彩票代销合同的约定进行结算。

第五十四条 彩票发行机构、彩票销售机构应当根据彩票市场发展情况和发行销售业务需要，编制年度财务收支计划，报同级财政部门审核批准后执行。

财政部和省级财政部门应当按照国家有关规定审核批准彩票发行机构、彩票销售机构的年度财务收支计划，并根据其业务开支需要和业务费缴纳情况及时拨付资金。

未拨付的彩票发行机构、彩票销售机构的业务费，用于弥补彩票发行机构、彩票销售机构的收支差额，不得用于平衡财政一般预算或者其他支出。

第五十五条 彩票销售机构的业务费实行省级集中统一管理，由福利彩票销售机构、体育彩票销售机构按照省级财政部门审核批准的年度财务收支计划，分别统筹安排用于本行政区域内福利彩票、体育彩票的销售工作。

第五十六条 彩票发行机构、彩票销售机构应当在业务费中提取彩票发行销售风险基金、彩票兑奖周转金。

彩票发行销售风险基金专项用于因彩票市场变化或者不可抗力事件等造成的彩票发行销售损失支出。彩票兑奖周转金专项用于向彩票中奖者兑付奖金的周转支出。

第五十七条 彩票公益金按照政府性基金管理办法纳入预算，实行收支两条线管理，专项用于社会福利、体育等社会公益事业，结余结转下年继续使用，不得用于平衡财政一般预算。

第五十八条 彩票公益金按照国务院批准的分配政策在中央与地方之间分配，由彩票销售机构分别上缴中央财政和省级财政。

上缴中央财政的彩票公益金，由财政部驻各省、自治区、直辖市财政监察专员办事处就地征收；上缴省级财政的彩票公益金，由省级财政部门负责征收。

第五十九条 逾期未兑奖的奖金纳入彩票公益金，由彩票销售机构结算归集后上缴省级财政，全部留归地方使用。

第六十条 中央和省级彩票公益金的管理、使用单位，应当会同同级财政部门制定彩票公益金资助项目实施管理办法。

彩票公益金的管理、使用单位，应当及时向社会进行公告或者发布消息，依法接受财政部门、审计部门和社会公众的监督。

彩票公益金资助的基本建设设施、设备或者社会公益活动，应当以显著方式标明彩票公益金资助标识。

第六十一条 财政部应当每年向社会公告上年度全国彩票公益金的筹集、分配和使用情况。省级财政部门应当每年向社会公告上年度本行政区域彩票公益金的筹集、分配和使用情况。

中央和地方各级彩票公益金的管理、使用单位，应当每年向社会公告上年度彩票公益金的使用规模、资助项目和执行情况等。

第五章 法律责任

第六十二条 彩票发行机构、彩票销售机构有下列行为之一的，由财政部门责令改正；对直接负责的主管人员和其他直接责任人员，建议所在单位或者主管部门给予相应的处分：

（一）违反彩票销售原始数据、彩票开奖设备管理规定的；

（二）违反彩票发行销售风险基金、彩票兑奖周转金或者彩票游戏的奖池资金、调节基金以及一般调节基金管理规定的；

（三）未按批准的销毁方式、期限销毁彩票的；

（四）未按规定向社会公告相关信息的；

（五）使用奖池资金、业务费开展派奖活动的；

（六）未以人民币现金或者现金支票形式一次性兑奖的。

第六十三条 彩票代销者有下列行为之一的，由民政部门、体育行政部门责令改正；情节严重的，责成彩票发行机构、彩票销售机构解除彩票代销合同：

(一)转借、出租、出售彩票代销证的;

(二)未以人民币现金或者现金支票形式一次性兑奖的。

第六章　附　　则

第六十四条　本细则自2012年3月1日起施行。

中央专项彩票公益金支持精神病人福利机构项目管理办法

(2014年6月18日　财综〔2014〕44号)

第一章　总　　则

第一条　为了规范和加强中央专项彩票公益金支持精神病人福利机构项目管理工作,根据《彩票管理条例》、《彩票管理条例实施细则》和《彩票公益金管理办法》(财综〔2012〕15号)的有关规定,制定本办法。

第二条　本办法所称中央专项彩票公益金支持精神病人福利机构项目(以下简称项目),是指2014年至2015年利用中央财政安排的中央专项彩票公益金进行建设的精神病人福利机构项目。

第三条　本办法所称精神病人福利机构,是指对城镇"三无"、农村五保、流浪乞讨人员、复员退伍军人等城乡特殊困难群体中精神障碍患者开展救治、救助、康复、护理和照料等服务的精神病人社会福利院。

第四条　用于项目的中央专项彩票公益金(以下简称项目资金),应当坚持公开透明、规范管理、讲求绩效和专款专用的原则。

第二章　资金使用范围与标准

第五条　项目资金用于支持地级精神病人福利机构新建、迁建、改扩建和配置设备。

第六条　新建、迁建精神病人福利机构的资助标准为每个3000万元,改扩建精神病人福利机构的资助标准为每个2000万元。

第七条　项目重点资助在本地区具有填补空白意义或有辐射示范和带动作用的,具有精神障碍患者救治、救助、康复、长期护理照料等服务功能的精神病人福利机构。

第三章　项目申报

第八条　项目申报审批程序如下:

(一)民政部会同财政部制定项目整体规划、申报办法和项目申报书范本,下达各地精神病人福利机构建设指标;

(二)省级民政部门会同同级财政部门根据项目申报办法和申报书范本组织本地区申报工作,经审核并提出意见形成申报文件后,上报民政部和财政部;

(三)民政部会同财政部组织评审立项。

第九条　项目申报须满足如下条件:

(一)项目所在地政府应当无偿提供土地,项目须经所在地政府发展改革委员会批准;

(二)每个新建、迁建项目新增床位应当不少于300张,每个改扩建项目新增床位应当不少于200张;

(三)项目建设主体应当包括门诊室、医技科室、工疗室、康复训练(医疗康复、职业康复、社会康复)、护理照料、保障系统等设施用房,无障碍设施建设应当符合《无障碍环境建设条例》要求,医疗设备的配置标准应当符合卫生部门的要求。

第十条　项目申报应当提供如下材料:

(一)项目申报书;

(二)本地区医疗保障水平和社会救助等配套政策,特别是特殊困难精神障碍患者的救治、救助政策等情况;

(三)项目后续管理运转方式;

(四)其他需要说明的材料。

第十一条　项目经批准立项后,原则上不得调整。执行过程中由于特殊原因需要调整的,应当按照原申报审批程序报批。

第四章　资金使用

第十二条　项目资金预算由财政部按照项目资金资助标准和各地精神病人福利机构建设指标,按年度下达各省、自治区、直辖市财政厅(局)和新疆生产建设兵团财务局(以下简称省级财政部门)。

第十三条　地方财政部门应对项目资金实行专项管理,并严格按照规定用途使用,不得截留、挤占、挪用。

第十四条　项目资金安排使用时,填列《政府收支分类科目》中229类"其他支出"60款"彩票公益金安排的支出"02项"用于社会福利的彩票公益金支出"。

第十五条　项目资金支出属于政府采购范围的,按照政府采购有关规定执行。

第十六条　项目资金支付管理,按照财政国库管理制度有关规定执行。

第五章　公告报告

第十七条　由项目资金资助建设的场所和设施设备,应当在显著位置标识"彩票公益金资助——中国福利彩票和中国体育彩票"字样。

第十八条　省级财政部门和省级民政部门,应当于每年3月底前,将上一年度项目资金分配使用和项目执行情况报送财政部和民政部。

第十九条　省级民政部门应当于每年6月底前,向社会公告上一年度项目资金分配使用和项目执行情况。

第六章 监督管理

第二十条 各级财政部门和民政部门应当加强对项目资金管理和项目实施情况的监督检查，确保资金专款专用。

第二十一条 单位和个人违反规定，截留、挤占、挪用项目资金的，依照《财政违法行为处罚处分条例》、《彩票管理条例》等国家有关规定追究法律责任。

第七章 附　则

第二十二条 本办法由财政部和民政部负责解释。

第二十三条 本办法自印发之日起施行。

中央专项彩票公益金支持农村幸福院项目管理办法

（2013 年 4 月 28 日　财综〔2013〕56 号）

第一章 总　则

第一条 为了规范和加强中央专项彩票公益金支持农村幸福院项目管理工作，根据《彩票管理条例》、《彩票管理条例实施细则》和《彩票公益金管理办法》（财综〔2012〕15 号）的有关规定，制定本办法。

第二条 本办法所称中央专项彩票公益金支持农村幸福院项目（以下简称项目），是指 2013 年至 2015 年由财政部安排中央专项彩票公益金，支持开展的农村幸福院设施修缮和设备用品配备等工作。

第三条 本办法所称农村幸福院，是指由村民委员会进行管理，为农村老年人提供就餐、文化娱乐等照料服务的公益性活动场所。包括农村老年人日间照料中心、托老所、老年灶、老年人活动中心等。

第四条 用于项目的中央专项彩票公益金（以下简称项目资金），应当坚持公开透明、规范管理和专款专用的安排使用原则。

第二章 资金使用范围与标准

第五条 项目资金使用范围是设施修缮和设备用品配备。

第六条 项目资金标准为每个项目补助 3 万元。

第三章 项目申报

第七条 项目申报应当具备下列条件：

（一）具有适合兴办农村幸福院的场地和设施；

（二）经村民会议或者村民代表会议讨论决定；

（三）具有筹资和建设方案。

第八条 项目申报应当提供以下材料：

（一）项目申报书；

（二）项目筹资和建设方案；

（三）项目管理运营方案；

（四）其他需要说明的材料。

第九条 项目申报程序如下：

（一）民政部会同财政部每年年初向各地下达农村幸福院的补助数量指标；

（二）省级民政部门会同省级财政部门制定项目申报办法及申报书范本，组织本地区进行申报和评审立项工作；

（三）省级民政部门会同省级财政部门审核立项后，上报民政部和财政部备案；

（四）民政部会同财政部抽查复核项目立项。

第十条 项目数量指标分配遵循“公平规范、激励先进、促进均衡”原则。

第十一条 项目经批准立项后，原则上不得调整。执行过程中由于特殊原因需要调整的，应当按照原申报审批程序报批。

第四章 资金使用

第十二条 项目资金预算由财政部根据项目资金标准和复核确定的农村幸福院数量指标，按年度下达各省、自治区、直辖市财政厅（局）和新疆生产建设兵团财务局。

第十三条 省级财政部门根据当地财力情况，可以安排资金与中央财政安排的项目资金统筹使用。

第十四条 地方财政部门应当对项目资金实行专项管理，并严格按照规定用途使用，不得截留、挤占、挪用。

第十五条 项目资金安排使用时，填列《政府收支分类科目》中 229 类“其他支出”60 款“彩票公益金安排的支出”02 项“用于社会福利的彩票公益金支出”。

第十六条 项目资金支付按照财政国库管理制度有关规定执行。

第十七条 项目实施单位应当按照方案进行建设和运营管理，提高项目管理服务水平和运营效能。

第十八条 省级民政部门应当建立项目资金支出绩效评价制度，对项目资金使用、项目建设及使用等情况进行综合考评。

第五章 公告报告

第十九条 由项目资金补助的农村幸福院，应当以显著方式标明“彩票公益金资助——中国福利彩票和中国体育彩票”标识。

第二十条 省级财政部门和省级民政部门，应当于每年 3 月底前，将上一年度项目资金分配使用和项目执行情况报送财政部和民政部。

第二十一条 省级民政部门应当于每年 6 月底前，向社会公告上一年度项目资金分配使用和项目执行情况。

第六章　监督管理

第二十二条　各级财政部门应当加强对项目资金管理和项目实施情况的监督检查,确保资金专款专用。

第二十三条　省级民政部门应当设立投诉电话,接受投诉并及时处理。

第二十四条　单位和个人违反规定,截留、挤占、挪用项目资金的,依照《财政违法行为处罚处分条例》(国务院令第427号)追究法律责任。

第七章　附　　则

第二十五条　省级民政部门应当会同省级财政部门根据本办法制定具体的项目实施办法,报民政部和财政部备案。

第二十六条　本办法由财政部和民政部负责解释。

第二十七条　本办法自印发之日起施行。

民政部关于转发《电脑福利彩票投注站管理办法(试行)》和《中福在线即开型彩票销售厅管理暂行办法》的通知

(2007年4月2日　民发〔2007〕48号)

各省、自治区、直辖市民政厅(局):

现将中国福利彩票发行管理中心印发的《电脑福利彩票投注站管理办法(试行)》和《中福在线即开型彩票销售厅管理暂行办法》转发给你们。请指导本地福利彩票机构认真贯彻执行。

电脑福利彩票投注站管理办法(试行)

第一章　总　　则

第一条　为进一步规范电脑福利彩票(以下简称电脑彩票)的销售,加强对电脑彩票投注站(以下简称投注站)的管理,制定本办法。

第二条　中国福利彩票发行管理中心(以下简称中福彩中心)在民政部的领导下主管中国福利彩票的发行管理工作,各省、自治区、直辖市福利彩票发行中心(以下简称省中心)受中福彩中心的委托负责本辖区投注站的管理工作,各市地福利彩票销售机构(以下简称市地中心)受省中心的委托,负责管理本辖区的投注站。

第二章　投注站的设立

第三条　投注站是指按照中福彩中心及省中心的有关规定设立的销售电脑彩票的固定场所。

第四条　凡具有完全民事权利能力和行为能力的中华人民共和国公民和具有法人资格的企业、事业单位及社会团体,均可向驻地所在市地中心提出设立投注站的申请。

第五条　申请开设投注站的个人或者单位,应当具备固定的销售场所和一定的资金保障。

第六条　投注站的设立,由个人或者法人申请,市地中心审查核定,省中心批准,省中心统一将批准的全省投注站报中福彩中心备案。

第七条　经审查合格并批准设置的投注站由中福彩中心颁发《销售许可证》后,才具有电脑彩票销售资格,方可进行销售。

第八条　投注站必须在省中心批准的地址销售电脑彩票,未经省中心批准,不得擅自改变销售地址。

第三章　投注站的环境与设施

第九条　投注站应当根据自身经营场所的面积,制作并使用统一设计的中国福利彩票标牌,标牌应当清晰、整洁、完整无损。

第十条　投注站应当在醒目位置张贴中国福利彩票“扶老、助残、救孤、济困”发行宗旨和“公平、公正、公开”发行原则的宣传语以及理性购买彩票的提示语。

第十一条　投注站必须使用中福彩中心统一设计的开奖公告牌,公告牌应当清晰、整洁,开奖公告内容应当及时更新。

第十二条　投注机是销售电脑彩票的专用设备,投注站不得擅自改变用途。

第十三条　投注站应当做好投注机的防火、防盗、防尘等日常保养工作。

第四章　人员管理

第十四条　投注站的协议签约者是投注站的指定责任人,对投注站的运营管理活动负全责。

第十五条　投注站更换负责人,需报市地中心审查并经省中心批准。

第十六条　投注站应当设专人从事电脑彩票销售,每个投注站销售员不得少于2人。

第十七条　销售员应当年满18周岁,参加岗前培训,经考核合格获得上岗资格后才能从事电脑彩票销售,未取得上岗资格者不得从事电脑彩票销售。

第十八条　销售员应当每天按照省中心规定的时间销售彩票,因特殊原因不能正常销售彩票的,应当公告。

第十九条　销售员应当衣装整洁、语言文明、服务热情。

第五章　彩票销售

第二十条　销售员必须按照电脑彩票面额进行销售,不得擅自变更或者变相变更彩票面额销售。

第二十一条　销售员不得向未成年人销售彩票。

第二十二条 禁止赊销彩票,禁止销售事前打印好的电脑彩票。

第二十三条 销售员不得销售私彩和其他非法彩票。

第二十四条 销售员与投注者的现金往来应当唱收唱付;对销售款、已兑奖的中奖彩票应当妥善保管并按照有关规定及时上缴,严禁弄虚作假、骗取销售资金、冒领奖金的行为。

第二十五条 投注站应当及时、准确转发各级福利彩票发行管理机构面向社会发布的各种公告,不得进行虚假宣传。

第二十六条 投注站除销售电脑彩票之外,有义务销售其他类型的中国福利彩票,并执行有关规定。

第二十七条 注销彩票应当严格按照中福彩中心和省中心的有关规定执行。

第六章 兑奖和结算

第二十八条 投注站应当严格执行省中心制定的兑奖办法和资金结算办法,保证正常兑奖及资金结算。

第二十九条 超过兑奖期限的彩票以及因污损、涂改、破损等原因不能正常识别兑奖的无效彩票,投注站不予兑付奖金,并应当向兑奖者说明不能兑付的原因。

第三十条 投注站发现兑奖异常情况时,应当立即报告市地中心或者省中心。

第七章 投注站的迁移和撤销

第三十一条 投注站因故需要变更销售地点时,应当以书面形式提前向市地中心申请,经市地中心审查并报省中心批准后方可迁移。

第三十二条 投注站因故终止电脑彩票销售并撤销投注站的,应当以书面形式报市地中心审查核定,并经省中心批准。

第三十三条 因故迁移或者撤销投注站,市地中心应当在其原址提前张贴投注站迁移或者撤销的公告。

第八章 投注站的奖励和违规处理

第三十四条 严格管理、遵章守纪,销售业绩突出的投注站,中福彩中心、省中心或者市地中心可以给予表彰或奖励。

第三十五条 对电脑彩票销售工作提出合理化建议并被采纳的集体或者个人,省中心或者市地中心酌情给予表彰或奖励。

第三十六条 投注站违反各级福利彩票发行管理机构制定的有关规定,省中心或者市地中心视其情节给予限期整改、停机直至撤销等处理。触犯法律的,移送司法部门依法处理。

第九章 附 则

第三十七条 本办法适用于所有销售电脑彩票的投注站。

第三十八条 各省中心可以依据本办法,结合本地投注站管理的实际情况,制定具体规定并报中福彩中心备案。

第三十九条 本办法自公布之日起施行。

中福在线即开型彩票销售厅管理暂行办法

第一章 总 则

第一条 为进一步规范中福在线即开型彩票(以下简称中福在线即开票)的发行销售工作,加强对中福在线即开票销售厅(以下简称销售厅)的管理,根据国家彩票发行管理的有关规定,制订本办法。

第二条 中福在线即开票是中国福利彩票发行管理中心(以下简称"中福彩中心")统一发行的无纸化即开型福利彩票,采用计算机通讯网络系统作为发行载体,通过彩票销售厅全国联网销售。

第三条 中福在线即开票坚持福利彩票"扶老、助残、救孤、济困"的发行宗旨,遵守"公开、公正、公平"和自愿购买的原则,积极为中国社会福利和社会保障事业筹集更多的公益资金。

第四条 中福在线即开票实行三级管理,以地(市)为基础的管理体制,也可实行省级垂直管理。中福在线即开型彩票由福彩机构专营专卖。

第五条 销售厅是以销售中福在线即开型彩票为主,同时可以销售其他福利彩票的场所。

第六条 福彩机构及其所属的销售厅要严格遵守国家彩票发行销售管理的有关规定,加强经营管理,保障安全发行,提高销售管理水平,切实维护福利彩票信誉和彩民利益。

第二章 销售厅设立、终止和迁移

第七条 销售厅的设立、终止和迁移由当地福彩机构提出申请。

第八条 设立销售厅应具备的条件:

(一)销售厅由福彩机构自主投资建设和经营管理。

(二)在当地设有健全的福彩销售机构。已设福彩机构具有较强的经营管理和投资能力,有合格的经营管理队伍。

(三)当地政府批准和支持。

(四)福彩机构拥有销售场地的合法所有权或使用权。按照国家有关规定,销售场地应远离中小学校,并且符合消防安全等要求。

(五)符合统一规划、合理布局的要求。

第九条 申请设立销售厅的程序:

(一)申请设立销售厅的福彩机构向省级福彩机构呈报设立销售厅的申请资料,经省级福彩机构审核后报中福彩中心审批。

（二）申请设立销售厅应报送申请报告、当地政府批文、市场分析报告、福彩机构投资建设经营管理承诺书及其他规定的文件资料。

第十条 销售厅建设完毕由省级福彩机构验收，合格后向中福彩中心提出开业申请，中福彩中心配发投注终端机，经中福在线即开票北京数据中心技术测试联调合格后，中福彩中心颁发《中福在线即开型彩票销售许可证》，销售厅方可对外营业。

第十一条 销售厅终止运营：

（一）销售厅因故终止运营，地市福彩机构应以书面形式向省级福彩机构申请，经省级福彩机构审核确定后报中彩中心备案。同时应在销售厅原址张贴停业公告至少30日，并通过媒体发布停业公告，妥善安排退卡、兑奖等相关事宜后，方可终止运营。

（二）终止运营后，当地福彩机构应做好销售厅资产保全、投注终端机封存移交、投注卡清理等工作。省中心于10日内将《中福在线即开型彩票销售许可证》收回并上交中福彩中心。

（三）销售厅终止运营后，必须及时做好资金结算等善后工作。

第十二条 销售厅经营场所如需迁移，经中福彩中心批准后应先按设立新销售厅有关规定进行申报、建设，原有销售厅终止运营。

第三章 人员管理

第十三条 销售厅负责人必须是福彩机构正式工作人员，对销售厅经营活动负全责，同时还应配备财务、技术管理等人员。销售厅负责人、财务、技术等管理人员须报上一级福彩机构批准并报省级福彩机构、中福彩中心备案。

第十四条 销售厅聘用的工作人员应年满18周岁，必须具有完全民事权利能力和行为能力，资信良好、无违法或不良记录，在当地有固定居住场所的公民。

第十五条 销售厅负责人和拥有系统操作权限的工作人员变更时，应报省级福彩机构和中福彩中心备案，并及时选定接替人员按有关规定做好交接工作。

第十六条 当地福彩机构应对销售厅工作人员进行培训和考核，考试合格后方可上岗。未取得上岗资格者不得从事中福在线即开票销售活动。

第四章 销售管理

第十七条 销售厅由福彩机构投资建设和经营管理，不得以任何形式直接或变相对外转包承包经营；销售厅的资产归福彩机构所有。

第十八条 销售厅实行制度化、规范化经营管理，应建立健全内部管理规章制度和业务档案。

第十九条 未经中福彩中心批准，销售厅不得擅自改变经营主体、经营范围、经营地点、编号、名称、装修设计、内部结构等。如确需改变，须提前以书面形式报告，经中福彩中心批准后方可改变。

第二十条 销售厅应在中福彩中心规定的营业时间内销售彩票，并做好日清日结工作。

第二十一条 在销售过程中，如出现断电、通信中断、设备故障等意外情况，购票者的投注与中奖情况以中福在线即开票北京数据中心记录的数据为准。

第二十二条 销售厅应正确引导购票者理性投注；禁止误导、诱导购票者；对购票者非理性行为应加以劝阻。

第二十三条 销售厅应当做好营销宣传，不得进行虚假宣传。营销宣传方案须报上级福彩机构审批。

第二十四条 销售厅应当及时、准确明示各级福彩机构面向社会发布的各种信息和公告。

第二十五条 禁止未成年人进入销售厅购买彩票；禁止向未成年人出售彩票。

第二十六条 禁止赊销彩票。

第二十七条 禁止向购票者索取其他费用、强迫他人购买彩票，或以销售彩票的名义推销其他商品。

第二十八条 禁止销售非法彩票，禁止在销售厅进行赌博等非法活动。

第二十九条 销售厅不得兼营网吧、电子娱乐等项目。

第三十条 销售厅对购票者的个人信息负有保密责任，未经本人同意，不得对外泄漏或公开购票者的个人资料。

第五章 环境建设

第三十一条 销售厅的环境建设应当突出福利彩票的公益性质，应按照《中福在线即开型彩票销售厅形象设计规范》制作门面招牌、宣传品等，并进行统一风格的装修装饰。

第三十二条 销售厅应在显著位置张贴中国福利彩票"扶老、助残、救孤、济困"发行宗旨、"公平、公开、公正"发行原则、《中福在线即开型彩票销售许可证》、政府批文、"禁止未成年人进入销售厅购买彩票"、《彩民协议》、"理性购买彩票"等明示性材料和警示性语句。

第三十三条 销售厅应保持秩序井然、店堂明亮、卫生清洁、空气清新、设备设施完好。

第六章 兑奖

第三十四条 销售厅应做好兑奖工作，保证及时、准确、安全兑付奖金。

第三十五条 中福在线即开票的兑奖凭证是购票者所持的专用投注卡或中福彩中心授权使用的银行卡。

第三十六条 单注彩票中奖金额在1万元及以下的由系统自动兑付，中奖者可在所在地（市）范围内销售厅通兑，各销售厅不得拒兑；单注彩票中奖金额在1万元以上的到当地福彩机构指定地点兑付,并由当地福彩机构代扣代缴中奖者个人偶然所得税。

第三十七条 中福在线即开票兑奖有效期为30天(自投注结果出现时起计),逾期未兑奖者视为弃奖,弃奖奖金自动转入调节基金。

第三十八条 超过兑奖期限的彩票以及因专用投注卡玷污、毁损等原因无法正常识别兑奖的,不予兑付奖金,兑奖者责任自负,福彩机构应向兑奖者说明原因。

第三十九条 不得向未成年人兑付奖金。

第七章 资金管理

第四十条 销售厅应根据国家以及各级福彩机构制定的中福在线即开票相关资金管理办法和规定,建立健全本销售厅各项财务管理制度,做好财务管理和资金归集上缴工作。

第四十一条 销售厅可根据资金管理的需要向当地福彩机构申请开立中福在线即开票资金专用账户并与开户行签订《资金自动扣划协议书》。销售厅若不能开立资金专户的,其款项缴拨应直接通过所属的福彩机构的专户进行。

第四十二条 销售厅与当地福彩机构的资金结算按日进行,按周结清。

第四十三条 销售厅开设专户后,应及时将开户名称、账号、行号和开户行名称报上一级福彩机构备案。如变更或销户,应至少提前10天上报。

第四十四条 销售厅的结算数据以财务管理机和中福在线即开票网上报表查询系统统计的数据为准。

第四十五条 销售厅款项缴拨采取主动缴款或当地福彩机构自动扣划的方式进行,销售厅不能按时结清的,经省级福彩机构报中福彩中心批准后,当地福彩机构有权停止销售厅充值。

第四十六条 销售厅应配备专用保险柜,加强对现金、投注卡、票据和其他重要单据、凭证及报表的管理,并制定相关制度。

第八章 系统设备管理

第四十七条 销售厅应加强对系统设备的管理和维护,保证系统安全性和完整性。

第四十八条 销售厅应按中福彩中心技术规范要求配置彩票销售专用设备和操作系统。

第四十九条 销售厅只能使用经系统登记、注册的专用设备。未经中福彩中心批准,销售厅不得擅自改变系统设备、销售终端数量和更换MAC地址以及随意搬迁投注终端机等,如确需改变,须提前以书面形式报告中福彩中心,经批准后方可改变。由于人为原因造成专用设备损坏的,相关责任人须承担赔偿责任。

第五十条 销售厅工作人员不得擅自拆卸彩票销售终端设备或更换其零部件。不得擅自修改、拷贝、删除彩票销售终端设备内部装载的程序和有关数据文件。不得安装和使用中福彩中心技术规程规定以外的软件程序。

第五十一条 销售厅应按要求对系统设备定期进行维护保养,保证彩票销售系统处于良好工作状态。销售设备发生故障时,由销售厅技术人员按流程进行处理。

第五十二条 销售厅必须使用中福在线即开型彩票专用投注卡和中福彩中心授权使用的银行卡。

第五十三条 专用投注卡卡内资金最多充至1万元。因持卡者个人原因造成损失的,由持卡人负责。

第五十四条 销售厅负责专用投注卡的充值、兑奖、退卡、查询等业务。

第五十五条 专用投注卡在申领卡所在地(市)的各个销售厅可通用,但不得在异地使用。

第五十六条 专用投注卡从购买之日起一年内至少进行一次投注,两次投注间隔不得超过一年(含一年),否则该卡卡内资金将转入调节基金。

第五十七条 非人为原因造成、存在故障的专用投注卡由中福彩中心定期组织统一处理。

第九章 安全管理

第五十八条 福彩机构应根据本地区具体情况,建立健全销售厅安全保卫制度、突发事件的防范措施和应急处理预案。销售厅安全管理制度和相关责任人报省级福彩机构备案。

第五十九条 销售厅必须做好防盗、防火、防潮、防雷、防尘、防磁、防震等工作。因管理原因造成经济损失和其他责任事故的,由相关责任人承担责任。

第六十条 销售厅必须加强柜员区的安防工作,按规定安装防盗门和安防玻璃,监控、消防、安防等设备要保持良好的工作状态。

第六十一条 销售厅工作人员要加强安全防范意识,熟记安全管理规定,对突发事件的应急处理预案要进行演练。遇有突发事件,导致销售厅无法正常营业时,工作人员应及时疏导彩民,保证人员、资金和系统安全,并及时上报有关情况。

第十章 奖励和违规处理

第六十二条 各级民政部门、福彩机构要加强对销售厅的监督检查,对销售厅实行考核评比制度,对管理严格、遵章守纪,销售业绩突出的销售厅给予表彰或奖励。

第六十三条 福彩机构应对销售厅加强绩效考核,建立合理的分配激励机制。

第六十四条 销售厅违反各级福彩票机构制定的有关规定,存在经营管理不善、私自改变经营场所和经营主体等严重违规行为、安全上存在重大隐患、组织销售非法彩票和赌博活动等问题的，视情节给予警告批评、限期整改、停业整顿、直至取消销售资格，触犯法律的移交司法机关依法处理。

第十一章 附 则

第六十五条 各地可以依据本办法，结合本地销售厅管理的实际情况，制定具体规定并报中福彩中心备案。

第六十六条 本办法自颁发之日起实施。

互联网销售彩票管理暂行办法

（2010年9月26日 财综〔2010〕83号）

第一章 总 则

第一条 为促进彩票市场健康发展，规范互联网销售彩票行为，维护彩票市场秩序，保护彩票参与者的合法权益，根据《彩票管理条例》（以下简称条例），制定本办法。

第二条 在中华人民共和国境内开展互联网销售彩票业务适用本办法。

第三条 互联网销售彩票是指使用浏览器或客户端等软件，通过互联网等计算机信息网络系统销售彩票。

第四条 未经财政部批准，任何单位不得开展互联网销售彩票业务。

第二章 审批管理

第五条 财政部负责互联网销售彩票业务的监督管理工作。

福利彩票发行机构、体育彩票发行机构（以下简称彩票发行机构）分别负责互联网销售福利彩票、体育彩票的统一规划和实施管理工作。

福利彩票销售机构、体育彩票销售机构（以下简称彩票销售机构）根据彩票发行机构的授权，分别负责互联网销售福利彩票、体育彩票的有关工作。

第六条 彩票发行机构可以与单位合作或者授权彩票销售机构开展互联网销售彩票业务，也可以委托单位开展互联网代理销售彩票业务。

彩票发行机构、经授权的彩票销售机构与单位合作开展互联网销售彩票业务的，应当与合作单位签订互联网销售彩票的合作协议；彩票发行机构委托单位开展互联网代理销售彩票业务的，应当与接受委托的单位（以下简称"互联网代销者"）签订互联网销售彩票的代销合同。

第七条 合作单位、互联网代销者应当具备以下条件：

（一）具有独立法人资格；

（二）注册资本不低于5000万元人民币；

（三）有符合要求的场所和安全保障措施；

（四）有健全的组织机构、内部控制制度和风险管理措施；

（五）单位及其高级管理人员近五年内无犯罪记录和不良商业信用记录；

（六）取得相关互联网信息服务经营许可证。

第八条 彩票发行机构申请开展、调整或者停止互联网销售彩票业务的，应当根据条例规定，经民政部或者国家体育总局审核同意，向财政部提出书面申请。

财政部应当根据条例规定，对彩票发行机构的申请进行审查并作出书面决定。

第九条 申请开展互联网销售彩票业务的，彩票发行机构应当向财政部提交下列申请材料：

（一）申请书；

（二）市场分析报告及技术可行性分析报告；

（三）合作单位或者互联网代销者的资质证明材料；

（四）合同类材料，包括与银行、设备和技术服务供应商、合作单位或者互联网代销者等单位的合同或者协议意向书；

（五）管理类材料，包括合作单位或者互联网代销者管理、资金管理、销售管理、风险控制方案、设备和技术服务管理、监督和审计管理、应急处理等；

（六）第三方专业检测机构出具的技术检测报告。

第十条 申请调整互联网销售彩票品种的，彩票发行机构应当向财政部提交调整申请书及有关材料。

第十一条 申请停止互联网销售彩票业务的，彩票发行机构应当向财政部提交下列申请材料：

（一）申请书；

（二）彩票参与者合法权益保障方案；

（三）停止后的相关处理方案。

第十二条 经财政部批准开展、调整或者停止互联网销售彩票业务的，彩票发行机构应当在开展、调整或者停止互联网销售彩票业务的10个自然日前，将互联网销售彩票的品种、合作单位或互联网代销者及网站等有关信息向社会公告。

第三章 销售管理

第十三条 彩票发行机构、经授权的彩票销售机构、合作单位或者互联网代销者应当按财政部批准的彩票品种进行销售。未经财政部批准，任何彩票品种不得利用互联网销售。

第十四条 合作单位或者互联网代销者，应当按照财政部批准的事项和合作协议或者代销合同开展互联网销售彩票业务，不得委托他人代销。

第十五条 彩票购买者利用互联网购买彩票，应当通过彩票发行机构的互联网销售彩票管理系统注册开设投注账户。投注账户仅限彩票购买者本人使用，账户信息包括彩票购买者姓名、有效身份证件号码、联系电话、交易记录、资金收付记录等。

第十六条 彩票购买者应当提供本人使用的银行借记卡账户，并与投注账户绑定。

银行借记卡账户与投注账户的个人有关信息应当一致。

第十七条 彩票发行机构应当及时划转、结算彩票购买者的投注资金,确保互联网销售彩票过程中的资金安全。

第十八条 彩票购买者的投注信息由互联网销售彩票管理系统的前端服务平台受理,由后台管理系统对彩票购买者的投注信息和投注账户资金结余情况核实确认后,向彩票购买者发送彩票购买成功或未成功信息。

信息内容应当包括投注账号、投注彩票游戏名称和金额、投注时间、合作单位或者互联网代销者名称以及相关的验证码等,或购买未成功的原因。

第十九条 彩票发行机构、经授权的彩票销售机构、合作单位或者互联网代销者应当妥善保管彩票购买者投注账户信息,并对彩票购买者个人信息进行保密。

第二十条 合作单位或者互联网代销者应当按彩票发行机构的规定缴纳销售保证金,用于防范互联网销售彩票活动中可能产生的各种风险。

第二十一条 彩票发行机构、经授权的彩票销售机构应当保存彩票销售原始数据,保存期限不得少于60个月。

第二十二条 彩票发行机构、经授权的彩票销售机构应当定期对彩票购买者的投注账户信息进行统计,及时掌握彩票购买者基本信息及变化情况。

第二十三条 禁止为未成年人开设投注账号。不得向未成年人兑奖。

第四章 资金管理

第二十四条 互联网销售彩票资金按照财政部批准的彩票游戏规则规定的比例,分别计提彩票奖金、彩票发行费和彩票公益金。

第二十五条 彩票发行机构应当按规定归集互联网销售彩票的资金,分配结算彩票奖金、彩票发行费和彩票公益金。

彩票发行机构应当根据彩票购买者的银行借记卡账户所属行政区域,对互联网销售彩票销量进行省际划分,并分别计入各省、自治区、直辖市的彩票销量。

第二十六条 彩票中奖奖金由彩票发行机构、彩票销售机构按规定支付给中奖者。

第二十七条 彩票发行费按规定比例和代销合同,分别计提彩票发行机构业务费、彩票销售机构业务费、互联网代销者销售费用。

彩票发行机构业务费、彩票销售机构业务费按规定分别缴入中央财政专户和省级财政专户,互联网代销者的销售费用按照代销合同进行结算。

第二十八条 彩票公益金按规定分别缴入中央国库和省级国库。

第五章 安全管理

第二十九条 彩票发行机构应当制定互联网销售彩票的设备和技术服务标准,建立资金风险管理体系和制度,保障互联网销售彩票的资金安全。

第三十条 彩票发行机构应当建立互联网销售彩票管理系统。管理系统应当包括销售监控系统、后台管理系统和前端服务平台,具有投注账户的开设和管理、投注受理和确认、资金划转结算、奖金支付管理、统计报表、投注服务指南、信息查询、销售实时监控等功能。

第三十一条 互联网销售彩票管理系统应当具备完善的数据备份、数据恢复、防病毒、防入侵等安全措施,确保系统安全可靠运行。

第三十二条 互联网销售彩票的数据应当以彩票发行机构互联网销售彩票管理系统的记录为准。

第三十三条 互联网销售彩票管理系统应当预留信息采集接口。

第六章 附 则

第三十四条 彩票发行机构应根据条例和本办法规定,制定互联网销售彩票管理规范,对合作单位或者互联网代销者管理、投注账户管理、资金管理、销售管理、兑奖管理、风险控制方案、设备和技术服务管理、监督和审计管理、应急处理等做出明确规定。

第三十五条 违反本办法规定的,根据条例规定进行处理。

第三十六条 本办法由财政部负责解释。

第三十七条 本办法自发布之日起施行。

电话销售彩票管理暂行办法

(2014年3月27日 财综〔2014〕15号)

第一章 总 则

第一条 为规范电话销售彩票行为,维护彩票市场秩序,保护彩票参与者的合法权益,促进彩票市场持续健康发展,根据《彩票管理条例》(以下简称《条例》)、《彩票管理条例实施细则》(以下简称《实施细则》),制定本办法。

第二条 在中华人民共和国境内开展电话销售彩票业务适用本办法。

第三条 电话销售彩票是指利用固定电话、移动电话通过短信、语音、客户端等方式销售彩票。

第四条 财政部负责全国电话销售彩票业务的监督管理工作。

省级财政部门负责本行政区域电话销售彩票业务的监督管理工作。

第五条 福利彩票发行机构、体育彩票发行机构(以下简称彩票发行机构)分别负责全国电话销售福利彩票、体育彩票业务的统一规划、管理和组织销售工作。福利彩票销售机构、体育彩票销售机构(以下简称彩票销售机构)分别负责本行政区域电话销售福利彩票、体育彩票业务的具体实施工作。

第六条　未经财政部批准,任何单位和个人不得开展电话销售彩票业务。

第二章　审批管理

第七条　彩票销售机构需要在本行政区域开展、调整或者停止电话销售彩票业务的,应当经省级财政部门提出意见后,向彩票发行机构提出书面申请建议。

彩票发行机构对彩票销售机构的申请建议研究同意后,应当经民政部或者国家体育总局审核同意,向财政部提出书面申请。

第八条　彩票销售机构可以委托单位开展电话代理销售彩票业务。

彩票销售机构委托单位开展电话代理销售彩票业务,应当与接受委托的单位(以下简称"电话代销者")签订电话销售彩票的代销合同。

第九条　电话代销者应当具备以下条件:

(一)具有独立法人资格;

(二)注册资本不低于1000万元人民币;

(三)有符合要求的场所和安全保障措施;

(四)有健全的组织机构、内部控制制度和风险管理措施;

(五)单位及其高级管理人员近五年内无犯罪记录和不良商业信用记录;

(六)取得相关增值电信业务经营许可证。

第十条　申请开展电话销售彩票业务的,彩票发行机构应当向财政部提交下列申请材料:

(一)申请书,包括电话代销者、电话代销者销售费用管理方案、电话销售的彩票游戏、限额限时管理方案等;

(二)市场分析报告及技术可行性分析报告;

(三)电话代销者的资质证明材料;

(四)合同类材料,与电话代销者的合同(协议)意向书;

(五)管理类材料,包括电话代销者管理、资金管理、销售管理、风险控制方案、设备和技术服务管理、监督和审计管理、应急处理方案等;

(六)第三方专业检测机构出具的电话销售彩票管理系统、电话销售彩票监控预警系统和彩票游戏技术检测报告。

第十一条　申请调整电话代销者、电话代销者销售费用管理方案、电话销售的彩票游戏和限额限时管理方案等电话销售彩票业务的,彩票发行机构应当向财政部提交与调整事项有关的材料。

第十二条　申请停止电话销售彩票业务的,彩票发行机构应当向财政部提交下列申请材料:

(一)申请书;

(二)彩票参与者合法权益保障方案;

(三)停止后的相关处理方案。

第十三条　财政部应当根据《条例》、《实施细则》有关变更彩票品种审批事项的规定,对彩票发行机构的申请进行审查并作出书面决定。

第十四条　获得财政部批准后,彩票销售机构应当在开展、调整或者停止电话销售彩票业务的10个自然日前,将电话代销者、电话销售的彩票游戏、限额限时管理方案等有关信息向社会公告。

第三章　销售管理

第十五条　彩票销售机构和电话代销者应当按照财政部批准的电话销售的彩票游戏进行销售。未经财政部批准,任何彩票游戏不得利用电话销售。

第十六条　电话销售的彩票游戏包括奖池由彩票销售机构管理的彩票游戏和手机即开型彩票游戏等。

第十七条　电话代销者应当按照财政部批准的事项、代销合同开展电话销售彩票业务,不得委托他人代销。

第十八条　彩票购买者利用电话购买彩票,应当注册开设投注账户。投注账户信息包括彩票购买者姓名、有效身份证件号码、银行借记卡账号、注册电话号码、归属行政区域等。

彩票购买者提供的银行借记卡账户、注册电话号码应当与投注账户的个人有关信息一致。

每个有效身份证件仅限注册一个电话销售彩票投注账户。投注账户仅限彩票购买者本人使用,彩票购买者应当保管好投注账户、密码等信息。

第十九条　彩票发行机构统一管理投注账户,负责彩票购买者身份信息验证、注册电话号码绑定、银行借记卡绑定等,并依据绑定的注册电话号码、绑定的银行借记卡或者其他相关信息划分投注账户归属行政区域。

彩票销售机构依据属地原则具体管理本行政区域投注账户。

禁止利用电话跨省销售彩票。

第二十条　彩票发行机构应当建立全国统一的电话销售彩票投注账户管理系统。彩票销售机构或电话代销者接受彩票购买者开设、变更或者注销投注账户等请求,经彩票销售机构初审后向彩票发行机构提出申请,彩票发行机构通过电话销售彩票投注账户管理系统审核有关信息并最终确认。

第二十一条　彩票购买者利用电话购买彩票,电话代销者或者彩票销售机构应当参照彩票发行机构制定的范本,与彩票购买者签订服务协议。

第二十二条　彩票销售机构利用电话销售彩票,应当实行投注限额限时管理,对彩票购买者利用电话购买彩票的当天投注额度、单一彩票游戏投注额度、持续投注时间等作出明确规定。

第二十三条 彩票销售机构应当及时划转、结算彩票购买者的投注资金，确保电话销售彩票过程中的资金安全。

第二十四条 彩票购买者的投注信息经电话销售彩票管理系统受理、彩票销售系统确认后，由电话销售彩票管理系统向彩票购买者发送购买成功或者未成功信息。

第二十五条 彩票发行机构、彩票销售机构和电话代销者应当妥善保管彩票购买者投注账户信息，并对彩票购买者个人信息进行保密。

第二十六条 电话代销者应当按照彩票发行机构、彩票销售机构的规定缴纳销售保证金，用于防范电话销售彩票活动中可能产生的风险。

第二十七条 彩票销售机构应当保存彩票销售原始数据，保存期限不得少于60个月。

第二十八条 禁止为未成年人开设投注账户。不得向未成年人兑奖。

第四章 资金管理

第二十九条 电话销售彩票的资金按照财政部批准的比例，分别计提彩票奖金、彩票发行费和彩票公益金。

第三十条 彩票销售机构应当按照规定归集电话销售彩票的资金，分配结算彩票奖金、彩票发行费和彩票公益金。

第三十一条 彩票奖金由彩票销售机构按照规定支付给中奖者。

第三十二条 彩票发行费按照规定比例和代销合同，分别计提彩票发行机构业务费、彩票销售机构业务费、电话代销者销售费用。

彩票发行机构业务费、彩票销售机构业务费按照规定分别缴入中央财政专户和省级财政专户，电话代销者销售费用按照代销合同进行结算。

第三十三条 彩票公益金按照规定分别缴入中央国库和省级国库。

第五章 安全管理

第三十四条 彩票发行机构应当制定全国统一的电话销售彩票设备和技术服务标准，定期组织对彩票发行机构和彩票销售机构电话销售彩票有关管理系统进行安全测评和风险评估。

彩票销售机构应当建立健全彩票资金管理体系和制度，保障电话销售彩票的资金管理规范和安全。

第三十五条 彩票发行机构和彩票销售机构应当加强电话销售彩票客户端管理。

彩票销售机构对电话销售彩票客户端软件进行初审后，报经彩票发行机构组织检测合格，在彩票发行机构官方网站或者指定的电话销售彩票客户端软件发布平台发布，只供电话销售彩票投注使用。彩票发行机构应当定期组织对电话销售彩票客户端进行安全测评和风险评估。

第三十六条 彩票发行机构应当建立电话销售彩票监控预警系统。电话销售彩票监控预警系统应当具有实时监控电话销售的彩票游戏、数据和资金、跨行政区域销售彩票游戏行为识别、限额限时管理等功能。

第三十七条 彩票销售机构应当建立电话销售彩票管理系统。电话销售彩票管理系统应当具有投注账户管理、投注受理和确认、资金划转结算、奖金支付管理、统计报表、投注服务指南、销售信息查询等功能。

第三十八条 电话销售彩票监控预警系统和电话销售彩票管理系统应当具有完善的数据备份、数据恢复、防病毒、防入侵等安全措施，确保系统安全可靠运行。

第三十九条 电话销售彩票监控预警系统和电话销售彩票管理系统应当实时连接，实现彩票销售数据实时交换，保证彩票销售数据的安全性、时效性和一致性。

第四十条 电话销售彩票的数据应当与彩票销售系统实现实时交换，并以彩票销售系统的记录为准。

第四十一条 彩票发行机构应当建立电话销售彩票信息查询平台，用于电话销售彩票注册用户查验所购电话销售的彩票游戏信息真伪。

第四十二条 电话销售彩票监控预警系统和电话销售彩票管理系统应当预留信息采集接口。

第六章 附则

第四十三条 彩票发行机构应当根据《条例》、《实施细则》和本办法规定，制定电话销售彩票管理规范，对投注账户管理、资金管理、销售管理、兑奖管理、风险控制方案、设备和技术标准及服务管理、监督和审计管理、应急处理等做出明确规定。

彩票销售机构应当根据彩票发行机构的统一要求，加强电话代销者管理，制定本行政区域的电话销售彩票操作规程。

第四十四条 违反本办法规定的，依照《条例》、《实施细则》规定追究法律责任。

第四十五条 本办法自2014年4月1日起施行。财政部2010年9月26日发布的《电话销售彩票管理暂行办法》（财综［2010］82号）同时废止。

彩票公益金管理办法

（2012年3月2日 财综〔2012〕15号）

第一章 总则

第一条 为了规范和加强彩票公益金筹集、分配和使用管理，健全彩票公益金监督机制，提高资金使用效益，根据《彩票管理条例》（国务院令第554号）和《彩票管理条例实施细则》(财政部 民政部 国家体育总局令第67号)有关规定,制定本办法。

第二条 彩票公益金是按照规定比例从彩票发行销售收入中提取的,专项用于社会福利、体育等社会公益事业的资金。

逾期未兑奖的奖金纳入彩票公益金。

第三条 彩票公益金纳入政府性基金预算管理,专款专用,结余结转下年继续使用。

第二章 收缴管理

第四条 彩票公益金由各省、自治区、直辖市彩票销售机构(以下简称彩票销售机构)根据国务院批准的彩票公益金分配政策和财政部批准的提取比例,按照每月彩票销售额据实结算后分别上缴中央财政和省级财政。

逾期未兑奖的奖金由彩票销售机构上缴省级财政,全部留归地方使用。

第五条 上缴中央财政的彩票公益金,由财政部驻各省、自治区、直辖市财政监察专员办事处(以下简称专员办)负责执收。具体程序为:

(一)彩票销售机构于每月5日前向驻在地专员办报送《上缴中央财政的彩票公益金申报表》(见附件1)及相关材料,申报上月彩票销售金额和应上缴中央财政的彩票公益金金额;

(二)专员办于每月10日前完成申报资料的审核工作,核定缴款金额,并向彩票销售机构开具《非税收入一般缴款书》;

(三)彩票销售机构于每月15日前,按照《非税收入一般缴款书》载明的缴款金额上缴中央财政。

西藏自治区应上缴中央财政的彩票公益金,由西藏自治区财政厅负责执收。具体程序按照第一款执行。

第六条 专员办、西藏财政厅应当于每季度终了后15日内、年度终了后30日内,向财政部报送《上缴中央财政的彩票公益金统计报表》(见附件2),相关重大问题应随时报告。

第七条 上缴省级财政的彩票公益金,由各省、自治区、直辖市人民政府财政部门(以下简称省级财政部门)负责执收,具体收缴程序按照省级财政部门的有关规定执行。

省级财政部门应当于年度终了后30日内,向财政部报送《彩票公益金统计报表》(见附件3)。

第八条 专员办和省级财政部门应当于年度终了后30日内,完成对上一年度应缴中央财政和省级财政彩票公益金的清算及收缴工作。

第三章 分配和使用

第九条 上缴中央财政的彩票公益金,用于社会福利事业、体育事业、补充全国社会保障基金和国务院批准的其他专项公益事业,具体使用管理办法由财政部会同民政部、国家体育总局等有关部门制定。

第十条 中央财政安排用于社会福利事业和体育事业的彩票公益金,按照以下程序审批执行:

(一)财政部每年根据国务院批准的彩票公益金分配政策核定用于社会福利事业和体育事业的彩票公益金预算支出指标,分别列入中央本级支出以及中央对地方转移支付预算;

(二)列入中央本级支出的彩票公益金,由民政部和国家体育总局提出项目支出预算,报财政部审核后在部门预算中批复;民政部和国家体育总局根据财政部批准的预算,组织实施和管理;

(三)列入中央对地方转移支付预算的彩票公益金,由民政部和国家体育总局会同财政部确定资金分配原则,并提出分地区建议数,报财政部审核下达。

第十一条 中央财政安排用于补充全国社会保障基金的彩票公益金,由财政部每年根据国务院批准的彩票公益金分配政策核定预算支出指标,并按照有关规定拨付全国社会保障基金理事会。

第十二条 中央财政安排用于其他专项公益事业的彩票公益金,按照以下程序审批执行:

(一)申请使用彩票公益金的部门、单位,应当向财政部提交彩票公益金项目申报材料,财政部提出审核意见后报国务院审批;

(二)经国务院批准后,财政部向申请使用彩票公益金的部门、单位批复项目资金使用计划,并根据彩票公益金年度收入和项目进展情况,分别列入中央本级支出和中央对地方转移支付预算;

(三)申请使用彩票公益金的部门、单位,根据财政部批复的项目资金使用计划和预算,在项目管理办法制定后组织实施和管理。项目资金使用计划因特殊原因需要进行调整的,应当报财政部审核批准。

第十三条 上缴省级财政的彩票公益金,按照国务院批准的彩票公益金分配政策,坚持依照彩票发行宗旨使用,由省级财政部门商民政、体育行政等有关部门研究确定分配原则。

第十四条 省级以上民政、体育行政等有关部门、单位,申请使用彩票公益金时,应当向同级财政部门提交项目申报材料。项目申报材料应当包括以下内容:

(一)项目申报书;

(二)项目可行性研究报告;

(三)项目实施方案;

(四)同级财政部门要求报送的其他材料。

第十五条 彩票公益金项目资金使用计划和预算批准后,应当严格执行,不得擅自调整。因特殊原因形成的项目结余资金,经财政部门批准后可以结转下一年度继续使用。

第十六条 彩票公益金资金支付按照财政国库管理制度有关规定执行。

第十七条　省级以上民政、体育行政等彩票公益金使用部门、单位，应当于每年3月底前向同级财政部门报送上一年度彩票公益金使用情况。具体包括：

（一）项目组织实施情况；

（二）项目资金使用和结余情况；

（三）项目社会效益和经济效益；

（四）同级财政部门要求报送的其他材料。

第十八条　省级以上民政、体育行政等彩票公益金使用部门、单位，应当建立彩票公益金支出绩效评价制度，将绩效评价结果作为安排彩票公益金预算的依据。

第四章　宣传公告

第十九条　彩票公益金资助的基本建设设施、设备或者社会公益活动等，应当以显著方式标明"彩票公益金资助—中国福利彩票和中国体育彩票"标识。

第二十条　省级财政部门应当于每年4月底前，向省级人民政府和财政部提交上一年度本行政区域内彩票公益金的筹集、分配和使用情况报告；每年6月底前，向社会公告上一年度本行政区域内彩票公益金的筹集、分配和使用情况。

财政部应当于每年6月底前，向国务院提交上年度全国彩票公益金的筹集、分配和使用情况报告；每年8月底前，向社会公告上一年度全国彩票公益金的筹集、分配和使用情况。

第二十一条　省级以上民政、体育行政等彩票公益金使用部门、单位，应当于每年6月底前，向社会公告上一年度本部门、单位彩票公益金的使用规模、资助项目、执行情况和实际效果等。

第五章　监督检查

第二十二条　彩票销售机构应当严格按照本办法的规定缴纳彩票公益金，不得拒缴、拖欠、截留、挤占、挪用彩票公益金。

第二十三条　彩票公益金的使用部门、单位，应当按照同级财政部门批准的项目资金使用计划和预算执行，不得挤占挪用彩票公益金，不得改变彩票公益金使用范围。

第二十四条　省级以上财政部门应当加强对彩票公益金筹集、分配、使用的监督检查，保证彩票公益金及时、足额上缴财政和专款专用。

第二十五条　违反本办法规定，拒缴、拖欠、截留、挤占、挪用彩票公益金，以及改变彩票公益金使用范围的，依照《财政违法行为处罚处分条例》（国务院令第427号）和《彩票管理条例》（国务院令第554号）等有关规定处理。

第六章　附　　则

第二十六条　省级财政部门应当根据本办法规定，结合本地实际，制定本行政区域的彩票公益金使用管理办法，报财政部备案。

第二十七条　本办法自印发之日起施行。财政部2007年12月25日发布的《彩票公益金管理办法》（财综〔2007〕83号）同时废止。

附件1：上缴中央财政的彩票公益金申报表（略）；

附件2：上缴中央财政的彩票公益金统计报表（略）；

附件3：彩票公益金统计报表（略）。

民政部本级彩票公益金使用管理办法

（2016年3月7日　民办发〔2016〕7号）

第一章　总　　则

第一条　为加强民政部本级彩票公益金使用管理，明确管理责任，规范管理程序，提高资金使用效益，根据《彩票管理条例》、《彩票管理条例实施细则》、《彩票公益金管理办法》等规定，制定本办法。

第二条　本办法所称民政部本级彩票公益金（以下简称公益金）是指按国务院有关规定由财政部核定、民政部负责分配和管理使用的，专项用于社会福利和相关公益事业发展的彩票公益金。

第三条　公益金使用应当遵循福利彩票"扶老、助残、救孤、济困"的发行宗旨，主要用于资助：

（一）社会福利基本设施建设项目；

（二）社会福利服务项目；

（三）符合宗旨的培训、科技和标准化建设、信息化建设、课题研究等能力建设项目；

（四）符合宗旨的其他社会公益项目。

第四条　公益金纳入政府性基金预算管理，专款专用。公益金使用管理应当严格执行国家法律法规和财务规章制度。

第五条　公益金的使用管理体现"公平、公正、公开"原则，按照"谁使用、谁管理、谁负责"的要求实行归口管理，并纳入民政部权力清单，按照权力清单规定进行规范操作。

第六条　公益金使用分为中央本级支出和补助地方支出两部分。中央本级支出项目（以下简称中央级项目）预算纳入民政部部门预算管理；补助地方支出项目（以下简称补助地方项目）预算纳入中央对地方转移支付预算管理。

第七条　公益金资金在切块基础上，采取因素法、项目法以及综合法等方式进行分配。

第二章　管理职责

第八条　社会福利和慈善事业促进司（以下简称福利司）是公益金使用管理统筹协调单位，负责公益金预算管理。承担汇总审核公益金预算、建立并管理公益金项目库和评审专家库、汇总上一年度公益金使用情况、制定公益金使用管理相关制度、建设公益金项目管理平台、做好公益金使用管理日常工作等职责。

第九条 规划财务司(以下简称规财司)是公益金核拨单位,负责公益金的财务核算和规范管理。承担公益金资金拨付、票据报销、账务处理、组织或指导涉政府采购相关工作、指导和监督项目单位规范财务管理等职责。

第十条 归口管理单位是公益金切块资金具体管理单位,负责本业务领域切块公益金的使用管理。承担本业务领域公益金项目的规划及预算申请和初评、指导和督促本领域项目执行、拟定本领域公益金使用管理办法等职责。

具体归口业务和单位分工:基本设施建设项目由规财司负责归口管理;培训、科技和标准化建设、课题研究项目由人事司负责归口管理;信息化建设项目由办公厅会同信息中心负责归口管理;服务和其他项目由福利司负责归口管理。

第十一条 项目单位是部机关和直属单位等公益金项目具体执行单位,负责公益金预算执行。承担公益金项目预算编写、组织预算项目具体执行、进行财务管理、配合做好项目绩效评估和信息公开、制定本单位公益金使用管理制度等职责。

第十二条 民政部成立本级彩票公益金使用绩效评价与督查领导小组(以下简称领导小组),负责公益金使用绩效评价和督查领导工作。领导小组由办公厅、政策法规司、福利司、规财司、人事司、部直属机关纪委、中国福利彩票发行管理中心(以下简称中彩中心)、信息中心等组成,在分管公益金工作的副部长领导下开展工作。绩效评价和督查日常工作由福利司负责。

第十三条 省级民政部门承担补助地方项目资金在本地区的分配、使用管理和监督,报告项目实施和资金使用情况等职责。

第三章 资金分配和预算报审

第十四条 每年上半年,归口管理单位按照本领域公益金项目规划和公益金使用管理办法,指导项目单位开展立项及项目论证工作,并在规定的时间内要求项目单位报送预算申报材料。

补助地方项目资金由归口管理单位会同有关司局(单位)按照部重点工作部署,采用因素法等方式,按照人口、区域、财政困难程度、机构基数、工作绩效、试点开展情况等因素,提出预算申报方案。

第十五条 项目单位向归口管理单位提交的项目应当符合以下条件:

(一)符合国家有关方针政策、福利彩票发行宗旨以及民政部确定的使用分配原则;

(二)属于项目单位的职能范围并符合促进事业发展需要;

(三)有明确的项目目标、组织实施计划;

(四)经费测算符合相关领域国家或行业标准,并从严把握,精打细算。

项目单位提交的预算申报材料应包括以下内容:

(一)项目简要说明;

(二)项目申报书;

(三)项目可行性研究报告;

(四)项目实施方案;

(五)项目预算;

(六)要求报送的其他材料。

第十六条 归口管理单位从评审专家库中抽取专家,组织对申报项目进行初评。资金使用范围、测算标准、项目单位执行能力列为必审内容。通过立项初评的项目及申报材料由归口管理单位在规定时间内提交福利司。

第十七条 福利司对归口管理单位提交的项目及申报材料进行汇总审核,对一般性、经常性项目直接纳入项目库,对新增和重大项目,应进行专门评审,评审通过的纳入项目库。

第十八条 福利司根据财政部确定的民政部可使用公益金额度,在归口管理单位预算规划和年度资金需求的基础上,按照以下原则拟定下一年度资金切块分配方案:

(一)符合宗旨。优先支持延续性项目,严格审核新增项目,新增项目必须符合“扶老、助残、救孤、济困”宗旨和分配原则。

(二)统筹规划。支持用于落实党中央、国务院关于推进社会福利事业的重大决策部署,落实国民经济和社会发展规划、民政事业发展规划和社会福利业务发展方面的专项规划。

(三)突出重点。支持用于落实民政部、相关司局的年度业务中心工作、基础工作和重点改革发展项目。

(四)综合平衡。按照国家有关政策规定,切分好各项目类型资金的比例,并综合考虑、适当平衡。

第十九条 下一年度资金切块分配方案由福利司报分管副部长核报部长批准。

第二十条 福利司根据下一年度资金切块分配方案,在与有关部门沟通的基础上,按照轻重缓急从项目库选取项目,形成公益金年度资金支出预算草案,经司长办公会审核通过,报分管副部长审核同意,提请部长办公会审定后纳入民政部部门预算草案报送财政部审批。

第二十一条 补助地方项目资金下达各省(自治区、直辖市)和新疆生产建设兵团后,由省级民政部门按照民政部确定的资金使用方向和分配原则,结合工作实际,采取因素法、项目法等方式,提出资金分配方案,报同级财政部门审核后及时下拨资金。

第四章 预算执行

第二十二条 预算下达后,项目单位要严格按照财政部批复的预算执行,不得擅自调整,不得违规分包或转包。如发生项目变更、终止,需要调整预算的,应按有关规定和程序报经民政部审核后上报财政部审批。

第二十三条 项目预算执行实行项目负责人负责制,项目单位负责人要对所承担项目资金的使用和效益负责。

第二十四条 项目单位要建立健全内部控制制度,制定项目资金使用管理办法。项目单位是直属单位的,还应完善项目资金使用的内部审计制度,加强单位财务部门对预算执行的日常监管,并接受财政、审计等部门以及民政部有关司局的监督和检查。

第二十五条 项目单位要按批复预算启动项目实施,及时申请拨付资金,加快预算执行,减少项目结转结余资金。结转和结余资金按规定使用,净结余要及时退回。

第二十六条 项目资金使用中,涉及政府采购和购买服务的,要按照有关法定程序办理;对辅助工作、技术服务涉及委托事项的,要依法依规签订委托协议。项目单位要强化合同管理,加强对政府采购和购买服务合同、委托协议的审核以及成果验收管理,必要时可通过聘请法律专业人士等方式审核合同文本,降低合同风险,确保资金使用效益。使用公益金形成的资产要按国家有关要求进行登记管理。

第二十七条 项目单位要严格按照国家财务规章制度、公益金管理有关规定支出资金,不得挤占、挪用和超范围支出,不得用于:

(一)行政事业单位的基本支出;

(二)违规发放工资、奖金、津补贴等人员支出;

(三)以营利为目的的活动;

(四)其他超过预算批复之外的用途。

第二十八条 省级民政部门对补助地方项目资金要实行专项管理,专款专用,不得截留、挤占、挪用。要督促资金使用部门、单位建立项目责任制、制定资金使用管理办法,加快项目执行进度。

第五章 信息公开

第二十九条 公益金资助的基本建设设施、设备、社会福利服务项目及其他社会公益活动等,应当依据有关规定以显著方式标明资助标识。

福利彩票公益金资助的基本建设设施、设备,项目单位应当在主体建筑物或设施设备的显著位置设立或铭刻标注"彩票公益金资助 - 中国福利彩票"的永久性标识。

福利彩票公益金资助的培训类项目,应当在项目培训通知、培训课件及培训现场等显著位置标注或悬挂"彩票公益金资助 - 中国福利彩票"标识。

福利彩票公益金资助的服务类项目,应当在服务过程中通过小旗或佩戴胸牌等形式向受助对象展示"彩票公益金资助 - 中国福利彩票"标识。

福利彩票公益金资助的课题研究类项目,应当在项目成果(如研究报告,出版物等)的显著位置标注"彩票公益金资助 - 中国福利彩票"标识。

福利彩票公益金资助的社会公益活动等其他项目,项目单位应当选择合适方式设立资助标识。

第三十条 完善公益金使用管理信息公开制度,以公开为原则,以不公开为例外,及时公开公益金使用管理过程及结果的信息。

项目单位要通过本单位网站、民政部官网或其他媒介,主动向社会公开公益金项目基本情况、本单位公益金使用管理制度、绩效评估和督查及审计结果、接受投诉等信息;每6个月向社会公开项目进展情况、资金使用进度及项目成效成果等信息。

每年2月底前,项目单位应当通过归口管理单位向福利司报送上一年度公益金使用情况报告。具体包括:项目组织实施情况、项目资金使用和结余情况、项目社会效益和经济效益、项目信息公开和宣传情况以及要求报送的其他相关材料。

各省级民政部门应当于每年4月1日前将上一年度民政部补助地方项目资金的使用规模、资助项目、执行情况和实际效果等报部归口管理单位,并于每年6月底前向社会公告。

福利司应当于每年6月底前以民政部名义向社会公告上一年度部本级彩票公益金的使用规模、资助项目、执行情况和实际效果等。

以上公开的信息要及时通报中彩中心。中彩中心通过自身宣传渠道和平台进行信息公开和宣传,有关内容要纳入福利彩票年度社会责任报告。

第六章 绩效评价与督查

第三十一条 完善公益金使用管理审计制度。规财司要加大对公益金资助项目的内部审计力度。归口管理单位要定期不定期聘请会计师事务所等第三方专业机构对公益金项目进行财务审计。项目单位要在规财司的指导下做好内部审计工作。

第三十二条 建立公益金使用第三方绩效评价制度。每年4月底前,领导小组视情况对上一年度公益金项目进行绩效评价。

第三十三条 建立公益金使用督查制度。每年,领导小组要定期不定期对公益金使用管理情况进行督查。督查内容包括:项目立项、预算申请、资金拨付和使用、政府采购、购买服务、资金使用绩效、信息公开和宣传情况等。督查方式包括:第三方专业机构财务审计、实地查验档案资料、约谈单位负责人、访谈、电话抽查等。

第三十四条 省级民政部门要建立补助地方项目资金使用的绩效评价和督查制度。绩效评价、督查结果随时报部领导小组。部领导小组每年随机抽选若干省份进行检查。检查结果作为下一年度补助地方项目资金的重要调节因素。

第三十五条　审计、绩效评价和督查按“双随机”办法确定主体和对象，以保证客观和公正。

第三十六条　审计结果、绩效评价结果和督查结果要作为下一年度公益金预算安排的重要参考依据。

第三十七条　建立健全公益金使用责任追究制度。将项目单位彩票公益金使用管理情况纳入年度财务制度执行情况考核范围。对公益金使用管理中出现以下行为之一的，缓拨、停拨或收回已拨付资金，情节严重的，削减或取消下一年度公益金预算额度，情节特别严重的，依法依纪追究有关单位和个人责任。

（一）虚报套取、挤占挪用公益金；

（二）违规利用公益金进行采购、用于行政经费、发放津补贴；

（三）违规分包或转包

（四）利用公益金开展营利活动；

（五）其他违法违纪行为。

第七章　附　　则

第三十八条　本办法自印发之日起施行。《民政部本级福利彩票公益金使用管理暂行办法》（民办函〔2007〕252号）同时废止。

文书范本

中国福利彩票代销合同示范文本[①]

甲方（委托方）：______________（福利彩票销售机构名称）
法定代表人：
职务：
住所：
委托代理人：
身份证号码：
通讯地址：
电话：
传真：
邮编：

乙方（受托方为自然人用）：______________
身份证号码：
户口所在地：
住所：
通讯地址：
电话：
邮编：
乙方（受托方为法人用）：______________
法定代表人：
职务：
住所：
委托代理人：
身份证号码：
通讯地址：

① 民发〔2012〕151号。

电话：
传真：
邮编：

甲、乙双方根据《中华人民共和国合同法》、《彩票管理条例》、《彩票管理条例实施细则》等相关法律法规和省级以上人民政府财政部门、民政部门以及国务院民政部门设立的福利彩票发行机构制定的有关彩票管理政策和规定、规范，本着平等自愿、诚实信用的原则，就乙方代理销售中国福利彩票（以下简称“福利彩票”）事宜签订本合同。具体内容约定如下：

第一条 委托事项

甲方委托乙方在________省（自治区、直辖市）________市________区（县）____________________（具体地点）设立福利彩票销售站点，代销____________________（具体品种）福利彩票。

第二条 委托期限

乙方代销福利彩票的期限为______年，自______年____月____日起，至______年____月____日止。

第三条 代销费用

甲方按照双方的约定，向乙方支付福利彩票销售额________%的代销费。

第四条 甲方的权利

（一）甲方有权要求乙方遵守《彩票管理条例》、《彩票管理条例实施细则》等相关法规、规章和省级以上人民政府财政部门、民政部门以及国务院民政部门设立的福利彩票发行机构制定的有关彩票管理政策和规定、规范；

（二）甲方有权根据相关规定及委托事项对乙方销售福利彩票的行为进行监督、检查；

（三）甲方有权根据国家政策调整和彩票市场发展需要，调整代销费比例；

（四）甲方有权向乙方收取押金或者保证金，押金或者保证金不计利息；

（五）甲方有权对乙方拖欠的福利彩票销售款、其他应缴费用和因乙方原因造成甲方提供的福利彩票销售设备故障、损坏或者丢失产生的损失，从其押金或者保证金中予以扣除。

第五条 甲方的义务

（一）甲方应按本合同第三条约定向乙方支付福利彩票代销费；

（二）甲方与乙方签订福利彩票代销合同后，应在______个工作日内，向乙方发放福利彩票代销证，并提供相应的合格福利彩票销售设备供乙方使用。甲方提供的福利彩票销售设备所有权归甲方所有；

（三）甲方接到乙方福利彩票销售专用设备发生故障的报修申请后，应及时响应，并予以维修。经维修后仍不能正常使用的，应予更换；

（四）甲方应对乙方的福利彩票销售员进行上岗前培训，经考核合格后准予其上岗；

（五）甲方应在合同权利义务终止、收回甲方提供的可正常使用的福利彩票销售设备和福利彩票代销证、结清有关款项后，在______个工作日内退还乙方押金或者保证金。

第六条 乙方的权利

（一）乙方有权按本合同第三条约定取得代销费；

（二）合同权利义务终止且乙方无违约情形，乙方交还甲方提供的可正常使用的福利彩票销售设备和福利彩票代销证、结清有关款项后，有权向甲方要求返还所交纳的押金或者保证金；

（三）乙方有权在合同履行期间，对甲方提供的销售设备以及宣传品，按照有关规定和本合同约定的用途、方式，合理使用。

第七条 乙方的义务

（一）乙方应当遵守《彩票管理条例》、《彩票管理条例实施细则》等相关法规、规章和省级以上人民政府财政部门、民政部门以及国务院民政部门设立的福利彩票发行机构制定的有关彩票管理政策和规定、规范；

（二）乙方销售福利彩票后，应及时向甲方交纳福利彩票销售款，或者按照与甲方约定的预存款交款方式或实时交款方式，及时结交福利彩票销售款；

（三）乙方应当向甲方交纳押金或者保证金，押金或者保证金不计利息。押金或者保证金金额不足时，乙方应当及时予以补足；

（四）乙方应当维护福利彩票的形象，不得侵犯甲方的名誉权、知识产权；

（五）乙方销售福利彩票，应当妥善保管甲方发放的福利彩票代销证，将其置于彩票销售场所的显著位置，不得转借、出租、出售；设置福利彩票标识；张贴福利彩票发行宗旨的宣传标语、针对非理性购买彩票的提示标语、不得向未成年人销售彩票和兑奖的警示标语；公示开奖结果；承担兑奖义务并回收兑奖彩票，防止流失已兑奖彩票；

（六）乙方必须按照彩票游戏规则和兑奖操作规程兑奖。应当以人民币现金形式向彩票中奖者一次性兑付彩票中奖奖金，不得以实物形式兑付，不得分期多次兑付；

（七）乙方有义务对彩票中奖者个人信息予以保密，未经彩票中奖者本人同意，不得泄露彩票中奖者身份特征信息；不得违背彩票中奖者本人意愿，以任何理由和方式要求彩票中奖者捐赠中奖奖金或者变相捐赠中奖奖金；

（八）乙方有义务对销售的福利彩票票面的完整性予以审核，不得销售票面信息不完整的福利彩票；

（九）乙方应当规范使用、维护甲方提供的福利彩票销售设备，不得转借、出租、出售甲方提供的福利彩票销售设备，不得擅自改变甲方提供的福利彩票销售设备用途，不得拆卸甲方提供的福利彩票销售设备或更换其零部件；不得查阅、修改、复制、删除甲方提供的福利彩票销售设备装载的程序和有关数据文件，或者安装、运行其他程序和文件；不得擅自外接设备。甲方提供的福利彩票销售设备出现故障、损坏或者丢失，乙方应当在______个小时内告知甲方；

（十）乙方应按甲方制定的福利彩票销售站点规范化建设的要求建设销售站点。未经甲方书面同意，乙方不得擅自迁移销售站点；

（十一）乙方福利彩票销售人员须接受甲方组织的上岗前培训，并取得福利彩票销售资格。如乙方更换福利彩票销售人员，应当提前______个工作日以书面形式通知甲方；

（十二）乙方及其销售人员应当参加甲方组织的与其销售福利彩票行为相关的会议、培训及活动；

（十三）乙方销售福利彩票，不得有本合同约定之外的其他彩票销售行为；

（十四）乙方不得无正当理由中止销售福利彩票，不得变更或者变相变更福利彩票面额销售，不得以赊销、信用方式销售福利彩票；

（十五）乙方不得向未成年人销售福利彩票和兑奖；

（十六）乙方如果提前解除合同，应当向甲方送交书面申请，经甲方书面同意后方能停止销售福利彩票，并按规定办理有关手续；

（十七）福利彩票代销合同权利义务终止后 个工作日内，乙方应当将甲方提供的福利彩票销售设备、福利彩票代销证退还甲方，并保证退还的福利彩票销售设备能正常使用。

第八条 甲方的违约责任

（一）甲方未按约定向乙方支付代销费的，每迟延一日，应当额外向乙方支付拖欠费用的 ‰作为违约金，最高不超过______%。违约金达到拖欠费用15%的，乙方有权解除合同并要求甲方支付所欠费用及违约金；

（二）乙方使用甲方提供的福利彩票销售专用设备出现故障并向甲方报修后，甲方拒绝维修或经维修仍无法正常使用且不更换可以正常使用的销售设备达到______天的，乙方有权解除合同并要求甲方支付违约金。违约金支付具体事宜由甲乙双方另行约定；

（三）甲方在合同权利义务终止、收回甲方提供的福利彩票销售设备和福利彩票代销证、结清有关款项______个工作日内，未向乙方退还押金或者保证金的，每迟延一日，应额外向乙方支付拖欠费用的______‰作为违约金，最高不超过______%。

第九条 乙方的违约责任

（一）因乙方原因造成甲方提供的福利彩票销售设备故障、损坏或者丢失的，由乙方承担维修费用或照价赔偿责任，乙方应按甲方要求赔偿损失；

（二）乙方未按甲、乙双方约定交纳福利彩票销售款、押金或者保证金的，每迟延一日，应额外支付拖欠金额的______‰作为违约金，最高不超过______%；

（三）乙方有下列情形之一，经甲方提出 天后拒不改正，甲方有权责令乙方暂停销售福利彩票并进行限期整改：

1. 对彩票中奖者，未以人民币现金形式一次性兑付彩票中奖奖金，或者无故拒绝兑奖、拖延兑奖的，或者违背彩票中奖者本人意愿，以任何理由和方式要求彩票中奖者捐赠中奖奖金或变相捐赠中奖奖金的，或者泄露彩票中奖者个人信息但未造成严重后果的；

2. 未按规定期限交纳福利彩票销售款及其他应缴费用的；

3. 无正当理由连续或者累计停止销售福利彩票，一年内达到______天的；

4. 未按规定设置福利彩票代销证、福利彩票标识的；

5. 未按规定张贴福利彩票发行宗旨的宣传标语、针对非理性购买彩票的提示标语、不得向未成年人销售彩票和兑奖的警示标语的；

6. 私自更换销售人员，或者销售人员未取得销售资格而销售福利彩票的；

7. 无正当理由不参加由甲方组织的与乙方销售福利彩票行为相关的会议、培训及活动的；

8. 以赊销、信用方式销售福利彩票的；

9. 以诋毁同业者等手段进行不正当竞争的；

10. 具有其他应当限期进行整改的情况的。

乙方整改后经甲方认定具备销售条件的，可以重新恢复福利彩票销售资格。

（四）乙方有包括但不限于下列情形之一的，甲方有权取消乙方福利彩票代销资格，并以书面形式通知乙方解除本合同，自通知到达乙方之日起合同解除。甲方有权视损失情况扣除乙方的押金或者保证金：

1. 向未成年人销售福利彩票和兑奖的；

2. 以误导、欺骗方式销售福利彩票的；

3. 设立分销站点，或者转让、转租、转借销售站点的；

4. 转借、出租、出售福利彩票代销证的；

5. 销售本合同约定之外的其他彩票的；

6. 通过手机、互联网等超出福利彩票机构规定范围和方式销售福利彩票的；

7. 变更或者变相变更彩票面额进行销售，或者销售已经作废的福利彩票的；

8. 未按批准的地址设立销售站点，或擅自迁移销售站点的；

9. 转借、出租、出售甲方提供的福利彩票销售设备，或者擅自改变甲方提供的福利彩票销售设备用途，或者拆卸甲方提供的福利彩票销售设备或更换其零部件，或者查阅、修改、复制、删除甲方提供的福利彩票销售设备装载的程序和有关数据文件，或者安装、运行其他程序和文件，或者擅自外接设备的；

10. 泄露彩票中奖者个人信息造成严重后果的；

11. 进行虚假性、误导性宣传的；

12. 有损害福利彩票形象的言行的。

第十条 合同的终止

（一）合同期满自然终止；

（二）双方协商一致的，可以提前解除本合同；

（三）因国家法律、法规、政策调整或根据彩票市场发展需要，甲方需调整代销费比例或变更代销合同条款，乙方不予认可的，乙方可以单方解除本合同；

（四）乙方有包括但不限于第九条第四款所列情形之一的，甲方可以单方解除本合同；

（五）因乙方自然人死亡、丧失民事行为能力或者法人破产、被吊销营业执照的，本合同解除。

第十一条 特别约定

（一）乙方在履行本合同期间，因其他违法行为受到相应行政机关的行政处罚或者被追究刑事责任的，甲方有权解除本合同；

（二）因自然灾害等不可抗力事件导致本合同不能继续履行的，双方互不承担违约责任。但遭受不可抗力一方应在不可抗力事由消失后及时通知对方，并采取必要的措施，减少损失；

（三）因电力、通讯等非甲乙双方的原因造成不能正常销售福利彩票的，双方互不承担责任；

（四）由于非甲方原因造成乙方及第三方人身伤害或者财产损失的，甲方不承担责任；

（五）因国家法律、法规、政策调整导致本合同不能继续履行或者解除的，双方互不承担违约责任；

（六）因履行本合同发生争议的，双方应协商解决。协商不成的，应向甲方所在地人民法院提起诉讼。

第十二条 其他

（一）甲方与乙方均应遵守法律法规、规章制度和省级以上人民政府财政部门、民政部门以及国务院民政部门设立的福利彩票发行机构制定的有关彩票管理的政策和规定、规范，严格履行本合同。如本合同的条款与上述法律法规、规章制度和政策规定不一致的，以上述法律法规、规章制度和政策规定为准。

（二）对本合同未尽事宜及对本合同部分条款的变更，双方可另行签订补充协议，补充协议与本合同具有同等法律效力。

（三）《中国福利彩票代销申请书》作为本合同附件，与本合同具有同等法律效力。

（四）甲乙双方通信地址等联系方式发生变化的，应于变化后的 日内通知对方，否则按原通信地址等联系方式进行的联

系,视为送达;

(五)乙方符合甲方有关福利彩票销售场所条件的,双方签字、盖章。本合同自双方签字、盖章之日起生效,一式______份,双方各执______份,具有同等法律效力。

甲方:__________(福利彩票销售机构名称)

法定代表人(签字):

委托代理人(签字):

甲方公章

签订地点:

年 月 日

乙方(自然人或法定代表人)(签字):

委托代理人(签字):

乙方印鉴或者公章

签订地点:

年 月 日

附件:《中国福利彩票代销申请书示范文本》

中国福利彩票代销申请书示范文本

申请人(自然人)姓名:________性别:________出生日期:________

身份证号码:____________________

家庭地址及邮编:____________________

住宅电话:____________

移动电话:____________

电子邮件:____________

申请人(单位)名称:____________

法定代表人或负责人:____________

单位地址及邮编:____________________

联系人姓名:________办公电话:________移动电话:________

一、申请事项

申请设立福利彩票销售场所地址:

申请销售福利彩票品种:

二、申请人承诺

(一)申请人具有可用于代销____________(具体品种)中国福利彩票的固定经营场所及所需资金;

(二)申请人不具有以下任何一种情形:

1. 申请人为自然人但无民事行为能力或者限制民事行为能力,或者申请人为单位但不具有独立法人资格的;

2. 担任破产清算的公司、企业的董事或者厂长、经理,对该公司、企业的破产负有个人责任的,自该公司、企业破产清算完结之日起未逾三年;

3. 担任因违法被吊销营业执照、责令关闭的公司、企业的法定代表人,并负有个人责任的,自该公司、企业被吊销营业执照之日起未逾三年;

4. 有被人民法院强制执行、结案的案件,未逾三年的;

5. 代销福利彩票因违反规定被解除合同未逾三年的;

6. 存在刑事处罚记录和不良商业信用记录未逾五年的。

(三)申请人按规定为彩票销售人员提供符合所在地县级以上人民政府人力资源社会保障部门规定的相关工资、保险和福利待遇。

（四）如申请人所承诺内容不实，或者未能履行承诺内容，（福利彩票销售机构名称）可以解除福利彩票代销合同，因此造成的损失由申请人承担。

三、申请人需要提供的证明材料明细

1. 申请人及销售人员的基本信息，包括：身份证复印件（申请人为单位的，须提供经其法定代表人签字的法定代表人身份证复印件）、《企业法人营业执照》复印件和企业年检合格证明的复印件；

2. 经营场所房屋权属证明或者租赁合同；

3. 金融机构出具的资金证明。

申请人（签字）：

（印鉴或者公章）

年　月　日

六、社会救助

1. 综　合

中华人民共和国反家庭暴力法

（2015年12月27日第十二届全国人民代表大会常务委员会第十八次会议通过　2015年12月27日中华人民共和国主席令第37号公布　自2016年3月1日起施行）

第一章　总　则

第一条　为了预防和制止家庭暴力，保护家庭成员的合法权益，维护平等、和睦、文明的家庭关系，促进家庭和谐、社会稳定，制定本法。

第二条　本法所称家庭暴力，是指家庭成员之间以殴打、捆绑、残害、限制人身自由以及经常性谩骂、恐吓等方式实施的身体、精神等侵害行为。

第三条　家庭成员之间应当互相帮助，互相关爱，和睦相处，履行家庭义务。

反家庭暴力是国家、社会和每个家庭的共同责任。

国家禁止任何形式的家庭暴力。

第四条　县级以上人民政府负责妇女儿童工作的机构，负责组织、协调、指导、督促有关部门做好反家庭暴力工作。

县级以上人民政府有关部门、司法机关、人民团体、社会组织、居民委员会、村民委员会、企业事业单位，应当依照本法和有关法律规定，做好反家庭暴力工作。

各级人民政府应当对反家庭暴力工作给予必要的经费保障。

第五条　反家庭暴力工作遵循预防为主，教育、矫治与惩处相结合原则。

反家庭暴力工作应当尊重受害人真实意愿，保护当事人隐私。

未成年人、老年人、残疾人、孕期和哺乳期的妇女、重病患者遭受家庭暴力的，应当给予特殊保护。

第二章　家庭暴力的预防

第六条　国家开展家庭美德宣传教育，普及反家庭暴力知识，增强公民反家庭暴力意识。

工会、共产主义青年团、妇女联合会、残疾人联合会应当在各自工作范围内，组织开展家庭美德和反家庭暴力宣传教育。

广播、电视、报刊、网络等应当开展家庭美德和反家庭暴力宣传。

学校、幼儿园应当开展家庭美德和反家庭暴力教育。

第七条　县级以上人民政府有关部门、司法机关、妇女联合会应当将预防和制止家庭暴力纳入业务培训和统计工作。

医疗机构应当做好家庭暴力受害人的诊疗记录。

第八条　乡镇人民政府、街道办事处应当组织开展家庭暴力预防工作，居民委员会、村民委员会、社会工作服务机构应当予以配合协助。

第九条　各级人民政府应当支持社会工作服务机构等社会组织开展心理健康咨询、家庭关系指导、家庭暴力预防知识教育等服务。

第十条　人民调解组织应当依法调解家庭纠纷，预防和减少家庭暴力的发生。

第十一条　用人单位发现本单位人员有家庭暴力情况的，应当给予批评教育，并做好家庭矛盾的调解、化解工作。

第十二条　未成年人的监护人应当以文明的方式进行家庭教育，依法履行监护和教育职责，不得实施家庭暴力。

第三章　家庭暴力的处置

第十三条　家庭暴力受害人及其法定代理人、近亲属可以向加害人或者受害人所在单位、居民委员会、村民委员会、妇女联合会等单位投诉、反映或者求助。有关单位接到家庭暴力投诉、反映或者求助后，应当给予帮助、处理。

家庭暴力受害人及其法定代理人、近亲属也可以向公安机关报案或者依法向人民法院起诉。

单位、个人发现正在发生的家庭暴力行为，有权及时劝阻。

第十四条　学校、幼儿园、医疗机构、居民委员会、村民委员会、社会工作服务机构、救助管理机构、福利机构及其工作人员在工作中发现无民事行为能力人、限制民事行为能力人遭受或者疑似遭受家庭暴力的，应当及时向公安机关报案。公安机关应当对报案人的信息予以保密。

第十五条　公安机关接到家庭暴力报案后应当及时出警，制止家庭暴力，按照有关规定调查取证，协助受害人就医、鉴定伤情。

无民事行为能力人、限制民事行为能力人因家庭暴力身体受到严重伤害、面临人身安全威胁或者处于无人照料等危险状态的，公安机关应当通知并协助民政部门将其安置到临时庇护场所、救助管理机构或者福利机构。

第十六条 家庭暴力情节较轻，依法不给予治安管理处罚的，由公安机关对加害人给予批评教育或者出具告诫书。

告诫书应当包括加害人的身份信息、家庭暴力的事实陈述、禁止加害人实施家庭暴力等内容。

第十七条 公安机关应当将告诫书送交加害人、受害人，并通知居民委员会、村民委员会。

居民委员会、村民委员会、公安派出所应当对收到告诫书的加害人、受害人进行查访，监督加害人不再实施家庭暴力。

第十八条 县级或者设区的市级人民政府可以单独或者依托救助管理机构设立临时庇护场所，为家庭暴力受害人提供临时生活帮助。

第十九条 法律援助机构应当依法为家庭暴力受害人提供法律援助。

人民法院应当依法对家庭暴力受害人缓收、减收或者免收诉讼费用。

第二十条 人民法院审理涉及家庭暴力的案件，可以根据公安机关出警记录、告诫书、伤情鉴定意见等证据，认定家庭暴力事实。

第二十一条 监护人实施家庭暴力严重侵害被监护人合法权益的，人民法院可以根据被监护人的近亲属、居民委员会、村民委员会、县级人民政府民政部门等有关人员或者单位的申请，依法撤销其监护人资格，另行指定监护人。

被撤销监护人资格的加害人，应当继续负担相应的赡养、扶养、抚养费用。

第二十二条 工会、共产主义青年团、妇女联合会、残疾人联合会、居民委员会、村民委员会等应当对实施家庭暴力的加害人进行法治教育，必要时可以对加害人、受害人进行心理辅导。

第四章 人身安全保护令

第二十三条 当事人因遭受家庭暴力或者面临家庭暴力的现实危险，向人民法院申请人身安全保护令的，人民法院应当受理。

当事人是无民事行为能力人、限制民事行为能力人，或者因受到强制、威吓等原因无法申请人身安全保护令的，其近亲属、公安机关、妇女联合会、居民委员会、村民委员会、救助管理机构可以代为申请。

第二十四条 申请人身安全保护令应当以书面方式提出；书面申请确有困难的，可以口头申请，由人民法院记入笔录。

第二十五条 人身安全保护令案件由申请人或者被申请人居住地、家庭暴力发生地的基层人民法院管辖。

第二十六条 人身安全保护令由人民法院以裁定形式作出。

第二十七条 作出人身安全保护令，应当具备下列条件：

（一）有明确的被申请人；

（二）有具体的请求；

（三）有遭受家庭暴力或者面临家庭暴力现实危险的情形。

第二十八条 人民法院受理申请后，应当在七十二小时内作出人身安全保护令或者驳回申请；情况紧急的，应当在二十四小时内作出。

第二十九条 人身安全保护令可以包括下列措施：

（一）禁止被申请人实施家庭暴力；

（二）禁止被申请人骚扰、跟踪、接触申请人及其相关近亲属；

（三）责令被申请人迁出申请人住所；

（四）保护申请人人身安全的其他措施。

第三十条 人身安全保护令的有效期不超过六个月，自作出之日起生效。人身安全保护令失效前，人民法院可以根据申请人的申请撤销、变更或者延长。

第三十一条 申请人对驳回申请不服或者被申请人对人身安全保护令不服的，可以自裁定生效之日起五日内向作出裁定的人民法院申请复议一次。人民法院依法作出人身安全保护令的，复议期间不停止人身安全保护令的执行。

第三十二条 人民法院作出人身安全保护令后，应当送达申请人、被申请人、公安机关以及居民委员会、村民委员会等有关组织。人身安全保护令由人民法院执行，公安机关以及居民委员会、村民委员会等应当协助执行。

第五章 法律责任

第三十三条 加害人实施家庭暴力，构成违反治安管理行为的，依法给予治安管理处罚；构成犯罪的，依法追究刑事责任。

第三十四条 被申请人违反人身安全保护令，构成犯罪的，依法追究刑事责任；尚不构成犯罪的，人民法院应当给予训诫，可以根据情节轻重处以一千元以下罚款、十五日以下拘留。

第三十五条 学校、幼儿园、医疗机构、居民委员会、村民委员会、社会工作服务机构、救助管理机构、福利机构及其工作人员未依照本法第十四条规定向公安机关报案，造成严重后果的，由上级主管部门或者本单位对直接负责的主管人员和其他直接责任人员依法给予处分。

第三十六条 负有反家庭暴力职责的国家工作人员玩忽职守、滥用职权、徇私舞弊的，依法给予处分；构成犯罪的，依法追究刑事责任。

第六章 附 则

第三十七条 家庭成员以外共同生活的人之间实施的暴力行为,参照本法规定执行。

第三十八条 本法自2016年3月1日起施行。

社会救助暂行办法

(2014年2月21日中华人民共和国国务院令第649号公布 自2014年5月1日起施行)

第一章 总 则

第一条 为了加强社会救助,保障公民的基本生活,促进社会公平,维护社会和谐稳定,根据宪法,制定本办法。

第二条 社会救助制度坚持托底线、救急难、可持续,与其他社会保障制度相衔接,社会救助水平与经济社会发展水平相适应。

社会救助工作应当遵循公开、公平、公正、及时的原则。

第三条 国务院民政部门统筹全国社会救助体系建设。国务院民政、卫生计生、教育、住房城乡建设、人力资源社会保障等部门,按照各自职责负责相应的社会救助管理工作。

县级以上地方人民政府民政、卫生计生、教育、住房城乡建设、人力资源社会保障等部门,按照各自职责负责本行政区域内相应的社会救助管理工作。

前两款所列行政部门统称社会救助管理部门。

第四条 乡镇人民政府、街道办事处负责有关社会救助的申请受理、调查审核,具体工作由社会救助经办机构或者经办人员承担。

村民委员会、居民委员会协助做好有关社会救助工作。

第五条 县级以上人民政府应当将社会救助纳入国民经济和社会发展规划,建立健全政府领导、民政部门牵头、有关部门配合、社会力量参与的社会救助工作协调机制,完善社会救助资金、物资保障机制,将政府安排的社会救助资金和社会救助工作经费纳入财政预算。

社会救助资金实行专项管理,分账核算,专款专用,任何单位或者个人不得挤占挪用。社会救助资金的支付,按照财政国库管理的有关规定执行。

第六条 县级以上人民政府应当按照国家统一规划建立社会救助管理信息系统,实现社会救助信息互联互通、资源共享。

第七条 国家鼓励、支持社会力量参与社会救助。

第八条 对在社会救助工作中作出显著成绩的单位、个人,按照国家有关规定给予表彰、奖励。

第二章 最低生活保障

第九条 国家对共同生活的家庭成员人均收入低于当地最低生活保障标准,且符合当地最低生活保障家庭财产状况规定的家庭,给予最低生活保障。

第十条 最低生活保障标准,由省、自治区、直辖市或者设区的市级人民政府按照当地居民生活必需的费用确定、公布,并根据当地经济社会发展水平和物价变动情况适时调整。

最低生活保障家庭收入状况、财产状况的认定办法,由省、自治区、直辖市或者设区的市级人民政府按照国家有关规定制定。

第十一条 申请最低生活保障,按照下列程序办理:

(一)由共同生活的家庭成员向户籍所在地的乡镇人民政府、街道办事处提出书面申请;家庭成员申请有困难的,可以委托村民委员会、居民委员会代为提出申请。

(二)乡镇人民政府、街道办事处应当通过入户调查、邻里访问、信函索证、群众评议、信息核查等方式,对申请人的家庭收入状况、财产状况进行调查核实,提出初审意见,在申请人所在村、社区公示后报县级人民政府民政部门审批。

(三)县级人民政府民政部门经审查,对符合条件的申请予以批准,并在申请人所在村、社区公布;对不符合条件的申请不予批准,并书面向申请人说明理由。

第十二条 对批准获得最低生活保障的家庭,县级人民政府民政部门按照共同生活的家庭成员人均收入低于当地最低生活保障标准的差额,按月发给最低生活保障金。

对获得最低生活保障后生活仍有困难的老年人、未成年人、重度残疾人和重病患者,县级以上地方人民政府应当采取必要措施给予生活保障。

第十三条 最低生活保障家庭的人口状况、收入状况、财产状况发生变化的,应当及时告知乡镇人民政府、街道办事处。

县级人民政府民政部门以及乡镇人民政府、街道办事处应当对获得最低生活保障家庭的人口状况、收入状况、财产状况定期核查。

最低生活保障家庭的人口状况、收入状况、财产状况发生变化的,县级人民政府民政部门应当及时决定增发、减发或者停发最低生活保障金;决定停发最低生活保障金的,应当书面说明理由。

第三章 特困人员供养

第十四条 国家对无劳动能力、无生活来源且无法定赡养、抚养、扶养义务人,或者其法定赡养、抚养、扶养义务人无赡养、抚养、扶养能力的老年人、残疾人以及未满16周岁的未成年人,给予特困人员供养。

第十五条 特困人员供养的内容包括:

(一)提供基本生活条件;

(二)对生活不能自理的给予照料;

(三)提供疾病治疗;

(四)办理丧葬事宜。

特困人员供养标准，由省、自治区、直辖市或者设区的市级人民政府确定、公布。

特困人员供养应当与城乡居民基本养老保险、基本医疗保障、最低生活保障、孤儿基本生活保障等制度相衔接。

第十六条 申请特困人员供养，由本人向户籍所在地的乡镇人民政府、街道办事处提出书面申请；本人申请有困难的，可以委托村民委员会、居民委员会代为提出申请。

特困人员供养的审批程序适用本办法第十一条规定。

第十七条 乡镇人民政府、街道办事处应当及时了解掌握居民的生活情况，发现符合特困供养条件的人员，应当主动为其依法办理供养。

第十八条 特困供养人员不再符合供养条件的，村民委员会、居民委员会或者供养服务机构应当告知乡镇人民政府、街道办事处，由乡镇人民政府、街道办事处审核并报县级人民政府民政部门核准后，终止供养并予以公示。

第十九条 特困供养人员可以在当地的供养服务机构集中供养，也可以在家分散供养。特困供养人员可以自行选择供养形式。

第四章 受灾人员救助

第二十条 国家建立健全自然灾害救助制度，对基本生活受到自然灾害严重影响的人员，提供生活救助。

自然灾害救助实行属地管理，分级负责。

第二十一条 设区的市级以上人民政府和自然灾害多发、易发地区的县级人民政府应当根据自然灾害特点、居民人口数量和分布等情况，设立自然灾害救助物资储备库，保障自然灾害发生后救助物资的紧急供应。

第二十二条 自然灾害发生后，县级以上人民政府或者人民政府的自然灾害救助应急综合协调机构应当根据情况紧急疏散、转移、安置受灾人员，及时为受灾人员提供必要的食品、饮用水、衣被、取暖、临时住所、医疗防疫等应急救助。

第二十三条 灾情稳定后，受灾地区县级以上人民政府应当评估、核定并发布自然灾害损失情况。

第二十四条 受灾地区人民政府应当在确保安全的前提下，对住房损毁严重的受灾人员进行过渡性安置。

第二十五条 自然灾害危险消除后，受灾地区人民政府民政等部门应当及时核实本行政区域内居民住房恢复重建补助对象，并给予资金、物资等救助。

第二十六条 自然灾害发生后，受灾地区人民政府应当为因当年冬寒或者次年春荒遇到生活困难的受灾人员提供基本生活救助。

第五章 医疗救助

第二十七条 国家建立健全医疗救助制度，保障医疗救助对象获得基本医疗卫生服务。

第二十八条 下列人员可以申请相关医疗救助：

（一）最低生活保障家庭成员；

（二）特困供养人员；

（三）县级以上人民政府规定的其他特殊困难人员。

第二十九条 医疗救助采取下列方式：

（一）对救助对象参加城镇居民基本医疗保险或者新型农村合作医疗的个人缴费部分，给予补贴；

（二）对救助对象经基本医疗保险、大病保险和其他补充医疗保险支付后，个人及其家庭难以承担的符合规定的基本医疗自负费用，给予补助。

医疗救助标准，由县级以上人民政府按照经济社会发展水平和医疗救助资金情况确定、公布。

第三十条 申请医疗救助的，应当向乡镇人民政府、街道办事处提出，经审核、公示后，由县级人民政府民政部门审批。最低生活保障家庭成员和特困供养人员的医疗救助，由县级人民政府民政部门直接办理。

第三十一条 县级以上人民政府应当建立健全医疗救助与基本医疗保险、大病保险相衔接的医疗费用结算机制，为医疗救助对象提供便捷服务。

第三十二条 国家建立疾病应急救助制度，对需要急救但身份不明或者无力支付急救费用的急重危伤病患者给予救助。符合规定的急救费用由疾病应急救助基金支付。

疾病应急救助制度应当与其他医疗保障制度相衔接。

第六章 教育救助

第三十三条 国家对在义务教育阶段就学的最低生活保障家庭成员、特困供养人员，给予教育救助。

对在高中教育（含中等职业教育）、普通高等教育阶段就学的最低生活保障家庭成员、特困供养人员，以及不能入学接受义务教育的残疾儿童，根据实际情况给予适当教育救助。

第三十四条 教育救助根据不同教育阶段需求，采取减免相关费用、发放助学金、给予生活补助、安排勤工助学等方式实施，保障教育救助对象基本学习、生活需求。

第三十五条 教育救助标准，由省、自治区、直辖市人民政府根据经济社会发展水平和教育救助对象的基本学习、生活需求确定、公布。

第三十六条 申请教育救助，应当按照国家有关规定向就读学校提出，按规定程序审核、确认后，由学校按照国家有关规定实施。

第七章 住房救助

第三十七条 国家对符合规定标准的住房困难的最低生活保障家庭、分散供养的特困人员，给予住房救助。

第三十八条 住房救助通过配租公共租赁住房、发放住房租赁补贴、农村危房改造等方式实施。

第三十九条　住房困难标准和救助标准，由县级以上地方人民政府根据本行政区域经济社会发展水平、住房价格水平等因素确定、公布。

第四十条　城镇家庭申请住房救助的，应当经由乡镇人民政府、街道办事处或者直接向县级人民政府住房保障部门提出，经县级人民政府民政部门审核家庭收入、财产状况和县级人民政府住房保障部门审核家庭住房状况并公示后，对符合申请条件的申请人，由县级人民政府住房保障部门优先给予保障。

农村家庭申请住房救助的，按照县级以上人民政府有关规定执行。

第四十一条　各级人民政府按照国家规定通过财政投入、用地供应等措施为实施住房救助提供保障。

第八章　就业救助

第四十二条　国家对最低生活保障家庭中有劳动能力并处于失业状态的成员，通过贷款贴息、社会保险补贴、岗位补贴、培训补贴、费用减免、公益性岗位安置等办法，给予就业救助。

第四十三条　最低生活保障家庭有劳动能力的成员均处于失业状态的，县级以上地方人民政府应当采取有针对性的措施，确保该家庭至少有一人就业。

第四十四条　申请就业救助的，应当向住所地街道、社区公共就业服务机构提出，公共就业服务机构核实后予以登记，并免费提供就业岗位信息、职业介绍、职业指导等就业服务。

第四十五条　最低生活保障家庭中有劳动能力但未就业的成员，应当接受人力资源社会保障等有关部门介绍的工作；无正当理由，连续3次拒绝接受介绍的与其健康状况、劳动能力等相适应的工作的，县级人民政府民政部门应当决定减发或者停发其本人的最低生活保障金。

第四十六条　吸纳就业救助对象的用人单位，按照国家有关规定享受社会保险补贴、税收优惠、小额担保贷款等就业扶持政策。

第九章　临时救助

第四十七条　国家对因火灾、交通事故等意外事件，家庭成员突发重大疾病等原因，导致基本生活暂时出现严重困难的家庭，或者因生活必需支出突然增加超出家庭承受能力，导致基本生活暂时出现严重困难的最低生活保障家庭，以及遭遇其他特殊困难的家庭，给予临时救助。

第四十八条　申请临时救助的，应当向乡镇人民政府、街道办事处提出，经审核、公示后，由县级人民政府民政部门审批；救助金额较小的，县级人民政府民政部门可以委托乡镇人民政府、街道办事处审批。情况紧急的，可以按照规定简化审批手续。

第四十九条　临时救助的具体事项、标准，由县级以上地方人民政府确定、公布。

第五十条　国家对生活无着的流浪、乞讨人员提供临时食宿、急病救治、协助返回等救助。

第五十一条　公安机关和其他有关行政机关的工作人员在执行公务时发现流浪、乞讨人员的，应当告知其向救助管理机构求助。对其中的残疾人、未成年人、老年人和行动不便的其他人员，应当引导、护送到救助管理机构；对突发急病人员，应当立即通知急救机构进行救治。

第十章　社会力量参与

第五十二条　国家鼓励单位和个人等社会力量通过捐赠、设立帮扶项目、创办服务机构、提供志愿服务等方式，参与社会救助。

第五十三条　社会力量参与社会救助，按照国家有关规定享受财政补贴、税收优惠、费用减免等政策。

第五十四条　县级以上地方人民政府可以将社会救助中的具体服务事项通过委托、承包、采购等方式，向社会力量购买服务。

第五十五条　县级以上地方人民政府应当发挥社会工作服务机构和社会工作者作用，为社会救助对象提供社会融入、能力提升、心理疏导等专业服务。

第五十六条　社会救助管理部门及相关机构应当建立社会力量参与社会救助的机制和渠道，提供社会救助项目、需求信息，为社会力量参与社会救助创造条件、提供便利。

第十一章　监督管理

第五十七条　县级以上人民政府及其社会救助管理部门应当加强对社会救助工作的监督检查，完善相关监督管理制度。

第五十八条　申请或者已获得社会救助的家庭，应当按照规定如实申报家庭收入状况、财产状况。

县级以上人民政府民政部门根据申请或者已获得社会救助家庭的请求、委托，可以通过户籍管理、税务、社会保险、不动产登记、工商登记、住房公积金管理、车船管理等单位和银行、保险、证券等金融机构，代为查询、核对其家庭收入状况、财产状况；有关单位和金融机构应当予以配合。

县级以上人民政府民政部门应当建立申请和已获得社会救助家庭经济状况信息核对平台，为审核认定社会救助对象提供依据。

第五十九条　县级以上人民政府社会救助管理部门和乡镇人民政府、街道办事处在履行社会救助职责过程中，可以查阅、记录、复制与社会救助事项有关的资料，询问与社会救助事项有关的单位、个人，要求其对相关情况作出说明，提供相关证明材料。有关单位、个人应当如实提供。

第六十条　申请社会救助，应当按照本办法的规定提出；申请人难以确定社会救助管理部门的，可以先向社会救助经办机构或者县级人民政府民政部门求助。社会救助经办机构或者县级人民政府民政部门接到求助后,应当及时办理或者转交其他社会救助管理部门办理。

乡镇人民政府、街道办事处应当建立统一受理社会救助申请的窗口,及时受理、转办申请事项。

第六十一条　履行社会救助职责的工作人员对在社会救助工作中知悉的公民个人信息,除按照规定应当公示的信息外,应当予以保密。

第六十二条　县级以上人民政府及其社会救助管理部门应当通过报刊、广播、电视、互联网等媒体,宣传社会救助法律、法规和政策。

县级人民政府及其社会救助管理部门应当通过公共查阅室、资料索取点、信息公告栏等便于公众知晓的途径,及时公开社会救助资金、物资的管理和使用等情况,接受社会监督。

第六十三条　履行社会救助职责的工作人员行使职权,应当接受社会监督。

任何单位、个人有权对履行社会救助职责的工作人员在社会救助工作中的违法行为进行举报、投诉。受理举报、投诉的机关应当及时核实、处理。

第六十四条　县级以上人民政府财政部门、审计机关依法对社会救助资金、物资的筹集、分配、管理和使用实施监督。

第六十五条　申请或者已获得社会救助的家庭或者人员,对社会救助管理部门作出的具体行政行为不服的,可以依法申请行政复议或者提起行政诉讼。

第十二章　法律责任

第六十六条　违反本办法规定,有下列情形之一的,由上级行政机关或者监察机关责令改正;对直接负责的主管人员和其他直接责任人员依法给予处分:

(一)对符合申请条件的救助申请不予受理的;

(二)对符合救助条件的救助申请不予批准的;

(三)对不符合救助条件的救助申请予以批准的;

(四)泄露在工作中知悉的公民个人信息,造成后果的;

(五)丢失、篡改接受社会救助款物、服务记录等数据的;

(六)不按照规定发放社会救助资金、物资或者提供相关服务的;

(七)在履行社会救助职责过程中有其他滥用职权、玩忽职守、徇私舞弊行为的。

第六十七条　违反本办法规定,截留、挤占、挪用、私分社会救助资金、物资的,由有关部门责令追回;有违法所得的,没收违法所得;对直接负责的主管人员和其他直接责任人员依法给予处分。

第六十八条　采取虚报、隐瞒、伪造等手段,骗取社会救助资金、物资或者服务的,由有关部门决定停止社会救助,责令退回非法获取的救助资金、物资,可以处非法获取的救助款额或者物资价值1倍以上3倍以下的罚款;构成违反治安管理行为的,依法给予治安管理处罚。

第六十九条　违反本办法规定,构成犯罪的,依法追究刑事责任。

第十三章　附　　则

第七十条　本办法自2014年5月1日起施行。

中共中央、国务院关于打赢脱贫攻坚战的决定

(2015年11月29日)

确保到2020年农村贫困人口实现脱贫,是全面建成小康社会最艰巨的任务。现就打赢脱贫攻坚战作出如下决定。

一、增强打赢脱贫攻坚战的使命感紧迫感

消除贫困、改善民生、逐步实现共同富裕,是社会主义的本质要求,是我们党的重要使命。改革开放以来,我们实施大规模扶贫开发,使7亿农村贫困人口摆脱贫困,取得了举世瞩目的伟大成就,谱写了人类反贫困历史上的辉煌篇章。党的十八大以来,我们把扶贫开发工作纳入"四个全面"战略布局,作为实现第一个百年奋斗目标的重点工作,摆在更加突出的位置,大力实施精准扶贫,不断丰富和拓展中国特色扶贫开发道路,不断开创扶贫开发事业新局面。

我国扶贫开发已进入啃硬骨头、攻坚拔寨的冲刺期。中西部一些省(自治区、直辖市)贫困人口规模依然较大,剩下的贫困人口贫困程度较深,减贫成本更高,脱贫难度更大。实现到2020年让7000多万农村贫困人口摆脱贫困的既定目标,时间十分紧迫、任务相当繁重。必须在现有基础上不断创新扶贫开发思路和办法,坚决打赢这场攻坚战。

扶贫开发事关全面建成小康社会,事关人民福祉,事关巩固党的执政基础,事关国家长治久安,事关我国国际形象。打赢脱贫攻坚战,是促进全体人民共享改革发展成果、实现共同富裕的重大举措,是体现中国特色社会主义制度优越性的重要标志,也是经济发展新常态下扩大国内需求、促进经济增长的重要途径。各级党委和政府必须把扶贫开发工作作为重大政治任务来抓,切实增强责任感、使命感和紧迫感,切实解决好思想认识不到位、体制机制不健全、工作措施不落实等突出问题,不辱使命、勇于担当,只争朝夕、真抓实干,加快补齐全面建成小康社会中的这块突出短板,决不让一个地区、一个民族掉队,实现《中共中央关于制定国民经济和社会发展第十三个五年规划的建议》确定的脱贫攻坚目标。

二、打赢脱贫攻坚战的总体要求

(一)指导思想

全面贯彻落实党的十八大和十八届二中、三中、四中、五

中全会精神，以邓小平理论、“三个代表”重要思想、科学发展观为指导，深入贯彻习近平总书记系列重要讲话精神，围绕“四个全面”战略布局，牢固树立并切实贯彻创新、协调、绿色、开放、共享的发展理念，充分发挥政治优势和制度优势，把精准扶贫、精准脱贫作为基本方略，坚持扶贫开发与经济社会发展相互促进，坚持精准帮扶与集中连片特殊困难地区开发紧密结合，坚持扶贫开发与生态保护并重，坚持扶贫开发与社会保障有效衔接，咬定青山不放松，采取超常规举措，拿出过硬办法，举全党全社会之力，坚决打赢脱贫攻坚战。

（二）总体目标

到2020年，稳定实现农村贫困人口不愁吃、不愁穿，义务教育、基本医疗和住房安全有保障。实现贫困地区农民人均可支配收入增长幅度高于全国平均水平，基本公共服务主要领域指标接近全国平均水平。确保我国现行标准下农村贫困人口实现脱贫，贫困县全部摘帽，解决区域性整体贫困。

（三）基本原则

——坚持党的领导，夯实组织基础。充分发挥各级党委总揽全局、协调各方的领导核心作用，严格执行脱贫攻坚一把手负责制，省市县乡村五级书记一起抓。切实加强贫困地区农村基层党组织建设，使其成为带领群众脱贫致富的坚强战斗堡垒。

——坚持政府主导，增强社会合力。强化政府责任，引领市场、社会协同发力，鼓励先富帮后富，构建专项扶贫、行业扶贫、社会扶贫互为补充的大扶贫格局。

——坚持精准扶贫，提高扶贫成效。扶贫开发贵在精准，重在精准，必须解决好扶持谁、谁来扶、怎么扶的问题，做到扶真贫、真扶贫、真脱贫，切实提高扶贫成果可持续性，让贫困人口有更多的获得感。

——坚持保护生态，实现绿色发展。牢固树立绿水青山就是金山银山的理念，把生态保护放在优先位置，扶贫开发不能以牺牲生态为代价，探索生态脱贫新路子，让贫困人口从生态建设与修复中得到更多实惠。

——坚持群众主体，激发内生动力。继续推进开发式扶贫，处理好国家、社会帮扶和自身努力的关系，发扬自力更生、艰苦奋斗、勤劳致富精神，充分调动贫困地区干部群众积极性和创造性，注重扶贫先扶智，增强贫困人口自我发展能力。

——坚持因地制宜，创新体制机制。突出问题导向，创新扶贫开发路径，由“大水漫灌”向“精准滴灌”转变；创新扶贫资源使用方式，由多头分散向统筹集中转变；创新扶贫开发模式，由偏重“输血”向注重“造血”转变；创新扶贫考评体系，由侧重考核地区生产总值向主要考核脱贫成效转变。

三、实施精准扶贫方略，加快贫困人口精准脱贫

（四）健全精准扶贫工作机制。抓好精准识别、建档立卡这个关键环节，为打赢脱贫攻坚战打好基础，为推进城乡发展一体化、逐步实现基本公共服务均等化创造条件。按照扶持对象精准、项目安排精准、资金使用精准、措施到户精准、因村派人精准、脱贫成效精准的要求，使建档立卡贫困人口中有5000万人左右通过产业扶持、转移就业、易地搬迁、教育支持、医疗救助等措施实现脱贫，其余完全或部分丧失劳动能力的贫困人口实行社保政策兜底脱贫。对建档立卡贫困村、贫困户和贫困人口定期进行全面核查，建立精准扶贫台账，实行有进有出的动态管理。根据致贫原因和脱贫需求，对贫困人口实行分类扶持。建立贫困户脱贫认定机制，对已经脱贫的农户，在一定时期内让其继续享受扶贫相关政策，避免出现边脱贫、边返贫现象，切实做到应进则进、应扶则扶。抓紧制定严格、规范、透明的国家扶贫开发工作重点县退出标准、程序、核查办法。重点县退出，由县提出申请，市（地）初审，省级审定，报国务院扶贫开发领导小组备案。重点县退出后，在攻坚期内国家原有扶贫政策保持不变，抓紧制定攻坚期后国家帮扶政策。加强对扶贫工作绩效的社会监督，开展贫困地区群众扶贫满意度调查，建立对扶贫政策落实情况和扶贫成效的第三方评估机制。评价精准扶贫成效，既要看减贫数量，更要看脱贫质量，不提不切实际的指标，对弄虚作假搞“数字脱贫”的，要严肃追究责任。

（五）发展特色产业脱贫。制定贫困地区特色产业发展规划。出台专项政策，统筹使用涉农资金，重点支持贫困村、贫困户因地制宜发展种养业和传统手工业等。实施贫困村“一村一品”产业推进行动，扶持建设一批贫困人口参与度高的特色农业基地。加强贫困地区农民合作社和龙头企业培育，发挥其对贫困人口的组织和带动作用，强化其与贫困户的利益联结机制。支持贫困地区发展农产品加工业，加快一二三产业融合发展，让贫困户更多分享农业全产业链和价值链增值收益。加大对贫困地区农产品品牌推介营销支持力度。依托贫困地区特有的自然人文资源，深入实施乡村旅游扶贫工程。科学合理有序开发贫困地区水电、煤炭、油气等资源，调整完善资源开发收益分配政策。探索水电利益共享机制，将从发电中提取的资金优先用于水库移民和库区后续发展。引导中央企业、民营企业分别设立贫困地区产业投资基金，采取市场化运作方式，主要用于吸引企业到贫困地区从事资源开发、产业园区建设、新型城镇化发展等。

（六）引导劳务输出脱贫。加大劳务输出培训投入，统筹使用各类培训资源，以就业为导向，提高培训的针对性和有效性。加大职业技能提升计划和贫困户教育培训工程实施力度，引导企业扶贫与职业教育相结合，鼓励职业院校和技工学校招收贫困家庭子女，确保贫困家庭劳动力至少掌握一门致富技能，实现靠技能脱贫。进一步加大就业专项资金向贫困地区转移支付力度。支持贫困地区建设县乡基层劳动就业和社会保障服务平台，引导和支持用人企业在贫困地区建立劳务培训基地，开展好订单定向培训，建立和完善输出地与输入地劳务对接机制。鼓励地方对跨省务工的农村贫困人口给予交通补助。大力支持家政服务、物流配送、养老服务等产业发展，拓展贫困地区劳动力外出就业空间。加大对贫困地区农民工返乡创业政策扶持力度。对在城镇工作生活一年以上的农村贫困人口，输入地政府要承担相应的帮扶责任，并优先提供基本公共服务，促进有能力在城镇稳定就业和生活的农村贫困人口有序实现市民化。

（七）实施易地搬迁脱贫。对居住在生存条件恶劣、生态环境脆弱、自然灾害频发等地区的农村贫困人口，加快实施易地扶贫搬迁工程。坚持群众自愿、积极稳妥的原则，因地制宜选择搬迁安置方式，合理确定住房建设标准，完善搬迁后续扶持政策，确保搬迁对象有业可就、稳定脱贫，做到搬得出、稳得住、能致富。要紧密结合推进新型城镇化，编制实施易地扶贫搬迁规划，支持有条件的地方依托小城镇、工业园区安置搬迁群众，帮助其尽快实现转移就业，享有与当地群众同等的基本公共服务。加大中央预算内投资和地方各级政府投入力度，创新投融资机制，拓宽资金来源渠道，提高补助标准。积极整合交通建设、农田水利、土地整治、地质灾害防治、林业生态等支农资金和社会资金，支持安置区配套公共设施建设和迁出区生态修复。利用城乡建设用地增减挂钩政策支持易地扶贫搬迁。为符合条件的搬迁户提供建房、生产、创业贴息贷款支持。支持搬迁安置点发展物业经济，增加搬迁户财产性收入。探索利用农民进城落户后自愿有偿退出的农村空置房屋和土地安置易地搬迁农户。

（八）结合生态保护脱贫。国家实施的退耕还林还草、天然林保护、防护林建设、石漠化治理、防沙治沙、湿地保护与恢复、坡耕地综合整治、退牧还草、水生态治理等重大生态工程，在项目和资金安排上进一步向贫困地区倾斜，提高贫困人口参与度和受益水平。加大贫困地区生态保护修复力度，增加重点生态功能区转移支付。结合建立国家公园体制，创新生态资金使用方式，利用生态补偿和生态保护工程资金使当地有劳动能力的部分贫困人口转为护林员等生态保护人员。合理调整贫困地区基本农田保有指标，加大贫困地区新一轮退耕还林还草力度。开展贫困地区生态综合补偿试点，健全公益林补偿标准动态调整机制，完善草原生态保护补助奖励政策，推动地区间建立横向生态补偿制度。

（九）着力加强教育脱贫。加快实施教育扶贫工程，让贫困家庭子女都能接受公平有质量的教育，阻断贫困代际传递。国家教育经费向贫困地区、基础教育倾斜。健全学前教育资助制度，帮助农村贫困家庭幼儿接受学前教育。稳步推进贫困地区农村义务教育阶段学生营养改善计划。加大对乡村教师队伍建设的支持力度，特岗计划、国培计划向贫困地区基层倾斜，为贫困地区乡村学校定向培养留得下、稳得住的一专多能教师，制定符合基层实际的教师招聘引进办法，建立省级统筹乡村教师补充机制，推动城乡教师合理流动和对口支援。全面落实连片特困地区乡村教师生活补助政策，建立乡村教师荣誉制度。合理布局贫困地区农村中小学校，改善基本办学条件，加快标准化建设，加强寄宿制学校建设，提高义务教育巩固率。普及高中阶段教育，率先从建档立卡的家庭经济困难学生实施普通高中免除学杂费、中等职业教育免除学杂费，让未升入普通高中的初中毕业生都能接受中等职业教育。加强有专业特色并适应市场需求的中等职业学校建设，提高中等职业教育国家助学金资助标准。努力办好贫困地区特殊教育和远程教育。建立保障农村和贫困地区学生上重点高校的长效机制，加大对贫困家庭大学生的救助力度。对贫困家庭离校未就业的高校毕业生提供就业支持。实施教育扶贫结对帮扶行动计划。

（十）开展医疗保险和医疗救助脱贫。实施健康扶贫工程，保障贫困人口享有基本医疗卫生服务，努力防止因病致贫、因病返贫。对贫困人口参加新型农村合作医疗个人缴费部分由财政给予补贴。新型农村合作医疗和大病保险制度对贫困人口实行政策倾斜，门诊统筹率先覆盖所有贫困地区，降低贫困人口大病费用实际支出，对新型农村合作医疗和大病保险支付后自负费用仍有困难的，加大医疗救助、临时救助、慈善救助等帮扶力度，将贫困人口全部纳入重特大疾病救助范围，使贫困人口大病医治得到有效保障。加大农村贫困残疾人康复服务和医疗救助力度，扩大纳入基本医疗保险范围的残疾人医疗康复项目。建立贫困人口健康卡。对贫困人口大病实行分类救治和先诊疗后付费的结算机制。建立全国三级医院（含军队和武警部队医院）与连片特困地区县和国家扶贫开发工作重点县县级医院稳定持续的一对一帮扶关系。完成贫困地区县乡村三级医疗卫生服务网络标准化建设，积极促进远程医疗诊治和保健咨询服务向贫困地区延伸。为贫困地区县乡医疗卫生机构订单定向免费培养医学类本专科学生，支持贫困地区实施全科医生和专科医生特设岗位计划，制定符合基层实际的人才招聘引进办法。支持和引导符合条件的贫困地区乡村医生按规定参加城镇职工基本养老保险。采取针对性措施，加强贫困地区传染病、地方病、慢性病等防治工作。全面实施贫困地区儿童营养改善、新生儿疾病免费筛查、妇女“两癌”免费筛查、孕前优生健康免费检查等重大公共卫生项目。加强贫困地区计划生育服务管理工作。

（十一）实行农村最低生活保障制度兜底脱贫。完善农村最低生活保障制度，对无法依靠产业扶持和就业帮助脱贫的家庭实行政策性保障兜底。加大农村低保省级统筹力度，低保标准较低的地区要逐步达到国家扶贫标准。尽快制定农村最低生活保障制度与扶贫开发政策有效衔接的实施方案。进一步加强农村低保申请家庭经济状况核查工作，将所有符合条件的贫困家庭纳入低保范围，做到应保尽保。加大临时救助制度在贫困地区落实力度。提高农村特困人员供养水平，改善供养条件。抓紧建立农村低保和扶贫开发的数据互通、资源共享信息平台，实现动态监测管理、工作机制有效衔接。

加快完善城乡居民基本养老保险制度，适时提高基础养老金标准，引导农村贫困人口积极参保续保，逐步提高保障水平。有条件、有需求地区可以实施“以粮济贫”。

（十二）探索资产收益扶贫。在不改变用途的情况下，财政专项扶贫资金和其他涉农资金投入设施农业、养殖、光伏、水电、乡村旅游等项目形成的资产，具备条件的可折股量化给贫困村和贫困户，尤其是丧失劳动能力的贫困户。资产可由村集体、合作社或其他经营主体统一经营。要强化监督管理，明确资产运营方对财政资金形成资产的保值增值责任，建立健全收益分配机制，确保资产收益及时回馈持股贫困户。支持农民合作社和其他经营主体通过土地托管、牲畜托养和吸收农民土地经营权入股等方式，带动贫困户增收。贫困地区水电、矿产等资源开发，赋予土地被占用的村集体股权，让贫困人口分享资源开发收益。

（十三）健全留守儿童、留守妇女、留守老人和残疾人关爱服务体系。对农村“三留守”人员和残疾人进行全面摸底排查，建立详实完备、动态更新的信息管理系统。加强儿童福利院、救助保护机构、特困人员供养机构、残疾人康复托养机构、社区儿童之家等服务设施和队伍建设，不断提高管理服务水平。建立家庭、学校、基层组织、政府和社会力量相衔接的留守儿童关爱服务网络。加强对未成年人的监护。健全孤儿、事实无人抚养儿童、低收入家庭重病重残等困境儿童的福利保障体系。健全发现报告、应急处置、帮扶干预机制，帮助特殊贫困家庭解决实际困难。加大贫困残疾人康复工程、特殊教育、技能培训、托养服务实施力度。针对残疾人的特殊困难，全面建立困难残疾人生活补贴和重度残疾人护理补贴制度。对低保家庭中的老年人、未成年人、重度残疾人等重点救助对象，提高救助水平，确保基本生活。引导和鼓励社会力量参与特殊群体关爱服务工作。

四、加强贫困地区基础设施建设，加快破除发展瓶颈制约

（十四）加快交通、水利、电力建设。推动国家铁路网、国家高速公路网连接贫困地区的重大交通项目建设，提高国道省道技术标准，构建贫困地区外通内联的交通运输通道。大幅度增加中央投资投入中西部地区和贫困地区的铁路、公路建设，继续实施车购税对农村公路建设的专项转移政策，提高贫困地区农村公路建设补助标准，加快完成具备条件的乡镇和建制村通硬化路的建设任务，加强农村公路安全防护和危桥改造，推动一定人口规模的自然村通公路。加强贫困地区重大水利工程、病险水库水闸除险加固、灌区续建配套与节水改造等水利项目建设。实施农村饮水安全巩固提升工程，全面解决贫困人口饮水安全问题。小型农田水利、“五小水利”工程等建设向贫困村倾斜。对贫困地区农村公益性基础设施管理养护给予支持。加大对贫困地区抗旱水源建设、中小河流治理、水土流失综合治理力度。加强山洪和地质灾害防治体系建设。大力扶持贫困地区农村水电开发。加强贫困地区农村气象为农服务体系和灾害防御体系建设。加快推进贫困地区农网改造升级，全面提升农网供电能力和供电质量，制定贫困村通动力电规划，提升贫困地区电力普遍服务水平。增加贫困地区年度发电指标。提高贫困地区水电工程留存电量比例。加快推进光伏扶贫工程，支持光伏发电设施接入电网运行，发展光伏农业。

（十五）加大“互联网＋”扶贫力度。完善电信普遍服务补偿机制，加快推进宽带网络覆盖贫困村。实施电商扶贫工程。加快贫困地区物流配送体系建设，支持邮政、供销合作等系统在贫困乡村建立服务网点。支持电商企业拓展农村业务，加强贫困地区农产品网上销售平台建设。加强贫困地区农村电商人才培训。对贫困家庭开设网店给予网络资费补助、小额信贷等支持。开展互联网为农便民服务，提升贫困地区农村互联网金融服务水平，扩大信息进村入户覆盖面。

（十六）加快农村危房改造和人居环境整治。加快推进贫困地区农村危房改造，统筹开展农房抗震改造，把建档立卡贫困户放在优先位置，提高补助标准，探索采用贷款贴息、建设集体公租房等多种方式，切实保障贫困户基本住房安全。加大贫困村生活垃圾处理、污水治理、改厕和村庄绿化美化力度。加大贫困地区传统村落保护力度。继续推进贫困地区农村环境连片整治。加大贫困地区以工代赈投入力度，支持农村山水田林路建设和小流域综合治理。财政支持的微小型建设项目，涉及贫困村的，允许按照一事一议方式直接委托村级组织自建自管。以整村推进为平台，加快改善贫困村生产生活条件，扎实推进美丽宜居乡村建设。

（十七）重点支持革命老区、民族地区、边疆地区、连片特困地区脱贫攻坚。出台加大脱贫攻坚力度支持革命老区开发建设指导意见，加快实施重点贫困革命老区振兴发展规划，扩大革命老区财政转移支付规模。加快推进民族地区重大基础设施项目和民生工程建设，实施少数民族特困地区和特困群体综合扶贫工程，出台人口较少民族整体脱贫的特殊政策措施。改善边疆民族地区义务教育阶段基本办学条件，建立健全双语教学体系，加大教育对口支援力度，积极发展符合民族地区实际的职业教育，加强民族地区师资培训。加强少数民族特色村镇保护与发展。大力推进兴边富民行动，加大边境地区转移支付力度，完善边民补贴机制，充分考虑边境地区特殊需要，集中改善边民生产生活条件，扶持发展边境贸易和特色经济，使边民能够安心生产生活、安心守边固边。完善片区联系协调机制，加快实施集中连片特殊困难地区区域发展与脱贫攻坚规划。加大中央投入力度，采取特殊扶持政策，推进西藏、四省藏区和新疆南疆四地州脱贫攻坚。

五、强化政策保障，健全脱贫攻坚支撑体系

（十八）加大财政扶贫投入力度。发挥政府投入在扶贫开发中的主体和主导作用，积极开辟扶贫开发新的资金渠道，确保政府扶贫投入力度与脱贫攻坚任务相适应。中央财政继续加大对贫困地区的转移支付力度,中央财政专项扶贫资金规模实现较大幅度增长,一般性转移支付资金、各类涉及民生的专项转移支付资金和中央预算内投资进一步向贫困地区和贫困人口倾斜。加大中央集中彩票公益金对扶贫的支持力度。农业综合开发、农村综合改革转移支付等涉农资金要明确一定比例用于贫困村。各部门安排的各项惠民政策、项目和工程,要最大限度地向贫困地区、贫困村、贫困人口倾斜。各省(自治区、直辖市)要根据本地脱贫攻坚需要,积极调整省级财政支出结构,切实加大扶贫资金投入。从 2016 年起通过扩大中央和地方财政支出规模,增加对贫困地区水电路气网等基础设施建设和提高基本公共服务水平的投入。建立健全脱贫攻坚多规划衔接、多部门协调长效机制,整合目标相近、方向类同的涉农资金。按照权责一致原则,支持连片特困地区县和国家扶贫开发工作重点县围绕本县突出问题,以扶贫规划为引领,以重点扶贫项目为平台,把专项扶贫资金、相关涉农资金和社会帮扶资金捆绑集中使用。严格落实国家在贫困地区安排的公益性建设项目取消县级和西部连片特困地区地市级配套资金的政策,并加大中央和省级财政投资补助比重。在扶贫开发中推广政府与社会资本合作、政府购买服务等模式。加强财政监督检查和审计、稽查等工作,建立扶贫资金违规使用责任追究制度。纪检监察机关对扶贫领域虚报冒领、截留私分、贪污挪用、挥霍浪费等违法违规问题,坚决从严惩处。推进扶贫开发领域反腐倡廉建设,集中整治和加强预防扶贫领域职务犯罪工作。贫困地区要建立扶贫公告公示制度,强化社会监督,保障资金在阳光下运行。

(十九)加大金融扶贫力度。鼓励和引导商业性、政策性、开发性、合作性等各类金融机构加大对扶贫开发的金融支持。运用多种货币政策工具,向金融机构提供长期、低成本的资金,用于支持扶贫开发。设立扶贫再贷款,实行比支农再贷款更优惠的利率,重点支持贫困地区发展特色产业和贫困人口就业创业。运用适当的政策安排,动用财政贴息资金及部分金融机构的富余资金,对接政策性、开发性金融机构的资金需求,拓宽扶贫资金来源渠道。由国家开发银行和中国农业发展银行发行政策性金融债,按照微利或保本的原则发放长期贷款,中央财政给予 90% 的贷款贴息,专项用于易地扶贫搬迁。国家开发银行、中国农业发展银行分别设立"扶贫金融事业部",依法享受税收优惠。中国农业银行、邮政储蓄银行、农村信用社等金融机构要延伸服务网络,创新金融产品,增加贫困地区信贷投放。对有稳定还款来源的扶贫项目,允许采用过桥贷款方式,撬动信贷资金投入。按照省(自治区、直辖市)负总责的要求,建立和完善省级扶贫开发投融资主体。支持农村信用社、村镇银行等金融机构为贫困户提供免抵押、免担保扶贫小额信贷,由财政按基础利率贴息。加大创业担保贷款、助学贷款、妇女小额贷款、康复扶贫贷款实施力度。优先支持在贫困地区设立村镇银行、小额贷款公司等机构。支持贫困地区培育发展农民资金互助组织,开展农民合作社信用合作试点。支持贫困地区设立扶贫贷款风险补偿基金。支持贫困地区设立政府出资的融资担保机构,重点开展扶贫担保业务。积极发展扶贫小额贷款保证保险,对贫困户保证保险保费予以补助。扩大农业保险覆盖面,通过中央财政以奖代补等支持贫困地区特色农产品保险发展。加强贫困地区金融服务基础设施建设,优化金融生态环境。支持贫困地区开展特色农产品价格保险,有条件的地方可给予一定保费补贴。有效拓展贫困地区抵押物担保范围。

(二十)完善扶贫开发用地政策。支持贫困地区根据第二次全国土地调查及最新年度变更调查成果,调整完善土地利用总体规划。新增建设用地计划指标优先保障扶贫开发用地需要,专项安排国家扶贫开发工作重点县年度新增建设用地计划指标。中央和省级在安排土地整治工程和项目、分配下达高标准基本农田建设计划和补助资金时,要向贫困地区倾斜。在连片特困地区和国家扶贫开发工作重点县开展易地扶贫搬迁,允许将城乡建设用地增减挂钩指标在省域范围内使用。在有条件的贫困地区,优先安排国土资源管理制度改革试点,支持开展历史遗留工矿废弃地复垦利用、城镇低效用地再开发和低丘缓坡荒滩等未利用地开发利用试点。

(二十一)发挥科技、人才支撑作用。加大科技扶贫力度,解决贫困地区特色产业发展和生态建设中的关键技术问题。加大技术创新引导专项(基金)对科技扶贫的支持,加快先进适用技术成果在贫困地区的转化。深入推行科技特派员制度,支持科技特派员开展创业式扶贫服务。强化贫困地区基层农技推广体系建设,加强新型职业农民培训。加大政策激励力度,鼓励各类人才扎根贫困地区基层建功立业,对表现优秀的人员在职称评聘等方面给予倾斜。大力实施边远贫困地区、边疆民族地区和革命老区人才支持计划,贫困地区本土人才培养计划。积极推进贫困村创业致富带头人培训工程。

六、广泛动员全社会力量,合力推进脱贫攻坚

(二十二)健全东西部扶贫协作机制。加大东西部扶贫协作力度,建立精准对接机制,使帮扶资金主要用于贫困村、贫困户。东部地区要根据财力增长情况,逐步增加对口帮扶财政投入,并列入年度预算。强化以企业合作为载体的扶贫协作,鼓励东西部按照当地主体功能定位共建产业园区,推动东部人才、资金、技术向贫困地区流动。启动实施经济强县(市)与国家扶贫开发工作重点县"携手奔小康"行动,东部各省(直辖市)在努力做好本区域内扶贫开发工作的同时,更多发挥县(市)作用,与扶贫协作省份的国家扶贫开发工作重点县开展结对帮扶。建立东西部扶贫协作考核评价机制。

(二十三)健全定点扶贫机制。进一步加强和改进定点扶贫工作,建立考核评价机制,确保各单位落实扶贫责任。深入推进中央企业定点帮扶贫困革命老区县"百县万村"活动。完善定点扶贫牵头联系机制，各牵头部门要按照分工督促指导各单位做好定点扶贫工作。

（二十四）健全社会力量参与机制。鼓励支持民营企业、社会组织、个人参与扶贫开发，实现社会帮扶资源和精准扶贫有效对接。引导社会扶贫重心下移，自愿包村包户，做到贫困户都有党员干部或爱心人士结对帮扶。吸纳农村贫困人口就业的企业，按规定享受税收优惠、职业培训补贴等就业支持政策。落实企业和个人公益扶贫捐赠所得税税前扣除政策。充分发挥各民主党派、无党派人士在人才和智力扶贫上的优势和作用。工商联系统组织民营企业开展“万企帮万村”精准扶贫行动。通过政府购买服务等方式，鼓励各类社会组织开展到村到户精准扶贫。完善扶贫龙头企业认定制度，增强企业辐射带动贫困户增收的能力。鼓励有条件的企业设立扶贫公益基金和开展扶贫公益信托。发挥好“10·17”全国扶贫日社会动员作用。实施扶贫志愿者行动计划和社会工作专业人才服务贫困地区计划。着力打造扶贫公益品牌，全面及时公开扶贫捐赠信息，提高社会扶贫公信力和美誉度。构建社会扶贫信息服务网络，探索发展公益众筹扶贫。

七、大力营造良好氛围，为脱贫攻坚提供强大精神动力

（二十五）创新中国特色扶贫开发理论。深刻领会习近平总书记关于新时期扶贫开发的重要战略思想，系统总结我们党和政府领导亿万人民摆脱贫困的历史经验，提炼升华精准扶贫的实践成果，不断丰富完善中国特色扶贫开发理论，为脱贫攻坚注入强大思想动力。

（二十六）加强贫困地区乡风文明建设。培育和践行社会主义核心价值观，大力弘扬中华民族自强不息、扶贫济困传统美德，振奋贫困地区广大干部群众精神，坚定改变贫困落后面貌的信心和决心，凝聚全党全社会扶贫开发强大合力。倡导现代文明理念和生活方式，改变落后风俗习惯，善于发挥乡规民约在扶贫济困中的积极作用，激发贫困群众奋发脱贫的热情。推动文化投入向贫困地区倾斜，集中实施一批文化惠民扶贫项目，普遍建立村级文化中心。深化贫困地区文明村镇和文明家庭创建。推动贫困地区县级公共文化体育设施达到国家标准。支持贫困地区挖掘保护和开发利用红色、民族、民间文化资源。鼓励文化单位、文艺工作者和其他社会力量为贫困地区提供文化产品和服务。

（二十七）扎实做好脱贫攻坚宣传工作。坚持正确舆论导向，全面宣传我国扶贫事业取得的重大成就，准确解读党和政府扶贫开发的决策部署、政策举措，生动报道各地区各部门精准扶贫、精准脱贫丰富实践和先进典型。建立国家扶贫荣誉制度，表彰对扶贫开发作出杰出贡献的组织和个人。加强对外宣传，讲好减贫的中国故事，传播好减贫的中国声音，阐述好减贫的中国理念。

（二十八）加强国际减贫领域交流合作。通过对外援助、项目合作、技术扩散、智库交流等多种形式，加强与发展中国家和国际机构在减贫领域的交流合作。积极借鉴国际先进减贫理念与经验。履行减贫国际责任，积极落实联合国2030年可持续发展议程，对全球减贫事业作出更大贡献。

八、切实加强党的领导，为脱贫攻坚提供坚强政治保障

（二十九）强化脱贫攻坚领导责任制。实行中央统筹、省（自治区、直辖市）负总责、市（地）县抓落实的工作机制，坚持片区为重点、精准到村到户。党中央、国务院主要负责统筹制定扶贫开发大政方针，出台重大政策举措，规划重大工程项目。省（自治区、直辖市）党委和政府对扶贫开发工作负总责，抓好目标确定、项目下达、资金投放、组织动员、监督考核等工作。市（地）党委和政府要做好上下衔接、域内协调、督促检查工作，把精力集中在贫困县如期摘帽上。县级党委和政府承担主体责任，书记和县长是第一责任人，做好进度安排、项目落地、资金使用、人力调配、推进实施等工作。要层层签订脱贫攻坚责任书，扶贫开发任务重的省（自治区、直辖市）党政主要领导要向中央签署脱贫责任书，每年要向中央作扶贫脱贫进展情况的报告。省（自治区、直辖市）党委和政府要向市（地）、县（市）、乡镇提出要求，层层落实责任制。中央和国家机关各部门要按照部门职责落实扶贫开发责任，实现部门专项规划与脱贫攻坚规划有效衔接，充分运用行业资源做好扶贫开发工作。军队和武警部队要发挥优势，积极参与地方扶贫开发。改进县级干部选拔任用机制，统筹省（自治区、直辖市）内优秀干部，选好配强扶贫任务重的县党政主要领导，把扶贫开发工作实绩作为选拔使用干部的重要依据。脱贫攻坚期内贫困县县级领导班子要保持稳定，对表现优秀、符合条件的可以就地提级。加大选派优秀年轻干部特别是后备干部到贫困地区工作的力度，有计划地安排省部级后备干部到贫困县挂职任职，各省（自治区、直辖市）党委和政府也要选派厅局级后备干部到贫困县挂职任职。各级领导干部要自觉践行党的群众路线，切实转变作风，把严的要求、实的作风贯穿于脱贫攻坚始终。

（三十）发挥基层党组织战斗堡垒作用。加强贫困乡镇领导班子建设，有针对性地选配政治素质高、工作能力强、熟悉“三农”工作的干部担任贫困乡镇党政主要领导。抓好以村党组织为领导核心的村级组织配套建设，集中整顿软弱涣散村党组织，提高贫困村党组织的创造力、凝聚力、战斗力，发挥好工会、共青团、妇联等群团组织的作用。选好配强村级领导班子，突出抓好村党组织带头人队伍建设，充分发挥党员先锋模范作用。完善村级组织运转经费保障机制，将村干部报酬、村办公经费和其他必要支出作为保障重点。注重选派思想好、作风正、能力强的优秀年轻干部到贫困地区驻村，选聘高校毕业生到贫困村工作。根据贫困村的实际需求，精准选配第一书记，精准选派驻村工作队，提高县以上机关派出干部比例。加大驻村干部考核力度，不稳定脱贫不撤队伍。对在基层一线干出成绩、群众欢迎的驻村干部，要重点培养使用。加快推进贫困村村务监督委员会建设,继续落实好“四议两公开”、村务联席会等制度,健全党组织领导的村民自治机制。在有实际需要的地区,探索在村民小组或自然村开展村民自治,通过议事协商,组织群众自觉广泛参与扶贫开发。

(三十一)严格扶贫考核督查问责。抓紧出台中央对省(自治区、直辖市)党委和政府扶贫开发工作成效考核办法。建立年度扶贫开发工作逐级督查制度,选择重点部门、重点地区进行联合督查,对落实不力的部门和地区,国务院扶贫开发领导小组要向党中央、国务院报告并提出责任追究建议,对未完成年度减贫任务的省份要对党政主要领导进行约谈。各省(自治区、直辖市)党委和政府要加快出台对贫困县扶贫绩效考核办法,大幅度提高减贫指标在贫困县经济社会发展实绩考核指标中的权重,建立扶贫工作责任清单。加快落实对限制开发区域和生态脆弱的贫困县取消地区生产总值考核的要求。落实贫困县约束机制,严禁铺张浪费,厉行勤俭节约,严格控制“三公”经费,坚决刹住穷县“富衙”、“戴帽”炫富之风,杜绝不切实际的形象工程。建立重大涉贫事件的处置、反馈机制,在处置典型事件中发现问题,不断提高扶贫工作水平。加强农村贫困统计监测体系建设,提高监测能力和数据质量,实现数据共享。

(三十二)加强扶贫开发队伍建设。稳定和强化各级扶贫开发领导小组和工作机构。扶贫开发任务重的省(自治区、直辖市)、市(地)、县(市)扶贫开发领导小组组长由党政主要负责同志担任,强化各级扶贫开发领导小组决策部署、统筹协调、督促落实、检查考核的职能。加强与精准扶贫工作要求相适应的扶贫开发队伍和机构建设,完善各级扶贫开发机构的设置和职能,充实配强各级扶贫开发工作力度。扶贫任务重的乡镇要有专门干部负责扶贫开发工作。加强贫困地区县级领导干部和扶贫干部思想作风建设,加大培训力度,全面提升扶贫干部队伍能力水平。

(三十三)推进扶贫开发法治建设。各级党委和政府要切实履行责任,善于运用法治思维和法治方式推进扶贫开发工作,在规划编制、项目安排、资金使用、监督管理等方面,提高规范化、制度化、法治化水平。强化贫困地区社会治安防控体系建设和基层执法队伍建设。健全贫困地区公共法律服务制度,切实保障贫困人口合法权益。完善扶贫开发法律法规,抓紧制定扶贫开发条例。

让我们更加紧密地团结在以习近平同志为总书记的党中央周围,凝心聚力,精准发力,苦干实干,坚决打赢脱贫攻坚战,为全面建成小康社会、实现中华民族伟大复兴的中国梦而努力奋斗。

民政部关于贯彻落实《中共中央 国务院关于打赢脱贫攻坚战的决定》的通知

(2016 年 4 月 16 日 民发〔2016〕57 号)

各省、自治区、直辖市民政厅(局),各计划单列市民政局,新疆生产建设兵团民政局,各(司)局,各直属单位:

《中共中央 国务院关于打赢脱贫攻坚战的决定》(中发〔2015〕34 号,以下简称《决定》)要求举全党全社会之力,坚决打赢脱贫攻坚战,确保到 2020 年我国现行标准下农村贫困人口实现脱贫,贫困县全部摘帽,解决区域性整体贫困。为认真做好民政系统贯彻落实《决定》的各项工作,现就有关事项通知如下:

一、进一步提高民政系统承担脱贫攻坚任务的认识

脱贫攻坚是党中央、国务院的一项重大战略部署,事关人民福祉,事关全面建成小康社会,事关巩固党的执政基础,事关国家长治久安。打赢脱贫攻坚战,是促进全体人民共享改革发展成果、实现共同富裕的重大举措,对于保障贫困地区、民族地区、边疆地区、革命老区人民群众同步进入全面小康社会具有重要意义。各级民政部门要把思想和行动统一到党中央、国务院的决策部署上来,进一步提高对脱贫攻坚工作重要性和紧迫性的认识,讲政治、顾大局,切实增强政治责任感和工作主动性,把脱贫攻坚作为民政系统重要工作任务,尽职尽责、凝心聚力、统筹协调、精准施策,扎实推进《决定》涉及民政职能的各项工作任务落实,为打赢脱贫攻坚战做出积极贡献。

二、明确贯彻落实《决定》的重点任务

(一)实行农村最低生活保障制度兜底脱贫。完善农村低保制度,将符合农村低保条件的贫困家庭,特别是主要成员完全或部分丧失劳动能力的家庭,全部纳入农村低保范围,做到应保尽保。省级民政部门要加强统筹安排,督促指导各地及时调整农村低保标准,确保到 2020 年各地农村低保标准都能达到国家扶贫标准。对于农村低保标准已经达到国家扶贫标准的地区,要按照量化调整机制科学调整,确保农村低保标准不低于按年度动态调整后的国家扶贫标准。加强农村低保制度与扶贫开发政策的有效衔接,积极协调有关部门将符合条件的农村低保家庭统筹纳入产业扶持、易地搬迁、生态保护、教育扶持、医疗保障、资产收益以及社会扶贫等政策覆盖范围。对生活困难、靠家庭供养且无法单独立户的成年无业重度残疾人,经个人申请,可按照单人户纳入低保范围。对低保家庭中的老年人、未成年人、重度残疾人等重点救助对象,要采取多种措施提高救助水平,确保其基本生活。

(二)开展医疗救助脱贫。做好资助农村低保对象、特困人员参加基本医疗保险工作。积极协调有关部门落实《决定》要求,对建档立卡贫困人口参加基本医疗保险的个人缴费部分由财政给予补贴。将符合条件的建档立卡贫困人口纳入重特大疾病医疗救助范围,对其经基本医疗保险、城乡居民大病保险等报销后个人负担的合规医疗费用予以救助。各地可根据患病家庭负担能力、个人自负费用、当地筹资情况等,分类分段设置重特大疾病医疗救助比例和最高救助限额。加强医疗救助与相关医疗保障、社会救助制度的有效衔接,形成与慈善救助的高效联动和良性互动。

(三)落实特困人员救助供养政策。各地要抓紧制定《国务院关于进一步健全特困人员救助供养制度的意见》(国发〔2016〕14 号)配套政策文件,加大特困人员救助供养制度在贫困地区的落实力度。研究制定特困人员认定的具体办法,全面开展特困人员摸底排查,尽快将原农村五保供养对象、城市"三无"人员统一纳入救助供养制度范围,做到应救尽救、应养尽养。积极探索救助供养标准制定、调整办法,根据当地经济社会发展水平,研究制定基本生活标准和差异化的照料护理标准。努力为失去生活自理能力的特困人员提供日常生活照料和患病陪护服务。将政府举办特困供养服务机构的失能半失能特困人员入住率列入考核内容。结合发展养老服务体系,进一步加强农村特困人员供养服务设施建设,加快推进特困人员供养服务机构依法办理法人登记工作,提升供养服务机构托底保障能力。

(四)加大临时救助制度落实力度。充分发挥临时救助制度托底功能,根据资金使用情况及时调整救助标准,优化申请审批程序,提高兜底保障能力和救助时效。加强对"救急难"综合试点的工作指导和督促检查,及时总结、推广试点经验,普及开展"救急难"工作。组织实施"同舟工程",为中央企业在 63 个贫困县参与"救急难"工作提供支持,着力解决困难群众的个案性急难问题,形成政府托底和社会参与相结合的强大合力。

(五)做好农村"三留守"人员关爱保护工作。省级民政部门要会同相关部门组织开展全面的农村"三留守"人员摸底排查,健全信息报送机制,建立详实完备、动态更新的农村留守儿童信息库;指导县级民政部门建立留守妇女、留守老人信息库。以贯彻落实《国务院关于加强农村留守儿童关爱保护工作的意见》(国发〔2016〕13 号)为契机,推动建立家庭、政府、学校履职尽责、社会力量积极参与的农村留守儿童关爱保护体系。制定推进农村"三留守"人员专业社会工作服务意见,引导人口流出地农村社区加强对"三留守"人员的生产扶持、生活救助、安全保护和心理疏导,切实提高对"三留守"人员的服务能力和服务水平。推动建立健全农村留守儿童救助保护机制,深化未成年人社会保护工作,促进农村留守儿童关爱保护工作和未成年人社会保护工作在政策措施、保护机制、服务体系、工作力量和资源配置等方面的统筹运行。积极发挥民政部门职能作用,协调相关部门扎实开展受监护侵害未成年人权益保护工作,针对监护侵害个案做好应急处置、临时监护照料、调查评估、多方会商、家庭监护指导、提起监护权转移诉讼等监护干预工作。加强农村留守老年人关爱服务工作,促进城乡基本养老服务均等化。指导地方建立健全 80 周岁以上低收入老年人高龄津贴制度、经济困难老年人养老服务补贴制度和经济困难的失能老年人护理补贴制度。大力推进农村互助养老服务发展。鼓励农村集体经济组织依法使用自有土地,为集体经济组织内部成员兴办非营利性养老服务设施。

(六)推进贫困地区农村社区建设。各地要抓紧出台深入推进农村社区建设试点工作的具体实施意见,加强对偏远、经济欠发达地区农村社区建设的分类指导,切实增强自治功能和发展能力。脱贫攻坚任务较重的省份要着力完善贫困地区农村社区服务体系,依托综合服务设施和综合信息平台,推动政府基本公共服务向贫困村、贫困户和贫困人口延伸覆盖,率先发展生产服务、就业服务等有利于贫困人口脱贫的服务项目。促进农村社区建设规划与易地扶贫搬迁规划有效衔接,优先支持易地搬迁安置区配建农村社区综合服务设施。探索培育贫困地区农村社区社会组织、引入社区社会工作服务,动员社会各方面力量扩大贫困地区农村社区服务供给,不断提高服务贫困人口的专业化、精细化水平。

(七)完善社会工作与志愿服务力量参与脱贫攻坚机制。实施扶贫志愿者行动计划和社会工作专业人才服务贫困地区计划。联合有关部门出台专项政策,根据脱贫攻坚任务需求,推动建立专业社会工作介入农村社会救助、留守人员关爱服务长效机制,有针对性地开展社会工作服务。继续实施社会工作专业人才服务边远贫困地区、边疆民族地区和革命老区计划,到 2020 年底前,以国家级贫困县为重点,每年为边远贫困地区、边疆民族地区和革命老区选派 1000 名、培养 500 名社会工作专业人才,推动各地大力支持社会工作服务机构、社会工作者为贫困群众提供心理疏导、生活帮扶、资源链接、能力提升、社会融入等专业服务。大力扶持发展扶贫济困等领域志愿服务组织,鼓励支持志愿服务组织为困难群众提供各类帮扶,积极参与志愿扶贫行动。

(八)积极引导社会力量参与脱贫攻坚。大力倡导企业承担社会责任,发挥社会组织积极作用,为打赢脱贫攻坚战贡献力量。贯彻落实慈善法,积极培育发展慈善组织,对以开展扶贫济困为重点的慈善组织,实施特殊的优惠政策。建立慈善扶贫信息协调联系机制,整合扶贫对象信息和社会慈善信息资源,推进慈善资源和扶贫需求有效对接,为社会组织和慈善力量扶贫提供信息服务,引导、协调各种社会资源向贫困地区、边疆地区、民族地区和革命老区配置,帮助贫困群众脱贫增收。进一步完善政府向社会组织购买服务的相关制度,推进政府向社会组织购买服务工作。

(九)做好片区扶贫和定点扶贫工作。各地民政部门要进一步加强和改进定点扶贫工作,确保扶贫责任落实、定点扶贫任务完成。江西、湖南两省民政部门要组织罗霄山片区编制好“十三五”实施规划，做好政策衔接，推动目标任务落实。部机关各司局、直属单位要按照突出重点、同等优先、精准帮扶、务求实效的原则，协同做好片区扶贫和定点扶贫工作。加强民政技能人才培训，积极开展面向罗霄山片区贫困人员的“千名养老护理员培训就业计划”，努力实现以就业促脱贫。选派好挂职干部，指导、协助罗霄山贫困片区和定点扶贫县加快民政公共服务设施建设，完善防灾减灾救灾体系、社会福利和社会事务服务设施、优抚安置服务体系，推进城乡社区服务体系建设，科学论证、优化行政区划设置，促进易地搬迁和新型城镇化融合发展。

三、强化落实《决定》的保障措施

（一）加强组织领导。各级民政部门要高度重视脱贫攻坚工作，抓紧出台民政系统贯彻落实中央脱贫攻坚决策部署的实施方案，制定重点任务责任清单，明确路线图、时间表和责任人。要针对贫困地区群众需求，推动民政各类资源要素向贫困地区和贫困人口聚集，形成民政精准扶贫工作的强大合力。

（二）加强服务能力建设。加强乡镇（街道）社会救助经办机构建设，通过政府购买服务等方式，增强基层经办能力。健全社会救助“一门受理、协同办理”机制，完善办理、分办、转办、转介程序，确保贫困人口“求助有门、受助及时”。加强特困人员供养服务机构和队伍建设，推进养老护理员培训工作，提升服务水平。指导村（居）民委员会协助做好农村“三留守”人员全面排查、定期走访等工作。

（三）加强资金保障。积极争取各级财政特别是省级财政调整支出结构，进一步加大对低保、特困人员救助供养、医疗救助、临时救助等资金的统筹安排力度，并纳入财政年度预算，增强社会救助兜底保障能力。管好、用好社会救助资金，防止挤占挪用。努力拓宽资金筹集渠道，通过增加彩票公益金投入、鼓励社会捐助资金投入等，建立多元筹资机制，助力民政脱贫攻坚工作落实。

（四）加强舆论宣传。坚持正确舆论导向，深入宣传各级民政部门在脱贫攻坚战中的重要托底作用，深入宣传民政系统扶贫的创新做法和成功经验，深入宣传基层民政干部的典型事迹，充分调动全社会关注、支持民政工作的积极性，为民政系统脱贫攻坚工作营造良好舆论氛围。坚持弘扬正能量，着力增强贫困群众脱贫信心，鼓励、引导贫困群众自立自强，在政府扶持下依靠自我奋斗实现脱贫致富。

国务院关于全面建立临时救助制度的通知

（2014 年 10 月 3 日　国发〔2014〕47 号）

各省、自治区、直辖市人民政府，国务院各部委、各直属机构：

为贯彻落实党的十八大和十八届二中、三中全会精神，进一步发挥社会救助托底线、救急难作用，解决城乡困难群众突发性、紧迫性、临时性生活困难，根据《社会救助暂行办法》有关规定，国务院决定全面建立临时救助制度。现就有关问题通知如下：

一、充分认识全面建立临时救助制度的重要意义

党和政府高度重视社会救助工作。多年来，以最低生活保障、特困人员供养、受灾人员救助等基本生活救助和医疗、教育、住房、就业等专项救助制度为支撑的社会救助体系基本建立，绝大多数困难群众得到了及时、有效的救助。同时，社会救助体系仍存在“短板”，解决一些遭遇突发性、紧迫性、临时性生活困难的群众救助问题仍缺乏相应的制度安排，迫切需要全面建立临时救助制度，发挥救急难功能，使城乡困难群众基本生活都能得到有效保障，兜住底线。

建立临时救助制度是填补社会救助体系空白，提升社会救助综合效益，确保社会救助安全网网底不破的必然要求，对于全面深化改革、促进社会公平正义、全面建成小康社会具有重要意义。各地区、各部门要充分认识建立临时救助制度的重要性和紧迫性，增强使命感和责任感，将其作为加强和改善民生的一项重要任务，全面落实，扎实推进。

二、明确建立临时救助制度的目标任务和总体要求

临时救助制度要以解决城乡群众突发性、紧迫性、临时性基本生活困难问题为目标，通过完善政策措施，健全工作机制，强化责任落实，鼓励社会参与，增强救助时效，补“短板”、扫“盲区”，编实织密困难群众基本生活安全网，切实保障困难群众基本生活权益。

临时救助制度实行地方各级人民政府负责制。县级以上地方人民政府民政部门要统筹做好本行政区域内的临时救助工作，卫生计生、教育、住房城乡建设、人力资源社会保障、财政等部门要主动配合，密切协作。

国务院民政部门统筹全国临时救助制度建设。国务院民政、卫生计生、教育、住房城乡建设、人力资源社会保障、财政等部门，按照各自职责做好相关工作。

临时救助工作要坚持应救尽救，确保有困难的群众都能求助有门，并按规定得到及时救助；坚持适度救助，着眼于解决基本生活困难、摆脱临时困境，既要尽力而为，又要量力而行；坚持公开公正，做到政策公开、过程透明、结果公正；坚持制度衔接，加强各项救助、保障制度的衔接配合，形成整体合力；坚持资源统筹，政府救助、社会帮扶、家庭自救有机结合。

三、临时救助制度的主要内容

临时救助是国家对遭遇突发事件、意外伤害、重大疾病或其他特殊原因导致基本生活陷入困境，其他社会救助制度暂时无法覆盖或救助之后基本生活暂时仍有严重困难的家庭或个人给予的应急性、过渡性的救助。

（一）对象范围。

家庭对象。因火灾、交通事故等意外事件，家庭成员突发重大疾病等原因，导致基本生活暂时出现严重困难的家庭；因生活必需支出突然增加超出家庭承受能力，导致基本生活暂时出现严重困难的最低生活保障家庭；遭遇其他特殊困难的家庭。

个人对象。因遭遇火灾、交通事故、突发重大疾病或其他特殊困难，暂时无法得到家庭支持，导致基本生活陷入困境的个人。其中，符合生活无着的流浪、乞讨人员救助条件的，由县级人民政府按有关规定提供临时食宿、急病救治、协助返回等救助。

因自然灾害、事故灾难、公共卫生、社会安全等突发公共事件，需要开展紧急转移安置和基本生活救助，以及属于疾病应急救助范围的，按照有关规定执行。

县级以上地方人民政府应当根据当地实际，制定具体的临时救助对象认定办法，规定意外事件、突发重大疾病、生活必需支出突然增加以及其他特殊困难的类型和范围。

（二）申请受理。

依申请受理。凡认为符合救助条件的城乡居民家庭或个人均可以向所在地乡镇人民政府（街道办事处）提出临时救助申请；受申请人委托，村（居）民委员会或其他单位、个人可以代为提出临时救助申请。对于具有本地户籍、持有当地居住证的，由当地乡镇人民政府（街道办事处）受理；对于上述情形以外的，当地乡镇人民政府（街道办事处）应当协助其向县级人民政府设立的救助管理机构（即救助管理站、未成年人救助保护中心等）申请救助；当地县级人民政府没有设立救助管理机构的，乡镇人民政府（街道办事处）应当协助其向县级人民政府民政部门申请救助。申请临时救助，应按规定提交相关证明材料，无正当理由，乡镇人民政府（街道办事处）不得拒绝受理；因情况紧急无法在申请时提供相关证明材料的，乡镇人民政府（街道办事处）可先行受理。

主动发现受理。乡镇人民政府（街道办事处）、村（居）民委员会要及时核实辖区居民遭遇突发事件、意外事故、罹患重病等特殊情况，帮助有困难的家庭或个人提出救助申请。公安、城管等部门在执法中发现身处困境的未成年人、精神病人等无民事行为能力人或限制民事行为能力人，以及失去主动求助能力的危重病人等，应主动采取必要措施，帮助其脱离困境。乡镇人民政府（街道办事处）或县级人民政府民政部门、救助管理机构在发现或接到有关部门、社会组织、公民个人报告救助线索后，应主动核查情况，对于其中符合临时救助条件的，应协助其申请救助并受理。

（三）审核审批。

一般程序。乡镇人民政府（街道办事处）应当在村（居）民委员会协助下，对临时救助申请人的家庭经济状况、人口状况、遭遇困难类型等逐一调查，视情组织民主评议，提出审核意见，并在申请人所居住的村（居）民委员会张榜公示后，报县级人民政府民政部门审批。对申请临时救助的非本地户籍居民，户籍所在地县级人民政府民政部门应配合做好有关审核工作。县级人民政府民政部门根据乡镇人民政府（街道办事处）提交的审核意见作出审批决定。救助金额较小的，县级人民政府民政部门可以委托乡镇人民政府（街道办事处）审批，但应报县级人民政府民政部门备案。对符合条件的，应及时予以批准；不符合条件不予批准，并书面向申请人说明理由。申请人以同一事由重复申请临时救助，无正当理由的，不予救助。对于不持有当地居住证的非本地户籍人员，县级人民政府民政部门、救助管理机构可以按生活无着人员救助管理有关规定审核审批，提供救助。

紧急程序。对于情况紧急、需立即采取措施以防止造成无法挽回的损失或无法改变的严重后果的，乡镇人民政府（街道办事处）、县级人民政府民政部门应先行救助。紧急情况解除之后，应按规定补齐审核审批手续。

（四）救助方式。

对符合条件的救助对象，可采取以下救助方式：

发放临时救助金。各地要全面推行临时救助金社会化发放，按照财政国库管理制度将临时救助金直接支付到救助对象个人账户，确保救助金足额、及时发放到位。必要时，可直接发放现金。

发放实物。根据临时救助标准和救助对象基本生活需要，可采取发放衣物、食品、饮用水，提供临时住所等方式予以救助。对于采取实物发放形式的，除紧急情况外，要严格按照政府采购制度的有关规定执行。

提供转介服务。对给予临时救助金、实物救助后，仍不能解决临时救助对象困难的，可分情况提供转介服务。对符合最低生活保障或医疗、教育、住房、就业等专项救助条件的，要协助其申请；对需要公益慈善组织、社会工作服务机构等通过慈善项目、发动社会募捐、提供专业服务、志愿服务等形式给予帮扶的，要及时转介。

（五）救助标准。

临时救助标准要与当地经济社会发展水平相适应。县级以上地方人民政府要根据救助对象困难类型、困难程度，统筹考虑其他社会救助制度保障水平，合理确定临时救助标准，并适时调整。临时救助标准应向社会公布。省级人民政府要加强对本行政区域内临时救助标准制定的统筹，推动形成相对统一的区域临时救助标准。

四、建立健全临时救助工作机制

（一）建立“一门受理、协同办理”机制。

各地要建立“一门受理、协同办理”机制，依托乡镇人民政府（街道办事处）政务大厅、办事大厅等，设立统一的社会救助申请受理窗口，方便群众求助。要根据部门职责建立受理、分办、转办、结果反馈流程，明确办理时限和要求，跟踪办理结果，将有关情况及时告知求助对象。要建立社会救助热线，畅通求助、报告渠道。

（二）加快建立社会救助信息共享机制。

各级政府要建立社会救助管理部门之间的信息共享机制，充分利用已有资源，加快建设社会救助管理信息系统，实现民政与卫生计生、教育、住房城乡建设、人力资源社会保障等部门的信息共享。要依法完善跨部门、多层次、信息共享的救助申请家庭经济状况核对机制，提高审核甄别能力。要建立救助对象需求与公益慈善组织、社会工作服务机构的救助资源对接机制，实现政府救助与社会帮扶的有机结合，做到因情施救、各有侧重、相互补充。

（三）建立健全社会力量参与机制。

要充分发挥群众团体、社会组织尤其是公益慈善组织、社会工作服务机构和企事业单位、志愿者队伍等社会力量资源丰富、方法灵活、形式多样的特点，通过委托、承包、采购等方式向社会力量购买服务，鼓励、支持其参与临时救助。要动员、引导具有影响力的公益慈善组织、大中型企业等设立专项公益基金，在民政部门的统筹协调下有序开展临时救助。

公益慈善组织、社会工作服务机构、企事业单位、志愿者队伍等社会力量可以利用自身优势，在对象发现、专业服务、发动社会募捐等方面发挥积极作用。社会力量参与社会救助的，按照国家有关规定享受财政补贴、税收优惠、费用减免等政策。

（四）不断完善临时救助资金筹集机制。

地方各级人民政府要将临时救助资金列入财政预算；省级人民政府要优化财政支出结构，切实加大临时救助资金投入；城乡居民最低生活保障资金有结余的地方，可安排部分资金用于最低生活保障对象的临时救助支出。中央财政对地方实施临时救助制度给予适当补助，重点向救助任务重、财政困难、工作成效突出的地区倾斜。

五、强化临时救助制度实施的保障措施

（一）加强组织领导。地方各级人民政府要按照属地原则，将建立完善临时救助制度列入重要议事日程，抓紧完善配套政策措施，确保2014年底前全面实施临时救助制度。要进一步建立健全政府领导、民政部门牵头、有关部门配合、社会力量参与的社会救助工作协调机制，及时研究解决工作中遇到的问题。要将临时救助等社会救助工作列入地方领导班子和领导干部政绩考核评价指标体系，并合理确定权重；考核结果纳入政府领导班子和相关领导干部综合考核评价的重要内容，作为干部选拔任用、管理监督的重要依据。民政部门要切实履行主管部门职责，发挥好统筹协调作用；财政部门要加强资金保障，提高资金使用效益；其他有关部门要各司其职，积极配合，形成齐抓共管、整体推进的工作格局。

（二）加强能力建设。省级人民政府要切实加强临时救助能力建设，统筹考虑常住人口、最低生活保障对象和特困供养人员数量等因素，制定落实基层社会救助职责的具体办法和措施。地方各级人民政府要结合本地实际全面落实临时救助制度要求，科学整合县（市、区）、乡镇人民政府（街道办事处）管理机构及人力资源，充实加强基层临时救助工作力量，确保事有人管、责有人负。要积极研究制定政府购买服务的具体办法，充分利用市场机制，加强基层临时救助能力建设。要充分发挥社区居民委员会和村民委员会的作用，协助做好困难排查、信息报送、宣传引导、公示监督等工作。要加强人员培训，不断提高临时救助管理服务水平。要加强经费保障，将临时救助所需工作经费纳入社会救助工作经费统筹考虑，列入地方各级财政预算。

（三）加强监督管理。县级以上地方人民政府要切实担负起临时救助政策制定、资金投入、工作保障和监督管理责任，乡镇人民政府（街道办事处）要切实履行临时救助受理、审核等职责，民政部门要会同卫生计生、教育、住房城乡建设、人力资源社会保障等部门，按照“一门受理、协同办理”的工作要求，明确各业务环节的经办主体责任，强化责任落实，确保困难群众求助有门、受助及时。民政、财政部门要会同有关部门将临时救助制度落实情况作为督查督办的重点内容，定期组织开展专项检查。财政、审计、监察部门要加强对临时救助资金管理使用情况的监督检查，防止挤占、挪用、套取等违纪违法现象发生。对于出具虚假证明材料骗取救助的单位和个人，要在社会信用体系中予以记录。临时救助实施情况要定期向社会公开，充分发挥社会监督作用，对于公众和媒体发现揭露的问题，应及时查处并公布处理结果。要完善临时救助责任追究制度，明确细化责任追究对象、方式和程序，加大行政问责力度，对因责任不落实、相互推诿、处置不及时等造成严重后果的单位和个人，要依纪依法追究责任。

（四）加强政策宣传。各地要组织好临时救助政策宣传，充分利用报刊、广播、电视等媒体和互联网，以及公共查阅室、资料索取点、信息宣传栏、宣传册、明白纸等群众喜闻乐见的途径和形式，不断加大政策宣传普及力度，使临时救助政策家喻户晓、人人皆知。要加强舆论引导，从政府作用、个人权利、家庭责任、社会参与等方面，多角度宣传临时救助的功能定位和制度特点，引导社会公众理解、支持临时救助工作，营造良好社会舆论氛围，弘扬中华民族团结友爱、互助共济的传统美德。

国家选择有特点、有代表性的区域进行“救急难”工作综合试点，在体制机制、服务方式、信息共享、财政税费等方面进行探索创新，先行先试，为不断完善临时救助制度，全面开展“救急难”工作提供经验。省级人民政府要根据本通知要求，结合实际，抓紧制定配套落实政策，国务院相关部门要根据本部门职责，抓紧制定具体政策措施。民政部、财政部要加强对本通知执行情况的监督检查，及时向国务院报告。国务院将适时组织专项督查 。

民政部印发《关于指导村(居)民委员会协助做好社会救助工作的意见》

(2015年6月1日 民发〔2015〕104号)

各省、自治区、直辖市民政厅(局),各计划单列市民政局,新疆生产建设兵团民政局:

为进一步健全完善社会救助经办服务体系,充分发挥城乡基层群众性自治组织在社会救助工作中的重要作用,根据《社会救助暂行办法》、《国务院关于进一步加强和改进最低生活保障工作的意见》(国发〔2012〕45号)要求,现就指导村(居)民委员会协助做好社会救助工作提出如下意见:

一、充分认识村(居)民委员会协助做好社会救助工作的重要性

村(居)民委员会是居民自我管理、自我教育、自我服务的基层群众性自治组织,是党和政府联系广大人民群众的桥梁和纽带,在服务居民群众、深化基层治理、密切党群干群关系、维护社会稳定等方面发挥着不可替代的重要作用。社会救助事关困难群众衣食冷暖和基本生活保障,是党和政府维护困难群众生存权益、促进社会稳定和公平正义的托底性、基础性制度安排。困难群众居住在社区、生活在社区、服务依托社区,与村(居)民委员会的联系最为紧密,村(居)民委员会最了解困难群众的生活状况和救助需求。健全完善社会救助经办服务体系,落实好各项社会救助政策,不断提升基层社会救助服务水平,真正为困难群众排忧解难,离不开村(居)民委员会的参与、协助和配合。

二、进一步明确村(居)民委员会协助做好社会救助工作的主要内容

依据《中华人民共和国村民委员会组织法》、《中华人民共和国城市居民委员会组织法》的有关规定,村(居)民委员会应当协助基层政府或其派出机关开展与居民利益有关的公共事务、社区服务等工作。社会救助与社区居民利益息息相关,是社区公共服务不可或缺的重要方面。各地民政部门要厘清责任、突出重点,进一步明确村(居)民委员会协助做好社会救助工作的主要内容。

(一)协助做好救助对象发现报告工作。

各地民政部门要指导、督促村(居)民委员会将发现排查困难群众列为日常重点工作,安排社区工作者、专业社会工作者、志愿者等经常性走访居民家庭,了解、收集困难群众的现状信息,掌握、核实辖区内居民生活困难及遭遇突发事件、意外事故、罹患重病等急难情况,并及时告知乡镇人民政府(街道办事处)。指导、督促村(居)民委员会在日常工作中,将辖区内的留守儿童、独居老人、残疾人、重病患者等易陷入生活困境的人群作为重点,开展经常性走访、问候;关注居住在本辖区的外来人员,帮助有困难的家庭和个人提出救助申请。指导有条件的村(居)民委员会在社区公共服务场所开设救助咨询服务窗口,开通救助服务热线,方便困难群众求助。

(二)协助做好社会救助申请审核审批工作。

一是协助提出救助申请。指导、督促村(居)民委员会接受申请最低生活保障、特困人员供养、医疗救助、教育救助、住房救助、临时救助等社会救助有困难的家庭或个人的委托,代其向乡镇人民政府(街道办事处)或相关救助机构提交书面申请及材料。指导、督促村(居)民委员会将申请人所有申请材料全部上交,不得自行作出不予受理或不符合救助条件的决定。要指导、督促村(居)民委员会成员及其他社区工作者主动申报备案其近亲属申请救助的情况。

二是协助开展调查审核。指导、督促村(居)民委员会协助乡镇人民政府(街道办事处),组织驻村(社区)干部、社区救助专干、专业社会工作者等工作人员,通过入户调查、邻里访问等形式,对社会救助申请人声明的家庭经济状况、人口状况、遭遇困难类型等逐一调查核实,并由调查人员和申请人签字确认。调查审核的责任主体是乡镇人民政府(街道办事处),村(居)民委员会不能自行作出调查审核结论。

三是协助组织群众评议。指导、督促村(居)民委员会在入户调查结束后,协助乡镇人民政府(街道办事处)组织村(居)民代表或者群众评议小组对救助申请人声明的家庭收入、财产状况以及入户调查结果的客观性、真实性和完整性进行评议。

四是协助进行抽查复核。县级民政部门要在村(居)民委员会的参与下开展抽查复核工作,全面、准确地听取村(居)民委员会关于入户调查、邻里访问、群众评议以及村(居)民委员会成员等社区工作人员近亲属申请救助备案等情况介绍。有条件的地方,县级民政部门可邀请乡镇人民政府(街道办事处)、村(居)民委员会参与审批。

五是协助公示审核审批结果。乡镇人民政府(街道办事处)根据家庭经济状况调查审核、群众评议等情况对救助申请提出审核意见后,要在村(居)民委员会协助下在村(居)务公开栏公示审核结果。县级民政部门作出救助批准决定后,要在村(居)民委员会协助下在村(居)务公开栏公示拟救助的申请人姓名、家庭成员、救助金额等信息。两次公示的责任主体分别是乡镇人民政府(街道办事处)和县级民政部门,村(居)民委员会不能自行公示相关信息。要指导村(居)民委员会及时维护公示栏,确保相关公示信息完整、可视。

(三)协助做好社会救助动态管理工作。

各地民政部门要指导、督促村(居)民委员会配合乡镇人民政府(街道办事处)以及县级社会救助管理部门,按照有关规定分类、定期核查辖区内已获得救助对象的家庭人口状况、经济状况等变化情况;要督促辖区内已获得救助对象在家庭人口、经济状况等发生变化时，主动报告乡镇人民政府（街道办事处）。对于村（居）民委员会在日常工作中发现救助对象家庭情况发生变化的，要督促其及时报告。

（四）协助做好社会力量参与社会救助有关工作。

各地民政部门要指导村（居）民委员会充分发挥自身独特优势，以社区为平台，结合城乡社区建设，积极促进驻社区单位、社区社会组织、业主委员会、社区志愿者等主体参与社会救助，鼓励、引导社区居民开展社会救助志愿服务和互助服务。要为社会工作服务机构和专业社会工作者进入社区创造条件，支持他们针对救助对象的不同需求，开展心理疏导、精神抚慰、能力提升、社会融入等专业服务。要大力发展社区慈善，规范社区募捐，探索设立社区爱心救助基金，鼓励、支持社会组织、企事业单位和爱心人士等针对困境家庭和救助对象开展慈善救助。要创新发展社区慈善超市，依托居委会建立社会捐助站点，引导居民积极捐赠家庭闲置物品，培育发展社区社会救助社会组织。要加强社区救助资源的信息共享，实现困难群众的救助需求信息、政府相关部门的救助资源、社会组织的救助项目、社会各界的爱心捐赠和志愿服务的有效对接。

（五）协助做好社会救助政策宣传工作。

各地民政部门要指导村（居）民委员会利用城乡社区公共服务信息平台、公示栏、信息宣传栏、宣传册、现场解答等群众喜闻乐见的途径和形式，不断加大社会救助政策宣传普及力度，使社会救助政策法规深入人心、家喻户晓。要重点向居民群众宣传最低生活保障、特困人员供养、医疗救助、教育救助、住房救助、就业救助和临时救助等政策的资格条件和申请审批程序，不断提高社会救助政策的透明度和知晓度。要在城乡社区大力弘扬中华民族团结友爱、互助共济的传统美德，引导社会公众理解、支持社会救助工作，营造良好社会舆论氛围。

三、切实加强对村（居）民委员会协助做好社会救助工作的领导和指导

（一）加强组织领导。各级民政部门要努力争取党委、政府的重视和支持，把村（居）民委员会协助做好社会救助工作纳入基层社会治理的重要内容，及时解决工作中存在的问题。要把村（居）民委员会协助做好社会救助工作列为提升基层社会救助经办服务能力的重要举措，抓紧协调研究具体办法和支持措施，切实发挥好村（居）民委员会的功能作用。

（二）加强能力建设。各级民政部门要指导村（居）民委员会根据辖区幅度、人口规模等因素，安排必要的人员协助做好社会救助工作。切实加强经费保障，将村（居）民委员会协助做好社会救助工作所需经费纳入社会救助工作经费统筹考虑，并按照"费随事转"原则，适当给予经费补助。要加强社会救助管理信息系统与社区综合信息管理服务平台的对接，实现社会救助对象数据和社区居民数据统一采集、多方共享。各级民政部门要有针对性地加强培训工作，确保村（居）民委员会相关工作人员熟悉、掌握社会救助政策与社会工作专业理念、方法和技巧。

（三）加强工作指导。各级民政部门要切实加强村（居）民委员会协助做好社会救助工作的指导，对于一些带有规律性、方向性的经验做法，要及时完善、总结并推广。要抓紧研究政府购买社会救助服务的机制、路径和办法，不断创新村（居）民委员会协助做好社会救助工作的模式、方法。探索将社会组织引入社会救助，逐步拓展社会救助服务内涵，积极指导村（居）民委员会以社区为平台，统筹整合政府救助、慈善救助和社会服务等资源，实施形式多样的救助服务，最大程度满足困难群众的救助需求。要加强对村（居）民委员会协助开展社会救助工作的监督检查，对徇私舞弊、虚构瞒报、优亲厚友、敷衍塞责造成严重后果的，要依法依规追究责任。

城乡医疗救助基金管理办法

（2013年12月23日　财社〔2013〕217号）

第一章　总　　则

第一条　为规范城乡医疗救助基金的管理和使用，提高使用效益，根据有关政策法规，制定本办法。

第二条　本办法所称城乡医疗救助基金，是指通过公共财政预算、彩票公益金和社会各界捐助等渠道筹集，按规定用于城乡贫困家庭医疗救助的专项基金。

第三条　城乡医疗救助基金应按照公开、公平、公正、专款专用、收支平衡的原则进行管理和使用。

第四条　城乡医疗救助基金纳入社会保障基金财政专户（以下简称社保基金专户），实行分账核算，专项管理，专款专用。县级财政部门将原来在社保基金专户中分设的"城市医疗救助基金专账"和"农村医疗救助基金专账"进行合并，建立"城乡医疗救助基金专账"，用于办理基金的筹集、核拨、支付等业务。

第二章　基金筹集

第五条　县级以上人民政府建立城乡医疗救助基金，城乡医疗救助基金来源主要包括：

（一）地方各级财政部门每年根据本地区开展城乡医疗救助工作的实际需要，按照预算管理的相关规定，在年初公共财政预算和彩票公益金中安排的城乡医疗救助资金。

（二）社会各界自愿捐赠的资金。

（三）城乡医疗救助基金形成的利息收入。

（四）按规定可用于城乡医疗救助的其他资金。

第六条　县级以上财政部门会同民政部门根据城乡医疗救助对象需求、工作开展情况等因素，按照财政管理体制，科学合理地安排城乡医疗救助补助资金。上级财政对经济困难的地区给予适当补助。

第三章 基金使用

第七条 城乡医疗救助基金的救助对象是城乡低保对象、农村五保供养对象，以及其他符合医疗救助条件的经济困难群众。

第八条 城乡医疗救助基金应分别结合城镇居民基本医疗保险和新型农村合作医疗制度（以下简称基本医疗保险）的相关政策规定，统筹考虑城乡困难群众的救助需求，首先确保资助救助对象全部参加基本医疗保险，其次对经基本医疗保险、大病保险和商业保险等补偿后，救助对象仍难以负担的符合规定的医疗费用给予补助，帮助困难群众获得基本医疗服务。对因各种原因未能参加基本医疗保险的救助对象个人自负医疗费用，可直接给予救助。

第九条 救助方式以住院救助为主，同时兼顾门诊救助。各地要科学制定救助方案，合理设置封顶线，稳步提高救助水平。要结合基本医疗保险的待遇规定，统筹城乡医疗救助制度，弥合城乡困难群众在获得医疗救助方面的差异，满足其正常的医疗服务需求。

第十条 各地区应结合本地实际明确城乡医疗救助对象的具体范围，细化城乡医疗救助基金具体使用方案。

第四章 基金支出

第十一条 城乡医疗救助基金原则上实行财政直接支付。民政部门向同级财政部门提交拨款申请，财政部门审核后将城乡医疗救助基金由社保基金专户直接支付到定点医疗机构、定点零售药店或医疗救助对象。

资助医疗救助对象参保参合的，由民政部门将与基本医疗保险经办机构确认后的符合救助标准的医疗救助人数、参保参合资助标准及资金总量提供给同级财政部门，经同级财政部门审核后，从社保基金专户中的“城乡医疗救助基金专账”中将个人缴费核拨至“城镇居民基本医疗保险专账”或“新型农村合作医疗专账”中。

开展“一站式”即时结算的地区，由定点医疗机构和定点零售药店在结算时先扣除基本医疗保险报销费用和医疗救助补助的费用，参保参合救助对象只需结清个人应承担部分。基本医疗保险经办机构、定点医疗机构和定点零售药店所垫付的医疗救助资金情况，在规定时间内报民政部门审核后，由民政部门向同级财政部门提出支付申请，同级财政部门通过“城乡医疗救助基金专账”直接支付给以上机构。

未开展“一站式”即时结算的地区以及需要事后救助的，由医疗救助对象个人按规定出具基本医疗保险报销的补偿审核表或结算单、定点医疗机构复式处方或定点零售药店购药发票等能够证明合规医疗费用的有效凭证，在规定时间内报同级民政部门核批，由民政部门向同级财政部门提出申请，同级财政部门通过“城乡医疗救助基金专账”直接支付给医疗救助对象。对救助对象个人的补助资金原则上通过转账方式，减少现金支出。

统筹地区民政部门可采取通过财政直接支付向定点医疗机构提供一定预付资金额度的方式，减免救助对象住院押金，方便其看病就医。

第十二条 暂不具备直接支付条件的统筹地区民政部门可根据需要开设一个城乡医疗救助基金支出户（以下简称支出户）。一个统筹地区最多开设一个支出户。全部医疗救助补助支出实行直接支付的地区，不设支出户。

支出户的主要用途是：接收财政专户拨入的基金，支付基金支出款项，包括对救助对象符合规定的不能通过“一站式”即时结算的医疗费补助支出，对偏远地区和金融服务不发达等不具备直接支付条件的地区的基金支出，及政策规定的其他可以直接发放给救助对象的基金支出。支出户的利息收入应定期缴入社保基金专户，并入城乡医疗救助基金管理。

支出户除向定点医疗机构和定点零售药店结算垫付医疗费用、向医疗救助对象支付救助资金外，不得发生其他支出业务。支出户发生的业务原则上通过转账方式，逐步减少并取消现金支出。

第十三条 建立定期对账制度，地方各级财政、民政部门应按照规定认真做好城乡医疗救助基金的清理和对账工作，每年不少于两次。年度末，民政部门应按要求向同级财政部门报送城乡医疗救助基金年度执行情况及相关说明。

第五章 基金管理

第十四条 城乡医疗救助基金年终结余资金可以结转下年度继续使用。基金累计结余一般应不超过当年筹集基金总额的15%。各地应进一步完善救助方案，确保基金均衡合理使用，确保救助对象最大程度受益。

第十五条 城乡医疗救助基金必须全部用于救助对象的医疗救助，对不按规定用药、诊疗以及不按规定提供医疗服务所发生的医疗费，城乡医疗救助基金不予结算。任何单位和个人不得截留、挤占、挪用，不得向救助对象收取任何管理费用。

第十六条 城乡医疗救助基金的筹集和使用情况，应通过网站、公告等形式按季度向社会公布，城乡医疗救助对象和救助金额等情况应每季度在村（居）委会张榜公布，接受社会监督。

第十七条 民政部门应会同人力资源社会保障、卫生计生等部门定期检查定点医疗机构和定点零售药店提供的医疗服务和收费情况，对医疗服务质量差、医疗行为违规的，暂缓或停止拨付其垫付的资金。

第十八条 地方各级民政和财政等部门要定期对城乡医

疗救助基金使用情况进行监督检查,并自觉接受审计、监察等部门的监督。民政部、财政部对各地医疗救助工作开展情况和基金使用情况进行抽查。

第十九条　发现虚报冒领、挤占挪用、贪污浪费等违纪违法行为的单位和个人,按照有关法律法规严肃处理。对故意编造虚假信息,骗取上级补助的,除责令立即纠正、扣回、停拨上级补助资金外,还应按规定追究有关单位和人员的责任。

第六章　附　　则

第二十条　各地财政、民政部门可根据本地实际情况,制定城乡医疗救助基金管理的具体办法。

第二十一条　本办法自印发之日起执行,《财政部 民政部关于印发＜农村医疗救助基金管理试行办法＞》(财社〔2004〕1号)、《财政部民政部关于加强城市医疗救助基金管理的意见》(财社〔2005〕39号)同时废止。

第二十二条　本办法由财政部、民政部负责解释。

住房和城乡建设部、民政部、财政部关于做好住房救助有关工作的通知

(2014年11月13日　建保〔2014〕160号)

各省、自治区住房城乡建设厅、民政厅、财政厅,直辖市建委(国土资源房屋管理局、住房保障房屋管理局)、民政局、财政局,新疆生产建设兵团建设局、民政局、财政局:

住房救助是社会救助的重要组成部分,是针对住房困难的社会救助对象实施的住房保障。住房救助是切实保障特殊困难群众获得能够满足其家庭生活需要的基本住房,在住房方面保民生、促公平的托底性制度安排。为依法做好住房救助工作,根据《社会救助暂行办法》和《国务院关于全面建立临时救助制度的通知》(国发〔2014〕47号)有关规定,现就有关事项通知如下:

一、明确住房救助对象。住房救助对象是指符合县级以上地方人民政府规定标准的、住房困难的最低生活保障家庭和分散供养的特困人员。城镇住房救助对象,属于公共租赁住房制度保障范围。农村住房救助对象,属于优先实施农村危房改造的对象范围。

二、规范住房救助方式。要充分考虑住房救助对象经济条件差、住房支付能力不足的客观条件,通过配租公共租赁住房、发放低收入住房困难家庭租赁补贴、农村危房改造等方式实施住房救助。对城镇住房救助对象,要优先配租公共租赁住房或发放低收入住房困难家庭租赁补贴,其中对配租公共租赁住房的,应给予租金减免,确保其租房支出可负担。对农村住房救助对象,应优先纳入当地农村危房改造计划,优先实施改造。

三、健全住房救助标准。县级以上地方人民政府要统筹考虑本行政区域经济发展水平和住房价格水平等因素,合理确定、及时公布住房救助对象的住房困难条件,以及城镇家庭实施住房救助后住房应当达到的标准和对住房救助对象实施农村危房改造的补助标准。住房困难标准及住房救助标准应当按年度实行动态管理,以确保救助对象住房条件能随着经济和社会发展水平的进步而相应地提高。

四、完善住房救助实施程序。市、县人民政府应当本着方便、快捷、随到随办的原则,建立“一门受理、协同办理”机制,完善申请审核、资格复核、具体实施等住房救助程序规定,方便城乡家庭申请住房救助。

城镇家庭可通过乡镇人民政府、街道办事处或者直接向住房保障部门提出申请,经县级民政部门确认申请家庭的最低生活保障及特困供养人员资格,由住房保障部门负责审核家庭住房状况并公示。经审核符合规定条件的,应当纳入城镇住房保障轮候对象范围,优先给予保障。各地要完善城镇住房救助对象家庭资格复核制度,不再符合住房救助条件但符合公共租赁住房保障对象条件的,可继续承租公共租赁住房,同时相应调整租金。

农村居民(家庭)应向户籍所在地的乡镇人民政府提出申请。乡镇人民政府对申请人的最低生活保障或特困供养人员资格、住房状况进行确认、调查核实并公示后,报县级人民政府住房城乡建设部门会同民政部门审批。对经审批决定纳入住房救助范围的,应将其作为农村危房改造对象优先纳入当地农村危房改造计划。

五、落实优惠政策。各地要按规定,落实公共租赁住房筹集、发放低收入住房困难家庭租赁补贴、农村危房改造的财税、金融和用地等优惠政策,为实施住房救助提供有力支持。

六、加强实施管理。各地要全面公开住房救助政策、救助程序、救助结果等信息,畅通投诉监督渠道,接受社会监督。各地在制定公共租赁住房筹集、发放低收入住房困难家庭租赁补贴、农村危房改造年度计划时,应优先满足当年实施住房救助的需要。各级住房城乡建设部门(住房保障部门)应会同民政等部门,组织对本辖区内累计实施、当年实施住房救助的情况,以及尚待实施住房救助的对象规模等,进行调查摸底,并将有关情况于当年11月底前报住房城乡建设部。

民政部、全国妇联关于做好家庭暴力受害人庇护救助工作的指导意见

(2015年9月24日　民发〔2015〕189号)

各省、自治区、直辖市民政厅(局)、妇联,新疆生产建设兵团民政局、妇联:

为加大反对家庭暴力工作力度，依法保护家庭暴力受害人，特别是遭受家庭暴力侵害的妇女、未成年人、老年人等弱势群体的人身安全和其他合法权益，根据《中华人民共和国妇女权益保障法》、《中华人民共和国未成年人保护法》、《中华人民共和国老年人权益保障法》、《社会救助暂行办法》等有关规定，现就民政部门和妇联组织做好家庭暴力受害人（以下简称受害人）庇护救助工作提出以下指导意见：

一、工作对象

家庭暴力受害人庇护救助工作对象是指常住人口及流动人口中，因遭受家庭暴力导致人身安全受到威胁，处于无处居住等暂时生活困境，需要进行庇护救助的未成年人和寻求庇护救助的成年受害人。寻求庇护救助的妇女可携带需要其照料的未成年子女同时申请庇护。

二、工作原则

（一）未成年人特殊、优先保护原则。为遭受家庭暴力侵害的未成年人提供特殊、优先保护，积极主动庇护救助未成年受害人。依法干预处置监护人侵害未成年人合法权益的行为，切实保护未成年人合法权益。

（二）依法庇护原则。依法为受害人提供临时庇护救助服务，充分尊重受害人合理意愿，严格保护其个人隐私。积极运用家庭暴力告诫书、人身安全保护裁定、调解诉讼等法治手段，保障受害人人身安全，维护其合法权益。

（三）专业化帮扶原则。积极购买社会工作、心理咨询等专业服务，鼓励受害人自主接受救助方案和帮扶方式，协助家庭暴力受害人克服心理阴影和行为障碍，协调解决婚姻、生活、学习、工作等方面的实际困难，帮助其顺利返回家庭、融入社会。

（四）社会共同参与原则。在充分发挥民政部门和妇联组织职能职责和工作优势的基础上，动员引导多方面社会力量参与受害人庇护救助服务和反对家庭暴力宣传等工作，形成多方参与、优势互补、共同协作的工作合力。

三、工作内容

（一）及时受理求助。妇联组织要及时接待受害人求助请求或相关人员的举报投诉，根据调查了解的情况向公安机关报告，请公安机关对家庭暴力行为进行调查处置。妇联组织、民政部门发现未成年人遭受虐待、暴力伤害等家庭暴力情形的，应当及时报请公安机关进行调查处置和干预保护。民政部门及救助管理机构应当及时接收公安机关、妇联等有关部门护送或主动寻求庇护救助的受害人，办理入站登记手续，根据性别、年龄实行分类分区救助，妥善安排食宿等临时救助服务并做好隐私保护工作。救助管理机构庇护救助成年受害人期限一般不超过10天，因特殊情况需要延长的，报主管民政部门备案。城乡社区服务机构可以为社区内遭受家庭暴力的居民提供应急庇护救助服务。

（二）按需提供转介服务。民政部门及救助管理机构和妇联组织可以通过与社会工作服务机构、心理咨询机构等专业力量合作方式对受害人进行安全评估和需求评估，根据受害人的身心状况和客观需求制定个案服务方案。要积极协调人民法院、司法行政、人力资源社会保障、卫生等部门、社会救助经办机构、医院和社会组织，为符合条件的受害人提供司法救助、法律援助、婚姻家庭纠纷调解、就业援助、医疗救助、心理康复等转介服务。对于实施家庭暴力的未成年人监护人，应通过家庭教育指导、监护监督等多种方式，督促监护人改善监护方式，提升监护能力；对于目睹家庭暴力的未成年人，要提供心理辅导和关爱服务。

（三）加强受害人人身安全保护。民政部门及救助管理机构或妇联组织可以根据需要协助受害人或代表未成年受害人向人民法院申请人身安全保护裁定，依法保护受害人的人身安全，避免其再次受到家庭暴力的侵害。成年受害人在庇护期间自愿离开救助管理机构的，应提出书面申请，说明离开原因，可自行离开、由受害人亲友接回或由当地村（居）民委员会、基层妇联组织护送回家。其他监护人、近亲属前来接领未成年受害人的，经公安机关或村（居）民委员会确认其身份后，救助管理机构可以将未成年受害人交由其照料，并与其办理书面交接手续。

（四）强化未成年受害人救助保护。民政部门和救助管理机构要按照《最高人民法院最高人民检察院公安部民政部关于依法处理监护人侵害未成年人权益行为若干问题的意见》（法发〔2014〕24号）要求，做好未成年受害人临时监护、调查评估、多方会商等工作。救助管理机构要将遭受家庭暴力侵害的未成年受害人安排在专门区域进行救助保护。对于年幼的未成年受害人，要安排专业社会工作者或专人予以陪护和精心照料，待其情绪稳定后可根据需要安排到爱心家庭寄养。未成年受害人接受司法机关调查时，民政部门或救助管理机构要安排专职社会工作者或专人予以陪伴，必要时请妇联组织派员参加，避免其受到“二次伤害”。对于遭受严重家庭暴力侵害的未成年人，民政部门或救助管理机构、妇联组织可以向人民法院提出申请，要求撤销施暴人监护资格，依法另行指定监护人。

四、工作要求

（一）健全工作机制。民政部门和妇联组织要建立有效的信息沟通渠道，建立健全定期会商、联合作业、协同帮扶等联动协作机制，细化具体任务职责和合作流程，共同做好受害人的庇护救助和权益维护工作。民政部门及救助管理机构要为妇联组织、司法机关开展受害人维权服务、司法调查等工作提供设施场所、业务协作等便利。妇联组织要依法为受害人提供维权服务。

（二）加强能力建设。民政部门及救助管理机构和妇联组织要选派政治素质高、业务能力强的工作人员参与受害人庇护救助工作，加强对工作人员的业务指导和能力培训。救助管理机构应开辟专门服务区域设立家庭暴力庇护场所，实现与流浪乞讨人员救助服务区域的相对隔离，有条件的地方可充分利用现有设施设置生活居室、社会工作室、心理访谈室、探访会客室等，设施陈列和环境布置要温馨舒适。救助管理机构要加强家庭暴力庇护工作的管理服务制度建设，建立健全来访会谈、出入登记、隐私保护、信息查阅等制度。妇联组织要加强“12338”法律维权热线和维权队伍建设，为受害人主动求助、法律咨询和依法维权提供便利渠道和服务。

（三）动员社会参与。民政部门和救助管理机构可以通过购买服务、项目合作、志愿服务等多种方式，鼓励支持社会组织、社会工作服务机构、法律服务机构参与家庭暴力受害人庇护救助服务，提供法律政策咨询、心理疏导、婚姻家庭纠纷调解、家庭关系辅导、法律援助等服务，并加强对社会力量的统筹协调。妇联组织可以发挥政治优势、组织优势和群众工作优势，动员引导爱心企业、爱心家庭和志愿者等社会力量通过慈善捐赠、志愿服务等方式参与家庭暴力受害人庇护救助服务。

（四）强化宣传引导。各级妇联组织和民政部门要积极调动舆论资源，主动借助新兴媒体，切实运用各类传播阵地，公布家庭暴力救助维权热线电话，开设反对家庭暴力专题栏目，传播介绍反对家庭暴力的法律法规；加强依法处理家庭暴力典型事例（案例）的法律解读、政策释义和宣传报道，引导受害人及时保存证据，依法维护自身合法权益；城乡社区服务机构要积极开展反对家庭暴力宣传，提高社区居民参与反对家庭暴力工作的意识，鼓励社区居民主动发现和报告监护人虐待未成年人等家庭暴力线索。

2. 救　灾

中华人民共和国防震减灾法

（1997年12月29日第八届全国人民代表大会常务委员会第二十九次会议通过　2008年12月27日第十一届全国人民代表大会常务委员会第六次会议修订　2008年12月27日中华人民共和国主席令第7号公布　自2009年5月1日起施行）

第一章　总　　则

第一条　为了防御和减轻地震灾害，保护人民生命和财产安全，促进经济社会的可持续发展，制定本法。

第二条　在中华人民共和国领域和中华人民共和国管辖的其他海域从事地震监测预报、地震灾害预防、地震应急救援、地震灾后过渡性安置和恢复重建等防震减灾活动，适用本法。

第三条　防震减灾工作，实行预防为主、防御与救助相结合的方针。

第四条　县级以上人民政府应当加强对防震减灾工作的领导，将防震减灾工作纳入本级国民经济和社会发展规划，所需经费列入财政预算。

第五条　在国务院的领导下，国务院地震工作主管部门和国务院经济综合宏观调控、建设、民政、卫生、公安以及其他有关部门，按照职责分工，各负其责，密切配合，共同做好防震减灾工作。

县级以上地方人民政府负责管理地震工作的部门或者机构和其他有关部门在本级人民政府领导下，按照职责分工，各负其责，密切配合，共同做好本行政区域的防震减灾工作。

第六条　国务院抗震救灾指挥机构负责统一领导、指挥和协调全国抗震救灾工作。县级以上地方人民政府抗震救灾指挥机构负责统一领导、指挥和协调本行政区域的抗震救灾工作。

国务院地震工作主管部门和县级以上地方人民政府负责管理地震工作的部门或者机构，承担本级人民政府抗震救灾指挥机构的日常工作。

第七条　各级人民政府应当组织开展防震减灾知识的宣传教育，增强公民的防震减灾意识，提高全社会的防震减灾能力。

第八条　任何单位和个人都有依法参加防震减灾活动的义务。

国家鼓励、引导社会组织和个人开展地震群测群防活动，对地震进行监测和预防。

国家鼓励、引导志愿者参加防震减灾活动。

第九条　中国人民解放军、中国人民武装警察部队和民兵组织，依照本法以及其他有关法律、行政法规、军事法规的规定和国务院、中央军事委员会的命令，执行抗震救灾任务，保护人民生命和财产安全。

第十条　从事防震减灾活动，应当遵守国家有关防震减灾标准。

第十一条　国家鼓励、支持防震减灾的科学技术研究，逐步提高防震减灾科学技术研究经费投入，推广先进的科学研究成果，加强国际合作与交流，提高防震减灾工作水平。

对在防震减灾工作中做出突出贡献的单位和个人，按照国家有关规定给予表彰和奖励。

第二章　防震减灾规划

第十二条　国务院地震工作主管部门会同国务院有关部门组织编制国家防震减灾规划，报国务院批准后组织实施。

县级以上地方人民政府负责管理地震工作的部门或者机构会同同级有关部门，根据上一级防震减灾规划和本行政区域的实际情况，组织编制本行政区域的防震减灾规划，报本级人民政府批准后组织实施，并报上一级人民政府负责管理地震工作的部门或者机构备案。

第十三条　编制防震减灾规划，应当遵循统筹安排、突出重点、合理布局、全面预防的原则，以震情和震害预测结果为依据，并充分考虑人民生命和财产安全及经济社会发展、资源环境保护等需要。

县级以上地方人民政府有关部门应当根据编制防震减灾规划的需要，及时提供有关资料。

第十四条　防震减灾规划的内容应当包括：震情形势和防震减灾总体目标，地震监测台网建设布局，地震灾害预防措施，地震应急救援措施，以及防震减灾技术、信息、资金、物资等保障措施。

编制防震减灾规划，应当对地震重点监视防御区的地震监测台网建设、震情跟踪、地震灾害预防措施、地震应急准备、防震减灾知识宣传教育等作出具体安排。

第十五条　防震减灾规划报送审批前，组织编制机关应当征求有关部门、单位、专家和公众的意见。

防震减灾规划报送审批文件中应当附具意见采纳情况及理由。

第十六条　防震减灾规划一经批准公布，应当严格执行；因震情形势变化和经济社会发展的需要确需修改的，应当按照原审批程序报送审批。

第三章　地震监测预报

第十七条　国家加强地震监测预报工作，建立多学科地震监测系统，逐步提高地震监测预报水平。

第十八条　国家对地震监测台网实行统一规划，分级、分类管理。

国务院地震工作主管部门和县级以上地方人民政府负责管理地震工作的部门或者机构，按照国务院有关规定，制定地震监测台网规划。

全国地震监测台网由国家级地震监测台网、省级地震监测台网和市、县级地震监测台网组成，其建设资金和运行经费列入财政预算。

第十九条　水库、油田、核电站等重大建设工程的建设单位，应当按照国务院有关规定，建设专用地震监测台网或者强震动监测设施，其建设资金和运行经费由建设单位承担。

第二十条　地震监测台网的建设，应当遵守法律、法规和国家有关标准，保证建设质量。

第二十一条　地震监测台网不得擅自中止或者终止运行。

检测、传递、分析、处理、存贮、报送地震监测信息的单位，应当保证地震监测信息的质量和安全。

县级以上地方人民政府应当组织相关单位为地震监测台网的运行提供通信、交通、电力等保障条件。

第二十二条　沿海县级以上地方人民政府负责管理地震工作的部门或者机构，应当加强海域地震活动监测预测工作。海域地震发生后，县级以上地方人民政府负责管理地震工作的部门或者机构，应当及时向海洋主管部门和当地海事管理机构等通报情况。

火山所在地的县级以上地方人民政府负责管理地震工作的部门或者机构，应当利用地震监测设施和技术手段，加强火山活动监测预测工作。

第二十三条　国家依法保护地震监测设施和地震观测环境。

任何单位和个人不得侵占、毁损、拆除或者擅自移动地震监测设施。地震监测设施遭到破坏的，县级以上地方人民政府负责管理地震工作的部门或者机构应当采取紧急措施组织修复，确保地震监测设施正常运行。

任何单位和个人不得危害地震观测环境。国务院地震工作主管部门和县级以上地方人民政府负责管理地震工作的部门或者机构会同同级有关部门，按照国务院有关规定划定地震观测环境保护范围，并纳入土地利用总体规划和城乡规划。

第二十四条　新建、扩建、改建建设工程，应当避免对地震监测设施和地震观测环境造成危害。建设国家重点工程，确实无法避免对地震监测设施和地震观测环境造成危害的，建设单位应当按照县级以上地方人民政府负责管理地震工作的部门或者机构的要求，增建抗干扰设施；不能增建抗干扰设施的，应当新建地震监测设施。

对地震观测环境保护范围内的建设工程项目，城乡规划主管部门在依法核发选址意见书时，应当征求负责管理地震工作的部门或者机构的意见；不需要核发选址意见书的，城乡规划主管部门在依法核发建设用地规划许可证或者乡村建设规划许可证时，应当征求负责管理地震工作的部门或者机构的意见。

第二十五条　国务院地震工作主管部门建立健全地震监测信息共享平台，为社会提供服务。

县级以上地方人民政府负责管理地震工作的部门或者机构，应当将地震监测信息及时报送上一级人民政府负责管理地震工作的部门或者机构。

专用地震监测台网和强震动监测设施的管理单位，应当将地震监测信息及时报送所在地省、自治区、直辖市人民政府负责管理地震工作的部门或者机构。

第二十六条　国务院地震工作主管部门和县级以上地方人民政府负责管理地震工作的部门或者机构，根据地震监测信息研究结果，对可能发生地震的地点、时间和震级作出预测。

其他单位和个人通过研究提出的地震预测意见，应当向所在地或者所预测地的县级以上地方人民政府负责管理地震工作的部门或者机构书面报告，或者直接向国务院地震工作主管部门书面报告。收到书面报告的部门或者机构应当进行登记并出具接收凭证。

第二十七条 观测到可能与地震有关的异常现象的单位和个人,可以向所在地县级以上地方人民政府负责管理地震工作的部门或者机构报告,也可以直接向国务院地震工作主管部门报告。

国务院地震工作主管部门和县级以上地方人民政府负责管理地震工作的部门或者机构接到报告后,应当进行登记并及时组织调查核实。

第二十八条 国务院地震工作主管部门和省、自治区、直辖市人民政府负责管理地震工作的部门或者机构,应当组织召开震情会商会,必要时邀请有关部门、专家和其他有关人员参加,对地震预测意见和可能与地震有关的异常现象进行综合分析研究,形成震情会商意见,报本级人民政府;经震情会商形成地震预报意见的,在报本级人民政府前,应当进行评审,作出评审结果,并提出对策建议。

第二十九条 国家对地震预报意见实行统一发布制度。

全国范围内的地震长期和中期预报意见,由国务院发布。省、自治区、直辖市行政区域内的地震预报意见,由省、自治区、直辖市人民政府按照国务院规定的程序发布。

除发表本人或者本单位对长期、中期地震活动趋势的研究成果及进行相关学术交流外,任何单位和个人不得向社会散布地震预测意见。任何单位和个人不得向社会散布地震预报意见及其评审结果。

第三十条 国务院地震工作主管部门根据地震活动趋势和震害预测结果,提出确定地震重点监视防御区的意见,报国务院批准。

国务院地震工作主管部门应当加强地震重点监视防御区的震情跟踪,对地震活动趋势进行分析评估,提出年度防震减灾工作意见,报国务院批准后实施。

地震重点监视防御区的县级以上地方人民政府应当根据年度防震减灾工作意见和当地的地震活动趋势,组织有关部门加强防震减灾工作。

地震重点监视防御区的县级以上地方人民政府负责管理地震工作的部门或者机构,应当增加地震监测台网密度,组织做好震情跟踪、流动观测和可能与地震有关的异常现象观测以及群测群防工作,并及时将有关情况报上一级人民政府负责管理地震工作的部门或者机构。

第三十一条 国家支持全国地震烈度速报系统的建设。

地震灾害发生后,国务院地震工作主管部门应当通过全国地震烈度速报系统快速判断致灾程度,为指挥抗震救灾工作提供依据。

第三十二条 国务院地震工作主管部门和县级以上地方人民政府负责管理地震工作的部门或者机构,应当对发生地震灾害的区域加强地震监测,在地震现场设立流动观测点,根据震情的发展变化,及时对地震活动趋势作出分析、判定,为余震防范工作提供依据。

国务院地震工作主管部门和县级以上地方人民政府负责管理地震工作的部门或者机构、地震监测台网的管理单位,应当及时收集、保存有关地震的资料和信息,并建立完整的档案。

第三十三条 外国的组织或者个人在中华人民共和国领域和中华人民共和国管辖的其他海域从事地震监测活动,必须经国务院地震工作主管部门会同有关部门批准,并采取与中华人民共和国有关部门或者单位合作的形式进行。

第四章 地震灾害预防

第三十四条 国务院地震工作主管部门负责制定全国地震烈度区划图或者地震动参数区划图。

国务院地震工作主管部门和省、自治区、直辖市人民政府负责管理地震工作的部门或者机构,负责审定建设工程的地震安全性评价报告,确定抗震设防要求。

第三十五条 新建、扩建、改建建设工程,应当达到抗震设防要求。

重大建设工程和可能发生严重次生灾害的建设工程,应当按照国务院有关规定进行地震安全性评价,并按照经审定的地震安全性评价报告所确定的抗震设防要求进行抗震设防。建设工程的地震安全性评价单位应当按照国家有关标准进行地震安全性评价,并对地震安全性评价报告的质量负责。

前款规定以外的建设工程,应当按照地震烈度区划图或者地震动参数区划图所确定的抗震设防要求进行抗震设防;对学校、医院等人员密集场所的建设工程,应当按照高于当地房屋建筑的抗震设防要求进行设计和施工,采取有效措施,增强抗震设防能力。

第三十六条 有关建设工程的强制性标准,应当与抗震设防要求相衔接。

第三十七条 国家鼓励城市人民政府组织制定地震小区划图。地震小区划图由国务院地震工作主管部门负责审定。

第三十八条 建设单位对建设工程的抗震设计、施工的全过程负责。

设计单位应当按照抗震设防要求和工程建设强制性标准进行抗震设计,并对抗震设计的质量以及出具的施工图设计文件的准确性负责。

施工单位应当按照施工图设计文件和工程建设强制性标准进行施工,并对施工质量负责。

建设单位、施工单位应当选用符合施工图设计文件和国家有关标准规定的材料、构配件和设备。

工程监理单位应当按照施工图设计文件和工程建设强制性标准实施监理,并对施工质量承担监理责任。

第三十九条 已经建成的下列建设工程,未采取抗震设防措施或者抗震设防措施未达到抗震设防要求的,应当按照国家有关规定进行抗震性能鉴定，并采取必要的抗震加固措施：

（一）重大建设工程；

（二）可能发生严重次生灾害的建设工程；

（三）具有重大历史、科学、艺术价值或者重要纪念意义的建设工程；

（四）学校、医院等人员密集场所的建设工程；

（五）地震重点监视防御区内的建设工程。

第四十条 县级以上地方人民政府应当加强对农村村民住宅和乡村公共设施抗震设防的管理，组织开展农村实用抗震技术的研究和开发，推广达到抗震设防要求、经济适用、具有当地特色的建筑设计和施工技术，培训相关技术人员，建设示范工程，逐步提高农村村民住宅和乡村公共设施的抗震设防水平。

国家对需要抗震设防的农村村民住宅和乡村公共设施给予必要支持。

第四十一条 城乡规划应当根据地震应急避难的需要，合理确定应急疏散通道和应急避难场所，统筹安排地震应急避难所必需的交通、供水、供电、排污等基础设施建设。

第四十二条 地震重点监视防御区的县级以上地方人民政府应当根据实际需要，在本级财政预算和物资储备中安排抗震救灾资金、物资。

第四十三条 国家鼓励、支持研究开发和推广使用符合抗震设防要求、经济实用的新技术、新工艺、新材料。

第四十四条 县级人民政府及其有关部门和乡、镇人民政府、城市街道办事处等基层组织，应当组织开展地震应急知识的宣传普及活动和必要的地震应急救援演练，提高公民在地震灾害中自救互救的能力。

机关、团体、企业、事业等单位，应当按照所在地人民政府的要求，结合各自实际情况，加强对本单位人员的地震应急知识宣传教育，开展地震应急救援演练。

学校应当进行地震应急知识教育，组织开展必要的地震应急救援演练，培养学生的安全意识和自救互救能力。

新闻媒体应当开展地震灾害预防和应急、自救互救知识的公益宣传。

国务院地震工作主管部门和县级以上地方人民政府负责管理地震工作的部门或者机构，应当指导、协助、督促有关单位做好防震减灾知识的宣传教育和地震应急救援演练等工作。

第四十五条 国家发展有财政支持的地震灾害保险事业，鼓励单位和个人参加地震灾害保险。

第五章 地震应急救援

第四十六条 国务院地震工作主管部门会同国务院有关部门制定国家地震应急预案，报国务院批准。国务院有关部门根据国家地震应急预案，制定本部门的地震应急预案，报国务院地震工作主管部门备案。

县级以上地方人民政府及其有关部门和乡、镇人民政府，应当根据有关法律、法规、规章、上级人民政府及其有关部门的地震应急预案和本行政区域的实际情况，制定本行政区域的地震应急预案和本部门的地震应急预案。省、自治区、直辖市和较大的市的地震应急预案，应当报国务院地震工作主管部门备案。

交通、铁路、水利、电力、通信等基础设施和学校、医院等人员密集场所的经营管理单位，以及可能发生次生灾害的核电、矿山、危险物品等生产经营单位，应当制定地震应急预案，并报所在地的县级人民政府负责管理地震工作的部门或者机构备案。

第四十七条 地震应急预案的内容应当包括：组织指挥体系及其职责，预防和预警机制，处置程序，应急响应和应急保障措施等。

地震应急预案应当根据实际情况适时修订。

第四十八条 地震预报意见发布后，有关省、自治区、直辖市人民政府根据预报的震情可以宣布有关区域进入临震应急期；有关地方人民政府应当按照地震应急预案，组织有关部门做好应急防范和抗震救灾准备工作。

第四十九条 按照社会危害程度、影响范围等因素，地震灾害分为一般、较大、重大和特别重大四级。具体分级标准按照国务院规定执行。

一般或者较大地震灾害发生后，地震发生地的市、县人民政府负责组织有关部门启动地震应急预案；重大地震灾害发生后，地震发生地的省、自治区、直辖市人民政府负责组织有关部门启动地震应急预案；特别重大地震灾害发生后，国务院负责组织有关部门启动地震应急预案。

第五十条 地震灾害发生后，抗震救灾指挥机构应当立即组织有关部门和单位迅速查清受灾情况，提出地震应急救援力量的配置方案，并采取以下紧急措施：

（一）迅速组织抢救被压埋人员，并组织有关单位和人员开展自救互救；

（二）迅速组织实施紧急医疗救护，协调伤员转移和接收与救治；

（三）迅速组织抢修毁损的交通、铁路、水利、电力、通信等基础设施；

（四）启用应急避难场所或者设置临时避难场所，设置救济物资供应点，提供救济物品、简易住所和临时住所，及时转移和安置受灾群众，确保饮用水消毒和水质安全，积极开展卫生防疫，妥善安排受灾群众生活；

（五）迅速控制危险源，封锁危险场所，做好次生灾害的排查与监测预警工作，防范地震可能引发的火灾、水灾、爆炸、山体滑坡和崩塌、泥石流、地面塌陷，或者剧毒、强腐蚀性、放射性物质大量泄漏等次生灾害以及传染病疫情的发生；

（六）依法采取维持社会秩序、维护社会治安的必要措施。

第五十一条　特别重大地震灾害发生后，国务院抗震救灾指挥机构在地震灾区成立现场指挥机构，并根据需要设立相应的工作组，统一组织领导、指挥和协调抗震救灾工作。

各级人民政府及有关部门和单位、中国人民解放军、中国人民武装警察部队和民兵组织，应当按照统一部署，分工负责，密切配合，共同做好地震应急救援工作。

第五十二条　地震灾区的县级以上地方人民政府应当及时将地震震情和灾情等信息向上一级人民政府报告，必要时可以越级上报，不得迟报、谎报、瞒报。

地震震情、灾情和抗震救灾等信息按照国务院有关规定实行归口管理，统一、准确、及时发布。

第五十三条　国家鼓励、扶持地震应急救援新技术和装备的研究开发，调运和储备必要的应急救援设施、装备，提高应急救援水平。

第五十四条　国务院建立国家地震灾害紧急救援队伍。

省、自治区、直辖市人民政府和地震重点监视防御区的市、县人民政府可以根据实际需要，充分利用消防等现有队伍，按照一队多用、专职与兼职相结合的原则，建立地震灾害紧急救援队伍。

地震灾害紧急救援队伍应当配备相应的装备、器材，开展培训和演练，提高地震灾害紧急救援能力。

地震灾害紧急救援队伍在实施救援时，应当首先对倒塌建筑物、构筑物压埋人员进行紧急救援。

第五十五条　县级以上人民政府有关部门应当按照职责分工，协调配合，采取有效措施，保障地震灾害紧急救援队伍和医疗救治队伍快速、高效地开展地震灾害紧急救援活动。

第五十六条　县级以上地方人民政府及其有关部门可以建立地震灾害救援志愿者队伍，并组织开展地震应急救援知识培训和演练，使志愿者掌握必要的地震应急救援技能，增强地震灾害应急救援能力。

第五十七条　国务院地震工作主管部门会同有关部门和单位，组织协调外国救援队和医疗队在中华人民共和国开展地震灾害紧急救援活动。

国务院抗震救灾指挥机构负责外国救援队和医疗队的统筹调度，并根据其专业特长，科学、合理地安排紧急救援任务。

地震灾区的地方各级人民政府，应当对外国救援队和医疗队开展紧急救援活动予以支持和配合。

第六章　地震灾后过渡性安置和恢复重建

第五十八条　国务院或者地震灾区的省、自治区、直辖市人民政府应当及时组织对地震灾害损失进行调查评估，为地震应急救援、灾后过渡性安置和恢复重建提供依据。

地震灾害损失调查评估的具体工作，由国务院地震工作主管部门或者地震灾区的省、自治区、直辖市人民政府负责管理地震工作的部门或者机构和财政、建设、民政等有关部门按照国务院的规定承担。

第五十九条　地震灾区受灾群众需要过渡性安置的，应当根据地震灾区的实际情况，在确保安全的前提下，采取灵活多样的方式进行安置。

第六十条　过渡性安置点应当设置在交通条件便利、方便受灾群众恢复生产和生活的区域，并避开地震活动断层和可能发生严重次生灾害的区域。

过渡性安置点的规模应当适度，并采取相应的防灾、防疫措施，配套建设必要的基础设施和公共服务设施，确保受灾群众的安全和基本生活需要。

第六十一条　实施过渡性安置应当尽量保护农用地，并避免对自然保护区、饮用水水源保护区以及生态脆弱区域造成破坏。

过渡性安置用地按照临时用地安排，可以先行使用，事后依法办理有关用地手续；到期未转为永久性用地的，应当复垦后交还原土地使用者。

第六十二条　过渡性安置点所在地的县级人民政府，应当组织有关部门加强对次生灾害、饮用水水质、食品卫生、疫情等的监测，开展流行病学调查，整治环境卫生，避免对土壤、水环境等造成污染。

过渡性安置点所在地的公安机关，应当加强治安管理，依法打击各种违法犯罪行为，维护正常的社会秩序。

第六十三条　地震灾区的县级以上地方人民政府及其有关部门和乡、镇人民政府，应当及时组织修复毁损的农业生产设施，提供农业生产技术指导，尽快恢复农业生产；优先恢复供电、供水、供气等企业的生产，并对大型骨干企业恢复生产提供支持，为全面恢复农业、工业、服务业生产经营提供条件。

第六十四条　各级人民政府应当加强对地震灾后恢复重建工作的领导、组织和协调。

县级以上人民政府有关部门应当在本级人民政府领导下，按照职责分工，密切配合，采取有效措施，共同做好地震灾后恢复重建工作。

第六十五条　国务院有关部门应当组织有关专家开展地震活动对相关建设工程破坏机理的调查评估，为修订完善有关建设工程的强制性标准、采取抗震设防措施提供科学依据。

第六十六条　特别重大地震灾害发生后，国务院经济综合宏观调控部门会同国务院有关部门与地震灾区的省、自治区、直辖市人民政府共同组织编制地震灾后恢复重建规划，报国务院批准后组织实施；重大、较大、一般地震灾害发生后，由地震灾区的省、自治区、直辖市人民政府根据实际需要组织编制地震灾后恢复重建规划。

地震灾害损失调查评估获得的地质、勘察、测绘、土地、气象、水文、环境等基础资料和经国务院地震工作主管部门复核的地震动参数区划图，应当作为编制地震灾后恢复重建规划的依据。

编制地震灾后恢复重建规划，应当征求有关部门、单位、专家和公众特别是地震灾区受灾群众的意见；重大事项应当组织有关专家进行专题论证。

第六十七条　地震灾后恢复重建规划应当根据地质条件和地震活动断层分布以及资源环境承载能力，重点对城镇和乡村的布局、基础设施和公共服务设施的建设、防灾减灾和生态环境以及自然资源和历史文化遗产保护等作出安排。

地震灾区内需要异地新建的城镇和乡村的选址以及地震灾后重建工程的选址，应当符合地震灾后恢复重建规划和抗震设防、防灾减灾要求，避开地震活动断层或者生态脆弱和可能发生洪水、山体滑坡和崩塌、泥石流、地面塌陷等灾害的区域以及传染病自然疫源地。

第六十八条　地震灾区的地方各级人民政府应当根据地震灾后恢复重建规划和当地经济社会发展水平，有计划、分步骤地组织实施地震灾后恢复重建。

第六十九条　地震灾区的县级以上地方人民政府应当组织有关部门和专家，根据地震灾害损失调查评估结果，制定清理保护方案，明确典型地震遗址、遗迹和文物保护单位以及具有历史价值与民族特色的建筑物、构筑物的保护范围和措施。

对地震灾害现场的清理，按照清理保护方案分区、分类进行，并依照法律、行政法规和国家有关规定，妥善清理、转运和处置有关放射性物质、危险废物和有毒化学品，开展防疫工作，防止传染病和重大动物疫情的发生。

第七十条　地震灾后恢复重建，应当统筹安排交通、铁路、水利、电力、通信、供水、供电等基础设施和市政公用设施，学校、医院、文化、商贸服务、防灾减灾、环境保护等公共服务设施，以及住房和无障碍设施的建设，合理确定建设规模和时序。

乡村的地震灾后恢复重建，应当尊重村民意愿，发挥村民自治组织的作用，以群众自建为主，政府补助、社会帮扶、对口支援，因地制宜，节约和集约利用土地，保护耕地。

少数民族聚居的地方的地震灾后恢复重建，应当尊重当地群众的意愿。

第七十一条　地震灾区的县级以上地方人民政府应当组织有关部门和单位，抢救、保护与收集整理有关档案、资料，对因地震灾害遗失、毁损的档案、资料，及时补充和恢复。

第七十二条　地震灾后恢复重建应当坚持政府主导、社会参与和市场运作相结合的原则。

地震灾区的地方各级人民政府应当组织受灾群众和企业开展生产自救，自力更生、艰苦奋斗、勤俭节约，尽快恢复生产。

国家对地震灾后恢复重建给予财政支持、税收优惠和金融扶持，并提供物资、技术和人力等支持。

第七十三条　地震灾区的地方各级人民政府应当组织做好救助、救治、康复、补偿、抚慰、抚恤、安置、心理援助、法律服务、公共文化服务等工作。

各级人民政府及有关部门应当做好受灾群众的就业工作，鼓励企业、事业单位优先吸纳符合条件的受灾群众就业。

第七十四条　对地震灾后恢复重建中需要办理行政审批手续的事项，有审批权的人民政府及有关部门应当按照方便群众、简化手续、提高效率的原则，依法及时予以办理。

第七章　监督管理

第七十五条　县级以上人民政府依法加强对防震减灾规划和地震应急预案的编制与实施、地震应急避难场所的设置与管理、地震灾害紧急救援队伍的培训、防震减灾知识宣传教育和地震应急救援演练等工作的监督检查。

县级以上人民政府有关部门应当加强对地震应急救援、地震灾后过渡性安置和恢复重建的物资的质量安全的监督检查。

第七十六条　县级以上人民政府建设、交通、铁路、水利、电力、地震等有关部门应当按照职责分工，加强对工程建设强制性标准、抗震设防要求执行情况和地震安全性评价工作的监督检查。

第七十七条　禁止侵占、截留、挪用地震应急救援、地震灾后过渡性安置和恢复重建的资金、物资。

县级以上人民政府有关部门对地震应急救援、地震灾后过渡性安置和恢复重建的资金、物资以及社会捐赠款物的使用情况，依法加强管理和监督，予以公布，并对资金、物资的筹集、分配、拨付、使用情况登记造册，建立健全档案。

第七十八条　地震灾区的地方人民政府应当定期公布地震应急救援、地震灾后过渡性安置和恢复重建的资金、物资以及社会捐赠款物的来源、数量、发放和使用情况，接受社会监督。

第七十九条　审计机关应当加强对地震应急救援、地震灾后过渡性安置和恢复重建的资金、物资的筹集、分配、拨付、使用的审计，并及时公布审计结果。

第八十条　监察机关应当加强对参与防震减灾工作的国家行政机关和法律、法规授权的具有管理公共事务职能的组织及其工作人员的监察。

第八十一条　任何单位和个人对防震减灾活动中的违法行为，有权进行举报。

接到举报的人民政府或者有关部门应当进行调查，依法处理，并为举报人保密。

第八章　法律责任

第八十二条　国务院地震工作主管部门、县级以上地方人民政府负责管理地震工作的部门或者机构，以及其他依照本法规定行使监督管理权的部门，不依法作出行政许可或者办理批准文件的，发现违法行为或者接到对违法行为的举报后不予查处的，或者有其他未依照本法规定履行职责的行为的，对直接负责的主管人员和其他直接责任人员，依法给予处分。

第八十三条　未按照法律、法规和国家有关标准进行地震监测台网建设的，由国务院地震工作主管部门或者县级以上地方人民政府负责管理地震工作的部门或者机构责令改正，采取相应的补救措施；对直接负责的主管人员和其他直接责任人员，依法给予处分。

第八十四条　违反本法规定，有下列行为之一的，由国务院地震工作主管部门或者县级以上地方人民政府负责管理地震工作的部门或者机构责令停止违法行为，恢复原状或者采取其他补救措施；造成损失的，依法承担赔偿责任：

（一）侵占、毁损、拆除或者擅自移动地震监测设施的；

（二）危害地震观测环境的；

（三）破坏典型地震遗址、遗迹的。

单位有前款所列违法行为，情节严重的，处二万元以上二十万元以下的罚款；个人有前款所列违法行为，情节严重的，处二千元以下的罚款。构成违反治安管理行为的，由公安机关依法给予处罚。

第八十五条　违反本法规定，未按照要求增建抗干扰设施或者新建地震监测设施的，由国务院地震工作主管部门或者县级以上地方人民政府负责管理地震工作的部门或者机构责令限期改正；逾期不改正的，处二万元以上二十万元以下的罚款；造成损失的，依法承担赔偿责任。

第八十六条　违反本法规定，外国的组织或者个人未经批准，在中华人民共和国领域和中华人民共和国管辖的其他海域从事地震监测活动的，由国务院地震工作主管部门责令停止违法行为，没收监测成果和监测设施，并处一万元以上十万元以下的罚款；情节严重的，并处十万元以上五十万元以下的罚款。

外国人有前款规定行为的，除依照前款规定处罚外，还应当依照外国人入境出境管理法律的规定缩短其在中华人民共和国停留的期限或者取消其在中华人民共和国居留的资格；情节严重的，限期出境或者驱逐出境。

第八十七条　未依法进行地震安全性评价，或者未按照地震安全性评价报告所确定的抗震设防要求进行抗震设防的，由国务院地震工作主管部门或者县级以上地方人民政府负责管理地震工作的部门或者机构责令限期改正；逾期不改正的，处三万元以上三十万元以下的罚款。

第八十八条　违反本法规定，向社会散布地震预测意见、地震预报意见及其评审结果，或者在地震灾后过渡性安置、地震灾后恢复重建中扰乱社会秩序，构成违反治安管理行为的，由公安机关依法给予处罚。

第八十九条　地震灾区的县级以上地方人民政府迟报、谎报、瞒报地震震情、灾情等信息的，由上级人民政府责令改正；对直接负责的主管人员和其他直接责任人员，依法给予处分。

第九十条　侵占、截留、挪用地震应急救援、地震灾后过渡性安置或者地震灾后恢复重建的资金、物资的，由财政部门、审计机关在各自职责范围内，责令改正，追回被侵占、截留、挪用的资金、物资；有违法所得的，没收违法所得；对单位给予警告或者通报批评；对直接负责的主管人员和其他直接责任人员，依法给予处分。

第九十一条　违反本法规定，构成犯罪的，依法追究刑事责任。

第九章　附　　则

第九十二条　本法下列用语的含义：

（一）地震监测设施，是指用于地震信息检测、传输和处理的设备、仪器和装置以及配套的监测场地。

（二）地震观测环境，是指按照国家有关标准划定的保障地震监测设施不受干扰、能够正常发挥工作效能的空间范围。

（三）重大建设工程，是指对社会有重大价值或者有重大影响的工程。

（四）可能发生严重次生灾害的建设工程，是指受地震破坏后可能引发水灾、火灾、爆炸，或者剧毒、强腐蚀性、放射性物质大量泄漏，以及其他严重次生灾害的建设工程，包括水库大坝和贮油、贮气设施，贮存易燃易爆或者剧毒、强腐蚀性、放射性物质的设施，以及其他可能发生严重次生灾害的建设工程。

（五）地震烈度区划图，是指以地震烈度（以等级表示的地震影响强弱程度）为指标，将全国划分为不同抗震设防要求区域的图件。

（六）地震动参数区划图，是指以地震动参数（以加速度表示地震作用强弱程度）为指标，将全国划分为不同抗震设防要求区域的图件。

（七）地震小区划图，是指根据某一区域的具体场地条件，对该区域的抗震设防要求进行详细划分的图件。

第九十三条　本法自2009年5月1日起施行。

中华人民共和国公益事业捐赠法

（1999年6月28日第九届全国人民代表大会常务委员会第十次会议通过　1999年6月28日中华人民共和国主席令第19号公布　自1999年9月1日起施行）

第一章　总　　则

第一条　为了鼓励捐赠，规范捐赠和受赠行为，保护捐赠人、受赠人和受益人的合法权益，促进公益事业的发展，制定本法。

第二条 自然人、法人或者其他组织自愿无偿向依法成立的公益性社会团体和公益性非营利的事业单位捐赠财产，用于公益事业的，适用本法。

第三条 本法所称公益事业是指非营利的下列事项：

（一）救助灾害、救济贫困、扶助残疾人等困难的社会群体和个人的活动；

（二）教育、科学、文化、卫生、体育事业；

（三）环境保护、社会公共设施建设；

（四）促进社会发展和进步的其他社会公共和福利事业。

第四条 捐赠应当是自愿和无偿的，禁止强行摊派或者变相摊派，不得以捐赠为名从事营利活动。

第五条 捐赠财产的使用应当尊重捐赠人的意愿，符合公益目的，不得将捐赠财产挪作他用。

第六条 捐赠应当遵守法律、法规，不得违背社会公德，不得损害公共利益和其他公民的合法权益。

第七条 公益性社会团体受赠的财产及其增值为社会公共财产，受国家法律保护，任何单位和个人不得侵占、挪用和损毁。

第八条 国家鼓励公益事业的发展，对公益性社会团体和公益性非营利的事业单位给予扶持和优待。

国家鼓励自然人、法人或者其他组织对公益事业进行捐赠。

对公益事业捐赠有突出贡献的自然人、法人或者其他组织，由人民政府或者有关部门予以表彰。对捐赠人进行公开表彰，应当事先征求捐赠人的意见。

第二章 捐赠和受赠

第九条 自然人、法人或者其他组织可以选择符合其捐赠意愿的公益性社会团体和公益性非营利的事业单位进行捐赠。捐赠的财产应当是其有权处分的合法财产。

第十条 公益性社会团体和公益性非营利的事业单位可以依照本法接受捐赠。

本法所称公益性社会团体是指依法成立的，以发展公益事业为宗旨的基金会、慈善组织等社会团体。

本法所称公益性非营利的事业单位是指依法成立的，从事公益事业的不以营利为目的的教育机构、科学研究机构、医疗卫生机构、社会公共文化机构、社会公共体育机构和社会福利机构等。

第十一条 在发生自然灾害时或者境外捐赠人要求县级以上人民政府及其部门作为受赠人时，县级以上人民政府及其部门可以接受捐赠，并依照本法的有关规定对捐赠财产进行管理。

县级以上人民政府及其部门可以将受赠财产转交公益性社会团体或者公益性非营利的事业单位；也可以按照捐赠人的意愿分发或者兴办公益事业，但是不得以本机关为受益对象。

第十二条 捐赠人可以与受赠人就捐赠财产的种类、质量、数量和用途等内容订立捐赠协议。捐赠人有权决定捐赠的数量、用途和方式。

捐赠人应当依法履行捐赠协议，按照捐赠协议约定的期限和方式将捐赠财产转移给受赠人。

第十三条 捐赠人捐赠财产兴建公益事业工程项目，应当与受赠人订立捐赠协议，对工程项目的资金、建设、管理和使用作出约定。

捐赠的公益事业工程项目由受赠单位按照国家有关规定办理项目审批手续，并组织施工或者由受赠人和捐赠人共同组织施工。工程质量应当符合国家质量标准。

捐赠的公益事业工程项目竣工后，受赠单位应当将工程建设、建设资金的使用和工程质量验收情况向捐赠人通报。

第十四条 捐赠人对于捐赠的公益事业工程项目可以留名纪念；捐赠人单独捐赠的工程项目或者主要由捐赠人出资兴建的工程项目，可以由捐赠人提出工程项目的名称，报县级以上人民政府批准。

第十五条 境外捐赠人捐赠的财产，由受赠人按照国家有关规定办理入境手续；捐赠实行许可证管理的物品，由受赠人按照国家有关规定办理许可证申领手续，海关凭许可证验放、监管。

华侨向境内捐赠的，县级以上人民政府侨务部门可以协助办理有关入境手续，为捐赠人实施捐赠项目提供帮助。

第三章 捐赠财产的使用和管理

第十六条 受赠人接受捐赠后，应当向捐赠人出具合法、有效的收据，将受赠财产登记造册，妥善保管。

第十七条 公益性社会团体应当将受赠财产用于资助符合其宗旨的活动和事业。对于接受的救助灾害的捐赠财产，应当及时用于救助活动。基金会每年用于资助公益事业的资金数额，不得低于国家规定的比例。

公益性社会团体应当严格遵守国家的有关规定，按照合法、安全、有效的原则，积极实现捐赠财产的保值增值。

公益性非营利的事业单位应当将受赠财产用于发展本单位的公益事业，不得挪作他用。

对于不易储存、运输和超过实际需要的受赠财产，受赠人可以变卖，所取得的全部收入，应当用于捐赠目的。

第十八条 受赠人与捐赠人订立了捐赠协议的，应当按照协议约定的用途使用捐赠财产，不得擅自改变捐赠财产的用途。如果确需改变用途的，应当征得捐赠人的同意。

第十九条 受赠人应当依照国家有关规定，建立健全财务会计制度和受赠财产的使用制度，加强对受赠财产的管理。

第二十条 受赠人每年度应当向政府有关部门报告受赠

财产的使用、管理情况，接受监督。必要时，政府有关部门可以对其财务进行审计。

海关对减免关税的捐赠物品依法实施监督和管理。

县级以上人民政府侨务部门可以参与对华侨向境内捐赠财产使用与管理的监督。

第二十一条　捐赠人有权向受赠人查询捐赠财产的使用、管理情况，并提出意见和建议。对于捐赠人的查询，受赠人应当如实答复。

第二十二条　受赠人应当公开接受捐赠的情况和受赠财产的使用、管理情况，接受社会监督。

第二十三条　公益性社会团体应当厉行节约，降低管理成本，工作人员的工资和办公费用从利息等收入中按照国家规定的标准开支。

第四章　优惠措施

第二十四条　公司和其他企业依照本法的规定捐赠财产用于公益事业，依照法律、行政法规的规定享受企业所得税方面的优惠。

第二十五条　自然人和个体工商户依照本法的规定捐赠财产用于公益事业，依照法律、行政法规的规定享受个人所得税方面的优惠。

第二十六条　境外向公益性社会团体和公益性非营利的事业单位捐赠的用于公益事业的物资，依照法律、行政法规的规定减征或者免征进口关税和进口环节的增值税。

第二十七条　对于捐赠的工程项目，当地人民政府应当给予支持和优惠。

第五章　法律责任

第二十八条　受赠人未征得捐赠人的许可，擅自改变捐赠财产的性质、用途的，由县级以上人民政府有关部门责令改正，给予警告。拒不改正的，经征求捐赠人的意见，由县级以上人民政府将捐赠财产交由与其宗旨相同或者相似的公益性社会团体或者公益性非营利的事业单位管理。

第二十九条　挪用、侵占或者贪污捐赠款物的，由县级以上人民政府有关部门责令退还所用、所得款物，并处以罚款；对直接责任人员，由所在单位依照有关规定予以处理；构成犯罪的，依法追究刑事责任。

依照前款追回、追缴的捐赠款物，应当用于原捐赠目的和用途。

第三十条　在捐赠活动中，有下列行为之一的，依照法律、法规的有关规定予以处罚；构成犯罪的，依法追究刑事责任：

（一）逃汇、骗购外汇的；

（二）偷税、逃税的；

（三）进行走私活动的；

（四）未经海关许可并且未补缴应缴税额，擅自将减税、免税进口的捐赠物资在境内销售、转让或者移作他用的。

第三十一条　受赠单位的工作人员，滥用职权，玩忽职守，徇私舞弊，致使捐赠财产造成重大损失的，由所在单位依照有关规定予以处理；构成犯罪的，依法追究刑事责任。

第六章　附　则

第三十二条　本法自1999年9月1日起施行。

自然灾害救助条例

（2010年7月8日中华人民共和国国务院令第577号公布　自2010年9月1日起施行）

第一章　总　则

第一条　为了规范自然灾害救助工作，保障受灾人员基本生活，制定本条例。

第二条　自然灾害救助工作遵循以人为本、政府主导、分级管理、社会互助、灾民自救的原则。

第三条　自然灾害救助工作实行各级人民政府行政领导负责制。

国家减灾委员会负责组织、领导全国的自然灾害救助工作，协调开展重大自然灾害救助活动。国务院民政部门负责全国的自然灾害救助工作，承担国家减灾委员会的具体工作。国务院有关部门按照各自职责做好全国的自然灾害救助相关工作。

县级以上地方人民政府或者人民政府的自然灾害救助应急综合协调机构，组织、协调本行政区域的自然灾害救助工作。县级以上地方人民政府民政部门负责本行政区域的自然灾害救助工作。县级以上地方人民政府有关部门按照各自职责做好本行政区域的自然灾害救助相关工作。

第四条　县级以上人民政府应当将自然灾害救助工作纳入国民经济和社会发展规划，建立健全与自然灾害救助需求相适应的资金、物资保障机制，将人民政府安排的自然灾害救助资金和自然灾害救助工作经费纳入财政预算。

第五条　村民委员会、居民委员会以及红十字会、慈善会和公募基金会等社会组织，依法协助人民政府开展自然灾害救助工作。

国家鼓励和引导单位和个人参与自然灾害救助捐赠、志愿服务等活动。

第六条　各级人民政府应当加强防灾减灾宣传教育，提高公民的防灾避险意识和自救互救能力。

村民委员会、居民委员会、企业事业单位应当根据所在地人民政府的要求，结合各自的实际情况，开展防灾减灾应急知识的宣传普及活动。

第七条　对在自然灾害救助中作出突出贡献的单位和个人，按照国家有关规定给予表彰和奖励。

第二章　救助准备

第八条　县级以上地方人民政府及其有关部门应当根据有关法律、法规、规章，上级人民政府及其有关部门的应急预案以及本行政区域的自然灾害风险调查情况，制定相应的自然灾害救助应急预案。

自然灾害救助应急预案应当包括下列内容：

（一）自然灾害救助应急组织指挥体系及其职责；

（二）自然灾害救助应急队伍；

（三）自然灾害救助应急资金、物资、设备；

（四）自然灾害的预警预报和灾情信息的报告、处理；

（五）自然灾害救助应急响应的等级和相应措施；

（六）灾后应急救助和居民住房恢复重建措施。

第九条　县级以上人民政府应当建立健全自然灾害救助应急指挥技术支撑系统，并为自然灾害救助工作提供必要的交通、通信等装备。

第十条　国家建立自然灾害救助物资储备制度，由国务院民政部门分别会同国务院财政部门、发展改革部门制定全国自然灾害救助物资储备规划和储备库规划，并组织实施。

设区的市级以上人民政府和自然灾害多发、易发地区的县级人民政府应当根据自然灾害特点、居民人口数量和分布等情况，按照布局合理、规模适度的原则，设立自然灾害救助物资储备库。

第十一条　县级以上地方人民政府应当根据当地居民人口数量和分布等情况，利用公园、广场、体育场馆等公共设施，统筹规划设立应急避难场所，并设置明显标志。

启动自然灾害预警响应或者应急响应，需要告知居民前往应急避难场所的，县级以上地方人民政府或者人民政府的自然灾害救助应急综合协调机构应当通过广播、电视、手机短信、电子显示屏、互联网等方式，及时公告应急避难场所的具体地址和到达路径。

第十二条　县级以上地方人民政府应当加强自然灾害救助人员的队伍建设和业务培训，村民委员会、居民委员会和企业事业单位应当设立专职或者兼职的自然灾害信息员。

第三章　应急救助

第十三条　县级以上人民政府或者人民政府的自然灾害救助应急综合协调机构应当根据自然灾害预警预报启动预警响应，采取下列一项或者多项措施：

（一）向社会发布规避自然灾害风险的警告，宣传避险常识和技能，提示公众做好自救互救准备；

（二）开放应急避难场所，疏散、转移易受自然灾害危害的人员和财产，情况紧急时，实行有组织的避险转移；

（三）加强对易受自然灾害危害的乡村、社区以及公共场所的安全保障；

（四）责成民政等部门做好基本生活救助的准备。

第十四条　自然灾害发生并达到自然灾害救助应急预案启动条件的，县级以上人民政府或者人民政府的自然灾害救助应急综合协调机构应当及时启动自然灾害救助应急响应，采取下列一项或者多项措施：

（一）立即向社会发布政府应对措施和公众防范措施；

（二）紧急转移安置受灾人员；

（三）紧急调拨、运输自然灾害救助应急资金和物资，及时向受灾人员提供食品、饮用水、衣被、取暖、临时住所、医疗防疫等应急救助，保障受灾人员基本生活；

（四）抚慰受灾人员，处理遇难人员善后事宜；

（五）组织受灾人员开展自救互救；

（六）分析评估灾情趋势和灾区需求，采取相应的自然灾害救助措施；

（七）组织自然灾害救助捐赠活动。

对应急救助物资，各交通运输主管部门应当组织优先运输。

第十五条　在自然灾害救助应急期间，县级以上地方人民政府或者人民政府的自然灾害救助应急综合协调机构可以在本行政区域内紧急征用物资、设备、交通运输工具和场地，自然灾害救助应急工作结束后应当及时归还，并按照国家有关规定给予补偿。

第十六条　自然灾害造成人员伤亡或者较大财产损失的，受灾地区县级人民政府民政部门应当立即向本级人民政府和上一级人民政府民政部门报告。

自然灾害造成特别重大或者重大人员伤亡、财产损失的，受灾地区县级人民政府民政部门应当按照有关法律、行政法规和国务院应急预案规定的程序及时报告，必要时可以直接报告国务院。

第十七条　灾情稳定前，受灾地区人民政府民政部门应当每日逐级上报自然灾害造成的人员伤亡、财产损失和自然灾害救助工作动态等情况，并及时向社会发布。

灾情稳定后，受灾地区县级以上人民政府或者人民政府的自然灾害救助应急综合协调机构应当评估、核定并发布自然灾害损失情况。

第四章　灾后救助

第十八条　受灾地区人民政府应当在确保安全的前提下，采取就地安置与异地安置、政府安置与自行安置相结合的方式，对受灾人员进行过渡性安置。

就地安置应当选择在交通便利、便于恢复生产和生活的地点，并避开可能发生次生自然灾害的区域，尽量不占用或者少占用耕地。

受灾地区人民政府应当鼓励并组织受灾群众自救互救，恢复重建。

第十九条 自然灾害危险消除后，受灾地区人民政府应当统筹研究制订居民住房恢复重建规划和优惠政策，组织重建或者修缮因灾损毁的居民住房，对恢复重建确有困难的家庭予以重点帮扶。

居民住房恢复重建应当因地制宜、经济实用，确保房屋建设质量符合防灾减灾要求。

受灾地区人民政府民政等部门应当向经审核确认的居民住房恢复重建补助对象发放补助资金和物资，住房城乡建设等部门应当为受灾人员重建或者修缮因灾损毁的居民住房提供必要的技术支持。

第二十条 居民住房恢复重建补助对象由受灾人员本人申请或者由村民小组、居民小组提名。经村民委员会、居民委员会民主评议，符合救助条件的，在自然村、社区范围内公示；无异议或者经村民委员会、居民委员会民主评议异议不成立的，由村民委员会、居民委员会将评议意见和有关材料提交乡镇人民政府、街道办事处审核，报县级人民政府民政等部门审批。

第二十一条 自然灾害发生后的当年冬季、次年春季，受灾地区人民政府应当为生活困难的受灾人员提供基本生活救助。

受灾地区县级人民政府民政部门应当在每年10月底前统计、评估本行政区域受灾人员当年冬季、次年春季的基本生活困难和需求，核实救助对象，编制工作台账，制定救助工作方案，经本级人民政府批准后组织实施，并报上一级人民政府民政部门备案。

第五章 救助款物管理

第二十二条 县级以上人民政府财政部门、民政部门负责自然灾害救助资金的分配、管理并监督使用情况。

县级以上人民政府民政部门负责调拨、分配、管理自然灾害救助物资。

第二十三条 人民政府采购用于自然灾害救助准备和灾后恢复重建的货物、工程和服务，依照有关政府采购和招标投标的法律规定组织实施。自然灾害应急救助和灾后恢复重建中涉及紧急抢救、紧急转移安置和临时性救助的紧急采购活动，按照国家有关规定执行。

第二十四条 自然灾害救助款物专款（物）专用，无偿使用。

定向捐赠的款物，应当按照捐赠人的意愿使用。政府部门接受的捐赠人无指定意向的款物，由县级以上人民政府民政部门统筹安排用于自然灾害救助；社会组织接受的捐赠人无指定意向的款物，由社会组织按照有关规定用于自然灾害救助。

第二十五条 自然灾害救助款物应当用于受灾人员的紧急转移安置，基本生活救助，医疗救助，教育、医疗等公共服务设施和住房的恢复重建，自然灾害救助物资的采购、储存和运输，以及因灾遇难人员亲属的抚慰等项支出。

第二十六条 受灾地区人民政府民政、财政等部门和有关社会组织应当通过报刊、广播、电视、互联网，主动向社会公开所接受的自然灾害救助款物和捐赠款物的来源、数量及其使用情况。

受灾地区村民委员会、居民委员会应当公布救助对象及其接受救助款物数额和使用情况。

第二十七条 各级人民政府应当建立健全自然灾害救助款物和捐赠款物的监督检查制度，并及时受理投诉和举报。

第二十八条 县级以上人民政府监察机关、审计机关应当依法对自然灾害救助款物和捐赠款物的管理使用情况进行监督检查，民政、财政等部门和有关社会组织应当予以配合。

第六章 法律责任

第二十九条 行政机关工作人员违反本条例规定，有下列行为之一的，由任免机关或者监察机关依照法律法规给予处分；构成犯罪的，依法追究刑事责任：

（一）迟报、谎报、瞒报自然灾害损失情况，造成后果的；

（二）未及时组织受灾人员转移安置，或者在提供基本生活救助、组织恢复重建过程中工作不力，造成后果的；

（三）截留、挪用、私分自然灾害救助款物或者捐赠款物的；

（四）不及时归还征用的财产，或者不按照规定给予补偿的；

（五）有滥用职权、玩忽职守、徇私舞弊的其他行为的。

第三十条 采取虚报、隐瞒、伪造等手段，骗取自然灾害救助款物或者捐赠款物的，由县级以上人民政府民政部门责令限期退回违法所得的款物；构成犯罪的，依法追究刑事责任。

第三十一条 抢夺或者聚众哄抢自然灾害救助款物或者捐赠款物的，由县级以上人民政府民政部门责令停止违法行为；构成违反治安管理行为的，由公安机关依法给予治安管理处罚；构成犯罪的，依法追究刑事责任。

第三十二条 以暴力、威胁方法阻碍自然灾害救助工作人员依法执行职务，构成违反治安管理行为的，由公安机关依法给予治安管理处罚；构成犯罪的，依法追究刑事责任。

第七章 附 则

第三十三条 发生事故灾难、公共卫生事件、社会安全事件等突发事件，需要由县级以上人民政府民政部门开展生活救助的，参照本条例执行。

第三十四条 法律、行政法规对防灾、抗灾、救灾另有规定的，从其规定。

第三十五条 本条例自2010年9月1日起施行。

汶川地震灾后恢复重建条例

(2008年6月4日中华人民共和国国务院第11次常务会议通过 2008年6月8日中华人民共和国国务院令第526号公布 自公布之日起施行)

第一章 总 则

第一条 为了保障汶川地震灾后恢复重建工作有力、有序、有效地开展,积极、稳妥恢复灾区群众正常的生活、生产、学习、工作条件,促进灾区经济社会的恢复和发展,根据《中华人民共和国突发事件应对法》和《中华人民共和国防震减灾法》,制定本条例。

第二条 地震灾后恢复重建应当坚持以人为本、科学规划、统筹兼顾、分步实施、自力更生、国家支持、社会帮扶的方针。

第三条 地震灾后恢复重建应当遵循以下原则:

(一)受灾地区自力更生、生产自救与国家支持、对口支援相结合;

(二)政府主导与社会参与相结合;

(三)就地恢复重建与异地新建相结合;

(四)确保质量与注重效率相结合;

(五)立足当前与兼顾长远相结合;

(六)经济社会发展与生态环境资源保护相结合。

第四条 各级人民政府应当加强对地震灾后恢复重建工作的领导、组织和协调,必要时成立地震灾后恢复重建协调机构,组织协调地震灾后恢复重建工作。

县级以上人民政府有关部门应当在本级人民政府的统一领导下,按照职责分工,密切配合,采取有效措施,共同做好地震灾后恢复重建工作。

第五条 地震灾区的各级人民政府应当自力更生、艰苦奋斗、勤俭节约,多种渠道筹集资金、物资,开展地震灾后恢复重建。

国家对地震灾后恢复重建给予财政支持、税收优惠和金融扶持,并积极提供物资、技术和人力等方面的支持。

国家鼓励公民、法人和其他组织积极参与地震灾后恢复重建工作,支持在地震灾后恢复重建中采用先进的技术、设备和材料。

国家接受外国政府和国际组织提供的符合地震灾后恢复重建需要的援助。

第六条 对在地震灾后恢复重建工作中做出突出贡献的单位和个人,按照国家有关规定给予表彰和奖励。

第二章 过渡性安置

第七条 对地震灾区的受灾群众进行过渡性安置,应当根据地震灾区的实际情况,采取就地安置与异地安置,集中安置与分散安置,政府安置与投亲靠友、自行安置相结合的方式。

政府对投亲靠友和采取其他方式自行安置的受灾群众给予适当补助。具体办法由省级人民政府制定。

第八条 过渡性安置地点应当选在交通条件便利、方便受灾群众恢复生产和生活的区域,并避开地震活动断层和可能发生洪灾、山体滑坡和崩塌、泥石流、地面塌陷、雷击等灾害的区域以及生产、储存易燃易爆危险品的工厂、仓库。

实施过渡性安置应当占用废弃地、空旷地,尽量不占用或者少占用农田,并避免对自然保护区、饮用水水源保护区以及生态脆弱区域造成破坏。

第九条 地震灾区的各级人民政府根据实际条件,因地制宜,为灾区群众安排临时住所。临时住所可以采用帐篷、篷布房,有条件的也可以采用简易住房、活动板房。安排临时住所确实存在困难的,可以将学校操场和经安全鉴定的体育场馆等作为临时避难场所。

国家鼓励地震灾区农村居民自行筹建符合安全要求的临时住所,并予以补助。具体办法由省级人民政府制定。

第十条 用于过渡性安置的物资应当保证质量安全。生产单位应当确保帐篷、篷布房的产品质量。建设单位、生产单位应当采用质量合格的建筑材料,确保简易住房、活动板房的安全质量和抗震性能。

第十一条 过渡性安置地点应当配套建设水、电、道路等基础设施,并按比例配备学校、医疗点、集中供水点、公共卫生间、垃圾收集点、日常用品供应点、少数民族特需品供应点以及必要的文化宣传设施等配套公共服务设施,确保受灾群众的基本生活需要。

过渡性安置地点的规模应当适度,并安装必要的防雷设施和预留必要的消防应急通道,配备相应的消防设施,防范火灾和雷击灾害发生。

第十二条 临时住所应当具备防火、防风、防雨等功能。

第十三条 活动板房应当优先用于重灾区和需要异地安置的受灾群众,倒塌房屋在短期内难以恢复重建的重灾户特别是遇难者家庭、孕妇、婴幼儿、孤儿、孤老、残疾人员以及学校、医疗点等公共服务设施。

第十四条 临时住所、过渡性安置资金和物资的分配和使用,应当公开透明,定期公布,接受有关部门和社会监督。具体办法由省级人民政府制定。

第十五条 过渡性安置用地按临时用地安排,可以先行使用,事后再依法办理有关用地手续;到期未转为永久性用地的,应当复垦后交还原土地使用者。

第十六条 过渡性安置地点所在地的县级人民政府,应当组织有关部门加强次生灾害、饮用水水质、食品卫生、疫情的监测和流行病学调查以及环境卫生整治。使用的消毒剂、清洗剂应当符合环境保护要求,避免对土壤、水资源、环境等造成污染。

过渡性安置地点所在地的公安机关，应当加强治安管理，及时惩处违法行为，维护正常的社会秩序。

受灾群众应当在过渡性安置地点所在地的县、乡（镇）人民政府组织下，建立治安、消防联队，开展治安、消防巡查等自防自救工作。

第十七条 地震灾区的各级人民政府，应当组织受灾群众和企业开展生产自救，积极恢复生产，并做好受灾群众的心理援助工作。

第十八条 地震灾区的各级人民政府及政府农业行政主管部门应当及时组织修复毁损的农业生产设施，开展抢种抢收，提供农业生产技术指导，保障农业投入品和农业机械设备的供应。

第十九条 地震灾区的各级人民政府及政府有关部门应当优先组织供电、供水、供气等企业恢复生产，并对大型骨干企业恢复生产提供支持，为全面恢复工业、服务业生产经营提供条件。

第三章 调 查 评 估

第二十条 国务院有关部门应当组织开展地震灾害调查评估工作，为编制地震灾后恢复重建规划提供依据。

第二十一条 地震灾害调查评估应当包括下列事项：

（一）城镇和乡村受损程度和数量；

（二）人员伤亡情况，房屋破坏程度和数量，基础设施、公共服务设施、工农业生产设施与商贸流通设施受损程度和数量，农用地毁损程度和数量等；

（三）需要安置人口的数量，需要救助的伤残人员数量，需要帮助的孤寡老人及未成年人的数量，需要提供的房屋数量，需要恢复重建的基础设施和公共服务设施，需要恢复重建的生产设施，需要整理和复垦的农用地等；

（四）环境污染、生态损害以及自然和历史文化遗产毁损等情况；

（五）资源环境承载能力以及地质灾害、地震次生灾害和隐患等情况；

（六）水文地质、工程地质、环境地质、地形地貌以及河势和水文情势、重大水利水电工程的受影响情况；

（七）突发公共卫生事件及其隐患；

（八）编制地震灾后恢复重建规划需要调查评估的其他事项。

第二十二条 县级以上人民政府应当依据各自职责分工组织有关部门和专家，对毁损严重的水利、道路、电力等基础设施，学校等公共服务设施以及其他建设工程进行工程质量和抗震性能鉴定，保存有关资料和样本，并开展地震活动对相关建设工程破坏机理的调查评估，为改进建设工程抗震设计规范和工程建设标准，采取抗震设防措施提供科学依据。

第二十三条 地震灾害调查评估应当采用全面调查评估、实地调查评估、综合评估的方法，确保数据资料的真实性、准确性、及时性和评估结论的可靠性。

地震部门、地震监测台网应当收集、保存地震前、地震中、地震后的所有资料和信息，并建立完整的档案。

开展地震灾害调查评估工作，应当遵守国家法律、法规以及有关技术标准和要求。

第二十四条 地震灾害调查评估报告应当及时上报国务院。

第四章 恢复重建规划

第二十五条 国务院发展改革部门会同国务院有关部门与地震灾区的省级人民政府共同组织编制地震灾后恢复重建规划，报国务院批准后组织实施。

地震灾后恢复重建规划应当包括地震灾后恢复重建总体规划和城镇体系规划、农村建设规划、城乡住房建设规划、基础设施建设规划、公共服务设施建设规划、生产力布局和产业调整规划、市场服务体系规划、防灾减灾和生态修复规划、土地利用规划等专项规划。

第二十六条 地震灾区的市、县人民政府应当在省级人民政府的指导下，组织编制本行政区域的地震灾后恢复重建实施规划。

第二十七条 编制地震灾后恢复重建规划，应当全面贯彻落实科学发展观，坚持以人为本，优先恢复重建受灾群众基本生活和公共服务设施；尊重科学、尊重自然，充分考虑资源环境承载能力；统筹兼顾，与推进工业化、城镇化、新农村建设、主体功能区建设、产业结构优化升级相结合，并坚持统一部署、分工负责，区分缓急、突出重点，相互衔接、上下协调，规范有序、依法推进的原则。

编制地震灾后恢复重建规划，应当遵守法律、法规和国家有关标准。

第二十八条 地震灾后调查评估获得的地质、勘察、测绘、水文、环境等基础资料，应当作为编制地震灾后恢复重建规划的依据。

地震工作主管部门应当根据地震地质、地震活动特性的研究成果和地震烈度分布情况，对地震动参数区划图进行复核，为编制地震灾后恢复重建规划和进行建设工程抗震设防提供依据。

第二十九条 地震灾后恢复重建规划应当包括地震灾害状况和区域分析，恢复重建原则和目标，恢复重建区域范围，恢复重建空间布局，恢复重建任务和政策措施，有科学价值的地震遗址、遗迹保护，受损文物和具有历史价值与少数民族特色的建筑物、构筑物的修复，实施步骤和阶段等主要内容。

地震灾后恢复重建规划应当重点对城镇和乡村的布局、住房建设、基础设施建设、公共服务设施建设、农业生产设施建设、工业生产设施建设、防灾减灾和生态环境以及自然资源和历史文化遗产保护、土地整理和复垦等做出安排。

第三十条 地震灾区的中央所属企业生产、生活等设施的恢复重建，纳入地震灾后恢复重建规划统筹安排。

第三十一条 编制地震灾后恢复重建规划，应当吸收有关部门、专家参加，并充分听取地震灾区受灾群众的意见；重大事项应当组织有关方面专家进行专题论证。

第三十二条 地震灾区内的城镇和乡村完全毁损，存在重大安全隐患或者人口规模超出环境承载能力，需要异地新建的，重新选址时，应当避开地震活动断层或者生态脆弱和可能发生洪灾、山体滑坡、崩塌、泥石流、地面塌陷等灾害的区域以及传染病自然疫源地。

地震灾区的县级以上地方人民政府应当组织有关部门、专家对新址进行论证，听取公众意见，并报上一级人民政府批准。

第三十三条 国务院批准的地震灾后恢复重建规划，是地震灾后恢复重建的基本依据，应当及时公布。任何单位和个人都应当遵守经依法批准公布的地震灾后恢复重建规划，服从规划管理。

地震灾后恢复重建规划所依据的基础资料修改、其他客观条件发生变化需要修改的，或者因恢复重建工作需要修改的，由规划组织编制机关提出修改意见，报国务院批准。

第五章 恢复重建的实施

第三十四条 地震灾区的省级人民政府，应当根据地震灾后恢复重建规划和当地经济社会发展水平，有计划、分步骤地组织实施地震灾后恢复重建。

国务院有关部门应当支持、协助、指导地震灾区的恢复重建工作。

城镇恢复重建应当充分考虑原有城市、镇总体规划，注重体现原有少数民族建筑风格，合理确定城镇的建设规模和标准，并达到抗震设防要求。

第三十五条 发展改革部门具体负责灾后恢复重建的统筹规划、政策建议、投资计划、组织协调和重大建设项目的安排。

财政部门会同有关部门负责提出资金安排和政策建议，并具体负责灾后恢复重建财政资金的拨付和管理。

交通运输、水利、铁路、电力、通信、广播影视等部门按照职责分工，具体组织实施有关基础设施的灾后恢复重建。

建设部门具体组织实施房屋和市政公用设施的灾后恢复重建。

民政部门具体组织实施受灾群众的临时基本生活保障、生活困难救助、农村毁损房屋恢复重建补助、社会福利设施恢复重建以及对孤儿、孤老、残疾人员的安置、补助、心理援助和伤残康复。

教育、科技、文化、卫生、广播影视、体育、人力资源社会保障、商务、工商等部门按照职责分工，具体组织实施公共服务设施的灾后恢复重建、卫生防疫和医疗救治、就业服务和社会保障、重要生活必需品供应以及维护市场秩序。高等学校、科学技术研究开发机构应当加强对有关问题的专题研究，为地震灾后恢复重建提供科学技术支撑。

农业、林业、水利、国土资源、商务、工业等部门按照职责分工，具体组织实施动物疫情监测、农业生产设施恢复重建和农业生产条件恢复，地震灾后恢复重建用地安排、土地整理和复垦、地质灾害防治，商贸流通、工业生产设施等恢复重建。

环保、林业、民政、水利、科技、安全生产、地震、气象、测绘等部门按照职责分工，具体负责生态环境保护和防灾减灾、安全生产的技术保障及公共服务设施恢复重建。

中国人民银行和银行、证券、保险监督管理机构按照职责分工，具体负责地震灾后恢复重建金融支持和服务政策的制定与落实。

公安部门具体负责维护和稳定地震灾区社会秩序。

海关、出入境检验检疫部门按照职责分工，依法组织实施进口恢复重建物资、境外捐赠物资的验放、检验检疫。

外交部会同有关部门按照职责分工，协调开展地震灾后恢复重建的涉外工作。

第三十六条 国务院地震工作主管部门应当会同文物等有关部门组织专家对地震废墟进行现场调查，对具有典型性、代表性、科学价值和纪念意义的地震遗址、遗迹划定范围，建立地震遗址博物馆。

第三十七条 地震灾区的省级人民政府应当组织民族事务、建设、环保、地震、文物等部门和专家，根据地震灾害调查评估结果，制定清理保护方案，明确地震遗址、遗迹和文物保护单位以及具有历史价值与少数民族特色的建筑物、构筑物等保护对象及其区域范围，报国务院批准后实施。

第三十八条 地震灾害现场的清理保护，应当在确定无人类生命迹象和无重大疫情的情况下，按照统一组织、科学规划、统筹兼顾、注重保护的原则实施。发现地震灾害现场有人类生命迹象的，应当立即实施救援。

第三十九条 对清理保护方案确定的地震遗址、遗迹应当在保护范围内采取有效措施进行保护，抢救、收集具有科学研究价值的技术资料和实物资料，并在不影响整体风貌的情况下，对有倒塌危险的建筑物、构筑物进行必要的加固，对废墟中有毒、有害的废弃物、残留物进行必要的清理。

对文物保护单位应当实施原址保护。对尚可保留的不可移动文物和具有历史价值与少数民族特色的建筑物、构筑物以及历史建筑，应当采取加固等保护措施；对无法保留但将来可能恢复重建的，应当收集整理影像资料。

对馆藏文物、民间收藏文物等可移动文物和非物质文化遗产的物质载体，应当及时抢救、整理、登记，并将清理出的可移动文物和非物质文化遗产的物质载体，运送到安全地点妥善保管。

第四十条 对地震灾害现场的清理，应当按照清理保护方案分区、分类进行。清理出的遇难者遗体处理，应当尊重当地少数民族传统习惯；清理出的财物，应当对其种类、特征、数量、清理时间、地点等情况详细登记造册，妥善保存。有条件的，可以通知遇难者家属和所有权人到场。

对清理出的废弃危险化学品和其他废弃物、残留物，应当实行分类处理，并遵守国家有关规定。

第四十一条 地震灾区的各级人民政府应当做好地震灾区的动物疫情防控工作。对清理出的动物尸体，应当采取消毒、销毁等无害化处理措施，防止重大动物疫情的发生。

第四十二条 对现场清理过程中拆除或者拆解的废旧建筑材料以及过渡安置期结束后不再使用的活动板房等，能回收利用的，应当回收利用。

第四十三条 地震灾后恢复重建，应当统筹安排交通、铁路、通信、供水、供电、住房、学校、医院、社会福利、文化、广播电视、金融等基础设施和公共服务设施建设。

城镇的地震灾后恢复重建，应当统筹安排市政公用设施、公共服务设施和其他设施，合理确定建设规模和时序。

乡村的地震灾后恢复重建，应当尊重农民意愿，发挥村民自治组织的作用，以群众自建为主，政府补助、社会帮扶、对口支援，因地制宜，节约和集约利用土地，保护耕地。

地震灾区的县级人民政府应当组织有关部门对村民住宅建设的选址予以指导，并提供能够符合当地实际的多种村民住宅设计图，供村民选择。村民住宅应当达到抗震设防要求，体现原有地方特色、民族特色和传统风貌。

第四十四条 经批准的地震灾后恢复重建项目可以根据土地利用总体规划，先行安排使用土地，实行边建设边报批，并按照有关规定办理用地手续。对因地震灾害毁损的耕地、农田道路、抢险救灾应急用地、过渡性安置用地、废弃的城镇、村庄和工矿旧址，应当依法进行土地整理和复垦，并治理地质灾害。

第四十五条 国务院有关部门应当组织对地震灾区地震动参数、抗震设防要求、工程建设标准进行复审；确有必要修订的，应当及时组织修订。

地震灾区的抗震设防要求和有关工程建设标准应当根据修订后的地震灾区地震动参数，进行相应修订。

第四十六条 对地震灾区尚可使用的建筑物、构筑物和设施，应当按照地震灾区的抗震设防要求进行抗震性能鉴定，并根据鉴定结果采取加固、改造等措施。

第四十七条 地震灾后重建工程的选址，应当符合地震灾后恢复重建规划和抗震设防、防灾减灾要求，避开地震活动断层、生态脆弱地区、可能发生重大灾害的区域和传染病自然疫源地。

第四十八条 设计单位应当严格按照抗震设防要求和工程建设强制性标准进行抗震设计，并对抗震设计的质量以及出具的施工图的准确性负责。

施工单位应当按照施工图设计文件和工程建设强制性标准进行施工，并对施工质量负责。

建设单位、施工单位应当选用施工图设计文件和国家有关标准规定的材料、构配件和设备。

工程监理单位应当依照施工图设计文件和工程建设强制性标准实施监理，并对施工质量承担监理责任。

第四十九条 按照国家有关规定对地震灾后恢复重建工程进行竣工验收时，应当重点对工程是否符合抗震设防要求进行查验；对不符合抗震设防要求的，不得出具竣工验收报告。

第五十条 对学校、医院、体育场馆、博物馆、文化馆、图书馆、影剧院、商场、交通枢纽等人员密集的公共服务设施，应当按照高于当地房屋建筑的抗震设防要求进行设计，增强抗震设防能力。

第五十一条 地震灾后恢复重建中涉及文物保护、自然保护区、野生动植物保护和地震遗址、遗迹保护的，依照国家有关法律、法规的规定执行。

第五十二条 地震灾后恢复重建中，货物、工程和服务的政府采购活动，应当严格依照《中华人民共和国政府采购法》的有关规定执行。

第六章 资金筹集与政策扶持

第五十三条 县级以上人民政府应当通过政府投入、对口支援、社会募集、市场运作等方式筹集地震灾后恢复重建资金。

第五十四条 国家根据地震的强度和损失的实际情况等因素建立地震灾后恢复重建基金，专项用于地震灾后恢复重建。

地震灾后恢复重建基金由预算资金以及其他财政资金构成。

地震灾后恢复重建基金筹集使用管理办法，由国务院财政部门制定。

第五十五条 国家鼓励公民、法人和其他组织为地震灾后恢复重建捐赠款物。捐赠款物的使用应当尊重捐赠人的意愿，并纳入地震灾后恢复重建规划。

县级以上人民政府及其部门作为受赠人的，应当将捐赠款物用于地震灾后恢复重建。公益性社会团体、公益性非营利的事业单位作为受赠人的，应当公开接受捐赠的情况和受赠财产的使用、管理情况，接受政府有关部门、捐赠人和社会的监督。

县级以上人民政府及其部门、公益性社会团体、公益性非营利的事业单位接受捐赠的，应当向捐赠人出具由省级以上财政部门统一印制的捐赠票据。

外国政府和国际组织提供的地震灾后恢复重建资金、物资和人员服务以及安排实施的多双边地震灾后恢复重建项目等，依照国家有关规定执行。

第五十六条　国家鼓励公民、法人和其他组织依法投资地震灾区基础设施和公共服务设施的恢复重建。

第五十七条　国家对地震灾后恢复重建依法实行税收优惠。具体办法由国务院财政部门、国务院税务部门制定。

地震灾区灾后恢复重建期间，县级以上地方人民政府依法实施地方税收优惠措施。

第五十八条　地震灾区的各项行政事业性收费可以适当减免。具体办法由有关主管部门制定。

第五十九条　国家向地震灾区的房屋贷款和公共服务设施恢复重建贷款、工业和服务业恢复生产经营贷款、农业恢复生产贷款等提供财政贴息。具体办法由国务院财政部门会同其他有关部门制定。

第六十条　国家在安排建设资金时，应当优先考虑地震灾区的交通、铁路、能源、农业、水利、通信、金融、市政公用、教育、卫生、文化、广播电视、防灾减灾、环境保护等基础设施和公共服务设施以及关系国家安全的重点工程设施建设。

测绘、气象、地震、水文等设施因地震遭受破坏的，地震灾区的人民政府应当采取紧急措施，组织力量修复，确保正常运行。

第六十一条　各级人民政府及政府有关部门应当加强对受灾群众的职业技能培训、就业服务和就业援助，鼓励企业、事业单位优先吸纳符合条件的受灾群众就业；可以采取以工代赈的方式组织受灾群众参加地震灾后恢复重建。

第六十二条　地震灾区接受义务教育的学生，其监护人因地震灾害死亡或者丧失劳动能力或者因地震灾害导致家庭经济困难的，由国家给予生活费补贴；地震灾区的其他学生，其父母因地震灾害死亡或者丧失劳动能力或者因地震灾害导致家庭经济困难的，在同等情况下其所在的学校可以优先将其纳入国家资助政策体系予以资助。

第六十三条　非地震灾区的县级以上地方人民政府及其有关部门应当按照国家和当地人民政府的安排，采取对口支援等多种形式支持地震灾区恢复重建。

国家鼓励非地震灾区的企业、事业单位通过援建等多种形式支持地震灾区恢复重建。

第六十四条　对地震灾后恢复重建中需要办理行政审批手续的事项，有审批权的人民政府及有关部门应当按照方便群众、简化手续、提高效率的原则，依法及时予以办理。

第七章　监督管理

第六十五条　县级以上人民政府应当加强对下级人民政府地震灾后恢复重建工作的监督检查。

县级以上人民政府有关部门应当加强对地震灾后恢复重建建设工程质量和安全以及产品质量的监督。

第六十六条　地震灾区的各级人民政府在确定地震灾后恢复重建资金和物资分配方案、房屋分配方案前，应当先行调查，经民主评议后予以公布。

第六十七条　地震灾区的各级人民政府应当定期公布地震灾后恢复重建资金和物资的来源、数量、发放和使用情况，接受社会监督。

第六十八条　财政部门应当加强对地震灾后恢复重建资金的拨付和使用的监督管理。

发展改革、建设、交通运输、水利、电力、铁路、工业和信息化等部门按照职责分工，组织开展对地震灾后恢复重建项目的监督检查。国务院发展改革部门组织开展对地震灾后恢复重建的重大建设项目的稽察。

第六十九条　审计机关应当加强对地震灾后恢复重建资金和物资的筹集、分配、拨付、使用和效果的全过程跟踪审计，定期公布地震灾后恢复重建资金和物资使用情况，并在审计结束后公布最终的审计结果。

第七十条　地震灾区的各级人民政府及有关部门和单位，应当对建设项目以及地震灾后恢复重建资金和物资的筹集、分配、拨付、使用情况登记造册，建立、健全档案，并在建设工程竣工验收和地震灾后恢复重建结束后，及时向建设主管部门或者其他有关部门移交档案。

第七十一条　监察机关应当加强对参与地震灾后恢复重建工作的国家机关和法律、法规授权的具有管理公共事务职能的组织及其工作人员的监察。

第七十二条　任何单位和个人对地震灾后恢复重建中的违法违纪行为，都有权进行举报。

接到举报的人民政府或者有关部门应当立即调查，依法处理，并为举报人保密。实名举报的，应当将处理结果反馈举报人。社会影响较大的违法违纪行为，处理结果应当向社会公布。

第八章　法律责任

第七十三条　有关地方人民政府及政府部门侵占、截留、挪用地震灾后恢复重建资金或者物资的，由财政部门、审计机关在各自职责范围内，责令改正，追回被侵占、截留、挪用的地震灾后恢复重建资金或者物资，没收违法所得，对单位给予警告或者通报批评；对直接负责的主管人员和其他直接责任人员，由任免机关或者监察机关按照人事管理权限依法给予降级、撤职直至开除的处分；构成犯罪的，依法追究刑事责任。

第七十四条　在地震灾后恢复重建中，有关地方人民政府及政府有关部门拖欠施工单位工程款，或者明示、暗示设计单位、施工单位违反抗震设防要求和工程建设强制性标准，降低建设工程质量，造成重大安全事故，构成犯罪的，依法追究刑事责任；尚不构成犯罪的，对直接负责的主管人员和其他直接责任人员，由任免机关或者监察机关按照人事管理权限依法给予降级、撤职直至开除的处分。

第七十五条 在地震灾后恢复重建中,建设单位、勘察单位、设计单位、施工单位或者工程监理单位,降低建设工程质量,造成重大安全事故,构成犯罪的,依法追究刑事责任;尚不构成犯罪的,由县级以上地方人民政府建设主管部门或者其他有关部门依照《建设工程质量管理条例》的有关规定给予处罚。

第七十六条 对毁损严重的基础设施、公共服务设施和其他建设工程,在调查评估中经鉴定确认工程质量存在重大问题,构成犯罪的,对负有责任的建设单位、设计单位、施工单位、工程监理单位的直接责任人员,依法追究刑事责任;尚不构成犯罪的,由县级以上地方人民政府建设主管部门或者其他有关部门依照《建设工程质量管理条例》的有关规定给予处罚。涉嫌行贿、受贿的,依法追究刑事责任。

第七十七条 在地震灾后恢复重建中,扰乱社会公共秩序,构成违反治安管理行为的,由公安机关依法给予处罚。

第七十八条 国家工作人员在地震灾后恢复重建工作中滥用职权、玩忽职守、徇私舞弊的,依法给予处分;构成犯罪的,依法追究刑事责任。

第九章 附 则

第七十九条 地震灾后恢复重建中的其他有关法律的适用和有关政策,由国务院依法另行制定,或者由国务院有关部门、省级人民政府在各自职权范围内做出规定。

第八十条 本条例自公布之日起施行。

国务院办公厅关于印发国家自然灾害救助应急预案的通知

(2016年3月10日 国办函〔2016〕25号)

各省、自治区、直辖市人民政府,国务院各部委、各直属机构:

经国务院同意,现将修订后的《国家自然灾害救助应急预案》印发给你们,请认真组织实施。2011年10月16日经国务院批准、由国务院办公厅印发的《国家自然灾害救助应急预案》同时废止。

国家自然灾害救助应急预案

1 总 则

1.1 编制目的

建立健全应对突发重大自然灾害救助体系和运行机制,规范应急救助行为,提高应急救助能力,最大程度地减少人民群众生命和财产损失,确保受灾人员基本生活,维护灾区社会稳定。

1.2 编制依据

《中华人民共和国突发事件应对法》、《中华人民共和国防洪法》、《中华人民共和国防震减灾法》、《中华人民共和国气象法》、《自然灾害救助条例》、《国家突发公共事件总体应急预案》等。

1.3 适用范围

本预案适用于我国境内发生自然灾害的国家应急救助工作。

当毗邻国家发生重特大自然灾害并对我国境内造成重大影响时,按照本预案开展国内应急救助工作。

发生其他类型突发事件,根据需要可参照本预案开展应急救助工作。

1.4　**工作原则**

坚持以人为本,确保受灾人员基本生活;坚持统一领导、综合协调、分级负责、属地管理为主;坚持政府主导、社会互助、群众自救,充分发挥基层群众自治组织和公益性社会组织的作用。

2　组织指挥体系

2.1　**国家减灾委员会**

国家减灾委员会(以下简称国家减灾委)为国家自然灾害救助应急综合协调机构,负责组织、领导全国的自然灾害救助工作,协调开展特别重大和重大自然灾害救助活动。国家减灾委成员单位按照各自职责做好自然灾害救助相关工作。国家减灾委办公室负责与相关部门、地方的沟通联络,组织开展灾情会商评估、灾害救助等工作,协调落实相关支持措施。

由国务院统一组织开展的抗灾救灾,按有关规定执行。

2.2　**专家委员会**

国家减灾委设立专家委员会,对国家减灾救灾工作重大决策和重要规划提供政策咨询和建议,为国家重大自然灾害的灾情评估、应急救助和灾后救助提出咨询意见。

3　灾害预警响应

气象、水利、国土资源、海洋、林业、农业等部门及时向国家减灾委办公室和履行救灾职责的国家减灾委成员单位通报自然灾害预警预报信息,测绘地信部门根据需要及时提供地理信息数据。国家减灾委办公室根据自然灾害预警预报信息,结合可能受影响地区的自然条件、人口和社会经济状况,对可能出现的灾情进行预评估,当可能威胁人民生命财产安全、影响基本生活、需要提前采取应对措施时,启动预警响应,视情采取以下一项或多项措施:

(1)向可能受影响的省(区、市)减灾委或民政部门通报预警信息,提出灾害救助工作要求。

(2)加强应急值守,密切跟踪灾害风险变化和发展趋势,对灾害可能造成的损失进行动态评估,及时调整相关措施。

(3)通知有关中央救灾物资储备库做好救灾物资准备,紧急情况下提前调拨;启动与交通运输、铁路、民航等部门和单位的应急联动机制,做好救灾物资调运准备。

(4)派出预警响应工作组,实地了解灾害风险,检查指导各项救灾准备工作。

(5)向国务院、国家减灾委负责人、国家减灾委成员单位报告预警响应启动情况。

(6)向社会发布预警响应启动情况。

灾害风险解除或演变为灾害后,国家减灾委办公室终止预警响应。

4　信息报告和发布

县级以上地方人民政府民政部门按照民政部《自然灾害情况统计制度》和《特别重大自然灾害损失统计制度》,做好灾情信息收集、汇总、分析、上报和部门间共享工作。

4.1　**信息报告**

4.1.1 对突发性自然灾害,县级人民政府民政部门应在灾害发生后2小时内将本行政区域灾情和救灾工作情况向本级人民政府和地市级人民政府民政部门报告;地市级和省级人民政府民政部门在接报灾情信息2小时内审核、汇总,并向本级人民政府和上一级人民政府民政部门报告。

对造成县级行政区域内10人以上死亡(含失踪)或房屋大量倒塌、农田大面积受灾等严重损失的突发性自然灾害,县级人民政府民政部门应在灾害发生后立即上报县级人民政府、省级人民政府民政部门和民政部。省级人民政府民政部门接报后立即报告省级人民政府。省级人民政府、民政部按照有关规定及时报告国务院。

4.1.2 特别重大、重大自然灾害灾情稳定前,地方各级人民政府民政部门执行灾情24小时零报告制度,逐级上报上级民政部门;灾情发生重大变化时,民政部立即向国务院报告。灾情稳定后,省级人民政府民政部门应在10日内审核、汇总灾情数据并向民政部报告。

4.1.3 对干旱灾害,地方各级人民政府民政部门应在旱情初显、群众生产和生活受到一定影响时,初报灾情;在旱情发展过程中,每10日续报一次灾情,直至灾情解除;灾情解除后及时核报。

4.1.4 县级以上地方人民政府要建立健全灾情会商制度,各级减灾委或者民政部门要定期或不定期组织相关部门召开灾情会商会,全面客观评估、核定灾情数据。

4.2　**信息发布**

信息发布坚持实事求是、及时准确、公开透明的原则。信息发布形式包括授权发布、组织报道、接受记者采访、举行新闻发布会等。要主动通过重点新闻网站或政府网站、政务微博、政务微信、政务客户端等发布信息。

灾情稳定前,受灾地区县级以上人民政府减灾委或民政部门应当及时向社会滚动发布自然灾害造成的人员伤亡、财产损失以及自然灾害救助工作动态、成效、下一步安排等情况;灾情稳定后,应当及时评估、核定并按有关规定发布自然灾害损失情况。

关于灾情核定和发布工作,法律法规另有规定的,从其规定。

5　国家应急响应

根据自然灾害的危害程度等因素,国家自然灾害救助应急响应分为Ⅰ、Ⅱ、Ⅲ、Ⅳ四级。

5.1　Ⅰ级响应

5.1.1 启动条件

某一省(区、市)行政区域内发生特别重大自然灾害,一次灾害过程出现下列情况之一的,启动Ⅰ级响应:

(1)死亡200人以上(含本数,下同);

(2)紧急转移安置或需紧急生活救助200万人以上;

(3)倒塌和严重损坏房屋30万间或10万户以上;

(4)干旱灾害造成缺粮或缺水等生活困难,需政府救助人数占该省(区、市)农牧业人口30%以上或400万人以上。

5.1.2 启动程序

灾害发生后,国家减灾委办公室经分析评估,认定灾情达到启动标准,向国家减灾委提出启动Ⅰ级响应的建议;国家减灾委决定启动Ⅰ级响应。

5.1.3 响应措施

国家减灾委主任统一组织、领导、协调国家层面自然灾害救助工作,指导支持受灾省(区、市)自然灾害救助工作。国家减灾委及其成员单位视情采取以下措施:

(1)召开国家减灾委会商会,国家减灾委各成员单位、专家委员会及有关受灾省(区、市)参加,对指导支持灾区减灾救灾重大事项作出决定。

(2)国家减灾委负责人率有关部门赴灾区指导自然灾害救助工作,或派出工作组赴灾区指导自然灾害救助工作。

(3)国家减灾委办公室及时掌握灾情和救灾工作动态信息,组织灾情会商,按照有关规定统一发布灾情,及时发布灾区需求。国家减灾委有关成员单位做好灾情、灾区需求及救灾工作动态等信息共享,每日向国家减灾委办公室通报有关情况。必要时,国家减灾委专家委员会组织专家进行实时灾情、灾情发展趋势以及灾区需求评估。

(4)根据地方申请和有关部门对灾情的核定情况,财政部、民政部及时下拨中央自然灾害生活补助资金。民政部紧急调拨生活救助物资,指导、监督基层救灾应急措施落实和救灾款物发放;交通运输、铁路、民航等部门和单位协调指导开展救灾物资、人员运输工作。

(5)公安部加强灾区社会治安、消防安全和道路交通应急管理,协助组织灾区群众紧急转移。军队、武警有关部门根据国家有关部门和地方人民政府请求,组织协调军队、武警、民兵、预备役部队参加救灾,必要时协助地方人民政府运送、发放救灾物资。

(6)国家发展改革委、农业部、商务部、国家粮食局保障市场供应和价格稳定。工业和信息化部组织基础电信运营企业做好应急通信保障工作,组织协调救灾装备、防护和消杀用品、医药等生产供应工作。住房城乡建设部指导灾后房屋建筑和市政基础设施工程的安全应急评估等工作。水利部指导灾区水利工程修复、水利行业供水和乡镇应急供水工作。国家卫生计生委及时组织医疗卫生队伍赴灾区协助开展医疗救治、卫生防病和心理援助等工作。科技部提供科技方面的综合咨询建议,协调适用于灾区救援的科技成果支持救灾工作。国家测绘地信局准备灾区地理信息数据,组织灾区现场影像获取等应急测绘,开展灾情监测和空间分析,提供应急测绘保障服务。

(7)中央宣传部、新闻出版广电总局等组织做好新闻宣传等工作。

(8)民政部向社会发布接受救灾捐赠的公告,组织开展跨省(区、市)或者全国性救灾捐赠活动,呼吁国际救灾援助,统一接收、管理、分配国际救灾捐赠款物,指导社会组织、志愿者等社会力量参与灾害救助工作。外交部协助做好救灾的涉外工作。中国红十字会总会依法开展救灾募捐活动,参与救灾工作。

(9)国家减灾委办公室组织开展灾区社会心理影响评估,并根据需要实施心理抚慰。

(10)灾情稳定后,根据国务院关于灾害评估工作的有关部署,民政部、受灾省(区、市)人民政府、国务院有关部门组织开展灾害损失综合评估工作。国家减灾委办公室按有关规定统一发布自然灾害损失情况。

(11)国家减灾委其他成员单位按照职责分工,做好有关工作。

5.2　Ⅱ级响应

5.2.1 启动条件

某一省(区、市)行政区域内发生重大自然灾害,一次灾害过程出现下列情况之一的,启动Ⅱ级响应:

(1)死亡100人以上、200人以下(不含本数,下同);

(2)紧急转移安置或需紧急生活救助100万人以上、200万人以下;

(3)倒塌和严重损坏房屋20万间或7万户以上、30万间或10万户以下;

(4)干旱灾害造成缺粮或缺水等生活困难,需政府救助人数占该省(区、市)农牧业人口25%以上、30%以下,或300万人以上、400万人以下。

5.2.2 启动程序

灾害发生后,国家减灾委办公室经分析评估,认定灾情达到启动标准,向国家减灾委提出启动Ⅱ级响应的建议;国家减灾委副主任(民政部部长)决定启动Ⅱ级响应,并向国家减灾委主任报告。

5.2.3 响应措施

国家减灾委副主任(民政部部长)组织协调国家层面自然灾害救助工作,指导支持受灾省(区、市)自然灾害救助工作。国家减灾委及其成员单位视情采取以下措施:

(1)国家减灾委副主任主持召开会商会,国家减灾委成员单位、专家委员会及有关受灾省(区、市)参加,分析灾区形势,研究落实对灾区的救灾支持措施。

（2）派出由国家减灾委副主任或民政部负责人带队、有关部门参加的工作组赴灾区慰问受灾群众，核查灾情，指导地方开展救灾工作。

（3）国家减灾委办公室及时掌握灾情和救灾工作动态信息，组织灾情会商，按照有关规定统一发布灾情，及时发布灾区需求。国家减灾委有关成员单位做好灾情、灾区需求及救灾工作动态等信息共享，每日向国家减灾委办公室通报有关情况。必要时，国家减灾委专家委员会组织专家进行实时灾情、灾情发展趋势以及灾区需求评估。

（4）根据地方申请和有关部门对灾情的核定情况，财政部、民政部及时下拨中央自然灾害生活补助资金。民政部紧急调拨生活救助物资，指导、监督基层救灾应急措施落实和救灾款物发放；交通运输、铁路、民航等部门和单位协调指导开展救灾物资、人员运输工作。

（5）国家卫生计生委根据需要，及时派出医疗卫生队伍赴灾区协助开展医疗救治、卫生防病和心理援助等工作。测绘地信部门准备灾区地理信息数据，组织灾区现场影像获取等应急测绘，开展灾情监测和空间分析，提供应急测绘保障服务。

（6）中央宣传部、新闻出版广电总局等指导做好新闻宣传等工作。

（7）民政部指导社会组织、志愿者等社会力量参与灾害救助工作。中国红十字会总会依法开展救灾募捐活动，参与救灾工作。

（8）国家减灾委办公室组织开展灾区社会心理影响评估，并根据需要实施心理抚慰。

（9）灾情稳定后，受灾省（区、市）人民政府组织开展灾害损失综合评估工作，及时将评估结果报送国家减灾委。国家减灾委办公室组织核定并按有关规定统一发布自然灾害损失情况。

（10）国家减灾委其他成员单位按照职责分工，做好有关工作。

5.3　Ⅲ级响应

5.3.1 启动条件

某一省（区、市）行政区域内发生重大自然灾害，一次灾害过程出现下列情况之一的，启动Ⅲ级响应：

（1）死亡50人以上、100人以下；

（2）紧急转移安置或需紧急生活救助50万人以上、100万人以下；

（3）倒塌和严重损坏房屋10万间或3万户以上、20万间或7万户以下；

（4）干旱灾害造成缺粮或缺水等生活困难，需政府救助人数占该省（区、市）农牧业人口20%以上、25%以下，或200万人以上、300万人以下。

5.3.2 启动程序

灾害发生后，国家减灾委办公室经分析评估，认定灾情达到启动标准，向国家减灾委提出启动Ⅲ级响应的建议；国家减灾委秘书长决定启动Ⅲ级响应。

5.3.3 响应措施

国家减灾委秘书长组织协调国家层面自然灾害救助工作，指导支持受灾省（区、市）自然灾害救助工作。国家减灾委及其成员单位视情采取以下措施：

（1）国家减灾委办公室及时组织有关部门及受灾省（区、市）召开会商会，分析灾区形势，研究落实对灾区的救灾支持措施。

（2）派出由民政部负责人带队、有关部门参加的联合工作组赴灾区慰问受灾群众，核查灾情，协助指导地方开展救灾工作。

（3）国家减灾委办公室及时掌握并按照有关规定统一发布灾情和救灾工作动态信息。

（4）根据地方申请和有关部门对灾情的核定情况，财政部、民政部及时下拨中央自然灾害生活补助资金。民政部紧急调拨生活救助物资，指导、监督基层救灾应急措施落实和救灾款物发放；交通运输、铁路、民航等部门和单位协调指导开展救灾物资、人员运输工作。

（5）国家减灾委办公室组织开展灾区社会心理影响评估，并根据需要实施心理抚慰。国家卫生计生委指导受灾省（区、市）做好医疗救治、卫生防病和心理援助工作。

（6）民政部指导社会组织、志愿者等社会力量参与灾害救助工作。

（7）灾情稳定后，国家减灾委办公室指导受灾省（区、市）评估、核定自然灾害损失情况。

（8）国家减灾委其他成员单位按照职责分工，做好有关工作。

5.4　Ⅳ级响应

5.4.1 启动条件

某一省（区、市）行政区域内发生重大自然灾害，一次灾害过程出现下列情况之一的，启动Ⅳ级响应：

（1）死亡20人以上、50人以下；

（2）紧急转移安置或需紧急生活救助10万人以上、50万人以下；

（3）倒塌和严重损坏房屋1万间或3000户以上、10万间或3万户以下；

（4）干旱灾害造成缺粮或缺水等生活困难，需政府救助人数占该省（区、市）农牧业人口15%以上、20%以下，或100万人以上、200万人以下。

5.4.2 启动程序

灾害发生后，国家减灾委办公室经分析评估，认定灾情达到启动标准，由国家减灾委办公室常务副主任决定启动Ⅳ级响应。

5.4.3 响应措施

国家减灾委办公室组织协调国家层面自然灾害救助工作,指导支持受灾省(区、市)自然灾害救助工作。国家减灾委及其成员单位视情采取以下措施:

(1)国家减灾委办公室视情组织有关部门和单位召开会商会,分析灾区形势,研究落实对灾区的救灾支持措施。

(2)国家减灾委办公室派出工作组赴灾区慰问受灾群众,核查灾情,协助指导地方开展救灾工作。

(3)国家减灾委办公室及时掌握并按照有关规定统一发布灾情和救灾工作动态信息。

(4)根据地方申请和有关部门对灾情的核定情况,财政部、民政部及时下拨中央自然灾害生活补助资金。民政部紧急调拨生活救助物资,指导、监督基层救灾应急措施落实和救灾款物发放。

(5)国家卫生计生委指导受灾省(区、市)做好医疗救治、卫生防病和心理援助工作。

(6)国家减灾委其他成员单位按照职责分工,做好有关工作。

5.5 启动条件调整

对灾害发生在敏感地区、敏感时间和救助能力特别薄弱的“老、少、边、穷”地区等特殊情况,或灾害对受灾省(区、市)经济社会造成重大影响时,启动国家自然灾害救助应急响应的标准可酌情调整。

5.6 响应终止

救灾应急工作结束后,由国家减灾委办公室提出建议,启动响应的单位决定终止响应。

6 灾后救助与恢复重建

6.1 过渡期生活救助

6.1.1 特别重大、重大灾害发生后,国家减灾委办公室组织有关部门、专家及灾区民政部门评估灾区过渡期生活救助需求情况。

6.1.2 财政部、民政部及时拨付过渡期生活救助资金。民政部指导灾区人民政府做好过渡期生活救助的人员核定、资金发放等工作。

6.1.3 民政部、财政部监督检查灾区过渡期生活救助政策和措施的落实,定期通报灾区救助工作情况,过渡期生活救助工作结束后组织绩效评估。

6.2 冬春救助

自然灾害发生后的当年冬季、次年春季,受灾地区人民政府为生活困难的受灾人员提供基本生活救助。

6.2.1 民政部每年9月下旬开展冬春受灾群众生活困难情况调查,并会同省级人民政府民政部门,组织有关专家赴灾区开展受灾群众生活困难状况评估,核实情况。

6.2.2 受灾地区县级人民政府民政部门应当在每年10月底前统计、评估本行政区域受灾人员当年冬季、次年春季的基本生活救助需求,核实救助对象,编制工作台账,制定救助工作方案,经本级人民政府批准后组织实施,并报上一级人民政府民政部门备案。

6.2.3 根据省级人民政府或其民政、财政部门的资金申请,结合灾情评估情况,财政部、民政部确定资金补助方案,及时下拨中央自然灾害生活补助资金,专项用于帮助解决冬春受灾群众吃饭、穿衣、取暖等基本生活困难。

6.2.4 民政部通过开展救灾捐赠、对口支援、政府采购等方式解决受灾群众的过冬衣被等问题,组织有关部门和专家评估全国冬春期间中期和终期救助工作绩效。发展改革、财政等部门组织落实以工代赈、灾歉减免政策,粮食部门确保粮食供应。

6.3 倒损住房恢复重建

因灾倒损住房恢复重建要尊重群众意愿,以受灾户自建为主,由县级人民政府负责组织实施。建房资金等通过政府救助、社会互助、邻里帮工帮料、以工代赈、自行借贷、政策优惠等多种途径解决。重建规划和房屋设计要根据灾情因地制宜确定方案,科学安排项目选址,合理布局,避开地震断裂带、地质灾害隐患点、泄洪通道等,提高抗灾设防能力,确保安全。

6.3.1 民政部根据省级人民政府民政部门倒损住房核定情况,视情组织评估小组,参考其他灾害管理部门评估数据,对因灾倒损住房情况进行综合评估。

6.3.2 民政部收到受灾省(区、市)倒损住房恢复重建补助资金的申请后,根据评估小组的倒损住房情况评估结果,按照中央倒损住房恢复重建资金补助标准,提出资金补助建议,商财政部审核后下达。

6.3.3 住房重建工作结束后,地方各级民政部门应采取实地调查、抽样调查等方式,对本地倒损住房恢复重建补助资金管理工作开展绩效评估,并将评估结果报上一级民政部门。民政部收到省级人民政府民政部门上报本行政区域内的绩效评估情况后,通过组成督查组开展实地抽查等方式,对全国倒损住房恢复重建补助资金管理工作进行绩效评估。

6.3.4 住房城乡建设部门负责倒损住房恢复重建的技术支持和质量监督等工作。测绘地信部门负责灾后恢复重建的测绘地理信息保障服务工作。其他相关部门按照各自职责,做好重建规划、选址,制定优惠政策,支持做好住房重建工作。

6.3.5 由国务院统一组织开展的恢复重建,按有关规定执行。

7 保障措施

7.1 资金保障

财政部、国家发展改革委、民政部等部门根据《中华人民共和国预算法》、《自然灾害救助条例》等规定,安排中央救灾资金预算，并按照救灾工作分级负责、救灾资金分级负担、以地方为主的原则，建立完善中央和地方救灾资金分担机制，督促地方政府加大救灾资金投入力度。

7.1.1 县级以上人民政府将自然灾害救助工作纳入国民经济和社会发展规划，建立健全与自然灾害救助需求相适应的资金、物资保障机制，将自然灾害救助资金和自然灾害救助工作经费纳入财政预算。

7.1.2 中央财政每年综合考虑有关部门灾情预测和上年度实际支出等因素，合理安排中央自然灾害生活补助资金，专项用于帮助解决遭受特别重大、重大自然灾害地区受灾群众的基本生活困难。

7.1.3 中央和地方政府根据经济社会发展水平、自然灾害生活救助成本等因素适时调整自然灾害救助政策和相关补助标准。

7.2　**物资保障**

7.2.1 合理规划、建设中央和地方救灾物资储备库，完善救灾物资储备库的仓储条件、设施和功能，形成救灾物资储备网络。设区的市级以上人民政府和自然灾害多发、易发地区的县级人民政府应当根据自然灾害特点、居民人口数量和分布等情况，按照布局合理、规模适度的原则，设立救灾物资储备库（点）。救灾物资储备库（点）建设应统筹考虑各行业应急处置、抢险救灾等方面需要。

7.2.2 制定救灾物资储备规划，合理确定储备品种和规模；建立健全救灾物资采购和储备制度，每年根据应对重大自然灾害的要求储备必要物资。按照实物储备和能力储备相结合的原则，建立救灾物资生产厂家名录，健全应急采购和供货机制。

7.2.3 制定完善救灾物资质量技术标准、储备库（点）建设和管理标准，完善救灾物资发放全过程管理。建立健全救灾物资应急保障和征用补偿机制。建立健全救灾物资紧急调拨和运输制度。

7.3　**通信和信息保障**

7.3.1 通信运营部门应依法保障灾情传送网络畅通。自然灾害救助信息网络应以公用通信网为基础，合理组建灾情专用通信网络，确保信息畅通。

7.3.2 加强中央级灾情管理系统建设，指导地方建设、管理救灾通信网络，确保中央和地方各级人民政府及时准确掌握重大灾情。

7.3.3 充分利用现有资源、设备，完善灾情和数据共享平台，完善部门间灾情共享机制。

7.4　**装备和设施保障**

中央各有关部门应配备救灾管理工作必需的设备和装备。县级以上地方人民政府要建立健全自然灾害救助应急指挥技术支撑系统，并为自然灾害救助工作提供必要的交通、通信等设备。

县级以上地方人民政府要根据当地居民人口数量和分布等情况，利用公园、广场、体育场馆等公共设施，统筹规划设立应急避难场所，并设置明显标志。自然灾害多发、易发地区可规划建设专用应急避难场所。

7.5　**人力资源保障**

7.5.1 加强自然灾害各类专业救灾队伍建设、灾害管理人员队伍建设，提高自然灾害救助能力。支持、培育和发展相关社会组织和志愿者队伍，鼓励和引导其在救灾工作中发挥积极作用。

7.5.2 组织民政、国土资源、环境保护、交通运输、水利、农业、商务、卫生计生、安全监管、林业、地震、气象、海洋、测绘地信、红十字会等方面专家，重点开展灾情会商、赴灾区现场评估及灾害管理的业务咨询工作。

7.5.3 推行灾害信息员培训和职业资格证书制度，建立健全覆盖中央、省、市、县、乡镇（街道）、村（社区）的灾害信息员队伍。村民委员会、居民委员会和企事业单位应当设立专职或者兼职的灾害信息员。

7.6　**社会动员保障**

完善救灾捐赠管理相关政策，建立健全救灾捐赠动员、运行和监督管理机制，规范救灾捐赠的组织发动、款物接收、统计、分配、使用、公示反馈等各个环节的工作。完善接收境外救灾捐赠管理机制。

完善非灾区支援灾区、轻灾区支援重灾区的救助对口支援机制。

科学组织、有效引导，充分发挥乡镇人民政府、街道办事处、村民委员会、居民委员会、企事业单位、社会组织和志愿者在灾害救助中的作用。

7.7　**科技保障**

7.7.1 建立健全环境与灾害监测预报卫星、环境卫星、气象卫星、海洋卫星、资源卫星、航空遥感等对地监测系统，发展地面应用系统和航空平台系统，建立基于遥感、地理信息系统、模拟仿真、计算机网络等技术的“天地空”一体化的灾害监测预警、分析评估和应急决策支持系统。开展地方空间技术减灾应用示范和培训工作。

7.7.2 组织民政、国土资源、环境保护、交通运输、水利、农业、卫生计生、安全监管、林业、地震、气象、海洋、测绘地信等方面专家及高等院校、科研院所等单位专家开展灾害风险调查，编制全国自然灾害风险区划图，制定相关技术和管理标准。

7.7.3 支持和鼓励高等院校、科研院所、企事业单位和社会组织开展灾害相关领域的科学研究和技术开发，建立合作机制，鼓励减灾救灾政策理论研究。

7.7.4 利用空间与重大灾害国际宪章、联合国灾害管理与应急反应天基信息平台等国际合作机制，拓展灾害遥感信息资源渠道，加强国际合作 。

7.7.5 开展国家应急广播相关技术、标准研究,建立国家应急广播体系,实现灾情预警预报和减灾救灾信息全面立体覆盖。加快国家突发公共事件预警信息发布系统建设,及时向公众发布自然灾害预警。

7.8 **宣传和培训**

组织开展全国性防灾减灾救灾宣传活动,利用各种媒体宣传应急法律法规和灾害预防、避险、避灾、自救、互救、保险的常识,组织好"防灾减灾日"、"国际减灾日"、"世界急救日"、"全国科普日"、"全国消防日"和"国际民防日"等活动,加强防灾减灾科普宣传,提高公民防灾减灾意识和科学防灾减灾能力。积极推进社区减灾活动,推动综合减灾示范社区建设。

组织开展对地方政府分管负责人、灾害管理人员和专业应急救灾队伍、社会组织和志愿者的培训。

8 附 则

8.1 **术语解释**

本预案所称自然灾害主要包括干旱、洪涝灾害,台风、风雹、低温冷冻、雪、沙尘暴等气象灾害,火山、地震灾害,山体崩塌、滑坡、泥石流等地质灾害,风暴潮、海啸等海洋灾害,森林草原火灾等。

8.2 **预案演练**

国家减灾委办公室协同国家减灾委成员单位制定应急演练计划并定期组织演练。

8.3 **预案管理**

本预案由民政部制订,报国务院批准后实施。预案实施后民政部应适时召集有关部门和专家进行评估,并视情况变化作出相应修改后报国务院审批。地方各级人民政府的自然灾害救助综合协调机构应根据本预案修订本地区自然灾害救助应急预案。

8.4 **预案解释**

本预案由民政部负责解释。

8.5 **预案实施时间**

本预案自印发之日起实施。

国务院关于支持汶川地震灾后恢复重建政策措施的意见

(2008年6月29日 国发〔2008〕21号)

汶川特大地震给四川、甘肃、陕西等地人民生命财产和经济社会发展造成重大损失。为支持和帮助受灾地区积极开展生产自救,重建家园,鼓励和引导社会各方面力量参与灾后恢复重建工作,使地震灾区早日恢复正常的生产生活秩序,现就支持汶川地震灾后恢复重建有关政策措施提出以下意见:

一、指导思想和基本原则

(一)指导思想。

以邓小平理论和"三个代表"重要思想为指导,深入贯彻落实科学发展观,坚持以人为本,充分发挥社会主义制度集中力量办大事的政治优势,举全国之力支持地震灾后恢复重建,统筹规划、精心组织,明确政策、加强保障,突出重点、分类指导,努力争取灾后恢复重建的最大效益和最好效果,让灾区人民满意,让全国人民满意。

(二)基本原则。

1. 全面支持,突出重点。政策措施支持范围覆盖灾后恢复生产和重建的各方面,同时重点支持城乡居民倒塌毁损住房、公共服务设施和基础设施等恢复重建。

2. 统筹协调,形成合力。综合运用财政、税收、金融、产业、就业等各类政策,统筹协调中央和地方各项财政投入、对口支援、国内银行贷款等资金,引导使用好各类捐赠资金,使政策安排、资金投入及重建规划相互衔接,有机配合,形成合力。

3. 因地制宜,分类指导。根据受灾程度、恢复重建对象的不同,实行分类支持。对受灾严重地区给予重点支持;对公共服务设施和公益性基础设施恢复重建,以政府投入为主,社会捐赠等其他投入为辅;对工商等企业恢复生产和重建,运用市场机制,以企业生产自救为主,国家给予财税等政策支持,带动银行信贷资金投入。

4. 立足自救,各方帮扶。贯彻一方有难、八方支援,自力更生、艰苦奋斗的方针,把国家支持、社会援助和生产自救结合起来,调动和发挥受灾地区干部群众等各方面的积极性,立足自力更生,加快恢复重建。

5. 加大力度,简便易行。根据受灾地区损失严重、恢复重建任务艰巨等特殊情况,依法加大政策措施支持的力度和针对性,同时做到科学简明,便于操作,容易执行。

二、政策措施的主要内容

(一)中央财政建立地震灾后恢复重建基金。

为支持受灾地区恢复重建,统筹和引导各类资金,中央财政建立地震灾后恢复重建基金。所需资金以中央一般预算收入安排为主,中央国有资本经营预算收入、车购税专项收入、中央彩票公益金、中央分成的新增建设用地有偿使用费用于灾后重建的资金也列入基金。2008年中央财政安排灾后恢复重建基金700亿元,明、后两年继续做相应安排。同时调整经常性预算安排的有关专项资金使用结构,向受灾地区倾斜。

在加大中央财政投入的同时,要统筹使用好受灾地区财政投入、对口支援、国内银行贷款以及国际组织贷款等资金,引导各类捐赠资金合理配置、规范使用,提高资金使用效益。受灾地区主要是四川省财政比照中央财政做法,相应建立地震灾后恢复重建基金。

（二）财政支出政策。

中央财政地震灾后恢复重建基金支出，按照“统筹安排、突出重点、分类指导、包干使用”的原则，采取对居民个人补助、项目投资补助、企业资本金注入、贷款贴息等方式，对城乡居民倒塌毁损住房、公共服务设施、基础设施恢复重建以及工农业恢复生产和重建等给予支持。

1. 倒塌毁损民房恢复重建。对房屋倒塌或严重损坏、无房可住的农户住房建设，中央财政原则上按平均每户1万元的标准给予补助；对其他损房的农户给予适当补助。

对房屋倒塌或严重损坏的城镇居民和其他城镇无房可住居民（包括中央在受灾地区的机关、企事业单位职工）住房建设，中央财政采取对项目投资补助、居民个人补助等方式给予支持。受灾地区根据实际情况，可组织建设安居房出售或出租给符合条件的家庭；由政府投资建设适量廉租住房按照低租金出租给符合条件的家庭；对居民购买各类住房（包括安居房）或其他方式自行解决住房的，每户按一定标准给予补助。对城镇居民住房经鉴定需除险加固的，给予适当补助。

2. 公共服务设施恢复重建。对教育、卫生、基层政权等公共服务设施，恢复重建资金原则上由中央和受灾地区财政按比例负担，其中中央垂直管理部门（含直属事业单位）由中央财政负担。同时，对口支援和社会捐赠资金要优先用于教育、卫生等公共服务设施建设。

3. 工商企业恢复生产和重建。中央财政对国资委管理的中央国有重点骨干企业恢复生产和重建，采取按因灾毁损恢复重建投资的一定比例注入资本金或贷款贴息方式给予支持。其中，注入资本金资金从中央国有资本经营预算收入中安排。

中央财政对中央军工企事业单位恢复生产和重建，通过项目投资补助或贷款贴息给予支持。

对地方工商、旅游等企业恢复生产和重建，除中央财政对受灾严重地区的重点行业给予贷款贴息支持外，原则上由地方负责统筹考虑资金支持办法。鼓励地方政府通过财政注资等方式，支持受灾严重地区地方法人金融机构恢复重建。

4. 农业、林业恢复生产和重建。中央财政对种子、种苗、种畜等农业生产资料、土地整理以及受损农田水利设施、规模化种养殖棚舍池、良种繁育设施、农林推广和服务基础设施、森林防火设施、受损林木和农林业病疫情控制等，采取项目投资补助、贷款贴息等方式给予适当支持。中央财政增加扶贫贷款贴息资金。

5. 基础设施恢复重建。中央财政重点对破坏严重需整体重建或搬迁的非经营性城镇市政设施给予项目投资补助；对经营性或有收费（收入）来源的城镇市政设施恢复重建给予贷款贴息。

中央财政对交通基础设施恢复重建采取项目投资补助、贷款贴息等方式给予支持。其中公路包括受损国道、省道及桥梁、涵洞、县乡公路，所需资金以车购税专项收入调剂安排为主，中央一般预算收入适当安排为辅。

中央财政对受损水库结合病险水库除险加固工程给予投资补助；对受灾严重地区的其他水利设施给予适当支持。

6. 其他恢复重建。中央财政对震后地质灾害治理、环保监测设施等给予项目投资补助。

（三）税收政策。

促进企业尽快恢复生产：

1. 自2008年7月1日起，对受灾严重地区实行增值税扩大抵扣范围政策，允许企业新购进机器设备所含的增值税进项税额予以抵扣。国家限制发展的特定行业除外。

2. 对受灾严重地区损失严重的企业，免征2008年度企业所得税；对受灾地区企业取得的救灾款项以及与抗震救灾有关的减免税收入，免征企业所得税。

3. 对受灾地区企业、单位或支援受灾地区重建的企业、单位进口国内不能满足供应并直接用于灾后重建的大宗物资、设备等，在三年内给予进口税收优惠。

减轻个人税收负担：

对受灾地区个人取得的各级政府发放的救灾款项、接受捐赠的款项；对抗震救灾一线人员，按照地方各级政府及其部门规定标准取得的与抗震救灾有关的补贴收入，免征个人所得税。

支持受灾地区基础设施、房屋建筑物等恢复重建：

1. 由政府为受灾居民组织建设的安居房免征城镇土地使用税，转让时免征土地增值税。

2. 对地震中住房倒塌的农民重建住房的，在规定标准内的部分免征耕地占用税。

3. 由政府组织建设的安居房，所签订的建筑安装、销售、租赁合同，免征印花税。

4. 对在地震中损毁的应缴而未缴契税的居民住房，不再征收契税；对受灾居民购买安居房，按法定税率减半征收契税。

5. 经省级人民政府批准，在2008年年底前免征损毁房产、土地的房产税、城市房地产税和城镇土地使用税。

鼓励社会各界支持抗震救灾和灾后恢复重建：

1. 对单位和个体经营者将自产、委托加工或购买的货物通过公益性社会团体、县级以上人民政府及其部门无偿捐赠给受灾地区的，免征增值税、城市维护建设税及教育费附加。

2. 对企业、个人通过公益性社会团体、县级以上人民政府及其部门向受灾地区的捐赠，允许在当年企业所得税前和当年个人所得税前全额扣除。

3. 财产所有人将财产（物品）捐赠给受灾地区所书立的产权转移书据免征应缴纳的印花税。

4. 对专项用于抗震救灾和灾后恢复重建、能够提供抗震救灾证明的新购特种车辆，免征车辆购置税 。

促进就业：

1. 受灾严重地区的企业在新增加的就业岗位中，招用当地因地震灾害失去工作的城镇职工，经县级劳动保障部门认定，按实际招用人数予以定额依次扣减营业税、城市维护建设税、教育费附加和企业所得税。

定额标准为每人每年4000元，可上下浮动20%，由灾区省级人民政府根据本地实际情况具体确定。

2. 受灾严重地区因地震灾害失去工作的城镇职工从事个体经营的，按每户每年8000元的限额扣减其当年实际应缴纳的营业税、城市维护建设税、教育费附加和个人所得税。

以上优惠政策中，除增值税扩大抵扣范围政策外，凡未注明优惠期限的，一律执行至2008年年底止。确需延长期限的，由国务院另行决定。

（四）政府性基金和行政事业性收费政策。

为了减轻受灾严重地区的企业、单位和个人基金、收费负担，三年内对受灾严重地区减免部分政府性基金和行政事业性收费。

1. 减免部分政府性基金。对受灾严重地区内的用电企业、单位和个人，免收三峡工程建设基金、大中型水库移民后期扶持基金；对企业和有关经营者免收属于中央收入的文化事业建设费、国家电影事业发展专项资金、水路客货运附加费。

四川、甘肃、陕西省根据本地实际情况，对受灾严重地区酌情减免属于地方收入的政府性基金。

2. 减免部分行政事业性收费。对受灾严重地区内的建筑企业，全部免收属于中央收入的工程定额测定费、建设工程质量监督费、占用农业灌溉水源及设施补偿费、水利建设工程质量监督费、铁路工程质量监督费；对矿产资源开采企业，全部免收属于中央收入的矿产资源补偿费、探矿权采矿权使用费、石油（天然气）勘查开采登记费、采矿登记费、矿产资源勘查登记费；对银行、信用社、邮政储蓄机构（包括注册地在受灾地区的法人机构及在受灾地区的分支机构），全部免收银行业机构监管费和业务监管费；对保险公司、保险中介机构（包括注册地在受灾地区的法人机构及在受灾地区的分支机构），全部免收保险业务监管费；对证券、基金、期货公司（包括注册地在受灾地区的法人机构及在受灾地区的分支机构），全部免收证券市场监管费；对电力企业全部免收电力监管费。

四川、甘肃、陕西省根据本地实际情况，对受灾严重地区酌情减免由中央级批准属于地方收入的行政事业性收费，以及本省出台的行政事业性收费。

（五）金融政策。

支持金融机构尽快全面恢复金融服务功能：

1. 支持金融机构基层网点恢复重建。加快修复和合理布设金融基层网点，加强和改进对受灾居民集中安置点的金融服务。对受灾损失严重的全国性金融机构由其总行（部）提供对口援助，对受灾损失严重的地方法人金融机构，鼓励有实力、经营稳健的金融机构按照市场化原则对其兼并重组。鼓励金融机构在有效控制风险的前提下到受灾地区设立分支机构。

2. 保障支付清算、国库、现金发行、证券期货交易和邮政汇兑系统的安全运营，为受灾地区资金汇划提供便捷、高效的金融服务。

3. 支持适当减免金融业收费。支持适当减免受灾严重地区金融机构缴纳的交易场所会费、投资者保护基金、保险保障基金等收费。鼓励受灾地区金融机构适当减免客户账户查询、挂失和补办、转账，证券持有人的证券账户卡挂失与补办、证券查询、证券继承等收费。

鼓励银行业金融机构加大对受灾地区信贷投放：

1. 对受灾地区实施倾斜和优惠的信贷政策。在坚持总量从紧宏观政策的同时，对受灾地区信贷投放实行区别对待、有保有压。全国性银行业金融机构要加大系统内调剂力度，将信贷资源向受灾地区倾斜。受灾地区地方性法人银行业金融机构可在满足资本充足率等要求的前提下充分运用资金，支持当地恢复重建合理的信贷需求。允许银行业金融机构开展并购贷款业务，在受灾地区没有营业网点的银行业金融机构可以开展跨地区贷款业务，支持受灾地区恢复重建。对灾前已经发放、灾后不能按期偿还的各项贷款延长还款期限六个月，在2008年底前不催收催缴、不罚息，不作为不良记录，不影响其继续获得受灾地区其他信贷支持。

2. 加大对受灾地区重点基础设施、重点企业、支柱产业、中小企业和因灾失业人员的信贷支持力度。对受灾地区吸纳就业强、产品有前景、守信用的中小企业加大支持力度。对因灾失业人员和吸纳受灾群众就业达到一定比例的劳动密集型中小企业，参照下岗失业人员小额担保贷款政策执行。

3. 加大对受灾地区“三农”发展的信贷支持力度。积极发展适合受灾地区特点的村镇银行、农村资金互助社、贷款公司和小额贷款公司等新型农村金融机构。采取专项票据兑付等方式增强农村信用社信贷投放能力。拓宽农村贷款抵押担保范围，鼓励发展农村小额信贷。鼓励各金融机构大力发放面向受灾地区农户的小额信用贷款和农户联保贷款，对农村种养大户、特色种养业予以重点扶持。增加对受灾地区扶贫贴息贷款，支持农村受灾群众恢复生产。

4. 对受灾地区实行住房信贷优惠政策。各商业银行对政府组织的住宅恢复重建项目优先给予贷款支持。对国家确定的重灾区的普通商品住宅和经济适用住房开发建设项目，鼓励银行业金融机构在贷款条件方面给予优惠。鼓励商业银行发放农民自建住房贷款，用于重建和修复因灾损毁住房。对受灾地区居民购置自住房的贷款利率下限由人民银行规定的现行水平统一下调为贷款基准利率的0.6倍，最低首付款比例下调为10%；具体利率水平和首付款比例由商业银行根据风险管理原则自主确定。个人住房公积金贷款利率各档次均优惠1个百分点。

支持受灾地区金融机构增强贷款能力：

1. 加大对受灾地区的再贷款（再贴现）支持力度。2008年增加受灾地区200亿元再贷款（再贴现）额度，今后根据实际需要可再适当增加支农再贷款额度，并相应拓宽其使用范围，再贷款利率在现行优惠支农再贷款利率水平上再降1个百分点。

2. 继续对受灾地区地方法人金融机构执行倾斜的存款准备金政策；允许受灾地区金融机构提前支取特种存款，增加信贷资金来源。

发挥资本、保险市场功能支持灾后恢复重建：

1. 支持受灾机构通过债券市场募集灾后重建资金。支持符合条件的地方法人金融机构通过发行各类债券用于补充资本金和灾后重建信贷资金来源。鼓励符合条件的企业集团财务公司、非金融企业等通过债券市场发行企业债券、公司债券、短期融资券等债务融资工具。鼓励融资创新，支持有稳定收益的交通、水务等基础设施项目发行资产证券化产品。鼓励开展针对受灾地区重建发展的直接投资和集合理财、专项理财业务。

2. 支持受灾地区企业通过股票市场融资。在符合法定条件下，优先安排受灾地区企业申请首次公开发行股票和上市公司再融资，优先审核拟将募集资金投向受灾地区和生产受灾地区重建、安置急需物资的公司的融资申请。支持受灾地区上市公司并购重组、资产注入和整体上市。支持证券交易所适当减免受灾地区上市公司的上市年费等费用。加强对受灾地区企业的上市培育服务，推动符合条件的企业上市。

3. 积极引导保险机构参与灾后恢复重建。积极引导和协调保险机构，将保险资金优先投资受灾地区关系国计民生的重大项目，支持受灾地区基础设施恢复重建。发挥保险产品的功能作用，提供受灾地区所需的各类保险，给予费率优惠。大力发展针对受灾地区的保险产品。

4. 鼓励和引导各类基金支持灾后恢复重建。

加强受灾地区信用环境建设：

1. 保护受灾地区客户合法权益。加快整理核实受灾地区金融机构客户基本信息。对暂时无主客户的债权，另账保存。依法确认和保护遇难者账户资金、金融资产所有权和继承权。为遇难者亲属妥善办理周到、便利、快捷的各项金融服务。原则上按合同进行地震保险赔付。加快保险理赔进度，提高理赔效率。

2. 对于符合现行核销规定的贷款，按照相关政策和程序及时核销。积极鼓励和支持金融机构对因灾形成的不良债务实施有效重组，促使企业和个人恢复生产和偿债能力。金融业按照市场化、法制化、可持续的原则支持灾后重建，防止金融风险和道德风险。

3. 推进受灾地区信用体系建设。加强受灾地区金融运行监测，保持受灾地区金融秩序和金融安全。加强受灾地区信贷统计、征信和金融知识普及宣传工作。

（六）产业扶持政策。

1. 恢复特色优势产业生产能力。大力支持符合国家产业政策、当地资源环境条件、灾后恢复重建规划的特色优势产业发展。重点恢复重建农牧业、农副产品加工业、大型发电设备基地、高新技术、环保建材等产业以及化肥、农药、饲料等农业生产资料生产。把旅游业作为先导产业，加快重点旅游景区、景点的恢复重建。

2. 调整产业结构。产业恢复重建要高起点、高标准、高水平，发展循环经济，加强节能减排，提高技术水平。坚决淘汰高耗能、高污染企业以及不符合国家产业政策和不具备安全生产条件的落后产能，关闭重要水源保护区内的污染严重企业。中央财政对地方淘汰“两高一资”落后产能给予适当奖励。

3. 优化产业布局。对不适宜原地重建的企业要异地迁建。在成都、德阳、绵阳、广元等地将企业相对集中，形成资源集约利用、土地节约使用、环境综合治理、功能有效发挥的产业集中区。

4. 改善产业发展环境。在恢复重建期内，按灾后恢复重建规划要求适度调整煤炭新建项目规模限制。实行直购电试点。

（七）土地和矿产资源政策。

1. 免收新增建设用地土地有偿使用费和土地出让收入。对受灾地区为安置受灾居民新建各类安置住房以及非地震受灾地区为安置受灾居民新建各类安置住房；受灾地区的行政机关、学校等事业单位、各类企业、人民团体、社会团体等单位因地震造成房屋倒塌、毁损，需要在原地区进行重建或迁至异地重建的，免收新增建设用地土地有偿使用费和土地出让收入。

2. 划拨土地。对利用政府投资、社会捐助以及自筹资金为受灾居民建设非商品住宅用地；采取BOT、TOT等方式建设的经营性基础设施、公益性设施用地；规划易地重建村庄确需用地；按规划需要整体搬迁并收回其原有土地的工商企业用地，实行划拨土地。

3. 降低地价。对投资规模大、促进经济发展作用明显的新建工业或大型商业设施等项目用地，可根据实际情况降低地价。

4. 增加矿产资源补偿费等留成。为支持受灾严重地区的矿山企业恢复生产和发展，三年内将四川、甘肃、陕西三省的矿产资源补偿费、探矿权采矿权使用费、矿业权价款收入等中央分成部分全额留给地方。

（八）就业援助和社会保险政策。

加大就业援助：

除前面所列鼓励就业的税收和金融政策外，加大对受灾地区的就业援助力度 。

1. 将省级人民政府确定的因地震灾害出现的就业困难人员按规定及时纳入就业援助的对象范围，优先保证受灾地区零就业家庭至少有一人就业。

2. 将本地就业困难人员正在参与的抗震救灾相关工作，按规定纳入现有和新开发的公益性岗位认定范围，时限为三个月。对从事公益性岗位工作的就业困难人员，按规定提供岗位补贴和社会保险补贴。

3. 对受灾地区企业在重建中吸收就业困难人员的，按规定给予相应的社会保险补贴。

4. 对从事灵活就业的就业困难人员，按规定享受社会保险补贴。

5. 对因灾中断营业后重新开业的个体工商户，按规定给予小额担保贷款扶持。

6. 省级人民政府在确保失业保险基金按时足额发放的前提下，对受灾地区企业采取适当降低失业保险费率等措施。

7. 按规定对受灾地区从事个体经营的有关人员实行三年内免收管理类、登记类和证照类等有关行政事业性收费。

8. 受灾地区企业恢复生产、公路、农田水利等基础设施以及对口支援项目建设，要优先吸纳当地受灾群众。组织引导好受灾群众参加以工代赈和生产自救活动。

9. 对受灾地区实行就业援助所需相关资金，按规定从就业专项资金中列支，中央财政通过专项转移支付给予适当支持。

保障工伤保险待遇支付：

1. 为解决四川受灾地区工伤保险基金收不抵支问题，对参加工伤保险的职工伤亡的，在核实伤亡人数、伤残等级及具体待遇标准的基础上，按规定支付相关待遇，所需资金在地方尽快实行市级或省级统筹、动用历年结余、加大基金调剂力度解决的基础上，仍有不足的，可动用部分全国社会保障基金。

2. 对未参加工伤保险伤亡职工的待遇支付，由职工所在企业（单位）负责解决，企业（单位）无力支付或不存在，并符合救助条件的，可通过相关的社会捐助、社会救助制度予以帮助。

保障养老保险待遇支付：

对因灾困难企业距法定退休年龄不足 5 年的职工，可按《国有企业富余职工安置规定》（国务院令第 111 号）有关规定办理内部退养，达到退休年龄后，享受相应的养老保险待遇；对受灾较重、暂停生产的企业，允许缓缴社会保险费；对因灾关闭破产企业欠缴的养老保险费，应按国家有关规定使用破产财产清偿，不足部分应按规定报批后予以核销。

保障受灾困难人员基本生活：

对受灾地区符合《失业保险条例》（国务院令第 258 号）规定的失业人员，按时足额发放失业保险金；符合享受城市居民最低生活保障条件的人员，按规定纳入城市低保范围，享受城市低保待遇；符合享受临时生活救助条件的人员，按规定实施临时生活救助。

（九）粮食政策。

1. 稳定受灾地区粮食市场。适时充实受灾地区中央和地方粮食储备，增加受灾地区市场供应。对已安排出库的抗震救灾中央储备粮，新粮上市后要及时补库。做好市场应急调控预案，运用中央和地方粮食储备吞吐，确保当地市场稳定。中央财政对抛售的中央储备粮统负盈亏。

2. 支持受灾地区受损粮库维修重建。中央财政对四川省专门安排应急维修资金，用于抢修该省地震灾区受损粮库。受灾地区确需恢复重建的粮食仓房，纳入灾后重建规划统筹考虑。

3. 促进受灾地区种粮农民增收。粮食直补、农资综合直补等资金适当向受灾地区倾斜，促进受灾地区粮食增产和农民增收。

上述九个方面的政策属于新制定或扩大了原有政策执行范围。凡现行法律法规及政策中适用于抗震救灾和灾后恢复重建的各项优惠政策措施，受灾地区均继续执行。

三、工作要求

（一）统一思想，加强领导。各地区、各部门要切实把思想和行动统一到党中央、国务院各项决策部署上来，进一步增强政治意识、大局意识、责任意识，加强领导、周密部署，把大力支持抗震救灾和灾后恢复重建工作作为当前的一项重要任务，切实抓紧抓好。

（二）明确责任，密切配合。各地区、各部门要各负其责，加强协调配合。国务院有关部门要尽快落实好相关政策措施，并加强指导和监督检查。受灾地区省级人民政府要立即全面部署本地支持地震灾后恢复重建工作，明确相关部门的责任、分工和工作要求。承担对口支援任务的省市人民政府要抓紧做好对口支援各项工作。

（三）细化政策，完善办法。国务院有关部门要尽快制订有关政策措施的具体实施办法，明确政策措施适用范围和执行期限，并根据灾后恢复重建进展情况和实际需要，及时调整和完善各项政策措施。受灾地区省级人民政府要结合本地区实际制订贯彻实施具体操作办法，便于各项政策措施执行。

国务院办公厅关于汶川地震抗震救灾捐赠资金使用指导意见

（2008 年 6 月 13 日　国办发〔2008〕51 号）

为做好汶川地震抗震救灾和灾后恢复重建工作，引导各类捐赠资金的合理配置、规范使用，充分体现捐赠人意愿，提高捐赠资金的使用效益，避免交叉重复和损失浪费，经国务院同意，现就汶川地震抗震救灾捐赠资金使用提出以下指导意见：

一、本意见所指的捐赠资金包括：各类机关、事业单位、人民团体和社会组织接收的向汶川地震灾区捐赠的各类资金和中央组织部接收的特殊党费。

二、捐赠资金使用要依照有关法律、法规和章程的规定，坚持尊重捐赠者意愿和政府引导相结合的原则，符合国家灾后恢复重建规划的要求。在统筹安排各类捐赠资金时，对有明确捐赠意向的，要按捐赠人意向安排使用；对重复集中于同一地区或同一项目的定向捐赠资金，要按照规划要求，在与捐赠人协商后调整使用。

捐赠资金全部用于汶川地震受灾省份，优先用于民生项目，同时兼顾地区之间、项目之间投资规模和建设标准的基本均衡。安排捐赠资金遵循以下顺序：一是房屋倒损农户住房重建；二是学校、医院、社会福利等公共服务设施及配套设备；三是对特困群众、“两孤一残”人员等特殊群体的生活补助；四是农村道路、桥梁等基础设施建设。

三、各类捐赠资金按以下要求安排：

中央和国家机关及事业单位、人民团体接收的各类捐赠资金，中央组织部接收的特殊党费，集中到在民政部开设的汶川地震抗震救灾捐赠专户，按照规划安排使用。

中国红十字会总会、中华慈善总会和经民政部批准的可接收捐赠的其他公募基金会，可根据国家公布的灾后恢复重建规划，与受灾省份人民政府协商，认建或认领项目。

承担对口支援任务的省份接收的捐赠资金，由该省级人民政府按照国家灾后恢复重建规划与受援省级人民政府协商安排使用。

未安排对口支援任务的省份接收的捐赠资金，可按照国家灾后恢复重建规划，直接用于与受灾省份人民政府协商确定的项目，也可以集中到在民政部开设的汶川地震抗震救灾捐赠专户，统一安排使用。

四川、甘肃、陕西、重庆、云南等五省市接收的捐赠资金，在符合捐赠者意愿的前提下，原则上留归本省市用于抗震救灾和恢复重建。

其他机构和社会组织接收的捐赠资金或缴入民政部开设的汶川地震抗震救灾捐赠专户，或缴入中国红十字会总会、中华慈善总会，按规定安排到受灾省份使用。

四、为保障捐赠资金规范管理和有效使用，在国务院抗震救灾总指挥部领导下，建立由民政部、财政部和发展改革委组成的指导协调机制，沟通相关工作信息，提出捐赠资金总体安排意见，加强对地方政府的指导和协调。受灾省份也要建立相应的指导协调机制，及时研究解决捐赠资金安排使用中的问题。

五、捐赠资金的管理使用要规范、高效、公开、透明，确保资金使用的安全、有效。民政部门要建立捐赠信息统计制度，定期统计和报告捐赠资金来源、规模、捐赠者意愿等情况，及时公开发布。各有关部门和接收捐赠的机构要按照《国务院办公厅关于加强汶川地震抗震救灾捐赠款物管理使用的通知》（国办发〔2008〕39号）要求，强化监督管理，提高资金使用效益，切实保护捐赠者的合法权益。

救灾捐赠管理办法

（2008年4月28日民政部令第35号公布　自公布之日起施行）

第一章　总　　则

第一条　为了规范救灾捐赠活动，加强救灾捐赠款物的管理，保护捐赠人、救灾捐赠受赠人和灾区受益人的合法权益，根据《中华人民共和国公益事业捐赠法》和《国家自然灾害救助应急预案》，制定本办法。

第二条　在发生自然灾害时，救灾募捐主体开展募捐活动，以及自然人、法人或者其他组织向救灾捐赠受赠人捐赠财产，用于支援灾区、帮助灾民的，适用本办法。

本办法所称救灾募捐主体是指在县级以上人民政府民政部门登记的具有救灾宗旨的公募基金会。

第三条　本办法所称救灾捐赠受赠人包括：

（一）县级以上人民政府民政部门及其委托的社会捐助接收机构；

（二）经县级以上人民政府民政部门认定的具有救灾宗旨的公益性民间组织；

（三）法律、行政法规规定的其他组织。

第四条　救灾捐赠应当是自愿和无偿的，禁止强行摊派或者变相摊派，不得以捐赠为名从事营利活动。

第五条　救灾捐赠款物的使用范围：

（一）解决灾民衣、食、住、医等生活困难；

（二）紧急抢救、转移和安置灾民；

（三）灾民倒塌房屋的恢复重建；

（四）捐赠人指定的与救灾直接相关的用途；

（五）经同级人民政府批准的其他直接用于救灾方面的必要开支。

第六条　国务院民政部门负责管理全国救灾捐赠工作。

县级以上地方人民政府民政部门负责管理本行政区域内的救灾捐赠工作。

第七条　对于在救灾捐赠中有突出贡献的自然人、法人或者其他组织，县级以上人民政府民政部门可以予以表彰。对捐赠人进行公开表彰，应当事先征求捐赠人的意见。

第二章　组织捐赠与募捐

第八条　国务院民政部门可以根据灾情组织开展跨省（自治区、直辖市）或者全国性救灾捐赠活动，县级以上地方人民政府民政部门按照部署组织实施。

经同级人民政府批准，县级以上地方人民政府民政部门组织开展本行政区域内的救灾捐赠活动，但不得跨区域开展。

在县级以上地方人民政府民政部门开展的救灾捐赠活动中，同级人民政府辖区内的各系统、各部门、各单位在本系统、本部门、本单位内组织实施。

第九条 开展义演、义赛、义卖等大型救灾捐赠和募捐活动，举办单位应当在活动结束后 30 日内，报当地人民政府民政部门备案。备案内容包括：举办单位、活动时间、地点、内容、方式及款物用途等。

第十条 具有救灾宗旨的公募基金会，可以依法开展救灾募捐活动，但在发生自然灾害时所募集的资金不得用于增加原始基金。

第三章 接受捐赠

第十一条 县级以上人民政府民政部门接受救灾捐赠款物，根据工作需要可以指定社会捐助接收机构、具有救灾宗旨的公益性民间组织组织实施。

乡（镇）人民政府、城市街道办事处受县（县级市、市辖区）人民政府委托，可以组织代收本行政区域内村民、居民及驻在单位的救灾捐赠款物。代收的捐赠款物应当及时转交救灾捐赠受赠人。

第十二条 救灾捐赠受赠人应当向社会公布其名称、地址、联系人、联系电话、银行账号等。

第十三条 自然人、法人或者其他组织可以向救灾捐赠受赠人捐赠其有权处分的合法财产。

法人或者其他组织捐赠其自产或者外购商品的，需要享受税收优惠政策的，应当提供相应的发票及证明物品质量的资料。

第十四条 救灾捐赠受赠人接受救灾捐赠款物时，应当确认银行票据，当面清点现金，验收物资。捐赠人所捐款物不能当场兑现的，救灾捐赠受赠人应当与捐赠人签订载明捐赠款物种类、质量、数量和兑现时间等内容的捐赠协议。

捐赠人捐赠的食品、药品、生物化学制品应当符合国家食品药品监督管理和卫生行政等政府相关部门的有关规定。

第十五条 救灾捐赠受赠人接受救灾捐赠款物后，应当向捐赠人出具符合国家财务、税收管理规定的接收捐赠凭证。

第十六条 对符合税收法律法规规定的救灾捐赠，捐赠人凭捐赠凭证享受税收优惠政策，具体按照国家有关规定办理。

第四章 境外救灾捐赠

第十七条 国务院民政部门负责对境外通报灾情，表明接受境外救灾捐赠的态度，确定受援区域。

第十八条 国务院民政部门负责接受境外对中央政府的救灾捐赠。

县级以上地方人民政府民政部门负责接受境外对地方政府的救灾捐赠。

具有救灾宗旨的公益性民间组织接受境外救灾捐赠，应当报民政部门备案。

法律、行政法规另有规定的除外。

第十九条 救灾捐赠受赠人接受的外汇救灾捐赠款按国家外汇管理规定办理。

第二十条 境外救灾捐赠物资的检验、检疫、免税和入境，按照国家的有关规定办理。

第二十一条 对免税进口的救灾捐赠物资不得以任何形式转让、出售、出租或者移作他用。

第五章 救灾捐赠款物的管理和使用

第二十二条 救灾捐赠受赠人应当对救灾捐赠款指定账户，专项管理；对救灾捐赠物资建立分类登记表册。

第二十三条 具有救灾宗旨的公益性民间组织应当按照当地政府提供的灾区需求，提出分配、使用救灾捐赠款物方案，报同级人民政府民政部门备案，接受监督。

第二十四条 在国务院民政部门组织开展的跨省（自治区、直辖市）或者全国性救灾捐赠活动中，国务院民政部门可以统一分配、调拨全国救灾捐赠款物。

第二十五条 国务院民政部门负责调拨的救灾捐赠物资，属境外捐赠的，其运抵口岸后的运输等费用由受援地区负担；属境内捐赠的，由捐赠方负担。

县级以上地方人民政府民政部门负责调拨的救灾捐赠物资，运输、临时仓储等费用由地方同级财政负担。

第二十六条 县级以上人民政府民政部门根据灾情和灾区实际需求，可以统筹平衡和统一调拨分配救灾捐赠款物，并报上一级人民政府民政部门统计。

对捐赠人指定救灾捐赠款物用途或者受援地区的，应当按照捐赠人意愿使用。在捐赠款物过于集中同一地方的情况下，经捐赠人书面同意，省级以上人民政府民政部门可以调剂分配。

发放救灾捐赠款物时，应当坚持民主评议、登记造册、张榜公布、公开发放等程序，做到制度健全、账目清楚，手续完备，并向社会公布。

县级以上人民政府民政部门应当会同监察、审计等部门及时对救灾捐赠款物的使用发放情况进行监督检查。

捐赠人有权向救灾捐赠受赠人查询救灾捐赠财产的使用、管理情况，并提出意见和建议。对于捐赠人的查询，救灾捐赠受赠人应当如实答复。

第二十七条 对灾区不适用的境内救灾捐赠物资，经捐赠人书面同意，报县级以上地方人民政府民政部门批准后可以变卖。

对灾区不适用的境外救灾捐赠物资，应当报省级人民政府民政部门批准后方可变卖。

变卖救灾捐赠物资应当由县级以上地方人民政府民政部门统一组织实施，一般应当采取公开拍卖方式。

变卖救灾捐赠物资所得款必须作为救灾捐赠款管理、使用，不得挪作他用。

第二十八条 可重复使用的救灾捐赠物资，县级以上地方人民政府民政部门应当及时回收、妥善保管，作为地方救灾物资储备。

第二十九条 接受的救灾捐赠款物，受赠人应当严格按照使用范围，在本年度内分配使用，不得滞留。如确需跨年度使用的，应当报上级人民政府民政部门审批。

第三十条 救灾捐赠款物的接受及分配、使用情况应当按照国务院民政部门规定的统计标准进行统计，并接受审计、监察等部门和社会的监督。

第三十一条 各级民政部门在组织救灾捐赠工作中，不得从捐赠款中列支费用。经民政部门授权的社会捐助接收机构、具有救灾宗旨的公益性民间组织，可以按照国家有关规定和自身组织章程，在捐赠款中列支必要的工作经费。捐赠人与救灾捐赠受赠人另有协议的除外。

第三十二条 救灾捐赠、募捐活动及款物分配、使用情况由县级以上人民政府民政部门统一向社会公布，一般每年不少于两次。集中捐赠和募捐活动一般应在活动结束后一个月内向社会公布信息。

第六章 法律责任

第三十三条 捐赠人应当依法履行捐赠协议，按照捐赠协议约定的期限和方式将捐赠财产转移给救灾捐赠受赠人。对不能按时履约的，应当及时向救灾捐赠受赠人说明情况，签订补充履约协议。救灾捐赠受赠人有权依法向协议捐赠人追要捐赠款物，并通过适当方式向社会公告说明。

第三十四条 挪用、侵占或者贪污救灾捐赠款物的，由县级以上人民政府民政部门责令退还所用、所得款物；对直接责任人，由所在单位依照有关规定予以处理；构成犯罪的，依法追究刑事责任。

依照前款追回、追缴的款物，应当用于救灾目的和用途。

第三十五条 救灾捐赠受赠人的工作人员，滥用职权，玩忽职守，徇私舞弊，致使捐赠财产造成重大损失的，由所在单位依照有关规定予以处理；构成犯罪的，依法追究刑事责任。

第七章 附 则

第三十六条 在境外发生特大自然灾害时，需要组织对外援助时，由国务院民政部门参照本办法组织实施社会捐赠，统一协调民间国际援助活动。

第三十七条 自然灾害以外的其他突发公共事件发生时，需要组织开展捐赠活动的，参照本办法执行。

第三十八条 本办法自发布之日起施行。2000 年 5 月 12 日民政部发布的《救灾捐赠管理暂行办法》同时废止。

志愿服务记录办法

（2012 年 10 月 23 日 民函〔2012〕340 号）

第一条 为了促进和规范志愿服务记录工作，维护志愿者和志愿服务对象的合法权益，推动志愿服务健康有序发展，制定本办法。

第二条 本办法所称志愿服务记录，是指依法成立的志愿者组织、公益慈善类组织和社会服务机构以纸质材料和电子数据等载体记录志愿者参加志愿服务的信息。

志愿服务是指不以获得报酬为目的，自愿奉献时间和智力、体力、技能等，帮助他人、服务社会的公益行为。

第三条 志愿服务记录遵循及时、完整、准确、安全原则，任何单位和个人不得用于商业交易或者营利活动，也不得侵犯志愿者个人隐私。

第四条 志愿者组织、公益慈善类组织和社会服务机构应当安排专门人员对志愿服务记录进行确认、录入、储存、更新和保护，并接受登记管理机关或者业务主管部门对志愿服务记录工作的监督管理。

第五条 志愿服务记录应当记载志愿者的个人基本信息、志愿服务信息、培训信息、表彰奖励信息、被投诉信息等内容。

第六条 志愿者个人基本信息应当包括姓名、性别、出生年月、身份证号、服务技能、联系方式等。

需要增加志愿者其他个人信息的，必须征得志愿者本人同意。

第七条 志愿服务信息应当包括志愿者参加志愿服务活动（项目）的名称、日期、地点、服务对象、服务内容、服务时间、服务质量评价、活动（项目）负责人、记录人等。

第八条 志愿服务时间是指志愿者实际提供志愿服务的时间，以小时为计量单位，不包括往返交通时间。

志愿者组织、公益慈善类组织和社会服务机构应当对志愿者所提供的志愿服务时间进行核实和累计。

第九条 志愿服务活动（项目）结束后，志愿者组织、公益慈善类组织和社会服务机构应当对志愿者所承担工作的完成状况和服务对象的满意程度进行综合评价。

第十条 培训信息应当包括志愿者参加志愿服务有关知识和服务技能培训的内容、组织者、日期、地点、学时等。

第十一条 志愿者因志愿服务表现突出、获得表彰奖励的，志愿者组织、公益慈善类组织和社会服务机构应当及时予以记录。

第十二条 志愿者在志愿服务中被服务对象投诉、经核查属实的，志愿者组织、公益慈善类组织和社会服务机构应当予以记录。

第十三条 志愿者组织、公益慈善类组织和社会服务机构应当向志愿服务活动（项目）负责人、志愿者、志愿服务对象及时采集志愿服务信息。

第十四条 志愿者组织、公益慈善类组织和社会服务机构将志愿服务信息记入志愿服务记录前，应当在本组织或机构内进行公示，接受社会监督。公示时间不得少于3个工作日，公示期满无异议的，记入志愿服务记录。

第十五条 志愿服务记录应当长期妥善保存。未经志愿者本人同意，不得公开或者向第三方提供志愿服务记录。

志愿者组织、公益慈善类组织和社会服务机构应当利用民政部志愿者队伍建设信息系统以及其他网络平台，实现志愿服务记录的网上录入、查询、转移和共享。

第十六条 经志愿者本人同意，志愿服务记录可以在其加入的志愿者组织、公益慈善类组织和社会服务机构之间进行转移和共享。

志愿者组织、公益慈善类组织和社会服务机构应当对接收的志愿服务记录进行核实，并妥善保管。

第十七条 志愿者需要查询本人志愿服务记录或者因升学、入伍、就业等原因需要出具本人参加志愿服务证明的，志愿者组织、公益慈善类组织和社会服务机构应当及时如实提供。

志愿服务证明应当载明当事人的志愿者身份、志愿服务时间和内容。

第十八条 志愿者组织、公益慈善类组织和社会服务机构应当将志愿服务记录情况报送县级以上人民政府民政部门。

县级以上人民政府民政部门可以委托具有相应资质的组织或者机构对志愿服务记录进行管理，并将相关信息及时向社会发布。

第十九条 志愿者组织、公益慈善类组织和社会服务机构应当将志愿服务记录与志愿者的使用、培训、评价、保障、奖励挂钩。

第二十条 志愿者组织、公益慈善类组织和社会服务机构在招募志愿者时，应当优先聘用有良好志愿服务记录的志愿者，并根据志愿服务记录情况安排志愿者参加所需要的培训。

第二十一条 志愿者组织、公益慈善类组织和社会服务机构应当建立以服务时间和服务质量为主要内容的志愿者星级评定制度，对获得相应星级的志愿者予以标识，并推荐参加相关评选和表彰。

志愿服务记录时间累计达到100小时、300小时、600小时、1000小时和1500小时的志愿者，可以依次申请评定为一星级、二星级、三星级、四星级、五星级志愿者。

第二十二条 鼓励志愿者组织、公益慈善类组织和社会服务机构依托志愿服务记录，建立健全志愿服务时间储蓄制度，使志愿者可以在自己积累的志愿服务时数内得到他人的无偿服务。

第二十三条 鼓励有关部门、社会组织和企事业单位对有良好志愿服务记录、表现优异的志愿者进行表彰奖励。

第二十四条 鼓励有关单位在招生、招聘时，同等条件下优先录用、聘用和录取有良好志愿服务记录的志愿者。

第二十五条 鼓励博物馆、公共图书馆、体育场馆等公共文化体育设施和公园、旅游景点等场所，对有良好志愿服务记录的志愿者免费或者优惠开放。

第二十六条 鼓励城市公共交通对有良好志愿服务记录的志愿者给予票价减免优待。

第二十七条 鼓励商业机构对有良好志愿服务记录的志愿者提供优先、优惠服务。

第二十八条 志愿者组织、公益慈善类组织和社会服务机构及其工作人员在志愿服务记录工作中弄虚作假的，由主管部门责令改正，并予以通报。

第二十九条 本办法自发布之日起施行。

民政部关于完善救灾捐赠导向机制的通知

（2012年11月27日 民发〔2012〕208号）

各省、自治区、直辖市民政厅（局），各计划单列市民政局，新疆生产建设兵团民政局：

中华民族历来就有一方有难、八方支援的优良传统，每当大的自然灾害发生后，社会各界慷慨解囊，第一时间向灾区伸出援助之手，在救灾应急和灾区重建中发挥的作用日益显著，成为救灾工作的重要组成部分。随着我国社会经济的不断发展和公益慈善事业的稳步推进，公益慈善组织日益成熟，公民和公益慈善组织通过救灾捐赠支持和参与救灾工作的愿望和要求与日俱增，做好救灾捐赠的组织引导工作已成为今后一个时期救灾捐赠工作的重要任务。为贯彻落实第十三次全国民政会议精神和2012年全国民政工作年中分析会的有关要求，现就完善救灾捐赠工作导向机制的要求通知如下：

一、充分认识完善救灾捐赠导向机制的重要意义

应急和高效是救灾捐赠区别于其他社会捐赠活动的两个重要特征。灾害发生后，政府及时、准确地向公众告知灾区的需求和可以接收救灾捐赠的组织，引导公众有针对性地捐款捐物，可以使爱心与需求相结合、捐赠意愿与实际用途相一致、运输保障能力条件与满足灾区需求相衔接，减少救灾捐赠的盲目性，最大限度地避免资源浪费。在安排捐赠款物时，及时引导公益慈善组织将捐赠款物投向困难大、需求迫切的地

区和领域,可以最大限度地发挥捐赠款物使用效益,同时也有利于引导公众共同监督捐赠款物的使用,保护好公民的慈善热情,形成政府、社会组织、公众之间良性互动的救灾合力。

二、明确完善救灾捐赠导向机制的主要内容

研究建立救灾捐赠需求发布制度。各地要根据实际,在现有政策范围内,组织开展本区域内发生不同类型灾害、不同灾害损失,以及灾区不同救助阶段对救灾款物的捐赠需求评估,特别是对物资的需求情况,包括物资的种类、名称、规格和数量等。逐步建立救灾捐赠物资需求信息发布制度和规范,明确救灾物资需求信息的获取渠道、审核程序、发布主体、发布权限以及发布的方式和范围等,并及时跟踪分析和更新需求信息变化情况,引导公众根据灾区的需求进行捐赠。

探索建立救灾捐赠接收机构评估发布制度。各地要支持公益慈善组织依其宗旨和业务范围,依法、依章程开展救灾募捐活动。要逐步建立本区域内依法可以进行救灾募捐的公益慈善组织名录,加强对公益慈善组织开展救灾捐赠活动的评估和救灾捐赠数据统计工作。引导公益慈善组织按照相关规定在开展募捐活动前进行备案,民政部门要将已备案的公益慈善组织在网站上公开,供捐赠者选择;同时在网站上公开相应公益慈善组织的年检和评估情况,鼓励捐赠者向年检合格、管理规范的公益慈善组织捐赠,发挥优秀公益慈善组织的骨干作用,维护捐赠者的合法权益。

认真做好救灾捐赠款物使用引导工作。根据汶川地震和青海玉树地震救灾捐赠款物的管理使用经验,今后一段时期,救灾捐赠资金除用于救灾应急期间的必要支出外,其余部分应主要用于灾后恢复重建。各地民政部门要依据《公益事业捐赠法》和《自然灾害救助条例》对救灾捐赠资金使用范围的要求,结合本地实际,进一步明确捐赠资金的使用范围,逐步引导公益慈善组织在尊重捐赠者意愿的前提下,在灾区重建规划框架内,统筹灾区需求和捐赠者意愿,承建或认建重建项目,引导捐款投向困难多、需求大的地区和容易集中体现捐赠者爱心的领域、项目。

加强救灾捐赠信息公开和社会监督。要指导公益慈善组织按照有关规定在募捐前向社会公布捐赠者的权利义务、资金使用计划、总体成本预算等,在资金使用过程中计划有调整的,应当及时向公众公布调整后的计划。在捐赠过程中要定期公布详细的收入和支出明细,包括捐赠收入、直接用于受助人的款物、与所开展的公益项目相关的各项直接运行费用等。在捐赠收入中列工作人员工资福利和行政办公支出的,也应同时予以公布。按照谁接收谁反馈的原则,对于捐赠者的查询,公益慈善组织应当如实、详细地反馈捐款使用情况,接受捐赠者的监督。要加强与媒体的合作,为救灾捐赠活动营造良好的舆论氛围,引导全社会监督救灾捐赠活动。

三、不断完善救灾捐赠导向的工作平台机制

各地民政部门要充分认识做好救灾捐赠引导工作的重要性,逐步将好的、成熟的做法上升为制度和法规。充分利用各级减灾委员会等平台,充分利用民政部门登记管理社会组织的便利条件,加强政府部门间、部门与公益慈善组织间的协调,了解各方在救灾捐赠工作中的需求,主动与公益慈善组织沟通,建立畅通的沟通渠道,共享灾害和捐赠需求信息,在服务中做好救灾捐赠工作的引导,不断完善救灾捐赠导向机制。

民政部关于加强自然灾害救助评估工作的指导意见

(2012 年 8 月 28 日)

各省、自治区、直辖市民政厅(局),新疆生产建设兵团民政局:

我国是世界上自然灾害最为严重的国家之一,自然灾害给人民群众的生产生活造成重大影响,自然灾害救助工作直接关系到受灾群众的切身利益。为提高自然灾害救助决策的科学性,提升自然灾害救助工作的总体水平,切实保障受灾群众的基本生活,现就加强自然灾害救助评估制度建设,大力推进自然灾害救助评估工作,提出以下意见:

一、总体目标

立足于自然灾害救助工作需求,积极推进自然灾害救助评估工作的机制建设,不断规范自然灾害救助评估项目,完善自然灾害评估工作程序,健全自然灾害救助评估指标体系,探索自然灾害救助评估工作方式方法,加强自然灾害救助评估工作队伍建设,逐步形成机制健全、程序严谨、指标系统、方法科学、责任明确的自然灾害救助评估制度,为自然灾害救助提供决策依据,更好地服务于受灾群众。

二、评估原则

客观全面。评估工作应客观、全面地反映自然灾害造成的损失、受灾群众基本生活需求和救助工作情况,确保评估结果的真实性和可靠性。

及时高效。根据不同评估事项的特点和时间要求,及时组织开展评估工作,及时报告评估结果,确保评估工作的时效性。

公开透明。评估工作的程序、标准、方法、过程及结果,凡是可公开的,应适时向社会公开,确保评估工作的透明度。

三、评估事项

自然灾害救助评估主要包括救助准备评估、应急救助评估、灾后救助评估和年度综合评估。

(一)救助准备评估。

1. 灾害风险评估:对本行政区域可能发生的自然灾害及其可能影响范围和损失进行评估。

2. 救助需求评估:对本行政区域本年度保障受灾群众基本生活的资金、物资等方面的可能需求进行评估。

3. 救助能力评估:对本行政区域救助工作管理体制、运行机制、政策法规、资金物资、技术装备、人员配备等方面的准备情况进行评估。

（二）应急救助评估。

1. 灾害损失评估：对自然灾害造成的实际损失及损失发展趋势进行评估。

2. 应急救助需求评估：对应急期需紧急转移安置或需紧急生活救助人员情况，以及保障受灾群众基本生活的资金、物资等方面的实际需求进行评估。

3. 应急救助绩效评估：对应急期救助工作的政策、措施及实际效果进行评估。

（三）灾后救助评估。

1. 倒损农房重建救助需求评估：对因灾倒塌、损坏农户住房情况，以及重建和维修救助资金等方面的实际需求进行评估。

2. 过渡期救助需求评估：对因灾需过渡期救助人员情况，以及保障受灾群众过渡期基本生活的资金、物资等方面的实际需求进行评估。

3. 冬春救助需求评估：对因灾需当年冬季和次年春季救助人员情况，以及保障受灾群众基本生活的资金、物资等方面的实际需求进行评估。

4. 灾后救助绩效评估：对因灾倒塌、损坏农户住房恢复重建救助、过渡期救助、冬春救助工作的政策、措施及实际效果进行评估。

（四）年度综合评估。

1. 年度灾害损失评估：对本行政区域当年灾害损失总体情况及单灾种的损失情况进行评估。

2. 年度救助工作绩效评估：对本年度救助工作的政策、措施及实际效果进行全面评估。

四、评估流程

自然灾害救助评估基本流程主要包括以下几个环节：

（一）成立评估工作组。一般情况下，组长由本级民政部门领导担任，成员视情邀请相关部门参加。

（二）确定评估事项。根据灾害过程和救助工作的不同阶段，确定评估事项。

（三）确定评估方法。根据评估事项和评估时限选择评估方法，注重定性评估与定量评估相结合、室内评估与现场评估相结合。

（四）制定评估工作方案。根据评估事项特点制定评估工作方案，一般应包括评估工作的时间进度安排、人员分工、准备工作要求等。

（五）细化评估标准。根据评估事项的核心指标，结合当地实际情况，细化各项评估标准。

（六）收集分析评估信息。信息的收集整理要及时、全面、准确，要重点分析评估灾害风险、灾害损失和救助需求，以及救助工作的情况。

（七）撰写评估报告。根据评估事项确定评估报告的结构和形式，评估报告的内容应当有事实、有分析、有结论、有建议等。

（八）审核和上报评估报告。评估报告完成后，经审核后及时上报。

五、评估指标

为避免各地在评估时没有统一指标或指标过细、不易操作等情况，每个评估事项只设定核心指标，各地可结合实际情况进行细化，构建具体量化的评估指标。

（一）救助准备评估指标。主要包括年度自然灾害发生趋势及预判本年度保障受灾群众基本生活的可能需求；救灾资金预算安排；救灾物资储备与救灾装备配备；灾情管理制度和机制建设；物资应急调运机制建设；应急救助预案、工作规程制修订及救灾演练；救灾人员培训计划编制与落实；灾害信息员队伍和应急避难所建设等情况。

（二）应急救助评估指标。

1. 灾害损失评估。主要包括受灾区域和人员、房屋和农作物受灾等情况。

2. 应急救助需求评估。主要包括需紧急转移安置、需紧急生活救助人员数量，需救灾资金数量，需临时住所、衣被、食品、饮用水等生活类救灾物资数量。

3. 应急救助绩效评估。主要包括是否能在《自然灾害情况统计制度》（民发〔2011〕168号）规定的时间内了解和报告本行政区域发生的灾情及趋势；是否能及时了解、掌握保障受灾群众基本生活所需资金和物资的数量；是否能按本地自然灾害救助应急预案规定启动救助应急响应机制；是否能确保应急期受灾群众有饭吃、有衣穿、有水喝、有住处、有病能治。

（三）灾后救助评估指标。

1. 倒损农房重建救助需求评估。主要包括倒损农房间数、户数及需重建或维修农房间数、户数；需救助对象的构成及自救能力；需重建或维修救助资金数量；本级安排恢复重建资金数量、需上级帮助解决恢复重建资金数量。

2. 过渡期救助需求评估。主要包括需过渡期救助人员数量；需救助对象的构成及自救能力；需救助时段；需救助资金、物资数量；本级安排救助资金和物资数量；需上级帮助解决救助资金和物资数量。

3. 冬春救助需求评估。主要包括冬春因灾生活困难需口粮、衣被、取暖和伤病等救助人员数量；需救助对象的构成及自救能力；需救助时段；需救助资金、物资数量；本级安排救助资金和物资数量；需上级帮助解决资金和物资数量。

4. 灾后救助绩效评估。主要包括是否能在规定时间内了解、掌握因灾倒损农房需恢复重建的间数、户数及救助资金；是否能在规定时间内了解、掌握过渡期救助所需资金和物资数量；是否能在规定时间内了解、掌握本行政区域因灾冬春期间生活困难需救助人数、户数和资金总量，需救助人数和户数的构成及需救助时段情况；是否制定并实施了救助工作方案；是否制定并出台了相关政策和措施；是否能在规定时间内拨付救助资金和物资；是否能在规定时间内向受灾群众发放救助资金和物资；是否能公开、公平、公正发放救助资金和物资，救助资金和物资的使用是否符合法律和政策规定。

（四）年度综合评估指标。主要包括本行政区域全年灾情会商核定情况；全年救灾工作组织协调、救灾应急准备、应急救助、灾后救助、救灾捐赠、减灾等工作开展情况；信息发布与宣传情况；减灾救灾政策制度制定和落实情况。

六、评估时限

（一）救助准备评估时限。

县级民政部门应在每年4月10日前完成救助准备评估工作，地（市）级民政部门应在每年4月20日前完成救助准备评估工作，省级民政部门应在每年4月30日前完成救助准备评估工作，民政部应在每年5月20日前完成救助准备评估工作。

（二）应急救助评估时限。

1. 灾害损失评估。灾害发生地地（市）级、县级民政部门应及时评估自然灾害造成的损失。省级民政部门对于一次灾害过程达到重大以上等级的，应及时开展灾害损失评估。省级、地（市）级、县级民政部门应在灾害过程结束后15个工作日内完成灾害损失的核定评估工作。民政部组织的特大灾害损失评估应在接到省级民政部门灾害损失评估报告后15个工作日内完成。

2. 应急救助需求评估。灾害发生地地（市）级、县级民政部门应及时评估保障受灾群众基本生活的需求。省级民政部门对于一次灾害过程达到重大以上等级的，应及时开展应急救助需求评估。

3. 应急救助绩效评估。灾害发生地省级、地（市）级、县级民政部门启动本级救灾应急响应后，应在应急救助基本结束后15个工作日内完成应急救助绩效评估。

（三）灾后救助评估时限。

1. 倒损农房重建救助需求评估。灾害发生地地（市）级、县级民政部门应在灾害过程结束后15个工作日内完成因灾倒损农房重建救助需求评估工作。省级民政部门对于一次灾害过程房屋倒损数量达到重大以上等级的，应在灾害过程结束后15个工作日内完成倒损农房重建救助需求评估。

2. 过渡期救助需求评估。灾害发生地地（市）级、县级民政部门应在应急救助后期组织开展过渡期救助需求评估，10个工作日内完成。省级民政部门对于一次灾害过程达到重大以上等级的，应在应急救助后期开展过渡期救助需求评估，10个工作日内完成。

3. 冬春救助需求评估。灾害发生地县级民政部门应在每年10月15日前完成冬春救助需求评估，地（市）级民政部门应在10月20日前完成冬春救助需求的核定评估工作，省级民政部门应在10月25日前完成冬春救助需求的核定评估工作，民政部应在11月30日前完成全国冬春救助需求的核定评估工作。在评估结束后发生新灾，冬春救助需求增加的，立即逐级上报。

4. 灾后救助绩效评估。灾害发生地地（市）级、县级民政部门在过渡期救助、农房恢复重建救助结束后，对于一次灾害过程达到重大以上等级的，应在15个工作日内完成灾后救助绩效评估。省级民政部门对于一次灾害过程达到特大等级的，应在过渡期救助、农房恢复重建救助结束后15个工作日内完成灾后救助绩效评估。灾害发生地县级民政部门应在次年的6月5日前完成冬春救助绩效评估工作，地（市）级民政部门应在6月10日前完成冬春救助绩效评估工作，省级民政部门应在6月15日前完成冬春救助绩效评估工作，民政部应在6月30日前完成全国冬春救助绩效评估工作。

（四）年度综合评估时限。

灾害发生地县级民政部门应在每年1月20日前完成上一年度综合评估工作，地（市）级民政部门应在1月31日前完成上一年度综合评估工作，省级民政部门应在2月15日前完成上一年度综合评估工作，民政部应在2月28日前完成上一年度综合评估工作。

七、工作要求

（一）强化评估理念。开展自然灾害救助评估是自然灾害救助工作走向规范化、科学化的必然要求，各地民政部门要强化自然灾害救助评估的理念，建立健全自然灾害救助评估制度，大力推进自然灾害救助评估工作，全面提高自然灾害救助工作的整体水平，更好地服务于广大受灾群众。

（二）加强组织领导。自然灾害救助评估工作面临的困难多，各地民政部门要将自然灾害救助评估工作作为救灾工作的重要环节和基础，纳入重要工作日程，加强组织领导和督促检查，加大资金投入和人才培养力度，切实解决评估工作面临的困难和问题，为开展自然灾害救助评估工作创造良好的条件。

（三）健全评估机制。自然灾害救助评估工作涉及范围广、协调事项多，各地民政部门要加强内部与外部两方面的组织协调工作，加强自然灾害救助评估工作机制建设，从本地实际出发，细化自然灾害救助评估工作规程，明确互动联动的工作方式，注重培养专家队伍及第三方力量，并在实践中不断完善和优化，逐步形成运转高效的自然灾害救助评估机制。

（四）实施分类指导。由于不同地区、不同层级评估工作的基础不同，在推进评估工作时，省（区、市）民政厅（局）要针对各地（市、州、盟）、县（市、区）评估工作的基础，采取区别对待、分类指导的方法，推进评估工作。当前要重点推进灾害损失和需求评估。

（五）注重成果运用。评估的目的是提供救助决策依据，总结自然灾害救助工作的经验，发现自然灾害救助工作的薄弱环节。各地民政部门要重视评估结果的运用，将它作为完善自然灾害救助体系、提高自然灾害救助水平的重要措施和制度性保障。

（六）加强数据库建设。自然灾害救助评估工作离不开灾情和救助工作数据及相关基础数据。各地民政部门要注意收集整理本行政区域内的历史灾害损失数据、救助工作数据、基础地理信息数据、社会经济背景数据等，逐步建立本地自然灾害救助评估基础数据库，为自然灾害救助评估提供翔实的数据。

民政部关于加强救灾应急体系建设的指导意见

（2009 年 10 月 19 日　民发〔2009〕148 号）

各省、自治区、直辖市民政厅（局），各计划单列市民政局，新疆生产建设兵团民政局：

我国是遭受自然灾害影响十分严重的国家，救灾工作任务异常艰巨。加强救灾应急体系建设，是关系国家经济社会发展全局和人民群众切身利益的大事，是全面落实科学发展观、构建社会主义和谐社会的重要内容，是各级政府坚持以人为本、执政为民、全面履行政府职能的重要体现。近年来，我国救灾应急体系建设取得了重大进展，成功应对了多次重大自然灾害，取得了显著成效，但也存在结构不完整、功能不齐全、保障能力不足等薄弱环节。为全面加强救灾应急体系建设，提高国家救灾应急能力，提出以下指导意见：

一、指导思想

救灾应急体系建设以邓小平理论和“三个代表”重要思想为指导，全面落实科学发展观，坚持“政府主导、分级管理、社会互助、生产自救”的救灾工作方针，以保障人民群众生命财产安全和基本生活权益为出发点和落脚点，以提高救灾应急能力为核心，坚持应急救灾与常态减灾相结合、救灾减灾并重、城市农村统筹、政府社会协同、治标治本兼顾，综合运用行政、法律、科技、市场等多种手段，统筹做好灾前、灾中和灾后各阶段的应对工作，全面提高应对自然灾害的综合防范和应急处置能力，切实保障人民群众生命财产安全，促进经济社会全面、协调、可持续发展。

二、工作目标

救灾应急体系的建设目标是：用 3－5 年左右的时间，健全政府主导、分级负责、条块结合、属地为主的救灾应急管理体制；构建统一指挥、反应灵敏、协调有序、运转高效的救灾应急综合协调机制；建成覆盖各级政府和城乡社区的救灾应急预案系统；建立健全规范、高效的灾情管理系统；建成布局合理、品种齐备、数量充足、管理规范的救灾物资储备系统；完善救灾法律法规，打造救灾科技支撑平台，建立专兼结合的救灾应急队伍；建立部门协调、军地结合、全社会共同参与的救灾应急工作格局，形成具有中国特色的救灾应急体系，全面提升救灾应急工作的整体水平。

三、主要任务

（一）加强救灾应急管理体制机制建设。着力推进各级减灾和救灾应急协调指挥机构、救灾物资储备管理机构和减灾救灾技术支撑机构建设，强化综合协调和应急指挥职能，建立和完善协调联动、信息共享、灾情评估、款物调拨等规范有效的工作机制。

（二）加强救灾应急法规制度建设。着力推动《救灾条例》等法规的出台，抓紧研究制定适合我国国情的救灾补助标准和救灾技术标准，研究制订或修订救灾应急工作规程、灾区民房恢复重建管理工作规程、受灾人员冬春生活救助工作规程、救灾社会动员工作规程。各地要依据有关法律、行政法规，结合实际制订并完善救灾应急工作的地方性法规规章及救灾工作各项规程，逐步形成以《救灾条例》为核心，以地方规章、救灾技术标准、救灾工作规程为配套的救灾工作法规制度体系。

（三）加强救灾应急预案体系建设。各地要抓紧救灾应急预案的制（修）订工作。尚未完成制（修）订任务的省、市、县要在今年内完成本级政府的自然灾害应急救助专项预案的制（修）订工作。尚未完成制（修）订街道、乡镇及村委会（居委会）救灾预案的地方，所在地县级民政部门要尽快制（修）订预案，力争 2010 年基本形成“纵向到底、横向到边”的救灾应急预案体系。各级救灾应急预案的制（修）订，要明确规定救灾综合协调机构及职责、救灾应急准备、灾情信息管理、应急响应级别、应急响应程序、救灾协调联动机制、灾后救助和重建、救灾社会动员等基本内容，增强预案的实用性和可操作性。要定期组织开展预案演练，着力加强跨部门、跨行业、跨区域的综合性演练，不断提高协同应对灾害的能力。

（四）加强救灾应急队伍建设。各地要结合自身救灾业务工作特点，培育和发展民政救灾应急队伍，提高民政工作者救灾应急处置能力。充分发挥人民解放军、武警、民兵预备役人员在抢险救灾中的重要作用，进一步完善军队协同政府参与救灾应急工作的联动机制。培育和发展救灾应急志愿者队伍，鼓励和吸纳社会工作者参与救灾应急工作，探索建立社会工作者引领志愿者开展减灾救灾服务的联动机制。加强救灾应急专家队伍建设，建立重大自然灾害专家会商机制，提高救灾应急工作的科学决策水平。建立健全灾害信息员队伍，积极推行灾害信息员国家职业资格证书制度，形成规模适度、结构合理、管理规范的灾害信息员职业队伍体系，全面落实省、地、县、乡、村五级灾害信息员队伍建设任务，建成一支总人数达 70 万的灾害信息员队伍。

（五）加强灾情管理制度建设。各地要强化灾情管理主体责任意识，切实履行灾情管理的职责；要严格执行国家灾情统计制度，规范灾情报告的时间、内容、形式，明确责任人及审核程序；要建立灾情会商和评估制度，切实做好年度灾害趋势会商、实时灾情评估、过程灾情评估、年度灾情评估工作；要建立灾情发布制度，及时、客观地发布灾情；要大力推进灾情管理软件的应用，提高灾情管理的技术水平。

（六）加强救灾资金保障机制建设。各地要进一步落实救灾工作分级负责、救灾经费分级负担制度，切实履行救灾职责，建立救灾资金长效保障机制。救灾投入要与国民经济和社会发展相协调，并按照事权划分纳入各级财政预算。制定与经济发展、人民生活水平相适应的救灾补助标准，完善救灾补助项目。制定基层救灾工作经费保障制度，明确经费来源渠道，落实救灾工作经费。完善救灾资金管理制度，实行科学化、规范化、信息化管理，建立和完善救灾资金管理和使用监督制度。

（七）加强救灾物资储备能力建设。各地要加快编制救灾物资储备发展规划，合理确定救灾物资储备库规模，通过改扩建、新建、租借等方式解决存储场所，逐步形成能满足救灾需求的储备库（点）网络；要增加救灾物资储备的数量和品种，并及时补充和更新，确保救灾的实际需求；要建立救灾物资协同保障机制，完善救灾物资紧急调拨和配送体系；要建立救灾物资应急采购和动员机制，拓宽应急期间救灾物资供应渠道；要积极探索市场经济条件下的能力储备新形式，实现社会储备与专业储备的有机结合，全面提高救灾物资应急保障能力。

（八）加强救灾装备建设。各地要根据救灾工作实际需求，给县级以上（含县级）民政部门配备（更新）性价比高、安全适用的救灾专用车辆，确保应急用车；配备卫星电话、北斗导航定位终端等应急通讯装备，建设覆盖省、地、县、乡四级的应急通讯网络系统，确保救灾指挥通讯畅通；配备日常救灾工作所需的计算机、传真机、打印机、数码相机和摄像机等办公设备，确保应急期间信息传递畅通。

（九）加强救灾应急指挥系统建设。结合实际，大力推进救灾应急指挥系统建设，依托政府系统办公业务资源网络，规范技术标准，充分整合利用现有专业系统资源，建立救灾应急通讯平台、信息平台、决策平台、调度平台及其配套的安全系统和标准规范，实现互联互通和信息共享，为救灾应急指挥提供良好的技术支撑。

（十）加强应急避灾场所建设。各地要把应急避灾场所建设纳入政府投资计划。坚持科学选点、合理布局的原则，综合利用城市社区服务设施、公园、广场和农村村委会办公和其他公共活动场所、中小学校等现有设施，统筹整合民政系统敬老院、福利院、救助站等内部资源，采取确认、修缮、新建等方式，建设城乡避灾场所，合理储备相应的生活类救灾物资。要严把应急避灾场所的质量关，确认和修缮的场所要由专业部门进行质量鉴定，新建场所必须按抗灾防灾要求设计，规范施工，确保建筑质量。

（十一）加强救灾科技支撑能力建设。各地要高度重视新技术、新设备和新工具在救灾工作中的应用，推动救灾生活类专用物资种类和功能的创新；要加强救灾捐赠统计技术支持系统的研究和创新；要结合本地灾害特点，研究灾害发生机理；要建立本地历史灾情、灾害风险、地形地貌、人口分布、农房情况及救灾能力等方面的数据库；要积极推进服务于救灾应急的专家咨询机构、科技支撑机构建设；要研究制定国家救灾相关技术标准和管理标准，使科学技术更直接地服务于救灾工作。

（十二）加强社区综合减灾救灾能力建设。各地要以创建“综合减灾示范社区”为抓手，建立健全城乡社区减灾救灾工作机制，完善相关应急预案，组织社区减灾救灾演练，加强社区灾害监测预警和灾情统计报告能力建设，建立社区救灾应急志愿者队伍。要大力开展减灾救灾宣传活动，根据本地灾害风险和公众意识现状，开展形式多样、生动活泼、喜闻乐见的知识普及活动，切实提高城乡居民识灾、防灾、减灾、救灾意识及技能，增强自救、互救能力，全面促进城乡社区综合减灾救灾能力建设。

（十三）加强救灾应急社会动员能力建设。各地要坚持“政府主导和社会参与相结合”的原则，建立健全与共青团、妇联、工会及社会组织在救灾捐赠、志愿服务、灾后重建等方面的救灾联动机制。加紧研究制定鼓励社会各界参与救灾的制度，以及财税、金融、保险等方面的政策和具体配套措施。总结推广受灾人员自救互救的经验和做法，搭建为社会组织和救灾志愿者服务的平台，规范捐赠款物的接收、管理、使用、统计和反馈。健全救灾应急征用补偿制度，规范应急救灾所需物资征调、使用、归还、补偿各环节工作。力争在两年内基本建立政府与人民团体、社会组织良性互动的救灾社会动员机制，全面提高救灾应急社会动员能力。

四、保障措施

（一）高度重视，加强领导。各级民政部门要向党委、政府充分汇报建设救灾应急体系的重要性和紧迫性，争取纳入当地国民经济和社会发展总体规划。主要领导负总责，主管领导亲自抓，抽选相关业务部门的工作骨干成立专门小组，及时研究解决救灾应急体系建设中遇到的新情况和新问题，确保救灾应急体系建设取得实效。

（二）调查研究，转变作风。要大兴调查研究之风，摸清本地灾害情况和救灾需求，找准救灾应急工作中的薄弱环节，提出救灾应急体系的建设思路，有针对性地制订有关政策措施。要切实转变重救灾轻减灾的观念，把工作重心转向救灾减灾并重上来，用救灾拉动减灾，靠减灾支持救灾，两项工作协调推进；要切实转变重实践轻理论的观念，加强救灾政策理论研究，坚持理论研究和实践探索并重，眼前建设与长远发展相统一，把功夫真正下到重长远、打基础的工作上。

（三）加大投入，科学规划。各地要结合本地实际，编制本地救灾应急体系建设规划，制定工作目标，明确工作任务和进度，按计划有序推进各项建设工作。要做好与有关专项规划相衔接，合理布局重点建设项目，统筹规划救灾应急工作所必需的基础设施建设。加强部门间的沟通和协调，积极寻求相关部门和社会各界对救灾应急体系建设工作的帮助和支持，优化整合各类救灾资源，加大在人员、资金、物资、装备等方面的投入力度。

（四）*扩大开放，拓展合作*。要加强与有关国家、联合国机构、区域和国际组织在救灾减灾领域的沟通与合作，加入有关区域和国际组织并积极发挥作用，共同应对自然灾害。大力宣传我国在救灾减灾工作中的政策措施和成功经验，积极参与国际救灾行动，向国际社会展示我国的良好形象。密切跟踪研究国际救灾应急发展的动态和趋势，参与救灾减灾领域国际项目研究与合作，学习、借鉴有关国家在救灾应急体系建设方面的有益经验，促进我国救灾应急工作水平的提高。

民政部关于加强自然灾害救助应急预案体系建设的指导意见

（2008 年 12 月 9 日　民发〔2008〕191 号）

各省、自治区、直辖市民政厅（局），计划单列市民政局，新疆生产建设兵团民政局：

近年来，各地民政部门在当地政府的领导下，积极开展自然灾害救助应急预案（以下简称救助应急预案）制定工作，全国省、市、县三级应急预案体系基本形成，在应对近年来重特大自然灾害，特别是在应对今年南方低温雨雪冰冻灾害和“5.12”汶川特大地震两次巨灾过程中，发挥了至关重要的作用。但是，目前部分市、县和城乡基层救助应急预案制定工作尚未完成，现有救助应急预案质量也参差不齐，制定和修订任务仍然十分艰巨。为进一步完善救助应急预案体系建设，现提出以下指导意见。

一、加强组织领导，积极推进救助应急预案制定工作

各地民政部门要充分认识救助应急预案是自然灾害管理工作的重要组成部分，各层级的救助应急预案是否健全、是否具有操作性，直接关系到应急救助工作的效率，直接关系到受灾群众基本生活的保障水平。为此，要高度重视救助应急预案体系建设，加强领导，精心组织，周密部署，落实责任，细化工作任务、目标和进度。在 2009 年 3 月底之前，完成所有市、县预案的制定工作，完成省、市、县三级现有预案的修订工作。同时，重点推进城乡基层预案建设，2009 年之内完成基层乡镇（街道）和行政村（社区居委会）的预案制定工作，从而形成“纵向到底、横向到边”的救助应急预案体系，切实提高各级民政部门自然灾害应急救助能力。

二、认真梳理内容，切实提高救助应急预案的操作性

各地民政部门要组织人员，分析评估现有预案，找准存在的问题，认真修订，切实提高预案质量。在修订过程中，要重点注意以下七个方面：一是把握定位，将救助应急预案列为本级政府的专项预案，争取以本级政府名义印发，预案覆盖的自然灾害种类要全面；二是确保要素齐全，完整的预案应当包括预案制定依据和目的、适用范围、组织指挥机构、应急准备、灾情信息管理、预警响应、应急响应、灾后救助、民房恢复重建和预案管理等内容；三是科学设定启动指标，设定的指标要具体、量化、完整，要设定特殊情况下启动预案的条件；四是合理划分响应等级，省级救助应急预案最好设四个响应等级，市、县两级最好不少于三个响应等级；五是注意相互衔接，在响应等级、启动条件以及响应措施等方面，要与同级其他预案和上下级救助应急预案相衔接；六是细化响应流程和措施，明确各项应急救助工作内容，详细规定各响应级别工作流程；七是规范文本体例，按照国内外通行惯例，规范预案文本的章、节、款、项体例结构和标题。

三、强化管理机制，着力提高救助应急预案管理水平

各地民政部门要进一步加强救助应急预案管理，建立全过程管理机制。预案制定和修订前要对本地自然灾害情况进行分析，制定和修订过程中要做好征求意见、专家咨询和按程序审批等工作，发布后要做好实施、修订、宣传、培训、演练等工作。上级要加强对下级预案制定和修订工作的指导，省、市、县、乡四个层级的救助应急预案要报上一级民政部门备案，行政村（社区居委会）的救助应急预案要报县级民政部门备案。要建立预案评估制度，通过开展桌面推演和现场演练检验预案质量，特别是要在每次灾害应急救助结束后，及时总结分析预案执行效果，根据评估结果及时修订完善预案内容，不断提高预案的实用性。

为指导各地民政部门做好救助应急预案的制定和修订工作，民政部编制了县级以上（含县级）、乡镇（街道）和行政村（社区居委会）《自然灾害救助应急预案框架指南》，现一并印发，供参考。

各地民政厅（局）要将工作进展情况及时报民政部救灾司。

附件：1.《县级以上（含县级）制定和修订自然灾害救助应急预案框架指南》（略）

2.《乡镇（街道）制定和修订自然灾害救助应急预案框架指南》（略）

3.《行政村（社区居委会）制定和修订自然灾害救助应急预案框架指南》（略）

救灾物资回收管理暂行办法

（2008 年 8 月 11 日　民发〔2008〕111 号）

第一条　为了加强救灾物资管理，提高救灾物资的回收水平和使用效率，防止救灾物资的浪费，根据国家现行有关政策规定，制定本办法。

第二条　本办法所称可回收利用的救灾物资，是指救灾过程中由各级政府有关部门安排、采购、征用、调拨（包括对口支援在内），以及由各级政府有关部门接收和管理的社会捐赠的、可回收重复利用的救灾物资。主要分为以下几类：

（一）生活类物资。包括帐篷、活动板房、移动厕所、净水设备、照明设备等。

（二）救援类物资。包括挖掘机、运输车、装载机、吊车、拖车、推土机等大型机械设备和运输工具，以及铁锹、镐、撬棍、千斤顶等小型救援工具等。

（三）医疗类物资。包括常用医疗器械、高值医疗器械、监测器械、消毒器械，以及救护车和药品等。

（四）通信类物资。包括应急通信设备和卫星电话等。

（五）供电类物资。包括大型发电车和发电机等。

（六）其他物资。

第三条　灾区县级以上人民政府及有关部门要做好救灾物资的使用管理及回收、清理和登记工作。生活类物资移交民政部门储备管理，作为各级救灾物资储备。其中，帐篷和活动板房，回收后要分别作为中央和地方救灾储备。作为中央储备的，省际间调运和储备费用，由中央财政负担；作为地方储备的，调运和储备费用，由地方财政负担。救援、医疗、通信、供电类等物资移交灾区原采购部门、受援单位或受赠单位，纳入国有资产管理，统筹安排使用。

第四条　由各级政府和有关部门征调的救灾物资，应当在救灾任务完成后及时归还。对一般损坏的，应由使用单位修复后归还。对于严重损坏的，应当由征调单位或灾区县级人民政府使用物资的有关部门按照国家有关规定给予合理补偿，或出具相关证明，作为被征调单位核销的依据。

第五条　救灾物资的回收利用要建立健全责任制度，做到专人负责，手续完备，定点储存，专项管理，做好保养、维护（修）工作，未经县级以上人民政府有关部门批准不得挪作他用。

对于因时间长久自然损耗（坏）等不能继续使用的物资，要逐件核查登记，经县级以上人民政府民政、财政等有关部门审批后作报废处理。对其中可再利用部分进行组装整合再利用，作为回收救灾物资管理。对于不宜长期收储的过剩物资或者当地收储能力有限的物资，经省级人民政府民政、财政等有关部门审批后调剂使用，用于省内外其他地区救灾，避免救灾物资的浪费。

第六条　救灾物资的回收利用结果应当向社会公示，接受群众监督。灾区各级政府应当公布救灾物资回收利用举报电话，并及时反馈举报处理结果。

第七条　任何单位和个人不得故意破坏、损毁、随意丢弃救灾物资。凡有上述行为的，要依法追究有关单位和人员的行政责任；构成犯罪的，要依法追究刑事责任。

负有回收救灾物资责任的单位和个人，因不履行职责，造成救灾物资损毁、浪费的，要依法追究单位领导和有关人员的行政责任；情节严重、涉嫌犯罪的，要移交司法机关处理。

第八条　灾区各级人民政府可根据本地实际，制订救灾物资回收管理具体规定。红十字会、慈善会等各级各类社会组织，其管理的救灾物资回收利用工作，参照本办法执行。

中央救灾物资储备管理办法

（2014 年 10 月 27 日　民发〔2012〕221 号）

第一章　总　　则

第一条　为了提高救灾应急能力，保障受灾人员基本生活，规范中央救灾物资储备、调拨及经费管理，依据《中华人民共和国预算法》、《自然灾害救助条例》等有关法律法规，制定本办法。

第二条　中央救灾物资是指中央财政安排资金，由民政部购置、储备和管理，专项用于紧急抢救转移安置灾民和安排灾民生活的各类物资。

中央救灾物资的储备种类、数量和经费由民政部商财政部确定。

中央救灾储备物资实行统一规格、统一标志。中央救灾物资的有关技术标准由民政部负责制定。

第三条　中央救灾物资坚持定点储存、专项管理、无偿使用的原则，不得挪作他用，不得向受灾人员收取任何费用。

中央救灾物资由民政部根据救灾需要商财政部后，委托有关地方省级（包括各省、自治区、直辖市以及新疆生产建设兵团，下同）人民政府民政部门定点储备。担负中央救灾物资储备任务的省级人民政府民政部门为代储单位。

第四条　民政部会同财政部负责制定中央救灾物资储备总体规划，确定年度购置计划。发生重特大自然灾害需应急追加中央救灾物资的，由民政部会同财政部制定应急购置计划。

代储单位负责中央救灾储备物资的日常管理，及时会同同级财政部门负责向民政部和财政部上报情况。

第二章　购置和储备管理

第五条　民政部根据确定的中央救灾储备物资年度采购计划和应急购置计划，按照政府采购政策规定，购置中央救灾储备物资。

第六条　代储单位应对救灾储备物资实行封闭式管理，专库存储，专人负责。要建立健全救灾储备管理制度，包括物资台账和管理经费会计账等。救灾储备物资入库、保管、出库等要有完备的凭证手续。

第七条　代储单位的救灾物资储备仓库设施和管理参照国家有关救灾物资储备库标准执行。库房应避光、通风良好，有防火、防盗、防潮、防鼠、防污染等措施。

第八条 代储单位应按照民政部要求，对新购置入库物资进行数量和质量验收，并在验收工作完成后5个工作日内将验收入库的情况报告报民政部。

第九条 代储单位应根据民政部要求调拨的物资种类、数量、批号、调运地点及时办理出库手续，并将办理情况及出库、运输等凭证复印件在组织发货后2个工作日内报民政部。

第十条 储存的每批物资要有标签，标明品名、规格、产地、编号、数量、质量、生产日期、入库时间等。

储备物资要分类存放，码放整齐，留有通道，严禁接触酸、碱、油脂、氧化剂和有机溶剂等。

储备物资要做到实物、标签、账目相符，定期盘库。

第十一条 因非人为因素致使破损严重不能继续使用或超过储备年限无法使用的中央救灾储备物资，经检测后，由代储单位及时向民政部报告，经民政部、财政部审核批准后方可进行报废。对报废物资的可利用部分应充分利用。

中央救灾物资报废处置的残值收入，按照国库集中收缴管理有关规定，全部上缴中央国库。

对经批准报废的物资，由民政部会同财政部制定物资更新计划。财政部审核后按照部门预算管理规定拨付补充购置费。民政部应及时完成中央救灾储备物资更新工作。

第十二条 代储单位应会同同级财政部门于每年1月10日前向民政部和财政部报告上年度中央救灾物资的储存情况总结，内容包括入库、出库、报废的物资种类、数量和时间等。

第十三条 中央对代储单位给予适当管理经费补助，专项用于代储单位管理储存中央救灾物资所发生的仓库占用费、仓库维护费、物资保险费、物资维护保养费、人工费和物资短途装运费等项支出。每年年初民政部汇总各代储单位情况后，按照上年实际储备物资金额的8%核定上年度的管理经费，报财政部审核后，由两部门联合下达。

第三章 调拨管理

第十四条 使用救灾物资时，受灾省应先动用本省救灾储备物资，在本省储备物资全部使用仍然不足的情况下，可申请使用中央救灾储备物资。

申请使用中央救灾物资应由省级人民政府民政部门商同级财政部门同意后，向民政部提出书面申请。书面申请的内容包括：自然灾害发生时间、地点、种类，转移安置人员或避灾人员数量；需用救灾物资种类、数量；本省救灾储备物资总量，已动用本省救灾储备物资数量；申请中央救灾物资数量等。根据受灾省的书面申请，结合重特大自然灾害生活救助资金的安排情况，民政部统筹确定调拨方案，向申请使用中央救灾物资的受灾省份省级人民政府民政部门、代储单位发出调拨通知，并抄送财政部和有关省级人民政府财政部门。

紧急情况下，申请使用中央救灾物资的受灾省份省级人民政府民政部门也可先电话报民政部批准，后补申请手续。

第十五条 代储单位接到民政部调拨通知后，应在36小时内完成储备物资发运工作，代垫长途运输费用。运输要按照《中华人民共和国合同法》中运输合同的有关规定执行，对调运物资进行全面保价。

调拨储备物资发生的长途运费由使用省负担。使用省份省级人民政府民政部门应在物资运抵指定目的地后的30日内与代储单位结算，费用由使用省份省级人民政府财政部门安排。

使用储备物资的受灾省份省级人民政府民政部门应按照民政部调拨通知要求，对代储单位发来的救灾物资进行清点和验收，及时向代储单位反馈，若发生数量或质量等问题，要及时协调处理并将有关情况向民政部报告。

第四章 使用和回收

第十六条 调拨使用的救灾物资所有权归使用省份省级人民政府，作为省级救灾物资由使用省份省级人民政府民政部门会同同级财政部门管理，省级人民政府财政部门承担相应的管理经费。

第十七条 发放使用救灾物资时，应做到账目清楚，手续完备，并以适当方式向社会公布。

省级人民政府民政部门对地（县）级人民政府民政部门、地（县）级人民政府民政部门对救灾物资使用者要进行必要的技术指导，教育使用者爱护救灾物资，要求使用者不能出售、出租和抛弃救灾物资。

县级以上人民政府民政部门应当会同财政、监察、审计等部门及时对救灾物资的发放使用情况进行监督检查。

第十八条 中央救灾物资分为回收类物资和非回收类物资。回收类物资和非回收类物资品种由民政部商财政部确定。

救灾物资使用结束后，未动用或者可回收的回收类中央救灾物资，由使用省份省级人民政府民政部门组织指导灾区民政等部门进行回收，经维修、清洗、消毒和整理后，作为省级救灾物资存储。对使用后没有回收价值的回收类中央救灾物资，由使用省份省级人民政府民政部门组织指导灾区人民政府民政等部门统一进行排查清理。对非回收类物资，发放给受灾人员使用后，不再进行回收。

救灾物资回收过程中产生的维修、清洗、消毒和整理等费用，由使用省份省级人民政府财政部门统一安排。

救灾物资在回收报废处置中产生的残值收入，按照国库集中收缴管理有关规定，缴入省级国库。

回收工作完成后，使用省份省级人民政府民政部门应会同财政部门及时将救灾储备物资的使用、回收、损坏、报废情况以及储存地点和受益人（次）数报民政部和财政部。民政部和财政部继续予以跟踪考核。

第五章 罚 则

第十九条 贪污和挪用救灾储备物资,因管理不善等人为原因造成救灾储备物资重大损毁和丢失,由所在单位追回或赔偿,并依照有关规定对直接责任人员给予行政处分。

第六章 附 则

第二十条 各地可参照本办法制定地方救灾物资储备管理办法。

第二十一条 本办法由民政部和财政部共同负责解释。

第二十二条 本办法自发布之日起施行,《中央救灾物资储备管理办法》(民发〔2012〕54 号)同时废止。

关于支持引导社会力量参与救灾工作的指导意见

(2015 年 10 月 8 日 民发〔2015〕188 号)

各省、自治区、直辖市民政厅(局),各计划单列市民政局,新疆生产建设兵团民政局:

为健全防灾减灾救灾体制机制,统筹协调社会力量高效有序参与救灾工作,进一步提高救灾工作整体水平,现就支持引导社会力量参与救灾工作提出如下意见:

一、支持引导社会力量参与救灾工作的重要意义

近年来,我国自然灾害多发、频发,给灾区经济社会和群众生产生活造成了严重影响,救灾任务十分繁重,迫切需要充分调动各方面积极性,发挥各自优势,形成统筹协调、有序协作的救灾合力。随着我国经济社会快速发展,社会力量参与救灾的热情持续高涨,逐渐发展成长为救灾工作的一支重要力量,尤其是汶川地震、玉树地震、芦山地震、鲁甸地震等重特大自然灾害发生后,大量社会组织、社会工作者、志愿者、爱心企业等社会力量积极参与现场救援、款物捐赠、物资发放、心理抚慰、灾后恢复重建等工作,展现了社会力量组织灵活和服务多样的优势,发挥了重要作用,初步形成了政府主导、多方参与、协调联动、共同应对的救灾工作格局。但也要看到,由于社会力量参与救灾工作的政策法规、协调机制、服务平台尚不健全,社会力量参与救灾依然存在信息不对称、供需不匹配、活动不规范等问题,影响了救灾工作效率和救灾资源高效发挥作用,迫切需要进一步加强体制机制创新,营造社会力量有序参与救灾的政策环境和活动空间,促进社会力量更好发挥作用。

二、支持引导社会力量参与救灾工作的基本原则

支持引导社会力量参与救灾应坚持以下原则:

政府主导,统筹协调。政府作为救灾责任主体,履行统一指挥、综合协调的职责,提供主要救援力量和救灾保障,统筹灾区需求和救灾资源,实现各救灾主体协调配合和各种资源与需求有效对接。引导社会力量与政府有关部门加强联系,在政府统一指挥和统筹协调下有序参与救灾工作。

鼓励支持,引导规范。通过政策保障、资金支持、完善服务、激励表彰等方式,鼓励和支持社会力量积极参与救灾工作。加强信息公开,及时发布救灾工作和灾区需求情况,强化对社会力量参与救灾的业务指导、协调服务、监督管理,引导和规范社会力量有序参与救灾工作。

效率优先,就近就便。根据灾区资源环境承载能力和救灾需求,充分考虑社会力量参与救灾工作的能力和特长,引导支持社会力量尤其是紧急救援专业力量因地制宜、因时制宜、量力而行、就近就便参与救灾工作,特别是重视培育当地社会力量并发挥他们参与救灾工作的便利条件和优势。

自愿参与,自助为主。鼓励社会力量自愿参与救灾工作,不摊派任务。参与救灾工作的社会力量应具备一定的专业能力和自我保障能力,所需资源和条件以自我提供为主,民政部门可给予必要的帮助或通过政府购买服务等方式给予一定的支持。倡导个人志愿者通过相关组织机构有序参与救灾工作。

三、社会力量参与救灾工作的重点范围

根据救灾工作不同阶段的任务和特点,支持和引导社会力量充分发挥优势,积极参与救灾工作。

常态减灾阶段:积极鼓励和支持社会力量参与日常减灾各项工作,注重发挥社会力量在人力、技术、资金、装备等方面的优势,支持社会力量参与或组织面向社会公众尤其是在中小学校、城乡社区、工矿企业开展防灾减灾知识宣传教育和技能培训,协助做好灾害隐患点的排查和治理,参与社区灾害风险评估、编制灾害风险隐患分布图、制订救灾应急预案,协同开展形式多样的救灾应急演练,着力提升基层单位、城乡社区的综合减灾能力和公众防灾减灾意识及自救互救技能。

紧急救援阶段:突出救援效率,统筹引导具有救援专业设备和技能的社会力量有序参与,注重发挥灾区当地社会力量的作用,协同开展人员搜救、伤病员紧急运送与救治、紧急救援物资运输、受灾人员紧急转移安置、救灾物资接收发放、灾害现场清理、疫病防控、紧急救援人员后勤服务保障等工作。不提倡其他社会力量在紧急救援阶段自行进入灾区。

过渡安置阶段:有序引导社会力量进入灾区,注重支持社会力量协助灾区政府开展受灾群众安置、伤病员照料、救灾物资发放、特殊困难人员扶助、受灾群众心理抚慰、环境清理、卫生防疫等工作,扶助受灾群众恢复生产生活,帮助灾区逐步恢复正常社会秩序。

恢复重建阶段:帮助社会力量及时了解灾区恢复重建需求,支持社会力量参与重建工作,重点是参与居民住房、学校、医院等民生重建项目,以及参与社区重建、生计恢复、心理康复和防灾减灾等领域的恢复重建工作 。

同时，各地民政部门要按照《民政部关于完善救灾捐赠导向机制的通知》（民发〔2012〕208号）要求，加快建立完善救灾捐赠导向机制，鼓励和引导具有救灾宗旨的基金会、慈善组织等社会组织以及爱心企业、社会公众，根据灾区需求参与救灾捐赠活动，倡导以捐赠资金为主，募集资金主要用于帮助灾区做好抢险救灾、灾后恢复重建等工作。

四、支持引导社会力量参与救灾工作的主要任务

各地民政部门要认真总结近年来社会力量参与救灾工作的经验，以社会力量参与救灾面临的问题和需求为导向，抓紧完善支持引导社会力量有序、高效参与救灾工作的保障条件。

（一）完善政策体系。结合本地救灾工作实际，进一步明确社会力量参与救灾的协调机制、功能作用，综合考虑灾区需求以及社会力量参与救灾的重点范围，研究制定社会力量参与救灾的有关政策法规、支持措施、监督办法，制定社会力量参与救灾的工作预案和操作规程，健全救灾需求评估、信息发布和资源对接机制，探索建立紧急征用、救灾补偿制度，支持引导社会力量依法依规有序参与救灾工作。

（二）搭建服务平台。发挥救灾综合协调职能作用，争取建立常设的社会力量参与救灾协调机构或服务平台，为灾区政府、社会力量、受灾群众、社会公众、媒体等相关各方搭建沟通服务的桥梁。在救灾过程中，联合公安、交通运输、工业和信息化等部门和工会、共青团、妇联等群团组织，依托互联网、社交媒体、电话等手段，及时发布灾情、救灾需求和供给等指引信息，传达贯彻救灾指挥、调配、协作等工作部署，保障救灾行动各方信息畅通。协调指导社会力量及时向服务平台报送参与救灾的计划、可供资源、工作进展等情况，促进供需对接匹配，实现救灾资源高效优化配置。在日常工作中，加强与有关社会力量的联络互动，做好政策咨询、业务指导、项目对接、跟踪检查等工作。

（三）加大支持力度。按照《国务院办公厅关于政府向社会力量购买服务的指导意见》（国办发〔2013〕96号）有关要求，积极协调本地财政等有关部门将社会力量参与救灾纳入政府购买服务范围，明确购买服务的项目、内容和标准，支持社会力量参与救灾工作。探索制定政府购置救灾设备、装备提供给社会力量用于救灾的办法，提升社会力量参与救灾的能力。对社会力量参与救灾工作发生的物资及装备损耗、人身保险等费用，可视情给予适当补助。

（四）强化信息导向。按照灾害属地管理原则，汇总整理属地参与救灾的有关社会力量基本情况，重点掌握社会力量参与救灾的专业技能、队伍状况、设备配置、拥有资源、分布位置等信息，分类建立系统、规范的具有参与救灾能力的社会力量信息数据库，为科学调度、有序协调社会力量参与救灾提供信息支持，提高服务针对性和任务对接适宜性。探索开展社会力量参与救灾行动评估，建设社会力量参与救灾工作信息化平台，加强信息公开，及时公开参与救灾的社会力量名录及其救灾工作情况，支持引导社会力量在救灾工作中发挥积极作用。

（五）加强监督管理。进一步强化对社会力量参与救灾行动的指导和监督，依法履行对社会组织的监管职责，督促社会组织依照法律法规和组织章程开展工作。推动社会组织强化自律，建立健全行业标准和行为准则，增强自我约束、自我管理、自我监督能力。严格落实救灾捐赠信息公开制度，督促社会组织及时公开款物接收数量、款物使用计划、项目实施进展等信息，自觉接受捐赠人和社会公众监督。

五、支持引导社会力量参与救灾的工作要求

各地民政部门要切实履行职责，着眼于救灾工作全局谋划社会力量参与的有关事项，大力推动社会力量参与救灾工作持续健康快速发展。

（一）加强组织领导。把支持引导社会力量参与救灾作为创新和完善社会治理的重要手段，纳入政府灾害治理体系和综合防灾减灾规划，统筹研究部署、同步推动实施。各地要结合本地实际，将社会力量参与救灾作为本地自然灾害救助应急预案的重要内容，协同组织开展救灾演练，加快推动社会力量在救灾工作中充分发挥生力军作用。

（二）完善服务措施。主动为志愿参与救灾工作的社会力量提供政策咨询等服务，为救灾志愿者服务记录登记提供便利，促进有救灾宗旨的社会组织和救灾志愿服务活动健康快速发展。把社会力量纳入综合减灾救灾人才队伍建设体系，组织开展救灾专业培训，不断提高社会力量参与救灾工作能力。灾区民政部门应尽可能为社会力量参与救灾提供便利、服务和保障，救灾应急期间可邀请有关社会组织参加灾情会商、工作部署会议，通报和共享救灾工作信息。

（三）做好宣传引导。广泛宣传社会力量参与救灾工作的作用、意义、成效和典型事迹，鼓励引导社会力量积极参与救灾工作。借助重大自然灾害救灾工作总结、公益慈善表彰、社会组织表彰等途径和方式，表彰奖励并大力宣传救灾专业能力强、发挥作用好的社会组织和个人，形成积极舆论导向，营造社会力量参与救灾的良好氛围。

各地民政部门要根据本意见要求，结合实际，研究制定落实措施，有关工作开展情况及时报民政部。

青海玉树地震抗震救灾捐赠资金管理使用实施办法

（2010年7月7日）

为贯彻落实国务院抗震救灾总指挥部颁布的《青海玉树地震抗震救灾捐赠资金使用管理监督办法》（国指发明电〔2010〕2号）和《国务院关于支持玉树地震灾后恢复重建政策措施的意见》（国发〔2010〕16号），确保捐赠资金合理配置、规范使用，特制定如下实施办法：

一、使用原则

（一）统筹安排。捐赠资金全部拨付到青海省，连同青海省接收的捐赠资金，统一纳入灾后恢复重建规划，由青海省统筹安排用于恢复重建。

（二）尊重意愿。尊重捐赠人意愿，优先安排捐赠人定向重建项目。

（三）专账管理。严格区分财政资金与社会捐赠资金的性质，专账管理，专款专用。

（四）项目管理。实行项目管理制度，确保捐赠资金安全、合理、合法使用。

（五）公开透明。按照"谁接收、谁反馈"的要求，认真做好捐赠资金使用管理情况的反馈，定期公告项目进展情况和资金拨付使用进度。

（六）全程监督。严格规范捐赠资金的安排使用程序，实行全过程跟踪监督管理。

二、使用范围

（一）定向捐赠资金。按照捐赠人意愿落实，青海省将定向项目具体落实到责任单位，对确实无法落实或确需调整的定向捐赠资金，由青海省提出调整意见，并反馈捐赠接收机构，由捐赠接收机构商捐赠人同意后，再调整使用。未经捐赠人同意，不得自行调整安排使用。

（二）非定向捐赠资金。由青海省依据《玉树地震灾后恢复重建总体规划》和相关专项规划及包干方案统筹安排使用。主要用于城乡居民倒损住房重建，学校、医院、社会福利等公共服务设施重建及设备配套，对特困群众、"两孤一残"人员等特殊群众安置，其他民生类项目的恢复重建。

三、运作方式

（一）由民政部会同监察部、发展改革委、财政部、审计署、青海省及中国红十字会总会、中华慈善总会等单位建立救灾捐赠资金管理使用协调机制，指导青海省做好玉树地震抗震救灾捐赠资金管理使用事宜。

（二）由青海省制定捐赠资金管理使用细则，其管理、使用、拨付情况，全程接受纪检监察、财政、审计等部门的监督检查。

（三）民政部、中国红十字会总会、中华慈善总会和13个全国性基金会等捐赠接收机构，根据救灾捐赠资金管理使用协调机制研究确定的意见，分别向青海省提供捐赠资金总规模、定向资金规模及定向项目清单、非定向捐赠资金使用建议。

（四）青海省根据民政部和有关社会组织提供的资金规模、项目清单、使用建议，以及相关规划，研究确定定向捐赠资金使用方案和非定向捐赠资金统筹安排使用方案。

（五）各捐赠接收机构根据捐赠资金使用方案，将捐赠资金全部拨付青海省；项目组织实施由青海省统一负责。

四、拨付方式

民政部接收和各地汇缴到民政部的捐赠资金，统一汇缴至民政部－中央财政汇缴专户后，由财政部按照救灾捐赠资金管理使用协调机制确定的意见和财政国库管理制度有关规定核拨民政部，再由民政部将捐赠资金拨付青海省民政厅。社会组织接收的捐赠资金，由社会组织分别负责拨付事宜，其中：中国红十字会总会（含各地红会接收汇缴）将捐赠资金拨付青海省红十字会；中华慈善总会（含各地慈善会接收汇缴）将捐赠资金拨付青海省慈善总会；13个全国性基金会分别将捐赠资金拨付青海省民政厅、红十字会、慈善总会任一账户。由青海省依据国务院有关规定、相关法律法规以及本办法有关规定及时拨付实施方。

五、反馈要求

青海省民政厅、红十字会、慈善总会等负责跟踪项目进展和捐赠资金使用情况，定期分别向民政部、中国红十字会总会、中华慈善总会等反馈捐赠资金使用情况和拨付进度；由民政部、中国红十字会总会、中华慈善总会和13个全国性基金会负责向社会公告项目进展情况和资金拨付进度，并负责向捐赠人反馈定向资金使用情况。

六、监管方式

（一）灾区政府负责项目的规划、选址、招标、组织施工、质量监督、资金监管和监督检查等事宜，并定期向青海省民政厅、红十字会、慈善总会等提供项目进展情况。

（二）青海省民政厅、红十字会、慈善总会等机构作为捐赠者代表，应参与有关项目的全过程监督检查，负责公示使用捐赠资金项目的执行情况，并向上级拨款单位反馈相关信息。

（三）有关部门和机构要按照中央抗震救灾资金物资监督检查领导小组的统一部署，加强对捐赠资金管理使用的监管，主动配合纪检监察、财政、审计等部门对资金管理使用情况的监督检查。

本办法未尽事宜，由捐赠接收机构与青海省协商，按照有关规定实施。

民政部、住房和城乡建设部、商务部关于青海玉树地震受灾群众过渡性安置工作指导意见

（2010年4月23日）

青海省民政厅、住房和城乡建设厅、商务厅：

根据4月21日国务院抗震救灾总指挥部第8次会议精神，为妥善做好受灾群众的过渡性安置工作，提出以下指导意见。

一、做好安置点规划。选择过渡性安置地点要坚持就地、就近原则，方便开展恢复重建，方便群众生产生活。选址要避

开地震活动断层和可能发生山体滑坡、泥石流等地质灾害的区域，避免对自然保护区、饮用水源保护区以及生态脆弱区域造成破坏。规模要适度，要方便学生上学，方便群众就医，易于管理。

二、多渠道解决住所。解决受灾群众临时住所，要采取多种方式、措施。要在及时发放并积极帮助受灾群众搭建棉帐篷的同时，制定鼓励政策，动员群众自建简易过渡住房，保证每户有一顶棉帐篷或一间过渡住房。

三、保障生活必需品供应。要加强生活必需品市场监测，及时将已经运抵灾区的粮食、肉类、食用油等生活物资分发到受灾群众手中，同时尽快恢复城乡商业网点，搞活商品流通，保障群众主要消费品市场供应，解决好日常生活所需炉具、灶具等生活用品紧缺问题，逐步做到受灾群众每家可以独立开伙。

四、落实好临时生活救助政策。要按照民政部、财政部、国家粮食局有关通知要求，抓紧制订受灾群众临时生活救助实施方案，立即组织力量，深入灾区核查灾情，审核确定救助对象，及时、足额地将补助金、救济粮发放到救助对象手中。要及时将符合救助条件的本地户籍及滞留本地的外地户籍受灾困难群众全部纳入救助范围，确保基本生活。

五、做好安置点配套设施建设。要协调有关部门做好过渡性安置点水、电、加油站（点）、道路等基础设施的配套建设，按比例配备医疗点、集中供水点、公共卫生间、垃圾收集点、日常用品供应点、少数民族特需品供应点等配套公共服务设施，同时配备相应的消防设施，防范火灾发生。

六、加强集中安置点管理。受灾群众的过渡性安置，应组织州、县分区划片，在尊重个人意愿的前提下，尽量参照灾前村（居）委会的建制，建立灾后的基层群众性自治组织，同时选派干部蹲点做好指导工作，切实加强安置点管理，随时解决群众生活中出现的问题，维护正常社会秩序。

七、加强救灾物资管理使用。要统筹灾区各类需求，研究确定救灾物资优先安排的对象，棉帐篷、棉衣被等物资要优先保障遇难者家庭、孕妇、婴幼儿、孤儿、孤老、残疾人员，大帐篷、活动板房等优先用于学校、医疗点、福利机构、商业网点等公共服务设施，做到物资发放公正、公开、公平，避免因分配问题引发矛盾。

八、明确工作责任。要在当地政府统一领导下，建立民政、住房城乡建设、商务等部门各尽其责、密切配合的受灾群众过渡性安置保障机制。民政部门负责棉帐篷、食品等各类生活物资的分配方案，依靠基层组织做好发放工作。住房城乡建设部门会同有关部门负责安置点的规划、选址工作。商务部门负责恢复商业网点，保障市场供应。

请你省依据本意见，进一步细化、实化，制定受灾群众过渡性安置的具体办法。

关于青海玉树地震灾区困难群众实施临时生活救助有关问题的通知

（2010 年 4 月 16 日　民发〔2010〕49 号）

青海省民政厅、财政厅、粮食局：

为有效帮助青海玉树地震灾区群众解决基本生活困难，根据国务院决定，对因灾生活困难群众实施临时生活救助。现就有关问题通知如下：

一、临时生活救助包括补助金和救济粮。从灾害发生之日起，对因灾无房可住、无生产资料和无收入来源的困难群众，每人每天发放 10 元补助金和 1 斤成品粮；对因灾造成的“三孤”（孤儿、孤老、孤残）人员，每人每月补助 600 元（受灾的原“三孤”人员补足到每人每月 600 元），补助时间为 3 个月。青海省政府可根据当地特殊情况，适当提高“三孤”人员补助标准。

二、发放补助所需资金，通过中央财政安排的 2 亿元抗震救灾综合财力补助中解决；救济粮由中央从中央储备原粮中无偿划拨给青海省人民政府，省级人民政府统一负责原粮的出库、调运和将原粮加工成成品粮，免费提供给救助对象。

三、补助金由民政部门直接发放给救助对象，实行按月发放。救济粮的出库、调运、加工和发放由粮食部门会同民政部门办理。

四、灾区各级民政、财政、粮食部门要准确把握救助政策，尽快制定本地区实施方案。要立即组织力量，深入灾区核查灾情，审核确定救助对象，并登记造册、张榜公布，接受群众监督，做到不漏不重。省人民政府民政、财政部门要尽快将审核确定的分县（区）救助对象人数上报民政部、财政部。

五、灾区各级民政、财政、粮食部门要切实加强因灾生活困难群众补助金、救济粮的发放管理，专账核算，专款专用，无偿使用，严禁挤占挪用和虚报冒领，一旦发现违纪违规行为，要依法予以惩处。

六、灾区各级民政、财政、粮食部门要以高度负责的态度，密切配合，抓紧实施，及时、足额地将补助金、救济粮发放到救助对象手中，并将有关情况上报民政部、财政部、国家粮食局。

关于汶川地震抗震救灾捐赠资金使用有关问题的意见

（2008 年 10 月 24 日　民发〔2008〕150 号）

为贯彻落实《国务院办公厅关于加强汶川地震抗震救灾捐赠款物管理使用的通知》（国办发〔2008〕39 号）、《国务院办公厅关于汶川地震抗震救灾捐赠资金使用指导意见》（国办发〔2008〕51 号)等有关要求,切实加强捐赠资金的规范管理和有效使用,现就汶川地震抗震救灾捐赠资金管理使用有关问题提出以下意见:

一、捐赠资金使用的原则和范围

救灾捐赠资金的管理和使用要做到合理、守法、公开、透明,尊重捐赠者意愿和政府引导相结合,符合国家灾后恢复重建规划的要求。各级政府及其部门一律不得在捐赠资金中列支管理费用,严格控制采购工具、运费等开支,杜绝浪费现象发生。各有关方面要主动配合审计、监察部门的监督检查。

对定向捐赠资金,要按照捐赠人意向优先安排使用。对非定向捐赠资金,要突出使用效果,根据国家灾后恢复重建规划及相关专项规划安排使用,主要用于灾区农村居民住房、中小学校、县乡两级医疗卫生机构、社会福利、文化等公共服务设施及配套设备,以及农村道路和桥梁等重建,安排使用金额不低于非定向捐款总数的 80%。

二、定向捐赠资金的调整使用

对超过项目重建需要的定向捐款,由受援地县级以上人民政府与捐款管理单位根据国家灾后恢复重建规划共同提出调整意见,商捐赠人同意后统筹安排。对于难以联系到捐赠人的,由受援地县级以上人民政府提出调整方案报省级人民政府批准,并按资金拨付渠道逐级反馈,由接收捐款部门向社会公告说明。定向捐赠资金的使用要遵循先捐者优先的原则,注重保护捐赠人积极性和发挥资金使用效益。

为避免因项目投资规模和建设标准不一出现相互攀比,以及捐赠资金过于集中于一些学校、医院等项目,由教育部、卫生部会同国家发展改革委等部门按照国家灾后恢复重建规划研究提出统一的学校、医院重建指导标准,超出标准的资金,可按上述办法调整使用,防止资金浪费和豪华建设。

三、捐建项目的冠名

本次捐建项目原则上不冠名,可尽量采取立碑等方式留名纪念。对捐赠人单独出资或主要由其出资捐建的重建项目,如捐赠人提出冠名要求,应征得受益人同意,并根据《公益事业捐赠法》、《地名管理条例》等有关法律法规规定,报县级以上人民政府批准。其中,涉及境外捐赠人要求项目冠名或留名的,报省级人民政府批准。

四、捐赠资金统计和使用情况反馈

各地区、各有关部门和捐赠接收机构,要严格执行民政部、财政部、统计局印发的《汶川地震抗震救灾捐赠款物统计办法》,尽快使用"5.12 汶川特大地震抗震救灾捐赠信息管理系统",抓紧规范整理各类捐赠资金信息,及时汇总上报统计结果,密切跟踪捐赠资金拨付使用情况。

要做好捐赠资金使用情况的反馈,在资金逐级向下拨付的同时,将有关信息逐级向上反馈,并由捐赠接收机构负责向捐赠人反馈捐款使用情况。民政部和中国红十字会总会、中华慈善总会等全国性社会组织以及各省(区、市)要定期(每月不少于 1 次)向社会公告捐赠资金拨付使用情况。

五、中央部门和单位接收捐赠资金的汇缴和使用

中央有关部门和单位要及时将捐赠资金接收和使用情况报民政部、财政部,并将现存捐赠资金集中到中央财政汇缴专户。民政部等部门要及时向社会公布中央部门和单位接收捐赠资金的汇缴情况。中央部门和单位接收的捐赠资金,可按照捐赠人的意愿,根据国家灾后恢复重建规划及相关专项规划,商灾区省级人民政府,确定具体的重建项目。民政部、财政部要按照确定的捐赠资金使用方向,及时拨付捐赠资金。

六、地方接收捐赠资金的管理使用

承担国家对口支援任务省份接收的定向捐赠资金,按照捐赠者意愿落实具体援建地区和项目;接收的非定向捐赠资金,按照上述非定向捐赠资金使用办法,用于对口支援县市的恢复重建。受援地区要向支援省份及时、准确反馈捐赠资金使用情况。未安排对口支援任务省份接收的非定向捐赠资金,可按照国家灾后恢复重建规划直接用于受灾省份重建项目,也可以集中到中央财政汇缴专户,统一安排使用。

各受灾省要尽快建立健全捐赠资金使用指导协调机制,进一步加强和规范捐赠资金的管理使用,全面掌握各类捐赠资金的来源和使用方向,实行专账管理,及时妥善处理捐赠资金使用中出现的问题。

七、全国性社会组织接收捐赠资金的管理使用

经批准的全国性社会组织所接收的捐赠资金,原则上可由其根据捐赠者意愿及国家灾后恢复重建规划,在民政部、国家发展改革委、财政部、教育部、卫生部等部门组成的汶川特大地震抗震救灾捐款使用指导协调机制指导下,自行与灾区政府协商安排使用并报民政部备案。捐赠资金的使用要兼顾地区之间、项目之间投资规模和建设标准基本平衡。

省级人民政府可根据国办发〔2008〕39 号、51 号文件及本《意见》,制定捐赠资金管理使用的具体实施办法。

汶川地震抗震救灾捐赠款物统计办法

(2008 年 7 月 16 日)

第一条　根据《国务院办公厅关于加强汶川地震抗震救灾捐赠款物管理使用的通知》(国办发〔2008〕39 号)、《国务院办公厅关于汶川地震抗震救灾捐赠资金使用指导意见》(国办发〔2008〕51 号)和中央纪委等五部委《关于加强对抗震救灾资金物资监管的通知》(中纪发〔2008〕12 号)通知要求,为规范汶川地震抗震救灾捐赠信息统计工作,制定本办法。

第二条　本办法适用于所有已经接收救灾捐赠款物的单位,包括中央和国务院各部门、各单位、各人民团体及各类全国性社会组织和地方各级党委、政府组成部门、人民团体和民政部门批准的各类社会组织。

第三条 民政部门为汶川地震抗震救灾捐赠款物综合统计汇总单位。民政部负责统计汇总中央级单位(中央和国务院各部门、各单位、各人民团体及各类全国性社会组织)和省级民政部门汇总上报的救灾捐赠款物信息。地方各级民政部门负责统计本区域内同级社会接收捐赠机构(党委、政府组成部门、人民团体和民政部门批准的各类社会组织)的捐赠信息和直接下级民政部门汇总的捐赠信息。

第四条 按照谁接收、谁统计的原则,实行在地统计管理。中央和国务院各部门、各单位、各人民团体及各类全国性社会组织,只统计本级实际接收到的捐赠款物及其分配、使用情况;地方各级党委、政府组成部门、人民团体和民政部门批准的各类社会组织,也只统计本级实际接收到的捐赠款物及其分配、使用情况。

第五条 统计内容。本办法统计调查内容为汶川地震抗震救灾社会捐赠款物信息。有关部门和单位使用财政性资金支援灾区的,作为财政投入,不作为救灾捐赠进行统计;进入财政专户的救灾捐赠资金,财政部门回拨给民政部门时,不再统计为财政投入。

第六条 统计对象。包括已经接收抗震救灾捐赠款物的各级党委、政府组成部门、人民团体及各类社会组织。

第七条 报送渠道。中央和国务院各部门、各单位、各人民团体及各类全国性社会组织接收捐赠情况直接报送民政部;地方党政机关、人民团体以及各类社会组织,将接受捐赠信息报送同级民政部门。

地方民政部门按照本办法,逐级汇总统计本行政区域内各接收单位的捐赠信息并上报,由省级民政部门汇总统计后报民政部。中央垂直管理单位也按照在地统计原则,向所在地本级民政部门报送资料。

为避免重复,已经将接收的捐赠款物全部转交给其他捐赠接收机构并不再接收救灾捐赠的,不用报送捐赠统计信息。

第八条 报送时间。凡是已经接收救灾捐赠的党政机关、人民团体及各类社会组织,均需详细填写有关信息,及时报送同级民政部门。中央级单位和省级民政部门在每日10时前,将截至前一天12时的接收捐赠信息报民政部。

第九条 填报要求。捐赠款物按来源分直接接收的捐赠和间接接收的捐赠统计。直接接收的捐赠是指接收捐赠机构直接接收的社会各界单位和个人捐赠的款物,间接接收的捐赠款物是指其他接收捐赠机构转来的捐赠款物。直接接收的捐赠款物和间接接收的捐赠款物要分别填报,以避免重复统计和错报、漏报。

直接支出捐赠中的现金支出应按照国办院办公厅《关于汶川地震抗震救灾捐赠资金使用指导意向》(国办发〔2008〕51号)要求,分项目填报。

第十条 统计时点和频率。汶川地震抗震救灾捐赠信息统计起始日期为2008年5月12日,统计周期为日报,统计时点为截止到每日中午12点整。捐赠款物数量为累计数。民政部可以根据救灾捐赠工作进展情况,适时调整统计周期和报送时间。

第十一条 抗震救灾捐赠综合统计信息由民政部门管理并对外公布。依照谁接收、谁公开的原则,各捐赠款物接收机构要通过网络等载体,及时公布本机构接收捐赠款物的有关情况,包括捐赠资金来源、规模、捐赠者意愿以及捐赠款物拨付等信息,确保每一个捐赠人都可以查询到自己的捐赠信息。

第十二条 各有关机构要指定人员负责填写《汶川抗震救灾捐赠款物统计表》(见附件1)并及时报送,确保将本机构接收的捐赠款物,按照要求报送同级的民政部门。民政部在此基础上,建立汶川地震抗震救灾捐赠款物使用管理信息系统,并推广使用。

附件1.《汶川抗震救灾捐赠款物统计表》

附件2. 汶川地震抗震救灾捐赠款物统计有关指标解释

附件1

汶川抗震救灾捐赠款物统计表

填报单位:

代码	指标名称	计量单位	数额	代码	指标名称	计量单位	数额
A0000	一、捐赠收入情况			B0000	二、捐赠支出和转移情况		
A1000	(一)直接接收捐赠情况			B1000	(一)捐赠直接支出情况		
A1100	1. 捐赠款总额	万元		B1100	1. 现金支出	万元	
A1110	其中:定向捐赠合计	万元		B1110	其中:重建民房	万元	
A1111	其中:重建民房	万元		B1120	重建学校	万元	
A1112	重建学校	万元		B1130	重建医院	万元	

续 表

A1113	重建医院	万元		B1140	重建福利设施	万元	
A1114	重建福利设施	万元		B1150	其他	万元	
A1115	其他	万元		B1200	2. 采购救灾物资支出	万元	
A1120	其中:境外捐赠款数	万元		B2000	(二)转到其他受赠单位情况		
A1200	2. 捐赠物资折价合计	万元		B2100	1. 转出捐赠款数额	万元	
A1210	① 捐赠衣被数量	万件		B2110	其中:转入四川	万元	
A1211	捐赠衣被价值	万元		B2120	转入甘肃	万元	
A1220	②捐赠其他物资数量	万件		B2130	转入陕西	万元	
A1221	捐赠其他物资价值	万元		B2140	转入重庆	万元	
A2000	(二)间接接收捐赠(其他接收捐赠部门转入)情况			B2150	转入云南	万元	
A2100	1. 捐赠款数额	万元		B2200	2. 转出捐赠物资合计	万元	
A2200	2. 捐赠衣被价值	万元		B2210	①转出衣被价值	万元	
A2210	捐赠衣被数量	万件		B2211	转出衣被数量	万件	
A2211	其中:棉衣被	万件		B2220	②转出其他物资价值	万元	
A2300	3. 捐赠其他物资价值	万元		B2221	转出其他物资数量	万件	

单位负责人: 填表人:

附件 2

汶川地震抗震救灾捐赠款物统计有关指标解释

1. 直接接收捐赠:指累计救灾捐赠款(物),即指本行政区域内民政部门或其他部门、社会组织接收国内外社会各界捐赠的现金(物资折价)总计,各接受单位只统计接收的第一次捐赠,彼此之间的捐赠现金(物资)往来不重复统计。

2. 定向捐赠:指捐赠人有特定意愿的捐赠。包括定向捐赠恢复重建民房、学校、医院、福利设施以及其他项目。

3. 捐赠衣被数量:指报告期内各级民政部门或其他部门、社会组织从社会各界直接接收的棉被、衣服总数。各接受单位只统计接收的第一次捐赠,彼此之间捐赠衣被的往来不再重复统计。

4. 捐赠物资折价:指报告期内各级民政部门或其他部门、社会组织从社会各界直接接收的物资折合人民币的价值。

5. 间接接收捐赠(其他捐赠接收机构转入):指其他捐赠接收机构(统计单位)转入的社会捐赠款累计数,即指上级部门下拨、下级部门上交或其他机构转入的捐赠款数。非统计单位转入的捐赠则为直接接收捐赠数。例如,××省残联将接受的捐赠款物转交给××省慈善总会,如××省残联已是统计单位,对于××省慈善总会来讲,上述所转入的款物为间接接收捐赠;如××省残联不是本办法所属统计单位,则对于××省慈善总会来讲,上述所转入的款物为直接接收捐赠数。

6. 捐赠直接支出情况:指接收捐赠机构直接拨付,用于重建民房、学校、医院、福利设施等方面,以及发放给受灾群众或直接用于采购救灾物资的资金。

7. 转到其他受赠单位情况:指接收捐赠机构拨付灾区或转交其他接收捐赠部门的款物。

汶川地震抗震救灾资金物资管理使用信息公开办法

(2008 年 6 月 1 日 民发〔2008〕75 号)

第一条 为了进一步加强对汶川地震抗震救灾资金和物资的管理使用,保障相关信息的公开、透明,加强社会监督,提高抗震救灾资金物资的使用效益和运行效益,根据《中华人民共和国公益事业捐赠法》、《中华人民共和国政府信息公开条例》和国务院办公厅《关于加强汶川地震抗震救灾捐赠款物管理使用的通知》、民政部《救灾捐赠管理办法》等有关规定，制定本办法。

第二条　本办法所称抗震救灾资金物资，是指汶川地震抗震救灾工作中用于保障受灾群众基本生活的中央和地方政府投入的救灾资金物资、社会捐赠资金物资。

第三条　公开抗震救灾资金物资的管理和使用信息，应当坚持真实全面、及时快捷、方便群众、有利监督的原则。

第四条　应当公开抗震救灾资金和物资管理使用信息的主体包括：

（一）政府及其相关部门；

（二）各级红十字会、慈善会等具有救灾宗旨的公募基金会；

（三）经民政部门批准开展募捐活动的其他公募基金会；

（四）向以上部门和单位移交接收捐赠的其他社会组织。

第五条　民政部负责对中央各有关部门、地方各级民政部门、红十字会总会、中华慈善总会等具有救灾宗旨的公募基金会、其他经民政部批准开展募捐活动的公募基金会接收的救灾捐赠资金物资的汇总统计，报国务院抗震救灾总指挥部统一发布。

第六条　地方各级人民政府及其相关部门应当主动向社会公开以下事项：

（一）上级政府拨付的抗震救灾资金数额、分配情况；

（二）本级政府安排的抗震救灾资金数额、分配情况；

（三）接收抗震救灾捐赠资金的来源、数额，分配去向、用途、数额；

（四）接收抗震救灾捐赠物资的来源、数额，分配去向、用途、数额；

（五）其他需要公开的事项。

第七条　各接收部门和单位应当主动向社会公开以下事项：

（一）接收抗震救灾捐赠资金的来源、数额，分配去向、用途、数量及使用结果；

（二）接收抗震救灾捐赠物资的来源、数额，分配去向、用途、数额；

（三）发放资金、物资的流程；

（四）其他需要公开的事项。

第八条　灾区乡（镇）人民政府、村民委员会和城市居民委员会负责公开以下事项：

（一）受灾群众的救助条件；

（二）受灾群众的救助标准；

（三）救助对象名单；

（四）上级拨付、发放的抗震救灾资金数额、物资的来源、种类和数额；

（五）其他需要公开的事项。

第九条　捐赠人事先声明不公开身份信息的，应当尊重捐赠人意见。

第十条　公开的方式应当根据本地实际情况确定，主要形式有：

（一）政府公报、政府网站、新闻发布会公开；

（二）村务公开栏公开；

（三）政务公开栏公开；

（四）报刊、广播、电视公开；

（五）其他有效方式公开。

第十一条　抗震救灾资金、物资的管理使用情况要定期公开，重要事项应当随时公开。

第十二条　乡（镇）人民政府、村民委员会和城市居民委员会发放抗震救灾款物应当逐次公开。

第十三条　情况紧急的，按照边转移、边安置、边发放的原则，先行发放救灾资金物资，灾情稳定后再按照规定公开抗震救灾资金和物资的发放、分配情况。

第十四条　民政、监察、财政、审计等部门加强对抗震救灾资金和物资管理、使用公开工作的监督检查。

第十五条　接收部门和单位应当安排专人负责做好捐赠人和社会对抗震救灾捐赠款物发放管理和使用情况询问的答复工作，主动接受审计、监察等部门、社会各界和新闻媒体的监督。

第十六条　在信息公开中不认真履行职责，弄虚作假，欺骗群众，造成严重社会影响和后果的，对有关责任人员依法给予处分，涉嫌犯罪的，移送司法机关依法处理。

第十七条　本办法由民政部负责解释。

第十八条　本办法自公布之日起施行。

汶川地震抗震救灾生活类物资分配办法

（2008年6月1日　民发〔2008〕74号）

第一条　为了加强对各级人民政府安排和社会各界捐赠的汶川地震抗震救灾生活类物资管理，规范分配、发放和使用，提高运行效率和使用效益，根据《国家自然灾害救助应急预案》（国办函〔2005〕34号），民政部、财政部《中央级救灾储备物资管理办法》（民发〔2002〕193号），民政部《救灾捐赠管理办法》，制定本办法。

第二条　汶川地震抗震救灾生活类物资是指在抗震救灾中为保障群众基本生活，直接发放给受灾群众或者直接用于受灾群众的生活类物资。

第三条　抗震救灾生活类物资应当根据受灾区域大小、受灾程度、人口密度、灾区群众需求进行分配，保证重点，确保及时、快捷、高效、公开、公平、公正发放。

第四条　抗震救灾生活类物资分配要建立责任制度，必须做到手续完备,专账管理,专人负责,账物相符。

第五条 严禁物资发放中的优亲厚友、性别歧视、年龄歧视和孤残歧视行为,在保障需求的同时,避免浪费。

第六条 民政部会同有关部门,根据灾区政府提出调拨抗震救灾生活类物资的需求,商财政部启动政府紧急采购程序,采购急需物资,并快速调拨。

灾区政府根据抗震救灾工作中的物资需求,负责协调、组织、采购、调运、分配抗震救灾生活类物资。

第七条 定向捐赠的物资,由接收单位按照捐赠者意愿安排使用。为充分发挥物资使用效益,在捐赠物资过于集中某一地区或某一品种的情况下,接收捐赠单位经捐赠人书面同意后,按有关规定调剂分配。

第八条 各有关部门、社会组织依法根据抗震救灾工作的统一规划和灾区需要,在当地政府的统筹安排下,参照本办法,依据相关法律法规及政策规定,自行安排使用接收的捐赠物资,同时报民政部门备案。

第九条 灾区各级政府应当设立抗震救灾生活类物资调配中心,负责统一管理、调配、组织发放抗震救灾生活类物资。抗震救灾生活类物资发放点应当设置明显标识,将发放情况定期向社会公布,接受相关管理和监督。

第十条 抗震救灾生活类物资调配中心对抗震救灾生活类物资的接收和发放应当建立严格的工作制度。对发放的各类物资,应当区分种类、数量和发放地区,登记造册,分阶段对物资进行清理和统计,做到账物相符。灾区乡镇政府必须严格执行收发制度,实行收发"实名制",物资收发单以及存档记录应当由负责人签字。

第十一条 抗震救灾生活类物资调配中心在接收抗震救灾生活类物资时,应当安排专人负责对所接收的物资进行登记和清点入库,并填写入库单;抗震救灾生活类物资出库时,必须由物资管理负责人员填写出库单,并核实抗震救灾生活类物资的种类和数量,保证记录数据进出一致。

第十二条 灾区农业、卫生、质检、药监等部门在当地政府的统一领导下,应当按照各自职责,对拟出库发放的抗震救灾生活类物资进行质量检验检疫和卫生监督,尤其要确保食品、饮用水、药品等在保质期内使用。

第十三条 遇到紧急情况时,抗震救灾生活类物资的分配可以特事特办,抗震救灾生活类物资调配中心负责人经请示上级主管领导同意后,可先发放物资,后补办手续。

第十四条 灾区政府在灾民集中安置点统一设立抗震救灾生活类物资发放点,负责抗震救灾生活类物资的具体发放工作,并公示负责人名单和联系方式。

物资发放点要吸收受灾群众推选的代表参与生活类物资的发放和管理工作。群众代表要积极协助发放管理工作,及时反映抗震救灾生活类物资发放工作中出现的问题,及时提出意见建议,重大问题由当地政府予以协调和解决。

第十五条 灾区地方各级政府应当向受灾群众公布抗震救灾生活类物资数量和分配方法。属于灾害专项救助的,要公布救助标准、享受救助条件等。

第十六条 抗震救灾生活类物资发放结果要定期向社会公示,接受群众监督。

第十七条 灾区各级政府应当公布抗震救灾生活类物资发放举报电话,并及时反馈举报处理结果。

第十八条 违反本办法规定,玩忽职守、贻误工作的,对有关责任人员依法给予处分,涉嫌犯罪的,移送司法机关依法处理。

第十九条 本办法由民政部负责解释。灾区各级政府可根据本地实际,制订实施细则。

第二十条 本办法自公布之日起施行。

3. 城市低保

城市居民最低生活保障条例

(1999年9月28日中华人民共和国国务院令第271号发布 自1999年10月1日起施行)

第一条 为了规范城市居民最低生活保障制度,保障城市居民基本生活,制定本条例。

第二条 持有非农业户口的城市居民,凡共同生活的家庭成员人均收入低于当地城市居民最低生活保障标准的,均有从当地人民政府获得基本生活物质帮助的权利。

前款所称收入,是指共同生活的家庭成员的全部货币收入和实物收入,包括法定赡养人、扶养人或者抚养人应当给付的赡养费、扶养费或者抚养费,不包括优抚对象按照国家规定享受的抚恤金、补助金。

第三条 城市居民最低生活保障制度遵循保障城市居民基本生活的原则,坚持国家保障与社会帮扶相结合、鼓励劳动自救的方针。

第四条 城市居民最低生活保障制度实行地方各级人民政府负责制。县级以上地方各级人民政府民政部门具体负责本行政区域内城市居民最低生活保障的管理工作;财政部门按照规定落实城市居民最低生活保障资金;统计、物价、审计、劳动保障和人事等部门分工负责,在各自的职责范围内负责城市居民最低生活保障的有关工作。

县级人民政府民政部门以及街道办事处和镇人民政府(以下统称管理审批机关)负责城市居民最低生活保障的具体管理审批工作。

居民委员会根据管理审批机关的委托,可以承担城市居民最低生活保障的日常管理、服务工作。

国务院民政部门负责全国城市居民最低生活保障的管理

工作。

第五条 城市居民最低生活保障所需资金，由地方人民政府列入财政预算，纳入社会救济专项资金支出项目，专项管理，专款专用。

国家鼓励社会组织和个人为城市居民最低生活保障提供捐赠、资助；所提供的捐赠资助，全部纳入当地城市居民最低生活保障资金。

第六条 城市居民最低生活保障标准，按照当地维持城市居民基本生活所必需的衣、食、住费用，并适当考虑水电燃煤（燃气）费用以及未成年人的义务教育费用确定。

直辖市、设区的市的城市居民最低生活保障标准，由市人民政府民政部门会同财政、统计、物价等部门制定，报本级人民政府批准并公布执行；县（县级市）的城市居民最低生活保障标准，由县（县级市）人民政府民政部门会同财政、统计、物价等部门制定，报本级人民政府批准并报上一级人民政府备案后公布执行。

城市居民最低生活保障标准需要提高时，依照前两款的规定重新核定。

第七条 申请享受城市居民最低生活保障待遇，由户主向户籍所在地的街道办事处或者镇人民政府提出书面申请，并出具有关证明材料，填写《城市居民最低生活保障待遇审批表》。城市居民最低生活保障待遇，由其所在地的街道办事处或者镇人民政府初审，并将有关材料和初审意见报送县级人民政府民政部门审批。

管理审批机关为审批城市居民最低生活保障待遇的需要，可以通过入户调查、邻里访问以及信函索证等方式对申请人的家庭经济状况和实际生活水平进行调查核实。申请人及有关单位、组织或者个人应当接受调查，如实提供有关情况。

第八条 县级人民政府民政部门经审查，对符合享受城市居民最低生活保障待遇条件的家庭，应当区分下列不同情况批准其享受城市居民最低生活保障待遇：

（一）对无生活来源、无劳动能力又无法定赡养人、扶养人或者抚养人的城市居民，批准其按照当地城市居民最低生活保障标准全额享受；

（二）对尚有一定收入的城市居民，批准其按照家庭人均收入低于当地城市居民最低生活保障标准的差额享受。

县级人民政府民政部门经审查，对不符合享受城市居民最低生活保障待遇条件的，应当书面通知申请人，并说明理由。

管理审批机关应当自接到申请人提出申请之日起的30日内办结审批手续。

城市居民最低生活保障待遇由管理审批机关以货币形式按月发放；必要时，也可以给付实物。

第九条 对经批准享受城市居民最低生活保障待遇的城市居民，由管理审批机关采取适当形式以户为单位予以公布，接受群众监督。任何人对不符合法定条件而享受城市居民最低生活保障待遇的，都有权向管理审批机关提出意见；管理审批机关经核查，对情况属实的，应当予以纠正。

第十条 享受城市居民最低生活保障待遇的城市居民家庭人均收入情况发生变化的，应当及时通过居民委员会告知管理审批机关，办理停发、减发或者增发城市居民最低生活保障待遇的手续。

管理审批机关应当对享受城市居民最低生活保障待遇的城市居民的家庭收入情况定期进行核查。

在就业年龄内有劳动能力但尚未就业的城市居民，在享受城市居民最低生活保障待遇期间，应当参加其所在的居民委员会组织的公益性社区服务劳动。

第十一条 地方各级人民政府及其有关部门，应当对享受城市居民最低生活保障待遇的城市居民在就业、从事个体经营等方面给予必要的扶持和照顾。

第十二条 财政部门、审计部门依法监督城市居民最低生活保障资金的使用情况。

第十三条 从事城市居民最低生活保障管理审批工作的人员有下列行为之一的，给予批评教育，依法给予行政处分；构成犯罪的，依法追究刑事责任：

（一）对符合享受城市居民最低生活保障待遇条件的家庭拒不签署同意享受城市居民最低生活保障待遇意见的，或者对不符合享受城市居民最低生活保障待遇条件的家庭故意签署同意享受城市居民最低生活保障待遇意见的；

（二）玩忽职守、徇私舞弊，或者贪污、挪用、扣压、拖欠城市居民最低生活保障款物的。

第十四条 享受城市居民最低生活保障待遇的城市居民有下列行为之一的，由县级人民政府民政部门给予批评教育或者警告，追回其冒领的城市居民最低生活保障款物；情节恶劣的，处冒领金额1倍以上3倍以下的罚款：

（一）采取虚报、隐瞒、伪造等手段，骗取享受城市居民最低生活保障待遇的；

（二）在享受城市居民最低生活保障待遇期间家庭收入情况好转，不按规定告知管理审批机关，继续享受城市居民最低生活保障待遇的。

第十五条 城市居民对县级人民政府民政部门作出的不批准享受城市居民最低生活保障待遇或者减发、停发城市居民最低生活保障款物的决定或者给予的行政处罚不服的，可以依法申请行政复议；对复议决定仍不服的，可以依法提起行政诉讼。

第十六条 省、自治区、直辖市人民政府可以根据本条例，结合本行政区域城市居民最低生活保障工作的实际情况，规定实施的办法和步骤。

第十七条 本条例自1999年10月1日起施行。

国务院关于解决城市低收入家庭住房困难的若干意见

（2007年8月7日　国发〔2007〕24号）

住房问题是重要的民生问题。党中央、国务院高度重视解决城市居民住房问题，始终把改善群众居住条件作为城市住房制度改革和房地产业发展的根本目的。20多年来，我国住房制度改革不断深化，城市住宅建设持续快速发展，城市居民住房条件总体上有了较大改善。但也要看到，城市廉租住房制度建设相对滞后，经济适用住房制度不够完善，政策措施还不配套，部分城市低收入家庭住房还比较困难。为切实加大解决城市低收入家庭住房困难工作力度，现提出以下意见：

一、明确指导思想、总体要求和基本原则

（一）指导思想。以邓小平理论和"三个代表"重要思想为指导，深入贯彻落实科学发展观，按照全面建设小康社会和构建社会主义和谐社会的目标要求，把解决城市（包括县城，下同）低收入家庭住房困难作为维护群众利益的重要工作和住房制度改革的重要内容，作为政府公共服务的一项重要职责，加快建立健全以廉租住房制度为重点、多渠道解决城市低收入家庭住房困难的政策体系。

（二）总体要求。以城市低收入家庭为对象，进一步建立健全城市廉租住房制度，改进和规范经济适用住房制度，加大棚户区、旧住宅区改造力度，力争到"十一五"期末，使低收入家庭住房条件得到明显改善，农民工等其他城市住房困难群体的居住条件得到逐步改善。

（三）基本原则。解决低收入家庭住房困难，要坚持立足国情，满足基本住房需要；统筹规划，分步解决；政府主导，社会参与；统一政策，因地制宜；省级负总责，市县抓落实。

二、进一步建立健全城市廉租住房制度

（四）逐步扩大廉租住房制度的保障范围。城市廉租住房制度是解决低收入家庭住房困难的主要途径。2007年底前，所有设区的城市要对符合规定住房困难条件、申请廉租住房租赁补贴的城市低保家庭基本做到应保尽保；2008年底前，所有县城要基本做到应保尽保。"十一五"期末，全国廉租住房制度保障范围要由城市最低收入住房困难家庭扩大到低收入住房困难家庭；2008年底前，东部地区和其他有条件的地区要将保障范围扩大到低收入住房困难家庭。

（五）合理确定廉租住房保障对象和保障标准。廉租住房保障对象的家庭收入标准和住房困难标准，由城市人民政府按照当地统计部门公布的家庭人均可支配收入和人均住房水平的一定比例，结合城市经济发展水平和住房价格水平确定。廉租住房保障面积标准，由城市人民政府根据当地家庭平均住房水平及财政承受能力等因素统筹研究确定。廉租住房保障对象的家庭收入标准、住房困难标准和保障面积标准实行动态管理，由城市人民政府每年向社会公布一次。

（六）健全廉租住房保障方式。城市廉租住房保障实行货币补贴和实物配租等方式相结合，主要通过发放租赁补贴，增强低收入家庭在市场上承租住房的能力。每平方米租赁补贴标准由城市人民政府根据当地经济发展水平、市场平均租金、保障对象的经济承受能力等因素确定。其中，对符合条件的城市低保家庭，可按当地的廉租住房保障面积标准和市场平均租金给予补贴。

（七）多渠道增加廉租住房房源。要采取政府新建、收购、改建以及鼓励社会捐赠等方式增加廉租住房供应。小户型租赁住房短缺和住房租金较高的地方，城市人民政府要加大廉租住房建设力度。新建廉租住房套型建筑面积控制在50平方米以内，主要在经济适用住房以及普通商品住房小区中配建，并在用地规划和土地出让条件中明确规定建成后由政府收回或回购；也可以考虑相对集中建设。积极发展住房租赁市场，鼓励房地产开发企业开发建设中小户型住房面向社会出租。

（八）确保廉租住房保障资金来源。地方各级人民政府要根据廉租住房工作的年度计划，切实落实廉租住房保障资金：一是地方财政要将廉租住房保障资金纳入年度预算安排。二是住房公积金增值收益在提取贷款风险准备金和管理费用之后全部用于廉租住房建设。三是土地出让净收益用于廉租住房保障资金的比例不得低于10%，各地还可根据实际情况进一步适当提高比例。四是廉租住房租金收入实行收支两条线管理，专项用于廉租住房的维护和管理。对中西部财政困难地区，通过中央预算内投资补助和中央财政廉租住房保障专项补助资金等方式给予支持。

三、改进和规范经济适用住房制度

（九）规范经济适用住房供应对象。经济适用住房供应对象为城市低收入住房困难家庭，并与廉租住房保障对象衔接。经济适用住房供应对象的家庭收入标准和住房困难标准，由城市人民政府确定，实行动态管理，每年向社会公布一次。低收入住房困难家庭要求购买经济适用住房的，由该家庭提出申请，有关单位按规定的程序进行审查，对符合标准的，纳入经济适用住房供应对象范围。过去享受过福利分房或购买过经济适用住房的家庭不得再购买经济适用住房。已经购买了经济适用住房的家庭又购买其他住房的，原经济适用住房由政府按规定回购。

（十）合理确定经济适用住房标准。经济适用住房套型标准根据经济发展水平和群众生活水平，建筑面积控制在60平方米左右。各地要根据实际情况，每年安排建设一定规模的经济适用住房。房价较高、住房结构性矛盾突出的城市，要增加经济适用住房供应。

（十一）严格经济适用住房上市交易管理。经济适用住房属于政策性住房,购房人拥有有限产权。购买经济适用住房不满5年,不得直接上市交易,购房人因各种原因确需转让经济适用住房的,由政府按照原价格并考虑折旧和物价水平等因素进行回购。购买经济适用住房满5年,购房人可转让经济适用住房,但应按照届时同地段普通商品住房与经济适用住房差价的一定比例向政府交纳土地收益等价款,具体交纳比例由城市人民政府确定,政府可优先回购;购房人向政府交纳土地收益等价款后,也可以取得完全产权。上述规定应在经济适用住房购房合同中予以明确。政府回购的经济适用住房,继续向符合条件的低收入住房困难家庭出售。

(十二)加强单位集资合作建房管理。单位集资合作建房只能由距离城区较远的独立工矿企业和住房困难户较多的企业,在符合城市规划前提下,经城市人民政府批准,并利用自用土地组织实施。单位集资合作建房纳入当地经济适用住房供应计划,其建设标准、供应对象、产权关系等均按照经济适用住房的有关规定执行。在优先满足本单位住房困难职工购买基础上房源仍有多余的,由城市人民政府统一向符合经济适用住房购买条件的家庭出售,或以成本价收购后用作廉租住房。各级国家机关一律不得搞单位集资合作建房;任何单位不得新征用或新购买土地搞集资合作建房;单位集资合作建房不得向非经济适用住房供应对象出售。

四、逐步改善其他住房困难群体的居住条件

(十三)加快集中成片棚户区的改造。对集中成片的棚户区,城市人民政府要制定改造计划,因地制宜进行改造。棚户区改造要符合以下要求:困难住户的住房得到妥善解决;住房质量、小区环境、配套设施明显改善;困难家庭的负担控制在合理水平。

(十四)积极推进旧住宅区综合整治。对可整治的旧住宅区要力戒大拆大建。要以改善低收入家庭居住环境和保护历史文化街区为宗旨,遵循政府组织、居民参与的原则,积极进行房屋维修养护、配套设施完善、环境整治和建筑节能改造。

(十五)多渠道改善农民工居住条件。用工单位要向农民工提供符合基本卫生和安全条件的居住场所。农民工集中的开发区和工业园区,应按照集约用地的原则,集中建设向农民工出租的集体宿舍,但不得按商品住房出售。城中村改造时,要考虑农民工的居住需要,在符合城市规划和土地利用总体规划的前提下,集中建设向农民工出租的集体宿舍。有条件的地方,可比照经济适用住房建设的相关优惠政策,政府引导,市场运作,建设符合农民工特点的住房,以农民工可承受的合理租金向农民工出租。

五、完善配套政策和工作机制

(十六)落实解决城市低收入家庭住房困难的经济政策和建房用地。一是廉租住房和经济适用住房建设、棚户区改造、旧住宅区整治一律免收城市基础设施配套费等各种行政事业性收费和政府性基金。二是廉租住房和经济适用住房建设用地实行行政划拨方式供应。三是对廉租住房和经济适用住房建设用地,各地要切实保证供应。要根据住房建设规划,在土地供应计划中予以优先安排,并在申报年度用地指标时单独列出。四是社会各界向政府捐赠廉租住房房源的,执行公益性捐赠税收扣除的有关政策。五是社会机构投资廉租住房或经济适用住房建设、棚户区改造、旧住宅区整治的,可同时给予相关的政策支持。

(十七)确保住房质量和使用功能。廉租住房和经济适用住房建设、棚户区改造以及旧住宅区整治,要坚持经济、适用的原则。要提高规划设计水平,在较小的户型内实现基本的使用功能。要按照发展节能省地环保型住宅的要求,推广新材料、新技术、新工艺。要切实加强施工管理,确保施工质量。有关住房质量和使用功能等方面的要求,应在建设合同中予以明确。

(十八)健全工作机制。城市人民政府要抓紧开展低收入家庭住房状况调查,于2007年底之前建立低收入住房困难家庭住房档案,制订解决城市低收入家庭住房困难的工作目标、发展规划和年度计划,纳入当地经济社会发展规划和住房建设规划,并向社会公布。要按照解决城市低收入家庭住房困难的年度计划,确保廉租住房保障的各项资金落实到位;确保廉租住房、经济适用住房建设用地落实到位,并合理确定区位布局。要规范廉租住房保障和经济适用住房供应的管理,建立健全申请、审核和公示办法,并于2007年9月底之前向社会公布;要严格做好申请人家庭收入、住房状况的调查审核,完善轮候制度,特别是强化廉租住房的年度复核工作,健全退出机制。要严肃纪律,坚决查处弄虚作假等违纪违规行为和有关责任人员,确保各项政策得以公开、公平、公正实施。

(十九)落实工作责任。省级人民政府对本地区解决城市低收入家庭住房困难工作负总责,要对所属城市人民政府实行目标责任制管理,加强监督指导。有关工作情况,纳入对城市人民政府的政绩考核之中。解决城市低收入家庭住房困难是城市人民政府的重要责任。城市人民政府要把解决城市低收入家庭住房困难摆上重要议事日程,加强领导,落实相应的管理工作机构和具体实施机构,切实抓好各项工作;要接受人民群众的监督,每年在向人民代表大会所作的《政府工作报告》中报告解决城市低收入家庭住房困难年度计划的完成情况。

房地产市场宏观调控部际联席会议负责研究提出解决城市低收入家庭住房困难的有关政策,协调解决工作实施中的重大问题。国务院有关部门要按照各自职责,加强对各地工作的指导,抓好督促落实。建设部会同发展改革委、财政部、国土资源部等有关部门抓紧完善廉租住房管理办法和经济适用住房管理办法。民政部会同有关部门抓紧制定城市低收入家庭资格认定办法。财政部会同建设部、民政部等有关部门抓紧制定廉租住房保障专项补助资金的实施办法。发展改革委会同建设部抓紧制定中央预算内投资对中西部财政困难地区新建廉租住房项目的支持办法。财政部、税务总局抓紧研究制定廉租住房建设、经济适用住房建设和住房租赁的税收支持政策。人民银行会同建设部、财政部等有关部门抓紧研究提出对廉租住房和经济适用住房建设的金融支持意见。

（二十）加强监督检查。2007年底前，直辖市、计划单列市和省会（首府）城市要把解决城市低收入家庭住房困难的发展规划和年度计划报建设部备案，其他城市报省（区、市）建设主管部门备案。建设部会同监察部等有关部门负责本意见执行情况的监督检查，对工作不落实、措施不到位的地区，要通报批评，限期整改，并追究有关领导责任。对在解决城市低收入家庭住房困难工作中以权谋私、玩忽职守的，要依法依规追究有关责任人的行政和法律责任。

（二十一）继续抓好国务院关于房地产市场各项调控政策措施的落实。各地区、各有关部门要在认真解决城市低收入家庭住房困难的同时，进一步贯彻落实国务院关于房地产市场各项宏观调控政策措施。要加大住房供应结构调整力度，认真落实《国务院办公厅转发建设部等部门关于调整住房供应结构稳定住房价格意见的通知》（国办发〔2006〕37号），重点发展中低价位、中小套型普通商品住房，增加住房有效供应。城市新审批、新开工的住房建设，套型建筑面积90平方米以下住房面积所占比重，必须达到开发建设总面积的70%以上。廉租住房、经济适用住房和中低价位、中小套型普通商品住房建设用地的年度供应量不得低于居住用地供应总量的70%。要加大住房需求调节力度，引导合理的住房消费，建立符合国情的住房建设和消费模式。要加强市场监管，坚决整治房地产开发、交易、中介服务、物业管理及房屋拆迁中的违法违规行为，维护群众合法权益。要加强房地产价格的监管，抑制房地产价格过快上涨，保持合理的价格水平，引导房地产市场健康发展。

（二十二）凡过去文件规定与本意见不一致的，以本意见为准。

国务院关于进一步加强和改进最低生活保障工作的意见

（2012年9月1日 国发〔2012〕45号）

最低生活保障事关困难群众衣食冷暖，事关社会和谐稳定和公平正义，是贯彻落实科学发展观的重要举措，是维护困难群众基本生活权益的基础性制度安排。近年来，随着各项相关配套政策的陆续出台，最低生活保障制度在惠民生、解民忧、保稳定、促和谐等方面作出了突出贡献，有效保障了困难群众的基本生活。但一些地区还不同程度存在对最低生活保障工作重视不够、责任不落实、管理不规范、监管不到位、工作保障不力、工作机制不健全等问题。为切实加强和改进最低生活保障工作，现提出如下意见：

一、总体要求和基本原则

（一）总体要求。

最低生活保障工作要以科学发展观为指导，以保障和改善民生为主题，以强化责任为主线，坚持保基本、可持续、重公正、求实效的方针，进一步完善法规政策，健全工作机制，严格规范管理，加强能力建设，努力构建标准科学、对象准确、待遇公正、进出有序的最低生活保障工作格局，不断提高最低生活保障制度的科学性和执行力，切实维护困难群众基本生活权益。

（二）基本原则。

坚持应保尽保。把保障困难群众基本生活放到更加突出的位置，落实政府责任，加大政府投入，加强部门协作，强化监督问责，确保把所有符合条件的困难群众全部纳入最低生活保障范围。

坚持公平公正。健全最低生活保障法规制度，完善程序规定，畅通城乡居民的参与渠道，加大政策信息公开力度，做到审批过程公开透明，审批结果公平公正。

坚持动态管理。采取最低生活保障对象定期报告和管理审批机关分类复核相结合等方法，加强对最低生活保障对象的日常管理和服务，切实做到保障对象有进有出、补助水平有升有降。

坚持统筹兼顾。统筹城乡、区域和经济社会发展，做到最低生活保障标准与经济社会发展水平相适应，最低生活保障制度与其他社会保障制度相衔接，有效保障困难群众基本生活。

二、加强和改进最低生活保障工作的政策措施

（一）完善最低生活保障对象认定条件。

户籍状况、家庭收入和家庭财产是认定最低生活保障对象的三个基本条件。各地要根据当地情况，制定并向社会公布享受最低生活保障待遇的具体条件，形成完善的最低生活保障对象认定标准体系。同时，要明确核算和评估最低生活保障申请人家庭收入和家庭财产的具体办法，并对赡养、抚养、扶养义务人履行相关法定义务提出具体要求。科学制定最低生活保障标准，健全救助标准与物价上涨挂钩的联动机制，综合运用基本生活费用支出法、恩格尔系数法、消费支出比例法等测算方法，动态、适时调整最低生活保障标准，最低生活保障标准应低于最低工资标准；省级人民政府可根据区域经济社会发展情况，研究制定本行政区域内相对统一的区域标准，逐步缩小城乡差距、区域差距。

（二）规范最低生活保障审核审批程序。

规范申请程序。凡认为符合条件的城乡居民都有权直接向其户籍所在地的乡镇人民政府（街道办事处）提出最低生活保障申请；乡镇人民政府（街道办事处）无正当理由，不得拒绝受理。受最低生活保障申请人委托，村（居）民委员会可以代为提交申请。申请最低生活保障要以家庭为单位，按规定提交相关材料，书面声明家庭收入和财产状况，并由申请人签字确认。

规范审核程序。乡镇人民政府(街道办事处)是审核最低生活保障申请的责任主体，在村(居)民委员会协助下，应当对最低生活保障申请家庭逐一入户调查，详细核查申请材料以及各项声明事项的真实性和完整性，并由调查人员和申请人签字确认。

规范民主评议。入户调查结束后，乡镇人民政府(街道办事处)应当组织村(居)民代表或者社区评议小组对申请人声明的家庭收入、财产状况以及入户调查结果的真实性进行评议。各地要健全完善最低生活保障民主评议办法，规范评议程序、评议方式、评议内容和参加人员。

规范审批程序。县级人民政府民政部门是最低生活保障审批的责任主体，在作出审批决定前，应当全面审查乡镇人民政府(街道办事处)上报的调查材料和审核意见(含民主评议结果)，并按照不低于30%的比例入户抽查。有条件的地方，县级人民政府民政部门可邀请乡镇人民政府(街道办事处)、村(居)民委员会参与审批，促进审批过程的公开透明。严禁不经调查直接将任何群体或个人纳入最低生活保障范围。

规范公示程序。各地要严格执行最低生活保障审核审批公示制度，规范公示内容、公示形式和公示时限等。社区要设置统一的固定公示栏；乡镇人民政府(街道办事处)要及时公示入户调查、民主评议和审核结果，并确保公示的真实性和准确性；县级人民政府民政部门应当就最低生活保障对象的家庭成员、收入情况、保障金额等在其居住地长期公示，逐步完善面向公众的最低生活保障对象信息查询机制，并完善异议复核制度。公示中要注意保护最低生活保障对象的个人隐私，严禁公开与享受最低生活保障待遇无关的信息。

规范发放程序。各地要全面推行最低生活保障金社会化发放，按照财政国库管理制度将最低生活保障金直接支付到保障家庭账户，确保最低生活保障金足额、及时发放到位。

(三)建立救助申请家庭经济状况核对机制。

在强化入户调查、邻里访问、信函索证等调查手段基础上，加快建立跨部门、多层次、信息共享的救助申请家庭经济状况核对机制，健全完善工作机构和信息核对平台，确保最低生活保障等社会救助对象准确、高效、公正认定。经救助申请人及其家庭成员授权，公安、人力资源社会保障、住房城乡建设、金融、保险、工商、税务、住房公积金等部门和机构应当根据有关规定和最低生活保障等社会救助对象认定工作需要，及时向民政部门提供户籍、机动车、就业、保险、住房、存款、证券、个体工商户、纳税、公积金等方面的信息。民政部要会同有关部门研究制定具体的信息查询办法，并负责跨省(区、市)的信息查询工作。到“十二五”末，全国要基本建立救助申请家庭经济状况核对机制。

(四)加强最低生活保障对象动态管理。

对已经纳入最低生活保障范围的救助对象，要采取多种方式加强管理服务，定期跟踪保障对象家庭变化情况，形成最低生活保障对象有进有出、补助水平有升有降的动态管理机制。各地要建立最低生活保障家庭人口、收入和财产状况定期报告制度，并根据报告情况分类、定期开展核查，将不再符合条件的及时退出保障范围。对于无生活来源、无劳动能力又无法定赡养、抚养、扶养义务人的“三无人员”，可每年核查一次；对于短期内收入变化不大的家庭，可每半年核查一次；对于收入来源不固定、成员有劳动能力和劳动条件的最低生活保障家庭，原则上实行城市按月、农村按季核查。

(五)健全最低生活保障工作监管机制。

地方各级人民政府要将最低生活保障政策落实情况作为督查督办的重点内容，定期组织开展专项检查；民政部、财政部要会同有关部门对全国最低生活保障工作进行重点抽查。财政、审计、监察部门要加强对最低生活保障资金管理使用情况的监督检查，防止挤占、挪用、套取等违纪违法现象发生。建立最低生活保障经办人员和村(居)民委员会干部近亲属享受最低生活保障备案制度，县级人民政府民政部门要对备案的最低生活保障对象严格核查管理。充分发挥舆论监督的重要作用，对于媒体发现揭露的问题，应及时查处并公布处理结果。要通过政府购买服务等方式，鼓励社会组织参与、评估、监督最低生活保障工作，财政部门要通过完善相关政策给予支持。

(六)建立健全投诉举报核查制度。

各地要公开最低生活保障监督咨询电话，畅通投诉举报渠道，健全投诉举报核查制度。有条件的地方要以省为单位设置统一的举报投诉电话。要切实加强最低生活保障来信来访工作，推行专人负责、首问负责等制度。各级人民政府、县级以上人民政府民政部门应当自受理最低生活保障信访事项之日起60日内办结；信访人对信访事项处理意见不服的，可以自收到书面答复之日起30日内请求原办理行政机关的上一级行政机关复查，收到复查请求的行政机关应当自收到复查请求之日起30日内提出复查意见，并予以书面答复；信访人对复查意见不服的，可以自收到书面答复之日起30日内向复查机关的上一级行政机关请求复核，收到复核请求的行政机关应当自收到复核请求之日起30日内提出复核意见；信访人对复核意见不服，仍以同一事实和理由提出信访请求的，不再受理，民政等部门要积极向信访人做好政策解释工作。民政部或者省级人民政府民政部门对最低生活保障重大信访事项或社会影响恶劣的违规违纪事件，可会同信访等相关部门直接督办。

(七)加强最低生活保障与其他社会救助制度的有效衔接。

加快推进低收入家庭认定工作，为医疗救助、教育救助、住房保障等社会救助政策向低收入家庭拓展提供支撑；全面建立临时救助制度，有效解决低收入群众的突发性、临时性基本生活困难；做好最低生活保障与养老、医疗等社会保险制度的衔接工作。对最低生活保障家庭中的老年人、未成年人、重度残疾人、重病患者等重点救助对象，要采取多种措施提高其救助水平。鼓励机关、企事业单位、社会组织和个人积极开展扶贫帮困活动，形成慈善事业与社会救助的有效衔接。

完善城市最低生活保障与就业联动、农村最低生活保障与扶贫开发衔接机制，鼓励积极就业，加大对有劳动能力最低生活保障对象的就业扶持力度。劳动年龄内、有劳动能力、失业的城市困难群众，在申请最低生活保障时，应当先到当地公共就业服务机构办理失业登记；公共就业服务机构应当向登记失业的最低生活保障对象提供及时的就业服务和重点帮助；对实现就业的最低生活保障对象，在核算其家庭收入时，可以扣减必要的就业成本。

三、强化工作保障，确保各项政策措施落到实处

（一）加强能力建设。省级人民政府要切实加强最低生活保障工作能力建设，统筹研究制定按照保障对象数量等因素配备相应工作人员的具体办法和措施。地方各级人民政府要结合本地实际和全面落实最低生活保障制度的要求，科学整合县（市、区）、乡镇人民政府（街道办事处）管理机构及人力资源，充实加强基层最低生活保障工作力量，确保事有人管、责有人负。加强最低生活保障工作人员业务培训，保障工作场所、条件和待遇，不断提高最低生活保障管理服务水平。加快推进信息化建设，全面部署全国最低生活保障信息管理系统。

（二）加强经费保障。省级财政要优化和调整支出结构，切实加大最低生活保障资金投入。中央财政最低生活保障补助资金重点向保障任务重、财政困难地区倾斜，在分配最低生活保障补助资金时，财政部要会同民政部研究“以奖代补”的办法和措施，对工作绩效突出地区给予奖励，引导各地进一步完善制度，加强管理。要切实保障基层工作经费，最低生活保障工作所需经费要纳入地方各级财政预算。基层最低生活保障工作经费不足的地区，省市级财政给予适当补助。

（三）加强政策宣传。以党和政府对最低生活保障工作的有关要求以及认定条件、审核审批、补差发放、动态管理等政策规定为重点，深入开展最低生活保障政策宣传。利用广播、电视、网络等媒体和宣传栏、宣传册、明白纸等群众喜闻乐见的方式，不断提高最低生活保障信息公开的针对性、时效性和完整性。充分发挥新闻媒体的舆论引导作用，大力宣传最低生活保障在保障民生、维护稳定、促进和谐等方面的重要作用，引导公众关注、参与、支持最低生活保障工作，在全社会营造良好的舆论氛围。

四、加强组织领导，进一步落实管理责任

（一）加强组织领导。进一步完善政府领导、民政牵头、部门配合、社会参与的社会救助工作机制。建立由民政部牵头的社会救助部际联席会议制度，统筹做好最低生活保障与医疗、教育、住房等其他社会救助政策以及促进就业政策的协调发展和有效衔接，研究解决救助申请家庭经济状况核对等信息共享问题，督导推进社会救助体系建设。地方各级人民政府要将最低生活保障工作纳入重要议事日程，纳入经济社会发展总体规划，纳入科学发展考评体系，建立健全相应的社会救助协调工作机制，组织相关部门协力做好社会救助制度完善、政策落实和监督管理等各项工作。

（二）落实管理责任。最低生活保障工作实行地方各级人民政府负责制，政府主要负责人对本行政区域最低生活保障工作负总责。县级以上地方各级人民政府要切实担负起最低生活保障政策制定、资金投入、工作保障和监督管理责任，乡镇人民政府（街道办事处）要切实履行最低生活保障申请受理、调查、评议和公示等审核职责，充分发挥包村干部的作用。各地要将最低生活保障政策落实情况纳入地方各级人民政府绩效考核，考核结果作为政府领导班子和相关领导干部综合考核评价的重要内容，作为干部选拔任用、管理监督的重要依据。民政部要会同财政部等部门研究建立最低生活保障工作绩效评价指标体系和评价办法，并组织开展对各省（区、市）最低生活保障工作的年度绩效评价。

（三）强化责任追究。对因工作重视不够、管理不力、发生重大问题、造成严重社会影响的地方政府和部门负责人，以及在最低生活保障审核审批过程中滥用职权、玩忽职守、徇私舞弊、失职渎职的工作人员，要依纪依法追究责任。同时，各地要加大对骗取最低生活保障待遇人员查处力度，除追回骗取的最低生活保障金外，还要依法给予行政处罚；涉嫌犯罪的，移送司法机关处理。对无理取闹、采用威胁手段强行索要最低生活保障待遇的，公安机关要给予批评教育直至相关处罚。对于出具虚假证明材料的单位和个人，各地除按有关法律法规规定处理外，还应将有关信息记入征信系统。

国务院关于建立健全普通本科高校高等职业学校和中等职业学校家庭经济困难学生资助政策体系的意见

（2007年5月13日　国发〔2007〕13号）

为贯彻党的十六大和十六届三中、六中全会精神，切实解决家庭经济困难学生的就学问题，国务院决定，建立健全普通本科高校、高等职业学校和中等职业学校家庭经济困难学生资助政策体系（以下简称家庭经济困难学生资助政策体系）。现提出如下意见：

一、充分认识建立健全家庭经济困难学生资助政策体系的重大意义

党中央、国务院高度重视家庭经济困难学生的就学问题。近年来国家采取一系列措施，对农村义务教育阶段学生全部免除学杂费，并为家庭经济困难学生免费提供教科书、寄宿生补助生活费；对普通高等学校家庭经济困难学生设立国家助学奖学金，实施国家助学贷款政策；对中等职业学校家庭经济困难学生设立国家助学金等，取得了良好成效。

但是，我国家庭经济困难学生资助政策体系还不够完善，尤其是对普通本科高校、高等职业学校和中等职业学校家庭经济困难学生资助面偏窄、资助标准偏低的问题比较突出。建立健全家庭经济困难学生资助政策体系，使家庭经济困难学生能够上得起大学、接受职业教育，是实践“三个代表”重要思想、落实科学发展观、构建社会主义和谐社会的重要举措；是实施科教兴国和人才强国战略，优化教育结构，促进教育公平和社会公正的有效手段；是切实履行公共财政职能，推进基本公共服务均等化的必然要求。这是继全部免除农村义务教育阶段学生学杂费之后，促进教育公平的又一件大事，具有重大意义。

二、建立健全家庭经济困难学生资助政策体系的主要目标与基本原则

（一）建立健全家庭经济困难学生资助政策体系的主要目标是：按照《中共中央关于构建社会主义和谐社会若干重大问题的决定》的有关要求，加大财政投入，落实各项助学政策，扩大受助学生比例，提高资助水平，从制度上基本解决家庭经济困难学生的就学问题。同时，进一步优化教育结构，维护教育公平，促进教育持续健康发展。

（二）建立健全家庭经济困难学生资助政策体系实行“加大财政投入、经费合理分担、政策导向明确、多元混合资助、各方责任清晰”的基本原则。

1. 加大财政投入。按照建立公共财政体制的要求，大幅度增加财政投入，建立以政府为主导的家庭经济困难学生资助政策体系。

2. 经费合理分担。国家励志奖学金和国家助学金由中央与地方按比例分担。中央对中西部地区给予倾斜。

3. 政策导向明确。在努力使家庭经济困难学生公平享有受教育机会的同时，鼓励学生刻苦学习，接受职业教育，学习国家最需要的专业，到艰苦地区基层单位就业；鼓励学校面向经济欠发达地区扩大招生规模。

4. 多元混合资助。统筹政府、社会等不同资助渠道，对家庭经济困难学生采取奖、贷、助、补、减等多种方式进行资助。

5. 各方责任清晰。中央与地方、各相关部门及学校明确分工、各司其职、落实责任、完善制度，操作办法简便易行，并接受社会各界群众监督，确保各项政策措施顺利实施。

三、建立健全家庭经济困难学生资助政策体系的主要内容

（一）完善国家奖学金制度。中央继续设立国家奖学金，用于奖励普通本科高校和高等职业学校全日制本专科在校生中特别优秀的学生，每年奖励5万名，奖励标准为每生每年8000元，所需资金由中央负担。

中央与地方共同设立国家励志奖学金，用于奖励资助普通本科高校和高等职业学校全日制本专科在校生中品学兼优的家庭经济困难学生，资助面平均约占全国高校在校生的3%，资助标准为每生每年5000元。国家励志奖学金适当向国家最需要的农林水地矿油核等专业的学生倾斜。

中央部门所属高校国家励志奖学金所需资金由中央负担。地方所属高校国家励志奖学金所需资金根据各地财力及生源状况由中央与地方按比例分担。其中，西部地区，不分生源，中央与地方分担比例为8∶2；中部地区，生源为西部地区的，中央与地方分担比例为8∶2，生源为其他地区的，中央与地方分担比例为6∶4；东部地区，生源为西部地区和中部地区的，中央与地方分担比例分别为8∶2和6∶4，生源为东部地区的，中央与地方分担比例根据财力及生源状况等因素分省确定。人口较少民族家庭经济困难学生资助资金全部由中央负担。鼓励各地加大资助力度，超出中央核定总额部分的国家励志奖学金所需资金由中央给予适当补助。省（区、市）以下分担比例由各地根据中央确定的原则自行确定。

（二）完善国家助学金制度。中央与地方共同设立国家助学金，用于资助普通本科高校、高等职业学校全日制本专科在校生中家庭经济困难学生和中等职业学校所有全日制在校农村学生及城市家庭经济困难学生。

普通本科高校和高等职业学校。国家助学金资助面平均约占全国普通本科高校和高等职业学校在校生总数的20%。财政部、教育部根据生源情况、平均生活费用、院校类别等因素综合确定各省资助面。平均资助标准为每生每年2000元，具体标准由各地根据实际情况在每生每年1000—3000元范围内确定，可以分为2—3档。

中等职业学校。国家助学金资助所有全日制在校农村学生和城市家庭经济困难学生。资助标准为每生每年1500元，国家资助两年，第三年实行学生工学结合、顶岗实习。

国家助学金所需资金由中央与地方按照国家励志奖学金的资金分担办法共同承担。

有条件的地区可以试行运用教育券发放国家助学金的办法。

（三）进一步完善和落实国家助学贷款政策。大力开展生源地信用助学贷款。生源地信用助学贷款是国家助学贷款的重要组成部分，与国家助学贷款享有同等优惠政策。地方政府要高度重视，积极推动和鼓励金融机构开展相关工作。要进一步完善和落实现行国家助学贷款政策，制订与贷款风险和管理成本挂钩的国家助学贷款风险补偿金使用管理办法。相关金融机构要完善内部考核体系,采取更加积极有效措施,调动各级经办机构的积极性,确保应贷尽贷。

对普通本科高校和高等职业学校全日制本专科生,在校期间获得国家助学贷款、毕业后自愿到艰苦地区基层单位从事第一线工作且服务达到一定年限的,国家实行国家助学贷款代偿政策。

(四)从2007年起,对教育部直属师范大学新招收的师范生,实行免费教育。

(五)学校要按照国家有关规定从事业收入中足额提取一定比例的经费,用于学费减免、国家助学贷款风险补偿、勤工助学、校内无息借款、校内奖助学金和特殊困难补助等。

要进一步落实、完善鼓励捐资助学的相关优惠政策措施,充分发挥中国教育发展基金会等非营利组织的作用,积极引导和鼓励地方政府、企业和社会团体等面向各级各类学校设立奖学金、助学金。

普通高中以及普通高等学校全日制研究生的资助政策另行制定。

四、建立健全家庭经济困难学生资助政策体系的工作要求

普通本科高校、高等职业学校和中等职业学校家庭经济困难学生资助政策自2007年秋季开学起在全国实施。各地区、各有关部门和各学校要按照国务院的统一部署,周密安排,精心组织,扎扎实实地把这件惠及广大人民群众的大事抓好。

(一)加强组织领导。财政部、教育部等要密切配合,制订相关管理办法,指导、检查和督促地方开展工作。地方政府要建立相应的工作机制,在整合现有资源的基础上,建立健全学生资助管理机构,制订具体的管理办法,切实抓好落实。教育部门要将学校家庭经济困难学生资助工作情况纳入办学水平评估指标体系。各学校要把资助家庭经济困难学生作为工作重点,实行校长负责制,设立专门的助学管理机构,具体负责此项工作。

(二)确保资金落实。中央财政要足额安排、及时拨付应当负担的资金。省级人民政府要制订行政区域内具体的分担办法,完善省对下转移支付制度,确保行政区域内政府应当负担的资金落实到位。要切实加强助学资金管理,确保及时发放、专款专用。要加强监督检查,对于挤占挪用资金、弄虚作假套取资金等违法违规行为,要追究责任、严肃处理。

(三)规范收费管理。除国家另有规定外,今后五年各级各类学校的学费、住宿费标准不得高于2006年秋季相关标准。进一步严格收费立项、标准审批管理工作,规范学校收费行为,坚决制止乱收费。加大对服务性收费和代收费的监督力度,切实减轻学生及家长负担。绝不允许一边加大助学力度,一边擅自提高收费标准、擅自设立收费项目。要对教育收费实行严格的"收支两条线"管理,规范支出管理。

(四)加大宣传力度。各地区、各有关部门和各学校要通过多种形式开展宣传,使这项惠民政策家喻户晓、深入人心,使广大学生知晓受助的权利。

国务院关于进一步加强就业再就业工作的通知

(2005年11月4日　国发〔2005〕36号)

就业是民生之本,也是构建社会主义和谐社会的重要内容。党中央、国务院高度重视就业再就业工作,2002年下发了《关于进一步做好下岗失业人员再就业工作的通知》(中发〔2002〕12号),重点围绕解决国有企业下岗失业人员再就业问题,制定了积极的就业政策,连续3年召开全国性会议,对就业再就业工作进行部署。各地区和有关部门认真贯彻,各社会团体积极发挥作用,使各项就业再就业扶持政策得到较好落实,市场导向就业机制进一步完善,就业总量有较大增加,一大批下岗失业人员实现了再就业,对促进经济发展、深化国有企业改革、维护社会稳定产生了积极影响。但是必须看到,我国劳动力供大于求的基本格局在相当长时期内不会改变。今后几年,就业再就业工作的重点仍是解决体制转轨遗留的下岗失业人员再就业问题和重组改制关闭破产企业职工安置问题。同时,也要继续做好高校毕业生、进城务工农村劳动者和被征地农民等的就业再就业工作。为进一步做好就业再就业工作,现就有关问题通知如下:

一、进一步明确目标任务,多渠道开发就业岗位

(一)就业再就业工作的指导思想是:按照科学发展观和构建社会主义和谐社会的要求,落实"十一五"时期国民经济和社会发展规划,将扩大就业摆在经济社会发展更加突出的位置,进一步贯彻落实"劳动者自主择业、市场调节就业和政府促进就业"的方针,在重点解决好体制转轨遗留的再就业问题的同时,努力做好城镇新增劳动力就业和农村富余劳动力转移就业工作,有步骤地统筹城乡就业和提高劳动者素质,探索建立市场经济条件下促进就业的长效机制。

(二)就业再就业工作的主要任务是:基本解决体制转轨遗留的下岗失业问题,重点做好国有企业下岗失业人员、集体企业下岗职工、国有企业关闭破产需要安置人员的再就业工作,巩固再就业工作成果,增强就业稳定性;努力做好城镇新增劳动力的就业工作,积极推动高校毕业生就业工作,在开发就业岗位的同时,大力提升劳动者职业技能和创业能力;改善农村劳动者进城就业环境,积极推进城乡统筹就业;加强失业调控,将城镇登记失业人数控制在合理范围内,减少长期失业人员数量;加快就业法制建设,逐步建立就业与社会保障工作的联动机制。

(三)围绕经济发展多渠道开发就业岗位,千方百计扩大就业。

1. 坚持在发展中解决就业问题，努力实现促进经济增长与扩大就业的良性互动。把深化改革、促进发展、调整结构与扩大就业有机结合起来，在制定涉及全局的经济社会政策和确定重大建设项目时，要把扩大就业作为重要因素考虑，在注重提高竞争力的同时，确立有利于扩大就业的经济结构和增长模式，及时分析国内外经济形势变化对就业的影响，积极采取相应对策。

2. 全面落实鼓励、支持和引导个体、私营等非公有制经济发展的方针政策，认真贯彻执行国家关于发展第三产业和服务业的政策措施，在推动第三产业和多种所有制经济发展中广开就业门路。

3. 注重发展具有比较优势的劳动密集型行业和中小企业，增加就业容量。对就业容量大且有市场需求的行业，制定相应的鼓励增加就业的扶持政策。

4. 推进跨地区的劳务协作和对外劳务输出。鼓励资源开采型城市和独立工矿区按市场需求发展接续产业，引导劳动力转移就业。

5. 鼓励劳动者通过多种形式实现就业，加快完善和实施与灵活就业相适应的劳动关系、工资支付和社会保险等政策，为灵活就业人员提供帮助和服务。

6. 坚持城乡经济协调发展，调整农村经济结构，加快小城镇建设，引导和组织农村劳动力向非农产业转移和向城市有序流动。

二、进一步完善和落实再就业政策，促进下岗失业人员再就业

（四）对有劳动能力和就业愿望的国有企业下岗失业人员，国有企业关闭破产需要安置的人员，国有企业所办集体企业（以下简称厂办大集体企业）下岗职工，享受城市居民最低生活保障且失业1年以上的城镇其他登记失业人员，发放《再就业优惠证》，提供相应的政策扶持：

1. 鼓励自谋职业和自主创业。

对持《再就业优惠证》人员从事个体经营的（国家限制的行业除外），在规定限额内依次减免营业税、城市维护建设税、教育费附加和个人所得税；并免收属于管理类、登记类和证照类的各项行政事业性收费，期限最长不超过3年。对2005年底前核准减免税费但未到期的人员，在剩余期限内按此政策执行。

地方各级人民政府和有关部门要进一步统筹解决好自谋职业和自主创业人员的经营场地问题。

对持《再就业优惠证》人员和城镇复员转业退役军人从事个体经营自筹资金不足的，可提供小额担保贷款，贷款额度一般掌握在2万元左右，贷款期限最长不超过2年，到期确需延长的，可展期1次。对合伙经营和组织起来就业的，可根据人数和经营项目扩大贷款规模。对利用上述两类贷款从事微利项目的，由中央财政据实全额贴息（展期不贴息），具体项目由各省、自治区、直辖市人民政府结合实际确定，并报财政部、劳动保障部、人民银行备案。对其他城镇登记失业人员申请小额担保贷款并从事微利项目的，由财政给予50%的贴息（中央财政和地方财政各承担25%）。

2. 鼓励企业吸纳就业。

对商贸企业、服务型企业（国家限制的行业除外）、劳动就业服务企业中的加工型企业和街道社区具有加工性质的小型企业实体，在新增加的岗位中，当年新招用持《再就业优惠证》人员，与其签订1年以上期限劳动合同并缴纳社会保险费的，按实际招用人数，在相应期限内定额依次减免营业税、城市维护建设税、教育费附加和企业所得税，期限最长不超过3年。对2005年底前核准减免税但未到期的企业，在剩余期限内仍按原方式继续享受减免税政策。

同时，对上述企业中的商贸企业、服务型企业，在相应期限内给予社会保险补贴，期限最长不超过3年。社会保险补贴标准按企业应为所招人员缴纳的养老、医疗和失业保险费计算，个人应缴纳的养老、医疗和失业保险费仍由本人负担。对2005年底前核准社会保险补贴但未到期的企业，在剩余期限内按此政策执行。

对符合贷款条件的劳动密集型小企业，在新增加的岗位中，新招用持《再就业优惠证》人员达到企业现有在职职工总数30%以上，并与其签订1年以上期限劳动合同的，根据实际招用人数，合理确定贷款额度，最高不超过人民币100万元。财政贴息、经办银行的手续费补助、呆坏账损失补助等按照已经明确的有关规定执行。

3. 提高灵活就业人员的稳定性。

对持《再就业优惠证》的“4050”人员（即女40周岁以上，男50周岁以上。计算年龄的截止时间由各地确定，最晚至2007年底）灵活就业后，申报就业并参加社会保险的，给予一定数额的社会保险补贴，期限最长不超过3年。

（五）对持《再就业优惠证》的就业困难对象（包括：国有企业下岗失业人员、厂办大集体企业下岗职工和国有企业关闭破产需要安置人员中的“4050”人员；享受城市居民最低生活保障、就业确有困难的长期失业人员），可作为就业援助的重点，提供相应的政策扶持：

1. 政府投资开发的公益性岗位要优先安排就业困难对象。在公益性岗位安排就业困难对象，并与其签订1年以上期限劳动合同的，按实际招用的人数，在相应期限内给予社会保险补贴。社会保险补贴标准按单位应为所招人员缴纳的养老、医疗和失业保险费计算。上述“4050”人员在公益性岗位工作超过3年的，社会保险补贴期限可相应延长（超过3年的社会保险补贴所需资金由地方财政解决）。对2005年底前核准社会保险补贴但未到期的，按此政策执行。

2. 各地可根据实际对就业困难对象在公益性岗位工作

的提供适当的岗位补贴,补贴标准由当地政府确定,所需资金由地方财政解决。

(六)各地应按照属地管理原则,进一步做好辖区内中央管理企业下岗失业人员的再就业工作。将这些企业的下岗失业人员纳入当地的再就业工作规划,统筹安排落实。对中央管理企业的下岗失业人员,要及时核发《再就业优惠证》,落实再就业政策,所需资金由地方财政统筹解决。

(七)切实加强《再就业优惠证》发放和使用的管理。严格《再就业优惠证》审核发放程序,防止发生弄虚作假,欺骗冒领等行为。对出租、转让和伪造《再就业优惠证》的,要依法严肃处理。各有关部门要加强沟通协调,建立下岗失业人员再就业信息交换和协查制度,在提供政策扶持后,要及时在《再就业优惠证》上进行标注,对已办理退休手续的应及时收回《再就业优惠证》。《再就业优惠证》在核发证件的本省(区、市)范围内适用,具体办法由省级人民政府制定。

(八)各地可根据本地实际,将上述政策(不含税收政策)的适用范围扩大到城镇其他集体企业下岗职工,所需资金由地方财政解决。

三、促进城乡统筹就业,改进就业服务,强化职业培训

(九)建立覆盖城乡的就业管理服务组织体系,统筹管理城乡劳动力资源和就业工作。统筹做好下岗失业人员再就业与城镇新成长劳动者的就业工作,认真落实高校毕业生和复员转业退役军人就业的有关政策,加强相关的就业服务和职业培训。改善农民进城就业环境,取消农村劳动力进城和跨地区就业的限制,完善农村劳动者进城务工和跨地区就业合法权益保障的政策措施。在有条件的地区开展城乡一体化劳动力市场的试点工作。

(十)完善公共就业服务制度。按照制度化、专业化、社会化的要求,全面推进"以人为本"的就业服务,提高公共就业服务的质量和效率。对持《再就业优惠证》人员、城镇其他登记失业人员,以及进城登记求职的农村劳动者,公共就业服务机构要提供免费的职业介绍服务。发展和规范各种专业性职业中介机构和劳务派遣、职业咨询指导、就业信息服务等社会化服务组织,鼓励社会各类职业中介机构为城乡劳动者提供诚信、有效的就业服务。要完善职业介绍补贴政策,建立与服务成效挂钩的机制,对提供免费职业介绍服务的各类职业中介机构给予补贴。

(十一)加强劳动力市场信息系统建设。按照"金保工程"建设总体要求,对劳动力市场信息系统建设进行统一规划,整体推进。围绕就业工作的主要任务和服务对象的需求,优化业务流程,逐步实现就业服务和失业保险业务的全程信息化。实现各级公共就业服务机构的信息联网,定期分析和发布职业供求和工资水平信息,完善网上职业介绍功能,为求职者和用人单位提供方便快捷的信息服务,提高劳动力市场供求匹配效率。

(十二)加强街道(乡镇)社区劳动保障工作平台建设,充分发挥其在促进就业再就业和退休人员社会化管理服务方面的基础作用。依托街道(乡镇)社区劳动保障工作平台建立再就业援助制度,对就业困难对象实施重点帮助,提供有针对性的就业服务和公益性岗位援助。街道和乡镇负责劳动保障事务的机构,要进一步完善服务功能,健全工作手段,加强基础管理。继续加强社区劳动保障工作队伍建设,强化业务培训,提高工作质量,落实工作经费。

总结部分地区创建信用社区的经验,结合个人信用制度的建立,探索建立信用社区、创业培训与小额担保贷款联动机制,为下岗失业人员自谋职业和自主创业创造条件。

(十三)广泛发动全社会教育培训资源,为城乡劳动者开展多层次、多形式的职业培训,并积极推行创业培训,提高劳动者就业能力和创业能力。对持《再就业优惠证》人员、城镇其他登记失业人员,以及进城务工的农村劳动者,提供一次性职业培训补贴。要通过资质认定,确定一批培训质量高、就业效果好的教育培训机构作为定点机构。完善培训补贴与培训质量、促进就业效果挂钩机制,引导各类教育培训机构针对市场需求,积极开展定向培训。动员全社会力量,加快培养适应企业需要的高技能人才。

充分发挥创业带动就业的倍增效应。对有创业愿望和具备创业条件的城乡劳动者开展创业培训,并提供开业指导、项目开发、小额担保贷款、跟踪扶持等"一条龙"服务,为创业培训结业者提供小额担保贷款资金扶持,努力做好后续服务。

大力开展职业培训,提升进城务工农村劳动者的就业能力。根据他们的特点和就业需求,开展有较强针对性、实用性的培训并提供职业技能鉴定服务。充分利用电视远程培训等手段,将技能知识和就业信息送到农户。在吸纳进城务工农村劳动者较多的重点行业和组织劳务输出的贫困地区,组织实施国家培训项目。

有关被征地农民的培训和就业服务,由各地统筹考虑,所需资金与征地费用统筹安排。

(十四)加强职业技能实训和技能鉴定服务工作。在有条件的地区建设公共实训基地,面向社会开展职业技能操作训练和职业技能鉴定服务。逐步开展专项职业能力考核,为开发就业岗位,提高劳动者就业能力提供公共服务。为参加职业培训的下岗失业人员提供职业技能鉴定服务,对持《再就业优惠证》人员通过初次技能鉴定(限国家规定实行就业准入制度的指定工种)、生活确有困难的,可申领一次性职业技能鉴定补贴,所需资金由地方财政解决。

四、开展失业调控,加强就业管理

(十五)建立失业预警机制,制定预案和相应措施,综合运用法律的、经济的和必要的行政手段,对失业进行调控,缓解失业引发的各种矛盾。对因国内国际经济形势发生重大变化直接影响就业的行业和企业,以及失业问题突出的困难地区、困难行业，要及时采取专项政策措施，努力减少失业，保持就业局势稳定。

（十六）继续鼓励国有大中型企业进行主辅分离、辅业改制，充分利用原企业的非主业资产、闲置资产和关闭破产企业的有效资产，改制创办面向市场、独立核算、自负盈亏的法人经济实体（国家限制的行业除外），分流安置企业富余人员。对于产权明晰并逐步实现产权多元化、吸纳原企业富余人员达到30%以上，并与其变更或签订新的劳动合同的，经有关部门认定、税务部门审核，3年内免征企业所得税。

（十七）稳步推进国有企业重组改制和关闭破产工作，严格审核并监督落实职工安置方案，规范企业操作行为，维护职工合法权益。国有企业实施重组改制和关闭破产，职工安置方案须经企业职工代表大会或职工大会讨论通过，凡职工安置方案和社会保障办法不明确、资金不落实的企业，不得进入重组改制和破产程序。要指导企业在关闭破产准备阶段通过多种有效形式，深入宣传政策，使职工了解政策内容和操作程序。要切实加强对企业关闭破产过程中职工安置工作的监督指导。关闭破产终结后，要及时做好职工分流安置和社会保障工作，妥善处理遗留问题。

（十八）规范企业裁员行为。切实加强对企业裁员的指导。对于企业成规模裁减人员的，裁员方案要经企业职工代表大会讨论。企业一次性裁员超过一定数量和比例的，要事前向当地政府报告。凡不能依法支付解除劳动合同的经济补偿金并妥善解决拖欠职工债务的，不得裁减人员。

（十九）深化劳动力市场制度改革，打破劳动力市场城乡、地区的分割。规范劳动力市场秩序，切实维护城乡劳动者合法权益。定期开展劳动力市场清理整顿活动，加强对各类职业中介行为的监管，严厉打击劳动力市场中的违法乱纪行为，规范劳动者求职、用人单位招用和职业中介行为。建立劳务派遣行政许可制度，规范劳务派遣行为。充实劳动保障执法监察队伍，加大执法监察力度，严格禁止和坚决纠正超时工作、不签订劳动合同、故意压低和拖欠工资、不按规定缴纳社会保险费和随意裁员等行为。

（二十）完善就业和失业统计制度。加强失业登记统计工作，建立劳动力调查制度，定期开展全国城镇劳动力调查，准确掌握全国劳动力市场供求变化。

（二十一）加快推进就业工作法制建设。认真总结就业再就业的工作经验，抓紧研究制定促进就业的法律法规，明确和强化行之有效的政策措施，为形成市场经济条件下解决就业问题的长效机制奠定基础。

五、进一步完善社会保障制度，建立与促进就业的联动机制

（二十二）建立就业与失业保险、城市居民最低生活保障工作的联动机制。切实保障享受失业保险和城市居民最低生活保障人员的基本生活，进一步完善失业保险金和城市居民最低生活保障金的申领办法，结合其求职和参加职业培训的情况完善申领条件，健全促进就业的激励约束机制，促进和帮助享受失业保险和城市居民最低生活保障的人员尽快实现就业，并妥善处理好其就业后的生活保障和社会保险问题。要合理确定失业保险和城市居民最低生活保障水平，拉开最低工资标准、失业保险金标准、城市居民最低生活保障标准之间的距离，分清层次，相互衔接，形成合理配套的标准体系，既要切实保障困难群体的基本生活，更要有利于调动有劳动能力人员就业的积极性。

（二十三）进一步加强对失业人员和城市居民最低生活保障对象的基础管理。充分发挥街道（乡镇）社区劳动保障工作平台的职能作用，加强劳动保障、民政等部门的沟通合作，及时掌握失业人员和城市居民最低生活保障对象的就业及收入状况，实施有针对性的帮助和服务。

（二十四）妥善处理并轨遗留问题。从2006年起，企业新裁减人员通过劳动力市场实现再就业，没有实现再就业的，按规定享受失业保险及城市居民最低生活保障待遇。各地要继续采取有效措施，妥善解决并轨人员在再就业、社会保险关系接续、劳动关系处理等方面的遗留问题。

（二十五）进一步发挥失业保险制度促进再就业的功能。东部地区在认真分析失业保险基金收支、结余状况，统筹考虑地方财政就业再就业资金安排的前提下，可以结合本地实际进行适当扩大失业保险基金支出范围试点，具体办法由劳动保障部、财政部制定。

（二十六）进一步完善社会保险制度。继续加强社会保险扩面征缴工作，切实做好下岗失业人员再就业后的社会保险关系接续工作，将更多的劳动者纳入到社会保险制度的覆盖范围。要逐步统一城镇个体工商户、灵活就业人员参加养老保险的政策，改进基本养老金计发办法，强化缴费与待遇挂钩的激励约束机制，形成促进就业与完善社会保险制度的良性互动。积极创造条件为进城务工农村劳动者提供必要的社会保障。

六、继续加强组织领导，动员全社会力量广泛参与就业再就业工作

（二十七）各级人民政府和各有关部门要继续巩固和强化就业再就业工作目标责任制。继续把新增就业人员和控制失业率纳入国民经济和社会发展宏观调控指标。把解决体制转轨遗留的下岗失业问题、促进城镇新增劳动力就业、推进城乡统筹就业、加强失业调控和实现就业与社会保障制度的联动机制作为主要目标任务，层层分解，并纳入政绩考核的重要内容，定期进行督促检查。

（二十八）各级人民政府和各有关部门要进一步加强对就业再就业工作的领导和统筹协调。适应新的形势任务要求，国务院决定将再就业工作部际联席会议制度调整为就业工作部际联席会议制度，地方各级人民政府也要对联席会议制度作相应调整，形成统一领导、分工协作的工作机制。在各级人民政府的直接领导下，联席会议各成员单位要认真履行职责，加强协调配合，共同做好就业再就业工作。

（二十九）各级人民政府要根据就业形势变化和就业工作需要，积极调整财政支出结构，加大资金投入，将促进就业再就业资金列入财政预算。对中西部地区和老工业基地，中央财政继续通过专项转移支付的方式给予适当补助，主要用于职业介绍补贴、职业培训补贴、社会保险补贴、小额担保贷款贴息。此外，各级财政还要合理安排用于劳动力市场、街道（乡镇）社区劳动保障工作平台建设等经费。要切实加强对就业再就业资金拨付使用的监督检查，专款专用，提高资金使用效率。

（三十）充分发挥各民主党派、工商联，以及工会、共青团、妇联等人民团体在协助政府制定政策，团结各方积极参与，以及宣传动员、社会监督，帮助群众创业就业等方面的积极作用。对他们组织各类培训、开展多种形式服务和提高创业就业服务能力给予支持，形成全社会共同参与，齐心协力做好就业再就业工作的局面。

（三十一）各新闻单位要继续通过广播、电视、报刊、互联网等多种形式把就业再就业政策宣传到群众、企业和基层单位。继续树立和宣传劳动者自谋职业、自主创业和企业积极吸纳就业、基层单位切实落实政策的先进典型，引导广大劳动者转变就业观念，营造全社会支持和帮助就业再就业工作的良好气氛。要进一步加强基层组织建设，加大思想政治工作力度，依托企业、街道（乡镇）社区等基层组织和单位，通过耐心细致的思想政治工作和舆论宣传，引导广大下岗失业人员在国家政策扶持和社会帮助下，依靠自身努力实现再就业。

（三十二）上述有关扶持政策自2006年起开始执行，政策审批的截止时间暂定到2008年底。在政策执行过程中，如果国家对税收制度进行改革，有关税收政策按新的税收政策执行。

各地区、各有关部门要结合本地实际，抓紧研究制定贯彻本《通知》的具体办法和实施细则，确保本《通知》精神落到实处。在不涉及税收政策、不影响中央非税收入、不增加中央财政补助的前提下，还可制定有利于本地扩大城乡就业的其他政策。

廉租住房保障办法

（2007年11月8日建设部、国家发展和改革委员会、监察部、民政部、财政部、国土资源部、中国人民银行、国家税务总局、国家统计局令第162号公布　自2007年12月1日起施行）

第一章　总　　则

第一条　为促进廉租住房制度建设，逐步解决城市低收入家庭的住房困难，制定本办法。

第二条　城市低收入住房困难家庭的廉租住房保障及其监督管理，适用本办法。

本办法所称城市低收入住房困难家庭，是指城市和县人民政府所在地的镇范围内，家庭收入、住房状况等符合市、县人民政府规定条件的家庭。

第三条　市、县人民政府应当在解决城市低收入家庭住房困难的发展规划及年度计划中，明确廉租住房保障工作目标、措施，并纳入本级国民经济与社会发展规划和住房建设规划。

第四条　国务院建设主管部门指导和监督全国廉租住房保障工作。县级以上地方人民政府建设（住房保障）主管部门负责本行政区域内廉租住房保障管理工作。廉租住房保障的具体工作可以由市、县人民政府确定的实施机构承担。

县级以上人民政府发展改革（价格）、监察、民政、财政、国土资源、金融管理、税务、统计等部门按照职责分工，负责廉租住房保障的相关工作。

第二章　保 障 方 式

第五条　廉租住房保障方式实行货币补贴和实物配租相结合。货币补贴是指县级以上地方人民政府向申请廉租住房保障的城市低收入住房困难家庭发放租赁住房补贴，由其自行承租住房。实物配租是指县级以上地方人民政府向申请廉租住房保障的城市低收入住房困难家庭提供住房，并按照规定标准收取租金。

实施廉租住房保障，主要通过发放租赁补贴，增强城市低收入住房困难家庭承租住房的能力。廉租住房紧缺的城市，应当通过新建和收购等方式，增加廉租住房实物配租的房源。

第六条　市、县人民政府应当根据当地家庭平均住房水平、财政承受能力以及城市低收入住房困难家庭的人口数量、结构等因素，以户为单位确定廉租住房保障面积标准。

第七条　采取货币补贴方式的，补贴额度按照城市低收入住房困难家庭现住房面积与保障面积标准的差额、每平方米租赁住房补贴标准确定。

每平方米租赁住房补贴标准由市、县人民政府根据当地经济发展水平、市场平均租金、城市低收入住房困难家庭的经济承受能力等因素确定。其中对城市居民最低生活保障家庭，可以按照当地市场平均租金确定租赁住房补贴标准；对其他城市低收入住房困难家庭，可以根据收入情况等分类确定租赁住房补贴标准。

第八条　采取实物配租方式的，配租面积为城市低收入住房困难家庭现住房面积与保障面积标准的差额。

实物配租的住房租金标准实行政府定价。实物配租住房的租金，按照配租面积和市、县人民政府规定的租金标准确定。有条件的地区，对城市居民最低生活保障家庭，可以免收实物配租住房中住房保障面积标准内的租金。

第三章 保障资金及房屋来源

第九条 廉租住房保障资金采取多种渠道筹措。

廉租住房保障资金来源包括:

(一)年度财政预算安排的廉租住房保障资金;

(二)提取贷款风险准备金和管理费用后的住房公积金增值收益余额;

(三)土地出让净收益中安排的廉租住房保障资金;

(四)政府的廉租住房租金收入;

(五)社会捐赠及其他方式筹集的资金。

第十条 提取贷款风险准备金和管理费用后的住房公积金增值收益余额,应当全部用于廉租住房建设。

土地出让净收益用于廉租住房保障资金的比例,不得低于10%。

政府的廉租住房租金收入应当按照国家财政预算支出和财务制度的有关规定,实行收支两条线管理,专项用于廉租住房的维护和管理。

第十一条 对中西部财政困难地区,按照中央预算内投资补助和中央财政廉租住房保障专项补助资金的有关规定给予支持。

第十二条 实物配租的廉租住房来源主要包括:

(一)政府新建、收购的住房;

(二)腾退的公有住房;

(三)社会捐赠的住房;

(四)其他渠道筹集的住房。

第十三条 廉租住房建设用地,应当在土地供应计划中优先安排,并在申报年度用地指标时单独列出,采取划拨方式,保证供应。

廉租住房建设用地的规划布局,应当考虑城市低收入住房困难家庭居住和就业的便利。

廉租住房建设应当坚持经济、适用原则,提高规划设计水平,满足基本使用功能,应当按照发展节能省地环保型住宅的要求,推广新材料、新技术、新工艺。廉租住房应当符合国家质量安全标准。

第十四条 新建廉租住房,应当采取配套建设与相对集中建设相结合的方式,主要在经济适用住房、普通商品住房项目中配套建设。

新建廉租住房,应当将单套的建筑面积控制在50平方米以内,并根据城市低收入住房困难家庭的居住需要,合理确定套型结构。

配套建设廉租住房的经济适用住房或者普通商品住房项目,应当在用地规划、国有土地划拨决定书或者国有土地使用权出让合同中,明确配套建设的廉租住房总建筑面积、套数、布局、套型以及建成后的移交或回购等事项。

第十五条 廉租住房建设免征行政事业性收费和政府性基金。

鼓励社会捐赠住房作为廉租住房房源或捐赠用于廉租住房的资金。

政府或经政府认定的单位新建、购买、改建住房作为廉租住房,社会捐赠廉租住房房源、资金,按照国家规定的有关税收政策执行。

第四章 申请与核准

第十六条 申请廉租住房保障,应当提供下列材料:

(一)家庭收入情况的证明材料;

(二)家庭住房状况的证明材料;

(三)家庭成员身份证和户口簿;

(四)市、县人民政府规定的其他证明材料。

第十七条 申请廉租住房保障,按照下列程序办理:

(一)申请廉租住房保障的家庭,应当由户主向户口所在地街道办事处或者镇人民政府提出书面申请;

(二)街道办事处或者镇人民政府应当自受理申请之日起30日内,就申请人的家庭收入、家庭住房状况是否符合规定条件进行审核,提出初审意见并张榜公布,将初审意见和申请材料一并报送市(区)、县人民政府建设(住房保障)主管部门;

(三)建设(住房保障)主管部门应当自收到申请材料之日起15日内,就申请人的家庭住房状况是否符合规定条件提出审核意见,并将符合条件的申请人的申请材料转同级民政部门;

(四)民政部门应当自收到申请材料之日起15日内,就申请人的家庭收入是否符合规定条件提出审核意见,并反馈同级建设(住房保障)主管部门;

(五)经审核,家庭收入、家庭住房状况符合规定条件的,由建设(住房保障)主管部门予以公示,公示期限为15日;对经公示无异议或者异议不成立的,作为廉租住房保障对象予以登记,书面通知申请人,并向社会公开登记结果。

经审核,不符合规定条件的,建设(住房保障)主管部门应当书面通知申请人,说明理由。申请人对审核结果有异议的,可以向建设(住房保障)主管部门申诉。

第十八条 建设(住房保障)主管部门、民政等有关部门以及街道办事处、镇人民政府,可以通过入户调查、邻里访问以及信函索证等方式对申请人的家庭收入和住房状况等进行核实。申请人及有关单位和个人应当予以配合,如实提供有关情况。

第十九条 建设(住房保障)主管部门应当综合考虑登记的城市低收入住房困难家庭的收入水平、住房困难程度和申请顺序以及个人申请的保障方式等,确定相应的保障方式及轮候顺序,并向社会公开。

对已经登记为廉租住房保障对象的城市居民最低生活保

障家庭，凡申请租赁住房货币补贴的，要优先安排发放补贴，基本做到应保尽保。

实物配租应当优先面向已经登记为廉租住房保障对象的孤、老、病、残等特殊困难家庭，城市居民最低生活保障家庭以及其他急需救助的家庭。

第二十条　对轮候到位的城市低收入住房困难家庭，建设（住房保障）主管部门或者具体实施机构应当按照已确定的保障方式，与其签订租赁住房补贴协议或者廉租住房租赁合同，予以发放租赁住房补贴或者配租廉租住房。

发放租赁住房补贴和配租廉租住房的结果，应当予以公布。

第二十一条　租赁住房补贴协议应当明确租赁住房补贴额度、停止发放租赁住房补贴的情形等内容。

廉租住房租赁合同应当明确下列内容：

（一）房屋的位置、朝向、面积、结构、附属设施和设备状况；

（二）租金及其支付方式；

（三）房屋用途和使用要求；

（四）租赁期限；

（五）房屋维修责任；

（六）停止实物配租的情形，包括承租人已不符合规定条件的，将所承租的廉租住房转借、转租或者改变用途，无正当理由连续6个月以上未在所承租的廉租住房居住或者未交纳廉租住房租金等；

（七）违约责任及争议解决办法，包括退回廉租住房、调整租金、依照有关法律法规规定处理等；

（八）其他约定。

第五章　监督管理

第二十二条　国务院建设主管部门、省级建设（住房保障）主管部门应当会同有关部门，加强对廉租住房保障工作的监督检查，并公布监督检查结果。

市、县人民政府应当定期向社会公布城市低收入住房困难家庭廉租住房保障情况。

第二十三条　市（区）、县人民政府建设（住房保障）主管部门应当按户建立廉租住房档案，并采取定期走访、抽查等方式，及时掌握城市低收入住房困难家庭的人口、收入及住房变动等有关情况。

第二十四条　已领取租赁住房补贴或者配租廉租住房的城市低收入住房困难家庭，应当按年度向所在地街道办事处或者镇人民政府如实申报家庭人口、收入及住房等变动情况。

街道办事处或者镇人民政府可以对申报情况进行核实、张榜公布，并将申报情况及核实结果报建设（住房保障）主管部门。

建设（住房保障）主管部门应当根据城市低收入住房困难家庭人口、收入、住房等变化情况，调整租赁住房补贴额度或实物配租面积、租金等；对不再符合规定条件的，应当停止发放租赁住房补贴，或者由承租人按照合同约定退回廉租住房。

第二十五条　城市低收入住房困难家庭不得将所承租的廉租住房转借、转租或者改变用途。

城市低收入住房困难家庭违反前款规定或者有下列行为之一的，应当按照合同约定退回廉租住房：

（一）无正当理由连续6个月以上未在所承租的廉租住房居住的；

（二）无正当理由累计6个月以上未交纳廉租住房租金的。

第二十六条　城市低收入住房困难家庭未按照合同约定退回廉租住房的，建设（住房保障）主管部门应当责令其限期退回；逾期未退回的，可以按照合同约定，采取调整租金等方式处理。

城市低收入住房困难家庭拒绝接受前款规定的处理方式的，由建设（住房保障）主管部门或者具体实施机构依照有关法律法规规定处理。

第二十七条　城市低收入住房困难家庭的收入标准、住房困难标准等以及住房保障面积标准，实行动态管理，由市、县人民政府每年向社会公布一次。

第二十八条　任何单位和个人有权对违反本办法规定的行为进行检举和控告。

第六章　法律责任

第二十九条　城市低收入住房困难家庭隐瞒有关情况或者提供虚假材料申请廉租住房保障的，建设（住房保障）主管部门不予受理，并给予警告。

第三十条　对以欺骗等不正当手段，取得审核同意或者获得廉租住房保障的，由建设（住房保障）主管部门给予警告；对已经登记但尚未获得廉租住房保障的，取消其登记；对已经获得廉租住房保障的，责令其退还已领取的租赁住房补贴，或者退出实物配租的住房并按市场价格补交以前房租。

第三十一条　廉租住房保障实施机构违反本办法规定，不执行政府规定的廉租住房租金标准的，由价格主管部门依法查处。

第三十二条　违反本办法规定，建设（住房保障）主管部门及有关部门的工作人员或者市、县人民政府确定的实施机构的工作人员，在廉租住房保障工作中滥用职权、玩忽职守、徇私舞弊的，依法给予处分；构成犯罪的，依法追究刑事责任。

第七章　附　　则

第三十三条　对承租直管公房的城市低收入家庭，可以参照本办法有关规定，对住房保障面积标准范围内的租金予以适当减免。

第三十四条　本办法自2007年12月1日起施行。2003年12月31日发布的《城镇最低收入家庭廉租住房管理办法》(建设部、财政部、民政部、国土资源部、国家税务总局令第120号)同时废止。

最低生活保障审核审批办法(试行)

(2012年12月12日　民发〔2012〕220号)

第一章　总　　则

第一条　为规范最低生活保障(以下简称低保)审核审批工作,根据《城市居民最低生活保障条例》(国务院令第271号)、《国务院关于在全国建立农村最低生活保障制度的通知》(国发〔2007〕19号)、《国务院关于进一步加强和改进最低生活保障工作的意见》(国发〔2012〕45号)及国家相关规定,制定本办法。

第二条　县级人民政府民政部门以及乡镇人民政府(街道办事处),依据本办法开展低保审核审批工作,村(居)民委员会协助做好相关工作。

第三条　县级以上地方人民政府民政部门应当加强本辖区内低保审核审批工作的规范管理和相关服务,促进低保工作公开、公平、公正。

第二章　资格条件

第四条　户籍状况、家庭收入和家庭财产是认定低保对象的三个基本要件。

持有当地常住户口的居民,凡共同生活的家庭成员人均收入低于当地低保标准,且家庭财产状况符合当地人民政府规定条件的,可以申请低保。

第五条　共同生活的家庭成员包括:

(一)配偶;

(二)父母和未成年子女;

(三)已成年但不能独立生活的子女,包括在校接受本科及其以下学历教育的成年子女;

(四)其他具有法定赡养、扶养、抚养义务关系并长期共同居住的人员。

下列人员不计入共同生活的家庭成员:

(一)连续三年以上(含三年)脱离家庭独立生活的宗教教职人员;

(二)在监狱、劳动教养场所内服刑、劳动教养的人员;

(三)省级人民政府民政部门根据本条原则和有关程序认定的其他人员。

第六条　持有非农业户口的居民,可以申请城市低保。持有农业户口的居民,可以申请农村低保。

取消农业和非农业户口划分的地区,原则上可以将申请人户籍所在地为城镇且居住超过一定期限、无承包土地、不参加农村集体经济收益分配等作为申请城市低保的户籍条件。

第七条　家庭收入是指共同生活的家庭成员在规定期限内的全部可支配收入。

第八条　家庭财产是指家庭成员拥有的全部动产和不动产。

第三章　申请及受理

第九条　申请低保应当以家庭为单位,由户主或者其代理人以户主的名义向户籍所在地乡镇人民政府(街道办事处)提出书面申请。

受申请人委托,村(居)民委员会可以代其向户籍所在地乡镇人民政府(街道办事处)提交低保书面申请及其相关材料。

第十条　申请人有下列情况之一的,可以单独提出申请:

(一)困难家庭中丧失劳动能力且单独立户的成年重度残疾人。

(二)脱离家庭、在宗教场所居住三年以上(含三年)的生活困难的宗教教职人员。

第十一条　申请人或者其家庭成员的户籍有下列情况之一的,可以按以下方式办理:

(一)在同一市县辖区内,申请人经常居住地与户籍所在地不一致的,根据市县人民政府的规定,申请人凭户籍所在地县级人民政府民政部门出具的未享受最低生活保障的证明,可以向经常居住地乡镇人民政府(街道办事处)提出申请。

(二)户籍类别相同但家庭成员户口不在一起的家庭,应将户口迁移到一起后再提出申请。因特殊原因无法将户口迁移到一起的,可选择在户主或者其主要家庭成员的户籍所在地提出申请,户籍不在申请地的其他家庭成员分别提供各自户籍所在地县级人民政府民政部门出具的未享受低保的证明。

(三)共同生活的家庭成员分别持有非农业户口和农业户口的,一般按户籍类别分别申请城市低保和农村低保。

第十二条　申请人应当履行以下义务:

(一)按规定提交相关材料,书面声明家庭收入和财产状况,并签字确认;

(二)履行授权核查家庭经济状况的相关手续;

(三)承诺所提供的信息真实、完整。

第十三条　乡镇人民政府(街道办事处)应当对申请人或者其代理人提交的材料进行审查,材料齐备的,予以受理;材料不齐备的,应当一次性告知申请人或者其代理人补齐所有规定材料。

乡镇人民政府(街道办事处)应当及时受理低保申请,农村地区可以实行定期集中受理。

第十四条 申请低保时，申请人与低保经办人员和村(居)民委员会成员有近亲属关系的，应当如实申明。

对已受理的低保经办人员和村(居)民委员会成员近亲属的低保申请，乡镇人民政府(街道办事处)应当进行单独登记。

“低保经办人员”是指涉及具体办理和分管低保受理、审核(包括家庭经济状况调查)、审批等事项的县级人民政府民政部门及乡镇人民政府(街道办事处)工作人员。

“近亲属”包括配偶、父母、子女、兄弟姐妹、祖父母、外祖父母、孙子女、外孙子女。

第四章 家庭经济状况调查

第十五条 家庭经济状况是指申请人及其家庭成员拥有的全部可支配收入和家庭财产。

第十六条 家庭可支配收入是指扣除缴纳的个人所得税及个人按规定缴纳的社会保障性支出后的收入。主要包括：

(一)工资性收入。指因任职或者受雇而取得的工资、薪金、奖金、劳动分红、津贴、补贴以及与任职或者受雇有关的其他所得等。

(二)家庭经营净(纯)收入。指从事生产、经营及有偿服务活动所得。包括从事种植、养殖、采集及加工等农林牧渔业的生产收入，从事工业、建筑业、手工业、交通运输业、批发和零售贸易业、餐饮业、文教卫生业和社会服务业等经营及有偿服务活动的收入等。

(三)财产性收入。包括动产收入和不动产收入。动产收入是指出让无形资产、特许权等收入，储蓄存款利息、有价证券红利、储蓄性保险投资以及其他股息和红利等收入，集体财产收入分红和其他动产收入等。不动产收入是指转租承包土地经营权、出租或者出让房产以及其他不动产收入等。

(四)转移性收入。指国家、单位、社会团体对居民家庭的各种转移支付和居民家庭间的收入转移。包括赡养费、扶养费、抚养费，离退休金、失业保险金，社会救济金、遗属补助金、赔偿收入，接受遗产收入、接受捐赠(赠送)收入等。

(五)其他应当计入家庭收入的项目。

第十七条 家庭财产主要包括：

(一)银行存款和有价证券；

(二)机动车辆(残疾人功能性补偿代步机动车辆除外)、船舶；

(三)房屋；

(四)债权；

(五)其他财产。

第十八条 乡镇人民政府(街道办事处)应当自受理低保申请之日起10个工作日内，在村(居)民委员会协助下，组织驻村干部、社区低保专干等工作人员对申请人家庭经济状况和实际生活情况逐一进行调查核实。每组调查人员不得少于2人。

第十九条 调查申请人家庭经济状况和实际生活情况，可以采取以下方式：

(一)信息核对。乡镇人民政府(街道办事处)通过县级以上人民政府民政部门与公安、人力资源社会保障、住房城乡建设、税务、金融、工商等部门和机构，对低保申请家庭的户籍、车辆、住房、社会保险、养老金、存款、证券、个体经营、住房公积金等收入和财产信息进行核对，并根据信息核对情况，对申请人家庭经济状况声明的真实性和完整性提出意见。

(二)入户调查。调查人员到申请人家中了解其家庭收入、财产情况和吃、穿、住、用等实际生活状况；根据申请人声明的家庭收入和财产状况，了解其真实性和完整性。入户调查结束后，调查人员应当填写家庭经济状况核查表，并由调查人员和申请人(被调查人)分别签字。

(三)邻里访问。调查人员到申请人所在村(居)委员会和社区，走访了解其家庭收入、财产和实际生活状况。

(四)信函索证。调查人员以信函方式向相关单位和部门索取有关证明材料。

(五)其他调查方式。

第二十条 经家庭经济状况信息核对，对符合条件的低保申请，乡镇人民政府(街道办事处)应当依程序开展入户调查。不符合条件的，乡镇人民政府(街道办事处)应当书面通知申请人并说明理由。

申请人对家庭经济状况信息核对结果有异议的，应当提供相关证明材料；乡镇人民政府(街道办事处)应当对申请人提供的家庭经济状况证明材料进行审核，并组织开展复查。

第五章 民主评议

第二十一条 家庭经济状况调查结束后，乡镇人民政府(街道办事处)应当在5个工作日内，在村(居)民委员会的协助下，以村(居)为单位对申请人家庭经济状况调查结果的客观性、真实性进行民主评议。

第二十二条 民主评议由乡镇人民政府(街道办事处)工作人员、村(居)党组织和村(居)委会成员、熟悉村(居)民情况的党员代表、村(居)民代表等参加。村(居)民代表人数不得少于参加评议总人数的三分之二。

有条件的地方，县级人民政府民政部门可以派人参加民主评议。

第二十三条 民主评议应当遵循以下程序：

(一)宣讲政策。乡镇人民政府(街道办事处)工作人员宣讲低保资格条件、补差发放、动态管理等政策规定，宣布评议规则和会议纪律。

(二)介绍情况。申请人或者代理人陈述家庭基本情况，入户调查人员介绍申请家庭经济状况调查情况。

(三)现场评议。民主评议人员对申请人家庭经济状况调查情况进行评议,对调查结果的真实性和完整性进行评价。

(四)形成结论。乡镇人民政府(街道办事处)工作人员根据现场评议情况,对申请人家庭经济状况调查结果的真实有效性作出结论。

(五)签字确认。民主评议应当有详细的评议记录。所有参加评议人员应当签字确认评议结果。

第二十四条　对民主评议争议较大的低保申请,乡镇人民政府(街道办事处)应当重新组织家庭经济状况调查核实。

第六章　审核审批

第二十五条　乡镇人民政府(街道办事处)应当根据家庭经济状况信息核对、入户调查、民主评议等情况,对申请家庭是否给予低保提出建议意见,并及时在村(居)民委员会设置的村(居)务公开栏公示入户调查、民主评议和审核结果。公示期为7天。公示结束后,乡镇人民政府(街道办事处)应当将申请材料、家庭经济状况调查结果、民主评议情况等相关材料报送县级人民政府民政部门审批。

第二十六条　县级人民政府民政部门应当自收到乡镇人民政府(街道办事处)审核意见和相关材料5个工作日内提出审批意见。拟批准给予低保的,应当同时确定拟保障金额。不符合条件、不予批准的,应当在作出审批决定3日内,通过乡镇人民政府(街道办事处)书面告知申请人或者其代理人并说明理由。

县级人民政府民政部门在提出审批意见前,应当全面审查乡镇人民政府(街道办事处)上报的申请材料、调查材料和审核意见,并按照不低于30%的比例入户抽查。对单独登记的低保经办人员和村(居)民委员会成员近亲属的低保申请,以及有疑问、有举报或者其他需要重点调查的低保申请,县级人民政府民政部门应当全部入户调查。不得将不经过调查核实的任何群体或者个人直接审批为低保对象。

有条件的地方,县级人民政府民政部门可以邀请申请人户籍所在地乡镇人民政府(街道办事处)、村(居)民委员会派人参与低保审批,对申请家庭是否符合低保条件提出审批意见。

第二十七条　保障金额应当按照核定的申请人家庭人均收入与当地低保标准的差额乘以共同生活的家庭成员人数计算。

第二十八条　对低保家庭中的下列人员,可以采取多种措施提高救助水平。

(一)老年人;

(二)未成年人;

(三)重度残疾人;

(四)重病患者;

(五)县级以上地方人民政府确定的其他生活困难人员。

第二十九条　县级人民政府民政部门应当对拟批准的低保家庭通过乡镇人民政府(街道办事处)、村(居)民委员会固定的政务公开栏、村(居)务公开栏以及政务大厅设置的电子屏等场所和地点进行公示。公示内容包括申请人姓名、家庭成员、拟保障金额等。公示期为7天。

公示期满无异议的,县级人民政府民政部门应当在3个工作日内作出审批决定,对批准给予低保的,发给低保证,并从批准之日下月起发放低保金。对公示有异议的,县级人民政府民政部门应当重新组织调查核实,在20个工作日内作出审批决定,并对拟批准的申请重新公示。

第七章　资金发放

第三十条　低保金原则上实行社会化发放,通过银行、信用社等代理金融机构,直接支付到低保家庭的账户。

第三十一条　低保金应当按月发放,每月10日前发放到户。金融服务不发达的农村地区,低保金可以按季发放,每季度初10日前发放到户。

第八章　动态管理

第三十二条　县级人民政府民政部门应当根据低保对象的年龄、健康状况、劳动能力以及家庭收入来源等情况对低保家庭实行分类管理。乡镇人民政府(街道办事处)应当根据低保家庭成员和其家庭经济状况的变化情况进行分类复核,并根据复核情况及时报请县级人民政府民政部门办理低保金停发、减发或者增发手续。

低保家庭应当向乡镇人民政府(街道办事处)定期报告家庭人口、收入和财产状况的变化情况。

第三十三条　对城市“三无”人员和家庭成员中有重病、重残人员且收入基本无变化的低保家庭,可每年复核一次。对短期内家庭经济状况和家庭成员基本情况相对稳定的低保家庭,可每半年复核一次。对收入来源不固定、有劳动能力和劳动条件的低保家庭,原则上城市按月、农村按季复核。

第三十四条　县级人民政府民政部门应当对低保家庭实行长期公示,并完善面向公众的低保对象信息查询机制。公示中应当保护低保对象个人隐私,不得公开与低保无关的信息。

第三十五条　县级以上地方人民政府民政部门和乡镇人民政府(街道办事处)应当公开低保监督咨询电话,主动接受社会和群众对低保审核审批工作的监督、投诉和举报。有条件的地方可以省为单位设置统一的举报投诉电话。

第三十六条　县级以上地方人民政府民政部门和乡镇人民政府(街道办事处)应当健全完善举报核查制度,对接到的实名举报,应当逐一核查,并及时向举报人反馈核查处理结果。

第九章　附　则

第三十七条　各省(自治区、直辖市)人民政府民政部门可以根据本办法,结合本地实际,制定实施细则,并报民政部备案。

第三十八条　本办法由民政部负责解释。

第三十九条　本办法自公布之日起施行。

最低生活保障工作绩效评价办法

（2014年1月29日　民发〔2014〕21号）

第一条　为进一步加强最低生活保障（以下简称低保）工作，提高管理服务水平和资金使用效益，切实维护困难群众基本生活权益，根据《国务院关于进一步加强和改进最低生活保障工作的意见》（国发〔2012〕45号）等有关规定，制定本办法。

第二条　本办法所称低保工作绩效评价，是指运用科学合理的评价方法、指标体系和评价标准，全面客观衡量各省（自治区、直辖市）年度低保工作的规范性、效率性和有效性。

第三条　民政部、财政部负责组织开展低保工作绩效评价。根据需要，可委托地方民政、财政部门和具备资质的事业单位、社会组织、中介机构等第三方组织具体实施。

第四条　低保工作绩效评价坚持城乡统筹、客观公正、科学合理、公开透明、激励鞭策的原则。

第五条　低保工作绩效评价指标体系由工作保障、工作管理和工作效果3个评价指标构成，每个评价指标分解为若干项评价内容，具体评价内容可视年度工作情况作适当调整。

第六条　低保工作绩效评价主要依据国家相关法律、法规和规章制度，省级人民政府相关政策文件，各地低保工作情况及相关统计数据。

第七条　低保工作绩效评价采用评分法，满分为100分。评价结果分为优秀、良好、合格、不合格四个等级。评价得分90分以上为优秀，80分以上90分以下为良好，60分以上80分以下为合格，60分以下为不合格（“以上”包括本数，“以下”不包括本数）。

第八条　民政部、财政部根据全国低保工作进展情况，逐年确定公布当年低保工作绩效评价指标和评价标准。

第九条　低保工作绩效评价采取以下步骤：

（一）自我评价。各省（自治区、直辖市）人民政府民政、财政部门应根据本办法，对照年度绩效评价指标和评价标准，对本地区低保工作进行绩效自评，并将自评报告报民政部、财政部。

（二）实地核查。民政部、财政部组织力量对各省（自治区、直辖市）低保工作情况进行实地核查。

（三）综合评价。民政部、财政部根据各省（自治区、直辖市）自评情况、实地核查情况和相关数据，对各省（自治区、直辖市）低保工作绩效作出量化评价，划定绩效等级。

（四）通报。民政部、财政部将低保工作绩效评价结果通报各省（自治区、直辖市）人民政府民政部门和财政部门。对评价结果为优秀和良好的予以表扬，对评价结果为不合格的省（自治区、直辖市）有关部门负责人进行约谈。

第十条　各省（自治区、直辖市）低保工作绩效评价结果，作为督促指导地方改进低保工作、通过“以奖代补”分配中央财政城乡低保补助资金的重要依据。

第十一条　对在低保工作绩效评价中弄虚作假、瞒报谎报情况的，予以通报批评；情节严重的，绩效直接评价为不合格等级。

第十二条　各省（自治区、直辖市）人民政府民政部门、财政部门应根据本办法，结合当地实际，制定本行政区域低保工作绩效评价办法，并组织开展年度绩效评价。

第十三条　新疆生产建设兵团低保工作绩效评价适用本办法。

第十四条　本办法由民政部、财政部负责解释。

第十五条　本办法自发布之日起施行。

中央财政困难群众基本生活救助补助资金管理办法

（2016年7月1日　财社〔2016〕87号）

第一条　为规范和加强中央财政困难群众基本生活救助补助资金（以下简称补助资金）管理，提高资金使用效益，支持地方做好最低生活保障（以下简称低保）、特困人员救助供养和临时救助工作，根据国家有关法律法规和财政部专项补助资金管理有关规定，制定本办法。

第二条　本办法所称补助资金是指中央财政安排的用于补助各省、自治区、直辖市、计划单列市开展低保、特困人员救助供养和临时救助工作的资金。

第三条　补助资金使用和管理要坚持公开、公平、公正的原则。

第四条　按照预算管理规定，省级民政部门商同级财政部门设定补助资金区域绩效目标，明确资金与工作预期达到的效果，报民政部审核后送财政部复审备案并抄送当地专员办。民政部在完成绩效目标审核后提出补助资金的分配建议送财政部，财政部审核后会同民政部下达补助资金。同时，民政部指导省级民政部门对绩效目标实现情况进行监控，确保绩效目标如期实现。

第五条　补助资金按因素法分配，主要参考城乡困难群众数量、地方财政困难程度、地方财政努力程度、绩效评价结果等因素。每年分配资金选择的因素和权重，可根据年度工作重点适当调整。补助资金重点向贫困程度深、保障任务重、工作绩效好的地区倾斜。

第六条　省级财政部门收到补助资金后，应将其与省本级财政安排的资金统筹使用,商同级民政部门制定本省(自治区、直辖市、计划单列市)资金分配方案,并于30日内正式分解下达本行政区域县级以上各级财政部门,同时将资金分配结果报财政部、民政部备案并抄送当地专员办。

第七条 财政部、民政部应当在每年10月31日前,按当年补助资金实际下达数的一定比例,将下一年度补助资金预计数提前下达省级财政部门,并抄送当地专员办。

各省级财政部门应建立相应的预算指标提前下达制度,在接到预计数后会同民政部门于30日内下达本行政区域县级以上各级财政部门,同时将下达文件报财政部、民政部备案,并抄送当地专员办。

第八条 各级财政部门要会同民政部门优化财政支出结构,科学合理编制预算,加强补助资金统筹使用,增加资金有效供给,发挥救助资金合力,提升资金使用效益。

第九条 各级财政部门要会同民政部门采取有效措施,加快预算执行进度,提高预算执行的均衡性和有效性。

对于全年全省(自治区、直辖市、计划单列市)困难群众基本生活救助资金支出少于当年中央财政下达该省(自治区、直辖市、计划单列市)的补助资金的省份,中央财政将在下年分配补助资金时适当减少对该省(自治区、直辖市、计划单列市)的补助。

第十条 财政部、民政部组织开展对补助资金的绩效评价,主要内容包括资金投入与使用、预算执行、资金管理、保障措施、资金使用效益等。同时,将绩效评价结果作为督促指导地方改进工作、分配中央财政补助资金的重要依据。

第十一条 补助资金原则上实行社会化发放,按照国库集中支付制度有关规定,通过银行、信用社等代理金融机构,直接支付到救助对象账户。对于集中供养的特困人员,补助资金统一支付到供养服务机构。县级民政、财政部门应当为救助家庭或个人在代理金融机构办理接受补助资金的账户,也可依托社会保障卡、惠农资金“一卡通”等渠道发放补助资金,代理金融机构不得以任何形式向救助家庭或个人收取账户管理费用。

第十二条 补助资金要专款专用,各级财政、民政部门和经办机构应严格按规定使用,不得擅自扩大支出范围,不得以任何形式挤占、挪用、截留和滞留,不得向救助对象收取任何管理费用。对虚报冒领、挤占挪用补助资金的单位和个人,以及其他违反本办法规定的行为,按照《中华人民共和国预算法》、《财政违法行为处罚处分条例》等有关规定追究法律责任。涉嫌犯罪的,移交司法机关处理。

补助资金不得用于低保、特困人员救助供养和临时救助工作经费。

第十三条 地方各级财政、民政部门应建立健全资金监管机制,定期或不定期地对补助资金的使用管理情况进行检查,及时发现和纠正有关问题,并对资金发放情况进行公示,接受社会监督。

财政部驻各地财政监察专员办事处在规定的职权范围内,依法对补助资金的使用管理情况进行监督。

第十四条 地方各级财政、民政部门应自觉接受审计、监察等部门和社会的监督。

第十五条 各省、自治区、直辖市、计划单列市财政、民政部门可参照本办法,结合当地实际,制定困难群众基本生活救助资金管理具体办法。

第十六条 本办法由财政部会同民政部负责解释。

第十七条 本办法自2016年7月1日开始施行,《财政部、民政部关于印发〈中央财政困难群众基本生活救助补助资金管理办法〉的通知》(财社〔2015〕1号)同时废止。

民政部、国家发展改革委、财政部、国家统计局关于进一步规范城乡居民最低生活保障标准制定和调整工作的指导意见

(2011年5月11日 民发〔2011〕80号)

各省、自治区、直辖市民政厅(局)、发展改革委(物价局)、财政厅(局)、统计局,新疆生产建设兵团民政局、发展改革委、财务局、统计局,国家统计局各调查总队:

为进一步规范城乡居民最低生活保障(以下简称城乡低保)标准的制定和调整工作,根据《城市居民最低生活保障条例》(国务院令第271号,以下简称《条例》)和《国务院关于在全国建立农村最低生活保障制度的通知》(国发〔2007〕19号,以下简称《通知》)有关规定,结合各地的实践经验和做法,提出以下指导意见:

一、深刻认识规范城乡低保标准制定和调整工作的重要意义

低保标准是城乡低保制度的关键环节,是界定低保范围、核定低保对象、确定补助水平以及安排补助资金的重要依据。近年来,各地按照《条例》和《通知》要求,在科学制定和调整低保标准方面不断探索完善,取得了一定成效。但是,从全国情况看,城乡低保标准的制定和调整工作还存在一些需要规范的问题。如,一些地方缺乏必要论证和科学测算,简单参照扶贫标准或全国平均低保标准来制定和调整低保标准,难以真实反映当地居民的基本生活需求,甚至导致保障面过宽而影响了低保对象劳动就业的积极性;还有一些地方没有及时根据经济社会发展水平和财政承受能力,随着生活必需品的价格变化和人民生活水平的提高而适时调整低保标准,影响了低保制度实施效果和困难群众基本生活保障力度。为确保城乡低保制度平稳运行,真正发挥好最后一道社会安全网的

保障作用,各地要统一思想,提高认识,将规范城乡低保标准制定和调整工作作为当前健全完善城乡低保制度的一项重要任务,加强领导,精心组织,切实抓紧、抓实、抓好。

二、准确把握城乡低保标准制定和调整的指导思想和基本原则

(一)指导思想。进一步规范城乡低保标准制定和调整工作,要深入贯彻落实科学发展观,按照党的十七届五中全会关于"努力实现居民收入增长和经济发展同步,低收入者收入明显增加"和"实现城乡社会救助全覆盖"的总体要求,以《条例》和《通知》为根本依据,以确保困难群众基本生活为核心目标,不断提高城乡低保标准制定和调整的科学化、精细化和规范化水平。

(二)基本原则。进一步规范城乡低保标准制定和调整工作,必须结合当地社会救助事业发展实际,不断完善和创新机制。要坚持科学性原则,以维持当地居民基本生活所必需的消费品支出数据为基础,科学测算,充分论证;坚持合理性原则,统筹考虑困难群众基本生活保障需要、当地经济社会发展水平和财力状况,使城乡低保标准与失业保险、最低工资、扶贫开发等政策标准合理衔接;坚持动态性原则,建立和完善城乡低保标准与物价上涨挂钩的联动机制,并随着当地居民生活必需品价格变化和人民生活水平的提高定期调整城乡低保标准;坚持规范性原则,制定和调整城乡低保标准要严格遵循有关政策规定和程序规范,确保公开、公正和透明。

三、科学确定城乡低保标准制定和调整的方法

各地在制定和调整城乡低保标准时,可以采用基本生活费用支出法、恩格尔系数法或消费支出比例法。

(一)基本生活费用支出法。

城乡低保标准根据当地居民基本生活费用支出确定,包括必需食品消费支出和非食品类生活必需品支出两部分。用公式表示为:

城乡低保标准=必需食品消费支出+非食品类生活必需品支出

其中,必需食品消费支出通过市场调查确定当地食品必需品消费清单(即标准食物清单)、根据中国营养学会推荐的能量摄入量(见附件1)、相应食物摄入量(见附件2)以及食物的市场价格计算得出;非食品类生活必需品支出根据调查数据确定维持基本生活所必需的衣物、水电、燃煤(燃气)、公共交通、日用品等消费清单测算支出数额。

为确保城乡低保标准的制定和调整符合当地实际,各地可以参考当地上年度城乡居民人均消费支出、城镇居民人均可支配收入、农民人均纯收入、城乡低收入居民基本生活费用,以及经济发展水平、财政状况等因素对测算得出的低保标准予以适当调整。

(二)恩格尔系数法。

城乡低保标准根据当地居民必需食品消费支出和上年度最低收入家庭恩格尔系数确定。用公式表示为:

城乡低保标准=必需食品消费支出/上年度最低收入家庭恩格尔系数

其中,必需食品消费支出的确定方法同基本生活费用支出法,即通过市场调查确定当地食品必需品消费清单(即标准食物清单)、根据中国营养学会推荐的能量摄入量(见附件1)、相应食物摄入量(见附件2)以及食物的市场价格计算得出。

为确保城乡低保标准的制定和调整符合当地实际,各地可以参考当地上年度城乡居民人均消费支出、城镇居民人均可支配收入、农民人均纯收入、城乡低收入居民基本生活费用,以及经济发展水平、财政状况等因素对测算得出的低保标准予以适当调整。

(三)消费支出比例法。

已按基本生活费用支出法或恩格尔系数法测算出城乡低保标准的地区,可将此数据与当地上年度城乡居民人均消费支出进行比较,得出低保标准占上年度城乡居民人均消费支出的比例。在今后一定时期内再次计算城乡低保标准时,可直接用当地上年度城乡居民人均消费支出乘以此比例。用公式表示为:

城乡低保标准=当地上年度城乡居民人均消费支出×低保标准占上年度城乡居民人均消费支出的比例

四、认真做好城乡低保标准的制定和调整工作

(一)精心组织。各地要按照《条例》和《通知》规定的城乡低保标准制定权限,成立由民政、财政、发展改革(价格)、统计(调查队)等部门组成的城乡低保标准制定和调整工作小组(以下简称工作小组),制定工作方案,明确工作方法、步骤和时间表。工作小组各成员单位要明确职责,相互配合,共同做好城乡低保标准制定和调整工作。

(二)科学测算。工作小组要综合使用统计数据、监测数据和调查数据,运用"基本生活费用支出法"、"恩格尔系数法"或"消费支出比例法",科学测算当地城乡低保标准。其中,统计数据是指当地统计部门通过调查所得,并已向社会公布的数据,主要包括上年度城乡居民人均消费支出、上年度城镇居民人均可支配收入、农民人均纯收入、城乡最低收入家庭恩格尔系数等;监测数据是指价格主管部门监测的基本生活必需品消费清单所涉及的商品市场价格;调查数据是指未纳入当地统计和监测,需要工作小组通过抽样调查获得的数据。

(三)规范程序。城乡低保标准测算完成后,要由工作小组或其成员单位联合报请本级人民政府审批。按照《条例》和《通知》规定,需要备案的,要同时报上一级地方人民政府备案。根据本级人民政府的批复,工作小组或民政部门要通过网站、报纸等媒体以适当方式,将新的城乡低保标准向社会公告,并按批复要求的时间执行。

(四)加强指导。省级人民政府民政部门、财政部门要发挥好指导和调控作用，注意引导经济社会发展水平相近地区逐步缩小地区间城乡低保标准差距。条件成熟的地方，也可试行由省级人民政府民政部门会同财政、发展改革（价格）、统计（调查总队）等部门，根据区域经济社会发展状况，制定本辖区内相对统一的区域城乡低保标准。

附件：

1. 中国居民膳食能量推荐摄入量（略）
2. 中国居民不同能量水平建议食物摄入量（略）

民政部关于落实孤老优抚对象农村五保供养和城市最低生活保障待遇的通知

（2011 年 4 月 7 日　民发〔2011〕48 号）

各省、自治区、直辖市民政厅（局）：

孤老优抚对象是一个特殊群体，曾经为国家独立、民族解放和社会主义建设做出过特殊贡献。目前，他们大多已享受到国家的优抚待遇。同时，孤老优抚对象作为社会普通成员，也是一个需各方关注的困难群体，理应享受到各项社会保障政策的普惠待遇。为充分体现党和政府对他们的关心和照顾，进一步提高其生活保障水平，现将有关事项通知如下：

一、对符合农村五保供养和城市最低生活保障政策条件的孤老优抚对象全部优先纳入保障范围并落实相应待遇，切实做到应保尽保，及时入保。

二、各地要严格执行抚恤补助金不计入优抚对象家庭收入的规定。在孤老优抚对象申请享受农村五保供养和城市最低生活保障待遇，核算其家庭收入时，扣除其享受的抚恤补助金。

三、各地要加强组织领导，安排专门力量，对孤老优抚对象享受五保供养和最低生活保障政策情况进行一次调查摸底，对已享受五保供养和最低生活保障待遇的孤老优抚对象要登记造册，做到心中有数；对符合条件但未享受五保供养和最低生活保障待遇的孤老优抚对象要统计汇总，尽快办理相关手续，纳入保障范围。

四、各地要按照通知要求，尽快部署开展相关工作，于今年 6 月 30 日前将孤老优抚对象农村五保供养和城市最低生活保障待遇全部落实到位，并把工作进展情况按照附表要求以省（自治区、直辖市）民政厅（局）名义及时报民政部。

五、执行本通知所需五保供养和最低生活保障资金由原渠道解决。

附表：《落实孤老优抚对象农村五保供养和城市最低生活保障待遇工作进展情况表》（略）

民政部关于进一步加强城市低保对象认定工作的通知

（2010 年 6 月 13 日　民函〔2010〕140 号）

各省、自治区、直辖市民政厅（局），各计划单列市民政局，新疆生产建设兵团民政局：

近年来，我国政府在城市低保方面的财政投入越来越大，低保标准和低保对象的救助水平都有了较大幅度的提高，这对于保障困难群众的基本生活，维护社会稳定发挥了重要作用。但是，从最近的检查以及国家审计署对部分地区低保工作审计反馈的情况看，还存在低保对象认定不够准确问题，个别地方还相当突出。为进一步规范城市低保管理工作，落实好“全国社会救助规范管理工作会议”精神，现就进一步做好城市低保对象认定工作通知如下：

一、进一步完善低保对象认定制度

低保对象认定是城市低保工作的核心环节。只有准确认定低保对象，才能确保这项民生实事真正落到实处，才能确保困难群众的基本生活真正得到保障，也才能确保“应保尽保”的制度目标顺利实现。针对近期一些地方暴露出的低保对象认定不准问题，各地要严肃查处，并举一反三，认真总结经验教训，切实加强制度建设，从根本上杜绝低保对象认定工作中的各种漏洞。

各地要按照党中央、国务院的新要求，根据我国经济社会形势的新变化，及时修订完善《城市居民最低生活保障条例》实施办法或实施细则，制定并实施城市低保操作规程，从资格条件、申请审批、收入核定、分类施保、动态管理、退出机制等各方面作出规定，努力做到制度完善、规定明确、有章可依、便于操作。

二、进一步规范低保对象认定条件

（一）规范户籍认定条件。根据《城市居民最低生活保障条例》的有关规定，享受城市低保待遇的必须是持有非农业户口的城市居民。在取消农业户口和非农业户口划分的地区，原则上可将户籍所在地为城镇行政区域且居住超过一定期限、不拥有承包土地、不参加农村集体经济收益分配等作为申请城市低保的户籍条件。对于户口不在一起的城市家庭，应首先将户口迁移到一起，然后再申请低保。因特殊原因无法将户口迁移到一起的，应由户主在其户籍所在地提出低保申请，其他家庭成员分别提供收入证明。原则上，户籍不在本地的家庭成员应申请享受其户籍所在地的低保待遇；特殊情况也可随户主一起申请享受居住地的低保待遇。申请享受居住地低保待遇的，应由其户籍所在地乡镇（街道）政府或村（居）民委员会出具未享受低保待遇的证明。家庭生活确有困难，且已丧失劳动能力的成年重度残疾人，应在单独立户后申请低保。

（二）规范家庭财产的类别和条件。家庭财产是指共同生活的家庭成员所拥有的有价证券、存款、房产、车辆等资产。各地应将家庭财产作为认定城市低保对象的重要依据。对于拥有大额存款、有价证券、多套房产、机动车、经营性资产等财产的家庭，各地应根据财产类型规定不同的条件，并依据这些条件来认定低保对象。

（三）规范家庭收入的类别和计算方法。家庭收入是指共同生活的家庭成员在规定期限内的全部可支配收入，包括扣除缴纳的个人所得税及个人按规定缴纳的社会保障性支出后的工资性收入、经营性净收入、财产性收入和转移性收入等。家庭人均月收入是否低于当地低保标准，是能否享受低保待遇的基本条件。

（四）规范家庭收入的减免类型和金额。根据《城市居民最低生活保障条例》规定，优抚对象按照国家规定享受的抚恤金、补助金不计入家庭收入。其他可以减免的类型如独生子女费、孤残儿童基本生活费等，应由当地人民政府作出明确规定。

各地在认定城市低保对象时，要按照户籍条件、家庭财产条件、家庭收入条件，认真操作，严格把关。对破产改制企业下岗职工、城镇集体企业未参保退休人员以及失地农民等家庭申请低保的，应及时受理申请，符合条件的及时纳入城市低保救助范围；不符合低保救助条件，但生活确有困难的，应通过临时救助等方式保障其基本生活。

三、进一步改进低保对象认定方法

（一）由街道、乡镇低保经办机构直接受理低保申请。受街道或乡镇低保经办机构委托受理低保申请的社区居民委员会，要将申请人提交的所有材料以及家庭经济状况调查结果全部上交到街道或者乡镇低保经办机构，不得自行作出不予受理或不符合低保条件的决定。

（二）入户调查应存录原始资料。入户调查和邻里走访应由两人以上同行，并详细、真实记录低保申请人家庭生活情况，以备街道和区（县）级民政部门审核、审批时查验。

（三）民主评议应规范、简便，讲求实效。民主评议的参加人员应为社区居民委员会成员、街道及社区低保工作人员、居民代表以及驻社区人大代表、政协委员等，总人数不得少于7人，并定期轮换。评议时，应充分了解低保申请家庭的情况，必要时，可向低保申请人或者其代理人询问。民主评议应采取无记名的方式使与会人员充分表达意见，并当场公布评议结果。评议结果无论同意与否，都应上报街道、乡镇低保经办机构。

（四）张榜公示应限定范围和时间。一般情况下，公示的范围应限于低保申请人所居住的社区居委会，不提倡在互联网站上公示；公示的内容应仅限于拟批准享受低保的户主姓名、家庭人口数及享受金额，应注意保护其家庭特别是儿童的隐私；对于老年人家庭、残疾人家庭等家庭收入无变化或变化不大的，不宜实行常年公示。

（五）县级民政部门应建立随机抽查制度。要对低保家庭实行分类管理，对于家庭收入无变化或者变化不大的家庭，可每年复核一次；对于家庭收入处于经常变动状态的，至少每半年复核一次。县级民政部门要加强随机抽查力度，每年抽查数量应分别不少于新申请低保家庭总数和已有低保家庭总数的20%。

（六）加快推进居民家庭收入核对机制建设。要按照《城市低收入家庭认定办法》（民发〔2008〕156号）的有关要求，认真分析居民家庭收入核对涉及的部门和机构，精心研究各类居民家庭收入信息共享的办法和措施，根据居民家庭收入的不同类型，尽快与税务、房地产、社会保险、公积金、车辆、工商、金融等部门协商收入核对的具体程序和办法，建立分层次、多类别、高效率、运转灵活的居民家庭收入核对运行机制。

四、做好低保对象认定排查工作

从现在起到今年年底，各地要组织开展一次针对城市低保对象认定工作的排查。一是查制度规定。确保与低保对象认定有关的各项制度健全、翔实，符合国家有关法规政策和当地实际情况。二是查制度落实。通过排查，准确掌握低保对象的基本信息，进一步摸清他们的实际生活状况，对符合低保条件的要实现“应保尽保”，对不符合低保条件的要“应退尽退”。三是查问题纠正。对有关部门反映的低保工作中存在的问题，以及群众举报、信访等个案，要认真核查，及时纠正。排查的具体形式由当地民政部门决定，并将有关情况及时报民政部。

城市低收入家庭认定办法

（2008年10月22日　民发〔2008〕156号）

为规范廉租住房、经济适用住房保障以及其他社会救助工作中的城市低收入家庭收入核定行为，根据《国务院关于解决城市低收入家庭住房困难的若干意见》（国发〔2007〕24号），制定以下办法。

一、本办法所称城市低收入家庭，是指家庭成员人均收入和家庭财产状况符合当地人民政府规定的低收入标准的城市居民家庭。家庭成员是指具有法定赡养、抚养或扶养关系并共同生活的人员。

二、民政部负责全国城市低收入家庭收入核定的管理工作。

县（市、区）以上地方人民政府民政部门负责本行政区域内城市低收入家庭收入核定的管理工作。

县（市、区）人民政府民政部门以及街道办事处或者乡镇人民政府负责城市低收入家庭收入核定的具体工作。

三、社区居民委员会根据街道办事处或者乡镇人民政府的委托，可以承担城市低收入家庭收入核定的日常服务工作。

四、县(市、区)以上人民政府发展改革、价格、公安、财政、人力资源社会保障、住房城乡建设(房地产)、金融、税务、工商、统计等部门在各自职责范围内做好城市低收入家庭收入核定的有关工作。

五、地方各级人民政府要加强城市低收入家庭收入核定工作机构能力建设，落实必要的工作人员和经费。街道办事处、乡镇人民政府要采取调配、招用等形式，配备必要工作人员。

六、城市低收入家庭收入标准实行动态管理，每年公布一次。直辖市、设区的市低收入家庭收入标准，由市人民政府制定；县(市)城市低收入家庭收入标准，由县(市)人民政府制定，并报上级人民政府备案。

七、城市低收入家庭收入标准主要包括家庭收入和家庭财产两项指标，应当根据当地经济和社会发展水平，统筹考虑居民人均可支配收入、最低生活保障标准、最低工资标准以及住房保障和其他社会救助的关系，以满足城市居民基本生活需求为原则，按照不同救助项目需求和家庭支付能力确定。

八、家庭收入是指家庭成员在一定期限内拥有的全部可支配收入，包括扣除缴纳的个人所得税以及个人缴纳的社会保障支出后的工薪收入、经营性净收入、财产性收入和转移性收入等。家庭财产是指家庭成员拥有的全部存款、房产、车辆、有价证券等财产。

九、家庭成员按照国家规定获得的优待抚恤金、计划生育奖励与扶助金、教育奖(助)学金、寄宿生生活费补助以及见义勇为等奖励性补助，不计入家庭收入。

十、城市居民家庭在申请廉租住房、经济适用住房保障或者其他社会救助时，应当提供家庭收入、家庭财产等状况的证明材料，并以书面形式一并向户籍所在地的街道办事处或者乡镇人民政府提出核定其家庭收入状况的申请。具体申请程序按照有关规定办理。

十一、县(市、区)人民政府民政部门以及街道办事处或者乡镇人民政府应当通过书面审查、入户调查、信息查证、邻里访问以及信函索证等方式，对申请低收入核定的家庭至少最近6个月的收入和财产状况进行调查核实。有关个人、单位、组织应当积极配合，并如实提供有关情况。

十二、经申请低收入核定的家庭授权，县(市、区)人民政府民政部门以及街道办事处或者乡镇人民政府，可以对家庭成员的收入和财产状况进行查询。公安(户籍和车辆管理)、人力资源社会保障(社会保险)、住房城乡建设(房地产)、金融、工商、税务、住房公积金等部门和机构应当予以配合。具体查询办法由民政部会同有关部门另行规定。

十三、县(市、区)人民政府民政部门应当为符合当地人民政府规定的低收入家庭收入标准的城市居民家庭出具家庭收入核定证明。

十四、县(市、区)人民政府民政部门以及街道办事处或者乡镇人民政府应当设立举报箱或举报电话，接受群众和社会监督。

十五、城市居民最低生活保障家庭可直接认定为城市低收入家庭，不再重复进行家庭收入核定。

十六、城市低收入家庭应当按年度向所在地街道办事处或者乡镇人民政府如实申报家庭人口、收入以及财产的变动情况。街道办事处或者乡镇人民政府应当对申报情况进行核实，并将申报及核实情况报送县(市、区)人民政府民政部门。

县(市、区)人民政府民政部门应当根据城市低收入家庭人口、收入以及财产的变动情况，重新出具家庭收入核定证明。

十七、县(市、区)人民政府民政部门应当按户建立收入审核档案，并将城市低收入家庭的人口、收入、财产等变动情况，以及享受廉租住房、经济适用住房保障或者其他社会救助的情况，及时登记归档。

十八、各地应当逐步建立城市家庭收入审核信息系统，有效利用公安(户籍和车辆管理)、人力资源社会保障(社会保险)、住房城乡建设、金融、工商、税务、住房公积金等政府部门及有关机构的数据，实现信息共享，方便信息比对和核查，建立科学、高效的收入审核信息平台。

十九、申请低收入核定的家庭不如实提供相关情况，隐瞒收入和财产，骗取城市低收入家庭待遇的，由县(市、区)人民政府民政部门取消已出具的家庭收入核定证明，并记入人民银行企业和个人信用信息基础数据库及有关部门建立的诚信体系。

国家机关、企事业单位、社会团体、村(居)民委员会以及其他社会组织，不如实提供申请低收入核定的家庭及家庭成员的有关情况，或者出具虚假证明的，由县(市、区)人民政府民政部门提请其上级主管机关或者有关部门依照法律法规和有关规定处理，并记入人民银行企业和个人信用信息基础数据库及有关部门建立的诚信体系。

二十、城市家庭收入审核工作人员玩忽职守、滥用职权、徇私舞弊的，依法给予行政处分；涉嫌犯罪的，依法移送司法机关处理。

二十一、各省、自治区、直辖市人民政府可以根据本办法制定具体的实施办法。

民政部关于积极开展城市低收入家庭认定工作的若干意见

(2009年6月19日　民发〔2009〕86号)

各省、自治区、直辖市民政厅(局)，计划单列市民政局，新疆生产建设兵团民政局：

2008年10月，经国务院同意，我部会同有关部委(局)联合下发《城市低收入家庭认定办法》(民发〔2008〕156号，以下简称《办法》)。《办法》就城市低收入家庭的认定标准、认定程序、认定方法以及民政部门的职责任务等作出明确规定。《办法》下发后，各地民政部门积极行动，加强沟通协调，深入调查研究，相继启动城市低收入家庭认定的相关工作。为使城市低收入家庭认定工作落到实处，进一步健全完善城市社会救助体系，现就做好城市低收入家庭认定工作提出如下意见：

一、充分认识开展城市低收入家庭认定工作的重要意义

(一)城市低收入家庭是指家庭成员人均收入和家庭财产状况符合当地人民政府规定的低收入标准的城市居民家庭。认定城市低收入家庭是住房救助、医疗救助、教育救助等专项社会救助制度以及临时救助制度向低保对象以外的低收入家庭延伸的前提和基础，是进一步健全完善城市社会救助体系的重要举措。为应对金融危机，去年以来我国政府相继出台了一系列保民生、保发展、保稳定的政策。廉租住房等保障性住房建设是其中最为重要、最为突出，也是城市困难群众最为关注、最为期待的一项内容。党中央、国务院对廉租住房建设高度重视，李克强副总理明确要求"尽快对既买不起房、也租不起房的城市低收入住房困难家庭实施廉租住房保障"。城市低收入家庭认定是廉租住房救助的重要环节，是确保廉租住房公平分配的基础，各级民政部门一定要高度重视，切实承担责任，抓紧抓好这项工作。

二、开展城市低收入家庭认定的基本要求和总体目标

(二)基本要求。开展城市低收入家庭认定工作的基本要求是：明确政策，细化操作；突出重点，示范引路；部门配合，信息联动；强化基础，规范管理。

(三)总体目标。通过对社会救助申请人家庭收入和家庭财产状况的核对，逐步建立起相对完整的城市居民家庭经济状况审核信息系统，不断规范城市低收入家庭认定工作，推动廉租住房等专项社会救助制度覆盖所有城市低收入家庭。

三、进一步规范城市低收入家庭认定工作

(四)健全法规政策。各地要以《办法》为基础，抓紧制定具体的实施办法或实施细则，为城市低收入家庭认定工作的开展提供法规政策依据。制定实施办法或实施细则时，各地要注意强化办法的权威性和可操作性，尽量细化工作程序。条件成熟的，可通过制定配套政策的形式统一规范申请表格、收入类别、个人申报声明、证明文件等有关材料的样式或模板。

(五)合理确定低收入家庭的收入标准和财产状况标准。低收入家庭的收入标准可采取精确的货币单位进行量化，以一条收入水平线的形式对外发布，并应与当地城市低保标准保持内在关联性。低收入家庭财产状况标准可采取设定财产类型最高额度的方式发布；条件成熟的地方，也可以量化为货币单位，设定为财产标准线。低收入家庭的收入标准和财产状况标准也可以根据社会救助项目类型分别制定。

(六)规范工作流程。一是申请受理。只有当申请廉租住房、经济适用住房保障或者其他社会救助时，城市居民家庭才能提出低收入家庭认定申请。与社会救助无直接关系的低收入家庭认定申请，民政部门可不予受理。二是收入申报。街道办事处或乡镇人民政府应根据民政部门统一制定的格式，要求城市低收入家庭申请人逐项填写家庭收入、家庭人口和家庭财产情况，并签字确认提供虚假信息的，将承担相应法律责任。三是核定收入。对于廉租住房救助的申请，应先由住房保障部门核定其住房状况是否符合规定条件。民政部门接到住房保障部门转交的符合住房状况规定条件的廉租住房申请材料后，可相应开展收入核定工作。申请其他社会救助需要认定家庭收入的，按有关规定办理。四是出具证明。经核定符合低收入家庭收入标准和财产状况标准的，民政部门可出具家庭收入核定证明材料。该证明材料应注明核定的主要项目及核定结果，并及时反馈住房保障部门或其他社会救助管理部门。收入核定证明材料一般不宜直接交社会救助申请人本人。五是异议申诉。廉租住房申请人对收入认定结果有异议的，应根据《廉租住房保障办法》的规定，向住房保障部门提出申诉。民政部门应向住房保障部门作出说明，由住房保障部门统一答复申请人。其他社会救助方面的异议或申诉，按有关规定办理。

(七)探索建立居民家庭收入信息共享系统。核定社会救助申请人家庭收入和家庭财产的方法主要是书面审查、入户调查、信息查询、邻里访问以及信函索证。工作中，要注意建立完善的社区评议和社区公示制度，充分发挥广大群众的监督积极性。同时，要探索建立居民家庭收入信息共享系统，通过与税务、户籍、社会保险、公积金、金融等部门和机构共享居民收入信息，准确认定城市低收入家庭。

四、夯实城市低收入家庭认定工作基础

(八)认真研究政策。要认真研究城市低收入家庭认定工作的重点、难点和薄弱环节，找准工作的着力点；要把开展这项工作的重要性分析深、分析透，形成共识；要及时向主要领导汇报工作进展及存在问题，并提出有针对性的解决建议。

(九)注意抓好试点。城市低收入家庭认定是一项新工作，这些家庭的收入普遍高于低保家庭，其收入来源更为多样化，隐性就业和隐性收入较为普遍，家庭财产更不易掌握。依靠认定低保对象的传统方法难以准确认定低收入家庭。因此，各地要注意抓好试点，探索创新行之有效的家庭经济状况核查办法，在认真总结经验的基础上逐步推广。

(十)加强能力建设。城市低收入家庭认定是一项政策性、技术性都很强的工作，各地要按照《办法》要求，协调有关部门，加强城市低收入家庭收入核定工作机构能力建设，在落实必要的工作人员和经费基础上开展工作。街道办事处、乡镇人民政府要采取调配、招用等形式,配备必要工作人员。

(十一)做好部门间配合。城市低收入家庭认定虽然是一项配合性工作,具体救助行为由相关部门实施,但其基础性地位不容忽视。各地要注意加强与有关部门的沟通协调,积极主动做好配合服务工作,以获得有关部门的理解与支持,为城市低收入家庭认定工作的开展创造必要的条件。

民政部、财政部、卫生部、人力资源和社会保障部关于进一步完善城乡医疗救助制度的意见

(2009 年 6 月 15 日　民发〔2009〕81 号)

各省、自治区、直辖市民政厅(局)、财政厅(局)、卫生厅(局)、人力资源社会保障(劳动保障)厅(局),新疆生产建设兵团民政局、财务局、卫生局、劳动保障局:

为贯彻落实《中共中央、国务院关于深化医药卫生体制改革的意见》(中发〔2009〕6 号)和《国务院关于印发医药卫生体制改革近期重点实施方案(2009 - 2011 年)的通知》(国发〔2009〕12 号)的精神,进一步完善城乡医疗救助制度,保障困难群众能够享受到基本医疗卫生服务,现提出如下意见:

一、指导思想、基本原则和目标任务

(一)指导思想:以邓小平理论、“三个代表”重要思想和科学发展观为指导,坚持以人为本、执政为民的工作理念,贯彻落实关于深化医药卫生体制改革的有关精神,不断强化政府责任,完善医疗救助制度,创新机制,加强管理,改进服务,着力解决城乡困难群众最关心、最现实、最迫切的基本医疗保障问题,努力实现困难群众“病有所医”的目标。

(二)基本原则:坚持从我国经济和社会发展实际出发,保障困难群众基本医疗需求;坚持统筹协调,搞好医疗救助制度与相关社会保障制度的衔接,探索建立城乡一体化的医疗救助制度;坚持突出重点,分类施救,公开便捷,发挥医疗救助的救急救难作用;坚持政府主导,社会参与,大力发展医疗慈善事业。

(三)目标任务:进一步完善医疗救助制度,筑牢医疗保障底线。用 3 年左右时间,在全国基本建立起资金来源稳定,管理运行规范,救助效果明显,能够为困难群众提供方便、快捷服务的医疗救助制度。

二、健全制度,满足困难群众的基本医疗服务需求

(一)合理确定救助范围。在切实将城乡低保家庭成员和五保户纳入医疗救助范围的基础上,逐步将其他经济困难家庭人员纳入医疗救助范围。其他经济困难家庭人员主要包括低收入家庭重病患者以及当地政府规定的其他特殊困难人员。具体救助对象界定标准,由地方民政部门会同财政等有关部门,根据本地经济条件和医疗救助基金筹集情况、困难群众的支付能力以及基本医疗需求等因素制定,并报同级人民政府批准。

(二)实行多种方式救助。对城乡低保家庭成员、五保户和其他经济困难家庭人员,要按照有关规定,资助其参加城镇居民基本医疗保险或新型农村合作医疗并对其难以负担的基本医疗自付费用给予补助。

(三)完善救助服务内容。要根据救助对象的不同医疗需求,开展医疗救助服务。要坚持以住院救助为主,同时兼顾门诊救助。住院救助主要用于帮助解决因病住院救助对象个人负担的医疗费用;门诊救助主要帮助解决符合条件的救助对象患有常见病、慢性病、需要长期药物维持治疗以及急诊、急救的个人负担的医疗费用。

(四)合理制定补助方案。各地要根据当年医疗救助基金总量,科学制定医疗救助补助方案。逐步降低或取消医疗救助的起付线,合理设置封顶线,进一步提高救助对象经相关基本医疗保障制度补偿后需自付的基本医疗费用的救助比例。

三、简化程序,充分发挥医疗救助的便民救急作用

各级民政部门要会同卫生等部门,鼓励和推行定点医疗机构即时结算医疗救助费用的办法,民政部门可结合实际提供必要的预付资金。对于城乡低保家庭成员、五保户等医疗救助对象,凭相关证件或证明材料,到开展即时结算的定点医疗机构就医所发生的医疗费用,应由医疗救助支付的,由定点医疗机构即时结算,救助对象只需支付自付部分。定点医疗机构与民政部门要定期结算。对于申请医疗救助的其他经济困难人员,或到尚未开展即时结算的定点医疗机构就医的医疗救助对象,当地民政部门要及时受理,并按规定办理审批手续,使困难群众能够及时享受到医疗服务。

救助对象因治疗需要转诊至非定点医疗机构治疗的,应当由定点医疗机构出具转诊证明,由救助对象报当地县级人民政府民政部门核准备案。此外,各地要探索属于救助对象的流动就业人员异地就医的申报、审批和结算办法,方便困难群众就医。

各地在简化医疗救助操作程序的同时,要规范工作流程,完善服务管理,并建立健全医疗救助工作的民主监督机制,及时将医疗救助对象姓名、救助标准、救助金额等向社会公布,接受群众和社会监督,做到政策公开、资金公开、保障对象公开。

四、加强配合,做好医疗救助与相关基本医疗保障制度的衔接

各地在制定医疗救助制度实施方案时,要结合城镇职工基本医疗保险、城镇居民基本医疗保险与新型农村合作医疗制度的建立,统筹协调,更好地发挥各项制度的整体效能。要按照动态变化,全面准确掌握城乡低保家庭人数、五保户和经济困难家庭人员情况以及医疗服务需求,确定救助对象和救助方式。要通过对城镇居民基本医疗保险和新型农村合作医

疗个人缴费部分的补助，使城乡低保家庭成员和五保户等经济困难家庭人员，能够享有相关基本医疗保障待遇；并帮助解决相关基本医疗保障起付线以下的自付部分。对经相关保障制度补偿后个人负担医疗费用有困难的救助对象，要及时给予医疗救助。

加强医疗救助和城镇职工基本医疗保险、城镇居民基本医疗保险、新型农村合作医疗在经办管理方面的衔接，改进各项制度的结算办法，探索实行"一站式"管理服务，逐步实现不同医疗保障制度间人员信息、就医信息和医疗费用信息的共享，提高管理服务效率，方便困难群众。

五、加大资金投入力度，强化基金的管理

（一）多渠道筹集资金。要强化地方政府责任，地方各级财政特别是省级财政要切实调整财政支出结构，增加投入，进一步扩大医疗救助基金规模。中央财政安排专项资金，对困难地区开展城乡医疗救助给予补助。各地要动员和发动社会力量，通过慈善和社会捐助等，多渠道筹集资金。

（二）严格基金的管理和使用。县级财政部门要在社会保障基金财政专户中设立城市和农村医疗救助基金专账，办理医疗救助资金的筹集、拨付。县级民政部门要做好医疗救助资金的发放工作。要加强对城乡医疗救助基金的管理，在确保基金安全的前提下，做到基金收支基本平衡，略有结余。基金结余较多的地区，应积极采取措施，逐步降低基金结余率，到2011年，各地累计结余的资金一般应不超过当年筹集基金总额的15%，且要按规定及时结转下年使用，不得挪作他用。对于结余资金过多的，上级财政、民政部门应根据情况减拨或停拨补助资金。

六、加强协议监管，控制医疗费用不合理支出

各级民政部门要会同有关部门，建立医疗救助定点医疗机构的准入和退出机制，实行动态管理。定点医疗机构原则上在城镇居民基本医疗保险和新型农村合作医疗确定的范围内选择。各级卫生部门要加强对医疗救助定点医疗机构的监管，规范定点医疗机构的医疗服务行为和基本药物目录、诊疗目录的使用，鼓励并引导定点医疗机构优先、合理使用国家基本药物和适宜诊疗技术，控制医疗费用的不合理增长。民政部门要与定点医疗机构签订协议，明确双方责任、权利与义务，并严格履行。对不按规定目录用药、诊疗以及提供医疗服务所发生的医疗费用，城乡医疗救助基金不予结算。

七、加强组织领导，密切配合，确保医疗救助工作顺利开展

城乡医疗救助工作直接关系困难群众切身利益，是一项重大的民心工程，各地民政、财政、卫生、人力资源社会保障部门要在当地政府领导下，高度重视，各负其责，密切配合，共同抓好落实。民政部门要充分发挥医疗救助主管部门作用，做好政策研究制定和组织实施工作，做好医疗救助与社会慈善救助的衔接；财政部门要落实安排救助资金，加强对资金管理和使用情况的监督检查；卫生部门要做好困难群众参加新型农村合作医疗的服务管理工作，加强对定点医疗机构的监管；人力资源社会保障部门要做好困难群众参加城镇居民基本医疗保险的服务管理工作。

各省、自治区、直辖市要分别选择2－3个医疗救助工作示范点，示范点的选择要根据各地工作基础、领导重视程度、财政状况确定。开展城乡医疗救助示范工作的地区，要重点探索如何合理确定救助对象，探索切实可行的医疗救助资金支付方式和结算办法，简化申请审批程序，与相关保障制度搞好衔接等。各地要充分发挥示范点的引导作用，指导辖区内地方不断创新发展，强化管理，提高医疗救助工作实效。

省级民政、财政、卫生、人力资源社会保障部门要根据本意见的要求，结合当地实际，制定具体实施办法，抓好督促落实。工作进展中的情况和问题，请及时报上级有关部门。

民政部、财政部、劳动和社会保障部关于做好城镇困难居民参加城镇居民基本医疗保险有关工作的通知

（2007年10月24日　民发〔2007〕156号）

各省、自治区、直辖市民政厅（局）、财政厅（局）、劳动保障厅（局），新疆生产建设兵团民政局、财务局、劳动保障局：

为贯彻落实国务院《关于开展城镇居民基本医疗保险试点的指导意见》（国发〔2007〕20号，以下简称《指导意见》），切实做好城镇困难居民参加城镇居民基本医疗保险有关工作，现将有关事项通知如下：

一、合理确定困难居民范围，及时报送困难居民参加城镇居民基本医疗保险基本情况

开展城镇居民基本医疗保险的试点城市，要按照《指导意见》"坚持自愿原则，充分尊重群众意愿"的要求，积极鼓励和引导城市困难居民参加城镇居民基本医疗保险。对于符合条件的城市低保对象，要按要求帮助其参加城镇居民基本医疗保险。对于"低收入家庭60周岁以上老年人"和"丧失劳动能力的重度残疾人"的界定，要根据《指导意见》的原则规定，在充分调研和论证的基础上，结合当地实际，由地方民政部门会同财政、劳动保障等相关部门制定具体界定标准，并报同级人民政府批准。

地方各级民政部门要在现有工作基础上，认真开展调查摸底，全面准确地掌握困难居民的人数、构成等情况，为帮助困难居民参加城镇居民基本医疗保险做好准备工作。2007年，请各省（自治区、直辖市）民政厅（局）会同劳动保障和财政厅（局），于10月30日前将汇总审定的本省（自治区、直辖

市)试点城市困难居民参加城镇居民基本医疗保险人数(分未成年人数和成年人数)、困难人群补助标准和地方财政补助资金到位情况,报送民政部、劳动保障部和财政部,所报数据应与经各地财政监察专员办事处审核的劳动保障部门会同有关部门统计的有关数据一致。从2008年起,各地应于每年3月底以前报送有关情况。

二、科学制定补助标准,规范困难居民参加城镇居民基本医疗保险缴费补助资金拨付程序

按照《指导意见》要求,2007年,在对试点城市参保居民普遍给予补助的基础上,对属于低保对象的或重度残疾的学生和儿童参保所需的家庭缴费部分,政府原则上再按不低于人均10元给予补助,其中,中央财政对中西部地区按人均5元给予补助;对其他低保对象、丧失劳动能力的重度残疾人、低收入家庭60周岁以上的老年人等困难居民参保所需家庭缴费部分,政府原则上再按不低于人均60元给予补助,其中,中央财政对中西部地区按人均30元给予补助。中央财政对东部地区参照新型农村合作医疗的补助办法给予适当补助。各地要根据本地经济发展水平、困难居民的经济承受能力以及基本医疗需求、财政承受能力等因素,认真分析测算,科学合理地制定对困难居民的具体补助标准。

各级财政部门要根据困难居民参加城镇居民基本医疗保险人数和补助标准,足额安排城市困难居民参加城镇居民基本医疗保险所需补助资金。补助困难居民参保所需家庭缴费部分的资金,列政府收支分类科目"城市医疗救助"项下,并通过财政部门在社会保障基金财政专户中设立的"城市医疗救助基金"专账及时划拨至"城镇居民基本医疗保险基金"专账。中央财政对各省(自治区、直辖市)的具体补助金额,根据审定后的各省(自治区、直辖市)试点城市参加城镇居民基本医疗保险的困难居民人数和中央补助标准核定,通过城市医疗救助专项转移支付下达。

三、采取切实措施,搞好城市医疗救助和城镇居民基本医疗保险的衔接

各地要抓住建立城镇居民基本医疗保险制度的契机,进一步加快工作进度,建立和完善城市医疗救助制度。已开展城镇居民基本医疗保险但尚未建立城市医疗救助制度的地方,要同步建立城市医疗救助制度,做好城市医疗救助和城镇居民基本医疗保险的衔接工作。开展城镇居民基本医疗保险试点的地区,要结合城镇居民基本医疗保险制度的建立,完善医疗救助实施方案,对困难居民在城镇居民基本医疗保险支付之外个人难以负担的医疗费用,按照有关规定给予适当补助。未参加城镇居民基本医疗保险的困难居民,符合条件的要按照规定及时给予救助。此外,要广泛动员社会力量,通过社会帮困互助等多种渠道,进一步帮助困难居民缓解医疗难问题。

各地要结合当地实际,加强城镇居民基本医疗保险和医疗救助的管理服务衔接,探索建立适合困难居民特点的申请审批程序,协同做好困难参保人员身份认定、组织参保和信息采集等服务工作,改进医疗保险和医疗救助资金支付方式和费用结算办法,提高工作效率,增强困难居民医疗卫生服务的可及性。

四、充分发挥城市社区服务组织作用,配合做好城镇居民基本医疗保险服务工作

各地在推进城镇居民基本医疗保险的过程中,要充分发挥社区组织的作用,进一步加强社区公共服务体系和队伍建设,提高服务居民、管理社区的能力。社区居委会等社区组织受基层政府及有关部门委托,积极协助做好宣传发动、家庭调查、信息登记、组织参保等方面的工作。要结合建立健全医疗保险社会监督组织工作,建立居民参与医疗保险监督的机制,定期把本社区居民享受基本医疗保险、医疗救助的情况纳入居务公开范围,接受居民监督。要定期组织居民对城镇居民基本医疗保险服务情况开展民主评议,并把评议结果及时反馈给上级政府。要进一步整合信息资源,优化信息管理,逐步建立信息共享、高效便捷、安全可靠的街道社区公共服务信息工作平台。

五、加强组织领导,保障城镇困难居民参加城镇居民基本医疗保险工作顺利开展

帮助城镇困难居民参加城镇居民基本医疗保险直接关系城镇困难居民切身利益,是一项重大的民心工程,各地民政、财政、劳动保障部门要在当地政府领导下,高度重视,各负其责,密切配合,加强信息沟通和数据资源共享,共同抓好落实。民政部门要商有关部门研究制定帮助城镇困难居民参加城镇基本医疗保险的有关政策,并做好城镇困难居民核定工作;劳动保障部门要及时办理参保手续,做好困难居民参加城镇居民基本医疗保险的服务管理工作;财政部门要落实城镇困难居民参保补助资金,加强对资金管理和使用情况的监督检查,并统筹考虑开展社会救助工作需要,合理安排必要的工作经费。

各地、各部门要结合本地实际,采取切实可行的措施,抓好督促落实。试点工作进展中的情况和问题,请及时上报上级有关部门。

关于贯彻落实《法律援助条例》切实解决困难群众打官司难问题的意见

(2004年9月6日　司法通〔2004〕127号)

各省、自治区、直辖市司法厅(局)、民政厅(局)、财政厅(局)、劳动和社会保障厅(局)、国土资源厅(局)、建设厅(局)、卫生厅(局)、工商行政管理局、档案局,新疆生产建设兵团司法局、民政局、财务局、劳动和社会保障局、国土资源局、建设局、卫生局、档案局：

《法律援助条例》（以下简称《条例》）自2003年9月1日颁布实施以来，我国法律援助工作取得了明显的成效，在一定程度上缓解了困难群众请律师难、打官司难的问题。但是，目前法律援助工作还存在经费短缺、相关制度不配套、经济欠发达地区困难群众申请法律援助难等问题，制约了法律援助工作的发展。为进一步贯彻落实《条例》，切实保障困难群众的合法权益，现提出如下意见：

一、认真贯彻落实《条例》，全面开展法律援助工作

《条例》的颁布实施，是我国民主法治建设中的一件大事，是党和政府落实"三个代表"重要思想的重要举措，是坚持立党为公、执政为民的具体体现，有助于落实"国家尊重和保障人权"、"公民在法律面前一律平等"的宪法原则，对于进一步规范和加强法律援助工作，促进司法公正，完善社会保障体系，推动社会文明进步，具有十分重要的意义。

保证《条例》的顺利实施，是各级人民政府的责任，各级司法行政部门、法律援助机构要充分发挥主观能动性，有效组织法律援助工作，各级人民政府有关部门应当积极支持和配合法律援助工作。

通过政府各职能部门的共同努力，保障经济困难的公民获得必要的无偿的法律服务，促进"社会主义司法制度必须保障在全社会实现公平和正义"目标的实现。

二、增加财政投入，保障法律援助事业与经济、社会协调发展

为保证条例的顺利实施，各级人民政府要按照条例的规定，根据本行政区域的经济发展水平及财力状况，将每年法律援助所需要的经费数额，逐步纳入年度财政预算。要随着当地经济发展及财政收入的增加，并根据法律援助的实际需要安排经费，保障法律援助事业与经济、社会协调发展。

为保证法律援助工作在不同地区、不同区域的协调发展，省级财政部门应设立法律援助专项经费，对本行政区域内的贫困地区予以补助；中央财政根据财力可能积极支持贫困地区开展法律援助工作。

各级司法行政部门要积极探索建立资金筹措的社会化、经常化机制，广泛开辟政府财政拨款以外的法律援助经费筹措渠道，充分利用社会财力支持法律援助事业。

要对法律援助经费的使用加强管理和监督，建立完善的财务制度，做到专款专用。

三、完善法律援助机构与民政部门的工作配合机制

各地法律援助机构应当定期向当地民政部门了解有关困难群众的法律援助需求状况，各地民政部门应当将所掌握的本地区经济困难群众的情况，及时与当地法律援助机构进行沟通，并采取相应的便民措施，使困难群众得到及时的法律援助。

法律援助机构依条例规定审查法律援助申请人的经济状况时，应根据县级以上（含县级）民政部门颁发的有关救济凭证或者出具的经济困难书面证明，及时为申请人办理有关法律援助手续，尽量简化程序，提高工作效率，对证明材料需要查证的，可向出具证明的部门查证。

四、建立法律援助与劳动仲裁的衔接机制

对法律援助机构决定提供法律援助的案件，劳动仲裁部门要先行缓收仲裁费。受援方胜诉的案件，由非受援的败诉一方承担；受援方败诉的案件，依法裁定受援方当事人承担部分或全部仲裁费，该方当事人确有困难的，由法律援助机构承担。

五、加强法律援助机构与相关部门之间的协调与配合，为法律援助办案人员利用档案资料提供方便

国土资源、建设、卫生、工商、档案管理等部门对法律援助案件办理中利用档案进行的调查取证工作应予支持，对于法院尚未立案的法律援助案件，法律援助人员可凭法律援助机构的证明查询，以免因缺乏有关证明资料，案件难以进入诉讼程序，但涉及国家机密等不公开资料的除外。

相关部门对法律援助案件办理中查阅档案资料所涉及的相关费用应当予以减免，共同降低法律援助成本，减轻经费短缺给法律援助工作造成的压力。对档案资料查询费、咨询服务费、调阅档案（资料）保护费、证明费（包括学历、工龄证明、机构设置证明、房产地产证明、财产证明）予以免收；对相关材料复制费，包括原件复印、缩微胶片复印、翻拍、扫描费给予减、免，减收的标准按复制档案资料所需的原材料成本费计算。

六、加强法律援助机构与有关鉴定机构的沟通与协调，减免收取或缓收法律援助案件的相关鉴定费用

为了解决法律援助案件的受援人因交不起鉴定费用而无法进入诉讼程序，从而无力维护自己合法权益的问题，各鉴定机构应当对法律援助案件所涉及事项的鉴定给予减免的优惠。

司法行政部门管理的面向社会服务的司法鉴定机构，对法律援助案件受援人申请司法鉴定的，应缓收或免收鉴定费。受援人胜诉后，应向鉴定部门补交实际需交纳的费用，受援人败诉，交纳鉴定费用确有困难，鉴定部门给予减免。

其他非财政拨款的鉴定机构对法律援助案件受援人申请人身伤残鉴定、亲子鉴定、笔迹鉴定以及财产评估等，实行缓收相关费用。受援人胜诉后，应向鉴定部门补交实际需交纳的费用。受援人败诉，交纳鉴定费用确有困难，由法律援助机构承担相关费用。

七、各级司法行政部门要加强对法律援助工作的管理监督，确保法律援助工作规范运行

各级司法行政部门要加强对法律援助实施主体包括法律援助机构工作人员、律师和社会组织人员的管理监督。对侵占、私分、挪用法律援助经费的，对法律援助机构及其工作人员从事有偿服务的，对律师事务所、基层法律服务所拒绝指派的和律师、基层法律服务工作者不履行义务的，对律师和社会组织人员在法律援助活动中收取当事人财物的，要依据条例予以处罚，保证法律援助工作规范健康地发展。

严格法律援助案件办理中的程序规则。承办法律援助案件的人员在查阅、复制档案材料或者现行文件时，应出示法律援助机构出具的指派通知书（适用于社会律师、基层法律服务工作者和社会组织人员）或者介绍信（适用于法律援助机构人员）。在查阅、复制档案材料或者现行文件时，应遵守相关法律法规规定。

各地法律援助机构应对法律援助案件进行严格审查，严禁法律援助人员假借法律援助名义从事有偿法律服务而免费查阅和复制相关材料。如发现有上述情形，经司法行政部门查证属实，承办案件的人员应按规定全额支付相关的查阅和复制档案材料费用，并按有关法律法规规定接受相应处罚。

八、加强领导，密切配合，共同推进法律援助事业的发展

各级人民政府有关部门要高度重视法律援助工作，加强领导，采取有效措施，切实履行政府责任，将条例各项规定落到实处。各部门要加强协调和配合，建立协调沟通机制和反馈机制，经常沟通信息，及时帮助解决法律援助工作中存在的困难和问题，认真贯彻落实条例，切实保障贫困群众的合法权益，努力使符合法律援助条件的困难群众都能获得法律援助，维护社会公平和正义。

4. 农村低保

中共中央、国务院关于推进社会主义新农村建设的若干意见

（2005 年 12 月 31 日　中发〔2006〕1 号）

党的十六届五中全会通过的《中共中央关于制定国民经济和社会发展第十一个五年规划的建议》，明确了今后 5 年我国经济社会发展的奋斗目标和行动纲领，提出了建设社会主义新农村的重大历史任务，为做好当前和今后一个时期的“三农”工作指明了方向。

近几年，党中央、国务院以科学发展观统领经济社会发展全局，按照统筹城乡发展的要求，采取了一系列支农惠农的重大政策。各地区各部门认真落实中央部署，切实加强“三农”工作，农业和农村发展出现了积极变化，迎来了新的发展机遇。粮食连续两年较大幅度增产，农业结构调整向纵深推进，农民收入较快增长，农村税费改革取得重大成果，社会事业进一步发展，农村基层组织建设得到加强，干群关系明显改善。农业和农村发展的好形势，对保持国民经济平稳较快增长和社会稳定，发挥了重要的支撑作用。但必须看到，当前农业和农村发展仍然处在艰难的爬坡阶段，农业基础设施脆弱、农村社会事业发展滞后、城乡居民收入差距扩大的矛盾依然突出，解决好“三农”问题仍然是工业化、城镇化进程中重大而艰巨的历史任务。各级党委和政府必须按照党的十六届五中全会的战略部署，始终把“三农”工作放在重中之重，切实把建设社会主义新农村的各项任务落到实处，加快农村全面小康和现代化建设步伐。

一、统筹城乡经济社会发展，扎实推进社会主义新农村建设

（1）建设社会主义新农村是我国现代化进程中的重大历史任务。全面建设小康社会，最艰巨最繁重的任务在农村。加速推进现代化，必须妥善处理工农城乡关系。构建社会主义和谐社会，必须促进农村经济社会全面进步。农村人口众多是我国的国情，只有发展好农村经济，建设好农民的家园，让农民过上宽裕的生活，才能保障全体人民共享经济社会发展成果，才能不断扩大内需和促进国民经济持续发展。当前，我国总体上已进入以工促农、以城带乡的发展阶段，初步具备了加大力度扶持“三农”的能力和条件。“十一五”时期，必须抓住机遇，加快改变农村经济社会发展滞后的局面，扎实稳步推进社会主义新农村建设。

（2）围绕社会主义新农村建设做好农业和农村工作。“十一五”时期是社会主义新农村建设打下坚实基础的关键时期，是推进现代农业建设迈出重大步伐的关键时期，是构建新型工农城乡关系取得突破进展的关键时期，也是农村全面建设小康加速推进的关键时期。“十一五”时期要高举邓小平理论和“三个代表”重要思想伟大旗帜，全面贯彻落实科学发展观，统筹城乡经济社会发展，实行工业反哺农业、城市支持农村和“多予少取放活”的方针，按照“生产发展、生活宽裕、乡风文明、村容整洁、管理民主”的要求，协调推进农村经济建设、政治建设、文化建设、社会建设和党的建设。当前，要完善强化支农政策，建设现代农业，稳定发展粮食生产，积极调整农业结构，加强基础设施建设，加强农村民主政治建设和精神文明建设，加快社会事业发展，推进农村综合改革，促进农民持续增收，确保社会主义新农村建设有良好开局。

（3）扎实稳步推进社会主义新农村建设。推进新农村建设是一项长期而繁重的历史任务，必须坚持以发展农村经济为中心，进一步解放和发展农村生产力，促进粮食稳定发展、农民持续增收；必须坚持农村基本经营制度，尊重农民的主体地位，不断创新农村体制机制；必须坚持以人为本，着力解决农民生产生活中最迫切的实际问题，切实让农民得到实惠；必须坚持科学规划，实行因地制宜、分类指导，有计划有步骤有重点地逐步推进；必须坚持发挥各方面积极性，依靠农民辛勤劳动、国家扶持和社会力量的广泛参与，使新农村建设成为全党全社会的共同行动。在推进新农村建设工作中，要注重实效，不搞形式主义；要量力而行，不盲目攀比；要民主商议，不

强迫命令;要突出特色,不强求一律;要引导扶持,不包办代替。

(4)加快建立以工促农、以城带乡的长效机制。顺应经济社会发展阶段性变化和建设社会主义新农村的要求,坚持“多予少取放活”的方针,重点在“多予”上下功夫。调整国民收入分配格局,国家财政支出、预算内固定资产投资和信贷投放,要按照存量适度调整、增量重点倾斜的原则,不断增加对农业和农村的投入。扩大公共财政覆盖农村的范围,建立健全财政支农资金稳定增长机制。2006 年,国家财政支农资金增量要高于上年,国债和预算内资金用于农村建设的比重要高于上年,其中直接用于改善农村生产生活条件的资金要高于上年,并逐步形成新农村建设稳定的资金来源。要把国家对基础设施建设投入的重点转向农村。提高耕地占用税税率,新增税收应主要用于“三农”。抓紧制定将土地出让金一部分收入用于农业土地开发的管理和监督办法,依法严格收缴土地出让金和新增建设用地有偿使用费,土地出让金用于农业土地开发的部分和新增建设用地有偿使用费安排的土地开发整理项目,都要将小型农田水利设施建设作为重要内容,建设标准农田。进一步加大支农资金整合力度,提高资金使用效率。金融机构要不断改善服务,加强对“三农”的支持。要加快建立有利于逐步改变城乡二元结构的体制,实行城乡劳动者平等就业的制度,建立健全与经济发展水平相适应的多种形式的农村社会保障制度。充分发挥市场配置资源的基础性作用,推进征地、户籍等制度改革,逐步形成城乡统一的要素市场,增强农村经济发展活力。

二、推进现代农业建设,强化社会主义新农村建设的产业支撑

(5)大力提高农业科技创新和转化能力。深化农业科研体制改革,加快建设国家创新基地和区域性农业科研中心,在机构设置、人员聘任和投资建设等方面实行新的运行机制。鼓励企业建立农业科技研发中心,国家在财税、金融和技术改造等方面给予扶持。改善农业技术创新的投资环境,发展农业科技创新风险投资。加强农业高技术研究,继续实施现代农业高技术产业化项目,尽快取得一批具有自主知识产权的重大农业科技成果。针对农业生产的迫切需要,加快农作物和畜禽良种繁育、动植物疫病防控、节约资源和防治污染技术的研发、推广。把农业科研投入放在公共财政支持的优先位置,提高农业科技在国家科技投入中的比重。继续安排农业科技成果转化资金和国外先进农业技术引进资金。加强种质资源和知识产权保护。要加快农业技术推广体系改革和建设,积极探索对公益性职能与经营性服务实行分类管理的办法,完善农技推广的社会化服务机制。深入实施农业科技入户工程,扩大重大农业技术推广项目专项补贴规模。鼓励各类农科教机构和社会力量参与多元化的农技推广服务。加强气象为农业服务,保障农业生产和农民生命财产安全。大力推进农业机械化,提高重要农时、重点作物、关键生产环节和粮食主产区的机械化作业水平。

(6)加强农村现代流通体系建设。积极推进农产品批发市场升级改造,促进入市农产品质量等级化、包装规格化。鼓励商贸企业、邮政系统和其他各类投资主体通过新建、兼并、联合、加盟等方式,在农村发展现代流通业。积极发展农产品、农业生产资料和消费品连锁经营,建立以集中采购、统一配送为核心的新型营销体系,改善农村市场环境。继续实施“万村千乡市场工程”,建设连锁化“农家店”。培育和发展农村经纪人队伍。加快农业标准化工作,健全检验检测体系,强化农业生产资料和饲料质量管理,进一步提高农产品质量安全水平。供销合作社要创新服务方式,广泛开展联合、合作经营,加快现代经营网络建设,为农产品流通和农民生产生活资料供应提供服务。2006 年要完善全国鲜活农产品“绿色通道”网络,实现省际互通。

(7)稳定发展粮食生产。确保国家粮食安全是保持国民经济平稳较快增长和社会稳定的重要基础。必须坚持立足国内实现粮食基本自给的方针,稳定发展粮食生产,持续增加种粮收益,不断提高生产能力,适度利用国际市场,积极保持供求平衡。坚决落实最严格的耕地保护制度,切实保护基本农田,保护农民的土地承包经营权。继续实施优质粮食产业工程和粮食丰产科技工程,加快建设大型商品粮生产基地和粮食产业带,稳定粮食播种面积,不断提高粮食单产、品质和生产效益。坚持和完善重点粮食品种最低收购价政策,保持合理的粮价水平,加强农业生产资料价格调控,保护种粮农民利益。继续执行对粮食主产县的奖励政策,增加中央财政对粮食主产县的奖励资金。

(8)积极推进农业结构调整。按照高产、优质、高效、生态、安全的要求,调整优化农业结构。加快建设优势农产品产业带,积极发展特色农业、绿色食品和生态农业,保护农产品知名品牌,培育壮大主导产业。继续实施种子工程。大力发展畜牧业,扩大畜禽良种补贴规模,推广健康养殖方式,安排专项投入支持标准化畜禽养殖小区建设试点。要加强动物疫病特别是禽流感等重大疫病防控的基础设施建设,完善突发疫情应急机制,加快推进兽医管理体制改革,稳定基层兽医队伍。积极发展水产业,扩大优质水产品养殖,发展远洋渔业,保护渔业资源,继续做好渔民转产转业工作。提高农产品国际竞争力,扩大园艺、畜牧、水产等优势农产品出口,加强农产品对外贸易磋商,提高我国农业应对国际贸易争端的能力。

(9)发展农业产业化经营。要着力培育一批竞争力、带动力强的龙头企业和企业集群示范基地,推广龙头企业、合作组织与农户有机结合的组织形式,让农民从产业化经营中得到更多的实惠。各级财政要增加扶持农业产业化发展资金,支持龙头企业发展,并可通过龙头企业资助农户参加农业保险。发展大宗农产品期货市场和“订单农业”。通过创新信贷担保手段和担保办法，切实解决龙头企业收购农产品资金不足的问题。开展农产品精深加工增值税改革试点。积极引导和支持农民发展各类专业合作经济组织，加快立法进程，加大扶持力度，建立有利于农民合作经济组织发展的信贷、财税和登记等制度。

（10）加快发展循环农业。要大力开发节约资源和保护环境的农业技术，重点推广废弃物综合利用技术、相关产业链接技术和可再生能源开发利用技术。制定相应的财税鼓励政策，组织实施生物质工程，推广秸秆气化、固化成型、发电、养畜等技术，开发生物质能源和生物基材料，培育生物质产业。积极发展节地、节水、节肥、节药、节种的节约型农业，鼓励生产和使用节电、节油农业机械和农产品加工设备，努力提高农业投入品的利用效率。加大力度防治农业面源污染。

三、促进农民持续增收，夯实社会主义新农村建设的经济基础

（11）拓宽农民增收渠道。要充分挖掘农业内部增收潜力，按照国内外市场需求，积极发展品质优良、特色明显、附加值高的优势农产品，推进“一村一品”，实现增值增效。要加快转移农村劳动力，不断增加农民的务工收入。鼓励和支持符合产业政策的乡镇企业发展，特别是劳动密集型企业和服务业。着力发展县城和在建制的重点镇，从财政、金融、税收和公共品投入等方面为小城镇发展创造有利条件，外来人口较多的城镇要从实际出发，完善社会管理职能。要着眼兴县富民，着力培育产业支撑，大力发展民营经济，引导企业和要素集聚，改善金融服务，增强县级管理能力，发展壮大县域经济。

（12）保障务工农民的合法权益。进一步清理和取消各种针对务工农民流动和进城就业的歧视性规定和不合理限制。建立健全城乡就业公共服务网络，为外出务工农民免费提供法律政策咨询、就业信息、就业指导和职业介绍。严格执行最低工资制度，建立工资保障金等制度，切实解决务工农民工资偏低和拖欠问题。完善劳动合同制度，加强务工农民的职业安全卫生保护。逐步建立务工农民社会保障制度，依法将务工农民全部纳入工伤保险范围，探索适合务工农民特点的大病医疗保障和养老保险办法。认真解决务工农民的子女上学问题。

（13）稳定、完善、强化对农业和农民的直接补贴政策。要加强国家对农业和农民的支持保护体系。对农民实行的“三减免、三补贴”和退耕还林补贴等政策，深受欢迎，效果明显，要继续稳定、完善和强化。2006 年，粮食主产区要将种粮直接补贴的资金规模提高到粮食风险基金的 50% 以上，其他地区也要根据实际情况加大对种粮农民的补贴力度。增加良种补贴和农机具购置补贴。适应农业生产和市场变化的需要，建立和完善对种粮农民的支持保护制度。

（14）加强扶贫开发工作。要因地制宜地实行整村推进的扶贫开发方式，加大力度改善贫困地区的生产生活条件，抓好贫困地区劳动力的转移培训，扶持龙头企业带动贫困地区调整结构，拓宽贫困农户增收渠道。对缺乏生存条件地区的贫困人口实行易地扶贫。继续增加扶贫投入，完善管理机制，提高使用效益。继续动员中央和国家机关、沿海发达地区和社会各界参与扶贫开发事业。切实做好贫困缺粮地区的粮食供应工作。

四、加强农村基础设施建设，改善社会主义新农村建设的物质条件

（15）大力加强农田水利、耕地质量和生态建设。在搞好重大水利工程建设的同时，不断加强农田水利建设。加快发展节水灌溉，继续把大型灌区续建配套和节水改造作为农业固定资产投资的重点。加大大型排涝泵站技术改造力度，配套建设田间工程。大力推广节水技术。实行中央和地方共同负责，逐步扩大中央和省级小型农田水利补助专项资金规模。切实抓好以小型灌区节水改造、雨水集蓄利用为重点的小型农田水利工程建设和管理。继续搞好病险水库除险加固，加强中小河流治理。要大力加强耕地质量建设，实施新一轮沃土工程，科学施用化肥，引导增施有机肥，全面提升地力。增加测土配方施肥补贴，继续实施保护性耕作示范工程和土壤有机质提升补贴试点。农业综合开发要重点支持粮食主产区改造中低产田和中型灌区节水改造。按照建设环境友好型社会的要求，继续推进生态建设，切实搞好退耕还林、天然林保护等重点生态工程，稳定完善政策，培育后续产业，巩固生态建设成果。继续推进退牧还草、山区综合开发。建立和完善生态补偿机制。做好重大病虫害防治工作，采取有效措施防止外来有害生物入侵。加强荒漠化治理，积极实施石漠化地区和东北黑土区等水土流失综合防治工程。建立和完善水电、采矿等企业的环境恢复治理责任机制，从水电、矿产等资源的开发收益中，安排一定的资金用于企业所在地环境的恢复治理，防止水土流失。

（16）加快乡村基础设施建设。要着力加强农民最急需的生活基础设施建设。在巩固人畜饮水解困成果基础上，加快农村饮水安全工程建设，优先解决高氟、高砷、苦咸、污染水及血吸虫病区的饮水安全问题。有条件的地方，可发展集中式供水，提倡饮用水和其他生活用水分质供水。要加快农村能源建设步伐，在适宜地区积极推广沼气、秸秆气化、小水电、太阳能、风力发电等清洁能源技术。从 2006 年起，大幅度增加农村沼气建设投资规模，有条件的地方，要加快普及户用沼气，支持养殖场建设大中型沼气。以沼气池建设带动农村改圈、改厕、改厨。尽快完成农村电网改造的续建配套工程。加强小水电开发规划和管理，扩大小水电代燃料试点规模。要进一步加强农村公路建设，到“十一五”期末基本实现全国所有乡镇通油（水泥）路，东、中部地区所有具备条件的建制村通油（水泥）路，西部地区基本实现具备条件的建制村通公路。要积极推进农业信息化建设，充分利用和整合涉农信息资源，强化面向农村的广播电视电信等信息服务，重点抓好“金农”工程和农业综合信息服务平台建设工程。引导农民自愿出资出劳，开展农村小型基础设施建设，有条件的地方可采取以奖代补、项目补助等办法给予支持。按照建管并重的原则，逐步把农村公路等公益性基础设施的管护纳入国家支持范围。

(17)加强村庄规划和人居环境治理。随着生活水平提高和全面建设小康社会的推进，农民迫切要求改善农村生活环境和村容村貌。各级政府要切实加强村庄规划工作，安排资金支持编制村庄规划和开展村庄治理试点；可从各地实际出发制定村庄建设和人居环境治理的指导性目录，重点解决农民在饮水、行路、用电和燃料等方面的困难，凡符合目录的项目，可给予资金、实物等方面的引导和扶持。加强宅基地规划和管理，大力节约村庄建设用地，向农民免费提供经济安全适用、节地节能节材的住宅设计图样。引导和帮助农民切实解决住宅与畜禽圈舍混杂问题，搞好农村污水、垃圾治理，改善农村环境卫生。注重村庄安全建设，防止山洪、泥石流等灾害对村庄的危害，加强农村消防工作。村庄治理要突出乡村特色、地方特色和民族特色，保护有历史文化价值的古村落和古民宅。要本着节约原则，充分立足现有基础进行房屋和设施改造，防止大拆大建，防止加重农民负担，扎实稳步地推进村庄治理。

五、加快发展农村社会事业，培养推进社会主义新农村建设的新型农民

(18)加快发展农村义务教育。着力普及和巩固农村九年制义务教育。2006 年对西部地区农村义务教育阶段学生全部免除学杂费，对其中的贫困家庭学生免费提供课本和补助寄宿生生活费，2007 年在全国农村普遍实行这一政策。继续实施国家西部地区“两基攻坚”工程和农村中小学现代远程教育工程。建立健全农村义务教育经费保障机制，进一步改善农村办学条件，逐步提高农村中小学公用经费的保障水平。加强农村教师队伍建设，加大城镇教师支援农村教育的力度，促进城乡义务教育均衡发展。加大力度监管和规范农村学校收费，进一步减轻农民的教育负担。

(19)大规模开展农村劳动力技能培训。提高农民整体素质，培养造就有文化、懂技术、会经营的新型农民，是建设社会主义新农村的迫切需要。继续支持新型农民科技培训，提高农民务农技能，促进科学种田。扩大农村劳动力转移培训阳光工程实施规模，提高补助标准，增强农民转产转岗就业的能力。加快建立政府扶助、面向市场、多元办学的培训机制。各级财政要将农村劳动力培训经费纳入预算，不断增加投入。整合农村各种教育资源，发展农村职业教育和成人教育。

(20)积极发展农村卫生事业。积极推进新型农村合作医疗制度试点工作，从 2006 年起，中央和地方财政较大幅度提高补助标准，到 2008 年在全国农村基本普及新型农村合作医疗制度。各级政府要不断增加投入，加强以乡镇卫生院为重点的农村卫生基础设施建设，健全农村三级医疗卫生服务和医疗救助体系。有条件的地方，可对乡村医生实行补助制度。建立与农民收入水平相适应的农村药品供应和监管体系，规范农村医疗服务。加大农村地方病、传染病和人畜共患疾病的防治力度。增加农村卫生人才培养的经费预算，组织城镇医疗机构和人员对口支持农村，鼓励各种社会力量参与发展农村卫生事业。加强农村计划生育服务设施建设，继续稳定农村低生育水平。

(21)繁荣农村文化事业。各级财政要增加对农村文化发展的投入，加强县文化馆、图书馆和乡镇文化站、村文化室等公共文化设施建设，继续实施广播电视“村村通”和农村电影放映工程，发展文化信息资源共享工程农村基层服务点，构建农村公共文化服务体系。推动实施农民体育健身工程。积极开展多种形式的群众喜闻乐见、寓教于乐的文体活动，保护和发展有地方和民族特色的优秀传统文化，创新农村文化生活的载体和手段，引导文化工作者深入乡村，满足农民群众多层次、多方面的精神文化需求。扶持农村业余文化队伍，鼓励农民兴办文化产业。加强农村文化市场管理，抵制腐朽落后文化。

(22)逐步建立农村社会保障制度。按照城乡统筹发展的要求，逐步加大公共财政对农村社会保障制度建设的投入。进一步完善农村“五保户”供养、特困户生活救助、灾民补助等社会救助体系。探索建立与农村经济发展水平相适应、与其他保障措施相配套的农村社会养老保险制度。落实军烈属优抚政策。积极扩大对农村部分计划生育家庭实行奖励扶助制度试点和西部地区计划生育“少生快富”扶贫工程实施范围。有条件的地方，要积极探索建立农村最低生活保障制度。

(23)倡导健康文明新风尚。大力弘扬以爱国主义为核心的民族精神和以改革创新为核心的时代精神，激发农民群众发扬艰苦奋斗、自力更生的传统美德，为建设社会主义新农村提供强大的精神动力和思想保证。加强思想政治工作，深入开展农村形势和政策教育，认真实施公民道德建设工程，积极推动群众性精神文明创建活动，开展和谐家庭、和谐村组、和谐村镇创建活动。引导农民崇尚科学，抵制迷信，移风易俗，破除陋习，树立先进的思想观念和良好的道德风尚，提倡科学健康的生活方式，在农村形成文明向上的社会风貌。

六、全面深化农村改革，健全社会主义新农村建设的体制保障

(24)进一步深化以农村税费改革为主要内容的农村综合改革。2006 年，在全国范围取消农业税。通过试点、总结经验，积极稳妥地推进乡镇机构改革，切实转变乡镇政府职能，创新乡镇事业站所运行机制，精简机构和人员，5 年内乡镇机构编制只减不增。妥善安置分流人员，确保社会稳定。要按照强化公共服务、严格依法办事和提高行政效率的要求，认真解决机构和人员臃肿的问题，切实加强政府社会管理和公共服务的职能。加快农村义务教育体制改革，建立和完善各级政府责任明确、财政分级投入、经费稳定增长、管理以县为主的农村义务教育管理体制，中央和省级政府要更多地承担发展农村义务教育的责任，深化农村学校人事和财务等制度改革。有条件的地方可加快推进“省直管县”财政管理体制和“乡财县管乡用”财政管理方式的改革。各地要对乡村债务进行清理核实，2006 年选择部分县(市)开展化解乡村债务试点工作，妥善处理历年农业税尾欠，完善涉农税收优惠方式，确保农民直接受益。深化国有农场税费改革，将农业职工土地承包费中类似农村“乡镇五项统筹”的费用全部减除，农场由此减少的收入由中央和省级财政给予适当补助。国有农场要逐步剥离办社会的职能，转变经营机制，在现代农业建设中发挥示范作用。

(25)加快推进农村金融改革。巩固和发展农村信用社改革试点成果，进一步完善治理结构和运行机制。县域内各金融机构在保证资金安全的前提下，将一定比例的新增存款投放当地，支持农业和农村经济发展，有关部门要抓紧制定管理办法。扩大邮政储蓄资金的自主运用范围，引导邮政储蓄资金返还农村。调整农业发展银行职能定位，拓宽业务范围和资金来源。国家开发银行要支持农村基础设施建设和农业资源开发。继续发挥农业银行支持农业和农村经济发展的作用。在保证资本金充足、严格金融监管和建立合理有效的退出机制的前提下，鼓励在县域内设立多种所有制的社区金融机构，允许私有资本、外资等参股。大力培育由自然人、企业法人或社团法人发起的小额贷款组织，有关部门要抓紧制定管理办法。引导农户发展资金互助组织。规范民间借贷。稳步推进农业政策性保险试点工作，加快发展多种形式、多种渠道的农业保险。各地可通过建立担保基金或担保机构等办法，解决农户和农村中小企业贷款抵押担保难问题，有条件的地方政府可给予适当扶持。

(26)统筹推进农村其他改革。稳定和完善以家庭承包经营为基础、统分结合的双层经营体制，健全在依法、自愿、有偿基础上的土地承包经营权流转机制，有条件的地方可发展多种形式的适度规模经营。加快集体林权制度改革，促进林业健康发展。完善粮食流通体制，深化国有粮食企业改革，建立产销区稳定的购销关系，加强国家对粮食市场的宏观调控。加快征地制度改革步伐，按照缩小征地范围、完善补偿办法、拓展安置途径、规范征地程序的要求，进一步探索改革经验。完善对被征地农民的合理补偿机制，加强对被征地农民的就业培训，拓宽就业安置渠道，健全对被征地农民的社会保障。推进小型农田水利设施产权制度改革。

七、加强农村民主政治建设，完善建设社会主义新农村的乡村治理机制

(27)不断增强农村基层党组织的战斗力、凝聚力和创造力。充分发挥农村基层党组织的领导核心作用，为建设社会主义新农村提供坚强的政治和组织保障。要以建设社会主义新农村为主题，在全国农村深入开展保持共产党员先进性教育活动，引导广大农村党员学习贯彻党章，坚定理想信念，坚持党的宗旨。要结合农村实际，有针对性地开展正面教育，解决党组织和党员队伍中存在的突出问题，解决影响改革发展稳定的主要问题，解决群众最关心的重点问题，务求取得实效。加强农村基层组织的阵地建设，继续搞好农村党员干部现代远程教育，加大政策理论、法律法规和实用技术培训力度，引导农村基层干部发扬求真务实、踏实苦干的工作作风，广泛联系群众，增强带领群众增收致富的能力。关心和爱护农村基层干部，继续开展农村党的建设“三级联创”活动，加强基层党风廉政建设，巩固党在农村的执政基础。充分发挥农村共青团和妇联组织的作用。

(28)切实维护农民的民主权利。健全村党组织领导的充满活力的村民自治机制，进一步完善村务公开和民主议事制度，让农民群众真正享有知情权、参与权、管理权、监督权。完善村民“一事一议”制度，健全农民自主筹资筹劳的机制和办法，引导农民自主开展农村公益性设施建设。开展村务公开民主管理示范活动，推动农村基层志愿服务活动。加强农村法制建设，深入开展农村普法教育，增强农民的法制观念，提高农民依法行使权利和履行义务的自觉性。妥善处理农村各种社会矛盾，加强农村社会治安综合治理，打击“黄赌毒”等社会丑恶现象，建设平安乡村，创造农民安居乐业的社会环境。

(29)培育农村新型社会化服务组织。在继续增强农村集体组织经济实力和服务功能、发挥国家基层经济技术服务部门作用的同时，要鼓励、引导和支持农村发展各种新型的社会化服务组织。推动农产品行业协会发展，引导农业生产者和农产品加工、出口企业加强行业自律，搞好信息服务，维护成员权益。鼓励发展农村法律、财务等中介组织，为农民发展生产经营和维护合法权益提供有效服务。

八、切实加强领导，动员全党全社会关心、支持和参与社会主义新农村建设

(30)加强对社会主义新农村建设工作的领导。推进社会主义新农村建设事关我国农业和农村的长远发展，事关改革开放和现代化建设的大局，各级党委和政府要从战略和全局的高度出发，把建设社会主义新农村作为一件大事，真正列入议事日程，切实加强领导，明确工作重点，每年为农民办几件实事。各级党委和政府的工作部门都要明确自身在新农村建设中的职责和任务，特别是宏观管理、基础产业和公共服务部门，在制定发展规划、安排建设投资和事业经费时，要充分考虑统筹城乡发展的要求，更多地向农村倾斜。各地区各部门要建立推进新农村建设的工作协调机制，加强统一领导，明确职责分工，搞好配合协作。各级领导干部要深入农村调查研究，总结实践经验，加强指导服务，帮助基层解决新农村建设中遇到的各种矛盾和问题 。

(31)科学制定社会主义新农村建设规划。新农村建设涉及经济、政治、文化和社会各个方面,是一项十分复杂的系统工程,必须切实加强规划工作。各地要按照统筹城乡经济社会发展的要求,把新农村建设纳入当地经济和社会发展的总体规划。要明确推进新农村建设的思路、目标和工作措施,统筹安排各项建设任务。做好第二次全国农业普查工作,为制定规划提供科学依据。要充分考虑农民的切身利益和发展要求,在促进农村经济发展的基础上,区分轻重缓急,突出建设重点,加强饮水安全、农田水利、乡村道路、农村能源等基础设施建设,加快教育、卫生等公共事业发展。要尊重自然规律、经济规律和社会发展规律,广泛听取基层和农民群众的意见和建议,提高规划的科学性、民主性、可行性,确保新农村建设扎实稳步推进。

(32)动员全社会力量关心、支持和参与社会主义新农村建设。建设社会主义新农村是全社会的事业,需要动员各方面力量广泛参与。各行各业都要关心支持新农村建设,为新农村建设作出贡献。充分发挥城市带动农村发展的作用,加大城市经济对农村的辐射,加大城市人才、智力资源对农村的支持,加大城市科技、教育、医疗等方面对农民的服务。要形成全社会参与新农村建设的激励机制,鼓励各种社会力量投身社会主义新农村建设,引导党政机关、人民团体、企事业单位和社会知名人士、志愿者对乡村进行结对帮扶,加强舆论宣传,努力营造全社会关心、支持、参与建设社会主义新农村的浓厚氛围。

做好2006年和"十一五"时期的农业和农村工作,任务艰巨,意义重大。我们要紧密团结在以胡锦涛同志为总书记的党中央周围,高举邓小平理论和"三个代表"重要思想伟大旗帜,全面贯彻落实科学发展观,解放思想,振奋精神,开拓进取,扎实工作,为建设社会主义新农村而努力奋斗。

国务院关于在全国建立农村最低生活保障制度的通知

(2007年7月11日 国发〔2007〕19号)

为贯彻落实党的十六届六中全会精神,切实解决农村贫困人口的生活困难,国务院决定,2007年在全国建立农村最低生活保障制度。现就有关问题通知如下:

一、充分认识建立农村最低生活保障制度的重要意义

改革开放以来,我国经济持续快速健康发展,党和政府高度重视"三农"工作,不断加大扶贫开发和社会救助工作力度,农村贫困人口数量大幅减少。但是,仍有部分贫困人口尚未解决温饱问题,需要政府给予必要的救助,以保障其基本生活,并帮助其中有劳动能力的人积极劳动脱贫致富。党的十六大以来,部分地区根据中央部署,积极探索建立农村最低生活保障制度,为全面解决农村贫困人口的基本生活问题打下了良好基础。在全国建立农村最低生活保障制度,是践行"三个代表"重要思想、落实科学发展观和构建社会主义和谐社会的必然要求,是解决农村贫困人口温饱问题的重要举措,也是建立覆盖城乡的社会保障体系的重要内容。做好这一工作,对于促进农村经济社会发展,逐步缩小城乡差距,维护社会公平具有重要意义。各地区、各部门要充分认识建立农村最低生活保障制度的重要性,将其作为社会主义新农村建设的一项重要任务,高度重视,扎实推进。

二、明确建立农村最低生活保障制度的目标和总体要求

建立农村最低生活保障制度的目标是:通过在全国范围建立农村最低生活保障制度,将符合条件的农村贫困人口全部纳入保障范围,稳定、持久、有效地解决全国农村贫困人口的温饱问题。

建立农村最低生活保障制度,实行地方人民政府负责制,按属地进行管理。各地要从当地农村经济社会发展水平和财力状况的实际出发,合理确定保障标准和对象范围。同时,要做到制度完善、程序明确、操作规范、方法简便,保证公开、公平、公正。要实行动态管理,做到保障对象有进有出,补助水平有升有降。要与扶贫开发、促进就业以及其他农村社会保障政策、生活性补助措施相衔接,坚持政府救济与家庭赡养扶养、社会互助、个人自立相结合,鼓励和支持有劳动能力的贫困人口生产自救,脱贫致富。

三、合理确定农村最低生活保障标准和对象范围

农村最低生活保障标准由县级以上地方人民政府按照能够维持当地农村居民全年基本生活所必需的吃饭、穿衣、用水、用电等费用确定,并报上一级地方人民政府备案后公布执行。农村最低生活保障标准要随着当地生活必需品价格变化和人民生活水平提高适时进行调整。

农村最低生活保障对象是家庭年人均纯收入低于当地最低生活保障标准的农村居民,主要是因病残、年老体弱、丧失劳动能力以及生存条件恶劣等原因造成生活常年困难的农村居民。

四、规范农村最低生活保障管理

农村最低生活保障的管理既要严格规范,又要从农村实际出发,采取简便易行的方法。

(一)申请、审核和审批。申请农村最低生活保障,一般由户主本人向户籍所在地的乡(镇)人民政府提出申请;村民委员会受乡(镇)人民政府委托,也可受理申请。受乡(镇)人民政府委托,在村党组织的领导下,村民委员会对申请人开展家庭经济状况调查、组织村民会议或村民代表会议民主评议后提出初步意见,报乡(镇)人民政府;乡(镇)人民政府审核后,报县级人民政府民政部门审批。乡(镇)人民政府和县级人民政府民政部门要核查申请人的家庭收入,了解其家庭财产、劳动力状况和实际生活水平,并结合村民民主评议,提出审核、审批意见。在核算申请人家庭收入时,申请人家庭按国家规定所获得的优待抚恤金、计划生育奖励与扶助金以及教育、见义勇为等方面的奖励性补助,一般不计入家庭收入,具体核算办法由地方人民政府确定。

(二)民主公示。村民委员会、乡(镇)人民政府以及县级人民政府民政部门要及时向社会公布有关信息,接受群众监督。公示的内容重点为:最低生活保障对象的申请情况和对最低生活保障对象的民主评议意见,审核、审批意见,实际补助水平等情况。对公示没有异议的,要按程序及时落实申请人的最低生活保障待遇;对公示有异议的,要进行调查核实,认真处理。

(三)资金发放。最低生活保障金原则上按照申请人家庭年人均纯收入与保障标准的差额发放,也可以在核查申请人家庭收入的基础上,按照其家庭的困难程度和类别,分档发放。要加快推行国库集中支付方式,通过代理金融机构直接、及时地将最低生活保障金支付到最低生活保障对象账户。

(四)动态管理。乡(镇)人民政府和县级人民政府民政部门要采取多种形式,定期或不定期调查了解农村困难群众的生活状况,及时将符合条件的困难群众纳入保障范围;并根据其家庭经济状况的变化,及时按程序办理停发、减发或增发最低生活保障金的手续。保障对象和补助水平变动情况都要及时向社会公示。

五、落实农村最低生活保障资金

农村最低生活保障资金的筹集以地方为主,地方各级人民政府要将农村最低生活保障资金列入财政预算,省级人民政府要加大投入。地方各级人民政府民政部门要根据保障对象人数等提出资金需求,经同级财政部门审核后列入预算。中央财政对财政困难地区给予适当补助。

地方各级人民政府及其相关部门要统筹考虑农村各项社会救助制度,合理安排农村最低生活保障资金,提高资金使用效益。同时,鼓励和引导社会力量为农村最低生活保障提供捐赠和资助。农村最低生活保障资金实行专项管理,专账核算,专款专用,严禁挤占挪用。

六、加强领导,确保农村最低生活保障制度的顺利实施

在全国建立农村最低生活保障制度,是一项重大而又复杂的系统性工作。地方各级人民政府要高度重视,将其纳入政府工作的重要议事日程,加强领导,明确责任,统筹协调,抓好落实。

要精心设计制度方案,周密组织实施。各省、自治区、直辖市人民政府制订和修订的方案,要报民政部、财政部备案。已建立农村最低生活保障制度的,要进一步完善制度,规范操作,努力提高管理水平;尚未建立农村最低生活保障制度的,要抓紧建章立制,在今年内把最低生活保障制度建立起来并组织实施。要加大政策宣传力度,利用广播、电视、报刊、互联网等媒体,做好宣传普及工作,使农村最低生活保障政策进村入户、家喻户晓。要加强协调与配合,各级民政部门要发挥职能部门作用,建立健全各项规章制度,推进信息化建设,不断提高规范化、制度化、科学化管理水平;财政部门要落实资金,加强对资金使用和管理的监督;扶贫部门要密切配合、搞好衔接,在最低生活保障制度实施后,仍要坚持开发式扶贫的方针,扶持有劳动能力的贫困人口脱贫致富。要做好新型农村合作医疗和农村医疗救助工作,防止因病致贫或返贫。要加强监督检查,县级以上地方人民政府及其相关部门要定期组织检查或抽查,对违法违纪行为及时纠正处理,对工作成绩突出的予以表彰,并定期向上一级人民政府及其相关部门报告工作进展情况。各省、自治区、直辖市人民政府要于每年年底前,将农村最低生活保障制度实施情况报告国务院。

农村最低生活保障工作涉及面广、政策性强、工作量大,地方各级人民政府在推进农村综合改革,加强农村公共服务能力建设的过程中,要统筹考虑建立农村最低生活保障制度的需要,科学整合县乡管理机构及人力资源,合理安排工作人员和工作经费,切实加强工作力量,提供必要的工作条件,逐步实现低保信息化管理,努力提高管理和服务质量,确保农村最低生活保障制度顺利实施和不断完善。

国务院办公厅转发民政部等部门关于做好农村最低生活保障制度与扶贫开发政策有效衔接指导意见的通知

(2016 年 9 月 17 日 国办发〔2016〕70 号)

各省、自治区、直辖市人民政府,国务院各部委、各直属机构:

民政部、国务院扶贫办、中央农办、财政部、国家统计局、中国残联《关于做好农村最低生活保障制度与扶贫开发政策有效衔接的指导意见》已经国务院同意,现转发给你们,请认真贯彻执行。

关于做好农村最低生活保障制度与扶贫开发政策有效衔接的指导意见

民政部 国务院扶贫办 中央农办 财政部 国家统计局 中国残联

为贯彻落实党中央、国务院关于打赢脱贫攻坚战的决策部署,切实做好农村最低生活保障(以下简称低保)制度与扶贫开发政策有效衔接工作,确保到2020年现行扶贫标准下农村贫困人口实现脱贫,制定本意见。

一、总体要求

(一)指导思想。全面贯彻党的十八大和十八届三中、四中、五中全会精神,深入贯彻习近平总书记系列重要讲话精神特别是关于扶贫开发重要指示精神,认真落实党中央、国务院决策部署,紧紧围绕"五位一体"总体布局和"四个全面"战略布局,牢固树立创新、协调、绿色、开放、共享的发展理念,坚持精准扶贫精准脱贫基本方略,以制度有效衔接为重点,加强部门协作,完善政策措施,健全工作机制,形成制度合力,充分发挥农村低保制度在打赢脱贫攻坚战中的兜底保障作用。

(二)基本原则。

坚持应扶尽扶。精准识别农村贫困人口,将符合条件的农村低保对象全部纳入建档立卡范围,给予政策扶持,帮助其脱贫增收。

坚持应保尽保。健全农村低保制度,完善农村低保对象认定办法,加强农村低保家庭经济状况核查,及时将符合条件的建档立卡贫困户全部纳入农村低保范围,保障其基本生活。

坚持动态管理。做好农村低保对象和建档立卡贫困人口定期核查,建立精准台账,实现应进则进、应退则退。建立健全严格、规范、透明的贫困户脱贫和低保退出标准、程序、核查办法。

坚持资源统筹。统筹各类救助、扶贫资源,将政府兜底保障与扶贫开发政策相结合,形成脱贫攻坚合力,实现对农村贫困人口的全面扶持。

(三)主要目标。通过农村低保制度与扶贫开发政策的有效衔接,形成政策合力,对符合低保标准的农村贫困人口实行政策性保障兜底,确保到2020年现行扶贫标准下农村贫困人口全部脱贫。

二、重点任务

(一)加强政策衔接。在坚持依法行政、保持政策连续性的基础上,着力加强农村低保制度与扶贫开发政策衔接。对符合农村低保条件的建档立卡贫困户,按规定程序纳入低保范围,并按照家庭人均收入低于当地低保标准的差额发给低保金。对符合扶贫条件的农村低保家庭,按规定程序纳入建档立卡范围,并针对不同致贫原因予以精准帮扶。对返贫的家庭,按规定程序审核后,相应纳入临时救助、医疗救助、农村低保等社会救助制度和建档立卡贫困户扶贫开发政策覆盖范围。对不在建档立卡范围内的农村低保家庭、特困人员,各地统筹使用相关扶贫开发政策。贫困人口参加农村基本医疗保险的个人缴费部分由财政给予补贴,对基本医疗保险和大病保险支付后个人自负费用仍有困难的,加大医疗救助、临时救助、慈善救助等帮扶力度,符合条件的纳入重特大疾病医疗救助范围。对农村低保家庭中的老年人、未成年人、重度残疾人、重病患者等重点救助对象,要采取多种措施提高救助水平,保障其基本生活,严格落实困难残疾人生活补贴制度和重度残疾人护理补贴制度。

(二)加强对象衔接。县级民政、扶贫等部门和残联要密切配合,加强农村低保和扶贫开发在对象认定上的衔接。完善农村低保家庭贫困状况评估指标体系,以家庭收入、财产作为主要指标,根据地方实际情况适当考虑家庭成员因残疾、患重病等增加的刚性支出因素,综合评估家庭贫困程度。进一步完善农村低保和建档立卡贫困家庭经济状况核查机制,明确核算范围和计算方法。对参与扶贫开发项目实现就业的农村低保家庭,在核算其家庭收入时,可以扣减必要的就业成本,具体扣减办法由各地根据实际情况研究制定。"十三五"期间,在农村低保和扶贫对象认定时,中央确定的农村居民基本养老保险基础养老金暂不计入家庭收入。

(三)加强标准衔接。各地要加大省级统筹工作力度,制定农村低保标准动态调整方案,确保所有地方农村低保标准逐步达到国家扶贫标准。农村低保标准低于国家扶贫标准的地方,要按照国家扶贫标准综合确定农村低保的最低指导标准。农村低保标准已经达到国家扶贫标准的地方,要按照动态调整机制科学调整。进一步完善农村低保标准与物价上涨挂钩的联动机制,确保困难群众不因物价上涨影响基本生活。各地农村低保标准调整后应及时向社会公布,接受社会监督。

(四)加强管理衔接。对农村低保对象和建档立卡贫困人口实施动态管理。乡镇人民政府(街道办事处)要会同村(居)民委员会定期、不定期开展走访调查,及时掌握农村低保家庭、特困人员和建档立卡贫困家庭人口、收入、财产变化情况,并及时上报县级民政、扶贫部门。县级民政部门要将农村低保对象、特困人员名单提供给同级扶贫部门;县级扶贫部门要将建档立卡贫困人口名单和脱贫农村低保对象名单、脱贫家庭人均收入等情况及时提供给同级民政部门。健全信息公开机制,乡镇人民政府(街道办事处)要将农村低保和扶贫开发情况纳入政府信息公开范围,将建档立卡贫困人口和农村低保对象、特困人员名单在其居住地公示,接受社会和群众监督。

三、工作要求

(一)制定实施方案。按照中央统筹、省负总责、市县抓落实的工作机制,各省(区、市)民政、扶贫部门要会同有关部门抓紧制定本地区实施方案,各市县要进一步明确衔接工作目标、重点任务、实施步骤和行动措施,确保落到实处。2016年11月底前,各省(区、市)民政、扶贫部门要将实施方案报民政部、国务院扶贫办备案。

(二)开展摸底调查。2016年12月底前,县级民政、扶贫部门和残联要指导乡镇人民政府(街道办事处)抓紧开展一次农村低保对象和建档立卡贫困人口台账比对,逐户核对农村低保对象和建档立卡贫困人口,掌握纳入建档立卡范围的农村低保对象、特困人员、残疾人数据,摸清建档立卡贫困人口中完全或部分丧失劳动能力的贫困家庭情况,为做好农村低保制度与扶贫开发政策有效衔接奠定基础。

(三)建立沟通机制。各地要加快健全低保信息系统和扶贫开发信息系统,逐步实现低保和扶贫开发信息系统互联互通、信息共享,不断提高低保、扶贫工作信息化水平。县级残联要与民政、扶贫等部门加强贫困残疾人和重度残疾人相关信息的沟通。县级民政、扶贫部门要定期会商交流农村低保对象和建档立卡贫困人口变化情况,指导乡镇人民政府(街道办事处)及时更新农村低保对象和建档立卡贫困人口数据,加强信息核对,确保信息准确完整、更新及时,每年至少比对一次台账数据。

(四)强化考核监督。各地要将农村低保制度与扶贫开发政策衔接工作分别纳入低保工作绩效评价和脱贫攻坚工作成效考核体系。加大对农村低保制度与扶贫开发政策衔接工作的督促检查力度,加强社会监督,建立第三方评估机制,增强约束力和工作透明度。健全责任追究机制,对衔接工作中出现的违法违纪问题,要依法依纪严肃追究有关人员责任。

四、保障措施

(一)明确职责分工。各地民政、扶贫、农村工作、财政、统计等部门和残联要各负其责,加强沟通协调,定期会商交流情况,研究解决存在的问题。民政部门牵头做好农村低保制度与扶贫开发政策衔接工作;扶贫部门落实扶贫开发政策,配合做好衔接工作;农村工作部门综合指导衔接政策设计工作;财政部门做好相关资金保障工作;统计部门会同有关部门组织实施农村贫困监测,及时提供调整低保标准、扶贫标准所需的相关数据;残联会同有关部门及时核查残疾人情况,配合做好对农村低保对象和建档立卡贫困人口中残疾人的重点帮扶工作。

(二)加强资金统筹。各地财政部门要按照国务院有关要求,结合地方实际情况,推进社会救助资金统筹使用,盘活财政存量资金,增加资金有效供给;优化财政支出结构,科学合理编制预算,提升资金使用效益。中央财政安排的社会救助补助资金,重点向保障任务重、地方财政困难、工作绩效突出的地区倾斜。各地财政、民政部门要加强资金使用管理情况检查,确保资金使用安全、管理规范。

(三)提高工作能力。加强乡镇人民政府(街道办事处)社会救助能力建设,探索建立村级社会救助协理员制度,在乡镇人民政府(街道办事处)现有编制内,根据社会救助对象数量等因素配备相应工作人员,加大业务培训力度,进一步提高基层工作人员服务和管理能力。通过政府购买服务等方式,引入社会力量参与提供农村低保服务。充分发挥第一书记和驻村工作队在落实农村低保制度和扶贫开发政策中的骨干作用。进一步健全社会救助"一门受理、协同办理"工作机制,为农村低保对象和建档立卡贫困人口提供"一站式"便民服务。

(四)强化舆论引导。充分利用新闻媒体和基层政府便民服务窗口、公园广场、医疗机构、村(社区)公示栏等,组织开展有针对性的农村低保制度和扶贫开发政策宣传活动,在全社会努力营造积极参与和支持的浓厚氛围。坚持正确舆论导向,积极弘扬正能量,着力增强贫困群众脱贫信心,鼓励贫困群众在政府扶持下依靠自我奋斗实现脱贫致富。

民政部办公厅关于印发《全国基层低保规范化建设暂行评估标准》的通知

(2008 年 6 月 30 日 民办函〔2008〕146 号)

各省、自治区、直辖市民政厅(局),新疆生产建设兵团民政局:

为配合全国基层低保规范化建设活动的开展,进一步规范城乡居民最低生活保障工作,不断提高管理服务水平,实现"健全制度、规范操作、提高素质、改善条件、促进公开"的活动目标,民政部制定了《全国基层低保规范化建设暂行评估标准》,现印发给你们,请在评估各地基层低保规范化建设开展情况时遵照执行。

附件1：

全国基层低保规范化建设暂行评估标准（县、市、区）

类别	名称	评估目标	序号	评估内容
基础保障类	制度保障	主要考察基层低保各项制度建设情况，是否作到有章可循，内容是否具体，程序是否清楚	1	县（区、市）政府制定了实施低保制度的办法、细则或规程（也可执行省级或市级人民政府的相关规定）
			2	低保资金管理办法（也可执行省级或市级人民政府的相关规定）
			3	有家庭收入核查的具体办法或措施（也可执行省级或市级人民政府的相关规定）
			4	建立低保标准动态调整机制（也可执行省级或市级人民政府的相关规定）
			5	分类施保方面的政策规定（也可执行省级或市级人民政府的相关规定）
			6	低保档案管理办法（也可执行省级或市级人民政府的相关规定）
			7	有低保工作监督检查的具体措施
			8	有低保工作方面的开拓创新举措
	工作保障	主要考察基层低保能力建设情况	9	有专门的低保工作机构
			10	有专门的低保办公场所
			11	每2000名城市低保对象或每5000名农村低保对象至少配备1名专职低保工作人员
			12	本级低保工作经费不低于每1名低保对象20元
			13	低保工作机构配备独立使用的计算机，并具备上网条件
	资金保障	主要考察低保资金安排情况	14	本级财政有低保资金投入
			15	资金拨付及时
			16	专户（专项）管理、专款专用
	领导重视	主要考察当地政府对低保工作的重视程度	17	将低保工作纳入县（区、市）政府责任目标考核内容
			18	建立低保方面的跨部门协调机构，并定期召开会议
组织管理类	业务素质	主要考察低保工作人员业务能力情况	19	低保工作人员定期参加业务培训
			20	低保工作人员熟练掌握低保法规政策
			21	及时组织街道、乡镇及社区低保工作人员开展业务培训
	政务公开	主要考察低保政策宣传情况	22	通过固定公开栏或网络、电台等媒体及时公布低保政策和低保工作情况
			23	免费提供低保政策宣传材料
			24	设立咨询投诉电话，及时办理群众投诉、上访事宜
组织管理类	信息化建设	主要考察低保信息化建设情况	25	有符合要求的低保专用软件
			26	有人员负责信息化工作，能够熟练使用计算机
			27	低保数据完整，能够通过网络上报上一级民政部门
	档案管理	主要考察低保档案的管理情况	28	有人员负责档案管理工作
			29	各类低保材料按期整理，并及时归档
			30	低保档案存放集中、安全

续 表

类别	名称	评估目标	序号	评估内容
操作规范类	低保标准	主要考察低保标准制定及调整情况	31	低保标准的制定科学合理
			32	根据低保标准动态调整机制适时调整低保标准
			33	低保金计算准确、合理，符合政策规定
	低保审批	主要考察低保审批的办理情况	34	低保申请审批材料样式统一
			35	指导基层工作人员及时上报低保申请材料
			36	对上报的低保申请进行抽查，抽查数量城市不少于三分之一，农村不少于十分之一
			37	按规定时限办结低保审批手续
			38	对不符合低保条件的低保申请人及时予以书面告知
			39	对批准的低保家庭通过社区或村委会予以公示
	资金发放	主要考察低保金发放情况	40	城市低保金按月足额发放，农村低保金按月或按季度足额发放
			41	低保金通过金融机构发放
	应保尽保	主要考察是否做到应保尽保	42	未出现因低保政策落实不到位引发的集体上访、越级上访等事件
			43	未出现经查实的错保、漏保现象
	动态管理	主要考察对低保对象的动态管理情况	44	对城市低保家庭每半年至少核查一次，对农村低保家庭每一年至少核查一次
			45	一年内低保对象的动态率（累计全年进出低保总人次除全年月平均低保对象数）城市不低于10%，农村不低于5%
			46	根据定期核查情况及时办理低保金的停发、减发或增发手续
	分类施保	主要考察分类施保政策实施情况	47	对特殊困难低保对象有规范的分类标准
			48	对特殊困难低保对象按规定增发低保金
			49	对特殊困难低保对象有专门记录
	统计报表	主要考察低保统计工作是否规范	50	低保台账记录完整
			51	统计报表规范，上报及时，数据准确
			52	低保业务数据与财务统计数据一致
监督检查类	规范监督	主要考察低保工作是否遵循法规政策的有关规定	53	建立责任追究机制
			54	未发现低保工作人员违规违纪问题
			55	低保资金管理、使用无违规违纪现象

附件2：

全国基层低保规范化建设暂行评估标准（街道、乡镇）

类别	评估目标	序号	评估内容
基础保障类	主要考察街道、乡镇低保能力建设情况	1	将低保工作纳入街道办事处或乡镇人民政府责任目标考核
		2	街道办事处或乡镇人民政府有低保专职工作人员
		3	街道办事处或乡镇人民政府有低保办公场所
		4	低保工作经费不低于每1名低保对象10元（含上级补助）
		5	有可用于低保工作的计算机，且具备数据传输条件

续 表

类别	评估目标	序号	评估内容
业务素质	主要考察低保工作人员业务能力情况	6	低保工作人员熟练掌握低保政策法规
		7	低保工作人员参加过业务知识培训
低保受理	主要考察低保申请受理情况	8	及时受理低保申请
		9	家庭收入核实细致，无明显疏漏
		10	低保金计算准确、合理，符合政策规定
		11	通过社区或村委会及时张榜公示审核结果，对群众有异议的再次核实并予以说明
		12	按规定时限办结低保审核手续
日常管理	主要考察对低保对象的日常服务管理情况	13	定期走访低保家庭，帮助解决有关问题
		14	对低保对象家庭收入状况发生变化的及时提出审核意见
		15	各类低保材料按期整理，并及时归档
		16	通过固定公开栏或其他方式向群众宣传低保政策
		17	及时办理群众的投诉、上访
监督检查	主要考察低保工作是否遵循有关法规政策	18	未发现低保工作人员违规违纪问题
		19	未发现低保政策落实不到位等问题

附件3：

全国基层低保规范化建设暂行评估标准（社区、村委会）

类别	评估目标	序号	评估内容
工作保障	主要考察社区、村委会低保能力建设情况	1	每个城市社区至少配备1名低保专职工作人员，每个村委会至少配备1名专责低保协管人员
		2	有明确的低保办理场所
		3	低保工作经费不低于每1名低保对象15元（含上级补助）
		4	有固定的低保公示栏
业务素质	主要考察低保工作人员业务能力情况	5	低保工作人员能够熟练掌握低保政策
		6	低保工作人员参加过业务知识培训

续　表

类别	评估目标	序号	评估内容
低保初审	主要考察接受委托初步审核低保申请的情况	7	接受并及时向街道办事处或者乡镇人民政府转达低保申请
		8	指导申请人准确填写各种申请表格及材料
		9	及时组织对低保申请人的入户调查
		10	组织入户调查时至少有2名工作人员同行
		11	家庭收入核实细致,无明显疏漏
		12	及时组织民主评议,记录规范
		13	低保金计算准确、合理,符合政策规定
		14	及时公示民主评议结果以及拟上报的低保申请人名单
		15	低保初步审核时限符合有关规定
		16	低保初步审核结果及时上报街道办事处或乡镇人民政府
日常管理	主要考察对低保对象的日常服务管理情况	17	对低保对象家庭收入状况发生变化的及时提出审核意见
		18	组织就业年龄内有劳动能力但尚未就业且有劳动条件的城市低保对象参加公益劳动
		19	定期走访低保家庭,帮助解决有关问题
		20	各类低保材料按期整理,并及时归档
		21	通过固定公开栏或其他方式向群众宣传低保政策

民政部、财政部关于严禁用救灾款建立农村最低生活救助制度的紧急通知

(1999年4月15日　民救函〔1999〕72号)

宁夏回族自治区民政厅、财政厅:

今年1月27日,你区人民政府下发了《关于建立全区农村最低生活救助制度的通知》(宁政发〔1999〕21号,以下简称《通知》),决定从1999年1月1日起在全区建立农村最低生活救助制度。我们认为,这对于促进你区经济发展和社会稳定会起到积极的作用。但是,《通知》中规定:实施最低生活救助制度所需资金,自治区从中央下拨的救灾资金中划拨核定资金总额的70%,其余部分从地方自然灾害救济事业费中支出。这一做法违反了救灾款专款专用的使用原则。经研究,特作如下通知:

一、农村最低生活救助制度属于农村社会救济的范畴,着眼点在于解决农村贫困人口的温饱问题。虽然灾害与贫困有一定联系,因灾致贫也是客观存在的,但救灾款是救急款,不是扶贫款,既不能用于临时社会救济,更不能用于长期社会救济。社会救济资金和扶贫资金都有其既定的渠道和开支范围,实施农村最低生活救助制度所需资金,应由地方各级政府负担,列入"农村社会救济费"科目。因此,如果把社会救济与救灾和扶贫相混淆,就会影响资金的使用管理工作,加剧救灾款供需矛盾,影响救灾工作的开展。

二、民政部、财政部《关于进一步加强救灾款使用管理工作的通知》(民救发〔1999〕7号)规定,救灾款必须严格遵循专款专用、重点使用的原则,不得擅自扩大使用范围。《通知》中关于将中央下拨的救灾资金和地方财政安排的自然灾害救济事业费用于最低生活救助方面的规定,与上述规定不符,应坚决予以纠正。

三、宁夏是少数民族聚居区和贫困地区,也是多灾地区,救灾任务比较繁重。长期以来,你区按照"分级管理,分级负担"的救灾工作管理体制,积极筹措资金,救灾工作取得了较大的成绩。你区应认真总结救灾资金预算安排和使用管理方面的经验教训,严格执行救灾款使用管理方面的有关规定,切实采取措施规范救灾资金的使用和管理,加大监督检查力度,提高资金的使用效益。

接此通知后,你区应立即纠正目前的做法,并将有关情况尽快报民政部、财政部。

5. 农村五保供养

农村五保供养工作条例

（2006年1月21日中华人民共和国国务院令第456号公布 自2006年3月1日起施行）

第一章 总 则

第一条 为了做好农村五保供养工作，保障农村五保供养对象的正常生活，促进农村社会保障制度的发展，制定本条例。

第二条 本条例所称农村五保供养，是指依照本条例规定，在吃、穿、住、医、葬方面给予村民的生活照顾和物质帮助。

第三条 国务院民政部门主管全国的农村五保供养工作；县级以上地方各级人民政府民政部门主管本行政区域内的农村五保供养工作。

乡、民族乡、镇人民政府管理本行政区域内的农村五保供养工作。

村民委员会协助乡、民族乡、镇人民政府开展农村五保供养工作。

第四条 国家鼓励社会组织和个人为农村五保供养对象和农村五保供养工作提供捐助和服务。

第五条 国家对在农村五保供养工作中做出显著成绩的单位和个人，给予表彰和奖励。

第二章 供养对象

第六条 老年、残疾或者未满16周岁的村民，无劳动能力、无生活来源又无法定赡养、抚养、扶养义务人，或者其法定赡养、抚养、扶养义务人无赡养、抚养、扶养能力的，享受农村五保供养待遇。

第七条 享受农村五保供养待遇，应当由村民本人向村民委员会提出申请；因年幼或者智力残疾无法表达意愿的，由村民小组或者其他村民代为提出申请。经村民委员会民主评议，对符合本条例第六条规定条件的，在本村范围内公告；无重大异议的，由村民委员会将评议意见和有关材料报送乡、民族乡、镇人民政府审核。

乡、民族乡、镇人民政府应当自收到评议意见之日起20日内提出审核意见，并将审核意见和有关材料报送县级人民政府民政部门审批。县级人民政府民政部门应当自收到审核意见和有关材料之日起20日内作出审批决定。对批准给予农村五保供养待遇的，发给《农村五保供养证书》；对不符合条件不予批准的，应当书面说明理由。

乡、民族乡、镇人民政府应当对申请人的家庭状况和经济条件进行调查核实；必要时，县级人民政府民政部门可以进行复核。申请人、有关组织或者个人应当配合、接受调查，如实提供有关情况。

第八条 农村五保供养对象不再符合本条例第六条规定条件的，村民委员会或者敬老院等农村五保供养服务机构（以下简称农村五保供养服务机构）应当向乡、民族乡、镇人民政府报告，由乡、民族乡、镇人民政府审核并报县级人民政府民政部门核准后，核销其《农村五保供养证书》。

农村五保供养对象死亡，丧葬事宜办理完毕后，村民委员会或者农村五保供养服务机构应当向乡、民族乡、镇人民政府报告，由乡、民族乡、镇人民政府报县级人民政府民政部门核准后，核销其《农村五保供养证书》。

第三章 供养内容

第九条 农村五保供养包括下列供养内容：

（一）供给粮油、副食品和生活用燃料；

（二）供给服装、被褥等生活用品和零用钱；

（三）提供符合基本居住条件的住房；

（四）提供疾病治疗，对生活不能自理的给予照料；

（五）办理丧葬事宜。

农村五保供养对象未满16周岁或者已满16周岁仍在接受义务教育的，应当保障他们依法接受义务教育所需费用。

农村五保供养对象的疾病治疗，应当与当地农村合作医疗和农村医疗救助制度相衔接。

第十条 农村五保供养标准不得低于当地村民的平均生活水平，并根据当地村民平均生活水平的提高适时调整。

农村五保供养标准，可以由省、自治区、直辖市人民政府制定，在本行政区域内公布执行，也可以由设区的市级或者县级人民政府制定，报所在的省、自治区、直辖市人民政府备案后公布执行。

国务院民政部门、国务院财政部门应当加强对农村五保供养标准制定工作的指导。

第十一条 农村五保供养资金，在地方人民政府财政预算中安排。有农村集体经营等收入的地方，可以从农村集体经营等收入中安排资金，用于补助和改善农村五保供养对象的生活。农村五保供养对象将承包土地交由他人代耕的，其收益归该农村五保供养对象所有。具体办法由省、自治区、直辖市人民政府规定。

中央财政对财政困难地区的农村五保供养，在资金上给予适当补助。

农村五保供养资金，应当专门用于农村五保供养对象的生活，任何组织或者个人不得贪污、挪用、截留或者私分。

第四章 供养形式

第十二条 农村五保供养对象可以在当地的农村五保供养服务机构集中供养，也可以在家分散供养。农村五保供养对象可以自行选择供养形式。

第十三条 集中供养的农村五保供养对象，由农村五保供养服务机构提供供养服务；分散供养的农村五保供养对象，可以由村民委员会提供照料，也可以由农村五保供养服务机构提供有关供养服务。

第十四条 各级人民政府应当把农村五保供养服务机构建设纳入经济社会发展规划。

县级人民政府和乡、民族乡、镇人民政府应当为农村五保供养服务机构提供必要的设备、管理资金，并配备必要的工作人员。

第十五条 农村五保供养服务机构应当建立健全内部民主管理和服务管理制度。

农村五保供养服务机构工作人员应当经过必要的培训。

第十六条 农村五保供养服务机构可以开展以改善农村五保供养对象生活条件为目的的农副业生产。地方各级人民政府及其有关部门应当对农村五保供养服务机构开展农副业生产给予必要的扶持。

第十七条 乡、民族乡、镇人民政府应当与村民委员会或者农村五保供养服务机构签订供养服务协议，保证农村五保供养对象享受符合要求的供养。

村民委员会可以委托村民对分散供养的农村五保供养对象提供照料。

第五章 监督管理

第十八条 县级以上人民政府应当依法加强对农村五保供养工作的监督管理。县级以上地方各级人民政府民政部门和乡、民族乡、镇人民政府应当制定农村五保供养工作的管理制度，并负责督促实施。

第十九条 财政部门应当按时足额拨付农村五保供养资金，确保资金到位，并加强对资金使用情况的监督管理。

审计机关应当依法加强对农村五保供养资金使用情况的审计。

第二十条 农村五保供养待遇的申请条件、程序、民主评议情况以及农村五保供养的标准和资金使用情况等，应当向社会公告，接受社会监督。

第二十一条 农村五保供养服务机构应当遵守治安、消防、卫生、财务会计等方面的法律、法规和国家有关规定，向农村五保供养对象提供符合要求的供养服务，并接受地方人民政府及其有关部门的监督管理。

第六章 法律责任

第二十二条 违反本条例规定，有关行政机关及其工作人员有下列行为之一的，对直接负责的主管人员以及其他直接责任人员依法给予行政处分；构成犯罪的，依法追究刑事责任：

（一）对符合农村五保供养条件的村民不予批准享受农村五保供养待遇的，或者对不符合农村五保供养条件的村民批准其享受农村五保供养待遇的；

（二）贪污、挪用、截留、私分农村五保供养款物的；

（三）有其他滥用职权、玩忽职守、徇私舞弊行为的。

第二十三条 违反本条例规定，村民委员会组成人员贪污、挪用、截留农村五保供养款物的，依法予以罢免；构成犯罪的，依法追究刑事责任。

违反本条例规定，农村五保供养服务机构工作人员私分、挪用、截留农村五保供养款物的，予以辞退；构成犯罪的，依法追究刑事责任。

第二十四条 违反本条例规定，村民委员会或者农村五保供养服务机构对农村五保供养对象提供的供养服务不符合要求的，由乡、民族乡、镇人民政府责令限期改正；逾期不改正的，乡、民族乡、镇人民政府有权终止供养服务协议；造成损失的，依法承担赔偿责任。

第七章 附　则

第二十五条 《农村五保供养证书》由国务院民政部门规定式样，由省、自治区、直辖市人民政府民政部门监制。

第二十六条 本条例自2006年3月1日起施行。1994年1月23日国务院发布的《农村五保供养工作条例》同时废止。

民政部关于公布农村五保供养标准的公告

（2006年12月25日　民政部公告第77号）

新修订的《农村五保供养工作条例》（以下简称《条例》）已经国务院颁布，自2006年3月1日起施行。《条例》规定，“农村五保供养标准不得低于当地村民的平均生活水平，并根据当地村民平均生活水平的提高适时调整”，“农村五保供养待遇的申请条件、程序、民主评议情况以及农村五保供养的标准和资金使用情况等，应当向社会公告，接受社会监督。”《条例》施行以来，有28个省（自治区、直辖市）结合实际，制定公布了新的农村五保供养标准，其余3个省正在制定方案。为了进一步贯彻落实《条例》，督促各地按照公布的标准为农村五保供养对象提供符合要求的供养服务，切实保障农村五保供养对象的合法权益，现将各省（自治区、直辖市）调整前后的农村五保供养标准向社会公布。各县（市、区）农村五保供养标准的详情可登陆民政部网站查询（网址为：www. mca. gov. cn）。

特此公告。

附件 1：

全国各省(自治区、直辖市)农村五保供养标准

说明：本表统计的农村五保供养标准截止日期为 2006 年 11 月 30 日，除特别注明外，各省(自治区、直辖市)的农村五保供养标准均为本省(自治区、直辖市)内各县(市、区)农村五保供养标准的平均数。

序号	地　区	农村五保供养标准(元/年·人)				
		调整后农村五保供养标		原农村五保供养标准		备　注
		分散供养标准	集中供养标准	分散供养标准	集中供养标准	
1	北京市	3634	4193	3080	4232	根据上年度农民人均消费支出核定
2	天津市	2500	3846	2500	2500	
3	河北省	1439	1896	968	1470	
4	山西省	1475	1940	1125	1533	
5	内蒙古	961	1421	740	1216	自治区规定，分散供养不低于 800，集中供养不低于 1200
6	辽宁省	1513	2510	1367	2256	
7	吉林省	1238	2257	1133	2159	
8	黑龙江	1245	1668	1223	1597	
9	上海市	4320	4320	3063	4325	市调标文件待发
10	江苏省	2291	2851	1957	2461	
11	浙江省	3400	5005	3034	4262	
12	安徽省	1493	2039	1146	1659	
13	福建省	1578	1983	1372	1751	
14	江西省	1200	1800	800	1200	全省统一标准
15	山东省	1486	2408	1109	1943	
16	河南省	1110	1541	1042	1429	
17	湖北省	/	/	800	1200	未调整
18	湖南省	923	2008	731	1573	
19	广东省	/	/	2055	2856	未调整
20	广西区	1066	1503	835	1306	
21	海南省	1527	1544	875	1140	
22	重庆市	1428	1543	1144	1256	
23	四川省	1260	1589	850	1275	
24	贵州省	1429	1834	807	1352	

续 表

序号	地 区	农村五保供养标准(元/年·人)				
		调整后农村五保供养标		原农村五保供养标准		备 注
		分散供养标准	集中供养标准	分散供养标准	集中供养标准	
25	云南省	814	1254	455	921	
26	西藏区	1300	1300	1200	1200	全区统一标准
27	陕西省	1433	1433	806	980	
28	甘肃省	1500	1747	813	1123	
29	青海省	/	/	1333	1333	未调整
30	宁夏区	2002	2782	1375	1731	
31	新疆区	1792	2187	1567	1935	
全国合计		1691	2229	1332	1844	

附件2:全国各县(市、区)农村五保供养标准(略)

民政部关于农村五保供养服务机构建设的指导意见

(2006年7月25日 民发〔2006〕107号)

为贯彻落实《农村五保供养工作条例》和《中华人民共和国国民经济和社会发展第十一个五年规划纲要》,指导和规范全国农村五保供养服务机构建设工作,提出以下意见。

一、总体思路

以邓小平理论和"三个代表"重要思想为指导,全面落实科学发展观,抓住建设社会主义新农村的历史性机遇,以加强五保供养服务机构基础建设和提高供养服务水平为重点,到"十一五"期末,在我国农村基本建成以县、乡人民政府兴办的五保供养服务机构为骨干,社会力量举办的五保供养服务机构为补充,布局合理、设施配套、功能完善、管理规范的五保供养服务机构网络,初步满足农村五保供养对象的供养需要,并逐步开展对农村其他老年人、残疾人和未成年人的供养服务。

二、基本原则

(一)依法管理,规范建设。严格按照《农村五保供养工作条例》、《老年人建筑设计规范》、《老年人社会福利机构基本规范》等法规文件的规定,在选址布局、建筑设计、设施设备等方面,规范规划设计、统一技术标准,认真组织实施,加强工程管理,保证机构建设的科学化、标准化、规范化。

(二)因地制宜,讲求实效。立足当地农村五保供养对象数量和年龄结构及其变动情况,根据当地农村经济社会发展水平,兼顾需求和可行性,科学确定机构建设的区域布局、筹资机制、床位规模和配套设施,合理整合、充分利用乡村闲置基础设施资源,坚持改建、扩建、新建并举,充分发挥建设资金的最大效益。

(三)整体规划,分步实施。将农村五保供养服务机构建设作为一项长期的系统工程,着眼长远,统筹规划,有重点、有选择、分步骤组织实施,不仅要建设机构的基础设施,还要建立保障机构运转的长效机制,不仅要服务农村五保供养对象,还要逐步服务当地农村特殊困难群体以及老年人、残疾人、未成年人等弱势群体。

(四)政府主导,社会参与。各级政府逐年增加对五保服务机构建设的投入,增加福利彩票公益金投入,重点用在支持县乡政府兴建五保供养服务机构,建立政府扶持农村五保供养服务机构建设和发展的长效机制;鼓励农村集体经济组织、社会团体等社会力量捐助或兴办五保供养服务机构,逐步形成与社会主义市场经济体制相协调,多种所有制形式和经营模式共同发展的格局。

三、建设标准

(一)布局。原则上一个乡(镇)应建立一所规模适中,基本满足当地实际需要的五保供养服务机构;也可以根据当地实际,由县级人民政府兴办服务全县或部分乡(镇)的服务机构。具体地点原则上应临近乡(镇)人民政府驻地或集中居住区,交通便利,环境安全、卫生,并尽量靠近医疗卫生、体育健身、文化娱乐、商业服务等公共服务设施。

（二）建筑。五保供养服务机构的各类建筑应当根据老年人、残疾人和未成年人生活需要进行设计，宜为砖混结构的平房院落或三层以下楼房，室内地面应选用平整、防滑材料，台阶、楼梯、扶手等设计要考虑供养对象生活安全的需要，并且不得采用易燃、易碎、化纤及散发有害有毒气味的建筑、装饰材料。

（三）规模。每所五保供养服务机构床位数原则上不低于40张，具有开展日常工作所必需的居住用房和辅助用房。居住用房使用面积每间不宜小于10平方米，每床位使用面积不应小于5平方米。辅助用房要设置办公室、厨房、餐厅、储藏室、活动室、医疗室、浴室和公厕等，有条件的地区还可以建设用于康体保健、文体娱乐等方面的功能室，配备必要的农副业生产基地。

（四）设备。五保供养服务机构要做到"四通"，即通电、通水、通路、通电话，配备必要的膳食制作、文体娱乐、医疗卫生、洗浴、消防及办公管理等设备，严寒和寒冷地区应当配供暖设备，炎热地区应当配降温设备。居住用房要配备床、桌、椅、柜、被褥等生活必备用品。

四、建设要求

（一）规划计划。五保供养服务机构建设应采取统一规划、逐步推进、分工负责、县乡实施的管理体制，各级政府应将五保供养机构建设纳入当地经济社会发展规划，结合当地实际编制专项建设规划或方案，明确"十一五"时期机构建设的目标任务与总体思路。县级以上各级民政部门要会同发展改革、财政、建设等部门，制订年度建设计划和实施方案，明确工作任务，强化工作措施，加强对县、乡人民政府项目建设单位的指导督促，稳步推进机构建设工作。

（二）项目实施。原则上实行项目管理，县、乡人民政府项目建设单位的法定代表人对项目申报、实施、质量、资金管理负责。投资在100万元以上或建筑面积在1000平方米以上的大型建设项目应当遵循国家基本建设程序实施，小型项目可以根据实际需要适当简化。基本建设程序包括提出项目建议书、编制可行性研究报告、进行初步设计、施工准备、建设实施、竣工验收、后评价等阶段。

（三）资金管理。各级政府安排、筹集的农村五保供养服务机构建设资金，包括中央预算内基本建设资金、中央预算外专项资金、福利彩票公益金，以及地方人民政府和建设单位投入或筹集的项目建设资金，必须专款专用，任何单位、组织和个人不得挤占、挪用、截留。

（四）质量监督。五保供养服务机构建筑质量严格按照国家有关规定执行，建设单位对建设项目的勘察、设计、施工、监理、材料采购都要依法订立合同，明确质量要求、履约担保和违约责任，加强对施工各环节的质量监控，确保工程建设质量。投资在100万元以上或建筑面积在1000平方米以上的大型建设项目，要按照规定通过招标确定施工单位，委托监理单位进行施工监理，建立健全设备材料质量检查制度，督促施工单位和监理机构履行职责。

五、机构管理

（一）单位性质。五保供养服务机构作为主要服务农村五保供养对象的公益性非营利组织，适应社会主义市场经济体制的要求，应当具有法人资格，依法承担独立的法律责任。县、乡人民政府利用国有资产举办的五保供养服务机构，应当根据我国事业单位登记管理的有关规定，办理事业单位法人登记；其他社会组织和个人利用非国有资产举办的五保供养服务机构，应当根据我国民办非企业单位登记管理的有关规定，办理民办非企业单位法人登记。

（二）基本功能。五保供养服务机构应在优先供养生活不能自理的五保供养对象的基础上，吸纳其他有需求的五保供养对象，向他们提供吃、穿、住、医、葬方面的生活照顾和物质帮助。同时，对分散供养的五保供养对象提供必要的供养服务，并逐步开展面向农村老年人、残疾人和未成年人的各项生活服务。

（三）命名原则。根据《农村五保供养工作条例》有关要求和五保供养服务机构服务功能拓展的需要，五保供养服务机构名称原则上由县（市）名+乡（镇）名+农村五保供养服务中心组成，也可以保留"敬老院"等传统名称。

（四）人员配备。五保供养服务机构工作岗位设置应当因事设岗、按需设岗，岗位主要由院长、护理服务、炊事、医疗、会计、出纳、保管等组成，工作人员与机构供养对象比例原则上不低于1∶10。主要管理人员由县、乡人民政府配备；其他服务人员可以面向社会公开招考、招聘，实行合同聘任制管理。县、乡人民政府及农村五保供养服务机构应当严格执行最低工资政策，落实并不断提高工作人员待遇，维护其劳动权益。

农村五保供养档案管理办法

（2013年2月22日）

第一条　为了加强农村五保供养档案管理，维护档案真实、完整、安全，根据《中华人民共和国档案法》、《中华人民共和国档案法实施办法》和《农村五保供养工作条例》等有关规定，制定本办法。

第二条　本办法所称农村五保供养档案（以下简称五保档案）是指在农村五保供养待遇审核审批和供养服务工作中形成的具有保存价值的文字、图表、声像、电子等不同形式和载体的文件材料，分为审核审批类和供养服务类。

五保档案是农村五保供养工作的真实记录，是国家民生档案的重要组成部分。

第三条　县级人民政府民政部门、乡（民族乡、镇）人民政府、农村五保供养服务机构（以下统称五保档案保管单位）应当依照本办法，分工负责五保档案保管工作。

五保档案保管单位应当明确档案保管人员，保证管理必需的设施、场所和经费，确保档案安全，并适应档案管理现代化的要求，配备相应的技术设备。

县级以上各级人民政府民政部门、档案行政管理部门应当在各自职责权限范围内依法指导、监督五保档案管理工作。

第四条　县级人民政府民政部门负责保管审核审批类五保档案，归档范围包括：

（一）农村五保供养待遇审批文件材料；

（二）农村五保供养待遇申请材料；

（三）农村五保供养待遇申请人的居民身份证、户口簿等身份证明材料复印件；

（四）农村五保供养待遇申请人的家庭状况和经济条件证明材料；

（五）村民委员会对农村五保供养待遇申请的民主评议材料；

（六）乡（民族乡、镇）人民政府调查审核文件材料；

（七）农村五保供养对象集中供养审批文件材料；

（八）农村五保供养待遇复审、调整和停止的文件材料；

（九）农村五保供养对象去世后的火化证明或者死亡证明材料；

（十）核销的《农村五保供养证书》；

（十一）其他需要归档的文件材料。

第五条　乡（民族乡、镇）人民政府应当保管五保供养对象供养服务协议、分散供养对象照料记录等供养服务类五保档案。

农村五保供养服务机构应当保管在院集中供养五保对象的供养服务协议以及供养待遇审批、调整和停止等文件材料的复本，并建立相关管理和服务工作档案。

第六条　属于归档范围的文件材料应当在办理完毕后30日内归档。

归档的文件材料应当真实完整、图文清晰。

电子数据、录音带、录像带、磁盘、照片等特殊载体材料，应当与纸质文件材料同时归档，确保可读可用。

第七条　整理归档文件材料应当遵守下列规定：

（一）以县级人民政府民政部门、乡（民族乡、镇）人民政府或者农村五保供养服务机构为立档单位；

（二）按照每名农村五保供养对象立卷；

（三）农村五保供养动态管理过程中形成的待遇复审、调整和停止等文件材料，随时整理归入相应案卷；

（四）按照乡（民族乡、镇）和行政村进行分类整理，并设置类别代码，类别代码以行政区划代码表示或者按照行政区划排列顺序编制；

（五）按照农村五保供养证书字号顺序排列案卷。

第八条　归档文件材料按照下列程序和方法进行立卷：

（一）每名五保供养对象的文件材料组成一卷；

（二）去掉文件材料上的金属物，过大或者过小的文件材料应当通过折叠或者粘贴使其整齐规范；

（三）卷内文件材料按照本办法第四条所列顺序排列，在有文字页面的正面右上角或者背面左上角用阿拉伯数字连续编写页号；

（四）填写卷内文件目录（见附件1：卷内文件目录式样），置于卷内首页之前；填写卷内备考表（见附件2：卷内备考表式样），置于卷末；

（五）不同类别的案卷按照农村五保供养证书字号的顺序排列，分别从“1”开始编制室编卷号；

（六）一份案卷装入一个五保档案袋，填写档案袋正面项目（见附件3：五保档案袋正面式样）；

（七）按照室编卷号顺序将五保档案装入五保档案盒，填写档案盒正面和盒脊项目（见附件4：五保档案盒正面和盒脊式样）；

（八）按照类别编制五保档案案卷目录（见附件5：五保档案案卷目录式样），加装封面和封底并装订，填写封面项目（见附件6：五保档案案卷目录封面式样）。

第九条　五保档案的保管期限从五保档案的形成年度起，到农村五保供养待遇停止后满5年为止。

保管期限截止时间确定后，应当在五保档案袋封面和五保档案案卷目录中填写相应的时间。

第十条　五保档案保管期满后，县级国家综合档案馆可以将五保档案抽样接收进馆。

第十一条　五保档案应当使用符合保管要求的档案装具进行保管，具备防盗、防光、防火、防虫、防鼠、防潮、防尘、防高温等条件，保证档案的安全。

有条件的单位应当设置专用的档案库房。

第十二条　积极推进使用计算机管理五保档案，有条件的单位应当按照相关要求建立五保电子档案。

第十三条　五保档案保管单位应当依法提供档案信息查询服务，依据档案出具相关证明材料。

五保档案的利用应当遵守下列规定，并办理登记手续：

（一）五保档案的形成、移交单位以及上级业务主管单位可以利用五保档案；

（二）各级人民法院、人民检察院、公安机关、国家安全机关、纪检监察机关、审计机关因公务需要可以凭单位介绍信利用五保档案；

（三）农村五保供养对象可以凭身份证件利用本人的五保档案；

（四）律师凭律师执业证书和律师事务所证明，可以利用与承办法律事务有关的五保档案；

（五）其他需要利用五保档案的，应当经五保档案保管单位同意。

第十四条　五保档案仅限于当场查阅、摘抄和复印,严禁对五保档案进行涂改、抽换、圈划、批注或者造成污染、损毁。

五保档案保管单位应当对归还的五保档案进行清点核对,对档案摘抄件或复印件加盖标有"五保档案摘抄件"或者"五保档案复印件"的印章。

第十五条　县级人民政府民政部门应当会同同级档案行政管理部门对保管期满的五保档案进行价值鉴定。有继续保存价值的,可以延长其保管期限。无保存价值的,编制销毁清册,履行审批手续予以销毁。销毁清册永久保存。

第十六条　各省(自治区、直辖市)、新疆生产建设兵团民政厅(局)和档案局可以结合本地区实际情况,共同制定实施办法。

第十七条　本办法自2013年4月1日起施行。

附件:(略)

农村五保供养服务机构等级评定暂行办法

(2012年12月3日　民发〔2012〕210号)

第一条　为推进农村五保供养服务机构管理规范化,不断提高供养服务水平,切实保障农村五保供养对象基本生活权益,根据《农村五保供养工作条例》和《农村五保供养服务机构管理办法》,制定本办法。

第二条　本办法所称农村五保供养服务机构,是指县级以上地方人民政府民政部门或者乡镇人民政府举办的,为农村五保供养对象提供集中供养服务的敬老院等公益性机构。

第三条　农村五保供养服务机构等级评定工作坚持建管并重、以评促管,统一标准、量化考核,动态管理、客观公正的原则。

第四条　民政部负责管理监督全国农村五保供养服务机构等级评定工作。

省级人民政府民政部门负责组织评定本行政区域内农村五保供养服务机构等级;省级以下人民政府民政部门负责本行政区域内农村五保供养服务机构等级评定相关审核工作。

有条件的地方,省级人民政府民政部门应当直接委托具备资质的事业单位或者社会组织承办农村五保供养服务机构等级评定审核工作。

第五条　根据供养服务质量、内部管理水平、基础设施条件和组织保障力度,农村五保供养服务机构等级评定由低到高分为一星级、二星级、三星级三个等级。

第六条　农村五保供养服务机构等级评定工作依照下列基本程序进行:

(一)省级人民政府民政部门发布等级评定通知;

(二)农村五保供养服务机构自愿申报;

(三)县级人民政府民政部门审核并提出初步评审意见;

(四)地市级人民政府民政部门复核;

(五)省级人民政府民政部门审定等级,经公示无异议后颁发牌匾。

省级人民政府民政部门可以委托地市级人民政府民政部门审定一星级农村五保供养服务机构,其牌匾由省级人民政府民政部门颁发。

第七条　农村五保供养服务机构等级审核、复核、审定工作应当综合采用实地检查、资料查验、问卷调查、重点抽查等多种方式开展。

第八条　农村五保供养服务机构等级评定工作每2年开展一次。

省级人民政府民政部门应当于每次农村五保供养服务机构等级评定工作完成后30日内,将评定为三星级的农村五保供养服务机构名单报民政部备案。

第九条　农村五保供养服务机构等级评定有效期为4年。

有效期内,条件改善的农村五保供养服务机构可以申报更高等级评定。

有效期满,农村五保供养服务机构应当重新申报等级评定。

第十条　县级以上人民政府民政部门应当对获得等级评定的农村五保供养服务机构给予奖励扶持。

第十一条　民政部每4年组织开展一次全国模范农村五保供养服务机构表彰活动。

全国模范农村五保供养服务机构原则上从三星级农村五保供养服务机构中择优确定,由民政部颁发牌匾,并给予一定物质奖励。

第十二条　获得等级评定的农村五保供养服务机构应当将等级牌匾悬挂在服务场所的明显位置,自觉接受五保供养对象和社会监督。

第十三条　省级人民政府民政部门应当通过重点抽查、定期检查、不定期暗访、受理投诉等方式,加强对获得等级评定农村五保供养服务机构的监督检查。监督检查中发现不符合等级评定标准的,应当要求其限期整改;限期未能整改的,应当降低或者撤销其评定等级。

第十四条　获得等级评定农村五保供养服务机构发生重大责任事故或者弄虚作假骗取等级评定的,应当撤销其评定等级,并且3年内不得申报等级评定。

第十五条　农村五保供养服务机构等级牌匾式样由民政部统一制定。

第十六条　本办法自发布之日起施行。省级人民政府民政部门可以依据本办法和本办法所附《农村五保供养服务机构等级评定参考指标》,制定本行政区域内的具体评定办法和评定标准。

附件:农村五保供养服务机构等级评定参考指标(略)

民政部办公厅关于印发《农村五保供养证书》式样的通知

（1994 年 7 月 26 日　民办函〔1994〕143 号）

各省、自治区、直辖市民政厅（局），各计划单列市民政局：

根据《农村五保供养工作条例》第二章第七条《农村五保供养证书》由国务院民政部门制定式样，省、自治区、直辖市人民政府民政部门统一印制的规定，现将民政部制定的《农村五保供养证书》式样发给你们，希望各地严格按照《证书》式样的规格、内容和封面颜色进行印制。

印发《农村五保供养证书》是一项政策性较强的工作，一定要与第二次五保普查工作结合起来进行。为此，现提出以下要求：

一、制定好普查方案。各省、自治区、直辖市要根据本地的实际情况，制定出操作性较强的五保普查实施方案。

二、加强组织领导。五保普查是关系到所有鳏寡孤独残疾人（未成年人）切身利益的大事，各级民政部门一定要加强组织领导，组织广大干部群众认真学习《农村五保供养工作条例》和五保普查实施方案，使他们了解五保供养工作的各项政策规定，准确掌握五保对象的条件、供养标准和开展普查的方式、方法、程序，做到心中有数。

三、坚持标准，严格审批。在五保普查工作中，确定五保对象一定要按照《农村五保供养工作条例》规定的条件和程序，由乡、民族乡、镇人民政府审批，发给《农村五保供养证书》，并报县民政局备案，不得遗漏。对于原已实行五保供养的对象，在这次普查中也要重新办理手续，一般不宜停止供养。普查工作要与检查五保供养的落实情况结合起来，不得走过场，不能流于形式。

四、五保普查和发证工作于 1995 年 6 月底以前结束，各地于 1995 年 12 月 31 日以前将五保普查情况报民政部救灾救济司。

另外、民政部准备在下半年召开五保、城乡救济工作座谈会，请各省、自治区、直辖市按照《关于做好召开五保、城乡社会救济工作座谈会准备工作的通知》（民救字〔1994〕第 5 号）精神，务必按时将有关材料报送我部救灾救济司。

附件：一、《农村五保供养证书》式样（略）

二、关于《农村五保供养证书》几个问题的说明

附件：

关于《农村五保供养证书》几个问题的说明

一、《农村五保供养证书》由民政部制定式样，各省、自治区、直辖市民政厅（局）统一印制。

1. 封面：人造革制作，底色为棕色，字烫金；

2. 规格：宽 9 厘米，高 13 厘米；

3. 证书首页和底页为硬板纸，插在封面内，使用规则印在底页；

4. 证书以乡（镇）为单位发放，由乡（镇）人民政府盖章；

二、内容填写：

1. 现居住地：填写所在县（市、区）、乡（镇）、村、组；

2. 供养形式：指敬老院集中供养和分散供养，分散供养填清是集体供养、亲属供养、代耕代养或其他供养；

3. 证书编号：由乡（镇）人民政府统一编写；

4. 合计栏：将粮食、食油、燃料和衣被折合成金额后与其他资金统一计算。

最高人民法院关于如何处理农村五保对象遗产问题的批复

（2000 年 7 月 25 日　法释〔2000〕23 号）

各省、自治区、直辖市高级人民法院，解放军军事法院，新疆维吾尔自治区高级人民法院生产建设兵团分院：

国务院 1994 年 1 月 23 日《农村五保供养工作条例》发布后，一些高级人民法院反映，我院 1985 年 9 月 11 日发布的法（民）发〔1985〕22 号《关于贯彻执行〈中华人民共和国继承法〉若干问题的意见》第 55 条的规定与该条例的有关规定不一致。经研究，答复如下：

农村五保对象死亡后，其遗产按照国务院《农村五保供养工作条例》第十八条、第十九条的有关规定处理。

6. 流浪救助

城市生活无着的流浪乞讨人员救助管理办法

（2003 年 6 月 20 日中华人民共和国国务院令第 381 号公布　自 2003 年 8 月 1 日起施行）

第一条　为了对在城市生活无着的流浪、乞讨人员（以下简称流浪乞讨人员）实行救助，保障其基本生活权益，完善社会救助制度，制定本办法。

第二条　县级以上城市人民政府应当根据需要设立流浪乞讨人员救助站。救助站对流浪乞讨人员的救助是一项临时性社会救助措施。

第三条　县级以上城市人民政府应当采取积极措施及时救助流浪乞讨人员，并应当将救助工作所需经费列入财政预

算,予以保障。

国家鼓励、支持社会组织和个人救助流浪乞讨人员。

第四条　县级以上人民政府民政部门负责流浪乞讨人员的救助工作,并对救助站进行指导、监督。

公安、卫生、交通、铁道、城管等部门应当在各自的职责范围内做好相关工作。

第五条　公安机关和其他有关行政机关的工作人员在执行职务时发现流浪乞讨人员的,应当告知其向救助站求助;对其中的残疾人、未成年人、老年人和行动不便的其他人员,还应当引导、护送到救助站。

第六条　向救助站求助的流浪乞讨人员,应当如实提供本人的姓名等基本情况并将随身携带物品在救助站登记,向救助站提出求助需求。

救助站对属于救助对象的求助人员,应当及时提供救助,不得拒绝;对不属于救助对象的求助人员,应当说明不予救助的理由。

第七条　救助站应当根据受助人员的需要提供下列救助:

(一)提供符合食品卫生要求的食物;

(二)提供符合基本条件的住处;

(三)对在站内突发急病的,及时送医院救治;

(四)帮助与其亲属或者所在单位联系;

(五)对没有交通费返回其住所地或者所在单位的,提供乘车凭证。

第八条　救助站为受助人员提供的住处,应当按性别分室住宿,女性受助人员应当由女性工作人员管理。

第九条　救助站应当保障受助人员在站内的人身安全和随身携带物品的安全,维护站内秩序。

第十条　救助站不得向受助人员、其亲属或者所在单位收取费用,不得以任何借口组织受助人员从事生产劳动。

第十一条　救助站应当劝导受助人员返回其住所地或者所在单位,不得限制受助人员离开救助站。救助站对受助的残疾人、未成年人、老年人应当给予照顾;对查明住址的,及时通知其亲属或者所在单位领回;对无家可归的,由其户籍所在地人民政府妥善安置。

第十二条　受助人员住所地的县级人民政府应当采取措施,帮助受助人员解决生产、生活困难,教育遗弃残疾人、未成年人、老年人的近亲属或者其他监护人履行抚养、赡养义务。

第十三条　救助站应当建立、健全站内管理的各项制度,实行规范化管理。

第十四条　县级以上人民政府民政部门应当加强对救助站工作人员的教育、培训和监督。

救助站工作人员应当自觉遵守国家的法律法规、政策和有关规章制度,不准拘禁或者变相拘禁受助人员;不准打骂、体罚、虐待受助人员或者唆使他人打骂、体罚、虐待受助人员;不准敲诈、勒索、侵吞受助人员的财物;不准克扣受助人员的生活供应品;不准扣压受助人员的证件、申诉控告材料;不准任用受助人员担任管理工作;不准使用受助人员为工作人员干私活;不准调戏妇女。

违反前款规定,构成犯罪的,依法追究刑事责任;尚不构成犯罪的,依法给予纪律处分。

第十五条　救助站不履行救助职责的,求助人员可以向当地民政部门举报;民政部门经查证属实的,应当责令救助站及时提供救助,并对直接责任人员依法给予纪律处分。

第十六条　受助人员应当遵守法律法规。受助人员违反法律法规的,应当依法处理。

受助人员应当遵守救助站的各项规章制度。

第十七条　本办法的实施细则由国务院民政部门制定。

第十八条　本办法自2003年8月1日起施行。1982年5月12日国务院发布的《城市流浪乞讨人员收容遣送办法》同时废止。

城市生活无着的流浪乞讨人员救助管理办法实施细则

(2003年7月21日民政部令第24号公布　自2003年8月1日起施行)

第一条　根据《城市生活无着的流浪乞讨人员救助管理办法》(以下简称《救助管理办法》)的规定,制定本实施细则。

第二条　《救助管理办法》规定的“城市生活无着的流浪乞讨人员”是指因自身无力解决食宿,无亲友投靠,又不享受城市最低生活保障或者农村五保供养,正在城市流浪乞讨度日的人员。

虽有流浪乞讨行为,但不具备前款规定情形的,不属于救助对象。

第三条　流浪乞讨人员向救助站求助时,应当如实提供本人的下列情况:

(一)姓名、年龄、性别、居民身份证或者能够证明身份的其他证件、本人户口所在地、住所地;

(二)是否享受城市最低生活保障或者农村五保供养;

(三)流浪乞讨的原因、时间、经过;

(四)近亲属和其他关系密切亲戚的姓名、住址、联系方式;

(五)随身物品的情况。

第四条　救助站应当向求助的流浪乞讨人员告知救助对象的范围和实施救助的内容,询问与求助需求有关的情况,并对其个人情况予以登记。

第五条　救助站对属于救助对象的,应当及时安排救助;不属于救助对象的,不予救助并告知其理由。

对因年老、年幼、残疾等原因无法提供个人情况的，救助站应当先提供救助，再查明情况。

对拒不如实提供个人情况的，不予救助。

第六条 受助人员不得携带危险物品进入救助站，随身携带的物品，除生活必需品外，由救助站保管，待该受助人员离站时归还。

第七条 省、自治区、直辖市人民政府民政部门应当制定救助站受助人员的作息、卫生、学习等制度。受助人员应当遵守救助站的规章制度。

第八条 救助站为受助人员提供的食物和住处，应当能够满足受助人员的基本健康和安全需要。受助人员食宿定额定量的标准，由省级人民政府民政部门商财政部门具体规定。

第九条 受助人员在站内突发急病的，救助站应当及时送医疗机构治疗。救助站发现受助人员患传染病或者为疑似传染病病人的，应当送当地具有传染病收治条件的医疗机构治疗，并向当地疾病预防控制机构报告，采取必要的消毒隔离措施。

第十条 救助站应当根据受助人员提供的有关情况，及时与受助人员的亲属以及受助人员常住户口所在地或者住所地的乡（镇）人民政府、城市街道办事处、该地的公安、民政部门取得联系，核实情况。

救助站发现受助人员故意提供虚假个人情况的，应当终止救助。

第十一条 受助人员返回常住户口所在地、住所地或者所在单位时没有交通费的，由救助站发给乘车（船）凭证，铁道、公路、水运等运输单位验证后准予搭乘相应的公共交通工具。救助站应当将有关情况通知受助人员的亲属及前往地的有关组织、所在单位。

第十二条 救助站应当根据受助人员的情况确定救助期限，一般不超过10天；因特殊情况需要延长的，报上级民政主管部门备案。

第十三条 对受助人员中的残疾人、未成年人或者其他行动不便的人，救助站应当通知其亲属或者所在单位接回；亲属或者所在单位拒不接回的，省内的由流入地人民政府民政部门通知流出地人民政府民政部门接回，送其亲属或者所在单位；跨省的由流入地省级人民政府民政部门通知流出地省级人民政府民政部门接回，送其亲属或者所在单位。

第十四条 对无法查明其亲属或者所在单位，但可以查明其户口所在地、住所地的受助残疾人、未成年人及其他行动不便的人，省内的由流入地人民政府民政部门通知流出地人民政府民政部门接回，送户口所在地、住所地安置；跨省的由流入地省级人民政府民政部门通知流出地省级人民政府民政部门接回，送户口所在地、住所地安置。

第十五条 对因年老、年幼或者残疾无法认知自己行为、无表达能力，因而无法查明其亲属或者所在单位，也无法查明其户口所在地或者住所地的，由救助站上级民政主管部门提出安置方案，报同级人民政府给予安置。

第十六条 受助人员自愿放弃救助离开救助站的，应当事先告知，救助站不得限制。未成年人及其他无民事行为能力人和限制民事行为能力人离开救助站，须经救助站同意。

受助人员擅自离开救助站的，视同放弃救助，救助站应当终止救助。

第十七条 救助站已经实施救助或者救助期满，受助人员应当离开救助站。对无正当理由不愿离站的受助人员，救助站应当终止救助。

第十八条 受助人员户口所在地、住所地的乡级、县级人民政府应当帮助返回的受助人员解决生产、生活困难，避免其再次外出流浪乞讨；对遗弃残疾人、未成年人、老年人的近亲属或者其他监护人，责令其履行抚养、赡养义务；对确实无家可归的残疾人、未成年人、老年人应当给予安置。

第十九条 受助人员在救助站期间应当遵纪守法，不得辱骂、殴打救助站工作人员或者其他受助人员，不得破坏救助设施，不得毁坏、盗窃公私财物，不得无理取闹、扰乱救助工作秩序。

对受助人员的违法违规行为，救助站工作人员应当及时制止；受助人员违规违纪情节严重的，或者发现受助人员有犯罪嫌疑的，应当及时报请公安机关依法处理。

第二十条 救助站应当建立健全岗位责任制、安全责任制、工作人员行为规范等规章制度，实行规范化管理。

救助站应当将受助人员入站、离站、获得救助等情况如实记载，制作档案妥善保管。

第二十一条 救助站及其工作人员应当严格遵守《救助管理办法》第十条、第十四条第二款规定。对违反规定的，由该救助站的上级民政主管部门责令改正；情节较重的，对直接负责的主管人员和其他直接责任人给予纪律处分；构成犯罪的，依法追究刑事责任。

第二十二条 县级以上地方人民政府民政部门应当加强对救助站的领导和监督管理，履行以下职责：

（一）监督救助站落实救助措施和规章制度；

（二）指导检查救助管理工作情况；

（三）对救助站工作人员进行教育、培训；

（四）调查、处理救助站及其工作人员违法违纪问题；

（五）帮助救助站解决困难，提供工作条件。

第二十三条 救助站的上级民政主管部门不及时受理救助对象举报，不及时责令救助站履行职责，或者对应当安置的受助人员不报请当地人民政府予以安置的，对直接负责的主管人员和其他直接责任人员依法给予行政处分。

第二十四条 本实施细则自2003年8月1日起施行。

生活无着的流浪乞讨人员救助管理机构工作规程

（2014年6月22日 民发〔2014〕132号）

第一章 总 则

第一条 为规范生活无着的流浪、乞讨人员救助管理工作，维护受助人员合法权益，保障生活无着的流浪、乞讨人员救助管理机构（以下简称救助管理机构）工作秩序，根据《城市生活无着的流浪乞讨人员救助管理办法》、《社会救助暂行办法》等规定，制定本规程。

第二条 本规程所称的生活无着的流浪、乞讨人员是指离家在外、自身无力解决食宿、正在或即将处于流浪或乞讨状态的人员，包括生活无着的流浪人员和生活无着的乞讨人员（以下简称流浪乞讨人员）。

第三条 本规程所称的救助管理机构包括县级以上人民政府设立的救助管理站、未成年人救助保护中心等专门机构。救助管理机构应当为流浪乞讨人员提供临时性救助服务。

第二章 接待服务

第一节 求助接待

第四条 救助管理机构实行24小时接待服务，工作人员应当言语文明，态度友善，并告知救助政策及入站须知。

第五条 救助管理机构应当开通救助热线，救助热线实行24小时服务，热线号码应当向社会公开并在当地114查询台登记。救助热线电话录音保存时间不少于3个月。

第六条 救助管理机构的引导标志应当醒目、容易识别，设置在人流量较大的交通要道、繁华地段。救助管理机构应当将机构名称牌匾等标志悬挂在楼院门外醒目位置。

第七条 救助管理机构应当对来站求助人员身体状况和精神状况进行初步检视。

第八条 求助人员为疑似精神障碍患者、疑似传染病人、危重病人或有明显外伤人员的，救助管理机构应当联系医疗急救机构或安排工作人员将其送医救治、诊断。

第九条 求助人员在醉酒状态中，对本人有危险或者对他人的人身、财产或者公共安全有威胁的，救助管理机构应当报警，由公安机关依法处置。

第十条 求助人员为疑似吸毒人员或疑似在逃人员的，救助管理机构应当报请公安机关处置。

第十一条 救助管理机构应当对公安机关护送来站的被拐卖受害人实施救助。

第二节 安检登记

第十二条 求助人员应当按照救助管理机构要求，接受安全检查。女性求助人员应当由女性工作人员检查。安全检查发现有异常的，求助人员应当出示随身物品或开包接受检查。

第十三条 动物或可能造成人员伤害或财产安全的物品不得被携带进入站内。对在安全检查中发现的易爆、腐蚀、管制刀具等危险物品，救助管理机构应当及时报请公安机关处置；对在安全检查中发现的锐（利）器、打火器具等物品，求助人员应当自行丢弃或交由救助管理机构代为保管。

第十四条 求助人员应当配合救助管理机构开展安全检查，并遵守物品管理规定。

第十五条 求助人员应当向救助管理机构说明求助原因和需求，出示本人身份证件；无法出示身份证件的，应当如实提供本人姓名、身份证件号、户籍地等基本信息。有条件的救助管理机构可以通过公安机关核实求助人员身份信息。

第十六条 求助人员因年老、年幼、残疾等原因不能提供个人信息的，救助管理机构应当先行救助。

第十七条 救助管理机构应当留存求助人员指纹和电子照片，将安全检查、证件材料、检视询问等情况录入全国救助管理信息系统，生成《求助登记表》（附件1）。

第十八条 求助人员有携带未成年人流浪乞讨行为，或疑似胁迫、诱骗、利用未成年人乞讨或者组织未成年人进行有害身心健康的表演等活动的，救助管理机构应当及时报请公安机关调查、甄别。

第十九条 求助人员为疑似境外人员的，救助管理机构应当及时报请公安机关确认求助人员身份。属于非法入境、居留的，应当将其交由公安机关处置。属于合法入境、居留的，应当及时向当地外办、港澳办或台办通报，并可受当地外办、港澳办或台办的委托提供临时服务。

第二十条 在安全检查登记中发现求助人员有以下情形之一的，救助管理机构应当向求助人员解释不予救助的原因，并出具《不予救助通知书》（附件2，一式两份）：

（一）拒不配合安全检查；

（二）拒不遵守物品管理规定；

（三）自身有能力解决食宿；

（四）索要现金，拒不接受其他救助方式；

（五）拒不提供或拒不如实提供个人信息；

（六）其他不符合救助条件的情形。

第三章 在站服务

第一节 生活服务

第二十一条 求助人员应当将随身携带的物品进行寄存，救助管理机构应当妥善保管。

第二十二条 救助管理机构应当按照受助人员性别、年龄、身心状况安排分区居住、单人单床,并为受助人员发放必要的生活用品。

女性受助人员应当安排女性工作人员管理。

第二十三条 成年女性携带6周岁以下未成年人的,救助管理机构应当为其共同在成人区生活提供便利。

第二十四条 救助管理机构应当对受助人员进行安全教育,告知其生活起居、注意事项及站内管理要求。

第二十五条 救助管理机构应当及时清洗、消毒餐具、炊具,提供符合卫生要求的饮食并实行分餐制。对于未成年人、老年人、少数民族人员和患病人员,应当照顾其特殊饮食需求。

第二十六条 救助管理机构应当对受助人员居室及活动区域经常清理、消毒,对受助人员床上用品每周至少清洗、消毒一次。受助人员离站后,应当对其床上用品及时更换、清洗、消毒。

第二十七条 救助管理机构应当为生活不能自理的受助人员用餐、住宿、穿衣、入厕、洗浴等提供相应的生活照顾和便利条件。

第二十八条 受助人员应当遵守救助管理机构各项内部管理规定,配合救助管理机构保持环境卫生和个人卫生,参加有益于身心健康的文体活动和教育辅导等活动。救助管理机构可以视情为受助人员提供心理辅导、行为矫治等服务。

第二十九条 受助人员因年老、残疾等原因暂时无法查明家庭情况或暂时无法离站的,救助管理机构可以委托相关机构托养。办理机构托养服务手续,应当符合相关规定。

第二节 寻亲服务

第三十条 受助人员有疑似走失、被遗弃或被拐卖情形的,救助管理机构应当及时向公安机关报案。

第三十一条 受助人员因年老、年幼、残疾等原因不能提供个人信息的,救助管理机构应当及时报请公安机关协助核查求助人员身份,并在其入站后24小时内以适当形式发布寻亲公告。

第三十二条 救助管理机构应当充分利用现有工作信息和工作渠道,为前来寻亲人员提供便利和帮助。

第三节 医疗服务

第三十三条 救助管理机构应当做好卫生保健、防疫工作,配备体温计、血压计等基本设备。有条件的救助管理机构可以依法内设医务室或与专业医疗机构合作开展医疗服务。

第三十四条 救助管理机构应当严格按照医嘱,对患病受助人员按时按量发放药品,做好服药情况记录。

第三十五条 救助管理机构发现受助人员突发急病、精神异常或有疑似传染病的,应当及时送往医疗机构或联系医疗急救机构救治、诊断;对有疑似传染病的,还应当及时向疾病预防控制机构报告,建议采取必要的卫生处理措施;发现有疑似吸毒情形的,应当报请公安机关处置。

第三十六条 由公安、城管等单位公务人员直接护送疑似精神障碍患者、危重病人或有明显外伤人员到医疗机构救治的,救助管理机构应当在接到通知后及时到医疗机构甄别和确认病人身份。经甄别符合生活无着的流浪、乞讨人员救助条件的,救助管理机构应当及时为其办理救助登记手续。

第三十七条 因抢救生命垂危的受助人员等紧急情况,不能取得受助人员或者与其一同受助的近亲属意见,医疗机构征求救助管理机构意见的,救助管理机构应当建议医疗机构按照《中华人民共和国侵权责任法》规定处置。

需要对受助人员施行手术、特殊检查或者特殊治疗时,受助人员可以表达意见的,应当由受助人员自行决定;受助人员不同意的,救助管理机构可以做好记录并妥善保存。

在对受助未成年人实施医疗措施过程中,救助管理机构应当尊重医疗机构意见。

第三十八条 受助人员属于诊断结论表明需要住院治疗的精神障碍患者的,由送诊的有关部门办理住院治疗手续。

第三十九条 救助管理机构应当根据医疗机构出具的可以出院的证明材料为受助人员办理出院手续。受助人员无故拒不出院的,救助管理机构应当终止对其救助。

第四十条 救助管理机构应当按照当地物价和卫生计生部门制定的医疗服务收费标准、国家基本药物目录与医疗机构核定受助人员医疗收费和用药范围。受助人员需要超范围用药或进行大型器械检查的,须经救助管理机构审查同意后方可实施。

第四节 未成年人教育服务

第四十一条 救助管理机构应当为受助未成年人提供关爱型服务和保护性措施,及时与受助未成年人沟通,了解其思想状况和遇困原因,经常组织受助未成年人参加有益于身心健康的文体活动、公益活动和社会实践活动,帮助受助未成年人树立正确的价值观、人生观。

第四十二条 救助管理机构应当对受助未成年人开展心理咨询和需求评估。受助未成年人存在心理和行为偏差的,救助管理机构应当进行有针对性的心理辅导和行为矫治。对于重复流浪或经评估发现不宜返回家庭的受助未成年人,救助管理机构可以延长救助期限。

第四十三条 流出地救助管理机构应当对受助未成年人的家庭监护情况进行调查评估:对确无监护能力的,由救助管理机构协助监护人及时委托其他人员代为监护;对拒不履行监护责任、经反复教育不改的,由救助管理机构向人民法院提出申请撤销其监护人资格,依法另行指定监护人。

第四十四条 救助管理机构应当区分受助未成年人年

龄、文化程度、身体、精神状况和智力发展水平、滞留时间等不同情况,协助提供义务教育、替代教育等服务。

第四十五条 救助管理机构应当主动联系当地人力资源和社会保障等部门,协助年满14周岁、不宜接受义务教育且有职业技能培训意愿的受助未成年人接受免费职业技能培训。

第四十六条 受助未成年人在机构内接受教育培训的,救助管理机构应当制定适宜的教学计划,并对日常教学培训做好监督、检查工作。

第四十七条 受助未成年人有严重不良行为的,救助管理机构可以依法送其到专门学校进行矫治和接受教育。

第四十八条 受助未成年人暂时无法查明家庭情况或暂时无法离站的,救助管理机构可以为其办理家庭寄养、类家庭养育、机构托养等服务。安排具有意思表达能力的受助未成年人寄养托养的,应当征得其本人同意。办理寄养托养手续,应当符合相关标准要求。

第四章 离站服务

第一节 离站准备

第四十九条 救助管理机构应当根据受助人员需求,帮助其联系亲友,并为受助人员提取亲友汇款提供帮助。

第五十条 对年满16周岁、无精神障碍或智力残疾迹象的受助人员,救助管理机构救助期限一般不超过10天。受助人员临时生活困难已经解决的,救助管理机构应当协助其做好离站前准备并适时安排离站。

第五十一条 受助人员在医疗机构接受救治的,救助管理机构应当根据医疗机构出具的出院证明适时安排离站。

第二节 自行离站

第五十二条 年满16周岁、无精神障碍或智力残疾迹象的受助人员主动要求自行离站的,应当填写《自行离站声明书》(附件3)。救助管理机构应当为其办理离站手续,清点交接寄存物品,完成《在站服务及离站登记表》(附件4)。

第五十三条 自行离站人员没有交通费的,救助管理机构应当根据其实际需求提供乘车凭证和必要的饮食。

第五十四条 救助管理机构应当与当地(火)车站、港口协商购买、印制、查验及退返乘车凭证的具体方式,加强对受助人员乘车凭证的管理。

乘车凭证应当方便受助人员到达目的地,流入地到流出地有直达车、船交通工具的,应当提供直达乘车凭证。确需中转的,应当告知受助人员中转地站名、中转地救助管理机构地址及联系方式。

第五十五条 救助管理机构原则上不得为受助人员提供现金。因特殊情况需要提供短途公共交通费的,一般不超过20元,救助管理机构应当留存受助人员签收字据。

第五十六条 受助人员未办理离站手续、擅自离开救助管理机构或医疗机构的,视为主动放弃救助,救助管理机构应当做好文字记录并保存相关资料。

第三节 接送返回

第五十七条 不满16周岁的未成年人、行动不便的残疾人和其他特殊困难受助人员(以下简称"特殊困难受助人员"),应当由其亲属接领返回。

第五十八条 救助管理机构应当查验接领人身份证件,保留其身份证件复印件及有关证明材料,同时清点交接寄存物品,完成《在站服务及离站登记表》,办理交接手续。接领人拒不提供身份证件、证明材料或拒不签字确认的,不得移交受助人员。受助人员患病的,救助管理机构应当将受助人员病情信息告知接领人。

第五十九条 亲属不能接领特殊困难受助人员返回的,救助管理机构应当在核实情况后安排接送返回。

第六十条 流入地救助管理机构应当向流出地救助管理机构通报特殊困难受助人员人数、健康状况、家庭信息等基本情况,就接送方式、交接时间和地点等具体事项进行协商,并在交接时办理交接手续。

第六十一条 由流入地救助管理机构乘坐公共交通工具护送特殊困难受助人员返回的,流出地救助管理机构应当安排车辆到(火)车站、码头等到达地点接应。

第六十二条 流入地、流出地救助管理机构就接送事项不能达成一致意见的,应当报上级民政部门协调解决。

第六十三条 救助管理机构应当根据接送特殊困难受助人员人数、健康状况、风险隐患等情况合理安排工作人员人数及交通方式,必要时应当安排医护人员随行。接送途中发生意外情况的,工作人员应当及时妥善处置并向救助管理机构报告。

第六十四条 护送特殊困难受助人员返家前,流出地救助管理机构应当告知受助人员亲属做好接收准备,并在交接时办理交接手续。

第六十五条 联系受助人员返家时,其家人明确表示不接收的,流出地救助管理机构应当提前联系当地乡镇政府(街道办事处)、公安机关和居(村)民委员会到场,请其依法维护返家人员权益。

第六十六条 受助人员确已无家可归的,其户籍所在地的救助管理机构应当接收受助人员,并协调当地人民政府予以妥善安置。受助人员因长期流浪被注销户籍的,其户籍注销地的救助管理机构应当接收受助人员,并协调公安机关办理恢复户籍手续。

第六十七条 省级民政部门应当加强对跨省接送返回工作的指导,根据各救助管理机构自身条件、地理位置等情况,确定跨省接送单位,及时更新、发布并上报本省具备跨省接送条件的救助管理机构名单。

第四节　终止救助

第六十八条　受助人员有以下情形之一的，救助管理机构可以终止救助：

（一）无正当理由拒不离站或出院；

（二）拒不提供或拒不如实提供家庭信息；

（三）违法违纪、扰乱救助管理秩序；

（四）其他不符合继续救助的情形。

第六十九条　救助管理机构应当向受助人员解释终止救助的原因，清点交接寄存物品，完成《在站服务及离站登记表》，并向受助人员出具《终止救助通知书》（附件5，一式两份）。

第五节　其他情形

第七十条　经当地人民政府或民政部门批准，受助人员移送至有关机构长期安置的，救助管理机构应当清点交接寄存物品，完成《在站服务及离站登记表》，与相关机构办理交接手续。

第七十一条　受助人员被司法机关带离的，救助管理机构应当查验司法机关工作人员身份证件或执法证件，保留司法机关出具的有关证明材料及工作人员身份证件或执法证件复印件，清点交接寄存物品，完成《在站服务及离站登记表》，办理交接手续。

第七十二条　受助人员在医疗机构内死亡的，救助管理机构应当取得医疗机构出具的死亡证明书。受助人员在救助管理机构内因突发急病等原因经急救机构确认死亡的，救助管理机构应当及时报请公安机关到场处置并出具死亡原因鉴定书。

第七十三条　救助管理机构应当协助死亡受助人员亲属处理好后事，清点交接寄存物品，完成《在站服务及离站登记表》。亲属不能前来的，应当取得其同意火化的书面证明材料或电话录音、视频录像等资料。亲属明确拒绝前来的，应当留存其电话录音、视频录像等资料，由救助管理机构妥善处理后事，办理火化手续，骨灰及相关物品留存三年。

第七十四条　无法查明死亡受助人员身份或无法联系到其亲属的，救助管理机构应当在市级以上报刊上刊登公告，公告期30天（当地对无主尸体处置有规定的，依照当地规定处置）。公告期满后仍无人认领的，由救助管理机构妥善处理后事，办理火化手续，骨灰及相关物品留存三年。

第五章　机构管理

第七十五条　救助管理机构应当严格遵守相关法律法规，建立健全内部管理制度，明确岗位职责，规范工作流程，完善绩效评价，实行规范化管理。

第七十六条　救助管理机构应当建立岗位培训制度，工作人员应当经培训合格后上岗。工作人员上岗应当统一着装并佩戴工作标识。

第七十七条　救助管理机构应当建立安全保卫制度，在接待大厅配备安全检查门或金属探测器等安全检查设备，在楼院门外、接待大厅、楼道、食堂等公共区域及观察室等特殊区域安装具有存储功能的视频监控系统。监控录像资料保存期不少于3个月，特殊、重要资料以实物方式交存档案室。

第七十八条　救助管理机构应当建立值班巡查制度，值班人员应当熟知机构内受助人员情况，加强夜班巡查并做好巡查记录。值班人员应当在交接班时对患病、情绪异常等特殊受助人员重点交接。

第七十九条　救助管理机构应当建立信息管理制度，配备必要的工作电脑及相关设备，通过全国救助管理信息系统及时办理入站、离站等手续，信息录入应当真实、完整。

第八十条　救助管理机构应当建立财务管理制度，规范流浪乞讨人员救助资金支出标准、报销凭证及审批程序，健全内部控制流程。

第八十一条　救助管理机构应当建立宣传、引导社会组织、社会公众、志愿者等社会力量参与救助服务的工作制度，委托具有相应从业资质的机构开展心理辅导、教育培训、监护评估、寄养托养等救助服务。

第八十二条　救助管理机构应当建立消防安全制度，配备必要的消防设施，定期开展消防演练。

第八十三条　救助管理机构应当建立突发事件处置制度，制订针对极端天气、自然灾害、群体性事件等突发事件的应急预案，发生突发事件时应当迅速启动预案，采取有效措施予以处置，并及时向上级民政部门报告。

第八十四条　救助管理机构应当建立救助管理工作档案管理制度，做好纸质材料、电子文件的收集、整理和存档保管工作。

第八十五条　救助管理机构应当依法落实工作人员休假制度，每年至少开展一次全面的身体检查，保障工作人员身心健康。

第六章　附　　则

第八十六条　在极端天气或遭受自然灾害情况下，救助管理机构可以开设临时避寒、避暑或庇护场所，简化救助流程，为求助人员提供饭菜和住宿等基本服务。

第八十七条　求助人员或受助人员扰乱救助管理机构正常工作秩序的，救助管理机构应当报请公安机关到场处置。

第八十八条　没有设立救助管理机构的民政部门，可以参照本规程开展救助管理工作。

第八十九条　本规程由民政部负责解释，自2014年8月1日起实施。《民政部关于印发〈救助管理机构基本规范〉和〈流浪未成年人救助保护机构基本规范〉的通知》（民发〔2006〕118号）自本规程实施之日起废止。

民政部、公安部关于加强生活无着流浪乞讨人员身份查询和照料安置工作的意见

（2015 年 8 月 20 日　民发〔2015〕158 号）

各省、自治区、直辖市民政厅（局）、公安厅（局），新疆生产建设兵团民政局、公安局：

自 2003 年实施救助管理制度以来，各地认真贯彻落实相关法律法规，有效维护了生活无着流浪、乞讨人员（以下简称“流浪乞讨人员”）基本权益。为进一步加强流浪乞讨人员身份查询和照料安置工作，切实维护其合法权益，制定本意见。

一、加强流浪乞讨人员身份查询工作

各地民政部门和公安机关应当按照职责分工，建立流浪乞讨人员身份快速查询机制、寻亲服务机制和滞留人员身份查询长效机制，帮助其及时回归家庭。

（一）建立身份快速查询机制。公安机关发现流浪乞讨人员的，应当告知其向救助管理机构求助。对其中的残疾人、未成年人、老年人和行动不便的其他人员，应当引导、护送到救助管理机构；对突发疾病人员，应当立即通知急救机构进行救治；对疑似走失、被遗弃、被拐卖的流浪乞讨人员，应当及时通过调取监控录像、走访当地群众、比对公安机关走失人口库和人口信息管理系统、发布协查通报等方式，及时核查其身份信息。公安机关护送流浪乞讨人员来站求助的，应当配合救助管理机构办理交接手续，形成《公安机关护送流浪乞讨人员交接表》（见附件 1）。

对无法提供个人信息的受助人员，救助管理机构应当通过受助人员指纹、体貌特征等线索，及时查询比对全国救助管理信息系统中的救助信息和寻亲信息。受助人员在站期间被发现有疑似走失、被遗弃、被拐卖情形的，救助管理机构应当及时向公安机关报案，将受助人员体貌特征、发现经过等情况告知公安机关。救助管理机构报请当地公安机关协助核查受助人员身份信息的，公安机关应当及时受理、答复。

（二）建立寻亲服务机制。对经快速查询未能确认身份的受助人员，救助管理机构应当在其入站后 24 小时内通过广播、电视、报纸、全国救助管理信息系统、全国救助寻亲网站等适当形式发布寻亲公告，公布受助人员照片等基本信息，并在其入站后 7 个工作日内报请公安机关采集 DNA 数据。公安机关应当在收到报告后一个月内免费采集、录入全国打拐 DNA 信息库，并将比对结果反馈救助管理机构。对当前已经滞留在站的受助人员，救助管理机构应当尽快报请公安机关采集 DNA 数据，公安机关应当及时组织免费采集，录入全国打拐 DNA 信息库比对，并将比对结果反馈救助管理机构。

公安机关应当依法受理家人走失报案信息，及时发布内部协查通报，并通报救助管理机构，同时提示报案人可前往救助管理机构查找。救助管理机构应当将公安机关通报信息与站内受助人员信息进行查询比对，及时将查询结果反馈公安机关，同时为来站寻亲人员提供查询便利和帮助。

（三）建立身份查询长效机制。对经快速查询和寻亲服务后仍无法查明身份信息的滞留人员，救助管理机构应当经常与其接触、交流，采集其叙述内容，分析地名、人名、口音等关键信息并及时甄别核实。对交由托养机构照料或已纳入当地特困人员供养的滞留人员，救助管理机构应当继续开展或委托托养、供养机构协助开展身份查询工作。对有待核实的身份线索，救助管理机构可报请公安机关协助核查，公安机关应当及时核实确认。民政部门要建立滞留人员身份查询激励机制，对查询效果明显的人员或单位给予奖励。各地救助管理机构、公安机关应当加强沟通协作，共同做好滞留人员身份查询工作。

二、建立滞留人员多元化照料安置渠道

对于无法查明身份信息、在站救助时间超过 10 天的滞留人员，各地可根据当地救助管理工作实际情况，采取以下一种或多种方式予以妥善照料安置。

（一）开展站内照料服务。救助管理机构应当充分利用现有救助场所和设施设备，在站内开展照料服务。救助管理机构缺乏护理、康复等专业工作人员的，可以通过提供服务场所、开展项目合作、政府购买服务等方式引入专业护理机构，由其承担站内照料工作，形成救助管理机构负责提供工作场地、制定照料标准、规范服务程序、考核服务质量等监督、管理工作，专业护理机构负责提供生活照料、日常护理、康复训练等具体照料服务的运行机制。对精神障碍患者、传染病人、危重病人等受助人员，救助管理机构应当按规定将其送当地定点医院救治、康复。

（二）开展站外托养服务。因现有设施设备不足、无法提供站内照料服务的，各地可根据滞留人员的年龄、智力、心理、生理状况，实施站外分类托养。各地可通过政府购买服务方式，委托符合条件的公办、民办福利机构或其他社会组织，为滞留人员提供生活照料等具体服务。各地要按照公开、公平、公正的原则，向社会公布购买服务的内容、程序、方式和参与条件，明确生活照料、医疗救治、日常护理、寻亲服务、档案保管等基本托养服务要求，通过公开招标等方式，审慎选择在资格资质、人员配置和设施设备等方面能满足滞留人员服务需求的托养机构并签订托养协议。

（三）纳入特困人员供养。对超过三个月仍无法查明身份信息的滞留人员，救助管理机构应当及时向所属民政部门提出安置申请，由民政部门提出安置方案，报同级人民政府予以安置。对安置后公安机关已办理户口登记手续、符合特困人员供养条件的流浪乞讨人员，民政部门要及时将其纳入特困人员供养范围，落实社会救助政策，协助其办理社会保险，并

转移至当地政府设立的福利院、养老院、敬老院、精神病院等公办福利机构供养。当地无公办福利机构或公办福利机构床位资源不足的,可以委托其他民办福利机构供养。纳入特困人员供养的滞留人员身份查询确认后,由原救助管理机构联系其亲属或者流出地救助管理机构,协调接送返乡工作。

(四)做好滞留未成年人救助保护工作。对于暂时无法查明家庭情况的流浪乞讨等生活无着的未成年人,未成年人救助保护机构应当从有利于未成年人健康成长的角度,认真履行临时监护职责,通过提供站内照料、委托儿童福利机构抚养等方式,为其提供符合身心、年龄等特点的生活照料、康复训练等服务,不得将其托养至养老院、敬老院等成年人社会福利机构。民政部门要加强区域联动,在更大范围内实现资源共享,县级民政部门未设立未成年人救助保护机构或儿童福利机构的,要及时报请上级民政部门指定具备条件的未成年人救助保护机构、儿童福利机构照料。各地要依托社会工作服务机构、公益慈善组织、法律服务机构和志愿者等社会力量,为受助未成年人提供心理辅导、行为矫治、文化教育、技能培训、就业帮扶等服务。

三、保障措施

各地要充分认识做好流浪乞讨人员身份查询和照料安置工作的重要意义,充分发挥流浪乞讨人员救助管理制度在保障和改善民生中的积极作用,强化部门协作与资源整合,本着因地制宜、多措并举的原则,切实保障流浪乞讨人员合法权益。

(一)加强组织协调。各地要依托救助管理工作领导小组或联席会议机制,加强民政、公安、新闻宣传等有关单位的工作联动和信息共享,做好流浪乞讨人员身份查询、寻亲公告、户籍登记、就业就学、医疗救治等工作,要指导、督促乡镇人民政府(街道办事处)做好返乡流浪乞讨人员回归稳固工作。民政部门、公安机关要建立与媒体的常态化寻亲合作机制,在更大范围内为受助人员寻找家人。

(二)加强经费保障。各级民政部门要协调同级财政部门,建立稳定的滞留人员救助工作经费保障机制,并根据《中央财政流浪乞讨人员救助补助资金管理办法》(财社〔2014〕71号),将滞留人员情况纳入中央财政流浪乞讨人员救助补助资金分配参考因素。

(三)整合各方资源。各级民政部门要统筹规划,充分利用现有福利院、养老院、敬老院、精神病院等社会福利资源,对符合条件的滞留人员予以供养或托养。有条件的地方,可推动建立或改扩建救助安置场所,集中照料滞留人员。各地可就甄别查询、回归稳固、委托代养、落户安置等工作开展跨区域合作。

(四)加强评估监督。各地民政部门和救助管理机构要强化责任意识,认真履行身份查询、寻亲服务等救助程序。采取站外托养方式照料滞留人员的,民政部门和救助管理机构要建立定期检查制度,明确检查周期和检查内容,通过明查暗访、听取各方评价等多种方式,对托养机构服务质量、安全管理等情况进行经常性检查。发现问题的,要及时警示;对不适宜继续开展托养服务的托养机构,要及时终止托养协议。

(五)推进通报制度。各级民政部门、公安机关要逐步建立流浪乞讨人员身份查询和照料安置工作通报制度。对寻亲服务不及时、回归稳固工作不力、流浪乞讨问题严重,特别是未按《国务院办公厅关于加强和改进流浪未成年人救助保护工作的意见》(国办发〔2011〕39号)要求落实各项工作的地区予以通报批评;对积极开展寻亲救助服务、源头预防工作成效明显的地区予以通报表扬。

生活无着的流浪乞讨人员救助档案管理办法

(2014年11月13日 民发〔2014〕228号)

第一章 总 则

第一条 为规范生活无着的流浪、乞讨人员(以下简称流浪乞讨人员)救助档案管理,保障受助人员和救助管理机构的合法权益,根据《中华人民共和国档案法》、《城市生活无着的流浪乞讨人员救助管理办法》和《社会救助暂行办法》等规定,制定本办法。

第二条 本办法所称救助档案是指救助管理机构在对流浪乞讨求助人员进行甄别和实施救助服务过程中形成的具有保存价值的各种文字、图表、声像、电子文件等不同形式和载体的历史记录。

第三条 民政部门对救助档案工作实行统一领导,分级管理。档案行政管理部门对救助档案工作进行业务指导和监督。

第四条 救助管理机构应当建立并完善救助档案管理制度,对救助档案实行集中统一管理,指定专人负责救助档案工作,确保救助档案完整、准确、系统、安全和有效利用,并逐步实现救助档案工作信息化和规范化。

第二章 归档范围

第五条 救助管理工作中形成的下列材料应当归档:

(一)《求助登记表》;

(二)《不予救助通知书》;

(三)《自行离站声明书》;

(四)《在站服务及离站登记表》;

(五)《终止救助通知书》;

(六)其他应当归档的文件材料。

第六条 受助人员在站期间和离站过程中形成的下列材料,应当作为《在站服务及离站登记表》附件一并予以归档:

（一）寻亲服务相关材料；

（二）未成年人教育、评估、矫治等材料；

（三）住院救治或者门诊治疗中形成的交接手续和入院登记表、离院登记表、出院证明等医疗服务材料以及表达受助人员治疗意愿的材料；

（四）乘车凭证复印件和小额交通费现金签收字据；

（五）亲属接领人身份证件复印件，单位、村（居）民委员会接领人证明材料及单位、村（居）民委员会接领工作人员身份证件复印件；

（六）家庭寄养、类家庭养育、机构托养协议书及相关材料；

（七）司法机关出具的证明材料以及工作人员身份证件或者执法证件复印件；

（八）长期安置证明材料；

（九）医疗机构出具的死亡证明书、公安机关出具的死亡原因鉴定书、死亡公告材料以及亲属意见、火化证明等材料；

（十）其他应当归档的文件材料。

第七条 救助管理机构街头救助形成的照片、录音、录像材料，救助热线电话录音、监控录像材料和救助管理信息系统形成的电子文件应当按照国家有关规定整理归档。

第三章 归档要求、整理方法

第八条 属于归档范围的救助文件材料应当在救助工作完毕后30个工作日内归档。

归档的文件材料应当真实完整、图文清晰。

电子数据、录音带、录像带、磁盘、照片等特殊载体材料，应当与纸质文件材料一并归档，确保可读可用。

归档章、档案盒封面、盒脊、备考表等项目，使用蓝黑墨水或者碳素墨水钢笔填写；救助档案目录应当打印；备考表和档案目录一律使用A4规格纸张。

第九条 救助档案按照救助类别——年度——保管期限分类整理。

救助类别分为成年人救助、未成年人救助保护两类。

年度是指救助完毕的时间所属年度。

保管期限是指根据救助档案的使用价值所确定的保管年限。

第十条 救助文件材料的整理归档应当遵循下列原则与方法：

（一）救助文件材料按照年度归档。

（二）一个求（受）助人员的材料组成一件。成年人携带未成年人求助的，分别组件归类，并在各自《救助档案目录》“备注栏”中注明相关情况和档案号。

（三）根据求（受）助人员的个体差异，确定每件归档文件材料的具体范围，并按照文件材料形成的时间顺序排列。

（四）以有利于档案保管和利用的方法对件进行固定。

（五）按照本办法第九条的规定对救助档案进行分类，在最低一级类目内依据救助完毕的时间顺序排列，并从“1”开始编制室编件号。

（六）在件内文件首页上端的空白处加盖归档章（式样见附件1），并填写有关内容。归档章设置全宗号、类别、年度、保管期限、室编件号和馆编件号等项目。

（七）按照室编件号的顺序将救助档案装入档案盒，并填写档案盒封面、盒脊和备考表（式样见附件2、3、4）的项目。

（八）按照类别分别编制救助档案目录（式样见附件5）。

（九）救助档案目录区分年度和保管期限，加封面后装订成册，一式三份，并编制目录号（式样见附件6）。

第十一条 照片、音像材料分别按照《照片档案管理规范》（GB/T11821－2002）和《磁性载体档案管理与保护规范》（DA/T15－1995）的要求整理；救助管理工作中形成的电子文件按照《电子文件归档与管理规范》（GB/T18894－2002）和《电子文件归档光盘技术要求和应用规范》（DA/T38－2008）的要求整理。

第四章 保管、统计和利用

第十二条 救助档案由救助管理机构设专门库房保管。档案库房应当坚固，并有防盗、防光、防高温、防火、防潮、防鼠、防虫等设施。

第十三条 档案管理人员应当按照年度及时对救助档案的接收、保管、利用和鉴定、销毁等情况进行统计。

第十四条 救助档案保管单位应当建立档案利用制度，明确办理程序，确保救助档案安全有效地利用。

救助档案的利用应当遵守下列规定，并办理登记手续：

（一）救助管理机构及其上级业务主管部门可以利用救助档案；

（二）各级人民法院、人民检察院、公安机关、国家安全机关、纪检监察机关、审计机关因公务需要，凭单位介绍信可以利用救助档案；

（三）救助对象及其亲属经救助档案保管单位主管领导批准，办理相关手续后，凭身份证件可以利用与救助对象相关的救助档案；

（四）律师凭律师执业证书和律师事务所证明，持受理案件法院出具的证明材料，可以利用与承办法律事务有关的救助档案；

（五）其他单位、组织和个人要求查阅救助档案的，救助档案保管单位在确认其利用目的合理的情况下可以同意。

第十五条 利用救助档案的单位、组织和个人，不得损害救助对象的合法权益，未经救助对象及其亲属的同意，不得公开救助档案的内容。

救助档案仅限于当场查阅、摘抄和复印，利用过程中注意保密，严禁对救助档案进行涂改、抽换、圈划、批注或者造成污染、损毁。

救助档案保管单位应当对归还的救助档案进行清点核对，对档案摘抄件或者复印件加盖标有“救助档案摘抄件”或者“救助档案复印件”的印章。

第十六条 救助档案保管单位应当编制救助档案目录、人名索引等检索工具，提高利用工作效率。

第五章 保管期限、鉴定、销毁和移交

第十七条 救助档案的保管期限一般为10年。受助人员为未成年人、精神智力残疾人员、长期安置人员的，救助档案保管期限为30年；受助人员在救助期间死亡的，救助档案保管期限为永久。保管期限从救助完毕或者决定不予救助后的次年1月1日起开始计算。

照片、音像档案的保管期限与相应的纸质救助档案的保管期限相同。救助管理信息系统形成的电子档案保管期限为30年。

第十八条 救助管理机构救助热线录音电话、监控录像等工作资料保管期限不少于3个月，街头救助形成的照片、录音、录像等工作资料保管期限不少于6个月。以上资料存在争议的，应该保管2年以上，特殊、重要资料以实物方式交存档案室。

第十九条 救助档案保管单位应当成立鉴定小组，对保管期满的救助档案进行价值鉴定。对有继续保存价值的，可以延长其保管期限直至永久。无保存价值的，提出销毁意见，并建立销毁清册。

第二十条 销毁救助档案应当经主管领导批准，并派两个以上人员监销。监销人员应当对照销毁清册清点核对所要销毁的救助档案，并在销毁清册上签字。销毁清册永久保存。

第二十一条 救助档案在救助管理机构保存一定时间后，应当按照国家有关规定向相关国家综合档案馆移交。

第六章 附　　则

第二十二条 救助管理机构按规定对不具有本地户籍且不持有当地居住证的流动人口实施临时救助的，档案工作参照本办法执行。

第二十三条 没有设立救助管理机构的民政部门应当参照本办法做好流浪乞讨人员救助档案管理工作。

第二十四条 各省（自治区、直辖市）、新疆生产建设兵团民政厅（局）和档案局可以结合本地区实际情况，共同制定本办法实施细则。

第二十五条 本办法自2015年1月1日起施行。

民政部关于促进社会力量参与流浪乞讨人员救助服务的指导意见

（2012年12月22日　民发〔2012〕233号）

各省、自治区、直辖市民政厅（局），新疆生产建设兵团民政局：

近年来，党中央、国务院高度重视流浪乞讨人员救助工作，形成了政府主导、民政牵头、部门负责、社会参与的良好局面。社会力量参与救助服务为维护流浪乞讨人员合法权益，促进社会和谐稳定作出了积极贡献。为了充分发挥社会力量在流浪乞讨人员救助服务中的积极作用，引导和支持社会力量参与救助服务，制定本意见。

一、充分认识社会力量参与流浪乞讨人员救助服务的重要意义

流浪乞讨人员居无定所、生活无着、身处困境，回归家庭融入社会存在不同程度的困难，需要全社会的关爱与帮扶。社会力量参与流浪乞讨人员救助服务是创新社会管理与公共服务体制的重要举措，是加强流浪乞讨人员救助管理工作的重要措施，是帮助流浪乞讨人员摆脱困境的重要力量。促进社会力量参与救助服务，有利于及时发现救助流浪乞讨人员，保障其基本生存权益；有利于为流浪乞讨人员提供个性化、多元化、专业化的救助服务，提高救助服务成效；有利于弘扬社会互助和志愿服务精神，促进社会成员团结友爱；有利于拓宽救助服务途径和方式，形成群防群助的工作局面。各地要进一步统一思想，充分认识社会力量参与救助服务的重要意义，引导和支持社会力量通过开展慈善捐助、实施公益项目、志愿服务、政府购买服务等多种方式，积极参与流浪乞讨人员救助服务。

二、总体要求和基本原则

（一）总体要求。

牢固树立以人为本、为民解困的理念，以邓小平理论、“三个代表”重要思想、科学发展观为指导，按照构建政府管理与社会自治相结合、政府主导与社会参与相结合的社会管理和公共服务体制要求，健全机制，完善政策，落实责任，充分调动社会各方面的积极性，大力推动流浪乞讨人员救助服务社会化，确保流浪乞讨人员得到及时、有效、专业的救助服务，帮助其回归家庭，融入社会。

（二）基本原则。

坚持以人为本、服务社会。把保障和改善民生，维护流浪乞讨人员合法权益作为促进社会力量参与流浪乞讨人员救助服务的出发点和落脚点。在提供救助服务的过程中，秉持公益慈善理念，扶危济困，服务社会，共创和谐。

坚持引导培育、优势互补。通过政策指导、购买服务和能力建设等方式营造支持性环境，充分发挥社会力量的灵活性、

专业性等优势，与政府机构形成优势互补、良性互动。

坚持依法救助、规范管理。开展救助服务应当严格遵守《中华人民共和国未成年人保护法》、《城市生活无着的流浪乞讨人员救助管理办法》等法律法规和救助管理政策，建立健全各项管理制度，规范服务流程，实行信息公开，接受政府监管和社会监督。

坚持统筹协调、分类指导。将促进社会力量参与救助服务纳入流浪乞讨人员救助管理工作规划和年度工作计划。坚持属地管理和分类指导，支持依法登记的社会组织在其业务和活动范围内开展流浪乞讨人员救助服务。

三、充分发挥社会力量在救助服务中的积极作用。

（一）开展主动救助服务。各地民政部门要将流浪乞讨人员救助服务纳入和谐社区建设和新农村建设的重要内容，积极引导支持村（居）委会等基层组织，社区社会组织和其他专业性社会组织开展主动救助服务，为其劝导流浪乞讨人员到救助管理机构求助提供便利。要充分调动社会力量参与主动救助服务的积极性，动员引导支持社会工作者、志愿者和社会热心人士及时报告流浪乞讨人员线索，为流浪乞讨人员提供必要的应急救助服务，引导企事业单位、工商业者为流浪乞讨人员救助提供资金、物品、设施设备和智力支持。

（二）提供专业救助服务。各地民政部门和救助管理机构可以通过购买服务、项目委托等方式，由爱心家庭和依法登记的福利机构、护理机构为特殊受助人员提供生活照料服务。可以通过与社会工作机构、心理咨询机构、康复治疗机构、教育培训机构和社会组织开展项目合作的方式为流浪乞讨人员提供心理疏导、教育矫治、行为干预、康复训练和技能培训等专业救助服务。通过在救助管理机构设置志愿者活动基地、实习基地等形式，积极引导支持医生、教师、法律工作者、社会工作者、心理咨询师等专业人士为流浪乞讨人员提供专业志愿服务。

（三）做好预防帮扶服务。各地民政部门和救助管理机构要积极引导支持村（居）委会、社会组织、志愿服务团队等社会力量参与流浪乞讨人员源头预防工作，开展形式多样、内容丰富的政策法制宣传，弘扬社会公德，对流浪乞讨人员及其家庭进行疏导、帮扶，促使其家庭依法履行赡养、抚养责任和义务，使流浪乞讨人员融入正常社会生活。积极动员引导职业培训机构和爱心企业为劳动年龄内具备劳动能力的流浪乞讨人员提供技能培训和就业帮扶，使其自立、自强，摆脱流浪乞讨的困境。

四、加大对社会力量参与救助服务的支持力度。

（一）加大政策支持。各地要积极构建有利于社会力量参与救助服务的政策体系，采取切实可行的措施，着力解决社会力量参与救助服务中出现的新情况、新问题。要引导慈善捐赠面向流浪乞讨人员救助服务，并畅通慈善捐赠渠道，激发社会慈善捐赠热情。鼓励成立为流浪乞讨人员服务的社会组织，通过采取设立孵化基地、简化登记程序、探索直接登记等方式为成立以服务流浪乞讨人员为宗旨的社会组织提供便利。救助管理机构要因地制宜、整合资源，逐步引入社会力量承担事务性、专业性救助服务。有条件的救助管理机构可向开展救助服务的社会力量提供服务场所。

（二）加大资金支持。各地可根据实际情况，通过购买服务、项目合作、经费补贴、“以奖代补”等方式，解决流浪乞讨人员生活照料、医疗救治、教育矫治等服务需求。要按照《中央财政流浪乞讨人员救助补助资金管理办法》（财社〔2011〕190号）要求，明确社会力量参与救助服务项目的资金用途、受益对象、实施地域、进度安排、目标任务和考核指标，坚持权责明确、公开透明、节俭增效，严格资金管理，强化绩效评价。

（三）加大技术支持。各地民政部门和救助管理机构要加强对社会力量参与救助服务的技术支持，定期开展政策法规、行业标准、服务规范、操作技能等方面的培训，帮助其依法依规开展救助服务。要在管理规范、服务水平较高的救助管理机构建立教育培训、实习示范基地，为从事救助服务的社会机构培养骨干人才，提高从业人员的职业道德、专业技能和服务水平。要进一步加强理论研究，制定服务标准，编写专业教材，开发实用技术，为推动救助服务社会化打下坚实基础。

五、促进社会力量参与救助服务的健康发展

（一）加强组织领导。各地要将社会力量参与救助服务工作纳入重要议事日程，切实履行部门职责，认真落实相关政策措施，不断完善流浪乞讨人员救助管理体制和运行机制。要加强工作指导，科学制定发展规划和实施办法，稳步推进社会力量参与救助服务工作。要按照公开招标、公平竞争的原则，向社会公开购买社会力量参与救助服务项目的内容、程序、方式和参与条件，通过竞争性方式购买社会服务，实现“多中选好、好中选优”。

（二）加强能力建设。各地要支持和帮助参与救助服务的社会组织、服务机构加强能力建设，明确服务要求和工作准则，使其不断提高服务质量和水平，实现社会力量参与救助服务的专业化、规范化、精细化。参与救助服务的社会组织、服务机构应当根据服务对象需求加强护理、营养、心理和社会工作等专业技术人才的配置力度，完善服务设施和条件，在设施设备、工作团队、专业技能、管理制度、风险控制等方面，满足维护流浪乞讨人员合法权益的需要。

（三）加强评估监督。各地民政部门和救助管理机构要建立评估制度，直接或委托专业社会工作机构、评估机构对社会力量开展救助服务的方式、能力、水平和效果进行定期评估，对救助效果和社会影响好的社会组织、服务机构和项目要优先、重点扶持，对存在的困难和问题要予以协调解决。对不适宜继续开展救助服务的社会组织、服务机构和项目，要及时进行警示、终止和公布，做好项目终止等后续工作，妥善安置受助人员。发现有虐待、伤害流浪乞讨人员或非法用工嫌疑的，应当及时报告公安机关或劳动监察部门依法处理。

（四）加强引导推广。各地要密切关注本地区社会力量参与救助服务的现状和趋势，引导社会组织、服务机构加强自身建设，健全规章制度，规范工作程序，公开财务收支。要注重培育先进典型，对管理规范、服务优质、贡献突出的予以表彰、奖励，充分发挥社会声誉良好、管理服务规范、专业能力突出、工作效果显著的社会组织、服务机构和公益项目的引领作用。要通过交流、示范、激励等方式推广先进经验，引导和带动更多的社会组织和爱心人士参与流浪乞讨人员救助服务，促进社会力量参与救助服务工作的健康发展。

民政部、公安部、财政部、住房城乡建设部、卫生部关于进一步加强城市街头流浪乞讨人员救助管理和流浪未成年人解救保护工作的通知

（2009 年 7 月 16 日　民发〔2009〕102 号）

各省、自治区、直辖市民政厅（局）、公安厅（局）、财政厅（局）、住房和城乡建设厅（市政管委、市容委、建委）、卫生（厅）局，新疆生产建设兵团民政局、公安局、财务局、建设局、卫生局：

自 2003 年 8 月《城市生活无着的流浪乞讨人员救助管理办法》颁布实施以来，在各级政府高度重视、有关部门支持配合下，救助管理工作总体上进展顺利。但是，一些城市街头流浪乞讨人员增多，组织、胁迫、诱骗、利用未成年人流浪乞讨和组织未成年人违法犯罪等侵害未成年人权益的现象严重，严重侵害公民权利、扰乱公共秩序、危害社会稳定。为进一步做好城市街头流浪乞讨人员救助和管理工作，维护流浪乞讨未成年人的合法权益，现通知如下：

一、充分认识做好街头流浪乞讨人员救助管理和流浪未成年人解救保护工作的重要意义

当前，我国经济社会快速发展，人民生活不断改善，社会保障制度逐步完善，但由于人口流动、家庭困难、意外事件、个体选择等原因，流浪乞讨现象仍有发生，特别是流浪未成年人存在被拐卖、拐骗，胁迫、诱骗、利用乞讨或从事违法犯罪活动，遭受摧残和虐待的现象。流浪未成年人是特殊社会弱势群体，需要全社会的关心和帮助。各级民政、公安、城管、卫生、财政部门一定要从广大人民群众根本利益出发，切实增强责任感和紧迫感，积极主动，各尽其职，多管齐下，打击震慑违法犯罪、教育警醒群众、弘扬正气。要始终坚持以人为本，狠抓落实，将这项工作作为深入学习贯彻落实科学发展观的重要举措，进一步做好流浪未成年人解救保护工作。

二、认真履行部门职责，协调配合做好落实工作

街头流浪乞讨人员救助、管理和解救、保护流浪未成年人工作，事关权利保护和社会稳定，涉及多个部门，具有很强的政策性。各级政府、各个部门要依照有关法律法规，认真履行各自职责，协调配合，齐心协力做好这一工作。

（一）民政部门要加强街头救助，协助配合公安、城管、卫生等部门做好街头管理和打击解救工作。

一是组织、指导、监督救助管理机构做好街头救助。劝导、引导街头流浪乞讨人员进入救助管理站接受救助，不愿入站的，根据其实际情况提供必要的饮食、衣被等服务；坚持“先救治，后救助”的原则，配合医疗机构做好街头流浪乞讨人员中的危重病人、精神病人、危险传染病人的救治工作。

二是坚持“先解救，后救助”的原则，配合公安机关做好被拐卖、拐骗、胁迫、诱骗、利用乞讨的残疾人、未成年人的调查、取证和解救工作。对于公安机关解救、护送来站的未成年人，救助管理站（流浪未成年人救助保护中心）要做好接收工作，福利机构做好婴幼儿临时代养工作。铁路公安机关解救的被拐卖未成年人，由乘车地救助管理站（流浪未成年人救助保护中心）接收，福利机构做好婴幼儿临时代养工作。对于受助未成年人，要利用指纹识别技术建立数字档案，配合公安机关做好救助管理机构、社会福利机构中未成年人的采血工作。

三是协助有关部门开展街头治理工作。民政部门在街头救助时，发现流浪乞讨人员滋扰他人，扰乱社会秩序，污损、占据公共设施妨害他人正常使用和破坏城市市容环境的，要向公安机关、城市管理部门提出执法建议。

四是强化站内服务和管理。要从维护受助人员权益出发，改善设施环境，实行人性化、亲情化服务，保障受助人员的基本生活。要把未成年人与其他救助对象分开，根据未成年人的特点，合理安排生活起居和文体娱乐、教育培训等活动。对残疾、智障、受到伤害或有心理问题的，积极进行医护和康复。加大站内人员和接领人的甄别、核查力度，防止未成年人被冒领冒认和犯罪分子藏匿其中。要做好站内安全防范工作，确保站内人员安全。

五是做好返乡、安置和流出地预防工作。要畅通受助人员返乡渠道，对父母或其他监护人无力接回的，经协商后可由救助管理机构接回或送回。对符合条件的安置对象，安置到社会福利机构，并积极探索社会代养、家庭寄养等社会安置模式。督促流出地人民政府将符合条件的返乡困难群众纳入社会保障范围，充分发挥村（居）委会等基层组织的作用，监督监护人履行监护义务，防范虐待、遗弃老年人、残疾人、未成年人，防范强迫其外出流浪。

六是鼓励和支持社会组织或个人为流浪乞讨人员提供庇护、饮食、衣被等帮助，探索开展社工干预、心理辅导、行为矫治、教育培训，帮助流浪乞讨人员回归家庭和社会。

（二）公安机关要强化街头管理和打击解救工作力度，协助民政、卫生部门做好街头救助和站内管理工作。

一是做好接、报警工作。接到群众举报线索，要快速出

警,及时处理,做到件件有记录,件件有人管。坚持解救与打击并重的原则,及时开展调查工作,确保打击有力,解救到位。

二是强化立案工作。各级公安机关要本着对人民群众高度负责的态度,强化立案工作。凡是接到举报发现拐卖、拐骗、胁迫、诱骗、利用未成年人乞讨或组织未成年人违法犯罪的,接待民警要认真询问案情,及时出警,对涉嫌犯罪的分别按照拐卖儿童罪、拐骗儿童罪、组织儿童乞讨罪、组织未成年人进行违反治安管理活动罪立案侦查;构成违反治安管理行为的,依法给予治安管理处罚。

三是加强对街面等流浪乞讨人员主要活动场所的巡查。要加强对繁华街区、桥梁涵洞、地下通道、热力管线、废弃房屋、火车站、风景游览区等流浪乞讨人员集中活动和露宿区域的巡查。发现街头流浪乞讨人员中危重病人、精神病人的,要按照民政部、公安部、财政部《关于进一步做好城市流浪乞讨人员中危重病人、精神病人救治工作的指导意见》(民发〔2006〕6号)的要求,会同民政、卫生等部门救治。发现流浪未成年人的,护送到救助管理机构接受救助。发现利用婴幼儿或未成年人乞讨的,要现场取证,调查盘问。对无血缘关系、来历不明和疑似被拐卖、拐骗、组织、胁迫、诱骗、利用乞讨的,要控制犯罪嫌疑人,解救未成年人。对利用婴幼儿、未成年人乞讨的监护人,教育、警告后护送到救助管理站接受救助;构成犯罪的,依法追究刑事责任。

四是加强流浪乞讨儿童的采血和检验比对工作。对街头流浪乞讨和被组织从事违法犯罪活动的未成年人一律采血,经DNA检验后将数据录入全国打拐DNA数据库。各地在采血和检验比对工作中,不得以任何理由收取费用。

五是加大打击力度。要依法从重从快打击虐待和故意伤害流浪未成年人,以及拐卖、拐骗、组织、胁迫、诱骗、利用未成年人乞讨牟利或组织其进行违法犯罪活动的犯罪分子和团伙。认定是被拐卖、拐骗的未成年人,要立即解救,尽快送返其监护人身边。对暂时找不到其监护人的,护送到救助管理站接受救助,并继续查找其监护人。对亲生父母或其他监护人利用未成年人乞讨的,要予以批评教育,情节严重的,依照《治安管理处罚法》第四十一条,予以治安管理处罚;构成犯罪的,依法追究刑事责任。

六是做好有害乞讨行为的管理工作。协助民政部门开展街头救助,对流浪乞讨人员强讨恶要、滋扰他人、扰乱公共秩序、危害交通安全的行为依法处置。属于救助对象的,送救助管理机构救助。

七是协助救助管理站做好安全防范工作。有条件的地方可以结合社区警务布点,在救助管理站设立警务室或警务联络员。要依法严厉打击聚众闹事、结伙冲击、围攻救助管理站的违法犯罪活动,确保站内人员安全和工作秩序。

(三)城市管理部门要依法做好防范街头流浪乞讨人员影响市容环境卫生行为的管理工作,协助民政、卫生部门做好街头救助工作。

一是依法处置街头流浪乞讨人员占据、损毁公共设施妨碍他人正常使用的行为和随处涂画、制造噪音等破坏环境卫生等违反城市管理规定的行为。

二是协助民政部门做好街头救助工作。在街头执法发现流浪乞讨人员的,告知、引导、护送其到救助管理站接受救助。发现危重病人、精神病人的,联系医疗卫生部门救治。

(四)卫生部门负责流浪乞讨人员医疗救治工作。要按照《关于实施城市生活无着的流浪乞讨人员救助管理办法有关机构编制和经费问题的通知》(财社〔2003〕83号)和《关于进一步做好城市流浪乞讨人员中危重病人、精神病人救治工作的指导意见》(民发〔2006〕6号)规定,指定定点医疗机构,按照“先救治、后救助”的原则收治有关流浪乞讨人员。

(五)财政部门要做好对城市街头流浪乞讨人员救助、管理,以及对流浪未成年人解救保护的经费保障工作。要按照上述各部门职责任务和国家预算管理有关规定,将应由政府承担的救助、管理城市街头流浪乞讨人员,以及解救、保护流浪未成年人工作经费,分别列入有关部门预算给予保障。

三、健全机制,狠抓落实

(一)健全机制。各地要加强领导,统一认识,明确责任,协作配合,建立健全工作机制。要坚持“分级管理,条块结合”的原则,建立政府统一领导、部门分工负责、社会广泛参与的管理体制和运行机制,共同营造帮助街头流浪乞讨人员回归家庭、社会的良好氛围。

(二)狠抓落实。公安部决定将此项工作列入全国打击拐卖儿童妇女工作综治考核并列入刑侦工作绩效考核。民政部决定将此项工作列入全国民政系统社会治安综合治理工作考核内容,认真督查。对行动迟缓、工作不力,造成严重后果的单位和个人,将报请综治部门实行“一票否决制”并追究有关责任。

关于加强流浪未成年人工作的意见

(2006年1月18日　民发〔2006〕11号)

各省、自治区、直辖市民政厅(局)、综治委预防青少年违法犯罪工作领导小组、综治办、文明办、编办、高级人民法院、高级人民检察院、发展改革委、教育厅(局)、公安厅(局)、司法厅(局)、财政厅(局)、劳动保障厅(局)、铁道厅(局)、交通厅(局)、卫生厅(局)、团委、妇联、残联;新疆生产建设兵团民政局、综治委预防青少年违法犯罪工作领导小组、综治办、文明办、编办、法院、检察院、发展改革委、教育局、公安局、司法局、财务局、劳动保障局、交通局、卫生局、团委、妇联、残联:

改革开放以来,在党和政府的关心和重视下,未成年人权益保护工作得到了健康发展。但是,伴随经济体制转轨和社会转型，出现了人口流动加速、贫富差距加大、家庭问题日益凸现，流浪未成年人数量逐年增加，犯罪率不断上升。为了贯彻落实《中共中央国务院关于进一步加强和改进未成年人思想道德建设的若干意见》，预防未成年人违法犯罪，保护未成年人合法权益，构建社会主义和谐社会，现就加强流浪未成年人工作提出如下意见：

一、充分认识做好流浪未成年人工作的重要意义

流浪未成年人是社会弱势群体，他们生活在街头，衣食无着，处境艰难，合法权益难以得到充分保障。他们容易被犯罪分子利诱和利用，误入歧途，走上违法犯罪道路，影响国家的长治久安。流浪未成年人工作是未成年人权益保护的重要组成部分，是构建和谐社会、落实科学发展观的重要内容，是预防未成年人违法犯罪的重要方面，各有关部门要从未成年人权益保护和预防未成年人犯罪工作的大局出发，从社会发展和稳定的大局出发，全面认识加强流浪未成年人工作的重大意义，认真贯彻落实《中华人民共和国未成年人保护法》和《中华人民共和国预防未成年人犯罪法》，注重解决流浪未成年人工作中存在的问题，加大政府投入，完善有关政策，健全工作机制，加强协调配合，强化家庭责任，创新工作方法，净化社会环境，切实保障流浪未成年人的健康成长。

二、指导思想和主要任务

流浪未成年人工作要以"三个代表"重要思想和科学发展观为指导，以构建和谐社会为目标，以"以人为本"为工作原则，以保障流浪未成年人合法权益为出发点，建立健全相关法律法规，完善齐抓共管的工作机制，创造流浪未成年人回归社会的良好环境，为促进流浪未成年人的健康成长而努力。

流浪未成年人工作是一项兼具救助性、福利性和管理性的工作。在流浪未成年人工作中，预防是前提，救助是基础，管理是手段，教育是重点，保护是根本。一是注重流浪未成年人预防工作。贫困、教育不当、家庭暴力和社会不良因素影响等原因都有可能造成未成年人外出流浪。各地要采取切实有效措施，加强预防未成年人流浪和返乡未成年人的安置工作。二是保证流浪未成年人基本生活需要。流浪未成年人在社会上流浪，生存环境非常恶劣，基本生活权利无法得到保障，做好流浪未成年人工作，要优先满足他们的基本生活需求。三是强化对流浪未成年人的管理。流浪未成年人在流浪中沾染了许多不良习惯，甚至有相当多的流浪未成年人有轻微违法行为，对他们进行必要的行为约束和矫治，有利于他们的健康成长。四是注重流浪未成年人教育。流浪未成年人正处于身心发育成长时期，思想和行为上具有可塑性，要通过施行心理疏导和调适等干预措施，加强对他们的思想教育和正面引导，消除不良社会影响。五是努力促使流浪未成年人回归社会。对流浪未成年人提供的救助保护只是临时性措施，要通过采取积极有效的方法，为流浪未成年人回归主流社会创造条件。六是打击幕后操纵和利用未成年人进行违法活动的犯罪行为。七是加大投入，建立完善流浪未成年人救助保护机构。

三、部门职责分工

做好流浪未成年人工作，事关未成年人合法权益保护和社会稳定，涉及多个部门，具有很强的政策性。因此，各级政府、各个部门要以有关法律法规为依据，认真履行各自职责，协调配合、齐心协力做好这一工作。

（一）综治部门要切实履行组织、协调、指导的职能，积极协调有关部门开展流浪未成年人工作并检查落实；将流浪未成年人工作纳入社会治安综合治理工作的考核内容，对预防未成年人违法犯罪工作不力和街头流浪乞讨未成年人数量庞大，未成年人外出流浪乞讨现象严重的地区下达督查通知书，对造成严重后果的实施一票否决并追究有关领导的责任。

（二）各地文明办要把流浪未成年人工作作为加强和改进未成年人思想道德建设的重要内容，纳入精神文明建设和未成年人思想道德建设考核体系之中。

（三）民政部门是流浪未成年人工作的政府职能部门。各级民政部门要做好流浪未成年人工作的发展规划，研究制订流浪未成年人工作的政策法规和工作规范，组织培训，指导各地开展流浪未成年人工作，加强对流浪未成年人救助保护机构的监督管理。

流浪未成年人救助保护机构要为流浪未成年人提供全面的服务，采取多种措施保障受助未成年人的生活、教育、管理、返乡和安置。组织适合未成年人需要的活动，通过文化知识教育、职业技能培训等帮助未成年人获得谋生技能，为回归社会、独立生活做好准备。与教育、公安和司法行政等部门一道对有不良行为的流浪未成年人进行法制教育、行为矫治和心理辅导。对监护人无法履行职责的服刑人员子女也可以由流浪未成年人救助保护机构提供生活照料。

（四）公安机关对于执行职务时发现的流浪、乞讨未成年人，打击犯罪行动中解救的未成年人，以及有轻微违法行为但根据有关规定不予处罚且暂时无法查明其父母或其他监护责任人的未成年人等，应当及时将他们护送到流浪未成年人救助保护机构接受救助。

公安机关要依法严厉打击诱骗、拐卖、残害流浪未成年人和组织、操纵、教唆未成年人特别是残疾未成年人流浪、乞讨等违法犯罪行为。协助流浪未成年人救助保护机构核实受助未成年人的真实身份。有条件的地方公安机关可在流浪未成年人救助保护机构内设立警务室，协助流浪未成年人救助保护机构进行管理。

（五）发展改革部门负责制定流浪未成年人救助保护设施发展规划，将之纳入国民经济和社会发展规划，并具体落实和监督评估规划的实施。对流浪未成年人救助保护设施的建设要统筹考虑，按照分级管理的原则予以支持。

（六）教育行政部门负责流浪未成年人的教育工作。对于返回原籍安置的适龄未成年人，要及时接收其入学，并按照有关规定给予教育资助和特别关怀。积极支持流浪未成年人救助保护机构内部对流浪未成年人的教育工作，加强监督与指导，逐步探索适合受助未成年人特点的特殊教育模式，探索符合受助未成年人身心发展规律的思想道德、文化知识教育以及必要的心理辅导和行为矫治。根据工作需要，将流浪未成年人救助保护机构专职教师的职称评定工作纳入教师职称评聘体系。

（七）卫生部门负责流浪未成年人医疗救治工作，要指定定点医疗机构对突发急病的受助未成年人及时进行治疗，所发生的救治费用按照《关于实施城市生活无着的流浪乞讨人员救助管理办法有关机构编制和经费问题的通知》（财社〔2003〕83号）和《关于进一步做好城市流浪乞讨人员中危重病人、精神病人救治工作的指导意见》（民发〔2006〕6号）规定及时予以解决。加强对流浪未成年人救助保护机构内设医疗机构的业务指导。疾病预防控制机构应对流浪未成年人救助保护机构内的防疫工作加强指导和监督，及时处理社会上和机构内发生的流浪未成年人传染病疫情。

（八）地方财政部门要将流浪未成年人救助保护机构经费纳入流浪乞讨人员救助机构经费统筹考虑，切实保障未成年人的生活、教育、安置等工作的顺利开展。

（九）劳动保障部门负责将流浪未成年人救助保护机构内开展的流浪未成年人职业技能培训纳入管理，加强监督与指导，对年满16周岁有就业能力并登记失业的流浪未成年人提供免费的职业介绍和职业培训补贴，为流浪未成年人回归社会创造条件。

（十）司法部门要坚持未成年人利益优先原则，依法办理涉及流浪未成年人权益保护案件。

公安机关、人民检察院、人民法院要依法严厉打击诱骗、拐卖、残害未成年人特别是残疾未成年人的犯罪活动，对组织操纵和教唆未成年人特别是残疾未成年人流浪、乞讨，构成犯罪的，要依法追究刑事责任。人民法院还要及时受理并依法办理涉及流浪未成年人权益保护的案件。

司法行政部门要加强《中华人民共和国未成年人保护法》、《中华人民共和国预防未成年人犯罪法》、《中华人民共和国残疾人保障法》和《城市生活无着的流浪乞讨人员救助管理办法》等与流浪未成年人救助保护工作相关的法律法规宣传工作，及时化解矛盾纠纷，消除隐患，做好未成年人外出流浪的预防工作。积极引导法律服务人员为未成年当事人提供法律服务和法律援助，维护其合法权益。配合公安机关打击与流浪乞讨有关的违法犯罪行为。协助民政部门做好监护人无法履行职责的服刑人员子女帮扶工作。

（十一）铁道、交通等部门为流浪未成年人救助保护机构购买乘车凭证和接送流浪未成年人进出站等提供方便。

（十二）机构编制部门要根据各地的实际情况，按照精简效能的原则，研究做好流浪未成年人救助保护机构编制的审核工作，确保有关工作正常开展。

（十三）共青团和妇联组织要积极配合民政部门做好流浪未成年人工作，把流浪未成年人救助保护工作纳入“希望工程”、“春蕾计划”、“安康计划”和家庭教育工作的总体计划。各级共青团、妇联组织在有条件的流浪未成年人救助保护机构设立社工工作站，动员、组织青少年事务专职社会工作者、青年志愿者、巾帼志愿者和社会热心人士参与对流浪未成年人的劝导、服务、教育、救助等工作，深入开展志愿者“一助一”、“多助一”和“代理妈妈”等活动，倡导和推进社会热心人士支持、参与照顾和家庭寄养等安置工作，推动稳定、有效支持体系的建立和完善。

（十四）残联要配合民政部门做好流浪残疾未成年人的救助保护工作，帮助开展残疾未成年人的教育和就业安置等工作，将流浪残疾未成年人纳入“扶残助学项目”和“春雨行动”的资助范围，深入开展“红领巾助残”、“法律助残”等活动，依法保护未成年残疾人的权益。

四、主要措施

（一）统一认识，加强领导。各级政府要充分认识做好流浪未成年人工作的重要性和必要性，把这一工作纳入到社会发展总体规划中，切实加强领导，积极推进。各有关部门要明确责任，履行职责，加强协作。坚持“分级管理、条块结合”的原则，逐步建立起政府统一领导，部门各负其责，民政业务指导，社会广泛参与的管理体制和运行机制，共同营造流浪未成年人健康成长的社会环境。

（二）建立健全政策法规。尽快启动流浪未成年人工作专门行政法规的制订工作，完善有关政策，使这项工作有法可依、有章可循。

（三）建立流浪未成年人工作协调机制和工作体系。明确各部门职责，加强部门协调配合，做好流浪未成年人工作。政府有关部门都应切实承担起社会责任，在各自的职责范围内切实做好流浪未成年人救助保护工作。

（四）提高流浪未成年人救助保护工作的专业化、社会化水平。在现有工作体制和运行机制中，积极探索流浪未成年人工作专业化、社会化的发展道路，通过引入社会工作专业制度、聘用专业社会工作者、建立志愿者服务基地、引导培育民间力量参与流浪未成年人工作、开展国际合作交流、充分利用社会资源等，聚智聚力，共同做好流浪未成年人工作。

做好流浪未成年人工作，是贯彻“三个代表”重要思想的本质要求和具体体现，是践行“三个代表”重要思想的必然要求。各有关部门一定要高度重视流浪未成年人工作，同心协力，维护流浪未成年人的合法权益，促进社会的和谐发展。

关于加强铁路站车上城市生活无着的流浪乞讨人员救助管理工作的通知

（2006年10月22日　铁运〔2006〕197号）

各省、自治区、直辖市民政厅(局)，新疆生产建设兵团民政局，各铁路局：

为进一步深入贯彻国务院《城市生活无着的流浪乞讨人员救助管理办法》(以下简称《救助管理办法》)和民政部《城市生活无着的流浪乞讨人员救助管理办法实施细则》(以下简称《实施细则》)，加强救助管理工作，切实保障城市生活无着的流浪乞讨人员的合法权益，维护社会秩序稳定，促进社会文明进步，现就有关事项通知如下：

一、加强部门之间协调配合

各级民政部门和铁路部门要坚决贯彻执行《救助管理办法》和《实施细则》的有关规定，积极采取有效措施，加强沟通联系，在各自的职责范围内做好工作。

1. 较大车站对民政部门救助管理站提出的订票需求，应给予优先办理。对救助管理站提出的为受助人员及护送特殊困难救助人员返乡的工作人员购买车票，在规定订票时间内订票的，应予以优先保证。符合团体票优惠条件的，按有关规定予以优惠。

2. 对于救助管理站工作人员护送病、残等特殊困难救助人员进站、乘车时，站、车应积极协助并提供必要的便利。

3. 各地民政部门要与当地车站加强沟通，并根据车站和当地实际情况，双方协商在车站设立救助咨询点，救助咨询点的工作人员要协助车站工作人员认真做好流浪乞讨人员的主动救助和引导、护送工作，使滞留在车站的流浪乞讨人员能够及时得到救助。

二、严格受助人员车票管理

铁路站、车对救助管理站为受助人员购买车票按下列规定办理：

1. 各地救助管理站应安排专人办理受助人员车票的购、退或改签业务。

2. 车站售票时，在车票票面加盖“政府救助，禁退禁卖”字样(10×54mm长方形，内为小三号仿宋字体)。救助管理站购买车票的具体方式由车站与当地救助管理站协商办理。

3. 受助人员凭加盖上述字样的车票和当地救助管理站出具的带有公章以及受助本人像片的“乘车证明信”乘车。受助人员进站时，一般应由当地救助管理站工作人员送至检票口。

站车在查验车票时，对持“政府救助，禁退禁卖”字样车票的旅客应认真核对“乘车证明信”与持票本人是否相符，如无乘车证明信或乘车证明信与持票本人不符，按无票人员处理。

4. 除救助管理站指定的专人外，对带有“政府救助，禁退禁卖”字样车票车站不予办理退票。车站为救助管理站办理受助人员退票不收取退票费。始发站办理改签时，应收回原票，换发新票并加盖上述字样。

三、切实维护受助人员的合法权益

铁路部门和民政部门要从人道主义精神出发，认真履行职责，并根据本通知的要求，结合当地实际，制定具体措施和工作程序，创造性地开展工作。

1. 列车上发现弃婴(弃童)时，列车工作人员应报告列车长和乘警，乘警应认真了解情况。对确无家庭、监护人线索的弃婴(弃童)，列车乘警应编制记录交三等以上车站派出所。车站派出所对于列车移交或本站发现的弃婴(弃童)，经本所或辖区公安部门查找确实无线索的，持捡拾报案证明及查找经过等相关材料(包括列车乘警编制的记录)，经当地民政部门批转并依法办理相关手续后，6周岁以下的送往当地儿童福利院、综合性社会福利院或民政部门指定的机构；超过6周岁的送往当地求助管理站、流浪未成年人救助保护中心或民政部门指定的机构。

车站派出所向社会福利部门移送弃婴(弃童)时，当地社会福利机构、救助机构应主动接收，不得收取任何费用。

2. 站、车发现单独旅行的突发急病或精神病旅客时，列车长应积极寻找医生进行救治，同时编制客运记录交三等以上车站。在下交前，列车长应指定专人看护，乘警应配合，防止发生意外。车站对于列车移交或在本站发现的上述人员，及时送当地医疗救治定点医院(浙江省定点医院名单附后)，危重病人(含弃婴、弃童)应送就近医院救治。当地民政部门或救助管理站接到医院通知后应及时派人前往医院进行后续处理。

3. 站车工作人员在站内、车上发现无同行人的死亡人员时，应立即报告乘警或车站民警并保护好现场，经警察现场勘验后，如认定属流浪乞讨人员正常死亡，站车按照前款交接程序，并通知当地民政部门或救助管理站按规定程序进行处理。

财政部、民政部、中央机构编制委员会办公室关于实施城市生活无着的流浪乞讨人员救助管理办法有关机构编制和经费问题的通知

（2003年7月21日　财社〔2003〕83号）

各省、自治区、直辖市、计划单列市财政厅(局)、民政厅(局)、编办，新疆生产建设兵团财务局、民政局、编办：

为贯彻执行《城市生活无着的流浪乞讨人员救助管理办法》(国务院第381号令),切实保障城市生活无着的流浪、乞讨人员(以下简称流浪乞讨人员)救助管理工作的顺利开展,现就有关机构编制和经费问题通知如下:

一、流浪乞讨人员救助管理工作,是城市社会救济工作的重要组成部分。各级地方财政、民政部门和机构编制管理部门要明确职责,各地救助站要认真甄别救助对象,积极采取措施对符合救助条件的流浪乞讨人员给予及时救助。

二、县级以上城市人民政府根据需要设立由民政部门主管的流浪乞讨人员救助站(以下简称救助站),应按照合理布局的原则,由省级人民政府统筹规划。各地原有的收容遣送站应通过调整转为救助站。需要新建的救助站,由县以上城市人民政府民政部门提出方案,报同级人民政府批准。各级机构编制管理部门要做好救助站设立(变更)、人员编制核定和登记管理工作。

三、救助站为财政补助事业单位,所需救助管理经费由同级地方财政部门列入财政预算,予以保障。救助站同级财政部门要根据当年实际救助情况,安排调整救助站经费预算。对救助任务重,同级财政部门安排经费有困难的,由省级财政部门给予适当补助。未设立救助站的城市,同级财政部门要安排城市临时救济资金,用于救助符合救助条件的流浪乞讨人员。

四、救助站开支的救助管理经费包括机构经费和专项救助经费。机构经费主要用于救助站开展正常工作和大型设备购置、基础设施维修改造等支出。各级地方财政部门应根据救助站工作实际情况,参照同级同类事业单位定员定额标准核定基本支出,保障救助站工作人员按国家政策规定应享受的工资、奖金和各项福利待遇以及救助站日常公用经费支出;救助站的大型设备购置、基础设施维修改造等专项,按照项目预算管理要求和程序报批。专项救助经费主要用于救助站为救助对象提供基本生活保障、站内突发急病救治费和帮助其返家等必需的支出。各级地方财政、民政部门要本着既保障救助对象基本生活权益,又有利于克服救助对象依赖政府救助思想的原则,在科学合理地测算救助对象基本生活定量定额标准基础上,结合站内常年救助人数等情况核定专项救助经费。

五、救助站对流浪乞讨人员给予救助,是一项临时性救助措施。救助站不得向救助对象及其亲友收取任何费用。各级地方财政、民政部门要通过开展社会捐助活动等多渠道筹集资金,统筹用于救助城市生活无着的流浪乞讨人员。

六、各级地方财政、民政部门要加强救助管理资金的管理,救助站要按照国家有关事业单位财务规则和会计制度的规定,建立健全财务管理制度,自觉接受审计、财政、民政等部门的审计和监督检查。

七、实施城市生活无着的流浪乞讨人员救助管理办法后,为反映地方人民政府设立、由民政部门主管的城市生活无着的流浪、乞讨人员救助站开支的救助管理经费,在《2003年政府预算收支科目》和《2004年政府预算收支科目》1704款"农村及其他社会救济"科目下增设170403项"流浪乞讨人员救助机构"科目,同时取消第170503项"收容遣送"科目。

八、各级地方财政、民政部门要根据通知要求,结合当地实际情况,制定本地区救助管理经费使用管理办法。财政部、民政部、公安部联合发布的《关于印发〈关于收容遣送工作中跨省遣送所需经费支付问题的通知〉的通知》(〔92〕财文字第758号),自本通知下发之日起废止。

七、优抚安置

1. 综　合

全国双拥工作领导小组关于发挥双拥工作优势大力支持深化国防和军队改革的通知

（2016 年 5 月 14 日）

各省、自治区、直辖市双拥工作领导小组，新疆生产建设兵团双拥工作领导小组，全国双拥工作领导小组各成员单位：

当前，深化国防和军队改革已全面展开，这是党领导人民军队在新的历史起点上进行的一次伟大变革。为贯彻落实党中央、国务院、中央军委和习近平总书记有关决策指示，助推改革强军战略实施，现就充分发挥双拥工作优势、支持深化国防和军队改革有关工作通知如下：

一、着力增强支持军队改革的政治自觉和行动自觉。这次深化国防和军队改革，推进力度之大、触及利益之深、影响范围之广前所未有。习近平总书记对地方支持军队改革高度重视，强调中央国家机关、地方各级党委和政府要强化大局观念，把支持国防和军队改革当作分内的事，党政军民齐心协力，共同落实深化国防和军队改革各项任务。李克强总理也强调，各级政府要大力支持国防和军队建设，走出一条新时期鱼水情深的军政军民团结之路。各级各部门要认真学习领会习近平总书记重要指示和李克强总理有关要求，充分认清深化国防和军队改革对于实现中国梦强军梦的重大意义，认清推进改革强军战略是军地共同的政治责任，认清双拥工作在助力改革中的特有优势和重要作用，不断增强政治意识、大局意识和责任意识，强化支持深化国防和军队改革的使命担当。组织深入学习党中央、中央军委关于深化国防和军队改革的决策部署，学习习近平总书记关于改革强军重大战略思想，学习中央军委改革工作会议精神，引导各级正确理解把握中央决策意图，以实际行动拥护改革、支持改革、参与改革。综合运用传统和新兴媒体，大力宣传军政军民团结对推进改革强军战略实施的可靠保障作用，宣传各地各部门助推军队改革的经验做法和生动事迹，汇聚起支持深化国防和军队改革的强大正能量。

二、积极支持新调整组建部队建设。要紧跟深化国防和军队改革进程，把支持新调整组建部队建设作为服务改革强军的重要着力点。支持推动新营区、新设施、新阵地等建设，在规划审批、土地划拨、资金投入、费用减免、水电气暖供应等方面，给予必要倾斜，为新调整组建部队顺利开局起步创造条件。广泛开展科技、教育、文化、智力等拥军活动，帮助培养军事人才、搞好科研攻关、完善信息化基础设施等，为新调整组建部队战斗力建设提供支撑。结合公共服务资源均等化，促进教育、医疗、交通等优质公共资源向部队周边配置，为新调整组建部队官兵工作生活提供便利。主动配合部队有关单位撤并转改工作，协助搞好人员分流、营产管理、在建工程善后、涉法涉诉问题处置等，促进转隶移交平稳顺利。按照军委管总、战区主战、军种主建总原则，加强与战区及有关部队沟通协调，探索建立与联合作战指挥体制相适应的平时服务保障和战时拥军支前机制，进一步提高服务军事斗争准备效能。

三、倾心帮助解决涉及官兵切身利益问题。要适应国防和军队改革带来利益关系调整的新情况新变化，着力维护军人军属实际利益和合法权益。认真落实中央关于深化国防和军队改革期间退役军人安置政策，妥善安置转业、复员、退休干部和退役士兵、伤病残退役军人、无军籍职工等。针对改革中军人调整交流、异地任职增多等实际，进一步细化完善《军人随军家属就业安置办法》《军人子女教育优待办法》配套措施，扎实做好军人家属随调随迁、安置就业和军人子女入学入托工作，最大限度解除官兵后顾之忧。加强调整改革期间军休干部服务管理，确保军休人员“两个待遇”落实。结合开展创建双拥模范城（县）、“双拥在基层”、社会化拥军等活动，发动社会力量积极为家庭困难官兵排忧解难，把党和政府的关爱送到军人军属心坎上，鼓舞和激励官兵积极投身改革强军实践。

四、主动配合完成跨军地改革各项任务。这次深化国防和军队改革，跨军地领域多、任务重，各级要会同军队有关部门和单位共同推进，确保完成改革任务。按照中央关于军民融合发展统筹统管的部署要求，积极推动军民融合发展组织管理体系、工作运行体系和政策法规体系建设，促进应融则融、能融尽融，努力形成全要素、多领域、高效益的军民融合深度发展格局。着眼全面实施创新驱动发展战略，把军队创新纳入国家创新体系，大力开展军民协同创新，探索建立有利于国防科技创新的体制机制，为提升军队核心竞争力提供支持。适应军事人力资源政策制度调整需要，合力做好相关法律法规立、改、废工作。全国双拥工作领导小组有关成员单位要协同搞好军官法和文职人员、士官、士兵服役及退役军人安置等法规制定修订，督促指导各地跟进调整拥军优抚安置法规政策体系，加快建立军人荣誉激励制度，进一步增强军事职业吸引力。协助推进后勤保障社会化，探索将军人住房、医疗、保险等纳入社会公共服务体系的办法路子，加大支持军队干部安置住房统建力度，助推部队综合保障能力提升。配合军队和武警部队全面停止有偿服务，协助解决合同协议解除相关问题，避免发生军民纠纷，保持军政军民关系和谐稳固。

五、切实加强对支持军队改革工作的组织领导。积极争取当地党委、政府关心重视，把支持深化国防和军队改革纳入经济社会发展总体规划，摆上重要议事日程。各级双拥工作领导小组要加强对支持军队改革工作的统筹协调，主要领导亲自抓、带头做，对涉及支持军队改革的重大活动亲自参与，重要事项亲自推动，重难点问题亲自协调解决。各级双拥工作领导小组成员单位要认真履行职责，依托自身职能和业务优势，积极主动作为，确保支持军队改革相关任务在本部门、本系统、本行业有效落实。各级双拥办要主动加强与驻军部队的联系对接，了解掌握部队需求，协调解决矛盾问题，确保支持军队改革工作扎实有力推进。

各地各部门支持深化国防和军队改革情况，请及时上报。

2. 抚恤优待

军人抚恤优待条例

（2004年8月1日中华人民共和国国务院、中华人民共和国中央军事委员会令第413号公布　根据2011年7月29日《国务院、中央军事委员会关于修改〈军人抚恤优待条例〉的决定》修订）

第一章　总　　则

第一条　为了保障国家对军人的抚恤优待，激励军人保卫祖国、建设祖国的献身精神，加强国防和军队建设，根据《中华人民共和国国防法》、《中华人民共和国兵役法》等有关法律，制定本条例。

第二条　中国人民解放军现役军人（以下简称现役军人）、服现役或者退出现役的残疾军人以及复员军人、退伍军人、烈士遗属、因公牺牲军人遗属、病故军人遗属、现役军人家属，是本条例规定的抚恤优待对象，依照本条例的规定享受抚恤优待。

第三条　军人的抚恤优待，实行国家和社会相结合的方针，保障军人的抚恤优待与国民经济和社会发展相适应，保障抚恤优待对象的生活不低于当地的平均生活水平。

全社会应当关怀、尊重抚恤优待对象，开展各种形式的拥军优属活动。

国家鼓励社会组织和个人对军人抚恤优待事业提供捐助。

第四条　国家和社会应当重视和加强军人抚恤优待工作。

军人抚恤优待所需经费由国务院和地方各级人民政府分级负担。中央和地方财政安排的军人抚恤优待经费，专款专用，并接受财政、审计部门的监督。

第五条　国务院民政部门主管全国的军人抚恤优待工作；县级以上地方人民政府民政部门主管本行政区域内的军人抚恤优待工作。

国家机关、社会团体、企业事业单位应当依法履行各自的军人抚恤优待责任和义务。

第六条　各级人民政府对在军人抚恤优待工作中作出显著成绩的单位和个人，给予表彰和奖励。

第二章　死亡抚恤

第七条　现役军人死亡被批准为烈士、被确认为因公牺牲或者病故的，其遗属依照本条例的规定享受抚恤。

第八条　现役军人死亡，符合下列情形之一的，批准为烈士：

（一）对敌作战死亡，或者对敌作战负伤在医疗终结前因伤死亡的；

（二）因执行任务遭敌人或者犯罪分子杀害，或者被俘、被捕后不屈遭敌人杀害或者被折磨致死的；

（三）为抢救和保护国家财产、人民生命财产或者执行反恐怖任务和处置突发事件死亡的；

（四）因执行军事演习、战备航行飞行、空降和导弹发射训练、试航试飞任务以及参加武器装备科研试验死亡的；

（五）在执行外交任务或者国家派遣的对外援助、维持国际和平任务中牺牲的；

（六）其他死难情节特别突出，堪为楷模的。

现役军人在执行对敌作战、边海防执勤或者抢险救灾任务中失踪，经法定程序宣告死亡的，按照烈士对待。

批准烈士，属于因战死亡的，由军队团级以上单位政治机关批准；属于非因战死亡的，由军队军级以上单位政治机关批准；属于本条第一款第六项规定情形的，由中国人民解放军总政治部批准。

第九条　现役军人死亡，符合下列情形之一的，确认为因公牺牲：

（一）在执行任务中或者在上下班途中，由于意外事件死亡的；

（二）被认定为因战、因公致残后因旧伤复发死亡的；

（三）因患职业病死亡的；

（四）在执行任务中或者在工作岗位上因病猝然死亡，或者因医疗事故死亡的；

（五）其他因公死亡的。

现役军人在执行对敌作战、边海防执勤或者抢险救灾以外的其他任务中失踪，经法定程序宣告死亡的，按照因公牺牲对待。

现役军人因公牺牲，由军队团级以上单位政治机关确认；属于本条第一款第五项规定情形的，由军队军级以上单位政治机关确认。

第十条 现役军人除第九条第一款第三项、第四项规定情形以外，因其他疾病死亡的，确认为病故。

现役军人非执行任务死亡或者失踪，经法定程序宣告死亡的，按照病故对待。

现役军人病故，由军队团级以上单位政治机关确认。

第十一条 对烈士遗属、因公牺牲军人遗属、病故军人遗属，由县级人民政府民政部门分别发给《中华人民共和国烈士证明书》、《中华人民共和国军人因公牺牲证明书》、《中华人民共和国军人病故证明书》。

第十二条 现役军人死亡被批准为烈士的，依照《烈士褒扬条例》的规定发给烈士遗属烈士褒扬金。

第十三条 现役军人死亡，根据其死亡性质和死亡时的月工资标准，由县级人民政府民政部门发给其遗属一次性抚恤金，标准是：烈士和因公牺牲的，为上一年度全国城镇居民人均可支配收入的20倍加本人40个月的工资；病故的，为上一年度全国城镇居民人均可支配收入的2倍加本人40个月的工资。月工资或者津贴低于排职少尉军官工资标准的，按照排职少尉军官工资标准计算。

获得荣誉称号或者立功的烈士、因公牺牲军人、病故军人，其遗属在应当享受的一次性抚恤金的基础上，由县级人民政府民政部门按照下列比例增发一次性抚恤金：

（一）获得中央军事委员会授予荣誉称号的，增发35%；

（二）获得军队军区级单位授予荣誉称号的，增发30%；

（三）立一等功的，增发25%；

（四）立二等功的，增发15%；

（五）立三等功的，增发5%。

多次获得荣誉称号或者立功的烈士、因公牺牲军人、病故军人，其遗属由县级人民政府民政部门按照其中最高等级奖励的增发比例，增发一次性抚恤金。

第十四条 对生前作出特殊贡献的烈士、因公牺牲军人、病故军人，除按照本条例规定发给其遗属一次性抚恤金外，军队可以按照有关规定发给其遗属一次性特别抚恤金。

第十五条 一次性抚恤金发给烈士、因公牺牲军人、病故军人的父母（抚养人）、配偶、子女；没有父母（抚养人）、配偶、子女的，发给未满18周岁的兄弟姐妹和已满18周岁但无生活费来源且由该军人生前供养的兄弟姐妹。

第十六条 对符合下列条件之一的烈士遗属、因公牺牲军人遗属、病故军人遗属，发给定期抚恤金：

（一）父母（抚养人）、配偶无劳动能力、无生活费来源，或者收入水平低于当地居民平均生活水平的；

（二）子女未满18周岁或者已满18周岁但因上学或者残疾无生活费来源的；

（三）兄弟姐妹未满18周岁或者已满18周岁但因上学无生活费来源且由该军人生前供养的。

对符合享受定期抚恤金条件的遗属，由县级人民政府民政部门发给《定期抚恤金领取证》。

第十七条 定期抚恤金标准应当参照全国城乡居民家庭人均收入水平确定。定期抚恤金的标准及其调整办法，由国务院民政部门会同国务院财政部门规定。

第十八条 县级以上地方人民政府对依靠定期抚恤金生活仍有困难的烈士遗属、因公牺牲军人遗属、病故军人遗属，可以增发抚恤金或者采取其他方式予以补助，保障其生活不低于当地的平均生活水平。

第十九条 享受定期抚恤金的烈士遗属、因公牺牲军人遗属、病故军人遗属死亡的，增发6个月其原享受的定期抚恤金，作为丧葬补助费，同时注销其领取定期抚恤金的证件。

第二十条 现役军人失踪，经法定程序宣告死亡的，在其被批准为烈士、确认为因公牺牲或者病故后，又经法定程序撤销对其死亡宣告的，由原批准或者确认机关取消其烈士、因公牺牲军人或者病故军人资格，并由发证机关收回有关证件，终止其家属原享受的抚恤待遇。

第三章　残疾抚恤

第二十一条 现役军人残疾被认定为因战致残、因公致残或者因病致残的，依照本条例的规定享受抚恤。

因第八条第一款规定的情形之一导致残疾的，认定为因战致残；因第九条第一款规定的情形之一导致残疾的，认定为因公致残；义务兵和初级士官因第九条第一款第三项、第四项规定情形以外的疾病导致残疾的，认定为因病致残。

第二十二条 残疾的等级，根据劳动功能障碍程度和生活自理障碍程度确定，由重到轻分为一级至十级。

残疾等级的具体评定标准由国务院民政部门、人力资源社会保障部门、卫生部门会同军队有关部门规定。

第二十三条 现役军人因战、因公致残，医疗终结后符合评定残疾等级条件的，应当评定残疾等级。义务兵和初级士官因病致残符合评定残疾等级条件，本人（精神病患者由其利害关系人）提出申请的，也应当评定残疾等级。

因战、因公致残，残疾等级被评定为一级至十级的，享受抚恤；因病致残，残疾等级被评定为一级至六级的，享受抚恤。

第二十四条 因战、因公、因病致残性质的认定和残疾等级的评定权限是：

（一）义务兵和初级士官的残疾，由军队军级以上单位卫生部门认定和评定；

（二）现役军官、文职干部和中级以上士官的残疾，由军队军区级以上单位卫生部门认定和评定；

（三）退出现役的军人和移交政府安置的军队离休、退休干部需要认定残疾性质和评定残疾等级的，由省级人民政府民政部门认定和评定。

评定残疾等级，应当依据医疗卫生专家小组出具的残疾等级医学鉴定意见。

残疾军人由认定残疾性质和评定残疾等级的机关发给《中华人民共和国残疾军人证》。

第二十五条　现役军人因战、因公致残，未及时评定残疾等级，退出现役后或者医疗终结满3年后，本人（精神病患者由其利害关系人）申请补办评定残疾等级，有档案记载或者有原始医疗证明的，可以评定残疾等级。

现役军人被评定残疾等级后，在服现役期间或者退出现役后残疾情况发生严重恶化，原定残疾等级与残疾情况明显不符，本人（精神病患者由其利害关系人）申请调整残疾等级的，可以重新评定残疾等级。

第二十六条　退出现役的残疾军人，按照残疾等级享受残疾抚恤金。残疾抚恤金由县级人民政府民政部门发给。

因工作需要继续服现役的残疾军人，经军队军级以上单位批准，由所在部队按照规定发给残疾抚恤金。

第二十七条　残疾军人的抚恤金标准应当参照全国职工平均工资水平确定。残疾抚恤金的标准以及一级至十级残疾军人享受残疾抚恤金的具体办法，由国务院民政部门会同国务院财政部门规定。

县级以上地方人民政府对依靠残疾抚恤金生活仍有困难的残疾军人，可以增发残疾抚恤金或者采取其他方式予以补助，保障其生活不低于当地的平均生活水平。

第二十八条　退出现役的因战、因公致残的残疾军人因旧伤复发死亡的，由县级人民政府民政部门按照因公牺牲军人的抚恤金标准发给其遗属一次性抚恤金，其遗属享受因公牺牲军人遗属抚恤待遇。

退出现役的因战、因公、因病致残的残疾军人因病死亡的，对其遗属增发12个月的残疾抚恤金，作为丧葬补助费；其中，因战、因公致残的一级至四级残疾军人因病死亡的，其遗属享受病故军人遗属抚恤待遇。

第二十九条　退出现役的一级至四级残疾军人，由国家供养终身；其中，对需要长年医疗或者独身一人不便分散安置的，经省级人民政府民政部门批准，可以集中供养。

第三十条　对分散安置的一级至四级残疾军人发给护理费，护理费的标准为：

（一）因战、因公一级和二级残疾的，为当地职工月平均工资的50%；

（二）因战、因公三级和四级残疾的，为当地职工月平均工资的40%；

（三）因病一级至四级残疾的，为当地职工月平均工资的30%。

退出现役的残疾军人的护理费，由县级以上地方人民政府民政部门发给；未退出现役的残疾军人的护理费，经军队军级以上单位批准，由所在部队发给。

第三十一条　残疾军人需要配制假肢、代步三轮车等辅助器械，正在服现役的，由军队军级以上单位负责解决；退出现役的，由省级人民政府民政部门负责解决。

第四章　优　　待

第三十二条　烈士遗属依照《烈士褒扬条例》的规定享受优待。

第三十三条　义务兵服现役期间，其家庭由当地人民政府发给优待金或者给予其他优待，优待标准不低于当地平均生活水平。

义务兵和初级士官入伍前是国家机关、社会团体、企业事业单位职工（含合同制人员）的，退出现役后，允许复工复职，并享受不低于本单位同岗位（工种）、同工龄职工的各项待遇；服现役期间，其家属继续享受该单位职工家属的有关福利待遇。

义务兵和初级士官入伍前的承包地（山、林）等，应当保留；服现役期间，除依照国家有关规定和承包合同的约定缴纳有关税费外，免除其他负担。

义务兵从部队发出的平信，免费邮递。

第三十四条　国家对一级至六级残疾军人的医疗费用按照规定予以保障，由所在医疗保险统筹地区社会保险经办机构单独列账管理。具体办法由国务院民政部门会同国务院人力资源社会保障部门、财政部门规定。

七级至十级残疾军人旧伤复发的医疗费用，已经参加工伤保险的，由工伤保险基金支付，未参加工伤保险，有工作的由工作单位解决，没有工作的由当地县级以上地方人民政府负责解决；七级至十级残疾军人旧伤复发以外的医疗费用，未参加医疗保险且本人支付有困难的，由当地县级以上地方人民政府酌情给予补助。

残疾军人、复员军人、带病回乡退伍军人以及因公牺牲军人遗属、病故军人遗属享受医疗优惠待遇。具体办法由省、自治区、直辖市人民政府规定。

中央财政对抚恤优待对象人数较多的困难地区给予适当补助，用于帮助解决抚恤优待对象的医疗费用困难问题。

第三十五条　在国家机关、社会团体、企业事业单位工作的残疾军人，享受与所在单位工伤人员同等的生活福利和医疗待遇。所在单位不得因其残疾将其辞退、解聘或者解除劳动关系。

第三十六条　现役军人凭有效证件、残疾军人凭《中华人民共和国残疾军人证》优先购票乘坐境内运行的火车、轮船、长途公共汽车以及民航班机；残疾军人享受减收正常票价50%的优待。

现役军人凭有效证件乘坐市内公共汽车、电车和轨道交通工具享受优待，具体办法由有关城市人民政府规定。残疾军人凭《中华人民共和国残疾军人证》免费乘坐市内公共汽车、电车和轨道交通工具。

第三十七条　现役军人、残疾军人凭有效证件参观游览公园、博物馆、名胜古迹享受优待，具体办法由公园、博物馆、名胜古迹管理单位所在地的县级以上地方人民政府规定。

第三十八条　因公牺牲军人、病故军人的子女、兄弟姐妹，本人自愿应征并且符合征兵条件的，优先批准服现役。

第三十九条　义务兵和初级士官退出现役后，报考国家公务员、高等学校和中等职业学校，在与其他考生同等条件下优先录取。

残疾军人、因公牺牲军人子女、一级至四级残疾军人的子女，驻边疆国境的县（市）、沙漠区、国家确定的边远地区中的三类地区和军队确定的特、一、二类岛屿部队现役军人的子女报考普通高中、中等职业学校、高等学校，在录取时按照国家有关规定给予优待；接受学历教育的，在同等条件下优先享受国家规定的各项助学政策。现役军人子女的入学、入托，在同等条件下优先接收。具体办法由国务院民政部门会同国务院教育部门规定。

第四十条　残疾军人、复员军人、带病回乡退伍军人、因公牺牲军人遗属、病故军人遗属承租、购买住房依照有关规定享受优先、优惠待遇。居住农村的抚恤优待对象住房有困难的，由地方人民政府帮助解决。具体办法由省、自治区、直辖市人民政府规定。

第四十一条　经军队师（旅）级以上单位政治机关批准随军的现役军官家属、文职干部家属、士官家属，由驻军所在地的公安机关办理落户手续。随军前是国家机关、社会团体、企业事业单位职工的，驻军所在地人民政府人力资源社会保障部门应当接收和妥善安置；随军前没有工作单位的，驻军所在地人民政府应当根据本人的实际情况作出相应安置；对自谋职业的，按照国家有关规定减免有关费用。

第四十二条　驻边疆国境的县（市）、沙漠区、国家确定的边远地区中的三类地区和军队确定的特、一、二类岛屿部队的现役军官、文职干部、士官，其符合随军条件无法随军的家属，所在地人民政府应当妥善安置，保障其生活不低于当地的平均生活水平。

第四十三条　随军的烈士遗属、因公牺牲军人遗属和病故军人遗属移交地方人民政府安置的，享受本条例和当地人民政府规定的抚恤优待。

第四十四条　复员军人生活困难的，按照规定的条件，由当地人民政府民政部门给予定期定量补助，逐步改善其生活条件。

第四十五条　国家兴办优抚医院、光荣院，治疗或者集中供养孤老和生活不能自理的抚恤优待对象。

各类社会福利机构应当优先接收抚恤优待对象。

第五章　法律责任

第四十六条　军人抚恤优待管理单位及其工作人员挪用、截留、私分军人抚恤优待经费，构成犯罪的，依法追究相关责任人员的刑事责任；尚不构成犯罪的，对相关责任人员依法给予行政处分或者纪律处分。被挪用、截留、私分的军人抚恤优待经费，由上一级人民政府民政部门、军队有关部门责令追回。

第四十七条　军人抚恤优待管理单位及其工作人员、参与军人抚恤优待工作的单位及工作人员有下列行为之一的，由其上级主管部门责令改正；情节严重，构成犯罪的，依法追究相关责任人员的刑事责任；尚不构成犯罪的，对相关责任人员依法给予行政处分或者纪律处分：

（一）违反规定审批军人抚恤待遇的；

（二）在审批军人抚恤待遇工作中出具虚假诊断、鉴定、证明的；

（三）不按规定的标准、数额、对象审批或者发放抚恤金、补助金、优待金的；

（四）在军人抚恤优待工作中利用职权谋取私利的。

第四十八条　负有军人优待义务的单位不履行优待义务的，由县级人民政府民政部门责令限期履行义务；逾期仍未履行的，处以2000元以上1万元以下罚款。对直接负责的主管人员和其他直接责任人员依法给予行政处分、纪律处分。因不履行优待义务使抚恤优待对象受到损失的，应当依法承担赔偿责任。

第四十九条　抚恤优待对象有下列行为之一的，由县级人民政府民政部门给予警告，限期退回非法所得；情节严重的，停止其享受的抚恤、优待；构成犯罪的，依法追究刑事责任：

（一）冒领抚恤金、优待金、补助金的；

（二）虚报病情骗取医药费的；

（三）出具假证明，伪造证件、印章骗取抚恤金、优待金、补助金的。

第五十条　抚恤优待对象被判处有期徒刑、剥夺政治权利或者被通缉期间，中止其抚恤优待；被判处死刑、无期徒刑的，取消其抚恤优待资格。

第六章　附　　则

第五十一条　本条例适用于中国人民武装警察部队。

第五十二条　军队离休、退休干部和退休士官的抚恤优待，依照本条例有关现役军人抚恤优待的规定执行。

因参战伤亡的民兵、民工的抚恤，因参加军事演习、军事训练和执行军事勤务伤亡的预备役人员、民兵、民工以及其他人员的抚恤，参照本条例的有关规定办理。

第五十三条　本条例所称的复员军人，是指在1954年10月31日之前入伍、后经批准从部队复员的人员；带病回乡退伍军人，是指在服现役期间患病，尚未达到评定残疾等级条件并有军队医院证明，从部队退伍的人员。

第五十四条　本条例自2004年10月1日起施行。1988年7月18日国务院发布的《军人抚恤优待条例》同时废止。

烈士褒扬条例

（2011年7月26日中华人民共和国国务院令第601号公布　自2011年8月1日起施行）

第一章　总　　则

第一条　为了弘扬烈士精神，抚恤优待烈士遗属，制定本条例。

第二条　公民在保卫祖国和社会主义建设事业中牺牲被评定为烈士的，依照本条例的规定予以褒扬。烈士的遗属，依照本条例的规定享受抚恤优待。

第三条　国家对烈士遗属给予的抚恤优待应当随经济社会的发展逐步提高，保障烈士遗属的生活不低于当地居民的平均生活水平。

全社会应当支持烈士褒扬工作，优待帮扶烈士遗属。

国家鼓励公民、法人和其他组织为烈士褒扬和烈士遗属抚恤优待提供捐助。

第四条　烈士褒扬和烈士遗属抚恤优待经费列入财政预算。

烈士褒扬和烈士遗属抚恤优待经费应当专款专用，接受财政部门、审计机关的监督。

第五条　县级以上人民政府应当加强对烈士纪念设施的保护和管理，为纪念烈士提供良好的场所。

各级人民政府应当把宣传烈士事迹作为社会主义精神文明建设的重要内容，培养公民的爱国主义、集体主义精神和社会主义道德风尚。机关、团体、企业事业单位应当采取多种形式纪念烈士，学习、宣传烈士事迹。

第六条　国务院民政部门负责全国的烈士褒扬工作。县级以上地方人民政府民政部门负责本行政区域的烈士褒扬工作。

第七条　对在烈士褒扬工作中做出显著成绩的单位和个人，按照国家有关规定给予表彰、奖励。

第二章　烈士的评定

第八条　公民牺牲符合下列情形之一的，评定为烈士：

（一）在依法查处违法犯罪行为、执行国家安全工作任务、执行反恐怖任务和处置突发事件中牺牲的；

（二）抢险救灾或者其他为了抢救、保护国家财产、集体财产、公民生命财产牺牲的；

（三）在执行外交任务或者国家派遣的对外援助、维持国际和平任务中牺牲的；

（四）在执行武器装备科研试验任务中牺牲的；

（五）其他牺牲情节特别突出，堪为楷模的。

现役军人牺牲，预备役人员、民兵、民工以及其他人员因参战、参加军事演习和军事训练、执行军事勤务牺牲应当评定烈士的，依照《军人抚恤优待条例》的有关规定评定。

第九条　申报烈士的，由死者生前所在工作单位、死者遗属或者事件发生地的组织、公民向死者生前工作单位所在地、死者遗属户口所在地或者事件发生地的县级人民政府民政部门提供有关死者牺牲情节的材料，由收到材料的县级人民政府民政部门调查核实后提出评定烈士的报告，报本级人民政府审核。

属于本条例第八条第一款第一项、第二项规定情形的，由县级人民政府提出评定烈士的报告并逐级上报至省、自治区、直辖市人民政府审查评定。评定为烈士的，由省、自治区、直辖市人民政府送国务院民政部门备案。

属于本条例第八条第一款第三项、第四项规定情形的，由国务院有关部门提出评定烈士的报告，送国务院民政部门审查评定。

属于本条例第八条第一款第五项规定情形的，由县级人民政府提出评定烈士的报告并逐级上报至省、自治区、直辖市人民政府，由省、自治区、直辖市人民政府审查后送国务院民政部门审查评定。

第十条　烈士证书由烈士遗属户口所在地的县级人民政府民政部门向烈士遗属颁发。

第三章　烈士褒扬金和烈士遗属的抚恤优待

第十一条　国家建立烈士褒扬金制度。烈士褒扬金标准为烈士牺牲时上一年度全国城镇居民人均可支配收入的30倍。战时，参战牺牲的烈士褒扬金标准可以适当提高。

烈士褒扬金由颁发烈士证书的县级人民政府民政部门发给烈士的父母或者抚养人、配偶、子女；没有父母或者抚养人、配偶、子女的，发给烈士未满18周岁的兄弟姐妹和已满18周岁但无生活来源且由烈士生前供养的兄弟姐妹。

第十二条　烈士遗属除享受本条例第十一条规定的烈士褒扬金外，属于《军人抚恤优待条例》以及相关规定适用范围的，还享受因公牺牲一次性抚恤金；属于《工伤保险条例》以及相关规定适用范围的，还享受一次性工亡补助金以及相当于烈士本人40个月工资的烈士遗属特别补助金。

不属于前款规定范围的烈士遗属，由县级人民政府民政部门发给一次性抚恤金，标准为烈士牺牲时上一年度全国城镇居民人均可支配收入的20倍加40个月的中国人民解放军排职少尉军官工资。

第十三条 符合下列条件之一的烈士遗属，享受定期抚恤金：

（一）烈士的父母或者抚养人、配偶无劳动能力、无生活来源，或者收入水平低于当地居民的平均生活水平的；

（二）烈士的子女未满18周岁，或者已满18周岁但因残疾或者正在上学而无生活来源的；

（三）由烈士生前供养的兄弟姐妹未满18周岁，或者已满18周岁但因正在上学而无生活来源的。

符合前款规定条件享受定期抚恤金的烈士遗属，由其户口所在地的县级人民政府民政部门发给定期抚恤金领取证，凭证领取定期抚恤金。

第十四条 烈士生前的配偶再婚后继续赡养烈士父母，继续抚养烈士未满18周岁或者已满18周岁但无劳动能力、无生活来源且由烈士生前供养的兄弟姐妹的，由其户口所在地的县级人民政府民政部门参照烈士遗属定期抚恤金的标准给予补助。

第十五条 定期抚恤金标准参照全国城乡居民家庭人均收入水平确定。定期抚恤金的标准及其调整办法，由国务院民政部门会同国务院财政部门规定。

烈士遗属享受定期抚恤金后仍达不到当地居民的平均生活水平的，由县级人民政府予以补助。

第十六条 享受定期抚恤金的烈士遗属户口迁移的，应当同时办理定期抚恤金转移手续。户口迁出地的县级人民政府民政部门发放当年的定期抚恤金；户口迁入地的县级人民政府民政部门凭定期抚恤金转移证明，从第二年1月起发放定期抚恤金。

第十七条 烈士遗属不再符合本条例规定的享受定期抚恤金条件的，应当注销其定期抚恤金领取证，停发定期抚恤金。

享受定期抚恤金的烈士遗属死亡的，增发6个月其原享受的定期抚恤金作为丧葬补助费，同时注销其定期抚恤金领取证，停发定期抚恤金。

第十八条 烈士遗属享受相应的医疗优惠待遇，具体办法由省、自治区、直辖市人民政府规定。

第十九条 烈士的子女、兄弟姐妹本人自愿，且符合征兵条件的，在同等条件下优先批准其服现役。烈士的子女符合公务员考录条件的，在同等条件下优先录用为公务员。

烈士子女接受学前教育和义务教育的，应当按照国家有关规定予以优待；在公办幼儿园接受学前教育的，免交保教费。烈士子女报考普通高中、中等职业学校、高等学校研究生的，在同等条件下优先录取；报考高等学校本、专科的，可以按照国家有关规定降低分数要求投档；在公办学校就读的，免交学费、杂费，并享受国家规定的各项助学政策。

烈士遗属符合就业条件的，由当地人民政府人力资源社会保障部门优先提供就业服务。烈士遗属已经就业，用人单位经济性裁员时，应当优先留用。烈士遗属从事个体经营的，工商、税务等部门应当优先办理证照，烈士遗属在经营期间享受国家和当地人民政府规定的优惠政策。

第二十条 符合住房保障条件的烈士遗属承租廉租住房、购买经济适用住房的，县级以上地方人民政府有关部门应当给予优先、优惠照顾。家住农村的烈士遗属住房有困难的，由当地人民政府帮助解决。

第二十一条 男年满60周岁、女年满55周岁的孤老烈士遗属本人自愿的，可以在光荣院、敬老院集中供养。

各类社会福利机构应当优先接收烈士遗属。

第二十二条 烈士遗属因犯罪被判处有期徒刑、剥夺政治权利或者被司法机关通缉期间，中止其享受的抚恤和优待；被判处死刑、无期徒刑的，取消其烈士遗属抚恤和优待资格。

第四章 烈士纪念设施的保护和管理

第二十三条 按照国家有关规定修建的烈士陵园、纪念堂馆、纪念碑亭、纪念塔祠、纪念塑像、烈士骨灰堂、烈士墓等烈士纪念设施，受法律保护。

第二十四条 国家对烈士纪念设施实行分级保护。分级的具体标准由国务院民政部门规定。

国家级烈士纪念设施，由国务院民政部门报国务院批准后公布。地方各级烈士纪念设施，由县级以上地方人民政府民政部门报本级人民政府批准后公布，并报上一级人民政府民政部门备案。

各级人民政府应当确定烈士纪念设施保护单位，并划定烈士纪念设施保护范围。

第二十五条 烈士纪念设施应当免费向社会开放。

烈士纪念设施保护单位应当健全管理工作规范，维护纪念烈士活动的秩序，提高管理和服务水平。

第二十六条 各级人民政府应当组织收集、整理烈士史料，编纂烈士英名录。

烈士纪念设施保护单位应当搜集、整理、保管、陈列烈士遗物和事迹史料。属于文物的，依照有关法律、法规的规定予以保护。

第二十七条 县级以上人民政府有关部门应当做好烈士纪念设施的保护和管理工作。未经批准，不得新建、改建、扩建或者迁移烈士纪念设施。

第二十八条 任何单位或者个人不得侵占烈士纪念设施保护范围内的土地和设施。禁止在烈士纪念设施保护范围内进行其他工程建设。

任何单位或者个人不得在烈士纪念设施保护范围内为烈士以外的其他人修建纪念设施或者安放骨灰、埋葬遗体。

第二十九条 在烈士纪念设施保护范围内不得从事与纪念烈士无关的活动。禁止以任何方式破坏、污损烈士纪念设施。

第三十条 烈士在烈士陵园安葬。未在烈士陵园安葬的,县级以上人民政府征得烈士遗属同意,可以迁移到烈士陵园安葬,或者予以集中安葬。

第三十一条 烈士陵园所在地人民政府民政部门对前来烈士陵园祭扫的烈士遗属,应当做好接待服务工作;对自行前来祭扫经济上确有困难的,给予适当补助。

烈士遗属户口所在地人民政府民政部门组织烈士遗属前往烈士陵园祭扫的,应当妥善安排,确保安全。

第五章 法律责任

第三十二条 行政机关公务员在烈士褒扬和抚恤优待工作中有下列情形之一的,依法给予处分;构成犯罪的,依法追究刑事责任:

(一)违反本条例规定评定烈士或者审批抚恤优待的;

(二)未按照规定的标准、数额、对象审批或者发放烈士褒扬金或者抚恤金的;

(三)利用职务便利谋取私利的。

第三十三条 行政机关公务员、烈士纪念设施保护单位工作人员贪污、挪用烈士褒扬经费的,由上级人民政府民政部门责令退回、追回,依法给予处分;构成犯罪的,依法追究刑事责任。

第三十四条 未经批准迁移烈士纪念设施,非法侵占烈士纪念设施保护范围内的土地、设施,破坏、污损烈士纪念设施,或者在烈士纪念设施保护范围内为烈士以外的其他人修建纪念设施、安放骨灰、埋葬遗体的,由烈士纪念设施保护单位的上级主管部门责令改正,恢复原状、原貌;造成损失的,依法承担赔偿责任;构成犯罪的,依法追究刑事责任。

第三十五条 负有烈士遗属优待义务的单位不履行优待义务的,由县级人民政府民政部门责令限期改正;逾期不改正的,处2000元以上1万元以下的罚款;属于国有或者国有控股企业、财政拨款的事业单位的,对直接负责的主管人员和其他直接责任人员依法给予处分。

第三十六条 冒领烈士褒扬金、抚恤金,出具假证明或者伪造证件、印章骗取烈士褒扬金或者抚恤金的,由民政部门责令退回非法所得;构成犯罪的,依法追究刑事责任。

第六章 附 则

第三十七条 本条例所称战时,是指国家宣布进入战争状态、部队受领作战任务或者遭敌突然袭击时。

第三十八条 军队评定的烈士,由中国人民解放军总政治部送国务院民政部门备案。

第三十九条 烈士证书、烈士通知书由国务院民政部门印制。

第四十条 位于境外的中国烈士纪念设施的保护,由国务院民政部门会同外交部等有关部门办理。

第四十一条 本条例自2011年8月1日起施行。1980年6月4日国务院发布的《革命烈士褒扬条例》同时废止。

优抚医院管理办法

(2011年6月9日民政部令第41号公布 自2011年8月1日起施行)

第一条 为了加强优抚医院管理,服务国防和军队建设,根据《军人抚恤优待条例》和国家有关规定,制定本办法。

第二条 优抚医院是国家为残疾军人和在服役期间患严重慢性病、精神疾病的复员退伍军人等优抚对象提供医疗和供养服务的优抚事业单位。

优抚医院包括荣誉军人康复医院、复员退伍军人慢性病医院、复员退伍军人精神病医院和综合性优抚医院。

优抚医院坚持全心全意为优抚对象服务的办院宗旨。

第三条 国务院民政部门主管全国优抚医院工作。县级以上地方人民政府民政部门主管本行政区域内优抚医院工作。

优抚医院接受卫生行政部门的监督管理。

第四条 国家兴办优抚医院,所需经费列入各级政府财政预算。优抚医院建设与发展应当纳入当地经济和社会发展总体规划和卫生事业发展规划,建设水平应当与当地经济和社会发展相适应。

第五条 省级人民政府民政部门应当根据优抚对象数量和医疗供养需求情况,制定本行政区域内优抚医院布局规划,并报民政部备案。

县级以上地方人民政府设置优抚医院,应当符合国家有关规定和优抚医院布局规划。

第六条 民政部门应当支持有条件的优抚医院在医疗、科研、教学等方面全面发展,积极争创等级医院。

省级人民政府民政部门管理的优抚医院应当达到三级医院标准,设区的市级人民政府民政部门管理的优抚医院应当达到二级医院标准。

第七条 优抚医院在建设、用地、水电、燃气、供暖、电信等方面享受国家有关优惠政策。

鼓励自然人、法人和其他组织对优抚医院提供捐助和服务。

优抚医院各项经费应当专款专用,接受财政、审计部门和社会的监督。

第八条 对在优抚医院工作中成绩显著的单位和个人，按照有关规定给予表彰和奖励。

第九条 优抚医院根据主管部门下达的任务，收治下列优抚对象：

（一）需要常年医疗或者独身一人不便分散安置的一级至四级残疾军人；

（二）在服役期间患严重慢性病的残疾军人和带病回乡复员退伍军人；

（三）在服役期间患精神疾病，需要住院治疗的复员退伍军人；

（四）短期疗养的优抚对象；

（五）主管部门安排收治的其他人员。

第十条 优抚医院应当为在院优抚对象提供良好的医疗服务和生活保障，主要包括：

（一）健康检查；

（二）疾病诊断、治疗和护理；

（三）康复训练；

（四）健康指导；

（五）精神慰藉；

（六）生活必需品供给；

（七）生活照料；

（八）文体活动。

第十一条 优抚医院应当加强对在院优抚对象的思想政治工作，发挥优抚对象在光荣传统教育中的重要作用。

第十二条 优抚医院针对在院残疾军人的残情特点，实施科学有效的医学治疗，探索常见后遗症、并发症的防治方法，促进生理机能恢复，提高残疾军人生活质量。

第十三条 优抚医院应当采取积极措施，控制在院慢性病患者病情，减轻其痛苦，降低慢性疾病对患者造成的生理和心理影响。

第十四条 优抚医院对在院精神疾病患者进行综合治疗，促进患者精神康复。

对精神病患者实行分级管理，预防发生自杀、自伤、伤人、出走等行为。

第十五条 优抚医院应当规范入院、出院程序。

属于第九条规定收治范围的优抚对象，可以由本人（精神病患者由其利害关系人）提出申请，经县级人民政府民政部门审核，由优抚医院根据主管部门下达的任务和计划安排入院。省级人民政府民政部门可以指定优抚医院收治符合条件的优抚对象。

在院优抚对象基本治愈或者病情稳定，符合出院条件的，由优抚医院办理出院手续。按照有关政策应当分散安置的，由其常住户口所在地民政部门给予妥善安置。

在院优抚对象病故的，优抚医院应当及时报告主管部门，并协助优抚对象常住户口所在地民政部门妥善办理丧葬事宜。

第十六条 民政部门应当定期组织优抚医院开展巡回医疗活动，积极为院外优抚对象提供医疗服务。

第十七条 优抚医院应当在做好优抚对象服务工作的基础上，积极履行医疗机构职责，发挥自身医疗专业特长，为社会提供优质医疗服务。

优抚医院应当通过社会服务提升业务能力，改善医疗条件，不断提高优抚对象医疗和供养水平。

第十八条 优抚医院适用国家有关医疗机构管理的法律法规和相关规定，执行卫生行政部门有关医疗机构的相关标准。

第十九条 优抚医院实行院长负责制，科室实行主任（科长）负责制。

第二十条 优抚医院建立职工代表大会制度，保障职工参与医院的民主决策、民主管理和民主监督。

第二十一条 优抚医院建立完整的医护管理、感染控制、药品使用、医疗事故预防等规章制度，提高医院质量管理水平。

第二十二条 优抚医院实行岗位责任制，设立专业技术、行政管理、工勤和社工等岗位并明确相关职责。

第二十三条 优抚医院应当加强医院文化建设，积极宣传优抚对象的光荣事迹，形成有拥军特色的医院文化。

第二十四条 优抚医院应当完善人才培养和引进机制，积极培养和引进学科带头人，建立一支适应现代化医院发展要求的技术和管理人才队伍。

第二十五条 优抚医院应当加强与军队医院、其他社会医院的合作与交流，开展共建活动，在人才、技术等领域实现资源共享和互补。

第二十六条 优抚医院的土地、房屋、设施、设备和其他财产归优抚医院管理和使用，任何单位和个人不得侵占。

第二十七条 优抚对象应当遵守优抚医院各项规章制度，尊重医护人员工作，自觉配合医护人员的管理。对违反相关规定的，由优抚医院或者主管部门进行批评教育。

第二十八条 本办法自2011年8月1日起施行。

伤残抚恤管理办法

（2007年7月31日民政部令第34号公布　根据2013年7月5日《民政部关于修改〈伤残抚恤管理办法〉的决定》修订）

第一章　总　　则

第一条 为了规范和加强民政部门管理的伤残抚恤工作，根据《军人抚恤优待条例》等法规，制定本办法。

第二条　本办法适用对象为下列中国公民：

（一）在服役期间因战因公致残退出现役的军人，在服役期间因病评定了残疾等级退出现役的残疾军人；

（二）因战因公负伤时为行政编制的人民警察；

（三）因战因公负伤时为公务员以及参照《中华人民共和国公务员法》管理的国家机关工作人员；

（四）因参战、参加军事演习、军事训练和执行军事勤务致残的预备役人员、民兵、民工以及其他人员；

（五）为维护社会治安同违法犯罪分子进行斗争致残的人员；

（六）为抢救和保护国家财产、人民生命财产致残的人员；

（七）法律、行政法规规定应当由民政部门负责伤残抚恤的其他人员。

前款所列第（四）、第（五）、第（六）项人员，根据《工伤保险条例》应当认定视同工伤的，不再办理因战、因公伤残抚恤。

第三条　伤残抚恤工作应当遵循公开、公平、公正的原则。县级人民政府民政部门应当公布有关评残程序和抚恤金标准。

第二章　残疾等级评定

第四条　残疾等级评定包括新办评定残疾等级、补办评定残疾等级、调整残疾等级。

新办评定残疾等级是指对第二条第一款第（一）项以外的人员认定因战因公残疾性质，评定残疾等级。补办评定残疾等级是指对现役军人因战因公致残未能及时评定残疾等级，在退出现役后依据《军人抚恤优待条例》的规定，认定因战因公性质、评定残疾等级。调整残疾等级是指对已经评定残疾等级，因残疾情况变化与所评定的残疾等级明显不符的人员调整残疾等级级别。

属于新办评定残疾等级的，申请人应当在因战因公负伤或者被诊断、鉴定为职业病3年内提出申请。

第五条　申请人（精神病患者由其利害关系人）申请评定残疾等级，应当向所在单位提出书面申请；没有单位的，向户籍所在地的街道办事处或者乡镇人民政府提出书面申请。

以原致残部位申请调整残疾等级的，可以直接向户籍所在地县级人民政府民政部门提出申请。

第六条　申请人所在单位或者街道办事处或者乡镇人民政府审查评定残疾等级申请后出具书面意见，连同本人档案材料、书面申请和本人近期二寸免冠彩色照片等一并报送户籍所在地的县级人民政府民政部门审查。

申请新办评定残疾等级，应当提交致残经过证明和医疗终结后的诊断证明。

申请补办评定残疾等级，应当提交因战因公致残档案记载或者原始医疗证明。

申请调整残疾等级，应当提交原评定残疾等级的证明和本人认为残疾情况与原残疾等级明显不符的医疗诊断证明。民政部门认为需要调整等级的，应当提出调整的理由，并通知本人到指定的医疗卫生机构进行残疾情况鉴定。

第七条　县级人民政府民政部门对报送的有关材料进行核对，符合受理条件的签发受理通知书；材料不全或者材料不符合法定形式的应当告知当事人补充材料。

县级人民政府民政部门经审查认为申请人符合因战因公负伤条件的，应当填写《评定、调整伤残等级审批表》，并在受理之日起20个工作日内，通知本人到设区的市人民政府或者行政公署以上民政部门指定的医疗卫生机构，对属于因战因公导致的残疾情况进行鉴定，由医疗卫生专家小组根据《军人残疾等级评定标准》，出具残疾等级医学鉴定意见。职业病的残疾情况鉴定由省级人民政府民政部门指定的有职业病诊断资质的医疗机构作出；精神病的残疾情况鉴定由省级人民政府民政部门指定的二级以上精神病专科医院作出。

县级人民政府民政部门依据医疗卫生专家小组出具的残疾等级医学鉴定意见对申请人拟定残疾等级，在《评定、调整伤残等级审批表》上签署意见，加盖印章，连同其他申请材料，于收到医疗卫生专家小组签署意见之日起20个工作日内，一并报送设区的市人民政府民政部门或者行政公署民政部门。

对第二条第一款第（一）项人员，经审查认为不符合因战因公负伤条件的，或者经医疗卫生专家小组鉴定达不到评定或者调整残疾等级的，县级人民政府民政部门应当根据《军人抚恤优待条例》第二十四条第一款第（三）项的规定逐级上报省级人民政府民政部门。对第二条第一款第（一）项以外的人员，经审查认为不符合因战因公负伤条件的，或者经医疗卫生专家小组鉴定达不到评定或者调整残疾等级标准的，县级人民政府民政部门应当填写《不予评定、调整伤残等级决定书》，连同医疗卫生专家小组出具的残疾等级医学鉴定意见（复印件）和申请人提供的材料，退还申请人。

第八条　设区的市人民政府民政部门或者行政公署民政部门对报送的材料审查后，在《评定、调整伤残等级审批表》上签署意见，并加盖印章。

对符合条件的，于收到材料之日起20个工作日内，将上述材料报送省级人民政府民政部门。对不符合条件的，属于第二条第一款第（一）项人员，根据《军人抚恤优待条例》第二十四条第一款第（三）项的规定上报省级人民政府民政部门；属于第二条第一款第（一）项以外的人员，填写《不予评定、调整伤残等级决定书》，连同医疗卫生专家小组出具的残疾等级医学鉴定意见（复印件）和申请人提供的材料，逐级退还申请人。

第九条　省级人民政府民政部门对报送的材料初审后，认为符合条件的，逐级通知县级人民政府民政部门对申请人的评残情况进行公示。公示内容应当包括致残的时间、地点、原因、残疾情况（涉及隐私或者不宜公开的不公示）、拟定的残疾等级以及民政部门联系方式。公示应当在申请人工作单位所在地或者居住地进行,时间不少于7个工作日。县级人民政府民政部门应当对公示中反馈的意见进行核实并签署意见,逐级上报省级人民政府民政部门,对调整等级的应当将本人持有的伤残人员证一并上报。

省级人民政府民政部门应当对公示的意见进行审核,在《评定、调整伤残等级审批表》上签署审批意见,加盖印章。对符合条件的,由民政部门办理伤残人员证(调整等级的,在证件变更栏处填写新等级),连同医疗卫生专家小组出具的伤残等级医学鉴定意见(复印件),于收到材料之日起60个工作日内逐级发给申请人。对不符合条件的,由民政部门填写《不予评定、调整伤残等级决定书》,连同医疗卫生专家小组出具的残疾等级医学鉴定意见(复印件)和申请人提供的材料,于收到材料之日起60个工作日内逐级退还申请人。

第十条 申请人或者民政部门对医疗卫生专家小组作出的残疾等级医学鉴定意见有异议的,可以到省级人民政府民政部门指定的医疗卫生机构重新进行鉴定。

省级人民政府民政部门可以成立医疗卫生专家小组,对残疾情况与应当评定的残疾等级提出评定意见。

第十一条 伤残人员以军人、人民警察、公务员以及参照《中华人民共和国公务员法》管理的国家机关工作人员和其他人员不同身份多次致残的,民政部门按上述顺序只发给一种证件,并在伤残证件变更栏上注明第二次致残的时间和性质,以及合并评残后的等级和性质。

致残部位不能合并评残的,可以先对各部位分别评残。等级不同的,以重者定级;两项以上等级相同的,只能晋升一级。

多次致残的伤残性质不同的,以等级重者定性。等级相同的,按因战、因公、因病的顺序定性。

第三章 伤残证件和档案管理

第十二条 伤残证件的发放种类:

(一)退役军人在服役期间因战因公因病致残的,发给《中华人民共和国残疾军人证》;

(二)人民警察因战因公致残的,发给《中华人民共和国伤残人民警察证》;

(三)公务员以及参照《中华人民共和国公务员法》管理的国家机关工作人员因战因公致残的,发给《中华人民共和国伤残公务员证》;

(四)其他人员因战因公致残的,发给《中华人民共和国因战因公伤残人员证》。

第十三条 伤残证件由国务院民政部门统一制作。证件的有效期:15周岁以下为5年,16-25周岁为10年,26-45周岁为20年,46周岁以上为长期。

第十四条 伤残证件有效期满或者损毁、遗失的,当事人应当到县级人民政府民政部门申请换发证件或者补发证件。伤残证件遗失的须本人登报声明作废。

县级人民政府民政部门经审查认为符合条件的,填写《伤残人员换证补证报批表》,连同照片逐级上报省级人民政府民政部门。省级人民政府民政部门将新办理的伤残证件逐级通过县级人民政府民政部门发给申请人。各级民政部门应当在20个工作日内完成本级民政部门需要办理的事项。

第十五条 伤残人员办理前往香港、澳门、台湾定居或者出国定居前,由户籍所在地县级人民政府民政部门在变更栏内注明变更内容。对需要换发新证的,"身份证号"处填写所在国(或者香港、澳门、台湾)核发的居住证件号码。"户籍地"为国内抚恤关系所在地。

第十六条 伤残人员死亡的,县级人民政府民政部门应当注销其伤残证件,并逐级上报省级人民政府民政部门备案。

第十七条 民政部门对申报和审批的各种材料、伤残证件应当有登记手续。送达的材料或者证件,均须挂号邮寄或者由当事人签收。

第十八条 县级人民政府民政部门应当建立伤残人员资料档案,一人一档,长期保存。

第四章 伤残抚恤关系转移

第十九条 残疾军人退役或者向政府移交,必须自军队办理了退役手续或者移交手续后60日内,向户籍迁入地的县级人民政府民政部门申请转入抚恤关系。民政部门必须进行审查、登记、备案。审查的材料有:《户口簿》、《残疾军人证》、解放军总后勤部卫生部(或者武警后勤部卫生部、武警边防部队后勤部、武警部队消防局、武警部队警卫局)监制的《军人残疾等级评定表》或者《换领〈中华人民共和国残疾军人证〉申报审批表》、退役证件或者移交政府安置的相关证明。

县级人民政府民政部门应当对残疾军人残疾情况及有关材料进行审查,必要时可以复查鉴定残疾情况。认为符合条件的,将《残疾军人证》及有关材料逐级报送省级人民政府民政部门。省级人民政府民政部门审查无误的,在《残疾军人证》变更栏内填写新的户籍地、重新编号,并加盖印章,将《残疾军人证》逐级通过县级人民政府民政部门发还申请人。各级民政部门应当在20个工作日内完成本级民政部门需要办理的事项,如复查鉴定残疾情况的可以延长到30个工作日。

《军人残疾等级评定表》或者《换领〈中华人民共和国残疾军人证〉申报审批表》记载的残疾情况与残疾等级明显不符的,民政部门应当暂缓登记,逐级上报省级人民政府民政部门通知原审批机关更正。复查鉴定的残疾情况与《军人残疾等级评定表》或者《换领〈中华人民共和国残疾军人证〉申报审批表》记载的残疾情况明显不符的,按复查鉴定的残疾情况重新评定残疾等级。伪造、变造《残疾军人证》的,民政部门收回《残疾军人证》不予登记,并移交当地公安机关处理。

第二十条 伤残人员跨省迁移的,迁出地的县级人民政府民政部门根据伤残人员申请及其伤残证件和迁入地户口簿,将伤残档案、迁入地户口簿复印件以及《伤残人员关系转移证明》,发送迁入地县级人民政府民政部门,并同时将此信息上报本省级人民政府民政部门。

迁入地县级人民政府民政部门在收到上述材料和伤残人员提供的伤残证件后,逐级上报省级人民政府民政部门。省级人民政府民政部门在向迁出地省级人民政府民政部门核实无误后,在伤残证件变更栏内填写新的户籍地、重新编号,并加盖印章,逐级通过县级人民政府民政部门发还申请人。各级民政部门应当在20个工作日内完成本级民政部门需要办理的事项。

迁出地民政部门邮寄伤残档案时,应当将伤残证及其军队或者地方相关的评残审批表或者换证表复印备查。

第二十一条 伤残人员本省、自治区、直辖市范围内迁移的有关手续,由省、自治区、直辖市人民政府民政部门规定。

第五章 抚恤金发放

第二十二条 伤残人员从被批准残疾等级评定后的第二个月起,由发给其伤残证件的县级人民政府民政部门按照规定予以抚恤。伤残人员抚恤关系转移的,其当年的抚恤金由部队或者迁出地的民政部门负责发给,从第二年起由迁入地民政部门按当地标准发给。

第二十三条 在国内异地(指非发放抚恤金所在地)居住的伤残人员或者前往香港、澳门、台湾定居或者出国定居的中国国籍伤残人员,经向县级人民政府民政部门申请并办理相关手续后,其伤残抚恤金可以委托他人代领,也可以委托民政部门邮寄给本人、或者存入其指定的金融机构账户,所需费用由本人负担。

第二十四条 在国内异地居住的伤残人员,每年应当向负责支付其伤残抚恤金的民政部门提供一次居住地公安机关出具的居住证明。当年未提交证明的,县级人民政府民政部门应当经过公告或者通知其家属提交证明;经过公告或者通知其家属后60日内,伤残人员仍未提供上述居住证明的,从第二年起停发伤残抚恤金。

前往香港、澳门、台湾定居或者出国定居的伤残人员,县级人民政府民政部门应当告知当事人每年向负责支付其伤残抚恤金的民政部门提供一次由我国驻外使领馆或者当地公证机关出具的居住证明,由当地公证机关出具的证明书,须经我驻外使领馆认证。香港地区由内地认可的公证人出具居住证明,澳门地区由内地认可的公证人或者澳门地区政府公证部门出具居住证明,台湾地区由当地公证机构出具居住证明。当年未提供上述居住证明的,从第二年起停发伤残抚恤金。

第二十五条 伤残人员死亡的,从死亡后的第二个月起停发抚恤金。

第二十六条 县级人民政府民政部门依据人民法院的判决书,或者公安机关发布的通缉令,对具有中止抚恤情形的伤残人员决定中止抚恤,并通知本人或者其家属。

第二十七条 中止抚恤的伤残人员在刑满释放并恢复政治权利或者取消通缉后,经本人申请,并经民政部门审查符合条件的,从第二个月起恢复抚恤,原停发的抚恤金不予补发。办理恢复抚恤手续应当提供下列材料:本人申请、户口簿、司法部门的相关证明。需要重新办证的,按照证件丢失规定办理。

第六章 附 则

第二十八条 未列入行政编制的人民警察,参照本办法评定伤残等级,其伤残抚恤金由所在单位按规定发放。

第二十九条 本办法施行以前发生的有关第二条第一款第(三)项中"因战因公负伤时为参照《中华人民共和国公务员法》管理的国家机关工作人员"和第二条第一款第(六)项事项不予办理。

本办法施行以前已经发放的《伤残国家机关工作人员证》、《伤残民兵民工证》不再换发。

第三十条 省级人民政府民政部门可以根据本地实际情况,制定具体工作细则。

第三十一条 本办法自2007年8月1日起施行。1997年民政部颁布的《伤残抚恤管理暂行办法》同时废止。

附件 1

评定、调整伤残等级审批表

<table>
<tr><td>姓　名</td><td></td><td>性　别</td><td></td><td>民族</td><td></td><td rowspan="3">照
片</td></tr>
<tr><td>出生年月</td><td></td><td>身份证号</td><td colspan="3"></td></tr>
<tr><td>入伍时间或者
参加工作时间</td><td></td><td>退伍时间</td><td colspan="3"></td></tr>
<tr><td>致残时单位</td><td colspan="4"></td><td>现伤残等级</td><td></td></tr>
<tr><td>户籍地</td><td colspan="6"></td></tr>
<tr><td>致残时间、地点、
原因、部位</td><td colspan="6"></td></tr>
<tr><td>医疗卫生专家
小组意见</td><td colspan="6">1. 残疾情况：
2. 根据《军人残疾等级评定标准(试行)》第　条第　款和第　条第　款,建议评为　级。
（医疗卫生机构章）
年　月　日</td></tr>
<tr><td>专家小组
成员签字
（3 人以上）</td><td colspan="6"></td></tr>
<tr><td>县级人民政府
民政部门意见</td><td colspan="6">伤残性质：
申报等级：
（民政局章）
负责人签字：　年　月　日</td></tr>
<tr><td>设区的市人民
政府或者行政
公署民政部门
意见</td><td colspan="6">伤残性质：
申报等级：
（民政局章）
负责人签字：　年　月　日</td></tr>
<tr><td>省级人民政府
民政部门意见</td><td colspan="6">伤残性质：
审批等级：
（民政厅章）
负责人签字：　年　月　日</td></tr>
<tr><td>证书类别</td><td colspan="2"></td><td>证书编号</td><td colspan="3"></td></tr>
</table>

填表说明：

1.“入伍时间”、“退伍时间”,仅用于评定残疾军人时填写。

2.“现伤残等级”,仅用于调整伤残等级时填写(大写数字)。

3.“致残时单位”,评定残疾军人,填部队代号或番号;评定伤残人民警察或伤残国家机关工作人员,填负伤时单位;评定其他伤残人员,有单位就填,没有就不填。

4. 如医疗卫生专家小组意见无法在本表填写,可另附体检表或体检报告。

附件2

不予评定伤残等级决定书

：

经审查，你提出的评定伤残等级的申请，

依据：

决定：不予评定伤残等级。

如不服本决定，可于收到本决定书之日起60日内，向本级人民政府或者上一级民政部门申请行政复议；或依法提起行政诉讼。

民政厅（局）章

年 月 日

决定书应载明事项：

“经审查”部分，注明申请人的申请不符合下列哪种情形：1. 没有因战因公致残的档案记载或者原始医疗证明；2. 残疾情况达不到《军人残疾等级评定标准（试行）》；3. 其他。

“依据”部分，根据申请人的身份注明不予评定的具体依据：1.《军人抚恤优待条例》第 条的规定；2.《伤残抚恤管理办法》第 条的规定；3.《关于国家机关工作人员、人民警察伤亡抚恤有关问题的通知》；4. 其他相关依据。

注意事项：

1. 根据申请人的具体情况打印本决定书，打印时删除决定书应载明事项、注意事项。
2. 如今后有关政策发生变化，应当按照新政策变更有关内容。

附件3

不予调整伤残等级决定书

：

经审查，你提出的调整伤残等级的申请，

依据：

决定：不予调整伤残等级。

如不服本决定，可于收到本决定书之日起60日内，向本级人民政府或者上一级民政部门申请行政复议；或依法提起行政诉讼。

民政厅（局）章

年 月 日

决定书应载明事项：

“经审查”部分，注明申请人的申请不符合下列哪种情形：1. 没有因战因公致残的档案记载或者原始医疗证明；2. 残疾情况达不到《军人残疾等级评定标准(试行)》；3. 其他。

“依据”部分，根据申请人的身份注明不予评定的具体依据：1.《军人抚恤优待条例》第　条的规定；2.《伤残抚恤管理办法》第　条的规定；3.《关于国家机关工作人员、人民警察伤亡抚恤有关问题的通知》；4. 其他相关依据。

注意事项：

1. 根据申请人的具体情况打印本决定书，打印时删除决定书应载明事项、注意事项。

2. 如今后有关政策发生变化，应当按照新政策变更有关内容。

光荣院管理办法

(2010 年 12 月 25 日民政部令第 40 号公布　自 2011 年 3 月 1 日起施行)

第一章　总　　则

第一条　为了加强光荣院管理，做好抚恤优待对象集中供养工作，服务军队和国防建设，根据《军人抚恤优待条例》和国家有关规定，制定本办法。

第二条　光荣院是国家集中供养孤老和生活不能自理的抚恤优待对象(以下简称集中供养对象)，并对其实行特殊保障的优抚事业单位。

第三条　国务院民政部门负责指导全国光荣院的管理工作。县级以上地方人民政府民政部门是光荣院管理的主管部门(以下简称光荣院主管部门)，对光荣院集中供养工作进行管理、监督和检查。

第四条　国家兴办光荣院，所需经费列入同级政府财政预算。光荣院的建设水平应当与当地经济和社会发展相适应，满足供养需求。集中供养对象的生活水平应当略高于当地的平均生活水平。

国家鼓励公民、法人和其他组织对光荣院提供社会捐助和服务。

光荣院各项经费应当专款专用，接受财政、审计部门和社会的监督。

第五条　光荣院在建设、用地、水电、燃气、供暖、电信、农副业生产等方面享受国家有关优惠政策。

第六条　对在光荣院建设和管理工作中成绩显著的单位和个人，按照有关规定给予表彰和奖励。

第二章　供养对象

第七条　老年、残疾或者未满 16 周岁的烈士遗属、因公牺牲军人遗属、病故军人遗属和进入老年的残疾军人、复员军人、退伍军人，无法定赡养人、扶养人、抚养人或者法定赡养人、扶养人、抚养人无赡养、扶养、抚养能力且享受国家定期抚恤补助待遇的，可以申请享受光荣院集中供养待遇。

第八条　申请进入光荣院集中供养，应当由本人向乡镇人民政府或者街道办事处提出申请，因年幼或者无法表达意愿的，由居民委员会(村民委员会)或者其他公民代为提出申请，报光荣院主管部门审核批准。

第九条　光荣院主管部门应当与光荣院签订集中供养协议，保障集中供养对象享受符合要求的供养待遇。

在院集中供养对象个人随身携带的款物和贵重物品委托光荣院保管的，应当签订财物保管协议。

第十条　光荣院应当坚持入院自愿、出院自由的原则，规范入院、出院手续，建立集中供养对象的个人档案。

集中供养对象不再符合本办法第七条规定条件的，光荣院应当向光荣院主管部门报告，由光荣院主管部门核准后出院。

集中供养对象死亡的，光荣院应当为其办理丧葬事宜，并向光荣院主管部门报告，其遗产按照《中华人民共和国继承法》的有关规定处理。

光荣院主管部门应当定期核准集中供养对象人数，通报同级人民政府财政部门，并报上一级人民政府民政部门，由省级人民政府民政部门汇总后报国务院民政部门。

第三章　供养服务

第十一条　光荣院应当为集中供养对象提供下列供养服务：

(一)提供饮食；

(二)提供生活必需品；

(三)提供住房；

(四)提供医疗、康复、护理、保健服务；

(五)提供学习娱乐、精神关怀服务；

(六)提供清洁卫生、安全保卫服务；

(七)其他供养服务。

集中供养对象未满 16 周岁或者已满 16 周岁仍在接受义务教育的，光荣院应当保障其接受义务教育所需费用。

第十二条　光荣院提供的饮食应当符合食品安全要求，并根据集中供养对象的需要适当调整。

光荣院应当为集中供养对象提供必备的服装、被褥、生活用具和适合老年人、残疾人居住需求的生活设施，并为其提供适当的出行条件。

光荣院应当保持集中供养对象住房整洁，帮助其搞好个人卫生，并提供必要的照料，保证其人身安全。

第十三条　集中供养对象按照《优抚对象医疗保障办法》的规定享受医疗待遇。

集中供养对象患病的，光荣院应当及时联系和协助当地医疗机构予以治疗。

光荣院应当建立集中供养对象个人医疗和健康档案，为集中供养对象提供定期体检服务和健康教育服务，帮助集中供养对象制定医疗康复计划。

第十四条　光荣院实行24小时值班制度，对生活不能自理的集中供养对象实行全日制护理，并配置配备拐杖、轮椅或者其他辅助器具。

第十五条　光荣院应当为集中供养对象创造良好的生活环境，安排好物质文化生活，组织学习教育，开展有益于身心健康的文体休闲活动。

对有能力并自愿参加劳动和公益活动的集中供养对象，光荣院可以安排其从事力所能及的劳动和公益活动，丰富日常生活。

第十六条　光荣院应当关爱集中供养对象，为其组织必要的心理咨询和社会交往活动，使集中供养对象得到精神慰藉。

第十七条　集中供养对象的定期抚恤金、补助金由光荣院统一管理使用，用于集中供养对象的生活、医疗等费用支出。

光荣院应当给集中供养对象发放零用钱，具体标准由光荣院主管部门确定。

第十八条　光荣院供养标准由省级人民政府民政部门制定，经省级人民政府批准后公布执行，并根据当地经济社会发展水平适时调整。

第四章　院务管理

第十九条　光荣院实行院长负责制，院长由光荣院主管部门任命，也可以向社会公开招聘。

光荣院工作人员应当经过光荣院主管部门培训考核，专业岗位工作人员应当取得相应职业资格后持证上岗。

光荣院应当按集中供养对象人数的25%配备工作人员，满足集中供养对象的需求。其中管理人员占工作人员总数的比例不超过20%。

第二十条　光荣院应当设立院务管理委员会。院务管理委员会的成员由光荣院全体人员推选产生，集中供养对象所占比例应当不低于三分之一。院务管理委员会可以下设专门委员会。

院务管理委员会应当定期召开会议，参与光荣院工作的管理和监督。

第二十一条　光荣院应当定期公布国家对抚恤优待对象的抚恤补助政策和标准，公开院内工作流程、经费开支等情况，明示服务宗旨和项目，并接受集中供养对象的监督。

第二十二条　光荣院应当按照国家有关规定，建立健全安全、消防、卫生、财务、档案管理等制度。

第二十三条　有条件的光荣院可以开展以改善集中供养对象生活条件为目的的农副业生产。集中供养对象自愿参加光荣院组织开展的农副业生产活动，光荣院应当给予报酬。

第二十四条　光荣院应当建立荣誉室或者陈列室，收集、编撰、陈列、展示有关烈士、因战因公牺牲军人和集中供养对象的光荣事迹，与驻地国家机关、社会团体、企业事业单位、学校、部队、社区等开展精神文明共建活动，充分发挥其爱国主义教育和革命传统教育作用。

第五章　建设规范

第二十五条　县级以上行政区域应当根据集中供养对象的实际需要兴建、改扩建光荣院，每所光荣院床位数应当不低于50张，床位利用率应当达到80%以上。

第二十六条　光荣院的各类建筑应当根据老年人、残疾人和未成年人生活、安全需要进行设计，符合无障碍标准建筑设计规范的要求。

第二十七条　集中供养对象居住用房每间应当不小于15平方米，配置卫生间和洗澡间。光荣院应当具备开展日常工作和服务所必需的办公室、值班室、厨房、餐厅、储藏室、活动室等辅助用房。

有条件的地区还可以建设用于康复保健、文体娱乐等方面的功能室和室外活动场所。

第二十八条　光荣院应当配置应急呼叫设备，并根据当地气候条件和集中供养对象的实际需要配置取暖、降温设备。

光荣院应当维护好照明、通讯、消防、报警、取暖、降温、排污和水电供应等设施和生活设备，保证其正常运转。

第二十九条　光荣院应当设立医疗室，并视条件配备常用和急救所需的医疗器械、设备及药品。

第三十条　光荣院应做好室外绿化、环境美化工作，为在院集中供养对象提供安静、整洁、优美的生活环境。

第六章　责任追究

第三十一条　光荣院的土地、房屋、设施、设备和其他财产依法归光荣院管理和使用，任何单位和个人不得侵占。

侵占、破坏光荣院财物的，由当地人民政府民政部门责令限期改正，并恢复原状；造成损失的，依法承担赔偿责任。

第三十二条　集中供养对象应当珍惜荣誉，遵守光荣院的各项规定，自觉配合工作人员的管理。对违反相关规定的，由光荣院和光荣院主管部门进行批评教育。

集中供养对象因违法犯罪被判处有期徒刑、剥夺政治权利或者被通缉期间,中止其集中供养资格;被判处死刑、无期徒刑的,取消其集中供养资格。

第三十三条 光荣院违反本办法的规定,对集中供养对象提供的供养服务不符合要求,由光荣院主管部门责令改正;逾期不改正的,对直接负责的责任人和其他主管人员依法给予行政处分,造成损失的,依法承担赔偿责任。

光荣院造成集中供养对象人身伤害事故的,应当依法承担赔偿责任。

第三十四条 光荣院主管部门及其工作人员有下列行为之一的,由上级人民政府民政部门对其直接负责的责任人和其他主管人员进行批评教育,限期改正;情节严重的,依法给予行政处分;构成犯罪的,依法追究刑事责任:

(一)违反规定审批光荣院集中供养待遇的;

(二)贪污、挪用、截留、私分光荣院款物的;

(三)光荣院建设和管理中有滥用职权、玩忽职守、徇私舞弊行为的;

(四)其他违反相关法律法规行为的。

第七章 附 则

第三十五条 各级民政部门主管的各类福利机构中设立的光荣间、光荣楼可以参照本办法的规定执行。

第三十六条 本办法自2011年3月1日起施行。

烈士纪念设施保护管理办法

(2013年6月28日民政部令第47号公布 自公布之日起施行)

第一条 为褒扬烈士,加强烈士纪念设施保护管理,弘扬爱国主义、集体主义精神和社会主义道德风尚,促进社会主义精神文明建设,根据《烈士褒扬条例》,制定本办法。

第二条 本办法所称烈士纪念设施,是指在中华人民共和国境内为纪念烈士专门修建的烈士陵园、纪念堂馆、纪念碑亭、纪念塔祠、纪念塑像、烈士骨灰堂、烈士墓等设施。

第三条 根据烈士纪念设施的纪念意义和建设规模,对烈士纪念设施实行分级保护管理。

烈士纪念设施分为:

(一)国家级烈士纪念设施;

(二)省级烈士纪念设施;

(三)设区的市级烈士纪念设施;

(四)县级烈士纪念设施。

未列入等级的零散烈士纪念设施,由所在地县级人民政府民政部门保护管理或者委托有关单位、组织或者个人进行保护管理。

第四条 县级以上烈士纪念设施由所在地人民政府负责保护管理,纳入当地国民经济和社会发展规划或者有关专项规划,所需经费列入当地财政预算。

民政部会同财政部安排国家级烈士纪念设施维修改造补助经费,地方各级人民政府民政部门会同财政部门安排当地烈士纪念设施维修改造经费。维修改造经费的使用和管理接受审计等部门的监督。

第五条 县级以上烈士纪念设施应当确定保护单位,加强工作力量,明确管理责任。烈士纪念设施保护单位由所在地人民政府的民政部门负责管理。

第六条 符合下列基本条件之一的,可以申报国家级烈士纪念设施:

(一)为纪念在革命斗争、保卫祖国和建设祖国等各个历史时期的重大事件、重要战役和主要革命根据地斗争中牺牲的烈士而修建的烈士纪念设施;

(二)为纪念在全国有重要影响的著名烈士而修建的烈士纪念设施;

(三)为纪念为中国革命斗争牺牲的知名国际友人而修建的纪念设施;

(四)位于革命老区、少数民族地区的规模较大的烈士纪念设施。

省级以下各级烈士纪念设施,根据其纪念意义和建设规模,分别确定为省级、设区的市级、县级烈士纪念设施。

第七条 确定国家级烈士纪念设施,由民政部报国务院批准后公布。确定地方各级烈士纪念设施,由民政部门报本级人民政府批准后公布,并报上一级人民政府民政部门备案。

第八条 烈士纪念设施保护单位的上级主管部门应当提出划定保护范围的方案,报同级人民政府批准和公布。

对属于文物的烈士纪念设施,应当按照文物保护法律法规划定保护范围和建设控制地带。

县级以上烈士纪念设施应当设立保护标志。烈士纪念设施保护标志式样由民政部统一制定。

第九条 烈士纪念设施保护单位应当办理烈士纪念设施土地使用权属文件。

第十条 改建、扩建烈士纪念设施,应当经原批准等级的人民政府民政部门同意,并纳入建设项目管理。

第十一条 未经批准,不得迁移烈士纪念设施。

因重大建设工程确需迁移地方各级烈士纪念设施的,须经原批准等级的人民政府同意,并报上一级人民政府的民政部门备案。

迁移国家级烈士纪念设施的,应当由所在地省级人民政府报国务院批准。

第十二条 烈士纪念设施应当纳入城乡建设规划,绿化美化环境,实现园林化,使烈士纪念设施形成庄严、肃穆、优美的环境和气氛,为社会提供良好的瞻仰和教育场所。

第十三条 各级烈士纪念设施保护单位应当根据人民政

府安排，开展烈士史料征集研究、事迹编纂和陈列展示工作，组织烈士纪念活动，宣传烈士的英雄事迹、献身精神和高尚品质。

烈士纪念设施保护单位应当充分发挥红色资源优势，具备条件的列入红色旅游发展规划，发挥爱国主义教育基地作用。

烈士纪念设施保护单位应当配备具备资质的讲解员。

第十四条　烈士纪念设施保护单位应当健全瞻仰凭吊服务、岗位责任、安全管理等内部制度和工作规范，对本单位工作人员定期进行职业教育和业务培训。

第十五条　任何单位或者个人不得侵占烈士纪念设施保护范围内的土地和设施。禁止在烈士纪念设施保护范围内进行其他工程建设。

任何单位或者个人不得在烈士纪念设施保护范围内为烈士以外的其他人修建纪念设施或者安放骨灰、埋葬遗体。

在烈士纪念设施保护范围内不得从事与纪念烈士无关的活动。

第十六条　未经批准迁移烈士纪念设施，非法侵占烈士纪念设施保护范围内的土地、设施，破坏、污损烈士纪念设施，或者在烈士纪念设施保护范围内为烈士以外其他人修建纪念设施、安放骨灰、遗体的，由烈士纪念设施保护单位的上级主管部门责令改正，恢复原状、原貌；造成损失的，依法承担赔偿责任；构成犯罪的，依法追究刑事责任。

第十七条　烈士纪念设施保护单位的工作人员玩忽职守、徇私舞弊，造成烈士纪念设施、烈士史料或者遗物遭受损失的，依法给予处分；构成犯罪的，依法追究刑事责任。

第十八条　本办法自2013年6月28日起施行。1995年7月20日民政部发布的《革命烈士纪念建筑物管理保护办法》同时废止。

伤残抚恤人员档案管理办法

（2010年3月17日　民发〔2010〕32号）

第一条　为了规范因战、因公、因病伤残抚恤人员档案的管理，服务伤残抚恤业务工作，保障伤残抚恤人员的合法权益，根据《中华人民共和国档案法》以及《军人抚恤优待条例》、《伤残抚恤管理办法》等有关规定，制定本办法。

第二条　本办法所称伤残抚恤人员档案是指街道办事处（乡镇人民政府）、县级人民政府民政部门、设区的市级人民政府民政部门（行政公署民政部门）、省级人民政府民政部门在审查、审核、审批新办、补办评定残疾等级和调整残疾等级工作中，以及办理伤残抚恤关系的转移、发放抚恤金工作中形成的，以伤残抚恤人员个人为单位整理的，具有保存价值的各种载体和形式的历史记录。

伤残抚恤人员档案是民政专业档案的重要组成部分，属于国家民生档案范畴。

第三条　本办法所称伤残抚恤人员是指《伤残抚恤管理办法》第二条规定的因战致残、因公致残或者因病致残的伤残人员。

第四条　伤残抚恤人员档案工作由民政部统一领导，由街道办事处（乡镇人民政府）、县级人民政府民政部门、设区的市级人民政府民政部门（行政公署民政部门）、省级人民政府民政部门分级负责，在业务上接受上级人民政府民政部门和县级以上同级档案行政管理部门的监督和指导。

第五条　伤残抚恤人员档案本着方便管理和利用的原则，在县级以上人民政府民政部门实行集中统一管理，任何组织和个人不得据为己有或者拒绝归档。伤残抚恤人员档案的具体集中存放地点由省级人民政府民政部门规定。

第六条　伤残抚恤人员材料的归档要求：

（一）归档的材料必须齐全完整、图文清晰。（归档范围见本办法附件一）；

（二）归档材料应当在相关手续办理完毕后20个工作日内归档。

第七条　在新办、补办评定和调整残疾等级工作、以及办理伤残抚恤关系转移、发放抚恤金工作过程中形成的电子文件，应当按照《电子文件归档和管理规范》（GB/T 18894—2002）要求进行整理归档，重要的电子文件应当同时打印出纸质文件一并归档。

第八条　伤残抚恤人员归档材料按照一人一档的原则进行整理。具体整理方法可以参考本办法附件二，也可以由省级人民政府民政部门自行规定。

第九条　伤残抚恤人员档案保管期限为100年。保管期限从当事人初次认定或者申请材料形成之日起的次年1月1日开始计算。

伤残抚恤人员档案保管部门应当对保管期限届满的伤残抚恤人员档案进行价值鉴定，对有继续保存价值的可以延长直至永久。

第十条　伤残抚恤人员档案应当放入坚固的、防火、防潮的档案库房进行管理，库房内应设置空调、去湿、灭火等设备。

库房的防火、防潮、防蛀、防盗、防光、防尘、防高温等设施和安全措施应当经常检查；要保持库房的清洁和库内适宜的温度和湿度。

第十一条　伤残抚恤人员档案的利用应当符合以下要求：

（一）各级民政部门因自身工作需要可以利用伤残抚恤人员档案；

（二）各级政府监察、公安、检察院、法院等单位因公务需要可以利用伤残抚恤人员档案；

（三）经伤残抚恤人员档案保管机构主管领导批准，办理相关手续后，伤残抚恤人员可以利用与自身相关的伤残抚恤档案；

（四）经伤残抚恤人员档案保管机构主管领导批准，有关单位、组织或个人因工作需要，办理相关手续后可以利用伤残抚恤人员档案；

（五）查阅档案严禁损毁、涂改、抽换、圈划、批注、污染等。

第十二条 伤残抚恤人员档案应当使用计算机等现代化管理手段进行管理。

第十三条 伤残抚恤人员档案集中存放地人民政府民政部门应当在伤残抚恤人员档案保存至该伤残抚恤人员死亡5年后，向同级国家综合档案馆移交。

伤残等级为一至四级的伤残抚恤人员死亡后，其遗属仍享受相关待遇的，伤残抚恤人员档案集中存放地人民政府民政部门应当将该伤残抚恤人员档案保存至其遗属停止享受相关待遇，然后向同级国家综合档案馆移交。

第十四条 伤残抚恤人员档案的鉴定销毁应当符合下列要求：

（一）伤残抚恤人员档案保管部门对保管期限届满的档案要进行价值鉴定，对无保存价值的予以销毁，但伤残抚恤人员档案目录应当永久保存。

（二）对销毁的伤残抚恤人员档案应当建立销毁清册，写明销毁档案的时间、种类和数量并永久保存。

（三）伤残抚恤人员档案保管部门应当派人监督伤残抚恤人员档案的销毁过程，确保销毁档案没有漏销或者流失，并在销毁清册上签字。

第十五条 各省（自治区、直辖市）人民政府民政部门可以根据当地实际情况商同级档案行政管理部门制定本办法实施细则。

附件一

伤残抚恤人员材料归档范围

一、在新办评定残疾等级工作中形成的下列材料归入伤残抚恤人员档案：

（一）申请人书面申请书；

（二）申请人有效身份证件复印件或者户口簿复印件；

（三）申请人单位（或者街道办事处、乡镇人民政府）书面意见；

（四）致残经过证明；

（五）医疗终结后的诊断证明；

（六）县级人民政府民政部门出具的《受理通知书》；

（七）《评定伤残等级审批表》；

（八）残疾等级医学鉴定意见；

（九）公示材料；

（十）评定残疾等级决定书副本；

（十一）伤残人员证件（含《中华人民共和国残疾军人证》《中华人民共和国伤残人民警察证》《中华人民共和国伤残公务员证》《中华人民共和国因战因公伤残人员证》）复印件；

（十二）县级或者设区的市级人民政府民政部门出具的《不予评定残疾等级决定书》副本。

二、在补办评定残疾等级工作中形成的下列材料归入伤残抚恤人员档案：

（一）申请人书面申请书；

（二）申请人有效身份证件复印件或者户口簿复印件；

（三）申请人单位（或者街道办事处、乡镇人民政府）书面意见；

（四）申请人因战因公致残档案记载或者原始医疗证明；

（五）县级人民政府民政部门出具的《受理通知书》；

（六）《评定伤残等级审批表》；

（七）残疾等级医学鉴定意见；

（八）公示材料；

（九）补办残疾等级决定书副本；

（十）伤残人员证件（含《中华人民共和国残疾军人证》《中华人民共和国伤残人民警察证》《中华人民共和国伤残公务员证》《中华人民共和国因战因公伤残人员证》）复印件；

（十一）县级或者设区的市级人民政府民政部门出具的《不予评定残疾等级决定书》副本。

三、在调整残疾等级工作中形成的下列材料归入伤残抚恤人员档案：

（一）申请人书面申请书；

（二）申请人有效身份证件复印件或者户口簿复印件；

（三）申请人单位（或者街道办事处、乡镇人民政府）书面意见；

（四）原评定残疾等级的证明；

（五）申请人认为残疾情况与原残疾等级明显不符的医疗诊断证明；

（六）县级人民政府民政部门出具的《受理通知书》；

（七）《评定伤残等级审批表》；

（八）残疾等级医学鉴定意见；

（九）公示材料；

（十）调整残疾等级决定书副本；

（十一）调整后的伤残人员证件（含《中华人民共和国残疾军人证》《中华人民共和国伤残人民警察证》《中华人民共和国伤残公务员证》《中华人民共和国因战因公伤残人员证》）复印件；

（十二）县级或者设区的市级人民政府民政部门出具的《不予调整残疾等级决定书》副本。

四、伤残抚恤工作中形成的下列材料也归入伤残抚恤人员档案：

（一）《伤残人员换证、补证申报审批表》；

（二）伤残人员死亡证明；

（三）注销伤残人员证件的决定书副本及备案材料复印件；

（四）撤销伤残抚恤待遇材料：

1. 撤销伤残抚恤待遇决定书（复印件）；

2. 因伪造、变造《残疾军人证》而由民政部门收回的《残疾军人证》原件。

（五）其他应归档材料。

五、残疾军人退役或者向地方政府移交以及伤残人员跨省转移伤残抚恤关系过程中形成的下列材料归入伤残抚恤人员档案：

（一）转入伤残抚恤关系申请书；

（二）有关伤残证件的变更栏一页的复印件；

（三）有关残疾情况复查材料；

（四）转出伤残抚恤关系申请书；

（五）《伤残人员关系转移证明》；

（六）其他应归档材料。

六、各省（自治区、直辖市）范围内伤残抚恤关系转移材料归入伤残抚恤人员档案的范围由各省级人民政府民政部门规定。

七、发放抚恤金过程中形成的下列材料归入伤残抚恤人员档案：

（一）在国内异地居住的，每年由居住地公安机关出具的居住证明；

（二）在港、澳、台定居或出国定居的，每年由我国驻外使领馆（或我国驻外使领馆认证的当地公证机关）出具的居住证明；

（三）其他应归档材料。

附件2：伤残抚恤人员材料的整理方法（略）

民政部、财政部关于军人死亡一次性抚恤金发放有关问题的通知

（2012年9月12日）

各省、自治区、直辖市民政厅（局）、财政厅（局），新疆生产建设兵团民政局、财务局：

根据国务院、中央军委公布的《关于修改〈军人抚恤优待条例〉的决定》（中华人民共和国国务院、中华人民共和国中央军事委员会第602号令），自2011年8月1日起，对军人死亡一次性抚恤金标准进行了调整，即烈士和因公牺牲的，为上一年度全国城镇居民人均可支配收入的20倍加本人40个月的工资；病故的，为上一年度全国城镇居民人均可支配收入的2倍加本人40个月的工资。标准调整后，一些省市来电咨询一次性抚恤金计发的具体事宜，为便于各地操作执行，现就有关问题通知如下：

一、一次性抚恤金标准中"全国城镇居民人均可支配收入"确定依据

军人死亡一次性抚恤金标准中"全国城镇居民人均可支配收入"以国家统计局发布的年度国民经济和社会发展统计公报中有关数据为准。

二、一次性抚恤金标准中"本人月工资"计发办法

中央军委2006年6月11日印发了《军队工资制度调整改革方案》（〔2006〕5号），自2006年7月1日起，对军人基本工资结构进行了调整。根据调整后的基本工资结构，军人死亡一次性抚恤金标准中"本人月工资"计发办法为：

（一）在职军官、文职干部、月工资高于排职少尉军官工资标准的在职士官死亡，按本人生前最后一个月基本工资为基数计发。其中：

1. 在职军官、文职干部为本人职务（专业技术等级）工资、军衔（级别）工资和军龄工资之和；

2. 月工资高于排职少尉军官工资标准的在职士官为本人军衔级别工资和军龄工资之和。

（二）月工资低于排职少尉军官工资标准的在职士官死亡，按照排职职务工资（一档标准）、少尉军衔工资（一档标准）和军龄工资（按本人服役年限计算）之和计发。

（三）军队离退休干部、退休士官（志愿兵）死亡，按本人生前最后一个月享受的国家规定的基本离退休费为基数计发，即本人离退休时计发的基本离退休费和本人离退休后历次按国家规定增加的基本离退休费之和。

（四）义务兵和月工资低于排职少尉军官工资标准的其他军人死亡，按照排职职务工资（一档标准）、少尉军衔工资（一档标准）之和计发。

民政部、人力资源和社会保障部、财政部、总政治部关于贯彻实施《烈士褒扬条例》若干具体问题的意见

（2012年5月21日　民发〔2012〕83号）

各省、自治区、直辖市民政厅（局）、人力资源社会保障厅（局）、财政厅（局），新疆生产建设兵团民政局、人力资源社会保障局、财务局，各军区、各军兵种、各总部、军事科学院、国防大学、国防科学技术大学、武警部队政治部：

《烈士褒扬条例》（以下简称《条例》）已于2011年7月26日公布，自2011年8月1日起施行。为了进一步做好烈士褒扬工作，现就贯彻实施《条例》若干具体问题提出如下意见：

一、《条例》施行后牺牲人员的烈士评定工作，适用《条例》。符合规定条件的评定为烈士，烈士遗属依照《条例》规定享受抚恤优待。

《条例》施行前牺牲人员的烈士评定工作，适用其牺牲时施行的有关法规。符合规定条件的可以批准为烈士，烈士遗属的一次性抚恤待遇按照《革命烈士褒扬条例》及其解释和相关法规规定享受。

二、《条例》第二条中的“牺牲”，是指在保卫祖国和社会主义建设事业中，为国家和人民的利益，勇于献出自己的生命。被评定为烈士的，应当死难情节突出，堪为楷模。

不符合烈士评定条件、属于《军人抚恤优待条例》及有关法规规定的因公牺牲或者病故情形的，应当认定为因公牺牲或者病故，并按相应的规定予以抚恤。

三、属于《条例》第八条第一款第一项、第二项规定情形的，省级人民政府民政部门在向省级人民政府呈报评定烈士材料时，应同时抄送国务院民政部门，抄送材料包括：

（一）省级人民政府民政部门向省级人民政府呈报的评定烈士的报告；

（二）烈士牺牲情节原始材料或证明材料的复印件；

（三）其他相关材料。

四、省、自治区、直辖市人民政府按照《条例》第九条第二款规定评定烈士后，省级人民政府民政部门应在二十个工作日内报送国务院民政部门备案，备案材料包括：

（一）省级人民政府民政部门提出的备案报告；

（二）省级人民政府评定烈士的有关文件或批复。

国务院民政部门对材料进行审查并按程序予以备案，并定期公布烈士备案结果。

对逾期不报送备案或备案工作中出现审查不合格的，国务院民政部门将予以通告，并责令改正。

五、军队有关部门依照《条例》第八条第二款评定烈士后，由解放军总政治部汇总并按季度将该季度评定烈士有关材料送国务院民政部门备案。

六、烈士褒扬金由颁发烈士证书的县级人民政府民政部门负责发放，所需经费由当地财政部门垫支。

中央财政每年根据上年度烈士评定备案工作的情况，及时审核下达烈士褒扬金。

七、《条例》第十二条规定的“月工资”是指烈士牺牲当月的本人月基本工资。属于《工伤保险条例》适用范围的，月工资是指烈士牺牲前12个月平均月缴费工资。本人工资高于统筹地区职工平均工资300%的，按照统筹地区职工平均工资的300%计算；本人工资低于统筹地区职工平均工资60%的，按照统筹地区职工平均工资的60%计算。

一次性抚恤金由颁发烈士证书的县级人民政府民政部门负责发放，所需经费按原渠道解决。

属于《工伤保险条例》适用范围的，一次性工亡补助金以及相当于烈士本人40个月工资的烈士遗属特别补助金按照《烈士褒扬条例》和《工伤保险条例》的有关规定发放。

八、烈士褒扬金、一次性抚恤金、一次性工亡补助金、烈士遗属特别补助金应该及时足额发放。发给对象和数额分配根据烈士遗属协商结果确定，协商不成的平均分配。

九、改建、扩建国家级烈士纪念设施的，应当报国务院民政部门批准。

民政部办公厅、财政部办公厅关于落实给部分烈士子女发放定期生活补助政策的实施意见

（2012年1月20日　民办发〔2012〕3号）

各省、自治区、直辖市民政厅（局）、财政厅（局），新疆生产建设兵团民政局、财务局：

根据民政部、财政部《关于给部分烈士子女发放定期生活补助的通知》（民发〔2012〕27号，以下简称《通知》）规定，自2011年7月1日起，给部分烈士子女（含建国前错杀后被平反人员的子女，下同）每人每月发放130元的定期生活补助。为确保政策顺利贯彻落实，现提出如下实施意见。

一、适用对象的界定

政策实施对象的人员范围为，居住在农村和城镇无工作单位、18周岁以前没有享受过定期抚恤金待遇且年满60周岁的烈士子女和建国前错杀后被平反人员（以下简称错杀被平反人员）子女。

二、人员身份的核查认定

核查认定工作按照属地管理原则组织实施，由本人户籍所在地村（居）委会、乡（镇、街道）和县（市、区）民政部门统一调查、审定和申报。

（一）个人申报。符合条件人员需携带本人身份证、户口簿、烈士证明书、错杀被平反人员平反证明材料、本人与烈士或错杀被平反人员关系证明等相关材料，向户籍所在地村（居）委会提出申请并办理登记手续，填写有关登记审核表。

（二）初审把关。对相关人员的申报材料，由村（居）委会初审、乡（镇、街道）复核，并做好登记工作。对符合条件的签署意见后，将有关登记审核表、人员花名册和个人相关资料复印件等材料上报县级民政部门；对经复核不符合条件的，应书面说明理由并告知本人。

（三）会审认定。县级民政部门对乡（镇、街道）上报的材料，组织专门人员认真核实其身份。对符合条件的，由申请人所在村（居）委会进行张榜公示。对公示期间及以后有异议的，县级民政部门要组织专人调查核实。经查实不符合条件的，应书面通知本人并说明理由。调查核实过程中有疑义的，应逐级请示，确保认定工作稳妥顺利进行。

（四）建立档案。县级民政部门对申报登记人员的资料，要建立健全档案和数据资料，并认真做好适时更新、动态管理工作。

核查认定工作过程中需要相关人员填写的表格，由县级民政部门根据本地情况自行制作，但表格内容应包括民政部制发的《部分烈士（含错杀被平反人员）子女信息采集表》（附件）中的项目。审定工作结束后，县级民政部门应将符合条件的人员信息填入《部分烈士（含错杀被平反人员）子女信息采集表》，统一录入优抚对象信息管理系统，与其他享受国家定期抚恤补助的优抚对象一样，形成定期更新机制。

三、信息数据的统计

符合享受待遇条件对象审批工作结束后，县级民政部门要及时统计核实数据，并经同级财政部门复审后逐级联合上报。省级民政部门应于2012年2月29日前将本地区部分烈士子女的统计结果送同级财政部门复审后，联合上报民政部、财政部。

各地在报送符合享受待遇条件对象的信息数据时，连同第二年将要符合享受待遇条件的对象数量等情况一并报送。

四、工作要求

（一）加强组织领导，明确职责分工。各级民政部门要把这项工作作为当前的重点来抓，加强组织领导，建立工作责任制。要抽调精干人员成立专门工作机构，明确职责分工，切实做好人员身份核查认定、数据统计上报等各项工作。要主动加强与有关部门和单位的沟通，密切协作。各级财政部门要积极配合民政部门工作，确保各项工作顺利开展、扎实推进。

（二）严格掌握政策，执行落实好政策。要深入细致地做好调查摸底工作，认真准确地界定相关人员的身份，做到不错、不漏、不留死角，实事求是地把这部分人员的身份核实、核准。要严格掌握政策、执行政策，统一政策口径，注意研究工作中出现的新情况、新问题。对政策落实过程中遇到的重大问题要及时报告。

（三）加强宣传教育，开展督促检查。要通过各种形式认真做好政策的宣传工作，增加工作的透明度。在组织实施工作中，要建立工作责任制，采取定期与不定期检查相结合的方法，加强工作督促检查，及时发现问题、解决问题，并对各地的工作进展、工作落实、工作成效等情况进行通报。

附件：部分烈士（含错杀被平反人员）子女信息采集表（略）

民政部、财政部关于给部分烈士子女发放定期生活补助的通知

（2012年1月20日 民发〔2012〕27号）

各省、自治区、直辖市民政厅（局）、财政厅（局），新疆生产建设兵团民政局、财务局：

根据中央领导同志有关批示精神，经研究决定，从2011年7月1日起，给部分烈士子女（含建国前错杀后被平反人员的子女，下同）发放定期生活补助。现将有关问题通知如下：

一、部分烈士子女是指居住在农村和城镇无工作单位、18周岁之前没有享受过定期抚恤金待遇且年满60周岁的烈士子女。

二、中央财政补助标准为每人每月130元。地方政府还可通过增发补助金或采取其他方式予以补助。国家将根据经济社会发展情况，适时适当提高补助标准。

三、各级民政、财政部门要按照统一部署和要求，结合本地实际，周密制定实施方案，切实加大工作力度，保障工作经费，确保政策及时落实到位。

人力资源和社会保障部、民政部、财政部关于事业单位工作人员和离退休人员死亡一次性抚恤金发放办法的通知

（2008年6月18日 人社部发〔2008〕42号）

各省、自治区、直辖市人事厅（局）、劳动保障厅（局）、民政厅（局）、财政厅（局），新疆生产建设兵团人事局、劳动保障局、民政局、财务局，中央和国家机关各部门、各直属机构人事（干部）部门：

经研究，现就事业单位工作人员和离退休人员死亡一次性抚恤金发放有关问题通知如下。

一、关于一次性抚恤金（工亡补助金）标准

（一）参照公务员法管理事业单位的工作人员和离退休人员死亡一次性抚恤金标准和计发办法，按照民政部、人事部、财政部《关于国家机关工作人员及离退休人员死亡一次性抚恤发放办法的通知》（民发〔2007〕64号）的规定执行。

（二）按照劳动和社会保障部、人事部、民政部、财政部《关于事业单位民间非营利组织工作人员工伤有关问题的通知》（劳社部发〔2005〕36号）规定，参加统筹地区工伤保险的事业单位工作人员属于因工死亡的，一次性工亡补助金标准按当地工伤保险规定执行。

（三）已参加企业职工基本养老保险事业单位的工作人员和离退休人员，属于病故的，一次性抚恤待遇仍按当地规定执行。

（四）除上述情形外，事业单位工作人员和离退休人员死亡一次性抚恤金标准，从2004年10月1日起调整为：因公牺牲为本人生前40个月基本工资或基本离退休费，病故为本人生前20个月基本工资或基本离退休费。烈士的抚恤待遇，按国家有关规定执行。

发放事业单位工作人员和离退休人员死亡一次性抚恤金所需经费，按原渠道解决。

二、关于一次性抚恤金计发办法

从2006年7月1日起，执行事业单位工作人员和离退休人员死亡一次性抚恤金的，一次性抚恤金的计发基数调整为：

（一）工作人员。计发基数为本人生前最后一个月基本工资，即岗位工资和薪级工资之和。

（二）离退休人员。计发基数为本人生前最后一个月享受的基本离退休费，即离退休时计发的基本离退休费和离退休后历次按国家规定增加的基本离退休费之和。

（三）退职人员。按照《国务院关于颁发〈国务院关于安置老弱病残干部的暂行办法〉和〈国务院关于工人退休、退职的暂行办法〉的通知》（国发〔1978〕104号）规定办理退职的人员，计发基数为本人基本退职生活费，即退职时计发的基本退职生活费和退职后历次按国家规定增加的基本退职生活费之和。

（四）驻外使领馆工作人员、驻外非外交人员和港澳地区内派人员中原属事业单位工作人员的，计发基数为本人国内（内地）基本工资。

本《通知》下发后，《人事部、财政部关于工资制度改革后事业单位工作人员死亡一次性抚恤金计发问题的通知》（人薪发〔1994〕48号）即行废止。

本《通知》由人力资源和社会保障部负责解释。

关于国家机关工作人员及离退休人员死亡一次性抚恤发放办法的通知

（2007年5月8日　民发〔2007〕64号）

中央和国家机关各部门、各直属机构人事（干部）部门，各省、自治区、直辖市民政厅（局）、人事厅（局）、财政厅（局），计划单列市民政局、人事局、财政局，新疆生产建设兵团民政局、人事局、财务局：

2004年10月1日，国务院、中央军委公布施行的《军人抚恤优待条例》提高了一次性抚恤金标准；2006年7月1日，国家机关工资制度进行了改革。为适应有关政策的调整变化，现就国家机关工作人员及离退休人员死亡一次性抚恤金发放有关问题通知如下：

一、调整一次性抚恤金标准

自2004年10月1日起，国家机关工作人员及离退休人员死亡，一次性抚恤金按照以下标准执行：烈士为本人生前80个月基本工资或基本离退休费，因公牺牲为本人生前40个月基本工资或基本离退休费，病故为本人生前20个月基本工资或基本离退休费。发放一次性抚恤金所需经费按现行渠道解决。

二、一次性抚恤金计发办法

自2006年7月1日起，国家机关工作人员及离退休人员死亡一次性抚恤金的计发办法为：

（一）国家机关在职工作人员死亡，一次性抚恤金按本人生前最后一个月基本工资为基数计发。其中：

1. 公务员，为本人职务工资和级别工资之和；

2. 机关技术工人，为本人岗位工资和技术等级（职务）工资之和；

3. 机关普通工人，为本人岗位工资。

（二）国家机关离退休人员死亡，一次性抚恤金按本人生前最后一个月享受的国家规定的基本离退休费为基数计发。其中：

1. 离退休人员为本人基本离退休费，即本人离退休时计发的基本离退休费和本人离退休后历次按国家规定增加的基本离退休费之和；

2. 按照《国务院关于颁发〈国务院关于安置老弱病残干部的暂行办法〉和〈国务院关于工人退休、退职的暂行办法〉的通知》（国发〔1978〕104号）规定办理退职的人员为本人基本退职生活费，即本人退职时计发的基本退职生活费和本人退职后历次按国家规定增加的基本退职生活费之和。

（三）驻外使领馆工作人员、驻外非外交人员和港澳地区内派人员中的机关工作人员死亡，一次性抚恤金按本人国内（内地）基本工资为基数计发。

本《通知》下发后，《民政部、人事部、财政部关于工资制度改革后国家机关工作人员死亡一次性抚恤金计发问题的通知》（民优函〔1994〕212号）即行废止。

本通知由民政部负责解释。

关于国家机关工作人员及离退休人员死亡一次性抚恤金发放有关问题的通知

（2011年11月15日）

各省、自治区、直辖市民政厅（局）、人力资源社会保障厅（局）、财政厅（局），福建省公务员局，新疆生产建设兵团民政局、人事局、劳动保障局、财务局，中央和国家机关各部门、各直属机构人事（干部）部门：

2011年8月1日，国务院公布施行的《烈士褒扬条例》和国务院、中央军委公布施行的《关于修改〈军人抚恤优待条例〉的决定》调整了一次性抚恤金标准。为适应有关政策的变化，现就国家机关工作人员及离退休人员死亡一次性抚恤金发放有关问题通知如下：

一、调整一次性抚恤金发放标准

自2011年8月1日起，国家机关工作人员及离退休人员死亡，一次性抚恤金发放标准调整为：烈士和因公牺牲的，为上一年度全国城镇居民人均可支配收入的20倍加本人生前

40个月基本工资或基本离退休费；病故的，为上一年度全国城镇居民人均可支配收入的2倍加本人生前40个月基本工资或基本离退休费。发放一次性抚恤金所需经费仍按现行渠道解决。

二、一次性抚恤金计发办法

国家机关工作人员及离退休人员死亡一次性抚恤金的计发办法仍按照民政部、人事部、财政部《关于国家机关工作人员及离退休人员死亡一次性抚恤发放办法的通知》（民发〔2007〕64号）的有关规定执行。

关于国家机关工作人员、人民警察伤亡抚恤有关问题的通知

（2004年12月24日　民函〔2004〕334号）

各省、自治区、直辖市民政厅（局），计划单列市民政局，新疆生产建设兵团民政局：

根据1988年颁布的《军人抚恤优待条例》，民政部于1989年发出《关于国家机关工作人员、人民警察伤亡抚恤如何办理的通知》（民〔1989〕优字34号），对国家机关工作人员、人民警察伤亡抚恤问题做出了一系列规定。十多年来，这项工作进展顺利并已形成一整套行之有效的工作制度和办事程序，保证了这部分人员的依法抚恤和优待。新的《军人抚恤优待条例》公布施行后，一些省、市来函来电询问国家机关工作人员、人民警察的伤亡抚恤事宜。现就有关问题通知如下：

一、国家机关工作人员、人民警察因战因公负伤致残，按照现行规定的审批权限及评残办法予以评残。其伤残性质的认定和伤残等级标准、伤残抚恤金标准、补办评残手续和伤残抚恤关系转移等，参照《军人抚恤优待条例》及《伤残抚恤管理暂行办法》的有关规定办理。

二、国家机关工作人员、人民警察牺牲，批准为烈士的条件，参照《革命烈士褒扬条例》执行，按照现行规定的审批权限审批。

三、国家机关工作人员、人民警察因公牺牲和病故的确认，参照《军人抚恤优待条例》的有关规定办理。

四、国家机关工作人员、人民警察死亡一次性抚恤金标准，参照《军人抚恤优待条例》执行（不享受现役军人立功和获得荣誉称号者死亡时增发抚恤金的待遇），具体计发标准，仍按照现行规定执行。

民政部、公安部、中国残疾人联合会关于伤残人民警察享受社会残疾人待遇有关问题的通知

（2016年7月20日　民发〔2016〕125号）

各省、自治区、直辖市民政厅（局）、公安厅（局）、残联，各计划单列市民政局、公安局、残联，新疆生产建设兵团民政局、公安局、残联：

伤残人民警察为维护国家安全、社会稳定，保护人民群众生命财产安全作出了特殊贡献，是社会残疾人的重要组成部分。为确保伤残人民警察相关待遇落实，现就伤残人民警察享受社会残疾人待遇有关问题通知如下：

一、本通知中"伤残人民警察"是指在依法履行职责任务期间因战因公致残，并按规定评定了伤残等级、持有合法有效的《中华人民共和国伤残人民警察证》的在职及离退休人民警察。

二、伤残人民警察除享受国家给予的特殊待遇外，同时也应享受当地社会残疾人的相应待遇。

三、惠及所有社会残疾人的政策待遇，伤残人民警察凭《中华人民共和国伤残人民警察证》应予享受；惠及特定残疾人的政策待遇（如安装假肢、配发轮椅车等），按照有关身体残疾的特殊要求，符合条件的伤残人民警察应予享受。具体办法由地方民政部门、公安部门会同残联制定。

四、各地民政、公安、残联部门要密切协作，加强有关政策宣传，加大工作力度，建立信息共享机制，确保伤残人民警察享受社会残疾人的相应待遇。

五、铁路、交通、民航、森林、海关等行业公安系统伤残人民警察，国家安全机关、监狱、强制隔离戒毒机关伤残人民警察，人民法院、人民检察院伤残司法警察参照本通知执行。

人民警察抚恤优待办法

（2014年4月30日　民发〔2014〕101号）

第一章　总　　则

第一条　为了做好人民警察的抚恤优待工作，激励人民警察的奉献精神，根据《中华人民共和国人民警察法》和国家有关优抚法规、政策，制定本办法。

第二条　本办法所称人民警察，是指公安机关（含铁路、交通、民航、森林公安机关和海关缉私部门）、国家安全机关、司法行政机关的人民警察和人民法院、人民检察院的司法警察。

伤残人民警察、人民警察烈士遗属、因公牺牲人民警察遗

属、病故人民警察遗属是本办法规定的抚恤优待对象,依照本办法的规定享受抚恤优待。

第三条 人民警察抚恤优待经费列入财政预算,专款专用,接受财政部门、审计机关的监督。

国家鼓励社会组织和个人对人民警察抚恤优待事业提供捐助。

第四条 各级人民政府民政部门要充分发挥政府职能部门的作用,认真履行职责,严格执行现行优抚法规、政策,根据人民警察的工作性质,准确、及时办理人民警察的伤亡抚恤事宜。

第五条 各级人民政府公安机关、国家安全机关、司法行政机关和各级人民法院、人民检察院(以下简称各级政法机关)要做好抚恤优待政策的执行、宣传工作,关心抚恤优待对象的工作和生活,依据国家有关规定,帮助解决困难和问题。

第六条 各级政法机关的政治工作部门负责办理人民警察抚恤优待的具体工作。

各级政法机关的政治工作部门应当严格管理伤亡人民警察的有关材料,按烈士、因公牺牲、病故、伤残分类建立档案,长期保存。

第二章 死亡抚恤

第七条 人民警察死亡被评定为烈士、被确认为因公牺牲或者病故的,其遗属依照本办法规定享受抚恤。

第八条 人民警察死亡,符合下列情形之一的,评定为烈士:

(一)在依法查处违法犯罪行为、执行国家安全工作任务、执行反恐怖任务和处置突发事件中牺牲的;

(二)抢险救灾或者其他为了抢救、保护国家财产、集体财产、公民生命财产牺牲的;

(三)在执行外交任务或者国家派遣的对外援助、维持国际和平任务中牺牲的;

(四)在执行武器装备科研试验任务中牺牲的;

(五)其他牺牲情节特别突出,堪为楷模的。

人民警察在处置突发事件、执行边海防执勤或者抢险救灾任务中失踪,经法定程序宣告死亡的,按烈士对待。

第九条 人民警察死亡后,申报烈士的,按照《烈士褒扬条例》有关规定办理。

第十条 人民警察死亡,符合下列情形之一的,确认为因公牺牲:

(一)在执行任务或者在上下班途中,由于意外事件死亡的;

(二)被认定为因战、因公致残后因旧伤复发死亡的;

(三)因患职业病死亡的;

(四)在执行任务中或者在工作岗位上因病猝然死亡,或者因医疗事故死亡的;

(五)其他因公死亡的。

人民警察在处置突发事件、执行边海防执勤或者执行抢险救灾以外的其他任务中失踪,经法定程序宣告死亡的,按照因公牺牲对待。

第十一条 人民警察因公牺牲,由所在单位的县级以上政法机关审查确认,由同级人民政府民政部门复核,实施监督。

国家安全机关人民警察因公牺牲,由省级以上国家安全机关审查确认,由同级人民政府民政部门复核,实施监督。

省(自治区、直辖市)直属监狱和司法行政戒毒场所人民警察因公牺牲,由省(自治区、直辖市)司法行政机关审查确认,由同级人民政府民政部门复核,实施监督。

第十二条 人民警察除第十条第一款第三项、第四项规定情形以外,因其他疾病死亡的,确认为病故。

人民警察非执行任务死亡,或者失踪经法定程序宣告死亡的,按照病故对待。

人民警察病故,由所在单位的县级以上政法机关确认。

第十三条 对烈士遗属,由县级人民政府民政部门发给《中华人民共和国烈士证明书》。对因公牺牲和病故人民警察的遗属,由所在单位的县级以上政法机关分别发给《中华人民共和国人民警察因公牺牲证明书》和《中华人民共和国人民警察病故证明书》。

证明书的持证人应由烈士、因公牺牲、病故人民警察的父母(抚养人)、配偶、子女协商确定,协商不通的,按照下列顺序确定一名持证人:(一)父母(抚养人);(二)配偶;(三)子女。有多个子女的,发给长子女。无上述对象,发给兄弟姐妹,有多个兄弟姐妹的,发给其中的长者。没有遗属的,由证明书发放机关存档。

确定持证遗属后,原则上不再更改持证人和更换证明书。

第十四条 人民警察死亡被评定为烈士的,依照《烈士褒扬条例》的规定发给遗属烈士褒扬金,其标准为烈士牺牲时上一年度全国城镇居民人均可支配收入的30倍。

第十五条 人民警察死亡,根据其死亡性质和死亡时的月工资标准(基本工资和警衔津贴),发给其遗属一次性抚恤金,标准是:

烈士、因公牺牲的,为上一年度全国城镇居民人均可支配收入的20倍加本人40个月的工资;

病故的,为上一年度全国城镇居民人均可支配收入的2倍加本人40个月的工资。

第十六条 获得荣誉称号和立功(含死亡后追记、追认功勋)的人民警察死亡后,按以下比例增发一次性抚恤金:

(一)获得党中央、国务院授予英雄模范荣誉称号的,增发35%;

(二)获得中央政法机关及省级党委、政府授予英雄模范荣誉称号的,增发30%;

（三）立一等功的，增发25%；

（四）立二等功的，增发15%；

（五）立三等功的，增发5%。

多次获得荣誉称号或者立功的，按照其中最高等级奖励的增发比例，增发一次性抚恤金。

离退休人民警察死亡，增发一次性抚恤金按上述规定执行。

第十七条　烈士的一次性抚恤金、增发一次性抚恤金，由颁发烈士证书的县级人民政府民政部门发放；因公牺牲、病故人民警察的一次性抚恤金、增发一次性抚恤金，由所在单位的县级以上政法机关发放。

第十八条　一次性抚恤金发给烈士、因公牺牲、病故人民警察的父母（抚养人）、配偶、子女；没有父母（抚养人）、配偶、子女的，发给未满18周岁的兄弟姐妹和已满18周岁但无生活费来源且由该人民警察生前供养的兄弟姐妹。

第十九条　对符合享受定期抚恤金条件的烈士遗属，由遗属户籍所在地的县级人民政府民政部门发给定期抚恤金。

对符合享受遗属生活困难补助条件的因公牺牲和病故人民警察遗属，由人民警察所在单位的县级以上政法机关按照因公牺牲、病故军人遗属定期抚恤金标准发给生活困难补助费。

第二十条　享受定期抚恤金或遗属生活困难补助费的人员死亡，停发定期抚恤金或遗属生活困难补助费，并由原发放单位另外增发6个月的定期抚恤金或遗属生活困难补助费，作为丧葬补助费。

第二十一条　对生前作出特殊贡献的因公牺牲、病故人民警察，除按照本办法规定发给其遗属一次性抚恤金外，政法机关可以按照有关规定发给其遗属一次性特别抚恤金。

第二十二条　人民警察失踪，经法定程序宣告死亡的，在其被评定为烈士、确认为因公牺牲或者病故后，又经法定程序撤销对其死亡宣告的，由原评定或者确认机关取消其烈士、因公牺牲人民警察或者病故人民警察资格，并由发证机关收回有关证件，终止其家属原享受的抚恤优待待遇。

第二十三条　《中华人民共和国烈士证明书》、《中华人民共和国人民警察因公牺牲证明书》、《中华人民共和国人民警察病故证明书》由民政部统一印制。证明书的管理，按照民政部的规定执行。

第三章　伤残抚恤和优待

第二十四条　人民警察伤残，按致残性质分为：

（一）因战致残；

（二）因公致残。

第二十五条　因第八条第一款规定的情形之一导致伤残的，认定为因战致残；因第十条第一款规定的情形之一导致伤残的，认定为因公致残。

第二十六条　伤残的等级，根据劳动功能障碍程度和生活自理障碍程度确定，由重到轻分为一级至十级。伤残等级的具体评定标准，参照《军人残疾等级评定标准》执行。

第二十七条　人民警察因战、因公负伤，符合评定伤残等级条件的，应当在因战、因公负伤3年内提出申请。

伤残人民警察的残情医学鉴定，由设区的市级以上人民政府民政部门指定的伤残医学鉴定机构作出；职业病的残情医学鉴定由省级人民政府民政部门指定的鉴定机构作出。

第二十八条　人民警察伤残等级评定程序按照《伤残抚恤管理办法》有关规定办理。

申请评残的人民警察所在单位应把评残情况逐级报至省级政法机关政治工作部门备案。

第二十九条　人民警察符合评残条件，并经省级人民政府民政部门审批通过的，由省级人民政府民政部门办理《中华人民共和国伤残人民警察证》，并通过县级人民政府民政部门将《中华人民共和国伤残人民警察证》发给本人所在单位，由所在单位转交本人。

第三十条　人民警察被评定伤残等级后，伤残情况发生明显变化，原定伤残等级与现伤残情况明显不符的，应按规定调整伤残等级。

第三十一条　伤残人民警察，按照伤残等级享受伤残抚恤金。伤残抚恤金由发给其伤残证件的县级人民政府民政部门发给，其标准按照《军人抚恤优待条例》规定执行。

第三十二条　伤残人民警察旧伤复发住院治疗期间的伙食补助费、经批准到外地就医的交通食宿费用，已经参加工伤保险的，按照工伤保险有关规定执行；未参加工伤保险的，由所在单位负责解决。

伤残人民警察需要配制假肢、轮椅等辅助器械的，已经参加工伤保险的，按照工伤保险有关规定执行；未参加工伤保险的，按照规定的标准，由其所在单位负责解决。

第三十三条　对符合相关规定的一级至四级伤残人民警察按月发给护理费，护理费的标准为：

（一）一级、二级伤残的，为上年度当地职工月平均工资的50%；

（二）三级、四级伤残的，为上年度当地职工月平均工资的40%。

伤残人民警察的护理费，已经参加工伤保险的，按照工伤保险有关规定执行；未参加工伤保险的，由所在单位负责解决。

第三十四条　伤残抚恤优待关系转移时，当年的伤残抚恤金由迁出地民政部门发给，从第二年起，由迁入地民政部门发给。

第三十五条　伤残人民警察凭《中华人民共和国伤残人民警察证》优先购票乘坐境内运行的火车、轮船、长途公共汽车以及民航班机，享受减收正常票价50%的优待。

伤残人民警察凭《中华人民共和国伤残人民警察证》免

费乘坐市内公共汽车、电车和轨道交通工具。

第三十六条 伤残人民警察本人、烈士子女、因公牺牲人民警察子女、一级至四级伤残人民警察子女按照有关规定享受教育优待。

第四章 附 则

第三十七条 未列入行政编制的人民警察的抚恤优待，参照本办法执行，其抚恤费由所在单位按规定发放。

第三十八条 公安机关边防、消防、警卫等现役编制人民警察抚恤优待待遇，按照《军人抚恤优待条例》和有关政策规定执行。

第三十九条 本办法规定的抚恤优待对象被判处有期徒刑、剥夺政治权利或者被通缉期间，中止其抚恤优待待遇；被判处死刑、无期徒刑的，取消其抚恤优待资格。

第四十条 各省、自治区、直辖市政法机关可以根据本地区实际情况，会同同级民政等部门制定对伤亡人民警察及其遗属抚恤优待的具体办法。

第四十一条 本办法由民政部会同最高人民法院、最高人民检察院、公安部、国家安全部、司法部负责解释。

第四十二条 本办法自印发之日起施行。1996 年 11 月 19 日公安部、民政部颁布的《公安机关人民警察抚恤办法》、1997 年 8 月 20 日国家安全部、民政部颁布的《国家安全机关人民警察抚恤办法》、1998 年 5 月 14 日最高人民法院、最高人民检察院、民政部颁布的《人民法院、人民检察院司法警察抚恤办法》、1999 年 11 月 16 日司法部、民政部颁布的《司法行政系统人民警察抚恤办法》同时废止。

一至六级残疾军人医疗保障办法

（2005 年 12 月 21 日 民发〔2005〕199 号）

为切实保障退出现役的一至六级残疾军人（以下简称残疾军人）的医疗待遇，根据《军人抚恤优待条例》的规定，制定本办法。

一、残疾军人按照属地原则参加城镇基本医疗保险，并在此基础上享受残疾军人医疗补助。

二、有工作单位的残疾军人随单位参加基本医疗保险，按规定缴费。无工作单位的残疾军人参加基本医疗保险，以统筹地区上年度在岗职工平均工资作为缴费基数。

所在单位无力参保和无工作单位的残疾军人由统筹地区民政部门统一办理参保手续。其单位缴费部分，经统筹地区劳动保障、民政、财政部门共同审核确认后，由残疾军人所在地财政安排资金。

残疾军人参加基本医疗保险个人缴费确有困难的，由残疾军人所在单位帮助解决；单位无力解决和无工作单位的，经统筹地区劳动保障、民政、财政部门共同审核确认后，由残疾军人所在地财政安排资金。

三、残疾军人医疗补助是在城镇基本医疗保险制度基础上，对残疾军人的补充医疗保障。医疗补助所需资金由当地民政部门根据本地经济和社会发展水平、财政负担能力、残疾军人医疗费实际支出和原医疗保障水平等因素测算，经同级财政部门审核确定后，列入当年财政预算。各地要保障残疾军人现有的医疗待遇不降低，尤其要对一至四级残疾军人给予政策倾斜。医疗补助资金要与基本医疗保险基金分开核算，单独列账。

四、残疾军人的医疗服务管理按照统筹地区基本医疗保险和残疾军人医疗补助办法的有关规定执行。各地要采取行之有效的措施，加强管理，防止浪费。

五、有关部门要密切配合，切实履行各自职责。

民政部门要严格一至六级残疾军人的审核工作并提供有关资料，统一办理相关人员的参保、缴费等手续，做好各项协调工作；对年老体弱、行动不便的残疾军人，基层民政部门要对其就医等给予协助。

劳动保障部门要做好参保残疾军人的医疗保险服务管理工作，按规定保障参保残疾军人相应的医疗保险待遇；要对资金使用情况进行定期分析，并商财政、民政部门解决资金使用过程中出现的问题。

财政部门要及时安排有关资金，并会同有关部门加强资金使用的监督检查，确保残疾军人医疗补助资金专款专用。当地财政确有困难的，上级财政要帮助解决，特别是省级财政要切实负起责任。中央财政对财政困难及残疾军人人数较多的地区给予适当补助。

六、各省、自治区、直辖市要根据本办法并结合本地区实际情况制定实施办法，切实保障残疾军人的医疗待遇。

七、本办法自 2006 年 1 月 1 日起实施。

优抚对象及其子女教育优待暂行办法

（2004 年 11 月 3 日 民发〔2004〕192 号）

为体现国家和社会对优抚对象的关怀，保障优抚对象的合法权益，根据《军人抚恤优待条例》的规定，制定本办法。

一、本办法的优待对象包括：退役士兵；残疾军人、烈士子女、因公牺牲军人子女、一级至四级残疾军人子女、现役军人子女。

二、退役士兵报考普通高等学校，在同等条件下，优先录取；自谋职业的城镇退役士兵、在服役期间荣立三等功的退役士兵，可在其统考成绩总分的基础上增加 10 分投档；其中在服役期间荣立二等功（含）以上或被大军区以上单位授予荣誉称号的，可在其统考成绩总分的基础上增加 20 分投档。

自谋职业的城镇退役士兵报考成人高等学校可增加10分投档;在服役期间荣立三等功(含)以上的退役士兵,可在考生考试成绩基础上增加20分投档。

退役士兵报考研究生的,在同等条件下,可优先予以复试或录取。

三、烈士子女入学入托的,在同等条件下优先接收;烈士子女在公办学校学习期间免交学费、杂费,对其中寄宿学生酌情给予生活补助。报考普通高中、中等职业学校时降20分录取。

报考普通或成人高等学校的,由省级招生委员会决定,可在高等学校调档分数线下适当降低分数要求投档,降分幅度不得超过20分。

报考成人高等学校由省级成人高校招生办公室决定可以在考生考试成绩基础上增加20分投档。

四、残疾军人、因公牺牲军人子女、一级至四级残疾军人子女报考普通高中、中等职业学校的,招生时降10分录取。报考高等学校的,在同等条件下优先录取。残疾军人在校学习期间免交学杂费。

五、驻边疆国境的县(市)、沙漠区、国家确定的边远地区中的三类地区和军队确定的特、一、二类岛屿部队现役军人子女,在报考普通高中、中等职业学校招生时降20分录取,并不得收取省、自治区、直辖市规定收费标准以外的其他任何费用。

报考高等学校的,在同等条件下优先录取。

六、现役军人子女入公办中小学校和幼儿园、托儿所,在同等条件下优先接收;报考普通高等学校,在同等条件下优先录取。

七、凡是国家实施"西部开发助学工程"地区的优抚对象及其子女,在符合资助标准的前提下优先享受"西部开发助学工程"的相关政策。

八、各类优抚对象在同等条件下优先享受国家设立的各类奖学金、学校自行设立的奖学金以及社会各界出资设立的奖学金,优先享受国家提供的各项助学贷款,优先享受学校提供的困难补助和社会捐助,同时学校应优先为他们提供勤工助学岗位。

九、各地可依据此文件精神制定本地区的优待办法。

十、本办法由民政部、教育部、总政治部负责解释。

关于调整一次性抚恤金发放办法的通知

(2001年9月20日 民发〔2001〕317号)

各省、自治区、直辖市民政厅(局)、财政厅(局),各计划单列市民政局、财政局,新疆生产建设兵团民政局、财政局:

现行的国家机关(含民主党派、人民团体)工作人员、人民警察死亡后,由家属户口所在地的民政部门发放一次性抚恤金的规定,是参照传统的军人抚恤办法逐步沿袭下来的,已经不能适应形势发展的要求。为切实保证国家抚恤政策的贯彻落实,经研究决定,从2002年1月1日起,调整一次性抚恤金发放办法。现将有关事项通知如下:

一、国家机关(含民主党派、人民团体)工作人员、人民警察因公牺牲、病故后,一次性抚恤金由死者生前所在单位发放,发放标准和计算办法仍按民政部、财政部的有关规定执行,列"抚恤金"科目。

二、革命烈士和因公牺牲、病故军人的一次性抚恤金发放办法仍按现行政策执行,即由家属户口所在地的民政部门发放。

◎请示答复

民政部办公厅关于特等、一等革命伤残军人的配偶离婚后是否继续享受优待的复函

(1992年3月14日 民办函〔1992〕27号)

浙江省民政厅:

你厅《关于特等、一等革命伤残军人的配偶离婚后是否可以继续享受优待的请示》(浙民优字〔1992〕120号)收悉,经研究,现答复如下。

民政部第七部门《关于安置特等、一等革命残废军人有关问题的通知》(民〔1985〕安2号)规定特等、一等革命伤残军人在城镇安置时,要求将农业户口的配偶及十六周岁以下子女(或已超过十六周岁仍在学校读书的子女)转为安置地城镇户口的,应当允许。国务院、中央军委批转的《关于进一步做好伤病残义务兵退伍和安置工作的意见》(国发〔1992〕4号),重申了这一政策。这政策的出发点是为了使特等、一等革命伤残军人的生活得到更好的照顾。因此,对因配偶原因造成与特等、一等革命伤残军人离婚的,其配偶按民〔1985〕安2号文件规定所受的优待可以取消。

民政部办公厅关于军队离退休干部死亡后边远地区津贴是否纳入一次性抚恤金计发范围的复函

(2009年4月20日 民办函〔2009〕105号)

新疆维吾尔自治区民政厅:

你厅《关于军队离退休干部死亡后边远地区津贴是否纳

入一次性抚恤金计发范围的请示》(新民发〔2008〕197 号)收悉。经研究,现答复如下:

民政部、财政部《关于军队和国家机关离退休人员死亡后计发一次性抚恤金应包括项目的通知》(民优发〔1991〕12 号),明确规定了不同时间批准离休、退休的军队干部死亡后,计发一次性抚恤金的项目标准。民政部、财政部《关于军队和国家行政机关离退休人员增加的离退休费计入一次性抚恤金的通知》(民优发〔1992〕32 号)明确规定,凡按国家规定计入离退休费基数或直接增加的离休、退休费均应计入一次性抚恤金,除此之外增加的津贴、补贴等项目不得计入一次性抚恤金。民政部、财政部《关于军队工资制度改革后军人死亡一次性抚恤金计发问题的通知》(民优发〔1994〕30 号),再次明确规定了不同时间批准离休、退休的军队人员死亡后,计发一次性抚恤金的具体项目。军队对军人工资结构的规定历来是十分明确的,基本工资及基本离退休费中没有边远地区津贴项目。因此,不能将边远地区津贴计入军队离退休干部死亡后一次性抚恤金的项目。请你们向军队离退休干部及其家属、遗属做好政策解释工作。

民政部关于伤残人员变更国籍后伤残抚恤有关问题的复函

(2009 年 3 月 2 日　民函〔2009〕66 号)

上海市民政局:

你局《关于伤残人员变更国籍后如何进行伤残抚恤管理的请示》(沪民优发〔2009〕2 号)收悉。现答复如下:

2007 年 8 月 1 日施行的《伤残抚恤管理办法》(民政部令第 34 号)规定“本办法适用对象为中国公民”,因此,对于已经变更为外国国籍的人员,其原由我国有关部门发给的伤残人员证件自然失效(可注明作废留作纪念),有关伤残待遇也不再享受。

民政部关于公务员在执行任务中或工作岗位上猝然发病情形如何认定因公致残的复函

(2009 年 2 月 17 日　民函〔2009〕54 号)

湖北省民政厅:

你厅《关于公务员在公派考察途中猝然发病能否评残的请示》(鄂民政函〔2008〕401 号)收悉。现答复如下:

1989 年民政部《关于贯彻执行〈军人抚恤优待条例〉若干具体问题的解释》(民〔1989〕优字 19 号)对死亡和伤残的情形是分别表述的。其中在因公牺牲的条件中有“在执行任务中因病猝然死亡”情形,但在因公致残的条件中则没有相应内容。2004 年新修订的《军人抚恤优待条例》对残疾情形采用了新的表述形式,其中第九条第一款第(四)项规定:“在执行任务中或者在工作岗位上因病猝然死亡,或者因医疗事故死亡的,确认为因公牺牲”;第二十条规定:“因第九条第一款规定的情形之一导致残疾的,认定为因公致残”。这种规定形式在立法上是准用性规范,即没有直接转述因公致残情形的内容,而是规定在这个问题上引用其他条文的法律规范。因此,因公致残的情形是第九条第一款规定的情形。但是,原来的情形引用过来必须依然存在才可以。由于医学上只有因病猝然死亡(即“猝死”)的定义,不存在因病“猝然残疾”的提法,即这种致残情形并不存在。因此,对第二十条规定指引的第九条第一款第(四)项的因公致残内容,排除了在执行任务中或者在工作岗位上因病猝然导致残疾的情形,只有因医疗事故导致残疾。因此,对于由疾病本身导致的诸如偏瘫、失语以及其他残疾不予认定因公致残。但对于由于突发可导致意识、肢体障碍的疾病,进而导致工作程序紊乱以致负外伤致残,视同在执行任务中由于意外事件致残,可确认为因公致残。

民政部办公厅关于如何理解《军人抚恤优待条例》第九条第一款第(一)项中“意外事件”的复函

(2007 年 10 月 26 日　民办函〔2007〕247 号)

湖南省民政厅:

你厅《关于刘贤英同志公伤评残有关问题的请示》(湘民字〔2007〕59 号)收悉。经研究,现就有关问题答复如下:

《军人抚恤优待条例》(国务院令第 413 号)第九条第一款第(一)项规定“在执行任务中或者上下班途中,由于意外事件死亡的”为“因公牺牲”情形之一。第二十条第二款规定因此情形致残的为“因公致残”。其中,“意外事件”是指“无法抗拒或无法预料造成的情形或事故”,关键是强调主观不可预见性。“在执行任务中或者上下班途中,由于意外事件致残”的“因公致残”情形应当按照上述原则把握。

请你们根据以上意见处理有关问题。

对《军人抚恤优待条例》第三条第一款中“当地的平均生活水平”解释的函

(2005 年 6 月 7 日　民发〔2005〕84 号)

各省、自治区、直辖市民政厅(局)、财政厅(局)、统计局,计划单列市民政局、财政局、统计局,新疆生产建设兵团民政局、财务局、统计局：

新修订的《军人抚恤优待条例》（以下简称《条例》）于2004年10月1日施行后，各地民政部门纷纷来函来电，反映《条例》第三条中关于“保障抚恤优待对象的生活不低于当地的平均生活水平”的规定执行起来难以把握，在一定程度上影响了基层社会稳定和《条例》的贯彻执行。许多优抚对象也通过来信来访的方式，反映其生活水平没有达到当地的平均生活水平，要求政府按照《条例》的有关规定，保障其生活不低于当地平均生活水平。鉴于上述问题较为突出，也具有一定的普遍性，我们进行了认真研究，现就《条例》第三条第一款中规定的“保障抚恤优待对象的生活不低于当地的平均生活水平”解释如下：

“当地”一般是指县、自治县、不设区的市、市辖区、林区等。

“平均生活水平”主要通过收入、支出和社会福利等多项指标反映。收入指标包括城市居民家庭人均可支配收入和农村居民家庭人均纯收入；支出指标包括城市居民家庭人均消费性支出、农村居民家庭人均生活消费支出。

确定“当地的平均生活水平”，应以当地城市居民家庭人均消费性支出、农村居民家庭人均生活消费支出这两项货币性指标为基础，适当考虑城市居民家庭人均可支配收入、农村居民家庭人均纯收入，以及就业、教育、卫生等社会福利因素确定。

衡量优抚对象是否达到当地的平均生活水平时，需要对各种因素综合考虑，应当将优抚对象享受的抚恤补助、就业、文化、教育、卫生、社会保障、生产服务等方面享受到的社会优待，以及优抚对象自身的劳动收入和其他收入与当地的平均生活水平指标进行比较，作为确定优抚对象是否达到当地的平均生活水平的衡量标准。

“当地的平均生活水平”由各地民政、财政部门根据有关资料测算，报同级人民政府确定。

3. 军休安置

国务院、中央军委关于颁发《关于军队干部退休的暂行规定》的通知

（1981年10月13日 国办发〔1981〕39号）

现将《关于军队干部退休的暂行规定》发给你们，希认真贯彻执行。

军队退休干部，在长期革命斗争中，英勇作战，努力工作，对革命战争胜利和军队建设，作出了重要贡献。各地区、各部门、各单位一定加强领导，认真做好安置和管理工作，在政治上、生活上关心他们，及时研究解决他们的实际问题，使他们继续为革命做一些力所能及的工作，发挥他们在社会主义建设中的积极作用。

附件：

关于军队干部退休的暂行规定

根据军队建设的需要，每年将有一定数量的干部要退出现役作退休安置。这些干部，在长期的革命斗争中，英勇作战，努力工作，对革命战争胜利和军队建设，作出了重要贡献。妥善安置退休干部，是党和政府对他们的关怀和爱护，也是各级政府的一项重要任务。为了安置好军队退休干部，特作如下规定。

第一条 军队的现役干部，男年满55周岁、女年满五十周岁，或因战、因公致残，积劳成疾，基本丧失工作能力，可办理退休。已达上述年龄的专业技术干部以及其他干部，因工作需要，身体又能坚持正常工作的，退休时间可适当推迟。

第二条 干部退休后，按下列标准发给生活费

（一）因年老、积劳成疾退休的干部：抗日战争时期入伍的（含参加地方革命工作时间，下同），发给本人原工资（按照安置地区军队同职级干部的月工资额计算，下同）的95%。

解放战争时期入伍的，发给本人原工资的90%。

中华人民共和国成立后入伍的，军龄（含参加地方革命工作年限，下同）满30年以上的，发给本人原工资的85%；军龄满20年不满30年的，发给本人原工资的80%；军龄满15年不满20年的，发给本人原工资的75%；军龄满10年不满15年的，发给本人原工资的70%，军龄不满10年的，发给本人工资的65%。

（二）因战、因公负伤致残者因患二、三期矽肺病而基本丧失工作能力退休的干部，发给本人原工资的95%。生活不能自理、饮食起居需要人扶助的，还可以根据实际情况，每月发给护理费。护理费标准不得超过当地一般机械行业二级工的标准工资。

第三条 对具备下列条件的干部，可酌情提高其退休生活费。

（一）荣军以上单位授予英雄、模范称号的，荣立一等功、特等功或相当奖励的，提高15%；荣立二等功、大功或相当奖励的，提高10%；荣立三等功或相当奖励的，提高5%。

符合本项中两个条件以上的，按其中最高的一项标准发给。

（二）在高原缺氧、特别艰苦的边防、海岛等地区连续工作10年以上的，提高5%；连续工作15年以上的，提高10%；连续工作20年以上的，提高15%。

（一）、（二）两项同时具备的，提高部分可合并计算，但提高的结果，其总的退休生活费不得超过本人的原工资。需要

提高退休生活费的具体数额，由批准其退休的单位确定。

第四条 干部经批准退休后，由军以上政治机关填发退休干部证明书和介绍信，并将干部个人档案材料转至退休安置地区的民政部门。退休干部证明书所填项目在退休后的变动，由安置地区的民政部门负责填写。

退休干部的交接工作，由军以上单位派人到安置地区的省、市、自治区民政部门办理。

第五条 退休干部的安置要从实际出发，有的可以就地安置，有的可以回本人或配偶原籍安置，有的可以到配偶、子女、父母居住地区安置，从外地到北京、上海、天津安置的要从严掌握。自愿回农村安置的给予鼓励。

第六条 退休干部的住房，经费和建筑材料由国家计委负责解决。

退休干部的职级和安置地点（县、市），由军队各大单位每年6月底以前上报总政治部，经民政部和总政治部报国务院批准后纳入国家计划，由国家计委向有关省、市、自治区下达建房任务。

各省、市、自治区人民政府根据国家计委下达的建房任务，由建委承担建房，也可按当年下达的建房数量，先调拨相等数量的住房，给接收安置的军队退休干部居住。军队退休干部的住房，由当地民政部门负责分配，房管部门负责管理和维修。回农村安置的，可参照当地县、市人民政府、公社、生产大队帮助建房或买房，节约归己，产权归己。

退休干部的家具，由军队按规定标准发给家具费。需要地方供应购置家具的，安置地区商业部门负责照顾解决。

第七条 易地安置的退休干部，其配偶、未成年的和待业的子女可随同前往；易地后身边无子女照顾的，可准许调一个已工作的子女随迁。有工作的配偶、子女，随迁后由安置地区的人事或劳动部门负责分配。退休干部和家属的户口，由安置地区民政部门开具证明，公安部门办理落户手续。家属原为市镇户口的，包括随退休干部到农村安置的，随迁后不改变，仍吃商品粮，一切都按当地市镇户口办理。

第八条 退休干部离队安置时，由军队一次发给相当于本人六个月工资的安家补助费。到农村安置的，一次发给相当于本人八个月工资的安家补助费。退休干部交地方安置时，由原单位按军队供应标准发给六个月的全国通用粮票。从第七个月起，地方按当地标准供应。

第九条 退休干部和随迁的家属，前往居住地点途中所需的车船费、旅馆费、行车托运费和伙食补助费，由原单位按照军队现行标准发给。

第十条 退休干部离队安置时，当月的工资由原单位发给，从下个月起，由安置地区民政部门发给退休生活费。退休当年的生活费，由军队一次拨给安置地区的民政部门，从下一年起，其退休生活费，由安置地区的民政部门列入预算并按月发给。残废金由安置地区民政部门按规定标准发给。

第十一条 退休干部的生活供应标准、公费医疗等与当地相当职级的国家机关干部相同。取暖补贴费、粮价补贴、副食品价格补贴及其他补贴等，由民政部门按照居住地区规定标准发给。福利费按照当地在职干部的标准提取，由民政部门掌握，以解决军队退休干部的生活困难问题。

第十二条 退休干部去世后，当月的退休生活费照发，从下个月起停发退休生活费。其丧事处理，丧葬补助费，一次抚恤费和供养直系亲属生活补助费等，由当地民政部门按国家机关相当职级干部有关规定办理。

第十三条 军队退休干部的退休生活费、困难补助费和各种补贴费以及退休干部去世后遗属生活补助费等，由安置地区的民政部门向同级财政部门编造预算列支。

第十四条 各级民政部门，在党委领导下，认真做好军队退休干部的思想政治工作和管理工作。按照规定阅读文件、听报告。要关心他们的身体健康和物质、文化生活。要及时研究解决他们的实际困难，鼓励他们参加一些力所能及的社会活动，总结交流工作经验，宣扬退休干部中的一些好人好事。对资历较深、贡献较大，有一定影响的退休干部，可由组织、人事部门安排他们担任荣誉职务。

第十五条 本规定自公布之日起执行。本规定公布前已交政府安置的军队退休干部，退休生活费标准低于规定第二条规定的，由所在地区民政部门改按本规定第二条规定的标准，从1978年6月起补发其差额部分；符合离职休养条件的，由当地组织、人事部门和民政部门按照《国务院关于老干部离职休养的暂行规定》改为离职休养。

第十六条 本规定的实施细则，由民政部、总政治部制定。本规定的贯彻执行中，遇有特殊问题，由民政部、总政治部共同商量处理。

国务院、中央军委关于颁发《关于军队干部离职休养的暂行规定》的通知

（1982年1月4日　国发〔1982〕1号）

各省、市、自治区人民政府，各大军区、省军区、野战军，军委各总部、各军兵种，中央和国家机关各部委：

现将国务院、中央军委《关于军队干部离职休养的暂行规定》发给你们，望贯彻执行。军队离职休养老干部，在长期革命斗争中，对革命事业和军队建设，作出了重大贡献。各地区、各部门、各单位，一定要加强领导，要在政治上、生活上关心他们，切实做好这些老干部的安置和管理工作。需要国家机关和地方政府各部门帮助解决的问题，尽力给予解决。要教育所属工作人员和人民群众，尊敬这些长期为革命奋斗的老同志。离休老干部要继续发扬革命传统，保持艰苦朴素和密切联系群众的优良作风。

附：

国务院、中央军委关于军队干部离职休养的暂行规定

我军老干部在长期革命斗争中，英勇作战，努力工作，对革命战争胜利，对社会主义建设和军队建设，作出了重大贡献，是党和人民的宝贵财富。但是，随着年龄的增长和干部年轻化的要求，有些老干部需要作离职休养安置。关心、爱护老干部，是我党我军的光荣传统。为了把离休干部安置好、管理好，根据《国务院关于老干部离职休养的暂行规定》，结合我军实际情况，特作如下规定。

第一条　年大体弱不能坚持正常工作的一九三七年七月六日以前入伍(含参加革命工作，下同)的干部；一九四五年九月二日以前入伍的团职或行政十八级以上干部以及与其职、级相当的干部；一九四九年九月三十日以前入伍的师职或行政十四级以上干部以及与其职、级相当的干部，可以离休。具备上述条件的军队干部，离休的年龄为：师职以下干部年满五十五周岁，军职干部年满六十周岁的，兵团职和大军区职干部年满六十五周岁。身体不能坚持正常工作的，可提前离休。因工作需要，身体又能坚持正常工作的，可推迟离休。已离队的退休干部，符合离休条件的，由地方组织，人事部门负责改办离休。

第二条　离休干部的安置，要从实际出发，因地制宜。有的可以就地安置，有的可以回本人或配偶原籍以及配偶居住地区安置，有的也可到子女居住地区安置。自愿回农村安置的给予鼓励。驻边防、海岛、高原等地区的干部，在内地安置时，安置地区应优先接收。从外地到北京、上海、天津安置的要从严掌握。

第三条　离休干部就地安置的，由原单位管理，易地安置的，由接收单位管理，并由原单位一次发给相当本人两个月工资额的安家补助费；回农村安置的，由县市人民武装部管理，并由原单位一次发给相当本人四个月工资额的安家补助费。

第四条　离休干部住房标准，与在职干部相同。离休干部住房列入军队营建计划，由后勤部门统一修建和维修。建房经费和材料指标，由总政治部、总后勤部下达。建房任务当年没有完成的，经费和材料可结转下年度继续使用。

自愿在农村和县(含)以下城镇安置的，按规定标准发给建房费，由当地政府帮助建房或买房，节约归己。住房可以长期使用。

在城市有条件建房、买房分散安置的，也可按规定发给建房费，节约归己，产权归公，可以长期使用，但不得转让、出卖或出租。

第五条　各级领导和政治机关要关心离休干部的政治、文化生活。对于资历深或有一定影响的离休干部，要适当安排荣誉职务。在全国政协等机构安排的，由总政治部负责同中央组织部商定；在省、市安排的，由总部、军区、军兵种等单位负责同省、市有关部门商定。

干部离休后，按同职级在职干部规定的范围看文件，听报告，发学习材料。

重大节日和庆祝、纪念活动，要安排离休干部参加，并安排适当的席位。对离休干部的文娱活动，应优先安排。

干部离休后，继续享受规定的探亲待遇，另外本人可报销一次探视父母、子女或回原籍的往返车船费。

第六条　要关心离休干部的生活和身体健康，解决他们的实际困难。

离休干部的车辆、公勤人员，仍按中央军委规定的标准配备，或者按规定的标准发给交通补助费和公勤人员补助费。离休干部不领军服的，可按规定发给服装费。

离休干部治病、住医院，与在职的同职级干部同样办理，就诊时应优先照顾。到农村安置的，按干休所的医疗费标准发给。干休所和离休干部驻地附近有军队医疗机构的，将医疗费拨给该单位负责医疗，没有军队医疗机构的，将医疗费拨给供给单位，按规定报销。离休干部供养的直系亲属，医疗待遇与在职干部供养的直系亲属同样办理。

副军职以下离休干部因战因公伤残，饮食起居需要人扶助，或因瘫痪、双目失明等生活不能自理的，经大单位政治机关批准发给护理费。护理费标准一般不超过当地普通机械行业二级工的标准工资。

第七条　干部离休时，身边无子女的，可商请安置地区的人事、劳动或知青部门调一名子女(包括配偶)到安置地区工作。

离休干部的配偶和子女随迁、调动，按在职干部调动的有关规定办理。离休干部到农村安置的，家属原为市镇户口的，包括随离休干部到农村安置的；随迁后不改变，仍吃商品粮，一切都按当地市镇户口办理。

第八条　离休干部去世后，其丧葬、抚恤等按同职级在职干部的有关规定办理。

第九条　要发挥离休干部的作用，鼓励他们总结部队建设、作战、训练、政治工作、后勤工作等方面的经验，撰写革命回忆录，进行革命传统教育等。离休干部要发扬革命传统，关心国家大事，关心军队建设，积极反映情况，提出建议，做些力所能及的工作。

第十条　各级党委和政治机关，要加强对离休干部工作的领导。要把做好离休干部工作列入党委和政治机关的议事日程。要经常了解情况，及时解决问题。健全各级离休干部管理机构，配好干部。要注意总结交流做好离休干部工作的经验，宣扬先进典型，切实把工作做好。

第十一条　本规定自公布之日起执行。本规定的实施细则由总政治部制定，报中央军委批准后公布 。

军队离休退休干部服务管理办法

（2014 年 9 月 23 日民政部令第 53 号公布　自公布之日起施行）

第一章　总　　则

第一条　为了做好军队离休退休干部服务管理工作，根据国务院、中央军委有关规定，制定本办法。

本办法所称军队离休退休干部，是指移交政府安置的由民政部门服务管理的中国人民解放军和中国人民武装警察部队离休退休干部（以下简称军休干部）。

第二条　军休干部服务管理应当从维护军休干部的合法权益出发，贯彻执行国家关于军休干部的法律法规和政策，完善军休干部服务保障和教育管理机制，落实军休干部政治待遇和生活待遇。

军休干部服务管理坚持政治关心、生活照顾、服务为先、依法管理的原则。

第三条　军休干部服务管理由政府领导、民政部门主管、服务管理机构组织实施。

民政部门应当加强对军休干部服务管理的指导，及时研究解决军休干部服务管理工作中的重大问题。

服务管理机构是服务和管理军休干部的专设机构，承担军休干部服务管理具体工作。

第四条　军休干部服务管理应当适应社会主义市场经济发展和军队后勤保障社会化的要求，逐步实行国家保障与社会化服务相结合。

第五条　对在军休干部服务管理中做出显著成绩的单位和个人，按照规定给予表彰和奖励。

第二章　服务管理内容

第六条　各级人民政府和军队各级组织在举行重大庆典和重大政治活动时，民政部门应当按照要求组织军休干部参加。

第七条　在建军节、春节等重大节日时，民政部门应当协调当地人民政府和军队有关负责人走访慰问军休干部。

第八条　民政部门、服务管理机构应当按照规定落实军休干部相应政治待遇，组织军休干部阅读有关文件，听取党和政府重要会议精神传达。

第九条　服务管理机构应当做好以下服务保障工作：

（一）按时发放军休干部离退休费和津贴补贴；

（二）按规定落实军休干部医疗、交通、探亲等待遇，帮助符合条件的军休干部落实优抚待遇；

（三）协调做好军休干部的医疗保障工作，建立健康档案，开展医疗保健知识普及活动，引导军休干部科学保健、健康养生；

（四）组织开展适宜军休干部的文化体育活动，引导和鼓励军休干部参与社会文化活动；

（五）定期了解军休干部情况和需求，提供必要的关心照顾；

（六）协助办理军休干部去世后的丧葬事宜，按照政策规定落实遗属待遇。

第十条　服务管理机构应当加强思想政治工作，开展学习宣传活动，提高军休干部遵纪守法和遵守服务管理机构规章制度的自觉性。

第十一条　服务管理机构应当组织军休干部开展文明创建活动，引导军休干部保持和发扬优良传统，发挥政治优势和专业特长，参与社会公益活动。

第三章　服务管理方式

第十二条　服务管理机构应当建立健全工作制度，为军休干部老有所养、老有所医、老有所教、老有所学、老有所为、老有所乐创造条件。

第十三条　服务管理机构应当全时值班，并采取定期联系、定人包户等方式，为军休干部提供及时、方便的日常服务保障。

第十四条　服务管理机构应当坚持共性服务和个性化服务相结合，为军休干部提供细致周到的服务。对身边无子女、生活不能自理的军休干部，应当重点照顾并提供必要帮助。

第十五条　服务管理机构应当拓展社会化服务，根据需要引进邮政、银行、生活服务等社会服务项目，提高服务管理的质量和效益。

第十六条　鼓励社会组织、社会工作者、志愿者等社会力量为军休干部提供服务。

第十七条　服务管理机构应当建立军休干部服务管理信息系统，配备必要的技术设备，提高服务管理信息化水平。

第十八条　鼓励和支持军休干部成立各种文体组织和兴趣小组，开展有益身心健康的活动。

第十九条　军休干部管理委员会是在服务管理机构内军休干部自我教育、自我管理、自我服务的群众性组织。

服务管理机构内设有军休干部管理委员会的，服务管理机构应当加强对军休干部管理委员会的指导，按照有关规定组织开展活动，发挥军休干部管理委员会的作用，定期听取军休干部管理委员会工作情况报告，研究解决其反映的问题。

第四章　服务管理机构

第二十条　民政部门根据安置管理工作需要，按照统筹规划、合理布局、精干高效、便于服务的原则设置、调整服务管理机构。

第二十一条　服务管理机构实行法定代表人负责制，对重大问题实行民主决策。

服务管理机构应当政策公开、财务公开、管理公开，接受军休干部和工作人员监督。

第二十二条　服务管理机构应当加强党组织建设，落实组织生活制度，发挥党组织的政治核心作用。

第二十三条　服务管理机构应当加强基础设施建设，设置会议室、活动室、阅览室、荣誉室等场所，建立必要的室外文化体育活动场地，创造良好休养环境。

第二十四条　服务管理机构应当加强军休经费管理和国有资产管理，接受有关部门的审计监督。

第二十五条　服务管理机构应当加强安全管理，及时消除安全隐患，防止安全责任事故发生。

第五章　服务管理工作人员

第二十六条　军休干部服务管理工作人员应当加强政策和业务知识学习，掌握服务管理技能，培养良好作风和职业道德，尊重军休干部。

第二十七条　服务管理机构新聘用工作人员，除国家政策性安置、按照人事管理权限由上级任命、涉密岗位等人员外，应当面向社会公开招聘。

服务管理机构应当逐步提高社会工作、护理等专业技术人员比例。

第二十八条　服务管理机构应当定期开展教育培训、岗位练兵、业务竞赛等活动，提高工作人员思想政治素质、政策理论水平和服务管理能力。

第六章　附　　则

第二十九条　中国人民解放军和中国人民武装警察部队移交政府安置的退休士官的服务管理参照本办法执行。

第三十条　本办法自公布之日起施行。1990 年 7 月 18 日民政部发布的《军队离休退休干部休养所暂行规定》（民政部令第 3 号）同时废止。

民政部、总政治部关于《国务院、中央军委关于军队干部退休的暂行规定》的实施细则

（1983 年 6 月 21 日　民〔1983〕安 56 号　〔1983〕政干字第 20 号）

各省、市、自治区人民政府，各大军区、各军兵种、各总部、国防科工委、军事科学院和各直属院校政治部：

根据《国务院、中央军委关于军队干部退休的暂行规定》（下称《暂行规定》）第十六条规定，制定本实施细则。

第一条　《暂行规定》第二条、第三条所称“原工资（按照安置地区军队同职级干部的月工资额计算）”，包括职务（职称）工资、级别工资、地区工资补助（生活费补贴、地区津贴、地区工资性的林区津贴、矿区津贴、地区性生活补贴），不包括其他补助。未实行职务、级别工资的军队现役干部，其“原工资”应按照安置地区同类同级干部的月工资额计算，包括标准工资、地区工资补助，不包括其他补助。

《暂行规定》公布前已交政府安置的退休干部的“原工资”，是指退休时的工资额。

《暂行规定》第二条所称“军龄”（含参加地方革命工作年限）按满年计算，半年以上的按一年计算，不足半年的不计算。军龄计算截止时间，以办理退休手续之日为准。

第二条　《暂行规定》第二条（二）项所称“因战、因公负伤致残”，是指因战、因公负伤致残被评为二等乙级以上残废的。

《暂行规定》公布前已交政府安置的军队退休干部，已按一九五八年《国务院关于现役军官退休处理的暂行规定》，享受伤残退休费待遇的继续保留。低于《暂行规定》第二条（二）项规定标准的，按规定标准予以提高。差额部分，一九七八年六月前退休的，从一九七八年六月起补发，以后退休的，从政府接收之月起补发。属于二等乙级以上残废或患二、三期矽肺病而未享受伤残退休费待遇的，经当地县以上民部门审查，报省、自治区、直辖市民政厅（局）批准，从《暂行规定》公布之月起，按《暂行规定》第二条（二）项规定享受伤残退休费待遇。

第三条　符合《暂行规定》第二条（二）项规定，需发给护理费的，应是特等残废，或一等残废中生活不能自理、饮食起居需要人扶助的，并由师以上单位的医疗机构证明，军以上单位的政治机关批准。其护理费，离队前由军队发给，移交政府后，由安置地区的民政部门发给。离队前不符合发护理费条件的，移交政府后，因公负伤致残或原在部队期间因战因公所致伤残或矽肺病加重，已符合享受护理费条件的，应由当地县属以上医疗机构证明，县以上民政部门审查，报省、直辖市民政厅（局）批准，从批准之月起发给护理费。

《暂行规定》公布前已交政府安置的军队退休干部，原享受护理费的标准低于《暂行规定》第二条（二）项规定标准的，按规定标准予以提高，并按上述移交政府后的报批程序办理。差额部分，一九七八年六月前退休的，从一九七八年六月起补发，以后退休的从接收之月起执行。符合享受护理费条件而享受的，也按同样报批程序，从批准之月发给护理费。

凡享受护理的，生活基本能够自理后，由当地县属以上医疗机构证明，经县以上民政部门提出意见，报省、自治区、直辖市民政厅（局）批准，停发护理费。

第四条　《暂行规定》第三条（一）项所称“相当奖励”是指退休干部在一九五二年一月《中国人民解放军立功与奖励工作条例（草案）》颁发以前荣立的相当于三等功以上的功。在衡量确定其等级时，一般情况下，甲等功可按一等功计算，

乙等功可按二等功计算,丙等功、中功、小功可按三等功计算,获得荣誉称号或立功的单位,其个人不提高退休生活费。由地方授予荣誉称号或给予奖励的个人,按国务院和有关部门的规定执行。

第五条 《暂行规定》第三条(二)项所称"高原缺氧、特别艰苦的边防、海岛等地区",是指海拔三千五百公尺以上的缺氧地区,沿陆地国境线特别艰苦的县、自治区、旗境内的地区,驻岛部队按现行规定享有海岛生活补助的海岛,及当地省、自治区人民政府规定为特别艰苦地区的地区。所称"连续工作"年限,不包括中间调离上述地区的时间。凡符合此项规定条件的干部,退休时无论在何地区工作,均应按此项规定提高退休生活费。

第六条 《暂行规定》第三条亦适用于《暂行规定》公布前已交政府安置的军队退休干部。他们当中,符合该条提高退休生活费条件的,由当地县以上民政部门和武装部门共同审查,报省、自治区、直辖市民政厅(局)批准,从《暂行规定》公布之月起,享受提高退休生活费待遇。已按一九五八年《国务院关于现役军官退休处理的暂行规定》享受"特殊贡献"待遇的,也按照《暂行规定》第三条规定条件重新评定,并按上述程序报批。评定后的退休费标准低于原标准的,仍按原标准发给。此项评定工作,原部队政治机关要予以积极协助。

第七条 按《暂行规定》第四条和第七条规定,退休干部及随迁家属的交接和安置工作,应在当地政府的统一领导下进行,安置地的民政部门要及早作出计划方案,劳动、人事、公安、教育、商业、粮食、卫生等有关部门,要积极负责地落实他们的落户、医疗、家属工作安排、子女转学等事宜。住房建成后,就地安置的,应抓紧办理交接手续;易地安置的,待退休干部随迁家属、子女的工作安排、转学等事宜基本落实后,省、自治区、直辖市民政厅(局)即将《军队退休干部进住通知书》发往退休干部所在部队团以上政治机关,由团以上单位派人到安置地区的县以上民政部门办理交接。不需建房的,经军以上单位与省、自治区、直辖市民政部门协商同意后,由团以上单位派人(持不需建房的证明)到县以上民政部门办理交接。

军队退休干部的档案,由接收安置地区的县以上民政部门按照国家关于干部档案管理规定管理。

第八条 要求在城市安置的退休干部对于就地、回本人原籍、到配偶原籍或居住地安置的,一般应予接收。对于到父母、子女(不含现役军人、在校学生)居住地安置的,该地是中小城市(五十万人口以下)的一般应予接收;该地是大城市(五十万人口以上)的,如父母身边无直系亲属、干部未婚或干部身边无子女的,一般应予接收。

第九条 《暂行规定》第六条对军队退休干部住房问题作了原则规定,现明确如下:

①建房工作应在当地政府的主持下,由建委承担。具体分工按〔81〕建发综字528号和计基〔1982〕197号文件执行。

②住房可根据各地的具体情况,采取统建、分建、购买、自建(指回农村安置的)等多种办法解决。

③夫妻双方只给一方分配住房。夫妻双方由部队同时退休,按职务高的一方分配住房;夫妻双方一方离休,一方退休,一般情况下,职务高的一方退休可分配住房,职务相当或职务低的一方退休,应随离休干部居住。住地方公房(指分配给本人或配偶的住房),本人要求分配住房的,可以分配住房,但应将原住房交回,不得同时占用两处住房。对人口较多居住拥挤的营职以下干部,经当地人民政府批准,可酌情留用一部分原住房。

④自愿回农村建房安置的是指本人或配偶的原籍农村(含城市郊区的农村)。凡回农村安置的,须由本人申请,原部队团以上单位证明,安置地区县以上民政部门同意,并按国发〔1982〕29号文件规定,取得批准机关发给的宅基地使用证明后,方可办理建房手续。进住时,本人和配偶必须将户口迁到农村。退休干部的配偶系农村户口的,应尽量回农村安置。

⑤在安置地点(指城镇)原有私房(指本人有房产权)的,一般不再分配住房,如需维修、扩建可由本人申请,原部队团以上单位证明,经县以上人民政府批准,酌情一次拨给本人一部分经费和建筑材料。所拨经费和建筑材料指标,请省、自治区、直辖市人民政府确定。维修或扩建后,产权不变,以后维修自理。

⑥从退休干部所在部队团以上政治机关接到《军队退休干部进住通知书》之日起,三个月无正当理由不报到的,或因其他原因不进住的,其住房由民政部门安排以后退休的军队干部居住。

⑦住房建成后,由当地民政部门负责分配、房管部门负责管理和维修,有条件的地方也可由民政部门管理;退休干部进住前,所需住房看管费,由地方财政解决;任何单位或个人,不得以任何借口挪用和侵占住房。退休干部的房租费按当地机关干部住公房的标准收缴,所需补贴,按当地国家机关相当职级干部有关规定办理。

⑧已经确定接收并已拨款建房的,其安置地点原则上不再变动。

⑨《暂行规定》公布前已交政府安置的军队退休干部不补发家具费。

第十条 《暂行规定》第七条所称随迁人员,应包括干部退休前批准随军供养的其他亲属;所称"无子女照顾的",是指无成年子女(未满十六周岁)或虽有成年子女,但因残疾等原因而不能照顾的,所称"准许调一个已工作的子女随迁",应当包括随迁子女的配偶及其未成年子女。

干部退休前已随军供养的现在部队服役的子女,退伍后可到退休干部安置地区落户,并与当地城镇退伍军人一样安排工作。

对退休干部随迁的待业子女,应和城镇待业青年一样(到农村安置的优先)，由劳动人事部门安排就业。

第十一条 《暂行规定》第八条所称“按当地标准供应”，是指按当地国家机关干部的粮、油标准供应。《暂行规定》公布前已交政府安置的军队退休干部，其粮、油标准低于当地国家机关的粮、油标准的，应予提高；高的可不降低。

第十二条 《暂行规定》第九条所称“前往居住地点途中所需的车船费、旅馆费、行李托运费和伙食补助费”，包括搬进住房前的上述费用。

第十三条 《暂行规定》第十条所称“退休当年的生活费”，是指退休当年剩余月份的退休生活费。除退休当年剩余月份的医疗费(按国家规定的标准)一次拨给安置地区公费医疗管理部门外，当年剩余月份的退休生活费和副食品价格补贴、粮价补贴、本年度取暖补贴、护理费(均按安置地区规定的标准计)、福利费及残废金等，均由军队一次拨给安置地区的民政部门。退休当年所需的其他经费，由安置地区民政部门按当地国家机关干部的标准，向同级财政部门编造预算列支。

军队退休干部从交给安置后的下一年起，所需各项费用，按财政部(82)财事字第111号文件规定办理。其中医疗费用，由安置地区的公费医疗管理部门编列预算支付，超支部分按国家机关相当职级干部有关规定办理。

军队退休干部交政府安置后，应同当地国家机关中的退休干部一样，享受国务院和有关部门以及安置地区人民政府规定的各种优待。

第十四条 《暂行规定》第十二条所称“供养直系亲属”，是指必须依靠退休干部供养的下列人员：(一)父(含抚养退休干部长大的抚养人)、未年满六十周岁或基本丧失劳动能力的；(二)母(含抚养退休干部长大的抚养人)、妻年满五十周岁或基本丧失劳动能力的；(三)子女(含遗腹子女、养子女、前妻或前夫所生子女)、弟妹(含同父异母或同母异父的弟妹)年未满十六周岁或满十六周岁尚在普通中学学习，或者基本丧失劳动能力的；(四)其他必须依靠退休干部供养的无生活来源或基本丧失劳动能力的亲属。

第十五条 县以上民政部门，应按《暂行规定》第十四条精神，会同组织、人事、卫生等有关部门，对军队退休干部阅读文件、听报告、组织生活、医疗和物质、文化生活等各项待遇提出安排意见，报当地党委和人民政府批准执行。

第十六条 《暂行规定》第十五条所称“本规定公布前已交政府安置的军队退休干部”，是指《暂行规定》公布前已按照一九五八年《国务院关于现役军官退休处理的暂行规定》、一九六六年《国务院关于“修改军队退休干部生活费标准”的通知》、一九七五年《国务院、中央军委关于军队干部退出现役暂行办法》办理退休的军队干部。所称“退休生活费”是指上述文件中规定的退休生活费基本部分。

第十七条 现由民政部门管理的军队退休干部中，凡符合离职休养条件的，由民政部门会同组织、人事和财政部门，按照《暂行规定》第十五条和国发〔1980〕253号及国务院、中央军委〔1982〕1号、16号文件的规定办理。改办离休后，由干部、人事部门管理。

第十八条 各省、自治区、直辖市民政厅(局)和省军区政治部，可根据《暂行规定》和本实施细则，结合本地实际情况，提出贯彻意见，经省、自治区、直辖市人民政府批准执行，并报民政部、总政治部备案。

第十九条 本实施细则自《暂行规定》颁发之月(一九八一年十月)起实行。

军队无军籍退休退职职工服务管理办法

(2015年12月17日民政部令第57号公布　自2016年2月1日起施行)

第一条 为了做好军队无军籍退休退职职工服务管理工作，根据国家有关规定，制定本办法。

第二条 本办法所称军队无军籍退休退职职工，是指已移交政府安置的中国人民解放军和中国人民武装警察部队无军籍退休退职职工(以下简称无军籍职工)。

第三条 无军籍职工服务管理应当从维护无军籍职工的合法权益出发，贯彻执行国家关于无军籍职工的政策，完善无军籍职工服务管理机制，落实无军籍职工生活待遇。

无军籍职工服务管理应当与经济社会发展水平相适应，坚持国家保障与社会化服务相结合原则。

第四条 无军籍职工服务管理实行政府领导、民政部门主管。按照属地原则，无军籍职工安置地乡镇人民政府、街道办事处，民政部门指定机构是无军籍职工的服务管理单位，承担无军籍职工服务管理具体工作。

民政部门应当及时将无军籍职工接收安置计划和方案报请本级人民政府同意，协调有关部门研究解决无军籍职工服务管理重大问题，加强对无军籍职工服务管理的指导。

第五条 服务管理单位应当按照规定办理或者协助办理无军籍职工党员组织关系转接事宜，保障无军籍职工党员参加党组织生活。

第六条 服务管理单位应当做好以下服务管理工作：

(一)发放无军籍职工退休退职费和津贴补贴；

(二)按规定协助落实无军籍职工医疗待遇；

(三)定期了解无军籍职工情况和需求，提供必要的关心照顾；

(四)宣传解释无军籍职工相关政策；

(五)按规定做好其他服务管理工作。

县级以上人民政府民政部门应当根据本级人民政府有关部门对事业单位退休人员待遇调整情况，提出无军籍职工待遇调整方案，经本级人民政府同意后，按规定通知服务管理单位执行。

第七条 服务管理单位应当建立健全工作制度，协调利用为老服务资源，为无军籍职工老有所养、老有所医、老有所学、老有所为、老有所乐创造条件。

服务管理单位可以通过政府购买服务方式聘用工作人员、租用场地设施。

第八条 服务管理单位应当加强无军籍职工思想政治工作，提高无军籍职工遵纪守法和遵守服务管理单位规章制度的自觉性。

第九条 服务管理单位应当引导无军籍职工保持和发扬优良传统，发挥专业特长，积极参与社区建设和社会公益活动。

第十条 服务管理单位应当引导无军籍职工参加社区组织开展的有益身心健康的文体活动。

第十一条 鼓励社会组织、专业社会工作者、志愿者等社会力量为无军籍职工及其家庭提供形式多样的个性化服务。

鼓励身体健康、乐于奉献的无军籍职工参与服务管理，增强无军籍职工自我管理、自我教育、自我服务能力。

第十二条 服务管理单位应当配备档案管理设施，妥善保管无军籍职工档案，提供必要的档案利用服务。

第十三条 服务管理单位应当定期开展教育培训、岗位练兵，提高工作人员思想政治素质、政策理论水平和服务管理能力。

第十四条 对在无军籍职工服务管理中做出显著成绩的单位和个人，纳入军休干部安置管理表彰范围。

第十五条 对已移交政府安置的军队无军籍离休干部的服务管理，可以参照本办法执行。国家对军队无军籍离休干部服务管理另有规定的，从其规定。

第十六条 本办法自2016年2月1日起施行。

军队离休退休干部服务管理机构工作指引

（2015年9月22日　民发〔2015〕102号）

为推进《军队离休退休干部服务管理办法》贯彻落实，进一步加强移交政府安置的军队离休退休干部（以下简称军休干部）服务管理机构全面建设，细化职责任务，丰富内容形式，提高能力水平，确保军休干部各项待遇有效落实，根据国家相关政策规定，制定本指引。

一、组织机构

（一）军休干部服务管理机构是服务和管理军休干部的专设机构，包括军休干部服务管理中心、军休干部休养所、军休干部服务管理站等，承担军休干部服务管理具体工作。

（二）军休干部服务管理机构主要任务是，坚持政治关心、生活照顾、服务为先、依法管理的原则，按照国家有关政策规定，落实军休干部政治待遇、生活待遇，维护军休干部合法权益，做好相关保障工作，实现军休干部“老有所养、老有所医、老有所教、老有所学、老有所为、老有所乐”的目标。

（三）军休干部服务管理机构实行法定代表人负责制，接受民政部门领导和监督。

（四）按照中共中央组织部、中共民政部党组《关于加强移交地方政府安置管理的军队离休退休干部服务管理机构党组织建设的意见》（组通字〔2008〕16号）要求，合理设置党组织，建立健全相关制度，认真开展组织活动，发挥政治核心作用。

（五）合理设置内部科室，建立规范的主任（所长、站长）办公会议、全体职工（代表）会议制度，建立健全日常工作制度，保证服务管理工作科学有序运行。

（六）组织开展争先创优活动，积极参加“先进军休干部、先进军休工作单位、先进军休工作个人”创建评比，发挥先进典型的示范引领作用。

（七）加强党风廉政建设，坚持重大问题、重要事项集体研究、民主决策，坚持政务公开、事务公开和财务公开，接受军休干部、工作人员和有关部门监督，增强服务管理工作的透明度，杜绝违法违纪现象发生。

二、办理接收

（八）按照有关政策规定，依据省级民政部门下达的年度军休干部接收安置计划和开具的《接收安置通知书》，办理军休干部接收手续。

（九）接收军休干部时，应与部队移交单位、被移交人（或监护人）召开“三方”见面会，核对档案材料和军休干部各种待遇项目，签订交接协议。

（十）积极协助新接收的军休干部办理落户、组织关系等各种手续，按时上报新接收的军休干部花名册和“三联单”，及时将有关信息录入军休干部信息管理系统。

（十一）组织召开新接收军休干部入中心（所、站）欢迎会，介绍有关情况，带领参观军休家园，帮助尽快融入新的生活。

（十二）对接收的军休干部档案资料，按照《档案法》规定加强管理，指定专人负责，规范查阅程序，做好相关登记。

三、政治待遇

（十三）积极协调有关部门，认真落实军休干部享受安置地国家机关同职级离休退休干部政治待遇。

（十四）按照要求组织军休干部参加各级政府和军队组织举行的重大庆典和重大政治活动，扎实做好服务保障工作。

（十五）在建军节、春节等重大节日时，协调配合当地政府和军队有关负责人走访慰问或自行组织走访慰问军休干部。

（十六）按照规定组织军休干部阅读学习有关文件，听取党和政府重要会议精神传达。

（十七）定期组织军休干部进行政治理论学习，开展国际国内形势教育和法制教育，订阅内部时事资料或理论刊物供集中阅览，针对普遍关心的热点问题适时举办时事报告会。

（十八）根据去世军休干部遗愿或家属申请，按照相关规定，协助办理骨灰盒或遗体覆盖党旗或军旗等事宜。

四、生活待遇

（十九）及时传达贯彻军休干部生活待遇有关文件，准确测算、按时发放军休干部基本离退休费和津贴补贴。

（二十）按规定落实军休干部交通、探亲、住院伙食补助等待遇，帮助符合条件的军休干部落实相关优抚待遇。

（二十一）宣传国家、地方政府的社会优待和惠老政策，及时协助符合条件的军休干部办理老年优待证、乘车证等事宜。

（二十二）定期了解军休干部生活情况，对他们反映的生活待遇方面问题，严格按照文件规定及时答复。

（二十三）协助办理军休干部去世后的丧葬事宜，按照政策规定落实遗属待遇。

五、医疗保健

（二十四）及时协助军休干部及无经济收入家属、遗属办理医疗参保或医药费报销手续。

（二十五）按照安置地同职级离退休公务员有关规定，组织军休干部健康体检，认真建立和完善军休干部健康档案，及时收录军休干部健康情况、体检报告等，按对象类别实施分类管理。

（二十六）严格按照规定条件和程序申报、发放（停发）军休干部护理费，坚决杜绝违规操作，防止引发攀比。

（二十七）开展医疗保健普及活动，定期组织专题讲座，宣传正确的卫生饮食、身体锻炼、心理调适、紧急自救等知识技能，引导军休干部科学保健、健康养生。

（二十八）协调定点医疗机构加强军休干部医疗服务工作，为军休干部就诊和住院提供优先和便利。

（二十九）有条件的军休服务管理机构，可以积极协调卫生部门引进社区卫生机构或等级医院，为军休干部提供日常保健咨询、健康档案管理、医护技能培训等基本医疗服务。

六、文体活动

（三十）针对军休干部年龄、身体、专长等特点，制定年度文化体育活动计划，并认真组织实施。

（三十一）鼓励和支持军休干部成立各种文体组织和兴趣小组，培养文体人才，开展有益身心健康的文体活动。

（三十二）加强文化载体建设，通过合理设置宣传栏（橱窗、灯箱等）、完善荣誉室陈列内容、视情创办内部刊物等形式，及时收集宣扬军休干部历史功绩和先进典型事迹，营造浓厚的文化氛围。

（三十三）引导和鼓励军休干部利用社会文化资源，参与社会文化活动。

（三十四）有条件的军休服务管理机构，可以采取自办或合办等方式，加强军休干部老年大学建设，鼓励军休干部积极参与老年大学的活动。

七、服务方式

（三十五）建立定人包户制度，通过定期联系或走访，为军休干部提供及时、方便的日常服务保障。

（三十六）坚持共性服务和个性化服务相结合，对身边无子女、生活不能自理以及高龄、病重等军休干部，建立信息档案，给予重点照顾并提供必要帮助。

（三十七）深入开展亲情化服务，通过及时向军休干部表达生日和节日祝福、对住院和家庭发生重大变故的及时探望问候等方式，让军休干部真切感受到温暖。

（三十八）积极拓展社会化服务，根据需要引进邮政、银行、生活服务等社会服务项目，鼓励社会组织、社会工作者、志愿者等社会力量广泛参与，提高服务军休干部的质量和效益。有条件的地方，可采取专项购买或签约合作等方式，挖掘养老、旅游等社会服务机构的优质资源，为军休干部提供优惠的专业化服务。

（三十九）大力推进信息化服务，在建好用好军休服务管理机构信息系统的同时，依托社会服务网、地方养老服务平台等载体，采取建设机构网站、设立热线、开通微信、安装“一键通”呼叫器和触摸屏等形式，及时发布更新系统内和社会上的服务信息，满足军休干部多样化服务需求。

（四十）扎实做好信访服务，认真接待、耐心答复来信来访来电，依法及时解决合理诉求，做到无推诿、敷衍、拖延现象，维护军休干部队伍和谐稳定。

（四十一）采取组织引领、搭建平台、典型带动等方式，鼓励和支持军休干部发挥政治优势和专业特长，做好军休干部“老有所为”服务工作。

（四十二）设有军休干部管理委员会的服务管理机构，应加强对军休干部管理委员会的指导，按照有关规定组织开展活动，发挥军休干部自我教育、自我管理、自我服务的作用，定期听取工作情况报告，研究解决其反映的问题。

八、队伍建设

（四十三）根据军休干部数量变化和实际工作需要，本着结构优化、精干高效的原则，合理设置工作人员岗位，及时提出用人计划和专业需求申请，逐步提高社会工作、护理、信息化管理、法律等专业技术人员比例。

（四十四）制定工作人员教育培训计划，定期开展岗位练兵、业务竞赛等活动，鼓励和支持工作人员参加在职学习和职业技能继续教育。

（四十五）加强工作人员作风建设，制定实施日常行为规范、礼仪标准和接待首问负责制，推行规范着装、挂牌服务、公开承诺，教育和激励工作人员遵纪守法、爱岗敬业，主动接受军休干部监督。

（四十六）建立健全工作人员岗位目标责任制，签订岗位责任书，实施绩效考核奖惩，并与工作人员调整职级、岗位和工资档次相挂钩。

（四十七）有条件的军休服务管理机构，可以按规定成立工会组织，关心关爱工作人员，及时帮助其解决实际困难。

九、设施建设

（四十八）按照规定的用房面积标准，科学制定服务管理机构设施建设和维修改造规划，精心组织施工，做到布局合理、功能完备。

（四十九）根据工作需要，建立活动室、阅览室、荣誉室、档案室、会议室、工作人员办公室等服务办公场所和必要的室外活动场地，配齐设备器材和日常用品，设置醒目标识和引导标志。

（五十）建立健全设施管理制度，公布开放时间，明确使用须知，安排专人负责，加强日常管理和更新维护，保持各类设施宽敞整洁、规范有序、安全实用。

（五十一）做好楼院的硬化、绿化、美化、净化、亮化工作，创造和谐舒适、美观大方、氛围浓厚的休养环境。

（五十二）做好军休庭院日常维护管理，按照社会化发展要求，稳步推进物业化管理。

十、财务资产

（五十三）加强军休经费管理，对离退休人员经费和服务管理经费实行专款专用、不得挪用，按照国家会计制度和财务管理规定设置账户、账目。

（五十四）健全完善内部财务管理控制制度和流程，坚持大项资金支出集体议定制度，自觉接受有关部门监督审计，防止违规违纪现象的发生。

（五十五）严格按照有关规定采购资产，认真执行资产登记制度，加强资产管理，防止国有资产流失。

（五十六）规范车辆使用审批程序，严禁外借和私用，节约用车成本，提高用车效率。

十一、安全管理

（五十七）坚持预防为主、综合治理，把安全工作纳入日常服务管理中，严格落实安全工作责任制，全员签订安全责任书，做到有机构、有制度、有预案、有演练。

（五十八）实行全时值班，视情设立值班室，明确值班职责，保持值班人员在岗在位和通信畅通，妥善应对突发情况。

（五十九）按照行业规范加强水、电、气、暖、车、档案、印章、电脑网络以及易燃易爆易污染等物品的管理，按照有关规定配备防火、防盗、防泄密等设施，落实设施器械安全管理责任，定期进行安全检查，及时消除安全隐患。

（六十）院区、楼内各种安全标识设置合理、醒目，疏散通道和安全出口畅通。

（六十一）定期和不定期组织开展安全教育，强化工作人员和军休干部的安全意识，熟练掌握应急处理的程序，防止安全责任事故发生。

民政部、财政部关于军队退休干部生活待遇问题的通知

（1988年7月18日　民〔1988〕安字23号）

各省、自治区、直辖市民政厅（局），财政厅（局），各计划单列市民政局、财政局：

根据国务院、中央军委《关于军队干部退休的暂行规定》（国发〔1981〕39号）和民政部、总政治部制定的《实施细则》中关于“军队退休干部交政府安置后，应同当地国家机关中的退休干部一样，享受国务院和有关部门以及安置地区人民政府规定的各种优待”的精神，凡地方政府对国家机关退休干部生活待遇方面所作的各种补贴以及补贴标准的调整，应包括交政府安置的军队退休干部在内。所需经费，由地方财政解决。

民政部、财政部、总政治部、总后勤部关于移交地方管理的军队离休干部生活待遇问题的通知

（1988年9月29日　民〔1988〕安字30号）

各省、自治区、直辖市民政、财政厅（局），各计划单列市民政、财政局，各大军区、各军兵种、各总部、国防科工委、军事科学院、国防大学、武警总部政治部、后勤部（院务部）：

根据国务院、中央军委《批转民政部、总政治部〈关于做好移交地方的军队离休退休干部安置管理工作的报告〉的通知》（国发〔1984〕171号文件）精神，现对移交地方管理的军队离休干部（指暂时保留军籍的，下同）生活待遇的有关问题作如下规定：

一、移交地方管理的军队离休干部的生活待遇，原则上保持军队管理的离休干部的标准。今后，中央军委和总部对军队离休干部生活待遇方面所作的有关规定，移交地方管理的军队离休干部亦按照执行。所需经费，文件下发当年中央财政预算未列上的，由军队负责解决，从第二年起由中央财政解决。

二、对移交地方管理的军队离休干部的福利补助费，按照总政治部、总后勤部〔1987〕后财字第463号文件规定，从1987年4月1日起发给每人每月10元，按总后勤部〔1988〕后财字第1 32号文件规定，从1988年1月1日起每人每月另增发6元；住院期间伙食补助费，按照总后勤部规定的陆勤伤病员伙食标准，本人交基本伙食费，差额部分由管理单位报销，从1989年1月1日起执行。以上调整标准所需经费先由各地在已拨给的离退休经费中开支，确有困难可提出申请由中央财政安排明年预算时一并解决。

◎请示答复

民政部办公厅关于军休干部房租补贴相关文件执行若干问题的复函

（2009年4月27日 民办函〔2009〕108号）

上海市民政局：

你局关于军休干部房租补贴相关文件执行若干问题的请示（沪民办发〔2008〕63号）收悉，经与财政部社会保障司、总政治部干部部研究，答复如下：

一、“关于住房补贴经费”问题。根据民政部、财政部、总政治部《关于印发〈移交政府安置的军队离休退休干部住房制度改革实施办法〉的通知》（民安发〔1994〕19号）规定，移交政府安置的军队离休退休干部住房补贴（即指房租补贴，下同）经费“按现行财政管理体制，分别由中央和地方财政解决”。“分别由中央和地方财政解决”是指中央和地方财政实行分税制以后，北京、河北、江苏、安徽、湖南五省（市）1986年12月31日以前安置的军队离退休干部由地方财政解决，1987年1月1日以后安置的军队离退休干部由中央财政负担；其他省、自治区、直辖市、计划单列市1983年12月31日以前安置的军队离退休干部由地方财政解决，1984年1月1日以后安置的军队离退休干部由中央财政负担。

二、“关于从提租收入中解决”的问题。在财政部、民政部的复函中均明确说明“从提租收入中解决”，请抓紧与有关部门联系，尽快帮助移交政府安置的军队离退休干部落实经费来源。

三、“关于住房产权不属于中央所有的移交政府安置的军队离退休干部的住房补贴经费如何执行”问题。无论产权属于谁，其按政策规定享受住房补贴的经费均“从提租收入中解决”。

民政部关于移交地方的军队离休干部有关生活待遇问题的复函

（1989年7月10日 民（1989）安字2号）

云南省民政厅：

你省（89）云军离退字第17号请示悉。经与财政部、总政治部、总后勤部有关部门研究，现答复如下：

一、军队离休干部住院期间伙食补助费，应按照、财政部、总政治部、总后勤部民〔1988〕安字30号文件规定和总后勤部（1989）后需字第34号文件执行（见附件一），离休干部应交的基本伙食费及管理单位报销数额等具体标准应与当地驻军离休干部执行标准相一致。

二、军队离休干部的丧葬费从一九八九年八月一日起，按照总政治部办公厅（86）政办字第115号文件规定执行（见附件二）。

三、调整以上标准所增加的经费，请在已下达的离休干部经费中调剂解决，不另追加。

附一：

中国人民解放军总后勤部关于调整各类灶伙食费标准的通知

（1989年2月14日 启需字〔1989〕第34号）

各军区、各军兵种、国防科工委后勤部，总参三部、管理局，总政直工部，军事科学院院务部，国防大学校务部，总后所属直供单位：

为稳定部队生活，经中央军委批准，决定自一九八九年一月一日起，适当增加各类灶伙食费标准。

在副食品价格上涨幅度较大，国防费较紧的情况下调整部队伙食费标准，体现了军委对部队生活的重视和关心。各部队要顾全大局，认真贯彻“标准加补助”的原则，制订生产收益补助伙食的具体标准和落实措施，同时加强基层伙食管理，切实保证部队生活水平不降低。

附二：

总政治部办公厅印发《关于军队干部逝世后治丧工作若干问题的电话通知》的通知

（1986年9月16日 政办字〔1986〕第115号）

各军区、各军兵种、各总部、国防科工委、军事科学院、国防大学政治部：

现将总政治部一九八六年九月十六日《关于军队干部逝世后治丧工作若干问题的电话通知》印发给你们，在执行中有什么问题和意见，请及时告我们。

4. 退役安置

中华人民共和国兵役法

（1984年5月31日第六届全国人民代表大会第二次会议通过　1984年5月31日中华人民共和国主席令第14号公布　根据1998年12月29日第九届全国人民代表大会常务委员会第六次会议《关于修改〈中华人民共和国兵役法〉的决定》第一次修正　根据2009年8月27日第十一届全国人民代表大会常务委员会第十次会议《关于修改部分法律的决定》第二次修正　根据2011年10月29日第十一届全国人民代表大会常务委员会第二十三次会议《关于修改〈中华人民共和国兵役法〉的决定》第三次修正）

第一章　总　　则

第一条　根据中华人民共和国宪法第五十五条"保卫祖国、抵抗侵略是中华人民共和国每一个公民的神圣职责。依照法律服兵役和参加民兵组织是中华人民共和国公民的光荣义务"和其他有关条款的规定，制定本法。

第二条　中华人民共和国实行义务兵与志愿兵相结合、民兵与预备役相结合的兵役制度。

第三条　中华人民共和国公民，不分民族、种族、职业、家庭出身、宗教信仰和教育程度，都有义务依照本法的规定服兵役。

有严重生理缺陷或者严重残疾不适合服兵役的人，免服兵役。

依照法律被剥夺政治权利的人，不得服兵役。

第四条　中华人民共和国的武装力量，由中国人民解放军、中国人民武装警察部队和民兵组成。

第五条　兵役分为现役和预备役。在中国人民解放军服现役的称现役军人；经过登记，预编到现役部队、编入预备役部队、编入民兵组织服预备役的或者以其他形式服预备役的，称预备役人员。

第六条　现役军人和预备役人员，必须遵守宪法和法律，履行公民的义务，同时享有公民的权利；由于服兵役而产生的权利和义务，由本法和其他相关法律法规规定。

第七条　现役军人必须遵守军队的条令和条例，忠于职守，随时为保卫祖国而战斗。

预备役人员必须按照规定参加军事训练、执行军事勤务，随时准备参军参战，保卫祖国。

第八条　现役军人和预备役人员建立功勋的，得授予勋章、奖章或者荣誉称号。

第九条　中国人民解放军实行军衔制度。

第十条　全国的兵役工作，在国务院、中央军事委员会领导下，由国防部负责。

各军区按照国防部赋予的任务，负责办理本区域的兵役工作。

省军区（卫戍区、警备区）、军分区（警备区）和县、自治县、市、市辖区的人民武装部，兼各该级人民政府的兵役机关，在上级军事机关和同级人民政府领导下，负责办理本区域的兵役工作。

机关、团体、企业事业单位和乡、民族乡、镇的人民政府，依照本法的规定完成兵役工作任务。兵役工作业务，在设有人民武装部的单位，由人民武装部办理；不设人民武装部的单位，确定一个部门办理。

第二章　平 时 征 集

第十一条　全国每年征集服现役的人数、要求和时间，由国务院和中央军事委员会的命令规定。

县级以上地方各级人民政府组织兵役机关和有关部门组成征集工作机构，负责组织实施征集工作。

第十二条　每年十二月三十一日以前年满十八周岁的男性公民，应当被征集服现役。当年未被征集的，在二十二周岁以前仍可以被征集服现役，普通高等学校毕业生的征集年龄可以放宽至二十四周岁。

根据军队需要，可以按照前款规定征集女性公民服现役。

根据军队需要和本人自愿，可以征集当年十二月三十一日以前年满十七周岁未满十八周岁的公民服现役。

第十三条　国家实行兵役登记制度。每年十二月三十一日以前年满十八周岁的男性公民，都应当在当年六月三十日以前，按照县、自治县、市、市辖区的兵役机关的安排，进行兵役登记。经兵役登记并初步审查合格的，称应征公民。

第十四条　在征集期间，应征公民应当按照县、自治县、市、市辖区的兵役机关的通知，按时到指定的体格检查站进行体格检查。

应征公民符合服现役条件，并经县、自治县、市、市辖区的兵役机关批准的，被征集服现役。

第十五条　在征集期间，应征公民被征集服现役，同时被机关、团体、企业事业单位招收录用或者聘用的，应当优先履行服兵役义务；有关机关、团体、企业事业单位应当服从国防和军队建设的需要，支持兵员征集工作。

第十六条　应征公民是维持家庭生活唯一劳动力的，可以缓征。

第十七条　应征公民正在被依法侦查、起诉、审判的或者被判处徒刑、拘役、管制正在服刑的，不征集。

第三章　士兵的现役和预备役

第十八条　现役士兵包括义务兵役制士兵和志愿兵役制士兵，义务兵役制士兵称义务兵，志愿兵役制士兵称士官。

第十九条 义务兵服现役的期限为二年。

第二十条 义务兵服现役期满,根据军队需要和本人自愿,经团级以上单位批准,可以改为士官。根据军队需要,可以直接从非军事部门具有专业技能的公民中招收士官。

士官实行分级服现役制度。士官服现役的期限一般不超过三十年,年龄不超过五十五周岁。

士官分级服现役的办法和直接从非军事部门招收士官的办法,由国务院、中央军事委员会规定。

第二十一条 士兵服现役期满,应当退出现役。因军队编制员额缩减需要退出现役的,经军队医院诊断证明本人健康状况不适合继续服现役的,或者因其他特殊原因需要退出现役的,经师级以上机关批准,可以提前退出现役。

士兵退出现役的时间为部队宣布退出现役命令之日。

第二十二条 士兵退出现役时,符合预备役条件的,由部队确定服士兵预备役;经过考核,适合担任军官职务的,服军官预备役。

退出现役的士兵,由部队确定服预备役的,自退出现役之日起四十日内,到安置地的县、自治县、市、市辖区的兵役机关办理预备役登记。

第二十三条 依照本法第十三条规定经过兵役登记的应征公民,未被征集服现役的,办理士兵预备役登记。

第二十四条 士兵预备役的年龄,为十八周岁至三十五周岁,根据需要可以适当延长。具体办法由国务院、中央军事委员会规定。

第二十五条 士兵预备役分为第一类和第二类。

第一类士兵预备役包括下列人员:

(一)预编到现役部队的预备役士兵;

(二)编入预备役部队的预备役士兵;

(三)经过预备役登记编入基干民兵组织的人员。

第二类士兵预备役包括下列人员:

(一)经过预备役登记编入普通民兵组织的人员;

(二)其他经过预备役登记确定服士兵预备役的人员。

预备役士兵达到服预备役最高年龄的,退出预备役。

第四章 军官的现役和预备役

第二十六条 现役军官由下列人员补充:

(一)选拔优秀士兵和普通高中毕业生入军队院校学习毕业的学员;

(二)选拔普通高等学校毕业的国防生和其他应届优秀毕业生;

(三)直接提升具有普通高等学校本科以上学历表现优秀的士兵;

(四)改任现役军官的文职干部;

(五)招收军队以外的专业技术人员和其他人员。

战时根据需要,可以从士兵、征召的预备役军官和非军事部门的人员中直接任命军官。

第二十七条 预备役军官包括下列人员:

(一)退出现役转入预备役的军官;

(二)确定服军官预备役的退出现役的士兵;

(三)确定服军官预备役的普通高等学校毕业学生;

(四)确定服军官预备役的专职人民武装干部和民兵干部;

(五)确定服军官预备役的非军事部门的干部和专业技术人员。

第二十八条 军官服现役和服预备役的最高年龄由《中华人民共和国现役军官法》和《中华人民共和国预备役军官法》规定。

第二十九条 现役军官按照规定服役已满最高年龄的,退出现役;未满最高年龄因特殊情况需要退出现役的,经批准可以退出现役。

军官退出现役时,符合服预备役条件的,转入军官预备役。

第三十条 退出现役转入预备役的军官,退出现役确定服军官预备役的士兵,在到达安置地以后的三十日内,到当地县、自治县、市、市辖区的兵役机关办理预备役军官登记。

选拔担任预备役军官职务的专职人民武装干部、民兵干部、普通高等学校毕业生、非军事部门的人员,由工作单位或者户口所在地的县、自治县、市、市辖区的兵役机关报请上级军事机关批准并进行登记,服军官预备役。

预备役军官按照规定服预备役已满最高年龄的,退出预备役。

第五章 军队院校从青年学生中招收的学员

第三十一条 根据军队建设的需要,军队院校可以从青年学生中招收学员。招收学员的年龄,不受征集服现役年龄的限制。

第三十二条 学员完成学业考试合格的,由院校发给毕业证书,按照规定任命为现役军官、文职干部或者士官。

第三十三条 学员学完规定的科目,考试不合格的,由院校发给结业证书,回入学前户口所在地;就读期间其父母已办理户口迁移手续的,可以回父母现户口所在地,由县、自治县、市、市辖区的人民政府按照国家有关规定接收安置。

第三十四条 学员因患慢性病或者其他原因不宜在军队院校继续学习,经批准退学的,由院校发给肄业证书,回入学前户口所在地;就读期间其父母已办理户口迁移手续的,可以回父母现户口所在地,由县、自治县、市、市辖区的人民政府按照国家有关规定接收安置。

第三十五条 学员被开除学籍的,回入学前户口所在地;就读期间其父母已办理户口迁移手续的,可以回父母现户口所在地，由县、自治县、市、市辖区的人民政府按照国家有关规定办理。

第三十六条 军队根据国防建设的需要，可以依托普通高等学校招收、选拔培养国防生。国防生在校学习期间享受国防奖学金待遇，应当参加军事训练、政治教育，履行国防生培养协议规定的其他义务；毕业后应当履行培养协议到军队服现役，按照规定办理入伍手续，任命为现役军官或者文职干部。

国防生在校学习期间，按照有关规定不宜继续作为国防生培养，但符合所在学校普通生培养要求的，经军队有关部门批准，可以转为普通生；被开除学籍或者作退学处理的，由所在学校按照国家有关规定办理。

第三十七条 本法第三十二条、第三十三条、第三十四条、第三十五条的规定，也适用于从现役士兵中招收的学员。

第六章 民 兵

第三十八条 民兵是不脱产的群众武装组织，是中国人民解放军的助手和后备力量。

民兵的任务是：

（一）参加社会主义现代化建设；

（二）执行战备勤务，参加防卫作战，抵抗侵略，保卫祖国；

（三）为现役部队补充兵员；

（四）协助维护社会秩序，参加抢险救灾。

第三十九条 乡、民族乡、镇、街道和企业事业单位建立民兵组织。凡十八周岁至三十五周岁符合服兵役条件的男性公民，经所在地人民政府兵役机关确定编入民兵组织的，应当参加民兵组织。

根据需要，可以吸收十八周岁以上的女性公民、三十五周岁以上的男性公民参加民兵组织。

国家发布动员令后，动员范围内的民兵，不得脱离民兵组织；未经所在地的县、自治县、市、市辖区人民政府兵役机关批准，不得离开民兵组织所在地。

第四十条 民兵组织分为基干民兵组织和普通民兵组织。基干民兵组织是民兵组织的骨干力量，主要由退出现役的士兵以及经过军事训练和选定参加军事训练或者具有专业技术特长的未服过现役的人员组成。基干民兵组织可以在一定区域内从若干单位抽选人员编组。普通民兵组织，由符合服兵役条件未参加基干民兵组织的公民按照地域或者单位编组。

第七章 预备役人员的军事训练

第四十一条 预备役士兵的军事训练，在现役部队、预备役部队、民兵组织中进行，或者采取其他组织形式进行。

未服过现役预编到现役部队、编入预备役部队和编入基干民兵组织的预备役士兵，在十八周岁至二十四周岁期间，应当参加三十日至四十日的军事训练；其中专业技术兵的训练时间，按照实际需要确定。服过现役和受过军事训练的预备役士兵的复习训练，以及其他预备役士兵的军事训练，按照中央军事委员会的规定进行。

第四十二条 预备役军官在服预备役期间，应当参加三个月至六个月的军事训练；预编到现役部队和在预备役部队任职的，参加军事训练的时间可以适当延长。

第四十三条 国务院和中央军事委员会在必要的时候，可以决定预备役人员参加应急训练。

第四十四条 预备役人员参加军事训练、执行军事勤务的伙食、交通等补助费用按照国家有关规定执行。预备役人员是机关、团体、企业事业单位工作人员或者职工的，参加军事训练、执行军事勤务期间，其所在单位应当保持其原有的工资、奖金和福利待遇；其他预备役人员参加军事训练、执行军事勤务的误工补贴按照国家有关规定执行。

第八章 普通高等学校和普通高中学生的军事训练

第四十五条 普通高等学校的学生在就学期间，必须接受基本军事训练。

根据国防建设的需要，对适合担任军官职务的学生，再进行短期集中训练，考核合格的，经军事机关批准，服军官预备役。

第四十六条 普通高等学校设军事训练机构，配备军事教员，组织实施学生的军事训练。

第四十五条第二款规定的培养预备役军官的短期集中训练，由军事部门派出现役军官与普通高等学校军事训练机构共同组织实施。

第四十七条 普通高中和中等职业学校，配备军事教员，对学生实施军事训练。

第四十八条 普通高等学校和普通高中学生的军事训练，由教育部、国防部负责。教育部门和军事部门设学生军事训练的工作机构或者配备专人，承办学生军事训练工作。

第九章 战时兵员动员

第四十九条 为了对付敌人的突然袭击，抵抗侵略，各级人民政府、各级军事机关，在平时必须做好战时兵员动员的准备工作。

第五十条 在国家发布动员令以后，各级人民政府、各级军事机关，必须迅速实施动员：

（一）现役军人停止退出现役，休假、探亲的军人必须立即归队；

（二）预备役人员、国防生随时准备应召服现役，在接到通知后，必须准时到指定的地点报到；

（三）机关、团体、企业事业单位和乡、民族乡、镇的人民政

府负责人,必须组织本单位被征召的预备役人员,按照规定的时间、地点报到;

(四)交通运输部门应当优先运送应召的预备役人员、国防生和返回部队的现役军人。

第五十一条 战时根据需要,国务院和中央军事委员会可以决定征召三十六周岁至四十五周岁的男性公民服现役,可以决定延长公民服现役的期限。

第五十二条 战争结束后,需要复员的现役军人,根据国务院和中央军事委员会的复员命令,分期分批地退出现役,由各级人民政府妥善安置。

第十章 现役军人的待遇和退出现役的安置

第五十三条 国家保障现役军人享有与其履行职责相适应的待遇。现役军人的待遇应当与国民经济发展相协调,与社会进步相适应。

军官实行职务军衔等级工资制,士官实行军衔级别工资制,义务兵享受供给制生活待遇。现役军人享受规定的津贴、补贴和奖励工资。国家建立军人工资的正常增长机制。

现役军人享受规定的休假、疗养、医疗、住房等福利待遇。国家根据经济社会发展水平提高现役军人的福利待遇。

国家实行军人保险制度,与社会保险制度相衔接。军人服现役期间,享受规定的军人保险待遇。军人退出现役后,按照国家有关规定接续养老、医疗、失业等社会保险关系,享受相应的社会保险待遇。现役军人配偶随军未就业期间,按照国家有关规定享受相应的保障待遇。

第五十四条 国家建立健全以扶持就业为主,自主就业、安排工作、退休、供养以及继续完成学业等多种方式相结合的士兵退出现役安置制度。

第五十五条 现役军人入伍前已被普通高等学校录取或者是正在普通高等学校就学的学生,服役期间保留入学资格或者学籍,退出现役后两年内允许入学或者复学,并按照国家有关规定享受奖学金、助学金和减免学费等优待;入学或者复学后参加国防生选拔、参加国家组织的农村基层服务项目人选选拔,以及毕业后参加军官人选选拔的,优先录取。

义务兵和服现役不满十二年的士官入伍前是机关、团体、企业事业单位工作人员或者职工的,服役期间保留人事关系或者劳动关系;退出现役后可以选择复职复工。

义务兵和士官服现役期间,入伍前依法取得的农村土地承包经营权,应当保留。

第五十六条 现役军人,残疾军人,退出现役军人,烈士、因公牺牲、病故军人遗属,现役军人家属,应当受到社会的尊重,受到国家和社会的优待。军官、士官的家属随军、就业、工作调动以及子女教育,享受国家和社会的优待。

第五十七条 现役军人因战、因公、因病致残的,按照国家规定评定残疾等级,发给残疾军人证,享受国家规定的待遇和残疾抚恤金。因工作需要继续服现役的残疾军人,由所在部队按照规定发给残疾抚恤金。

现役军人因战、因公、因病致残的,按照国家规定的评定残疾等级采取安排工作、供养、退休等方式妥善安置。有劳动能力的退出现役的残疾军人,优先享受国家规定的残疾人就业优惠政策。

残疾军人、患慢性病的军人退出现役后,由安置地的县级以上地方人民政府按照国务院、中央军事委员会的有关规定负责接收安置;其中,患过慢性病旧病复发需要治疗的,由当地医疗机构负责给予治疗,所需医疗和生活费用,本人经济困难的,按照国家规定给予补助。

现役军人、残疾军人参观游览公园、博物馆、展览馆、名胜古迹享受优待;优先购票乘坐境内运行的火车、轮船、长途汽车以及民航班机;其中,残疾军人按照规定享受减收正常票价的优待,免费乘坐市内公共汽车、电车和轨道交通工具。义务兵从部队发出的平信,免费邮递。

第五十八条 义务兵服现役期间,其家庭由当地人民政府给予优待,优待标准不低于当地平均生活水平,具体办法由省、自治区、直辖市人民政府规定。

第五十九条 现役军人牺牲、病故,由国家发给其遗属一次性抚恤金;其遗属无固定收入,不能维持生活,或者符合国家规定的其他条件的,由国家另行发给定期抚恤金。

第六十条 义务兵退出现役,按照国家规定发给退役金,由安置地的县级以上地方人民政府接收,根据当地的实际情况,可以发给经济补助。

义务兵退出现役,安置地的县级以上地方人民政府应当组织其免费参加职业教育、技能培训,经考试考核合格的,发给相应的学历证书、职业资格证书并推荐就业。退出现役义务兵就业享受国家扶持优惠政策。

义务兵退出现役,可以免试进入中等职业学校学习;报考普通高等学校以及接受成人教育的,享受加分以及其他优惠政策;在国家规定的年限内考入普通高等学校或者进入中等职业学校学习的,享受国家发给的助学金。

义务兵退出现役,报考公务员、应聘事业单位职位的,在军队服现役经历视为基层工作经历,同等条件下应当优先录用或者聘用。

服现役期间平时荣获二等功以上奖励或者战时荣获三等功以上奖励以及属于烈士子女和因战致残被评定为五级至八级残疾等级的义务兵退出现役,由安置地的县级以上地方人民政府安排工作;待安排工作期间由当地人民政府按照国家有关规定发给生活补助费;本人自愿选择自主就业的,依照本条第一款至第四款规定办理。

国家根据经济社会发展水平,适时调整退役金的标准。退出现役士兵安置所需经费,由中央和地方各级人民政府共同负担 。

第六十一条 士官退出现役，服现役不满十二年的，依照本法第六十条规定的办法安置。

士官退出现役，服现役满十二年的，由安置地的县级以上地方人民政府安排工作；待安排工作期间由当地人民政府按照国家有关规定发给生活补助费；本人自愿选择自主就业的，依照本法第六十条第一款至第四款的规定办理。

士官服现役满三十年或者年满五十五周岁的，作退休安置。

士官在服现役期间因战、因公、因病致残丧失工作能力的，按照国家有关规定安置。

第六十二条 士兵退出现役安置的具体办法由国务院、中央军事委员会规定。

第六十三条 军官退出现役，国家采取转业、复员、退休等办法予以妥善安置。作转业安置的，按照有关规定实行计划分配和自主择业相结合的方式安置；作复员安置的，按照有关规定由安置地人民政府接收安置，享受有关就业优惠政策；符合退休条件的，退出现役后按照有关规定作退休安置。

军官在服现役期间因战、因公、因病致残丧失工作能力的，按照国家有关规定安置。

第六十四条 机关、团体、企业事业单位有接收安置退出现役军人的义务，在招收录用工作人员或者聘用职工时，同等条件下应当优先招收录用退出现役军人；对依照本法第六十条、第六十一条、第六十三条规定安排工作的退出现役军人，应当按照国家安置任务和要求做好落实工作。

军人服现役年限计算为工龄，退出现役后与所在单位工作年限累计计算。

国家鼓励和支持机关、团体、企业事业单位接收安置退出现役军人。接收安置单位按照国家规定享受税收优惠等政策。

第六十五条 民兵、预备役人员因参战、参加军事训练、执行军事勤务牺牲、致残的，学生因参加军事训练牺牲、致残的，由当地人民政府依照军人抚恤优待条例的有关规定给予抚恤优待。

第十一章 法律责任

第六十六条 有服兵役义务的公民有下列行为之一的，由县级人民政府责令限期改正；逾期不改的，由县级人民政府强制其履行兵役义务，并可以处以罚款：

（一）拒绝、逃避兵役登记和体格检查的；

（二）应征公民拒绝、逃避征集的；

（三）预备役人员拒绝、逃避参加军事训练、执行军事勤务和征召的。

有前款第二项行为，拒不改正的，不得录用为公务员或者参照公务员法管理的工作人员，两年内不得出国（境）或者升学。

国防生违反培养协议规定，不履行相应义务的，依法承担违约责任，根据情节，由所在学校作退学等处理；毕业后拒绝服现役的，依法承担违约责任，并依照本条第二款的规定处理。

战时有本条第一款第二项、第三项或者第三款行为，构成犯罪的，依法追究刑事责任。

第六十七条 现役军人以逃避服兵役为目的，拒绝履行职责或者逃离部队的，按照中央军事委员会的规定给予处分；构成犯罪的，依法追究刑事责任。

现役军人有前款行为被军队除名、开除军籍或者被依法追究刑事责任的，不得录用为公务员或者参照公务员法管理的工作人员，两年内不得出国（境）或者升学。

明知是逃离部队的军人而雇用的，由县级人民政府责令改正，并处以罚款；构成犯罪的，依法追究刑事责任。

第六十八条 机关、团体、企业事业单位拒绝完成本法规定的兵役工作任务的，阻挠公民履行兵役义务的，拒绝接收、安置退出现役军人的，或者有其他妨害兵役工作行为的，由县级以上地方人民政府责令改正，并可以处以罚款；对单位负有责任的领导人员、直接负责的主管人员和其他直接责任人员，依法予以处罚。

第六十九条 扰乱兵役工作秩序，或者阻碍兵役工作人员依法执行职务的，依照治安管理处罚法的规定给予处罚；使用暴力、威胁方法，构成犯罪的，依法追究刑事责任。

第七十条 国家工作人员和军人在兵役工作中，有下列行为之一，构成犯罪的，依法追究刑事责任；尚不构成犯罪的，给予处分：

（一）收受贿赂的；

（二）滥用职权或者玩忽职守的；

（三）徇私舞弊，接送不合格兵员的。

第七十一条 县级以上地方人民政府对违反本法的单位和个人的处罚，由县级以上地方人民政府兵役机关会同行政监察、公安、民政、卫生、教育、人力资源和社会保障等部门具体办理。

第十二章 附 则

第七十二条 本法适用于中国人民武装警察部队。

第七十三条 中国人民解放军根据需要配备文职干部。本法有关军官的规定适用于文职干部。

第七十四条 本法自 1984 年 10 月 1 日起施行。

退役士兵安置条例

（2011年10月29日中华人民共和国国务院、中华人民共和国中央军事委员会令第608号公布　自2011年11月1日起施行）

第一章　总　　则

第一条　为了规范退役士兵安置工作，保障退役士兵的合法权益，根据《中华人民共和国兵役法》，制定本条例。

第二条　本条例所称退役士兵，是指依照《中国人民解放军现役士兵服役条例》的规定退出现役的义务兵和士官。

第三条　国家建立以扶持就业为主，自主就业、安排工作、退休、供养等多种方式相结合的退役士兵安置制度，妥善安置退役士兵。

退役士兵安置所需经费，由中央和地方各级人民政府共同负担。

第四条　全社会应当尊重、优待退役士兵，支持退役士兵安置工作。

国家机关、社会团体、企业事业单位，都有接收安置退役士兵的义务，在招收录用工作人员或者聘用职工时，同等条件下应当优先招收录用退役士兵。退役士兵报考公务员、应聘事业单位职位的，在军队服现役经历视为基层工作经历。接收安置退役士兵的单位，按照国家规定享受优惠政策。

第五条　国务院退役士兵安置工作主管部门负责全国的退役士兵安置工作。

县级以上地方人民政府退役士兵安置工作主管部门负责本行政区域的退役士兵安置工作。

人民政府有关部门和军队有关部门应当在各自职责范围内做好退役士兵安置工作。

第六条　退役士兵应当遵守有关退役士兵安置的法律法规，服从人民政府的安置。

第七条　对在退役士兵安置工作中作出突出贡献的单位和个人，按照国家有关规定给予表彰、奖励。

第二章　移交和接收

第八条　国务院退役士兵安置工作主管部门和中国人民解放军总参谋部应当制定全国退役士兵的年度移交、接收计划。

第九条　退役士兵所在部队应当依照本条例的规定，将退役士兵移交安置地县级以上人民政府退役士兵安置工作主管部门。安置地县级以上人民政府退役士兵安置工作主管部门负责接收退役士兵。

第十条　退役士兵安置地为退役士兵入伍时的户口所在地。但是，入伍时是普通高等学校在校学生的退役士兵，退出现役后不复学的，其安置地为入学前的户口所在地。

第十一条　退役士兵有下列情形之一的，可以易地安置：

（一）服现役期间父母户口所在地变更的，可以在父母现户口所在地安置；

（二）符合军队有关现役士兵结婚规定且结婚满2年的，可以在配偶或者配偶父母户口所在地安置；

（三）因其他特殊情况，由部队师（旅）级单位出具证明，经省级以上人民政府退役士兵安置工作主管部门批准易地安置的。

易地安置的退役士兵享受与安置地退役士兵同等安置待遇。

第十二条　退役士兵有下列情形之一的，根据本人申请，可以由省级以上人民政府退役士兵安置工作主管部门按照有利于退役士兵生活的原则确定其安置地：

（一）因战致残的；

（二）服现役期间平时荣获二等功以上奖励或者战时荣获三等功以上奖励的；

（三）是烈士子女的；

（四）父母双亡的。

第十三条　自主就业的退役士兵应当自被批准退出现役之日起30日内，持退出现役证件、介绍信到安置地县级人民政府退役士兵安置工作主管部门报到。

安排工作的退役士兵应当在规定的时间内，持接收安置通知书、退出现役证件和介绍信到规定的安置地人民政府退役士兵安置工作主管部门报到。

退休、供养的退役士兵应当到规定的安置地人民政府退役士兵安置工作主管部门报到。

第十四条　退役士兵所在部队应当按照国家档案管理的有关规定，在士兵退役时将其档案及时移交安置地县级以上人民政府退役士兵安置工作主管部门。

退役士兵安置工作主管部门应当于退役士兵报到时为其开具落户介绍信。公安机关凭退役士兵安置工作主管部门开具的落户介绍信，为退役士兵办理户口登记。

第十五条　自主就业和安排工作的退役士兵的档案，由安置地退役士兵安置工作主管部门按照国家档案管理有关规定办理。

退休、供养的退役士兵的档案，由安置地退役士兵安置工作主管部门移交服务管理单位。

第十六条　退役士兵发生与服役有关的问题，由其原部队负责处理；发生与安置有关的问题，由安置地人民政府负责处理。

第十七条　退役士兵无正当理由不按照规定时间报到超过30天的，视为放弃安置待遇。

第三章 安　　置

第一节　自主就业

第十八条　义务兵和服现役不满12年的士官退出现役的，由人民政府扶持自主就业。

第十九条　对自主就业的退役士兵，由部队发给一次性退役金，一次性退役金由中央财政专项安排；地方人民政府可以根据当地实际情况给予经济补助，经济补助标准及发放办法由省、自治区、直辖市人民政府规定。

一次性退役金和一次性经济补助按照国家规定免征个人所得税。

各级人民政府应当加强对退役士兵自主就业的指导和服务。县级以上地方人民政府应当采取组织职业介绍、就业推荐、专场招聘会等方式，扶持退役士兵自主就业。

第二十条　国家根据国民经济发展水平、全国职工年平均工资收入和军人职业特殊性等因素确定退役金标准，并适时调整。国务院退役士兵安置工作主管部门、军队有关部门会同国务院财政部门负责确定和调整退役金标准的具体工作。

自主就业的退役士兵根据服现役年限领取一次性退役金。服现役年限不满6个月的按照6个月计算，超过6个月不满1年的按照1年计算。

获得荣誉称号或者立功的退役士兵，由部队按照下列比例增发一次性退役金：

（一）获得中央军事委员会、军队军区级单位授予荣誉称号，或者荣获一等功的，增发15%；

（二）荣获二等功的，增发10%；

（三）荣获三等功的，增发5%。

多次获得荣誉称号或者立功的退役士兵，由部队按照其中最高等级奖励的增发比例，增发一次性退役金。

第二十一条　县级以上地方人民政府退役士兵安置工作主管部门应当组织自主就业的退役士兵参加职业教育和技能培训，经考试考核合格的，发给相应的学历证书、职业资格证书并推荐就业。退役士兵退役1年内参加职业教育和技能培训的，费用由县级以上人民政府承担；退役士兵退役1年以上参加职业教育和技能培训的，按照国家相关政策执行。

自主就业退役士兵的职业教育和技能培训经费列入县级以上人民政府财政预算。

第二十二条　各级人民政府举办的公共就业人才服务机构，应当免费为退役士兵提供档案管理、职业介绍和职业指导服务。

国家鼓励其他人力资源服务机构为自主就业的退役士兵提供免费服务。

第二十三条　对从事个体经营的退役士兵，按照国家规定给予税收优惠，给予小额担保贷款扶持，从事微利项目的给予财政贴息。除国家限制行业外，自其在工商行政管理部门首次注册登记之日起3年内，免收管理类、登记类和证照类的行政事业性收费。

第二十四条　国家鼓励用人单位招收录用或者聘用自主就业的退役士兵，用人单位招收录用或者聘用自主就业退役士兵符合规定条件的，依法享受税收等优惠。

第二十五条　自主就业的退役士兵入伍前是国家机关、社会团体、企业事业单位工作人员或者职工的，退出现役后可以选择复职复工，其工资、福利和其他待遇不得低于本单位同等条件人员的平均水平。

第二十六条　自主就业的退役士兵入伍前通过家庭承包方式承包的农村土地，承包期内不得违法收回或者强制流转；通过招标、拍卖、公开协商等非家庭承包方式承包的农村土地，承包期内其家庭成员可以继续承包；承包的农村土地被依法征收、征用或者占用的，与其他农村集体经济组织成员享有同等权利。

自主就业的退役士兵回入伍时户口所在地落户，属于农村集体经济组织成员但没有承包农村土地的，可以申请承包农村土地，村民委员会或者村民小组应当优先解决。

第二十七条　有劳动能力的残疾退役士兵，优先享受国家规定的残疾人就业优惠政策。

第二十八条　自主就业的退役士兵进入中等职业学校学习、报考成人高等学校或者普通高等学校的，按照国家有关规定享受优待。

入伍前已被普通高等学校录取并保留入学资格或者正在普通高等学校就学的退役士兵，退出现役后2年内允许入学或者复学，并按照国家有关规定享受奖学金、助学金和减免学费等优待，家庭经济困难的，按照国家有关规定给予资助；入学后或者复学期间可以免修公共体育、军事技能和军事理论等课程，直接获得学分；入学或者复学后参加国防生选拔、参加国家组织的农村基层服务项目人选选拔，以及毕业后参加军官人选选拔的，优先录取。

第二节　安排工作

第二十九条　退役士兵符合下列条件之一的，由人民政府安排工作：

（一）士官服现役满12年的；

（二）服现役期间平时荣获二等功以上奖励或者战时荣获三等功以上奖励的；

（三）因战致残被评定为5级至8级残疾等级的；

（四）是烈士子女的。

符合前款规定条件的退役士兵在艰苦地区和特殊岗位服现役的，优先安排工作；因精神障碍基本丧失工作能力的，予以妥善安置。

符合安排工作条件的退役士兵，退役时自愿选择自主就业的，依照本条例第三章第一节的规定办理。

第三十条　国务院退役士兵安置工作主管部门和中国人民解放军总参谋部应当制定下达全国需由人民政府安排工作退役士兵的年度安置计划。

第三十一条　中央国家机关及其管理的在京企业事业单位接收安排退役士兵工作任务，由国务院退役士兵安置工作主管部门下达。中央国家机关京外直属机构、中央国家机关管理的京外企业事业单位接收安排退役士兵工作任务，由所在地县级以上地方人民政府按照属地管理的原则下达。

第三十二条　县级以上地方人民政府，应当根据符合安排工作条件的退役士兵人数和用人单位的实际情况，下达安排退役士兵工作的任务，并依法向社会公开。

对安排退役士兵工作任务较重的县（市），可以由上一级人民政府在本行政区域内统筹安排。

第三十三条　安置地县级以上地方人民政府应当按照属地管理的原则，对符合安排工作条件的退役士兵进行安置，保障其第一次就业。

第三十四条　国家机关、事业单位、国有以及国有控股和国有资本占主导地位的企业招收录用或者聘用人员的，应当在同等条件下优先招收录用或者聘用退役士兵。

第三十五条　安置地人民政府应当在接收退役士兵的6个月内，完成本年度安排退役士兵工作的任务。

退役士兵待安排工作期间，安置地人民政府应当按照不低于当地最低生活水平的标准，按月发给生活补助费。

第三十六条　承担安排退役士兵工作任务的单位应当按时完成所在地人民政府下达的安排退役士兵工作任务，在退役士兵安置工作主管部门开出介绍信1个月内安排退役士兵上岗，并与退役士兵依法签订期限不少于3年的劳动合同或者聘用合同。

合同存续期内单位依法关闭、破产、改制的，退役士兵与所在单位其他人员一同执行国家的有关规定。

接收退役士兵的单位裁减人员的，应当优先留用退役士兵。

第三十七条　由人民政府安排工作的退役士兵，服现役年限和符合本条例规定的待安排工作时间计算为工龄，享受所在单位同等条件人员的工资、福利待遇。

第三十八条　非因退役士兵本人原因，接收单位未按照规定安排退役士兵上岗的，应当从所在地人民政府退役士兵安置工作主管部门开出介绍信的当月起，按照不低于本单位同等条件人员平均工资80%的标准逐月发给退役士兵生活费至其上岗为止。

第三十九条　对安排工作的残疾退役士兵，所在单位不得因其残疾与其解除劳动关系或者人事关系。

安排工作的因战、因公致残退役士兵，享受与所在单位工伤人员同等的生活福利和医疗待遇。

第四十条　符合安排工作条件的退役士兵无正当理由拒不服从安置地人民政府安排工作的，视为放弃安排工作待遇；在待安排工作期间被依法追究刑事责任的，取消其安排工作待遇。

第三节　退休与供养

第四十一条　中级以上士官符合下列条件之一的，作退休安置：

（一）年满55周岁的；

（二）服现役满30年的；

（三）因战、因公致残被评定为1级至6级残疾等级的；

（四）经军队医院证明和军级以上单位卫生部门审核确认因病基本丧失工作能力的。

退休的退役士官，其生活、住房、医疗等保障，按照国家有关规定执行。

中级以上士官因战致残被评定为5级至6级残疾等级，本人自愿放弃退休安置选择由人民政府安排工作的，可以依照本条例第三章第二节的规定办理。

第四十二条　被评定为1级至4级残疾等级的义务兵和初级士官退出现役的，由国家供养终身。

国家供养的残疾退役士兵，其生活、住房、医疗等保障，按照国家有关规定执行。

国家供养分为集中供养和分散供养。

分散供养的残疾退役士兵购（建）房所需经费的标准，按照安置地县（市）经济适用住房平均价格和60平方米的建筑面积确定；没有经济适用住房的地区按照普通商品住房价格确定。购（建）房所需经费由中央财政专项安排，不足部分由地方财政解决。购（建）房屋产权归分散供养的残疾退役士兵所有。分散供养的残疾退役士兵自行解决住房的，按照上述标准将购（建）房费用发给本人。

第四十三条　因战、因公致残被评定为1级至4级残疾等级的中级以上士官，本人自愿放弃退休安置的，可以选择由国家供养。

第四章　保险关系的接续

第四十四条　退役士兵服现役年限计算为工龄，与所在单位工作年限累计计算，享受国家和所在单位规定的与工龄有关的相应待遇。

第四十五条　军队的军人保险管理部门与地方的社会保险经办机构，应当按照国家有关规定为退役士兵办理保险关系转移接续手续。

对自主就业的退役士兵，凭退役士兵安置工作主管部门出具的介绍信，由社会保险经办机构按照国家有关规定办理保险关系接续手续。对安排工作的退役士兵，由接收单位按照国家有关规定办理保险关系接续手续。

第四十六条 退役士兵到城镇企业就业或者在城镇从事个体经营、以灵活方式就业的,按照国家有关规定参加职工基本养老保险,服现役年限视同职工基本养老保险缴费年限,并与实际缴费年限合并计算。退役士兵回农村的,按照国家有关规定参加新型农村社会养老保险。

退役士兵在服现役期间建立的军人退役养老保险与其退役后参加基本养老保险的关系接续,由军队的军人保险管理部门和安置地社会保险经办机构按照国家有关规定办理。

退役士兵服现役年限视同职工基本养老保险缴费年限的养老保险待遇计发办法,按照国家有关规定执行。

第四十七条 退役士兵到各类用人单位工作的,应当随所在单位参加职工基本医疗保险;以灵活方式就业或者暂未实现就业的,可以参加职工基本医疗保险、城镇居民基本医疗保险或者新型农村合作医疗。退役士兵参加基本医疗保险的,其军人退役医疗保险金,按照国家有关规定转入退役士兵安置地的社会保险经办机构。实行工龄视同参加基本医疗保险缴费年限规定的地区,退役士兵的服现役年限视同参保缴费年限。

第四十八条 退役士兵就业应当随所在单位参加失业保险,其服现役年限视同失业保险缴费年限,并与实际缴费年限合并计算。参加失业保险的退役士兵失业,并符合《失业保险条例》规定条件的,按照规定享受失业保险待遇和相应的促进再就业服务。

第五章 法律责任

第四十九条 退役士兵安置工作主管部门及其工作人员、参与退役士兵安置工作的单位及其工作人员有下列行为之一的,由其上级主管部门责令改正,对相关责任人员依法给予处分;相关责任人员构成犯罪的,依法追究刑事责任:

(一)违反规定审批退役士兵安置待遇的;

(二)在审批退役士兵安置工作中出具虚假鉴定、证明的;

(三)在退役士兵安置工作中利用职权谋取私利的。

第五十条 接收安置退役士兵的单位违反本条例的规定,有下列情形之一的,由当地人民政府退役士兵安置工作主管部门责令限期改正;逾期不改的,对国家机关、社会团体、事业单位主要负责人和直接责任人员依法给予处分,对企业按照涉及退役士兵人数乘以当地上年度城镇职工平均工资10倍的金额处以罚款,并对接收单位及其主要负责人予以通报批评:

(一)拒绝或者无故拖延执行人民政府下达的安排退役士兵工作任务的;

(二)未依法与退役士兵签订劳动合同、聘用合同的;

(三)与残疾退役士兵解除劳动关系或者人事关系的。

第五十一条 退役士兵弄虚作假骗取安置待遇的,由安置地人民政府退役士兵安置工作主管部门取消相关安置待遇。

第六章 附 则

第五十二条 本条例适用于中国人民武装警察部队。

第五十三条 本条例自2011年11月1日起施行。

1987年12月12日国务院发布的《退伍义务兵安置条例》,1999年12月13日国务院、中央军委下发的《中国人民解放军士官退出现役安置暂行办法》同时废止。

本条例施行以前入伍、施行以后退出现役的士兵,执行本条例,本人自愿的,也可以按照入伍时国家有关退役士兵安置的规定执行。

中国人民解放军现役士兵服役条例

(1988年9月23日中华人民共和国国务院、中华人民共和国中央军事委员会第14号令发布 根据1993年4月27日《国务院、中央军事委员会关于修改〈中国人民解放军现役士兵服役条例〉的决定》第一次修订 根据1999年6月30日《国务院、中央军事委员会关于修改〈中国人民解放军现役士兵服役条例〉的决定》第二次修订 2010年7月21日国务院第120次常务会议、2010年3月29日中央军事委员会常务会议修订通过 2010年7月26日中华人民共和国国务院、中华人民共和国中央军事委员会令第578号公布 自2010年8月1日起施行)

第一章 总 则

第一条 为了完善士兵服役制度,提高士兵队伍素质,加强中国人民解放军的革命化、现代化、正规化建设,根据《中华人民共和国兵役法》的有关规定,制定本条例。

第二条 现役士兵是依照法律规定,经兵役机关批准服现役,并依照本条例规定被授予相应军衔的义务兵和士官。

第三条 士兵必须牢固树立当代革命军人核心价值观,忠于中国共产党,忠于祖国,热爱社会主义,全心全意为人民服务;忠于职守,刻苦钻研军事技术,熟练掌握武器装备,具备执行多样化军事任务的过硬本领;严格遵守国家的法律、法规和军队的条令、条例,尊重领导,服从命令,听从指挥;随时准备打仗,抵抗侵略,保卫祖国。

第四条 中国人民解放军总参谋部(以下简称总参谋部)主管全军的兵员工作,各级司令机关主管本单位的兵员工作。

国务院有关部门和地方各级人民政府,依照本条例以及有关法律、法规的规定,协助军队做好兵员工作。

第二章 士兵的服现役管理

第五条 公民依照法律规定,在中国人民解放军履行兵役义务,必须经县级兵役机关批准。

士兵服现役的时间,自兵役机关批准服现役之日起,至部队下达退役命令之日止计算。

第六条 义务兵服现役的期限为2年。

第七条 士官从服现役期满的义务兵中选取,或者从军队院校毕业的士官学员中任命,也可以从非军事部门具有专业技能的公民中直接招收。士官必须具备下列基本条件:

(一)志愿献身国防事业;

(二)能胜任本职工作;

(三)具有初中毕业以上文化程度;

(四)身体健康,品行良好。

第八条 士官实行分级服现役制度。士官分级服现役年限为:初级士官最高6年,中级士官最高8年,高级士官可以服现役14年以上。初级士官、中级士官在本级最高服现役年限内,按照岗位编制规定确定服现役时间。

士官分级服现役的批准权限为:初级士官由团(旅)级单位批准;中级士官由师(旅)级单位批准;高级士官由军级单位批准,批准前应当逐级上报总参谋部兵员工作主管部门审核。

各单位应当将批准的士官逐级上报总参谋部兵员工作主管部门登记注册。

第九条 士官担任除副班长、班长以外的分队行政或者专业技术领导、管理职务的,必须经军事院校培训。

士官担任专业技术工作职务的,应当经相应专业技术培训,并达到规定的技能等级标准。

直接从非军事部门具有专业技能的公民中招收的士官,应当经入伍训练和任职培训。

第十条 士兵担任副班长、班长或者相当于班长职务的,由营级单位的主官任免。

战斗中,因伤亡影响作战指挥时,连级单位的主官可以任命副班长、班长或者相当于班长的职务,但战斗间隙应当立即上报备案。

士官担任除副班长、班长以外的分队行政或者专业技术领导、管理职务的,由团(旅)级单位的主官任免。

第十一条 士兵的调配使用,应当严格按照编制的规定执行。

第十二条 士兵在军、师(旅)、团级单位范围内调动的,由调入和调出单位的共同上一级司令机关批准;在军区级单位范围内跨军级单位调动的,由军区级单位司令机关兵员工作主管部门批准;跨军区级单位调动的,由总参谋部兵员工作主管部门批准。

第十三条 新入伍的士兵,必须经入伍训练;专业技术兵必须经3个月以上的专业技术培训;班长必须经3个月以上的集训。

第十四条 部队应当每年对士兵进行综合考评,考评结果作为士兵使用、晋升、奖惩和选取士官的依据。

第三章 士兵的军衔

第十五条 士兵军衔按照兵役性质分为:

(一)士官:一级军士长、二级军士长、三级军士长、四级军士长、上士、中士、下士;

(二)义务兵:上等兵、列兵。

第十六条 士兵军衔按照军衔等级分为:

(一)高级士官:一级军士长、二级军士长、三级军士长;

(二)中级士官:四级军士长、上士;

(三)初级士官:中士、下士;

(四)兵:上等兵、列兵。

士兵军衔中,列兵为最低军衔,一级军士长为最高军衔。

第十七条 海军、空军士兵的军衔前分别冠以"海军"、"空军"。

第十八条 士兵军衔的授予、晋升,以本人所任职务、服现役年限和德才表现为依据。

第十九条 士兵军衔的授予、晋升:

(一)兵:服现役第一年的义务兵,授予列兵军衔;服现役第二年的列兵,晋升为上等兵。

(二)初级士官:上等兵服现役期满选取为初级士官的,晋升为下士;下士期满3年继续服现役的,晋升为中士。

(三)中级士官:中士服现役期满3年选取为中级士官的,晋升为上士;上士期满4年继续服现役的,晋升为四级军士长。

(四)高级士官:四级军士长服现役期满4年选取为高级士官的,晋升为三级军士长;三级军士长期满4年继续服现役的,晋升为二级军士长;二级军士长期满4年继续服现役的,晋升为一级军士长。

直接从非军事部门具有专业技能的公民中招收的士官,首次授予的军衔等级,根据其在普通高等学校学习时间和从事本专业工作时间确定。

军队院校士官学员毕业时的军衔晋升,比照其同年入伍士官的军衔等级确定。

第二十条 士兵军衔应当按照规定的服现役年限晋升;服现役第一年的列兵被任命为班长职务的,晋升为上等兵军衔。

第二十一条 士兵军衔授予、晋升的批准权限:

(一)一级军士长、二级军士长由军区级单位司令机关批准;三级军士长由军级单位的主官批准;四级军士长、上士由师(旅)级单位的主官批准;中士、下士由团(旅)级单位的主官批准。

(二)兵的军衔由连级单位的主官批准;服现役第一年的列兵担任班长职务晋升为上等兵军衔的,由营级单位的主官批准。

第二十二条 兵的军衔的授予、晋升,由连级单位的主官队前宣布;士官军衔的授予、晋升,由批准单位的主官以命令下达。

第二十三条 士兵在院校和训练机构学习期间军衔的晋升，由本人隶属单位办理。

士兵住院治疗期间军衔的晋升，由原单位办理。士兵因病和非因公致伤致残住院或者病休时间，连续计算超过半年的，军衔暂缓晋升，暂缓期限不得少于半年；医疗终结后符合条件继续服现役的，应当按期晋升。

第二十四条 士兵涉嫌违法违纪被依法审查期间，军衔暂不晋升；经审查没有违法违纪情形的，应当按期晋升。

第二十五条 军衔高的士兵与军衔低的士兵，军衔高的为上级。军衔高的士兵在职务上隶属于军衔低的士兵的，职务高的为上级。

第二十六条 士兵必须按照规定佩带与其军衔相符的军衔标志。

第二十七条 士兵军衔的授予、晋升办法，由总参谋部规定。

第四章 士兵的奖惩

第二十八条 对在作战、训练、执勤和工作中表现突出，取得显著成绩，以及为国家和人民做出其他较大贡献的士兵，应当给予奖励。奖励的项目、条件、批准权限和实施程序按照中央军事委员会的规定执行。

第二十九条 对违反纪律和故意或者过失给国家、军队和人民造成损失，或者在群众中产生不良影响的士兵，应当给予处分。处分的项目、条件、批准权限和实施程序按照中央军事委员会的规定执行。

第三十条 士兵在服现役期间，受除名处分的，由批准机关出具证明并派专人将其档案材料送回原征集地县级兵役机关；受开除军籍处分的，由批准机关出具证明并派专人遣送，地方人民政府应当予以接收。

第五章 士兵的待遇

第三十一条 义务兵享受供给制生活待遇，按照军衔和服现役年限发给津贴。

士官实行工资制和定期增资制度，其基本工资由军衔级别工资、军龄工资组成，并按照国家和军队的有关规定享受津贴和补贴。

第三十二条 士兵享受国家和军队规定的保险待遇。

第三十三条 担任副班长、班长或者相当于班长职务和担任分队行政或者专业技术领导、管理职务的士兵，按照规定发给职务津贴。

士兵代理军官职务期间，按照规定发给与其代理职务相应的岗位津贴。

第三十四条 士兵在服现役期间，享受公费医疗待遇。有关部门按照规定妥善安排特殊岗位士兵的疗养。

第三十五条 士兵家庭生活有困难的，可以给予适当补助。

第三十六条 士官家属的随军、就业、工作调动和士官子女教育，享受国家和社会的优待。

高级士官以及其他符合国家规定条件的士官，经师（旅）级以上单位的政治机关批准，其配偶和未成年的子女、无独立生活能力的子女可以随军，是农村户口的转为城镇户口，当地人民政府应当准予落户。部队移防或者士官工作调动的，随军家属可以随调。

第三十七条 士官家属符合随军条件未随军的，由军队发给分居补助费和医疗补助费。

第三十八条 士官牺牲、病故的，其随军家属移交人民政府安置管理，按照国务院、中央军事委员会关于牺牲、病故军官的随军家属移交人民政府安置管理的规定执行。

第三十九条 士官按照国家和军队的有关规定，享受住房补贴、住房公积金和房租补贴。家属随军的士官，实行公寓住房与自有住房相结合的住房政策，具体办法由军队有关总部规定。

士官未随军配偶来队探亲，由团级以上单位按照规定提供临时来队住房。

第四十条 士官按照下列规定，享受探亲假和休假的待遇：

（一）未婚士官与父母不在一地生活的，下士任期内享受两次探望父母假，每次假期 20 日；中士以上士官每年享受一次探望父母假，假期 30 日。已婚士官与父母不在一地生活的，每两年享受一次探望父母假，假期 20 日。

（二）已婚士官与配偶不在一地生活的，每年享受一次探望配偶假，假期 40 日。

（三）已婚士官与配偶、父母不在一地生活，但其配偶与其父母或者父母一方居住在一地的，只享受探望配偶的假期；与配偶、父母均不在一地生活，一年内同时符合探望配偶和探望父母条件的，只享受一次探亲假，假期 45 日。

（四）不享受探望父母假和探望配偶假的高级士官，每年享受一次休假，服现役不满 20 年的假期 20 日，满 20 年的假期 30 日。

士官探亲假期不含途中时间，往返路费按照规定的标准报销。

对在高原、边海防和特殊岗位工作的士官，可以适当增加假期，具体办法由总参谋部规定。

第四十一条 执行作战任务的部队的士官停止探亲和休假。国家发布动员令或者部队紧急战备需要召回时，正在探亲、休假的士官应当立即结束探亲、休假，返回本部。

第六章 士兵退出现役

第四十二条 士兵符合下列条件之一的，应当退出现役：

（一）义务兵服现役期满未被选取为士官的；

（二）士官服现役满本级规定最高年限未被选取为高一级士官的，在本级服现役期限内因岗位编制限制不能继续服现役的；

（三）服现役满30年需要退出现役的或者年满55周岁的；

（四）因战、因公、因病致残被评定残疾等级后，不能坚持正常工作的；

（五）患病医疗期满或者医疗终结，经军队医院证明和军级以上单位卫生部门审核确认，不适宜继续服现役的；

（六）因军队编制调整需要退出现役的；

（七）因国家建设需要退出现役的；

（八）士兵家庭成员遇有重大疾病、遭受重大灾难等变故，确需本人维持家庭正常生活，经士兵家庭所在地的县级人民政府退役士兵安置工作主管部门证明，经师（旅）级以上单位司令机关批准退出现役的；

（九）其他原因不适宜继续服现役，经师（旅）级以上单位司令机关批准退出现役的。

第四十三条　服现役期限未满的义务兵，符合《中华人民共和国兵役法》第二十条和其他有关规定的，经师（旅）级以上单位司令机关批准，可以提前退出现役。

第四十四条　战时，士兵因伤病住院治疗后，经医院证明不宜继续服现役的，不再介绍回原部队，由军队医院或者后方团级以上单位办理手续退出现役。

第四十五条　士兵退出现役时，按照规定发给退出现役补助费；患有慢性病的，按照规定发给医疗补助费。

第四十六条　士兵退出现役在返家途中违法违纪的，沿途军事机关应当协助当地有关部门劝阻制止；构成犯罪的，由当地司法机关依法处理。

第四十七条　退伍义务兵和复员士官，应当自部队下达退役命令之日起30日内到安置地的退役士兵安置工作主管部门报到；评定残疾等级的，应当在60日内向安置地的县级人民政府主管部门申请转接抚恤关系。

第四十八条　对退出现役的士兵，按照国家有关规定妥善安置。

第四十九条　士兵退出现役时，按照《中华人民共和国兵役法》的有关规定服预备役，由部队确定其预备役军衔。

第七章　附　　则

第五十条　本条例适用于中国人民武装警察部队。

第五十一条　本条例自2010年8月1日起施行。

民政部、国资委关于进一步做好国有企业接收安置符合政府安排工作条件退役士兵工作的意见

（2015年12月17日　民发〔2015〕234号）

各省、自治区、直辖市民政厅（局）、国资委，各计划单列市民政局、国资委，新疆生产建设兵团民政局、国资委，各中央企业：

为贯彻落实《国务院办公厅 中央军委办公厅转发民政部总参谋部等部门关于深入贯彻〈退役士兵安置条例〉扎实做好退役士兵安置工作意见的通知》（国办发〔2013〕78号）要求，切实做好国有企业接收安置符合政府安排工作条件退役士兵的工作，现提出以下意见。

一、本意见所指退役士兵是指《退役士兵安置条例》第二十九条规定的退役士兵：“（一）士官服现役满12年的；（二）服现役期间平时荣获二等功以上奖励或者战时荣获三等功以上奖励的；（三）因战致残被评定为5级至8级残疾等级的；（四）是烈士子女的”，以及《退役士兵安置条例》施行以前入伍、施行后退出现役的符合入伍时政府安排工作条件且自愿选择政府安排工作的退役士兵。

二、退役士兵接收安置工作关系国防和军队建设大局，关系社会和谐稳定，国有企业均有接收安置退役士兵的责任和义务，中央企业应带头履行国防义务、社会责任，在接收安置退役士兵方面走在国有企业前列，发挥模范带头作用。中央企业要指导、督促所属企业积极做好退役士兵接收安置工作。任何企业不得下发针对退役士兵的歧视性文件，不得拒绝接收退役士兵或者限制、禁止下属公司接收退役士兵，不得以劳务派遣、有偿转移等形式代替接收安置。

三、国有企业接收安置退役士兵工作按照属地管理原则进行，由当地人民政府退役士兵安置工作主管部门负责，同级人民政府国资委及相关企业做好协助配合工作。各地应通过适当措施鼓励和提倡国有企业多接收安置退役士兵。

四、认真落实国办发〔2013〕78号文件关于“国有、国有控股和国有资本占主导地位企业在新招录职工时应拿出5%的工作岗位，在符合政府安排工作条件的退役士兵之间公开竞争，用人单位择优招录”的规定，按照本企业全系统新招录职工数量的5%核定年度退役士兵接收计划，由所属企业或部门在退役士兵之间公开竞争、择优录用。

五、地方退役士兵安置主管部门和国资委要及时与当地企业沟通，掌握退役士兵接收计划。企业确有关闭破产、招工变化等特殊情况，经商所在地退役士兵安置主管部门和国资委报经人民政府批准后，可以适当降低接收比例和数量。

六、国有企业接收安置退役士兵要公平合理、公开透明、依法合规、规范有序。每年国有企业接收安置退役士兵基本

情况应通过适当方式对外公开。退役士兵安置主管部门要及时协调新闻媒体,广泛宣传国有企业接收退役士兵尤其是超比例接收退役士兵、促进国防和军队建设的先进事迹。

七、地方退役士兵安置工作主管部门要会同同级国资委建立健全当地国有企业职工总数、每年招录新员工数量、接收退役士兵数量等有关基本情况数据库。可采用发函征集、企业主动报送、实地调研了解等方式取得数据,无特殊情况,当地国有企业应当提供此类数据。

八、民政部、国资委适时对国有企业接收退役士兵工作开展督导检查。

九、各地、各企业可根据本意见制定具体实施办法。

十、本意见由民政部、国资委负责解释。

符合政府安排工作条件退役士兵服役表现量化评分办法(试行)

(2015 年 10 月 13 日　民发〔2015〕195 号)

为引导士兵在部队长期服役,为国防和军队建设多作贡献,保障服役时间长、贡献大的退役士兵得到优先安置,根据《中华人民共和国兵役法》《退役士兵安置条例》以及《中国人民解放军纪律条令》等有关法规,制定本办法。

一、适用范围

本办法所指退役士兵,是指符合《退役士兵安置条例》第二十九条规定且未选择自主就业安置的服现役满 12 年的士官、服现役期间平时荣获二等功以上奖励或者战时荣获三等功以上奖励的士兵、因战致残被评定为 5 级至 8 级残疾等级的士兵、烈士子女士兵。

本办法所指退役士兵服役表现量化评分,是指以退役士兵档案及本人提供的相关证书为依据,对退役士兵服役年限、服役表现及相关身份等情形进行确认,并按照统一标准予以赋分。退役士兵得分总和作为政府安排工作排序选岗的重要依据。

二、服役年限记分

义务兵和服现役 12 年以内(含)的士官,每服役 1 年计 3 分;士官服现役满 12 年后,每多服役 1 年计 5 分。服现役年限不满 6 个月的按照 6 个月计算,超过 6 个月不满 1 年的按照 1 年计算。

士兵服现役年限"自兵役机关批准服现役之日起,至部队下达退役命令之日止计算"。士兵在服役期间被处以刑罚、劳动教养的(2013 年 12 月 28 日全国人大常委会通过关于废止有关劳动教养法律法规的决定以前),服刑和劳动教养时间不计入服现役年限。

三、奖励记分

(一)平时奖励。

1. 个人嘉奖,每次计 1 分;

2. 优秀士官人才奖,三、二、一等奖每次分别计 4、8、12 分;获政府特殊津贴的,计 30 分;

3. 个人三等功,每次计 3 分;

4. 个人二等功,每次计 20 分;

5. 个人一等功,每次计 40 分;

6. 个人获得荣誉称号,大军区级单位政治部门授予的每次计 50 分,大军区级单位授予的每次计 60 分,总部(含多总部联合)授予的每次计 70 分,中央军委授予的每次计 80 分。

以上奖项累计计分。

(二)战时立功奖励。

战时,是指国家宣布进入战争状态、部队受领作战任务或者遭敌突然袭击时。部队执行戒严任务或者处置突发性暴力事件时,以战时论。

战时荣获个人三等功的,每次计 20 分;战时荣获个人二等功的,每次计 40 分;战时荣获个人一等功的,每次计 80 分;战时荣获个人荣誉称号的,每次计 100 分。

以上奖项累计计分。

(三)奖励认定。

获得优秀士官人才奖的,退役士兵本人应具备受奖证书,同时档案中必须具备奖励通令;获得上述其他奖励的,退役士兵本人档案中必须同时具备奖励登记(报告)表、奖励通令或命令等材料,获得平时个人三等功以上奖励的,还应具备受奖证书和奖章。

四、职业技能等级记分

以档案中《××专业士兵职业技能鉴定登记表》、《职业资格证书》为依据,予以计分。

(一) 初级技能(五级),计 1 分;

(二) 中级技能(四级),计 3 分;

(三) 高级技能(三级),计 5 分;

(四) 技师(二级),计 7 分;

(五) 高级技师(一级),计 9 分。

职业技能等级记分按照其中最高等级记分,不累计。

五、残疾等级记分

(一)士兵服役期间因战评定为 5 至 10 级残疾等级的,分别计 50、40、30、20、10、5 分;

(二)士兵服役期间因公评定为 5 至 10 级残疾等级的,分别计 30、20、10、5、3、1 分。

残疾等级记分以量化考核时的残疾等级为准记分。

六、烈士子女记分

是烈士子女的,计 30 分。

七、其他情况记分

(一)在艰苦边远地区服役并在部队服役期间享受艰苦边远地区津贴一周年以上的计分。其中,在一、二类艰苦边远地区服役,每服役 1 个月计 0.1 分;在三类艰苦边远地区服役,每服役1个月计0.2分;在四类艰苦边远地区服役,每服役1个月计0.3分;在五类艰苦边远地区服役,每服役1个月计0.4分;在六类艰苦边远地区服役,每服役1个月计0.5分。

艰苦边远地区按照民政部、财政部、总政治部、总后勤部《关于调整完善移交政府安置的军队离休退休干部、退休士官艰苦边远地区津贴制度和高山海岛津贴制度的通知》(政干〔2010〕115号)列出的行政区域确认。

(二)从事核专业工作并在部队服役期间享受核辐射保健津贴一周年以上的计分。每服役1个月计0.25分。

(三)服役期间参加过对外战争,作战地点在境内的,每1天计0.1分;在境外的,每1天计0.2分。

符合上述情形两(含)种以上的,累计计分。

有上述情形的,部队团以上单位应予以确认并记入士兵本人档案。地方评分以退役士兵档案中原始记录为准。档案丢失或其中部分材料丢失的,按照档案管理相关规定执行。

八、减分

(一)处分减分。

服役期间受警告、严重警告、记过、记大过、降职或降衔、撤职处分的,分别减5、10、15、20、40、60分。

多次受到处分的,累计减分。

(二)档案材料弄虚作假减分。

退役士兵档案中有虚假材料的,该材料不计分,并在总分中予以倒扣,倒扣分值为其作假可能获得的分值的3倍。

各种弄虚作假减分情形,累计减分。

属于骗取安排工作资格的,应按照《退役士兵安置条例》有关规定取消其安排工作待遇;退役士兵安置主管部门应将有关情况通报相关部队单位。相关部队单位应根据有关规定对造假者作出处理后按实际情况移交。

九、部队要按照档案管理规定认真整理士兵档案,做到要素齐全、清晰完整、真实准确,尤其是计(减)分项目应在档案材料目录中体现。县级以上地方人民政府退役士兵安置主管部门接收退役士兵档案后,任何单位和个人严禁擅自增减档案材料。

十、退役士兵服役表现量化评分由安置地县级以上地方人民政府退役士兵安置主管部门负责,分数应采取适当方式向退役士兵公布。各省(自治区、直辖市)退役士兵安置主管部门可根据本办法制定《符合政府安排工作条件退役士兵服役表现量化评分表》。

十一、军地相关部门和工作人员,要严格按照规定审核上述记分、减分项目的相关材料,对有疑义的,军地应加强沟通,在各自职责范围内为对方核查提供便利和帮助;对于出具虚假鉴定、证明的,依规定追究单位负责人和经办人责任,构成犯罪的,依法追究刑事责任。

十二、《退役士兵安置条例》施行以前入伍、施行以后退出现役,符合入伍时国家关于安排工作规定并选择安排工作的退役士官,可执行本办法。

十三、本办法适用于中国人民武装警察部队。

十四、本办法自2016年1月1日起试行。

财政部、国家税务总局、民政部关于调整完善扶持自主就业退役士兵创业就业有关税收政策的通知

(2014年4月29日 财税〔2014〕42号)

各省、自治区、直辖市、计划单列市财政厅(局)、国家税务局、地方税务局、民政厅(局),新疆生产建设兵团财务局、民政局:

自2004年起,国家对城镇退役士兵自谋职业给予税收扶持政策,有力地促进了城镇退役士兵创业就业。2011年10月29日,新修订的《中华人民共和国兵役法》和首次制定的《退役士兵安置条例》公布,城乡一体的退役士兵安置改革正式施行,退役士兵安置工作进入新的历史时期。为贯彻落实中央对扎实做好退役士兵安置工作的新要求,经国务院批准,现就调整完善自主就业退役士兵创业就业税收政策有关问题通知如下:

一、对自主就业退役士兵从事个体经营的,在3年内按每户每年8000元为限额依次扣减其当年实际应缴纳的营业税、城市维护建设税、教育费附加、地方教育附加和个人所得税。限额标准最高可上浮20%,各省、自治区、直辖市人民政府可根据本地区实际情况在此幅度内确定具体限额标准,并报财政部和国家税务总局备案。

纳税人年度应缴纳税款小于上述扣减限额的,以其实际缴纳的税款为限;大于上述扣减限额的,应以上述扣减限额为限。纳税人的实际经营期不足一年的,应当以实际月份换算其减免税限额。换算公式为:减免税限额=年度减免税限额÷12×实际经营月数。

纳税人在享受税收优惠政策的当月,持《中国人民解放军义务兵退出现役证》或《中国人民解放军士官退出现役证》以及税务机关要求的相关材料向主管税务机关备案。

二、对商贸企业、服务型企业、劳动就业服务企业中的加工型企业和街道社区具有加工性质的小型企业实体,在新增加的岗位中,当年新招用自主就业退役士兵,与其签订1年以上期限劳动合同并依法缴纳社会保险费的,在3年内按实际招用人数予以定额依次扣减营业税、城市维护建设税、教育费附加、地方教育附加和企业所得税优惠。定额标准为每人每年4000元,最高可上浮50%,各省、自治区、直辖市人民政府可根据本地区实际情况在此幅度内确定具体定额标准,并报财政部和国家税务总局备案。

本条所称服务型企业是指从事现行营业税“服务业”税

目规定经营活动的企业以及按照《民办非企业单位登记管理暂行条例》（国务院令第251号）登记成立的民办非企业单位。

纳税人按企业招用人数和签订的劳动合同时间核定企业减免税总额，在核定减免税总额内每月依次扣减营业税、城市维护建设税、教育费附加和地方教育附加。纳税人实际应缴纳的营业税、城市维护建设税、教育费附加和地方教育附加小于核定减免税总额的，以实际应缴纳的营业税、城市维护建设税、教育费附加和地方教育附加为限；实际应缴纳的营业税、城市维护建设税、教育费附加和地方教育附加大于核定减免税总额的，以核定减免税总额为限。

纳税年度终了，如果企业实际减免的营业税、城市维护建设税、教育费附加和地方教育附加小于核定的减免税总额，企业在企业所得税汇算清缴时扣减企业所得税。当年扣减不足的，不再结转以后年度扣减。

计算公式为：企业减免税总额＝∑每名自主就业退役士兵本年度在本企业工作月份÷12×定额标准。

企业自招用自主就业退役士兵的次月起享受税收优惠政策，并于享受税收优惠政策的当月，持下列材料向主管税务机关备案：1.新招用自主就业退役士兵的《中国人民解放军义务兵退出现役证》或《中国人民解放军士官退出现役证》；2.企业与新招用自主就业退役士兵签订的劳动合同（副本），企业为职工缴纳的社会保险费记录；3.自主就业退役士兵本年度在企业工作时间表（见附件）；4.税务机关要求的其他相关材料。

三、本通知所称自主就业退役士兵是指依照《退役士兵安置条例》（国务院、中央军委令第608号）的规定退出现役并按自主就业方式安置的退役士兵。

四、本通知的执行期限为2014年1月1日至2016年12月31日。本通知规定的税收优惠政策按照备案减免税管理，纳税人应向主管税务机关备案。税收优惠政策在2016年12月31日未享受满3年的，可继续享受至3年期满为止。《财政部国家税务总局关于扶持城镇退役士兵自谋职业有关税收优惠政策的通知》（财税〔2004〕93号）自2014年1月1日起停止执行，其所规定的税收优惠政策在2013年12月31日未享受满3年的，可继续享受至3年期满为止。

《财政部国家税务总局关于将铁路运输和邮政业纳入营业税改征增值税试点的通知》（财税〔2013〕106号）附件3第一条第（十二）项城镇退役士兵就业免征增值税政策，自2014年7月1日起停止执行。在2014年6月30日未享受满3年的，可继续享受至3年期满为止。

五、如果企业招用的自主就业退役士兵既适用本通知规定的税收优惠政策，又适用其他扶持就业的税收优惠政策，企业可选择适用最优惠的政策，但不能重复享受。

各地财政、税务、民政部门要加强领导、周密部署，把扶持自主就业退役士兵创业就业工作作为一项重要任务，主动做好政策宣传和解释工作，加强部门间的协调配合，确保政策落实到位。同时，要密切关注税收政策的执行情况，对发现的问题及时逐级向财政部、国家税务总局、民政部反映。

附件：自主就业退役士兵本年度在企业工作时间表（样式）（略）

民政部、财政部关于给部分农村籍退役士兵发放老年生活补助的通知

（2011年7月27日　民发〔2011〕110号）

各省、自治区、直辖市民政厅（局）、财政厅（局），新疆生产建设兵团民政局、财务局：

经国务院批准，从2011年8月1日起，给部分农村籍退役士兵发放老年生活补助。现就有关问题通知如下：

一、部分农村籍退役士兵是指从1954年11月1日试行义务兵役制后至《退役士兵安置条例》实施前入伍、年龄在60周岁以上（含60周岁）、未享受到国家定期抚恤补助的农村籍退役士兵。

二、补助标准为每服一年义务兵役（不满一年的按一年计算），每人每月发给10元。国家将根据经济社会发展情况，适时适当提高标准。

三、中央财政对中西部地区实行全额补助；对北京、天津、辽宁、上海、江苏、浙江、福建、山东、广东等9个省（直辖市）按50%补助。具体发放由民政部门负责。

四、各级民政、财政部门要按照统一部署和要求，结合本地实际，周密制定实施方案，切实加大工作力度，保障工作经费，确保政策及时落实到位。对享受老年生活补助后生活仍有特殊困难的，各地要加大救助力度，帮助解决实际困难。

民政部办公厅关于落实给部分农村籍退役士兵发放老年生活补助政策措施的通知

（2011年7月28日　民办发〔2011〕11号）

各省、自治区、直辖市民政厅（局），新疆生产建设兵团民政局：

根据民政部、财政部《关于给部分农村籍退役士兵发放老年生活补助的通知》（民发〔2011〕110号，以下简称《通知》）规定，自2011年8月1日起，对部分农村籍退役士兵按每服一年义务兵役（不满一年的按一年计算）、每人每月发给10元老年生活补助。为确保政策顺利贯彻落实，经商财政部，提出如下落实措施。

一、适用对象的界定

政策实施对象的人员范围为，1954年11月1日试行义务兵役制后至《退役士兵安置条例》实施前入伍，年龄在60周岁以上（含60周岁）、未享受到国家定期抚恤补助的农村籍退役士兵。

农村籍退役士兵的界定为，退役时落户农村户籍目前仍为农村户籍、退役时落户农村户籍后转为非农户籍的人员。上述人员中不包括已享受退休金或城镇职工养老保险金待遇的人员。

二、人员身份的核查认定

核查认定工作按照属地管理原则组织实施，由本人户籍地村（居）委会、乡（镇、街道）和县（市、区）民政部门统一调查、审定和申报。

（一）政策宣传。各级民政部门要广泛采取媒体播报、张贴告示、入户宣讲等形式，保证将政策内容宣传到位，做到家喻户晓，防止因政策宣传不到位出现漏查漏认的问题。

（二）个人申报。符合条件人员需携带本人身份证、户口簿、退伍证等相关证明材料，向本人户籍所在地村（居）委会提出申请并办理登记手续，填写有关登记审核表。

（三）初审把关。对相关人员的申报材料，由村（居）委会初审、乡（镇、街道）复核，并做好登记工作。对符合条件的签署意见后，将有关登记审核表、人员花名册和个人相关资料复印件等材料上报县级民政部门；对经复核不符合条件的，应书面说明理由并告知本人。

（四）会审认定。县级民政部门对乡（镇、街道）上报的材料，组织专门人员认真核实其身份，逐一审定其年龄、服义务兵役的年限等条件。对符合条件的，由申请人所在村（居）委会进行张榜公示。对公示期间及以后有异议的，县级民政部门要组织专人调查核实。经查实不符合条件的，应书面通知本人并说明理由。调查核实过程中有疑义的，应逐级请示，确保认定工作稳妥顺利进行。

会审认定的依据应为个人档案、退伍证、户口簿、身份证等有效证明材料。对年龄的认定出现个人档案与身份证不符的，应以身份证为准；对服役年限的认定出现个人档案与退伍证不符的，应以个人档案为准。对无法提供有效证明材料的申报人，由乡（镇、街道）民政助理员会同同级人武部、村（居）委会和已认定的同乡（镇、街道）、同期入伍、同部队服役的人员进行会审，形成会审纪要后，连同相关资料报县级民政部门审批。

（五）建立档案。县级民政部门对申报登记人员的资料，要建立健全档案和数据资料，并认真做好适时更新、动态管理工作。

核查认定工作过程中需要相关人员填写的表格，由县级民政部门根据本地情况自行制作，但表格内容应包括民政部制发的《60周岁以上农村籍退役士兵信息采集表》（附件）中的项目。审定工作结束后，县级民政部门应将符合条件的人员信息填入《60周岁以上农村籍退役士兵信息采集表》，统一录入优抚对象信息管理系统，与其他享受国家定期抚恤补助的优抚对象一样，形成每年定期更新机制。

三、信息数据的统计

符合享受待遇条件对象的审批工作结束后，县级民政部门要及时统计核实数据，并抄报同级财政部门复审、逐级上报。省级民政部门应于10月30日前将本地区部分农村籍退役士兵的统计结果送同级财政部门复审后报民政部、财政部，力争在12月31日前将老年生活补助发放到每一名对象手中。

各地在报送符合享受待遇条件对象的信息数据时，连同第二年将要符合享受待遇条件的对象数量等情况一并报送。

四、工作要求

（一）加强组织领导，强化工作责任制。各级民政部门一定要从构建社会主义和谐社会、加强国防和军队建设、维护改革发展稳定大局的高度，充分认识做好这项工作的重要性，切实把思想和行动统一到中央的决策部署上来。要把这项工作作为当前的重要政治任务，摆上即办日程，认真组织、周密部署、精心安排、稳步实施，把工作做细做实，把好事办好。各级民政部门主要负责同志要对这项工作负总责，遇到重大问题亲自抓，敏感问题亲自解决，棘手问题亲自协调处理，切实按照《通知》要求，积极协调有关部门，解决好工作经费和工作力量调配等问题，为政策落实提供基础保障；分管负责同志要具体负责，靠前指挥，全力以赴抓好各项工作的落实；具体工作人员要分片包干，责任到人，落实到户，确保政策待遇落实到每一名符合条件的对象身上。

（二）准确把握政策，抓好贯彻落实。各级民政部门要深刻领会中央精神，准确把握政策的精神实质、核心内容、基本要求和政策界限，切实理清贯彻落实的思路、对策和措施，制定出科学合理的实施方案。要深入细致地做好核查认定工作，做到不错、不漏，严格按政策把这部分人员的身份、服义务兵役年限、年龄等信息核准。要注意研究工作中出现的新情况、新问题，对落实过程中遇到的重大问题要及时向当地政府和上级民政部门报告。

（三）加强宣传教育，开展督促检查。各地要通过各种形式认真做好政策宣传、解释工作，特别是要把党和政府对这部分人员的关心爱护宣传到位，把他们的思想和行动统一到中央精神上来。要坚持解决实际问题与做好思想工作相结合，使落实政策、发放补助的过程变为开展思想教育引导的过程。要加强督促检查，对发现的问题及时予以解决。

附件：60周岁以上农村籍退役士兵信息采集表（略）

民政部、公安部、总参谋部、总政治部关于义务兵提前退出现役的暂行规定①

（1988年5月28日民〔1988〕安字18号　根据2010年12月27日民政部令第38号修订）

各省、自治区、直辖市，各计划单列市民政厅（局）、公安厅（局），各军区、各军兵种、国防科工委、军事科学院、国防大学司令（院务、校务）部、政治部：

近年来，部队和地方一些单位反映，对义务兵提前退出现役的有些具体问题，现有政策规定不够明确，给办理义务兵提前退出现役和接收安置工作带来一定的困难。为正确实施《中华人民共和国兵役法》和国务院《退伍义务兵安置条例》的有关规定，保证提前退出现役的义务兵接收安置工作的顺利进行，特作如下暂行规定：

一、正在服现役的义务兵，凡符合1987年12月12日国务院发布的《退伍义务兵安置条例》第二条第二款所列五项原因之一，经部队师（旅）以上机关批准提前退出现役的，原征集地退伍军人安置机构应予接收，并按照有关规定予以妥善安置。

二、凡具有下列情形之一的义务兵，经师（旅）以上机关批准，作提前退出现役处理：

1. 入伍前有犯罪行为或犯有严重错误，明显不符合《征兵政治审查工作规定》的；

2. 入伍后因过失犯罪被判处有期徒刑，服刑期满后不宜留队服现役的；

3. 因刑事犯罪被判处有期徒刑，宣告缓期执行，考验期满后不宜继续留队服现役的；

4. 被处劳动教养，期满解除劳教后，不宜留队服现役的；

5. 图谋行凶、自杀或搞其他破坏活动，继续留队确有现实危险的。

作提前退出现役处理的义务兵，由批准机关作出书面决定，办理退伍手续，由原征集地退伍军人安置机构负责接收。家居城镇的，退伍军人安置机构不负责安排工作（犯过失罪者除外），交街道办事处，按待业人员对待。

三、正在服现役的义务兵，凡被部队除名或开除军籍的，部队不办理退伍手续，由师（旅）以上机关出具证明，遣返回原征集地，公安部门凭部队出具的证明，依照户口管理的有关规定给予办理落户手续。家居城镇的，交由街道办事处接收。退伍安置机构不负责安排工作。

四、凡符合本规定第二条第3、4、5款情形之一以及第三条，被处理退役的义务兵，可随时办理手续，退出现役。

义务兵提前退出现役的工作，政策性强。各单位在执行中要按照规定标准，严格掌握。对入伍后思想落后，一般违反组织纪律，犯有打架斗殴、小偷小摸等错误，情节较轻的，应加强教育或按《中国人民解放军纪律条令》给予适当处分，不应作提前退出现役处理。

①该暂行规定根据2010年12月27日民政部令第38号公布的《民政部关于废止、修改部分规章的决定》予以修订第二部分第（一）项。

财政部、教育部、民政部、总参谋部、总政治部关于实施退役士兵教育资助政策的意见

（2011年10月25日　财教〔2011〕538号）

各省、自治区、直辖市人民政府，国务院各部委、各直属机构，各军区、各军兵种、各总部、军事科学院、国防大学、国防科学技术大学、武警部队：

为贯彻落实《国家中长期教育改革和发展规划纲要（2010—2020年）》、《国家中长期人才发展规划纲要（2010—2020年）》和《国务院中央军委关于加强退役士兵职业教育和技能培训工作的通知》（国发〔2010〕42号）精神，提高退役士兵就业能力，加快培养现代化建设人才，经国务院、中央军委同意，从2011年秋季学期开始，实施自主就业退役士兵教育资助政策。现提出如下意见：

一、充分认识实施退役士兵教育资助政策的重大意义

退役士兵安置事关军队建设和社会稳定。党中央、国务院、中央军委历来高度重视这项工作。改革开放以来，随着社会主义市场经济体制的建立和完善，市场在人力资源配置中的基础性作用逐步显现，以能力素质为基础、公开择优、双向选择，已成为党政机关及企事业单位用人的主要方式。为适应新形势要求，对考入全日制普通高等学校的自主就业退役士兵实施教育资助政策，可以使更多士兵在退出现役后能够接受系统的高等教育，提高知识和技能水平，实现"二次专业化"，由军事专业人员转变为经济建设人员。这是提高退役士兵就业能力的有效手段，是国家人力资源开发的重要内容，对加强国防和军队建设，促进社会稳定，意义重大，影响深远。

二、基本原则和主要内容

（一）基本原则。

1. 统一性原则：退役士兵教育资助政策由国家有关部门统一制定。学费资助资金全部由中央财政承担，其他资助政策按国家现行高校学生资助政策规定执行。

2. 自愿性原则：所有自主就业退役士兵均可自愿报名参加全国统一高考，被录取后自愿申请接受政府教育资助。

3. 非排他性原则：退役士兵教育资助是一项新政策，并不改变退役士兵现有的其他安置政策。

（二）主要内容。

从2011年秋季学期开始，对退役一年以上，考入全日制普通高等学校（包括全日制普通本科学校、全日制普通高等专科学校和全日制普通高等职业学校）的自主就业退役士兵，根据本人申请，由政府给予教育资助，具体内容如下：

1. 资助内容：一是学费资助；二是家庭经济困难退役士兵学生生活费资助；三是其他奖助学金资助。

2. 资助标准：学费资助标准，按省级人民政府制定的学费标准，原则上退役士兵学生应交多少学费中央财政就资助多少，最高不超过年人均6000元，高于6000元部分自行负担。生活费及其他奖助学金资助标准，按国家现行高校学生资助政策的有关规定执行。

3. 资助方式：学费由中央财政按标准和隶属关系补助退役士兵学生所在学校，生活费及其他奖助学金直接补给退役士兵学生本人。

4. 资助期限：全日制普通高等学历教育一个学制期。

5. 资助流程：

（1）自主就业退役士兵自愿参加全国统一高考，被全日制普通高等学校录取并到学校报到后，向学校提出"教育资助申请"。

（2）地方所属学校核实学生信息后，在开学后10个工作日内将录取退役士兵人数和所录专业收费标准汇总报送当地学生资助管理中心；当地学生资助管理中心审核汇总后，在10个工作日内报全国学生资助管理中心。中央部门所属学校按上述时间要求向主管部门报送相关信息，经主管部门审核汇总后报全国学生资助管理中心。

（3）全国学生资助管理中心对申报信息进行审核汇总后，在20个工作日内上报财政部。

（4）财政部会同全国学生资助管理中心对上报数据进行审核后，在20个工作日内下拨资助资金。其中：中央部门所属学校的资金由中央财政通过中央部门下拨到所属学校；地方所属学校的资金，先拨付到地方财政，再由地方财政按隶属关系拨付到学校。

退役一年以内的自主就业退役士兵考入全日制普通高等学校的，按照《国务院中央军委关于加强退役士兵职业教育和技能培训工作的通知》（国发〔2010〕42号）文件规定执行。

三、有关管理工作要求

退役士兵教育资助是一项系统工程，也是一项创新工程。各有关部门要加强组织领导，做好政策宣传工作，使这一惠民政策家喻户晓，使广大退役士兵知晓受助的权利。同时，要健全工作机制，明确部门职责分工，制定具体工作要求，密切配合，共同组织实施。

教育行政部门要把退役士兵教育资助纳入国家助学政策体系中，统一管理。各级学生资助管理中心要进一步加强基础工作，提高工作效率，按规定程序及时准确提供退役士兵学生的基础信息。民政部门要做好自主就业退役士兵的身份认证工作。财政部门要及时足额安排资助资金，并按照"科学化、精细化"管理的要求，强化资金管理，确保专款专用。同时，加强监督检查，对于弄虚作假套取财政资金等违法行为，要按国家有关规定，严肃查处，充分发挥资金的使用效益。军队有关部门负责做好士兵入伍时和退役前的政策宣传和思想教育工作。

各高等学校要认真做好退役士兵学生的信息汇总、身份核实等基础性工作，在规定时间内做好有关申报工作。生活费及各种奖助学金要及时发放到退役士兵学生手中，免学费资金要按规定用途使用。同时，要针对退役士兵学生的特点，改进和创新教育教学管理方式，保证退役士兵学生较好地融入大学生活，接受高质量的教育。

◎请示答复

民政部办公厅关于"退出现役的因战因公致残残疾军人因旧伤复发死亡"认定问题的复函

（2010年4月19日　民办函〔2010〕84号）

上海市民政局：

你局《关于"退出现役的因战、因公致残的残疾军人因旧伤复发死亡"如何认定的请示》（沪民优发〔2010〕1号）收悉。经研究并征求卫生部门意见，现将有关问题答复如下：

一、关于"残疾军人因旧伤复发死亡"的认定机构

根据《伤残抚恤管理办法》（民政部令第34号）的规定精神，由设区的市及以上地方人民政府民政部门（直辖市由区县及以上人民政府民政部门）指定的医疗卫生机构或组成的医疗卫生专家小组，对是否属于"残疾军人因旧伤复发死亡"的情形进行认定。如申请人或基层民政部门对认定结果有异议，可以由省级人民政府民政部门指定的医疗卫生机构或成立的医疗卫生专家小组重新进行认定。

二、关于"残疾军人因旧伤复发死亡"的认定依据

死者原残情档案资料、生前相关病历、病危抢救时的相关医疗材料或尸检报告等材料（这些材料应为原件或盖有医院病历管理部门印章的复印件），可作为"残疾军人因旧伤复发死亡"的认定依据。

死者家属须在残疾军人死亡6个月内向县级人民政府民政部门提出"残疾军人因旧伤复发死亡"认定申请，逾期民政部门不再受理。提出申请时，需同时提交上述相关材料（残情档案资料除外）。民政部门并可要求死者家属配合，到相关医疗机构提取(或复印)全部病历和医疗材料。当地民政部门应对这些材料的真实性进行核实,一旦发现材料系伪造,或死者家属不予配合,则认定程序中止。经审定无误的,将上述材料送认定机构。

三、关于"残疾军人因旧伤复发死亡"的认定及待遇

残疾军人原评残部位旧伤复发直接导致的死亡为旧伤复发死亡。认定机构依据上述用于死因鉴定的相关材料进行死亡性质认定,并做出结论。

如认定机构做出"残疾军人因旧伤复发死亡"的结论,县级人民政府民政部门对此也无异议,可按照因公牺牲军人身份落实相关待遇,同时将有关材料逐级上报省级人民政府民政部门备案。上级人民政府民政部门应对上报的材料进行审查,对不符合条件的予以纠正。

如认定机构做出"残疾军人不是因旧伤复发死亡"的结论,或提交、提取的相关材料不足以使认定机构做出"残疾军人因旧伤复发死亡"的结论,以及出现第二条中"认定程序中止"的情况,则民政部门不予按照因公牺牲军人身份落实相关待遇。

民政部办公厅关于移交政府安置的军队离退休干部军龄计算问题的复函

(2000 年 11 月 27 日　民办函〔2000〕222 号)

山东省民政厅:

你厅《关于部分军队退休干部军龄问题的请示》(鲁民函〔2000〕186 号)收悉。

根据国务院、中央军委《关于调整军队干部退休生活费的通知》(国发〔1987〕86 号)和民政部、总政治部、总后勤部《关于移交政府安置的军队离退休干部调整离退休费的通知》(〔1991〕后财字第 52 号)等文件精神,经商总政治部干部部同意,现对军队离退休干部的军龄计算问题答复如下:

一、发退休费的军龄截止时间。1987 年 9 月 30 日前批准退休的军队干部,1987 年 9 月 30 日前已移交政府安置的,其计发退休生活费的时间和军龄计算截止时间均计算到办理移交政府安置手续时为止;1987 年 10 月 1 日后移交政府安置的,其计发退休生活费的时间和军龄计算截止时间均为 1987 年 10 月。1987 年 10 月 1 日后批准退休的军队干部,从下达退休命令的下月起改发退休生活费,并停止计算军龄。

二、计发军龄薪金的军龄截止时间。下达过离退休命令的军队离退休干部,其军龄薪金计算到下达离退休命令的当年止;未下达过离退休命令的军队离退休干部(含本人档案中无记载的),其军龄薪金计算到本人实际休息之年止。

民政部关于未移交地方管理的军队退休干部死亡后可否按照病故军人处理的函

(1993 年 2 月 10 日　民优函〔1993〕25 号)

上海市民政局:

你局《关于未移交地方管理的军队退休干部死亡后可否按照病故军人处理的请示》[沪民优(92)第 48 号]收悉。经征解放军总政治部、组织部、干部部意见,现答复如下:未移交地方管理的军队退休干部死亡后,仍按病故军人办理抚恤事宜。

八、殡葬管理

殡葬管理条例

（1997年7月21日中华人民共和国国务院令第225号发布　根据2012年11月9日《国务院关于修改和废止部分行政法规的决定》修订）

第一章　总　　则

第一条　为了加强殡葬管理，推进殡葬改革，促进社会主义精神文明建设，制定本条例。

第二条　殡葬管理的方针是：积极地、有步骤地实行火葬，改革土葬，节约殡葬用地，革除丧葬陋俗，提倡文明节俭办丧事。

第三条　国务院民政部门负责全国的殡葬管理工作。县级以上地方人民政府民政部门负责本行政区域内的殡葬管理工作。

第四条　人口稠密、耕地较少、交通方便的地区，应当实行火葬；暂不具备条件实行火葬的地区，允许土葬。

实行火葬和允许土葬的地区，由省、自治区、直辖市人民政府划定，并由本级人民政府民政部门报国务院民政部门备案。

第五条　在实行火葬的地区，国家提倡以骨灰寄存的方式以及其他不占或者少占土地的方式处理骨灰。县级人民政府和设区的市、自治州人民政府应当制定实行火葬的具体规划，将新建和改造殡仪馆、火葬场、骨灰堂纳入城乡建设规划和基本建设计划。

在允许土葬的地区，县级人民政府和设区的市、自治州人民政府应当将公墓建设纳入城乡建设规划。

第六条　尊重少数民族的丧葬习俗；自愿改革丧葬习俗的，他人不得干涉。

第二章　殡葬设施管理

第七条　省、自治区、直辖市人民政府民政部门应当根据本行政区域的殡葬工作规划和殡葬需要，提出殡仪馆、火葬场、骨灰堂、公墓、殡仪服务站等殡葬设施的数量、布局规划，报本级人民政府审批。

第八条　建设殡仪馆、火葬场，由县级人民政府和设区的市、自治州人民政府的民政部门提出方案，报本级人民政府审批；建设殡仪服务站、骨灰堂，由县级人民政府和设区的市、自治州人民政府的民政部门审批；建设公墓，经县级人民政府和设区的市、自治州人民政府的民政部门审核同意后，报省、自治区、直辖市人民政府民政部门审批。

利用外资建设殡葬设施，经省、自治区、直辖市人民政府民政部门审核同意后，报国务院民政部门审批。

农村为村民设置公益性墓地，经乡级人民政府审核同意后，报县级人民政府民政部门审批。

第九条　任何单位和个人未经批准，不得擅自兴建殡葬设施。

农村的公益性墓地不得对村民以外的其他人员提供墓穴用地。

禁止建立或者恢复宗族墓地。

第十条　禁止在下列地区建造坟墓：

（一）耕地、林地；

（二）城市公园、风景名胜区和文物保护区；

（三）水库及河流堤坝附近和水源保护区；

（四）铁路、公路主干线两侧。

前款规定区域内现有的坟墓，除受国家保护的具有历史、艺术、科学价值的墓地予以保留外，应当限期迁移或者深埋，不留坟头。

第十一条　严格限制公墓墓穴占地面积和使用年限。按照规划允许土葬或者允许埋葬骨灰的，埋葬遗体或者埋葬骨灰的墓穴占地面积和使用年限，由省、自治区、直辖市人民政府按照节约土地、不占耕地的原则规定。

第十二条　殡葬服务单位应当加强对殡葬服务设施的管理，更新、改造陈旧的火化设备，防止污染环境。

殡仪服务人员应当遵守操作规程和职业道德，实行规范化的文明服务，不得利用工作之便索取财物。

第三章　遗体处理和丧事活动管理

第十三条　遗体处理必须遵守下列规定：

（一）运输遗体必须进行必要的技术处理，确保卫生，防止污染环境；

（二）火化遗体必须凭公安机关或者国务院卫生行政部门规定的医疗机构出具的死亡证明。

第十四条　办理丧事活动，不得妨害公共秩序、危害公共安全,不得侵害他人的合法权益。

第十五条　在允许土葬的地区,禁止在公墓和农村的公益性墓地以外的其他任何地方埋葬遗体、建造坟墓。

第四章　殡葬设备和殡葬用品管理

第十六条　火化机、运尸车、尸体冷藏柜等殡葬设备,必须符合国家规定的技术标准。禁止制造、销售不符合国家技术标准的殡葬设备。

第十七条　禁止制造、销售封建迷信的丧葬用品。禁止在实行火葬的地区出售棺材等土葬用品。

第五章　罚　　则

第十八条　未经批准,擅自兴建殡葬设施的,由民政部门会同建设、土地行政管理部门予以取缔,责令恢复原状,没收违法所得,可以并处违法所得1倍以上3倍以下的罚款。

第十九条　墓穴占地面积超过省、自治区、直辖市人民政府规定的标准的,由民政部门责令限期改正,没收违法所得,可以并处违法所得1倍以上3倍以下的罚款。

第二十条　将应当火化的遗体土葬,或者在公墓和农村的公益性墓地以外的其他地方埋葬遗体、建造坟墓的,由民政部门责令限期改正。

第二十一条　办理丧事活动妨害公共秩序、危害公共安全、侵害他人合法权益的,由民政部门予以制止;构成违反治安管理行为的,由公安机关依法给予治安管理处罚;构成犯罪的,依法追究刑事责任。

第二十二条　制造、销售不符合国家技术标准的殡葬设备的,由民政部门会同工商行政管理部门责令停止制造、销售,可以并处制造、销售金额1倍以上3倍以下的罚款。

制造、销售封建迷信殡葬用品的,由民政部门会同工商行政管理部门予以没收,可以并处制造、销售金额1倍以上3倍以下的罚款。

第二十三条　殡仪服务人员利用工作之便索取财物的,由民政部门责令退赔;构成犯罪的,依法追究刑事责任。

第六章　附　　则

第二十四条　本条例自发布之日起施行。1985年2月8日国务院发布的《国务院关于殡葬管理的暂行规定》同时废止。

国务院办公厅转发民政部关于进一步加强公墓管理意见的通知

(1998年5月19日　国办发〔1998〕25号)

殡葬改革是一项移风易俗的社会改革,是社会主义精神文明建设的组成部分。公墓管理是殡葬改革的重要内容。建国40多年来,我国的殡葬改革取得了可喜的成绩,但在公墓建设和管理中也存在着一些不容忽视的问题,如:一些地方乱批乱建公墓、浪费土地资源、破坏生态环境和借办丧事之机大搞封建迷信活动;有的公墓(塔陵园)单位利用墓穴和骨灰存放格位进行传销和炒买炒卖等不正当营销活动,损害了群众的利益,引发出一些不安定因素。这些问题严重地影响了殡葬改革和社会主义两个文明建设。地方各级人民政府和有关单位要充分认识公墓建设和管理的重要性,切实加强领导,采取坚决有效措施,加大公墓管理的力度,抓好殡葬改革工作。

经国务院批准,现将民政部《关于进一步加强公墓管理的意见》转发给你们,请结合实际情况,认真贯彻执行。

关于进一步加强公墓管理的意见

近年来,地方各级民政部门根据国务院批转《民政部关于加强公墓管理的报告》和民政部《公墓管理暂行办法》,加强了对公墓(含塔陵园等骨灰存放设施,下同)的管理,取得了一定成效,对推进殡葬改革起到了积极作用。但是,当前公墓建设和管理中仍存在一些不容忽视的问题。有的部门、单位和个人无视国家对公墓管理的规定,乱批乱建公墓,浪费了土地资源,破坏了生态环境,同时引发出大量的封建迷信活动,滋长了丧事大操大办的陈规陋习;有的公墓单位为牟取暴利,把骨灰存放格位混同一般产品,以增值为诱饵,欺骗群众竞相购买,大肆进行传销和炒买炒卖等不正当营销活动,损害了群众的利益,引发出一些不安定因素。这些问题严重地影响了殡葬改革和社会主义两个文明建设。为认真贯彻落实国务院发布的《殡葬管理条例》,保护土地资源,促进两个文明建设和维护社会稳定,必须采取切实有效措施,进一步加强公墓管理工作。为此,特提出以下意见。

一、要认真开展清理整顿公墓的工作

各省、自治区、直辖市人民政府要组织民政、公安、土地、工商等有关部门,集中一段时间开展清理整顿公墓的工作。

(一)清理整顿的范围。

1. 未经省、自治区、直辖市民政厅(局)批准兴建的公墓和未经民政部或国家计委批准立项的吸收外资(含香港及澳门、台湾)合资合作兴建的公墓,即为非法公墓。

2. 虽经批准建立,但在公墓内修建封建迷信设施、搞违法营销活动或未经验收擅自经营的公墓单位。

3. 出售墓穴和骨灰存放格位,从事营销活动的公益性公墓。

(二)清理整顿的措施。

1. 对在国家禁止建墓区域内兴建的非法公墓,必须取缔,所占的土地由土地管理部门依法处理。地方人民政府要根据具体情况研究切实可行的措施,妥善解决有关问题。

2. 对建在荒山瘠地、埋葬数量少的非法公墓,由当地政府责令兴建公墓的单位负责将已葬墓穴迁葬至合法公墓内；对埋葬数量较大，一时难以迁葬的，要责令其停止出售墓穴，兴建公墓的单位要在限期内搞好绿化美化，接受政府殡葬管理部门管理或提供公墓养护费及绿化费，移交殡葬管理部门管理。待墓穴使用周期期满后，将墓穴迁出，恢复地貌。

对当地确实需要，又不违背公墓建设规划的非法公墓，兴建公墓的单位要按规定补办审批手续，接受政府殡葬管理部门的管理。

3. 对在公墓内构建封建迷信设施和搞封建迷信活动的，要责令其停止封建迷信活动，限期拆除封建迷信设施。对不听劝阻，扰乱社会秩序的，依照《中华人民共和国治安管理处罚条例》予以处罚。

4. 对利用墓穴和骨灰存放格位进行传销和炒买炒卖等不正当营销活动的，要采取措施坚决制止，同时要依据有关规定进行处罚。

5. 对违反规定对外出售墓穴和骨灰存放格位的公益性公墓单位，要责令其停止营销活动，出售墓穴和骨灰存放格位按非法转让行为处理。

6. 对《殡葬管理条例》发布以后未经批准建立的非法公墓，按《殡葬管理条例》第十八条规定处理。

二、要进一步加强对公墓的管理，严格控制公墓的发展

（一）严格控制公墓的发展。各省、自治区、直辖市民政部门要根据《殡葬管理条例》的规定，结合实际尽快制定公墓建设规划，由同级人民政府审批，报民政部备案。在民政部同意备案之前，暂停批建新公墓。要大力推行骨灰寄存、骨灰植树和撒骨灰等不占或少占土地的骨灰处理方式，骨灰寄存设施的建设要根据当地的人口数量及分布情况，合理规划；在暂不具备火葬条件的地区，遗体公墓必须科学规划，选址在荒山瘠地，严禁占用耕地、林地，同时要大力倡导深埋不留坟头的葬法。火化区的公墓是现阶段处理骨灰的过渡形式，不是我国殡葬改革的方向，因此，要严格限制其发展。今后，各地民政部门必须严格按照《殡葬管理条例》的规定和公墓建设规划，从严审批兴建公墓。

（二）要严格限制墓穴占地面积和墓穴使用年限。今后埋葬骨灰的单人墓或者双人合葬墓占地面积不得超过 1 平方米，埋葬遗体的单人墓占地面积不得超过 4 平方米，双人合葬墓不得超过 6 平方米；今后墓地和骨灰存放格位的使用年限原则上以 20 年为一个周期。

（三）要切实加强公墓单位的内部管理。要搞好公墓的绿化美化，推行墓碑小型化、多样化，增加文化艺术含量；公墓单位要加强对公墓养护费、绿化费的提取和管理工作，单独建账、专款专用并接受上级民政部门的监督。在公墓内，严禁构建封建迷信设施和从事封建迷信活动；严禁修建宗族墓地和修建活人墓。

（四）各公墓单位原则上不得跨省设立销售机构。有特殊情况需设立的，要经公墓单位所在地和设立销售机构所在地省级民政部门批准。工商行政管理部门依据有关规定和两地省级民政部门批准文件予以登记注册。

（五）严禁传销和炒买炒卖墓穴和骨灰存放格位。要合理确定墓穴和骨灰存放格位的价格，明码标价；要凭用户出具的火化证明（火葬区）或死亡证明（土葬改革区），提供或出售墓穴和骨灰存放格位，使用规范的安葬、安放凭证，建立严格的销售、登记制度，严禁传销和炒买炒卖；要保护群众的正当权益。

（六）各省、自治区、直辖市民政部门要加强对辖区内公墓的管理。要建立健全公墓年度检查制度，要会同有关部门认真开展公墓（含吸收外资合资合作的公墓）年度检查工作。对年检合格的公墓准予继续开展业务；对年检不合格的公墓要限期改正，对逾期不改的，要会同有关部门责令其停业整顿。要将年检的结果公告社会，以便于监督。

三、地方各级人民政府要加强领导，有关部门要相互支持、密切配合

地方各级人民政府和各有关部门要从国家的整体利益出发，提高对加强公墓管理工作重要性的认识，切实加强领导，把清理整顿公墓工作摆上重要的议事日程。这项工作涉及面广，难度较大。因此，各省、自治区、直辖市人民政府要结合当地实际，根据《殡葬管理条例》及有关规定，制订清理整顿公墓的具体办法；要做好协调工作，采取切实可行的措施加以落实。同时，要注重宣传教育，争取广大群众的理解和支持，积极而又稳妥地开展清理整顿工作，切实解决工作中遇到的阻力和问题，保证清理整顿工作的顺利开展。各级民政部门作为主管部门，要切实履行职责，积极向当地人民政府反映清理整顿中存在的问题，提出解决问题的意见和建议，当好参谋助手。要充分发挥基层民政部门和殡葬管理所的作用，促进清理整顿工作的顺利进行。公安、工商、土地管理等各有关部门要积极支持、密切配合，在当地政府的统一领导下，开展清理整顿公墓工作。以前越权批建公墓的基层人民政府或有关部门要积极主动地协助民政部门做好所批建公墓的清理工作。

各省、自治区、直辖市民政厅（局）要及时将清理整顿公墓的情况，报告当地人民政府和民政部。

公墓管理暂行办法

（1992 年 8 月 25 日 民事发〔1992〕24 号）

第一章 总 则

第一条 为加强公墓管理，根据《国务院关于殡葬管理的暂行规定》和有关规定制定本办法。

第二条 在火葬区，要提倡骨灰深埋、撒放等一次性处理，也可经批准有计划地建骨灰公墓。在土葬改革区，应有计划地建立遗体公墓或骨灰公墓。

第三条 公墓是为城乡居民提供安葬骨灰和遗体的公共设施。公墓分为公益性公墓和经营性公墓。公益性公墓是为农村村民提供遗体或骨灰安葬服务的公共墓地。经营性公墓是为城镇居民提供骨灰或遗体安葬实行有偿服务的公共墓地,属于第三产业。

第四条 建立公墓应当选用荒山瘠地,不得占用耕地,不得建在风景名胜区和水库、湖泊、河流的堤坝以及铁路、公路两侧。

第五条 公益性公墓由村民委员会建立。经营性公墓由殡葬事业单位建立。

第六条 民政部是全国公墓的主管部门,负责制定公墓建设的政策法规和总体规划,进行宏观指导。县级以上各级民政部门是本行政区域内的公墓主管部门,负责贯彻执行国家公墓政策法规,对本行政区域内的公墓建设和发展进行具体指导。

第二章 公墓的建立

第七条 建立公墓,需向公墓主管部门提出申请。

第八条 申请时,应向公墓主管部门提交下列材料:

(一)建立公墓的申请报告;

(二)城乡建设、土地管理部门的审查意见;

(三)建立公墓的可行性报告;

(四)其他有关材料。

第九条 建立公益性公墓,由村民委员会提出申请,报县级民政部门批准。

第十条 建立经营性公墓,由建墓单位向县级民政部门提出申请,经同级人民政府审核同意,报省、自治区、直辖市民政厅(局)批准。

第十一条 与外国、港澳台人士合作、合资或利用外资建立经营性公墓,经同级人民政府和省、自治区、直辖市民政厅(局)审核同意,报民政部批准。

第十二条 经营性公墓,由建墓单位持批准文件,向当地工商行政管理部门领取营业执照,方可正式营业。

第三章 公墓的管理

第十三条 公墓墓区土地所有权依法归国家或集体所有,丧主不得自行转让或买卖。

第十四条 公墓单位应视墓区范围的大小设置公墓管理机构或聘用专职管理人员,负责墓地的建设、管理和维护。

墓地应当保持整洁、肃穆。

第十五条 公墓墓志要小型多样,墓区要合理规划,因地制宜进行绿化美化,逐步实行园林化。

第十六条 未经批准,公益性公墓不得对外经营殡仪业务。经营性公墓的墓穴管理费一次性收取最长不得超过二十年。墓穴用地要节约。

第十七条 凡在经营性公墓内安葬骨灰或遗体的,丧主应按规定交纳墓穴租用费、建墓工料费、安葬费和护墓管理费。

第十八条 严禁在公墓内建家族、宗族、活人坟和搞封建迷信活动。

第十九条 严禁在土葬改革区经营火化区死亡人员的遗体安葬业务。

第二十条 本办法实施后,凡违反本办法有关规定,由公墓主管部门区别情况,予以处罚,或没收其非法所得,或处以罚款。具体处罚办法,由各省、自治区、直辖市民政厅(局)制定。

第四章 附 则

第二十一条 本办法实施前建立的各类公墓,凡符合本办法有关规定但未办理审批手续的,应按本办法第二章的规定补办审批手续;不符合本办法规定的,由公墓单位报公墓主管部门,根据不同情况妥善处理;对城市现有的墓地、坟岗,除另有法律法规规定外,一律由当地殡葬事业单位负责接管和改造。

第二十二条 革命烈士公墓、知名人士墓、华侨祖墓、具有历史艺术科学价值的古墓和回民公墓以及外国人在华墓地的管理,按原有规定执行。

第二十三条 各省、自治区、直辖市可根据本办法制定本地区的实施细则。

第二十四条 本办法自发布之日起实行。原内务部、民政部过去有关公墓管理的规定,凡与本办法有抵触的,均按本办法执行。

关于尸体运输管理的若干规定

(1993年3月30日 民事发〔1993〕2号)

为完善殡葬法规,加强殡葬管理,现对尸体运输作如下规定:

一、对国际间运送尸体实行统一归口管理。今后凡由境内外运或由境外内运尸体和殡仪活动,统一由中国殡葬协会国际运尸网络服务中心和各地殡仪馆负责承办,其他任何部门(包括外国人在中国设立的保险或代理机构)都不得擅自承揽此项业务。

二、在火葬区或土葬改革区的死亡人员,其家属要及时与当地殡葬管理部门联系,由殡葬管理部门按照卫生部、公安部、民政部《关于使用〈出生医学证明书〉、〈死亡医学证明书〉和加强死因统计工作的通知》(卫统发〔1992〕第1号文件)精神,凭卫生、公安部门开具的《居民死亡殡葬证》办理运尸手续,并依据当地殡葬管理有关规定进行火化或土葬。尸体的运送,除特殊情况外,必须由殡仪馆承办,任何单位和个人不得擅自承办。

三、凡属异地死亡者,其尸体原则上就地、就近尽快处理。如有特殊情况确需运往其他地方的,死者家属要向县以上殡葬管理部门提出申请,经同意并出具证明后,由殡仪馆专用车辆运送。

四、各地卫生、公安、铁路、交通民航等有关部门,要协助民政部管好尸体运输工作。医疗机构要积极协助殡葬管理部门加强对医院太平间的尸体管理。严禁私自接运尸体。对患有烈性传染病者的尸体要进行检疫,并督促死者家属在24小时内报告殡葬管理部门处理。凡无医院死亡证明、无公安派出所注销户口证明、无殡葬管理部门运尸证明、而将尸体运往异地的,铁路、交通和民航部门不予承运,公安部门有权禁止通行。

五、对外国人、海外华侨、港澳台同胞,要求将尸体或骨灰运出境外或运进中国境内安葬者,应由其亲属、所属驻华领馆或接待单位申报,经死亡当地或原籍或尸体安葬地的省(自治区、直辖市)民政、侨务和外事部门同意后,按卫生部《实施中华人民共和国国境卫生监督办法的若干规定》(〔1983〕卫防字第5号)和海关总署《关于对尸体、棺柩和骨灰进出境管理问题的通知》(〔84〕署行字第540号)办理尸体、骨灰进出境手续,由中国殡葬协会国际运尸网络服务中心或设在国内的地方机构承运尸体。

六、各省、自治区、直辖市民政、公安、卫生、交通厅(局)、外事办公室及铁路、海关、民航部门和中国殡葬协会国际运尸网络服务中心,可以根据本规定制定具体实施办法。

民政部关于全面推行惠民殡葬政策的指导意见

(2012年12月3日　民发〔2012〕211号)

各省、自治区、直辖市民政厅(局),新疆生产建设兵团民政局:

为切实保障群众基本殡葬需求,提升殡葬公共服务均等化水平,进一步深化殡葬改革和促进殡葬事业科学发展,根据《国家基本公共服务体系"十二五"规划》(国发〔2012〕29号)和《社会保障"十二五"规划纲要》(国发〔2012〕17号)要求,现就全面推行惠民殡葬政策提出如下意见:

一、充分认识全面推行惠民殡葬政策的重要意义

全面推行惠民殡葬政策,为城乡低收入群众乃至全体社会成员身故后提供遗体接运、存放、火化、骨灰存放等基本殡葬服务,是一项重要的基础性民生工程。近年来,在科学发展观指导下,各地陆续出台了一批以面向不同群众减免基本殡葬服务费用为主要内容的惠民殡葬政策,不同程度地减轻了群众丧葬负担,增强了群众参与殡葬改革的主动性和自觉性。但是,惠民殡葬政策还存在覆盖范围窄、保障水平低、分布不平衡、实施方式单一等问题,特别是城乡之间、不同群体之间殡葬服务救助保障水平差距较大,对于群众主动进行葬式葬法改革的鼓励性措施不足,在一定程度上影响了群众参与殡葬改革的积极性,制约了殡葬改革的顺利推行和殡葬事业的健康发展。

各地必须深刻认识到,全面推行惠民殡葬政策,着力保障群众基本殡葬需求是切实减轻群众殡葬支出负担、实现改革发展成果惠及全民的重要途径,是完善社会保障体系、促进社会稳定和谐的应有之义,是保护资源环境、促进生态文明建设的客观要求,是深化殡葬改革、推动殡葬事业科学发展的内在动力。要从落实科学发展观、构建和谐社会的高度,充分认识全面推行惠民殡葬政策的重要意义,进一步统一思想,提高认识,加强组织领导,明确职责分工,加大资金投入,把实施惠民殡葬政策作为保障和改善民生、加强和创新社会管理的重要举措,全面推进,抓实抓好。

二、全面推行惠民殡葬政策的总体要求

(一)指导思想。深入贯彻落实党的十八大精神,以邓小平理论、"三个代表"重要思想、科学发展观为指导,坚持以满足群众殡葬需求、维护群众殡葬权益为出发点和落脚点,将基本殡葬服务纳入政府公共服务保障范围,着力解决城乡居民基本殡葬需求,大力支持绿色环保、生态节地、文明节俭的殡葬方式,加快建立健全保障基本、覆盖城乡、持续发展的殡葬公共服务体系,逐步实现基本殡葬服务均等化。

(二)基本原则。

1. 政府主导,加大供给。充分发挥政府在推行惠民殡葬政策中的主导作用,在明确各级政府殡葬公共服务事权和支出责任的基础上,积极争取其加大殡葬公共服务供给和政策支持力度,按照统一与分级相结合的原则,统筹安排惠民殡葬政策配套资金,不断增强惠民殡葬公共财政保障能力。

2. 统筹城乡,明确重点。统筹城乡区域间殡葬公共服务供给,加大惠民殡葬政策向农村、贫困地区和城乡低收入群体倾斜力度,重点解决好重点优抚对象、城乡低保对象、农村五保供养对象、城市"三无"人员等特殊困难群体的基本殡葬需求问题,有效促进社会公平正义。

3. 保障基本,逐步增项。立足当地经济社会发展水平和殡葬工作实际,合理确定推行惠民殡葬政策的进度安排,优先保障遗体接运、存放、火化、骨灰存放等基本殡葬公共服务的供给,随着经济社会发展逐步增加服务项目,提高惠民标准,丰富惠民形式。

4. 提升服务,注重实效。要切实落实惠民殡葬政策措施,不断加强殡葬公共服务机构设施和能力建设,完善与基本殡葬服务相配套的设施设备,规范惠民相关程序和办理要求,不断提升服务水平,确保殡葬活动的全程救助落到实处。

（三）主要目标。保障群众基本殡葬需求，鼓励群众主动参与殡葬改革，有效提高遗体火化和骨灰生态安葬水平，力争到“十二五”末，在全国火葬区全面建立基本殡葬服务保障制度，基本实现殡葬基本公共服务均等化。

三、全面推行惠民殡葬政策的具体措施

（一）明确政策要求。各地要结合实际，科学制订推行惠民殡葬政策的工作方案和实施办法，积极争取以政府发文或协调相关部门联合发文形式发布实施。要明确惠民具体项目、政策覆盖人群、救助保障标准、资金来源渠道、申请条件程序等内容，尽可能简化操作程序，减少结算环节，推行惠民项目减免“一站式”结算服务，确保便民、快捷、高效。要加强与优抚褒扬、社会救助、养老保险等制度的衔接，通过多种方式，对享受国家定期抚恤补助的优抚对象、享受最低生活保障待遇的低保对象、因病或非因公死亡参保人员的基本殡葬需求给予保障；对于农村五保供养对象、城市“三无”人员、无名尸体的基本殡葬服务费用，可按照当地标准实报实销。

（二）坚持统筹推进。各地要遵循先易后难、先起步再提标的方法，有重点、有步骤、分层次地推动本地区惠民殡葬政策实施，逐步从重点救助对象扩大到户籍人口和常住人口，从减免基本殡葬服务费用延展到奖补生态安葬方式。未出台惠民殡葬政策的地区要争取于2012年年底之前将城乡困难群众基本殡葬需求纳入保障范围，列入地方财政预算。已经出台惠民殡葬政策的地区，要逐步扩大惠民范围，增加服务项目，提高保障标准。要坚持遗体火化和骨灰生态安置并重，积极推动将树葬、深埋、海撒等节地生态的骨灰安葬方式和土葬改革区群众自愿火化行为纳入惠民政策覆盖范围，给予奖励或补贴。要坚持统筹城乡发展，加快研究制订农村居民、流动人口、外来务工人员等群体的惠民殡葬政策，努力实现殡葬基本公共服务均等化。

（三）完善激励措施。各地要积极出台政策措施鼓励推行惠民殡葬政策，建立惠民殡葬政策出台情况定期通报制度，并将政策实施情况纳入当地殡葬改革目标责任考核，将考核情况与评选表彰、示范创建、等级评定等工作挂钩。同时，通过利用福利彩票公益金资助殡葬设施建设改造项目、殡葬相关规划立项等途径，优先扶持政策出台地区，鼓励省、自治区、直辖市统一出台惠民殡葬政策。

四、落实惠民殡葬政策的保障机制

（一）争取公共投入。各地民政部门要积极争取当地政府支持，将殡葬救助保障等公共服务支出列入本级政府财政预算，建立健全殡葬公共服务投入和稳定增长机制。要按照国家相关规划要求，将保障群众基本殡葬需求放在重要位置，争取政府重点安排预算为城乡基本生活困难家庭解决基本殡葬服务费用，并为采取骨灰撒散等生态安葬方式的身故者提供免费服务。要不断加大与基本殡葬服务相配套的设施设备的更新改造力度，健全以遗体火化、骨灰存放及生态安葬为主的殡葬公共服务网络，保障惠民殡葬政策顺利实施。

（二）明确职责分工。各地民政部门要在当地党委、政府领导下，明确职责分工，加强协同配合，建立政府主导、民政牵头、部门协作的惠民殡葬工作机制。要负责制订惠民殡葬政策具体实施办法，指导殡葬服务单位做好服务对象资格审查、费用结算、档案管理等工作，不断增强服务能力，提高服务水平。要加强与财政部门的协调，将实施惠民殡葬政策所需资金纳入年度预算，足额安排，定期结算，并随火化人员数量增减和物价部门收费标准调整做出相应调整。

（三）加强宣传引导。各地要着力抓好惠民殡葬政策的落实工作，切实加强惠民殡葬专项资金管理，确保专款专用，公开透明。要建立健全惠民殡葬政策公开公示制度，利用宣传单、服务卡、公示墙等多种形式，将惠民政策实施内容、惠及人群、减免报销方式等关系群众切身利益的问题，主动向社会公开，扩大政策知晓度，不断提高群众参与殡葬改革的主动性。要充分发挥惠民殡葬政策的综合社会效益，将其与实行火葬、推行生态殡葬、倡导移风易俗结合起来，加强政策宣传，强化舆论引导，形成以惠民政策带动遗体火化普及、节地生态安葬、丧事文明简办的效果，营造推动殡葬改革的良好氛围。

国家发展改革委、民政部关于进一步加强殡葬服务收费管理有关问题的指导意见

（2012年3月22日　发改价格〔2012〕673号）

各省、自治区、直辖市发展改革委、物价局、民政厅（局）：

近年来，各地价格、民政部门不断加强殡葬服务收费管理，完善相关政策措施，积极利用收费政策，有力地促进了我国殡葬事业的发展。但是，一些地方仍存在殡葬服务收费不规范、殡葬用品和公墓价格虚高等问题，损害了群众的切身利益，不利于殡葬行业的健康发展。为进一步加强殡葬服务收费管理，减轻群众丧葬不合理负担，为殡葬事业改革和持续健康发展创造良好的环境，现就加强殡葬服务收费管理有关问题提出以下指导意见：

一、进一步明确殡葬服务收费有关政策

（一）合理区分殡葬服务性质。殡葬服务应区分为基本服务和延伸服务（选择性服务）。基本服务主要包括遗体接运（含抬尸、消毒）、存放（含冷藏）、火化、骨灰寄存等服务。各地可在此基础上根据本地区实际情况，合理确定基本服务范围，切实满足当地群众最基本需要。在保证基本服务的供给规模和质量的前提下，殡葬服务单位可以根据实际情况，适当开展延伸服务。延伸服务是指在基本服务以外、供群众选择的特殊服务项目，包括遗体整容、遗体防腐、吊唁设施及设备租赁等。

（二）强化殡葬服务收费管理。基本服务收费标准，由各地价格主管部门会同有关部门在成本监审或成本调查的基础上，按照非营利原则，根据财政补贴情况从严核定，并适时调整。与基本服务密切相关的延伸服务收费，可由各地根据本地市场情况依法纳入地方定价目录，实行政府指导价管理。

（三）加强殡葬用品价格指导。各地价格主管部门对殡仪馆销售的骨灰盒、寿衣、花圈等殡葬用品价格要进行必要的指导规范，可根据本地区情况依法纳入地方定价目录，实行政府指导价或其他必要的价格管理方式。

（四）规范公墓收费行为。公益性公墓收费标准，由各地价格主管部门会同有关部门在成本监审或成本调查的基础上，按照非营利并兼顾居民承受能力的原则核定。对其他公墓价格，要加强对经营者定价行为指导规范，对价格明显偏高的，必要时要依法进行干预和管理，切实遏制虚高定价行为。公墓墓穴使用合同期满，群众申请继续使用的，公墓经营单位收取的公墓维护管理费由各地价格主管部门依法纳入地方定价目录，收费标准按公墓维护管理的实际成本及合理利润核定，具体由各地确定。

二、强化对殡葬服务收费行为的监管

（一）完善价格和收费公示体系。各地民政部门要建立殡葬服务收费标准和殡葬用品价格公示体系，通过本部门网站或其他载体将本地区殡仪馆和公墓的收费项目、收费标准（价格）进行公示，为群众监督、选择提供方便。殡葬服务单位要认真执行收费公示制度，在服务场所显著位置公布服务项目、收费标准、文件依据、减免政策、举报电话、服务流程和服务规范等内容，广泛接受社会监督。

（二）规范殡葬服务收费行为。殡葬服务单位在提供服务过程中，应遵守国家有关政策规定，严格规范服务和收费行为。要引导群众理性消费和明白消费，不得违反公平自愿原则以任何形式捆绑、分拆或强制提供服务并收费，也不得限制或采取增收附加费等方式变相限制丧属使用自带骨灰盒等文明丧葬用品。除法律法规规定以及合同约定外，严禁公墓经营单位向公墓租赁人额外收取其他任何费用。在提供骨灰存放格位、殡葬用品时，要注重满足中低收入群众的需要。

（三）清理殡葬服务收费政策。各地价格主管部门要会同民政部门抓紧对本地区的殡葬服务收费政策进行全面清理，取消不合理的收费项目，降低偏高的收费标准，进一步规范殡葬服务和收费行为。各地清理后重新制定的殡葬服务收费政策，要向社会公布。

三、加大殡葬服务收费政策宣传和违法处罚力度

（一）广泛做好政策宣传工作。各地价格、民政部门要充分认识加强殡葬服务收费管理的重要意义，采取有力措施，加大殡葬服务收费政策宣传力度。要利用广播、电视、报刊、互联网等多种方式，宣传殡葬服务收费政策和救助保障措施，提倡移风易俗、厚养薄葬和节地环保的丧葬方式，充分发挥社会和新闻舆论监督的作用。

（二）切实加强监督检查。各地价格主管部门要畅通“12358”价格举报电话，认真受理群众对殡葬服务收费的投诉或举报，严肃查处殡葬服务单位擅自设立收费项目、提高收费标准、扩大收费范围及强制服务并收费等乱收费行为，对性质恶劣、情节严重的典型案件公开曝光，切实维护广大群众的合法权益。

四、完善促进殡葬事业发展配套政策

（一）加大政府扶持力度。殡葬服务是面向全社会的特殊公共服务，具有很强的社会公益性，政府应承担必要的投入责任。各地民政、发展改革部门要积极争取本级政府的支持，建立殡葬事业公共投入和稳定增长机制，在科学规划的基础上，不断加大殡葬服务设施设备公共投入力度，形成覆盖城乡居民的殡葬服务网络。加强政策指导和资金投入，积极扶持发展城乡公益性骨灰存放设施，推动将其纳入社会主义新农村建设和村级公益性事业建设相关规划。

（二）保障困难群众基本需求。各地价格主管部门在制定殡葬服务收费标准时，对享受民政部门各类救助的城乡困难群众、领取国家定期抚恤补助金的优抚对象、自然灾害导致的死亡人员以及经公安机关确认的无名尸体，要会同有关部门研究制定基本服务收费减免政策及政府补偿办法，报请本级政府批准后实施；鼓励有条件的地区在此基础上，研究制定面向辖区所有居民的基本殡葬服务费用免除标准及政府补偿办法，逐步建立起覆盖城乡居民的多层次殡葬救助保障体系。

（三）逐步理顺殡葬管理体制。各地民政部门要从有利于殡葬改革和政府有效监管出发，积极向有关部门申请推行政事分开、管办分离，在人、财、物等方面逐步与殡葬服务单位脱钩。各地民政行政机关不得从事任何殡葬经营活动，也不得向殡葬服务单位收取任何管理费用。有条件的地区，要探索将基本殡葬服务纳入政府基本公共服务范围，实现基本服务均等化。

上述规定自文件下发之日起执行。

民政部办公厅关于规范利用外资建设殡葬设施审批权限问题的通知

（2010年9月6日　民办函〔2010〕219号）

各省、自治区、直辖市民政厅（局），各计划单列市民政局，新疆生产建设兵团民政局：

1997年国务院颁布的《殡葬管理条例》第八条第一款对殡仪馆、火葬场、殡仪服务站、骨灰堂、公墓等殡葬设施建设的审批权限做了一般性规定。为加强对利用外资建设殡葬设施的严格管理，第二款在前款基础上，对利用外资建设殡葬设施的审批权限做了特殊规定。2010年7月4日,国务院下发的《关于第五批取消和下放管理层级行政审批项目的决定》(国发〔2010〕21号),取消了包括利用外资建设殡葬设施等113项行政审批项目。因此,自2010年7月4日起,各地利用外资建设殡葬设施的审批权不再适用《殡葬管理条例》第八条第二款的特殊规定,而应当按照第八条第一款的一般性规定执行。

民政部关于实施惠民殡葬政策先行地区的通报

(2010年3月2日　民函〔2010〕45号)

各省、自治区、直辖市民政厅(局),各计划单列市民政局,新疆生产建设兵团民政局:

在《民政部关于进一步深化殡葬改革促进殡葬事业科学发展的指导意见》(民发〔2009〕170号)的推动下,各地先后出台了一些惠民殡葬政策,不同程度地减轻了群众丧葬负担,增强了群众参与殡葬改革的主动性和自觉性。

惠民殡葬政策是由政府公共财政保障的殡葬救助保障制度。据各省(区、市)民政厅(局)上报材料显示,全国共有9个省(自治区、直辖市)、37个地级市、120个县(市、区)实施了不同内容的惠民殡葬政策。这些出台惠民殡葬政策的地区既有经济发达地区,也有经济欠发达地区;既有省级层面的,也有市县区层面的。由于领导重视,民政部门工作努力,这些地区都能结合实际需要和财政支付能力,积极地、有步骤地在本辖区内推行殡葬基本服务均等化。在具体内容上,有的采取对辖区所有居民或农村居民减免基本殡葬费用,有的对城乡困难群众免除基本殡葬费用,还有的对公益生态节地葬法实行补贴。这些做法对于减轻群众负担、推动殡葬改革、加强生态文明建设均有十分重要的意义。特别是北京等6个省(自治区、直辖市)、山西省太原市等14个地级市、河北省迁安市等65个县(市、区)在减免基本殡葬服务费用、推行生态节地葬法方面,做了大量工作,取得了良好的社会反响,发挥了典型示范作用。为进一步推动各项惠民殡葬政策措施的落实,提高殡葬救助保障水平,切实减轻群众丧葬负担,实现殡葬服务均等化,民政部决定对北京等85个地区在惠民殡葬政策方面的先行做法予以通报。

各地要学习借鉴这些地区的先行做法,进一步树立和落实科学发展观,深入贯彻落实《指导意见》,将不断满足群众殡葬需求、保障群众殡葬权益作为殡葬工作的出发点和落脚点,创新工作思路,强化为民情怀,增强服务意识,积极推行更多惠民、便民殡葬政策措施,为促进殡葬事业又好又快发展作出新的贡献。

附件:

实施惠民殡葬政策先行地区名单

一、对辖区所有居民免除或补贴基本殡葬费用的地区(31个)

北京市
浙江省嘉兴市
河北省迁安市
河北省武安市
河北省唐山市丰南区
黑龙江省萝北县
福建省晋江市
福建省龙海市
福建省福安市
福建省寿宁县
江西省会昌县
江西省赣县
江西省新干县
江西省遂川县
江西省万安县
山东省青岛市崂山区
河南省登封市
河南省巩义市
河南省中牟县
河南省荥阳市
河南省新郑市
河南省洛阳市吉利区
河南省栾川县
河南省永城市
河南省虞城县
河南省睢县
河南省民权县
云南省安宁市
云南省石林县
云南省富民县
云南省腾冲县

二、对农村居民免除或补贴基本殡葬费用的地区(16个)

湖南省长沙市
四川省眉山市
河北省涉县
黑龙江省塔河县
福建省古田县
山东省菏泽市牡丹区
河南省汝阳县

广西壮族自治区平果县
云南省昆明市东川区
云南省昆明市官渡区
云南省嵩明县
云南省晋宁县
云南省呈贡县
云南省寻甸县
云南省宜良县
陕西省安康市汉滨区

三、对城乡困难群众免除或补贴基本殡葬费用的地区(32个)

辽宁省
江西省
重庆市
云南省
宁夏回族自治区
山西省太原市
吉林省长春市
黑龙江省七台河市
黑龙江省大兴安岭地区
江苏省无锡市
江苏省苏州市
山东省济南市
湖北省武汉市
湖北省荆门市
湖南省张家界市
河北省成安县
江苏省姜堰市
江苏省泗洪县
浙江省宁波市鄞州区
福建省周宁县
福建省尤溪县
福建省建宁县
山东省成武县
山东省临邑县
湖北省郧县
湖北省监利县
湖北省仙桃市
广东省珠海市香洲区
广东省佛山市南海区
四川省金堂县
四川省江安县
陕西省三原县

四、对城乡公益性公墓建设或生态节地葬法实行补贴的地区(10个)

北京市
辽宁省大连市
浙江省上虞市
福建省福安市
福建省大田县
福建省清流县
江西省石城县
山东省临邑县
山东省日照市岚山区
云南省安宁市

民政部关于进一步深化殡葬改革促进殡葬事业科学发展的指导意见

(2009年12月3日　民发〔2009〕170号)

各省、自治区、直辖市民政厅(局),新疆生产建设兵团民政局:

殡葬改革关系人民群众切身利益,党中央、国务院对此高度重视。经过多年努力,我国殡葬改革不断深入,殡葬事业取得了长足进步。实行火葬、改革土葬、节约殡葬用地、文明节俭办丧事已成为社会共识。但随着改革开放和经济社会快速发展,我国殡葬事业总体水平与科学发展观要求不相适应的矛盾日益突出,在殡葬资源配置、殡葬服务质量、殡葬救助保障、殡葬管理体制和运行机制等方面,尚不能完全满足人民群众的丧葬需求。为进一步深化殡葬改革,不断满足人民群众在殡葬服务方面的需求,促进殡葬事业科学发展,提出如下意见:

一、充分认识深化殡葬改革的重要意义

以节约土地、保护环境、移风易俗、减轻群众负担为宗旨的殡葬改革,符合我国人多地少、资源紧缺的基本国情,符合全面建设小康社会、构建社会主义和谐社会的基本要求。实践证明,殡葬改革代表了人民群众根本利益,顺应了时代发展潮流,促进了经济社会发展。进一步深化殡葬改革,是建设资源节约型、环境友好型社会,实现人与自然和谐相处的客观需要;是坚持以人为本,着力保障和改善民生,建设服务型政府的应有之义;是树立文明节俭新风尚,构建社会主义核心价值体系的重要标志;是提升社会文明程度,推动社会主义新农村建设的重要保障。

各级民政部门要根据新形势,深刻理解殡葬改革的长期性、艰巨性、复杂性,充分认识殡葬改革对于促进我国经济、社会、文化、生态建设的重要性,进一步统一思想,坚定信心,锐意进取。要积极争取各级党委政府、相关部门、社会各界的支持,加大协调、宣传力度,始终坚持以实现群众殡葬改革愿望、满足群众丧葬需求、维护群众殡葬权益为出发点和落脚点,不断深化殡葬改革,提升为民服务能力,促进殡葬事业科学发展，实现殡葬改革上水平，人民群众得实惠。

二、深化殡葬改革的总体要求

（一）指导思想。以邓小平理论和“三个代表”重要思想为指导，认真落实科学发展观，强化政府责任和投入，坚定不移地推动殡葬改革，完善殡葬服务体系，建立殡葬救助保障制度，理顺殡葬管理体制，促进殡葬科技进步，树立殡葬改革新风，加强殡葬行业监管，发挥殡葬改革在促进我国经济社会全面协调可持续发展中的重要作用。

（二）基本原则。

1. 以人为本，科学发展。牢固树立以民为本、为民解困、为民服务的宗旨，把深化殡葬改革与维护人民群众基本殡葬权益结合起来，实现基本殡葬公共服务均等化。推动殡葬事业科学发展，开展殡葬理论创新、制度创新和科技创新，把殡葬管理与服务、改革与发展有机结合起来，促进人与自然和谐相处。

2. 政府主导，市场参与。充分发挥政府在推动殡葬改革中的主导作用，进一步明确部门职责，理顺关系，提高政府殡葬管理、殡葬公共服务的能力和水平。对基本殡葬服务，政府要加大投入。对其他选择性殡葬服务，注重发挥市场调节作用，满足人民群众多层次需求。

3. 政事分开，管办分离。正确处理行政与事业、服务与经营的关系，充分发挥公益性殡葬事业单位在提供基本殡葬服务、保障群众殡葬权益方面的重要作用。切实转变政府职能，坚持管理与经营分开、监督与经办分离，实现殡葬服务经营的公平、诚信，殡葬管理监督的公开、公正。

4. 统筹兼顾，分类指导。注重统筹规划，因地制宜，促进人与自然和谐发展。坚持实事求是，一切从实际出发，根据自身条件和特点，不断完善殡葬改革政策措施，促进殡葬事业科学发展。

（三）主要目标。遏制一些地区火化率下滑和乱埋乱葬的问题。通过积极推动和倡导，节地葬法和不保留骨灰逐步被群众接受。建立起比较完善的殡葬服务网络、殡葬救助保障制度、殡葬管理体制和运行机制，基本实现殡葬服务优质化，殡葬管理规范化，殡葬改革有序化，骨灰处理生态化，殡葬习俗文明化，殡葬设施现代化。

（四）主要任务。

1. 坚持推行火葬，创新骨灰安葬方式。科学确定火葬区域和范围，根据人口密度、交通状况、设施配置和群众接受程度，逐步扩大火葬区。继续巩固提高火化率，推广节地葬法，着力治理“装棺二次葬”，倡导不保留骨灰，实现骨灰安葬多样化，降低占地安葬比例。

2. 积极改革土葬，依法管理殡葬活动。不具备火葬条件的地方，要加大宣传力度，引导群众转变观念，移风易俗，积极参与土葬改革，治理乱埋乱葬，逐步缩小土葬区。严格限制墓葬用地，尽可能选择荒山瘠地实行遗体相对集中安葬，推广不留坟头的遗体安葬方式。

3. 改善殡葬设施，提高公共服务能力。建立和强化政府对殡葬事业的投入机制，完善殡葬服务设施，形成覆盖城乡居民的殡葬服务网络。重点加强城乡公益性骨灰存放设施建设，更新改造落后火化设施设备。满足人民群众基本殡葬需求，节约殡葬用地，减少环境污染。不断创新服务模式，开展诚信、优质服务。

4. 规范公墓管理，保护生态环境。制定完善公墓建设规划，从严审批经营性公墓。积极协调有关部门，坚决取缔非法公墓，纠正违规建设公墓，加强对公墓经营行为的监管，防止炒买炒卖，加大对豪华墓地的治理力度。

5. 减轻群众负担，实现基本服务均等化。合理界定政府基本殡葬服务和市场选择性殡葬服务范围，严格执行政府定价、政府指导价和市场调节价，平抑殡葬服务和丧葬用品价格。大力推行惠民殡葬政策，逐步建立以重点救助对象基本殡葬服务减免为基础，其他多种形式殡葬救助为补充，基本殡葬服务均等化为目标的殡葬救助保障制度。

6. 树立文明新风，促进殡葬事业发展。大力倡导殡葬新观念、新风尚，弘扬先进殡葬文化，提倡文明节俭办丧事，引导群众破除丧葬陋俗，树立殡葬改革新风。加强殡葬理论和殡葬文化研究，推进殡葬科技创新和人才队伍建设，加强行风建设和纠风工作，促进殡葬事业健康发展。

三、采取有效措施，扎实推进殡葬改革

（一）制定完善殡葬事业发展规划。各地要结合本地区实际和国家、地方制定“十二五”规划的要求，制定完善殡葬事业发展规划，并纳入当地国民经济和社会发展总体规划，明确殡葬改革发展的具体目标和任务，采取切实可行的政策措施和方法步骤。根据人口、耕地、交通、生态等情况，科学划分火葬区和土葬改革区，合理确定殡葬设施数量、规模、布局和功能，统筹考虑殡葬设备配置标准，严格控制经营性公墓。

按照殡葬法规政策，综合运用法律、行政、经济等手段，严格依法行政，建立完善殡葬执法机构和执法机制。在火葬区坚持实行火化，确保火化率稳步上升；强化骨灰管理，推行骨灰安葬备案制；积极推广树葬、花葬、草坪葬等节地葬法，鼓励倡导深埋、撒散、海葬等不保留骨灰方式，推动绿色殡葬。在土葬区坚持因地制宜，逐步推进殡葬改革，教育引导群众摒弃水泥、石材建坟，保护生态环境；完善殡仪服务设施，加强农村公益性墓地建设，避免乱埋乱葬。新实行火葬的地区，要坚持循序渐进，加强政策宣传引导，做好群众思想工作，注意方式方法，积极、有步骤地实行火葬。

（二）提高殡葬服务水平。要进一步优化殡葬服务内容、程序和标准，完善便民惠民的殡葬服务网络，逐步形成基本殡葬服务为主体、选择性殡葬服务为补充的服务格局。遗体接运、存放、火化和骨灰寄存作为基本殡葬服务项目，由公益性殡葬服务单位提供，并可根据当地经济社会发展水平和需求状况，适当增加基本殡葬服务内容。对选择性殡葬服务，包括遗体整容、防腐、告别、骨灰安葬、丧葬用品及其他殡葬特需服务，建立行业规范，实行自愿选择，公平协商，市场运作，政府监管。有条件的地区，逐步实行遗体火化服务与其他殡葬服务分开。火葬场主要承担遗体火化服务，殡仪馆主要提供悼念、告别等服务。

政府举办的殡仪馆、火葬场、骨灰堂等殡葬服务事业单位，要牢固树立为民便民利民意识，大力开展"一站式"服务和便民服务。要严格执行政府定价、政府指导价，带头降低市场调节价，发挥平抑物价的作用，规范殡葬服务收费项目，保证同类殡葬用品价格不高于市场价，中低价位殡葬用品足量供应，不得捆绑、强迫或误导消费。要切实加强内部管理，提高服务质量，建立以岗位责任与绩效考核为基础的综合评价制度，实行服务问责制。

（三）加强公墓管理。按照相关要求，进一步强化公墓建设经营的审批管理，从严审批经营性公墓。未依法办理农用地转用和土地征收手续的，不得许可建设经营性公墓。公益性骨灰存放设施完善的地区，要认真研究经营性公墓控制机制，除纳入规划的外，原则上不再许可建设经营性公墓或扩大既有公墓占地面积。积极发展城乡公益性骨灰存放设施，加大投入和建设力度，满足群众骨灰安放需要。未经批准，任何形式的公益性公墓不得转为经营性公墓。

按照属地管理原则，切实加强对公墓的依法管理，重点强化年检制度和日常监管。严防炒买炒卖，除可向夫妻健在一方、高龄老人、危重病人预售（租）确保自用外，公墓经营者必须严格凭死亡证明或火化证明出售（租）墓穴或骨灰存放格位，不得出售（租）超面积、豪华墓穴，不得炒买炒卖墓穴或骨灰存放格位。要规范墓穴续租，研究公墓使用年限，提高公墓容积率，加大殡葬用地的循环利用。城乡骨灰堂必须坚持公益原则，按照政府定价或成本价收取骨灰存放费用。积极推广墓碑小型化、艺术化、多样化。

（四）推行惠民殡葬政策。各地要结合实际，积极争取政府出台惠民殡葬政策，加快建立和完善殡葬救助保障制度。对生前生活特别困难的人员，由政府免除遗体接运、存放、火化和骨灰寄存等基本殡葬服务费用。按照保基本、广覆盖、可持续的原则，有条件的地区，可从重点救助对象起步，逐步扩展到向辖区所有居民提供免费基本殡葬服务，实行政府埋单。对节地葬法或不保留骨灰的，以及土葬改革区自愿火化的，实行政府奖励、补贴，建立起覆盖城乡居民的多层次殡葬救助保障体系。

建立完善殡葬事业公共投入和稳定增长机制，加大基本殡葬服务设施设备，特别是火化设备的更新改造和城乡骨灰堂的公共投入力度。将殡葬事业经费纳入地方预算，不断增强政府提供基本殡葬服务的能力。将农村公益性骨灰存放设施纳入社会主义新农村建设规划和村级公益事业建设规划，给予必要的政策指导和资金支持。福利彩票公益金可用于支持经济欠发达地区、少数民族地区的殡葬救助保障和设施设备建设。

（五）理顺殡葬管理体制。进一步明确各相关部门在殡葬改革、殡葬管理、殡葬服务、殡葬价格和丧葬用品生产销售等方面的工作职责，形成政府领导、民政协调、各部门齐抓共管的管理体制。民政部门主要承担推进殡葬改革、加强殡葬管理、监督殡葬服务等方面的职能，协调配合有关部门制止乱埋乱葬，加强市场监管。从有利于殡葬改革和政府有效监管出发，积极推行政事分开、管办分离。各级民政行政机关要逐步与经营性公墓和其他殡葬服务企业脱钩。今后，民政行政机关不再作为发起人或投资人，参与经营性公墓和其他殡葬服务企业的建设经营，机关工作人员不得在经营性公墓和其他殡葬服务企业任职或兼职，不得以任何形式从中获取利益。

殡葬管理事业单位，要切实履行殡葬管理职能，认真开展殡葬执法，不得从事殡葬经营活动，不应向殡葬服务单位和企业收取任何管理费用，在人、财、物等方面逐步与殡葬服务单位和企业脱钩。殡葬服务事业单位要将基本殡葬服务和选择性殡葬服务项目逐步分离，选择性殡葬服务项目实行市场化运作。对社会资本建设的具有基本殡葬服务功能的殡仪馆，可以采取政府赎买方式，转为殡葬服务事业单位。

（六）树立移风易俗新风尚。要紧紧依靠群众，充分相信群众，广泛发动群众，认识和把握殡葬传统文化的历史意义和现实价值，积极探索和推广能够满足人民群众缅怀先人、慎终追远的愿望和需求，与当代社会相适应、与现代文明相协调的殡葬习俗和文化形式，充分培育、挖掘和保护群众中蕴藏的主动实行殡葬改革的愿望和要求，不断增强人民群众参与殡葬改革的自觉性。要充分发挥社会组织、行业协会、村（居）委会、红白理事会的作用，以清明节等传统节日为契机，向人民群众宣传实行殡葬改革的重要性和必要性，开展殡葬宣传进社区活动。要始终坚持正确的舆论导向，充分利用广播、电视、报刊、互联网等新闻媒体，积极宣传殡葬改革，倡导文明新风。

（七）促进殡葬改革创新。积极整合殡葬资源，促进殡葬改革理论创新、科技创新和机制创新，提高推进殡葬改革的能力，重点解决殡葬基础理论、技术进步和运行机制等方面的问题。要重视殡葬理论研究，加快研究步伐，以理论研究成果指导殡葬改革实践。实施殡葬科技攻关，推广环保殡葬产品，特别是节能减排殡葬设备和可降解骨灰盒、棺柩。加强对殡葬设施、产品、服务等技术标准的研究和制定，建立健全监督机制。加强环境监测、治理与评价，实行环境质量认证制度。开展殡葬从业人员职业培训、考核、鉴定，探索建立殡葬从业人员资格准入制度，加强殡葬人才队伍建设，提高殡葬职工整体素质和能力。总结经验，树立典型，大力开展殡葬改革示范活动，以点带面，努力形成各具特色的地方殡葬改革和发展模式 。

（八）加强殡葬监管和行风建设。制定公平公正的行业政策，规范社会资本举办殡葬服务单位的准入条件，提高从业资质，探索建立殡葬行业准入制度。加强殡葬服务、骨灰安放、土葬改革、移风易俗、清明祭扫等工作的监督管理。民政部门要按照社会组织管理的要求，加强指导，切实发挥殡葬协会作用，支持殡葬协会等社会组织及其会员加强行业自律，提高自身素质，承担公益责任。要按照“管行业必须管行风”的要求，认真落实责任制，切实加强殡葬行风建设和纠风工作。坚持把以人为本、服务群众作为行风建设和纠风工作的主要内容，与殡葬工作统筹安排，共同推进。重点治理殡葬乱收费，坚决纠正利用行业特殊性损害群众利益的突出问题。积极开展民主评议行风和行风建设示范单位创建活动，教育殡葬系统干部职工增强宗旨意识、大局意识和服务意识，弘扬优良作风。对有令不行、有禁不止、顶风违纪的典型案件要严肃查处，公开曝光。

（九）加强组织领导。各级民政部门要进一步提高对殡葬改革重要性的认识，增强责任感和紧迫感，坚持推进殡葬改革不动摇，加快殡葬事业发展不停步，提高殡葬服务水平不松劲。要切实加强领导，摆上重要议事日程，纳入工作考评体系。主要领导要亲自抓，带头调查研究，定期听取工作汇报，作出部署，狠抓落实，重点解决殡葬难点、热点问题。要关心、支持殡葬工作和殡葬职工，充分调动各方面的积极性、主动性、创造性。

各地殡葬改革情况不同，发展各异。各级民政部门要敏于观察形势，善于把握重点，勤于积小成大。要勇于探索，敢于创新，以维护群众殡葬权益为宗旨，以推动殡葬设施建设为基础，以提高殡葬服务水平为抓手，以完善殡葬管理体制为保障，不断深化殡葬改革，促进殡葬事业科学发展。

民政部、国务院侨务办公室、国务院港澳办公室、国务院台湾事务办公室、国家民族事务委员会、国家文物局关于特殊坟墓处理问题的通知

（2000 年 4 月 17 日　民发〔2000〕93 号）

各省、自治区、直辖市民政厅（局）、侨办、港澳办、台办、民（宗）委（厅、局）、文物局：

经研究决定，现就有关特殊坟墓处理问题通知如下：

一、对国务院《殡葬管理条例》第十条第一款规定区域内现有的革命烈士墓、知名人士墓和古墓葬，凡是被列入国家级、省级、市（县）级重点烈士纪念建筑物保护单位和文物保护单位的，应就地做好原墓地的保护和管理工作。未被列入重点而散葬的烈士墓，经报请当地同级人民政府批准后，可将遗骨火化，将骨灰安放或安葬在当地的烈士陵园或公墓；未列入文物保护单位的知名人士墓迁入当地公墓；已普查登记的古墓葬应予保留并加以保护，平整坟墓过程中，如发现文物应立即报告当地文物行政管理部门，按照国家保护文物的有关法规妥善处理。

二、对国务院《殡葬管理条例》第十条第一款规定区域内散葬的回民墓地，原则上迁入当地的回民公墓。如没有回民公墓，当地民族工作部门要协调建立回民公墓，在回民公墓未建立前，按国务院《殡葬管理条例》第十条第二款规定办理。

三、对国务院《殡葬管理条例》第十条第一款规定区域内现有的华侨和港澳台同胞墓地，原则上迁入当地的公墓（包括华侨公墓）。对一些重要的知名爱国人士、台湾重要上层人士的坟墓以及重点侨务工作对象的祖墓，原则上予以保留，具体对象宜从严把握，必须由省侨办和主管港澳事务的部门（对华侨及港澳同胞）、省台办和统战部门（对台胞）提出名单，报省、自治区、直辖市人民政府批准。对被保留的坟墓，1985 年 2 月 8 日国务院《关于殡葬管理的暂行规定》发布后建造和修复的，超出面积、扩大规模的部分要予以清理。

四、华侨、外籍华人和港澳台同胞的范围要严格掌握，由省级有关主管部门负责认定。处理上述问题时，华侨，外籍华人、港澳台同胞的配偶、父母、祖父母等直系亲属可参照对华侨、外籍华人、港澳台同胞的政策处理。

民政部关于贯彻执行《殡葬管理条例》中几个具体问题的解释

（1998 年 9 月 16 日　民事发〔1998〕10 号）

各省、自治区、直辖市民政厅（局）：

《殡葬管理条例》（中华人民共和国国务院令第 225 号）（以下简称《条例》）已于 1997 年 7 月起施行。现根据《国务院办公厅关于行政法规解释权限和程序问题的通知》（国办发〔1993〕12 号）精神，对贯彻执行中的几个具体问题作如下解释：

一、关于不得擅自兴建殡葬设施问题

《条例》第二章第九条第一款规定：“任何单位和个人未经批准，不得擅自兴建殡葬设施。”这一规定是指：兴建冠以殡仪馆、火葬场、骨灰堂、公墓、殡仪服务站等名称的单位，必须经民政部门审批；不直接冠以殡葬设施名称但从事殡葬服务项目的，该项目也必须经民政部门审批。

二、关于骨灰堂性质问题

《条例》中所称“骨灰堂”，是指乡村公益性骨灰存放设施，而骨灰塔陵园等设施属公墓范畴，应纳入公墓的管理，严格控制其发展。

三、关于公墓审批问题

按照《条例》第二章第七条规定和《国务院办公厅转发民政部关于进一步加强公墓管理意见的通知》(以下简称《通知》)要求,各地要制定公墓建设规划,经省、自治区、直辖市人民政府审批后,报民政部备案。在民政部同意前,暂停批建新公墓(含骨灰塔陵园等设施)。在民政部同意备案后,按照《条例》第二章第八条规定的审批权限和公墓规划审批。

四、关于公墓墓穴占地面积和使用年限问题

《条例》第二章第十一条规定:"严格限制公墓墓穴占地面积和使用年限。"这一规定是指:按《通知》要求,埋葬骨灰的单人、双人合葬墓占地面积不得超过1平方米,埋葬遗体的单人墓占地面积不得超过4平方米,双人合葬墓不得超过6平方米;墓穴(含骨灰堂骨灰存放格位)原则上以20年为一个使用周期。

五、关于强制执行范围问题

《条例》第五章第二十条规定:"将应火化的遗体土葬或者在公墓和农村公益性墓地以外的其他地方埋葬遗体、建造坟墓的,由民政部门责令限期改正;拒不改正的,可以强制执行。"这一规定是指:(一)在火葬区将应当火化的遗体进行土葬的;(二)在火葬区的公墓和公益性墓地以外埋葬骨灰并修建坟墓的;(三)在土葬改革区公墓和公益性墓地以外埋葬遗体并修建坟墓的。对于上述行为,由民政部门责令限期改正;拒不改正的,可以强制执行。

九、区划地名管理

1. 行政区划管理

中华人民共和国宪法(节录)

(1982年12月4日第五届全国人民代表大会第五次会议通过　1982年12月4日全国人民代表大会公告公布施行　根据1988年4月12日第七届全国人民代表大会第一次会议通过的《中华人民共和国宪法修正案》、1993年3月29日第八届全国人民代表大会第一次会议通过的《中华人民共和国宪法修正案》、1999年3月15日第九届全国人民代表大会第二次会议通过的《中华人民共和国宪法修正案》和2004年3月14日第十届全国人民代表大会第二次会议通过的《中华人民共和国宪法修正案》修正)

……

第二十九条　中华人民共和国的武装力量属于人民。它的任务是巩固国防,抵抗侵略,保卫祖国,保卫人民的和平劳动,参加国家建设事业,努力为人民服务。

国家加强武装力量的革命化、现代化、正规化的建设,增强国防力量。

第三十条　中华人民共和国的行政区域划分如下:

(一)全国分为省、自治区、直辖市;

(二)省、自治区分为自治州、县、自治县、市;

(三)县、自治县分为乡、民族乡、镇。

直辖市和较大的市分为区、县。自治州分为县、自治县、市。

自治区、自治州、自治县都是民族自治地方。

……

第六十二条　全国人民代表大会行使下列职权:

(一)修改宪法;

(二)监督宪法的实施;

(三)制定和修改刑事、民事、国家机构的和其他的基本法律;

(四)选举中华人民共和国主席、副主席;

(五)根据中华人民共和国主席的提名,决定国务院总理的人选;根据国务院总理的提名,决定国务院副总理、国务委员、各部部长、各委员会主任、审计长、秘书长的人选;

(六)选举中央军事委员会主席;根据中央军事委员会主席的提名,决定中央军事委员会其他组成人员的人选;

(七)选举最高人民法院院长;

(八)选举最高人民检察院检察长;

(九)审查和批准国民经济和社会发展计划和计划执行情况的报告;

(十)审查和批准国家的预算和预算执行情况的报告;

(十一)改变或者撤销全国人民代表大会常务委员会不适当的决定;

(十二)批准省、自治区和直辖市的建置;

(十三)决定特别行政区的设立及其制度;

(十四)决定战争和和平的问题;

(十五)应当由最高国家权力机关行使的其他职权。

……

第八十九条　国务院行使下列职权:

(一)根据宪法和法律,规定行政措施,制定行政法规,发布决定和命令;

(二)向全国人民代表大会或者全国人民代表大会常务委员会提出议案;

(三)规定各部和各委员会的任务和职责,统一领导各部和各委员会的工作,并且领导不属于各部和各委员会的全国性的行政工作;

(四)统一领导全国地方各级国家行政机关的工作,规定中央和省、自治区、直辖市的国家行政机关的职权的具体划分;

(五)编制和执行国民经济和社会发展计划和国家预算;

(六)领导和管理经济工作和城乡建设;

(七)领导和管理教育、科学、文化、卫生、体育和计划生育工作;

(八)领导和管理民政、公安、司法行政和监察等工作;

(九)管理对外事务,同外国缔结条约和协定;

(十)领导和管理国防建设事业;

(十一)领导和管理民族事务,保障少数民族的平等权利和民族自治地方的自治权利;

(十二)保护华侨的正当的权利和利益,保护归侨和侨眷的合法的权利和利益;

(十三)改变或者撤销各部、各委员会发布的不适当的命令、指示和规章；

（十四）改变或者撤销地方各级国家行政机关的不适当的决定和命令；

（十五）批准省、自治区、直辖市的区域划分，批准自治州、县、自治县、市的建置和区域划分；

（十六）依照法律规定决定省、自治区、直辖市的范围内部分地区进入紧急状态；

（十七）审定行政机构的编制，依照法律规定任免、培训、考核和奖惩行政人员；

（十八）全国人民代表大会和全国人民代表大会常务委员会授予的其他职权。

……

国务院关于行政区划管理的规定

（1985年1月15日　国发〔1985〕8号）

第一条　为了加强行政区划的管理，根据《中华人民共和国宪法》和《中华人民共和国地方各级人民代表大会和地方各级人民政府组织法》的有关规定，制定本规定。

第二条　行政区划应保持稳定。必须变更时，应本着有利于社会主义现代化建设，有利于行政管理，有利于民族团结，有利于巩固国防的原则，制订变更方案，逐级上报审批。

第三条　省、自治区、直辖市的设立、撤销、更名，报全国人民代表大会审议决定。

第四条　下列行政区划的变更由国务院审批：

（一）省、自治区、直辖市的行政区域界线的变更，省、自治区人民政府驻地的迁移；

（二）自治州、县、自治县、市、市辖区的设立、撤销、更名和隶属关系的变更以及自治州、县、自治县、市人民政府驻地的迁移；

（三）自治州、自治县的行政区域界线的变更，县、市的行政区域界线的重大变更；

（四）凡涉及海岸线、海岛、边疆要地、重要资源地区及特殊情况地区的隶属关系或行政区域界线的变更。

第五条　县、市、市辖区的部分行政区域界线的变更，国务院授权省、自治区、直辖市人民政府审批；批准变更时，同时报送民政部备案。

乡、民族乡、镇的设立、撤销、更名和行政区域界线的变更，乡、民族乡、镇人民政府驻地的迁移，由省、自治区、直辖市人民政府审批。

第六条　行政公署、区公所、街道办事处的撤销、更名、驻地迁移，由依法批准设立各该派出机关的人民政府审批。

第七条　变更行政区划向上级人民政府报告的内容应包括：变更的理由、范围，隶属关系，政治经济情况，人口和面积数字，拟变更的行政区域界线地图，以及县级和县级以上人民政府（含行政公署）的报告或意见等。

第八条　各级民政部门分级负责行政区划的管理工作。各级民政部门在承办行政区划变更的工作时，应根据情况分别同民族、人事、财政、外事、城乡建设、地名等有关部门联系洽商；在承办民族自治地方的行政区划变更的工作时，应同民族自治地方的自治机关和有关民族的代表充分协商拟定。

各级民政部门，应建立完整的行政区划档案。

第九条　本规定由民政部负责解释。

第十条　本规定自发布之日起施行。

国务院批转民政部关于调整设市标准和市领导县条件报告的通知

（1986年4月19日　国发〔1986〕46号）

各省、自治区、直辖市人民政府，国务院各部委、各直属机构：

国务院同意民政部《关于调整设市标准和市领导县条件的报告》，现转发给你们试行。

各地要认真总结设市和市领导县工作的经验，搞好规划，合理布局，严格按条件办理。应成熟一个搞一个，有计划有步骤地发展中小城市，促进城乡经济的发展。

附

民政部关于调整设市标准和市领导县条件的报告

（1993年2月3日）

国务院：

近年来，由于城乡经济的蓬勃发展，城镇的产业结构和人口结构发生了很大变化。现行的设市标准和市领导县条件，已不适应城乡变化了的新情况。为了适应城乡经济发展的需要，贯彻“控制大城市规模，合理发展中等城市，积极发展小城市”的方针，我部会同国家体改委、城乡建设环境保护部、劳动人事部、公安部、国家统计局等有关部门，进行了广泛的调查研究，并多次征求了各省、自治区、直辖市的意见，建议对1983年提出、内部掌握执行的设市标准和市领导县条件作如下调整：

一、非农业人口（含县属企事业单位聘用的农民合同工、长年临时工，经工商行政管理部门批准登记的有固定经营场所的镇、街、村和农民集资或独资兴办的第二、三产业从业人员，城镇中等以上学校招收的农村学生，以及驻镇部队等单位的人员，下同）6万以上，年国民生产总值2亿元以上，已成为该地经济中心的镇，可以设置市的建制。少数民族地区和边远地区的重要城镇，重要工矿科研基地，著名风景名胜区，交通枢纽，边境口岸，虽然非农业人口不足6万、年国民生产总值不足2亿元，如确有必要，也可设置市的建制。

二、总人口50万以下的县，县人民政府驻地所在镇的非农业人口10万以上、常住人口中农业人口不超过40%、年国民生产总值3亿元以上，可以设市撤县。设市撤县后，原由县管辖的乡、镇由市管辖。

总人口50万以上的县，县人民政府驻地所在镇的非农业人口一般在12万以上、年国民生产总值4亿元以上，可以设市撤县。

自治州人民政府或地区（盟）行政公署驻地所在镇，非农业人口虽然不足10万、年国民生产总值不足3亿元，如确有必要，也可以设市撤县。

三、市区非农业人口25万以上、年国民生产总值10亿元以上的中等城市（即设区的市），已成为该地区政治、经济和科学、文化中心，并对周围各县有较强的辐射力和吸引力，可实行市领导县的体制。一个市领导多少县，要从实际出发，主要应根据城乡之间的经济联系状况，以及城市经济实力大小决定。

四、有关设市的审批手续，仍按《国务院关于行政区划管理的规定》（国发〔1985〕8号）办理。

以上报告如无不妥，请批转各地试行。

国务院批转民政部关于调整设市标准报告的通知

（1993年5月17日　国发〔1993〕38号）

各省、自治区、直辖市人民政府，国务院各部委、各直属机构：

国务院同意民政部《关于调整设市标准的报告》，现转发给你们试行。

为了适应经济、社会发展和改革开放的新形势，适当调整设市标准，对合理发展中等城市和小城市，推进我国城市化进程，具有重要意义。各地要认真总结设市工作的经验，坚持实事求是的原则，搞好规划，合理布局，严格标准，有计划、有步骤地发展中小城市。已经设市和拟设市的地方，都要十分重视农村工作，十分重视农业生产，以使城乡经济协调发展。

新的设市标准由民政部负责解释。

附

民政部关于调整设市标准的报告

（1993年2月8日）

国务院：

现行设市标准，是1986年经国务院批准试行的。从试行的情况看，现行设市标准贯彻了改革精神，方向是正确的。执行这一标准，使设市工作走出了新的路子，基本适应了近年来城乡经济和社会发展的客观要求。6年多来，我部认真贯彻国务院关于城市发展的基本方针，按照现行设市标准，积极而稳妥地新设了一批市的建制，加快了这些地方的繁荣和发展，促进了具有中国特色的城市化进程，推动了我国城市总体布局逐步趋于合理。但是，在实施过程中，现行设市标准也反映出一些不足，主要是：有的指标统计难度较大，且难以核实；一些设市时需要考察的重要条件在现行标准中尚未体现；有些指标还不尽科学合理；分类指导的原则在标准中反映不充分；没有规定设置地级市的标准等。为了进一步适应经济、社会发展的需要，逐步完善设市标准，我部从1989年开始，即着手设市标准的调整和修改工作，在深入调查研究，形成修改稿的基础上，又征求了国务院有关部门，各省、自治区、直辖市以及有关科研单位的意见。"八五"计划公布后，又按"八五"计划中关于"城市发展要坚持实行严格控制大城市规模，合理发展中等城市和小城市的方针，有计划地推进我国城市化进程，并使之同国民经济协调发展"的精神，作了相应的修改。经过反复研究和论证，建议对1986年国务院批准试行的设市标准作以下调整：

一、设立县级市的标准

（一）每平方公里人口密度400人以上的县，达到下列指标，可设市撤县：

1. 县人民政府驻地所在镇从事非农产业的人口（含县属企事业单位聘用的农民合同工、长年临时工，经工商行政管理部门批准登记的有固定经营场所的镇、街、村和农民集资或独资兴办的第二、三产业从业人员，城镇中等以上学校招收的农村学生，以及驻镇部队等单位的人员，下同）不低于12万，其中具有非农业户口的从事非农产业的人口不低于8万。县总人口中从事非农产业的人口不低于30%，并不少于15万。

2. 全县乡镇以上工业产值在工农业总产值中不低于80%，并不低于15亿元（经济指标均以1990年不变价格为准，按年度计算，下同）；国内生产总值不低于10亿元，第三产业产值在国内生产总值中的比例达到20%以上；地方本级预算内财政收入不低于人均100元，总收入不少于6000万元，并承担一定的上解支出任务。

3. 城区公共基础设施较为完善。其中自来水普及率不低于65%，道路铺装率不低于60%，有较好的排水系统。

（二）每平方公里人口密度100人至400人的县，达到下列指标，可设市撤县：

1. 县人民政府驻地镇从事非农产业的人口不低于10万，其中具有非农业户口的从事非农产业的人口不低于7万。县总人口中从事非农产业的人口不低于25%，并不少12万。

2. 全县乡镇以上工业产值在工农业总产值中不低于70%，并不低于12亿元；国内生产总值不低于8亿元，第三产业产值在国内生产总值中的比例达到20%以上；地方本级预算内财政收入不低于人均80元，总收入不少于5000万元，并承担一定的上解支出任务。

3. 城区公共基础设施较为完善。其中自来水普及率不低于60%，道路铺装率不低于55%，有较好的排水系统。

（三）每平方公里人口密度100人以下的县，达到下列指标，可设市撤县：

1. 县人民政府驻地镇从事非农产业的人口不低于8万，其中具有非农业户口的从事非农产业的人口不低于6万。县总人口中从事非农产业的人口不低于20%，并不少于10万。

2. 全县乡镇以上工业产值在工农业总产值中不低于60%，并不低于8亿元；国内生产总值不低于6亿元，第三产业产值在国内生产总值中的比例达到20%以上；地方本级预算内财政收入不低于人均60元，总收入不少于4000万元，并承担一定的上解支出任务。

3. 城区公共基础设施较为完善。其中自来水普及率不低于55%，道路铺装率不低于50%，有较好的排水系统。

（四）具备下列条件之一者，设市时条件可以适当放宽：

1. 自治州人民政府或地区（盟）行政公署驻地。

2. 乡、镇以上工业产值超过40亿元，国内生产总值不低于25亿元，地方本级预算内财政收入超过1亿元，上解支出超过50%，经济发达，布局合理的县。

3. 沿海、沿江、沿边境重要的港口和贸易口岸，以及国家重点骨干工程所在地。

4. 具有政治、军事、外交等特殊需要的地方。

具备上述条件之一的地方设市时，州（盟、县）驻地镇非农业人口不低于6万，其中具有非农业户口的从事非农产业的人口不低于4万。

（五）少数经济发达，已成为该地区经济中心的镇，如确有必要，可撤镇设市。设市时，非农业人口不低于10万，其中具有非农业户口的从事非农产业的人口不低于8万。地方本级预算内财政收入不低于人均500元，上解支出不低于财政收入60%，工农业总产值中工业产值高于90%。

（六）国家和部委以及省、自治区确定予以重点扶持的贫困县和财政补贴县原则上不设市。

（七）设置市的建制，要符合城市体系和布局的要求，具有良好的地质、地理环境条件。

（八）县级市不设区和区公所，设市撤县后，原由县管辖的乡、镇，由市管辖。

二、设立地级市的标准

市区从事非农产业的人口25万人以上，其中市政府驻地具有非农业户口的从事非农产业的人口20万人以上；工农业总产值30亿元以上，其中工业产值占80%以上；国内生产总值在25亿元以上；第三产业发达，产值超过第一产业，在国内生产总值中的比例达35%以上；地方本级预算内财政收入2亿元以上，已成为若干市县范围内中心城市的县级市，方可升格为地级市。

设立县级市及地级市标准中的财政收入指标，将根据全国零售物价指数上涨情况，由民政部报经国务院批准适时调整。

以上报告如无不妥，请批转各地试行。

民政部关于建立县以下行政区划变更备案及通报制度的通知

（2002年12月10日　民函〔2002〕205号）

各省、自治区、直辖市民政厅局：

近年来，由于县以下行政区划不断变动，县以下行政区划代码的更新速度已不能适应统计工作的需要。为此，国家统计局根据目前县以下行政区划代码编制工作的实际情况及存在的问题，发布了《统计上对行政区划代码编制、公布、使用和管理的规定》（国统字〔2002〕46号），我部近期也印发了《民政统计代码编制规则》（民发〔2002〕170号），要求各省（自治区、直辖市）统计局建立县以下行政区划代码库。以便用最快的速度及时更新县以下行政区划代码，为统计工作提供有力保障。目前，县及县以上的行政区划变动情况已经建立了通报制度，使国家统计局能够根据民政部的区划变更，按照国家标准对县及县以上的行政区划变更情况及时更新，从而保证了民政统计工作的顺利进行。但由于县以下行政区划代码的变更备案及通报制度还没有建立，影响了县以下行政区划代码变更的速度和代码库的维护，从而影响了该项统计工作的正常运行。为此，我们要求各省（自治区、直辖市）民政（厅）局建立县以下行政区划变更备案及通报制度，民政区划部门要将变更后县以下行政区划及时通报各省（自治区、直辖市）统计局和同级民政计财部门由计财部门报送民政部区划和计财部门备案，以便及时更新县以下行政区划代码，提高统计信息化水平。

民政部关于调整地区建制有关问题的通知

（1999年11月22日　民发〔1999〕105号）

山西、黑龙江、浙江、安徽、福建、江西、山东、河南、广西、四川、贵州、云南、西藏、陕西、甘肃、青海、宁夏、新疆等省（自治区）人民政府：

《中共中央、国务院关于地方政府机构改革的意见》（中发〔1999〕2号）指出："要调整地区建制，减少行政层次，避免重复设置。与地级市并存一地的地区，实行地市合并；与县级市并存一地的地区、所在市（县）达到设立地级市标准的，撤销地区建制，设立地级市，实行市领导县体制；其余地区建制也要逐步撤销，原地区所辖县改由附近地级市领导或由省直辖，县级市由省委托地级市代管。各自治区调整派出机构—地区的建制，要结合民族自治的特点区别对待。盟的建制原则上不动”。

为贯彻落实中央文件精神，经国务院同意，现就有关问题通知如下：

一、积极稳妥地做好地区建制调整工作

调整地区建制是党中央、国务院的一项重大决策，对于理顺行政关系、精简机构具有重要意义。鉴于地区建制调整工作政策性强，涉及面广，情况比较复杂，因此各地在工作中即要积极，又要稳妥。要切实加强领导，从实际出发，从有利于行政管理，有利于经济发展、社会稳定和民族团结出发，深入调查，充分论证，广泛听取各方意见，研究制定科学合理、切实可行的调整方案，有计划、有步骤地做好地区建制调整工作。

二、适当调整地改市的标准

我国现行地改市标准是1993年经国务院批准试行的。近年来，随着经济和社会的发展，现行标准存在着指标体系不够合理、未充分体现分类指导原则等问题，难以适应当前地区建制调整工作，需作适当调整。

调整后的地改市标准为：地区所在的县级市从事非农产业的人口不低于15万人（人口密度50人/平方公里以下的不低于12万人），市政府驻地具有非农业户口的人口不低于12万人（人口密度50人/平方公里以下的不低于10万人）；国内生产总值不低于25亿元，其中第三产业产值在国内生产总值中的比重不低于30%。财政总收入不低于1.5亿元。

上述标准只适用于地区建制调整工作。

三、地区建制调整实施方案及要求

（一）地区和地级市并存一地的，实行地市合并。请有关地方按此原则提出方案报批。

（二）对符合调整后地改市标准的地方，各地要严格按规定程序和标准办理审批手续。要以省（自治区）、地、市三级统计年鉴数据作为审核依据，严禁弄虚作假。

（三）对不符合调整后地改市标准的地区，要逐步撤销地区建制，将原地区所辖县划归相邻地级市管辖或由省直辖，县级市由省直辖或委托相邻地级市代管。但在调整过程中，要从实际出发，因地制宜，制定切实可行的调整方案；要做耐心细致的思想政治工作，妥善处理有关问题，不能因为行政区划调整影响社会稳定。

（四）广西、西藏、宁夏、新疆4个自治区的地区和贵州、云南、甘肃、青海4省的多民族聚居地区以及其他省集中连片贫困老区所在的地区，达到地改市标准的可以改市，达不到标准的可以继续保留地区建制，待条件成熟时，再逐步撤销。

四、适当调整地级行政区划单位的管辖幅度

我国地级行政区划单位规模有的过小，有的过大，不便于行政管理。各省（自治区）在地区建制调整中，对面积和经济规模过小、人口过少的地级行政区划单位，可将其与相邻地级行政区划单位合并或降低其行政区划等级；对面积过大、人口过多、管理不便的地级行政区划单位，可适当调小其管辖幅度，但不能增加地级行政区划单位。

在地区建制调整过程中，机构和人员编制要按照中发〔1999〕2号文件要求和中央机构编制委员会办公室有关规定设置。

关于乡镇行政区划调整工作的指导意见

（2001年7月27日 民发〔2001〕196号）

各省、自治区、直辖市人民政府：

近年来，一些省、自治区、直辖市相继开展了以撤并乡镇、扩大乡镇区域规模为主要内容的乡镇行政区划调整工作。实践证明，根据经济和社会发展的需要，适时、合理地调整乡镇规模和布局是必要的，有利于精简机构，减少乡镇行政人员和财政开支，减轻农民负担；有利于优化资源配置，促进乡镇经济和社会事业的发展，有利于优化小城镇体系结构，促进小城镇建设。总体上看，各地对这项工作高度重视，精心组织，乡镇行政区划调整工作进展比较顺利。但是在个别地方，也出现了因调整方案不合理、政策措施不配套、组织不周密、宣传和思想工作不到位而产生种种问题，甚至引发群众集体上访，在一定程度上影响了当地社会稳定。为确保乡镇行政区划调整工作的健康、顺利进行，使乡镇行政区划调整真正起到适应和促进经济社会发展的作用，经国务院同意，现提出如下意见：

一、乡镇行政区划调整工作要坚持实事求是、稳妥有序的原则。乡镇行政区划调整涉及面广，政策性强，关系地方改革发展和稳定大局，有关地方政府要高度重视并从实际出发，因地制宜，分类指导。条件基本成熟并准备开展这项工作的地方，应认真借鉴其他地方的成功经验，调整撤并的标准和进度不要强求统一，防止“一刀切”、“一阵风”，积极、稳妥、有序地做好这项工作。全省性的乡镇调整撤并工作，一般应以县（市）为单位集中进行，有条件的地方应结合乡镇机构改革配套进行；不具备大范围调整撤并条件，只作少量调整撤并的地方，不要开展集中统一的行动，可以在正常行政区划调整中逐步进行调整撤并；条件不成熟的地方，不要勉强进行调整撤并。

二、要制定科学合理的乡镇调整撤并方案并精心组织实施。乡镇行政区划调整要立足长远，科学规划。要在深入调查研究的基础上，着眼于乡镇经济和小城镇的长远发展，在充分考虑自然地理条件、经济社会发展水平、城镇建设、行政管理以及历史沿革和群众生产生活习惯、意愿等方面因素并广泛征求各方面意见的基础上,制定科学合理的乡镇行政区划调整撤并方案,并严格按有关规定和程序报批,使乡镇行政区划调整能适应当地经济社会发展的需要并在较长时期内保持相对稳定。从以往的经验看,确定合并后的乡镇政府驻地和名称十分重要,因此要综合考虑各方面的情况,并按照《地名管理条例》的规定,精心研究,慎重决策,合理确定合并后的乡镇政府驻地和名称。

有关地方政府特别是县级政府要切实加强领导,把乡镇行政区划调整作为一个时期的重点工作,由政府主要负责同志牵头,有关部门参加,认真组织实施。乡镇行政区划调整的准备工作要充分,实施要迅速,尽可能减少人员思想波动。要有针对性地加强对干部群众的宣传教育,做好耐心细致的思想政治工作。要严格各项纪律,特别是组织人事纪律、财经纪律和廉政纪律,切实加强审计和监督,防止出现违纪违规行为。

三、做好调整撤并后的乡镇政府机构改革工作,加强基层政权建设。调整撤并后的乡镇要认真贯彻党中央、国务院关于地方政府机构改革的有关文件精神,切实转变政府职能,理顺县乡关系,全面加强基层政权建设。要大力精简机构和人员编制,减少财政供养人员,减轻财政负担和农民负担。调整撤并后的乡镇机构设置和编制核定,要按照市、县、乡机构改革的统一部署和要求进行。要切实做好人员分流工作,制定本地党政机关、事业单位人员分流的政策和办法,安置好分流人员。

四、妥善处理被撤乡镇政府驻地管理问题。要处理好合并后乡镇政府驻地建设和被撤乡镇政府驻地建设的关系,充分发挥被撤乡镇政府驻地的功能和作用。新镇域的小城镇基础建设应以新驻地为重点,同时要随着经济发展继续完善被撤乡镇政府驻地的生产、生活服务功能。要把被撤乡镇政府驻地作为新镇域的重要组成部分,采取措施,保持其经济发展和招商引资的势头,推动被撤乡镇政府驻地的发展。要按照国家土地管理的有关法律和政策,切实加强对被撤并乡镇政府驻地的土地管理,防止借机擅自非法转让或转卖土地。

乡镇调整撤并完成后,在被撤乡镇政府驻地设立的临时性办事机构,要在基本完成乡镇合并的善后和磨合工作、新乡镇的行政管理和服务已有效辐射到被撤乡镇后予以撤销,不得在乡镇和村之间长期设置一层机构。

五、妥善处理乡镇集体资产。涉及集体财产管理的重要事项要经民主讨论通过。对合并乡镇的集体财产要实行统一审计、统一并账、统一管理。对有关乡镇的财务审计和封账必须在乡镇调整撤并方案实施前进行。被撤并乡镇政府的债权债务关系应明确转移到新设立的乡镇政府,并向群众和有关方面作出承诺。要明确农村土地承包合同不变等政策,切实保护农民的合法权益。要采取切实措施,防止私分、贪污、侵占国家财产行为和挥霍公款、铺张浪费、突击花钱的现象发生,对在调整撤并乡镇过程中违反财经纪律、擅自处理集体资产的行为要严肃查处。

六、已经完成调整撤并乡镇工作的地方,根据经济社会发展的需要,在保持建设用地总规模不扩大,耕地和基本农田保护面积不减少的前提下,可以按照法定程序,修订县(市)域土地利用总体规划和城镇体系规划以及乡镇的经济社会发展规划、土地利用总体规划和建设规划,加快乡镇发展。

七、积极稳妥地做好村委会调整撤并工作。目前,一些地方从本地经济社会发展和加强基层政权及群众自治组织建设的需要出发,正在开展村委会调整撤并工作。调整撤并村委会必须切实加强领导,充分准备、严密组织。要坚持以下原则:

(一)从本地实际出发,因地制宜,不搞"一刀切"。村委会调整撤并的标准和进度不宜强求统一,不能定指标、压任务。村委会调整撤并工作开展前,要认真进行调查研究,力求使调整撤并方案科学合理、符合实际。

(二)一般应以村委会为单位整建制撤并,必要时也可以自然村为单位进行调整。

(三)调整撤并的村委会或自然村要在地理上毗邻,以方便群众办事,有利于村民自治。

(四)在村民同意的基础上依法操作。调整撤并方案应由乡镇政府按照《中华人民共和国村民委员会组织法》的规定提出,经村民会议讨论同意后,报县级人民政府批准。村民会议没有同意的调整撤并方案,不能强行实施。

(五)妥善处理集体资产和债权债务等经济问题。要严格财务制度和财经纪律,实行财务公开和民主理财。对并村后的村级集体资产和村民福利待遇,要防止简单平调和拉平。

(六)切实减轻农民负担。在调整过程中,各地要严格执行中央减轻农民负担的各项政策规定,不得以任何名义向农民进行集资和收费。并村后随着管理性支出的减少,农民承担的村提留等费用也应随之进行调整,确保农民的负担比并村前有所减轻。

(七)加强村干部队伍建设,提高村干部队伍素质。调整撤并后的村委会应按村民委员会组织法的规定设置,并按法定程序选举产生。对村干部职数要进行必要的压缩。对分流离岗的村干部,可从实际情况出发给予妥善安置或适当补偿。

民政部关于对国发〔1993〕38号文件具体问题的解释

(1993年8月8日 民行函〔1993〕205号)

各省、自治区、直辖市民政厅(局):

1993年5月17日,国务院批转了民政部关于调整设市标准的报告(国发〔1993〕38号)。设市标准是行政性法规,内容比较原则。为便于执行，现对设市标准中涉及的有关问题作出如下统一解释：

1. 县级市标准的适用范围。包括县、自治县、族、自治旗等县级行政区划单位。民族自治地方设市，需听取民政工作部门的意见。

2. 县人民政府驻地所在镇。指县人民政府所在建制镇的行政区划辖区范围。

3. 具有非农业户口的从事非农产业的人口。指具有非农业户口的常住人口。不包括暂住户口的人口。也就是有当地正式居民户口的城镇居民。

4. 县总人口。指该县范围内具有常住户口的人口。包括非农业人口和农业人口两部分常住人口，不包括暂住户口的人口。

5. 全县乡镇以上工业产值。指该县辖区范围内乡镇以上工业的产值。包括地市、省、中央及外地在该县境内企业的产值。

6. 国内生产总值。指全县（县级市）范围内，本国和外国居民在一定时期内所生产和提供最终使用的产品的劳务的价值。

7. 第三产业。指除一、二产业以外的其他各业，主要包括流通部门，为生产和生活服务的部门，为提高科学文化水平和居民素质服务的部门等。

8. 地方本级预算内财政收入。指预算内县级负责组织征收的收入。

9. 城区公共基础设施。城区指县政府驻地建制镇的行政区划范围。公共基础设施指供水、道路、市容市貌、园林绿化、医疗卫生、社会福利设施、环境卫生、文体设施、公共交通、地名标志，防火防灾等设施。排水系统指下水道系统。

10. 自治州人民政府或地区（盟）行政公署驻地。指自治州人民政府或地区（盟）行政公署驻地所在的县（自治县、旗）或镇。

11. 上解支出。指按财政体制计算向上一级缴纳的财政支出。

12. 经济发达、布局合理的县。经济发达，即指目前已达到第四款第二条所列的四个数据。布局合理，指经国家主管部门认定的设市预测与规划体系的要求。

13. 重要的港口和贸易口岸。重要的港口指年吞吐量200万吨以上的港口。贸易口岸指国家对外开放一类口岸。

14. 国家重大骨干工程。指列入全国国民经济和社会发展十年规划和五年计划发展任务的在建的重大骨干工程项目，主要指工业项目。

15. 贫困县。指由国家和省（自治区）确定的扶贫县。

16. 财政补贴县。指按财政体制不承担上解任务，同时吃补贴的县。

17. 全国零售物价指数。是反映城乡商品零售价格变动趋势的一种经济指数。零售物价指数采用加权算术平均公式计算。

18. 地质、地理环境条件。指地下岩层、地形地貌、地表水资源等条件。

19. 具有政治、军事等特殊需要的地方。这是极个别的特殊的地方，一般不由下面提出，而由国家有关部门共同认定。

20. 市区。指县级市的行政区域。

21. 市政府驻地。指县级市人民政府所在的街道办事处及与其连片的街道办事处所辖区域范围，或县级市人民政府所在建制镇所辖的行政区域范围。

22. 若干市县范围内中心城市的县级市。指具备区域性中心城市地位的县级市。新设的地级市必须体现合理布局的精神，符合整个国家城镇体系发展规划的要求。

民政部办公厅关于办理设市工作的几点要求的通知

（1993年8月17日　民办函〔1993〕159号）

各省、自治区、直辖市民政厅（局）：

为了认真贯彻国发〔1993〕38号文件精神，努力使设市工作规范化，特对设市承办工作提出如下要求：

一、要按照《国务院关于行政区划管理的规定》（国发〔1985〕8号文件）和《国务院批转民政部关于调整设市标准报告的通知》（国发〔1993〕38号文件）的要求办理设市工作。

二、各级设市的报告，除按国发〔1985〕8号文件要求，须报告设市的理由、范围、隶属关系，政治经济情况、人口和面积数字、行政区域界线地图，以及县级和县级以上人民政府（含行政公署）的报告和意见外，要根据国发〔1993〕38号文件要求，在设市报告中补充下列内容。

数据和情况：

县总人口、县总面积、县每平方公里人口密度。县总人口中从事非农产业的人口数及其比例。县人民政府驻地镇总人口（常住人口），其中具有非农业户口的从事非农产业的人口，暂住人口的构成及数量。

全县工农业总产值，乡镇以上工业产值以及在工农业总产值中的比例，全县国内生产总值，第三产业产值及其在国内生产总值中的比例。

地方本级预算内财政收入总数、人均数、上解支出情况。

县人民政府驻地镇公共基础设施的基本情况，其中自来水普及的比例和道路铺装的比例，设市地方的地质、地理情况。

以上数据和情况，一律以最新的年度数字为准，经济数字以1990年不变价格为准。

图表：

县行政区划图，8开（图的性质为示意图）。

县人民政府驻地镇行政区划图，8开。

县人民政府驻地镇规划图，8开。

有关各类人口、经济、社会数据表。

其他：

对是不是贫困县、财政补贴县要有明确说明。

要明确说明区公所是否撤销。

拟按放宽标准类型设市的县，如地区驻地、重要的港口和贸易口岸等，除讲清其特殊的情况之外，也要按上述要求补充有关内容。

设立地级市和镇改市的报告可参照县改市的报告。

三、各类数据、情况要翔实、可靠。

各级在办理设市的工作中，要严格按设市标准把关，不得虚报。省一级在办理设市报告时，要与省的有关部门沟通，重要数据以各部门为准。主要是：人口数据以公安部门为准，经济数据以统计部门为准，财政数据以财政部门为准，基础设施情况以城建部门为准，地质地理情况以地质部门掌握的资料为准。

四、按照国发〔1993〕38号文件执行后，已批准设市的地方，如发现虚报情况，则要撤销市的建制。

五、各省需写设市补充报告的，原则上以省政府或省政府办公厅的名义向国务院或国务院办公厅报告。特殊情况如补充一些不太重要的情况和数据时，可以省民政厅的名义向民政部写报告，但须注明"经省政府或省政府办公厅同意"。

六、承办设市工作，原则上逐级负责，逐级汇报。拟设市的地方，不要越级到民政部汇报。

2. 行政区域界线管理

行政区域界线管理条例

（2002年5月13日中华人民共和国国务院令第353号公布　自2002年7月1日起施行）

第一条　为了巩固行政区域界线勘定成果，加强行政区域界线管理，维护行政区域界线附近地区稳定，制定本条例。

第二条　本条例所称行政区域界线，是指国务院或者省、自治区、直辖市人民政府批准的行政区域毗邻的各有关人民政府行使行政区域管辖权的分界线。

地方各级人民政府必须严格执行行政区域界线批准文件和行政区域界线协议书的各项规定，维护行政区域界线的严肃性、稳定性。任何组织或者个人不得擅自变更行政区域界线。

第三条　国务院民政部门负责全国行政区域界线管理工作。县级以上地方各级人民政府民政部门负责本行政区域界线管理工作。

第四条　行政区域界线勘定后，应当以通告和行政区域界线详图予以公布。

省、自治区、直辖市之间的行政区域界线由国务院民政部门公布，由毗邻的省、自治区、直辖市人民政府共同管理。省、自治区、直辖市范围内的行政区域界线由省、自治区、直辖市人民政府公布，由毗邻的自治州、县（自治县）、市、市辖区人民政府共同管理。

第五条　行政区域界线的实地位置，以界桩以及作为行政区域界线标志的河流、沟渠、道路等线状地物和行政区域界线协议书中明确规定作为指示行政区域界线走向的其他标志物标定。

第六条　任何组织或者个人不得擅自移动或者损坏界桩。非法移动界桩的，其行为无效。

行政区域界线毗邻的各有关人民政府应当按照行政区域界线协议书的规定，对界桩进行分工管理。对损坏的界桩，由分工管理该界桩的一方在毗邻方在场的情况下修复。

因建设、开发等原因需要移动或者增设界桩的，行政区域界线毗邻的各有关人民政府应当协商一致，共同测绘，增补档案资料，并报该行政区域界线的批准机关备案。

第七条　行政区域界线毗邻的任何一方不得擅自改变作为行政区域界线标志的河流、沟渠、道路等线状地物；因自然原因或者其他原因改变的，应当保持行政区域界线协议书划定的界线位置不变，行政区域界线协议书中另有约定的除外。

第八条　行政区域界线协议书中明确规定作为指示行政区域界线走向的其他标志物，应当维持原貌。因自然原因或者其他原因使标志物发生变化的，有关县级以上人民政府民政部门应当组织修测，确定新的标志物，并报该行政区域界线的批准机关备案。

第九条　依照《国务院关于行政区划管理的规定》经批准变更行政区域界线的，毗邻的各有关人民政府应当按照勘界测绘技术规范进行测绘，埋设界桩，签订协议书，并将协议书报批准变更该行政区域界线的机关备案。

第十条　生产、建设用地需要横跨行政区域界线的，应当事先征得毗邻的各有关人民政府同意，分别办理审批手续，并报该行政区域界线的批准机关备案。

第十一条　行政区域界线勘定确认属于某一行政区域但不与该行政区域相连的地域或者由一方使用管理但位于毗邻行政区域内的地域，其使用管理按照各有关人民政府签订的行政区域界线协议书有关规定或者该行政区域界线的批准机关的决定执行。

第十二条　行政区域界线毗邻的县级以上地方各级人民政府应当建立行政区域界线联合检查制度，每5年联合检查一次。遇有影响行政区域界线实地走向的自然灾害、河流改道、道路变化等特殊情况，由行政区域界线毗邻的各有关人民政府共同对行政区域界线的特定地段随时安排联合检查。联合检查的结果，由参加检查的各地方人民政府共同报送该行政区域界线的批准机关备案。

第十三条 勘定行政区域界线以及行政区域界线管理中形成的协议书、工作图、界线标志记录、备案材料、批准文件以及其他与勘界记录有关的材料，应当按照有关档案管理的法律、行政法规的规定立卷归档，妥善保管。

第十四条 行政区域界线详图是反映县级以上行政区域界线标准画法的国家专题地图。任何涉及行政区域界线的地图，其行政区域界线画法一律以行政区域界线详图为准绘制。

国务院民政部门负责编制省、自治区、直辖市行政区域界线详图；省、自治区、直辖市人民政府民政部门负责编制本行政区域内的行政区域界线详图。

第十五条 因对行政区域界线实地位置认定不一致引发的争议，由该行政区域界线的批准机关依照该行政区域界线协议书的有关规定处理。

第十六条 违反本条例的规定，有关国家机关工作人员在行政区域界线管理中有下列行为之一的，根据不同情节，依法给予记大过、降级或者撤职的行政处分；致使公共财产、国家和人民利益遭受重大损失的，依照刑法关于滥用职权罪、玩忽职守罪的规定，依法追究刑事责任：

（一）不履行行政区域界线批准文件和行政区域界线协议书规定的义务，或者不执行行政区域界线的批准机关的决定的；

（二）不依法公布批准的行政区域界线的；

（三）擅自移动、改变行政区域界线标志，或者命令、指使他人擅自移动、改变行政区域界线标志，或者发现他人擅自移动、改变行政区域界线标志不予制止的；

（四）毗邻方未在场时，擅自维修行政区域界线标志的。

第十七条 违反本条例的规定，故意损毁或者擅自移动界桩或者其他行政区域界线标志物的，应当支付修复标志物的费用，并由所在地负责管理该行政区域界线标志的人民政府民政部门处1000元以下的罚款；构成违反治安管理行为的，并依法给予治安管理处罚。

第十八条 违反本条例的规定，擅自编制行政区域界线详图，或者绘制的地图的行政区域界线的画法与行政区域界线详图的画法不一致的，由有关人民政府民政部门责令停止违法行为，没收违法编制的行政区域界线详图和违法所得，并处1万元以下的罚款。

第十九条 乡、民族乡、镇行政区域界线的管理，参照本条例的有关规定执行。

第二十条 本条例自2002年7月1日起施行。

行政区域边界争议处理条例

（1989年2月3日中华人民共和国国务院令第26号发布自发布之日起施行）

第一章 总 则

第一条 为了妥善处理行政区域边界争议，以利于安定团结，保障社会主义现代化建设的顺利进行，制定本条例。

第二条 本条例所称的边界争议是指省、自治区、直辖市之间，自治州、县、自治县、市、市辖区之间，乡、民族乡、镇之间，双方人民政府对毗邻行政区域界线的争议。

第三条 处理因行政区域界线不明确而发生的边界争议，应当按照有利于各族人民的团结。有利于国家的统一管理，有利于保护、开发和利用自然资源的原则，由争议双方人民政府从实际情况出发，兼顾当地双方群众的生产和生活，实事求是，互谅互让地协商解决。经争议双方协商未达成协议的，由争议双方的上级人民政府决定。必要时，可以按照行政区划管理的权限，通过变更行政区域的方法解决。

解决边界争议，必须明确划定争议地区的行政区域界线。

第四条 下列已明确划定或者核定的行政区域界线，必须严格遵守：

（一）根据行政区划管理的权限，上级人民政府在确定行政区划时明确划定的界线；

（二）由双方人民政府或者双方的上级人民政府明确划定的争议地区的界限；

（三）发生边界争议之前，由双方人民政府核定一致的界线。

第五条 争议双方人民政府的负责人，必须对国家和人民负责，顾全大局，及时解决边界争议，不得推诿和拖延。

第六条 民政部是国务院处理边界争议的主管部门。

县级以上的地方各级人民政府的民政部门是本级人民政府处理边界争议的主管部门。

第二章 处理依据

第七条 下列文件和材料，作为处理边界争议的依据：

（一）国务院（含政务院及其授权的主管部门）批准的行政区划文件或者边界线地图；

（二）省、自治区、直辖市人民政府批准的不涉及毗邻省、自治区、直辖市的行政区划文件或者边界线地图；

（三）争议双方的上级人民政府（含军政委员会、人民行政公署）解决边界争议的文件和所附边界线地图；

（四）争议双方人民政府解决边界争议的协议和所附边界线地图；

（五）发生边界争议之前，经双方人民政府核定一致的边界线文件或者盖章的边界线地图。

第八条　解放以后直至发生边界争议之前的下列文件和材料，作为处理边界争议的参考：

（一）根据有关法律的规定，确定自然资源权属时核发的证书；

（二）有关人民政府在争议地区行使行政管辖的文件和材料；

（三）争议双方的上级人民政府及其所属部门，或者争议双方人民政府及其所属部门，开发争议地区自然资源的决定或者协议；

（四）根据有关政策的规定，确定土地权属的材料。

第九条　本条例第七条、第八条规定以外的任何文件和材料，均不作为处理边界争议的依据和参考。

第三章　处理程序

第十条　边界争议发生后，争议双方人民政府必须采取有效措施防止事态扩大。任何一方都不得往争议地区迁移居民，不得在争议地区设置政权组织，不准破坏自然资源。

严禁聚众闹事、械斗伤人，严禁抢夺和破坏国家、集体和个人的财产。发生群众纠纷时，争议双方人民政府必须立即派人到现场调查处理，并报告争议双方的上一级人民政府。

第十一条　省、自治区、直辖市之间的边界争议，由有关省、自治区、直辖市人民政府协商解决；经协商未达成协议的，双方应当将各自的解决方案并附边界线地形图，报国务院处理。

国务院受理的省、自治区、直辖市之间的边界争议，由民政部会同国务院有关部门调解；经调解未达成协议的，由民政部会同国务院有关部门提出解决方案，报国务院决定。

第十二条　省、自治区、直辖市境内的边界争议，凡争议双方人民政府协商解决；经协商未达成协议的，双方应当将各自的解决方案并附边界线地形图，报双方的上一级人民政府处理。

争议双方的上一级人民政府受理的边界争议，由其民政部门会同有关部门调解；经调解未达成协议的，由民政部门会同有关部门提出解决方案，报本级人民政府决定。

第十三条　经双方人民政府协商解决的边界争议，由双方人民政府的代表在边界协议和所附边界线地形图上签字。

第十四条　争议双方人民政府达成的边界协议，或者争议双方的上级人民政府解决边界争议的决定，凡不涉及自然村隶属关系变更的，自边界协议签字或者上级人民政府解决边界争议的决定下达之日起生效。

争议双方人民政府达成的边界协议，或者上级人民政府解决边界争议的决定，凡涉及自然村隶属关系变更的，必须按照《国务院关于行政区划管理的规定》中有关行政区域界线变更的审批权限和程序办理。

第十五条　争议双方人民政府达成的边界协议，或者争议双方的上级人民政府解决边界争议的决定生效后，由争议双方人民政府联合实地勘测边界线，标绘大比例尺的边界线地形图。

实地勘测的边界线地形图，经双方人民政府盖章后，代替边界协议或者上级人民政府解决边界争议的决定所附的边界线地形图。

第十六条　地方人民政府处理的边界争议，必须履行备案手续。争议双方人民政府达成的边界协议，由双方人民政府联合上报备案；争议双方的上级人民政府解决边界争议的决定，由作出决定的人民政府上报备案。上报备案时，应当附实地勘测的边界线地形图。

省、自治区、直辖市之间的边界协议，上报国务院备案。

自治州、自治县的边界协议或者上级人民政府解决边界争议的决定，逐级上报国务院备案。

县、市、市辖区的边界协议或者上级人民政府解决边界争议的决定，逐级上报民政部备案。

乡、民族乡、镇的边界协议或者上级人民政府解决边界争议的决定，逐级上报本省（自治区、直辖市）人民政府备案。

第十七条　边界争议解决后，争议双方人民政府必须认真执行边界协议或者上级人民政府解决边界争议的决定，向有关地区的群众公布正式划定的行政区域界线，教育当地干部和群众严格遵守。

第四章　罚　　则

第十八条　争议双方人民政府的负责人，违反本条例的规定，玩忽职守，致使公共财产、国家和人民利益遭受较大损失的，应当给予行政处分；造成重大损失，构成犯罪的，依法追究刑事责任。

第十九条　违反本条例第十条的规定，情节较重的，对直接责任人员和其他肇事者，分别给予行政处分、治安管理处罚；情节严重，构成犯罪的，依法追究刑事责任。

第二十条　行政区域边界划定后，违反本条例的规定越界侵权造成损害的，当事一方可以向有管辖权的人民法院起诉。

第五章　附　　则

第二十一条　本条例由民政部负责解释。

第二十二条　本条例自发布之日起施行。1981 年 5 月 30 日国务院发布的《行政区域边界争议处理办法》同时废止。

行政区域界线界桩管理办法

（2008 年 8 月 22 日民政部令第 36 号公布　自 2008 年 9 月 1 日起施行）

第一条　为了加强行政区域界线界桩的管理和保护，根据《行政区域界线管理条例》的规定，制定本办法。

第二条　行政区域界线界桩，是由行政区域毗邻的各方人民政府共同埋设的，用于指示行政区域界线实地位置的标志物。

第三条　县级以上各级人民政府民政部门根据职责分工分级负责各级行政区域界线界桩的管理工作。

行政区域毗邻的县级人民政府民政部门具体承担各级行政区域界线界桩（以下简称"界桩"）的管理和保护工作。

第四条　行政区域界线协议书或者有关各方人民政府达成的其他协议中未明确界桩管理责任方的，有关各方人民政府民政部门应当签订协议予以明确，经有关各方人民政府批准后实施，并报该行政区域界线批准机关的民政部门备案。

第五条　界桩管理的依据：

（一）毗邻双方人民政府签订的行政区域界线勘界协议书及其附图、界桩成果表；

（二）毗邻双方人民政府民政部门签订的行政区域界线、界桩管理协议或者签发的行政区域界线、界桩管理文件；

（三）毗邻各方人民政府或者民政部门签订的行政区域界线交会点协议书及其附件；

（四）行政区域界线联合检查工作报告；

（五）有关界桩变动的协议书或者文件；

（六）界桩登记表。

第六条　县级以上各级人民政府民政部门在界桩管理工作中，应当明确职责分工，按照规定程序移动或者增设界桩、及时修复或者恢复损坏的界桩、查处损坏界桩的行为，确保界桩位置准确、埋设牢固、明显易见、注记清晰、档案完备。

第七条　界桩埋设后，任何组织和个人不得擅自移动或者损坏。

因建设、开发项目确需移动界桩的，建设、开发单位应当提出申请，由行政区域界线毗邻的任何一方人民政府民政部门报经各有关人民政府协商一致。

界桩移动、埋设和测绘的费用由建设、开发单位承担。

第八条　需要增设界桩时，毗邻双方人民政府民政部门应当协商一致，确定增设界桩的数量和埋设位置，明确界桩管理责任方，共同提出方案报该行政区域界线批准机关的民政部门批准后实施。

第九条　对主体完整、边角轻微损坏的界桩应当修复；对基座松动但主体完整的界桩应当在原地加固扶正。

第十条　对丢失或者严重损坏、修复困难的界桩，应当重新制作，并根据下列情形在原地恢复埋设或者移位埋设：

（一）双立、多立界桩和位于行政区域界线上的单立界桩，按照界桩成果表和登记表的记载在原地予以恢复；无法在原地恢复的，由双方就近选定适当位置移位埋设。

（二）不在行政区域界线上的单立界桩，由双方就近在行政区域界线上选定适当位置埋设或者改设为双立界桩埋设。

（三）行政区域界线交会点单立界桩无法在原地恢复的，可以改设为双立或者多立界桩埋设。

（四）重新制作、埋设的界桩，其标注年份为重新埋设时的年份。

第十一条　移动、增设、修复或者恢复界桩，应当在毗邻行政区域各方人民政府民政部门人员在场的情况下，由负责管理该界桩的一方组织实施。

第十二条　移动、增设或者恢复界桩，应当按照勘界测绘技术规定的有关要求，制作、埋设界桩，测定界桩坐标，填写界桩成果表和登记表，拍摄界桩照片。

第十三条　负责界桩管理工作的地方各级人民政府民政部门应当建立本级界桩日常管理档案，每年向毗邻行政区域人民政府民政部门通报界桩管理情况。

移动、增设或者恢复界桩后，由负责管理的一方将有关界桩变动的文件、资料整理归档，并送毗邻各方保存一套，同时报该行政区域界线批准机关及其民政部门备案。

第十四条　负责管理界桩的县级人民政府民政部门可以聘请当地居民为界桩维护员。

第十五条　界桩维护员应当适时检查所维护的界桩，清除界桩周围杂草、淤泥和遮挡物，刷新界桩注记，保持界桩整洁，明显易见，做好检查记录，制止损坏界桩的行为。

界桩维护员发现界桩松动、移动、丢失、损坏时，应当及时报告负责管理该界桩的县级人民政府民政部门。

第十六条　界桩管理经费由界桩管理责任方按照国家有关规定从同级行政区域界线管理经费中列支。

第十七条　故意损毁或者擅自移动、增设、修复、恢复界桩以及指使他人故意损毁或者擅自移动、增设、修复、恢复界桩的，按照《行政区域界线管理条例》第十六条、第十七条的规定处罚。

因过失造成界桩损坏的，过失人应当及时报告界桩所在地任何一方县级人民政府民政部门。

第十八条　乡、民族乡、镇的行政区域界线界桩的管理和维护参照本办法执行。

第十九条　行政区域界线依法变更后，原行政区域界线上的界桩即行废止，由有关各方人民政府民政部门共同组织销毁。在变更后的行政区域界线上设立新界桩，应当按照勘界的有关规定进行。

第二十条　本办法自 2008 年 9 月 1 日起施行 。

省级行政区域界线联合检查实施办法

（2005 年 6 月 28 日民政部令第 28 号公布　自公布之日起施行）

第一条　为了规范对省级行政区域界线联合检查的管理，根据国务院《行政区域界线管理条例》的有关规定，制定本办法。

第二条　本办法所称省级行政区域界线联合检查（以下简称“联检”），是指毗邻的省、自治区、直辖市人民政府联合组织对已勘定的省级行政区域界线管理情况进行检查，并对发现问题进行处理的一项法定工作制度。

第三条　联检实地检查的内容包括：

（一）已勘定行政区域界线的贯彻落实情况；

（二）界桩及其方位物变化和界桩的维护情况；

（三）指示行政区域界线走向的其他标志物及与行政区域界线实地位置有关的地物、地貌变化情况和组织修测情况；

（四）跨行政区域生产建设和管理及有关问题的处理情况；

（五）其他与行政区域界线管理有关的情况。

第四条　联检应当坚持有利于巩固勘界成果、保持行政区域界线走向明确，有利于维护行政区域界线附近地区的社会稳定和双方群众利益，有利于促进当地经济与社会发展的原则。

第五条　联检的依据：

（一）国务院批准的省、自治区、直辖市人民政府联合勘定的行政区域界线协议书（以下简称“协议书”）及其附图、附表，界桩登记表；

（二）国务院和有关部门划定行政区域界线的批复、协调处理意见及其附图；

（三）历次联检报告。

第六条　同一条行政区域界线的联检每 5 年进行一次。遇有影响行政区域界线实地走向辨认的自然灾害、河流改道、道路变化等特殊情况，由毗邻的省、自治区、直辖市人民政府民政部门共同对行政区域界线或界线上需要检查的特定地段进行确认，报省、自治区、直辖市人民政府随时安排联检。

第七条　联检由国务院民政部门统一部署，在行政区域界线毗邻的省、自治区、直辖市人民政府的共同领导下，由有关的省、自治区、直辖市人民政府民政部门联合组织实施。

第八条　根据联检任务，毗邻的省、自治区、直辖市人民政府民政部门应当成立由负责同志任组长的联检工作领导小组，负责联检的组织实施和重大问题的协调处理。联检工作领导小组可以根据行政区域界线的实际情况吸收有关部门的同志参加。沿线毗邻地区的县级人民政府民政部门应当成立联检工作组，负责具体实地联检。

第九条　联检工作领导小组应当根据行政区域界线的实际情况，制定联检实施方案，报国务院民政部门备案。实施方案应当明确联检的组织领导、实施步骤、重大问题的处理原则、工作要求和时间安排。

实施方案确定后，由行政区域界线毗邻的省、自治区、直辖市人民政府民政部门向沿线双方下级人民政府民政部门通报联检实施方案，提出联检的具体要求，组织实施联检。

第十条　实施联检，应当向行政区域界线附近地区基层人民政府和干部群众明确已勘定行政区域界线的实地走向，宣传已勘定行政区域界线的法律地位及地方各级人民政府和有关部门的管理职责，了解已勘定行政区域界线的管理落实情况，发现问题应当及时处理。

第十一条　实地检查中，应当按照下列要求对界桩及其方位物进行维护：

（一）界桩完好无损或者轻度损坏可以修复的，应当清除界桩周围的遮挡物，修复界桩损坏部位，刷新界桩上的注记；

（二）界桩丢失或者严重损坏不能修复的，由负责管理该界桩的一方重新制作，并与毗邻方共同按照界桩登记表和界桩成果表记载的界桩位置，在原地重新设立；

（三）界桩因建设、开发等原因需要移动或者增设的，毗邻的各有关人民政府应当协商一致，可以在原界桩附近行政区域界线上选取适当位置重新埋设或者在协商一致的地方增设。

不在行政区域界线上的单立界桩，丢失或者严重损坏不能修复的，应当在原界桩附近行政区域界线上选取适当位置重新设立；因建设、开发等原因需要移动的，毗邻的各有关人民政府应当协商一致，移动并埋设在实地行政区域界线上。

行政区域界线交会点界桩的检查应当与联检同步进行。

原界桩方位物消失，但不影响界桩实地位置的确定，可以不再新设界桩方位物。

第十二条　重新设立、移动和增设界桩后，应当按照《省级行政区域界线勘界测绘技术规定》的有关要求，制作并埋设界桩，测定界桩坐标，填写界桩登记表，拍摄界桩照片。

重新设立和增设界桩上的时间注记，应当以启动联检的时间为准。

第十三条　单方设立的指示行政区域界线实地位置的标志物应当予以清除。确需设立的，经毗邻的有关人民政府协商一致后共同设立或者增设界桩。

第十四条　行政区域界线其他标志物及与行政区域界线相关的地物、地貌，应当按照协议书中行政区域界线走向说明及协议书附图进行实地检查。发生变化的地段，应当将变化情况详细记载，并组织行政区域界线地形图的修测，修测结果标绘在与原协议书附图比例尺相同的地形图上，变化较大时应当重新测制行政区域界线地形图 。

第十五条 对联检中发现未依法办理审批手续，越界从事生产建设等活动的，联检工作领导小组应当及时通知有关人民政府责成业务主管部门予以处理。

第十六条 确因生产建设需要局部变更行政区域界线的，按照《国务院关于行政区划管理的规定》办理。

第十七条 联检实地检查结束后，由联检工作领导小组组织联检资料的检查验收、整理汇总、成果上报和立卷归档。

第十八条 对联检中重新设立、移动和增设的界桩，应当整理并填写界桩登记表和界桩成果表。图表项目填写应当清晰齐全，文字叙述简明准确。

第十九条 联检工作领导小组组织起草联检报告，通过毗邻的省、自治区、直辖市人民政府共同报送国务院备案，并抄送国务院民政部门。

联检报告应当包括以下内容：联检的基本情况、组织实施、实地检查、有关问题的处理结果和加强界线管理的措施等；有重新设立、移动和增设界桩情况的，应当报送界桩成果表。

第二十条 联检中形成的实施方案、会议纪要、检查及修测记录、联检报告以及界桩成果表、登记表、照片等与行政区域界线管理有关的资料，由有关的省、自治区、直辖市人民政府民政部门按照档案管理的规定立卷归档，同时将立卷归档的文件副本报送国务院民政部门。

第二十一条 本办法自公布之日起施行。

民政部关于调整变更行政区划时审核行政区域界线问题的通知

（2002年4月8日 民发〔2002〕62号）

各省、自治区、直辖市民政厅（局）：

全面勘定省、县两级行政区域界线的工作已经完成，经国务院和各省、自治区、直辖市人民政府批复的行政区域界线为法定界线。今后各级人民政府调整行政区划时，须对请示附图中的行政区域界线进行审核。现就有关问题通知如下：

一、行政区划整建制调整时，上报国务院的行政区划调整请示的附图必须依照勘定的行政区域界线标绘，由省级民政部门提出审核意见。

二、行政区划调整涉及行政区域界线变更时，省级以下各级人民政府上报的行政区划调整请示中，应明确叙述拟变更的行政区域界线走向，请示附件中应包括有关地方人民政府的意见和原行政区域界线图及拟变更行政区域界线图，并由省级民政部门提出审核意见。

三、行政区划调整涉及跨省行政区域界线变更时，各省、自治区、直辖市人民政府上报的行政区划调整请示应附拟变更的行政区域界线地形图。

四、行政区划调整经国务院批复同意后，有关各级人民政府应按照勘界工作有关规定对变更后的行政区域界线进行勘定。

3. 地名管理

地名管理条例

（1986年1月23日国务院发布 自发布之日起施行）

第一条 为了加强对地名的管理，适应社会主义现代化建设和国际交往的需要，制定本条例。

第二条 本条例所称地名，包括：自然地理实体名称，行政区划名称，居民地名称，各专业部门使用的具有地名意义的台、站、港、场等名称。

第三条 地名管理应当从我国地名的历史和现状出发，保持地名的相对稳定。必须命名和更名时，应当按照本条例规定的原则和审批权限报经批准。未经批准，任何单位和个人不得擅自决定。

第四条 地名的命名应遵循下列规定：

（一）有利于人民团结和社会主义现代化建设，尊重当地群众的愿望，与有关各方协商一致。

（二）一般不以人名作地名。禁止用国家领导人的名字作地名。

（三）全国范围内的县、市以上名称，一个县、市内的乡、镇名称，一个城镇内的街道名称，一个乡内的村庄名称，不应重名，并避免同音。

（四）各专业部门使用的具有地名意义的台、站、港、场等名称，一般应与当地地名统一。

（五）避免使用生僻字。

第五条 地名的更名应遵循下列规定：

（一）凡有损我国领土主权和民族尊严的，带有民族歧视性质和妨碍民族团结的，带有侮辱劳动人民性质和极端庸俗的，以及其他违背国家方针、政策的地名，必须更名。

（二）不符合本条例第四条第三、四、五款规定的地名，在征得有关方面和当地群众同意后，予以更名。

（三）一地多名、一名多写的，应当确定一个统一的名称和用字。

（四）不明显属于上述范围的、可改可不改的和当地群众不同意改的地名，不要更改。

第六条 地名命名、更名的审批权限和程序如下：

（一）行政区划名称的命名、更名，按照国务院《关于行政区划管理的规定》办理。

（二）国内外著名的或涉及两个省（自治区、直辖市）以上的山脉、河流、湖泊等自然地理实体名称，由省、自治区、直辖市人民政府提出意见，报国务院审批。

（三）边境地区涉及国界线走向和海上涉及岛屿归属界线以及载入边界条约和议定书中的自然地理实体名称和居民地名称，由省、自治区、直辖市人民政府提出意见，报国务院审批。

（四）在科学考察中，对国际公有领域新的地理实体命名，由主管部门提出意见，报国务院审批。

（五）各专业部门使用的具有地名意义的台、站、港、场等名称，在征得当地人民政府同意后，由专业主管部门审批。

（六）城镇街道名称，由直辖市、市、县人民政府审批。

（七）其他地名，由省、自治区、直辖市人民政府规定审批程序。

（八）地名的命名、更名工作，可以交地名机构或管理地名工作的单位承办，也可以交其他部门承办；其他部门承办的，应征求地名机构或管理地名工作单位的意见。

第七条　少数民族语地名的汉字译写，外国地名的汉字译写，应当做到规范化。译写规则，由中国地名委员会制定。

第八条　中国地名的罗马字母拼写，以国家公布的“汉语拼音方案”作为统一规范。拼写细则，由中国地名委员会制定。

第九条　经各级人民政府批准和审定的地名，由地名机构负责汇集出版。其中行政区划名称，民政部门可以汇集出版单行本。

出版外国地名译名书籍，需经中国地名委员会审定或由中国地名委员会组织编纂。

各机关、团体、部队、企业、事业单位使用地名时，都以地名机构或民政部门编辑出版的地名书籍为准。

第十条　地名档案的管理，按照中国地名委员会和国家档案局的有关规定执行。

第十一条　地方人民政府应责成有关部门在必要的地方设置地名标志。

第十二条　本条例在实施中遇到的具体问题，由中国地名委员会研究答复。

第十三条　本条例自发布之日起施行。

地名管理条例实施细则[①]

（1996年6月18日民行发〔1996〕17号发布　根据2010年12月27日民政部令第38号修订）

第一章　总　　则

第一条　根据《地名管理条例》（以下简称《条例》）的规定，制定本实施细则。

第二条　凡涉及地名的命名与更名、地名的标准化处理、标准地名的使用、地名标志的设置、地名档案的管理等行为，均适用本细则。

第三条　《条例》所称自然地理实体名称，包括山、河、湖、海、岛礁、沙滩、岬角、海湾、水道、地形区等名称；行政区划名称，包括各级行政区域和各级人民政府派出机构所辖区域名称；居民地名称，包括城镇、区片、开发区、自然村、片村、农林牧渔点及街、巷、居民区、楼群（含楼、门号码）、建筑物等名称；各专业部门使用的具有地名意义的台、站、港、场等名称，还包括名胜古迹、纪念地、游览地等名称。

第四条　地名管理的任务是：依据国家关于地名管理的方针、政策和法规，通过地名管理的各项行政职能和技术手段，逐步实现国家地名标准化和国内外地名译写规范化，为社会主义建设和国际交往服务。

第五条　国家对地名实行统一管理、分级负责制。

第六条　民政部是全国地名管理的主管部门。其职责是：指导和协调全国地名管理工作；制定全国地名工作规划；审核地名的命名和更名；审定并组织编纂全国性标准地名资料和工具图书；指导、监督标准地名的推广使用；管理地名标志和地名档案；对专业部门使用的地名实行监督和协调管理。

第七条　县级以上民政管理部门（或地名委员会）主管本行政区域的地名工作。其职责是：贯彻执行国家关于地名工作的方针、政策、法律、法规；落实全国地名工作规划；审核、承办本辖区地名的命名、更名；推行地名的标准化、规范化；设置地名标志；管理地名档案；完成国家其他地名工作任务。

第二章　地名的命名与更名

第八条　地名的命名除应遵循《条例》第四条的规定外，还应遵循下列原则：

（一）有利于国家统一、主权和领土完整。

（二）反映当地人文或自然地理特征。

（三）使用规范的汉字或少数民族文字。

（四）不以外国人名、地名命名我国地名。

（五）人民政府不驻在同一城镇的县级以上行政区域名称，其专名不应相同。

一个县（市、区）内的乡、镇、街道办事处名称，一个乡、镇内自然村名称，一个城镇内的街、巷、居民区名称，不应重名；

国内著名的自然地理实体名称不应重名；

一个省、自治区、直辖市行政区域内，较重要的自然地理实体名称不应重名；

上述不应重名范围内的地名避免使用同音字。

---

① 该细则根据2010年12月27日民政部令第38号公布的《民政部关于废止、修改部分规章的决定》予以修订第3条、第12条、第32条和第33条。

（六）不以著名的山脉、河流等自然地理实体名称作行政区域专名；自然地理实体的范围超出本行政区域的，亦不以其名称作本行政区域专名。

（七）县、市、市辖区不以本辖区内人民政府非驻地村镇专名命名。

（八）乡、镇、街道办事处一般应以乡、镇人民政府驻地居民点和街道办事处所在街巷名命名。

（九）新建和改建的城镇街巷、居民区应按照层次化、序列化、规范化的要求予以命名。

第九条 地名的更名除应遵循《条例》第五条的规定外，凡不符合本细则第八条（四）、（五）、（七）、（八）项规定的地名，原则上也应予以更名。需要更改的地名，应随着城乡发展的需要，逐步进行调整。

第十条 地名命名、更名的审批权限按照《地名管理条例》第六条（一）至（七）项规定办理。

第十一条 申报地名的命名、更名时，应将命名、更名的理由及拟废止的旧名、拟采用的新名的含义、来源等一并加以说明。

第十二条 地名的命名、更名由地名管理部门负责承办。行政区划名称的命名、更名，由民政部门承办。

专业部门使用的具有地名意义的名称，其命名、更名由该专业部门负责承办，但应事先征得当地地名管理部门的同意。

第三章 地名的标准化处理

第十三条 凡符合《地名管理条例》规定，并经县级以上人民政府或专业主管部门批准的地名为标准地名。

第十四条 标准地名原则上由专名和通名两部分组成。通名用字应反映所称地理实体的地理属性（类别）。不单独使用通名词组作地名。具体技术要求，以民政部制定的技术规范为准。

第十五条 汉语地名中的方言俗字，一般用字音（或字义）相同或相近的通用字代替。对原有地名中带有一定区域性或特殊含义的通名俗字，经国家语言文字工作委员会审音定字后，可以保留。

第十六条 少数民族自治地方及民族乡名称，一般由地域专名、民族全称（包括“族”字）和相应自治区域通名组成。由多个少数民族组成的民族自治地方名称，少数民族的称谓至多列举三个。

第十七条 少数民族语地名的译写

（一）少数民族语地名，在各自民族语言、文字的基础上，按其标准（通用）语音，依据汉语普通话读音进行汉字译写。对约定俗成的汉字译名，一般不更改。

（二）多民族聚居区的地名，如不同民族有不同的称谓并无惯用汉语名称时，经当地地名管理部门征得有关少数民族的意见后，选择当地使用范围较广的某一语种称谓进行汉字译写。

（三）少数民族语地名的汉字译写，应尽可能采用常用字，避免使用多音、贬义和容易产生歧义的字词。

（四）有文字的少数民族语地名之间的相互译写，以本民族和他民族规范化的语言文字为依据，或者以汉语拼音字母拼写的地名为依据。

（五）少数民族语地名译写的具体技术要求，以民政部商同国务院有关部门制定的或经民政部审定的有关规范为依据。

第十八条 国外地名的汉字译写

（一）国外地名的汉字译写，除少数惯用译名外，以该国官方语言文字和标准音为依据；有两种以上官方语言文字的国家，以该地名所属语区的语言文字为依据。国际公共领域的地理实体名称的汉字译写，以联合国有关组织或国际有关组织颁布的标准名称为依据。

（二）国外地名的汉字译写，以汉语普通话读音为准，不用方言读音。尽量避免使用多音字、生僻字、贬义字。

（三）国外地名专名实行音译，通名一般实行意译。

（四）对国外地名原有的汉译惯用名采取“约定俗成”的原则予以保留。

（五）国外地名译写的具体技术要求，以国家地名管理部门制定的外国地名译名规范为依据。国外地名的译名以国家地名管理部门编纂或审定的地名译名手册中的地名为标准化译名。

第十九条 中国地名的罗马字母拼写

（一）《汉语拼音方案》是使用罗马字母拼写中国地名的统一规范。它不仅适用于汉语和国内其他少数民族语，同时也适用于英语、法语、德语、西班牙语、世界语等罗马字母书写的各种语文。

（二）汉语地名按《中国地名汉语拼音字母拼写规则（汉语地名部分）》拼写。

（三）少数民族的族称按国家技术监督局制定的《中国各民族名称的罗马字母拼写法和代码》的规定拼写。

（四）蒙、维、藏语地名以及惯用蒙、维、藏语文书写的少数民族语地名，按《少数民族语地名汉语拼音字母音译转写法》拼写。

（五）其他少数民族语地名，原则上以汉译名称按《中国地名汉语拼音字母拼写规则（汉语地名部分）》拼写。

（六）台湾省和香港、澳门地区的地名，依据国家有关规定进行拼写。

（七）地名罗马字母拼写具体规范由民政部商同国务院有关部门负责修订。

第四章 标准地名的使用

第二十条 各级地名管理部门和专业主管部门，应当将批准的标准地名及时向社会公布，推广使用。

第二十一条 各级地名管理部门和专业主管部门，负责编纂本行政区域或本系统的各种标准化地名出版物，及时向社会提供法定地名。其他部门不得编纂标准化地名工具图书。

第二十二条 机关、部队、团体、企业、事业单位的公告、文件、证件、影视、商标、广告、牌匾、地图以及出版物等方面所使用的地名，均应以正式公布的标准地名（包括规范化译名）为准，不得擅自更改。

第二十三条 对尚未公布规范汉字译写的外国地名，地名使用单位应根据国家地名管理部门制定的译名规则进行汉字译写。

第五章 地名标志的设置

第二十四条 行政区域界位、城镇街巷、居民区、楼、院、自然村屯、主要道路和桥梁、纪念地、文物古迹、风景名胜、台、站、港、场和重要自然地理实体等地方应当设置地名标志。一定区域内的同类地名标志应当力求统一。

第二十五条 地名标志的主要内容包括：标准地名汉字的规范书写形式；标准地名汉语拼音字母的规范拼写形式。在习惯于用本民族文字书写地名的民族自治区域，可依据民族区域自治法有关文字书写规定，并列该民族文字规范书写形式。

第二十六条 地名标志的设置和管理，由当地地名管理部门负责。其中街、巷、楼、门牌统一由地名主管部门管理，条件尚不成熟的地方，地名主管部门应积极取得有关部门的配合，共同做好标志的管理工作，逐步实现统一管理。专业部门使用的具有地名意义的名称标志，由地名管理部门协调有关专业部门设置和管理。

第二十七条 地名标志的设置和管理所需费用，当地人民政府根据具体情况，可由财政拨款，也可采取受益单位出资或工程预算费列支等方式筹措。

第六章 地名档案的管理

第二十八条 全国地名档案工作由民政部统一指导，各级地名档案管理部门分级管理。地名档案工作在业务上接受档案管理部门的指导、监督。

第二十九条 各级地名档案管理部门保管的地名档案资料，应不少于本级人民政府审批权限规定的地名数量。

第三十条 地名档案的管理规范，应执行民政部和国家档案局制定的有关规定。

第三十一条 各级地名档案管理部门，要在遵守国家保密规定原则下，积极开展地名信息咨询服务。

第七章 奖励与惩罚

第三十二条 各级地名管理部门应当加强地名工作的管理、监督和检查。对擅自命名、更名或使用不规范地名的单位和个人，由地名主管部门按照国家有关规定处理。

第三十三条 地名标志为国家法定的标志物。对损坏地名标志的，地名管理部门应责令其赔偿；对偷窃、故意损毁或擅自移动地名标志的，地名管理部门报请有关部门，依据《中华人民共和国治安管理处罚法》的规定予以处罚；情节恶劣、后果严重构成犯罪的，依法追究刑事责任。

第三十四条 当地人民政府对推广使用标准地名和保护地名标志作出贡献的单位和个人，应当给予表彰或奖励。

第八章 附 则

第三十五条 各省、自治区、直辖市人民政府可根据本细则，制定本行政区域的地名管理办法。

第三十六条 本细则由民政部负责解释。

第三十七条 本细则自发布之日起施行。

民政部关于加强地名管理工作的通知

（1999年5月4日 民行函〔1999〕79号）

各省、自治区、直辖市民政厅（局），地名办公室：

近年来，全国各级地名管理部门认真落实1991年全国地名管理工作会议精神，不断强化地名工作的行政管理职能，积极做好地名命名更名、地名标志设置等地名行政管理工作，取得了较大成绩。在我国经济快速发展的新形势下，尤其是在城镇建设规模不断扩大，建设速度不断加快的今天，地名管理工作所面临的任务越来越重，全面加强地名行政管理显得尤其重要。为使地名工作能够适应形势发展的需要，进一步做好新时期地名管理工作，现就有关问题通知如下：

一、不断完善地名管理法规，努力做到依法行政

“实行依法治国，建设社会主义法制国家”已被明确地写进《中华人民共和国宪法》。因此，各级地名管理部门一定要高度重视加强地名管理法制建设的重要性和紧迫性，切实将地名管理法制建设摆上议事日程。目前，有些县级行政区至今仍未制定本辖区的地名管理法规，从而制约了本地地名管理工作的开展。各地要结合本地的实际情况，尽快制定（修订）有关地名管理工作的法规。在制定（修订）地名管理法规过程中，要依据《地名管理条例》、《地名管理条例实施细则》以及1998年《国务院办公厅关于印发民政部职能配置内设机构和人员编制规定的通知》（国办发〔1998〕60号）中民政部负责“规范全国地名标志的设置和管理”的精神，进一步明确本辖区地名管理工作的职责与任务，理顺地名管理工作体制，为实现地名管理的依法行政打下坚实的基础。

二、加强城镇地名管理，做好地名命名更名工作

随着旧城改造、新区开发等城市建设的不断加快，地名管理工作在面临艰巨任务的同时，也面临着新的发展机遇。各级地名管理部门一定要抓住这一机遇，努力做好城市街、路、巷、楼、门牌、建筑物等名称的命名更名及其标志的设置与管理工作。设置地名标志，必须采用汉语拼音字母拼写，不得采用英文等其他外文拼写。地名命名更名工作要结合本地实际，建立严格的地名命名更名申报审批制度，并制定规范的申报审批程序，严禁不经地名主管部门批准随意进行命名更名或有偿命名更名的做法。在一定规模的改造与开发建设区中进行地名命名更名时，必须做好地名规划工作，同时要加强地名命名更名规范化，特别是地名通名规范化的理论研究，结合本地实际，制定出科学的地名通名规范化方案，避免随意性命名更名的现象，使地名工作更加科学、规范。

三、做好自然地理实体名称规范化工作，推进全国地名标准化的进程

在过去地名管理实践中，由于长期侧重于对人文地理实体名称的管理，疏于对自然地理实体名称必要的规范化管理，造成了目前自然地理实体仍存在着不少的“有地无名”、“一地多名”、“一名多地”等不规范的现象。各级地名管理部门在做好城镇地名管理工作的同时，要加强对自然地理实体名称的管理，重点是对风景区（包括正在开发和可能形成的风景区）中的自然地理实体名称的管理。在管理过程中，要严格按照《地名管理条例》、《地名管理条例实施细则》中有关地名命名更名的原则及审批权限和程序办理各种事宜，要科学地命名更名，尤其要做到地名通名的规范化，促进自然地理实体名称标准化水平的提高，推进全国地名标准化的进程，更好地为社会主义物质文明和社会主义精神文明建设服务。

民政部、建设部关于开展城市地名规划工作的通知

（2005 年 5 月 17 日　民发〔2005〕65 号）

各省、自治区、直辖市民政厅（局）、建设厅（局）、新疆生产建设兵团民政局、建设局：

随着我国城镇化进程的加快，各级城市中新的居民区、街巷、桥梁和自然景观不断涌现。由于历史原因，目前许多城市的地名管理与城市规划管理存在一定程度的脱节，以致出现城市地名重复、无序等问题，不仅给城市管理、人民生活带来不便，而且降低了城市的文化品位，影响了城市的发展。为加强城市地名的规范化管理，各地要积极开展城市地名规划工作。现就有关问题通知如下：

一、城市地名规划是在城市建设现状和发展规划基础上，依据国家地名管理法规和有关规范，对城市新生地名作出的科学规划。编制城市地名规划，有利于加强城市地名管理的计划性和科学性，提高地名标准化水平，优化城市地名环境，对城市管理具有重要意义。各级地名管理部门要从建设现代化城市和构建社会主义和谐社会的高度认识城市地名规划工作，把它列入重要议事日程，认真抓好落实。

二、城市地名规划的范围主要是各级建制市及县人民政府驻地镇，有条件的地区可以推广到乡、镇人民政府驻地。地名规划要考虑居民区、街（路）巷、桥梁、标志性建筑物、自然景观等内容。城市地名规划工作从 2005 年开始实施，计划用 5 年时间完成。

三、地名管理是城市管理不可缺少的组成部分，各级地名管理和城乡规划部门要明确职责，通力合作。地名管理部门要以区域社会经济发展规划和城市规划为依据，会同城乡规划部门制订好与城市建设规划同步的城市地名规划，并认真组织实施。城乡规划部门要积极配合，协同做好城市地名规划工作。

四、各地在开展城市地名规划工作时，应安排专业人员，经过国家或省级组织的业务培训，制定科学合理的地名规划方案。该项工作要以地名管理和城市规划的科学理论为指导，遵循名副其实、规范有序、雅俗共赏、好找易记的基本方针，体现地名规划与城市建设规划同步、规范通名与优化专名相协调等编制原则。

五、城市地名规划工作要按照调查了解城市历史、人文背景、城市地名、城市规划的现状及特点，确定地名类型和地名系列，设计各类地名命名方案，组织专家论证和向社会征求意见，编制城市地名规划设计书、规划图，审批公布等基本程序和步骤进行，力争达到依据城市总体规划，对各类地名进行合理的层次设计，拟订各层次地名序列和地名群，编制城市地名规划图等项工作目标。

六、为保证城市地名规划的科学性和权威性，要建立地名规划方案评定、审批制度。地级城市的地名规划应由省（自治区、直辖市）地名专业部门组织评定，县级市和县城的地名规划应由地级市（地区、州、盟）地名专业部门组织评定。通过后报送本级人民政府审批。地名规划方案经审批后作为地名命名、更名的指导性文件，各级地名管理部门要认真组织落实，各有关单位要严格遵照执行。

七、各级地名管理、城乡规划部门要强化城市地名命名更名的协同管理机制。城乡规划部门在制订和审查城市建设规划时，督促有关部门及时向地名管理部门申报地名，经批准的地名，方准予在规划图纸和设计书中使用。

八、地方各级政府要高度重视城市地名规划工作，切实加强领导，积极解决开展地名规划工作所需的人财物问题，确保城市地名规划编制工作的顺利进行。

民政部办公厅关于重申地名标志不得采用外文拼写的通知

（1998年9月16日 厅办函〔1998〕166号）

各省、自治区、直辖市民政厅（局）、地名办公室：

最近以来，各地地名管理部门不断来电来函反映国家有关部门在创建中国优秀旅游城市活动中，要求“城区主要道路有中英文对照的路牌”这一情况。我们认为：用汉语拼音方案作为我国地名的罗马字母拼写统一规范是经联合国第三届地名标准化大会通过的国际标准，也是经国务院批准的国家标准，为了很好地贯彻这一国际标准和国家标准，原中国地名委员会与国家有关部委曾于1987年（中地发〔1987〕21号）和1992年（中地发〔1992〕4号）两次发文，要求地名标志上的罗马字母拼写必须采用汉语拼音字母拼写而不得采用英文等其他外文拼写。各地在地名标志的罗马字母拼写问题上，必须严格遵守国家的这一规定。

针对各地所反映的情况，经我们与创建中国优秀旅游城市的主办单位之一的国家旅游局协商之后，国家旅游局在刚刚下发的《关于印发〈对中国优秀旅游城市检查标准（试行）中有关问题的解答口径〉的通知》（旅办发〔1998〕139号）中明确了“在开展创建中国优秀旅游城市活动中应遵守国家有关法律法规。按照国务院发布的《地名管理条例》第八条规定，中国地名的罗马字母拼写，以国家公布的‘汉语拼音方案’作为统一规范。因此各城市设置地名性路牌应遵守此规定”。地名标志为国家法定的标志物，地名标志上的书写、拼写内容及形式具有严肃的政治性。为此，就我国地名标志上罗马字母拼写问题再次重申：各地在设立各类地名标志时，其罗马字母拼写一律采用汉语拼音字母拼写形式，不得采用英文等其他有损于民族尊严的外文拼写。

中国地名委员会、民政部关于重申地名标志上地名书写标准化的通知

（1992年6月30日 中地发〔1992〕4号）

各省、自治区、直辖市地名委员会：

1987年中国地名委员会与国家有关部委就地名书写标准化问题，曾发出《关于地名标志不得采用“威妥玛式”等旧拼法和外文的通知》和《关于地名用字的若干规定》。几年来，各地在贯彻执行这两个文件精神方面，基本情况是好的。但是，近来发现在一些地方设置的村镇、街巷及道路、桥梁等地名标志上，地名书写仍存在不规范的现象。这对推行标准地名及逐步实现我国地名标准化不利。为适应对外开放，便于国际间的交往，充分发挥地名标志为社会主义建设和人们日常生活服务的作用，各级地名机构要把地名标志设置和管理作为加强地名管理工作的重要内容，严格做到地名标志书写的标准化。为此，现将有关规定重申如下：

一、地名标志上书写的地名，必须是经当地人民政府或地名管理部门批准的标准名称。

二、要按国家确定的规范汉字书写地名，不得使用繁体字、自造字。汉字书写要清晰，不得使用难以辨认的行书、草书书写。

三、地名的罗马字母拼音，要坚持国际标准化的原则。地名的专名和通名均应采用汉语拼音字母拼写，不得使用“威妥玛式”等旧拼法，也不得使用英文及其他外文译写。

各地接此通知后，要对本地区已设置的地名标志进行一次检查，对那些书写不标准的地名标志必须进行更换或改写。

十、社会工作与志愿服务

关于加强社会工作专业岗位开发与人才激励保障的意见

(2016 年 10 月 14 日)

各省、自治区、直辖市民政厅(局)、综治办、教育厅(教委)、公安厅(局)、司法厅(局)、财政厅(局)、人力资源社会保障厅(局)、卫生计生委,总工会、团委、妇联、残联;新疆生产建设兵团民政局、综治办、教育局、公安局、司法局、财务局、人力资源社会保障局、卫生局、人口计生委,工会、团委、妇联、残联:

为加快推进社会工作专业人才队伍建设,不断提高社会工作专业化职业化水平,根据《国家中长期人才发展规划纲要(2010-2020 年)》(中发〔2010〕6 号)、《关于深化司法体制和社会体制改革的意见》(中办发〔2014〕24 号)和《关于加强社会工作专业人才队伍建设的意见》(中组发〔2011〕25 号)要求,现就加强社会工作专业岗位开发与人才激励保障提出如下意见:

一、加强社会工作专业岗位开发与人才激励保障的重要意义和总体要求

加强社会工作专业人才队伍建设,促进专业社会工作发展,是创新社会治理、激发社会活力的内在要求,是完善现代社会服务体系、满足人民群众个性化多样化服务需求的制度安排,是推进国家治理体系和治理能力现代化的重要内容。党的十六届六中全会提出建设宏大的社会工作人才队伍以来,我国专业社会工作得到快速发展,在服务人民群众、化解社会矛盾、融洽社会关系、促进社会和谐、巩固党的执政基础等方面发挥了重要作用。但总体看,我国专业社会工作仍处在起步阶段,基础还比较薄弱,专业化职业化水平还不高,尤其是专业岗位不规范、数量较少,社会工作专业人才薪酬待遇水平较低,成为制约社会工作专业人才队伍壮大和专业社会工作发展的重要瓶颈。开发和规范社会工作专业岗位,提升社会工作专业人才薪酬待遇和激励保障水平,是发展专业社会工作的当务之急,是有效吸引和稳定广大社会工作专业人才长期投身专业化社会治理与服务的迫切需要。

今后一个时期,各地要从落实"四个全面"战略布局和创新社会治理、保障改善民生的战略高度,以社会需求为导向,扩大专业社会工作覆盖领域和服务范围,逐步加大社会工作专业岗位开发和规范力度,建立健全社会工作专业人才激励保障制度,切实保障社会工作专业人才薪酬待遇水平,拓宽职业发展空间。各地在推进社会工作专业岗位开发与人才激励保障工作中,要坚持按需设岗、以岗定薪。按照国家有关规定,根据现实发展需要,积极开发社会工作专业岗位,将符合条件的社会工作专业人才配置到相应社会工作专业岗位,落实相应的薪酬待遇。要坚持分类指导、有序推进。根据群团基层组织、城乡社区以及相关事业单位、社会组织的性质与特点,适应不同领域专业社会工作发展的实际需要开发社会工作专业岗位,完善社会工作专业人才薪酬待遇与激励保障措施。要坚持保障基层、稳定一线。充分发挥专业岗位的承载作用、薪酬待遇与激励保障政策的导向作用,切实解决广大社会工作专业人才的后顾之忧,积极引导、重点保障社会工作专业人才到基层一线和艰苦地区开展专业服务活动。

二、加快推进社会工作专业岗位开发

(一)明确社会工作职业任务。加快推进社会工作的职业化发展,根据不同领域社会工作服务需求与特点,逐步完善社会工作职业标准,明确社会工作职业任务。社会工作职业任务主要包括:运用社会工作专业理念、方法与技能,提供帮困扶弱、情绪疏导、心理抚慰、精神关爱、行为矫治、社会康复、权益维护、危机干预、关系调适、矛盾化解、能力建设、资源链接、社会融入等方面服务,帮助个人、家庭恢复和发展社会功能;帮助面临共同困境或需求的群体建立支持系统;培育社区社会组织、开展社区活动、参与社区协商、化解社区矛盾、促进社区发展;组织开展社会服务需求评估、方案设计、项目管理、绩效评价与行动研究;开展社会工作专业督导,帮助督导对象强化专业服务理念、提升专业服务能力、解决专业服务难题;协助做好志愿者招募、注册、培训与考核,引导和组织志愿者开展社会服务。用人单位应按照社会工作职业任务要求,结合自身需求与特点明确和规范社会工作专业岗位职责任务和任职条件。

(二)明确社会工作专业人才配备要求。老年人福利机构、残疾人福利和服务机构、儿童福利机构、收养服务机构、妇女儿童援助机构、困难职工帮扶机构、职工权益维护机构、婚姻家庭服务机构、青少年服务机构、社会救助服务机构、救助管理机构、未成年人保护机构、优抚安置服务保障机构等以社会工作服务为主的事业单位可根据工作需要将社会工作专业岗位明确为主体专业技术岗位;医院、学校、殡仪服务机构、人口计生服务机构等需要开展社会工作服务的单位，要将社会工作专业岗位纳入专业技术岗位管理范围。贯彻落实中央关于事业单位改革的精神，积极探索采取政府购买服务方式提供社会工作服务，逐步实现政府提供社会工作服务从“养人”向“办事”转变。支持引导相关事业单位在承接实施政府购买社会服务中吸纳和使用社会工作专业人才。

街道（乡镇）社区服务中心、城乡社区服务站、街道（乡镇）综治中心、社区综治中心、家庭综合服务中心、基层文化服务机构、群团组织服务阵地等基层公共服务平台以及基层人民调解组织、社区矫正机构、安置帮教机构、禁毒戒毒机构、灾害救援组织等根据需要配备社会工作专业人才。鼓励有条件的街道和乡镇依托现有资源支持发展民办社会工作服务机构，使用社会工作专业人才，通过政府购买服务等方式延伸基层社会治理与专业服务臂力。

（三）规范社会工作专业岗位聘用（任）。各地要支持引导城乡社区以及相关事业单位、社会组织明确社会工作专业岗位等级，建立相应的社会工作职级体系，不断拓宽和畅通社会工作专业人才的职业发展空间。实行国家社会工作者水平评价类职业资格与相应系列专业技术职务评聘相衔接，通过考试取得国家社会工作者职业资格证书人员，用人单位可根据工作需要，聘用（任）相应级别专业技术职务。聘用到高级专业技术岗位的，应具有高级社会工作师职业资格证书；聘用到中级专业技术岗位的，应具有社会工作师职业资格证书；聘用到初级专业技术岗位的，应具有助理社会工作师职业资格证书。

三、切实做好社会工作专业人才激励保障工作

（一）合理确定社会工作专业人才薪酬待遇。根据社会工作专业人才从业领域、工作岗位和职业水平等级，落实相应的薪酬保障政策。对聘用到事业单位的正式工作人员，按照国家有关规定确定工资待遇；对以其他形式就业于基层党政机关、群团组织、事业单位、城乡社区、社会组织和企业的社会工作专业人才，由用人单位综合职业水平等级、学历、资历、业绩、岗位等因素并参考同类人员合理确定薪酬标准，同时按照国家有关规定办理社会保险和公积金。各地要根据经济社会发展和整体工资水平，制定并适时调整城乡社区、社会组织和企业的社会工作专业人才薪酬指导标准。完善政府购买社会工作服务成本核算制度，编制预算时要将社会工作专业人才人力成本作为重要核算依据。承接政府购买服务的单位应参考当地薪酬指导标准支付社会工作专业人才薪酬。各地要将高层次社会工作专业人才纳入当地急需紧缺和重点人才引进范围，按照规定享受户籍落地、保障房申请等相关优惠政策；在选拔申报享受政府特殊津贴人员时要充分考虑符合条件的优秀社会工作专业人才。

（二）加大社会工作专业人才表彰奖励力度。将社会工作专业人才纳入国家现有表彰奖励范围，对政治坚定、业绩突出、能力卓著、群众认可的社会工作专业人才给予表彰奖励。开展全国专业社会工作领军人才选拔培养活动，将获选的专业社会工作领军人才纳入国家专业技术人才知识更新工程重点培养范围。各地各有关部门要按照国家有关规定，结合实际开展形式多样的社会工作专业人才表彰奖励活动。落实《边远贫困地区、边疆民族地区和革命老区人才支持计划实施方案》（中组发〔2012〕7号）要求，对表现优异、贡献突出的被选派社会工作专业人才由国家或地方按规定予以表彰奖励，执行“社会工作专业人才服务边远贫困地区、边疆民族地区和革命老区计划”成绩突出的单位，由国家或地方按照相关规定给予表彰。鼓励社会工作服务机构、社会工作教育研究机构等对单位内部优秀社会工作专业人才开展多种形式的表彰奖励。鼓励社会工作行业组织、有条件的企业、社会组织和个人依法设立社会工作专业人才奖励基金，对有突出贡献的社会工作专业人才进行奖励。

（三）努力提高社会工作专业人才职业地位。落实《关于加强社会工作专业人才队伍建设的意见》要求，注重把政治素质好、业务水平高的社会工作专业人才吸纳进党员干部队伍，选拔进基层领导班子，支持有突出贡献的社会工作专业人才进入人大、政协参政议政。承担社会服务职能的党政机关、群团组织和事业单位在招录（聘）社会服务相关职位工作人员和选拔干部时，同等条件下优先录（聘）用具有丰富基层实践经验、善于做群众工作的社会工作专业人才，逐步充实社会服务专业力量。鼓励符合条件的社会工作专业人才通过选举进入社区（村）党组织、居（村）民自治组织。引导社会工作专业人才通过优质的专业服务，赢得群众认可，提升专业形象。鼓励有条件的地区设立社会工作专业人才关爱基金。依托各类新闻媒体和活动载体，广泛宣传专业社会工作优秀人物、先进事迹和典型经验，大力报道专业社会工作发展历程及最新成就，积极争取社会各界对专业社会工作发展的参与支持，大力营造关心、理解、尊重社会工作专业人才的浓厚社会氛围。

（四）关心艰苦地区社会工作专业人才成长发展。落实国家为推动西部大开发，促进边远贫困地区、边疆民族地区和革命老区发展的各项人才激励政策。对录（聘）用到艰苦地区工作的社会工作专业人才，同等条件下在提拔晋升、专业技术职务聘用（任）时优先予以考虑。对在艰苦地区服务满两年报考社会工作专业硕士、博士研究生的社会工作专业人才，同等条件下优先录取。对自愿长期留在艰苦地区工作的优秀社会工作专业人才，当地政府部门要根据有关政策协助解决其住房、子女就学、配偶就业等事宜。

四、进一步加强对社会工作专业岗位开发与人才激励保障工作的组织领导

（一）落实工作职责。各地要将发展专业社会工作纳入当地经济社会发展规划。各地综治、教育、公安、民政、司法行政、财政、人力资源社会保障、卫生计生等部门以及工会、共青团、妇联、残联等群团组织要高度重视社会工作专业岗位开发与人才激励保障工作，按照《关于加强社会工作专业人才队伍建设的意见》中确立的社会工作专业人才队伍建设工作机制要求，履行各自职责，相互支持配合。综治部门要注重发挥社会工作专业人才在促进基层社会治理、平安中国建设中的作用，协调推进综治领域社会工作专业岗位开发与人才激励保障工作。民政部门要发挥牵头引导作用，联合推进各领域社会工作专业岗位开发，加快建立健全社会工作专业人才激励保障制度。财政部门要加大社会工作专业岗位开发与人才激励保障的支持力度。人力资源社会保障部门要将取得国家社会工作者水平评价类职业资格证书的社会工作专业人才纳入专业技术人员管理范围，指导做好相关事业单位社会工作专业岗位开发、社会工作专业人才评价、薪酬待遇落实和激励保障工作。教育、公安、司法行政、卫生计生等部门以及工会、共青团、妇联、残联等群团组织要做好各自领域的社会工作专业岗位开发与人才激励保障工作。各地要抓紧研究制定具体实施办法，形成从中央到地方相互衔接的社会工作专业岗位开发与人才激励保障政策体系。

（二）加大资金支持。各地要将应由政府承担的社会工作专业人才薪酬待遇和激励保障经费纳入财政预算，加大财政投入，加强绩效评价，确保资金使用效益。各有关部门和组织要重视解决本系统、本领域社会工作专业人才薪酬待遇问题。积极引导社会资金支持社会工作专业人才激励保障工作。符合国家支持大众创业、万众创新有关政策条件的社会工作服务机构可以按照规定享受有关优惠政策，促进社会工作服务人员就业。探索面向市场开展社会工作服务，通过合理收费解决专业人员薪酬保障和机构生存发展等问题。

（三）强化督查落实。民政部会同中央综治办、教育部、公安部、司法部、财政部、人力资源社会保障部、国家卫生计生委等部门以及全国总工会、共青团中央、全国妇联、中国残联等群团组织将联合组成督查组，对各地落实社会工作专业岗位开发与人才激励保障政策情况进行督促检查，研究解决政策实施中的突出问题。各地相关部门要对本地区贯彻落实社会工作专业岗位开发与人才激励保障政策的情况进行督查，确保各项政策要求落实到位，确保社会工作专业人才有广阔的职业发展空间，其薪酬待遇水平与职业地位得到明显提高。

民政部、财政部关于中央财政支持开展居家和社区养老服务改革试点工作的通知

（2016 年 7 月 13 日　民函〔2016〕200 号）

各省、自治区、直辖市民政厅（局）、财政厅（局），新疆生产建设兵团民政局、财务局：

为全面贯彻党的十八届五中全会决定提出的“建设以居家为基础、社区为依托、机构为补充的多层次养老服务体系”的精神，落实 2016 年政府工作报告中提出的“开展养老服务业综合改革试点”的要求，中央财政决定安排中央专项彩票公益金，通过以奖代补方式，选择一批地区进行居家和社区养老服务改革试点，促进完善养老服务体系。现就有关事项通知如下：

一、总体要求

（一）指导思想。贯彻落实党的十八大和十八届三中、四中、五中全会精神，以习近平总书记关于加强老龄工作的重要指示精神为指导，重点支持试点地区居家和社区养老服务发展，通过政府扶持、社会力量运营、市场化运作，全面提升居家和社区养老综合服务能力，总结推广居家和社区养老服务发展的可推广、可复制、可持续的经验，引领带动全国居家和社区养老服务发展，巩固居家和社区养老服务在养老服务体系中的基础地位，满足绝大多数有需求的老年人在家或社区享受养老服务的愿望。

（二）基本原则。

一是中央引导、地方为主。中央明确试点目标任务，给予资金支持、工作指导，并对地方试点进行跟踪评估和绩效考核，对成功模式和经验做法进行宣传、复制和推广。地方政府是发展居家和养老服务业的责任主体，负责制定试点实施方案，建立工作推进机制，明确相关措施，并抓好组织落实。

二是政府主导、社会参与。充分发挥政府在支持居家和社区养老服务发展方面的主导作用，落实准入、金融、财税、土地等优惠政策，通过搭建平台、购买服务、公办民营、民办公助、股权合作等方式，支持和鼓励社会力量进入。同时，政府负责行业监管，制定标准规范，确保居家和社区养老服务供给质量和水平。社会力量以市场需求为导向，保供给、可持续，有效提高养老服务供给能力。

三是突出重点、先行先试。鼓励试点地区立足本地实际，以解决居家和社区养老服务发展短板问题为重点，探索创新，开展多种形式的试点，为居家和社区养老服务发展积累经验，充分发挥其典型示范、以点带面的作用。要有计划、有步骤地开展试点，前两三年重点针对发展短板，采取有效促进措施，形成综合服务能力，后两三年重点完善政策措施，推广成功试点经验，形成规模，扩大服务覆盖面。

（三）试点目标。通过中央资金引导，鼓励地方加大政策创新和资金投入力度，统筹各类资源，优化发展环境，逐步认识和把握居家和社区养老服务发展的规律，形成一批服务内容全面覆盖、社会力量竞争参与、人民群众普遍认可的居家和社区养老服务成功经验，形成比较完备的居家和社区养老服务发展环境和推动机制，鼓励其它地区借鉴应用，快速提高我国居家和社区养老服务发展能力和水平，切实增强人民群众的获得感。试点资金以打造居家和社区养老服务发展软环境和软实力为主，硬件设施建设为辅。

二、重点支持领域

（一）支持通过购买服务、公建民营、民办公助、股权合作等方式，鼓励社会力量管理运营居家和社区养老服务设施，培育和打造一批品牌化、连锁化、规模化的龙头社会组织或机构、企业，使社会力量成为提供居家和社区养老服务的主体。

（二）支持城乡敬老院、养老院等养老机构开展延伸服务，直接提供居家和社区养老服务，或为居家和社区养老服务设施提供技术支撑。

（三）支持探索多种模式的"互联网＋"居家和社区养老服务模式和智能养老技术应用，促进供需双方对接，为老年人提供质优价廉、形式多样的服务。

（四）支持养老护理人员队伍建设，加强专业服务人员培养，增强养老护理职业吸引力，提升养老护理人员素质。

（五）推动完善相关养老服务的标准化和规范化建设，通过购买服务方式，积极培育和发展第三方监管机构和组织，建立服务监管长效机制，保证居家和社区养老服务质量水平。

（六）支持采取多种有效方式，积极推进医养结合，使老年人在居家和社区获得方便、快捷、适宜的医疗卫生服务。

（七）支持老城区和已建成居住（小）区通过购置、置换、租赁等方式开辟养老服务设施，支持依托农村敬老院、行政村、较大自然村利用已有资源建设日间照料中心、养老服务互助幸福院、托老所、老年活动站等农村养老服务设施，满足城乡老年人特别是空巢、留守、失能、失独、高龄老年人的养老服务需求。

三、组织实施

（一）申报程序。各省（区、市）组织所辖地市进行申报，申报城市自愿报名申请，经省级民政、财政部门审核后，报送民政部和财政部审定。民政部、财政部组织专家对申报城市进行打分和排序，选择部分重视发展养老服务业，在居家和社区养老服务发展方面具有良好工作基础，在老年人口规模、老龄化程度、经济社会发展水平、地方财力等方面具有代表性的地级市（含直辖市的区）开展试点。具体申报口径和要求按《关于开展2016年居家和社区养老服务改革试点申报工作的通知》要求执行。

（二）资金支持。2016年选择部分地级市（含直辖市的区）进行试点，中央资金突出奖补原则，按因素法分配，采取当年预拨60%，次年根据考核结果进行结算，由试点地区统筹各级财政安排的资金，结合其实际情况安排用于上述支持居家和社区养老服务业发展的7个重点领域。

（三）绩效考核。民政部将会同财政部主要根据以上7个方面的重点支持领域，提出绩效目标考核要求，并组织开展相应的考核评估。对于考核结果较好并达到一定标准的地区，拨付剩余的40%结算资金，对于特别好的地区，将在拨付40%结算资金的基础上额外给予10%奖励，并在下一年度增加该地区所在省份的试点地区数量；对于考核结果较差，未达到一定标准的地区，将根据其得分情况扣减部分或全部补助资金，并取消当年乃至今后的试点资格。绩效考核办法另行制定。

各省级民政、财政部门要高度重视，密切配合，切实承担起责任，组织试点地区结合本地实际制定居家和社区养老服务改革试点实施方案，并加强对试点地区的跟踪指导，确保试点工作取得实效。

中共中央宣传部、中央文明办、民政部、教育部、财政部、全国总工会、共青团中央、全国妇联关于支持和发展志愿服务组织的意见

（2016年7月11日）

志愿服务是现代社会文明进步的重要标志，是加强精神文明建设、培育和践行社会主义核心价值观的重要内容。志愿服务组织是以开展志愿服务为宗旨的非营利性社会组织，是汇聚社会资源、传递社会关爱、弘扬社会正气的重要载体，是形成向上向善、诚信互助社会风尚的重要力量。伴随着中国特色社会主义历史进程，我国志愿服务事业快速发展，志愿服务组织不断涌现，对促进志愿服务活动广泛开展，推进精神文明建设、推动社会治理创新、维护社会和谐稳定发挥了重要作用。同时，我国志愿服务组织在总体上还存在着数量不足、能力不强、发展环境有待优化等问题。现就支持和发展志愿服务组织，提出以下意见：

一、总体要求

（一）指导思想。全面贯彻落实党的十八大和十八届三中、四中、五中全会精神，以邓小平理论、"三个代表"重要思想、科学发展观为指导，深入贯彻习近平总书记系列重要讲话精神，紧紧围绕"五位一体"总体布局和"四个全面"战略布局，围绕树立和落实创新、协调、绿色、开放、共享的新发展理念，坚持以党的建设为正确引领，坚持以培育和践行社会主义核心价值观、满足人民群众日益增长的社会服务需求为出发点，以能力建设为基础，以建立健全政策制度、完善体制机制、增强法律保障为重点，积极扶持发展志愿服务组织，为加强和创新社会治理，为实现"两个一百年"奋斗目标、实现中华民族伟大复兴的中国梦凝聚力量。

（二）基本原则。

坚持服务大局、统筹发展。把支持和发展志愿服务组织纳入全面建成小康社会、全面深化改革、全面推进依法治国、全面从严治党大局，正确处理志愿服务组织与其他社会服务提供主体之间的关系，统筹不同区域、不同领域、不同类型的志愿服务组织发展。

坚持分类指导、突出特色。注重服务与管理并举，畅通联系渠道，有效发挥志愿服务组织作用。遵循志愿服务组织发展规律，根据志愿服务组织类别和规模，指导各类志愿服务组织明确定位、强化管理，提升能力、突出特色，创新方式、拓展领域，有效释放创造力和生产力，不断提高志愿服务专业化科学化水平。

坚持正确引导、依法自治。坚持党委领导、政府监管，充分发挥基层党组织的战斗堡垒作用，发挥共产党员先锋模范作用和骨干作用，确保志愿服务组织发展的正确方向。充分尊重志愿服务组织的社会性、志愿性、公益性、非营利性特点，引导志愿服务组织按照法律法规和章程开展活动，依法自治。

坚持创新发展、多方参与。着力推进志愿服务组织、志愿者与志愿服务活动共同发展，筑牢志愿服务组织基础。鼓励国家机关、群团组织、企事业单位、其他社会组织和基层群众性自治组织建立志愿服务队伍，引导民生和公共服务机构开门接纳志愿者，形成志愿服务工作合力，扩大志愿服务社会覆盖。

（三）主要目标。到 2020 年，基本建成与经济社会发展相适应，布局合理、管理规范、服务完善、充满活力的志愿服务组织体系。志愿服务组织发展环境得到优化，初步形成登记管理、资金支持、人才培育等配套政策。志愿服务组织服务范围不断扩大，基本覆盖社会治理各领域、群众生活各方面，涌现一批公信度高、带动力强的志愿服务组织。志愿服务组织功能有效发挥，成为推进人们相互关爱、传递文明的重要渠道，成为提升社会服务水平、改善民生福祉的有力助手，成为增进社会信任、维护社会稳定、促进社会和谐的有生力量。

二、加强志愿服务组织培育

（四）推进志愿服务组织依法登记。坚持积极引导发展、严格依法管理的原则，提供便捷高效的服务，引导符合登记条件的志愿服务组织依法登记。针对目前大部分志愿服务组织规模小、注册资金不足、缺乏相应专职人员和固定场所的实际，在不违背社会组织管理法律法规基本精神基础上，可以按照活动地域适当放宽成立志愿服务组织所需条件。各有关部门要在活动场地、活动资金、人才培养等方面提供优先支持，激发志愿服务组织依法登记的积极性与主动性。经单位领导机构或基层群众性自治组织同意成立的志愿服务组织，可以在本单位、本社区内部开展志愿服务活动。鼓励已经登记的志愿服务组织为其提供规范指导和工作支持。

（五）健全志愿服务组织孵化机制。社会组织孵化基地要吸纳志愿服务组织进驻，在项目开发、能力培养、合作交流、业务支持等方面提供有针对性的扶持。鼓励有条件的地区建立专门的志愿服务组织孵化基地，支持志愿服务组织的启动成立和初期运作，帮助提升服务能力。积极建立志愿服务组织与国家机关、群团组织、企事业单位、其他社会组织和基层群众性自治组织的沟通交流平台，鼓励银行、会计师事务所、律师事务所等专业机构为志愿服务组织提供免费的资金证明、审计、法律咨询等服务。

（六）积极推进志愿服务组织承接公共服务项目。各地各有关部门和符合条件的事业单位、群团组织要贯彻落实《国务院办公厅关于政府向社会力量购买服务的指导意见》（国办发〔2013〕96 号）和《政府购买服务管理办法（暂行）》（财综〔2014〕96 号）有关要求，充分发挥志愿服务成本低、效率高，志愿服务组织灵活度高、创新性强的特点，积极支持志愿服务组织承接扶贫、济困、扶老、救孤、恤病、助残、救灾、助医、助学等领域的志愿服务，加大财政资金对志愿服务运营管理的支持力度。充分利用志愿服务信息平台等载体，及时发布政府安排由社会力量承担的服务项目，为志愿服务组织获取相关信息提供便利。

（七）完善志愿服务组织监督管理。加强志愿服务组织日常监管，建立登记管理机关、业务主管单位、行业管理部门、行业组织和社会公众等多元主体参与，行政监管、行业自律和社会监督有机结合的监督管理机制。探索建立登记管理机关评估、资助方评估、服务对象评估和自评有机结合的志愿服务组织综合评价体系，逐步引入第三方评估机制，定期对志愿服务组织的基础条件、内部治理、工作绩效和社会评价等进行跟踪评估，将评估情况作为政府购买社会服务、社会各界资助以及落实相关优惠政策的重要依据。推进志愿服务组织诚信建设，将志愿服务组织守信情况纳入社会组织诚信指标体系。对业务活动与志愿服务宗旨、性质严重不符的志愿服务组织建立退出机制；志愿服务组织行为违反法律法规规定的，依法追究相关法律责任。

（八）强化志愿服务组织示范引领。通过政策引导、重点培育、项目资助等方式，建设一批活动规范有序、作用发挥明显、社会影响力强的示范性志愿服务组织。按照有关规定对作出突出贡献的志愿服务组织进行表彰奖励。通过推广志愿服务组织培育和管理经验、建设优秀志愿服务组织库和优秀志愿服务项目库等方式，引领带动其他志愿服务组织科学化规范化发展。

三、提升志愿服务组织能力

（九）完善组织内部治理。登记管理机关、业务主管单位和行业管理部门要指导已登记的志愿服务组织依据章程建立健全独立自主、权责明确、运转协调、制衡有效的内部治理结构。具备条件的志愿服务组织应设立党的组织，充分发挥党组织的政治核心作用，围绕党章赋予基层党组织的基本任务开展工作，团结凝聚志愿者，保证志愿服务组织的政治方向；暂不具备条件的，要明确责任单位指导志愿服务组织开展党建工作，条件成熟时及时建立党的组织。坚持党建带群建，充分发挥群团组织的积极作用。志愿服务组织应当为自身党群组织开展活动、发挥作用提供必要支持。重点完善组织决策、执行、监督制度和内部议事规则，建立健全人、财、物管理制度和内部信息披露制度，准确、完整、及时地向社会公开组织的名称、住所、负责人、机构设置等基本情况，公开年报公告、财务收支、捐资使用、服务内容、奖惩情况等重要信息，主动接受登记管理机关的监督管理和社会监督，努力提升志愿服务组织的社会公信力。有会员单位或分支机构的，应指导其加强内部管理。

（十）创新人才培养机制。国家层面建立志愿服务组织人才示范培训机制，有条件的地区可依托高等院校、党校、团校等教育培训机构建立志愿者培训基地，加快培养一批长期参与志愿服务、熟练掌握服务知识和岗位技能的志愿者骨干，着力培养一批富于社会责任感、熟悉现代管理知识、拥有丰富管理经验的志愿服务组织管理人才。国家机关、群团组织、企事业单位、其他社会组织和基层群众性自治组织要积极支持本单位、本社区的专业人才加入志愿服务组织，开展志愿服务活动，不断优化志愿者队伍结构。志愿服务组织要注重招募、使用专业志愿者，建立健全志愿者日常管理培训制度，对于专业性要求高的志愿服务项目，要强化专业知识和技能培训，不断提高志愿者能力素质。引导志愿服务组织通过规范招募、科学管理、创新服务，培养、吸引和留住优秀志愿者。

（十一）增强组织造血功能。积极探索通过志愿服务交流会、志愿服务项目大赛等有效举措，指导志愿服务组织牢固树立项目意识、品牌意识，不断提升战略谋划、项目运作和宣传推广能力，通过优秀的服务项目和服务品牌争取各方资源，吸引资助者。支持志愿服务组织通过承接公共服务项目、积极参加公益创业和公益创投、争取政府补贴与社会捐赠等多种途径，妥善解决志愿服务运营成本问题，为组织持续发展提供动力。

（十二）加强志愿服务行业自律。加大对志愿服务领域行业组织的扶持发展力度，充分发挥其在志愿服务组织管理中的先行规范和自我约束作用，引导行风建设，加强行业监督，为志愿服务组织监管提供有力辅助；充分发挥行业组织在志愿服务组织服务中的牵头和协调作用，促进行业沟通，反映行业诉求，推动行业创新，为志愿服务组织发展争取有力支持。各地要为志愿服务行业组织发挥行业监督约束作用、加强道德建设创造良好环境，逐步建立健全与行业发展相适应、覆盖全面、运行有效、作用明显的行业自律体系。

四、深化志愿服务组织服务

（十三）强化志愿服务供需对接。立足需求，着眼民生，有关单位和社区要积极向志愿服务组织开放更多公共资源，鼓励街道（乡镇）、城乡社区为志愿服务组织提供服务场所。充分运用社区综合服务设施，搭建社区志愿服务平台。支持和鼓励社会志愿服务组织走进社区，了解和征集群众需求，结合自身能力特点，有针对性地做好志愿服务规划，设计服务项目，开展服务活动，切实使服务对象受益。充分利用信息技术手段，及时有效匹配志愿服务供给与需求。推广“菜单式”志愿服务经验，鼓励引导志愿服务组织公开本组织志愿者技能、特长和提供服务时间等信息，与群众需求有机结合，逐步建立志愿服务供需有效对接机制和服务长效机制，全面提高志愿服务水平。

（十四）推广“社会工作者 + 志愿者”协作机制。鼓励志愿服务组织招募使用社会工作者，鼓励社会工作服务机构等社会组织在开展公益活动时招募志愿者。建立志愿服务组织与社会工作服务机构等社会组织常态化合作机制，充分发挥社会工作者在组织策划、项目运作、资源链接等方面的专业优势，发挥志愿者热情高、来源广、肯奉献的人力资源优势，形成社会工作者和志愿者协调配合、共同开展服务的格局，促进志愿服务专业化规范化。

（十五）全面推行志愿服务记录制度。依托和完善全国志愿服务信息系统，实施应用《志愿服务信息系统基本规范》（MZ/T061 – 2015），实现志愿服务信息的互联互通和数据的有效汇集，为志愿服务组织管理志愿者、开展志愿服务记录工作提供技术支撑。各地各有关部门要根据《志愿服务记录办法》（民函〔2012〕340 号）和《关于规范志愿服务记录证明工作的指导意见》（民发〔2015〕149 号）要求，指导志愿服务组织及时、完整、准确记录志愿者参加志愿服务的信息，保护志愿者个人隐私，规范开具志愿服务记录证明，科学开展志愿者星级认定，建立健全志愿服务时间储蓄制度，不断提高志愿服务组织的服务效能和管理水平。

（十六）创新志愿服务方式方法。指导志愿服务组织明确服务方向，紧紧围绕党和政府中心工作和群众所需所盼，持续推进扶贫、济困、扶老、救孤、恤病、助残、救灾、助医、助学和大型社会活动等重点领域的志愿服务。支持志愿服务组织发挥优势、各展所长，积极推进党员志愿服务、青年志愿服务、老年志愿服务、学生志愿服务、巾帼志愿服务等有序开展，打造项目精品，形成品牌效应。鼓励博物馆、图书馆、纪念馆、文化馆、文物保护单位等设立志愿服务站点，招募使用志愿者。积极探索“互联网 + 志愿服务”，支持志愿服务组织安全合规利用互联网优化服务，创新服务方式，提高服务效能，加强对网络社团等新型组织的志愿服务规范管理。严格规范志愿服务组织涉外合作，确保遵守国家有关法律法规和政策。

五、加强对志愿服务组织发展的组织领导

（十七）健全工作机制。坚持党委政府领导，落实中央文明委工作部署，文明办要发挥好牵头作用，民政部门要切实履行行政管理工作职责，与相关部门、人民团体和群众团体共同推进志愿服务组织发展。各地各有关部门要注重研究、规划和推动志愿服务事业，细化政策措施，加大激励保障力度，建立健全支持和发展志愿服务组织的长效机制，推动形成志愿服务工作经常化制度化。各级党政领导干部要充分发挥示范带头作用，利用工作之余参与志愿服务活动。倡导鼓励广大公务员、专业技术人员、企事业单位干部职工、公众人物等积极加入志愿服务组织，参加志愿服务活动，共产党员、共青团员要作出表率。

(十八)加大经费支持和保险保障。各地要逐步扩大财政资金对志愿服务组织发展的支持规模和范围,加强对志愿服务组织的财税政策支持,落实各项财税优惠政策。积极推进政府购买服务,支持志愿服务组织立足自身优势,承接相关服务项目。单位领导机构和基层群众性自治组织对单位、社区内部志愿服务组织开展志愿服务活动,要给予经费支持。依法大力发展志愿服务基金,切实加强管理,积极搭建爱心企业、爱心人士与志愿服务组织之间的桥梁,引导社会资金参与支持志愿服务组织发展。鼓励多渠道筹资为志愿者购买保险,鼓励保险公司与志愿服务组织合作,设计开发符合志愿服务特点、适应志愿服务发展需要的险种,为志愿服务活动承保,为志愿服务组织健康持续发展提供有力保障。

(十九)营造良好环境。要在全社会大力弘扬雷锋精神,弘扬奉献、友爱、互助、进步的志愿精神,培育学雷锋志愿服务文化。坚持立足中国国情,体现中国特色,讲好中国故事,积极支持有利于志愿服务发展的研究、交流与合作。加强志愿服务经验总结和推广交流,广泛宣传志愿服务组织在提高国民素质和社会文明程度、加强社会治理创新、保障改善民生中的重要作用,为志愿服务组织发展营造良好氛围。

老年社会工作服务指南
(MZ/T 064 -2016)

(2016 年 2 月 4 日)

前　　言

本标准按照 GB/T 1.1 -2009 给出的规则起草。

本标准由民政部社会工作司提出。

本标准由全国社会工作标准化技术委员会(SAC/TC 534)归口。

本标准主要起草单位:中国人民大学、深圳市民政局、深圳市社会工作者协会、深圳市标准技术研究院、深圳市鹏星社会工作服务社、广州市老人院、中国社会工作学会、“大爱之行”项目办、深圳市龙岗区正阳社会工作服务中心、东莞市普惠社会工作服务中心、东莞市蓝天关怀公益服务中心、厦门市湖里区霞辉老年社会服务中心、哈尔滨商业大学、合肥市爱邻社会工作服务社。

本标准主要起草人:隋玉杰、余智晟、张卓华、曾碧静、佃乾乾、常广财、陶书毅、王瑞芳、裴文琳、周巍、黄远清、何静、王飞、郑超波、李雪、张晓曼、刘玉平。

引　言

为了积极应对人口老龄化,实现老有所养、老有所医、老有所为、老有所学、老有所乐,充分发挥社会工作者在养老服务业中的专业作用,总结推广各地老年社会工作实务经验,科学规范、正确引导老年社会工作服务行为,切实保障老年社会工作服务质量,特制定本指南。

老年社会工作服务指南

1　范围

本标准规定了老年社会工作的术语和定义、服务宗旨、服务内容、服务方法、服务流程、服务管理、人员要求和服务保障等。

本标准适用于社会工作者面向有需要的老年人及其家庭开展的社会工作服务。

2　规范性引用文件

下列文件对于本文件的应用是必不可少的。凡是注日期的引用文件,仅所注日期的版本适用于本文件。凡是不注日期的引用文件,其最新版本(包括所有的修改单)适用于本文件。

GB/T 29353 -2012 养老机构基本规范

MZ/T 059 -2014 社会工作服务项目绩效评估指南

3　术语和定义

下列术语和定义适用于本文件。

3.1

老年社会工作服务 the gerontological social work

以老年人及其家庭为对象,旨在维持和改善老年人的社会功能、提高老年人生活和生命质量的社会工作服务。

3.2

老年社会工作者 the gerontological social worker

从事老年社会工作服务且具有资质的社会工作人员。

3.3

适老化环境改造 environmental transformation for the elderly

针对老年人的身体机能及特点,设计和改造适合老年人生活的住宅、公共设施和社区环境等活动。

3.4

老年临终关怀 hospice care for the elderly

为满足临终老年人及其家属的生理、心理、人际关系及信念等方面的需要,开展的医疗、护理、心理支持、哀伤辅导、法律咨询等服务。

4　服务宗旨

4.1　老年社会工作服务应致力于实现老有所养、老有所医、老有所为、老有所学、老有所乐。

4.2　老年社会工作服务应遵循独立、参与、照顾、自我实现、尊严的原则,促进老年人角色转换和社会适应,增强其社会支持网络,提升其晚年的生活和生命质量。

5　服务内容

老年社会工作服务的内容主要包括救助服务、照顾安排、适老化环境改造、家庭辅导、精神慰藉、危机干预、社会支持网络建设、社区参与、老年教育、咨询服务、权益保障、政策倡导、老年临终关怀等。

5.1　救助服务

主要包括以下内容：

——评估老年人，特别是空巢、高龄、失能、计划生育特殊家庭老年人基本物质生活条件和经济状况；

——协助符合条件的老年人申请政府最低生活保障、特困人员供养、受灾人员救助、医疗救助、住房救助、临时救助等社会救助；

——协助有需要的老年人获得单位和个人等社会力量的捐赠、帮扶和志愿服务；

——提供相应的心理疏导、能力提升、社会融入等服务。

5.2　照顾安排

主要包括以下内容：

——组织开展老年人能力评估，包括日常生活活动、精神状态、感知与沟通、社会参与等方面内容，为老年人建立照顾档案；

——协助有需要的老年人获得居家照顾和社区日间照料等服务；

——协助有需要的老年人申请机构养老服务；

——协调老年人的长期照护安排，特别是居家照顾、社区日间照料和机构照顾之间的衔接；

——协助照顾者提升照顾技能。

5.3　适老化环境改造

主要包括以下内容：

——协调开展老年人居住环境安全评估；

——帮助老年人，特别是失能、失智等有需要的老年人及家庭申请政府与社会资助，改造室内照明、防滑措施、安装浴室扶手等，减少老年人跌倒等意外风险。

5.4　家庭辅导

主要包括以下内容：

——协助老年人处理与配偶的关系；

——协助老年人处理与子女等的家庭内代际关系；

——提供老年人婚恋咨询和辅导。

5.5　精神慰藉

主要包括以下内容：

——识别老年人的认知和情绪问题，必要时协调专业人士进行认知和情绪问题的评估或诊断；

——为有需要的老年人提供心理辅导、情绪疏解、认知调节，帮助老年人摆脱抑郁、焦虑、孤独感等心理问题困扰；

——协助老年人获得家属及亲友的尊重、关怀和理解；

——帮助老年人适应角色转变，重新界定老年生活价值，认识人生意义，激发生活的信心和希望。

5.6　危机干预

主要包括以下内容：

——识别并评估老年人所面临的危机，包括危机的来源、危害程度、老年人应对危机的能力、以往应对方式及效果等；

——统筹制定危机干预计划，包括需要干预的问题或行为、可采用的策略、可获得的社会支持、危机介入小组的建立及分工、应急演练、信息沟通等；

——及时处理最迫切的问题，特别是自杀、伤及他人等可能危及生命安全的行为问题。必要时，协调其他专业力量的支援，对老年人进行身体约束或其他限制行为；

——进行危机干预的善后工作，包括对介入对象的回访、开展危机介入工作评估和小结、完善应急预案以预防同类危机的再发生等。

5.7　社会支持网络建设

主要包括以下内容：

——对老年人的社会支持网络进行评估，包括个人层面可给予支持的人数、类型、距离及所发挥的功能，以及社区层面老年人群的问题与需求、资源配置情况及需求满足情况；

——综合使用各种策略以强化老年人社会支持网络，包括个人增能与自助、家庭照顾者支持、邻里互助、志愿者链接、增强社区权能等；

——巩固社会支持网络成效，建立长效机制。

5.8　社区参与

主要包括以下内容：

——开展适合老年人的文化、体育、娱乐等各项活动，培养老年人兴趣团体，提升老年人的社会活跃度，丰富老年人的社会生活；

——组织老年人积极参与各项志愿服务，培育老年志愿者队伍，发展老年志愿服务团体；

——支持老年人参与社区协商，为社区发展出谋划策；

——拓展老年人沟通和社区参与的渠道，促进老年人群体的社会融合。

5.9　老年教育

主要包括以下内容：

——评估老年人兴趣爱好及教育需求；

——推动建立老年大学、老年学习社等多种类型的老年人学习机构和平台；

——开展有关健康教育、文化传统、安全防范、新兴媒介使用等方面的学习培训课程；

——鼓励和支持老年人组建各种学习交流组织，开展各种学习研讨活动，扩大老年人的社会交往范围；

——鼓励老年人将学习成果转化运用和传承，鼓励代际之间相互学习、增进理解。

5.10　咨询服务

主要包括以下内容：

——协调相关专业人士为老年人提供政策咨询、法律咨

询、健康咨询、消费咨询等服务;

——完善老年人信息提供和问询解答的机制和流程。

5.11　权益保障

主要包括以下内容:

——维护和保障老年人财产处置和婚姻自由的权益;

——发现并及时举报老年人受虐待、遗弃、疏于照顾等权益损害事项;

——开展社会宣传和公众教育,防止老年人受到歧视、侮辱和其他不公平、不合理对待;

——协助符合条件的老年人享受社区和机构的各项养老服务,获得老年人补贴和高龄津贴等。

5.12　政策倡导

主要包括以下内容:

——研究、分析与老年人相关的法律法规及社会政策中在制定和执行中的不完善与不合理内容,向相关职能部门提出政策完善建议;

——对社会公众进行教育、宣传,树立对老年人群体的客观、公正的社会评价。

5.13　老年临终关怀

主要包括以下内容:

——开展生命教育,帮助老年人树立理性的生死观;

——协调医护人员做好临终期老年人的生活照料和痛症管理;

——密切关注老年人的情绪变化,提供相应的心理支持;

——协助老年人完成未了心愿及订立遗嘱、器官捐献等法律事务;

——协助老年人及家属、亲友和解和告别等事宜;

——协调为老年人提供精神层面的支持;

——为有需要的老年人及家属提供哀伤辅导服务。

6　服务方法

6.1　基础方法

老年社会工作者可以根据实际情况综合运用个案工作、小组工作、社区工作等社会工作直接服务方法及社会工作行政、社会工作研究等间接服务方法。

6.2　针对特定需要的介入方法

6.2.1　缅怀治疗

6.2.1.1 老年社会工作者协助老年人缅怀过去,找回以往的正面事件和感受,从正面的角度去理解和面对过去的失败与困扰,从而肯定自己,适应现在的生活状况。

6.2.1.2 主要适用于帮助老年人缓解抑郁、轻度失智等问题。

6.2.2　人生回顾

6.2.2.1 老年社会工作者引导老年人通过生命重温,帮助老年人处理在早期生活中还没有妥善处理的问题,从而解决长期的心结。

6.2.2.2 主要适用于帮助老年人处理长期的情绪问题。

6.2.3　现实辨识

6.2.3.1 老年社会工作者通过向老年人提供持续的刺激和适当的环境提示,帮助他们与现实环境接轨。

6.2.3.2 主要适用于预防和缓解老年人认知混乱、记忆力衰退。

6.2.4　动机激发

6.2.4.1 老年社会工作者通过协助老年人接触他人、参加群体活动,激发老年人对现在和未来生活的兴趣。

6.2.4.2 主要适用于预防、缓解老年人社交能力受损、负面情绪等。

6.2.5　园艺治疗

6.2.5.1 老年社会工作者组织和协助老年人参与园艺活动,接触自然,舒缓压力,复健心灵。

6.2.5.2 主要适用于预防和缓解老年人身体和精神的衰老。

6.2.6　照顾管理

6.2.6.1 老年社会工作者综合评估老年人的需求,并计划、统筹、监督、再评估和改进服务,实现对老年人持续、全面的照顾。

6.2.6.2 主要适用于需要长期照护的老年人,以及具有多重问题和复杂需求的老年人。

7　服务流程

7.1　接案

老年社会工作者在接案过程中应完成下列工作,包括但不限于:

——收集老年人资料;

——了解老年人的问题和需要,决定是否需要紧急介入;

——评估老年人的问题解决是否在老年社会工作者的能力范围和机构能力范围内,必要时予以转介;

——与老年人或主要照顾者建立专业关系。

7.2　预估

老年社会工作者在预估过程中应完成下列工作,包括但不限于:

——优先评估老年人面临的风险,如健康、受虐、抑郁、自杀等;

——根据实际情况,协调进行跨专业、综合性评估,包括老年人的问题、需求和资源状况等;

——与老年人共同决定解决问题的优先次序。

7.3　计划

老年社会工作者在计划过程中应完成下列工作,包括但不限于:

——邀请老年人及其家庭参与服务计划制定;

——设定服务计划的目的和目标;

——目标的制定应符合具体、可衡量、可达成、可评估、有时限的 SMART 原则；

——制定介入策略、行动步骤及进度安排；

——拟定预期存在的困难、风险及其应对策略和预案；

——明确社会工作者、老年人和照顾者各自的任务和角色；

——制定过程评估和成效评估计划及指标；

——拟定服务所需的人力、经费、设备设施等资源保障。

7.4　介入

老年社会工作者在介入过程中应完成下列工作，包括但不限于：

——促使老年人、家庭及相关人员学会运用现有资源；

——对老年人与环境产生的冲突进行调解；

——运用各种能够影响老年人改变的力量帮助老年人实现积极的改变；

——采用优势视角，鼓励和协助老年人发挥潜能：

——注意发掘和运用老年人所在社区或机构的资源；

——协调和链接各种老年人服务的资源和系统；

——促进老年人所处的环境的改善；

——促进老年人政策的改善。

7.5　评估

老年社会工作者在评估过程中要完成下列工作，包括但不限于：

——根据服务计划中制定的过程评估和成效评估计划开展评估；

——采取多种方式收集和分析与服务相关的资料，包括客观资料、主观感受与评价等；

——撰写评估报告。

7.6　结案

老年社会工作者在结案过程中应完成下列工作，包括但不限于：

——根据服务效果和具体情况确定能否结案；

——巩固老年人及所处环境已有的改变；

——增强老年人独立解决问题的能力和信心；

——避免或妥善处理因结案产生的负面情绪；

——结案后提供跟进服务。

8　服务管理

8.1　质量管理

8.1.1　质量管理体系的建立

服务机构应建立老年社会工作服务质量管理体系，主要包括以下内容：

——老年社会工作服务质量方针；

——老年社会工作服务质量目标；

——老年社会工作服务职责和权限。

8.1.2　服务质量过程控制

8.1.2.1 老年社会工作服务过程应严格按照老年社会工作服务流程和质量手册开展服务。

8.1.2.2 老年社会工作者应识别、分析对服务质量有重要影响的关键过程，并加以控制。

8.1.2.3 及时、准确、系统记录服务情况。

8.1.3　服务成效评估

老年社会工作服务成效评估工作按 MZ/T 059－2014 规定执行。

8.2　督导制度

服务机构应建立督导制度，主要内容包括：

——明确督导者的资格、督导对象；

——督导者的职责和权利；

——督导工作内容、流程；

——督导过程记录；

——督导工作评估。

8.3　风险管理

8.3.1 风险管理制度

服务机构应建立健全老年社会工作服务风险管理制度，主要包括以下方面内容：

——识别风险，确定何种风险可能会对老年社会工作服务产生影响，量化不确定性的程度和每个风险可能造成损失的程度；

——控制风险，制定切实可行的风险预案和应急方案，编制多个备选的方案，并明确风险管理的基本流程，对服务机构和社会工作者所面临的风险做好充分的准备；

——规避风险，在既定目标不变的情况下，改变方案的实施路径，消除特定的风险因素。

8.3.2 风险预案

老年社会工作者应在服务策划时一并制订风险预案，对应急指挥体系与职责、人员、技术、装备、设施设备、物资、处置方法及其指挥与协调等预先做出具体安排。

8.3.3 应急处置

老年社会工作者应根据风险的类型及影响程度，采取以下处置策略：

——回避风险：对不可控制的风险应采取回避措施，避免不必要的风险，所有的服务活动要在国家有关的法律、法规允许的范围内进行；

——减少风险：对于无法简单回避的风险，设法减少风险。应建立风险预警机制和风险控制体系，及时与服务各方沟通，获取支持、配合和理解；

——转移风险：把部分风险分散出去，可购买老年人意外保险及公共责任险；

——接受风险：在力所能及的范围内从事服务，承担风险。

8.4　投诉与争议处置

8.4.1 服务机构应建立服务投诉与争议处置制度。

8.4.2 服务机构应建立畅通的渠道，收集与服务质量相关的投诉和改进建议。

8.4.3 服务机构和老年社会工作者对收到的投诉和建议应及时予以回应和反馈。

8.4.4 服务机构和老年社会工作者根据意见和建议，采取有效措施，改进服务工作，提高服务质量。

9 人员要求

9.1 老年社会工作者

9.1.1 老年社会工作者应具备以下资质之一：

——获得国家颁发的社会工作者职业水平证书；

——具备国家承认的社会工作专业专科及以上学历。

9.1.2 老年社会工作者在开展具体工作中，应遵守以下要求：

——掌握涉及老年人有关的法律、法规、政策；

——具备开展老年社会工作服务所需的老年学等方面的基本知识；

——接受社会工作专业继续教育，不断提高职业素质和专业服务能力；

——推动多学科合作，与其他专业人士相互尊重、共享信息并有效沟通。

9.1.3 老年社会工作者的配备应符合下列要求：

——养老机构、城乡社区应根据服务对象的数量、自理能力的高低、服务的类型、服务的复杂性等因素进行人员配备；

——城镇养老机构每200名老年人应配备一名老年社会工作者，农村养老机构可参考上述标准配备；

——城市社区中每1000名老年人应配备一名以上的老年社会工作者，不满1000人的可多个社区配备一名老年社会工作者，农村社区可参考上述标准配备。

9.2 为老服务志愿者

9.2.1 应建立志愿者服务管理制度，做好志愿者的登记、培训、记录、激励、评价等工作。

9.2.2 建立社会工作者和志愿者联动机制，根据服务需要招募符合资质的志愿者，协助社会工作者开展老年社会工作服务。

10 服务保障

10.1 设施设备

10.1.1 开展社会工作服务应具有必要的个案工作室、小组工作室、多功能活动室等。

10.1.2 在养老机构中开展的社会工作服务其环境与设施设备要求应符合GB/T 29353－2012中7.1和7.2的规定。

10.2 信息化建设

10.2.1 服务机构应将老年社会工作服务相关信息纳入信息化系统建设或规划；

10.2.2 运用信息技术，对老年人、志愿者及社会工作服务过程中所产生的信息进行系统化的管理；

10.2.3 应建立老年社会工作服务数据库，定期开展服务数据统计分析，并用于服务成效评价及社会工作研究与相关决策；

10.2.4 应做好老年社会工作服务信息保密工作，维护老年人合法权益。

10.3 服务档案管理

10.3.1 应建立老年社会工作服务档案管理制度，包括档案的归档范围及要求、档案移交、档案储存及保管、档案的借阅、档案销毁、档案保密等内容。

10.3.2 应建立符合档案管理要求的服务档案管理室，并指定专人负责服务档案管理工作。

10.3.3 应对老年社会工作服务过程的资料进行及时归档，主要包括：

——老年人基本信息档案，包括老年人的基本信息、服务受理和评估记录、服务资质证明等；

——服务过程的记录，包括个案、小组、社区服务等相关服务记录；

——服务质量监控记录，包括考核情况、服务质量目标完成情况和服务计划调整情况等；

——服务转介和跟踪记录，包括服务转介情况及跟踪回访情况记录。

参考文献

[1]MZ 008－2001 老年人社会福利机构基本规范

[2]MZ/T 032－2012 养老机构安全管理规定

[3]MZ/T 039－2013 老年人能力评估

[4]《联合国老年人原则》1991－12－16 联合国大会

[5]《中华人民共和国老年人权益保障法》中华人民共和国主席令第72号

[6]《社会救助暂行办法》中华人民共和国国务院令第649号

[7]《养老机构管理办法》中华人民共和国民政部令第49号

[8]《社会工作者职业水平评价暂行规定》2006－07－20 人事部 民政部

[9]《社会工作者继续教育办法》2009－09－07 民政部

[10]《志愿服务记录办法》2012－10－23 民政部

[11]《社会工作者职业道德指引》2012－12－28 民政部

关于加快推进社会救助领域社会工作发展的意见

（2015年5月4日 民发〔2015〕88号）

各省、自治区、直辖市民政厅（局）、财政厅（局），各计划单列市民政局、财政局，新疆生产建设兵团民政局、财务局：

为贯彻落实《社会救助暂行办法》和《国务院办公厅关于政府向社会力量购买服务的指导意见》(国办发〔2013〕96号),促进构建现代社会救助体系,发展专业社会工作,现就加快推进社会救助领域社会工作发展提出如下意见:

一、加快推进社会救助领域社会工作发展的重要性与紧迫性

社会工作是一种遵循助人自助价值理念,运用专业知识与方法协助服务对象舒缓心理压力、提升发展能力、增强社会功能、建立支持网络、改善生活境况的专业性社会服务活动。社会救助领域是社会工作的重要服务领域,推进社会救助领域社会工作发展是构建现代社会救助体系的必然要求。随着改革发展的不断深入和经济社会结构的深刻调整,我国基本民生保障的形势与任务发生了新变化,单纯依靠政府提供物质资金的救助方式,已难以有效满足社会救助对象日益增长的社会需求,无法有效化解因社会救助对象心理行为偏差引发的个体和社会问题,迫切需要创新社会救助及其服务提供的内涵、理念与方式,支持社会工作服务机构和社会工作者广泛参与社会救助,建立健全物质资金帮扶与心理社会支持相结合、基本救助服务与专业化个性化服务相补充、政府主导与社会参与相衔接的新型社会救助服务模式。近些年来,很多地方在发展社会救助领域社会工作方面进行了有益探索,取得了一定成效。但总体看,社会救助领域社会工作发展基础还比较薄弱,存在思想认识不够、人才队伍与服务机构数量与能力不足、可及范围和受益人群有限、支持保障不到位等问题,与构建现代社会救助体系的客观需要和社会救助对象的实际需求相比还有很大差距。各地要进一步增强责任感与紧迫感,解放思想、改革创新、深入探索,采取更加有力措施加快推进社会救助领域社会工作发展。

二、加快推进社会救助领域社会工作发展的总体要求

(一)指导思想。以邓小平理论、"三个代表"重要思想、科学发展观为指导,全面贯彻党的十八大和十八届三中、四中全会精神,贯彻落实习近平总书记系列重要讲话精神,按照"四个全面"战略布局,适应创新社会治理、转变政府职能、建立更加公平可持续社会保障制度的需要,以回应社会救助对象服务需求为根本,以深化社会救助领域社会工作服务为核心,以建立健全政策制度、完善体制机制、加强人才队伍与服务机构建设为基础,加快推进社会救助领域社会工作发展,为促进构建现代社会救助体系、保障和改善基本民生、维护社会和谐稳定提供有力支持。

(二)基本原则。坚持立足需求、务求实效,从社会救助对象服务需求出发构建社会救助领域社会工作制度,设计、组织和开展社会工作服务,确保社会救助对象服务需求得到及时回应与有效满足;坚持政府主导、社会参与,相关政府部门依法履行宏观规划、政策引导、资金投入、监督管理等职责,支持社会工作服务机构和社会工作者依法介入社会救助领域;坚持专业引领、创新发展,深入推动社会工作专业理念、知识与方法的普及应用,积极创造推进社会救助领域社会工作发展的有利条件,不断提升社会救助的专业化水平。

(三)主要目标。建立健全推进社会救助领域社会工作的政策制度,逐步形成协调有力的管理体制和规范高效的工作机制;根据社会救助领域的实际需要,培养一支结构合理、素质优良的社会工作者队伍,发展一批数量充足、服务专业、群众认可的社会工作服务机构,建立健全社会救助领域社会工作可持续发展的支持保障体系。争取到2020年,社会工作服务机构和社会工作者广泛参与社会救助,社会救助工作人员普遍运用社会工作专业理念、知识与方法的局面初步形成,社会救助领域社会工作的可及范围和受益人群显著扩大,专业作用和服务效果不断增强。

三、加快推进社会救助领域社会工作发展的任务与路径

(一)明确社会救助领域社会工作服务内容。根据社会救助领域特点和社会救助对象需求,有针对性地开展社会工作服务:(1)开展社会融入服务,帮助救助对象调节家庭和社会关系,消除社会歧视,重构社会支持网络,更好地适应社区和社会环境;(2)开展能力提升服务,帮助救助对象及其家庭转变思想观念,发掘自身潜能,学习谋生技能,发展生计项目,消除救助依赖;(3)开展心理疏导服务,帮助救助对象抚慰消极和敌视情绪、缓解心理压力、矫正不良行为,改变负面看法,建立积极乐观上进的心态;(4)开展资源链接服务,帮助救助对象链接生活、就学、就业、医疗等方面的政府资源与社会资源,组织其他专业力量和志愿者为救助对象提供服务,最大限度地弥补政府资源的不足;(5)开展宣传倡导服务,帮助救助对象更加详细、全面地了解政府的社会救助政策,及时、有效地向政府反馈社会救助政策执行的成效与不足,建立健全上情下达、下情上达的信息沟通网络,推动完善社会救助政策。

(二)完善社会救助领域社会工作服务机制。建立健全社会工作服务需求发现报告机制。支持社会工作服务机构和社会工作者参与社会救助对象家庭状况调查评估、建档访视、服务需求分析等具体社会救助管理与服务事务,使社会救助对象的实际需求得到客观评估和及时响应,为有针对性地实施社会救助提供科学依据。建立健全社会工作服务承接机制。在乡镇(街道)社会事务办、民政所、社区服务中心和社区服务站等基层公共服务平台配备使用社会工作者,在社会救助管理与服务机构加强社会工作岗位开发设置,通过政府购买服务等方式扶持发展一批治理规范、服务专业、群众认可的社会工作服务机构,建立健全社会工作者与志愿者协作联动机制,不断夯实社会工作服务的承接平台,扩大社会工作服务的覆盖范围。建立健全社会工作服务转介机制。明确基层公共服务平台、社会救助管理与服务机构中有关经办人员参与社会工作服务的职责,对有社会工作服务需求的社会救助对象,依程序转介给社会工作服务机构和社会工作者，由社会工作服务机构和社会工作者根据社会救助对象实际情况分类提供综合性或专门化服务，使社会救助对象的需求得到全面有效回应。

（三）强化社会救助领域社会工作服务评估。构建政府部门、服务对象、专业机构等协同配合的服务评估模式，从行政监管、服务成效、项目管理、社会影响等多个方面对社会救助领域社会工作服务进行综合评估，保证社会救助领域社会工作服务的职业化、专业性、规范化发展方向。加强政府购买社会救助领域社会工作服务项目评估，规范立项评估和绩效评估程序，对申请承接政府购买社会救助领域社会工作服务的机构，从专业资质、内部治理、人才资源等维度进行第三方立项评估；建立社会救助领域社会工作服务绩效评估指标体系，对社会救助领域社会工作服务项目的综合成效进行客观评估，加强绩效评估结果的反馈应用。引导社会工作服务机构和社会工作者自觉做好自我评估，树立质量管理意识，建立专业督导机制，不断提升参与和承接社会救助领域社会工作服务的能力水平。

四、切实加强社会救助领域社会工作的支持保障

（一）加大社会救助领域社会工作投入力度。各地要贯彻落实《国务院办公厅关于政府向社会力量购买服务的指导意见》（国办发〔2013〕96 号）和《民政部、财政部关于政府购买社会工作服务的指导意见》（民发〔2014〕196 号），将社会救助领域社会工作纳入政府购买服务范围，逐步加大政府投入力度，鼓励和引导社会资金投向社会救助领域社会工作，构建多元化的经费保障机制。

（二）推进社会救助领域工作人员教育培训。依托各项社会工作专业人才培养和有关干部培训计划，发挥高校院所和社会工作专业人才培训基地的资源优势，对基层社区有关工作人员和社会救助管理与服务机构干部职工开展大规模、分层次、分类别的社会工作培训；鼓励基层社区有关工作人员和社会救助领域干部职工参加全国社会工作者职业水平考试和社会工作学历学位教育，提升运用社会工作专业理念、知识与方法开展社会救助管理与服务工作的实际能力；通过购买服务、公开招聘、挂职锻炼等方式，逐步扩大基层社区和社会救助管理与服务机构社会工作者的数量；加大社会救助政策、知识与方法在社会工作学历学位教育、在职在岗培训和职业水平评价中的内容比重。

（三）加强社会救助领域社会工作研究宣传。总结提炼社会救助领域社会工作的经验模式，学习借鉴其他国家和地区的先进做法，研究解决社会救助领域社会工作发展中的困难问题，逐步构建社会救助领域社会工作理论与实务体系。依托各类新闻媒体和社会救助宣传载体，对社会救助领域社会工作的政策制度、经验做法、优秀事迹开展持续深入的宣传，加大社会工作专业理念、知识与方法的宣传普及力度，积极营造关心、理解、支持社会救助领域社会工作发展的社会氛围。

（四）开展社会救助领域社会工作试点。按照试点先行、统筹推进的原则，选择一批社会工作发展基础条件好、社会救助对象多、服务需求急迫的地区和单位开展社会救助领域社会工作试点，积极总结经验、探索模式、创新方法，在试点基础上创建一批社会救助领域社会工作示范地区和单位，发挥其典型示范和引领带动作用，逐步推动社会救助领域社会工作由点及面深入发展。

民政部关于进一步加快推进民办社会工作服务机构发展的意见

（2014 年 4 月 9 日　民发〔2014〕80 号）

各省、自治区、直辖市民政厅（局），各计划单列市民政局，新疆生产建设兵团民政局：

为发挥民办社会工作服务机构在吸纳使用社会工作专业人才，提供专业化、个性化社会工作服务，创新社会治理方面的重要作用，根据《民办非企业单位登记管理暂行条例》和《关于加强社会工作专业人才队伍建设的意见》（中组发〔2011〕25 号），现就进一步加快推进民办社会工作服务机构发展提出如下意见：

一、充分认识加快推进民办社会工作服务机构发展的重要性和紧迫性

民办社会工作服务机构是以社会工作专业人才为主体，坚持“助人自助”宗旨，遵循社会工作专业伦理规范，综合运用社会工作专业知识、方法和技能，开展困难救助、矛盾调处、权益维护、人文关怀、心理疏导、行为矫治、关系调适、资源链接等服务的民办非企业单位。民办社会工作服务机构是社会工作专业人才发挥作用的重要平台，是整合社会工作资源、提供社会工作服务的重要载体，是承接政府社会服务职能的重要依托。发展民办社会工作服务机构，对于加强现代社会组织建设、促进转变政府职能、引导社会力量有序参与社会治理、建立健全社会服务体系，具有十分重要意义。

《民政部关于促进民办社会工作服务机构发展的通知》（民发〔2009〕145 号）发布以来，各级民政部门立足实际、积极探索、创新实践，扶持发展了一批管理规范、服务专业、作用明显、公信力强的民办社会工作服务机构，有力推动了社会工作事业发展，较好回应了人民群众服务需求，促进了社会主义和谐社会建设。但从总体看，民办社会工作服务机构发展依然存在规模较小、服务能力不足、扶持力度不大、规范管理不够等问题，与人民群众需求和社会发展要求相比还有很大差距。各级民政部门要进一步增强责任感和紧迫感，解放思想、更新观念、大胆探索，采取更加有力措施，加快推进民办社会工作服务机构发展。

二、加快推进民办社会工作服务机构发展的指导思想、基本原则和主要目标

（一）指导思想。以邓小平理论、“三个代表”重要思想、科学发展观为指导，深入贯彻党的十八大和十八届三中全会精神，适应转变政府职能、创新社会治理、推进社会参与要求，以满足人民群众社会工作服务需求为根本，以加强民办社会工作服务机构能力建设为重点，以建立健全政策制度、完善体制机制为保障，加快推进民办社会工作服务机构发展，为繁荣发展社会工作事业、提升社会治理与服务水平提供有力支撑。

（二）基本原则。坚持积极扶持、规范发展，将民办社会工作服务机构纳入社会组织建设管理之中，加快完善体制机制和政策措施，依法加强监督管理和业务指导，引导民办社会工作服务机构健康有序发展。坚持突出重点、统筹兼顾，优先扶持发展满足重点人群和重点领域服务需求的民办社会工作服务机构，以点带面逐步壮大民办社会工作服务机构发展规模、优化发展布局。坚持改革创新、整合资源，按照社会组织体制改革方向，着力破解制约民办社会工作服务机构发展的瓶颈问题，有效整合各方资源，鼓励和支持社会力量参与民办社会工作服务机构发展。

（三）主要目标。建立健全加快推进民办社会工作服务机构发展的政策制度，逐步形成协调有力的管理体制和规范高效的工作机制；进一步完善登记服务和监督管理措施，为民办社会工作服务机构登记成立和健康发展创造有利条件；加强民办社会工作服务机构能力建设，促进社会工作行业组织发展；加快推进政府购买社会工作服务，建立健全民办社会工作服务机构支持保障体系。到2020年，在全国发展8万家管理规范、服务专业、作用明显、公信力强的民办社会工作服务机构，有效承接政府社会服务职能，满足人民群众专业化、个性化的社会工作服务需求。

三、完善民办社会工作服务机构管理制度

（一）改进登记方式。成立民办社会工作服务机构，应当符合《民办非企业单位登记管理暂行条例》规定的条件，专职工作人员中应有三分之一以上取得社会工作者职业水平证书或社会工作专业本科及以上学历，章程中应明确社会工作服务宗旨、范围和方式。民办社会工作服务机构可直接向民政部门依法申请登记。鼓励有条件的民办社会工作服务机构规模化、综合化发展，面向城乡基层设立社会工作服务站点。

（二）强化监督管理。各级民政部门要坚持积极引导发展、严格依法管理的原则，进一步加强对民办社会工作服务机构履行章程、开展活动、使用资金的监督管理，综合运用年度检查、社会评估、绩效评价、信用建设等监督管理手段。对违反章程开展活动、骗取或违规使用政府购买服务与社会捐赠资金、公布虚假失实信息、侵害服务对象权益等行为要严肃依法惩处，建立健全责任追究和行业退出机制。深入做好民办社会工作服务机构评估工作，将评估结果作为政府购买服务和资源支持的重要依据，充分发挥评估工作的导向、激励和约束作用。

（三）推动信息公开。建立健全民办社会工作服务机构信息公开制度，督促民办社会工作服务机构真实、准确、完整、及时地向社会公开组织机构、年报公告、财务收支、捐资使用、服务内容、奖惩情况等重要信息，主动接受社会监督，努力树立良好社会公信力。依托各级社会组织管理服务信息平台，实现民办社会工作服务机构信息公开与注册登记、申请项目、吸引捐赠的有机衔接，广泛争取社会各界对民办社会工作服务机构的认可与支持。

四、加强民办社会工作服务机构能力建设

（一）进一步增强民办社会工作服务机构内部治理能力。督促民办社会工作服务机构建立健全以章程为核心的各项规章制度，健全理事会、监事会制度，完善法人治理结构，恪守民间性、公益性、非营利性原则。以政府购买社会工作服务为杠杆，发挥市场配置资源的决定性作用，促进民办社会工作服务机构提升战略谋划、项目运作、资源整合、创新发展和组织管理能力。指导民办社会工作服务机构建立健全财务管理制度，主动拓宽资金来源，积极争取企业、基金会和社会各界资助，增强自身造血功能，增强资金计划、分配与使用的规范性和透明度。加快培养一批具有社会使命感、掌握现代组织管理知识、拥有丰富管理经验的民办社会工作服务机构管理人才以及具有扎实理论知识和丰富实务经验、能够指导解决复杂专业问题、引导推动社会工作服务人才成长发展的专业督导人才。

（二）着力提升民办社会工作服务机构服务水平。加强对民办社会工作服务机构提供服务情况的指导、监督与反馈，逐步优化民办社会工作服务机构的区域布局、业务结构和服务功能。建立健全民办社会工作服务机构服务成效评估指标体系，为评价民办社会工作服务机构服务情况、提升服务水平提供科学依据。加强民办社会工作服务机构一线服务人员的教育培训，鼓励其参加社会工作者职业水平考试，不断提升综合素质和专业水平。指导民办社会工作服务机构结合群众需求和自身优势特点加强服务品牌建设，形成一批社会认可、特色鲜明、具有示范指导作用的优秀社会工作服务项目。支持符合条件的民办社会工作服务机构承接社会工作专业人才实习实训任务，积极引导高校社会工作专业毕业生到民办社会工作服务机构就业创业、建功立业。

（三）建立健全民办社会工作服务机构联系志愿者制度。以民办社会工作服务机构为平台，深入做好志愿者的招募注册、组织管理、培训指导和服务记录工作，鼓励志愿者长期参加民办社会工作服务机构有关活动，通过自学、考试等方式转化提升为社会工作专业人才。通过社会工作专业人才和志愿者（义工）的互动，引领提升志愿服务的专业化、组织化水平，丰富社会工作专业人才资源，拓展社会工作专业服务范围，增强社会工作专业服务效果。

（四）加强民办社会工作服务机构党群组织建设。按照现代社会组织党建工作要求，指导民办社会工作服务机构建立基层党组织，逐步实现民办社会工作服务机构党组织全覆盖，支持有条件的民办社会工作服务机构建立共青团、工会、妇女组织等群团组织，充分发挥党组织的领导核心作用、团组织的先锋模范作用以及工会、妇女组织的服务维权作用，确保民办社会工作服务机构的正确发展方向。

五、切实发挥社会工作行业组织促进民办社会工作服务机构发展的功能作用

（一）支持社会工作行业组织发展。各级民政部门要按照《国务院办公厅关于加快推进行业协会商会改革和发展的若干意见》（国办发〔2007〕36 号）要求，加大社会工作行业组织扶持发展力度，将社会工作行业组织纳入政府购买社会工作服务对象范围。加强对社会工作行业组织的监督管理，促进行业管理与服务人才队伍建设，引导在行业中起骨干作用的民办社会工作服务机构参与组建、发展行业组织。积极探索在社会工作行业组织中引入竞争机制，不断提升民办社会工作服务机构的服务水平。

（二）推进民办社会工作服务机构行业自律。指导社会工作行业组织建立健全各项行业自律制度，制定并实施行业职业道德准则，推动行业诚信体系建设，依法依规开展行业评比奖励和质量认证等活动，规范民办社会工作服务机构行为、增强民办社会工作服务机构公信力。有条件的地区要逐步将民办社会工作服务机构及其有关人员的资质核查、信息统计、教育培训等日常管理事务委托社会工作行业组织承担，充分发挥行业组织在民办社会工作服务机构管理中的前置和基础作用，推动政府监管与行业自律的有机结合。

（三）积极做好民办社会工作服务机构行业服务。社会工作行业组织要主动加强行业调查研究，积极参与相关法律法规、行业规划、行业标准的研究制定工作，及时向政府部门反映民办社会工作服务机构诉求，提出行业发展意见和建议。要积极为民办社会工作服务机构提供政策咨询、规划指导、项目推介、信息发布、权益维护、能力建设、合作交流等服务，增进民办社会工作服务机构之间以及民办社会工作服务机构与有关方面的沟通联系，为民办社会工作服务机构发展争取有力支持。

六、建立健全民办社会工作服务机构支持保障体系

（一）加快推进政府购买社会工作服务。积极推动政府职能转变，贯彻落实《国务院办公厅关于政府向社会力量购买服务的指导意见》（国办发〔2013〕96 号）和《民政部、财政部关于政府购买社会工作服务的指导意见》（民发〔2012〕196 号），将社会工作专业人才配备、社会工作岗位设置、机构管理服务能力与成效等情况作为政府购买民办社会工作服务机构服务的重要依据。规范政府购买社会工作服务程序，除技术复杂、性质特殊的社会工作服务项目和岗位，原则上均应通过公开招标方式竞争性购买，公平对待民办社会工作服务机构承接政府购买社会工作服务。严格民办社会工作服务机构承接政府购买社会工作服务的资质条件，加强对政府购买社会工作服务的监督管理和绩效评价，建立健全评价结果反馈应用与奖惩机制，确保民办社会工作服务机构依法依约提供服务。积极发展社会工作专业评估与咨询服务机构，为开展政府购买社会工作服务提供技术支持。

（二）加大对民办社会工作服务机构扶持力度。实施民办社会工作服务机构孵化基地建设工程，通过整合现有资源或新建等方式，到 2020 年建立 50 个国家级民办社会工作服务机构孵化基地。各地要积极推动本地区民办社会工作服务机构孵化基地建设，优先孵化以老年人、残疾人、青少年、城市流动人口、农村留守人员、特殊困难人群、受灾群众等为重点服务对象和以婚姻家庭、教育辅导、就业援助、职工帮扶、犯罪预防、矫治帮教、卫生医疗、人口服务、应急处置等为重点服务领域的民办社会工作服务机构。鼓励有条件的地方设立扶持民办社会工作服务机构发展专项资金，通过公益创投、补贴奖励、提供场所、减免费用等多种方式，支持民办社会工作服务机构的启动成立和初期运作。采取公办民营、民办公助等方式，面向民办社会工作服务机构开放公共和社会资源，支持其以社区为平台开展社会工作服务。积极协调有关部门落实促进民办社会工作服务机构发展的各项财税优惠政策，降低其运行管理和提供服务成本。各地民政部门要会同有关部门研究制定民办社会工作服务机构有关人员引进落户、薪酬保障、职业发展、表彰奖励等方面的激励措施，充分调动民办社会工作服务机构开展专业服务的积极性、主动性和创造性。

（三）鼓励社会力量支持和参与民办社会工作服务机构发展。鼓励社会工作院校与民办社会工作服务机构开展产学研合作，鼓励社会工作专业教师创办民办社会工作服务机构。积极引导志愿者机构、公益慈善类社会组织和企事业单位按照注册登记条件成立民办社会工作服务机构。鼓励国（境）内外组织和个人依法通过捐资方式创办民办社会工作服务机构，通过设立基金、提供场所、项目合作、专业扶持等多种方式支持民办社会工作服务机构发展。

七、加强对民办社会工作服务机构发展的组织领导

（一）建立健全领导体制和工作机制。各级民政部门要将促进民办社会工作服务机构发展作为推动政府职能转变、完善社会服务体系的重要任务，纳入社会组织建设管理和社会工作专业人才队伍建设规划，积极争取党委政府和有关部门的重视与支持。要进一步加强调查研究、政策创制和统筹协调，制定本地区实施意见，出台落实措施，建立健全支持民办社会工作服务机构发展的长效机制。

（二）加大对民办社会工作服务机构发展的经费投入。要积极协调有关部门逐步扩大财政资金对民办社会工作服务机构发展的支持规模和范围。加大民政部门留用的福利彩票公益金对民办社会工作服务机构发展支持力度，扶持壮大群众急需、具有发展潜力的民办社会工作服务机构。支持、引导社会资金参与支持民办社会工作服务机构发展，逐步形成多元化、稳定化、制度化的经费保障机制。

（三）营造民办社会工作服务机构发展的社会环境。要加强各类社会工作宣传载体建设，围绕民办社会工作服务机构发展的政策制度、优秀典型、先进事迹，开展深入持续的社会宣传，着力突出民办社会工作服务机构在保障改善民生、创新社会治理中的重要作用、专业功能和服务成效。积极开展民办社会工作服务机构发展的研究、交流与合作，及时总结推广经验做法，研究解决困难问题，促进理论与实践发展。严格按照国家规定，对优秀民办社会工作服务机构及有关专业人才进行多种形式的表彰奖励，大力营造关心、理解、支持民办社会工作服务机构发展的良好社会氛围。

民政部关于印发《中国社会服务志愿者队伍建设指导纲要（2013－2020年）》的通知

（2013年12月27日　民发〔2013〕216号）

为加强我国社会服务志愿者队伍建设，推进志愿服务规范化、制度化、常态化发展，现将《中国社会服务志愿者队伍建设指导纲要（2013－2020年）》印发你们，请认真贯彻执行。

中国社会服务志愿者队伍建设指导纲要（2013－2020年）

为贯彻落实《中共中央关于构建社会主义和谐社会若干重大问题的决定》、《中共中央关于全面深化改革若干重大问题的决定》和党的十八大关于广泛开展志愿服务、支持和发展志愿服务组织、建立完善社会志愿服务体系的要求，进一步加快推进我国社会服务志愿者队伍建设，制定本纲要。

一、发展现状和面临形势

志愿服务是社会文明进步的重要标志。志愿者是不以获取物质报酬为目的，自愿奉献时间、智力、体力和技能等，为他人和社会提供公益服务的人。社会服务志愿者是指以满足全体社会成员尤其是困难群体的生活需求，提高人民生活质量为目标，在社区建设、社会福利、公益慈善、社会救助、优待抚恤、减灾救灾、健康卫生等社会服务领域提供公益服务的人员，是志愿者队伍的中坚力量。大力推进社会服务志愿者队伍建设，深入开展志愿服务，是动员社会力量、整合社会资源、发展社会事业、完善社会功能的有效举措；是激发奉献精神、陶冶思想情操、提高道德素质、形成良好社会风尚的内在要求；是满足群众需求、协调社会关系、化解社会矛盾、增进社会和谐的重要途径。

近年来，在党中央、国务院的积极倡导、各地各有关部门的大力推动和社会各界的积极支持与热情参与下，我国社会服务志愿者队伍建设政策环境不断完善，队伍规模不断壮大，发展平台不断夯实，基础保障不断加强，服务活动不断丰富；志愿服务逐步覆盖城乡社区建设、敬老扶幼助残、抢险救灾减灾、社会公益慈善等众多服务领域，在提高群众生活水平、助推城乡社会建设、发展社会服务、创新社会治理、提高社会文明素质等方面发挥了积极作用。但总体看，当前我国社会服务志愿者队伍建设基础还比较薄弱，还存在着政策法规体系不够完善、公众参与志愿服务氛围不够浓厚、志愿服务组织和志愿者队伍数量不足、志愿者素质有待提高和志愿服务缺乏稳定经费保障等问题，与人民群众日益增长的社会服务需求相比还有许多不适应的地方。

当前，我国社会服务志愿者队伍建设迎来重要的发展机遇。党的十八大和十八届三中全会强调广泛开展志愿服务、支持和发展志愿服务组织，为进一步推进社会服务志愿者队伍建设提供了政治保证；民生保障、社会治理对志愿服务的迫切要求和广大人民群众对社会服务的巨大需求，为进一步推进社会服务志愿者队伍建设提供了强大动力；经济的持续增长，人们物质生活水平的普遍提高，参与志愿服务、履行社会责任意识的不断增强、热情的日益高涨，为进一步推进社会服务志愿者队伍建设创造了有利条件；在长期的实践中，各地创新探索的丰富的志愿服务经验，为进一步推进社会服务志愿者队伍建设奠定了实践基础。今后一个时期，我们要从构建社会主义和谐社会、促进社会文明进步的战略高度，进一步抓住机遇，迎难而上，采取更加有力的措施，加快推进社会服务志愿者队伍建设，有效满足人民群众的服务需求，主动回应经济社会发展的现实需要。

二、指导思想、基本原则和总体目标

（一）指导思想。

以邓小平理论、“三个代表”重要思想、科学发展观为指导，以建立健全服务体系、提升服务能力为目标，以扩大队伍规模、提高队伍素质为重点，以制度化建设为保障，加快建设一支数量充足、素质优良、结构合理、长期稳定、服务规范的社会服务志愿者队伍，不断满足人民群众日益增长的服务需求，为发展社会事业、创新社会治理、加强社会建设、促进社会和谐凝聚强大社会力量。

（二）基本原则。

1. 以人为本，服务社会。社会服务志愿者队伍建设要从社会发展需要和人民群众愿望出发，以满足服务对象的社会服务需求为根本，把服务他人、服务社会与实现个人价值有机结合,使社会公众在志愿服务活动中实现自身发展。

2. 广泛动员,自愿参与。广泛宣传志愿理念,弘扬志愿精神,营造志愿服务氛围,不断激发公民的道义、良知、爱心和社会责任感,充分调动社会各方参与志愿服务。

3. 讲求实效,鼓励创新。树立成效意识,用实际效果作为衡量社会服务志愿者队伍建设标准。鼓励各地各领域结合实际,积极探索发展社会服务志愿者队伍的新机制、新方式。

4. 统筹协调,合力发展。加强社会服务志愿者队伍建设规划、管理和协调,充分调动各方面志愿服务力量,形成推进社会服务志愿者队伍建设的合力。

(三)总体目标。

当前和今后一个时期,社会服务志愿者队伍建设的总体目标是:建立健全社会服务志愿者法规、政策、制度体系,畅通志愿者参与社会服务的渠道,夯实志愿者参与社会服务的基础,营造人人愿为、人人能为、时时可为的社会服务志愿者发展环境,使社会服务志愿者队伍的数量、质量与结构适应构建社会主义和谐社会的需要,满足社会成员尤其是困难群体日益增长的社会服务需求。

——队伍规模不断扩大。到2020年,注册社会服务志愿者占居民总数的比例达到10%。

——能力素质不断提升。具有专业特长的社会服务志愿者不断增多,能开展专业社会服务的志愿服务组织不断涌现,志愿者的服务理念不断强化,服务知识不断丰富,服务技能不断增强,服务方法不断完善。

——队伍结构不断优化。社会服务志愿者群体覆盖社会各类人群,社会服务志愿者队伍的区域结构、城乡结构、领域结构、专业结构和年龄结构不断优化。

——发展环境不断改善。社会服务志愿者招募、注册、培训、管理、考核、评价、激励、保障等方面政策制度不断健全,志愿服务记录制度全面建立,志愿服务网络进一步拓展,志愿服务组织布局更加合理、治理更加科学、作用更加突出。

——服务效益不断增强。志愿服务时间逐步增加,志愿服务领域不断拓宽,志愿服务更加规范、科学,志愿者和服务对象满意度不断提高,志愿服务在改善社会福利、开展社会救助、完善社会保障、创新社会治理、促进社会文明的成效更加明显。

三、主要任务

(一)规范招募注册。

1. 规范人员招募。建立经常性招募与应急性招募相结合、社会化招募和组织化招募并举的招募机制,规范志愿者招募组织资质、招募信息发布、招募工作流程,吸引各阶层、各职业、各年龄段人员自觉自愿加入社会志愿服务。

2. 实施注册管理。全面推行社会服务志愿者注册登记制度,鼓励参加志愿服务人员登记成为注册志愿者。鼓励志愿服务组织、公益慈善类组织和社会服务机构配备专职人员开展社会服务志愿者注册,有效整合现有注册服务资源,实现各领域志愿者信息注册系统有机衔接、互联互通、信息共享。

(二)深化教育培训。

1. 完善培训体系。实施社会服务志愿者队伍能力提升工程,以加强社会服务志愿者能力建设为根本,将志愿服务基础培训和特定专业知识技能培训相结合,志愿者初次培训、阶段性培训和临时性培训相衔接,逐步建立健全志愿者分级分类培训体系。鼓励志愿服务组织利用自身优势,针对当前社会急需和群众急盼,重点加大为老服务、扶幼助残、扶贫帮困、减灾救灾、社区服务等领域志愿者培训力度,逐步提高志愿者专业服务水平。

2. 加强基础建设。支持各地依托高等院校和相关培训机构,建立社会服务志愿者培训基地,研究开发社会服务志愿者培训课程与教材,建设专兼职相结合、理论型与实务型相结合的师资队伍,不断创新培训方式,加强培训质量评估,提升培训效果。

(三)加强记录管理。

1. 规范服务记录。深化志愿服务记录试点,全面建立公民志愿服务记录制度,规范志愿服务组织、公益慈善类组织和社会服务机构志愿服务记录行为,建立专人负责、流程规范、监管严格的工作机制,将志愿服务记录贯穿于社会服务志愿者管理与服务全过程。推动各地将志愿服务记录与社会服务志愿者使用、培训、评价、保障、奖励挂钩,完善志愿服务记录运用机制。

2. 强化服务管理。引导志愿者参与组织化、规范化、常态化志愿服务活动。建立社会服务志愿者使用主体和使用过程监督机制,及时发现和纠正不当使用社会服务志愿者的行为。按照专业特长、服务意向、服务区域等分类管理社会服务志愿者,逐步健全志愿服务供需对接机制和志愿者配置机制,实现服务需求与供给的无缝对接、志愿者与服务岗位的最佳匹配。

(四)完善评价激励。

1. 完善评价机制。建立志愿服务统计体系和志愿服务成效评估体系。完善以服务时间和服务质量为主要指标的社会服务志愿者评价制度。培育志愿服务评估监督机构。加强评价结果应用,充分发挥评价机制在促进社会服务志愿者队伍建设、发展社会志愿服务中的积极作用。

2. 健全激励保障。完善以精神激励为主、物质奖励为辅的社会服务志愿者表彰激励机制。鼓励有关部门、社会组织和企事业单位对优秀志愿者和优秀志愿服务组织进行表彰奖励。建立志愿服务记录与志愿者升学、就业、享受社会服务挂钩制度,鼓励有关单位在同等条件下优先录用有良好志愿服务记录人员,鼓励公共服务机构和商业机构对有良好志愿服务记录人员提供优惠与优先服务。推动建立志愿者保险制度,明确志愿者保险的责任主体、涉险范围和风险承担机制,为志愿者参与社会服务解除后顾之忧。实施志愿服务时间储蓄建设工程，建立健全志愿服务时间储蓄与回馈制度，形成志愿服务互助循环发展机制。

（五）加快平台建设。

1. 支持组织发展。鼓励各地简化登记程序、降低登记门槛、放宽登记条件、加快成立各类行业性、专业性志愿服务组织，建构覆盖面广、服务能力强的社会志愿服务网络体系。实施志愿服务组织孵化工程，鼓励支持各地建立志愿服务组织孵化基地，为进驻扶老、助残、救孤、济困、赈灾等基本民生领域的志愿服务组织优先提供项目开发、能力培养、合作交流等服务。扶持发展一批富有特色、治理规范、服务优良、作用明显的志愿服务组织。

2. 加快信息化建设。要改善志愿服务管理设施，充分利用网络信息技术优化管理与服务流程，创新志愿服务记录手段，促进志愿服务供需有效对接。加强中华志愿服务网和全国志愿者队伍建设信息系统建设，建立全国志愿者基础信息管理和志愿者数据交换与共享平台，逐步整合全国志愿者和志愿服务信息资源，不断提高社会服务志愿者队伍建设科学化、信息化水平。

（六）推进服务开展。

1. 推进基地建设。鼓励广大城乡社区和社会服务机构设立志愿者服务站，配备志愿服务标识和必要工作设施。加快建设有专职人员、有稳定服务岗位或服务项目的规范化志愿服务基地，为人民群众参与和接受志愿服务提供便利条件。

2. 加强项目开发。建立健全志愿服务项目化运作机制。鼓励各地立足实际，紧贴民生需求，自主开发灵活多样、社会认同度高的志愿服务项目，为社会公众提供“菜单式”志愿服务，增强志愿服务的实效性和影响力。

3. 建立社会工作者与志愿者联动机制。充分发挥社会工作专业人才在组建团队、发现需求、规范服务、拓展项目、培训策划等方面专业优势，形成社会工作者引领志愿者、志愿者协助社会工作者的服务格局。鼓励志愿服务组织吸纳社会工作专业人才，推动社会工作服务机构为志愿者开展工作提供必要条件，进一步丰富社会服务人才资源，拓展社会服务范围，增强社会服务效果。

四、保障措施

（一）加强组织领导。建立健全省（自治区、直辖市）、市（地、州、盟）、县（市、区、旗）三级社会服务志愿者队伍工作体系，形成党政领导、民政负责、部门协同、社会参与的工作格局。将社会服务志愿者队伍建设纳入当地社会发展成果评价体系，按照队伍建设、活动开展、社会效益与经济价值等指标，对社会服务领域志愿服务成效进行考核。

（二）加大经费投入。各地要将社会服务志愿者队伍建设和志愿服务工作经费纳入财政预算，逐步加大福利彩票公益金对社会服务志愿者队伍建设支持力度。要建立政府购买、资助志愿服务制度。鼓励企事业单位、公益慈善组织和公民个人对志愿服务活动进行资助，形成多渠道、多元化的筹资机制。要加强和规范志愿服务资金管理，严格财务和审计制度，提高资金使用效益。

（三）完善政策制度。积极推动志愿服务立法工作，为社会服务志愿者队伍建设提供法律保障。制定和完善社会服务志愿者支持、保障与奖励政策，为社会服务志愿者队伍建设营造良好的政策环境。

（四）加强研究宣传。推动政府部门、志愿服务组织与科研机构互动合作，深入开展社会服务志愿者队伍建设、志愿服务发展规律和志愿服务标准化建设研究。充分发挥报刊、广播、电视等传统媒体和博客、论坛、微博、微信等互联网新媒体作用，大力宣传社会服务志愿者感人事迹，总结推广各地社会服务志愿者队伍建设成功经验，营造全社会关心、支持、参与社会志愿服务的良好环境。

社会工作者职业道德指引

（2012年12月28日　民发〔2012〕240号）

第一章　总　　则

第一条　为加强社会工作者职业道德建设，保证社会工作者正确履行专业社会工作服务职责，根据国家有关规定，制定本指引。

第二条　本指引所指的社会工作者是指通过全国社会工作者职业水平评价，提供专业社会工作服务的人员。

第三条　社会工作者应热爱祖国、热爱人民、拥护中国共产党领导，遵守宪法和法律法规，贯彻落实党和国家有关方针政策。

第四条　社会工作者应践行社会主义核心价值观，遵循以人为本、助人自助专业理念，热爱本职工作，以高度的责任心，正确处理与服务对象、同事、机构、专业及社会的关系。

第二章　尊重服务对象 全心全意服务

第五条　社会工作者应以服务对象的正当需求为出发点，全心全意为服务对象提供专业服务，最大程度地维护服务对象的合法权益。

第六条　社会工作者应平等对待和接纳服务对象，不因民族、种族、性别、户籍、职业、宗教信仰、社会地位、教育程度、身体状况、财产状况、居住期限等因素而区别对待。

第七条　社会工作者应尊重服务对象知情权，确保服务对象在接受服务过程中，了解自身和机构的权利、责任和义务，以及获得服务的情况和可能由此产生的结果。

第八条　社会工作者应在不违反法律、不妨碍他人正当权益的前提下，保护服务对象的隐私，对在服务过程中获取的信息资料予以保密。

第九条　社会工作者应培养服务对象自我决定的能力，尊重和保障服务对象对与自身利益相关的决定进行表达和选择的权利。

第十条　社会工作者不得利用与服务对象的专业关系，谋取私人利益或其他不当利益，损害服务对象的合法权益。

第三章　信任支持同事 促进共同成长

第十一条　社会工作者应与同事建立平等互信的工作关系。

第十二条　社会工作者应主动与同事分享知识、经验、技能，互相促进，共同成长。有责任在必要时协助同事为服务对象提供服务，接受转介的工作。

第十三条　社会工作者应尊重其他社会工作者、专业人士和志愿者不同的意见及工作方法。任何建议、批评及冲突都应以负责任、建设性的态度沟通和解决。

第十四条　社会工作者应相互督促支持，对同事违反专业要求的言行予以提醒，对同事受到与事实不符的投诉予以澄清。

第四章　践行专业使命 促进机构发展

第十五条　社会工作者应认同机构使命和发展目标，遵守机构规章制度，按照机构赋予的职责开展专业服务。

第十六条　社会工作者应积极维护机构的形象和声誉，在发表公开言论或进行公开活动时，应表明自己代表的是个人还是机构。

第十七条　社会工作者应致力于推动机构遵循社会工作专业使命和价值观，促进机构成长、参与机构管理，增强服务能力、提高服务质量。

第五章　提升专业能力 维护专业形象

第十八条　社会工作者在提供专业服务时，应诚实、守信、尽责，积极维护专业形象。

社会工作者应在自身专业能力和服务范围内提供服务。

第十九条　社会工作者应不断内化和践行专业理念，持续充实专业知识和技能，提升专业能力，促进专业功能的发挥和专业地位的提升。

第二十条　社会工作者应继承中华民族优良传统，借鉴国际社会工作发展优秀成果，总结中国社会工作经验，推动中国特色社会工作发展。

第六章　勇担社会责任 增进社会福祉

第二十一条　社会工作者应运用专业视角，发挥专业特长，参与相关政策法规的制定和完善，维护社会公平正义，增进社会福祉。

第二十二条　社会工作者应正确鼓励、引导社会大众参与社会公共事务，推动社会建设。

第二十三条　社会工作者应推广专业服务，促进社会资源合理分配，使社会服务惠及社会大众。

第七章　附　　则

第二十四条　本指引自发布之日起施行。

社会工作专业人才队伍建设中长期规划(2011—2020 年)

(2012 年 4 月 28 日)

为加快推进我国社会工作专业人才队伍建设，切实增强构建社会主义和谐社会的人才支撑能力，根据《中共中央关于构建社会主义和谐社会若干重大问题的决定》和《国家中长期人才发展规划纲要(2010—2020 年)》，制定本规划。

一、序言

社会工作专业人才是具有一定社会工作专业知识和技能，在社会福利、社会救助、扶贫济困、慈善事业、社区建设、婚姻家庭、精神卫生、残障康复、教育辅导、就业援助、职工帮扶、犯罪预防、禁毒戒毒、矫治帮扶、人口计生、应急处置、群众文化等领域直接提供社会服务的专门人员。社会工作专业人才是构建社会主义和谐社会、加强和创新社会管理不可或缺的重要力量。大力加强社会工作专业人才队伍建设，对增强社区服务功能、提高社区居民自治能力、促进和谐社区建设；对促进就业、扩大内需、优化人才资本配置；对落实社会政策、创新公共服务方式、满足人民群众日益增长的社会服务需求；对有效预防和解决工业化、城镇化、市场化、信息化、国际化加速发展所产生的社会问题、降低社会管理成本、促进社会和谐稳定、推动文明进步；对彰显人文关怀、密切党和人民群众血肉联系、夯实党的执政基础、加强党的执政能力建设，都具有十分重要的意义。

党的十六届六中全会做出建设宏大社会工作人才队伍的决策部署以来，尤其是党的十七大之后，我国社会工作专业人才制度建设稳步推进，实践探索不断深入，发展了一支近 20 万人的社会工作专业人才队伍。他们在提供专业服务、解决群众困难、化解社会矛盾、推进公平正义、促进社会和谐方面作用逐步显现。同时，必须清醒认识到，当前我国社会工作专业人才工作还存在基础比较薄弱，岗位不明确，投入不足，体制机制和政策制度不太完善，人才数量缺口很大、能力素质不高、结构不太合理等问题。我国社会工作专业人才队伍发展总体水平与现有经济实力不相匹配，与人民群众不断增长的社会服务需求不相适应，与构建社会主义和谐社会的要求还有较大差距。

我们要紧紧抓住未来十几年我国人才事业发展的重要战略机遇期，按照实现全面建设小康社会奋斗目标、构建社会主义和谐社会的总体要求，切实增强推进社会工作专业人才队伍建设的使命感和责任感，像高度重视选拔培养经济建设人才那样，高度重视选拔培养社会工作专业人才，采取有力措施，加快推进社会工作专业人才队伍建设，促进经济社会协调发展。

二、指导思想、基本原则和战略目标

（一）指导思想。

高举中国特色社会主义伟大旗帜，以邓小平理论和“三个代表”重要思想为指导，深入贯彻落实科学发展观，坚持党管人才原则，立足于我国社会经济发展的客观需要，适应加强和创新社会管理以及转变经济发展方式的现实需求，按照实施人才强国战略的总体部署，以人才培养为基础，以人才使用为根本，以人才评价激励为重点，以政策制度建设为保障，以重点工程实施为载体，努力建设一支高素质的社会工作专业人才队伍，为构建社会主义和谐社会和巩固党的执政基础提供有力的人才支撑。

（二）基本原则。

当前和今后一个时期，加强社会工作专业人才队伍建设，必须坚持以下原则：

一是面向群众、服务基层。将直接满足人民群众服务需求作为社会工作专业人才队伍建设的根本出发点和落脚点，用人民群众满意度检验社会工作专业人才队伍建设成效。同时，着力加强基层社会服务平台建设，引导社会服务资源向基层倾斜，鼓励社会工作专业人才到基层服务。

二是突出重点、统筹推进。以城乡基层为重点加强现有社会工作从业人员专业培训，着力推进基层社会工作服务与管理平台建设。以培养高层次社会工作管理人才、服务人才及教育与研究人才为引领，优先开发为困难群体和特殊群体提供服务的社会工作专业人才，优先解决制约社会工作专业人才发展的重大问题。通过重点突破、以点带面，使社会工作专业人才队伍建设由重点领域向一般领域推进、社会工作受益对象由特定人群向普通大众拓展，统筹推进各方面社会工作专业人才队伍建设。

三是完善结构、强化能力。适应城乡、区域、经济社会协调发展的需要，不断促进社会工作专业人才向广大基层、农村和中西部地区流动，不断完善各领域、各层次社会工作专业人才队伍结构。坚持专业化、职业化方向，以职业能力建设为核心，强化社会工作专业人才价值伦理以及应用专业理论、知识、方法、技巧和职业技能提供社会服务、加强社会管理、解决社会问题的能力。

四是党政主导、社会运作。进一步加强和改进党对社会工作专业人才工作的领导，完善管理体制，创新工作机制和方法，确保社会工作专业人才队伍建设的正确政治方向。充分发挥政府在推动社会工作发展、加强社会工作专业人才队伍建设中的主导作用，切实履行在依法规范、政策引导、资金投入等方面职责；同时，加强从事公益服务的事业单位建设，培育民办社会工作服务机构，发展社会工作行业自治组织，促进社会工作服务主体多元化发展，形成党政主导、社会运作、公众参与的社会工作服务与管理格局。

（三）战略目标。

到2020年，我国社会工作专业人才队伍建设的总体目标是：建立健全社会工作专业人才法规、政策和制度体系，造就一支结构合理、素质优良的社会工作专业人才队伍，使之适应构建社会主义和谐社会的要求，满足人民群众日益增长的社会服务需求。

——社会工作专业人才队伍规模不断壮大。到2015年，社会工作专业人才总量增加到50万人，其中具有社会工作师职业水平证书或达到同等能力素质的中级社会工作专业人才达到5万人，具有高级社会工作师职业水平证书或达到同等能力素质的高级社会工作专业人才达到1万人。到2020年，社会工作专业人才总量增加到145万人，其中中级社会工作专业人才达到20万人、高级社会工作专业人才达到3万人。

——社会工作专业人才队伍结构不断优化。根据统筹城乡发展、统筹区域发展、统筹经济社会发展的要求，逐步优化社会工作专业人才区域结构、城乡结构、领域结构、专业结构、能力结构和年龄结构，形成合理的初、中、高级人才梯次结构和人才布局，逐步实现社会工作服务在城乡、区域和领域的全覆盖。

——社会工作专业人才能力素质不断提升。未系统受过社会工作专业教育的社会服务人员普遍接受一定时数的社会工作专业培训。社会工作专业人才思想政治和职业道德水平不断提高，专业价值伦理不断强化，专业理论与知识不断丰富，专业方法与技术不断完善，专业实务能力不断增强，综合素质大幅度提升。

——社会工作专业人才效能不断增强。社会工作专业人才在提供社会服务、解决社会问题、化解社会矛盾、降低社会风险、维护社会稳定、增进公平正义、促进社会和谐等方面的专业作用得到充分发挥。

——社会工作专业人才发展环境不断改善。社会工作专业人才培养开发、评价发现、选拔使用、流动配置、激励保障方面的法规、政策与制度不断完善；社会工作服务与管理网络基本建立；社会工作服务组织数量更加充足，布局更加合理，覆盖更加全面，治理更加科学，作用更加明显，社会工作专业人才市场进一步发展；社会工作专业人才队伍建设体制机制更加健全。

三、人才队伍建设主要任务

（一）大规模开发社会工作服务人才。

发展目标：适应公共服务和社会管理转型需要，满足人民群众日益增长的个性化、专业化社会服务需求,以培养开发社区建设、社会救助、老年人服务、残疾人服务、青少年服务、妇女儿童服务、职工服务、流动人口服务、婚姻家庭服务、教育辅导、卫生服务、矫治帮扶、群众文化等领域的基层社会工作服务人才为重点,以整合、提升、转化现有社会工作从业人员为基础,统筹推进各类社会工作服务人才队伍建设,培养造就一支数量足、结构优、能力强、素质高的社会工作服务人才队伍。

主要举措:制定高层次社会工作服务人才培养计划,将国(境)内外优质社会工作培训资源优先用于培养开发各领域高层次社会工作服务人才。研究制定各主要领域加强社会工作服务人才队伍建设的实施意见。

将社会工作专业技术人才纳入国家专业技术人才知识更新工程和高校毕业生基层培养计划,组织实施社会工作服务人才职业能力建设工程,重点对城乡基层党组织、群团组织、居(村)民自治组织、社区服务组织、从事公益服务的事业单位、公益慈善类社会组织、基层公共服务和社会管理部门中直接从事社会服务的人员进行大规模、系统化的社会工作专业知识培训。

实施社会工作信息系统建设工程,研究开发社会工作远程教育培训网络。实施社会工作专业人才培训基地和教材建设工程,建立一批分工明确、布局合理、功能完善的社会工作培训基地,开发适应各领域、各类型社会工作服务人才发展需要的培训教材体系。加强实训基地建设,依托基础较好的社会工作服务机构建立一批覆盖各领域的社会工作实训基地。

实施社会工作服务标准化建设示范工程,通过加强标准化建设,建立和完善社会工作服务体系。实施民办社会工作服务机构孵化基地建设工程,着力培育发展民办社会工作服务机构,广泛吸纳社会工作服务人才。

研究制定农村社会工作专业人才发展政策。实施社会工作专业人才服务边远贫困地区、边疆民族地区和革命老区计划以及服务新农村建设计划,支持培养边远贫困地区、边疆民族地区、革命老区和广大农村社会工作服务人才。

(二)大力培养社会工作管理人才。

发展目标:适应社会工作行政管理、行业组织建设、服务机构发展和专业实务推进的需要,培养造就一批政治立场坚定,具有宏观视野、战略思维与专业眼光,善于推动事业发展的社会工作行政和行业管理人才;培养造就一批具有社会使命感、懂运营、会管理、通晓社会服务专业知识的社会工作机构管理人才;培养造就一批熟练掌握专业督导方法与技术、具备丰富实务经验、善于解决复杂专业问题,能够带动社会工作服务人才成长、推动专业实务发展的社会工作督导人才。

主要举措:依托国内外高水平大学、示范性职业院校、知名公益类服务组织、公共服务机构和其他社会工作培训机构,加大各类社会工作管理人才培养力度。组织实施社会工作管理人才综合素质提升工程,重点加大社会福利、社会救助、社区服务、残障康复、婚姻家庭、扶贫济困、职工帮扶等社会服务机构管理人才培养力度,提高社会工作服务管理的科学化水平。将社会工作行政管理人才纳入党政人才素质能力提升工程,突出培养一批熟悉社会工作、社会政策的领导干部进入地方及有关部门和组织领导班子,同时对现有分管社会工作的领导干部加强社会工作专业培训。

公共服务和社会管理有关部门与组织要培养、引进和选拔一批熟悉社会工作理论知识、掌握社会工作方法技术的行政管理人才。适应各层次、各领域、各类别社会工作行业组织发展需要,遵循社会工作行业管理规律,创新行业管理人才培养、选拔、使用和流动机制。健全民办社会工作服务机构内部治理结构,将民办社会工作服务机构管理人才纳入各级政府人才培养体系。创新从事公益服务的事业单位社会工作管理人才选拔使用机制、任期目标责任制和经营业绩评价指标体系。分类制定社会工作专业督导能力素质标准,完善专业督导方法与技术,建立健全社会工作专业督导制度。

(三)加快培养社会工作教育与研究人才。

发展目标:适应社会工作专业教育、理论、政策与实务发展需要,重点培养造就一批理论功底深、实务能力强,系统掌握国内外社会工作法规政策,能够推动本土社会工作理论和政策实务发展、具备开展国际交流合作能力的社会工作教育与研究人才。

主要举措:将社会工作专业人才纳入青年英才开发计划,组织实施社会工作教育与研究人才培养引进工程,通过社会工作博士学位教育、社会工作科研和服务项目带动、国(境)外进修深造等方式,重点培养一批学历高、研究能力强、学术成果丰富、有良好国际沟通能力的社会工作教育教学人才和政策实务研究人才。支持高等学校、科研院所与海外高水平教育、科研机构联合建立社会工作教育与研究人才培养基地。积极吸引国(境)外高层次社会工作专业人才来华从事教育教学与研究工作。鼓励社会工作教育与研究人才领办民办社会工作服务机构,引导社会工作教育与研究人才走出书本、走出课堂、走向基层、深入实践,提高其应用理论解决实践问题的能力。强化对社会工作基础理论和政策实务研究的支持。加强社会工作专业研究机构和学术交流平台建设。

统筹协调各部门、各行业现有社会工作专业人才资源,根据相关社会服务部门、行业和领域的特点,大力培养适合部门需要、体现行业特色、满足领域需求的社会工作服务人才、管理人才及教育与研究人才。大力普及志愿服务理念,强化志愿服务意识,弘扬志愿服务精神,倡导志愿服务行为,健全面向全社会的志愿服务动员系统。充分发挥社会工作专业人才优势,规范相关志愿者招募注册,加强相关志愿者培训管理,建设宏大的社会服务志愿者队伍,建立社会工作专业人才和相关志愿者队伍联动服务机制，为加强社会服务与管理提供坚实的人才资源基础。

四、体制机制与重大政策

（一）建立健全社会工作专业人才管理体制机制。

目标要求：根据社会工作专业人才队伍建设的当前需要和长远需求，按照党管人才原则，建立健全符合社会工作专业人才发展规律、体现中国特色的管理体制机制。

主要举措：坚持党管人才原则，切实加强党对社会工作专业人才队伍建设的领导，建立组织部门牵头抓总，民政部门具体负责，机构编制、发展改革、教育、公安、司法、财政、人力资源社会保障、文化、卫生、人口计生、信访、扶贫等部门以及工会、共青团、妇联和残联、红十字会等组织密切配合，社会力量广泛参与的工作格局。组织部门要做好社会工作专业人才队伍建设的宏观指导、综合协调；民政部门要加强社会工作专业人才管理机构和队伍建设，切实履行好推进社会工作专业人才队伍建设的有关职能；有关部门要在各自职责范围内积极推进社会工作专业人才队伍建设；工会、共青团、妇联和残联、红十字会等组织要充分发挥自身优势，大力加强本系统、本领域社会工作专业人才队伍建设，提高其联系群众、服务群众、教育群众、维护群众合法权益等工作的水平和效果。建立社会工作专业人才队伍建设联席会议制度。开展社会工作专业人才信息统计，建立社会工作专业人才资源年度统计调查和定期发布制度，加强社会工作专业人才资源信息库建设。

进一步改进人才管理方式，完善相关公共服务，为在社会组织从业的社会工作专业人才提供档案管理、户籍转移、保险交付、争议仲裁等"一站式"服务，解决社会工作专业人才发展后顾之忧。加强社会工作专业人才市场培育发展，形成以市场调节为基础的人才流动配置机制。

进一步加强相关法制建设，推动社会工作立法，制定社会工作专业人才管理条例，建立健全社会工作专业人才信息披露、专业督导、服务评估、行业自律、继续教育、违纪处置、职业道德规范等配套制度，用法律法规明确社会工作专业人才的职责权利、规范职业行为，形成科学化、制度化、规范化的社会工作专业人才发展环境。

建立健全社会工作专业人才投入机制，落实人才优先投入政策，逐步加大社会工作专业人才队伍建设投入力度；制定政府购买社会工作服务政策，将民办社会工作服务机构纳入政府支持范围，建立并逐步完善政府与民办社会工作服务机构的合作机制；鼓励、支持社会组织建立社会工作发展基金，为推动社会工作专业人才发展提供稳定、充足的经费支持。

（二）建立健全社会工作专业人才培养政策。

目标要求：以国家发展和社会需求为导向，以专业化、职业化为核心，建立健全不同学历层次教育共同发展，专业培训和知识普及有机结合的社会工作专业人才培养政策。

主要举措：研究制定社会工作专业人才教育培训规划，合理配置教育培训资源，明确不同地区、不同领域、不同层次、不同类型社会工作专业人才教育培训重点任务和保障措施。研究制定支持民族地区社会工作专业人才队伍建设意见，加大西部地区、民族地区社会工作管理人才、服务人才及教育与研究人才培养开发力度。

加强社会工作学科专业体系建设，制定适合我国各层次、各领域社会工作专业人才培养目标的课程设置和教学标准，建立科学、规范的社会工作专业教学管理制度。建立健全专科、本科、硕士、博士相衔接的社会工作专业学历学位体系，完善社会工作硕士专业学位教育制度。改革社会工作教育培养模式，提高实践教学在学校教育中的比重，探索实行社会工作课堂教学与实务教育相结合的机制，配备具有丰富实践经验的实习督导。制定社会工作服务项目实施和社会工作专业人才培养有机结合的政策措施。建立社会工作专科、本科成人教育制度。大力发展社会工作中等和高等职业教育，根据行业、领域发展需要，设置相关专业方向，着力培养应用型社会工作专业人才，逐步形成完善的职业教育体系。加强实习、实训基地建设，制定社会工作专业学生实习督导管理办法，建立科学合理、标准规范的实习督导制度，明确社会工作督导教师配备标准。建立社会工作专业教师参与社会工作实践制度，加强"双师型"队伍和督导教师队伍培养力度。改革社会工作专业教师评价办法，加大实践教学成果考核比重。开发一批社会工作专业精品课程，形成具有本土特色的教材体系。

完善社会工作专业人才继续教育制度，构建分层分类的社会工作专业人才继续教育体系。加大社会工作培训师资队伍建设，打造一支专兼职结合、理论与实务水平较高的培训师资队伍。制定社会工作培训质量评估指标体系，加强对培训机构的培育、评估和监督。

（三）建立健全社会工作专业人才评价政策。

目标要求：坚持以职业道德、能力和业绩为导向，以社会工作专业人才职业水平评价为基础，逐步完善符合国情、与国际接轨、科学合理的社会工作专业人才评价政策。

主要举措：实施分类管理，研究制定适合不同类型、不同层次社会工作专业人才的能力素质标准以及评价、鉴定办法。制定社会工作员和高级社会工作师职业水平评价办法，完善社会工作专业人才职业水平评价制度，形成初、中、高级相衔接的社会工作专业人才职业水平评价体系。将取得职业水平证书的社会工作专业技术人才纳入专业技术人员管理范围，改进社会工作专业人才人事管理办法。完善社会工作专业人才登记管理办法，探索建立与国际接轨的社会工作专业人才职业资格制度。研究制定社会工作专业人才职业道德守则和专业行为规范，加强职业道德和作风建设。

完善社会工作专业人才考核制度，根据社会工作专业人才从业领域、单位性质和岗位胜任力要求,分类形成由品德、知识、能力、业绩等要素构成的岗位评价指标体系。要在有关事业单位建立健全以聘用合同和岗位职责为依据,以工作绩效为主要内容,以服务对象满意度为基础的考核办法。要积极引导有关社会组织建立符合社会工作专业人才特点的评价机制。

(四)建立健全社会工作专业人才使用政策。

目标要求:坚持以用为本原则,着眼于发挥社会工作专业人才作用、推动社会工作专业人才合理流动需要,以开发专职岗位和培育服务载体为重点,以畅通人才流动渠道为保障,逐步完善社会工作专业人才使用政策。

主要举措:建立健全城乡社区、相关事业单位、公益慈善类社会组织社会工作岗位开发设置和专业人才使用政策措施。在城市社区要逐步加大社会工作专业人才配置力度,探索在农村社区设置社会工作岗位,通过政府购买服务等方式,配备社会工作专业人才,逐步实现每个农村社区至少配备一名社会工作专业人才的目标。制定出台城乡基层社会工作服务体系建设意见,逐步建立城乡基层社会工作服务网络。坚持培育发展和管理监督并重,积极发展民办社会工作服务机构。完善民办社会工作服务机构发展政策,加大政府购买社会工作服务岗位力度,改善民办社会工作服务机构发展环境。建立社会工作服务机构第三方监督机制。加强党对民办社会工作服务机构的领导,在各类民办社会工作服务机构建立健全基层党组织和工青妇等群团组织。

加大相关事业单位社会工作岗位开发和专业人才使用力度,老年人福利机构、残疾人福利和服务机构、儿童福利机构、收养服务机构、妇女儿童援助机构、困难职工帮扶机构、婚姻家庭服务机构、青少年服务机构、社会救助和管理机构、优抚安置服务保障机构等以社会工作服务为主的事业单位要将社会工作岗位明确为主体专业技术岗位;学校、医院、基层文化服务机构、人口计生服务机构等要根据需要逐步设置社会工作岗位。支持企业设立社会工作岗位,使用社会工作专业人才,开展职工服务。有社会工作服务需求的公共服务和社会管理部门要根据需要明确社会工作岗位。

研究制定促进社会工作专业人才流动政策,积极推动将社会工作专业人才纳入国家有关对口支援机制,通过双向挂职、短期工作、项目合作等多种形式,引导社会工作专业人才向急需紧缺地区、部门和行业流动。采取政府购买服务、报考公职人员和社会工作硕士专业学位优先录用等措施,鼓励和引导高校社会工作专业毕业生到城乡基层、边远贫困地区、边疆民族地区和革命老区就业。开展城乡人才对口扶持,推动社会工作专业人才服务社会主义新农村建设,创造条件引导和鼓励城市社会工作专业人才到农村社区开展服务。研究制定吸引、留住社会工作专业人才到西部地区工作的优惠政策,建立社会工作专业人才对口支持制度,大力推进东部、中部与西部地区社会工作专业人才的交流与合作。

(五)建立健全社会工作专业人才激励保障政策。

目标要求:以激发社会工作专业人才积极性、稳定人才队伍、充分实现人才价值为目标,综合运用物质激励和精神激励方式,建立健全有利于社会工作专业人才长期、安心扎根基层、服务一线的激励保障政策。

主要举措:建立健全社会工作专业人才薪酬保障机制,逐步提高社会工作专业人才整体薪酬。在城乡社区和公益类社会组织工作的社会工作专业人才,由所在单位合理确定薪酬水平;在党政机关、人民团体、事业单位工作的社会工作专业人才,工资待遇按照国家有关规定执行。重视社会工作专业人才的社会保障问题,按照国家有关规定办理社会保险事宜。以党委、政府奖励为导向,按照国家有关规定开展多种形式的表彰奖励活动。以用人单位和社会力量为主体,努力提高社会工作专业人才地位和待遇。

将吸纳一定比例的社会工作专业人才,作为评估公益类社会组织的重要指标和政府购买服务的重要条件。鼓励各级党政机关、人民团体、事业单位招录、招聘社会服务相关职位工作人员和选拔干部时,在同等条件下要优先录用具有丰富基层实践经验的社会工作专业人才。注重把政治素质好、熟悉社会服务与管理的社会工作专业人才吸纳进基层党员干部队伍,选拔进基层党组织领导班子,支持有突出贡献的社会工作专业人才进入地方基层人大、政协参政议政。

五、重点工程

(一)社会工作服务人才职业能力建设工程。

为适应构建社会主义和谐社会对高素质社会工作专业人才队伍的迫切需要,切实改变现有社会工作服务人员创新创业能力不强现状,每年培训10000名取得助理社会工作师、社会工作师和高级社会工作师职业水平证书人员。到2015年,通过进修、实习、短训、函授、自学考试等形式,对现有社会工作服务人员进行累计不低于480小时的专业教育和培训,使其基本掌握社会工作专业理念、理论、知识、方法和技巧,熟悉相关法规政策,具备岗位所需的专业能力。到2020年,实现所有在岗社会工作服务人员系统接受良好的专业教育和培训。

(二)社会工作管理人才综合素质提升工程。

着眼于提高我国社会工作现代化管理水平和社会公共服务产品供给能力,到2020年培养一批具备社会工作专业理念、熟悉社会工作发展规律,能够统筹推进社会工作专业人才队伍建设的行政管理和行业管理人才;培养8万名具有社会使命感,掌握现代组织管理知识,拥有丰富管理经验,能够有效整合资源、协调关系、凝聚队伍的社会工作机构管理人才;培养8万名具有扎实理论知识基础、丰富实务经验且能够指导解决重大复杂专业问题、引导推动社会工作服务人才成长发展的专业督导人才 。

（三）社会工作教育与研究人才培养引进工程。

适应我国社会工作蓬勃发展需要，着眼于培养高层次、领军型社会工作教育与研究人才，将高等学校中社会工作教育与研究人才培养纳入国家高素质教育人才培养工程、青年英才开发计划。在统筹考虑现有社会工作学科研究布局和资源基础上，推动社会工作学科重点研究基地建设。到2020年，依托现有资源，建立500家社会工作专业重点实训基地。加快推进社会工作硕士专业学位教育发展，到2020年培养和引进3万名社会工作硕士专业学位研究生，300名社会工作专业博士，3000名"双师型"专业教师。

（四）社会工作知识普及工程。

将社会工作知识列入党政领导干部以及人民团体和有关事业单位领导干部培训课程，在各级党政领导干部以及人民团体和有关事业单位领导干部专题研讨班中加入社会工作专业人才队伍建设专题。每年定期举办地厅（局）级领导干部社会工作专题研究班和县（处）级领导干部社会工作专题研究班，有计划地对社会服务与管理密切相关的部门和组织干部职工进行社会工作知识普及培训，到2020年基本完成对主管社会服务与管理有关部门或相关工作的地厅（局）级和县（处）级领导干部社会工作知识轮训。着重对乡镇（街道）相关工作人员、基层党组织干部、居（村）民委员会成员、下派基层锻炼干部和大学生，以及直接从事社会服务与管理一线人员普及社会工作知识，提升其专业服务与管理能力。将社会工作课程列入高等学校公共基础课程范围，对相关专业学生进行社会工作通识教育。加强对教育工作者、医务工作者、司法工作者等与社会工作专业人才密切相关人员的社会工作知识普及培训。组织编写社会工作知识普及读本，加强社会工作宣传载体建设，通过多种方式提高社会工作的认知度和参与度。

（五）社会工作专业人才服务社会主义新农村建设计划。

按照社会工作专业人才服务社会主义新农村建设部署，研究制定社会工作专业人才服务社会主义新农村建设政策措施。采取政府购买服务等方式，从高校社会工作院系、社会工作服务机构抽调专业人员组建服务队，培育农村社会工作专业服务力量。到2015年在国家扶贫开发工作重点县通过依托社区服务中心或新建等方式培育发展200个农村社会工作服务站，到2020年基本实现每个国家扶贫开发工作重点县有一家社会工作服务站，带动培养5万名农村社会工作专业人才。通过国家扶贫开发重点县示范引领其他农村地区社会工作服务发展，推动解决工业化、城市化和市场化带来的农村流动人口、留守人员以及社区发展方面的有关问题，促进社会主义新农村建设。

（六）社会工作专业人才服务边远贫困地区、边疆民族地区和革命老区计划。

按照国家边远贫困地区、边疆民族地区和革命老区人才支持计划要求，研究制定社会工作专业人才服务边远贫困地区、边疆民族地区和革命老区的政策措施。采取培训、调训、挂职锻炼等形式每年为边远贫困地区、边疆民族地区和革命老区培养500名急需紧缺社会工作专业人才，支持当地培养相关社会工作专业人才。每年组织选派1000名社会工作专业人才到边远贫困地区、边疆民族地区和革命老区工作或提供服务，同时为边远贫困地区、边疆民族地区和革命老区社会工作专业人才到发达地区实践锻炼创造条件。

（七）社会工作专业人才培训基地和教材建设工程。

适应大规模开展社会工作从业人员教育培训需要，着力加强社会工作培训基地建设。按照分工明确、布局合理、整合资源、优势互补原则，依托各级党校、行政学院、高等院校和各类培训机构等现有培训资源，到2020年，重点扶持发展300家社会工作专业人才培训基地，其中国家层面发展50家并纳入国家专业技术人才知识更新工程国家级继续教育基地建设范围，逐步形成覆盖全国的社会工作培训与继续教育网络。分类制定社会工作培训课程大纲，形成一批针对性、实务性和科学性强的社会工作培训教材。

（八）民办社会工作服务机构孵化基地建设工程。

为创新社会服务与管理方式，扩大社会工作服务供给，满足人民群众日益增长的服务需求，通过政府购买服务支持，整合现有资源或新建等方式逐步建立50个国家级民办社会工作服务机构孵化基地，重点扶持和发展为老年人、妇女、儿童、青少年、残疾人、失业人员、低保对象、扶贫对象、受灾群众、进城务工人员、药物滥用人员、艾滋病患者等特殊群体提供服务的民办社会工作服务机构。到2020年，培育发展8万家民办社会工作服务机构。

（九）社会工作服务标准化建设示范工程。

大力加强社会工作服务组织网络建设，逐步推进全国街道（乡镇）社会工作服务组织和城乡社区社会工作服务组织建设，到2020年基本实现街道（乡镇）社会工作服务组织全覆盖。着力推进社会工作标准体系研究，建立与我国社会工作发展相适应的社会工作标准体系。到2020年建立200个社会工作服务标准化示范地区、1000个社会工作服务标准化示范单位和2000个社会工作服务标准化示范社区，引导和推动社会工作服务发展，扩大社会工作服务覆盖面。

（十）社会工作信息系统建设工程。

适应社会工作信息化、现代化发展需要，按照分级、属地原则，建设全国社会工作专业人才队伍管理门户网站，到2015年建立能够支撑200万用户在线，全面覆盖所有县（区、市）的管理信息系统平台，实现社会工作专业人才需求预测、就业预警、在线登记注册、信息查询、行业自律和社会监管；建设社会工作服务机构信息库，推动整合社会工作服务机构资源，建立社会工作服务网络体系；开发各领域、各层次、各类型社会工作教育培训课件，扩大远程教育培训覆盖面；加强社会工作专业人才服务过程管理，不断提高社会工作服务质量、提升社会工作信息化水平。

六、保障措施

（一）加强组织领导。中央有关部门要做好抓方向、抓宏观、抓政策、抓协调工作，地方有关部门要做好中央政策落实和推进本地社会工作专业人才队伍建设。组织部门要把握规划方向，做好宏观指导、综合协调和监督检查。民政部门要发挥职能作用，强化工作力量，推动有关工作落实。其他有关部门和组织要做好本业务领域社会工作专业人才队伍建设工作。要将规划实施情况纳入地方各级党委政府和有关部门领导班子考核指标，建立规划实施监测评估机制，每年通报规划落实情况。

（二）建立规划体系。各地要以《国家中长期人才发展规划纲要（2010－2020年）》和本规划为指导，根据实际，制定本地区社会工作专业人才队伍建设规划，形成与国家规划衔接配套的社会工作专业人才发展规划体系。各有关部门要抓紧研究制定落实方案，指导推动本行业、本领域贯彻规划要求，推动本行业、本领域社会工作专业人才队伍建设。

（三）加大资金投入。随着国家财力增长，不断加大对社会工作专业人才发展工作的投入力度，逐步加大民政部门使用的彩票公益金支持社会工作专业人才队伍建设力度，并引导社会资金，增加对规划项目的投入，以形成财政资金、社会资金等共同参与的多元化投入机制。

（四）加强示范引导。认真总结社会工作专业人才队伍建设实践经验，组织开展全国社会工作专业人才队伍建设示范地区和单位创建活动，发挥示范地区和单位的引领带动和辐射作用，推动社会工作专业人才发展规划的全面落实。

（五）加强研究宣传。深入开展社会工作专业人才理论研究，积极探索社会工作专业人才资源开发规律。运用多种方式开展社会工作专业人才队伍建设宣传，提高社会工作专业人才的社会认知度。广泛宣传社会工作专业人才发展规划的重要意义、指导思想、基本原则、目标任务、主要举措以及规划实施过程中出现的典型经验和成功做法，为规划顺利实施营造良好社会氛围。

社会工作者职业水平证书登记办法

（2009年4月8日　民发〔2009〕44号）

第一条　为规范社会工作者职业水平证书登记工作，加强社会工作人才队伍建设，根据国家有关规定，制定本办法。

第二条　本办法所称社会工作者，是指通过全国社会工作者职业水平评价取得《中华人民共和国社会工作者职业水平证书》的人员，包括助理社会工作师、社会工作师和高级社会工作师。

第三条　社会工作者职业水平证书实行登记服务制度。民政部负责全国社会工作者职业水平证书登记服务的管理工作。省、自治区、直辖市人民政府民政部门负责本行政区域内社会工作者职业水平证书的登记服务工作。

第四条　社会工作者职业水平证书登记分为首次登记和再登记。首次登记的受理期限为通过社会工作者职业水平评价后1年内，登记有效期为3年。首次登记后，每3年进行再登记。再登记的受理期限为上次登记有效期满前3个月。

第五条　申请首次登记的社会工作者，应当具备下列条件：

（一）具有完全民事行为能力；

（二）通过全国社会工作者职业水平评价取得职业水平证书并且在登记受理期限内；

（三）遵纪守法，恪守职业道德。

第六条　申请首次登记的社会工作者，应当将下列材料报送户籍或者工作所在地社会工作者职业水平证书登记机构：

（一）身份证明；

（二）《中华人民共和国社会工作者职业水平证书》；

（三）登记申请表。

第七条　受理首次登记申请的机构应当自受理申请之日起30个工作日内对申请人提交的材料进行审核。审核合格的，予以登记并根据所通过的职业水平评价级别相应发给民政部统一印制的助理社会工作师登记证书、社会工作师登记证书或者高级社会工作师登记证书。审核不合格的，应当通知申请人并说明理由。

第八条　申请再登记的社会工作者，应当具备下列条件：

（一）具有完全民事行为能力；

（二）持有登记证书并且在再登记受理期限内；

（三）接受社会工作者继续教育办法规定的继续教育；

（四）遵纪守法，恪守职业道德。

第九条　申请再登记的社会工作者，应当将下列材料报送户籍或者工作所在地社会工作者职业水平证书登记机构：

（一）身份证明；

（二）登记证书；

（三）再登记申请表；

（四）继续教育证明。

第十条　受理再登记申请的机构应当自受理申请之日起30个工作日内对申请人提交的材料进行审核。审核合格的，在其登记证书"再登记情况"栏目内加盖登记专用章。审核不合格的，应当通知申请人并说明理由。

第十一条　助理社会工作师登记证书、社会工作师登记证书、高级社会工作师登记证书应当妥善保管，不得涂改、出借、出租或转让。

第十二条　有下列情形之一的，经有关单位和个人提出，由登记机构调查核实后不予登记；已经登记的，注销登记：

（一）以不正当手段取得登记证书的；

（二）私自涂改、出借、出租和转让登记证书的；

（三）在社会工作活动中，违反有关法律、法规、规章制度或者职业道德，造成不良影响的。

被注销登记的，自登记注销之日起，其登记证书自动失效。

第十三条　省、自治区、直辖市人民政府民政部门应当及时将登记资料录入登记信息系统，并定期将本省、自治区、直辖市当年社会工作者职业水平证书登记情况报民政部备案。

第十四条　民政部通过网络、公告等形式定期向社会公布已登记的社会工作者有关信息，供有关单位和社会公众查询。

第十五条　鼓励国家机关、企事业单位、公益类社会组织和社区根据工作需要，优先聘任获得登记证书的社会工作者。

第十六条　省、自治区、直辖市人民政府民政部门可以结合本行政区域的实际情况，制定当地社会工作者职业水平证书登记服务的具体规定，并报民政部备案。

附件：1. 社会工作者职业水平证书登记申请表

2. 社会工作者职业水平证书再登记申请表

社会工作者职业水平评价暂行规定

（2006年7月20日　国人部发〔2006〕71号）

第一章　总　　则

第一条　为规范社会工作者职业行为，提高社会工作者专业能力，加强社会工作者队伍建设，根据国家职业资格证书制度的有关规定，制定本规定。

第二条　本规定适用于在社会福利、社会救助、社会慈善、残障康复、优抚安置、卫生服务、青少年服务、司法矫治等社会服务机构中，从事专门性社会服务工作的专业技术人员。

第三条　国家建立社会工作者职业水平评价制度，纳入全国专业技术人员职业资格证书制度统一规划。

第四条　社会工作者职业水平评价分为助理社会工作师、社会工作师和高级社会工作师三个级别。高级社会工作师职业水平评价办法另行制定。

助理社会工作师、社会工作师英文分别译为：

Junior Social Worker

Social Worker

第五条　通过职业水平评价，取得社会工作者职业水平证书的人员，表明其已具备相应专业技术岗位工作的水平和能力。

第六条　人事部、民政部共同负责社会工作者职业水平评价制度的组织实施工作，并按职责分工对该制度的实施进行指导、监督和检查。

第二章　考　　试

第七条　助理社会工作师、社会工作师职业水平评价实行全国统一大纲、统一命题、统一时间、统一组织的考试制度，原则上每年举行一次。

第八条　民政部负责组织专家拟定考试科目、考试大纲，组织命题，研究建立考试试题库，提出考试合格标准建议。

第九条　人事部负责组织专家审定考试科目、考试大纲和试题，会同民政部确定考试合格标准，并对考试实施等工作进行指导、监督和检查。

第十条　凡中华人民共和国公民，遵守国家法律、法规，恪守职业道德，并符合助理社会工作师或社会工作师报名条件的人员，均可申请参加相应级别的考试。

第十一条　助理社会工作师考试报名条件：

（一）取得高中或者中专学历，从事社会工作满4年；

（二）取得社会工作专业大专学历，从事社会工作满2年；

（三）社会工作专业本科应届毕业生；

（四）取得其他专业大专学历，从事社会工作满4年；

（五）取得其他专业本科及以上学历或学位，从事社会工作满2年。

第十二条　社会工作师考试报名条件：

（一）取得高中或者中专学历，并取得助理社会工作师职业水平证书后，从事社会工作满6年；

（二）取得社会工作专业大专学历，从事社会工作满4年；

（三）取得社会工作专业大学本科学历，从事社会工作满3年；

（四）取得社会工作专业硕士学位，从事社会工作满1年；

（五）取得社会工作专业博士学位；

（六）取得其他专业大专及以上学历或学位，其从事社会工作年限相应增加2年。

第十三条　助理社会工作师、社会工作师职业水平考试合格，颁发人事部统一印制、人事部和民政部共同用印的《中华人民共和国社会工作者职业水平证书》。该证书在全国范围有效。

第十四条　凡以不正当手段取得社会工作者职业水平证书的，由发证机关收回证书，2年内不得再次参加社会工作者职业水平考试。

第三章　义务与职业能力

第十五条　社会工作者应严格遵守国家法律法规和社会工作职业守则。

第十六条　社会工作者在社会服务工作中，应当与服务对象建立良好平等的沟通关系，维护服务对象权益，倾听服务对象诉求，尊重服务对象选择，保守服务对象隐私。

第十七条 助理社会工作师应具备以下职业能力：

（一）熟悉与社会工作业务相关的法律、法规、政策和行业管理规定，掌握基本的社会工作专业知识；

（二）能够与各类服务对象建立专业服务关系，对服务对象的问题做出预估，制定服务计划和服务协议，独立接案、结案并提供跟进服务；

（三）能够根据服务计划，运用专业方法和技术协助服务对象解决问题。

第十八条 社会工作师应具备以下职业能力：

（一）能够熟练运用社会工作业务相关的法律、法规、政策和行业管理规定，具备较丰富的社会工作专业经验；

（二）能够综合运用各种社会工作方法，为服务对象提供专业服务，处理各类复杂问题，并对所提供的专业服务质量与效果进行评估；

（三）能够指导助理社会工作师开展专业工作，帮助其提高专业工作水平和能力；

（四）能够制定科学合理的工作方案和发展规划，整合、运用相关社会服务资源，拓展服务领域，保证服务质量。

第十九条 取得社会工作者职业水平证书的人员，应当接受继续教育，更新知识，不断提高职业素质和本专业工作能力。

第四章 登　　记

第二十条 社会工作者职业水平证书实行登记服务制度。具体工作由民政部或其委托的机构负责。

第二十一条 民政部或其委托的机构定期向社会公布社会工作者职业水平证书登记情况，并为用人单位提供查询取得社会工作者职业水平证书人员的信息服务。

第二十二条 在社会工作职业活动中，违反有关法律、法规、规章制度或职业道德，造成不良影响的，由登记机关取消登记，并由发证机关收回职业水平证书。

第五章 附　　则

第二十三条 通过考试取得社会工作者职业水平证书的人员，用人单位可根据工作需要聘任相应级别专业技术职务。具体办法另行规定。

第二十四条 香港、澳门居民申请参加社会工作者职业水平考试的，报名时应提交本人身份证明、国务院教育行政部门认可的学历或学位证书、从事本专业工作实践证明。台湾地区的专业技术人员参加考试的办法另行规定。

外籍人员申请参加社会工作者职业水平考试的具体办法另行规定。

第二十五条 社会工作者职业水平评价有关机构，在开展社会工作者职业水平评价等工作中，因工作失误，使专业技术人员合法权益受到损害的，应依据国家有关规定给予相应赔偿，并向有关责任人追偿。

第二十六条 社会工作者职业水平评价有关机构的工作人员，不履行工作职责、监督不力、借机为自己或他人谋取利益，以及有其他违法违规行为的，由其主管部门责令改正，造成不良影响或者严重后果的，对直接负责的主管人员和直接责任人员给予相应处分；构成犯罪的，依法追究刑事责任。

第二十七条 本规定自2006年9月1日起施行。

助理社会工作师、社会工作师职业水平考试实施办法

（2006年7月20日　国人部发〔2006〕71号）

第一条 人事部、民政部共同成立“社会工作者职业水平评价办公室”，办公室设在民政部，负责研究社会工作者职业水平考试相关政策和考试日常管理工作。具体考试考务工作委托人事部人事考试中心组织实施。

各省、自治区、直辖市的考试工作，由当地人事部门会同民政部门共同负责，具体职责分工由各地协商确定。

第二条 民政部组织成立社会工作者职业水平评价专家委员会，负责编写考试大纲、命题，研究建立考试试题库。

第三条 助理社会工作师考试科目为《社会工作综合能力（初级）》、《社会工作实务（初级）》。社会工作师职业水平考试科目为《社会工作综合能力（中级）》、《社会工作实务（中级）》和《社会工作法规与政策》。

第四条 参加助理社会工作师考试的人员，应在一个考试年度内通过全部科目的考试。

社会工作师考试成绩实行两年为一个周期的滚动管理办法，参加考试的人员应在连续两个考试年度内通过全部科目的考试。

第五条 报名参加助理社会工作师、社会工作师职业水平考试的人员，应符合《社会工作者职业水平评价暂行规定》中规定的相应报名条件。由本人提出申请，按规定携带有关证明材料，到指定的考试管理机构报名。经考试管理机构审查合格后，向申请人核发准考证。申请人凭准考证及有关身份证明，在指定时间、地点参加考试。

第六条 参加助理社会工作师考试的本科应届毕业生，在报名时应提交能够证明其在考试年度可毕业的有效证件（如学生证等）和所在学校出具的应届毕业生证明。

第七条 助理社会工作师、社会工作师职业水平考试原则上每年举行一次。考点设在省会城市和直辖市的大、中专院校或高考定点学校。如确需在其他城市设置考点，应经人事部、民政部批准。

第八条 坚持考试与培训分开原则。凡参与考试工作(包括命题和组织管理等)的人员,不得参加考试和参与或举办与考试内容有关的培训工作。应考人员参加相关培训实行自愿原则。

第九条 助理社会工作师、社会工作师考试有关项目的收费标准,应经当地价格主管部门核准,并向社会公布,接受公众监督。

第十条 考试考务工作要严格执行考试工作的有关规章制度,切实做好试卷命制、印刷、发送过程中的保密工作,遵守保密制度,严防泄密。

第十一条 考试工作人员要严格遵守考试工作纪律,认真执行考试回避制度。对违反考试纪律和有关规定的,按照《专业技术人员资格考试违纪违规行为处理规定》处理。

图书在版编目（CIP）数据

中华人民共和国民政法律法规全书：含相关政策：2017 年版/中国法制出版社编．—3 版．—北京：中国法制出版社，2017．1
（法律法规全书系列）
ISBN 978－7－5093－7964－6

Ⅰ．①中… Ⅱ．①中… Ⅲ．①民政服务－行政法－汇编－中国 Ⅳ．①D922．182．19

中国版本图书馆 CIP 数据核字（2016）第 264751 号

策划编辑：袁笋冰　　责任编辑：袁笋冰　　封面设计：杨鑫宇

中华人民共和国民政法律法规全书

ZHONGHUARENMINGONGHEGUO MINZHENG FALÜ FAGUI QUANSHU

经销/新华书店
印刷/北京海纳百川印刷有限公司
开本/787 毫米×960 毫米　16 开　　印张/41．75　字数/1280 千
版次/2017 年 1 月第 3 版　　2017 年 1 月第 1 次印刷

中国法制出版社出版
书号 ISBN 978－7－5093－7964－6　　定价：92．00 元

北京西单横二条 2 号　　值班电话：66026508
邮政编码 100031　　传真：66031119
网址：http：//www．zgfzs．com　　**编辑部电话：66066627**
市场营销部电话：66033393　　**邮购部电话：66033288**

（如有印装质量问题，请与本社编务印务管理部联系调换。电话：010－66032926）